首钢年鉴

2020

首钢集团有限公司史志年鉴编委会　编

人民出版社

首钢集团有限公司史志年鉴编委会

主 任 委 员：张功焰　赵民革

副主任委员：何　巍　梁宗平　王世忠　胡雄光
韩　庆　梁　捷　王洪军　赵天旸
王　涛　刘建辉　卢正春

委　　　员：（按照姓名拼音排序）：
陈克欣　陈　尚　陈四军　丁汝才　杜朝辉
高党红　郭丽燕　郭　庆　韩瑞峰　贾向刚
孔爱民　李兵役　李　浩　李洪革　李　杨
刘丙臣　刘志民　卢贵军　彭开玉　邱银富
撒元智　邵文策　沈一平　石淳光　孙亚杰
王传雪　王德春　王　健　王建伟　王立峰
王学明　王云平　王自亭　魏国友　吴　林
吴　涛　夏雷阁　向平超　徐小峰　杨　波
杨木林　杨　鹏　游文丽　张炳成　张福杰
张福明　张利海　张满苍　张　兴　张宗先
赵久梁　郑宝国　郑佳伟　周迎春　朱国森
朱启建　朱　挺　邹立宾

主　　　编：梁宗平

副　主　编：徐建华　费　凡

执 行 主 编：车宏卿

编　　　辑：刘冰清　关佳洁　马　晓　郭　锋

编 辑 说 明

《首钢年鉴·2020》全面、系统、详实记载2019年首钢改革发展的新进展、新成果、新经验。国家领导人关于修史修志方面语重心长的话语，以及存史、育人、资治的功能定位和职责担当鼓舞首钢数百位史志年鉴工作者，本着对事业负责、对首钢负责、对历史负责的态度，兢兢业业，编纂完成《首钢年鉴2020》。

《首钢年鉴》由首钢集团有限公司主办，首钢集团有限公司史志年鉴编委会组织编纂，首钢集团有限公司发展研究院负责组织协调编辑出版工作，史志年鉴办公室是首钢集团有限公司史志年鉴编委会日常工作机构。

《首钢年鉴》客观、及时记载首钢集团及其主要单位基本情况、重要信息、重大变化、重大事件、各自特点，是反映首钢年度情况的资料性文献。编写《首钢年鉴》是首钢集团的一项基础性工作，有利于集存信息，有利于全面展示形象，有利于相互学习借鉴，有利于总结分析并观察自身变化，有利于查找努力方向。

《首钢年鉴》自2003年以来持续记载首钢集团的发展情况，具有资料权威、连续出版、功能齐全的特点。《首钢年鉴·2020》是连续出版的第16部年鉴，继续以书籍、光盘形式出版。

《首钢年鉴》按照分类编辑法编纂，设立栏目、分目、条目三个结构层次，以条目为基本单元。

《首钢年鉴·2020》共设置彩页、目录、十大新闻、特载、文选、专辑、组织机构、党群与战略管控、战略支撑、业务支持服务、钢铁业、股权投资管理、园区管理、直管单位、大事记、荣誉表彰、统计资料、制度目录、《首钢年鉴·2020》编辑人员、索引20个栏目。

《首钢年鉴》的编纂，是一项艰巨的系统工程。首钢集团领导一直高度关注；首钢所属各单位领导高度重视和大力支持；年鉴编纂组织者以及编写者、摄影者积极参与《首钢年鉴·2020》编纂工作；史志年鉴办公室承担全集团各单位材料收集、编审工作，全方位协调各项具体工作；自《首钢年鉴·2015》以来，人民出版社始终给予大力支持。众人拾柴，终修成本卷。

《首钢年鉴·2020》内容涉及面宽、文字处理量大，难免出现差错与纰漏，敬请各方人士不吝赐教。

首钢史志年鉴办公室

2020年8月13日

新首钢大桥建成开通

2019 年，是首钢建厂 100 周年。9 月 29 日，首钢厂东门开放，新首钢大桥开通，首钢以开放的姿态融入首都城市发展。（摄影　　袁德祥）

党的建设与主题教育

图 01：1 月 25 日，首钢召开“首钢之星”表彰暨演讲报告会。（摄影　王京广）

图 02：6 月 10 日，首钢召开“不忘初心、牢记使命”主题教育动员大会。（摄影　王京广）

图 03：6 月 27 日，首钢领导班子到北大红楼进行革命传统教育。（摄影　袁德祥）

图 04：6 月 28 日，首钢召开庆祝中国共产党成立 98 周年表彰大会。（摄影　王京广）

图 05：7 月 1 日，首钢地产公司举办“不忘初心挑重担、牢记使命我争先”知识竞赛。（地产公司提供）

图 06：7 月 31 日，首钢党委举行“不忘初心、牢记使命”主题教育查找差距专题会。（摄影　袁德祥）

图 07：8 月 9 日，首钢召开“创新创优创业”交流会，举办党建专题辅导讲座。（摄影　孙　力）

图 08：8 月 20 日，首钢技术研究院贯彻十九大提出的党建工作新要求，设立的党建书屋揭牌并启用。（技术研究院提供）

图 09：10 月 9 日，首钢矿业公司举办“清风廉韵”廉政诗词竞赛。（矿业公司提供）

图 10：11 月 8 日，首钢股份公司党委贯彻十九大精神开展扶贫工作，党委班子与一对一帮扶的阳原县领导深入交谈。（股份公司提供）

图 11：11 月 13 日，首钢举办“不忘初心首钢人，建功立业新时代”宣讲报告会。（摄影　王京广）

图 12：12 月 4 日是国家宪法日暨全国法制宣传日，首钢矿投公司党委组织党员干部到市第一中级人民法院，现场接受法治教育。（摄影　郭　星）

上级关心与开放合作

图 01：9 月 17 日，在首钢建厂百年之际，北京市委书记蔡奇、市长陈吉宁到首钢调研，高度肯定首钢改革发展成绩。（摄影　王京广）

图 02：12 月 3 日，全国人大副委员长、中华全国总工会主席王东明到首钢北京园区调研。（摄影　王京广）

图 03：12 月 26 日，北京市全国政协委员考察首钢北京园区。（摄影　王京广）

图 04：12 月 31 日，全国总工会领导到首钢慰问职工。（摄影　孙　力）

图 05：2 月 27 日，首钢集团与北京铁路局签订绿色物流战略合作协议。（摄影　乔智玮）

图 06：3 月 21 日，首钢集团与北京金隅集团签署战略合作协议。（摄影　王京广）

图 07：3 月 28 日，首钢北京园区香格里拉酒店项目启动。（摄影　孙　力）

图 08：5 月 11 日，首钢集团与光大银行合作协议签约。（摄影　王京广）

图 09：5 月 24 日，冬奥会石景山场馆电力建设与保障合作协议签约。（摄影　王京广）

图 10：7 月 18 日，首钢股份公司举办“首钢产品质量很棒”——“宝马 · 首钢媒体日”活动。（摄影　李旭龙）

图 11：8 月 12 日，首自信公司与一重集团常州华冶轧辊公司签约“轧辊精加工智能化车间”项目。（首自信公司提供）

图 12：11 月 6 日，首钢集团和中国宝武签署战略合作协议，标志着两大钢铁集团通过强强联合，共同带动钢铁行业高质量发展。（摄影　王京广）

集团重要会议

图 01：1 月 3 日，首钢召开安全环保大会，总结 2018 年安全环保工作，部署 2019 年安全环保工作。（摄影　孙　力）

图 02：1 月 24 日，中共首钢第十八届委员会第四次全体（扩大）会议召开。（摄影　王京广）

图 03：1 月 24 日，张功焰在中共首钢第十八届委员会第四次全体（扩大）会议上作《加强党的建设，深化改革创新，谱写百年首钢发展新篇章》报告。（摄影　王京广）

图 04：1 月 25 日，首钢集团第十九届职工代表大会第四次会议召开。（摄影　王京广）

图 05：1 月 25 日，张功焰在首钢集团第十九届职工代表大会第四次会议上作《保持定力，稳中求进，推动百年首钢高质量发展》报告。（摄影　孙　力）

图 06：2 月 25 日，首钢召开科技大会，张功焰为特殊贡献奖获得者杨庆彬和赵志星颁奖。（摄影　王京广）

图 07：4 月 19 日，首钢集团钢铁板块一季度经营活动分析会召开。（摄影　王京广）

图 08：4 月 28 日，首钢召开 2018 年度先进集体、先进个人表彰大会。（摄影　王京广）

图 09：7 月 20 日，首钢召开党委扩大会暨上半年经济活动分析会，分析和总结上半年经济活动，研究部署下半年工作。（摄影　王京广）

图 10：8 月 9 日，首钢召开“创新创优创业”交流会，主题为“以高质量党的建设推动首钢高质量发展”。（摄影　王京广）

图 11：10 月 29 日，首钢召开新中国成立 70 周年庆祝活动首钢服务保障工作总结会。（摄影　王京广）

图 12：10 月 29 日，首钢表彰参加新中国成立 70 周年庆祝活动服务保障工作表现突出的职工。（摄影　孙　力）

首钢建厂 100 周年

图 01：3 月 7 日，为迎接首钢百年华诞，首钢工会邀请东方演艺集团、中央歌剧院歌剧团、中国歌剧舞剧院的艺术家举办以“为你们美丽绽放”民歌民乐赏析活动。（摄影　王京广）

图 02：4 月 19 日，为庆祝首钢建厂 100 周年，首钢工会举办“走过百年”健步走闯关竞赛活动。（摄影　孙　力）

图 03：8 月 1 日，对百年首钢生日祝福的“首钢长卷”创作完成。（摄影　袁德祥）

图 04：8 月 15 日，由首钢文化公司制作、献礼新中国成立 70 周年的大型话剧《升起天安门广场的国旗》上演。（文化公司提供）

图 05：8 月 20 日，首钢工会在首钢北京园区三高炉举办“庆祝新中国成立 70 周年——百年首钢恰是风华正茂书画摄影展”。（摄影　王京广）

图 06：9 月 16 日，全首钢广泛关注的首届 12 名“首钢工匠”受到命名表彰。（摄影　孙　力）

图 07：9 月 22 日，“百年首钢 · 城市复兴”论坛，在首钢北京园区三高炉报告厅举行。（摄影　王京广）

图 08：9 月 24 日，为纪念首钢建厂 100 周年，《百年首钢》四册丛书和《百年首钢世纪圆梦》画册出版发行。（摄影　何志国）

图 09：9 月 29 日，首钢举行厂东门正式对外开放仪式。（摄影　孙　力）

图 10：9 月 29 日，首钢厂东门对外开放，新首钢大桥开通。（摄影　袁德祥）

图 11：10 月 21 日，为庆祝新中国成立 70 周年、首钢建厂 100 周年，重新修建后的首钢厂东门广场正式开放。（摄影　孙　力）

图 12：10 月 30 日，重新修建的首钢厂东门广场开放后，吸引了全国各地大批客人前来参观。（摄影　车宏卿）

钢铁生产与工程建设

图 01：3 月 22 日，首钢股份公司举办绿色物流新能源车启动仪式。（股份公司提供）

图 02：6 月 25 日，首钢领导到迁钢公司现场调研。（摄影　王京广）

图 03：首钢股份公司取向电工钢超薄产品连续两年国内市场占有率第一，获西门子全球最佳供应商奖。（股份公司提供）

图 04：10 月 23 日，首钢股份公司举办“弘扬阅兵精神、决胜四季度”股份人的故事报告会。（摄影　李旭龙）

图 05：12 月 30 日，首钢股份公司实现全流程超低排放，是行业唯一通过全工序超低排放评估验收企业。（摄影　李旭龙）

图 06：2 月 15 日，首钢冷轧公司为进入第一梯队目标，邀请人力资源管理专家就技术发展、产品品质和服务提升开展培训。（摄影　张胜利）

图 07：4 月 27 日，首钢京唐公司新建成的 3 号 5500 立方米高炉顺利出铁。（摄影　王京广）

图 08：5 月 21 日，首钢京唐公司庆祝投产十周年总结表彰大会举行。（摄影　王京广）

图 09：5 月 25 日，首钢京唐公司中厚板产线生产航母甲板。（摄影　王京广）

图 10：7 月 30 日，首钢京唐公司镀锡板事业部深挖潜能增效益，职工认真检查下线轧辊轴承位。（摄影　王京广）

图 11：2 月 29 日，首钢水钢公司团委开展“激情岁月涌动青春豪迈，面对挑战青年勇于担当”降本增效活动。（水钢公司提供）

图 12：10 月 22 日，首钢水钢公司举办精益 TPM 管理培训。（水钢公司提供）

图 13：首钢长钢公司九高炉完成大修，顺利开炉。（长钢公司提供）

图 14：12 月 18 日，首钢长钢公司举办“增强首钢荣光，再创长钢辉煌”庆祝加盟首钢十周年活动。（摄影　张　睿）

图 15：首钢通钢公司加大产品开发力度，轧钢事业部开足马力生产精棒。（摄影　陈世宇）

图 16：12 月 20 日，首钢通钢矿业公司举行板石接续工程投产仪式。（摄影　陈世宇）

图 17：首钢贵钢公司发挥自身优势，生产用于大型机械探钻的重型钎。（摄影　袁昆喜）

图 18：首钢贵钢公司开足马力，生产适销对路的高线产品。（摄影　袁昆喜）

图 19：首钢伊钢公司 850 毫米中宽带钢产线按用户需求组织生产。（伊钢公司提供）

图 20：10 月 8 日，首钢矿业公司举行青年骨干人才培训班结业仪式。（矿业公司提供）

图 21：首钢矿业公司加强班组建设，激发基层创新活力，促进经营水平提升。（矿业公司提供）

图 22：首钢技术研究院举办主题为“科技创新敢于担当、传承匠心精诚服务”的科技创新故事宣讲会。（技术研究院提供）

图 23：首钢国际工程公司自主研发具有独立知识产权的 MCCR 项目智能化新能源钢卷运输系统。（国际工程公司提供）

图 24：首钢北冶公司研发出高温母合金、变形高温合金、高端焊接等特种材料，可用于航空发动机动力部件、控制系统制造。（摄影　袁德祥）

国家科学技术进步奖

证 书

为表彰国家科学技术进步奖获得者，特颁发此证书。

项目名称：超大型水电站用金属结构关键材料成套技术开发应用

奖励等级：二等

获 奖 者：首钢集团有限公司

2018年12月12日

证书号：2018-J-215-2-04-D01

图25：1月9日，首钢超大型水电站用钢研发应用获国家科技进步二等奖。（摄影　王京广）

图26：3月2日，首钢钢铁业产销、管控、业财一体化项目迁顺系统率先成功上线。（摄影　袁德祥）

图27：首钢凭借在保证供货、技术合作、新产品研发应用和质量稳定等方面的出色表现，荣获供应商“质量卓越奖”。（摄影　袁德祥）

图28：3月30日，首钢秘铁1000万吨精矿扩建项目实现达产达效，图为精矿磨机车间。（中首公司提供）

图29：4月29日，首钢京唐二期项目多模式全连续薄板坯连铸连轧（MCCR）生产线热试一次成功。（摄影　杨立文）

图30：12月30日，首钢京唐二期海水淡化项目投入运营。（摄影　杨立文）

园区开发与三年行动计划

图 01：1 月 9 日，首钢北京园区运动中心物业部不断强化管理，全力做到用专业的精神提升服务品质。（摄影　孙　力）

图 02：1 月 31 日，首钢北京园区张灯结彩，喜迎新春佳节。（摄影　孙　力）

图 03：2 月 3 日，原首钢焦化厂精煤车间完成改造。（摄影　袁德祥）

图 04：2 月 13 日，市新闻办、市发改委等部门联合发布《加快新首钢高端产业综合服务区发展建设打造新时代首都城市复兴新地标行动计划（2019 年—2021 年）》并进行解读。（摄影　王京广）

图 05：2 月 13 日，冰雪盛典燃情炫彩首钢北京园区。（摄影　孙　力）

图 06：4 月 17 日，主流媒体就首钢北京园区打造绿色低碳示范区进行采访。（摄影　孙　力）

图 07：5 月 30 日，在京交会首钢园区分会场，嘉宾参观首钢北京园区展览。（摄影　王京广）

图 08：5 月 30 日，首钢滑雪大跳台 1 线柱吊装完成。（摄影　孙　力）

图 09：6 月 19 日，首钢滑雪大跳台赛道结构安装开启。（摄影　王京广）

图 10：6 月 26 日，首钢电网全部并入公网，首钢电力全部退运，九总降高压母线安全撤线。（摄影　王京广）

图 11：意志与高温的较量，首钢九总降高压母线施工现场。（摄影　王京广）

图 12：10 月 25 日，在第二十二届中国北京国际科技产业博览会上，首钢多个展台集中亮相。（摄影　王京广）

图 13：11 月 25 日，首钢滑雪大跳台建成投入使用。（摄影　孙　力）

图 14：首钢北京园区三高炉焕然一新。（摄影　袁德祥）

图 15：8 月 16 日，首钢秦皇岛园区首钢赛车谷开园。（摄影　王京广）

图 16：首钢秦皇岛园区打造中国汽车运动文化示范基地，图为赛车手表演精彩瞬间。（摄影　王京广）

图 17：4 月 18 日，京冀曹建投公司成功引入中国科学院幼儿园入驻曹妃甸新城。（曹建投公司提供）

图 18：首钢特钢园区绿能港科技中心 16 号地项目工程加快建设。（特钢公司提供）

城市服务与产融结合

图 01：6 月 19 日，由首钢环境公司投资建设的可移动式电磁波修复有机类污染土壤示范项目在贵州省试产成功并顺利投运。（环境公司提供）

图 02：12 月 26 日，首钢环境公司与长钢合作建设的长治市主城区生活垃圾无害化处理项目顺利点火试运行。（环境公司提供）

图 03：首钢地产公司举办中高层及骨干人员培训班。（首钢地产提供）

图 04：首钢地产公司开展国家宪法日宣传活动。（首钢地产提供）

图 05：首钢国际工程公司承担的首钢秘鲁铁矿日产 2 万立方米海水淡化项目（EPS）运行良好。（国际工程公司提供）

图 06：首钢国际工程公司设计的曹妃甸园区先行生态启动区鸟瞰图。（国际工程公司提供）

图 07：在首自信公司努力下，首钢视频会议实现 VR 全景录制，为拓展城市服务奠定基础。（摄影　袁德祥）

图 08：8 月 13 日，首钢首自信公司召开风控体系建设评价工作启动会暨培训会。（首自信公司提供）

图 09：首钢实业公司包装公司做好后勤保障工作，弘扬“奉献、友爱、互助、进步”精神。（实业公司提供）

图 10：10 月 1 日，首建公司安装庆祝新中国成立 70 周年活动的巨幅网幕。（摄影　袁德祥）

图 11：10 月 1 日，首建公司把庆祝新中国成立 70 周年活动的烟花树运抵天安门广场。（摄影　袁德祥）

图 12：10 月 1 日，首钢机电公司制作的天安门广场上巨幅网幕、七棵烟花树。（摄影　袁德祥）

图 13：1 月 20 日，首钢城运公司二通公交立体停车楼建成并通过性能测试。（摄影　袁德祥）

图 14：1 月 9 日，中关村 4+1 项目落户首钢基金创业公社创客中心。（摄影　王京广）

图 15：3 月 9 日，首钢基金公司与北京丰台区共同设立 100 亿元规模发展基金，助力打造首都商务创新区。（基金公司提供）

图 16：7 月 9 日，首钢领导到基金公司承揽经营的北京大兴国际机场停车楼调研。（摄影　王京广）

图 17：9 月 6 日，首钢基金公司承揽经营的北京大兴国际机场停车楼通过竣工验收。（摄影　王京广）

图 18：2 月 25 日，首钢财务公司总经理与各部门负责人签订《2019 年目标责任书》。（摄影　张　娈）

北京冬奥与首钢体育

图 01：1 月 12 日，中国杯短道速滑精英联赛第四站比赛在首钢北京园区运动中心短道速滑馆举行。（摄影　孙力）

图 02：1 月 15 日，国务院副总理孙春兰同芬兰总统尼尼斯托共同出席在首钢园区举行的 2019 中芬冬季运动会开幕式。（摄影　王京广）

图 03：1 月 15 日，2019 中芬冬季运动年开幕式在首钢北京园区举行。（摄影　孙　力）

图 04：1 月 31 日，首钢男篮与四川队比赛，刘晓宇带球突破。（摄影　王京广）

图 05：2 月 3 日，冬奥会展示中心在首钢北京园区建成。（摄影　袁德祥）

图 06：3 月 2 日，2019 国际学联中国北京越野滑雪积分大奖赛首钢站比赛在首钢北京园区举行。（摄影　孙　力）

图 07：4 月 20 日，北京市第十二届全民健身体育节在首钢北京园区开幕。（摄影　王京广）

图 08：5 月 11 日，北京冬奥向我走来活动在首钢北京园区举行。（摄影　孙　力）

图 09：5 月 31 日，在第六届全国冶金职工运动会乒乓球比赛中，首钢职工乒乓球队取得团体比赛冠军。（摄影　席　宁）

图 10：6 月 14 日，首钢贵钢公司举办 2019 年职工篮球赛。（贵钢公司提供）

图 11：7 月 8 日，首钢矿业公司举办职工篮球联赛。（矿业公司提供）

图 12：8 月 25 日，2019 冰雪项目体能测试大比武在首钢北京园区举行。（摄影　孙　力）

图 13：9 月 7 日，首钢通钢公司组织职工运动会。（通钢公司提供）

图 14：9 月 21 日，首钢首自信公司举办第八届职工运动会，职工及家属 1800 余人参加。（首自信公司提供）

图 15：10 月 30 日，首钢冷轧公司开展环厂健步走活动。（冷轧公司提供）

图 16：11 月 23 日，首钢女篮战胜河北队迎来新赛季开门红。（摄影　孙　力）

图 17：12 月 5 日，冬奥会志愿者全球招募启动仪式在首钢北京园区举行。（摄影　孙　力）

图 18：12 月 12 日，2019 年沸雪北京国际雪联单板及自由式滑雪大跳台世界杯在首钢滑雪大跳台举行。（摄影　王京广）

社会责任与职工风采

图 01：1 月 11 日，首钢志愿者为改革开放 40 周年大型展览服务。（摄影　孙　力）

图 02：1 月 27 日，首钢钢铁板块举办春节联欢晚会。（股份公司提供）

图 03：2 月 3 日，“心系职工，携手同行”首钢“献爱心”募捐活动在首钢文馆举行。（摄影　何志国）

图 04：3 月 6 日，首钢工会组织女工到河北焦庄户参观学习。（摄影　王京广）

图 05：4 月 4 日，首钢干部职工参加全民义务植树活动。（摄影　王京广）

图 06：4 月 21 日，首钢京唐公司为 23 对青年举行集体婚礼。3 对新人在京唐公寓前兴高采烈。（摄影　杨立文）

图 07：5 月 21 日，首钢京唐公司举办庆祝投产十周年文艺演出。（摄影　王京广）

图 08：6 月 12 日，首钢劳模参观首钢北京园区。（摄影　孙　力）

图 09：6 月 25 日，首钢水钢公司举办“紧急救护，健康知识”讲座。（水钢公司提供）

图 10：7 月 16 日，为提高职工岗位安全意识，首钢冷轧公司开展体验式安全生产培训。（冷轧公司提供）

图 11：9 月 5 日，首钢矿业公司获北京市“暖心伴考”志愿服务活动“优秀组织单位”称号。（矿业公司提供）

图 12：9 月 26 日，首钢地产公司举行“不忘初心颂祖国，牢记使命再扬帆”庆祝新中国成立 70 周年合唱比赛。（地产公司提供）

图 13：在庆祝新中国成立 70 周年群众游行队伍中，“艰苦奋斗”方阵以首钢 19 个基层单位的 85 名职工为主。（摄影　王京广）

图 14：11 月 2 日，2019 环境舞蹈展演在首钢北京园区举行。（摄影　王京广）

图 15：首钢职工参观庆祝新中国成立 70 周年主题彩车展。（摄影　孙　力）

图 16：11 月 16 日，首钢贵钢公司开展“携手扶贫济困 · 助力脱贫攻坚”募捐活动。（贵钢公司提供）

图 17：首钢园区管理部举办职工拔河比赛。（园区管理部提供）

图 18：12 月 16 日，首钢获得新中国 70 年企业精神之“敢为人先精神”代表单位奖。（企业文化部提供）

目　　录

十大新闻

2019年首钢十大新闻 …………………………………（2）

特　　载

习近平走进首钢园
——习近平春节前夕在北京看望慰问基层干部群众 ………………………………（6）
勇当高质量发展排头兵　再度书写首钢百年传奇 ………………………………………………（8）
钢铁脊梁　百年首钢
——热烈庆祝首钢建厂100周年专版 ………（9）
以高质量党的建设推动首钢高质量发展 ………（10）
百年首钢　百炼成钢
——从钢铁强国“梦工厂”到改革转型“排头兵” ……………………………………（13）
百年首钢打造“梦工厂” ……………………（16）
从“钢”到“冰”
——首钢打造城市新地标 …………………（18）
百年首钢“凤凰涅槃”
——首钢转型发展的变革之路 ……………（20）
工业遗存变文化创意展示空间首钢三高炉展厅“首秀”书画展 ………………………………（23）
首钢推百万字丛书及画册庆祝建厂百年 ………（24）
首钢百年史启示了我们什么 …………………（25）
首钢命名表彰12名“首钢工匠” ……………（26）
“百年首钢·城市复兴论坛”开幕 ……………（26）
新首钢大桥开通 ………………………………（27）
首钢厂东门原址重新开放 ……………………（27）
在首钢厂东门广场开放仪式上的讲话 …………（28）
百年首钢的两次奥运奇缘 ……………………（29）
北京发布新首钢三年行动计划　打造新时代首都城市复兴新地标 …………………………（30）
半厂山水锦花地　十里钢城碧云天
——首钢园区工业遗存绿色蝶变 …………（31）
北京冬奥会比赛场馆——首钢滑雪大跳台建设完成 ……………………………………（33）
首钢滑雪大跳台精彩亮相 ……………………（33）
百年首钢　蓄力飞天
——首钢滑雪大跳台借力“沸雪”展示冬奥新转型续写新辉煌 ……………………（34）
秦皇岛首钢赛车谷正式开园 …………………（35）
由“工”到“匠”
——首钢职工学技术有奔头 ………………（35）
首钢AI园揭牌
——北京添硬科技新地标 …………………（37）
首钢园区管廊变身空中步道 …………………（38）
首钢园打造工业特色酒店 ……………………（39）
首钢负责升起最大“五星红旗” ……………（40）
首钢宝武战略合作促转型 ……………………（40）
首钢牵头项目获国家科技进步二等奖 …………（41）
首钢布局京外环境产业 ………………………（41）

文　　选

加强党的建设　深化改革创新　谱写百年首钢发展新篇章
——在中共首钢第十八届委员会第四次全体（扩大）会议上的报告 …… 张功焰（44）
保持定力　稳中求进　推动百年首钢高质量发展
——在首钢集团第十九届职工代表大会第四次会议上的报告 ………… 张功焰（54）

专　辑

创新创优创业

以高质量党的建设推动首钢高质量发展
——在2019年首钢“创新创优创业”
交流会上的讲话 …………………… 张功焰(66)

科技创新

保持定力　协同创新　为百年首钢高质量
发展提供动力
——在首钢集团科技大会上的报告
…………………………………………… 赵民革(73)
2019年度首钢科学技术奖(特殊贡献奖)
获奖名单 …………………………………… (81)
2019年度首钢获得上级奖励项目明细 ………… (81)
2019年度首钢科学技术奖(科技项目奖)
获奖项目 …………………………………… (83)

管理创新

2019年首钢管理创新成果获奖项目 ………… (88)

组织机构

集团成员单位管理关系图(1) ………………… (94)
集团成员单位管理关系图(2) ………………… (95)
集团成员单位管理关系图(3) ………………… (96)
集团成员单位管理关系图(4) ………………… (97)
集团成员单位管理关系图(5) ………………… (98)
2019年首钢集团有限公司领导 ……………… (99)

党群与战略管控

人力资源部(党委组织部)

人力资源部领导名录 ……………………… (102)
综述 ………………………………………… (102)
主题教育 …………………………………… (102)
两学一做 …………………………………… (102)
干部队伍建设 ……………………………… (102)
干部培训 …………………………………… (102)
年度测评 …………………………………… (102)
落实党建责任 ……………………………… (103)
党支部规范化建设 ………………………… (103)
党员参与社区服务 ………………………… (103)
创先争优实践活动 ………………………… (103)
基层党组织建设 …………………………… (103)
党建创新 …………………………………… (103)
人工费管理体系 …………………………… (103)
工资总额决定机制 ………………………… (103)
修订单项奖管理办法 ……………………… (103)
人才队伍建设 ……………………………… (103)
专业人才培训 ……………………………… (104)

企业文化部(党委宣传部)

企业文化部领导名录 ……………………… (104)
综述 ………………………………………… (104)
首钢“两会”解读宣传 ……………………… (104)
做好总书记视察首钢的宣传 ……………… (104)
形势任务宣传 ……………………………… (104)
主题教育理论学习活动 …………………… (105)
首钢“三创”会宣传 ………………………… (105)
党委中心组理论学习 ……………………… (105)
首钢100年系列纪念活动 ………………… (106)
意识形态工作 ……………………………… (106)
企业文化建设 ……………………………… (107)
“首钢人的故事”宣讲 ……………………… (107)
品牌宣传 …………………………………… (107)
社会媒体报道首钢 ………………………… (109)
首钢网络宣传管理 ………………………… (110)
推进建设“首钢融媒体中心” ……………… (111)
获奖与荣誉 ………………………………… (111)

纪委监察专员办公室

纪委监察专员办公室领导名录 …………… (111)
综述 ………………………………………… (111)
政治监督 …………………………………… (111)
纪律监督 …………………………………… (112)
专项监督 …………………………………… (112)
纠正“四风” ………………………………… (112)
线索处置 …………………………………… (112)

执纪审查 …………………………………………… (112)
体制改革 …………………………………………… (112)
队伍建设 …………………………………………… (113)

党委巡察办

党委巡察办名录 ………………………………… (113)
综述 ……………………………………………… (113)
制定巡察计划 …………………………………… (113)
推进巡察工作 …………………………………… (113)
发现突出问题 …………………………………… (114)
巡察整改工作 …………………………………… (114)
修订工作制度 …………………………………… (114)
巡察成果运用 …………………………………… (114)
探索巡察规律 …………………………………… (114)
巡察业务交流 …………………………………… (115)
调整巡察领导小组及办公室人员及职责 ……… (115)
召开联合监督检查推进会 ……………………… (115)
推进首钢巡视整改 ……………………………… (115)
推进上级党委巡察整改 ………………………… (115)

工　会

首钢工会领导名录 ……………………………… (115)
综述 ……………………………………………… (115)
组织国庆 70 周年游行 ………………………… (116)
市总十四大代表选举 …………………………… (116)
参加北京市工会第十四次代表大会 …………… (116)
纪念首钢建厂百年 ……………………………… (116)
评比表彰 ………………………………………… (116)
首钢工匠选树 …………………………………… (116)
技能专家助力冬奥大跳台 ……………………… (117)
职工技术创新 …………………………………… (117)
民主管理 ………………………………………… (117)
“走过百年”健步走 …………………………… (117)
“送温暖”工程 ………………………………… (117)
多维度帮扶救助 ………………………………… (117)
利用新载体活跃职工 …………………………… (118)
安康杯竞赛 ……………………………………… (118)
关爱女工 ………………………………………… (118)
文体活动 ………………………………………… (118)
重要活动 ………………………………………… (118)
荣誉称号 ………………………………………… (119)

战略发展部

战略发展部领导名录 …………………………… (119)
综述 ……………………………………………… (119)
编制首钢“十四五”发展规划 ………………… (119)
编制首钢 2020 年经营计划 …………………… (119)
深化投资管理体系建设 ………………………… (120)
开展资本运营顶层设计 ………………………… (120)
推进企业退出 …………………………………… (120)
推进首钢深化改革 ……………………………… (120)
开展对外战略合作 ……………………………… (120)
举办第四届曹妃甸海洋发展大会 ……………… (120)
争取利用政府资金 ……………………………… (120)

经营财务部

经营财务部领导名录 …………………………… (121)
综述 ……………………………………………… (121)
制度建设 ………………………………………… (121)
风控体系权利清单 ……………………………… (121)
信息化建设 ……………………………………… (121)
财务管理 ………………………………………… (121)
资金管理 ………………………………………… (121)
预算管理 ………………………………………… (122)
产权管理 ………………………………………… (122)
税务管理 ………………………………………… (122)
党组织建设 ……………………………………… (122)

系统优化部

系统优化部领导名录 …………………………… (123)
综述 ……………………………………………… (123)
运营改善优化 …………………………………… (123)
权力清单优化 …………………………………… (123)
转型提效 ………………………………………… (123)
年度绩效考核及目标制定 ……………………… (123)
第二任期中期督导和指标调整 ………………… (123)
颁发经营业绩考核管理办法 …………………… (124)
完善公司治理制度体系建设 …………………… (124)
制度建设提质减量 ……………………………… (124)
风控管理 ………………………………………… (124)

成立网信委 ……………………………… (124)
信息化水平测评 ……………………………… (124)
信息化制度体系完善 ……………………………… (124)
管控信息化建设 ……………………………… (124)
协同工作平台建设 ……………………………… (125)
主数据管理平台建设 ……………………………… (125)
推进信息化专题汇报 ……………………………… (125)
数据中心迁移顺利完成 ……………………………… (125)
落实国庆网络安全保障 ……………………………… (125)
规范系统集成 ……………………………… (125)
国资预算资金项目申报 ……………………………… (125)

国际业务部

国际业务部领导名录 ……………………………… (126)
综述 ……………………………… (126)
境外投资管理 ……………………………… (126)
境外融资管理 ……………………………… (126)
清理 SPV 公司 ……………………………… (126)
企业退出 ……………………………… (126)
外汇风险管理 ……………………………… (127)
党组织建设 ……………………………… (127)

安全环保部

安全环保部领导名录 ……………………………… (127)
综述 ……………………………… (127)
隐患排查治理体系建设 ……………………………… (127)
双重预防机制建设 ……………………………… (127)
本质化安全管理 ……………………………… (127)
北京地区单位安全管理 ……………………………… (127)
首钢北京园区安全管理 ……………………………… (127)
重大活动期间安全保障 ……………………………… (128)
完善安全基础管理 ……………………………… (128)
主要污染物排放指标 ……………………………… (128)
环保管理 ……………………………… (128)
落实排污许可制 ……………………………… (128)
环境责任报告体系建设 ……………………………… (128)
环境保护制度建设 ……………………………… (128)
重大活动环境质量保障 ……………………………… (128)
主要能源指标管控 ……………………………… (129)
能源成本管控 ……………………………… (129)
节能技术进步 ……………………………… (129)
能效对标找差 ……………………………… (129)
电力市场化交易 ……………………………… (129)
碳排放管理 ……………………………… (129)
能源基础管理 ……………………………… (129)

审计部

审计部领导名录 ……………………………… (130)
综述 ……………………………… (130)
经济责任审计 ……………………………… (130)
工程项目审计 ……………………………… (130)
重点工程全过程跟踪审计 ……………………………… (130)
专项审计 ……………………………… (130)
内部控制体系评价 ……………………………… (130)
开展审计整改“回头看” ……………………………… (130)
实施联合监督检查 ……………………………… (131)
健全审计管控体系 ……………………………… (131)
审计管理信息化项目通过立项 ……………………………… (131)
审计成果运用 ……………………………… (131)
与外部单位交流 ……………………………… (131)
审计队伍建设 ……………………………… (131)

办公厅

办公厅领导名录 ……………………………… (131)
综述 ……………………………… (131)
文稿起草 ……………………………… (131)
会议管理 ……………………………… (132)
督办工作 ……………………………… (132)
信息工作 ……………………………… (132)
扶贫工作 ……………………………… (132)
文秘与保密管理 ……………………………… (132)
对外交往 ……………………………… (132)

法律事务部

法律事务部领导名录 ……………………………… (132)
综述 ……………………………… (132)
法律审查 ……………………………… (133)
案件管理 ……………………………… (133)
总法建设 ……………………………… (133)
制度建设 ……………………………… (134)

法律监督 …………………………………………… (134)
评审工作 …………………………………………… (134)
普法宣传 …………………………………………… (134)
法治培训 …………………………………………… (134)

监事会工作办公室

监事会工作办公室领导名录 ……………………… (134)
综述 ……………………………………………… (134)
体系建设 …………………………………………… (134)
能力建设 …………………………………………… (134)
监督检查 …………………………………………… (135)
境外企业监督检查 ………………………………… (135)
专题调研 …………………………………………… (135)
整改复查 …………………………………………… (135)
调查研究 …………………………………………… (135)
过程监管 …………………………………………… (135)
常驻制 ……………………………………………… (136)
整改帮促 …………………………………………… (136)
管理制度修订 ……………………………………… (136)
制度宣贯及培训 …………………………………… (137)
管理创新 …………………………………………… (137)
专题党课 …………………………………………… (137)
党支部换届选举 …………………………………… (137)
共建主题党日活动 ………………………………… (137)

战略支撑

总工程师室

总工程师室领导名录 ……………………………… (140)
综述 ……………………………………………… (140)
钢铁项目方案研究及审查 ………………………… (140)
园区开发项目方案研究及审查 …………………… (141)
科技项目论证审查 ………………………………… (141)
专题研究及调研指导 ……………………………… (141)
基础工作及技术研讨交流 ………………………… (142)

技术研究院

技术研究院领导名录 ……………………………… (143)
综述 ……………………………………………… (143)
品种结构优化 ……………………………………… (143)
科技研究创新 ……………………………………… (143)
技术工艺攻关 ……………………………………… (143)
技术领域服务 ……………………………………… (144)
科技计划推进 ……………………………………… (144)
对外开放合作 ……………………………………… (144)
科技信息工作 ……………………………………… (144)
国内外学术交流 …………………………………… (144)
科研基地建设 ……………………………………… (145)
人才队伍建设 ……………………………………… (145)
凝聚力工程建设 …………………………………… (145)

发展研究院

发展研究院领导名录 ……………………………… (145)
综述 ……………………………………………… (145)
文稿起草 …………………………………………… (145)
专项调研 …………………………………………… (145)
科研成果 …………………………………………… (146)
管理创新评审 ……………………………………… (146)
党组织建设 ………………………………………… (146)
人才队伍建设 ……………………………………… (146)
史志年鉴 …………………………………………… (146)
杂志与内刊 ………………………………………… (146)

人才开发院

人才开发院领导名录 ……………………………… (147)
首钢党校领导名录 ………………………………… (147)
首钢工学院领导名录 ……………………………… (147)
首钢技师学院领导名录 …………………………… (147)
综述 ……………………………………………… (147)
主要指标 …………………………………………… (148)
人才开发调研 ……………………………………… (148)
青年干部培训班 …………………………………… (148)
党建文化培训 ……………………………………… (148)
领导人员培训 ……………………………………… (148)
专业人才培训 ……………………………………… (149)
技能人才培训 ……………………………………… (149)
人才素质测评 ……………………………………… (149)
培训体系建设 ……………………………………… (149)
职业技能竞赛 ……………………………………… (149)
社会教育培训 ……………………………………… (150)

职务评聘 ……………………………………………（150）
实训基地建设 ………………………………………（150）
教学成果 ……………………………………………（150）
学生工作 ……………………………………………（151）
承办重大活动 ………………………………………（151）

业务支持服务

财务共享中心

财务共享中心领导名录 ……………………………（154）
综述 …………………………………………………（154）
制度建设 ……………………………………………（154）
信息化建设与推广 …………………………………（154）
总账报表 ……………………………………………（155）
资产核算 ……………………………………………（155）
会计核算 ……………………………………………（155）
资金结算 ……………………………………………（155）
费用管理 ……………………………………………（156）
统计管理 ……………………………………………（156）
经济普查 ……………………………………………（156）
党组织建设 …………………………………………（156）

人事服务中心

人事服务中心领导名录 ……………………………（156）
综述 …………………………………………………（156）
核心人力资源管理信息化 …………………………（157）
人事档案数字化 ……………………………………（157）
风控及制度修订 ……………………………………（157）
满意度评价 …………………………………………（157）
解决职工切身利益问题 ……………………………（157）
推进退休人员社会化管理 …………………………（157）
“开源”清撤工作 ……………………………………（157）
争取财政资金支持 …………………………………（157）
外事管理 ……………………………………………（157）
高校毕业生招聘 ……………………………………（158）
工伤保险管理 ………………………………………（158）
工会会员管理 ………………………………………（158）
职业资格管理 ………………………………………（158）
企业补充医疗保险报销 ……………………………（158）
职工互助保险 ………………………………………（159）
老干部服务 …………………………………………（159）
退休人员服务和不在岗人员管理 …………………（159）

资产管理中心

资产管理中心领导名录 ……………………………（159）
综述 …………………………………………………（159）
管控体系建设 ………………………………………（160）
制度修订完善 ………………………………………（160）
首钢商标字号保护 …………………………………（160）
资产清查 ……………………………………………（160）
疏解整治促提升及拆迁腾退 ………………………（160）
资产处置 ……………………………………………（160）
土地房屋租赁管理 …………………………………（161）
资产管理信息化系统建设 …………………………（161）

行政管理中心

行政管理中心领导名录 ……………………………（161）
综述 …………………………………………………（161）
信息化建设 …………………………………………（161）
制度体系建设 ………………………………………（162）
“三供一业”分离移交 ………………………………（162）
公务用车管理 ………………………………………（162）
行政管理 ……………………………………………（163）
社会职能职责落实 …………………………………（163）
客车队服务 …………………………………………（164）
档案规章制度管理 …………………………………（164）
档案收集与保管 ……………………………………（164）
档案利用与编研 ……………………………………（164）
档案现代化管理与管控 ……………………………（164）
生活管理 ……………………………………………（164）
生活服务 ……………………………………………（164）
房管房改 ……………………………………………（165）
公共卫生管理 ………………………………………（165）

首钢集团财务有限公司

财务公司领导名录 …………………………………（165）
综述 …………………………………………………（165）
服务实体 ……………………………………………（165）
资金集中 ……………………………………………（165）
票据业务 ……………………………………………（165）

外汇业务 …………………………………………… (166)
风险管理和内部控制 ………………………………… (166)
信息化建设 ………………………………………… (166)
企业文化建设 ……………………………………… (166)

钢 铁 业

北京首钢股份有限公司

首钢股份领导名录 ………………………………… (168)
综述 ……………………………………………… (169)
主要指标 …………………………………………… (169)
专利技术及科技成果 ……………………………… (169)
推进精益 JIET 管理………………………………… (169)
推进六西格玛管理 ………………………………… (169)
管理创新活动成果 ………………………………… (170)
推广 TPM 管理……………………………………… (170)
加强板块运营 ……………………………………… (170)
加强财务管控 ……………………………………… (170)
拓展产融结合 ……………………………………… (170)
加强资产管理 ……………………………………… (170)
推进业财融合 ……………………………………… (170)
持续推进资本运作 ………………………………… (170)
钢铁板块企业退出 ………………………………… (170)
投资管理 …………………………………………… (170)
用户技术服务 ……………………………………… (170)
产品推进 …………………………………………… (171)
产能指标提升 ……………………………………… (171)
循环经济绿色发展 ………………………………… (171)
推进环保深度治理 ………………………………… (171)
钢铁板块设备管理 ………………………………… (171)
设备新技术应用 …………………………………… (171)
推行智能点检 ……………………………………… (171)
设备检修管理 ……………………………………… (171)
优化安全管理体系 ………………………………… (171)
组织消防知识培训 ………………………………… (171)
开展火灾事故应急演练 …………………………… (172)
重点工程 …………………………………………… (172)
工程招投标 ………………………………………… (172)
概预算审查 ………………………………………… (172)
产销项目推进 ……………………………………… (172)
机器人新场景应用研发平台建设 ………………… (172)
信息安全与两化融合 ……………………………… (172)
干部管理 …………………………………………… (172)
党建管理 …………………………………………… (173)
职工培训 …………………………………………… (173)
转型提效 …………………………………………… (173)
内部审计 …………………………………………… (173)
审计管控 …………………………………………… (173)
风控审计 …………………………………………… (173)
党风廉政建设 ……………………………………… (173)
廉政风险防控 ……………………………………… (173)
执纪审查 …………………………………………… (174)
效能监察 …………………………………………… (174)
纪检监察队伍建设 ………………………………… (174)
党群工作 …………………………………………… (174)
首钢股份大事记 …………………………………… (174)

首钢股份炼铁作业部

炼铁作业部领导名录 ……………………………… (175)
概况 ……………………………………………… (175)
安全管理 …………………………………………… (175)
环保管理 …………………………………………… (176)
技术指标 …………………………………………… (176)
成本指标 …………………………………………… (176)
降本增效 …………………………………………… (176)
转型提效 …………………………………………… (176)
工程改造 …………………………………………… (176)
进口矿资源运作 …………………………………… (176)
优化活性炭采购流程 ……………………………… (176)
平衡焦炭结构 ……………………………………… (176)
系列检修 …………………………………………… (177)
限产保供 …………………………………………… (177)
炉缸浇注 …………………………………………… (177)
专利与科技成果 …………………………………… (177)
科技项目 …………………………………………… (177)
环保治理项目 ……………………………………… (177)
攻克回转窑技术难题 ……………………………… (177)
球团产能 …………………………………………… (177)
球团外排达标 ……………………………………… (177)
节能项目 …………………………………………… (178)

变频器国产化改造 …… (178)
党群工作 …… (178)

首钢股份炼钢作业部

炼钢作业部领导名录 …… (178)
概况 …… (178)
安全管理 …… (178)
产量和指标 …… (178)
降本增效工作 …… (178)
重点品种生产 …… (179)
硅钢生产 …… (179)
规程管理 …… (179)
专利专有技术 …… (179)
炉底快换技术 …… (179)
重点技改项目 …… (179)
铸坯移动保温罩项目 …… (179)
产销一体化 …… (179)
人才培养 …… (179)
主题教育 …… (179)
职工创新 …… (180)

首钢股份热轧作业部

热轧作业部领导名录 …… (180)
概况 …… (180)
产量和指标 …… (180)
降本增效 …… (180)
品种结构调整 …… (180)
开拓酸洗板市场 …… (180)
技术创新结硕果 …… (180)
自动化技术攻关 …… (181)
质量控制 …… (181)
推进设备功能精度管理 …… (181)
创新修复促降本 …… (181)
环保设备设施改造 …… (181)
转型提效 …… (181)
干部队伍建设 …… (181)
职业技能竞赛 …… (181)
推进本质安全 …… (182)
推进精益管理 …… (182)
党建工作 …… (182)
党风廉政建设 …… (182)
营造和谐环境 …… (182)

首钢智新迁安电磁材料有限公司

首钢智新电磁领导名录 …… (182)
概况 …… (183)
产量稳增 …… (183)
订单兑现 …… (183)
质量提升 …… (183)
销售创效 …… (183)
渠道拓展 …… (183)
科技创新 …… (183)
产品认证 …… (184)
精益管理 …… (184)
降本增效 …… (184)
智能工厂 …… (184)
安全管理 …… (184)
环保管理 …… (184)
风控管理 …… (185)
人才建设 …… (185)
党群工作 …… (185)

首钢股份质量检验部

质量检验部领导名录 …… (185)
概况 …… (185)
主要检验指标 …… (185)
科技创新 …… (185)
质量体系建设 …… (186)
TPM 管理 …… (186)
精益管理 …… (186)
设备管理 …… (186)
降本增效 …… (186)
检验市场化 …… (186)
人才队伍建设 …… (186)
党风廉政建设 …… (187)
氛围营造 …… (187)

首钢股份能源部

能源部领导名录 …… (187)
概况 …… (187)
主要指标 …… (187)
能源管理 …… (187)

降本增效 …………………………………………… (187)
设备管理 …………………………………………… (188)
安全管理 …………………………………………… (188)
转型提效 …………………………………………… (188)
党建引领 …………………………………………… (188)

首钢股份营销中心

营销中心领导名录 ………………………………… (188)
概况 ………………………………………………… (188)
经营指标 …………………………………………… (189)
增强经营能力 ……………………………………… (189)
加快结构升级 ……………………………………… (189)
提高服务能力 ……………………………………… (189)
强化管控能力 ……………………………………… (189)
信息化建设 ………………………………………… (190)
党建与廉政 ………………………………………… (190)

首钢股份采购中心

采购中心领导名录 ………………………………… (190)
概况 ………………………………………………… (190)
原燃料采购 ………………………………………… (191)
备件采购 …………………………………………… (191)
板块协同 …………………………………………… (191)
备件联储 …………………………………………… (191)
进口矿中间费 ……………………………………… (191)
固体二次资源 ……………………………………… (191)
党建与廉政 ………………………………………… (191)

首钢股份职工创业开发中心

职工创业开发中心领导名录 ……………………… (192)
概况 ………………………………………………… (192)
在线交易 …………………………………………… (192)
备件仓储、配送 …………………………………… (192)
多种经营 …………………………………………… (192)
汽运保产环保服务 ………………………………… (193)
生产及设备管理 …………………………………… (193)
安全管理 …………………………………………… (193)
创新用人机制 ……………………………………… (193)
加强职工队伍建设 ………………………………… (193)
党群工作 …………………………………………… (193)

北京鼎盛成包装材料有限公司

鼎盛成公司领导名录 ……………………………… (194)
概况 ………………………………………………… (194)
生产经营 …………………………………………… (194)
财务核算 …………………………………………… (194)
设备管理 …………………………………………… (194)
降本增效 …………………………………………… (194)
本质安全 …………………………………………… (194)
环保管理 …………………………………………… (195)
人才建设 …………………………………………… (195)
党群工作 …………………………………………… (195)

北京首钢冷轧薄板有限公司

首钢冷轧领导名录 ………………………………… (195)
概况 ………………………………………………… (195)
主要指标 …………………………………………… (196)
产品认证 …………………………………………… (196)
结构调整 …………………………………………… (196)
服务提升 …………………………………………… (196)
技术创新 …………………………………………… (196)
精益管理推进 ……………………………………… (196)
人才队伍建设 ……………………………………… (197)
党建活动 …………………………………………… (197)
关心职工 …………………………………………… (197)

首钢京唐钢铁联合有限责任公司

首钢京唐领导名录 ………………………………… (197)
综述 ………………………………………………… (197)
生产情况 …………………………………………… (198)
股权投资情况 ……………………………………… (198)
二期投产 …………………………………………… (198)
系统年修 …………………………………………… (198)
产销一体化 ………………………………………… (198)
转型提效 …………………………………………… (198)
设备体系改革 ……………………………………… (198)
降本增效 …………………………………………… (198)
产品研发 …………………………………………… (199)
产品认证 …………………………………………… (199)
工艺稳定 …………………………………………… (199)
质量攻关 …………………………………………… (199)

制度体系优化 …………………………………（199）
精益管理 ……………………………………（199）
素养提升 ……………………………………（199）
安全管理 ……………………………………（199）
节能环保 ……………………………………（199）
省级企业技术中心挂牌 ……………………（200）
掌握大球比冶炼技术 ………………………（200）
MCCR 取得阶段性成绩 ……………………（200）
五效一体能源新模式 ………………………（200）
智能制造 ……………………………………（200）
循环经济园区建设 …………………………（200）
学习培训 ……………………………………（200）
干部管理 ……………………………………（200）
人才发展 ……………………………………（200）
主题教育 ……………………………………（200）
完善党建工作体系 …………………………（201）
规范组织建设 ………………………………（201）
党风廉政建设 ………………………………（201）
投产十周年系列活动 ………………………（201）
普惠职工 ……………………………………（201）
共享发展成果 ………………………………（201）
创新成果转化 ………………………………（202）
职工荣誉 ……………………………………（202）

首钢京唐炼铁作业部

炼铁作业部领导名录 ………………………（202）
概况 …………………………………………（202）
主要指标 ……………………………………（202）
工程技改 ……………………………………（202）
亮点工作 ……………………………………（202）

首钢京唐炼钢作业部

炼钢作业部领导名录 ………………………（203）
概况 …………………………………………（203）
主要指标 ……………………………………（203）
工程技改 ……………………………………（203）
亮点工作 ……………………………………（203）

首钢京唐热轧作业部

热轧作业部领导名录 ………………………（203）
概况 …………………………………………（203）
主要指标 ……………………………………（203）
工程技改 ……………………………………（203）
亮点工作 ……………………………………（204）

首钢京唐冷轧作业部

冷轧作业部领导名录 ………………………（204）
概况 …………………………………………（204）
主要指标 ……………………………………（204）
工程技改 ……………………………………（204）
亮点工作 ……………………………………（204）

首钢京唐钢轧作业部

钢轧作业部领导名录 ………………………（204）
概况 …………………………………………（204）
主要指标 ……………………………………（205）
工程技改 ……………………………………（205）
亮点工作 ……………………………………（205）

首钢京唐镀锡板事业部

镀锡板事业部领导名录 ……………………（205）
概况 …………………………………………（205）
主要指标 ……………………………………（205）
工程技改 ……………………………………（205）
亮点工作 ……………………………………（205）

首钢京唐彩涂板事业部

彩涂板事业部领导名录 ……………………（205）
概况 …………………………………………（206）
主要指标 ……………………………………（206）
工程技改 ……………………………………（206）
亮点工作 ……………………………………（206）

首钢京唐中厚板事业部

中厚板事业部领导名录 ……………………（206）
概况 …………………………………………（206）
主要指标 ……………………………………（206）
工程项目 ……………………………………（206）
亮点工作 ……………………………………（206）

首钢京唐能源与环境部

能源与环境部领导名录 ……………………（207）
概况 …………………………………………（207）

主要指标 …… (207)
工程技改 …… (207)

首钢京唐运输部

运输部领导名录 …… (207)
概况 …… (207)
主要指标 …… (208)
工程技改 …… (208)
亮点工作 …… (208)
其他部室领导名录 …… (208)
首钢京唐 2019 年大事记 …… (209)

唐山首钢京唐曹妃甸港务有限公司

京唐港务公司领导名录 …… (211)
概况 …… (211)

北京首宝核力设备技术有限公司

首宝核力公司领导名录 …… (212)
概况 …… (212)
体系建设 …… (212)
业务开展 …… (212)
运营风险防控 …… (213)
队伍建设 …… (213)
党群建设 …… (213)

北京首钢朗泽新能源科技有限公司

首钢朗泽公司领导名录 …… (213)
概况 …… (213)
主要指标 …… (213)
市场销售 …… (214)
项目拓展 …… (214)
科研专利 …… (214)

首钢凯西钢铁有限公司

首钢凯西公司领导名录 …… (214)
概况 …… (214)
主要指标 …… (214)
降本增效 …… (214)
产品结构和用户优化 …… (214)
外贸工作 …… (214)
自主完成酸洗线改造 …… (215)
支部建设 …… (215)

河北神州远大房地产开发有限公司

神州远大公司领导名录 …… (215)
概况 …… (215)
在建项目 …… (215)

首钢集团有限公司矿业公司

矿业公司领导名录 …… (215)
综述 …… (215)
主业生产经营 …… (216)
资源接替 …… (216)
资源综合利用 …… (216)
运输物流产业 …… (216)
相关产业 …… (216)
对标挖潜 …… (217)
设备管理 …… (217)
风控体系建设 …… (217)
安全管理 …… (217)
能源环保管理 …… (217)
重点工程 …… (217)
科技管理创新 …… (217)
调研整改 …… (217)
班组建设 …… (218)
智能矿山建设 …… (218)
综合治理 …… (218)
人才队伍建设 …… (218)
主题教育 …… (218)
组织建设 …… (218)
思想文化建设 …… (218)
纪检监察 …… (219)
群团工作 …… (219)
和谐企业建设 …… (219)
新媒体建设 …… (219)
全员健康 …… (219)
教育医疗 …… (219)
街道工作 …… (220)
形势任务 …… (220)
调研交流 …… (220)

矿业公司大石河铁矿

大石河铁矿领导名录 …… (221)

概况 …………………………………………（221）
主要指标 ……………………………………（221）
百元选厂 ……………………………………（221）
三供服务 ……………………………………（221）
资源综合利用 ………………………………（221）
安全环保 ……………………………………（221）
人才队伍建设 ………………………………（221）

矿业公司水厂铁矿

水厂铁矿领导名录 …………………………（221）
概况 …………………………………………（222）
主要指标 ……………………………………（222）
资源综合利用 ………………………………（222）
技术管理 ……………………………………（222）
百元选厂 ……………………………………（222）
设备管理 ……………………………………（222）
环境治理 ……………………………………（222）
科技创新 ……………………………………（222）
和谐矿山建设 ………………………………（222）

矿业公司杏山铁矿

杏山铁矿领导名录 …………………………（223）
概况 …………………………………………（223）
主要指标 ……………………………………（223）
资源综合利用 ………………………………（223）
工程管理 ……………………………………（223）
数字矿山 ……………………………………（223）
人才工作 ……………………………………（223）
安全和谐 ……………………………………（223）

矿业公司运输部

运输部领导名录 ……………………………（223）
概况 …………………………………………（223）
主要指标 ……………………………………（224）
安全生产 ……………………………………（224）
技能培训 ……………………………………（224）

矿业公司物资公司

物资公司领导名录 …………………………（224）
概况 …………………………………………（224）
主要指标 ……………………………………（224）
管控模式 ……………………………………（224）
专业管理 ……………………………………（224）
资源综合利用产业发展 ……………………（224）
炸药生产 ……………………………………（225）
安全管理 ……………………………………（225）
人才培养 ……………………………………（225）

矿业公司计控检验中心

计控检验中心领导名录 ……………………（225）
概况 …………………………………………（225）
主要指标 ……………………………………（225）
智能矿山建设 ………………………………（225）
技术转化 ……………………………………（225）
社会市场 ……………………………………（225）
市场开发 ……………………………………（225）
人才队伍 ……………………………………（226）
搭建育人平台 ………………………………（226）

矿业公司协力公司

协力公司领导名录 …………………………（226）
概况 …………………………………………（226）
主要指标 ……………………………………（226）
经营管理 ……………………………………（226）
检修施工 ……………………………………（226）
市场开发 ……………………………………（226）
降本增效 ……………………………………（226）
人才工作 ……………………………………（226）

首钢矿山机械制造厂

首钢矿机领导名录 …………………………（227）
概况 …………………………………………（227）
主要指标 ……………………………………（227）
产品开发 ……………………………………（227）
技改项目 ……………………………………（227）
设备管理 ……………………………………（227）
环境治理 ……………………………………（227）
队伍建设 ……………………………………（227）

矿业公司电力修造公司

电修公司领导名录 …………………………（227）
概况 …………………………………………（227）

北京首钢矿山建设工程有限责任公司

首矿建公司领导名录 …………………………………… (228)
概况 …………………………………………………… (228)
重点项目 ……………………………………………… (228)
精细化管理 …………………………………………… (228)
党建工作 ……………………………………………… (228)

唐山首钢马兰庄铁矿有限责任公司

马兰庄铁矿领导名录 …………………………………… (228)
概况 …………………………………………………… (228)
主要指标 ……………………………………………… (229)
地采工程 ……………………………………………… (229)
资源综合利用 ………………………………………… (229)
安全管理 ……………………………………………… (229)
技术改造 ……………………………………………… (229)
环保项目治理 ………………………………………… (229)
队伍建设 ……………………………………………… (229)

首钢矿业公司实业公司

首矿实业领导名录 ……………………………………… (229)
概况 …………………………………………………… (229)
主要指标 ……………………………………………… (229)
二手房交易 …………………………………………… (229)
后勤保障 ……………………………………………… (230)
开发创收 ……………………………………………… (230)
党建工作 ……………………………………………… (230)

首钢滦南马城矿业有限责任公司

马城矿业公司领导名录 ………………………………… (230)
概况 …………………………………………………… (230)
要件办理 ……………………………………………… (230)
工程推进 ……………………………………………… (230)
设计优化 ……………………………………………… (230)
科技创新 ……………………………………………… (231)

首钢地质勘查院

地勘院领导名录 ………………………………………… (231)
概况 …………………………………………………… (231)

迁安首钢设备结构有限公司

设结公司领导名录 ……………………………………… (231)
概况 …………………………………………………… (231)
主要指标 ……………………………………………… (231)
新型产业 ……………………………………………… (231)
管理创新 ……………………………………………… (231)
规章制度 ……………………………………………… (231)
技术创新 ……………………………………………… (231)
质量管理 ……………………………………………… (232)
人才队伍 ……………………………………………… (232)
党建工作 ……………………………………………… (232)

首钢水城钢铁(集团)有限责任公司

水钢公司领导名录 ……………………………………… (232)
综述 …………………………………………………… (232)
主要指标 ……………………………………………… (233)
降本增效 ……………………………………………… (233)
品牌建设 ……………………………………………… (233)
科技创新 ……………………………………………… (233)
财务管理 ……………………………………………… (233)
绿色环保 ……………………………………………… (234)
安全管理 ……………………………………………… (234)
设备管理 ……………………………………………… (234)
转型提效 ……………………………………………… (234)
市场化改革 …………………………………………… (234)
多元经营 ……………………………………………… (234)
信息化管理 …………………………………………… (235)
产城共融 ……………………………………………… (235)
风控管理 ……………………………………………… (235)
依法治企 ……………………………………………… (235)
购销工作 ……………………………………………… (236)
党建工作 ……………………………………………… (236)
脱贫攻坚 ……………………………………………… (236)
人才队伍建设 ………………………………………… (236)
职工培训 ……………………………………………… (236)
纪检监察工作 ………………………………………… (237)
武装保卫工作 ………………………………………… (237)
离退休服务工作 ……………………………………… (237)
意识形态工作 ………………………………………… (238)
企业文化 ……………………………………………… (238)
工会工作 ……………………………………………… (238)
职工普惠 ……………………………………………… (238)

团青工作 …… (239)
水钢公司2019年大事记 …… (239)

水钢公司铁焦事业部

铁焦事业部领导名录 …… (245)
概况 …… (245)
主要指标 …… (245)
亮点工作 …… (245)

水钢公司钢轧事业部

钢轧事业部领导名录 …… (245)
概况 …… (246)
主要指标 …… (246)
亮点工作 …… (246)

水钢公司能源事业部

能源事业部领导名录 …… (246)
概况 …… (246)
主要指标 …… (247)
亮点工作 …… (247)

水钢公司制造管理部

制造管理部领导名录 …… (247)
概况 …… (247)
主要指标 …… (248)
亮点工作 …… (248)

水钢公司物流仓储事业部

物流仓储事业部领导名录 …… (248)
概况 …… (248)
主要指标 …… (248)
亮点工作 …… (249)

水钢公司智能应用事业部

智能应用事业部领导名录 …… (249)
概况 …… (249)
主要指标 …… (249)
亮点工作 …… (249)

水钢公司维检中心

维检中心领导名录 …… (250)
概况 …… (250)
主要指标 …… (250)
亮点工作 …… (250)

水钢公司市场采购部

市场采购部领导名录 …… (251)
概况 …… (251)
主要指标 …… (251)
亮点工作 …… (251)

水钢公司销售分公司

销售分公司领导名录 …… (251)
概况 …… (252)
主要指标 …… (252)
亮点工作 …… (252)

贵州博宏实业有限责任公司

贵州博宏实业公司领导名录 …… (252)
概况 …… (252)
主要指标 …… (252)
亮点工作 …… (253)

贵州瑞泰实业有限公司

贵州瑞泰实业有限公司领导名录 …… (253)
概况 …… (253)
主要指标 …… (253)
亮点工作 …… (253)

水钢公司赛德建设有限公司

赛德建设有限公司领导名录 …… (254)
概况 …… (254)
主要指标 …… (254)
亮点工作 …… (255)

水钢公司总医院

总医院领导名录 …… (255)
概况 …… (255)
主要指标 …… (255)
亮点工作 …… (256)

水钢公司职教中心

职教中心领导名录 …… (256)
概况 …… (256)
主要指标 …… (256)
亮点工作 …… (256)

首钢长治钢铁有限公司

首钢长钢领导名录 …………………………… (257)
综述 ……………………………………………… (257)
主要指标 ……………………………………… (258)
安全管理 ……………………………………… (258)
环保管理 ……………………………………… (258)
资金管控 ……………………………………… (258)
市场化改革 …………………………………… (258)
设备管理 ……………………………………… (259)
能源管理 ……………………………………… (259)
节能减排 ……………………………………… (259)
铁前一体化 …………………………………… (259)
新产品开发 …………………………………… (259)
信息化建设 …………………………………… (259)
TPM 管理 ……………………………………… (259)
专利 ……………………………………………… (259)
管理创新 ……………………………………… (259)
群众性质量活动 ……………………………… (260)
9 号高炉系列大修 …………………………… (260)
国庆停复产 …………………………………… (260)
一罐到底 ……………………………………… (260)
厂容厂貌升级改造(一期)工程 …………… (260)
制度管理 ……………………………………… (260)
双基双评 ……………………………………… (260)
风控体系建设 ………………………………… (260)
择优升级 ……………………………………… (261)
非钢辅业发展 ………………………………… (261)
党建工作 ……………………………………… (261)
人才建设 ……………………………………… (261)
人才培养 ……………………………………… (261)
纪检监察 ……………………………………… (261)
企业文化 ……………………………………… (262)
民生工程 ……………………………………… (262)
群团经济技术工作 …………………………… (262)
长钢 2019 年大事记 ………………………… (262)

长钢公司焦化厂

焦化厂领导名录 ……………………………… (264)
概况 ……………………………………………… (264)
主要指标 ……………………………………… (264)
亮点工作 ……………………………………… (264)

长钢公司炼铁厂

炼铁厂领导名录 ……………………………… (264)
概况 ……………………………………………… (264)
主要指标 ……………………………………… (265)
亮点工作 ……………………………………… (265)

长钢公司炼钢厂

炼钢厂领导名录 ……………………………… (265)
概况 ……………………………………………… (265)
主要指标 ……………………………………… (265)
亮点工作 ……………………………………… (265)

长钢公司轧钢厂

轧钢厂领导名录 ……………………………… (265)
概况 ……………………………………………… (265)
主要指标 ……………………………………… (266)
亮点工作 ……………………………………… (266)

长钢公司熔剂厂

熔剂厂领导名录 ……………………………… (266)
概况 ……………………………………………… (266)
主要指标 ……………………………………… (266)
亮点工作 ……………………………………… (266)

长钢公司工建公司

工建公司领导名录 …………………………… (266)
概况 ……………………………………………… (266)
主要指标 ……………………………………… (266)
亮点工作 ……………………………………… (266)

长钢公司动力厂

动力厂领导名录 ……………………………… (267)
概况 ……………………………………………… (267)
主要指标 ……………………………………… (267)
亮点工作 ……………………………………… (267)

长钢公司运输部

运输部领导名录 ……………………………… (267)
概况 ……………………………………………… (267)
主要指标 ……………………………………… (267)
亮点工作 ……………………………………… (267)

长钢公司质量监督站

质量监督站领导名录 …………………………… (268)
概况 ………………………………………… (268)
主要指标 ……………………………………… (268)
亮点工作 ……………………………………… (268)

长治钢铁(集团)瑞昌水泥有限公司

瑞昌水泥领导名录 …………………………… (268)
概况 ………………………………………… (268)
主要指标 ……………………………………… (268)
亮点工作 ……………………………………… (268)

长钢公司后勤服务中心

后勤服务中心领导名录 ……………………… (269)
概况 ………………………………………… (269)
主要指标 ……………………………………… (269)
亮点工作 ……………………………………… (269)

长钢公司附属企业公司

附属企业公司领导名录 ……………………… (269)
概况 ………………………………………… (269)
主要经营指标 ………………………………… (269)
亮点工作 ……………………………………… (269)

首钢贵阳特殊钢有限责任公司

首钢贵钢领导名录 …………………………… (270)
综述 ………………………………………… (270)
产线产品 ……………………………………… (270)
新品开发 ……………………………………… (270)
体系管理 ……………………………………… (270)
转型升级 ……………………………………… (270)
经营财务 ……………………………………… (271)
安全管理 ……………………………………… (271)
环保管理 ……………………………………… (271)
能源管理 ……………………………………… (271)
人力资源 ……………………………………… (272)
党建工作 ……………………………………… (272)
脱贫攻坚 ……………………………………… (272)
企业文化 ……………………………………… (272)
宣传工作 ……………………………………… (273)
团青工作 ……………………………………… (273)
纪检监察 ……………………………………… (273)
素质提升 ……………………………………… (273)
企业荣誉 ……………………………………… (274)
贵钢 2019 年大事记 …………………………… (274)

首钢通化钢铁集团股份有限公司

通钢领导名录 ………………………………… (276)
综述 ………………………………………… (277)
生产经营 ……………………………………… (277)
安全环保 ……………………………………… (277)
深化改革 ……………………………………… (278)
品种质量 ……………………………………… (278)
指标提升 ……………………………………… (278)
设备管控 ……………………………………… (278)
自动化信息化 ………………………………… (278)
风险管控 ……………………………………… (278)
资产盘活 ……………………………………… (278)
项目建设 ……………………………………… (279)
人才建设 ……………………………………… (279)
职工创新 ……………………………………… (279)
党的建设 ……………………………………… (279)
通钢 2019 年大事记 …………………………… (279)

吉林通钢矿业有限公司

通钢矿业领导名录 …………………………… (289)
概况 ………………………………………… (289)
主要指标 ……………………………………… (289)
生产经营 ……………………………………… (289)
安全环保 ……………………………………… (289)
工程建设 ……………………………………… (289)
企业改革 ……………………………………… (289)
内部管理 ……………………………………… (290)
党的建设 ……………………………………… (290)

吉林通钢国际贸易有限公司

通钢国贸领导名录 …………………………… (290)
概况 ………………………………………… (290)
主要指标 ……………………………………… (290)
市场营销 ……………………………………… (290)
现货销售 ……………………………………… (290)
国际业务 ……………………………………… (291)

物流业务 …………………………………………… (291)
融资及资金运作 ……………………………………… (291)
党的建设 …………………………………………… (291)

吉林市焊管有限公司

吉林焊管领导名录 …………………………………… (291)
概况 ……………………………………………… (291)
主要指标 …………………………………………… (291)
工艺装备 …………………………………………… (291)

磐石无缝钢管有限责任公司

磐石钢管领导名录 …………………………………… (292)
概况 ……………………………………………… (292)
主要指标 …………………………………………… (292)
工艺装备 …………………………………………… (292)

吉林通钢自动化信息技术有限公司

通钢自信领导名录 …………………………………… (292)
概况 ……………………………………………… (292)
主要指标 …………………………………………… (292)
工艺装备 …………………………………………… (292)

首钢伊犁钢铁有限公司

首钢伊钢领导名录 …………………………………… (293)
综述 ……………………………………………… (293)
主要经济指标 ……………………………………… (293)
成本控制 …………………………………………… (293)
制度建设 …………………………………………… (294)
改进能源平衡 ……………………………………… (294)
推进全球团冶炼攻关 ………………………………… (294)
对标找差　提升效益 ………………………………… (294)
推进固废资源化利用 ………………………………… (294)
机构和薪酬改革 ……………………………………… (294)
拓宽销售渠道 ……………………………………… (295)
安全管理 …………………………………………… (295)
环保管理 …………………………………………… (295)
党建工作 …………………………………………… (295)
强化廉洁教育 ……………………………………… (295)
首钢伊钢 2019 年大事记 …………………………… (295)

巴州凯宏矿业有限责任公司

凯宏矿业领导名录 …………………………………… (296)
概况 ……………………………………………… (296)
生产经营指标 ……………………………………… (296)
强化管理释放产能 …………………………………… (296)
开拓创新 …………………………………………… (296)
安全环保工作 ……………………………………… (297)
以人为本 …………………………………………… (297)
党工群建设 ………………………………………… (297)

库车县天缘煤焦化有限责任公司

天缘焦化领导名录 …………………………………… (297)
概况 ……………………………………………… (297)
主要指标 …………………………………………… (297)
经营管理 …………………………………………… (297)
安全工作 …………………………………………… (297)
环保工作 …………………………………………… (298)
薪酬改革 …………………………………………… (298)
党建工作 …………………………………………… (298)
工会工作 …………………………………………… (298)

中国首钢国际贸易工程有限公司

首钢国际领导名录 …………………………………… (298)
综述 ……………………………………………… (298)
主要指标 …………………………………………… (299)
矿石进口 …………………………………………… (299)
海运业务 …………………………………………… (299)
钢材出口 …………………………………………… (299)
海外工程 …………………………………………… (300)
设备引进 …………………………………………… (300)
综合服务业 ………………………………………… (300)
企业退出工作 ……………………………………… (300)
风控建设 …………………………………………… (300)
党建工作 …………………………………………… (300)
企业文化建设 ……………………………………… (301)
职工队伍建设 ……………………………………… (301)
安全工作 …………………………………………… (301)
首钢国际 2019 年大事记 …………………………… (301)

首钢秘鲁铁矿股份有限公司

首钢秘铁领导名录 …………………………………… (304)
综述 ……………………………………………… (304)
主要经营指标 ……………………………………… (304)

确保客户用矿需要 …………………………………（304）
全员严控成本见成效 ………………………………（305）
降锌降碱 ……………………………………………（305）
投资制度与投资管理 ………………………………（305）
规划利用资源 ………………………………………（305）
新码头建设 …………………………………………（305）
首信二期扩建 ………………………………………（305）
基础工作 ……………………………………………（305）
稳定劳工和社区环境 ………………………………（306）
党建和廉政建设 ……………………………………（306）
视察与交流 …………………………………………（306）

北京首钢气体有限公司

首钢气体领导名录 …………………………………（306）
综述 …………………………………………………（307）
主要指标 ……………………………………………（307）
医用氧气市场拓展 …………………………………（307）
京津区域医用气体研究中心成立 …………………（307）
气体行业动态 ………………………………………（307）
稀有精制装置搬迁项目 ……………………………（307）
唐山子公司设立 ……………………………………（307）
安全生产 ……………………………………………（307）
车载 LNG 公交车检测业务…………………………（308）
风险防控体系建设 …………………………………（308）
冬奥场馆特种设备保障 ……………………………（308）
职工技能培训 ………………………………………（308）
党建工作 ……………………………………………（308）
群团工作 ……………………………………………（308）
荣誉称号 ……………………………………………（308）

北京首钢鲁家山石灰石矿有限公司

首钢鲁矿领导名录 …………………………………（308）
综述 …………………………………………………（309）
主要指标 ……………………………………………（309）
市场拓展 ……………………………………………（309）
氢氧化钙生产 ………………………………………（309）
京唐白灰竖窑工程 …………………………………（309）
北京矿区提前停止生产 ……………………………（309）
耐材炉料退出工作 …………………………………（310）
投资项目 ……………………………………………（310）
抗风险能力 …………………………………………（310）
提质增效 ……………………………………………（310）
安全环保 ……………………………………………（310）
强化管理 ……………………………………………（310）
党群工作 ……………………………………………（310）
首钢鲁矿 2019 年大事记 …………………………（311）

北京首钢耐材炉料有限公司

首钢耐材炉料领导名录 ……………………………（311）
综述 …………………………………………………（311）
年度经营指标 ………………………………………（311）
京唐二期套筒窑项目投产 …………………………（312）
企业退出工作 ………………………………………（312）
企业减负 ……………………………………………（312）
党建工作 ……………………………………………（312）

股权投资管理

北京首钢股权投资管理有限公司

股权公司领导名录 …………………………………（314）
综述 …………………………………………………（314）
经济指标 ……………………………………………（314）
改制企业深化改革 …………………………………（314）
落实企业退出 ………………………………………（314）
优化产权关系 ………………………………………（314）
夯实管控基础 ………………………………………（314）
风控体系建设 ………………………………………（315）
战略管理 ……………………………………………（315）
新产业培育 …………………………………………（315）
服务钢铁业 …………………………………………（315）
服务园区 ……………………………………………（315）
科技创新 ……………………………………………（315）
完成国庆庆典任务 …………………………………（316）
人力资源建设 ………………………………………（316）
党群工作 ……………………………………………（316）
首钢股权投资 2019 年大事记 ……………………（316）

北京首钢国际工程技术有限公司

首钢国际工程领导名录 ……………………………（317）
综述 …………………………………………………（317）
经营指标 ……………………………………………（317）

深化改革 …………………………………… (317)
钢铁冶金 …………………………………… (317)
能源环境 …………………………………… (318)
建筑市政 …………………………………… (318)
支撑产业 …………………………………… (318)
科技创新 …………………………………… (318)
质量管理 …………………………………… (318)
资金管理 …………………………………… (319)
债权法务 …………………………………… (319)
安全环保 …………………………………… (319)
人才队伍 …………………………………… (319)
企业文化 …………………………………… (320)

北京首钢建设集团有限公司

首钢建设领导名录 ………………………… (320)
综述 ………………………………………… (320)
主要指标 …………………………………… (321)
科技创新 …………………………………… (321)
市场开发 …………………………………… (321)
工程管理 …………………………………… (321)
企业管理 …………………………………… (321)
人才建设 …………………………………… (322)
国庆 70 周年活动运行保障 ……………… (322)
思想文化建设 ……………………………… (322)
开展主题教育 ……………………………… (322)
党组织建设 ………………………………… (322)
党风廉政建设 ……………………………… (323)
干部人才队伍建设 ………………………… (323)
工团工作 …………………………………… (323)

北京首钢自动化信息技术有限公司

首自信公司领导名录 ……………………… (323)
综述 ………………………………………… (324)
科技创新 …………………………………… (324)
科研成果 …………………………………… (324)
成果转化 …………………………………… (324)
钢铁业科研开发 …………………………… (325)
新产业研发 ………………………………… (325)
知识产权 …………………………………… (325)
论文及学术交流 …………………………… (325)
产业联盟与政府支持 ……………………… (325)
职务职级评聘 ……………………………… (325)
绩效考核 …………………………………… (326)
职业技能竞赛 ……………………………… (326)
深化组织机构改革 ………………………… (326)
规划建设 …………………………………… (326)
投资管理 …………………………………… (326)
企业退出管理 ……………………………… (326)
战略合作协议 ……………………………… (326)
风控管理 …………………………………… (327)
制度管理 …………………………………… (327)
项目管理 …………………………………… (327)
精细化管理 ………………………………… (327)
业财系统上线 ……………………………… (327)
制定财务改革方案 ………………………… (327)
推进法治化建设 …………………………… (327)
集团管控 …………………………………… (327)
移动互联 …………………………………… (327)
智能工业打造 ……………………………… (327)
云平台建设 ………………………………… (328)
运维业务 …………………………………… (328)
智慧建筑 …………………………………… (328)
物联网建设 ………………………………… (328)
综合管理服务 ……………………………… (328)
园区电信建设 ……………………………… (328)
立体车库自动化信息化 …………………… (329)
做实充电桩产业 …………………………… (329)
推进高质量党建 …………………………… (329)
打造变革创新文化 ………………………… (329)

北京首钢机电有限公司

首钢机电领导名录 ………………………… (329)
综述 ………………………………………… (329)
主要经济指标 ……………………………… (330)
市场承揽 …………………………………… (330)
板块打造 …………………………………… (330)
工艺技术提升 ……………………………… (330)
项目组织管理 ……………………………… (330)
产业培育 …………………………………… (331)
资质取证 …………………………………… (331)
管控体系建设 ……………………………… (331)

企业退出 …… (331)
转型提效 …… (331)
企业文化建设 …… (331)
队伍建设 …… (331)
职工关怀 …… (331)

北京首钢实业集团有限公司

首钢实业领导名录 …… (332)
综述 …… (332)
股权改革 …… (332)
开拓市场 …… (332)
信息化建设 …… (332)
科技创新 …… (333)
培训体系建设 …… (333)
人才晋升 …… (333)
国庆70周年服务保障 …… (333)
党组织建设 …… (333)
首欣物业 …… (333)
推进"三供一业"的移交 …… (333)
首钢饮食 …… (334)
首实包装 …… (334)
首实教育 …… (334)
曹首实公司 …… (335)
和平国旅 …… (335)

北京首钢吉泰安新材料有限公司

首钢吉泰安领导名录 …… (335)
综述 …… (335)
主要经济指标 …… (336)
销售渠道拓宽 …… (336)
生产组织 …… (336)
技术创新 …… (337)
质量管理 …… (337)
安全管理 …… (337)
环保管理 …… (338)
设备节能控制 …… (338)
主题教育 …… (338)
党建工作 …… (338)
廉政建设 …… (338)
人才队伍建设 …… (338)

北京北冶功能材料有限公司

北冶公司领导名录 …… (339)
综述 …… (339)
主要指标 …… (339)
科技创新 …… (339)
技术改造 …… (340)
管理创新 …… (340)
安全生产 …… (340)
职工培训 …… (340)
工会工作 …… (341)
党的建设 …… (341)
企业文化 …… (341)

北京首钢城运控股有限公司

首钢城运领导名录 …… (341)
综述 …… (342)
主要指标 …… (342)
市场开发 …… (342)
重点工程 …… (342)
科技开发 …… (343)
车场运维管理 …… (343)
制造基地 …… (343)
组织机构调整 …… (343)
制度规范 …… (343)
管控体系 …… (343)
风控管理 …… (343)
信息化建设与管理 …… (343)
主题教育 …… (344)
党组织建设 …… (344)
廉洁建设 …… (344)
企业文化建设 …… (344)
人才队伍建设 …… (344)
职工培训工作 …… (345)

园区管理

北京首钢建设投资有限公司

首钢建投领导名录 …… (348)
综述 …… (348)

国务院办公厅通报表扬首钢园区 …………………… (348)
北京市新首钢发展建设领导小组第六次
　会议 ……………………………………………… (348)
获得荣誉 ………………………………………… (349)
体制机制改革 …………………………………… (349)
公司运行 ………………………………………… (349)
手续办理 ………………………………………… (349)
项目建设 ………………………………………… (349)
基础设施建设 …………………………………… (349)
成本控制 ………………………………………… (349)
产业发展 ………………………………………… (349)
招商合作 ………………………………………… (350)
运营服务 ………………………………………… (350)
安全环保 ………………………………………… (350)
主题教育 ………………………………………… (350)
党建工作 ………………………………………… (350)
廉政建设 ………………………………………… (351)
企业文化建设 …………………………………… (351)
首钢建投 2019 年大事记 ……………………… (351)

北京首钢园区综合服务有限公司

园区服务公司领导名录 ………………………… (352)
综述 ……………………………………………… (352)
经营指标 ………………………………………… (353)
活动保障 ………………………………………… (353)
园林绿化 ………………………………………… (353)
服务冬奥 ………………………………………… (353)
文化旅游 ………………………………………… (353)
包车客运 ………………………………………… (353)
餐饮服务 ………………………………………… (353)
党建工作 ………………………………………… (353)
党风廉政 ………………………………………… (353)
人才培养 ………………………………………… (354)
企业文化 ………………………………………… (354)
安全环保 ………………………………………… (354)

园区管理部

园区管理部领导名录 …………………………… (354)
综述 ……………………………………………… (354)
资产管理 ………………………………………… (354)
“两违”治理 ……………………………………… (355)
转型提效 ………………………………………… (355)
费用节降 ………………………………………… (355)
环保管理 ………………………………………… (355)
服务保障 ………………………………………… (355)
党群工作 ………………………………………… (355)
结对帮扶 ………………………………………… (356)

北京首钢特殊钢有限公司

首钢特钢领导名录 ……………………………… (356)
综述 ……………………………………………… (356)
主要指标 ………………………………………… (356)
工作思路 ………………………………………… (356)
管理体系建设 …………………………………… (357)
首特园区开发建设 ……………………………… (357)
招商推广 ………………………………………… (357)
物业运营服务 …………………………………… (357)
物业及资产经营 ………………………………… (357)
钢材加工及贸易 ………………………………… (357)
投资企业运营 …………………………………… (357)
经营环境 ………………………………………… (358)
安全环保 ………………………………………… (358)
企业退出及优化管理 …………………………… (358)
党建工作 ………………………………………… (358)
职工队伍建设 …………………………………… (358)
改善职工生活 …………………………………… (358)

京冀曹妃甸协同发展示范区建设投资有限公司

京冀曹建投领导名录 …………………………… (359)
综述 ……………………………………………… (359)
主要指标 ………………………………………… (359)
招商引资 ………………………………………… (359)
公共资源共建共享 ……………………………… (359)
公司治理 ………………………………………… (360)
绿建技术研发 …………………………………… (360)
党建工作 ………………………………………… (360)

秦皇岛首秦金属材料有限公司

首秦公司领导名录 ……………………………… (360)
综述 ……………………………………………… (360)
主要经济指标 …………………………………… (361)

园区建设 …………………………………… (361)
运动板块建设 ………………………………… (361)
文娱板块建设 ………………………………… (361)
配套项目建设 ………………………………… (361)
园区运营 ……………………………………… (361)
品牌赛事 ……………………………………… (361)
赛事保障 ……………………………………… (361)
合作共赢 ……………………………………… (362)
招商推介拓宽市场 …………………………… (362)
财税体系建设 ………………………………… (362)
资产处置 ……………………………………… (362)
企业管理 ……………………………………… (362)
党建工作 ……………………………………… (362)
廉政建设 ……………………………………… (362)
园区文化 ……………………………………… (363)

秦皇岛首秦钢材加工配送有限公司

首秦加工公司领导名录 ……………………… (363)
概况 …………………………………………… (363)
主要指标 ……………………………………… (363)
财务一体化 …………………………………… (363)
厂房租赁 ……………………………………… (363)
生产业务 ……………………………………… (363)
销售工作 ……………………………………… (363)

秦皇岛首钢板材有限公司

板材公司领导名录 …………………………… (363)
概况 …………………………………………… (363)
资产处置 ……………………………………… (364)
三供一业 ……………………………………… (364)
子公司退出 …………………………………… (364)
人员安置 ……………………………………… (364)

秦皇岛首秦龙汇矿业有限公司

首秦龙汇公司领导名录 ……………………… (364)
概况 …………………………………………… (364)

秦皇岛首秦嘉华建材有限公司

首秦嘉华领导名录 …………………………… (364)
概况 …………………………………………… (364)

直管单位

首钢环境产业有限公司

首钢环境领导名录 …………………………… (366)
综述 …………………………………………… (366)
主要指标 ……………………………………… (366)
生活垃圾综合处理 …………………………… (366)
工业污染土壤治理及生态修复 ……………… (366)
城市固废资源化处置产业 …………………… (367)
企业运营管控 ………………………………… (367)
市场开拓 ……………………………………… (367)
科技创新 ……………………………………… (367)
党建工作 ……………………………………… (368)
企业文化 ……………………………………… (368)

首钢控股有限责任公司

首钢控股领导名录 …………………………… (368)
综述 …………………………………………… (368)
首旺煤业项目 ………………………………… (369)
西沟煤矿项目 ………………………………… (369)
华兵矿业项目 ………………………………… (369)
宜昌铁矿项目 ………………………………… (369)
首控物业项目 ………………………………… (369)
江苏首控项目 ………………………………… (369)
首钢伊钢项目 ………………………………… (370)
通钢公司项目 ………………………………… (370)
管控体系 ……………………………………… (370)
党群工作 ……………………………………… (370)
人才队伍 ……………………………………… (370)

北京首钢矿业投资有限责任公司

首钢矿投领导名录 …………………………… (371)
综述 …………………………………………… (371)
主要指标 ……………………………………… (371)
企业退出 ……………………………………… (371)
制度管理 ……………………………………… (371)
风控体系建设 ………………………………… (371)
审计问题整改 ………………………………… (371)
科技创新及新项目 …………………………… (371)

安全管理及评审 …………………………………（371）
矿产资源利用 …………………………………（371）
主题教育 …………………………………（372）
加强党建 …………………………………（372）
扶贫工作 …………………………………（372）
巡察整改 …………………………………（372）
党风廉政建设 …………………………………（372）
生产经营活动 …………………………………（372）
环保工作 …………………………………（372）
重要活动 …………………………………（372）

北京首钢房地产开发有限公司

首钢地产领导名录 …………………………………（373）
综述 …………………………………（373）
主要指标 …………………………………（373）
自有用地开发 …………………………………（373）
市场化项目开发经营 …………………………………（374）
优化治理体系 …………………………………（374）
强化业务管控 …………………………………（374）
资金管理 …………………………………（374）
风控管理 …………………………………（374）
人才队伍建设 …………………………………（375）
廉政建设 …………………………………（375）
文化建设 …………………………………（375）

首钢医院有限公司

首钢医院领导名录 …………………………………（375）
综述 …………………………………（375）
机构调整 …………………………………（376）
改革与管理 …………………………………（376）
医疗工作 …………………………………（376）
医疗援助 …………………………………（376）
护理工作 …………………………………（376）
科研工作 …………………………………（376）
医学教育 …………………………………（376）
交流与合作 …………………………………（377）
信息化建设 …………………………………（377）
基本建设 …………………………………（377）
院庆活动 …………………………………（377）
重要事项 …………………………………（377）
党建工作 …………………………………（377）

首钢控股（香港）有限公司

香港首控领导名录 …………………………………（378）
综述 …………………………………（378）
主要指标 …………………………………（378）
首长国际持续增长 …………………………………（378）
首钢资源持续高盈利 …………………………………（378）
首长四方推进战略转型 …………………………………（378）
首长宝佳扭亏为盈 …………………………………（379）
环球数码整困重塑道路 …………………………………（379）
履行社会责任 …………………………………（379）

北京京西重工有限公司

京西重工领导名录 …………………………………（379）
综述 …………………………………（379）
主要指标 …………………………………（379）
业务重组及战投引入 …………………………………（380）
技术研发 …………………………………（380）
持续改进 …………………………………（380）
新工厂成效 …………………………………（380）
清撤工作 …………………………………（380）
人工成本管理 …………………………………（380）
风险防范 …………………………………（380）
政治建设 …………………………………（381）
思想建设 …………………………………（381）
组织建设 …………………………………（381）
作风建设 …………………………………（381）
纪律建设 …………………………………（381）

北京首钢基金有限公司

基金公司领导名录 …………………………………（382）
综述 …………………………………（382）
主要指标 …………………………………（382）
收购首长四方股份 …………………………………（382）
投资上海金浦 …………………………………（382）
投资夏尔巴 …………………………………（382）
投资丰首基金 …………………………………（382）
首钢基金与京东城市战略合作 …………………………………（383）
投资中航基金 …………………………………（383）
标普再次授予首钢基金高评级 …………………………………（383）
投资首狮基金 …………………………………（383）

引入全国社保基金 …………………………（383）
全国社保基金理事会理事长到访首钢 …………（383）
冬奥中医药国际保障中心选址侨梦苑 …………（383）
大兴国际机场停车楼正式投运 ………………（383）
投资华盖基金 ………………………………（383）
被投企业理想汽车正式交付 …………………（384）
北汽新能源项目实现退出 ……………………（384）
首长国际获得首都机场停车楼经营权 …………（384）
首钢基金首届秋季运动会 ……………………（384）
北京资产管理公司设立 ………………………（384）
药明康德项目实现成功退出 …………………（384）
陈吉宁市长调研创业公社 ……………………（384）
首钢基金摘牌东南区二期项目 ………………（384）
张家口冰雪基金完成签约 ……………………（385）
水钢医院运营管理全面提升 …………………（385）

北京首钢体育文化有限公司

首钢体育领导名录 …………………………（385）
综述 ………………………………………（385）
持续深化改革 ………………………………（385）
俱乐部建设及赛事成绩 ………………………（386）
开启中国棒球职业联赛元年 …………………（386）
“雏鹰计划”品牌 ……………………………（386）
助力“体育强国梦” …………………………（386）
品牌公关和商务开发 ………………………（386）
资产盘活与运营 ……………………………（387）
安全工作 …………………………………（387）
党建工作 …………………………………（387）
工团工作 …………………………………（387）

北京首钢文化发展有限公司

首钢文化公司领导名录 ………………………（388）
综述 ………………………………………（388）
原创大型话剧 ………………………………（388）
电视剧拍摄发行 ……………………………（388）
对外合作 …………………………………（388）
学习交流 …………………………………（389）
广告和品牌运营 ……………………………（389）
重大庆祝活动展览策划 ………………………（389）
完成展会全流程项目 ………………………（389）
制度建设 …………………………………（389）
风险防控体系建设 …………………………（389）
人才建设 …………………………………（389）
主题教育 …………………………………（389）
党群工作 …………………………………（390）
团队建设 …………………………………（390）

首钢医疗健康产业投资有限公司

首钢医疗投资领导名录 ………………………（390）
综述 ………………………………………（390）
主要经济指标 ………………………………（391）
项目建设 …………………………………（391）
拓展养老市场 ………………………………（391）
培育养老品牌 ………………………………（391）
医药集采业务 ………………………………（391）
制度建设 …………………………………（391）
人才建设 …………………………………（392）
党群工作 …………………………………（392）
团队活动 …………………………………（392）
转提做学习教育 ……………………………（392）
调研交流 …………………………………（392）

首钢医药有限公司

首钢医药有限公司领导名录 …………………（393）
综述 ………………………………………（393）
主要指标 …………………………………（393）

石景山区老年福敬老院

老年福敬老院领导名录 ………………………（393）
综述 ………………………………………（393）
医养结合 …………………………………（393）
人才建设 …………………………………（393）
安全管理 …………………………………（393）

大 事 记

2019年首钢大事记 …………………………（396）

荣誉表彰

首钢“六好”班子 …………………………（410）

首钢模范基层党委 …………………………………（410）
首钢模范党支部 ……………………………………（410）
2019 年度首钢模范共产党员名单 ………………（412）
2019 年度首钢先进单位名单 ……………………（413）
2019 年度首钢先进集体名单 ……………………（413）
2019 年度首钢劳动模范名单 ……………………（415）
2019 年度首钢之星典型事迹 ……………………（419）

（一）担当之星

技术攻关不畏难　开发高端镀锡板 ………………（419）
尽职尽责敢担当　严把废钢入炉关 ………………（419）
资源利用拓市场　绿色建材亮名片 ………………（419）
转型转岗从头越　奥运金牌讲解员 ………………（419）
网幕制造挑重担　国庆项目建新功 ………………（419）

（二）创新之星

精益制造铸匠心　硅钢生产攀高峰 ………………（420）
执着创新促生产　球团产量创新高 ………………（420）
选矿生产解难题　培育效益增长极 ………………（420）
倾心招商栽新枝　培育园区新活力 ………………（420）
进口矿石护航人　生产保供降成本 ………………（420）

（三）争先之星

汽车用钢攻难关　产品首发世界级 ………………（420）
创优争先抓技改　棒材生产增效益 ………………（421）
担纲项目进南美　海水淡化立丰碑 ………………（421）
内控体系建制度　合规审核避风险 ………………（421）
用心聚焦赛车谷　展示首秦新风貌 ………………（421）

统计资料

2019 年首钢集团主要工业产品产量完成情况 ……………………………………………（424）
2019 年首钢集团主要综合效益指标完成情况 ……………………………………………（425）
2019 年首钢主要技术经济指标完成情况 ………（426）
2019 年授权专利 …………………………………（427）
2019 年末首钢集团各单位职工分类构成情况 ……………………………………………（450）
2019 年末首钢集团离退休人员及费用构成情况 ………………………………………（454）
2019 年末首钢集团职工年龄和政治面貌构成情况 ………………………………………（456）
2019 年末首钢集团（钢铁板块）职工政治面貌构成情况 ……………………………………（457）

制度目录

2019 年度首钢集团制度颁发文件目录索引 ……（460）
2019 年度首钢集团制度废止文件目录索引 ……（463）

《首钢年鉴·2020》编辑人员

《首钢年鉴·2020》组稿编辑名单 ………………（468）

索　引 ……………………………………………（470）

CONTENTS

SHOUGANG GENERAL COMPANY. / ······ (2)
BEIJING SHOUGANG CO.,LTD./ ······ (168)
SHOUGANG JINGTANG UNITED IRON & STEEL CO.,LTD./ ······ (197)
SHOUGANG MINING CORP. / ······ (215)
SHOUGANG SHUICHENG IRON & STEEL(GROUP)CO.,LTD. / ······ (232)
SHOUGANG CHANGZHI IRON & STEEL CO.,LTD./ ······ (257)
SHOUGANG GUIYANG SPECIAL STEEL CO.,LTD./ ······ (270)
SHOGUANG TONGGANG GROUP/ ······ (276)
SHOUGANG YILI STEEL CO.,LTD./ ······ (293)
CHINA SHOUGANG INTERNATIONAL TRADE &ENGINEERING CORP. / ······ (298)
BEIJING SHOUGANG INTERNATIONAL ENGINEERING TECHNOLOGY CO.,LTD./ ······ (317)
BEIJING SHOUGANG CONSTRUCTION GROUP CO.,LTD./ ······ (320)
BEIJING SHOUGANG AUTOMATION INFORMATION TECHNOLOGY CO.,LTD. / ······ (323)
BEIJING SHOUGANG MACHINERY & ELECTRIC CO.,LTD./ ······ (329)
BEIJING SHOUGANG SPECIAL STEEL CO.,LTD./ ······ (356)
QINHUANGDAO SHOUQIN METAL MATERIAL CO.,LTD./ ······ (360)
BEIJING SHOUGANG REAL ESTATE(GROUP)CO.,LTD. / ······ (373)
BEIJING WEST INDUSTRY CO.,LTD./ ······ (379)

十大新闻

◎责任编辑：马　晓

2019年首钢十大新闻

习近平总书记到首钢园区视察慰问　为百年首钢高质量发展指引方向

2月1日，春节前夕，在首钢建厂100周年之际，中共中央总书记、国家主席、中央军委主席习近平到首钢园区视察慰问，给首钢干部职工拜年，对园区的规划建设、产业转型、风貌保护、生态建设等方面给予肯定，为打造新时代首都城市复兴新地标、谱写百年首钢发展新篇章进一步指明方向，增添强大动力。习近平总书记来到首钢，在首钢广大干部职工中引起强烈反响，大家激动自豪之情溢于言表，心潮澎湃、欢欣鼓舞，倍感温暖、倍感振奋、倍感激励，首钢党委制定下发《关于深入学习贯彻习近平总书记在首钢园区视察慰问时的重要指示精神的意见》，首钢上下掀起学习贯彻习近平总书记重要指示精神的热潮。广大干部职工把总书记的亲切关怀、重要指示转化为推动首钢改革发展的强大动力，锐意进取，攻坚克难，瞄准首钢"两会"确定的目标任务全力拼搏，推动首钢各项工作不断迈上新台阶，圆满完成各项任务，展现新形象、新作为。

首钢产品获宝马"质量卓越奖"等众多奖项

3月26日，首钢凭借在保证供货、技术合作、新产品研发应用和质量稳定等方面的出色表现，荣获华晨宝马汽车板供应"质量卓越奖"。同时，电工钢、镀锡板等高端产品获西门子全球最佳供应商、中粮集团最佳供应商等奖项。首钢坚持站在高端、服务高端的精品战略，持续推进产品结构、用户结构优化。汽车板实现上汽大众和日系品牌供货量倍增，进入丰田供应体系，1000兆帕级酸洗复相高强汽车板国内独家供货奔驰；取向电工钢超薄产品连续两年国内市场占有率第一；镀锡板DR材同比增长54%；耐火耐候钢成套技术成功应用于冬奥滑雪大跳台项目，高强易焊接高建钢亮相雄安火车站工程；桥梁板应用于凤凰黄河大桥、舟山大桥等重大工程；轻量化用钢供货华为5G信号塔。

深入开展"不忘初心、牢记使命"主题教育

6月10日，首钢启动"不忘初心、牢记使命"主题教育。作为北京市第一批主题教育单位，首钢党委高度重视，聚焦"守初心、担使命，找差距、抓落实"的总要求，精心制定实施方案，派出巡回指导组加强督促指导，全过程抓紧思想认识、检视问题、整改落实、组织领导"四个到位"。通过主题教育，广大党员干部思想政治受到洗礼，强化了干事创业的使命担当。8月9日召开的首钢"三创"交流会作为主题教育先进典型教育专题，进一步深入学习贯彻习近平党建思想，把思想和行动统一到党中央全面从严治党各项部署和要求上来，进一步强根固魂，向典型学习，向先进看齐，以高质量党建推动首钢高质量发展。

首钢实现北京机场停车运营领域全覆盖

7月，从投资、规划、设计到建设、管理、运营全产业链均有首钢项目团队参与的北京大兴国际机场停车楼正式通过竣工验收。9月25日，北京大兴国际机场正式投入使用，首钢为新机场打造的富含科技感和贴心服务的停车

楼也随之正式运营，共有4238个停车位，含630个充电车位，并配套近万平方米便民服务设施。10月10日，首钢在港旗舰上市公司首长国际中标北京首都国际机场停车楼（场）经营权转让项目，获得15年经营权。该次中标首都国际机场停车运营权项目后，首长国际已经对北京的机场停车领域实现全覆盖。截至年底，首钢首长国际团队累计已获取的车位数量得到快速增长，已经超过5万个。

首钢京唐二期一步工程投产达到设计水平

8月1日，首钢京唐二期一步工程全面建成投产，3号高炉投产一个月达到设计产能。首钢京唐二期工程项目，是经国务院批准的《河北省钢铁产业结构调整方案》调整优化产业布局的重点项目，是京冀两地落实京津冀协同发展战略的重点项目，也是首钢做优做强钢铁业的重要举措。首钢京唐二期一步工程在推广应用一期220项先进技术基础上，优化改进技术54项，创新技术50项。其中，采用大比例球团冶炼技术，开创国内乃至亚洲先河。配备世界首台套新型全无头薄板坯连铸连轧MCCR生产线，引领未来薄规格高强热轧带钢绿色智能制造新趋势、新方向。升级改造后的中厚板产线瞄准高强度（超高强度）、高硬度、高抗应变能力、低磁或无磁化、耐腐蚀的高端板材，使京唐产品结构更合理，品种规格更齐全，市场竞争力更强。

首届12名“首钢工匠”受到命名表彰

9月16日，首钢上下广泛关注的首届12名“首钢工匠”受到命名表彰。首钢高度重视技能人才队伍建设，开展首钢工匠评选等做法受到全国总工会、北京市委市政府的充分肯定。首钢通过建立技能人才成长成才机制，切实发挥高技能人才在全员提素中的引领示范和辐射带动作用，3月25日，首钢制定颁发《首钢集团有限公司首钢工匠评选管理办法》，以机制创新开启首钢高技能人才培养建设的新引擎。2019年，首钢涌现出国家级创新工作室5个、省部级创新工作室37个，王文华、牛旭红两名高技能人才成为享受国务院政府特殊津贴专家；卫建平荣获“首都精神文明建设奖”“第十四届全国技术能手”称号；徐芳、严振湘、文新理当选“首都市民学习之星”。

蔡奇、陈吉宁调研勉励首钢勇当高质量发展排头兵

9月17日，在首钢建厂百年之际，中央政治局委员、北京市委书记蔡奇，北京市委副书记、市长陈吉宁再次到首钢“双调研”，高度肯定首钢改革发展成绩，明确提出“进一步成为国有企业改革的先行者、高质量发展的排头兵，打造世界一流的综合性大型企业集团”的要求。蔡奇书记、陈吉宁市长以“双调研”的形式对首钢建厂百年表示祝贺，将首钢建厂100周年系列活动推向高潮，为首钢未来发展指明方向，充分体现市委、市政府对首钢的高度重视、对首钢职工的巨大关怀，给首钢广大干部职工带来极大的鼓舞，大家倍感温暖、倍感振奋、倍感激励，纷纷表示要把市领导的指示精神转化为实干动力，以更加饱满的热情、更加优良的作风，奋力开创高质量发展新局面。

新首钢大桥开通，首钢滑雪大跳台建成实现完美首秀

9月29日，新首钢大桥开通，首钢厂东门向社会开放，标志着拉动北京西部新首钢地区经济发展的重点工程——长安街西延线全线贯通，首钢园区开发建设进入一个新的历史阶段。一年来，山—水—工业遗存特色景观初步形成；冬奥广场等三个片区已开工项目正加快建设；产业生态逐步建立，中关村智能创新应用产业园、AI产业应用研究院等落地运行。12月12日至14日，2019年沸雪北京国际雪联单板及自由式滑雪大跳台世界杯在滑雪大跳台举行。作为2022年北京冬奥会第一个正式投入运营的赛场——首钢滑雪大跳台完美首秀，百年首钢再呈城市复

兴新地标杰作。首钢滑雪大跳台从2018年12月底开工建设到2019年11月27日正式交付使用,不到一年的时间,从图纸变成实物,从设计理念变为现实,充分展现首钢速度、首钢服务、首钢魅力,向世界兑现了首钢人的庄严承诺。

首钢圆满完成新中国成立70周年庆祝活动服务保障任务

10月29日,中华人民共和国成立70周年庆祝活动首钢服务保障工作总结表彰大会召开,首钢不折不扣地落实党中央决策部署,一丝不苟地执行市委市政府的组织安排,按照"精精益求精,万万无一失"的要求,圆满完成10余项服务保障任务。从预备役方队、民兵方队到群众游行,从联欢活动到驾驶彩车都有首钢职工的身影;从巨幅"五星红旗"网幕、七棵烟花树的研发、制作、安装、运行,到天安门广场主题花坛、高空烟花围挡装置制作安装都体现首钢智慧、首钢创造;"首钢"是国庆庆典电视转播解说中唯一出现的企业名字,彰显了首钢的政治担当、社会担当和国企担当。

首钢建厂100周年系列活动丰富多彩

2019年,是新中国成立70周年,首钢建厂100周年。首钢党委抓住历史契机,制定颁发"首钢建厂100周年活动方案",以"继承光荣传统再创首钢辉煌"为主题,突出职工参与、形式多样,突出厚重历史、文化传承,突出使命践行、筑梦奋斗。历经一年时间,在全首钢开展一系列活动,选树首届12名"首钢工匠",展现当代产业工人风采;迁建的厂东门广场唤起首钢人的铁色记忆;"庆祝新中国成立七十周年——百年首钢恰是风华正茂书画摄影展",抒发职工爱国、爱厂情怀;百年厂史巡展再现首钢百年历程和光辉时刻;主题原创话剧《升起天安门广场的国旗》展演,彰显首钢人爱党爱国的高尚情操;首钢职工"我和我的祖国"快闪视频,成为"学习强国"网红……首钢建厂100周年系列活动弘扬了首钢精神,极大地增强了企业凝聚力。

特　载

◎ 责任编辑：马　晓、车宏卿

习近平走进首钢园

——习近平春节前夕在北京看望慰问基层干部群众

2月1日，中华民族传统节日农历春节来临之际，中共中央总书记、国家主席、中央军委主席习近平在北京看望慰问基层干部群众，考察北京冬奥会、冬残奥会筹办工作，向全国各族人民致以美好的新春祝福，祝各族人民幸福安康，祝伟大祖国繁荣吉祥。

中共中央政治局常委、国务院副总理韩正陪同考察北京冬奥会和冬残奥会筹办工作。

冬日的北京，阳光万里，碧空如洗。2月1日，习近平在中共中央政治局委员、北京市委书记蔡奇和市长陈吉宁陪同下，深入机关、社区、冬训中心考察调研，给基层干部群众送去党中央的关心和慰问。

上午，习近平首先来到北京市公安局，走进合成作战指挥中心和指挥大厅，通过大屏幕了解勤务指挥调度、巡逻警务、视频警务、区域警务合作和京津冀警务协同发展等工作情况。指挥大厅内，习近平通过视频连线一线执勤民警，向他们表示诚挚慰问，叮嘱他们注意安全、保重身体，并给全国广大公安干警拜年。在北京市公安局一层大厅，习近平同公安英模和干警代表一一握手。习近平强调，党中央十分关心过节期间全国特别是首都地区的社会稳定，为的是确保人民群众平平安安过好年。今年是新中国成立70周年，确保首都社会稳定，北京市使命光荣、责任重大、任务艰巨。要统筹推进各方面工作，坚决完成好任务，让党中央放心、让全国人民放心。

临近春节，北京城内年味渐浓，大街小巷张灯结彩，家家户户喜迎春节。习近平来到前门东区，沿草厂四条胡同步行察看街巷风貌，听取区域规划建设、老城保护、疏解腾退、人居环境改善等情况介绍。前门东区是北京老城重要历史片区，是北京这座千年古都深厚文化底蕴的重要体现。习近平对北京开展旧城保护整治的思路和做法表示肯定。他强调，一个城市的历史遗迹、文化古迹、人文底蕴，是城市生命的一部分。文化底蕴毁掉了，城市建得再新再好，也是缺乏生命力的。要把老城区改造提升同保护历史遗迹、保存历史文脉统一起来，既要改善人居环境，又要保护历史文化底蕴，让历史文化和现代生活融为一体。老北京的一个显著特色就是胡同，要注意保留胡同特色，让城市留住记忆，让人们记住乡愁。

草厂胡同过去居住条件比较差，如今经过改造后，居住环境大为改善，体现了"老北京新气象，老胡同新生活"。习近平先后走进两个居民院落，了解老城区改造后居民住房条件改善情况。看到总书记到来，大家都很激动，纷纷向总书记问好。习近平仔细询问他们日子过得怎么样、冬天用什么取暖、每个月的电费要多少、年货备齐没有，祝愿他们生活幸福。居民侯雅明现场写下一副春联，给总书记拜年。习近平高兴地拿起一幅"福"字，亲自贴到门上，给这里的老街坊们拜年。习近平表示，中国共产党的追求就是让老百姓生活越来越好。在朱茂锦家，习近平同他们一家人包饺子、炸饹馇、聊家常。大家告诉总书记，这些年，老城区改造后居住条件和生活环境大为改善，大家衷心感谢共产党。习近平强调，党中央十分关心老城区和棚户区改造，就是要让大家居住更舒适、生活更美好，解决好大家关心的实际问题，让大家住在胡同里也能过上现代生活。

草厂四条"小院议事厅"和物业服务站，是社区公共事务的议事平台，也承担着重要的社区服务功能。习近平对这种做法表示赞赏。习近平同正在议事的居民亲切交谈，一起回顾改革开放以来发生的巨大变化。他指出，设立"小院议事厅"，"居民的事居民议，居民的事居民定"，有利于增强社区居民的归属感和主人翁意识，提高社区治理和服务的精准化、精细化水平。习近平希望这里的老街坊们适应新的生活环境，养成文明健康的生活方式，搞好垃圾分类和环境卫生。接着，习近平来到物业服务站，看望慰问了街道、社区工作人员和物业员工，希望他们坚守岗位、心系群众，为大家度过一个平安祥和的春节做好服务。走出草厂四条胡同，附近的居民们挤满了街道，大家热烈鼓掌，纷纷向总书记问好。习近平给大家拜年，并向全国各族人民致以新春祝福，祝各族人民不断过上更好生活，祝国家日益繁荣昌盛，祝人民家和业兴、新春愉快！习近平乘车离开时，街道两旁挤满了群众，大家热烈欢呼和鼓掌。习近平频频向大家挥手致意。

返回途中，习近平临时下车，走进一家路边小餐馆，同店主和顾客热情交流，了解生意怎么样、食材哪里来、味道好不好，并祝他们生意兴隆。随后习近平来到旁边一个快递服务点，看望仍在工作的"快递小哥"。看到总书记来了，正在工作的"快递小哥"十分惊喜。习近平同他们亲切握手，询问他们工作生活情况，并祝他们春节快乐。习近平指出，"快递小哥"工作很辛苦，起早贪黑、风雨无阻，越是节假日越忙碌，像勤劳的小蜜蜂，是最辛勤的劳动者，为大家生活带来了便利。习近平强调，要坚持就业优先战略，把解决人民群众就业问题放在更加突出的位置，努力创造更多就业岗位。

下午3时30分，习近平乘车来到石景山首钢园区。首钢石景山钢铁主流程停产后，北京冬奥会组织委员会落户于此。习近平走进北京冬奥会展示中心展厅，了解北京冬奥会、冬残奥会筹办工作、场馆和基础设施规划建设等情况。习近平不时察看、询问，了解到筹办工作有序推进，他表示，办好北京冬奥会、冬残奥会，是党和国家的一件大事。要全面落实绿色、共享、开放、廉洁的办奥理念，充分考虑场馆的可持续利用问题，高标准、高质量完成各项筹办任务。

延庆赛区场馆正在抓紧建设，习近平通过视频连线场馆建设者，给他们拜年，并向所有奋战在冬奥会场馆建设一线的建设者们致以诚挚的问候。习近平强调，场馆建设是办好北京冬奥会、冬残奥会的重中之重。要坚持奥运标准，倒排工期，有序推进场馆新建、改造和重大配套基础设施建设，确保按期保质完工并投入使用。要突出科技、智慧、绿色、节俭特色，注重运用先进科技手段，严格落实节能环保要求，保护生态环境和文物古迹，展示中国风格。

在冬奥组委办公楼，习近平看望慰问北京冬奥组委工作人员和志愿者代表。习近平表示，举办北京冬奥会、冬残奥会来之不易、意义重大，同实现"两个一百年"奋斗目标高度契合，给新时代北京发展注入了新的动力。北京将成为国际上唯一举办过夏季和冬季奥运会的"双奥城"。我们要言必信、行必果，扎实工作，步步为营，要拿竞技奖牌，也要拿精神奖牌、廉洁奖牌，兑现向世界作出的庄严承诺。举办冬奥会是推进京津冀协同发展的重要抓手，必须一体谋划、一体实施，实现北京同河北比翼齐飞。

随后，习近平来到国家冬季运动训练中心，在短道速滑馆结合展板听取速滑、花滑项目介绍，之后进入馆内察看国家速滑队、花滑队训练备战情况。看到运动员们在冰面上挥洒汗水、刻苦备战，习近平表示赞许，叮嘱他们科学训练、注意安全。习近平步行前往冰壶馆，察看国家冰壶队训练备战情况。运动员、教练员看到习近平来了，争相围拢过来。习近平勉励他们注重选拔培养好人才，增强为国争光的荣誉感，坚定创造佳绩的信心，刻苦训练、全力备战、勇攀高峰，力争实现新的突破。冰壶馆前厅的沙盘，展示了首钢北区和冬奥会滑雪大跳台规划建设情况，习近平边看边问。他强调，体育强则国家强，国家强则体育强。发展体育事业不仅是实现中国梦的重要内容，还能为中华民族伟大复兴提供凝心聚气的强大精神力量。我们要弘扬中华体育精神，弘扬体育道德风尚，推动群众体育、竞技体育、体育产业协调发展，加快建设体育强国。考察结束时，习近平同运动员、教练员和工作人员代表等握手告别，现场响起热烈的掌声。

丁薛祥、孙春兰和中央有关部门负责同志陪同考察。

（《人民日报》2019年2月2日，新华社通稿）

勇当高质量发展排头兵　再度书写首钢百年传奇

在首钢建厂百年之际，9 月 17 日下午，中央政治局委员、北京市委书记蔡奇到新首钢地区调查研究，对首钢百年表示祝贺。他强调，首钢要坚持以习近平新时代中国特色社会主义思想为指导，深入贯彻习近平总书记对北京重要讲话精神，开拓进取、向上奋斗，勇当国企改革先行者、高质量发展排头兵，打造世界一流的综合性大型企业集团，再度书写百年传奇。北京市委副书记、市长陈吉宁一同调研。

百年首钢正抓住首都发展契机，实现华丽转身。即将通车的新首钢大桥“合力之门”全长 1.36 公里，独特的曲面造型诠释着首钢不断突破的创新精神。蔡奇、陈吉宁步行察看大桥建设，了解长安街西延工程相关情况。首钢园区北区的滑雪大跳台即将完工，北京冬奥会后将成为世界首例永久保留和使用的滑雪大跳台，蔡奇详细询问建设进展，指出，要将新首钢地区打造成工业遗产保护利用的示范。站在架空工业管廊及通廊系统改造而成的空中步道上，园区尽收眼底，蔡奇边走边询问每个重要点位的改造情况，叮嘱要注重风貌协调，利用更多创意元素为老厂区注入新活力。曾用于存放炼铁循环用水的秀池，改造一新，形成 3200 平方米的下沉式圆形展厅，蔡奇详细参观首钢百年厂史展，与 12 名“首钢工匠”合影留念，勉励大家继续发扬工匠精神，再创新业绩。

蔡奇在座谈会上回顾了首钢百年历程，他指出，百年奋斗，艰辛而又辉煌。首钢是国企改革、转型发展、大国工匠、先进制造业的旗帜。习近平总书记视察首钢并多次提出明确要求，为首钢未来发展指明了方向。首钢百年恰似风华正茂，面向未来再创时代辉煌。首钢人要经常回望来时的路，不断增强践行党的初心使命的自觉性和坚定性，全力推动首钢高质量发展。聚焦钢铁主业做优做强，实施“制造+服务”战略，推动技术创新和产业转型，向高端产品要效益，提高全要素生产率。抓住首都发展契机，做好城市综合服务商。坚持产融结合，发扬工匠精神。坚持深化改革，实施国企改革“双百行动”，健全集团化管控体系和市场化选人用人机制，提升市场化、现代化经营水平。

蔡奇强调，要围绕文化复兴、产业复兴、生态复兴、活力复兴，落实三年行动计划，着力打造新时代首都城市复兴新地标。完善区域规划体系，抓好既定规划实施，推进项目建设，统筹做好区域生态重塑、文化挖掘，打造山水相连、工业遗存和冬奥元素共生的城市风貌。坚持减量发展，保护利用工业遗存，细化分区保护措施，管控建筑高度，创新城市更新政策和建设管理机制。

优化产业生态体系，发展“体育+”、科技创新服务、商务金融、文化创意等产业，加强与中关村科技园互动，用好用足服务业扩大开放相关政策，融入区域创新生态格局。改善生态环境，统筹区域山水林田湖生态建设，推进永定河生态修复，精心打造大尺度绿色空间。优化交通组织，构建立体慢行交通系统。做好冬奥会服务保障，继续推进大跳台建设，完善赛事配套基础设施，提前谋划赛后可持续发展路径，为冬奥组委创造良好工作环境。完善区域治理体系，力争成为跨区域协同治理和发展的样板。建设好国际人才社区。

蔡奇强调，要全面加强企业党的建设。带头落实全面从严治党的政治责任，把党的领导融入公司治理各环节，将党建工作与企业转型发展有机融合。巩固“不忘初心、牢记使命”主题教育成果，营造风清气正、干事创业的氛围。

陈吉宁指出，回望历史，首钢诞生于民族危难时期，起飞于共和国成立之后，与国家发展同步，与首都发展同步。要认真梳理总结首钢百年发展进程中的好经验、好做法，弘扬“敢为天下先”的精神，在国企改革中进一步担负起先行者的重任，发挥好创新发展的示范引领作用。明年是首钢园发展的关键之年，一系列冬奥测试赛即将举办，首钢园将成为国内外关注的焦点。要紧抓机遇，不仅提高新首钢地区的“亮度”，更要提升各界参与该地区发展的“热情”。相关部门和单位要积极支持，优化流程，推动重点项目尽快落地，在工作层面，要针对具体问题，制定操作性强的推进落实措施。要健全完善体制机制，强化市场机制运用和开放发展意识，广泛听取意见建议，调动各方积极性，不断增强工作合力，进一步提升建设发展水平。

市领导林克庆、崔述强、张建东、隋振江，市政府秘书长靳伟一同调研。

（《北京日报》2019年9月18日，作者：祁梦竹、刘菲菲）

钢铁脊梁　百年首钢

——热烈庆祝首钢建厂100周年专版

首钢集团有限公司（以下简称"首钢"）的历史可以追溯到1919年，至今已走过整整100年历程。100年浪淘风簸、吹沙见金；100年渗碳淬火、百炼成钢。在岁月的长河里，在时代的熔炉中，首钢的发展始终与国家富强、民族振兴、社会进步紧密相连，从无到有、从小到大、从弱到强，创造出一个又一个辉煌业绩，是中国民族工业发展的缩影、新中国的钢铁脊梁，承载着新中国工业发展的记忆。

百年首钢重大历史节点和事件

1919年，北洋政府批准设立龙烟铁矿股份有限公司石景山炼厂（首钢前身）。

1937年，更名为石景山制铁所。

1949年，在全国解放区率先恢复了生产，有力地支援了新中国建设。

1958年，14天建成转炉炼钢车间，结束有铁无钢历史。

1959年，在全国首创基建投资大包干，建成了三高炉、三焦炉、烧结厂三大工程。

1960年，迁安大石河铁矿建成投产，结束有铁无矿历史。

1961年，300小型轧钢生产线投产，结束有钢无材历史。

1964年，建成我国第一座30吨氧气顶吹转炉，引领中国炼钢技术革命。

1966年，国内首创的高炉喷吹煤粉技术，使入炉焦比达到国际先进水平。

1979年，被列为全国第一批企业管理改革试点单位，成为国企改革的排头兵。

1981年，率先在全国实行工业承包经济责任制，为搞活国有企业开辟新路。

1985年，确立"一业为主，多种经营"发展战略，跨行业发展迈出重大步伐。

1992年，经国务院批准被赋予投资立项权、外贸自主权、资金融通权。收购秘鲁铁矿，成为第一家在拉美投资的中国企业。

1994年，钢产量达824万吨，位居全国第一。

1996年，实施集团化改革，推进建立现代企业制度。

2004年，实施主辅分离、辅业改制，推进企业市场化步伐。

2005年，国家批复首钢搬迁结构调整方案，首钢大搬迁序幕正式拉开。

2009年，对长治钢铁、通化钢铁等企业实施联合重组，形成3000万吨钢以上生产规模。

2010年，首钢京唐钢铁公司一期工程全面竣工投产，北京石景山钢铁主流程停产。

2014年，确立"一根扁担挑两头"战略定位，全面深化改革、加快转型发展进入新阶段。

2015年，首钢基金公司、首钢财务公司成立，打造产融结合资本运营平台。

2016 年,北京冬奥会、冬残奥会组委会入驻首钢北京园区。

2017 年,成为北京市唯一一家国有企业深化改革综合试点单位,深化改革持续推进。

2018 年,入选国务院国企改革“双百企业”,承担起国企深化改革重任。

新时代　新首钢　新征程

这里,开启了近代中国实业救国、产业兴国的征程。

这里,吹响了中国钢铁工业发展技术革命的号角,诞生了新中国第一代现代化炼铁高炉、第一座氧气顶吹炼钢转炉。

这里,率先迈开了国企改革探索的步伐,一次次首创之举,一次次领潮流之先,一个跨行业、跨地区、跨所有制、跨国经营的综合性大型企业巍然崛起,成为中国工业企业改革的一面旗帜。2011 年以来,八次跻身《财富》世界 500 强企业榜单。

这里,创造出了世界和中国钢铁工业发展史上“从山到海”的壮举。搬迁调整使首钢实现了转型升级,在京津冀协同发展中起到示范引领作用。

这里,呈现了“钢铁与奥运”“钢铁与城市”美美与共、互融发展的壮丽画卷。紧紧抓住冬奥会筹办带来的历史性机遇,以“文化复兴、产业复兴、生态复兴、活力复兴”为目标,加快推进北京老厂区工业遗存的保护与开发利用,打造新时代首都城市复兴新地标。百年首钢积淀了丰厚的文化底蕴,彰显了中国工人的时代高度和情感温度。首钢人紧跟时代前进步伐,大力传承和发扬“敢闯、敢坚持、敢于苦干硬干”“敢担当、敢创新、敢为天下先”的首钢精神,以坚定的文化自信,奏响强企报国的时代华章。

自强不息是百年首钢的立业根基。首钢人艰苦奋斗、发愤图强,在困难和挫折面前,在压力和挑战面前,不退缩,敢为先,以“一切靠自己创造”的勇气和智慧,书写了坚韧不拔、自强不息的壮美诗篇。

改革创新是百年首钢的强大基因。首钢人始终坚持与时俱进、探索创新、打破常规、勇闯新路,在时代浪潮中勇立潮头,从“首钢制造”到“首钢创造”,创造出一个又一个辉煌业绩。

绿色发展是百年首钢的自觉遵循。首钢始终坚持绿色生产方式,推动钢铁业转型升级,环保水平走在全国前列;坚持用绿色低碳理念进行老工业园区规划建设,建成人与自然和谐共处的美丽家园;坚持构建科技含量高的城市服务业,加快推动节能环保等绿色产业发展。

百年首钢风华正茂,继往开来再创辉煌。首钢正昂首阔步,朝着建设有世界影响力的综合性大型企业集团的目标迈进,谱写百年首钢发展新篇章。

(《人民日报》2019 年 9 月 17 日,作者:首钢党委)

以高质量党的建设推动首钢高质量发展

今年是中华人民共和国成立 70 周年,首钢建厂 100 周年。新中国成立后的七十年,首钢作为国有企业,长期以来把坚持党的领导、加强党的建设作为企业的“根”和“魂”,取得了一个又一个辉煌成就,为中国钢铁工业和首都经济社会发展做出了巨大贡献。当前,首钢站在了新的历史起点,迈上了推进企业高质量发展的新征程。我们要坚持以习近平新时代中国特色社会主义思想为指导,深入学习贯彻习近平党建思想,把思想和行动统一到党中央对国有企业坚持党的领导、加强党的建设、全面从严治党一系列部署和要求上来,进一步强“根”铸“魂”,推动首钢党建工作提质量、上水平，为实现首钢高质量发展提供有力保障。

一　充分认识新时代加强和改进首钢党建工作的重大意义

党的十八大以来，以习近平同志为核心的党中央，在领导全面从严治党的实践中，形成了习近平党建思想。提高首钢党的建设质量，首先要深入学习领会习近平党建思想，特别是要学深悟透关于国有企业党的建设的论述，充分认识新时代加强和改进党建工作的重大意义。

第一，加强和改进首钢党建工作是贯彻落实党对一切工作的领导的必然要求。习近平总书记强调，中国特色社会主义最本质的特征是中国共产党领导，中国特色社会主义制度的最大优势是中国共产党领导。国有企业是我们党执政兴国的重要支柱和依靠力量，是党领导的国家治理体系的重要组成部分，理所当然必须坚持党的领导。

习近平总书记在全国国有企业党的建设工作会议上指出，坚持党的领导、加强党的建设，是我国国有企业的光荣传统，是国有企业的“根”和“魂”，是我国国有企业的独特优势。围绕国有企业如何坚持党的领导，创造性地提出了两个“一以贯之”：坚持党对国有企业的领导是重大政治原则，必须一以贯之；建立现代企业制度是国有企业改革的方向，也必须一以贯之。党的十九大通过的《党章》进一步明确规定：国有企业党委发挥领导作用，把方向、管大局、保落实。我们要结合实际反复学习、深刻领会习近平总书记的这些重要论述，认真贯彻落实《党章》规定，在企业改革发展中毫不动摇地坚持党的领导，在两个“一以贯之”的有机结合上狠下功夫。

第二，加强和改进首钢党建工作是推动首钢高质量发展的现实需要。习近平总书记强调，我国经济已由高速增长阶段转向高质量发展阶段，必须坚持质量第一、效益优先，以供给侧结构性改革为主线，推动经济发展质量变革、效率变革、动力变革。百年首钢要在高质量发展上有更大作为，努力成为绿色发展、创新发展、高质量发展的典范。

目前，首钢已明确了高质量发展的方向，但是围绕高质量发展的具体目标、路径、措施还需要深入研究探索，付诸实施任务更艰巨。钢铁业如何加快构建质量、产品、成本、服务和技术“五个优势”，北京园区如何统筹推进“四个复兴”，新产业如何通过发展模式和商业模式创新加快做强做大，等等。深入研究和加快解决这些问题，迫切需要各级党委把方向，坚决贯彻执行党的路线方针政策和上级党委的决策部署，自觉遵循市场经济规律、行业发展规律和企业发展规律，有针对地研究制定推动高质量发展的目标和措施；迫切需要各级党委管大局，正确处理改革、发展、稳定关系，坚定不移推进企业退出、转型提效；迫切需要各级党委保落实，发挥党组织和群团组织优势，深入动员组织广大干部职工，凝聚各方面力量，推动各项举措实施到位、见到实效。

第三，加强和改进首钢党建工作是解决基层党建薄弱环节的内在要求。习近平总书记强调，党的基层组织是党的全部工作和战斗力的基础。全面从严治党要在国有企业落实落地，必须从基本组织、基本队伍、基本制度严起，确保企业发展到哪里、党的建设就跟进到哪里、党支部的战斗堡垒作用就发挥到哪里，为做强做优做大国有企业提供坚强组织保证。

首钢有重视党建的优良传统，近年来，一些基层单位在深化改革、转型发展中重视加强和改进党建工作，不断探索创新，取得了明显成效。但是，我们清醒地认识到基层党建存在不平衡现象。从不同业务单位看，有的企业业务职责和流程比较清晰，组织机构比较健全，党建的传统和工作基础比较好，党建工作开展得比较扎实；但是新产业、合资企业的党建工作则相对薄弱一些。从不同管理层级看，存在“上热、中温、下冷”现象，特别是有的三级、四级党委抓党建有衰减现象。从各单位党委、党支部履行党建职责看，有的对党建抓什么、怎么抓不够清楚，有的抓党建工作和业务工作存在“两张皮”现象，有的抓党员队伍和职工队伍教育管理不到位。我们必须通过大力加强和改进基层党建工作，着力解决这些存在的问题，切实提高基层组织力。

二　牢牢把握当前首钢党建工作的目标任务

新时期首钢党建工作要认真贯彻落实新时代全面从严治党新要求，坚持两个“一以贯之”，进一步完善党委统领全局工作的体制机制,在提升领导力、凝聚力、组织力、执行力、公信力、影响力“六个力”上下功夫,切实把党的政治优势、组织优势和群众工作优势,转化为首钢的竞争优势、创新优势和科学发展优势。

1. 全面加强领导班子建设,切实提升领导力。领导班子是单位的“火车头”,是抓好改革发展稳定各项工作的关键,要把旗帜鲜明讲政治贯穿于领导班子建设始终,统一意志、统一行动。一是提高政治能力。深化对国有企业政治属性的认识,善于从政治上研判形势、分析问题,自觉在党和国家工作大局下谋划企业的发展。把对党负责和对职工负责高度统一起来,想问题、作决策要立足实际,着力破解主要矛盾和突出问题。二是增强发展能力。牢固确立党组织的领导核心和政治核心地位,切实发挥党组织在改革发展中的把关定向作用,健全完善党组织发挥作用的运行机制,规范党组织参与企业重大问题决策的程序,增强决策的科学性、协调性。三是保持战略定力。面对各种困难和挑战,始终保持战略定力,坚定硬碰硬完成任务的信心决心,以更高的标准、更实的作风、更大的干劲抓好各项工作落实。增强市场主体意识,心无旁骛的在健康、可持续发展上下功夫。

2. 全面加强思想文化建设,切实提升凝聚力。坚持思想建党、理论强党,切实加强和改进思想政治工作,大力弘扬首钢精神,统一思想、凝聚力量,为推动首钢高质量发展提供坚强思想保证和强大精神力量。一是强化思想理论武装。坚持把学习贯彻习近平新时代中国特色社会主义思想作为首要政治任务,持续在学懂弄通做实上狠下功夫。党员干部把自己摆进去、把职责摆进去、把工作摆进去,自觉做习近平新时代中国特色社会主义思想的坚定信仰者和忠实实践者。二是强化思想舆论引导。坚持团结稳定鼓劲、正面宣传为主的方针,唱响主旋律,传播正能量,统一思想、凝聚力量。抓好意识形态工作责任制落实,管好守好意识形态阵地,加强职工思想政治工作,把解决思想问题与解决实际问题结合起来,强信心、暖人心、筑同心。三是大力弘扬首钢精神。深入开展主题宣传教育活动,把庆祝新中国成立70周年和纪念首钢建厂100周年有机结合起来,以“继承光荣传统、再创首钢辉煌”为主题,讲好首钢人的故事,评选表彰“首钢之星”,宣传表彰“首钢工匠”,进一步激励职工爱国爱厂、奋发有为。

3. 全面加强基层组织建设,切实提升组织力。必须把抓基层、打基础作为重中之重,把加强党的组织体系建设摆到更加重要的位置。一是健全完善党组织领导机制。完善法人治理结构,做好企业章程、“三重一大”和党组织议事规则修订工作,确保“把方向、管大局、保落实”作用组织化、制度化、具体化。开展基层党建突出问题专项整治,着力提升首钢基层党组织的组织力、凝聚力、战斗力。二是推进全面从严治党向基层延伸。牢固树立党的一切工作到支部的鲜明导向。完善党组织设置,坚持“四同步”“四对接”原则,大力推进“两个”覆盖。全面加强标准化规范化建设,提高“三会一课”质量,落实谈心谈话、民主评议党员和主题党日活动等制度,持续选树品牌党支部,推进党员集中轮训,建强基层战斗堡垒,推动基层党组织全面进步、全面过硬。

4. 全面加强干部队伍建设,切实提升执行力。加强领导人员队伍建设,既是当前首钢深化改革、转型发展的事业所需,更是立足长远、事关全局的战略举措。一是着力培养高素质专业化领导人员队伍。立足于首钢发展的现实需要和战略需求,加快培养领导人员队伍。积极创造条件、搭建平台,有针对性地补短板、强弱项,优化干部成长路径。坚持严管和厚爱相结合,激励广大干部依法治企、锐意进取、担当作为。二是加快优秀年轻领导人员培养锻炼。以更长远的眼光、更有效的举措,推进年轻领导人员培养使用制度化、常态化。组织实施优秀年轻领导人员培养锻炼计划,继续举办好首钢青年干部特训班、海外研修班,注重在基层一线和困难艰苦地区培养锻炼干部,大胆使用年轻干部。三是加大市场化选人用人工作力度。健全完善企业培育和市场化选聘相结合的职业经理人制度,做好高层次领军人才的市场化选聘工作。加强市场化选人用人聘期管理和激励约束,充分利用好首钢内外部两个人才市场,积极拓宽渠道,聚集各方面优秀人才。

5. 全面加强党风廉政建设,切实提升公信力。要清醒地认识全面从严治党和反腐败斗争面临的形势,坚持不懈抓好党风廉政建设,不断提高各级党组织和党员干部的公信力。一是压紧压实管党治党责任。深化落实全面从严治党主体责任,加强全面从严治党检查考核,以市委全面从严治党工作考核反馈意见和动态抽查发现问题整改为契机,推动主体责任层层落实落地。二是打好作风建设攻坚战持久战。以优良作风反“四风”、强作风、树新风,严肃查处各类专项整治工作中的形式主义、官僚主义,切实为基层减负。三是要加强日常监督和执纪审查。制定监督工作制度，使监督常在、形成常态。深化政治巡察，发挥监督工作联席会的联合监督优势，提高监督效能。持续加强滑雪大跳台专项督察，严肃查处违纪违法问题，持续整治群众身边腐败和作风问题。

6. 全面加强群团组织建设，切实提升影响力。工会和共青团组织是党联系职工群众的桥梁和纽带。要加强对群团工作的领导，深化群团工作改革，建强基层组织，夯实工作基础，不断提高影响力，充分发挥作用。工会系统要创新工作方式方法，落实直接联系职工、直接服务职工、直接维护职工权益的职责。大力弘扬工匠精神，开展“首钢工匠”培育选树，着力培养知识型、技术型、创新型高素质职工队伍。健全完善困难职工救助帮扶体系，搭建职工普惠服务平台，丰富业余文化生活。共青团系统要引导广大青年职工岗位建功，开展“青年文明号”“青年突击队”“青年创新工作站”等创建活动，激励青年职工自觉把个人的理想追求主动融入到首钢的事业中来，为百年首钢增添强大青春力量。

三　狠抓首钢党建工作全面落实

第一，抓责任。加强和改进首钢党建工作，要牵住责任制这个“牛鼻子”。一是落实领导班子成员党建责任。各级领导班子及成员要把抓好党建当作分内之事、必担之责，切实增强抓实党建工作、提高党建质量的思想自觉和行动自觉。坚持书记抓、抓书记，进一步强化党委书记党建工作第一责任人责任、专职副书记党建工作直接责任、班子成员党建工作“一岗双责”。二是进一步梳理党建工作责任清单。通过推行责任清单式管理，进一步明确各级党委、党总支、党支部的具体责任。三是提高落实党建责任的能力和水平。深入学习党内重要法规和企业党建工作有关制度文件，加快成为抓党建的内行人。选好配强基层党组织负责人及党务工作人员，加强党务干部人才培养，全面提升落实党建责任的能力和水平。

第二，抓规范。一是系统梳理完善首钢现行党建专业制度。提升制度的有效性、科学性、合规性，紧密结合企业实际，大胆开展制度创新，与行业、市场对标对表，改革步子适当迈大一些，以期对首钢转型发展起到更大的支撑作用。二是抓好制度的执行。制度千条万条，不落实就是白条。及时抓好党内法规和首钢党建制度的学习、宣传，不折不扣地贯彻执行。在制度面前，不能有特殊的单位和特殊的人。党员领导干部要带头加强学习，带头遵守党章党规。

第三，抓融合。深刻认识党建工作和经营生产工作的辩证关系，在两者的融合、结合上狠下功夫，着力做到双提升、双促进，把党建工作成效转化为企业发展优势。党建工作和经营生产的融合要体现在决策、执行、监督等各个方面、各个环节。各级党组织要在确定企业发展战略、制定经营生产计划和深化体制机制改革上，发挥把关定向作用；要在落实改革发展目标任务中，发挥统一思想、凝聚力量作用；要把经营生产建设的难点作为党建工作的重点，动员组织党员职工攻坚克难，发挥党员模范带头作用。

新时代要有新作为，新使命开启新征程。我们将坚持继承与创新相结合，坚持常抓不懈、久久为功，奋力开创首钢党建工作新局面，以高质量党的建设推动首钢高质量发展。

（《首都建设报》2019 年 9 月 6 日，作者：张功焰）

百年首钢　百炼成钢

——从钢铁强国“梦工厂”到改革转型“排头兵”

曾几何时，钢铁企业的疾速发展，寄托了中国“赶英超美”的腾飞梦想；回望来路，钢铁行业的转型历程，折射出国人改革探索、奋进拼搏的胸怀气度。

石化千数年，钢炼万千度。从钢铁强国“梦工厂”到改革转型“排头兵”，诞生于1919年9月的首钢，历经百年沧桑，逐梦百年辉煌：取得两千多项科技成果，世界第一、中国第一迭创纪录。首钢百年缩影中国工业发展历程，折射中华民族从站起来、富起来到强起来的历史性飞跃。

百年首钢逐梦之旅折射国家钢铁工业腾飞之路

1919年秋，北京西郊石景山脚下，首钢集团前身——龙烟铁矿股份公司石景山炼厂开工兴建。

100年后，河北唐山曹妃甸上，首钢京唐公司二期一步工程于今年8月竣工投产，产品品种侧重于海洋工程、造船、核电、机械制造、容器制造、桥梁等领域需要的宽厚板产品，与2010年竣工投产的首钢京唐公司一期工程形成各具特色、优势互补的产品组合。

回首百年，如梦似幻。2019年9月1日，首钢集团迎来建厂100周年纪念日，位于首钢3号高炉西侧水下展厅的时间轴“灯带”发出耀眼的光芒，28个重要历史时刻唤起人们对百年首钢乃至国家钢铁工业的成长记忆。

从石景山炼厂到石景山钢铁厂、石景山钢铁公司、首都钢铁公司、首钢总公司，再到首钢集团，无论企业名称如何改，首钢人强企报国的志向从未变；从北京石景山脚下的老厂区到河北曹妃甸吹沙填海建设的现代化钢厂首钢京唐公司，首钢从“山”到“海”的腾挪，彰显了中国钢铁工业从“追赶”到“超越”的腾飞。

“石景山炼厂成立的初衷是实业救国、建设北方工业中心，但建厂后不仅没有产出一滴钢水，炼成的铁还被日本侵略者转运回国制作武器。”首钢集团工会主席梁宗平说，“如今我国早已成为全球第一产钢大国，百年巨变令人感叹。”

从1919年到1948年，磨难中的首钢举步维艰，累计仅产28.6万吨生铁。而1948年全国年产钢不足10万吨，还不够每家每户打一把菜刀，大规模炼钢在国内遥不可及。

“我父亲1951年进入首钢工作，炼钢是他们那代人的梦想。”已经从首钢退休的曹连成说，“1949年成立的鞍山钢铁公司于当年炼出了第一炉钢水，这也激励着父辈们不懈奋斗，1958年首钢第一座炼钢侧吹转炉诞生，从此结束了首钢有铁无钢的历史。”

“20世纪60年代，首钢先后结束了有铁无矿和有钢无材的历史，1979年建成当时国内最先进的新2号高炉，2010年首钢京唐公司一期工程竣工投产……”首钢副总工程师张福明如数家珍。一个个里程碑，记录了国家钢铁工业成长的脚步；异地迁建而成的首钢京唐公司，更被誉为中国钢铁“梦工厂”。

走进首钢京唐公司厂区，特大型高炉巍然耸立；炼钢转炉在“全自动一键式炼钢”程序设定下实现精准加料；自有码头成品库的无人天车驾驶精准运放钢卷……

首钢京唐公司总经理曾立说，首钢搬迁调整淘汰了老首钢原有设备，全力打造了一座崭新的“海上钢铁工厂”。

从原料进厂到成品码头，各环节“一”字排开，最大限度缩短运距；由首钢人自主研发的两座5500立方米高炉和“全三脱”炼钢厂巍然矗立在渤海之滨……从北京转战至河北曹妃甸的一线炼钢工人陈香感叹，搬迁后的新首钢早已“脱胎换骨”成了难以匹敌的“绿巨人”。

与首钢蓬勃发展同步，我国钢铁工业日益壮大。如今，首钢历经70年发展，钢铁年产能接近4000万吨，成为跻身世界500强的巨型“钢铁航母”；诞生于改革开放之初的原宝钢集团与原武钢集团联合重组宝武钢铁集团后，成为引领行业转型发展的示范……

“从过去生产‘面条儿钢’‘螺纹钢’等低端建材，到现在生产家电板、汽车板等高端板材，父辈们的梦想走进了现实。”曹连成说，“我儿子七年前进入首钢工作，他们这代人将传承历史，开启首钢新的‘百年梦’征程。”

敢为天下先,争当工业战线的“小岗村”

“首钢精神提倡创新,鼓励突破。”梁宗平说,“业内曾流传着这样一句话——‘农业改革看小岗、工业改革看首钢’。”

改革开放、“放权让利”,给首钢带来前所未有的发展契机:从 1979 年开始,被列为第一批国家经济体制改革试点单位;从 1981 年到 1995 年,实行上缴利润递增包干“承包制”;1992 年,国务院批准赋予首钢投资立项权、资金融通权和外贸自主权……

一系列改革举措大力激发生产力,企业得以快速发展。到 1994 年,年钢产量已达 824 万吨,首钢成为行业“全国冠军”,营收、利润呈现几何级增长。

与此同时,一批改革成果在首钢落地:投资立项权使首钢率先打破计划经济束缚;资金融通权令首钢创办了全国第一家企业银行——华夏银行;外贸自主权让首钢买下矿藏储量居世界前列的秘鲁铁矿……

随着改革进程深入,首钢在发展钢铁主业的同时,逐渐从一个单纯生产型的钢铁企业,发展成为以钢铁业为主,跨地区、跨行业、跨所有制、跨国经营的特大型联合企业。

成立于 1992 年的首钢国际公司是首钢集团通往国际市场的桥梁和纽带。“我们现在钢材出口业务遍及全球近 50 个国家和地区,海外工程项目承揽业务区域遍及南亚、东南亚、中东、非洲和南美洲地区……”该公司副总经理邱留忠自豪地说,“截至目前,首钢国际境外公司总资产规模为人民币 232.2 亿元。”

“无论是钢铁产业的突飞猛进,还是钢铁企业的转型发展,我们用实干向世界证明,中国正从钢铁大国向钢铁强国迈进。”首钢京唐公司炼钢部“开炉专家”王建斌说。

进入 21 世纪,为适应我国钢铁产业结构调整的新要求,从 2003 年开始,首钢进入搬迁调整、实施产业结构优化升级的新阶段。从 2005 年 2 月国务院批复,到 2010 年首钢京唐公司一期工程全面建成投产和北京钢铁全流程停产,历时不到 6 年时间。

牌匾无言,历史留声。如今陈列于首钢园陶楼展览馆内的那块“铁色记忆”匾,默默记录着 2010 年 12 月底首钢老厂区炼完最后一炉铁水并宣布停产的历史。

首钢搬迁后,老厂区留下了 8.63 平方公里的开发空间。2015 年 7 月 31 日,当国际奥委会在第 128 次全会上宣布北京成为 2022 年冬奥会和冬残奥会的举办地时,曾经淬火锻冶的钢铁热土迎来了又一次转型发展机遇。

结缘冬奥运,打造城市复兴新地标

在首钢园原首钢制氧厂区内,一座长 160 米、高 60 米的首钢滑雪大跳台昂首挺立。这座滑雪大跳台将于 3 个月后竣工,是 2022 年北京冬奥会北京城区唯一的雪上项目比赛场地,赛后成为世界首例永久性保留和使用的大跳台。

今天的首钢老厂区不仅是北京冬奥会重要的竞赛场地,还成了北京冬奥组委办公地、国家冬训中心“四块冰”所在地。

工业遗存,华丽转身。曾经的筒仓被改造成北京冬奥组委办公楼;曾经的精煤车间,改建成为国家冰壶队、短道速滑队、花样滑冰队的训练基地;原为空压机站、返矿仓、电磁站、N3-18 转运站的 4 个工业建筑被改建成洲际智选酒店;记录辉煌历史的 100 多米高的“3 号高炉”,现已成为首钢工业文化体验中心……

首钢老厂区的改造,被国际奥委会主席巴赫称为“奇迹”。“北京将曾经的钢铁厂改建成办公室、休闲区、训练场、大跳台,我希望大家都去北京看看。”2017 年国际奥委会第 131 次全会上,巴赫为首钢“代言”,向全世界发出邀请。

从国际雪联中国北京越野滑雪积分大奖赛到国际冰联冰球女子世锦赛，再到世界壶联冰壶世界杯总决赛；从中芬冬季运动年开幕式到中国国际服务贸易交易会石景山首钢园区分会场，再到中德科技合作对接会……打开2019年首钢园承办的活动目录，不仅有多个国际冬季运动项目竞赛落户，诸多国际交流对接活动也慕名而来。“这里越来越热闹，举办活动的申请应接不暇。首钢园将于10月份举办抖音嘉年华活动，届时园区将更具网红气质。”梁宗平说。

今年2月，北京市发布把新首钢打造成新时代首都城市复兴新地标的三年行动计划（2019年—2021年）。计划到2021年，北京将以服务保障冬奥会为契机，把新首钢作为城市复兴新地标建设的阶段性成果；到2035年左右，努力建成具有全球示范意义的新时代首都城市复兴新地标。

百年首钢，风华正茂。面对新时代赋予的新使命，首钢老工业区鸣笛起航，重新出发。据首钢建投公司总经理助理白宁介绍，目前首钢园北区180多万平方米的建筑仅完成15%左右的改造，而首钢园南区还有约350万平方米的空间等待开发，“首钢老厂区的蜕变才刚刚开始，我们希望每一个改造过的建筑都是不同风格的艺术品。”

原首钢初轧厂轧钢工刘博强已经“转行”成为国家冬训中心制冰师，作为北京市委讲师团一员，刘博强以自己亲身经历的“冰与火”之歌，讲述百年首钢“花式变脸，重塑金身”。他说，工作岗位从“火”到“冰”的嬗变，就像做梦一般，百年首钢的巨变见证了改革开放40年“中国之治”“中国之变”，让无数人从不信到自信，进而更坚信。

百年首钢，百炼成钢。百里长安街西延线，穿越首钢老工业园区，一座全长1300多米、横跨永定河的新首钢大桥披红挂彩即将通车。

这座彩虹桥——京西新地标，必将见证首钢园的新生，承载百年首钢下一个百年之梦，向着更远的前方伸展！

（新华社2019年9月6日，作者：骆国骏、孔祥鑫、张　骁）

百年首钢打造“梦工厂”

百年沧桑，芳华依旧。

1919年建厂的首钢，载着“改革先锋”的荣誉，踏着刚劲的节律、奏着跃动的音符行进。

2010年12月，位于北京石景山下永定河畔的首钢老厂区冶炼了最后一炉钢，画上了生产的句号。与此同时，两座5500立方米的大高炉雄伟屹立在渤海之滨的曹妃甸工业区——首钢京唐公司建起了一座令世人赞叹的钢铁“梦工厂”。

从山到海的跨越之梦

首钢老厂区距天安门20多公里，厂区里有座石景山。进入新世纪，北京建设国际大都市，对发展空间布局和环境保护不断提出更高的要求，首钢自身也面临着产业结构的转型升级。于是，就有了十万首钢人“走出去”的故事，在河北迁安、秦皇岛、曹妃甸开始了一业多地的生活，建起了一座又一座现代化的钢城。其中，建于河北曹妃甸的首钢京唐公司堪称经典之作——首钢京唐公司完成了中心城市钢厂向沿海转移的探索与实践，整体工艺装备达到世界一流水平，成为具有国际先进水平的精品板材生产基地和自主创新的示范工厂、节能减排和发展循环经济的标志性工厂。也为我国钢铁工业布局调整和京津冀协同发展起到了示范引领作用。

行走在厂区宽阔平坦的道路上，人们很难相信这个环境优美的现代化钢铁企业是建在渤海上人工“吹沙造地”的陆域上的。

“这里的建筑地基要打到地下面的坚固沙层上，这里的植被是人工移土栽活的。”京唐公司工会副主席王雪青回忆起当年的情景时说，“刚来时，这里除了厂房就是黄沙，在室外说话沙子都能刮到嘴里，回到屋里第一件事是扑拉头发里的沙子、抖落衣服里的沙子。”而今天的京唐公司，厂房车间高楼林立、海滨公园绿树成荫、候车厅前班车列队、港口货轮驶向深蓝，宿舍楼、餐厅、食堂、健身房、游泳馆等一应俱全。

与首钢大搬迁相伴的是，10 多年来，4500 多名首钢职工像候鸟般，每个月数次往返于距离 200 多公里的北京和曹妃甸工厂之间。从北京老厂区来这里工作的职工平常的生活节奏就是“车间—食堂—宿舍”，但每到星期五中午下班，就得简单收拾完匆匆赶往位于厂区的候车大厅，乘坐下午 1 点半的大巴回北京，4 个小时左右到家，星期日下午再返回曹妃甸。

在当地长大的京唐公司职工李欣告诉《工人日报》记者，京唐公司的蓬勃发展，也带动了更多企业在曹妃甸落地。公司与当地企业深度合作，逐渐形成多条产业链；同时安置 8000 余名北京地区停产职工，招收 4000 名高校毕业生，带动相关服务业近 2 万人就业。

曾经的海滨荒滩，如今靠工业振兴经济，靠就业拉动人气。首钢京唐公司——这个由山到海跨越而来的企业，也让曹妃甸实现了经济发展的大跨越。

智能环保的创新之梦

“以前首钢的板材只能压到四五毫米，现在能压到 0.12 毫米，比纸片还薄。从造船的宽厚板，到汽车用板、家电外壳用板，再到小饮料罐用的镀锡板，从油气管线到电子器件，共计 31 个钢种、280 多个牌号。”首钢京唐公司党委书记、董事长邱银富介绍，首钢研制的“高、精、尖”产品，成功应用于“长征五号”“长征七号”运载火箭发动机的研发和生产。

在镀锡薄板实验室，记者见到了红牛易拉罐“原型”，工作人员正在对罐体的密封性、耐压强度、耐腐蚀性进行检测。据首钢技术研究院产品研发经理方圆介绍，在这里，轴向承压仪通过对罐子减薄，测试压力是否能达到客户需求。同样的 1 吨钢，以前只能生产 3 万多个罐，经过标准的改善，数量明显增加。“现在，京津冀地区 90%的红牛罐都是首钢生产的。”

在京唐公司运输部成品码头 5 号仓库，成卷的汽车板、家电板，整齐地罗列在仓库的地面上，天车的吊臂有条不紊地将一卷卷板材夹起，吊向指定的区域。这便是京唐公司的智能化仓库。当班职工向记者介绍，在操作室输入程序、货号等参数，天车便会成为一部能够“精确制导”的机器，准确定位货品所处的一个个坐标。

在京唐公司海水淡化作业区，能源与环境部区域作业长曹云明为记者递上了一瓶“海澄露”。“这些水都是用渤海海水淡化的，水质比普通纯净水更好。”曹云明介绍，公司每天至少需要近 10 万吨生产用淡水，为了不和唐山地区居民“争”水，公司充分利用煤气锅炉将钢铁厂富余煤气制备蒸汽进行发电、海水淡化。“京唐公司现在每天生产 5 万吨淡水，占钢铁厂用淡水总量的 50%以上，每年节约 1800 万吨地表水资源。另外，我们将淡化后留下的浓海水出售给附近的唐山三友化工进行加工产盐，日送浓盐水量达 4.8 万吨，每年还能获益 368 万元，实现了海水淡化和化工企业的产业融合。”

精神传承的匠心之梦

“京唐公司 5 座转炉，每座炉的第一炉钢都是我炼的。”炼钢作业部炼钢区作业长王建斌是 2008 年 9 月第一批从北京首钢老厂区调到京唐公司的生产岗位工人。生长在钢铁工人家庭的王建斌是“钢二代”，他从炉前工做起，历经值班工长、炼钢高级技师，到如今成为公司内外小有名气的炼钢专家。

然而，初到曹妃甸，他这个“技术大拿”也遇到了前所未有的困难——京唐公司建有 5 座国内最大的 300 吨转炉，集成了“全三脱”炼钢、“干法除尘”、“声纳化渣”等16项国内外先进工艺，冶炼过程全部电脑控制，操作界面全是英文。这对从技校毕业已经20多年，电脑、外语都不太灵光的王建斌而言是极大的障碍。

一切似乎“归零”了，但王建斌没有放弃。他把休息时间都用来学习英语和新知识、摸索新设备性能结构。不到半年时间，他就能“一键式”炼钢了。2013年，“王建斌首席技师工作室”成立；2015年，王建斌被评选为全国“百姓学习之星”。

运输部成品码头5号仓库首席作业长陈万忠，是公司出了名的“发明家”。他在参与吊装钢卷时，发现吊装带经常有一些位置磨损得厉害，需不断更换。陈万忠经过反复设计，在吊装装置上方安了一根支杠，将夹角打开，使吊装带由“正八字”变成了“倒八字”，大大减少了外护圈的剐蹭，杠的下面又加装了4个钢丝绳，使得原本能吊两个卷的吊钩现在可以吊装4个，提高了吊装效率，节省了成本。

“首钢人就是首钢人！”首钢集团工会主席梁宗平说，“首钢人为了打造钢铁‘梦工厂’，不仅发扬了艰苦创业的奋斗精神，更体现出了勇于创新、精益求精的工匠精神。”

（《工人日报》2019年7月12日，作者：郭　强、赵思远）

从“钢”到“冰”

——首钢打造城市新地标

10年前，首钢搬迁调整，在老厂区留下了8.63平方公里的开发空间。如今，漫步首钢老厂区，穿过历经沧桑的车间、高炉，有一种熟悉的陌生——老厂房的容颜从未改变，内部却已是别有洞天。

首钢作为全国首批城区老工业区搬迁改造试点，以冬奥组委入驻首钢园区为契机，加快老工业园区转型升级，明确了首钢园区“传统工业绿色转型升级示范区、京西高端产业创新高地、后工业文化体育创意基地”的功能定位。目前，这里已完成西十筒仓区域10万平方米工业遗存改造，变身为北京2022冬奥组委办公地，建起了国家队冰上运动训练场馆，与国家体育总局共建国家体育产业示范区。

从“钢”到“冰”，“十里钢城”成了城市新地标。

从“十里钢城”到新产业园区

“首钢转型，不同于一般园区的转型。它并非是凭空建造新园区，而是老工业园区的产业改造，也就是从钢铁产业板块延伸到体育、娱乐、地产、服务板块，甚至更多。”首钢建设投资公司党委副书记张福杰介绍说。

目前首钢重点开发的首钢园北区，占地2.91平方公里，计划2021年完工，包括冬奥广场片区、工业遗址公园片区、石景山文化景观区、城市织补创新工场、公共服务配套区5大片区。

记者来到位于首钢园北端的“西十筒仓”，这里曾是民国时期建的铁路“西十线”运储铁矿石的料场。谁能想到，从外表看上去高大的水泥炼铁筒仓、料仓，里面竟是现代感十足的办公楼。在尊重原有工业遗存风貌的基础上，进行了内部功能改造与空间更新，使得老首钢“素颜值”的工业之美与现代化的办公功能和谐共存、相得益彰，成了首钢园转型发展的亮点。

2016年5月13日，2022年北京冬奥组委首批工作人员正式入驻北京首钢园区内的西十筒仓办公区，这里成了2022年北京冬奥会筹办的中枢。

与西十筒仓相邻的是工业遗址公园片区，昔日火花四溅的三号高炉，是首钢百年发展史上的“功勋高炉”。如今，这里变成了个性十足的“秀场”，可以举办大型展示、发布活动；高炉顶部建起了玻璃观景台，游客站在观景台上可以俯瞰整个厂区。三号高炉旁的秀池，湖水翠绿，与锈色高炉形成鲜明对比。而在高炉另一面，精致的咖啡厅与工业管道融为一体，内部木质装修令人耳目一新。

2018 年 6 月，老首钢偌大的精煤车间，经过改造后成为花滑馆、短道速滑馆、冰壶馆，一旁曾作为送煤车站调度室的厂房，则改建为冰球馆。这就是赫赫有名的首钢“四块冰”，已经成为冬奥冰上项目国家队员备战比赛的训练场地。曾经的四个冷却塔前，滑雪大跳台正在紧张施工中。值得一提的是，这座大跳台将成为北京冬奥会唯一位于市区的雪上项目举办地，也是世界上首个永久保留的单板大跳台设施。

国际奥委会主席巴赫看到首钢工业园区的保护性改造，称赞“北京首钢园区工厂改建是奇迹”，是一个“惊艳世人”的城市规划和更新的范例。

打造城市新地标，首钢园区加速崛起。冬奥会组委会，世界侨商创新中心，中国第 1 个、全球第 19 个 C40 正气候项目，以及国家体育产业示范区等相继落户首钢北京园区。国际奥委会平昌冬奥会和冬残奥会总结会在首钢北京园区成功举办。2018 年 6 月 5 日，首钢集团正式成为北京 2022 年冬奥会和冬残奥会官方合作伙伴，跻身北京冬奥组委最高级别赞助商。

张福杰告诉记者：“我们的园区要打造成为绿色园区、科技园区、智慧园区，包括冬奥、5G、AI、大数据。目前，这个园区有 8 种无人车驾驶场景，还有数字智能科创高端金融以及文化创意。”

从车间工人到园区服务员

“不光园区在转型，人也在转型。”首钢园区服务公司党委书记戴利说，这里的保安员、保洁员、解说员、制冰工等等，很多人是从车间工人转型过来的。

招聘服务员时，一些职工有顾虑，觉得干服务低人一等，不愿意报名参加。曾是北京厂区运输管理处运转作业区作业长兼党支部书记的高俊朴，一边开导大家转变观念，一边主动肩负起“头羊”的责任，带领 83 人一起转岗到篮管中心，做起了服务工作。

高俊朴告诉记者：“转型初期，职工可能不具备单打独斗的能力，如果整建制地走，领导是老领导，班长是老班长，工友之间也互相熟悉。这样，一起到了新环境，就能互相帮助、互相照应。”

如今，在首钢园区，有 2000 多名当年留在老厂区的职工，在环境公司、体育公司、园区服务公司等单位走上了制冰扫冰、场地维护、安保物业等服务性质的岗位。

姜金玉 1995 年进入首钢，在炼铁厂开天车，如今是首钢园区服务公司冬奥物业事业部的一名讲解员。“之前每天都一个人窝在天车驾驶室，一天说不上几句话，而现在得随时和观众交流，一开始确实很难适应。”

为了写好解说词，保证每字每句都有根据，她一有空就泡在首钢档案馆里查资料，上网恶补冬奥知识；为了提高演讲水平，她在家洗碗时也亮开嗓子背词儿，拉来家人当听众。现在，姜金玉成了“问不倒的讲解员”，“能够服务冬奥、参与首钢转型，感到十分自豪”。

“每天工作还是老地方，干的却已不是过去的行当。”刘博强是一名土生土长的首钢人，做过轧钢工、焊工、空调安装维修工，如今是一名制冰工。

2017 年，单位组织职工培训扫冰、制冰，刘博强报名参加。经过 3 个月时间的培训，刘博强成绩优异，被安排到维护难度较高的冰壶场馆学习。

目前，全世界的顶级制冰师也不超过 20 人。首钢冰壶馆邀请了来自加拿大的顶级制冰师。在制冰过程中，“打点”是关键且技术难度很高的环节。一开始，刘博强只能跟着打下手，根本没有上冰的机会。不让上冰，刘博强就借来“打点”壶，晚上 8 点以后，到场馆外的马路上，把非机动车道和机动车道的分界线当成冰壶赛道的中线，背着 40 多斤的“打点”壶进行练习。每天坚持，手和胳膊都练肿了。一个半月后，刘博强的技术得到了制冰师认可，终于可以上冰操作。

“我的目标是到2022年北京冬奥会时，真正成为一名咱们首钢的‘制冰大工匠’，出现在服务冬奥会的赛场上，为我国的冬奥事业贡献自己的力量。”刘博强说。

（《工人日报》2019年7月13日，作者：郭　强、赵思远）

百年首钢“凤凰涅槃”

——首钢转型发展的变革之路

走过一个世纪的首钢，犹如百年梨树，树干粗壮，枝繁叶茂，果实累累。

4月的北方，春意盎然。走进搬迁到河北曹妃甸海岛上的首钢京唐公司，30平方公里的厂区，满目翠绿，花香扑面，俨然一个大花园。5500立方米高炉巍峨壮观，热轧、冷轧车间钢铁板材产品自动化生产，智能成品库、成品码头的智慧机械作业……

在北京永定河畔的首钢老厂区，高炉矗立但不再烟尘滚滚，厂房依旧却不见机器隆隆。这里已是会展走秀场所，冬奥会的冰球、冰壶、花样滑冰、短道速滑场馆，创业公社空间……

百年首钢，经历“凤凰涅槃”般史无前例的搬迁调整、转型升级。首钢资产规模从1978年的16.90亿元，增长到2018年的2937亿元；钢铁板块的利润从2.99亿元增长到62.8亿元，创造了一个又一个奇迹，写下辉煌篇章。

紧扣时代脉搏

作为世界500强，首钢的发展紧扣时代脉搏，在新中国的怀抱中不断成长壮大。

民国初的1919年，承载着国人工业梦想的首钢呱呱坠地。在军阀战乱的困苦与惊扰、日本侵略者的压榨与欺辱、国民党统治的腐败与昏庸中，首钢在生死线上苦苦挣扎、举步维艰，30年累计只生产了28.6万吨生铁。

新中国成立后，首钢获得新生。1958年，建起中国第一座侧吹转炉，结束了首钢有铁无钢的历史。1964年，建成中国第一座30吨氧气顶吹转炉，在中国最早采用高炉喷吹煤技术。20世纪70年代末，首钢二号高炉成为当时中国最先进的高炉。1978年，钢产量达到179万吨，成为全国十大钢铁企业之一。

改革开放后，首钢进入大发展时期。从1979年开始，国家对国有企业进行了一系列“放权让利”的改革，首钢被列为第一批国家经济体制改革试点单位。1981年—1995年，实行上缴利润递增包干，扩大企业经营自主权，有力地促进了首钢的发展。1992年，国务院批准赋予首钢投资立项权、资金融通权和外贸自主权。首钢承包制成为当时全国国有企业改革的典型之一、我国工业企业改革的一面旗帜。

1995年，首钢承包制到期后，进入以建立现代企业制度为目标、实行集团化改革的新阶段。把单一法人企业高度集中的管理体制，转变为多法人、以资本为纽带的母子公司管理体制。1996年，首钢集团成立。1999年，首钢股份在深交所上市。

在生产经营上，首钢相继进行一系列建设和技术改造，新上一批重点项目，生产规模迅速扩大。1994年，首钢钢产量达到824万吨，列当年全国第一位。2006年12月，首钢轧制出发展史上第一卷热轧卷板，实现了由低端产品向中高端产品的历史性跨越。

在钢铁主业发展的同时，首钢的跨业经营也迈出坚实的步伐，涉猎采矿、机械、电子、建筑、房地产、服务业、海外贸易等多种行业，兼并长治钢铁、通化钢铁、贵阳钢铁、水城钢铁、伊犁钢铁，在香港收购四家上市公司，收购秘鲁铁矿，成立华夏银行等。首钢从一个单纯生产型的钢铁企业，逐步发展成为以钢铁业为主，跨地区、跨行业、跨所有制、跨国经营的特大型联合企业，综合实力从我国钢铁行业第八位上升到前三位。

进入21世纪，首钢积极落实国家钢铁工业布局和产业结构调整战略，率先实施钢铁业搬迁调整。2005年2月18日，国家发改委经报请国务院批准，正式作出批复，同意首钢实施压产、搬迁、结构调整和环境治理的方案，并同意在河北省唐山地区曹妃甸建设一个具有国际先进水平的钢铁联合企业作为首钢搬迁的载体。

首钢，从此开启了新时代。

创新时代高度

我国钢铁企业都建在内陆铁矿资源富集地区，随着工业化的快速发展以及钢铁产能的扩张，钢铁企业所需的各种资源严重短缺，生产成本愈发高企。

大型钢铁企业整体搬迁前无古人，首钢是探路者。如何搬迁？原址怎么办？首钢人选择做好科学的顶层设计，创新时代高度。

首钢搬迁选定了从山到海之路，虽然远离首都，却成为国内首家临海靠港建造的千万吨级大型钢铁企业。

钢铁是耗水大户，华北地区水资源奇缺，由于采水量大，已形成偌大的地下漏斗。

而曹妃甸有独特的地理优势，深水港可满足25万吨级以上大型船舶进出，有利于大幅度降低原料和产品运输成本。钢铁厂建设用地可以用滩涂围海造地，不占用耕地资源。可充分吸收和借鉴国内外建厂经验，优化总图布置和工艺流程，各生产工序紧密衔接，最大限度地缩短物流运距。

在编制建设方案大纲、可行性研究报告和初步设计阶段，广泛开展调查研究和技术交流，学习国内外先进企业的建厂经验，广泛征求、充分听取各方面专家的意见和建议，不断优化可研报告和初步设计。

2005年2月初，国家发改委、国家环保总局、水利部、中国国际工程咨询公司、北京市先后召开综合性的专家咨询论证会和审查会9次，首钢和唐钢召开内部专家综合性审查会14次，对首钢京唐钢铁厂建设方案大纲、可行性研究报告、初步设计方案等，反复论证，不断优化和完善。同时，成立由15名有关方面专家组成的“首钢京唐钢铁项目国内专家委员会”，为首钢京唐钢铁厂建设进行审查把关。

经过反复论证，设计不断优化，确定建设目标，坚持高起点、高标准、高要求，实现产品一流、管理一流、环境一流、效益一流，成为科学发展、自主创新、循环经济的示范企业。

国家发改委由此批准首钢“按照循环经济的理念，结合首钢搬迁和唐山地区钢铁工业调整，在曹妃甸建设一个具有国际先进水平的钢铁联合企业”。

2007年，首钢京唐钢铁厂在曹妃甸拉开建设序幕。2009年，集220项国内外先进技术的钢铁厂一期工程投产，被誉为中国钢铁人的“梦工厂”。

首钢搬迁，老厂区留下8.63平方公里的开发空间，成为北京市城六区内唯一可大规模、联片开发的区域。该区域交通发达便捷，环境优美，景致独特，紧邻北京母亲河永定河，背靠西山山脉，拥有石景山、群明湖、秀池、高炉等工业和自然景观。

首钢的搬迁调整，党中央高度重视，北京市大力支持，首钢人更是夜不能寐。首钢人明白，如果开发房地产，会获得大笔收益，有助于新钢铁企业建设，但会破坏工业遗产，伤害未来城市空间。首钢人组织团队对英国、德国、美国等国家的工业遗产进行考察，在强调保护的同时，开启了首钢人保护+开发利用的智慧，对首钢遗产进行规划设计。

北京市政府在国务院批准“首钢实施搬迁、结构调整和环境整治”方案的基础上，规划设计经反复优化调整，2012年完成《新首钢高端产业综合服务区控制性详细规划》，开展绿色生态、城市风貌、地下空间、交通、市政5个方面10余个专项规划研究。

首钢联合中国工程院、清华大学，由5位院士共同开展城市风貌专题研究，有针对性借鉴和参考国内外老工业基地改造案例。2014年，首钢就园区的发展定位、资源保护、空间形象、建设模式和起步区示范开展工作，并将织补城市、海绵城市、城市复兴等理念运用到规划中，研究成果达到国际先进水平。

根据北京市发展要求，首钢北京园区规划不断完善，目前已高标准高水平完成了北区“多规合一”规划方案。明确了“传统工业绿色转型升级示范区、京西高端产业创新高地、后工业文化体育创意基地”的功能定位。

巨人企业的搬迁，牵扯到庞大队伍的切身利益，首钢遇到的是6万名职工面对从首都到200多公里外荒芜海滩的选择。如何解决职工安置这个最大的问题？首钢设计了11种安置方案，请职工选择。最终，8000名怀揣钢铁情怀的职工赶赴京唐钢铁，达到平稳搬迁。

创造时代精品

百年工业遗存闪耀着首钢人的智慧与汗水，光彩夺目；新城市奇迹在老厂区茁壮成长，首钢人在不断创造时代精品。

首钢园区作为全国首批城区老工业区搬迁改造试点，以冬奥组委入驻首钢园区为契机，加快老工业园区转型升级。已完成的西十筒仓区域10万平方米工业遗存改造，变身为北京2022冬奥组委办公地。建设国家队冰上运动训练场馆，与国家体育总局共建国家体育产业示范区，成为工业遗存再利用和城市复兴新地标。

国际奥委会主席巴赫2017年8月看到首钢的工业遗存，称赞首钢工业园区的保护性改造是很棒的一个想法，这个理念在全世界都可以说是领先的，做出了一个极佳的示范。在秘鲁利马召开的国际奥委会第131次全体会议上，巴赫再次称赞“北京首钢园区工厂改建是奇迹”，是一个“惊艳世人”的城市规划和更新的范例。

首钢北京园区厚积薄发，北区中部，挖掘高炉、干法除尘等工业主流程的遗存价值，三高炉改造为创意展示空间。厂房内的柱子、天车梁和剪刀撑等工业遗存都原貌保留，呈现出前所未有的“工业特色冰雪场馆”风貌。结合区域工业管道，在其工业素颜值基础上形成高绿颜值、高棕颜值的城市更新范例，传承京西百年历史独有的“铁色记忆”城市风貌。园区规划获英国皇家城市规划学会颁发的“国际卓越规划奖”，获国际绿色建筑大会“绿色建筑先锋大奖”，获住建部“中国人居环境范例奖”。

海外院士专家北京工作站落户园区，建设首都国际人才社区。运用“城市织补”理念，高起点遴选支撑首都科技创新中心、文化中心、国际交往中心的高端产业及业态，实现研发创新平台、企业办公、人才公寓等公共服务有机组合的城市功能。

按照搬迁规划，京唐公司技术装备达到一流水平。为此，首钢组织技术人员规划、攻关，采用了220余项国内外先进技术，自主创新和集成创新达到了2/3，被列入国家科技支撑计划“新一代可循环钢铁流程工艺技术”重大专项。

京唐公司焦化A、B焦炉工程获得了国家2009年度“鲁班奖”，是中国焦化工程建筑史上获此殊荣的第二个工程。中国冶金协会会长参观焦炉后，感慨良多，称这是他见过的最洁净的焦化厂。自主研发高炉—转炉界面“一罐到底”技术，为世界300吨级大型转炉钢铁企业首家使用；自主创新“全三脱”炼钢工艺，打造出国内第一个高效率低成本的洁净钢生产平台。

京唐公司的高炉到炼钢的运输距离只有900米，成为运距最短的大型钢铁厂。转炉到热轧实现了工艺零距离衔接，1580毫米热轧成品库到1700毫米冷轧原料库只隔一条马路。吨钢占地0.9平方米，达到国际先进水平，被业内国际专家评价为目前世界上大型钢铁企业最佳流程。

京唐公司产品定位于高档次的精品板材，产品结构实现了从长材向板带的转型升级，发展到汽车板、镀锡板等高端板材产品。其家电板、桥梁钢、车轮钢国内占有率第一，汽车板国内占有率第二，镀锡板实现高端客户全覆盖。

京唐公司按照循环经济构建的全流程能源转换体系，实现了余热、余压的高效能源转换，构成了循环经济产业链，正在发挥出显著的经济效益和社会效益。

在国内首次应用热法低温多效海水淡化技术，建成日产5万吨淡水的海水淡化工厂，节省了大量淡水资源。遵循“能源梯级利用”原则，实现了汽—电—水的大循环，年发电量3.4亿千瓦时，是循环经济的最好体现。海水淡化与下游制盐产业形成产业链。

通过对全流程废渣、尘泥等固体废弃物高效回收、再资源化和产品化技术集成，实现了零排放，并通过深加工提升固废再资源化产品的价值，实现了100%循环利用。通过回收生产过程中产生的余热资源，除满足企业自用外，还向周边企业供应，实现了为社会服务功能。

京唐公司被列入第一批钢铁行业资源节约型、环境友好型企业创建试点名单。各项环保指标全面达到了《清洁生产标准——钢铁行业》中的一级标准，建成了名副其实的绿色工厂。

京唐公司始终坚持在改革中发展，在发展中改革。通过瘦身健体，钢铁实物劳动生产率提高60%，呈现出职工人数和人工费双下降、职工收入和劳动生产率双上升的良好势头。

2014年，首钢搭建钢铁、股权、园区、金融4个平台，明晰管理界面，制定权力清单，推进决策重心下移。为适应新产业发展，加快形成市场化经营机制；完善选人用人机制，引进职业经理人；建立中长期激励机制。首钢深化改革综合试点方案获北京市批准。

2017年底，经北京市政府批准，首钢成为北京市唯一一家国有企业深化改革综合试点单位，首钢又踏上了新一轮改革征程。

（《中国改革报》2019年5月14日，作者：李银堂、刘　政）

工业遗存变文化创意展示空间
首钢三高炉展厅“首秀”书画展

8月20日下午，首钢园区三高炉区域成了一片欢乐的海洋。一场主题为“庆祝新中国成立70周年、百年首钢恰是风华正茂”的书画摄影展，开始在三高炉展厅进行为期一个月的展出，这也是三高炉展厅对外“首秀”。

走进位于三高炉和秀池之间的连廊，便能看见展厅A馆的门口。“这片地儿不就是曾经的三高炉主控室嘛！”一位来观展的首钢退休职工兴奋地说。

抬头仰望，高耸的三高炉巍峨挺立，炉体焕然一新，这处钢铁工业遗存已成为园区内最知名的网红新地标。向前眺望，秀池水面倒映着三高炉的倩影，陆续抵达的首钢老职工纷纷举起手机拍照录像。继去年10月举办新车上市活动、12月举办跨年冰雪盛典后，三高炉再次举办重要活动。

徜徉在4000余平方米、充满钢铁工业风的展厅内，观众能欣赏风格各异的书画作品。“百年钢铁情、共筑中国梦”“钢铁精神、薪火相传”“百年首钢、冰雪冬奥”……由首钢集团各单位书画爱好者们带来的154幅作品全部展出，书法作品字迹苍劲有力，充满钢铁记忆的老厂建筑物画面一一呈现。一些退休职工还描绘了新首钢大桥、冬奥健儿赛场比拼等画面，畅想着首钢园区的未来场景。

在地下一层展厅入口处，一幅由30多名首钢员工集体创作的画作格外醒目。在这幅十多米长的画卷上，首钢京唐、首钢矿业等首钢下属多家钢铁企业的标志性景观“团聚”，几名来自不同企业的首钢员工在画前合影留念，一阵阵欢声笑语传来。

首钢档案馆内珍藏的由著名书画家创作的153幅丹青力作，此次全部在展馆展出。另一处展馆内的摄影展上，117幅记录首钢建厂百年重要瞬间的图片，把观众的回忆带回到了首钢老厂区钢花四溅的年代。

三高炉位于首钢西十冬奥广场南侧，是首钢老厂区冶炼体系中最典型的一条生产线。在首钢百年的炼铁发展史中，三高炉是一座“功勋高炉”，对国家钢铁产业贡献巨大，是北京乃至全国近现代工业发展的缩影。三高炉有效容积达2500立方米，更新改造后成为全球首个举办个性发布会的炼铁高炉，更是首个由大型工业建筑物改造而成的民用建筑物。

目前，三高炉炉体内部一层3000平方米和二层2500平方米的空间已经完成改造，正在打造文化创意展示空间。

借助三高炉展厅及与之相连的四个附属馆的展示发布空间，首钢园区正式启动“全球首发中心”的打造计划，将鼓励一批国际知名品牌及原创自主品牌举办首发活动。同时，首钢园区还将培育保税交易业态，筹建冬奥公共保税仓库。首钢将利用三高炉展厅、冰球馆、文馆、滑雪大跳台、五一剧场等场馆资源，聚集新品首发、技术首创、时尚走秀、影视首映等发布活动。

未来，每一位来到首钢园区的到访者，将由秀池水下廊道进入三高炉内部，依次经过9.7米高的出铁场平台、13.6米高的参观平台、41.3米高的罩棚平台，再到达76米高的炉头平台。观众将在移步换景中一览整个高炉炼铁的全部工艺流程。

（《北京日报》2019年8月21日，作者：潘福达）

首钢推百万字丛书及画册庆祝建厂百年

为庆祝新中国成立70周年，纪念首钢建厂100周年，首钢集团组织编著的《百年首钢》四册丛书和《百年首钢世纪圆梦》画册11日在京发布。

《百年首钢》四册丛书，由“自强卷、创新卷、绿色卷、文化卷”组成，共收录文章180篇，文中插图475幅，排版字数超120万字。丛书编写时，力求站在历史和现实高度，展现首钢人的家国情怀和使命担当；通过梳理百年首钢在中国钢铁工业史上的代表事件，表现首钢“自强、创新、绿色、文化”的鲜明特质；力求尊重历史，成为研究近现代中国工业史的参考文献。

《百年首钢世纪圆梦》画册以首钢百年重大历史节点为索引，收录不同时期珍贵照片650幅。主体内容由“指引方向、百年历程、自强首钢、创新首钢、绿色首钢、文化首钢、名人荟萃、美好未来”8个板块构成，具有成果展示、凝心聚力的文化传承价值。

《百年首钢》丛书编写历时1年。期间得到首钢老领导、退休职工、首钢集团各子公司、首钢档案馆、首钢新闻中心、首钢技术研究院的支持和协助，在中央文献出版社编辑部主任孙翊率队帮助、指导和统编校验下，确保丛书出版发行。

《百年首钢世纪圆梦》画册编辑历时5个月完成。编辑人员在收集资料时广开渠道，在媒体资料图片库中寻找，在历史档案中查询，在首钢摄影爱好者中征集，最终集得珍贵历史照片上千幅。在此基础上，得以汇编完成首钢最为系统完整、特色鲜明，融历史性、思想性、艺术性的画册长卷。

首钢集团表示，丛书与画册的编著体现集体智慧，是挥洒辛劳汗水的结晶，是向祖国70周年华诞、首钢建厂100周年献上的一份厚重的礼物。站在首钢百年厂庆节点上，首钢人已踏上下一个百年征程，将再创下一个百年辉煌。

（新华社2019年9月11日，作者：张　骁）

首钢百年史启示了我们什么

历史的最好纪念，就是创造新的历史。百年首钢的生长曲线，为我们观察北京城市进步和中国产业结构转型提供了生动视角。

高炉筒仓犹在，却早已不见钢花飞溅；曾经的冷却塔告别蒸汽氤氲，焕然一新映衬着冬奥滑雪大跳台……新中国成立70周年之际，首钢迎来百年生日，市委书记蔡奇专程到新首钢地区调研，送上"首钢百年恰似风华正茂，面向未来再创时代辉煌"的美好祝福。

100年浪淘风簸，流沙见金；100年淬火渗碳，百炼成钢。从动荡屈辱中起步，在建设热潮中成长，于风雷激荡中壮大，"一部首钢史，半部北京史"。百年首钢浓缩了北京发展的恢弘图景，见证着中国现代化进程的历史飞跃，与共和国追赶世界、拥抱时代的前行脚步紧密相扣。从以"首钢速度"扛起工业大旗，到以"承包制"引领国有企业改革，从还首都一片蓝天毅然开启"从山到海的搬迁"，到华丽转身用好工业遗存打造城市复兴新地标……百年老厂的生长曲线，为我们观察北京城市进步和中国产业结构转型提供了生动视角。

一座城市的发展有其内在规律，唯一长新的是自我革命的激情与勇气。70年前，百废待兴的北京"连一颗钉子都造不出来"。从消费城市到生产城市，北京的蝶变由工业化开始。烟囱林立、浓烟滚滚，在这场城市发展路径的深刻转变中，以首钢为代表的一批重工业基地纷纷落成并投产，北京在轰鸣声中，走在了全国工业发展的前列。但城市的发展从来不会是同一节奏的承续，改革开放的春潮，让北京产业结构短板迅速凸显，如何摆脱困境？从"粗放"走向"精细"，从"单调"走向"多元"，从"又黑又重"走向"工艺轻巧"，成为北京谋划城市发展的新起点。首钢的停产、搬迁与变身，对接着北京对城市功能定位的再认识，汽车、医药、电子变身产业主体，"高精尖"已成为这座城市新的名片。发展定位和产业布局的不断更新迭代，各大区域和各大企业紧锣密鼓的转型升级，为这座超大城市带来源源不绝的活力。

北京发展的跃升，又何尝不是中国现代化进程的缩影？新中国成立之初，首钢是全国仅有的几个能投入生产的工业基地，如今，世界500多种主要工业产品中，我们有220多种生产能力稳居第一，"世界工厂"的地位名副其实。与此同时，伴随着经济社会各领域的深刻变革，中国的产业结构不断改善、新兴产业不断涌现，第三产业早已取代第二产业成为经济增长最主要的贡献力量。从数量扩张向质量提高，处在"风口"焦点上的"中国制造"，正在从全球产业链的中低端奋力向上攀登。

今天的中国，在风起云涌的新一轮科技革命中加紧抢占高质量发展的高地。今天的北京，城市发展模式深刻变革，减量发展、绿色发展、创新发展成为首都追求高质量发展的鲜明特征，"建设一个什么样的首都，怎样建设首都"的路径愈发清晰。当时与势不断把我们推到一个个新的十字路口，如何实现由大向强的关键一跃？除了要有判断大势的智慧、投身时代洪流的自觉，更重要的是要有一份参与历史、胸怀家国的豪情。

新时代，新机遇。如今的曹妃甸，由首钢人自主研发的两座5500立方米高炉和"全三脱"炼钢厂，巍然矗立在渤海之滨，与新首钢高端产业综合服务区隔空遥遥相望，好似一重隐喻：对历史的最好纪念，就是创造新的历史。把握好每一个时间节点，走好前所未有的新征程，我们的城市、我们的祖国必将书写新的传奇、新的辉煌。

（《北京日报》2019年9月20日，作者：范　荣）

首钢命名表彰12名“首钢工匠”

“一次性奖励10万元，以后每月还有1万元工匠津贴，这待遇太令人心动了！”首钢集团有限公司首届“首钢工匠”命名表彰的消息，在企业职工中引起强烈震动，大家感到“学技术更有奔头了”。

9月16日，首钢集团在成立100周年之际，召开首届“首钢工匠”命名表彰座谈会，为12名首届“首钢工匠”颁发了奖牌和证书。

根据今年初出台的《首钢集团有限公司首钢工匠评选管理办法》，该集团对每位“首钢工匠”给予一次性奖励10万元、每月1万元工匠津贴，并在研修学习、国际交流、参与民主管理等方面提供机会、搭建平台。以“首钢工匠”获得者命名的创新工作室，还得到了5万至10万元的一次性资金支持。

据了解，12名“首钢工匠”均来自首钢基层一线岗位，都具有较高的思想和文化素质，多年来，他们积极为企业攻克技术难关、培养技能人才、增添创新成果，创造了可观的经济效益。

“‘首钢工匠’评选面向基层一线，不论学历、职称，凡是在一线岗位工作的人员，都可以参评。”首钢集团工会主席梁宗平说，“评选出的‘首钢工匠’都是长期在基层一线生产、技术、操作等岗位，敬业专注、技艺超群，具有解决生产、设备、技术操作重大问题的突出能力，在名师带徒方面作用显著，在本行业、本领域、本职业（工种）有较强影响力、带动力，得到广泛认可的高技能领军人才。”

首钢集团党委书记、董事长、总经理张功焰说：“梳理100年来首钢发展历程，工匠精神是首钢优秀文化的重要组成部分。在一代代首钢人身上，工匠精神生生不息、薪火相传。首届12名‘首钢工匠’用自己的实际行动对工匠精神作出了生动诠释。今后，我们在向产业工人提供普惠性、均等化职业技能培训的同时，还要进一步加强高技能人才的政策激励。”

（《工人日报》2019年9月21日，作者：郭　强、赵思远）

“百年首钢·城市复兴论坛”开幕

作为首钢百年厂庆系列活动之一，由北京市规划自然资源委、首钢集团、中国建筑学会共同主办的“百年首钢·城市复兴”论坛22日在新首钢园区三高炉报告厅举行。

论坛围绕努力打造城市更新标杆工程，从加快北京老工业区崛起，遵循北京城市“新总规”，依托“长安金轴”，集区位优势、空间资源、创新要素于一身等方面，结合首钢老工业园区转型发展中探索出的统一规划、统一建设、统一管理的创新模式，从城市复兴的角度进行交流、分享，为我国城市复兴发展积累更多经验，进一步推进文化复兴、产业复兴、生态复兴和活力复兴，打造新时代首都城市复兴新地标。

百年首钢是中国钢铁工业开拓者和集大成者，为新中国钢铁工业发展和首都现代化建设做出卓越贡献。百年首钢浓缩城市发展恢宏图景，见证中国现代化进程的历史飞跃，与共和国追赶世界、拥抱时代的前行脚步紧密相扣。从以“首钢速度”扛起工业大旗，到以“承包制”引领国有企业改革，从还首都一片蓝天毅然开启“从山到海的搬迁”，到华丽转身用好工业遗存打造城市复兴新地标，百年首钢的发展历程为城市进步和中国产业结构转型提供生动范例。

首钢集团表示，首钢园区是北京中心城中完整保留各时期钢铁工业设施的最大厂区，目前形成山、水、历史遗存并存的独特空间格局与环境风貌。百年首钢正抓住首都发展契机，实现华丽转身，将把握历史机遇，统筹做好区域生态重塑、文化挖掘，打造山水相连、工业遗存和冬奥元素共生的城市风貌，将首钢地区打造成为工业遗存保护利用的示范基地。

（新华社 2019 年 9 月 23 日，作者：张　骁）

新首钢大桥开通

记者获悉，历时 3 年多时间修建的北京新首钢大桥于 9 月 29 日正式开通，这标志着拉动北京西部地区经济发展的长安街西延线工程全线贯通。

首钢大桥桥型采用全球首例双塔斜拉钢构组合体系桥，是目前北京地区最大的跨径桥梁；大桥全长 1354 米，宽度达 54. 9 米，设计双向 8 车道和非机动车道及人行道，是目前我国最宽的钢桥梁；大桥使用各类钢板用量合计约 4. 5 万吨，其中钢箱梁、钢塔钢板由首钢自主生产。

根据北京新版城市总体规划和新首钢地区三年行动计划，总面积 22. 3 平方公里的新首钢地区将规划建设首都城市复兴新地标。新首钢大桥地处新首钢地区核心位置，开通后将为北京西部地区新增一条进出中心城区的重要通道。

（新华社 2019 年 9 月 29 日，作者：张　骁）

首钢厂东门原址重新开放

“看到它，就好像看到了家。”对于一代代首钢人来说，饱经风霜的厂东门既是内心的归属，也是梦想的摇篮。昨天起，首钢厂东门原址向社会正式开放，日新月异的首钢园区也离百姓的视线更近了一步。

北京市石景山路 68 号——这个深深印在首钢人心中的门牌号，是首钢厂东门的原址。它曾是进出首钢的主要通道，成为首钢特有的符号和地标。从 1919 年建厂，到恢复生产、争当改革先锋，再到铸就“钢铁巨人”的亮眼成绩；从搬迁调整实现“从山到海”的跨越，到华丽“转身”、转型发展，再到打造首都城市复兴新地标……厂东门见证着首钢实业救国、强企报国的每一步足迹。

2015 年 5 月，为实施长安街西延工程，首钢厂东门启动保护性拆除工程，并在原址向西 500 米处异地迁建。虽然大门被拆除了，但一直未允许社会车辆随意进入。昨天起，首钢厂东门原址正式向社会开放，加上新首钢大桥在同天开通，标志着拉动北京西部新首钢地区经济发展的重点工程——长安街西延线全线贯通。

重新复建的厂东门将于下个月对社会开放。同样是朱红外墙、绿琉璃瓦，同样是 12. 85 米高、56. 28 米长，新的厂东门坐北朝南，完全是按照 1 ∶ 1 的比例进行复建。

“这里，寄托着首钢人的无限情感。每天有无数首钢人从这里经过，把首钢精神和镶嵌着首钢标志的产品带到全国乃至世界各地；有无数首钢人带着满腔热情从这里出发，奔赴渤海之滨、太行山脉、白山黑水；还有很多国家领导人、国内外专家学者通过这里为首钢带来了关怀、政策和指导。这里是首钢特有的符号、首钢历史的坐标，更是首钢递向世界的名片。”站在首钢厂东门原址前，首钢集团党委常委、工会主席梁宗平深情地说。

4年前，首钢厂东门进行拆除时，老首钢人白先生特意带着妻子从朝阳区赶来。他还记得那是5月下旬，细雨霏霏，他与厂东门合照了上百张。听说厂东门旧址对社会开放、新址即将开放的消息，白先生激动地说：“真希望马上去看看！在新中国成立70周年前夕，首钢厂东门对社会开放，说明了首钢展示中国钢铁业发展和建设绿水青山的决心。作为一名首钢老职工，我觉得心潮澎湃！”

据首钢方面介绍，由于长安街西延线道路两侧的首钢园区还在进行施工建设，为安全起见，进入园区需要办理相关手续。

（《北京日报》2019年9月30日，作者：殷呈悦）

在首钢厂东门广场开放仪式上的讲话

今天，我们怀着庆祝新中国成立70周年的喜悦之情，举行首钢厂东门广场开放仪式，以这种特殊的方式，纪念首钢建厂100周年，动员全体干部职工不忘初心、牢记使命，大力传承和弘扬首钢精神，勇当国企改革先行者、高质量发展排头兵，打造世界一流的综合性大型企业集团，再度书写百年传奇。

此时此刻，面对这座凝聚着首钢人无限情感、记载着首钢百年光辉历程的历史坐标，打开记忆的闸门，我们无不思绪万千、心潮澎湃。在这里，我代表首钢集团党委和首钢集团，向为首钢百年发展作出贡献的前辈们，表示崇高的敬意！向全体干部职工和家属，表示美好的祝福！向关心和支持首钢发展的社会各界朋友，表示衷心的感谢！

百年首钢，在中华民族危难之际诞生。30年负辱蛰行、举步维艰，30年生死挣扎、壮志难酬，老一辈首钢人经历了军阀混战的困苦与惊扰，饱尝了日本侵略者的欺凌与压榨，见证了国民党统治的腐败与昏庸。在中国人民解放军的隆隆炮声中，首钢人脱离苦海，获得新生。从那时起，他们在内心深处牢牢扎下了“没有共产党就没有新中国”的坚定信念，立下了大干钢铁、报效国家的远大志向。

百年首钢，伴随着共和国的脚步成长。在党的领导下，首钢人发扬工人阶级主人翁精神，艰苦创业，奋发图强。苦战14天，建成小转炉，结束有铁无钢的历史；刻苦攻关，建成我国第一座30吨氧气顶吹转炉，翻开我国炼钢生产新的一页；建成了集采矿、烧结、焦化、炼铁、炼钢、轧钢为一体的钢铁联合企业，成为全国十大钢铁生产基地之一。

百年首钢，在改革开放的春雷激荡中壮大。坚持解放思想，打破计划经济体制的束缚，率先实行承包制，成为我国工业企业改革的一面旗帜。“包、保、核”“三个百分之百”“干部能上能下”，严格管理使首钢闻名全国；第一家采用无料钟炉顶装置、顶燃式热风炉等新技术建成国内首座现代化高炉，第一家通过引进国外二手设备建成现代化炼钢厂，第一家被国家赋予投资立项权、资金融通权和外贸自主权，第一家由企业创办银行，第一家走出国门收购海外矿产，奏出了“做天下主人、创世界第一”的时代交响。

百年首钢，在世纪交汇的时代大潮中跨越提升。坚决服从和服务于国家奥运战略和首都城市功能定位，开启史无前例的钢厂大搬迁，做大规模、做优产品、做强品牌，建成中国钢铁人的“梦工厂”，成为京津冀协同发展先锋队；坚持“一根扁担挑两头”战略，抢抓筹办冬奥历史性机遇，聚焦文化复兴、生态复兴、产业复兴、活力复兴，打造新时代首都城市复兴新地标，实现了“从山到海、从火到冰”的巨大跨越。

首钢的每一步发展和成就，都离不开党中央、国务院的亲切关怀，离不开北京市委、市政府的正确领导。毛主席亲自给首钢职工写信；刘少奇、朱德、周恩来多次来到首钢调研生产建设情况，和工人们促膝长谈；邓小平、江泽民、胡锦涛亲临首钢和搬迁后的新钢厂视察；习近平总书记于2010年7月到首钢京唐视察，今年2月1日又亲临首钢园区视察慰问，对园区的规划建设、产业转型、风貌保护、生态建设等方面给予了肯定。党和国家领导人的亲切关怀和殷切希望，坚定了全体首钢人不忘初心、报效祖国的信念和勇气。

100年在人类历史长河中只是弹指一挥间，但对首钢和首钢人来讲，这是风雨兼程、沧桑巨变的100年，是一部大气磅礴的创业史诗，是中国钢铁工业发展的真实缩影，是中国社会巨大变化的生动写照。

首钢百年发展历程昭示我们：没有中国共产党，就没有新中国！没有社会主义，就没有新首钢！没有改革开放，就没有首钢的辉煌！只有在中国共产党领导下，坚持走社会主义道路，实业救国之梦才能得以实现；只有坚持改革开放，坚持发展是第一要务，才能不断解放生产力，真正走上强国之路；只有坚持科学发展，才能实现人、技术、环境的和谐一致；只有坚持以人为本，全心全意依靠职工群众办企业，做到发展为了人民、发展依靠人民、发展成果由人民共享，才能真正实现人与企业的共同发展。

同志们！首钢百年恰是风华正茂，面向未来再创时代辉煌。"一切伟大成就都是接续奋斗的结果，一切伟大事业都需要在继往开来中推进。"历史的接力棒已经交到了我们手中，我们要永不懈怠、永不停滞，坚定信心，全力以赴，跑好手中的这一棒。

我们要保持战略定力。坚持"打造全新的资本运营平台，实现钢铁业和城市综合服务商并重、协同发展"的战略定位不动摇。首钢以钢铁业起家，现在和未来钢铁业都是首钢发展的基础和主业，要打造"质量、产品、成本、服务、技术"优势，做优做强钢铁业。要拓宽思路，积极探索"园区+新产业"的发展模式，培育城市服务业新优势，加快提升市场竞争力。要坚持金融为产业服务，提升产融结合水平，充分利用好资本市场，为实现高质量发展提供有力支持。

我们要坚定不移推进改革创新。进一步解放思想、转变观念，高擎改革的旗帜，坚持创新驱动发展战略，以"敢为天下先"的豪情，拿出过人的勇气和胆识，直面一切首钢发展的难题，朝着目标奋力迈进。要按照市场化原则，深化集团管控体系改革，构建内部市场化经营机制，建立工效挂钩联动机制，完善市场化选人用人机制，不断激发企业活力，充分调动广大干部职工的积极性、主动性和创造性。

我们要坚持党的领导、加强党的建设。坚持以习近平新时代中国特色社会主义思想为指导，牢固树立"四个意识"，自觉坚定"四个自信"，坚决做到"两个维护"，深入践行两个"一以贯之"，强根铸魂，带头落实全面从严治党的政治责任，把党的领导融入公司治理的各个环节，将党建工作与企业转型发展有机融合，以高质量党的建设引领企业高质量发展，以企业改革发展成果检验党组织的战斗力。

同志们！对历史的最好纪念，就是创造新的历史。100年的"时间哲学"告诉我们，有梦想、有机会、有奋斗，一切美好的东西都能够创造出来。实干，永远是对梦想最好的致敬。回望过去，我们走过了千山万水；面向未来，我们仍需跋山涉水。续写百年传奇，我们的使命更光荣、任务更艰巨、挑战更严峻、工作更伟大。我们要大力传承和弘扬"敢闯、敢坚持、敢于苦干硬干""敢担当、敢创新、敢为天下先"的首钢精神，勠力同心，奋发有为，谱写百年首钢高质量发展新篇章！

现在，我宣布：首钢厂东门广场正式开放！

（2019年10月21日，作者：张功焰）

百年首钢的两次奥运奇缘

初冬的北京，阳光正好。如往常一样，首钢职工陈香准时坐上发往河北曹妃甸的班车。300公里近4小时车程，是3000多名首钢建设者的通勤之路。

这条路是首钢百年历程的浓缩版。路的一头,新首钢接续着淬火升华的使命;路的另一头,老园区迎来了冰上起舞的新生。而这一切都源于奥运。

始建于1919年的首钢,见证了中国工业从起步、发展到壮大的历程,也见证了古都北京的百年变迁。北京成功申办第29届夏季奥运会后,为了保障首都空气质量,同时也为适应中国钢铁产业结构调整的新要求,首钢于2005年启动搬迁调整。经过首钢人的奋战拼搏,短短几年,在河北曹妃甸一片浅海荒滩,一座现代化的钢铁工厂拔地而起。

在新首钢炼钢主控室,工作人员远程监控并通过电脑发出指令,炉前高温炙烤的作业方式已成为历史;首钢京唐公司加大创新力度,产品结构已全面升级,从过去中低端钢铁产品转变为高档精品板材;公司采用的220余项国内外先进技术中,自主创新和集成创新的技术达到三分之二;2019年8月1日,二期一步工程全面投产,设计年产铁449万吨、钢400万吨、钢材427.6万吨……

首钢搬迁后,老厂区留下了8.63平方公里的开发空间。伴随着北京成功申办第24届冬季奥林匹克运动会,首钢又一次与奥运结缘。如今,走进北京首钢园区,处处体现着冬奥元素,工业遗存和现代建筑在这里完美融合。4座体型巨大的冷却塔旁,滑雪大跳台初露芳容,这是北京2022冬奥会北京赛区内首个完工的新建场馆;曾经的筒仓区域被改造成北京冬奥组委办公楼;精煤车间变身为冬训中心,有着辉煌历史的三高炉,已成为首钢工业文化体验中心,迎接着一批批打卡"网红"。

在位于首钢园区的冬训中心冰壶训练馆,制冰师刘博强正在一丝不苟地进行"打点"作业,为冰壶队员的训练做准备。曾经做过轧钢工、焊工的老首钢人刘博强通过努力已成功转型,如今专业水平已经可以媲美顶级制冰师。以冬奥组委入驻园区为契机,首钢园区正变身为高端产业综合服务区。

山海无碍,淬火履冰。百年首钢与奥运两次结缘的背后,是古都北京成为世界唯一"双奥之城"的现代传奇,是中华民族实现伟大复兴的铿锵步伐。

(《经济日报》2019年12月22日,作者:赵　晶)

北京发布新首钢三年行动计划
打造新时代首都城市复兴新地标

北京2月13日发布《加快新首钢高端产业综合服务区发展建设　打造新时代首都城市复兴新地标行动计划(2019年—2021年)》,力争到2035年左右,把新首钢高端产业综合服务区建成具有全球示范意义的新时代首都城市复兴新地标。

据北京市发展和改革委员会副主任洪继元介绍,新首钢高端产业综合服务区位于长安街西延长线两侧,是在首钢搬迁停产基础上,为支持企业转型发展划定的高端产业综合服务区,总面积为22.3平方公里。

行动计划将打造城市复兴新地标与冬奥会筹办、老工业区有机更新、绿色高端发展紧密结合,坚持减量发展,严控建设规模和人口规模,推广绿色智能新技术,培育创新发展新动能,挖掘文化发展新内涵,努力实现多约束条件下超大城市中心城区文化复兴、产业复兴、生态复兴、活力复兴。

根据行动计划,到2021年,北京将以服务保障冬奥会为契机,高质量完成首钢北区、东南区建设任务,力争南区开发的基础性工作全部完成,带动区域环境面貌、重大基础设施、城市功能全面提升,城市复兴新地标建设取得阶段性成果。到2035年左右,努力建成具有全球示范意义的新时代首都城市复兴新地标。为紧抓筹办2022年北京冬奥会冬残奥会的重大机遇，行动计划确定了完善区域规划体系、高标准建设冬奥会场馆、规划建设便捷高效的基础设施、强化工业遗存再利用、拓展绿色生态空间、构筑国际化特色产业生态、推进国际人才社区建设、提前谋划赛后可持续发展八个方面的重点工作。

为服务保障好北京冬奥会，北京将抓紧推进首钢滑雪大跳台建设工作，力争早日竣工，保障北京冬奥会测试赛和正式比赛的顺利举办。建设国家体育总局冬季训练中心，做好冰上项目运动队入驻训练服务工作，积极承接北京冬奥会有关参赛国家运动队的赛前适应性训练等活动。同时，进一步完善周边交通路网及水、电、气、热等市政设施，规划建设星级酒店、停车设施，推动无障碍环境建设，加大无线网络覆盖，开展5G试点，满足北京冬奥会期间比赛及国际活动需要。根据行动计划，北京将提前谋划冬奥会后的可持续发展工作。制定北京冬奥会首钢工业遗存保护名录，研究系列支持政策。尽快组建专业团队，研究首钢滑雪大跳台、国家体育总局冬季训练中心等冬奥设施再利用及运营管理方案，推动跳台和冰场整体利用、联动发展。

（新华社2019年2月13日，作者：任　峰）

半厂山水锦花地　十里钢城碧云天

——首钢园区工业遗存绿色蝶变

深秋的北京，天朗气清，满树黄叶，如画卷一般。“半厂山水锦花地，十里钢城碧云天”，长安街沿线的最西端，新首钢高端产业综合服务区（简称“首钢园区”）更是迎来了最美的时节。

高炉变身时尚秀场

驱车穿越过刚刚通车的“合力之门”新首钢大桥，进入如公园一般的首钢园区。高耸的炼钢炉、整齐的厂房、曲折的管道掩映在黄褐色的树丛中，建筑和植被统一的色调是那么和谐。天气渐凉，户外的游人不多，却平添了几分沧桑大气之美。

据介绍，首钢园区是在原首钢石景山厂区北区上开发建设的，是中国第一家以钢铁工业文化遗存为特色的主题文化园区。首钢始建于1919年，迄今已有百年历史，是中国最早的近代钢铁企业之一，是中国工业发展史和中国冶铁史的重要代表者。

这里的一切被时间烙上了深深的印记。车子左拐，停在了一个庞然大物脚下。巍峨挺立的三高炉，这个2500立方米的钢铁巨人曾是首钢典型的生产线，是一座“功勋高炉”，对国家钢铁产业贡献巨大，见证了工业文明曾经的辉煌。

如今的三高炉变得时尚华美，焕发出勃勃生机。您是否能想象到，在这座昔日的高炉内已先后举办了奔驰汽车发布会、庆祝新中国成立70周年的书画摄影展、2019首钢园环境舞蹈展演等活动。错综复杂的内部钢架、高大宽敞的空间和工业流程装置，都散发出极强的工业气息。这是何等新颖炫酷的活动场地。据了解，三高炉作为首钢园区首批更新改造的地标建筑，是全球首个举办个性发布会的炼铁高炉，更是首个由大型工业建筑物改造而成的民用建筑物。夜晚的三高炉通体点亮红色灯光，仿佛炉中又充满了铁水，高大恢弘的建筑和艳丽的红色，给人强烈的视觉冲击，钢铁正在这样炼成。

钢铁森林湖光山色

毗邻三高炉是一汪波光粼粼的秀池，水中高炉的倒影变得柔美了，给硬朗的首钢园区带来了妩媚。据悉，秀池始建于1940年，当时用于存放炼铁的循环用水。改造后的秀池地上部分变成美丽水上景观，地下部分变身下沉式圆形展厅和车库。

与秀池仅一路之隔的是园区里人气最旺的星巴克咖啡店。作为首钢园区第一家引进的商户，星巴克咖啡店从去年9月开业以来，因其浓厚的工业风，就成为人们向往的旅游热门地。在钢铁森林间，点上一杯咖啡，零距离感受眼前这些钢铁庞然大物，其独特体验，星巴克咖啡全球仅此一家了。

漫步在首钢园区，满眼尽是钢筋水泥混凝土组成的巨型机械与建筑，如置身“钢铁森林”，像是变形金刚的基地，顿时有种机械迷城的既视感。从喧嚣到静谧，岁月磨亮了沧桑，记忆的年轮在这里不断沉积。

首钢园区很大，目前开放观光的只是一小部分。园内正在建高线公园，主体为线性高架景观步道，全长约10公里，是纽约高线公园总长的四倍多，距地高度7至14米，由慢行步道、健身跑道、休闲区域、景观绿化组成，目前一期已完工的有600米。建成后将成为人们漫步的公共休闲空间，轻松实现“空中游首钢”。

从三高炉向南行约200米，“石景山”就矗立在眼前。原来，首钢园区里还藏着一座历史悠久的“燕都第一仙山”。北京石景山区的区名来源于此山。山上目前保留着50余处文化遗址。天气晴朗的时候，登上山顶的功碑阁，俯瞰园区，秀池和群明湖两片水域格外显眼，它们给首钢园注入了灵气和生机。首钢园区的工业遗迹与山水风光的别样组合，绘就出迷幻之感。

演绎“冰与火”的传奇

行走在首钢园区，细心观察不难发现五环标志、运动雕塑等奥运元素。从夏奥到冬奥，首钢园与奥运有着深厚的不解之缘。2008年北京奥运会前，首钢实施了大搬迁；10年之后，奥林匹克再一次选择了北京，冬奥组委进驻首钢园区。运储铁矿石的料场改建和新建成为2022北京冬奥组委的办公区。

现在，由老厂房改建而成的“北京冬奥会和冬残奥会展示中心”迎接着一批批热情的观众，展示世界冬奥发展历史、中国冰雪健儿取得的成绩、中国悠久冰雪运动历史以及北京冬奥会和冬残奥会筹办工作情况。展示中心将现代化展示手段与工业遗存保护高度融合，利用原工业遗存“水塔”的弧度空间环境，经数字影像技术“活化”了清代乾隆年间的《冰嬉图》，再现出中国悠久的冰雪运动历史。观众还可通过由工业遗址支撑柱改造的7个多功能柱屏，看到北京冬奥会的展示内容。

曾经的钢铁洪流，未来的冰雪奇迹，汇集于眼前的这方天地，昔日的辉煌与明日的朝气在这里碰撞。

距离冬奥组委不远处的国家冬训中心，原来是首钢自备电厂的精煤车间和车站用房，现在已变身为冰壶馆、花样滑冰馆、短道速滑馆和首钢冰球馆，全部投入使用，被首钢人昵称为“四块冰”。

在群明湖畔，4座巍然矗立的冷却塔旁，是刚刚完工的首钢滑雪大跳台。从远处看，大跳台好似一条“飞天”的飘带。这是北京2022冬奥会北京赛区内首个完工的新建场馆，届时将在此举办跳台滑雪比赛项目。据悉，冬奥会后它将成为世界首例永久性保留和使用的滑雪大跳台场馆，成为专业体育比赛和训练场地，面向公众开放。

冬奥元素激活了首钢园区，正在谱写着一首“冰与火之歌”。新首钢高端产业综合服务区作为新时代首都城市复兴新地标，正创造着更多的惊喜。我们一起感受它的活力与荣光。

（《人民日报》（海外版）2019年11月15日，作者：赵　珊）

北京冬奥会比赛场馆——首钢滑雪大跳台建设完成

记者11月1日从北京市重大项目办获悉，2022年北京冬奥会跳台滑雪比赛项目场馆——首钢滑雪大跳台已建设完成，并基本具备比赛条件。

10月31日，2022年北京冬奥会跳台滑雪比赛项目场馆——首钢滑雪大跳台建设完成，并基本具备比赛条件。首钢滑雪大跳台选址在北京首钢老工业园区北区，2018年12月开工建设，建设者在300多天建设周期内攻坚克难，使首钢滑雪大跳台成为北京冬奥会北京赛区首个建成的新建比赛场馆。

北京市重大项目办城区场馆建设处处长黄晖介绍，首钢滑雪大跳台2018年12月开工建设，2019年10月31日建成。建设者在300多天建设周期内攻坚克难，使首钢滑雪大跳台成为北京冬奥会北京赛区首个建成的新建比赛场馆。黄晖介绍，首钢滑雪大跳台由赛道、裁判塔和看台区域三部分组成，赛道长164米、最宽处34米、最高点60米。选手从大跳台滑下后，将完成空翻、回转等技术动作。北京冬奥会时，首钢滑雪大跳台将产生4块金牌。

北京首奥置业跳台协调部部长胥延介绍，首钢滑雪大跳台选址首钢老工业园区北区，大跳台周边老厂房和工业构筑物经过修缮改造，将具备赛事配套服务功能，充分考虑首钢工业遗存的利用价值。例如，原首钢冷却泵站将在北京冬奥会赛时成为安检楼，赛后变为多功能办公楼；原首钢制氧主厂房将在赛时改造为观众服务中心；大跳台附近四座冷却塔将改造为礼堂或多功能厅。

胥延介绍，北京冬奥会后，首钢滑雪大跳台将成为世界首例永久性保留和使用的滑雪大跳台场馆，可承办国内外大跳台项目体育比赛，成为专业运动员和运动队训练场地、青少年后备人才选拔基地、赛事管理人员训练基地等，直接服务中国冰雪运动发展。同时，首钢滑雪大跳台将成为向公众开放的北京冬奥会标志性景观地点和休闲健身活动场地，变身服务大众的体育主题公园。

下一步，首钢滑雪大跳台将启动制雪工作，迎接12月中旬举行的2019沸雪北京国际雪联单板及自由式滑雪大跳台世界杯比赛。

（新华社2019年11月1日，作者：付　强）

首钢滑雪大跳台精彩亮相

在北京首钢园区西侧，新近建成的首钢滑雪大跳台以优雅的“飞天”造型屹立于此。12月14日，2019“沸雪”国际雪联单板及自由式滑雪大跳台世界杯在这里结束。作为北京2022年冬奥会北京赛区新建场馆之一，场馆的“首秀”获得了国内外选手点赞。

参加单板项目的加拿大选手达西·夏普表示，首钢滑雪大跳台设计得非常棒，老工厂的风貌让这里更有特色，“目前世界上还没有可以永久使用的大跳台，这个场地将在很大程度上鼓舞着喜欢大跳台运动的选手，也会推动这一项目的发展。”

经过3天的比拼，单板项目的男、女组冠军分别归属加拿大选手帕洛特和日本运动员鬼冢雅，今年新增的自由式项目男、女组冠军则被挪威选手鲁德和基利获得。

中国队派出了年轻选手参加了全部项目的角逐，遗憾的是无人闯进决赛。据悉，首钢滑雪大跳台自2018年12月开工，至2019年10月31日建设完成，建设周期不足一年。北京冬奥会期间，这里将产生自由式滑雪大跳台、单板滑雪大跳台等4枚金牌。

（《人民日报》2019年12月16日，作者：季　芳）

百年首钢　蓄力飞天

——首钢滑雪大跳台借力“沸雪”展示冬奥新转型续写新辉煌

12月中旬，作为北京冬奥会北京赛区首座竣工投用的新建场馆，首钢滑雪大跳台在2019“沸雪”北京国际雪联单板及自由式滑雪大跳台世界杯赛事中惊艳亮相，让百年首钢再次受到世界关注。

从钢铁强国“梦工厂”到改革转型“排头兵”，这家走过百年发展历程的钢铁企业正打造“北京城市复兴新地标”。如何借助冬奥东风带动本地发展，让企业转型红利惠及百姓？首钢滑雪大跳台再次让人看到奥林匹克运动与城市更新的有机融合和可期未来。

在为期3天的“沸雪”比赛中，让观众兴奋的不仅有惊险刺激的滑雪大跳台比赛，还有“高颜值”的钢铁跳台，这也是首钢工业转型最新成果的正式亮相。从2018年12月开工建设，到2019年10月31日建设完成，这个地上建设规模约11.7万平方米、项目主体钢结构总长约160米、最大宽度达34米的钢铁巨物和周边配套设施，从图纸变成实体用时不足1年。

北京冬奥组委规划建设部总体规划处副处长桂琳回忆道：“2016年，我们只有30分钟时间向国际雪联陈述大跳台选址首钢有多值得。那时，大跳台项目场地满目荒凉，甚至没有一条正规的路。为了让国际雪联相信这里会有翻天覆地的变化，除了设计方案，我特别陈述了北京西部地区未来的远景规划和首钢势如破竹的发展决心。”

她说：“作为城市规划师，我见证北京奥林匹克公园、国家体育场‘鸟巢’、国家游泳中心‘水立方’从农田池塘到世界顶级体育场馆的转变全程。我对北京有信心，对首钢团队有信心。给首钢一个机会，我相信它一定不负众望。”

首钢滑雪大跳台是高水平建设奥运竞赛场馆与深入挖掘工业遗存文化价值的完美结合。场地由北向南依次分布着原首钢发电主厂房、4座70米高的冷却塔及原首钢制氧厂等工业设施及厂房，为满足冬奥会比赛、转播、观众服务等多项功能，大跳台的建设与工业构筑物加固修复、老厂房改造同步进行。

本届“沸雪”北京世界杯比赛中亮相的“灯光秀”，就是大跳台建设带动周边区域景观提升的成果展示。1919年首钢建厂，1949年率先恢复生产，1979年率先实行承包制，2005年实施搬迁调整……投射在冷却塔上的绚烂光影，既展示出百年首钢与国家风雨同舟的发展历程，也展现出旧工业遗存焕新升级的独特魅力。

“北京冬奥会带动首钢转型升级的成果已逐步显现，我们渴望让奥运遗产变得更加可持续，将首钢滑雪大跳台打造成独特的‘场馆IP’。”北京首钢建设投资有限公司副总经理付晓明告诉记者，当夜间灯光点亮，晶莹剔透的首钢滑雪大跳台外形像极了一只灵动“水晶鞋”，良好的形象和寓意使它成为民间关注的焦点，随着后续场馆建设和商业配套不断完善，“水晶鞋”也将成为拉动京西地区夜间经济发展的新地标。

如今，徜徉在首钢园内，每时每刻都能感受到这片百年工业园区的脉动。园区保留的工业元素仿佛还在诉说历史，而从身边驶过的人工智能零售车和无人驾驶小客车又让人憧憬未来。从北京冬奥组委入驻，到国家体育总局与首钢共同建设国家体育产业示范区；从“四块冰”等冬奥训练场馆建成投入使用，到首钢成为北京2022年冬奥会和冬残奥会官方合作伙伴，再到首钢滑雪大跳台建成并完成首秀……一个个里程碑事件，不断为百年首钢发展注入新动能。

随着新首钢大桥建成通车，社会车辆从地处“神州第一街”最西端的百年首钢穿厂而过。首钢敞开的是大门，转换的是理念，引来的是机会和活力，此刻它更加开放、包容——这一切，源自紧紧抓住冬奥筹办的历史机遇。就像首钢滑雪大跳台呈现的“飞天”形象一样，当“冬奥聚首铸梦成钢”，百年首钢正携手冬奥书写下一个新辉煌。

（新华社 2019 年 12 月 18 日，作者：张　骁、汪　涌、李博闻、林德韧）

秦皇岛首钢赛车谷正式开园

记者从首钢集团获悉，秦皇岛首钢赛车谷 8 月 16 日正式开园。

秦皇岛首钢赛车谷前身是首钢集团下属子公司首秦公司。为适应京津冀协同发展战略需要，服务秦皇岛城市功能定位，首秦公司立足地方和企业实际，在充分保护利用工业遗存的前提下稳步停产搬迁，并将公司转型方向聚焦于汽车后市场产业开发，确定打造秦皇岛首钢赛车谷的发展目标。

据介绍，首钢赛车谷项目规划面积 8.13 平方公里，先行启动园区内 2.4 平方公里核心区域，布局汽车运动、汽车后市场、工业遗址公园、汽车教科研、娱乐度假营地、产业配套六大功能板块。

目前，首钢赛车谷已建设的项目有国际标准二级赛道、大体量卡丁世界、专业直线竞速赛道、利用工业厂房改造而成的汽车特技秀场、高炉广场等重点项目，同时建成观光火车、空中步道、中轴线景观等配套项目，初步形成集旅游观光、项目体验、餐饮娱乐等于一体的产业业态。

（新华社 2019 年 8 月 16 日，作者：张　骁）

由“工”到“匠”

——首钢职工学技术有奔头

今年初，《首钢集团有限公司首钢工匠评选管理办法》出台，这在首钢集团职工中和社会上引起不小的轰动。办法规定，集团每两年评选一次“首钢工匠”，每届评选不超过 10 名，被评上“首钢工匠”，一次性奖励 10 万元，每月享受 1 万元的工匠津贴。这是目前北京市乃至全国“含金量”极高的技能人才激励政策。

这将首钢技能人才队伍建设工作又推向一个新高度，给职工发展树立了新的目标，带来了新的追求。

首钢集团工会主席梁宗平说：“这些年，首钢一直注重技能人才队伍建设，为他们搭建学习平台、创造展示机会、完善晋升机制，让职工学知识、学技术更有目标、有奔头、有前途，让企业技能人才队伍不断壮大，让百年首钢‘成色更足’。”

职工学知识学技术是一种时尚

在首钢京唐公司，记者发现这里的职工特别热衷于技术培训、技能比赛这样的活动，成了一种时尚。问他们为什么，他们回答：“一是企业快速发展需要更多高技能人才来增强企业竞争实力；二是个人成长需要，不学就跟不上时代发展，就会被新技术淘汰，而且自己技能提升了，相应的职位、收入也随着提升，是名利、本领多赢的事情！”

记者了解到一对职工夫妇参加技能比赛的故事。有一年，京唐公司胡娜和李越夫妻两人双双入围电气点检员比赛，而此时胡娜已经有5个月身孕，但夫妻俩还是毅然决定参加比赛。他们看资料、做实操、练点检，在家里模拟论文答辩，一人上台答辩，另一人充当裁判提问。那段时间，李越不但要准备比赛，更要做好妻子的后勤服务工作，夫妻俩同心协力，共同进步。最终在比赛中胡娜获得冠军，李越获得亚军。

据介绍，技术竞赛在首钢已逐步制度化、系统化。《首钢职业技能竞赛管理办法》规定每年举办一次首钢职业技能竞赛，每两年参加北京市级、钢铁行业级和国家级竞赛，并承办北京市部分行业工种的竞赛。在内部竞赛方面，首钢确立了作业区（部）、子公司、集团三个竞赛层级，比赛工种每年达到100个以上，除行业工种外，已延伸到点检员、计算机、餐饮、物业管理、宾馆服务等服务性岗位，既体现行业特点，又具有普遍性。

首钢还将有针对性的培训贯穿赛事始终。其中规定，竞赛前由首钢技师学院举办赛前辅导和专题培训，培训时间不少于16学时。

而且，首钢还寓“技”于乐，通过挖掘机打字、棉线吊酒瓶、天车粘鸡蛋、艺术字焊接、汽车花样表演等新奇活泼的形式，把技能“绝活儿”进行展示，首钢的许多“技能达人”也因此成为电视、舞台综艺节目的明星。

据统计，近些年，首钢每年参加各类技能比赛初赛的职工达到2.5万多名，一线岗位参赛职工达到80%以上。

“创新工作室”点燃职工创新激情

2019年3月，为落实北京市委、市政府打造奥运“精品工程”的要求，首钢集团国家级技能大师及行业技能竞赛获优异成绩的青年技能人才，被聘组建冬奥滑雪大跳台项目钢结构焊接技能专家技术质量服务组，组长由全国劳动模范、全国技术能手、国家级技能大师工作室负责人刘宏、王文华担任，成员均为首钢各基层单位、一线岗位中的全国青年“钢铁能手”。

“不同特长的工作室联盟作战，攻克难关将会更有力。”刘宏在首钢工作30年，从一名普通工人历练成为国家级技能大师。由她领衔的创新工作室，先后培养了17名徒弟，其中晋升为技师的7名，晋升为高级技师的2名，2名徒弟曾在北京市焊接技能竞赛中包揽了冠、亚军。

在首钢，不同层次的职工创新工作室、劳模创新工作室、技能大师创新工作室发挥着越来越重要的示范、引领和辐射作用。

首钢京唐公司还将创新工作室活动规律总结提升为“6+6”模式，即“六有标准”和“六个特色活动”。“六有标准”，是有领军人物、有活动场地、有工作制度、有课题计划、有攻关节点、有成果效益。“六个特色活动”，是开展技术攻关、解决现场难题、提合理化建议、实施降本增效措施、组织专业技术培训、总结最佳操作法。

记者从首钢集团工会了解到，自2012年开始创建职工创新工作室以来，已建立职工创新工作室264个，参与职工3723名。共完成攻关课题2083项，取得科研成果1463项，获得专利授权253项，其中，获得全国科技成果奖21项，获得北京市科技成果奖40项；总结最佳操作（管理、服务）法324个，提出并被采纳实施合理化建议2576项；培养技术骨干1014人，其中全国技术能手6人，北京市技术能手28人。

让技能人才实至名归

翻看首钢关于技能人才队伍建设的文件，能够了解到企业致力于此的坚持和不断加强的力度——2007年出台《全面推进三支人才队伍建设的实施方案》，2012年出台《首钢职工参加各级职业技能竞赛表彰奖励办法》《首钢职业技能竞赛管理办法》，2013年出台《首钢技能操作专家管理办法》，2019年出台《首钢集团有限公司首钢工匠评选管理办法》……随着这些措施的实施，一项项与技术创造价值相匹配的待遇得以落实、一条条成长成才的通道被疏通，一个个限制一线技术工人成长的“天花板”被打破，技能人才的尊严、价值、地位在首钢得到生动诠释。

首钢集团党委书记、董事长、总经理张功焰表示：“要着力在完善机制上创新推进高技能人才队伍建设。重点在完善高技能人才发展通道、加强高技能人才培养、加大高技能人才激励机制上积极探索、勇于突破。”

如今，首钢形成了从初级工到厂级技能操作专家和集团技能操作专家的“纵向晋升”体系，并与专业技术、经营管理两个通道“横向互通”。近两年，股份公司在操作技能人员发展通道上进行了有益尝试，增设了首席技师和首席技能专家职务，已聘任4名首席技能专家、18名首席技师。

在技能人才待遇上，首钢规定，职工在国家、行业、北京市、首钢集团等级竞赛中获得冠军的奖励分别是5万元、3万元、2万元、1万元，同时晋升1～2级工资；获得前5名的选手在享受一次性奖励的同时，可代表集团参加上一级别的竞赛；连续3年获得优胜的可评聘为首钢技能操作专家。今年即将评选的“首钢工匠”待遇更是令人羡慕。

而给予技能人才相应的政治社会地位，也是首钢技能人才建设的一大亮点。焊工刘宏从一名普通工人成长为党的十九大代表、全国劳模、中华技能大奖获得者、首钢集团工会兼职副主席，便是首钢打破“天花板现象”的一个典型事例。“提高技能人才的待遇，既要给身怀绝技的高技能人才合理的薪酬，又要提升高技能人才的政治待遇和职业荣誉感。”梁宗平说，“首钢把高技能人才队伍建设作为实施人才强企战略的重要内容，纳入企业人才队伍建设的总体规划，落实责任，全力推进高技能人才队伍建设。如今，在首钢，尊重技能人才、崇尚‘工匠精神’已蔚然成风。”

（《工人日报》2019年7月15日，作者：郭　强、赵思远）

首钢AI园揭牌

——北京添硬科技新地标

北京再添一处硬科技新地标！

不同类型的自动驾驶车辆招手即停、机器人变身“服务员”在酒店大堂内穿梭、智慧楼宇内“刷脸”就能畅通……这样酷炫的场景，未来都将出现在首钢园区内。日前，“中关村（首钢）人工智能创新应用产业园”正式启动并揭牌，园区由中关村科技园区管理委员会和首钢集团有限公司合作共建，将成为全球面积最大的人工智能创新应用产业园，加速北京人工智能等高精尖产业聚集发展。

园区将分三期投用

拥有百年历史的老厂首钢和最前沿科技的代表中关村，二者看似毫不相干，却擦出了热烈的火花，合作共建首钢AI园。

二者为何会走到一起？中关村示范区人工智能产业起步早、产业链完整，科教资源、各类人才、投资机构等资源富集；首钢有“腾笼换鸟”后的空间资源和导入新兴产业的大量实际需求，以及对接北京冬奥组委科技示范应用的便利优势。根据国家关于发展新一代人工智能产业的决策部署，和本市对新首钢地区打造“新时代首都城市复兴新地标”的要求，首钢AI园应运而生，将助力新首钢地区转变发展方式、转换增长动力、加快培育新兴产业。

按照规划，首钢园北区2.91平方公里范围内将全面开展人工智能示范应用，并将不低于20万平方米的空间用于建设人工智能产业园，分三期陆续投用启动区、孵化区和加速区。

首期启动区选址首钢园运动中心和动力厂，总面积达6000平方米，预计2019年底启用；后续拟在首钢园金安桥、城市织补创新工场等区域选取不低于20万平方米的空间分期建设。其中,金安桥区域预计2020年底启用,面积达5万平方米,临地铁金安桥站;位于城市织补创新工场的加速区预计2021年底启用,面积达20万平方米。

加快AI产业资源聚集

什么样的产业项目将成为首钢AI园的“主角”?启动仪式上最新发布的产业园建设方案给出了答案。科技冬奥、智慧园区、自动驾驶、智能机器人、智能制造、AI创新应用示范展厅,将成为园区的核心示范项目。

“我们将加快AI产业资源在园区内集聚,定期举办AI应用研讨会和论坛,还将开展AI解决方案大赛。”北京首钢建设投资有限公司副总经理付晓明说。根据建设目标,首钢AI园不仅将成为产业发展的加速器,还将成为首钢园城市复兴的一大亮点。

活动现场,北京旷视科技有限公司、IDG资本投资顾问(北京)有限公司等6家企业与北京首钢建设投资有限公司签约,成为首批入驻园区企业。通过这些企业的助力,人脸识别技术将覆盖园区内的智慧楼宇,自动驾驶和智能网联服务技术将广泛应用到园区智慧交通中,AI机器人技术将为首钢智慧园区提供智能安防、智能制造等服务。值得一提的是,众多产业基金将积极注入园区人工智能产业,为未来服务首钢园区和保障北京冬奥会进行探索,助力园区成为北京人工智能技术研发和应用的新场地。

(《北京日报》2019年1月9日,作者:潘福达)

首钢园区管廊变身空中步道

位于纽约曼哈顿的高线公园由高架铁路改造而成,成为国际设计和旧物重建的典范。在首钢园区,首钢版本的高线公园近日初露芳容,原有的工业管廊摇身一变,成为集慢行交通、观景休闲、健身娱乐为一体的空中公共空间。

记者昨天从北京首钢建设投资公司获悉,605米的首钢高线公园一期群明湖北段步道完工后,今年将继续进行工业遗产公园段施工。按照计划,首钢未来将建成共计8.2公里的世界最长空中步道,比纽约高线公园长3倍多。

步道上能跑步休闲

湖光山色中,树木掩映下,首钢高线公园一期示范段成了首钢园内一处新景致。登上群明湖北段步道,在高5米的二层漫步,一边是碧波荡漾的群明湖,四个标志性的大冷却塔和即将启动建设的“大跳台”工地尽收眼底,另一边还能望见宫墙红色外观的“四块冰”冬奥训练场馆。

移步换景,在高14米的步道三层,视野更加开阔,步道功能也更多了。红色的塑胶跑道延伸至远处,休息区的花池周边围着一圈座椅,上空还有木格栅和玻璃板制成的遮阳棚。以架在空中的管廊为界限,步道二层主要供漫步观赏,三层供健身跑步使用;地面上的一层空间最适合“留白增绿”,已经被树木绿植环绕,绿地间同样设置了穿行步道。

“这套慢行道路系统实际上由老旧管廊改造而成!”回到步道二层,首建投公司工程部部长助理段若非介绍,管廊上空最粗壮的主管道曾经输送过高炉煤气,细一些的氧气管、水管盘旋分布在两侧。现如今,工业管廊成为首钢高线公园的主要结构,为休闲步道增添了浓厚的工业风。

人工除锈保持工业风貌

目前，这段长605米的三层步道已基本完工，徜徉其中，能发现多处“玄机”。

步道起点处，一处电梯即将在春节后测试投用，可从路面直达每层步道。“为了符合北京冬残奥会的要求，高线公园将配备多处无障碍设施。”段若非说，步道还将在部分入口处设置坡道，满足残疾人车辆上下的需求。

步道二层地面的材质是木板，三层则由透水性较强的混凝土铺装，下雨时，两侧绿地能收集雨水，雨水通过排水管道送至地面上的雨水调蓄池，可用于灌溉植被和填充景观水体。在未来的步道施工中，休息区的遮阳棚将增设电动百叶窗，可根据阳光的角度调整遮阳面积。地面一层的绿地空间，将计划增设咖啡厅等商业配套设施。

夜幕降临时，空中步道又是另外一番景致。地灯的灯光映射在上空斑驳的管廊上，木格栅下面也藏着灯具，发出柔和的暖光。灯光并不刺眼炫目，人们可以更舒适地在步道上夜跑和休闲。

稍加留意，会发现管廊上有深浅不一的斑驳痕迹，这是首钢工人们的“杰作”。“所有的除锈工作全靠手工！”首建投公司工程建设部钢结构工程师郭现说，除锈工艺最为考究：用机器除锈会破坏管廊外观，手工除锈费时费力，“火候”也很难掌握。几十名工人拿着钢丝刷和铲刀齐上阵，只在必要的地方保留了原有锈迹。除锈后，管廊全部刷了一层透明漆，不仅可以防腐蚀，建筑的历史感也被原汁原味地保留了下来。

空中步道将直达地铁

按照规划，首钢高线公园共分群明湖段、创新工场段、工业遗产公园段和冬奥广场段。全长8.2公里的步道中，跑道占了近三分之一，长约2.6公里。

目前，南北走向、位于园区正中轴的工业遗址公园段正在进行保护性拆除，计划春节后开工建设。原有结构构件将得到充分利用，例如做成供游人休息的椅子。焦化厂、四高炉等建筑分布在中轴上，这段空中步道将犹如架在空中的“博物馆”，人们在漫步时还会不经意间进入工业遗存内部。按照工期计划，今年9月，工业遗址公园段将正式亮相。

未来，在首钢园区，高线公园的空中步道将一段段连接成网，分布在园内各个区域。首钢高线公园下一步将分区规划，提倡各分区间连通、区内畅达。再过几年，人们从园区往返地铁金安桥站或长安街西延路段时，通过空中步道就能直接抵达，“跑步上下班”“空中游首钢”都将成为现实。

（《北京日报》2019年1月23日，作者：潘福达）

首钢园打造工业特色酒店

首钢集团与香格里拉集团昨天联合宣布正式达成北京首钢园香格里拉酒店项目合作，项目预计于2021年年底建成运营。这座酒店将成为“北京2022年冬奥会官方接待饭店”之一，为首钢园区赛事接待工作提供服务保障。

项目坐落于首钢园核心区域，坐拥石景山与群明湖景观，毗邻冬奥会首钢滑雪大跳台和国家队冬季训练中心的“四块冰”——冰壶馆、花样滑冰馆、短道速滑馆和冰球馆。按规划，酒店设计在保留工业遗存与历史传承的同时，将采用现代化的风格与绿色可持续理念，体现对工业遗址的尊重和首钢历史记忆的延续。

目前，首钢正在加快推进北京老工业园区开发建设，北京2022年冬奥会和冬残奥会组委会、世界侨商创新中心、国家体育产业示范区等近年来相继落户首钢北京园区。同时，首钢整合优质资源，着力打造城市综合服务商，在金融服务、城市基建、房地产、医疗康养、文化体育、国际化经营等方面加快发展，不断形成新产业、新业态。

（《北京日报》2019 年 3 月 29 日，作者：潘福达）

首钢负责升起最大“五星红旗”

在 10 月 1 日天安门广场举行的盛大联欢活动中，由首钢负责制作、安装、运行的一面最大的“五星红旗”冉冉升起，瞬间吸引了广场所有人的目光。据了解，这面“五星红旗”是一张 LED 网幕，高 60 米、宽 90 米，“旗杆”是 3 组 600 吨的起重机。

人民英雄纪念碑北侧，首钢制作、运行的七棵绚烂多姿、流光溢彩的烟花树同样是联欢活动的一大亮点。七棵约 25 米高、可变幻、多面体的烟花树，象征新中国成立 70 年来枝繁叶茂、欣欣向荣的巨大成就，也体现生态环保的理念。每棵树都有四扇叶片，可随树干 360 度旋转，每扇叶片上都配有不同类型的特效烟花。

从制作天安门广场上巨幅网幕、七棵烟花树，到参加方队游行、群众游行、彩车司机服务、志愿者服务、晚会文艺演出……首钢人以祖国利益高于一切的信念，带着对祖国对人民的真情，服从命令、听从指挥、遵守纪律、一丝不苟，出色地完成了 10 余项新中国成立 70 周年重大庆祝活动服务保障任务，展现了良好的精神面貌和企业形象。

（《北京日报》2019 年 10 月 14 日，作者：王歧丰）

首钢宝武战略合作促转型

中国两大钢铁集团——首钢集团有限公司和中国宝武钢铁集团有限公司昨天签署战略合作协议，将通过强强联合共同带动钢铁行业高质量发展。

据介绍，双方将立足于加快国有企业转型升级，加速创新驱动发展的战略导向，在产业金融、钢铁及相关服务、智能制造、绿色制造、新材料研发、城市服务等领域开展深度合作，共同推动在更高层次、更广领域优势互补，共同发展。具体来说，在产业金融方面，双方将通过交叉持股、共同投资等多种方式的资本合作，增进双方战略合作关系。

在钢铁及相关服务业方面，围绕新经济环境下钢铁企业转型升级方向及路径，双方将加强钢铁产业链合作和技术合作，联合进行新产品研究开发，探索前沿产品合作开发机制，联合攻关技术难题，协同打造高质量钢铁生态圈。

在智能制造、绿色制造方面，双方将围绕产业升级，共同探索和推进工业互联网、云计算、大数据、人工智能等信息技术在钢铁信息化建设和数字化转型等方面的智慧制造整体解决方案，推动钢铁业高效、高质量发展。

双方还将在国企改革及经营管理方面开展合作，加强企业混合所有制改革、体制机制改革、国有资本投资公司建设，以及企业生产、技术、营销、管理、人才培养等方面的交流合作。

（《北京日报》2019 年 11 月 7 日，作者：潘福达）

首钢牵头项目获国家科技进步二等奖

“作为一名首钢科技人员，能受到国家领导人的接见，倍感振奋、倍受激励。”谈到1月8日参加2018年度国家科学技术奖励大会的情景，首钢科学技术特殊贡献奖获得者、京唐公司副总经理周德光仍然十分激动。

会上，首钢集团牵头的项目“超大型水电站用金属结构关键材料成套技术开发应用”获得国家科技进步二等奖，周德光作为项目代表参加了大会。

“超大型水电站用金属结构关键材料成套技术开发应用”项目，由首钢集团及所属首秦公司，联合北京科技大学、中国水利水电第七工程局有限公司、中国电建集团华东勘测设计研究院有限公司等七家单位开展攻关。

项目以解决超大型水电站金属结构关键材料应用过程中关键技术难点为导向，形成“产、学、研、用”的联合自主创新团队，集合全产业链的创新智慧，在材料设计开发、关键生产技术、关键焊接材料和应用技术等方面取得重大突破，开发了超大型水电站金属结构关键材料成套技术，达到国际领先水平。

“这个项目从研发到推广应用前后经历了十余年时间，这次获得国家科技进步二等奖，非常不容易。我作为代表能参加国家科技奖励大会，感到非常自豪。”周德光说。

据悉，项目开发的系列产品近十年市场占有率第一，成功应用于31个国内外超大型水电站等重大水电工程，其中8座位于“一带一路”沿线，累计工程收入105亿元，是“中国制造”向“中国创造”转变的成功实践，已成为中国制造业的一张国家名片，体现了首钢集团持续优化科技创新体系的成果和科技实力。

（《首都建设报》2019年2月18日，作者：李晓鹏）

首钢布局京外环境产业

2月11日，由长治首钢生物质能源有限公司（简称“长治首钢生物质公司”）承建的山西省长治市主城区生活垃圾无害化处理项目一期工程节后复工。截至目前，已完成场坪、桩基、环厂道路、主控楼结构、汽机厂房结构、垃圾池地下结构等施工，主体设备框架开始安装。

据了解，长治首钢生物质公司由首钢环境产业有限公司与首钢长治钢铁有限公司共同出资组建。其生活垃圾无害化处理项目厂区位于长治市郊区首钢长钢公司棒材车间南侧、309国道北侧，距离长治市中心约30公里，总投资6.9亿元，于2018年8月1日开工建设。

该项目采用国内先进、成熟可靠的工艺技术，分两期建设日处理1500吨的生活垃圾焚烧发电厂和配套填埋场，配套2台合计27兆瓦汽轮发电机。其中，开工建设的一期工程日处理生活垃圾1000吨，采用2×500吨/日的焚烧线，配置18兆瓦汽轮发电机组，配套烟气净化系统及渗滤液处理系统。同时，项目运行中将有效利用首钢长钢公司钢铁介质和富余能源为城市服务，实现资源的高效循环利用。

据了解，作为长治市的重点项目和重大民生工程，项目一期预计将于今年12月点火投产，届时将处理生活垃圾36.5万吨/年，最大发电量1.212亿千瓦时/年，可节约标准煤量4.13万吨/年。该项目将使垃圾变废为宝，实现生活垃圾处理的无害化、减量化、资源化，有效缓解长治市生活垃圾处理压力，改善和提升环境质量，具有良好的经济效益、社会效益和生态效益。

长治市主城区生活垃圾无害化处理项目是首钢集团发挥品牌优势和整体协同效应，在北京地区以外发展环境产业的示范工程。同时也是首钢环境公司鲁家山垃圾焚烧发电模式在北京以外地区的成功复制，成为该公司第一个走出去的垃圾焚烧发电项目。

据悉，该项目自 2017 年 3 月 29 日中标以来，项目公司积极办理土地、环评、规划、核准、施工许可证等前期手续，于 2018 年 4 月 21 日正式签署特许经营协议，2018 年 7 月 27 日获准颁发建筑施工许可证。

（《首都建设报》2019 年 2 月 18 日，作者：李晓鹏）

文　选

◎责任编辑：马　晓

加强党的建设　深化改革创新
谱写百年首钢发展新篇章

——在中共首钢第十八届委员会第四次全体(扩大)会议上的报告

首钢党委书记、董事长、总经理　张功焰

(2019年1月24日)

同志们:

现在,我受首钢集团有限公司党委常委会委托,向党委全委(扩大)会报告工作,请予审议。

一　2018年工作回顾

2018年是贯彻党的十九大精神开局之年、改革开放40周年,是首钢推进“十三五”规划、迎接建厂百年承上启下的关键一年。这一年,我们坚持以习近平新时代中国特色社会主义思想为指导,深入学习贯彻党的十九大精神,围绕“五个聚焦”加快推动首钢改革发展。这一年,中央有关领导对新首钢地区规划建设作出重要批示,蔡奇、陈吉宁等市领导多次到首钢调研指导,为我们指明了方向、鼓舞了士气、注入了动力。这一年,我们大力弘扬改革创新精神,团结带领广大党员干部职工开拓进取、真抓实干,全年实现营业收入2055亿元,在解决部分历史遗留问题后盈利26亿元,各方面工作展现新气象,取得新成效。

一年来,我们着眼工作大局,重点抓以下几件大事:

第一,深入学习贯彻习近平新时代中国特色社会主义思想和党的十九大精神。坚持以上率下、步步深入,努力做到学懂弄通做实。党委理论中心组集中学习24次,举办三期领导人员专题研修班,组织党员干部撰写学习体会文章,组织十九大代表深入基层宣讲,把重点内容作为应知应会融入党员日常教育。坚持联系实际、学以致用。召开党委扩大会,着眼新时代、新坐标、新矛盾、新使命、新作为,明确“五个聚焦”的工作思路。召开“三创”交流会,全面总结首钢改革40年辉煌历程、巨大成就和宝贵经验,对深化改革再谋划、再动员,坚定改革再出发的信心和决心。各单位党委紧密结合实际,采取多种形式抓好学习宣传贯彻,推动习近平新时代中国特色社会主义思想和党的十九大精神在首钢落地生根、开花结果,形成生动局面。

第二,服务首都核心功能,圆满完成国际奥委会平昌冬奥总结会等重大活动服务保障。这一年冬奥进入“北京周期”,国际奥委会平昌冬奥总结会、市政府外国驻华使节招待会等重大活动在首钢园区举办,这些活动层次高、影响大。我们把做好服务保障作为重大政治任务和推动园区转型的集中演练。坚持首善标准,扎实做好会务、餐饮、交通、维稳、安保等工作,向世界展示了底蕴深厚、充满活力的首钢风采,同时锻炼了队伍,积累了重大活动常态化服务保障经验,得到市委市政府的充分肯定。

第三,落实供给侧结构性改革要求,统筹推进首秦公司产线迁移转型和首钢京唐二期建设。着眼于京津冀协同发展和秦皇岛城市功能定位,按照首钢总体发展战略,统筹谋划首秦公司产线迁移转型与首钢京唐二期建设,系统研究停产搬迁、职工安置、转型和工程建设等重大问题。首秦公司精心组织、周密安排,实现了全流程安全稳定经济停产、3550人平稳分流,京唐公司等单位坚持以人为本、妥善安置,转移人员快速融入新集体。及时启动“秦皇岛首钢赛车谷”项目,成功举办京津冀赛车节等系列活动,做到当年停产、当年转型、当年运营。充分利用首秦公司停产设备，全力推进首钢京唐二期工程，参战人员密切协作、日夜奋战，主体项目按进度顺利推进，4300 毫米产线按期点火热试。

第四，强化战略引领，精心组织“十三五”规划中期评估。把“十三五”规划中期评估作为首钢集团战略管理的重要抓手，客观总结分析规划执行情况，根据内外部环境变化提出了进一步推动规划实施的目标和举措。对中期评估报告常委会进行专题研究，董事会进行审议，并在“三创”交流会上深入解读。大家认识到，首钢党委确定的战略方向是正确的，符合国家战略导向，符合首都城市战略定位，符合首钢发展实际，必须坚持“一根扁担挑两头”战略不动摇，必须坚持聚焦主业、形成合力、推动高质量发展不动摇。

第五，认真贯彻全市领导干部警示教育大会精神，深入开展全面从严治党突出问题专项整治。成立自查自纠领导小组和工作小组，结合实际制定工作方案，聚焦“两个责任”落实、巡视反馈问题整改、基层党组织建设、“三重一大”制度执行等 13 类 31 个方面，深入剖析自身问题，强力推动问题整改。首钢党委自查 8 个方面 19 个问题，完成整改 16 个，持续整改 3 个；基层党委自查 10 个方面 225 个问题，完成整改 211 个，持续整改 14 个。通过层层开展自查自纠，进一步压实管党治党责任，解决了一批难题，将治理效能转化为管理优势和发展优势。

在抓好几件大事的同时，我们坚持把方向、管大局、保落实，统筹推进全集团各项重点工作。

（一）着力打造城市复兴新地标

深刻理解打造新时代首都城市复兴新地标的重大意义和“四个复兴”的核心内涵，推动首钢北京园区开发建设取得重大突破。加强与政府相关部门对接，大力推进各项工作。规划建设进度加快，园区北区规划获全国优秀城乡规划设计一等奖。冬奥办公区、冬训中心、首钢工舍等重点场馆设施高标准交付使用，北京市首届冬运会等一系列重要赛事在园区成功举办。生态环境明显改善，三高炉秀池区域美轮美奂，石景山景观公园与永定河山水交融。招商引资初见成效，星巴克、洲际酒店入驻园区，与联通合建首个 5G 示范园，与中关村共建人工智能创新应用产业园，城市科技服务为老工业区转型升级注入活力。首钢成为北京冬奥会和冬残奥会官方城市更新服务合作伙伴。首钢转型发展的生动实践被央视、北京卫视等媒体重点报道，刘博强从炼钢工转型为制冰师成为“网红”。国际奥委会主席巴赫称赞首钢北京园区是一个“让人惊艳”的城市规划和更新范例，首钢荣获“奥林匹克主义在行动”奖杯，这是国际奥委会设立年度奖杯以来首次授予中国企业。

在加快首钢北京园区建设的同时，坚持稳妥有序推进首钢曹妃甸园区开发。与地方政府密切配合，加大招商引资力度，全年签约 23 个产业项目、投资额 177 亿元。“首堂 · 创业家”项目成为国内最大的被动式住宅示范工程，建成全国首座零能耗被动式幼儿园。

（二）加快推动企业高质量发展

进一步明确钢铁业作为首钢主业要不断做优做强。持续推进“制造+服务”战略，钢铁业延续向好势头，为首钢集团效益增长作出重要贡献，为首钢转型发展奠定基础。板块利润大幅提升，经营现金流等主要指标达到近年最好水平。外埠企业盈利能力增强，特别是通钢公司、长钢公司进步更大。经营意识明显增强，紧盯财务“三张表”，“两金”管理水平不断提高，“三个跑赢”取得突破，铁成本多年来首次跑赢行业平均水平，原燃料采购、钢材销售跑赢市场。产品结构不断优化，三大战略产品产量创历史新高，日系汽车板供货量实现新突破，电工钢累计供货量超过 1000 万吨，镀锡板进入国内先进行列。科技创新取得新成果，股份公司、冷轧公司等 6 家企业被认定为国家级高新技术企业，“超大型水电站用金属结构关键材料成套技术开发应用”项目获国家科技进步二等奖，股份公司高炉炉顶料罐煤气及粉尘全回收、零排放技术填补冶金行业空白，京唐公司转炉低温出钢技术达到国际先进水平。重点工程顺利推进，马城铁矿、水曹铁路按计划实施，首钢秘铁二期扩建项目竣工，创造了首钢海外工程建设新模式。

大力推动新产业发展。进一步明确定位、聚焦主业、整合资源，把握市场机遇，培育竞争优势。环境产业“垃圾焚烧发电”在长治复制推广，鲁家山餐厨垃圾收运处一体化项目投入运营，建筑垃圾移动式处置应用于北京城市副中心。静态交通承揽和签约管理车位3万余个，国内首个公交立体停车楼完成设备安装。房地产业对标先进房企，推进标准化管理，贵阳、重庆、成都、秦皇岛等项目开发效果良好。进一步推动股权平台内部协同，整合技术、设计、建设、装备等资源优势，拓展海外工程、市政设施、智慧城市等市场。

深入推进产融结合。围绕转型发展和重大项目建设，不断提高金融服务和资本运作能力。发挥财务公司金融服务作用，加强资金池、票据池建设，实现境内外资金双向融通，为成员单位降低财务费用9.7亿元。研究制定首钢基金发展规划，打造新产业投控平台，助力首钢园区和新产业发展。蔡奇书记批示“首钢基金办得好”，令人鼓舞。充分利用境内外上市平台开展资本运作，推动香港首控对旗下上市公司进行中长期布局。

（三）持续推进全面深化改革

以入选国务院国企改革“双百行动”企业和北京市国企改革综合试点为契机，明确了3大类20项重点任务，将改革向纵深推进。

完善集团化管控体系。以加强资本运营、公司治理等能力建设为重点，进一步完善首钢集团总部职能。持续优化集团管控权力清单，权力事项精简47%，进一步下放权力、做实平台。权力清单、规章制度、风控三位一体的制度体系基本形成。以信息化倒逼组织优化和流程变革，年度预算、投资计划实现全首钢集团在线编制，财务共享实现集团公司业务全部上线，钢铁产销一体化项目进入全面集成测试阶段。

推进基层深化改革。系统研究改制企业问题，制定颁发《改制企业进一步深化改革指导意见》，推进实业公司深化改革试点。首钢医院改制方案获职代会通过，水钢公司医院重组全面完成。股份公司采购和营销体制、京唐公司多元化激励机制、通钢公司和水钢公司事业部制等基层改革实践不断深入，推动了管理创新，增强了内生动力。

推进工效挂钩分配机制改革。制定《首钢集团完善工资总额决定机制实施方案》，强调以效益为中心的激励导向，建立与劳动力市场基本适应、与企业效益效率挂钩联动、收入能增能减的长效机制。强化工资总额预算管理，实现单位、人员全覆盖，推行核准制和备案制。改进管理方式，考核分配权下放给二级单位，注入动力、激发活力，进一步调动了各单位面向市场多创多超多得的积极性。

坚持瘦身健体不松劲。持续推进转型提效，钢铁主业实物劳产率比四年前提高82%，超过行业平均水平。实施企业退出三年计划，全年退出企业72家，相当于“十二五”以来七年退出数量的总和。连续两年被评为市国资委专项工作优秀企业和工作成绩突出单位。完成北京地区75个小区非经营性资产移交，协调推进京外企业“三供一业”移交工作，受到市国资委通报表扬。各单位特别是外埠企业积极利用当期经营成果处理历史遗留问题，全年处理18.7亿元，水钢公司、长钢公司的历史遗留问题得到解决，为企业良性发展打下基础。

（四）切实履行企业社会责任

深刻认识安全生产极端重要、永无止境，必须“严”字当头。深刻汲取水钢公司“1·31”事故教训，在全首钢集团开展警示教育，常委会专题听取安全工作汇报，大力开展燃气系统安全专项整治，进一步完善首钢集团事故隐患排查治理体系，扎实推进本质化安全管理，强化责任体系和队伍建设，在涉及“五高危”行业的11个单位设置安全总监，广大干部职工严守“红线”“底线”的意识不断增强。

深刻认识环保事关企业生存发展，积极推动绿色行动计划。在资金非常紧张的情况下投入26亿元，完成环保项目107项。持续提升环保设施的精细化、规范化管理水平，股份公司被评为唐山市秋冬季差异化错峰生产污染排放绩效评价唯一一家A类钢铁企业，京唐公司被评为第三批国家级绿色工厂。

高度重视信访维稳工作。召开年度工作会议进行全面部署，定期听取汇报，审议社会稳定风险评估报告，对重大信访问题及时研究、采取措施。确定了铸造村14号楼原拆原建化解方案，112户居民全部签约。困扰贵钢公司多年的群体访问题得到有效解决，持续十余年的迁安矿区问题得到有效稳控。一些多年的极端个体访问题得到化解，维护了企业稳定。

坚持以人为本，切实维护职工权益。完善以职工代表大会为基本形式的民主管理，制定厂务公开制度及实施细则。深入开展“送温暖”活动，筹集拨付资金1408万元。募集捐款379万元，为732名困难职工子女发放助学金。组建“携手同行·首钢温暖基金”，构建困难职工多层次帮扶救助服务体系。组织劳动模范疗养，开展丰富多彩的文化体育活动，增强了职工队伍凝聚力、向心力。

（五）全面加强党的建设

认真落实全面从严治党主体责任。全年召开常委会16次、研究议题90项，其中研究党建议题50项、占总数55.6%。严格执行常委会带头落实全面从严治党主体责任的实施意见，当好“七个表率”。完善首钢党建工作责任体系，逐级签订党建工作责任书，开展党委书记、党支部书记党建述职评议。首钢集团领导班子成员带队，围绕全面从严治党主体责任落实情况进行深入调研。集中开展党建工作专项检查，对18家单位党委进行督导，把领导班子成员及所在党支部列为必查对象，突出关键少数，体现监督无例外。

坚持把政治建设放在首位。坚决贯彻“看北京首先要从政治上看”要求，教育引导广大党员干部职工牢固树立“四个意识”，坚定“四个自信”，做到“两个维护”。把贯彻中央和北京市重大决策部署作为政治纪律，围绕落实北京城市新总规、京津冀协同发展、冬奥筹办承担的重点任务，强化责任落实，增强政治担当。把加强对意识形态工作的领导作为政治责任，研究制定首钢党委意识形态工作责任制实施细则，加强舆论引导，针对重大时间节点和敏感问题及时开展分析研判。把统一思想、凝聚力量作为宣传思想工作中心环节，持续开展“首钢之星”评选，讲好“首钢人的故事”，组织“不忘初心跟党走、圆梦首钢谱新篇”职工巡讲和话剧《实现·使命》巡演，凝聚满满正能量。

坚持党管干部、党管人才原则，加强领导班子和干部、人才队伍建设。深化干部人事制度改革，在领导人员任免权限、职业经理人管理、高校毕业生招聘等方面进行积极探索。适应首钢改革发展需要，调整配备领导人员165人次、基层单位领导班子16个。加强青年干部培养，举办特训班、海外研修班，初步建立青年干部选拔培养和跟踪考察工作机制。实施高端人才培养工程，遴选推荐一批专业技术和高技能人才参加各级各类人才评选，与清华大学共建首钢高层次人才教育培训基地。加强高技能人才队伍建设，成功承办“首钢杯”钢铁行业和“首钢矿业杯”冶金矿山行业职业技能竞赛，首钢和矿业公司代表队分获团体第一名。

切实加强基层党组织建设。开展基层党委、党支部换届选举工作，选强配齐基层“两委”班子和党支部班子。强化新修订的17项党组织专业制度宣贯工作。对支部书记进行集中轮训，从支部工作手册、党小组工作记录、党员学习笔记等基础工作抓起，推动党支部规范化建设，实现网上监督检查，“一规一册一表一网”有效应用。强化“学”“做”贯通，推进“两学一做”学习教育常态化制度化。基层党组织持续推进党建工作创新，广泛开展各类主题实践活动，不断提升组织力；广大党员立足岗位创先争优，在企业改革发展中发挥了先锋模范作用。

深入推进党风廉政建设和反腐败工作。召开党风廉政建设工作会议，制定反腐倡廉主要任务分工方案，首钢集团领导班子成员带队开展检查考评，推动任务落实。实施21项联合监督计划，突出抓好“5合1”监督检查，开展党建和财务“公共题”检查，以问责追责促整改。市委巡视反馈的7个方面20个问题，完成整改18个，持续整改2个。内部监事会完成对重点监管企业首轮检查，问题整改计划兑现率98.6%。内审问题整改完成率97.9%，首钢内审质量被中国内审协会核准为“AAA”评级，是钢铁行业首家获此评级的单位。建立巡察制度，成立巡察机构，完成首轮巡察。运用监督执纪“四种形态”，加强党员干部纪律约束，全年共处理196人，其中给予党纪处分31人。

切实加强党的群团工作。常委会专题研究工会改革方案，听取工会、共青团工作汇报，持续推进党建带工建、带团建。工会、共青团组织坚持抓基层、打基础，完善工作制度，健全工作机制，创新方式方法，努力创特色、树品牌，影响力不断增强。

以上是一年来的主要工作。这些工作的开展和各方面成绩的取得，是市委市政府亲切关怀、坚强领导的结果，是首钢各级党组织和全体党员干部职工团结一心、拼搏奋斗的结果。特别是基层一线的干部职工，面对困难和挑战，啃下了一个又一个硬骨头，展现出强烈的责任感、使命感和过硬的工作作风、良好的精神状态。在此，我代表首钢集团党委向大家表示崇高的敬意和衷心的感谢!

在总结工作的同时,我们分析了面临的挑战和不足。当前,首钢集团经济运行中负债高、利息重、流动性差、风险大的基本面还没有改变,企业健康可持续发展的基础还不牢固。钢铁业的核心竞争力还需要进一步提升,非钢产业转型还没有取得实质性突破,园区开发建设还面临着巨大挑战。内部市场化机制还需要进一步完善,人才工作的短板还很突出。同时,落实管党治党主体责任存在递减现象,全面从严治党还有薄弱环节。对这些问题,我们要高度重视,在今后工作中切实加以解决。

二 2019 年的形势和任务

2019 年,对首钢人来说是一个特殊的历史年份,我们在迎来新中国成立 70 周年的同时,也迎来了首钢建厂 100 周年华诞。世纪圆梦、就在今朝,不忘初心、砥砺奋进。做好今年的工作意义重大,我们对面临的形势和肩负的使命要有一个更加清醒的认识。

喜迎华诞更具挑战。百年首钢,职工期盼,社会关注。行百里者半九十,我们切不可盲目乐观。从宏观环境看,中央经济工作会议指出,我国经济运行稳中有变、变中有忧,外部环境复杂严峻,经济面临下行压力。从钢铁行业看,产能过剩的矛盾没有根本解决,需求趋弱,出口锐减,产品同质化竞争加剧,特别是去年四季度以来钢材价格断崖式下跌,企业效益急转直下,这种局面有可能继续恶化,形势极其严峻。从首钢自身看,钢铁业面临“追兵渐近、标兵回头”的竞争压力,园区开发使命光荣、责任重大、时间紧迫,新产业培育任重道远,今年将是资金困难、经营压力非常大的一年。这些都考验着我们顺应形势变化的能力,一定要增强危机意识,坚持稳健原则和底线思维,做好打硬仗的充分准备,把困难估计足,把措施定到位,把工作做扎实。我们只有付出更大艰辛,才能铸就一个“成色更足”的百年首钢。

再创辉煌充满机遇。首钢在长期发展历程中,始终依靠党的领导强根固魂、以人为本凝聚力量,敢闯敢坚持敢于苦干硬干、敢担当敢创新敢为天下先,创造了无数奇迹。近几年厚积薄发,改革红利不断释放,经营状况持续向好,园区活力日渐显现,为我们应对挑战、战胜困难增添了信心。国家稳增长的系列政策、北京市“四个中心”建设、打造新时代首都城市复兴新地标、服务保障冬奥、国企改革“双百行动”和综合试点,为首钢转型发展带来了新的机遇、提供了广阔空间、增添了强大动力。年前,央视新闻特别节目《中国永远在这儿》报道了“新旧动能转换、首钢华丽转变”,北京市将长安街西延跨永定河大桥命名为“新首钢大桥”,这是对首钢改革发展的充分肯定,更是对百年首钢新的期冀。首钢大踏步跟上时代潮流,改革发展成果令人鼓舞,首钢精神不断发扬光大,正能量持续传递发酵,尽管前进中充满挑战,但我们更要紧紧把握机遇,坚定信心,奋发有为,再创首钢辉煌。

基业长青唯有奋斗。幸福是奋斗出来的,伟大梦想是拼出来、干出来的。百年首钢承载着我们的梦想,百年传奇是一代代首钢人接续奋斗的结果。蔡奇书记调研时对首钢寄予厚望,激励我们要续写百年传奇。能够亲身见证、亲手成就一个百年企业,对今天的首钢人来说是非常幸运的。喜迎华诞,我们要思考的是如何传承首钢精神;再创辉煌,我们要做的是如何实现行稳致远。强企报国是首钢人永远的追求,改革创新是首钢人永远的基因,伴随着中华民族走向伟大复兴,我们要有“首钢永远在这儿”的雄心壮志,要有“一张蓝图干到底”的战略定力。广大干部职工要以崭新的奋斗姿态,全力打好首钢建厂 100 周年收官圆梦之仗,人人为展示百年首钢新形象增光添彩,真正诠释好“百年恰是风华正茂”。各级党组织要把全体党员干部职工动员起来、力量凝聚起来,坚持健康可持续发展、创新驱动高质量发展,打基础利长远,建功新时代。

2019 年总体工作思路是:以习近平新时代中国特色社会主义思想为指导,深入学习贯彻党的十九大精神,落实市委市政府各项工作要求,加强党的建设,保持战略定力,坚持保生存求发展总基调,坚持改革创新工作主线,推进企业高质量发展,谱写百年首钢发展新篇章。

2019 年主要经营指标安排是:营业收入 2080 亿元,利润水平 53.1 亿元,解决历史遗留问题以及“三供一业”移交后，利润安排26亿元，资产负债率71.16%，首钢集团外部融资不增加。

（一）坚持保生存求发展

“保生存求发展”是首钢集团“十三五”工作总基调。我们深刻认识到，首钢生存基础还不牢固，转型发展仍在攻坚期，必须坚持“保生存求发展”不动摇，着力解决好资金、投资和债务等方面的突出矛盾。

强化资金管控。资金是企业运行的“血液”。目前，我们的经营活动现金净流量无法覆盖利息支出和资本性开支，必须树立“过紧日子”的思想，“勒紧裤腰带”。坚持“现金为王”，盯紧经营现金流，大力压降存货，强化应收、应付管理，提高资金使用效率。坚持“一支笔”审批，严控费用支出。强化融资成本控制，加强利率、汇率市场研判，在优化债务结构、抢抓融资窗口、对冲金融风险等方面狠下功夫。

严格控制投资。切实扭转“工厂化”管理思维，克服投资冲动，坚持理性投资、量入为出。控制新立项目，除必要的安全环保项目外，其他投资从严审批。已批准实施的项目也要优化方案，切实降低投资成本。首钢京唐二期要对标宝钢湛江，首钢北京园区要坚持“好、快、省”。要平衡好自身现金流，原则上谁上项目谁筹资，严控举债投资。进一步加大投资项目全生命周期管理力度，加强投资项目后评价工作。

加快化解债务风险。党中央、国务院把加强国有企业资产负债约束作为防范化解重大风险的重要举措。首钢的资产负债率远高于行业平均水平，加快化解债务风险紧迫而艰巨，要作为全年工作的重中之重加以推进。首钢集团要成立专门工作小组，加强与政府部门对接，全力争取政策支持。高效利用首钢集团土地资源，积极对接资本市场，做好首钢北京园区东南区土地上市，加快盘活在京其它土地资源。推动集团股权多元化改革。积极推进股份公司和通钢公司引进社会资本降低杠杆工作，加大资产证券化力度。

（二）坚持健康可持续发展

续写百年传奇，保持基业长青，是我们不懈的追求。我们深刻认识到，企业实现健康可持续发展，就要更系统、更协调、更有定力；就要直面问题，敢于啃硬骨头，持续发力，打好基础。

加大企业退出力度。坚持应退尽退、应退早退，坚决退出与首钢集团主业关联度不高、长期亏损扭亏无望的业务。采取战略重组、整体出售、资产剥离、清退等不同方式加快退出，确保全年完成50家。列入三年退出计划的剩余项目多数是“硬骨头”，要敢于担当，大力推动铸造厂、宁夏阳光等8个重大退出项目取得突破。围绕债权债务、法律诉讼、人员安置等难点问题，要加强协同，创新工作方法。加快企业产权登记和土地房屋权属办理，为企业退出工作打好基础。

坚定不移转型提效。对标先进企业，劳产率水平仍有提升空间，要用滚石上山的韧劲持续推进。钢铁板块要坚定“十三五”劳产率目标不动摇，提高竞争力，解决好总量递减与梯队建设之间的矛盾。首钢北京园区要加大推动力度，完善促进职工转型分流机制，总结推广刘博强等职工转岗转型的典型经验，发挥示范引领作用。新产业要完善劳动效率指标评价体系，落实工资总额与劳产率、人工成本投入产出率挂钩机制，学习借鉴钢铁板块转型提效经验，推进体制机制创新。转型提效工作要与新产线定编、企业退出、“三供一业”移交、产线智能化改造、管理信息化推广有机结合、综合施策。

加快解决历史遗留问题。党中央、国务院把加快剥离国有企业办社会职能和解决历史遗留问题，作为促进国有企业轻装上阵的重要改革举措。首钢历史遗留问题涉及面广、解决难度大，要借势而为、统筹谋划、稳妥推进。各单位要继续利用当期经营结果处理历史遗留问题，到年底除个别单位外要全部处理完成。加快解决在诉历史遗留案件，依法维护企业权益。做好北京地区非经营性资产移交后的相关工作，积极推进京外企业“三供一业”移交，稳妥推进国企办教育医疗改革工作。贯彻北京市总体工作要求，有序推进首钢权属土地疏解整治促提升工作，借势加快处理南区土地房屋遗留问题。聚焦改制企业发展中积累的主要矛盾，一企一策精准推动改制企业深化改革，规范管理，激发活力。

（三）坚持创新驱动高质量发展

我国经济已由高速增长阶段转向高质量发展阶段。我们深刻认识到，百年首钢要在高质量发展上有更大作为，必须坚持“质量第一、效益优先”，努力成为绿色发展、创新发展、高质量发展的典范。

打造钢铁业竞争优势。钢铁业是首钢发展的基础和主业，要坚持对标宝钢和新日铁等先进企业，进一步做优做强。要打造质量优势。质量、结构、产量是产品结构调整优化的关键，其中最根本最基础的是质量，只有首先解决好质量问题，才能解决好结构和产量问题。坚持全员全过程质量管控，不仅要用好现代质量管理手段和工具，更要在执行上、在认真上下功夫。坚持质量分级“挂牌督办”机制，真正严起来，使之成为质量管控的重要抓手，杜绝质量问题重复发生。坚持问题导向，集中力量解决一批影响产品质量的突出工艺技术问题，重点突破汽车外板表面质量、高强钢薄规格板形缺陷、产品性能稳定性三大瓶颈。要打造产品优势。企业的一切活动最终体现在产品上，在同质化竞争的时代，产品的差异化、高端化是竞争的优势所在。坚持以市场为导向、以产线为核心、以效益为标尺，持续优化产品和用户结构。“三地”要充分发挥先进技术装备优势，深耕三大战略产品。继续加强日系汽车板认证工作，提升 GA 板市场份额。电工钢瞄准“高磁感、低损耗、薄规格”提档增效，镀锡板提高 DR 材等高端品种市场占有率。要打造成本优势。在同质化产品竞争的时代，成本是竞争的基础，我们成本这条“毛巾”还没有拧干，仍有挖潜空间。要完善精细化成本管理体系，持续推进“双百工程”，狠抓“三个跑赢”，全方位对标挖潜补短板。积极应对环保限产考验，善于总结实践经验，保持高炉顺稳就是最大的降成本。外埠企业一定要在低成本制造上下功夫，守住自己区域市场的“一亩三分地”。要打造服务优势。服务是实现和提升产品价值的根本手段，关注客户感知、增强客户粘性是“制造+服务”永无止境的追求。构建以客户需求为驱动的“产销研”团队，利用产销一体化和智慧营销等信息化平台推进产销研用联动，深化大客户代表制度，稳定大客户、大批量渠道，紧盯小批量、定制化订单。持续提升 EVI 技术服务能力，构建一站式技术服务体系。持续完善加工配送中心布局，提升产业链配套服务能力。要打造技术优势。技术强企是做优做强钢铁业的内在要求，要紧紧依靠技术领先优势，推动质量提升、产品升级、成本降低、服务优化。推进“一院多中心”改革试点方案落地，探索创新模式，提高创新效率。聚焦涉及产品质量与生产效率的关键环节，开展重大工艺攻关。

统筹推进园区开发建设。首钢北京园区已进入全面打造新时代首都城市复兴新地标的历史新阶段，要以高度的政治责任感和使命感，按照“以百分之百的工匠精神，创百分之百的优质工程”的要求，坚持“好、快、省”，推进全产业链园区开发工作。今年是实施三年行动计划的开局之年，要挂图作战、倒排工期、严控投资、打造精品，加快工程规划许可证等手续办理，确保重点项目按计划节点开工。高度重视大跳台滑雪项目建设，确保赛道具备举办测试赛条件。全面推进重点项目建设，将冬奥广场打造成园区北区最有活力的片区。完善产业生态体系，导入优质客户资源，聚焦“体育+”、数字智能、科技创新服务等产业。多种渠道储备客户，实施自动驾驶、5G 示范应用等智慧应用场景，启动智慧园区建设。加速培育高端物业服务能力，按照国际化标准，打造一支具有国际化水平的服务团队，构建一套具有国际化水平的服务体系，努力实现园区物业服务的高端转型，为入园区高端企业和重大活动提供高质量服务。首钢曹妃甸园区要按照先进制造业转移基地的定位，坚持理性把握开发节奏，突出招商引资工作重心，为转移落户企业提供优质配套公共服务，发挥好京津冀协同发展的载体作用。首钢首秦园区要按照成为中国汽车运动文化示范基地的定位，坚持高端，保持定力，开放合作，打造平台，走好转型发展第一步。

创新新产业发展模式。新产业要拓宽思路，把握行业特点和发展趋势，探索新模式，培育新优势，加快提升市场竞争力，加大市场开发力度，努力实现短期效益和长远发展的有机统一。环境产业要聚焦核心业务，掌握关键技术，发挥示范效应，扩大市场份额，提升盈利能力，为进入资本市场创造条件。静态交通要兼顾建造和运营，利用首长国际、城运公司两个平台持续拓展市场。房地产业要抓好资金管控，打造核心竞争能力，加快开发节奏，加快存货去化，加快资金周转，实现滚动发展。

提升产融结合水平。要坚持金融为产业服务，提高金融服务实体经济能力，积极利用好资本市场，为首钢转型发展和重大项目建设提供资金支持。财务公司要进一步完善内部融资平台功能，打造内部资金管控能力。加大资金归集工作力度，做到各单位本外币资金应归尽归。用好用活票据池，拓展票据流转和变现能力。强化结算服务和资金流动过程管控，提升业务服务水平。基金公司要进一步优化资产配置，提升投资、产业运营、资本运作和公司治理能力，培育创新型团队，打造“融资—投资—运营”高效联动的新产业投控平台。持续扩大基金管理规模。通过“基金+基地+产业”模式，助推园区产业的发展和投资价值的增值。深耕细分产业领域，实现突破性发展。香港首控要强化管理，加快旗下上市公司聚焦主营业务、改善经营状况，稳步推进资本运作，进一步发挥境外融资功能，实现首钢境内与境外资本运作平台的互动。

（四）坚持内部市场化改革

改革开放是决定当代中国命运和实现中华民族伟大复兴的关键一招。我们深刻认识到，深化改革也是首钢高质量发展的关键一招，必须大力推进内部市场化改革，强化主体意识，持续注入动力，不断激发活力。

完善集团化管控体系。持续优化组织体系和业务体系，转变用行政命令管理企业的惯性，处理好“放”和“管”的关系。要完善法人治理结构，把法人治理结构的规范化建设向二级单位纵深推进，做到治理结构合理设置到位、治理主体市场化决策到位、董事会规范运行到位。强化首钢集团总部资本运营职能建设，做好顶层设计，盘活存量资产。强化审计监督体系建设，处理好放权与监督、规范与容错、整改与提升的关系。首钢四个中心要坚持“共享”方向，进一步做实职能、提升能力、拓展业务。要抓好业务体系建设，形成权力清单、制度体系、风控体系和信息化建设有机结合。权力清单的核心是建立分层授权治理体系，要尽快完成平台公司权力清单制修订，有效承接总部下放的权力。制度建设关键是要在体系化、实用性、执行力上下功夫。风控体系建设要与业务活动紧密结合，分层分级、有效运行。信息化建设要坚持业务驱动，实现首钢集团管控系统数据贯通，打破信息孤岛，提高管控效率。

完善内部市场化经营机制。要按照市场规律、行业规律办事，推动各单位成为“五自”独立市场主体。要建立投资回报机制，切实解决重投资不重效益、只要投资不讲回报的问题。坚持正向激励，开展投资回报试点工作。要建立内部债务清偿机制，各相关单位在经营现金流满足自身资金基本需求的前提下，要按计划逐步偿还集团公司借款。首钢集团财务部门每半年集中组织一次内部债权债务清理，严控新增内部债务。要完善内部协同机制，发挥集团整体优势，高效配置资源，减少行政干预，突出契约关系，不断提高运营效率。

完善工效挂钩联动机制。效益是企业生存发展的基础，要牢固树立“工资是挣出来的”理念，贯彻落实好《首钢集团完善工资总额决定机制方案》，发挥薪酬分配制度激励作用，充分调动各单位和职工的积极性、主动性和创造性。集团公司要突出以效益为中心的分配激励导向，鼓励各单位多创多超多得，推动任务型企业向效益型企业转变。各单位要按照“一适应、两挂钩”原则，自主编制和执行好工资总额预算，着力解决工资只能增不能减的问题，用好分配自主权、激发企业活力。严格规范分配秩序，健全薪酬分配监督机制。

（五）坚持人才是第一资源

发展是第一要务，人才是第一资源，创新是第一动力。我们深刻认识到，必须坚持人才强企战略，紧紧围绕首钢转型发展迫切需要，创新工作思路，破解人才瓶颈，切实发挥第一资源的引领和支撑作用。

完善市场化选人用人机制。实现市场化人才引得进、用得好、留得住。要完善职业经理人管理制度，认真总结试点经验，坚持以聘用协议为核心，以经营效益为导向，建立选聘任用、绩效考核、薪酬激励及综合评价等配套制度，激发职业经理人创造价值的动力。要建立经营管理者与职业经理人的身份转换通道，选择市场化程度高、内生动力强、能力基础好的单位，试行经营层全员市场化选聘。要完善人才引进机制，广泛吸引国内外优秀人才来首钢创业发展。做好重点领域紧缺人才的引进工作，满足转型发展的迫切需要。各单位要统筹好人员精简和补充新鲜血液的关系，把每年招录高校毕业生的指标作为调整人才结构的宝贵资源，为企业可持续发展积蓄后劲。

加大人才激励力度。针对专业技术和技能操作人才留不住的难题，要在激励机制上创新突破。要着力解决核心人才薪酬激励问题，各单位要用好工资总额，让核心人才的收入水平与能力、业绩和贡献相匹配，合理拉开差距，优化分配结构。要完善专业技术和技能操作人才发展通道，打开成长空间，解决好职业发展的“天花板”问题。集团公司要尽快完善和出台相关指导性制度，各单位要紧密结合行业和企业特点，建立具有自身特色的人才发展通道并形成晋升晋级的常态机制。要在精神激励上下功夫，对人才的激励不仅要体现在薪酬上，还要体现在发挥他们在技术攻关、创新活动、管理进步等方面的作用上，体现在对他们的关心关爱、推荐选拔和宣传表彰上。各级领导干部要带头营造爱护人才、尊重人才的浓厚氛围，切实增强人才的归属感，激发他们的创新潜力。

加强人才系统化培养。健全完善人才培养体系，提高培养的针对性、系统性和实效性。要以技术创新、财务金融、首钢工匠等核心人才开发为突破口，明确目标、制定标准、设计路径，建立“选培用评”全链条人才开发模式，努力在人才开发体系化建设方面迈出实质性步伐。要发挥好人才开发院作用，办好各类核心人才培训班，运用好远程教育手段，扩大培训覆盖面。发挥好“一院多中心”、技能大师工作室和职工创新工作室平台作用，不断出成果、出效益、出人才。“师带徒”是首钢技能人才培养的传统法宝，要不断发扬光大，发挥好传帮带作用。积极支持职工参加国内外技能竞赛，探索选拔优秀技能人才赴海外培训。

三　推动全面从严治党向纵深发展

坚持党的领导、加强党的建设，是国有企业的“根”和“魂”。做好今年工作，必须认真落实新时代全面从严治党新要求，坚持两个“一以贯之”，以永远在路上的韧劲和执着，坚定不移把全面从严治党引向深入，切实把首钢集团各级党组织建设得更加坚强，为完成各项任务提供有力保证。

始终把党的政治建设摆在首位。政治强，是首钢的传统，是首钢的基因，也是首钢的优势。新时代，我们要牢记“看北京首先要从政治上看”的要求，坚持以党的政治建设为统领，推动全集团各级党组织和广大党员干部职工把“两个维护”落实到一言一行、体现到全部工作中。要自觉把企业的发展放在党和国家大的视野中，放在京津冀协同发展中，放在首都发展的大格局中去认识和把握。要严明党的政治纪律和政治规矩，严防“七个有之”，做到“五个必须”，确保政令畅通、令行禁止。要增强政治敏锐性和鉴别力，坚决同破坏政治纪律和政治规矩的行为作斗争。要严肃党内政治生活，严格落实党委会工作规则和决策程序，落实民主生活会、领导干部双重组织生活、党支部“三会一课”、组织生活会、主题党日等制度，营造良好政治生态。庆祝新中国成立70周年，是今年党和国家政治生活中的大事，我们要按照市委市政府的统一部署，圆满完成承担的各项任务，切实抓好安全环保工作，维护企业安定稳定。

坚持用习近平新时代中国特色社会主义思想武装头脑。政治上的坚定源于理论上的清醒。要坚持“学懂弄通做实”，党委中心组要当好理论学习的“排头兵”，读原著、学原文、悟原理，及时学习领会习近平总书记最新重要讲话精神，做到融会贯通、学以致用。党校要发挥主阵地作用，突出主业主课地位，抓好党员干部轮训。各单位党委要按照“两学一做”常态化制度化要求，推动基层党员学习贯彻往深里走、往实里做、往心里去。今年全党将开展“不忘初心、牢记使命”主题教育，我们要按照中央和市委统一部署，精心组织、扎实推进。要抓好意识形态工作责任制落实，及时分析和掌握职工思想动态，积极回应职工关切。加强思想舆论引导，弘扬主旋律，传播正能量。要围绕首钢建厂100周年，精心组织好以“继承光荣传统、再创首钢辉煌”为主题的纪念活动，充分展示“自强首钢、创新首钢、绿色首钢、文化首钢”的新形象。

加强领导班子和干部队伍建设。贯彻新时代党的组织路线，坚持“对党忠诚、勇于创新、治企有方、兴企有为、清正廉洁”标准，建设忠诚干净担当的高素质干部队伍。落实中央新修订的《干部任用条例》，修订完善首钢领导人员选拔任用工作制度，规范领导人员选拔任用程序。大胆使用优秀年轻干部，继续办好青年干部特训班、海外研修班。坚持干部能上能下，制定颁发《首钢领导班子和领导人员综合考核评价办法》，完善领导人员综合履职和发挥作用情况长效跟踪考核机制。加强选人用人工作监督，严格干部日常管理，抓实不担当不作为问题监督检查。坚持严管与厚爱相结合，建立容错机制，旗帜鲜明为敢于担当的干部撑腰鼓劲，激发党员干部干事创业的精气神。

加强基层党组织建设。认真落实《中国共产党支部工作条例（试行）》，深化党支部规范化建设，开展“抓规范、促提升”专项行动，提高党支部建设质量。组织好“首钢品牌党支部”评定，严格标准、程序，切实发挥品牌党支部示范引领作用。强化基层党建工作责任体系动态管理，建立责任清单，做实考核评价，推进基层党建责任制落实。落实“四同步”“四对接”原则，规范基层党组织设置，在相对控股和有实际控制力的混合所有制企业实现有效覆盖。

坚持党建带群建。深入贯彻落实首钢集团党委《关于加强和改进党的群团工作的实施意见》，把群团工作摆上重要议程，坚持定期研究群团工作制度，把群团工作纳入各级党组织绩效目标考核。工会、共青团组织要按照上级部署，深化自身工作改革，建强基层组织，夯实工作基础；要坚持围绕中心、服务大局，切实提高工作水平，更好地发挥党联系职工群众的桥梁和纽带作用，为首钢改革发展作出应有贡献。

压紧压实全面从严治党主体责任。贯彻北京市委《关于深化落实全面从严治党主体责任的意见》，结合实际修订完善相关制度。各级党组织要紧紧咬住“责任”二字，把管党治党的螺丝拧得更紧，把全面从严治党落实到本单位本部门工作的方方面面，贯彻到决策、执行、监督全过程。发展党内民主，强化党内监督，制定党务公开具体实施方案。持之以恒正风肃纪，把纪律挺在前面，以新修订的《中国共产党纪律处分条例》为主要内容，加强纪律教育，坚决查处各种违反纪律行为。运用好监督执纪“四种形态”，强化日常监督执纪。发挥巡察利剑作用，深化政治巡察，在试点基础上全年完成对6家单位的巡察。推动巡察与联合监督检查协调联动，强化对首钢集团重大决策部署落实情况的监督检查，狠抓巡视巡察问题整改落实。认真贯彻落实全市领导干部警示教育大会精神，深入对照反思，切实以案为鉴，着力解决全面从严治党突出问题。

同志们，站在首钢建厂100周年的重大历史节点上，回望过去，我们走过了千山万水；面向未来，我们仍需跋山涉水。续写百年传奇，使命更光荣、任务更艰巨、挑战更严峻、工作更伟大。我们要大力弘扬首钢精神，勠力同心，奋发有为，以优异成绩庆祝新中国成立70周年，谱写百年首钢发展新篇章！

名词解释：

1. 一适应两挂钩：《首钢集团完善工资总额决定机制实施方案》确立要坚持以效益为中心的激励导向，建立收入能增能减的长效机制，实现收入与劳动力市场基本适应，与企业经济效益和劳动效率挂钩联动。

2. 一院多中心：以技术研究院为核心，京唐技术中心、迁顺技术中心和智新电磁硅钢研究所等多中心为支撑，既有分工又有合作的开放高效协同的技术研发体系。

3. “四同步”“四对接”：在国有企业改革中党的建设同步谋划、党的组织及工作机构同步设置、党组织负责人及党务工作人员同步配备、党的工作同步开展，实现体制对接、机制对接、制度对接和工作对接。

4. 七个有之：是习近平总书记在十八届四中全会上的讲话中列举的无视党的政治纪律和政治规矩的突出问题。即：一些人为了自己的所谓仕途，为了自己的所谓影响力，搞任人唯亲、排斥异己的有之，搞团团伙伙、拉帮结派的有之，搞匿名诬告、制造谣言的有之，搞收买人心、拉动选票的有之，搞封官许愿、弹冠相庆的有之，搞自行其是、阳奉阴违的有之，搞尾大不掉、妄议中央的也有之。

5. 五个必须：是习近平总书记在十八届中央纪委五次全会上提出的遵守政治纪律和政治规矩必须做到的五个方面。即：必须维护党中央权威，必须维护党的团结，必须遵循组织程序，必须服从组织决定，必须管好亲属和身边工作人员。

保持定力　稳中求进
推动百年首钢高质量发展

——在首钢集团第十九届职工代表大会第四次会议上的报告

首钢党委书记、董事长、总经理　张功焰

（2019年1月25日）

各位代表，同志们：

现在我向大会报告工作，请予审议。

一　2018年任务完成情况

2018年是贯彻党的十九大精神开局之年。广大干部职工在首钢集团党委和董事会领导下，保持战略定力，坚持改革创新，推进转型发展，营业收入2055亿元，解决部分历史遗留问题后盈利26亿元，完成年初首钢"两会"确定的目标任务，主要经营指标创出停产搬迁以来最好水平，企业发展质量和经营效益稳步提升。一年来主要做了以下工作。

（一）深化改革激发活力

紧抓政策机遇，落实深化国企改革综合试点，入选国务院国企改革"双百行动"企业。结合首钢实际，强化战略引领，聚焦"三个变革"，着力完善管控体系，不断提升管理能力，改革进一步深化，活力进一步释放。

战略管控更加完善。开展"十三五"规划中期评估，执行结果符合预期。坚持"一根扁担挑两头"发展战略推进产业聚焦，目标更坚定，方向更明确。以加强资本运营、公司治理等能力建设为重点，进一步完善首钢集团总部职能。持续优化集团管控权力清单，权力事项精简47%，进一步下放权力、做实平台。坚持推进产权与管理关系优化和企业层级压缩工作，股权公司完成7家企业股权优化，香港首控、京西重工退出层级超长企业，首钢集团境内企业压至五级、境外压至七级。实施企业退出三年计划取得重大进展，退出企业72家，数量超过前七年总和，首黔公司、东钢公司等一批重大难点项目成功退出，处置不良资产28.4亿元、收回资金11.5亿元。连续两年被评为市国资委专项工作优秀企业和工作成绩突出单位。

综合改革逐步深入。落实国企改革"双百行动"计划和深化国企改革综合试点，明确任务书、路线图和时间表，推进3大类20项重点任务。制定促进国有产权流转改革试点方案。加快剥离企业办社会职能，搭建退休人员社会化集中管理平台，完成水钢医院重组，推进首钢医院改制，完成北京地区75个小区、近400万平方米非经营性资产平稳移交，积极推进京外企业"三供一业"移交工作。聚焦解决改制企业发展中积累的主要矛盾，制定改制企业深化改革指导意见，推进实业公司股权结构优化，规范职工持股进退机制。

激励机制不断深化。突出效益导向，推进薪酬分配制度改革，建立健全与劳动力市场基本适应、与企业效益效率挂钩联动、能增能减的工资总额管理长效机制。强化工资总额预算管理，实现单位、人员全覆盖，推行核准制和备案制。改进管理方式，考核分配权下放给二级单位，注入动力、激发活力，进一步调动了各单位面向市场多创多超多得的积极性。完成8家二级单位薪酬分配制度改革，首控公司、环境公司、人才院等单位突出能力业绩导向，矿业公司、长钢公司借鉴股份公司经验，进一步完善机制，加大高技能人才激励力度。

提质增效持续推进。钢铁板块经过四年持续转型提效，实物劳产率达到750吨/人·年，比2014年提高82%，超过行业平均水平。通钢公司劳产率率先达到“十三五”目标。首秦公司超前谋划、周密安排，停产搬迁3550人实现平稳分流，京唐公司等单位坚持以人为本、妥善安置，转移人员实现快速融入。首钢秘铁新区投产严控新增人员，优化劳动组织，劳产率达到8776吨/人·年。建立和完善全口径全要素人工费管控体系，为全面推进转型提效工作创造条件。各单位特别是外埠企业积极利用当期经营成果处理历史遗留问题，全年处理18.7亿元，水钢公司、长钢公司历史遗留问题得到解决，为企业良性发展打下基础。

（二）钢铁经营持续向好

积极应对市场变化和环保限产压力，坚持眼睛向内，持续优化产品结构，提升全体系制造能力，经营管控和客户服务水平不断提高，多项指标创历史最好水平，为首钢集团效益增长作出重要贡献，为首钢转型发展奠定基础。

企业效益大幅提升。板块实现利润62.8亿元，股份公司35.6亿元(其中京唐公司19.5亿元)，外埠企业中通钢公司2亿元，水钢公司3.6亿元，长钢公司10亿元，通钢公司和长钢公司盈利创历史最好水平。中首公司积极研判海外贸易环境，抢抓时机稳健经营，实现利润13.4亿元。首钢控股板块全面落实成本管控、质量提升等12项专项协同任务，创效3.6亿元。持续推进“三个跑赢”，生铁成本多年来首次跑赢行业平均水平，长钢公司前进六位排行业第二创历史最佳，继续保持板块第一。矿业公司推进“百元选厂”工程，持续降低精矿粉制造成本，行业排名第四。原燃料跑赢市场5.8%，进口矿跑赢指数5.5美元/吨，钢材单利同比提高90元，吨钢挖潜增效92元。经营现金净流入180亿元，同比增加94%，创历史最好水平。“两金”管理水平不断提高，两金周转率9.5次、同比提高2.6次，其中存货周转率12.5次、同比提高2.9次，应收周转率40.5次、同比提高15.5次。钢铁板块把握市场机遇及时调整废钢比例，股份公司通过集中采购和营销前移把握购销两端市场，通钢公司和水钢公司事业部制落实到位，内生动力不断增强，基层活力不断释放。技术服务团深入外埠企业提供现场技术指导，取得良好效果。

产品结构不断优化。高端领先产品、战略产品和EVI产品全面完成任务。高端领先产品完成601万吨，同比增加24万吨。三大战略产品完成523万吨，同比增加26万吨，创历史新高，其中汽车板316万吨、电工钢160万吨、镀锡板47万吨。EVI产品完成151万吨，同比增加35万吨。新产品完成49万吨，同比增加14万吨，2项硅钢新产品全球首发。实施产品质量问题“挂牌督办”工作机制，质量异议数量同比下降6%，合同兑现率、到货准时率等保障性指标稳中有升。汽车板新增零件认证1850个，日系汽车板供货量实现新突破。电工钢累计供货量突破1000万吨，取向硅钢通过“双百万”大容量特高压变压器应用鉴定，进入全球在建规模最大的白鹤滩水电站变压器供应商序列，广泛用于“一带一路”沿线国家重点项目。镀锡板产品结构不断优化，高端产品同比增加25%，进入国内先进行列。贵钢公司EA4T车轴用钢国内首家通过铁总认证并实现供货。获长城汽车供应商“技术合作奖”、吉利汽车优秀供应商“最佳合作奖”、海尔优秀模块商最高奖“金魔方奖”等诸多荣誉，首钢产品不断得到市场与用户认可。

科技创新不断发力。钢铁业研发投入比例达到2.6%。取得科技成果108项，其中21项达到国际先进水平。获省部级以上科技奖14项次，其中“超大型水电站用金属结构关键材料成套技术开发应用”项目获国家科技进步二等奖。获专利授权544件，主持制修订国家标准13项。股份公司、冷轧公司等6家企业被认定为国家级高新技术企业。重大工艺技术显著进步，股份公司高炉炉顶料罐煤气及粉尘全回收、零排放技术填补冶金行业空白；京唐公司转炉低温出钢技术达到国际先进水平，完成多次低硅高碱度球团试生产及高炉50%碱性球团冶炼实验，为京唐二期一步工程投产后三座高炉大比例球团冶炼做好技术储备。技术合作不断深化，承担高强汽车板、新能源汽车材料生产应用等3项国家级科技项目。与帝国理工、中国一汽等新建9个联合实验室，新增合作课题19项。加快智能工厂建设，股份公司一体化智能炼铁技术水平不断提升，京唐公司烧结、球团等智能化控制项目投入使用。

重点工程积极推进。首钢京唐二期聚焦27项单体工程、118个关键控制节点，争分夺秒、艰苦奋战，保安全、抓质量、控投资，炼铁、炼钢、轧钢等主体项目按进度顺利推进，4300毫米产线按期点火热试，5号焦炉装煤出焦。首秦公司实现全流程安全稳定经济停产，安全零事故、节点全到位、合同全兑现、物料全清零。首钢秘铁二期1000万吨扩建项目竣工，充分体现了首钢集团自主集成能力和协同高效优势，创造了首钢海外工程建设新模式。马城铁矿工程建设有序推进，水曹铁路成功下穿京哈铁路，西沟煤矿一期竣工投产。

（三）园区开发成效显著

以打造新时代首都城市复兴新地标为引领，贯彻新要求，落实新任务，迎接新挑战，规划建设进度加快，生态环境明显改善，招商引资初见成效，园区开发取得积极进展，首钢形象焕然一新。

首钢北京园区活力显现。2018年是首钢北京园区开发建设取得重大突破的一年。中央领导的批示、市领导双调研及市新首钢第五次领导小组会明确了把新首钢地区打造成为“新时代首都城市复兴新地标”，“文化复兴、生态复兴、产业复兴、活力复兴”成为园区开发的核心内涵和行动指南。服务能力显著提升，首钢集团正式成为北京冬奥会和冬残奥会官方城市更新服务合作伙伴，跻身北京冬奥组委最高级别赞助商。冬奥办公区、冬训中心、首钢工舍等重点场馆设施高标准交付使用。圆满完成平昌冬奥总结会、驻华使节招待会、市首届冬运会等重大活动及赛事的服务保障任务，受到广泛赞誉，首钢服务经历了挑战、积累了经验、收获了信心。精品工程亮丽呈现，三高炉秀池区域美轮美奂，石景山景观公园与永定河山水交融，“四块冰”实现工业遗存与冰雪运动完美融合，三高炉“首秀”奔驰新车发布会，唱响跨年冰雪盛典，园区魅力绽放，成为传播冬奥精神、展示时尚高端品牌的秀场。产业聚集定位高端，星巴克、洲际酒店入驻园区，与联通合建首个5G示范园区、中关村共建人工智能创新应用产业园、IDG共建冰雪产业孵化器，城市科技服务为老工业区转型升级注入活力。园区北区规划获全国优秀城乡规划设计一等奖。长安街西延跨永定河大桥正式命名为“新首钢大桥”。国际奥委会主席巴赫称赞首钢园区是一个“让人惊艳”的城市规划和更新范例。首钢荣获“奥林匹克主义在行动”奖杯，这是国际奥委会设立年度奖杯以来首次授予中国企业。

首钢曹妃甸园区稳步推进。协同配合地方政府签约23个产业项目、投资额177亿元。围绕先行启动区和曹妃甸新城建设，打造中国绿谷特色小镇，“首堂·创业家”获北京市超低能耗建筑示范项目奖励，取得良好销售业绩。建成全国首座零能耗被动式幼儿园，积极打造装配式科技示范小镇。

首钢首秦园区启动转型。以汽车运动文化为引擎，打造“秦皇岛首钢赛车谷”，建成“钢铁赛道”，成功举办京津冀赛车节、中国卡车公开赛等活动，启动赛道配套项目的规划设计及招商引资工作，实现当年停产、当年转型、当年运营。

（四）产业培育取得进展

新产业各单位进一步明确定位、聚焦主业、整合资源，变压力为动力，把握市场机遇，培育竞争优势，产业发展取得新的成效。

新产业开拓新市场。环境产业：生物质垃圾焚烧115万吨，发电4.2亿度，发电效率同比增长9.6%。长治在建项目被确定为省、市两级政府示范工程。提前完成餐厨垃圾收运处一体化项目建设。建筑垃圾移动式处置引领了行业标准，应用于北京城市副中心。静态交通：机电公司深度参与立体停车技术研发，形成立体车库设备自主研制能力。城运公司二通公交立体停车楼项目设备安装完成，智能停车库运行于北京首个老旧小区改造示范试点项目。首长国际稳步推进新机场停车楼建设，拓展贵阳机场等多个项目，签约管理车位2.4万个。房地产业：对标先进房企，推进标准化管理，缩短项目开发周期、提高资金使用效率、降低建设成本，加快贵阳、重庆、秦皇岛等市场项目开发销售，经营效果良好。积极推进北京可利用土地的调规、盘活工作。

新市场催生新动能。股权平台推进内部协同，集合技术、设计、建设、装备等资源优势，共同拓展海外工程、市政设施、智慧城市等市场。首建公司社会项目占比超过50%，签约哈萨克斯坦公路等“一带一路”项目累计金额5.8亿元。国际工程公司发挥技术优势，承揽海水淡化、球团脱硝、熔融还原炼铁等项目。首自信公司拓展智慧城市产业，北京城市副中心综合管理服务平台和首钢云平台管理中心投入运营。实业公司主动拓展物业、餐饮、幼教等外部市场，新签约41个社会服务项目。京西重工引进战略投资者完成京西上海制动业务重组，上海零部件公司和湘潭工厂相继投产。北冶公司研制的新材料应用于航空发动机和重型燃气轮机，助力大国重器制造。吉泰安公司环保型圆珠笔头超易切削不锈钢通过金属协会评审，获笔厂批量供应资格。医疗投运营石门营等9家养老院所，获评北京市老龄产业协会“安心养老品牌”。体育公司加强与国家多个体育协会合作，着力构建以篮球为核心，乒乓球、棒垒球等多维度发展新格局，影响力不断提升。

（五）产融结合持续发力

围绕首钢转型发展和重大项目建设，不断提高金融服务和资本运作能力，放大资本价值，与实体产业相互促进、共赢共生，助力产业发展。

金融服务能力显著提升。各单位牢固树立一盘棋意识，积极支持财务公司能力建设。财务公司发挥资金平台和金融服务职能，信贷投放余额328.3亿元，办理票据贴现122亿元，开立财票114亿元，有力支持了首钢京唐二期项目建设，置换了高息贷款，累计为成员单位节省财务费用9.7亿元，保障了首钢集团资金链安全。规范账户管理，成员单位资金实现应归尽归，人民币日均存款余额达265亿元，同比增加62亿元。搭建跨境资金池，实现境内外资金双向融通。加强票据池建设，成员单位票据归集金额100亿元，实现了集中管理，提高了使用效率。

基金运作能力不断增强。基金公司紧抓政策机遇，坚持市场化运作，服务集团转型发展。搭建产业转型、新能源汽车等多支基金，管理基金规模超过500亿元。深耕停车与城市更新、医疗健康、供应链金融等产业领域。助力香港上市平台资本运作。奇虎360、北汽新能源等项目投资实现上市，多个项目退出取得良好收益。入围福布斯中国最佳PE机构三十强，获中国股权投资金牛奖。创业公社完成B轮融资，新增中关村E世界等优质项目。蔡奇书记批示：首钢基金办得好。

资本运作能力逐步提高。股份公司启动引入战略投资者工作。香港首控上市公司运作与基金公司培育产业高效结合，首长国际开拓城市更新业务，成功引入国际知名战略投资者，完成12.2亿港元配股，首长四方整合供应链金融助力钢铁板块购销业务。多措并举运作资金，发行境内债450亿元及境外债5亿美元，完成银行贷款和债券接续。推动全额偿还东南区土地开发银团贷款177.8亿元，内部借款置换外部融资，首钢集团外部融资减少128.2亿元。首钢集团获中诚信和东方金诚国内双AAA信用评级，惠誉国际评级保持A-展望。

（六）基础管理不断提升

围绕首钢集团战略管控能力提升，坚持问题导向，着力补齐短板，强化监督执行，不断夯实基础，推动管理水平再上新台阶。

强化制度建设。基本形成权力清单、规章制度、风控手册三位一体的制度体系。全年颁发制度49项，废止65项。组织完成首建投公司等18家单位风控体系建设，基本实现要素以上单位全覆盖目标，市国资委内控抽查评价结果优秀。修订完善二级单位公司章程和“三会”工作规则。进一步精简会议，首钢集团全年召开党委常委会16次、董事会4次、经理办公会17次。深入推进疏解整治促提升工作，完成铸一区、白庙村外、石南站、首钢特钢园等成片历史遗留点位治理，拆除各类私搭乱建约1.6万平方米，收回土地面积约9.9万平方米，全面完成市、区任务，为首钢集团土地开发创造条件。

推动基层创新。股份公司加强TPM管理，推行单元承包责任制，围绕生产经营精细算账、狠抓改进。京唐公司开办以班组长为核心的QTI改善骨干培训班，销售中心创建“郭大鹏宝马服务创新工作室”，长钢公司建立“三清晰三到位”岗位责任体系，矿业公司推行分级管理持续推进创新工作室建设，首建公司坚持出成果出人才提升创新工作室质量，各单位交流互动，取长补短，基层创新活力不断释放。

加大监督力度。监督工作联席会紧紧围绕首钢集团年度重点工作任务开展监督检查，揭示问题和风险169项，提出整改工作建议177条。组织对股份公司等12家企业开展“5合1”监督检查，以问责追责促整改，联合监督优势进一步彰显，监督能力进一步增强。围绕首钢北京园区、首钢京唐二期等重点项目开展效能监察62项。监事会完成对重点监管企业的首轮检查，实现监督检查全覆盖，揭示问题整改计划兑现率达98.6%。全年审计项目77项，发现问题104项，累计整改完成率达到97.9%，首钢集团成为冶金行业第一家、国内第八家获得内部审计质量评级AAA的企业。建立巡察制度，成立工作机构，完成首轮巡察。

加快信息化建设。坚持业务驱动、系统集成，首钢集团信息化项目建设加速推进。年度预算、投资计划已实现全集团在线编制，提高了工作效率。推进财务一体化项目在股份公司、实业公司等试点上线。财务共享实现了集团公司范围内功能全部上线，协同平台完成72%成员单位推广，商旅平台提高了差旅的便捷性。人力资源、资产管理、主数据管理系统主要功能上线运行。股份公司、京唐公司实施业务流程再造，钢铁产销一体化经营管理系统主体功能进入集成测试阶段。

抓实安全环保。深刻汲取水钢公司"1·31"事故教训，深入开展燃气系统安全整治专项行动，股份公司组织开展专项检查42次，落实整改隐患456项。完成钢铁板块21个试点区域的本质化安全管理推广工作。开展安全风险分级管控和隐患排查治理双重预防机制建设试点，发现并整改重大隐患15项。应对环保政策收紧，主动完善绿色行动计划，完成环保项目107项。全面完成全国"两会"、中非合作论坛北京峰会等重要活动和重污染天气环境质量保障任务。股份公司被评为唐山秋冬季差异化错峰生产污染排放绩效评价唯一一家A类钢铁企业，京唐公司被评为国家级绿色工厂。统筹化解多层级、常态化减排指令对生产经营、工程建设的影响，不断强化北京园区环保管理体系建设，为区域环境质量改善作出积极贡献。

（七）职工队伍奋发有为

用先进理论武装人，用模范事迹激励人，用首钢精神凝聚人，激发学习热情，弘扬工匠精神，推动基层创新，正能量在全首钢集团不断传递。

思想文化建设迈上新台阶。推动习近平新时代中国特色社会主义思想和党的十九大精神在全首钢集团形成生动实践，首钢举办三期学习贯彻十九大精神研修班，党代表刘宏、王勇、丁宁宣讲十九大精神近50场，受众万余人。组织"不忘初心跟党走、圆梦首钢谱新篇"巡回宣讲14场。话剧《实现·使命》巡回演出30场。出台企业文化建设相关规范性文件，规范品牌标志、标识、色彩，阐释品牌文化新内涵，展示文化首钢新形象。《首钢日报》更新出版模式，"今日首钢"APP上线，形成以新媒体为主导的舆论引导新格局。加强对外宣传，首钢获"改革开放40年中国企业文化四十典范组织"奖。

人才队伍建设不断加强。深化干部人事制度改革，在领导人员任免权限、职业经理人管理、高校毕业生招聘等方面进行积极探索。举办青年干部特训班和海外研修班，着力培养优秀青年干部。坚持竞赛与培训相结合，加强高技能人才队伍建设，遴选推荐一批专业技术和技能人才参加各级各类人才评选。加强专业技术人才海外培训，10个项目获国家外专局批准，获批数量为近年最多。与清华大学共建首钢高层次人才教育培训基地。

先进典型诠释首钢精神。各领域先进典型不断涌现，榜样带动作用凸显。成功承办第九届全国钢铁行业和第二届全国冶金矿山行业职业技能竞赛，赵满祥、张浩、王涛等荣获各参赛工种冠军。"全国技术能手""北京大工匠"卫建平，"国家技能人才培育突出贡献个人"张百岐，"国之名医·卓越建树"称号获得者顾晋和刘京山，"全国五一劳动奖章"获得者赵松山，"首都劳动奖章"获得者苗海波、刘锟、王彦杰，"首都市民学习之星"陈香、张维中、沈虎庄，从炼钢工转型为制冰师的刘博强，以及深入开展"一企一村"结对帮扶的首钢驻村书记陈晓阳等，用实际行动诠释了首钢精神，展示了首钢实力，为首钢赢得了荣誉。

持续维护保障职工权益。完善以职工代表大会为基本形式的民主管理制度，依法保障职工的知情权、参与权、表达权和监督权，召开首钢第十九届职工代表大会第三次会议。加强厂务公开民主管理制度建设，颁发厂务公开制度及相关工作细则，充实民主管理工作内涵。积极协调化解矛盾，解决了一批信访维稳突出问题。开展"送温暖"活动，筹集拨付送温暖资金1408万元；开展募捐及帮困助学、帮困基金帮扶活动，募集捐款379万元，为732名困难职工子女发放助学金;组建北京市温暖基金会"携手同行·首钢温暖基金"子基金,构建起多层次困难职工帮扶救助服务体系。

2018 年是首钢深化改革、转型发展取得显著成效的一年。这一年,广大干部职工大力弘扬改革创新精神,深入推进质量变革、效率变革、动力变革,首钢转型世界瞩目,经济效益持续提升,企业面貌深刻变化。成绩的取得,体现了党中央、国务院及市委市政府的亲切关怀和大力支持,凝聚着全体干部职工的心血和汗水,我代表首钢集团向各级党委、政府和社会各界,向首钢全体干部职工及家属,向始终关心首钢的离退休老同志,表示衷心的感谢和崇高的敬意!

在总结成绩的同时,必须清醒看到,首钢集团经济运行中还面临不少困难和挑战,负债高、利息重、流动性差、风险大的基本面还没有改变,工作中存在的问题必须着力加以解决:一是部分企业发展基础不牢固,还没有解决生存问题,资金紧张的矛盾非常突出,但不合理库存和应收账款仍在增加。二是资产负债率居高不下,有的企业不降反升,少数企业甚至超过 100%。三是钢铁板块盈利能力与行业先进相比仍然差距较大,高炉生产的稳定性还需提高;园区开发前期工作仍需加快,成本意识、精品意识还需增强;新产业发展模式还不清晰,市场拓展缓慢。四是内部市场化机制还需进一步完善,依然存在工厂式管理的惯性,部分企业"五自"意识还不强,没有真正做到"居家过日子"。五是人才队伍建设与首钢发展的要求还不匹配,高端人才引不进、留不住、用不好的问题仍未有效突破。

二　2019 年工作思路

2019 年我们将迎来首钢建厂 100 周年。迎接百年华诞,我们要思考的是如何再创辉煌;传承首钢精神,我们要做的是如何行稳致远。我们要按照集团党委确定的目标思路,坚定不移推进转型发展,大力推动改革创新,全力以赴做好各项工作。

2019 年总体工作思路:以习近平新时代中国特色社会主义思想为指导,深入学习贯彻党的十九大精神,落实市委市政府各项工作要求,加强党的建设,保持战略定力,坚持保生存求发展总基调,坚持改革创新工作主线,推进企业高质量发展,谱写百年首钢发展新篇章。

根据总体工作思路,全年主要计划指标安排如下:

2019 年主要指标:营业收入 2080 亿元,利润水平 53.1 亿元,解决历史遗留问题以及"三供一业"移交后,利润安排 26 亿元,资产负债率 71.16%。烟(粉)尘排放总量 17091 吨,二氧化硫排放总量 17164 吨。

钢铁板块营业收入 1791 亿元,利润总额 63.2 亿元。生铁产量 2588 万吨(不含京唐二期 358 万吨),钢 2726 万吨,钢材 2588 万吨。高端领先产品 618 万吨,战略产品 520 万吨。汽车板 315 万吨、电工钢 160 万吨、镀锡板 45 万吨。股权平台营业收入 205.2 亿元,利润总额 3.5 亿元。首钢北京园区营业收入 164.9 亿元,利润总额 8.5 亿元。首钢曹妃甸园区营业收入 4.2 亿元,利润总额 0.3 亿元。直管单位营业收入 150.7 亿元,利润总额 22.7 亿元。

三　2019 年重点工作任务

(一)正确认识当前形势,坚定信心迎接挑战

从宏观环境看,中央经济工作会议指出,我国经济运行稳中有变、变中有忧,外部环境复杂严峻,经济面临下行压力。从钢铁行业看,产能过剩的矛盾没有根本解决,需求趋弱,出口锐减,产品同质化竞争加剧,特别是去年四季度以来钢材价格断崖式下跌,企业效益急转直下,这种局面有可能继续恶化,形势极其严峻。从首钢自身看,钢铁业面临"追兵渐近、标兵回头"的竞争压力,园区开发使命光荣、责任重大、时间紧迫,新产业培育任重道远,今年将是资金困难、经营压力非常大的一年。这些都考验着我们顺应形势变化的能力,一定要增强危机意识,坚持稳健原则

和底线思维，做好打硬仗的充分准备，把困难估计足，把措施定到位，把工作做扎实。我们只有付出更大艰辛，才能铸就一个“成色更足”的百年首钢。

习近平总书记反复强调，幸福是奋斗出来的，伟大梦想是拼出来、干出来的，我们都是追梦人，要撸起袖子加油干。百年首钢见证了近现代中国民族钢铁工业从无到有、从小到大、从弱到强的发展历程，承载了中华民族钢铁救国、钢铁兴国、钢铁强国的梦想，谱写了一部中国产业工人艰苦奋斗、奋发图强、奉献报国的壮丽史诗，创造了无数敢为天下先的光荣事迹。近几年改革红利不断释放，经营状况持续向好，园区活力日渐显现，为我们应对挑战、战胜困难增添了信心。百年品牌是经久不衰、基业长青的象征，百年首钢因奋斗而伟大。蔡奇书记调研时对首钢寄予厚望，激励我们要续写百年传奇。广大干部职工要以崭新的奋斗姿态，用敢于苦干硬干的作风确保各项任务的全面完成，用敢闯敢坚持的勇气破解深化改革中的各项难题，用敢担当敢创新的精神推动首钢高质量发展。

（二）坚持市场化方向，提升集团改革质量

深入落实“双百行动”计划和改革综合试点方案，抓住影响健康可持续发展的主要矛盾，坚持市场化方向，创新思路，精准施策，提高改革的系统性、整体性、协同性，为企业的高质量发展注入新的动力。

提升管控能力。一是提升战略管理能力。坚持“十三五”中期评估提出的产业聚焦目标和方向，开展“十四五”发展战略前期课题研究。二是提高公司治理能力。把法人治理结构的规范化建设向二级单位纵深推进，强化党委前置审议程序，科学合理设置“三会”，扩大外部董事和董事会选聘职业经理人试点。三是提高风险管理能力。实施降低资产负债率、控制外汇风险等19项重大风控专项计划，落实风控措施，确保风险可控。四是提高平台管理能力。平台公司要全面建立权力清单制度，切实加强对直投企业和代管企业的监管。首钢北京园区平台要建立健全开发建设运营一体化管理体系。股权平台要总结实业公司经验，一企一策精准推动改制企业深化改革，规范管理，激发活力。

完善内部市场化机制。一是增强风险防范意识。用好财务“三张表”，紧紧盯住经营现金流，大力压降存货总额，强化应收、应付资金占用和管理费管理，重点压降外部应收，原则上各单位压减幅度不低于10%，提高资金周转，及时回笼资金。二是建立内部债务清偿机制。各相关单位在经营现金流满足自身资金基本需求的前提下，要按计划逐步偿还集团公司借款。首钢集团财务部门每半年集中组织一次内部债权债务清理，严控新增内部债务。三是要严控投资。项目投资要精打细算，合理控制投资规模，即使必须投资的安全环保类项目，也要加强统筹，分清轻重缓急。各单位要克制投资冲动，扭转“工厂化”管理思维，平衡好自身现金流，原则上谁上项目谁筹资，严控举债投资。投资要讲效益、讲回报，建立投资回报机制，在中首公司、地产公司、基金公司和财务公司开展试点，采取正向激励。从投资、进度、效益等维度加强投资项目后评价。四是加强税收筹划，各单位要通盘考虑、提前谋划，把税务管理意识贯穿到每个业务环节，重点做好首建投、贵阳地产的税收筹划。

完善激励机制。一是坚持以增强企业活力、提高效益、效率为中心的激励导向，激励各单位多创多超多得，推动任务型企业向效益型企业转变。二是各单位要接好、用好分配自主权，按照“一适应两挂钩”原则，自主编制工资总额预算。制定符合自身实际情况的收入分配机制，合理确定各类人员薪酬水平，畅通高技术、高技能人才职业发展通道，着力解决关键重要岗位薪酬水平与市场价位差距较大问题，吸引和留住核心人才，让能力、业绩、贡献与收入水平相匹配。三是严格规范分配秩序，健全薪酬分配的监督机制，发现问题要严格考核、追究责任。

坚持瘦身健体。一是企业退出任务将更加艰巨，要不躲不绕，全力推进。要从首钢集团生存发展的角度，落实应退尽退和应退早退，加大企业退出力度，确保完成50家企业退出，并加快推动铸造厂、宁夏阳光等8家重大退出项目。二是继续实施优化股权和管理关系计划，完成13家，推进6家。三是处理好北京地区非经营性资产移交后富余人员的分流安置和业务交接等工作，总结北京地区工作经验，积极推进京外企业“三供一业”移交，稳妥推进国企办教育医疗改革等工作。四是鼓励各单位继续利用当期经营结果处理历史遗留问题，今年除个别单位外要全部处理完成。

推进转型提效。一是钢铁板块要坚定“十三五”劳产率目标不动摇，提高竞争力，解决好总量递减与梯队建设之间的矛盾。首钢北京园区要加大推动力度，完善促进职工转型分流机制，总结推广刘博强等职工转岗转型的典型经验，发挥示范引领作用。新产业要完善劳动效率指标评价体系，落实工资总额与劳产率、人工成本投入产出率挂钩机制，学习借鉴钢铁板块转型提效经验，推进体制机制创新。二是严控人员增加。增人需求计划要逐级上报审核，结构性补员要严把素质关，新增工序、产线及新产业定员要严格核定，最大限度消化现有人员。三是要加快实施短平快智能化技改项目，通过技术进步，推动转型提效。

（三）坚持做优做强，提升钢铁业运行质量

钢铁业是首钢发展的基础和主业，要在抓质量、降成本、调结构、提效益上下功夫，坚持对标缩差，加强“制造+服务”，实现高质量发展。

增强经营意识。一是持续深化“三个跑赢”，进一步完善全方位对标体系，挖潜缩差的措施和方案难在落实、重在落实。供销两端要加强市场研判，充分发挥采购中心和销售中心作用，实现国内原燃料跑赢3.5%，销售跑赢2%，进口矿跑赢5美元/吨。狠抓内部工作，实现全年降本增效吨钢100元、总额26.7亿元。二是面对市场下行压力，更要在降成本上下功夫，以高炉顺稳为中心，以铁前“降百”为抓手，大力推广铁前一体化管理经验，聚焦钢铁全流程工序降本，不断降低专项成本和管理费，持续优化成本结构。要择机做好高炉大修工作。三是继续加强板块协同，整合资源优势，产线分工、资源调配更统筹，联备联储、检修协同更深入，采购协同、物流网络更高效，不断提升协同的广度和深度。

优化产品结构。质量、结构、产量是产品结构调整优化的关键，其中最根本最基础的是质量，只有首先解决好质量问题，才能解决好结构和产量问题。一是狠抓产品质量。持续推进分级“挂牌督办”工作，限时解决用户反映的质量问题。深入开展高强DP钢生产关键工艺、热轧高强钢残余应力等重点项目技术攻关，坚决迈过汽车外板稳定生产和薄规格高强钢板形控制等瓶颈工艺技术坎。二是调整产品结构。汽车板是实现产品结构调整优化的关键，要继续加强日系汽车板认证工作，提升GA板市场份额。电工钢瞄准“高磁感、低损耗、薄规格”提档增效，镀锡板提高DR材等高端品种市场占有率。重点研发薄规格高强钢、集装箱板、车轮钢等高端新产品，继续开拓海工钢、桥梁钢、风电钢等优势产品。三是加速达产达效。京唐公司要做好三高炉开炉以及三座高炉与钢轧系统全流程生产组织工作。各单位新产线要迅速达到设计能力，稳定产量，加速产品开发、认证和市场推进。

强化技术创新。一是主动融入国家创新体系，充分利用国家鼓励创新的各项政策，拓展高新技术企业数量。二是做实研发投入预算管理体系，全面推进钢铁业和新产业科技创新，完善首钢科学技术奖励机制，促进重大科技成果研发。三是推进“一院多中心”改革试点方案落地，探索创新模式，提高创新效率。四是聚焦涉及产品质量与生产效率的关键环节，重点开展薄板冶炼—连铸流程高效稳定化技术等10项重大工艺攻关。

做强“制造+服务”。一是提升高效制造能力。以质量稳定和逐步提升为中心，精心匹配各产线产品类型、品种规格和生产数量，共享信息、资源和技术，构建高效生产模式。提升产线保障能力，保持合同兑现率高水平稳定、带出品率稳中有降。二是持续强化营销能力。优化渠道结构、整合服务资源、深化技术营销和延伸产业链，构建以客户需求为驱动的“产销研”团队，充分利用产销一体化和智慧营销等信息化平台推进产销研用联动，实现全流程、一站式服务。关注客户感知，增强客户粘性，密切跟踪细分市场及产品单利变化，在稳定大客户、大批量渠道基础上，紧盯对市场价格不敏感的小批量、定制化订单。持续提升EVI技术服务能力，推动多样化成型工艺、钢铝连接技术和整车EVI技术等方面取得突破。中首公司要坚持调整优化出口产品结构，提升高端领先产品出口比例。三是不断增强新技术运用能力。积极探索新产线、新工艺运行规律，掌握大比例球团、无头轧制等关键技术，实现精细管理、精准操控。推进智能工厂建设，加快工业大数据、股份公司新产线智能仓储、京唐公司全自动拆捆带机器人等项目建设。首钢秘铁二期要抓好新选厂达产达标工作，马城铁矿、水曹铁路和杏山地采要按计划稳步推进。

（四）坚持目标定位，提升园区开发质量

以高度的政治责任感和使命感，按照“以百分之百的工匠精神，创百分之百的优质工程”的要求，坚持“好、快、省”，推进全产业链园区开发工作。

加速推进首钢北京园区开发建设。以打造新时代首都城市复兴新地标为目标，落实三年行动计划，挂图作战、倒排工期、严控投资、打造精品。一是上半年取得冬奥广场、金安桥和石景山三个片区项目工程规划许可证，按计划推进国际人才社区、城市织补广场等项目手续办理，确保重点项目按计划节点开工建设。二是确保完成大跳台赛道项目建设，具备举办测试赛条件。全面推进五一剧场、制粉车间、金安桥交通一体化等项目建设，将冬奥广场打造成北区最有活力的片区。配合市供电公司完成群明站、石龙站建设，确保九总降上半年平稳退运。基本完成北区污染土治理。首钢特钢园区15、16号地块项目完成结构封顶，同步做好招商工作。三是完善产业生态体系，导入优质客户资源。聚焦“体育+”、数字智能、科技创新服务等产业，启动智慧园区建设，实施自动驾驶、5G示范应用等智慧应用场景。多种渠道储备客户，精准招商，新增签约商业面积要达到3000平方米，保证新建成商业面积的高出租率。四是加速培育高端物业服务能力。按照国际化的标准，打造一支具有国际化水平的服务团队，构建一套具有国际化水平的服务体系，努力实现园区物业服务的高端转型，为入园区的高端企业和重大活动提供高质量服务。五是深度策划，加强营销，完成东南区土地入市，实现土地价值最大化，落实政府土地收益和补偿返还，推动园区项目融资，实现北区开发建设的资金平衡。

稳步推进首钢曹妃甸园区、首钢首秦园区开发。首钢曹妃甸园区要坚持理性把握开发节奏，立足京津冀协同发展，发挥区位优势，聚集优质产业；协同京唐公司、基金公司，围绕完善钢铁产业链和培育绿建产业主题，加大招商引资；推进商业、教育、医疗等公共配套设施建设、运营。首钢首秦园区要坚持成为中国汽车运动文化示范基地的定位，完成首钢赛车谷的规划调整；坚持产业高端、运营高端，打造有影响力的汽车竞赛表演品牌；争取社会资本投资及国际品牌落户，实现总体收支平衡。

（五）坚持主动作为，提升新产业转型质量

紧盯市场、苦练内功、积蓄动能，掌握核心技术，提升服务质量，增强协同力度，打造综合竞争优势，加大外部市场开拓，提高企业盈利水平。

股权平台：要把握产业规律，明确发展思路，发挥平台功能，强化运营管理能力，聚焦核心业务，加大协同力度，形成成熟稳定的商业模式，推动示范项目复制推广，实现新产业良性发展。环境产业：要进一步聚焦生活垃圾处理、建筑垃圾资源化、污染土壤治理三项业务，掌握核心技术，发挥示范效应，不断扩大市场份额，提升盈利能力，为进入资本市场创造条件。长治项目年底前建成点火，生活垃圾二期和环境公园等项目尽快落地。静态交通：要着力公交立体车库技术升级，聚焦北京公交场站建设和市场开发，狠抓建设质量，提升运营水平，弥补制造短板，积极拓展市场。房地产业：要深刻认识资金管理是房地产企业的核心竞争能力，对标先进企业，强化资金管理，控制融资成本，加快开发节奏，加快存货去化，加快资金周转。紧盯控规调整和政策落地，北京地区自有用地的盘活及开发要取得实质性进展，推进贵阳、重庆、成都等项目的开发和销售。体育产业：提高俱乐部运作水平，加强票务运营管理，推动“雏鹰计划”实施，积极争取政府引导资金，盘活现有资产，做好体育大厦招商，进一步提升首钢体育品牌影响力。

（六）坚持产融结合，提升金融服务质量

把化解债务风险作为重中之重的工作来抓，确保首钢集团资金链安全。强化协同、形成合力，提高金融服务实体能力，充分利用好资本市场，为首钢转型发展和重大项目建设提供资金支持。

提升金融服务能力。财务公司一是加大资金归集工作力度，要做到各单位本外币资金应归尽归。加快境外资金平台建设，探索跨境资金运用模式，提升境内外资金融通运作水平，提高资金使用效率。二是用好用活票据池，完

善票据集中托管业务，拓展票据流转和变现能力。三是强化结算服务和资金监控能力，逐步实现各单位收付款结算业务全部经由财务公司办理，加强资金流动过程管控。四是加强内部能力建设、提升业务管理水平，一企一策制定成员单位授信融资约束方案，合理调控中间业务，防范流动性风险，让利于首钢集团成员单位。五是推动保理公司和租赁公司业务拓展，合理利用首钢集团资源，与财务公司形成合力，支持产业发展。

提升基金运作能力。基金公司要进一步优化资产配置，提升投资、产业运营、资本运作和公司治理能力，培育创新型团队，打造“融资—投资—运营”高效联动的新产业投控平台。一是持续扩大基金管理规模，规范高效管理现有基金和核心产业，形成可复制可推广模式。二是通过“基金+基地+产业”模式，为园区引入低成本资金，撬动引进高精尖企业入驻园区，投资高成长性科技企业，助力园区产业发展，实现价值增值。三是在停车和城市更新、医疗健康、供应链金融等产业领域实现突破性发展，确保北京大兴国际机场停车楼与新机场的建设同步、运营同步，高标准、高水平保障新机场启用，扩大品牌影响，助推首钢转型。

持续推进资本运作。一是要组织专门团队，下大力气争取政府政策支持，探索引入战略投资者，推动首钢集团股权多元化改革；利用好首钢集团土地资源，积极对接资本市场，化解首钢集团债务风险。二是要补齐资本运营的短板，做好首钢集团资本运营顶层设计，系统研究产业资产，挖掘潜在价值。钢铁板块抓住市场机遇，谋划运作重组关联业务，推进股份公司和通钢公司引进社会资本降低杠杆工作。香港首控加快聚焦主营业务、改善上市公司经营状况，进一步发挥境外融资功能，实现境内资源与境外资本运作平台高效互动。三是高度关注资金安全，确保首钢集团资金运行顺稳。首钢集团总部要抓住市场窗口，做好境内外债券接续发行，合理控制融资成本和结构，确保首钢集团外部融资不增加，降低资产负债率。落实首钢京唐二期项目银团和园区重点项目外部融资。

（七）坚持精益求精，提升基础管理质量

坚持依法治企，大力倡导“制度的灵魂在质量，制度的生命力在执行”理念，推动制度体系更加完善、业务运行更加高效、内部监督更加有力，以信息化建设促进业务体系建设全面升级。

夯实制度基础。制度在精不在多，关键是要在体系化、实用性和执行力上下功夫。要准确把握业务规律，避免业务制度“两层皮”，首钢制度更要精雕细琢，为成员单位做表率。已建风控体系单位要由体系建设向运行有效深化，以评促建，内控评价单位覆盖面不低于 20%。加快土地房屋权属登记办理工作。落实促进国有产权流转改革试点，实现首钢集团投资企业产权登记率 100%。

实现监督全覆盖。以首钢北京园区建设、内控体系建设、首钢京唐二期达产达效等为重点，组织开展监督检查，提高监督服务能力，推动首钢集团决策部署落实到位。健全审计管控体系，提高审计工作质量，提升审计工作实效。稳步推进巡察工作深入开展，推动内部巡察与联合监督检查协调联动，进一步增强监督检查工作的针对性和实效性。

加强信息化建设。继续坚持业务驱动，以财务管控信息化建设为重点，逐步实现“预算、核算、结算”三算合一，在线管理资金计划、审批大额资金支付、监控资金收付；完成财务共享业务在股份公司等 11 家二级单位推广。推进人力资源、主数据管理、协同平台等系统的业务流程优化、系统功能完善、成员单位推广。完成科技创新管理系统在首钢集团、股份公司上线。稳妥推进产销一体化经营管理系统整体上线。

持续推进“疏整促”。要贯彻北京市总体工作要求，坚定有序推进首钢权属土地疏解整治促提升工作。按照市、区疏解整治促提升的安排，借助政府综合执法力量，加快处理南区土地房屋遗留问题，管好已清出土地。

狠抓安全环保。要提高政治站位，坚守“不出事”底线，下真功夫、笨功夫、硬功夫，从严从细从实抓好安全各项工作。强化安全主体责任落实，强化追责问责机制。坚持“把隐患当事故处理”，把安全工作的关注点、着力点不断向前延伸，切实抓好重点行业领域、重大风险隐患、重要时间节点的安全工作。强化风险分级管控，不断完善双重预防机制，推进本质化安全建设，提高安全生产保障能力，做安全发展的示范者。坚持绿色发展理念，滚动实施绿色行动计划，坚决打赢污染防治攻坚战，为实现持续健康发展奠定坚实基础。精心组织、超前谋划，全面完成环境质量保

障任务,做绿色发展的领跑者。

(八)坚持以人为本,提升职工队伍建设水平

高素质职工队伍是百年首钢的圆梦者,是首钢高质量发展的主力军。要坚持以人为本的发展理念,持续推动职工与企业共同成长,不断增强职工队伍的向心力、凝聚力和战斗力,展示新时代新首钢职工的崭新面貌。

强化思想建设。提高政治站位,深入学习贯彻习近平新时代中国特色社会主义思想,真正做到学懂、弄通、做实。按照党中央和市委统一部署,在全体党员中深入开展"不忘初心、牢记使命"主题教育,坚定理想信念。庆祝新中国成立70周年,是今年党和国家政治生活中的大事,我们要按照市委市政府的统一部署,圆满完成承担的各项任务,切实把维护企业安定稳定作为头等大事抓实抓好。坚持守正创新,高质量举办好建厂100周年系列活动,统一思想、凝聚力量,引导和动员广大职工坚定信心、攻坚克难,展示"自强首钢、创新首钢、绿色首钢、文化首钢"新形象。

加强人才培养。加大市场化选人用人力度,完善人才引进机制,多渠道、多形式引进和使用人才。畅通人才职业发展通道,满足职工成长成才的迫切愿望。继续办好青年干部特训班、海外研修班,抓好科技创新人才、财务金融人才培养,大胆使用优秀青年人才。以首钢集团名义命名100家职工创新工作室,以此为平台,做好首钢工匠、高技能人才培养。选树"北京大工匠",评选表彰"首钢工匠",引导职工牢固树立"工匠精神",立足岗位、创新创业。

不断凝心聚力。要关心职工,不断改善工作条件,举办各种文化体育活动,丰富职工业余生活,陶冶职工高尚情操。要爱护职工,关注职工身心健康,做好排忧解难工作,营造成长成才的氛围,研究落实困难职工解困脱困及职工困难帮扶救助管理工作,建立健全长效机制。要依靠职工,加强民主管理,倾听职工意见建议,凝聚职工智慧,尊重职工首创精神,使职工成为首钢改革发展的参与者、推动者、受益者。

同志们,首钢的历史是一部波澜壮阔、自强不息、敢为人先的历史。一百年惊涛拍岸,九万里风鹏正举。回顾2018,我们矢志奋斗、成绩显著;新的一年,我们目标明确、重任在肩。让我们在首钢党委领导下,继承发扬优良传统,深化改革,锐意创新,以崭新的姿态和优异的成绩,向新中国成立70周年和首钢建厂100周年献礼,为建设有世界影响力的综合性大型企业集团而努力奋斗!

名词解释:

1. 双百行动:2018年3月国资委发布《关于开展"国企改革双百行动"企业遴选工作的通知》,决定选取百家中央企业子企业和百家地方国有骨干企业,在2018年—2020年期间实施"国企改革双百行动"。

2. 一适应两挂钩:《首钢集团完善工资总额决定机制实施方案》确立要坚持以效益为中心的激励导向,建立收入能增能减的长效机制,实现收入与劳动力市场基本适应,与企业经济效益和劳动效率挂钩联动。

3. 一院多中心:以技术研究院为核心,京唐技术中心、迁顺技术中心和智新电磁硅钢研究所等多中心为支撑,既有分工又有合作的开放高效协同的技术研发体系。

4. QTI(Quick Total Improvement 全员快速改善):是围绕京唐公司战略目标和年度关键绩效指标,结合现场实际,运用精益、六西格玛等方法,发动全员有效识别浪费、消除浪费,实现持续改进的精益管理活动。

5. 三清晰三到位:长钢公司以"任务无遗留、时限有保障、标准可衡量、协同不扯皮、流程最简洁、评价明奖惩"的工作标准,构建覆盖全员、全方位、规范统一、权责对等的岗位责任体系,实现"任务、时限、标准三清晰,协同、流程、评价三到位"。

专　辑

◎责任编辑：马　晓、郭　峰

创新创优创业

以高质量党的建设推动首钢高质量发展

——在2019年首钢“创新创优创业”交流会上的讲话

首钢党委书记、董事长、总经理　张功焰

（2019年8月9日）

今年的首钢“三创”交流会是在深入开展“不忘初心、牢记使命”主题教育的背景下召开的。会议的主要任务是：深入学习贯彻习近平党建思想，把思想和行动统一到党中央全面从严治党各项部署和要求上来，进一步强根铸魂，向典型学习，向先进看齐，不断提高党的建设质量，推动首钢高质量发展。

会上5个单位的典型交流，体现了近几年首钢基层党建的生动实践，给我们带来深刻启示；6个人的故事演讲，体现了首钢不同时期、不同岗位党员“不忘初心、牢记使命”的坚定信念，使我们深受教育。各位专家的精彩点评和辅导讲座，使我们加深了对习近平党建思想的理解，进一步明确了提高首钢党的建设质量的努力方向。下面，我讲4个方面的内容。

一　充分认识新时代加强和改进首钢党建工作的重大意义

党的十八大以来，以习近平同志为核心的党中央，在领导全面从严治党的实践中，形成习近平党建思想。习近平党建思想，是习近平新时代中国特色社会主义思想的重要组成部分，是新时代全面加强党的领导和党的建设的根本遵循和行动指南。提高首钢党的建设质量，首先要深入学习领会习近平党建思想，提高认识，统一思想。习近平党建思想内涵十分丰富，我们要全面系统学习领会，特别是要学深悟透关于国有企业党的建设的论述，充分认识新时代加强和改进首钢党建工作的重大意义。

第一，加强和改进首钢党建工作，是贯彻落实党对一切工作的领导的迫切要求。习近平总书记强调，中国特色社会主义最本质的特征是中国共产党领导，中国特色社会主义制度的最大优势是中国共产党领导。这一重要论断，丰富发展了马克思主义建党学说，深刻反映了对党的领导和中国特色社会主义这一基本关系的认识达到了新高度。我们要深刻认识到，党的领导是全面的、系统的、整体的，加强党对一切工作的领导要落实到我国各领域、各方面、各环节；国有企业是我们党执政兴国的重要支柱和依靠力量，是党领导的国家治理体系的重要组成部分，理所当然必须坚持党的领导。

习近平总书记在全国国有企业党的建设工作会议上的讲话中，深刻论述了新形势下国有企业要不要坚持党的领导、加强党的建设和如何坚持党的领导、加强党的建设这两个重大问题。围绕国有企业要不要坚持党的领导、加强党的建设，习近平总书记指出，坚持党的领导、加强党的建设，是我国国有企业的光荣传统，是国有企业的“根”和“魂”，是我国国有企业的独特优势。要通过加强和完善党对国有企业的领导、加强和改进国有企业党的建设，解决一些企业党的领导、党的建设弱化、淡化、虚化、边缘化问题，使国有企业成为“六个力量”。围绕国有企业如何坚持党的领导，习近平总书记创造性地提出了两个“一以贯之”的重要论断，强调坚持党对国有企业的领导是重大政治原则，必须一以贯之；建立现代企业制度是国有企业改革的方向，也必须一以贯之。党的十九大通过的《党章》进一步明确规定:国有企业党委发挥领导作用,把方向、管大局、保落实。我们要结合实际反复学习、深刻领会习近平总书记的这些重要论述,认真贯彻落实《党章》规定,在企业改革发展中毫不动摇地坚持党的领导,在两个“一以贯之”的有机结合上狠下功夫。

第二,加强和改进首钢党建工作,是推动首钢高质量发展的迫切要求。习近平总书记强调,我国经济已由高速增长阶段转向高质量发展阶段,必须坚持质量第一、效益优先,以供给侧结构性改革为主线,推动经济发展质量变革、效率变革、动力变革。百年首钢要在高质量发展上有更大作为,努力成为绿色发展、创新发展、高质量发展的典范。

今年初的首钢“两会”勾画了首钢高质量发展的方向,但是围绕高质量发展的具体目标、路径、措施还需要深入研究探索,付诸实施任务更艰巨。比如,钢铁业如何加快构建质量、产品、成本、服务和技术“五个优势”? 首钢北京园区如何在坚持好、快、省原则下,统筹推进“四个复兴”? 如何有效推进首钢北京园区和首钢曹妃甸园区的协同联动? 新产业如何通过发展模式和商业模式创新加快做强做大? 产融结合如何进一步加强协同、提升水平? 如何通过多措并举,加快化解首钢集团债务负担? 市场化改革如何进一步深入推进? 人才难题如何加快破解? 深入研究和加快解决这些问题,迫切需要各级党委把方向,坚决贯彻执行党的路线方针政策和上级党委的决策部署,自觉遵循市场经济规律、行业发展规律和企业发展规律,有针对地研究制定推动高质量发展的目标和措施;迫切需要各级党委管大局,正确处理改革、发展、稳定关系,坚定不移推进企业退出、转型提效;迫切需要各级党委保落实,发挥党组织和群团组织优势,深入动员组织广大干部职工,凝聚各方面力量,推动各项举措实施到位、见到实效。只有加强和改进首钢党建工作,才能为推动首钢高质量发展提供强有力的保证。

第三,加强和改进首钢党建工作,是解决基层党建薄弱环节的迫切要求。习近平总书记强调,党的基层组织是党的全部工作和战斗力的基础,贯彻党要管党、从严治党方针,必须扎实做好抓基层、打基础的工作,使每个基层党组织都成为坚强战斗堡垒。围绕加强国有企业基层党组织建设,习近平总书记强调,全面从严治党要在国有企业落实落地,必须从基本组织、基本队伍、基本制度严起,确保企业发展到哪里、党的建设就跟进到哪里、党支部的战斗堡垒作用就体现在哪里,为做强做优做大国有企业提供坚强组织保证。

首钢有重视党建的优良传统,近几年来一些基层单位在深化改革、转型发展中重视加强和改进党建工作,不断探索创新,取得了明显成效。但是,应该清醒地看到,目前基层党建存在不平衡现象。从不同业务单位看,相对而言,股份公司、京唐公司、矿业公司等单位,业务职责和流程比较清晰,组织机构比较健全,党建的传统和工作基础比较好,党建工作总体上开展得比较扎实;而新产业、合资企业,基层党建工作相对薄弱一些。从不同管理层级看,存在“上热、中温、下冷”现象,首钢集团和二级公司党委总体上重视党建工作,相对而言,有的三级、四级党委抓党建有衰减现象。从各单位党委、党支部履行党建职责看,有的对党建抓什么、怎么抓不够清楚,有的抓党建工作和业务工作存在“两张皮”现象,有的抓党员队伍和职工队伍教育管理不到位。我们必须通过大力加强和改进基层党建工作,着力解决这些存在的问题,切实提高基层组织力,使首钢每个基层党支部都成为团结群众的核心、教育党员的学校、攻坚克难的堡垒。

二 牢牢把握当前首钢党建工作的目标任务

要认真贯彻落实新时代全面从严治党新要求,坚持两个“一以贯之”,进一步完善党委统领全局工作的体制机制,切实把党的政治优势、组织优势和群众工作优势,转化为首钢的竞争优势、创新优势和科学发展优势,以企业改革发展成果检验党组织的工作和战斗力。

(一)全面加强领导班子建设,切实提升领导力

领导班子是单位的“火车头”,是抓好改革发展稳定各项工作的关键,要把旗帜鲜明讲政治贯穿于领导班子建

设始终，统一意志、统一行动。

要提高政治能力。要深化对国有企业政治属性的认识。国有企业是具有鲜明政治属性的市场主体，也是政治属性与经济属性的统一体，这是由建设中国特色社会主义和发展社会主义市场经济共同决定的。要善于从政治上研判形势、分析问题，自觉在党和国家工作大局下谋划企业的发展，自觉在首钢集团党委领导下齐心协力、步调一致开展工作。要站稳政治立场，把对党负责和对职工负责高度统一起来，想问题、作决策要立足实际，着力破解主要矛盾和突出问题，着力解决职工最关心、最直接、最现实的热点难点问题。

要增强发展能力。牢固树立党组织的领导核心和政治核心地位，切实发挥党组织在改革发展中的把关定向作用。健全完善党组织发挥作用的运行机制，规范党组织参与企业重大问题决策的程序，加强对改革发展思路和重要举措的研究和论证，增强决策的科学性、协调性。坚持问题导向和底线思维，抓好顶层设计和全程把关，确保改革发展任务落实到位。要抓好集体学习和调查研究，加快知识更新，拓宽眼界视野，增强团结协作，提升学习研究能力、改革创新能力、群众工作能力，着力克服本领不足、本领恐慌、本领落后的问题，提升引领企业高质量发展的能力和水平。

要保持战略定力。首钢深化改革、转型发展正处于滚石上山、闯关夺隘的关键时期，工作任务十分繁重，内外部形势非常复杂。面对各种困难和挑战，要坚定硬碰硬完成任务的信心决心，立足全局统筹推进工作开展。要始终保持战略定力，进一步加大工作力度，以更高的标准、更实的作风、更大的干劲抓好各项工作落实。要增强市场主体意识，牢固树立“过紧日子”的思想，立足长远谋划企业发展，静下心来利用好的经营成果化解债务、财务负担和历史遗留问题，为首钢实现高质量发展打好基础、创造条件。大家都愿意和习惯于做增量，增量容易出成绩。增量要做，但打牢高质量发展的基础更要下大的力气来做。基础不牢，简单铺摊子，这种没有质量的增量不是我们要的增量，更谈不上高质量的发展。现阶段我们还是要心无旁骛的在健康、可持续发展上下功夫。

（二）全面加强思想文化建设，切实提升凝聚力

坚持思想建党、理论强党，切实加强和改进思想政治工作，大力弘扬首钢精神，统一思想、凝聚力量，为推动首钢高质量发展提供坚强思想保证和强大精神力量。

要强化思想理论武装。坚持把学习贯彻习近平新时代中国特色社会主义思想作为首要政治任务，持续在学懂弄通做实上狠下功夫。要坚持集中教育和经常性教育相结合，组织培训和个人自学相结合，发挥好党委中心组“排头兵”、党校培训主阵地和党支部“三会一课”作用，用好“学习强国”平台，推动广大党员深入学习领会习近平新时代中国特色社会主义思想的核心要义，增强政治自觉、理论自信、情感融入。要引导党员干部把自己摆进去、把职责摆进去、把工作摆进去，强化责任担当，增强过硬本领，做好本职工作，自觉做习近平新时代中国特色社会主义思想坚定信仰者和忠实实践者。

要强化思想舆论引导。坚持团结稳定鼓劲、正面宣传为主的方针，深入开展形势任务教育，精心组织宣传，唱响主旋律，凝聚正能量，引导干部职工坚定信心、保持定力，把思想和行动统一到推动首钢高质量发展上来、统一到完成“两会”确定的各项目标任务上来，把压力变为动力，更加主动、更加自觉地做好转型发展各项工作。要抓好意识形态工作责任制落实，管好守好意识形态阵地，维护意识形态安全。加强对职工队伍的思想动态分析，把解决思想问题与解决实际问题结合起来，把正面教育和平等互动协同起来，通过多种形式及时回应职工关切、化解矛盾、增进共识，强信心、暖人心、筑同心。

要大力弘扬首钢精神。要突出思想内涵，把庆祝新中国成立70周年和纪念首钢建厂100周年有机结合起来，深入开展群众性主题宣传教育活动，高质量举办好纪念首钢建厂100周年各项活动，总结发掘百年首钢成长发展的文化基因，丰富完善首钢精神，大力营造隆重热烈、喜庆祥和的气氛，进一步激发广大职工的爱国、爱厂热情。要以“继承光荣传统、再创首钢辉煌”为主题，讲好首钢人的故事，评选表彰“首钢之星”，隆重宣传表彰“首钢工匠”，引导广大职工以奋发有为的状态书写新的百年传奇。

（三）全面加强基层组织建设，切实提升组织力

首钢目前有1600多个党组织、4万多名党员，必须把抓基层、打基础作为重中之重，把加强党的组织体系建设摆到更加重要的位置。

健全完善党组织领导机制。立足不同产权结构、不同行业领域、不同组织建制企业实际，完善法人治理结构，做好企业章程、“三重一大”和党组织议事规则修订工作，明确党组织在企业法人治理结构中的法定地位，确保“把方向、管大局、保落实”作用组织化、制度化、具体化。重点围绕党的领导弱化、党的建设缺失、全面从严治党不力三个方面，开展基层党建突出问题专项整治，着力提升首钢基层党组织的组织力、凝聚力、战斗力。

推进全面从严党治党向基层延伸。牢固树立党的一切工作到支部的鲜明导向。要大力推进“两个”覆盖，坚持“四同步”“四对接”原则，完善党组织设置，做到应建必建。要全面加强标准化规范化建设，按期做好换届工作，严肃党内政治生活，提高“三会一课”质量，落实谈心谈话、民主评议党员和主题党日活动等制度。最近我们内部巡察发现，有的党支部、党小组组织生活会很不严肃，发言记录上存在着“称兄道弟”的现象。《关于新形势下党内政治生活的若干准则》里面明确规定：“党内一律称同志”。要组织党员认真学习党内法规，让大家明白我们党内的规矩。要持续选树品牌党支部，组织基层党建宣讲活动，推进党员集中轮训，建强基层战斗堡垒，推动基层党组织全面进步、全面过硬，让党的旗帜在首钢每个阵地高高飘扬。

（四）全面加强干部队伍建设，切实提升执行力

“政治路线确定之后，干部就是决定的因素”。只有优秀干部不断涌出，首钢的事业才有希望。加强领导人员队伍建设，既是当前首钢深化改革、转型发展的事业所需，更是立足长远、事关全局的战略举措。

着力培养高素质专业化领导人员队伍。要立足于首钢发展的现实需要和战略需求，加强对领导人员队伍的综合分析研判，做好系统设计，强化整体统筹，优化资源配置，协调高效推进，加快培养忠诚干净担当的领导人员队伍。要优化干部成长路径，积极创造条件、搭建平台，有针对性地补短板、强弱项，把理想信念教育、知识结构改善、能力素质提升贯穿干部培养使用全过程。要坚持严管和厚爱相结合，激励广大干部依法治企、锐意进取、担当作为。

加快优秀年轻领导人员培养锻炼。要以更长远的眼光、更有效的举措，及早发现、及时使用，严格管理、严格要求，推进年轻领导人员培养使用制度化、常态化。要立足首钢跨行业、跨地区、跨所有制、跨国经营的战略布局，认真分析不同产业领导人员队伍现状，着眼未来一个时期领导人员接替实际，组织实施优秀年轻领导人员培养锻炼计划。要加大选拔培养力度，在总结经验基础上，继续举办好首钢青年干部特训班、海外研修班，把好学员推荐选拔关，切实提升培训质量。要尊重干部成长规律，注重在基层一线和困难艰苦地区培养锻炼，让干部在实践中砥砺品质、增长才干，涵养担当作为的底气和勇气。

加大市场化选人用人工作力度。健全完善企业培育和市场化选聘相结合的职业经理人制度，加大市场化选聘职业经理人和紧缺专业人才力度。根据事业发展需要，做好高层次领军人才的市场化选聘工作。加强市场化选人用人聘期管理和激励约束，严格依据年度、任期经营目标考核情况兑现薪酬，同步解决好能进能出、能上能下、能增能减问题。充分利用好首钢内外部两个人才市场，积极拓宽渠道，聚集各方面优秀人才。

（五）全面加强党风廉政建设，切实提升公信力

公信力，是一个领导班子、一名领导干部的生命力。廉洁，是公信力的基石。要清醒地认识全面从严治党和反腐败斗争面临的形势，坚持不懈抓好党风廉政建设，不断提高各级党组织和党员干部的公信力。

压紧压实管党治党责任。研究制定深化落实全面从严治党主体责任的实施意见，以清单化引领责任分解、项目化推进责任落实、动态化考核履责成效，构建深化落实全面从严治党主体责任的完整链条。从今年起，要按照新修订的全面从严治党检查考核办法和实施方案开展检查考核，搭建“基础+专项+特色”的指标考评体系，改进督查考

核方式，切实解决全面从严治党压力传导层层递减、责任落实虚化空转等问题。要以北京市委全面从严治党工作考核反馈意见和动态抽查发现问题整改为契机，推动主体责任层层落实落地。

打好作风建设攻坚战持久战。以优良作风反“四风”、强作风、树新风，锲而不舍落实中央八项规定精神，坚决防止出现“疲劳综合症”。要严肃查处各类专项整治工作中的形式主义、官僚主义，对典型案例一律通报曝光。研究制定为基层减负的方案，解决文山会海、督查检查考核过多过频和过度留痕等突出问题，切实为基层减负。

加强日常监督和执纪审查。制定监督工作制度，坚持精准高效，使监督常在、形成常态。深化政治巡察，提高精准发现问题的能力。发挥监督工作联席会的联合监督优势，提高监督效能。坚持奥运标准，持续加强滑雪大跳台专项督察。要贯通运用监督执纪“四种形态”，精准发现问题、精准把握政策、精准作出处置。紧盯重点工程、重点领域、关键岗位，强化对权力集中、资金密集部门和单位的监督，严肃查处违纪违法问题，持续整治群众身边腐败和作风问题。

（六）全面加强群团组织建设，切实提升影响力

工会和共青团组织是党联系职工群众的桥梁和纽带。各级党组织要加强对群团工作的领导，深化群团工作改革，建强基层组织，夯实工作基础，不断提高影响力，充分发挥作用。

工会系统要创新工作方式方法，落实直接联系职工、直接服务职工、直接维护职工权益的职责。大力弘扬工匠精神，开展“首钢工匠”培育选树，发挥示范引领作用，营造尊重劳动、尊重人才、尊重知识、尊重创造的氛围，着力培养知识型、技术型、创新型高素质职工队伍。健全完善困难职工救助帮扶体系，搭建职工普惠服务平台，丰富业余文化生活，倡导快乐工作、健康生活。

共青团系统要引导广大青年职工岗位建功，开展“青年文明号”“青年突击队”“青年创新工作站”等创建活动，激励青年职工自觉把个人的理想追求主动融入到首钢的事业中来，为百年首钢增添强大青春力量。

三　狠抓首钢党建工作全面落实

党建工作目标任务明确之后，怎么抓落实、见实效，这是提高党的建设质量的重大问题。按照党中央要求，结合近几年首钢党建工作实践，我们要重点在以下三个方面下功夫。

第一，要抓责任。习近平总书记指出，加强和改进中央和国家机关党的建设，必须切实加强党的领导，牵住责任制这个“牛鼻子”。加强和改进首钢党建工作，同样要牵住责任制这个“牛鼻子”。一是要落实领导班子成员党建责任。各级领导班子及成员要把抓好党建当作分内之事、必担之责，切实增强抓实党建工作、提高党建质量的思想自觉和行动自觉。要坚持书记抓、抓书记，进一步强化党委书记党建工作第一责任人责任、专职副书记党建工作直接责任、班子成员党建工作“一岗双责”。首钢集团党委要按照抓好党建是本职、不抓党建是失职、抓不好党建就是不称职的标准和要求，进一步完善基层党建责任考核评价体系，细化基层党组织书记述职评议考核制度，加大日常督促指导、巡察检查力度，进一步压实党建责任、层层传导压力，对党建工作存在差距的要及时谈话提醒并提出整改要求，对党建工作出现问题的要提出考核或处理意见。二是要进一步梳理党建工作责任清单。通过推行责任清单式管理，进一步明确各级党委、党总支、党支部的具体责任。要紧紧围绕党委把方向、管大局、保落实作用发挥，梳理制定党委依照规定讨论和决定企业重大事项的责任清单，优化完善各级党委会议事规则。要贯彻《中国共产党支部工作条例（试行）》，完善落实党支部基本任务责任清单，并结合国企党支部特点，完善落实基层党支部重点任务清单。三是要提高落实党建责任的能力和水平。各级党委及领导班子成员要深入学习中国共产党党内重要法规和首钢党建工作有关制度文件，真学、真懂、真落实，加快成为抓党建的内行人。要按照四同步、四对接要求，选好配强基层党组织负责人及党务工作人员，采取多种形式加强党务干部人才培养，全面提升落实党建责任的能力和水平。

第二，要抓规范。党的十八大以来，党中央把制度建设贯穿于党的建设全过程，以党章为根本遵循，不断建立完

善党内法规体系，推动党的建设质量不断提升。加强和改进首钢党建工作，要坚持抓规范、促提升。一是要系统梳理首钢现行党建专业制度，提升制度的有效性、科学性、合规性。特别是要坚决贯彻落实中央、市委的要求，对相应制度要及时跟进完善，确保首钢各项制度规定始终与中央、市委步调一致、标准一致。在符合上级党委要求前提下，要紧密结合首钢实际，大胆开展制度创新，特别是首钢领导人员选拔任用工作制度、综合考核评价办法、职业经理人选聘管理办法以及人才专业制度，要符合首钢管理实际、服务首钢未来发展，要与行业、市场对标对表，改革步子要适当迈大一些，要对首钢转型发展起到更大的支撑作用。二是要抓好制度的执行。制度千条万条，不落实就是白条。各单位党委要及时抓好党内法规和首钢党建制度的学习、宣传，不折不扣地贯彻执行。在制度面前，不能有特殊的单位和特殊的人。党员领导干部要带头加强学习，带头遵守党章党规。绝不能以业务工作忙为理由不参加党委中心组学习、不参加党支部活动。

第三，要抓融合。习近平总书记在全国国有企业党的建设工作会议上指出，国有企业坚持党的领导、加强党的建设，要坚持服务生产经营不偏离，把提高企业效益、增强企业竞争实力、实现国有资产保值增值作为国有企业党组织工作的出发点和落脚点，以企业改革发展成果检验党组织的工作和战斗力。党章明确规定：国有企业党的基层组织，围绕企业生产经营开展工作。我们要深刻认识党建工作和经营生产工作的辩证关系，在两者的融合、结合上狠下功夫，着力做到双提升、双促进，把党建工作成效转化为企业发展优势。上午，5 个单位的交流都提到党建工作和经营生产的融合。京唐公司党委书记邱银富介绍了公司党委、作业部党委和党支部围绕中心工作开展党建的做法；矿业公司水厂铁矿汽运作业区党支部书记苗海波交流了自己的深刻体会："党支部工作重在发挥作用，难在与生产经营结合，贵在长期坚持。"党建工作和经营生产的融合要体现在决策、执行、监督等各个方面、各个环节。各级党组织要在确定企业发展战略、制定经营生产计划和深化体制机制改革上，发挥把关定向作用；要在落实改革发展目标任务中，发挥统一思想、凝聚力量作用；要把经营生产建设的难点作为党建工作的重点，动员组织党员职工攻坚克难，发挥党员模范带头作用。首钢历史上有一个白云石车间，是 1958 年建立的炼钢厂辅助车间，生产条件差，劳动强度大，工人大部分来自农村。"三年困难时期"，部分工人的思想出现波动，认为"在城里干一个月才挣 40 多元，不如回农村种点儿葱"。1961 年春节前后，有一小部分人不请假就"不辞而别"回农村老家了。后来，炼钢厂党委调整了白云石车间党支部班子，新支部班子从思想教育入手，逐个谈心家访，关心职工生活，改变生产环境，带领大家进行技术革新，白云石车间连年超额完成生产任务。1964 年 8 月，北京市委做出学习白云石车间党支部的决定，使白云石车间党支部成为首都党建工作的一面旗帜。尽管时代变了，但国有企业的"根"和"魂"没有变，对国有企业基层党支部发挥战斗堡垒作用的要求没有变。我们首钢有 1400 多个党支部，如果每个支部都能建设得像当年白云石车间支部那样坚强有力，那首钢的党建工作和生产经营建设水平必将达到一个全新的高度。

四　高标准推动主题教育见实效

当前，首钢正在深入开展"不忘初心、牢记使命"主题教育。要全面贯彻落实习近平总书记对主题教育作出的"四个到位"重要指示，按照党中央、北京市委统一部署，继续扎实开展好主题教育。有关工作首钢集团主题教育领导小组多次专门研究并作出布置，借此机会再强调以下四个方面要求：

一是要继续加强学习研讨。各级领导班子成员要制定自学计划，坚持自主学习，持续学、跟进学、深入学，通过学习，强化政治理论武装，提升政策理论水平。各单位理论学习中心组要把学习习近平总书记在中央政治局第十五次集体学习时的重要讲话、在中央和国家机关党的建设工作会议上的重要讲话、在内蒙古考察并指导主题教育时的重要讲话指示精神与学习中央指定书目，与学习党史、新中国史结合起来，切实将学习教育贯穿主题教育全过程。

二是要推动专项整治工作见实效。专项整治是主题教育中一项重要工作，党中央和北京市委都制定了专项整治工作方案。首钢集团党委高度重视这项工作，先后召开党委书记办公会、专题会、主题教育领导小组会研究确定了首钢的专项整治整改方案。这次主题教育的总要求是守初心、担使命，找差距、抓落实。专项整治工作就是找差距、抓落实的具体体现，也是抓落实的重要抓手。各单位党委要高度重视专项整治工作，进一步找准、找实本单位需要整治的问题，同时要密切配合首钢集团牵头领导、牵头单位共同完成好集团专项整治整改方案的落实工作。对专项整治问题的整改，要按照项目化推进的要求，既要力戒形式主义，又要力求早见效、真见效。要求 8 月底前完成整改的问题，每周汇报一次整改进展情况；要求 11 月底前完成整改及持续整改的，每两周汇报一次整改进展情况，要扭住不放，直至完成整改。

三是要做好检视问题清单梳理和整改工作。各级党委要发扬刀刃向内的自我革命精神，针对政治建设、思想建设、组织建设、作风建设和纪律建设等方面梳理存在的突出问题，以钉钉子精神抓好整改落实。各单位领导班子成员要结合调研中听到的意见建议、书面征求到的意见建议、谈心谈话中互相提出的意见建议、对照党章党规查找的差距、专项整治列出的问题清单等情况，按照首钢集团主题教育领导小组的要求，梳理确定个人检视问题清单。对检视出来的问题，要逐项整改落实。属于政策制定方面的问题要明确责任单位抓紧完善制度，属于执行层面"中梗阻"的问题要明确牵头领导、牵头单位和责任单位，集中力量打通关节，属于基层具体落实上的问题要加强督办，强化责任抓落实。对能够当下改的，明确时限和要求，按期整改到位；一时解决不了的，要制定阶段目标，盯住不放，持续整改。

四是全力做好新中国成立 70 周年庆祝活动中首钢所承担的任务。首钢在这次新中国成立 70 周年庆祝活动中承担了 10 项重点任务，这是中央和市委交给我们的重大政治任务，是当前首钢工作的头等大事，也是对我们这次主题教育成效的一次全面检验。要牢牢把握中央、北京市委关于庆祝活动的总体要求和具体安排，切实做到"精精益求精、万万无一失"。现在各项工作正在紧张有序推进，时间非常紧迫，任务非常繁重，标准也非常高，各责任单位要精心组织、周密安排，盯住每一个环节、每一个节点，超前做好工作；凡是涉及这项任务的单位和部门，都要不讲条件，密切配合、通力协作，确保任务圆满完成，以实际行动展现首钢形象、展现主题教育成效，向新中国成立 70 周年献礼。

新时代要有新作为，新使命开启新征程。我们一定要旗帜鲜明坚持党的领导、加强党的建设，坚持继承与创新相结合，坚持常抓不懈、久久为功，奋力开创首钢党建工作新局面，以高质量党的建设推动首钢高质量发展。

科技创新

保持定力　协同创新
为百年首钢高质量发展提供动力

——在首钢集团科技大会上的报告

首钢副总经理　赵民革

（2019 年 2 月 25 日）

本次大会主要任务是：全面落实首钢“两会”精神，保持战略定力，深化改革创新，弘扬百年首钢科技创新精神，坚持创新驱动，强化高效协同，为百年首钢高质量发展提供动力，全面完成 2019 年科技创新工作任务。下面我向大会报告工作。

一　2018 年科技创新工作回顾

2018 年是首钢在新的历史起点上凝心聚力、开拓进取的一年。首钢人保持战略定力，坚持改革创新，聚焦“三大变革”，全面完成了 2018 年科技创新工作任务。钢铁业经营持续向好，园区开发初见成效，新产业加速拓展。创新活力不断释放，创新要素加速聚集，质量效益全面提升。

（一）创新体系更加完善

创新制度体系建设取得新进展。对科技项目、科技奖励、专利、产品标准化等主要创新制度进行修订完善，拓展了制度的管控范围，实现首钢集团业务全覆盖；提升了管控效率，建立了从科技项目立项到科技成果的全链条管控体系，优化了管理程序，推动了成果的转化和知识产权的布局，促进了产品标准化体系的完善。实现了与国家、北京市科技创新政策的有效衔接，满足了首钢集团深化管控体系改革的要求。

创新组织体系改革开创新局面。明确了构建以研究开发、持续改进、成果转化、高端产业孵化体系为主要内容的技术创新组织体系。形成了“一院多中心”研发体系改革试点方案，按照“研究院管建、基地管战”的原则，建设高效协同的研究开发和持续改进体系。通过搭建人才成长平台，实现人才的柔性流动，促进科技人才的培养。

创新激励机制变革迈上新台阶。拓展首钢科学技术奖励范围，提高高等级奖项的奖励水平，突出对主要贡献人员的奖励力度；完善对国家科学技术奖、中国专利奖、中国标准创新贡献奖等奖项的配套奖励。对核心创新人才、创新团队的激励更加聚焦定向，更好地激励科技人员甘于寂寞搞创新，研发出引领行业发展、提升首钢竞争力的重大科技成果，把成果写在首钢转型发展的大地上。

研发投入预算管理取得新拓展。钢铁业研发投入预算体系运行的基础更加牢固，全年钢铁业研发投入 29.8 亿元，占主营业务收入比例达到 2.6%。新产业科技活动实现个性化设计、研发投入口径逐渐清晰，15 家企业纳入首钢集团研发投入预算体系。加大对国家科技创新政策的宣贯和培训，股份公司、冷轧公司等 6 家企业通过国家级高新技术企业认定，股份公司、首华科技公司等 3 家企业首次享受研发费用税前加计扣除政策。

（二）钢铁经营持续向好

顺应国家供给侧结构性改革要求，积极应对市场变化和环保限产压力，不断增强市场主体意识、质量意识，持续优化产品结构，制造能力、经营管控和客户服务水平不断提升，多项指标创历史最好水平。

1. 产品结构在持续优化中实现新进步

四大刚性指标全面完成。高端领先产品完成601万吨，三大战略产品523万吨。汽车板316万吨，电工钢160万吨，镀锡板47万吨，均创历史最好水平。新产品产量49万吨，同比增长40%；EVI产品供货量151万吨，同比增长30%。2项取向硅钢产品实现全球首发，双相车轮钢DP690等6项新产品实现国内首发。780兆帕级及以上高强汽车板增量61%，取向硅钢薄规格产品增量26%，酸洗汽车板增量26%，红牛铁等五大镀锡板产品增量25%，热轧耐候钢增量35%。首钢获长城汽车供应商“技术合作奖”、吉利汽车优秀供应商“最佳合作奖”、海尔优秀模块商最高奖“金魔方奖”。长钢公司热轧H型钢等15项产品被授予“金杯优质产品”，股份公司冷轧无取向电工钢带（片）被授予“特优质量产品”。

高端用户认证成效显著。汽车板新增零件认证1850个；上汽大众汽车板推进实现“零”的突破，供货1.4万吨；通过一汽大众外板认证并实现小批量供货；日系汽车板供货量同比增加80%，4个GA高强钢、2个连退超高强钢和4个酸洗板产品通过日产材料认证；镀锌DP980等22个钢种（含5个外板钢种）完成沃尔沃认证，首钢成为国内外认证钢厂中一次通过钢种最多、用时最短，且内外板同时通过认证的钢企；成为国内唯一通过神龙汽车连退DP1180材料认证的钢企。双相钢DP690通过贞元车轮认证，制造了全球最轻的商用车钢制车轮。酸洗汽车板产品批量进入奔驰等13家主机厂和本特勒等23家一级配套厂。车轴钢EA4T制作的车轴通过国内首个国产化动车轴CRCC认证。

质量瓶颈问题不断攻克。建立产品质量问题“挂牌督办”清单管理机制，督办53个项目，交账率94%。近三分之二的项目实现提前交账，实现冷轧高强集装箱钢成材率指标提升12个百分点、车轮轮辋钢裂纹率降低至0.71%以下，攻克福特汽车外板表面脱锌、双层焊管钢表面粘铜等问题。供神龙1180兆帕高强钢粗糙度控制、上汽大众零件认证三坐标不合等技术难题取得突破。反映产品质量的指标取得明显进步，冷轧基料卷渣翘皮带出品率降低至0.52%；DP780高强钢铸坯侧裂发生率下降10.5个百分点、轧硬卷板形合格率提升21.3个百分点。

重大工程烙上首钢印记。耐候塔架用钢继国家电网试验段项目后，批量应用于工信部环保型耐候输电塔架项目；耐候桥梁钢应用于八纵八横铁路网重点工程——郑济铁路黄河特大桥和延崇铁路桥；取向硅钢制造的变压器用于全球在建规模最大的白鹤滩水电站；管线钢中标中俄东线工程，供货4万吨；复合板系列产品已应用到桥梁、地下管廊、石油化工、海水淡化等多个领域；采用首钢大功率机车车轴钢的高原型电力机车驰骋在世界屋脊青藏高原上。

2. 工艺技术在攻坚克难中取得新突破

重大工艺攻关进步显著。股份公司成功开发高炉炉顶料罐煤气及粉尘全回收、零排放技术，填补我国冶金行业空白；京唐公司烧结料层厚度平均提高到910毫米，烧结返矿率降低2.7个百分点；伊钢公司成为国内第一家完全使用球团进行高炉炼铁的生产企业；京唐公司持续推进转炉低温出钢技术，出钢温度稳定控制在1650℃以下，达到国际先进水平；股份公司、京唐公司RH高效化工艺技术降低真空处理时间7分钟，减少过程温降11℃以上；股份公司热轧薄规格高效化生产技术取得突破，2毫米以下取向硅钢产量增加8倍；冷轧汽车板780兆帕级及以上超高强钢定制化技术取得显著进步，牌号数减少28%，产量提升68%；免中涂外板电泳漆膜Ra<0.3微米；硅钢常化生产焊缝故障率由0.35%降至0.05%，大幅提高了硅钢生产效率和成材率。

用户服务能力稳步提升。合同兑现能力保持较高水平，整体合同兑现率97%、重点客户整单兑现率94.1%、到货准时率88.5%，分别比去年提高1.8、2.3和0.2个百分点。持续推进42项EVI项目，完成8款新车型先期介入，实现从选材优化、工艺设计、结构优化到安全性能评估等整车EVI相关12种技术的集成创新和应用。发布33个牌号产品成形仿真数据卡，为宝马等32家车企提供材料性能数据，成为东风日产启辰品牌532新车型技术降本方案唯一被采纳的钢企，获得单车170千克供货份额。在国内已设立13家钢材加工配送中心，具备177万吨高端冷轧板材加工配送能力和激光拼焊等生产加工能力。举办了电工钢用户技术研讨会及首届首钢汽车用钢技术论坛，在日本东京日产汽车技术中心开展第二届“首钢日”活动，增强了客户粘性。

智能制造技术应用拓展。实施业务流程再造，钢铁产销一体化经营管理系统主体功能进入集成测试阶段。配套在建物流3PL系统，实现供应链纵向一体，加速传统营销向“互联网+营销”转变。推进断料预警、在线提货等功能在长城汽车应用，实现上海区域用户自助订货、自助提货、自助发票开具、自助质量异议等业务，以及合同流、资金流、货物流、票据流跟踪服务。股份公司智能工厂项目竣工，应用7项智能制造新技术；智能仓储实现钢卷下线、投料、倒垛、装车等业务的智能化及天车无人化作业。京唐公司的球团智能控制项目通过验收并稳定运行，实现质量和效率双提升；炼钢自主研发铸机浇铸平台自动化控制系统，实现无人值守；首台拆捆带机器人在冷轧2230连退产线投用，5号库智能仓储系统投入运行；首次开发基于图像识别的“翘曲在线检测设备”，投入镀锡产线进行调试，实现带钢翘曲的实时在线连续检测功能。

绿色制造技术成效凸显。积极推进节能项目实施，完成股份公司1号高炉热风炉煤气预热器改造、京唐公司集中空压机群智能管控系统提升、水钢公司水泥烧成系统节能改造、长钢公司富余煤气发电、通钢公司一钢轧转炉饱和蒸汽余热利用等14项重点节能项目，年节能约5.7万吨标准煤。滚动实施绿色行动计划，完成股份公司烧结、球团烟气脱硫脱硝，京唐公司烧结烟气脱硫脱硝，长钢公司焦化烟气脱硫脱硝等有组织排放治理项目及股份公司渣跨封闭，长钢公司焦化卸煤、放焦区域封闭，通钢公司矿业铁精粉料场抑尘等无组织排放项目共计107项。股份公司快速响应唐山地区超低排放新要求，完成环保项目50项，率先实现超低排放。冷轧公司成为北京市首批绿色制造工厂，京唐公司被工信部确定为第三批绿色工厂。

（三）园区开发初见成效

以打造新时代首都城市复兴新地标为引领，贯彻新要求，落实新任务，迎接新挑战，规划建设进度加快，生态环境明显改善，园区开发取得积极进展。

首钢北京园区与清华大学、京东等多家单位共同打造自动驾驶服务示范区，与联通签署战略合作协议，打造国内首个5G智慧园区，“中关村（首钢）共建人工智能创新应用产业园”正式启动，城市科技服务为老工业区转型升级注入活力。冬奥组委办公区高标准按期交用，获得冬奥组委、北京市领导的高度认可。“四块冰”冬训中心正式启用，“铸忆”城市复兴成就展在意大利威尼斯广受赞誉。集团正式成为北京冬奥会和冬残奥会官方城市更新服务合作伙伴，跻身北京冬奥组委最高级别赞助商。

首钢曹妃甸园区积极打造中国绿谷特色小镇，首创高性能保温隔热非透明外围护结构设计理念和外墙保温板锚钉断桥施工方法，研发被动房门窗外挂式安装等技术，建成国内最大超低能耗被动式住宅，通过北京人大城建环保委、住建委等部门组织的验收，“首堂·创业家”获北京市超低能耗建筑示范项目奖励；建成全国首座零能耗被动式幼儿园，积极打造装配式科技示范小镇。

首钢首秦园区以国际汽车运动为引擎，聚焦高性能汽车的创新研发，建立高端汽车后市场产业体系，确定打造秦皇岛首钢赛车谷的发展目标，建成世界上第一条穿梭于冶金工业厂区的街道赛道——钢铁赛道，也是国内第一条充分保护和利用工业遗产的街道赛道，获国际汽联认证。

（四）新产业加速拓展

新产业各单位进一步明确定位、聚焦主业、整合资源，破瓶颈、补短板，抢抓发展机遇，培育竞争优势，产业发展取得新的成效。

环境公司生物质垃圾焚烧115万吨，发电4.2亿度，发电效率同比增长9.6%；长治生活垃圾焚烧炉渣处理项目被确定为省、市两级政府示范工程；提前完成餐厨垃圾收运处一体化项目建设；完成首钢焦化厂绿轴项目修复实施方案；建筑垃圾移动式处置引领了行业标准，应用于北京城市副中心。城运公司实现平面移动类公交车库梳齿式纵向停车搬运器和垂直升降类立体车库的开发，二通公交立体停车楼项目设备安装完成，智能停车库运行于北京首个老旧小区改造示范试点项目。机电公司形成立体车库设备自主研发制造能力。首长国际稳步推进新机场停车楼建设。首建公司稳步发展钢结构装配式住宅产业，成为首批国家装配式建筑产业基地，并成功入围建设雄安新区20家企业之一；铸造村钢结构住宅项目被北京市住建委列为“北京市住宅产业化试点工程”。首自信公司智能家居系统亮相“第十七届中国国际住宅产业暨建筑工业化产品与设备博览会”。北冶推进“两机”重大专项材料研发，助力大国重器制造取得突破。吉泰安公司成功研发出环保型无铅圆珠笔头用超易切削新一代不锈钢材料。京西重工“支持新能源汽车制动能量回收的ESC控制模块”获2018汽车“金电子”创新产品奖。首钢医院持续完善搭建流行病学与医学统计学服务平台。国际工程公司总承包的首钢秘铁2万吨/日海水淡化项目实现系统全流程贯通。实业公司《妙趣数学》和《妙趣英语》正式出版。医疗投逐步调整老年福产业结构布局，形成“机构+社区+居家养老”三位一体的综合型产业布局，探索采用“互联网+养老”的创新服务模式。

（五）创新能力不断增强

科技成果水平显著提高。全年完成科技成果验收评价108项，其中21项达到国际先进水平。获上级科学技术奖励14项次，其中“超大型水电站用金属结构关键材料成套技术开发应用”项目获国家科学技术进步二等奖，是2018年度黑色冶金材料唯一获奖项目；“高强韧、厚规格海洋工程用钢高效制备技术及应用”项目获北京市科学技术一等奖。首钢技术中心在全国1331家国家级企业技术中心评价中排名22位，冶金行业第2位。

纵向项目管控成效显著。牵头与一汽等11家企业联合中标工信部“新能源汽车新材料生产应用示范平台”。“镀锌高强汽车板专用生产线”获国家技改专项中央预算内投资补助。“面向冬奥全天候多车型自动驾驶技术开发及首钢园区功能示范”项目获北京市科技计划支持。“5万吨/日水电联产与热膜耦合海水淡化研发及示范”等3个国家科技计划项目顺利完成结题验收。国家重点研发计划项目“基于钢铁流程余热利用的海水淡化技术研发及示范”顺利通过中期审查。“钢铁流程绿色化关键技术”“绿色装配式高层钢结构住宅产业化设计与建造”等项目按期推进。

知识产权量质同步提升。全年完成专利申请954件，其中发明专利503件、国际专利41件，获专利授权544件，其中发明专利205件、国际专利24件。首钢集团公司获“北京市知识产权运营试点单位”称号，“一种镁质含钛球团矿的制备方法”获中国专利优秀奖，“一种连铸坯生产水电站用特厚钢板的制造方法”获北京市发明专利奖。主持和参与制修订各类标准43项，其中主持国家、行业标准13项，完成“ISO630.3结构钢第三部分细晶粒结构钢”等2项国际标准的立项，是首钢首次主持修订的产品类国际标准。

基层群众创新充满活力。股份公司以TPM管理、单元承包责任制、“设备医院”、专家工作站、创新工作室等多种形式实施课题286项，挖掘职工智慧。京唐公司建立QTI全员改善机制，推进标准化操作、可视化管理，实施课题325项，营造全员创新氛围。矿业公司推行分级管理持续推进创新工作室建设。长钢公司建立“三清晰三到位”岗位责任体系。首建公司坚持出成果出人才提升创新工作室质量。创业公社全国入驻企业6000余家，150家北京四板挂牌企业，培育出8家新三板挂牌企业，5家企业被上市公司投资并购，12家企业入围“中国黑科技百强”榜单，超过百家孵化企业估值过亿元。

科技领军人才不断涌现。积极为人才成长搭建平台，打通科研人员职业发展“绿色通道”。各领域先进典型不断出现，卫建平被评为“全国技术能手”，成功申请国家级技能大师工作室，并与郭玉明、于连友获“北京市技能特殊津贴”；张百歧被评为“国家技能人才培育突出贡献个人”；王海龙荣获“全国青年岗位能手”称号；顾晋、刘京山获“国之名医·卓越建树”称号；文新理入选北京市青年人才托举工程，成为材料领域唯一入选者；陈香、张维中荣获“首都市民学习之星”称号；赵满祥、张浩、王涛分别夺取“第九届全国钢铁行业职业技能竞赛”高炉炼铁工、天车工、电焊工冠军。

2018年科技创新工作取得了一定成绩，这是首钢集团各级领导、广大职工和科技工作者付出艰辛劳动的结果，是大家智慧的结晶，我代表首钢集团公司向大家表示衷心的感谢！

在总结成绩的同时，必须清醒看到，研发效率、协同效率、创新能力、管理水平和加快首钢高质量转型发展的要求还存在较大差距，我们的工作还存在着许多不足。一是产品结构调整的深度与竞争力要求存在差距，盈利能力强的镀锌外板、酸洗汽车板、日系汽车板的比例仍然较低，部分产品的成本较高，影响结构调整优化的关键质量问题还没有攻克，表面、板形和性能稳定性控制仍需要爬坡过坎，在日益严酷的“红海”竞争中缺乏一锤定音的核心竞争力；二是工艺技术研究及两化融合的深度与制造能力要求存在差距，工艺技术研究没有与产线设备及控制模型深入结合、控制参数没有固化，一些反映制造能力的指标没有明显进步，利用智能化提升制造能力的研发工作尚未启动；三是园区开发及新产业技术创新与首钢转型要求存在差距，一些产业技术创新体系建设才刚刚起步，人才、项目、投入、机制等都需要逐一破题；四是技术创新要素活力与首钢经营绩效要求存在差距，高效协同及创新激励机制有待进一步完善，技术创新效能对生产经营活动的支撑作用有待进一步提升。

二 2019年技术创新工作思路和目标

（一）总体思路

以习近平新时代中国特色社会主义思想为指导，全面落实首钢“两会”精神和工作部署，深入推进首钢集团“十三五”技术创新规划，弘扬百年首钢科技创新精神，保持战略定力，坚持稳中求进工作总基调，进一步做实科技创新体系，坚持创新驱动，强化高效协同，为百年首钢高质量发展提供动力。

（二）技术进步主要目标任务

1. 研发投入预算目标

钢铁业研发投入预算为31.0亿元，占主营业务收入比例2.7%，其中首钢集团研发投入2.9亿元，占主营业务收入比例0.9%；股份公司（包括迁钢公司、冷轧公司、京唐公司）研发投入21.1亿元，占主营业务收入比例3.2%；外埠钢铁业研发投入7.1亿元，占主营业务收入比例1.7%。

新产业研发投入预算为12.4亿元，占主营业务收入比例2.2%，其中股权投资管理平台研发投入3.7亿元，占主营业务收入比例1.8%；直管单位研发投入8.6亿元，占主营业务收入比例8.2%。

2. 科技项目计划安排

2019年计划开展科技项目645项，安排资金6.78亿元。

钢铁业科技项目401项，安排资金2.85亿元，比2018年同比增加2311万元。其中首钢集团科技项目192项，安排资金0.83亿元；股份公司科技项目146项，安排资金1.43亿元；外埠钢铁业科技项目63项，安排资金0.59亿元。

新产业重点围绕科技冬奥、环境产业、静态交通、装配式建筑、特种材料等方向计划开展科技项目244项，安排资金3.93亿元。

3. 产品推进计划指标

2019年高端领先产品618万吨；战略产品520万吨，其中汽车板315万吨、电工钢160万吨、镀锡板45万吨；新产品供货量37万吨，其中首发产品4项；EVI产品供货量155万吨，完成8款及以上新车型EVI实践；汽车板认证零件1800个。

4. 园区与新产业目标

首钢园区建设要推动智慧园区、5G示范园区、无人驾驶示范基地、“中国绿谷”特色小镇等项目实施，不断扩大国内外影响力；新产业要聚焦主营业务，加大整合力度，提高公交立体停车、装配式建筑、军民融合装备制造等核心技术及竞争力，推动示范项目复制推广，实现新产业良性发展。

三 2019年首钢技术创新重点工作

（一）保持定力，积极应对当前形势

2019年迎来了首钢建厂100周年华诞，我们要深入落实首钢“两会”精神，不忘初心，牢记使命，保持战略定力，以科技促进发展，以创新谋划未来，让创新成为推动首钢高质量发展的第一动力。

从宏观形势看，我国经济长期向好态势没有改变，但也稳中有变、变中有忧，经济面临下行压力。市场预期与经济运行发生背离，信心不足与经济走势产生共振，投资增长缓慢，消费意愿下降，出口顺差收窄，加大了经济走弱的风险。面临这些风险，中央经济工作会强调坚持稳中求进总基调。转变发展方式、优化经济结构、转换增长动力、促进高质量发展，必须更好发挥创新引领作用。近年来，国家层面不断优化科技发展战略布局，深化科技体制改革，强化企业创新主体地位，优化创新生态，加强创新能力开放合作，科技创新面临着千载难逢的历史机遇。面临新形势，我们一定要强化危机意识、忧患意识和进取意识，不断提升关键核心技术的自主创新能力。

从钢铁行业看，2018年钢铁行业销售利润率7.45%，达到工业企业平均水平，但是粗钢产量创历史新高，达到9.28亿吨，2019年产能释放过快的压力依然存在。下游行业增速放缓，对钢材需求强度明显减弱，以汽车行业为例，2018年汽车产销量出现了28年来首次下降，同比分别下降4.16%和2.76%，2019年市场前景存在较大的不确定性。传统用钢行业对钢铁产品需求由品种、数量的增长转向质量和品质的提升。原燃料涨价、环保运行成本上升进一步挤压了钢企的利润空间。钢铁行业环保限产的“常态化”将对企业的生产顺稳产生持续性负面影响。“追兵渐近、标兵回头”的竞争态势日益严峻，需要我们加快创新步伐，持续提高产品质量、提升竞争实力。

从首钢自身看，2019年我们迎来首钢建厂100周年，首钢集团党委发出了“迎接百年华诞，我们思考的是如何再创辉煌；传承首钢精神，我们要做的是如何行稳致远”的新时代之问，确定了“加强党的建设，保持战略定力，坚持保生存求发展总基调，坚持改革创新工作主线，推进企业高质量发展”的工作思路，吹响了“用敢于苦干硬干的作风确保各项预算任务的全面完成，用敢闯敢坚持的勇气破解深化改革中的各项难题，用敢担当敢创新的精神推动首钢高质量发展”的冲锋号。在百年首钢新的历史起点上，我们要传承百年积淀，坚持高质量、树立高标准、立足高起点，增强紧迫感和责任感，进一步解放思想、提高效率，确保完成首钢集团安排的各项目标任务。

（二）做优做强，提高钢铁运行质量

钢铁业是首钢发展的基础和主业，要深入打造“质量、产品、成本、服务、技术”五大优势，在产品质量、细分市场、削减成本、提升制造、改进服务上下狠功夫，实现高质量发展。

在产品质量上下狠功夫。产品质量是结构调整最根本最基础的因素，只有解决好质量问题，才能解决好结构和产量的问题。要聚焦影响产品质量的瓶颈缺陷，开展技术攻关、用好管理工具、强化流程管控。重点推进分级“挂牌督办”工作，限时解决用户反映的各种问题，以用户满意为标准交账。对标标杆企业，迈过表面、板形和性能稳定性控制三道坎。攻克夹杂、锌渣、“毛毛虫”等质量缺陷，汽车外板实现增量13%；合金化镀锌外板镀层相结构和表面质量持续改进，日系汽车板实现增量75%；免中涂GI外板工艺固化和质量稳步提升，实现一家车企外板批量供货；解决热成形钢Al-Si镀层表面缺陷，实现Al-Si镀层产品稳定商业供货；700兆帕级汽车大梁钢在区域市场的占有率增加一倍；2毫米以下宽薄规格酸洗板一次性连续生产数量增加一倍；高强钢板形质量异议定损率股份公司降至0.035%，京唐公司降至0.12%；易切削钢盘条表面缺陷率降低到1%以内，合金焊线、紧固件用钢等线材产品实现批量稳定生产。

在细分市场上下狠功夫。对产品应用的全产业链进行分析，深入挖掘各个环节的个性化需求，开展定制化的质量设计和高效生产，实现首钢产品在细分市场的领先地位。常规产品重点是拓展客户和应用领域。重点推广双相车轮、冷成型桥壳等产品在商用车领域的应用；推广扭力梁、双层焊管等产品在乘用车领域的应用；推广自润滑、搪瓷钢等产品在家电领域的应用；推广连续油管、轻量化集装箱等产品在相应领域的应用。新产品重点是开展研发储备、工业试制和市场推广。潜心研究耐海水腐蚀钢、高铁车轴钢等 61 项研发储备新产品；抓紧推进汽车板 DH980、缆索用钢等 123 项新产品工业试制，摸索工艺和解决相关技术问题；重点拓展电池壳钢、刀片钢等 134 项已完成工业试制新产品的市场推广，提升供货数量。

在削减成本上下狠功夫。树立“一切成本皆可削减”的理念，推进全成本削减工作。在确保高炉稳定顺行的基础上，通过提高煤气利用率等技术攻关，将原燃料跑赢体现到铁成本的削减上。对炼钢、轧钢、后处理等工序的成本进行全面分析，在增加产品总量的基础上，通过开展降低出钢温度、提高连铸拉速、提高轧制速度、降低退火温度、减量化生产等技术攻关，将销售跑赢体现到产品单利的提升上。通过工序余热余能回收、提高热装热送温度和比例、主线工艺节能降耗等重点能源项目的实施，大幅度降低能源成本。要下大气力通过科技进步推动能源成本、环保成本、物流成本和质量成本等四个专项成本的降低。

在提升制造上下狠功夫。以产品质量一致性和交货期提升为中心，深入推进工艺技术与两化融合，持续提升制造能力。把 4300 毫米、MCCR 等新产线打造成精品工程，确保快速达产达效。充分利用产销一体化平台，精细匹配各产线产品、规格和数量，支撑大批量产品高效化生产、高端化产品优质化生产和小批量产品定制化生产，提高交货期水平。推进智能制造，开展 CPS 系统智能化数据处理平台、监控系统及检测设备的开发。推动智能工厂、智能仓储、工业机器人与钢铁制造深度融合，推广智能制造协同创新机制，推进大数据实践，深度挖掘数据价值，实现“数据变现”。推进绿色制造，滚动实施绿色行动计划。抓好京唐公司料场封闭和球团烟气脱硫脱硝深度改造、通钢公司 4 号焦炉烟气脱硫脱硝、长钢公司焦化煤场全封闭、水钢公司综合料场大棚封闭等重点项目。鲁家山矿要做好采矿区山体修整维护及 2019 年底停产等工作。

在改进服务上下狠功夫。树立“给用户提供质量稳定的产品是最优服务”的理念，将产品质量的精细化管理延伸到运输、剪切、配送等全过程，通过做实 IATF16949 质量体系，确保产品的交付质量。持续开展汽车底盘零部件轻量化及疲劳控制、新镀层材料焊接、汽车板胶接及磷化性能控制、钢铝连接等 EVI 技术攻关，增强用户粘性。建立以客户需求为驱动的“产销研”团队，做实营销中心客户服务体系。推进客户服务业务的分类、分区、分级管理，提高服务效率。通过产销一体化客户服务管理系统和智慧营销等信息化平台，实现全流程、一站式服务。

（三）经济高效，提升园区开发质量

坚持政策导入、资源聚集，抓住北京冬奥重大机遇，以高度的政治责任感和使命感，提升首钢各园区开发质量，使首钢园区成为首钢集团产业转型升级的坚实载体。

北京园区要以打造传统工业绿色转型升级示范区、京西高端产业创新高地、后工业文化体育创意基地为目标，按照北京市“四个中心”战略定位，紧抓冬奥组委入驻、国家队驻训、“中芬冬季运动年”开幕式等历史机遇，推进大跳台、三高炉改造、金安桥交通一体化、焦化厂绿轴等项目合规建设。聚焦“体育+”、数字智能、科技创新服务等产业，启动智慧园区建设，实施自动驾驶、5G 示范应用等智慧应用场景，加速培育首钢高端物业服务能力。

曹妃甸园区要按照先进制造业转移基地的定位，为转移落户企业提供优质配套公共服务。持续推进“中国绿谷”特色小镇建设，深度融合到北京市绿色建材供应链体系中。以“超低能耗被动式建筑”技术为依托，开展被动式、装配式等绿色建筑及绿色建材技术的研究、应用及推广，重点研究室内洗澡水的热量回收、厨房补风形式等，打造“绿色智能体系”，形成绿色生态产业带。

首秦园区要按照成为中国汽车运动文化示范基地的定位，坚持工业遗存存量利用优先，让工业遗迹与现代化产业相互融合，充分展现首秦园区特有的文化韵味，要坚持“高端、特色、集成”，以汽车运动为引擎，聚焦汽车后市场

产业，打造具有国际标准的首钢赛车谷。

（四）主动作为，提升新产业转型质量

紧盯市场、苦练内功、积蓄动能，掌握核心技术，提升服务质量，增强协同力度，打造综合竞争优势，围绕“高精尖”产业布局，实现新产业良性发展。

环境产业：要瞄准行业热点与现有技术瓶颈，结合首钢环境产业布局，在生活垃圾焚烧发电产业、建筑垃圾产业等重点领域推进技术创新；高标准推进北京园区污染土修复项目，协同推进鲁家山创新研发基地建设；依托自有技术成果，积极拓展外部技术服务市场，提升首钢环境品牌影响力。静态交通：要着力公交立体车库技术升级，聚焦北京公交场站建设和市场开发，狠抓建设质量，提升运营水平，弥补制造短板，积极拓展市场。房地产业：要继续优化钢结构建筑高效装配化连接技术与示范，提高装配式建筑及部件的施工效率，增强竞争优势。高端功能材料制造：要以突破重大装备关键部件的基础材料国产化批量生产瓶颈为目标，为国家“两机专项”重大项目提供支撑；要继续推动圆珠笔头球座体用环保型易切钢的产业化。医疗健康产业：要结合临床中心实验室、分子诊断、生物组织样本库、科技创新大数据等四大平台建设，不断开发新的诊疗技术，以科研促医疗；要以共建共享落地医养结合新模式为抓手，着力提升老年福科学管理水平和市场竞争能力，逐步把老年福打造成为石景山区、门头沟区示范型养老机构。

（五）做实体系，持续激发创新活力

面对新形势新任务，我们必须破除思想观念束缚和体制机制障碍，通过科技创新体系的变革解决好发展中的矛盾和问题，提高效率，提升质量，激发活力。

以科技管理制度实施为抓手，加快科技创新管理信息系统建设，强化对科技项目、科技奖励、创新平台以及科研条件等科技创新资源的管理和使用，强化目标管理和过程管理，提升首钢集团科技管理管控效率、能力以及科技创新对首钢集团生产经营活动的支撑能力，在股份公司（含京唐公司）、技术研究院等单位试点应用。

以研发投入预算做实为抓手，实现科研项目全链条设计、一体化实施，在确保钢铁业研发投入管理体系稳定运行的基础上，进一步引导更多单位开展科技创新活动；充分利用国家鼓励创新的各项政策，加大在高新技术企业申请、研发费用加计扣除、纵向科技项目、创新平台申报等方面的力度。

以首钢集团“一院多中心”改革试点方案落地为抓手，明确科研分工，让更多的科研人员实现理论与实践的紧密结合、更多的技术人员提升科研素养，实现科研课题源于现场、高于现场的创新理念，让更多的领军人才脱颖而出。重点在股份、京唐进行试点，及时解决各种问题，定期总结经验，适时在首钢集团范围内推广。

以开放协作拓展为抓手，依托已建成的联合研发平台，加快推进新产品及特殊用途产品在下游企业的应用；加强省部级以上的科创中心、重点实验室、技术中心等创新平台建设，集聚创新要素，提高研发能力；抓好科技创新人才的培养。

同志们，百年首钢的发展史是一部依靠科技创新不断自强不息、敢为人先的奋斗史。百年犹未老，世纪正青春。我们要落实首钢“两会”精神和工作部署，保持定力、协同创新，以崭新的姿态和优异的成绩，迎接新中国成立70周年和首钢建厂100周年，为建设有世界影响力的综合性大型企业集团而努力奋斗！

2019年度首钢科学技术奖（特殊贡献奖）获奖名单

龚　坚　北京首钢股份有限公司

2019年度首钢获得上级奖励项目明细

序号	项目名称	主要完成人	主要完成单位	获奖等级
1	高效环保变压器用高性能取向硅钢制备技术	龚　坚、马家骥、司良英、黎先浩、王现辉、孙茂林、赵　宇、赵松山、王晓宇、陈凌峰、李　军、汤　浩、张叶成、贺小国、高　倩	北京首钢股份有限公司、钢铁研究总院、首钢智新迁安电磁材料有限公司、中国电力科学研究院有限公司、特变电工沈阳变压器集团有限公司	冶金科学技术奖一等奖
2	大型高炉铜冷却壁长寿技术研究及应用	龚卫民、焦月生、贾国利、焦克新、张海滨、赵满祥、高广金、张　勇、宋少华、张雪松、王振阳、贾　新、程洪全、张殿伟、刘征建	北京首钢股份有限公司、首钢集团有限公司、北京科技大学	冶金科学技术奖二等奖
3	基于铸轧全流程的轧机振动协同控制技术及推广应用	闫晓强、丁　毅、孙志辉、田　俊、吴索团、胡玉畅、李光辉、裴令明、张义方、吴海彤、凌启辉、周　杰、邹新春、郑跃强、宋泽红	北京科技大学、马鞍山钢铁股份有限公司、湖南华菱涟源钢铁有限公司、上海梅山钢铁股份有限公司、通化钢铁集团股份有限公司、酒钢集团宏兴股份有限责任公司	冶金科学技术奖二等奖
4	260t/h超大型干熄焦高效稳定运行技术开发与应用	杨庆彬、张福明、朱长军、杨春政、薛立民、马小京、王贵题、张效鹏、闫焕敏、陶维峰	首钢京唐钢铁联合有限责任公司、唐山首钢京唐西山焦化有限责任公司、首钢集团有限公司	冶金科学技术奖二等奖
5	绿色高性能系列集装箱钢板制造关键技术及应用	刘　锟、鲍成人、李　飞、吴　耐、张　逸、王雪莲、陈凌峰、陈　斌、文　杰、王秋娜	首钢集团有限公司、北京首钢股份有限公司、首钢京唐钢铁联合有限责任公司、中国国际海运集装箱（集团）股份有限公司、青岛太平货柜有限公司	冶金科学技术奖二等奖
6	转炉低碳氧积复吹操作技术开发应用	郭玉明	北京首钢股份有限公司	冶金科学技术奖二等奖
7	钢的脱碳层深度测定法系列标准研制应用及能力验证设计实施	李继康、鞠新华、佟艳春、栾　燕、王春芳、严春莲、颜丞铭、程丽杰、李　钊、王　昌	钢铁研究总院、首钢集团有限公司、北京中实国金国际实验室能力验证研究有限公司、冶金工业信息标准研究院、抚顺特殊钢股份有限公司	冶金科学技术奖二等奖

续表

序号	项目名称	主要完成人	主要完成单位	获奖等级
8	大型地采矿山高强度开采关键技术研究	黄佳强、张金华、付振学、陈国瑞、李新明	首钢集团有限公司矿业公司	冶金科学技术奖 三等奖
9	高炉原燃料全自动取制样及检测系统研发与应用	崔全法、孙茂林、魏建全、费书梅、王贵玉	北京首钢股份有限公司	冶金科学技术奖 三等奖
10	中厚板轧机系统搬迁工程综合施工技术	武阔君、宫进国、张天正、靳广强、王廷玺	北京首钢建设集团有限公司	冶金科学技术奖 三等奖
11	基于固废的高炉系统节能环保不定形耐火材料的研发与应用	张　梅、任立军、王海娟、陈　建、郭　敏	北京科技大学、首钢京唐钢铁联合有限责任公司、北京精冶源新材料股份有限公司、北京市北耐耐火材料厂	冶金科学技术奖 三等奖
12	取向硅钢高温退火环形炉技术集成创新与应用	龚　坚、孙茂林、肖辉明、马家骥、司良英、郝晓鹏、于浩淼、江　波、于海彬、赵鹏飞	首钢智新迁安电磁材料有限公司,北京首钢股份有限公司,北京首钢国际工程技术有限公司	河北省科学技术奖 二等奖
13	超高效变频压缩机用铁心材料的研发及产业化	胡志远、程　林、王付兴、安冬洋、张立峰、齐杰斌、张保磊、刘　磊、刘玉金、姚海东	首钢智新迁安电磁材料有限公司,北京首钢股份有限公司,北京科技大学,北京首钢自动化信息技术有限公司	河北省科学技术奖 二等奖
14	75000Nm3/h 制氧机组节能增效综合应用技术	凌　晨、吴礼云、邱银富、陈恩军、吴　冰、牛子洋、高剑波	首钢京唐钢铁联合有限责任公司	河北省科学技术奖 二等奖
15	高层装配式钢结构住宅内嵌式外墙施工技术	谢木才、阮新伟、雷艳辉、李建辉、张　锐、荆　奎、高增悦、武文学	北京首钢建设集团有限公司	中国施工企业管理协会 工程建设科学技术进步奖 二等奖
16	大型板带轧机系统搬迁工程综合施工技术	宫进国、张天正、靳广强、武文学	北京首钢建设集团有限公司 北京首钢自动化信息技术有限公司	中国施工企业管理协会 工程建设科学技术进步奖 二等奖
17	高层被动式住宅外围护系统施工技术	陈国云、冯天柱、魏鹏	北京首钢建设集团有限公司 北京首钢自动化信息技术有限公司	中国施工企业管理协会 工程建设科学技术进步奖 二等奖
18	高炉五通球优先安装工艺技术	赵彦龙、姜　利、武阔君、李国明、郭金亮、武文学	北京首钢建设集团有限公司	中国安装协会 科学技术进步奖 三等奖
19	巨幅异形 LED 视屏网幕无锚点安装技术	韩大江、洪英龙、张永新、李庭祥、苏宝珍、武文学	北京首钢建设集团有限公司	中国安装协会 科学技术进步奖 三等奖

2019年度首钢科学技术奖（科技项目奖）获奖项目

序号	项目名称	完成单位	获奖等级	主要完成人员名单	编号
1	高铁低硅碱性球团矿的开发及应用技术研究	首钢集团有限公司技术研究院 首钢京唐钢铁联合有限责任公司	一等	刘国友　青格勒　安　钢　张卫东 吴小江　田筠清　王　凯　赵志星 陈　建　张　彦　刘文旺　霍吉祥 赵路遥　董相娟　徐　萌	2019-Ⅰ-01
2	高品质汽车板连铸工艺的研发与创新	首钢集团有限公司技术研究院 首钢京唐钢铁联合有限责任公司 北京首钢股份有限公司	一等	邓小旋　何文远　初仁生　裴兴伟 苑　鹏　季晨曦　黄财德　朱克然 杨春宝　曾　智　刘柏松　赵长亮 刘延强　关顺宽　张宏艳	2019-Ⅰ-02
3	新能源汽车驱动电机用无取向产品研发及应用	首钢智新迁安电磁材料有限公司 北京首钢股份有限公司	一等	安冬洋　胡志远　李泽琳　孙茂林 朱玉秀　刘恭涛　王付兴　徐厚军 李　石　齐杰斌　李广林　程　林 王　建　赵艳宇　马　琳	2019-Ⅰ-03
4	层状金属复合材料关键技术及产业化研究	北京北冶功能材料有限公司	一等	张　荣　张　静　蔡凯洪　降向冬 薛铁青　信　飞　李占青　丁绍松 张　乐　黄　建　路　桥　曹长海 于　敏　彭伟锋　谢东辉	2019-Ⅰ-04
5	硅钢一冷轧智能工厂构建与应用	北京首钢股份有限公司 首钢智新迁安电磁材料有限公司 北京首钢自动化信息技术有限公司	一等	辛鹏飞　孙茂林　李景超　齐杰斌 李亮举　郭子健　董文亮　张　磊 王北苏　杜信宝　张保磊　杨立军 李　立　樊登旺　翁晓羽	2019-Ⅰ-05
6	迁钢钢铁生产全流程超低排放关键技术研究与创新	北京首钢股份有限公司 首钢集团有限公司技术研究院 北京首钢国际工程技术有限公司	一等	杨荣力　许国峰　郝洪滨　龚士顺 张子龙　范正赟　甄　令　刘　磊 刘金英　张志强　董　盼　李桂林 尹浩彬　邸顺金　安春武	2019-Ⅰ-06
7	绿色装配式框架抗侧力高层钢结构住宅产业化设计与建造综合技术	北京首钢建设集团有限公司 北京首钢国际工程技术有限公司 首钢集团有限公司技术研究院 北京首钢房地产开发有限公司 北京首钢自动化信息技术有限公司	一等	谢木才　李洪光　刘顺全　袁霓绯 齐卫忠　邸全康　张雅丽　阮新伟 张　锐　刘　锟　吴会信　高爱辉 郭中华　李建辉　刘玉铭	2019-Ⅰ-07
8	大型矿山排土场废石资源化关键技术研究与应用	首钢集团有限公司矿业公司 首钢集团有限公司技术研究院	二等	黄佳强　邵　彪　赛音巴特尔 李贵斗　宁小永　关东兴　刘　佳 闫世杰　时朝昆　崔振立	2019-Ⅱ-01
9	大型高炉炉缸快速浇注修复技术研究与应用	北京首钢股份有限公司 首钢集团有限公司技术研究院	二等	贾国利　李景超　张　勇　刘国友 龚卫民　赵满祥　段伟斌　杨晓婷 张海滨　龚　鑫	2019-Ⅱ-02
10	首钢炼焦信息技术服务平台的建立与应用	首钢集团有限公司技术研究院 北京首钢自动化信息技术有限公司 迁安中化煤化工有限责任公司 唐山首钢京唐西山焦化有限责任公司 首钢京唐钢铁联合有限责任公司	二等	李东涛　代　鑫　许　剑　曹贵杰 彭军山　郭德英　刘璐璐　梁向飞 闫立强　齐二辉	2019-Ⅱ-03

续表

序号	项目名称	完成单位	获奖等级	主要完成人员名单	编号
11	京唐板坯高效连铸技术开发与应用	首钢京唐钢铁联合有限责任公司 首钢集团有限公司技术研究院	二等	何文远 季晨曦 杨晓山 罗衍昭 安泽秋 滕 波 邓小旋 黄财德 肖华生 张 鹏	2019-Ⅱ-04
12	无取向硅钢杂质元素极低值控制技术	北京首钢股份有限公司 首钢集团有限公司技术研究院	二等	孙 亮 高 攀 赵晓东 赵艳宇 成天兵 江腾飞 黄桂斌 马文俊 王顺国 于宏斌	2019-Ⅱ-05
13	板坯中间包全保护浇铸成套技术优化及应用研究	北京首钢股份有限公司 首钢集团有限公司技术研究院	二等	马 威 刘国梁 苑 鹏 俞学成 刘凤刚 黄福祥 刘珍童 张 猛 马文俊 李海波	2019-Ⅱ-06
14	800MPa 级低成本高性能复相钢的开发与应用	首钢集团有限公司技术研究院 北京首钢股份有限公司	二等	郭子峰 周 娜 郭 佳 李玉鹏 冯 军 吕宝锋 张 衍 吴科敏 李秋寒 王 伦	2019-Ⅱ-07
15	中厚板电磁超声检测技术的开发与应用	首钢京唐钢铁联合有限责任公司 首钢集团有限公司技术研究院	二等	魏运飞 闫智平 王 普 徐海卫 黄 毅 田士平 狄国标 邹 扬 刘金刚 王根矶	2019-Ⅱ-08
16	首钢水钢免酸洗高效钢绞线用钢的研制	首钢水城钢铁(集团)有限责任公司 首钢集团有限公司技术研究院	二等	江金东 周 德 练 昌 孔祥涛 翟勇强 刘 珂 李鸿荣 李 燚 魏福龙 李正嵩	2019-Ⅱ-09
17	大尺寸转轴用低合金钢锻材的开发	首钢贵阳特殊钢有限责任公司 首钢集团有限公司技术研究院	二等	黄 祥 马 跃 彭仕江 陈 涛 郑玉龙 王 勇 吕迺冰 朱 恒 佟 倩 刘银波	2019-Ⅱ-10
18	厚规格特殊用途管线钢的研制与开发	首钢集团有限公司技术研究院 秦皇岛首秦金属材料有限公司	二等	李少坡 丁文华 张 海 王志勇 李战军 陈延清 马长文 白学军 郝 宁 樊艳秋	2019-Ⅱ-11
19	首钢静电涂搪冷轧钢板开发及关键技术研究	首钢集团有限公司技术研究院 首钢京唐钢铁联合有限责任公司	二等	刘再旺 刘新华 梁 轩 薛勇强 邵肖静 刘武华 张志敏 刘李斌 王 川 杨利斌	2019-Ⅱ-12
20	高端汽车外板产线镀锌关键设备自主研发及工艺技术研究	首钢京唐钢铁联合有限责任公司 首钢集团有限公司技术研究院	二等	陈凌峰 李 研 王松涛 周 欢 王保勇 李翔宇 马幸江 吕 剑 蒋光锐 韩志刚	2019-Ⅱ-13
21	1000MPa 级冷轧连退双相钢个性化开发及关键生产技术研究	首钢集团有限公司技术研究院 首钢京唐钢铁联合有限责任公司 北京首钢股份有限公司 北京首钢冷轧薄板有限公司	二等	邱木生 韩 赟 张环宇 刘华赛 李 振 阳 锋 周纪名 吴 耐 蒋光锐 杨瑞枫	2019-Ⅱ-14

续表

序号	项目名称	完成单位	获奖等级	主要完成人员名单	编号
22	首钢取向硅钢高效退火技术研发及产业化应用	首钢智新迁安电磁材料有限公司	二等	王守金 游学昌 肖辉明 马 健 闫忠旭 李亮亮 刘利伟 田建辉 王爱星 宋东何	2019-Ⅱ-15
23	首钢股份公司一冷轧磨辊间智能化系统研究与应用	北京首钢自动化信息技术有限公司 北京首钢股份有限公司	二等	张余海 齐杰斌 王松山 叶 彬 赵 强 赵永平 邱福双 张巨恒 王晓宇 白亚军	2019-Ⅱ-16
24	首钢股份二热轧精轧核心设备结构升级与技术开发	北京首钢股份有限公司	二等	蔡耀清 徐文军 姜兴旺 李洁明 孙 兵 路统宪 于洪喜 周广成 东占萃 郭维进	2019-Ⅱ-17
25	大型集装箱模块式双膜法海水淡化技术研究与应用	北京首钢国际工程技术有限公司 首钢秘鲁铁矿股份有限公司	二等	刘华利 寇彦德 孟祥春 王 东 刘宏光 李 杨 黄 祥 马 昕 于海丰 杨 钊	2019-Ⅱ-18
26	高炉冲渣水余热回收关键技术研究与应用	北京首钢股份有限公司 首钢集团有限公司技术研究院	二等	雷仲存 毛松林 杨小龙 李创国 张 建 龚卫民 唐和林 赵玉辉 姬梅常 崔力中	2019-Ⅱ-19
27	智能公交立体车库研发设计与应用	北京首钢城运控股有限公司 北京首钢机电有限公司 北京首钢自动化信息技术有限公司 北京首钢建设集团有限公司 北京首钢国际工程技术有限公司	二等	肖树坤 袁文兵 俞 斌 李庭祥 周建勇 周 春 彭 宇 于立峰 徐 亚 马冬豹	2019-Ⅱ-20
28	高混杂餐厨垃圾资源化全流程处理技术及产业化应用	首钢环境产业有限公司 北京首钢生态科技有限公司	二等	贾延明 梁 勇 赵晓东 张志远 高 祥 张宏宇 吴 双 陈领一 赵伟滨 杨继文	2019-Ⅱ-21
29	焦化类污染场地原位燃气热脱附工艺技术及首钢工程化应用研究	首钢环境产业有限公司 北京首钢建设投资有限公司 北京首华科技发展有限公司	二等	马刚平 周 宇 张振国 兰新辉 赵 涛 赵胜利 张玉逊 曹学龙 李世青 张永祥	2019-Ⅱ-22
30	基于以秘鲁粉为主原料的酸性球团质量优化控制	首钢京唐钢铁联合有限责任公司 首钢集团有限公司技术研究院	三等	刘国友 张 彦 刘文旺 王 凯 吴小江 杨 涛	2019-Ⅲ-01
31	首秦薄壁炉衬高炉长寿研究	首钢集团有限公司技术研究院 秦皇岛首秦金属材料有限公司	三等	王 凯 张立新 徐 萌 张福明 褚世亮 梁海龙	2019-Ⅲ-02
32	高陡边帮开采中深孔控制爆破技术研究与实践	首钢集团有限公司矿业公司	三等	尹芝足 王朝辉 王爱民 康福军 毛清华 李红勇	2019-Ⅲ-03
33	京唐烧结机星轮齿板在线修复技术研究	首钢集团有限公司技术研究院 首钢京唐钢铁联合有限责任公司 迁安首钢设备结构有限公司	三等	牟淑坤 张侠洲 丁慧田 王凤会 赵英建 张彦丰	2019-Ⅲ-04
34	京唐脱磷转炉强搅拌复吹技术开发	首钢集团有限公司技术研究院 首钢京唐钢铁联合有限责任公司	三等	董文亮 关顺宽 季晨曦 杨晓山 潘宏伟 郭小龙	2019-Ⅲ-05

续表

序号	项目名称	完成单位	获奖等级	主要完成人员名单	编号
35	高碳钢方坯高效连铸技术开发	首钢集团有限公司技术研究院 首钢水城钢铁（集团）有限责任公司 北京首钢股份有限公司	三等	刘　珂　胡友红　周　德　李鸿荣 孔祥涛　朱殷翔	2019－Ⅲ－06
36	首钢股份汽车板铸坯火焰机清“镜面”技术研究与开发	北京首钢股份有限公司 首钢集团有限公司技术研究院 北京首钢自动化信息技术有限公司	三等	贾　毅　马文俊　双占博　杨建辉 刘凤刚　高　攀	2019－Ⅲ－07
37	中厚板坯2#连铸机升级改造及铸坯质量提升技术研究与应用	首钢集团有限公司技术研究院 首钢京唐钢铁联合有限责任公司 北京首钢国际工程技术有限公司	三等	赵新宇　王国连　刘　洋　熊汉斌 甄新刚　谢翠红	2019－Ⅲ－08
38	焊接用钢盘条生产工艺技术升级创新与应用实践	首钢集团有限公司技术研究院 首钢长治钢铁有限公司 首钢贵阳特殊钢有限责任公司 首钢水城钢铁（集团）有限责任公司 通化钢铁集团股份有限公司	三等	陈　涛　易　敏　吕迺冰　徐兵伟 郑玉龙　马　跃	2019－Ⅲ－09
39	京唐3500mm中板迁建产线工艺升级及产品突破	首钢京唐钢铁联合有限责任公司 首钢集团有限公司技术研究院 北京首钢自动化信息技术有限公司	三等	闫智平　王　普　马长文　沈开照 董占斌　何元春	2019－Ⅲ－10
40	首钢京唐热轧平整产线智能化自主集成改造与创新实践	首钢京唐钢铁联合有限责任公司	三等	付宝胜　郑　伟　崔金栋　陶哲亮 彭振伟　王章岭	2019－Ⅲ－11
41	高精度、智能化轧后多段冷却控制技术研究与自主开发	首钢集团有限公司技术研究院 北京首钢股份有限公司	三等	张长利　王淑志　龚　波　徐　伟 罗旭烨　王学强	2019－Ⅲ－12
42	疲劳裂纹原位观测技术及疲劳微观机制分析	首钢集团有限公司技术研究院	三等	蔡　宁　其其格　邱　宇　曹建平 姜　杉　王泽阳	2019－Ⅲ－13
43	高表面等级汽车板热轧控制技术研究与应用	北京首钢股份有限公司 首钢集团有限公司技术研究院	三等	崔二宝　马家骥　王　林　辛艳辉 霍光帆　张月林	2019－Ⅲ－14
44	首钢长钢复合型高速棒线材生产线工艺装备技术集成	首钢长治钢铁有限公司 首钢集团有限公司技术研究院	三等	郭新文　丁建军　晁月林　李罗扣 胡　洪　陈虎明	2019－Ⅲ－15
45	内耗仪测量技术的开发及应用	首钢集团有限公司技术研究院	三等	史学星　鞠新华　严春莲　孟　杨 朱俊红　温　娟	2019－Ⅲ－16
46	K板开发及其耐蚀性研究	首钢集团有限公司技术研究院 首钢京唐钢铁联合有限责任公司	三等	方　圆　王爱红　宋　浩　朱防修 石云光　王　挺	2019－Ⅲ－17
47	双机架平整与二次冷轧关键技术研究	首钢集团有限公司技术研究院 首钢京唐钢铁联合有限责任公司	三等	文　杰　莫志英　王永强　刘宗发 李宫胤　童建佳	2019－Ⅲ－18

续表

序号	项目名称	完成单位	获奖等级	主要完成人员名单	编号
48	“中国制造”之全球冷轧汽车用钢标准系统分析与应用	首钢集团有限公司技术研究院	三等	唐　牧　刘　君　师　莉　吴朝晖　林志峰　滕华湘	2019-Ⅲ-19
49	电器外壳复杂成形用环保镀锌产品的开发与应用	首钢集团有限公司技术研究院 首钢京唐钢铁联合有限责任公司	三等	刘武华　张　浩　胡燕慧　刘新华　薛勇强　姚　野	2019-Ⅲ-20
50	优良二次加工脆性品质汽车板开发及关键技术研究	首钢集团有限公司技术研究院 北京首钢股份有限公司 首钢京唐钢铁联合有限责任公司	三等	尉　冬　张　郢　孙建华　刘再旺　王　川　李明远	2019-Ⅲ-21
51	首钢汽车板使用性能数据库开发与应用	首钢集团有限公司技术研究院 北京首钢自动化信息技术有限公司 北京首钢股份有限公司营销中心	三等	王宝川　金　磊　杨建炜　郑学斌　韩龙帅　张　伟	2019-Ⅲ-22
52	780MPa 超高强钢热轧—冷轧全流程板形控制技术研究	首钢集团有限公司技术研究院 北京首钢股份有限公司	三等	马家骥　孙力娟　李旭东　陈　飞　宋浩源　刘　丰	2019-Ⅲ-23
53	财务共享系统的研究及应用	北京首钢自动化信息技术有限公司 首钢集团财务共享中心 首钢集团系统优化部	三等	兰海斌　李圆博　唐增振　王　健　许　剑　汪国栋	2019-Ⅲ-24
54	首钢水钢二棒线自动焊牌机器人研发与应用	北京首钢自动化信息技术有限公司 首钢水城钢铁（集团）有限责任公司	三等	袁永偿　张宗先　李　辉　陈　强　李清华　刘　丹	2019-Ⅲ-25
55	热轧轧机牌坊间隙控制技术研发	首钢京唐钢铁联合有限责任公司 首钢集团有限公司技术研究院	三等	雷振尧　李洋龙　陈伟刚　龚　波　张　扬　王晓东	2019-Ⅲ-26
56	大型焦炉煤气净化系统绿色高效技术的研究与应用	首钢京唐钢铁联合有限责任公司 唐山首钢京唐西山焦化有限责任公司 首钢集团有限公司技术研究院	三等	石丽娟　郭振东　范正赟　王贵题　陈国超　张绍军	2019-Ⅲ-27
57	首钢京唐公司大型钢铁企业电网智能化监控技术的研发与应用	首钢京唐钢铁联合有限责任公司 北京首钢国际工程技术有限公司	三等	沈　军　罗　斌　刘连凯　田冬明　燕　飞　程宝芳	2019-Ⅲ-28
58	长钢套筒窑节能降耗关键技术研发与应用	首钢长治钢铁有限公司 首钢集团有限公司技术研究院	三等	苗振平　张亚鹏　祝建波　季　斌　潘　文　任彩亮	2019-Ⅲ-29
59	特大型高炉关键部位快速安装施工技术	北京首钢建设集团有限公司	三等	姜　利　赵彦龙　郭金亮　杜　宁　张　伟　陈佳彬	2019-Ⅲ-30
60	超大荷载桩基多层级锚索反力静载检测装置研究与应用	北京首钢建设集团有限公司	三等	冯　刚　张伯峰　吕振军　王　杰　张茂奎　董立辉	2019-Ⅲ-31
61	零能耗被动式幼儿园绿色公共建筑示范工程	京冀曹妃甸协同发展示范区建设投资有限公司	三等	史锡强　李国庆　王双荣　牛汀雨　汪　振　张　伟	2019-Ⅲ-32

2019年首钢管理创新成果获奖项目

序号	项目名称	主创单位	获奖等级
第二十届获奖项目			
1	基于穿透式数字平台的战略管控型投资管理体系变革	战略发展部	一等奖
2	企业集团高效协同的纵向科技项目管理体系的构建与实施	技术研究院	一等奖
3	城区老工业区转型发展路径构建与实施	首建投	一等奖
4	国有钢铁集团外汇风险管理体系的构建与实施	国际业务部	一等奖
5	企业集团内控体系建设的创新实践	系统优化部、曹建投	一等奖
6	钢铁企业远程智能操控的产线集约化管理	首钢股份	一等奖
7	钢铁企业设备运行基本条件保障体系的构建与实施	首钢股份	一等奖
8	国有企业青年干部培养的创新与实践	人才开发院	一等奖
9	焦化企业智能管控创新与实践	京唐	一等奖
10	钢铁企业全口径能源成本管控体系的构建与实施	京唐	一等奖
11	现金流量管控体系构建与实施	长钢	一等奖
12	调整《首钢日报》出版模式推进媒体深度融合的创新与实践	新闻中心	一等奖
13	以“三层一体”为支撑的工匠文化体系的构建与实施	矿业	一等奖
14	国有企业党建工作责任体系建设的创新实践	人力资源部(党委组织部)	一等奖
15	企业集团年度经营管理体系创新与实践	战略发展部	二等奖
16	基于区域市场的企业集团碳排放管控体系建设实践	安全环保部	二等奖
17	热轧酸洗板产、销、研协同管理模式的构建与实施	首钢股份	二等奖
18	国有企业人事档案数字化管理体系的创建与实践	人事服务中心	二等奖
19	推动国有企业与两地政府创建“三方服务平台”的实践与效果	人事服务中心	二等奖
20	钢铁企业基于企业新型学徒制的高技能后备人才培养管理	人才开发院	二等奖
21	国有企业内部监事会“监督+服务”运行模式的创新与实践	监事会办公室	二等奖
22	冶金矿山企业“654”班组建设体系的创新与实践	矿业	二等奖
23	新形势下通过战略退出实现企业结构优化的实践	中首	二等奖
24	钢铁企业能源系统“三位一体”管控体系构建与实施	首钢股份	二等奖
25	钢铁企业以智能化为引领的技能人才培养实训体系的构建与实施	京唐	二等奖
26	建筑企业多层级全覆盖采购集中管理体系的创新与实践	首建	二等奖
27	国有企业推行职业经理人工作机制的创新实践	人力资源部(党委组织部)	二等奖

续表

序号	项目名称	主创单位	获奖等级
28	企业集团全面预算管理模型的实践	经营财务部	二等奖
29	露天矿山绿色高效智能爆破管理体系的创建与实施	矿业	二等奖
30	钢铁企业推进职业技能竞赛 打造工匠队伍的创新实践	人才开发院	二等奖
31	固废资源产业化绿色发展体系的构建与实施	矿业	二等奖
32	钢铁企业内部模拟市场化运行体系的构建与实施	通钢	二等奖
33	大型工程建设项目审计方式的创新与实践	审计部	二等奖
34	工业企业变配电站无人值守管理体系的构建与实施	矿业	二等奖
35	制造业新型生产设备安全联系确认管理系统的构建与实施	首钢股份	二等奖
36	基于“系统学习+事上磨炼”的长周期青年干部培养实践	长钢	二等奖
37	弘扬改革创新精神推动首钢转型发展的实践探索	企业文化部(党委宣传部)	二等奖
38	首钢廉洁档案系统的构建与应用	纪委(监察部)	二等奖
39	国有企业集团管控型部门文化的建设与实施	战略发展部	二等奖
40	新形势下医养结合服务模式和体系的构建与实施	医疗投、首钢医院	三等奖
41	知识产权预警分析体系的构建与实施	技术研究院	三等奖
42	基于战略导向的全面预算管理在股权平台的创新与应用	股权公司	三等奖
43	国有企业差旅管理系统的构建与实施	行政管理中心	三等奖
44	国有企业法律纠纷案件管理的创新与实践	法律事务部	三等奖
45	城区老工业区物业服务模式的创新与实践	首钢园服	三等奖
46	基层创新工作“343”管理体系的构建与实践	矿业	三等奖
47	西部钢铁企业以打造精品长材基地为目标的品牌培育与管理	水钢	三等奖
48	基于改善矿山企业经营绩效构建领导人员能力素质建设体系的实践	矿业	三等奖
49	构建企业协同办公体系的探索与实践	系统优化部	三等奖
50	国有企业“六位一体”信访治理体系的构建与实施	办公厅	三等奖
51	企业集团“互联网+督办”的创新实践	办公厅	三等奖
52	企业国有产权退出过程中典型问题排查化解的实践	股权公司	三等奖
53	改制企业进一步深化改革的创新与实践	股权公司	三等奖
54	钢铁企业原料场精益管理实践与创新	京唐	三等奖
55	钢铁企业大型旋转设备状态检修管理体系的构建与实施	首钢股份	三等奖
56	以边际成本控制为核心的生产管控模式构建	水钢	三等奖
57	冶金矿山企业工匠型人才队伍建设体系的构建与实施	矿业	三等奖
58	钢铁企业智能计量物流管理模式的创新与实践	京唐	三等奖
59	国有钢铁企业进口铁矿石采购成本控制体系的构建与实施	中首	三等奖
60	热轧机组“秒”文化精益生产的创新与实践	京唐	三等奖
61	钢铁企业原燃料协同采购体系构建	首钢股份	三等奖

续表

序号	项目名称	主创单位	获奖等级
62	钢企刷新财务结账效率的管理实践	首钢股份	三等奖
63	钢铁企业进口矿采购战略实践	首钢股份	三等奖
64	非煤矿山本质安全管理体系的构建与实施	矿业	三等奖
65	以产品效益最大化为目标的产线融合调整体系构建与实施	长钢	三等奖
66	实践融合发展模式 着力提升全媒体传播力和影响力	首钢股份	三等奖
67	新形势下钢铁企业党风廉政建设工作机制的创新与实践	长钢	三等奖
68	思想政治工作“五+X”管理体系的构建与实施	矿业	三等奖
69	推进改制企业党支部规范化建设的创新与实践	股权公司	三等奖
70	钢铁企业深化新时代理论学习研究的创新与实践	水钢	三等奖
71	企业文化品牌的驱动力	中首	三等奖
72	积极开展效能监察 促进企业健康发展	首建	三等奖
第二十一届获奖项目			
1	钢铁企业“互联网+廉政交易”的固体资源增值销售管理	首钢股份	一等奖
2	科技领军人才培养与选拔评价体系的创建与实践	技术研究院	一等奖
3	国有企业建设项目全过程跟踪审计的探索与实践	审计部	一等奖
4	党建引领监督检查工作的创新与实践	纪委监察专员办公室	一等奖
5	国企基于城市新功能定位的土地房屋租赁管控体系构建与实施	资产管理中心	一等奖
6	钢铁企业跨地域整体搬迁调整中人员迁移融合的创新与实践	京唐	一等奖
7	基于全过程管控的全口径全要素人工成本管理体系的构建与实施	矿业	一等奖
8	房地产企业总部组织管控模式创新及实践	房地产	一等奖
9	国有企业工资总额决定机制改革的创新与实践	人力资源部	一等奖
10	钢铁企业电工钢智能工厂管理探索与实践	首钢股份	一等奖
11	建筑施工企业项目管理标准化体系的构建与实施	首建	一等奖
12	钢铁企业优化全流程库存结构实现高效运行的实践与应用	京唐	一等奖
13	企业集团基于战略转型的信息化项目群管理体系构建与实施	系统优化部	一等奖
14	首钢集团产业聚焦的创新与实践	战略发展部	一等奖
15	以特色文化助推班组建设的探索与实践	矿业	二等奖
16	面向基层企业党建六个“零距离”工程建设的实践与探索	京唐	二等奖
17	钢铁企业分单元核算经营体系的构建与实施	首钢股份	二等奖
18	企业集团内部债权债务管理体系搭建与运用	财务共享中心	二等奖
19	首钢集团企业退出体系建设的创新与实践	战略发展部	二等奖
20	集团科技创新及科技战略研究机制革新和实践	总工室	二等奖
21	以降本增效、绿色发展为目标的冶金企业电力供给管理体系的构建与实施	冷轧	二等奖
22	钢铁集团资产全寿命周期管理体系的构建与实践	资产管理中心	二等奖

续表

序号	项目名称	主创单位	获奖等级
23	国有企业集团“三重一大”决策制度执行机制的创新与实践	办公厅	二等奖
24	开展人员分类分层,构建完善绩效考评管理体系实践	国际工程	二等奖
25	股权平台管理模式下的企业应收账款风险管控的创新	股权公司	二等奖
26	校政合作打造安全应急领域“朱日和”	人才开发院	二等奖
27	钢铁企业客户技术需求精准识别管理体系的构建与实施	首钢股份	二等奖
28	钢铁企业财票支付规模化应用的管理实践	首钢股份	二等奖
29	钢铁企业“互联网+”新常态下营销模式的构建与实施	首钢股份	二等奖
30	国有冶金企业以标准化、信息化为载体的质量链管理	首钢股份	二等奖
31	钢铁企业跨区域多基地采购一体化管理体系的构建与实施	首钢股份	二等奖
32	国有企业秘鲁铁矿石海运保障与成本控制体系的构建	中首	二等奖
33	冶金矿山企业基于绿色生态发展构建“四横六纵”战略管理体系的实践	矿业	二等奖
34	钢铁企业多模式、专线化、高效生产组织模式(LMSE)的创新与实践	京唐	二等奖
35	冶金矿山企业“百元选厂”降成本管理体系的构建与实施	矿业	二等奖
36	钢铁企业改变高人工成本体质的转型提效实践	首钢股份	二等奖
37	筑牢网络舆情防火墙构建网上网下同心圆	企业文化部(党委宣传部)	二等奖
38	国有企业巡察工作机制的构建与实践	党委巡察工作办公室	二等奖
39	大力培育“问题文化”推动高质量发展	首钢股份	二等奖
40	全面从严治党 抓实“五融五促”建设首钢地产企业党建新格局	房地产	二等奖
41	首钢职工“网上之家”的创建与实施	工会	二等奖
42	国有企业外事管理新模式的构建与实施	人事服务中心	三等奖
43	以“全财务”理念为核心的财务管控体系在股权平台的构建和实施	股权公司	三等奖
44	公共实训基地建设的创新与实践	人才开发院	三等奖
45	国有企业关键人才开发创新与实践	人才开发院	三等奖
46	以奥运赛事需求拉动、企业转型推动的冬奥场馆建设项目管理体系的创建与实施	首建投	三等奖
47	企业集团跨境资金管理体系的构建与实施	财务公司	三等奖
48	以创新医养管理模式为目标的三级安宁疗护康复体系构建与实施	首钢医院	三等奖
49	支撑国有企业技术进步的新型检测体系构建与创新	技术研究院	三等奖
50	聚焦产业 整合资源 统筹规划推进企业协同发展的实践	股权公司	三等奖
51	以打造后工业文化创意基地为目标的老工业遗存改造利用路径的构建与实施	首建投	三等奖
52	审计结果应用实践与创新	股权公司	三等奖
53	风控体系在工程技术企业的构建与实践	国际工程	三等奖
54	满意度评价体系的构建与实施	人事服务中心	三等奖
55	钢铁企业搬迁调整中资产处置规范化建设与实践	资产管理中心	三等奖
56	基于现代信息技术的企业费用支出风险感知预警系统的研究和实践	国际工程	三等奖

续表

序号	项目名称	主创单位	获奖等级
57	国有企业境外矿业项目风险控制与融资框架构建	中首	三等奖
58	固定资产投资项目风险管控体系的构建与实施	京唐	三等奖
59	基于矿山联动一体的生产组织管理模式的创新与实践	通钢	三等奖
60	用户差异化需求的技术质量服务体系构建与实施	水钢	三等奖
61	构建“主责经营体”的创新实践——焦化企业岗位主体经营责任制的探索与实施	京唐	三等奖
62	构建“多元、协同、共享”的煤焦化产业科技创新管理体系的探索与实践	京唐	三等奖
63	钢铁联合企业基于超低排放的环保经济管理实践	京唐	三等奖
64	依托能源管控中心平台实现节能降耗	长钢	三等奖
65	生产建设一体化管控新模式在冶金工程建设中的构建与应用	京唐	三等奖
66	钢铁企业水系统全过程指标管理体系的构建与实施	首钢股份	三等奖
67	冶金矿山企业利用自有资金构建“政企双赢”生态恢复治理体系的实践	矿业	三等奖
68	平台化管控模式下钢铁企业市场化改革实践	首钢股份	三等奖
69	钢铁企业管理体系流程化、信息化的融合与探索	京唐	三等奖
70	“一案一整改”在企业监督管理的实施与应用	水钢	三等奖
71	面向高学历创新型科技人才的人文关怀体系构建与创新	技术研究院	三等奖
72	打造首矿品牌的探索与实践	矿业	三等奖
73	构建新型媒体融合方式提升企业发展凝聚力	京唐	三等奖
74	以常态化党建监督检查推动经营指标和重点任务完成的探索实践	股权公司	三等奖
75	以引领国有首钢地产行业为目标的廉政风险防控管理体系的构建与实施	房地产	三等奖
76	构建校园文化体系凝聚创新发展力量的探索与实践	人才开发院	三等奖
77	打造适应高质量发展的三级新闻宣传网络体系	通钢	三等奖

组 织 机 构

◎责任编辑：郭　锋

集团成员单位管理关系图（1）

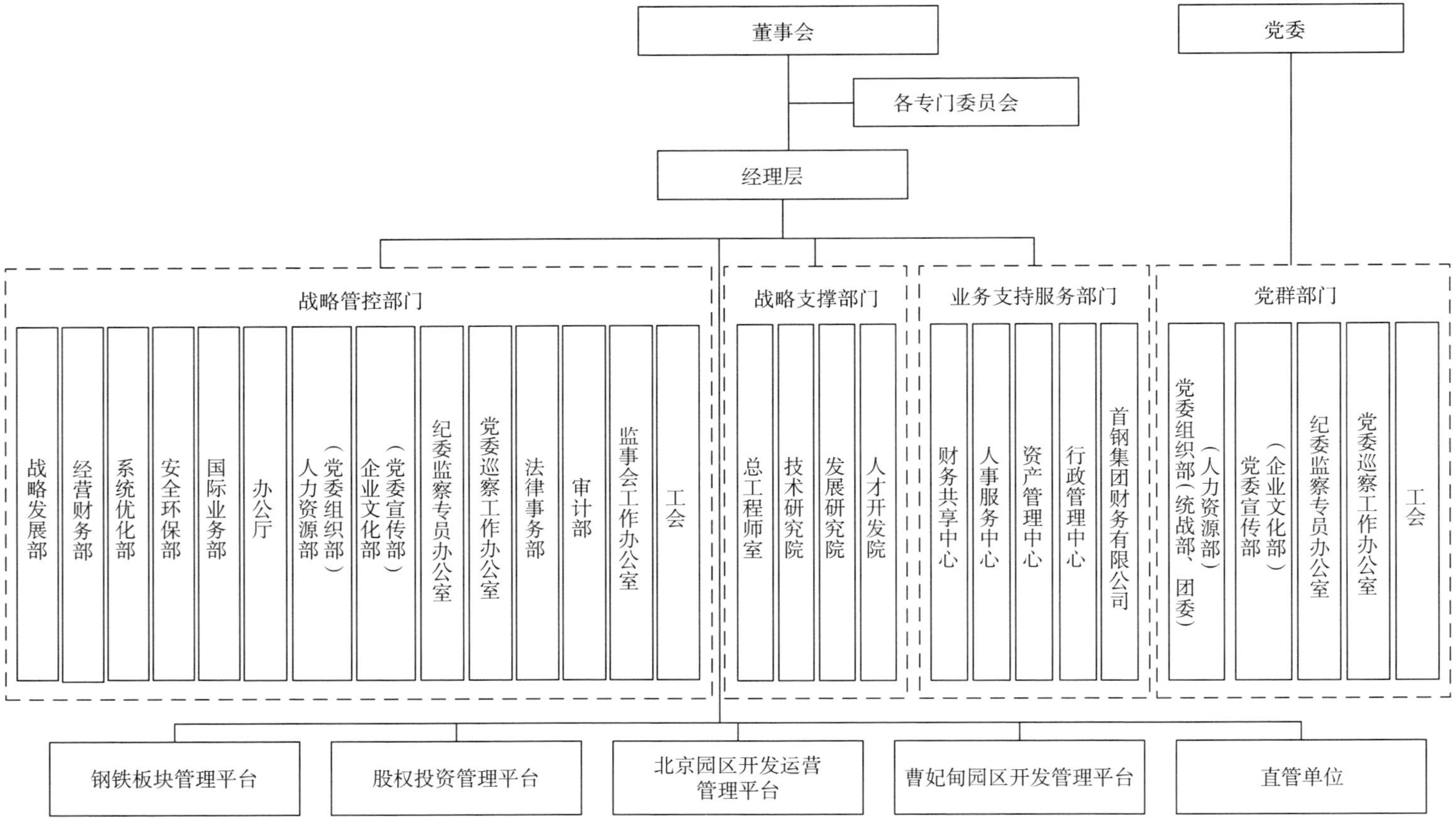
董事会
党委
各专门委员会
经理层
战略管控部门
战略发展部
经营财务部
系统优化部
安全环保部
国际业务部
办公厅
人力资源部（党委组织部）
企业文化部（党委宣传部）
纪委监察专员办公室
党委巡察工作办公室
法律事务部
审计部
监事会工作办公室
工会
战略支撑部门
总工程师室
技术研究院
发展研究院
人才开发院
业务支持服务部门
财务共享中心
人事服务中心
资产管理中心
行政管理中心
首钢集团财务有限公司
党群部门
党委组织部（人力资源部）（统战部、团委）
党委宣传部（企业文化部）
纪委监察专员办公室
党委巡察工作办公室
工会
钢铁板块管理平台
股权投资管理平台
北京园区开发运营管理平台
曹妃甸园区开发管理平台
直管单位

集团成员单位管理关系图（2）

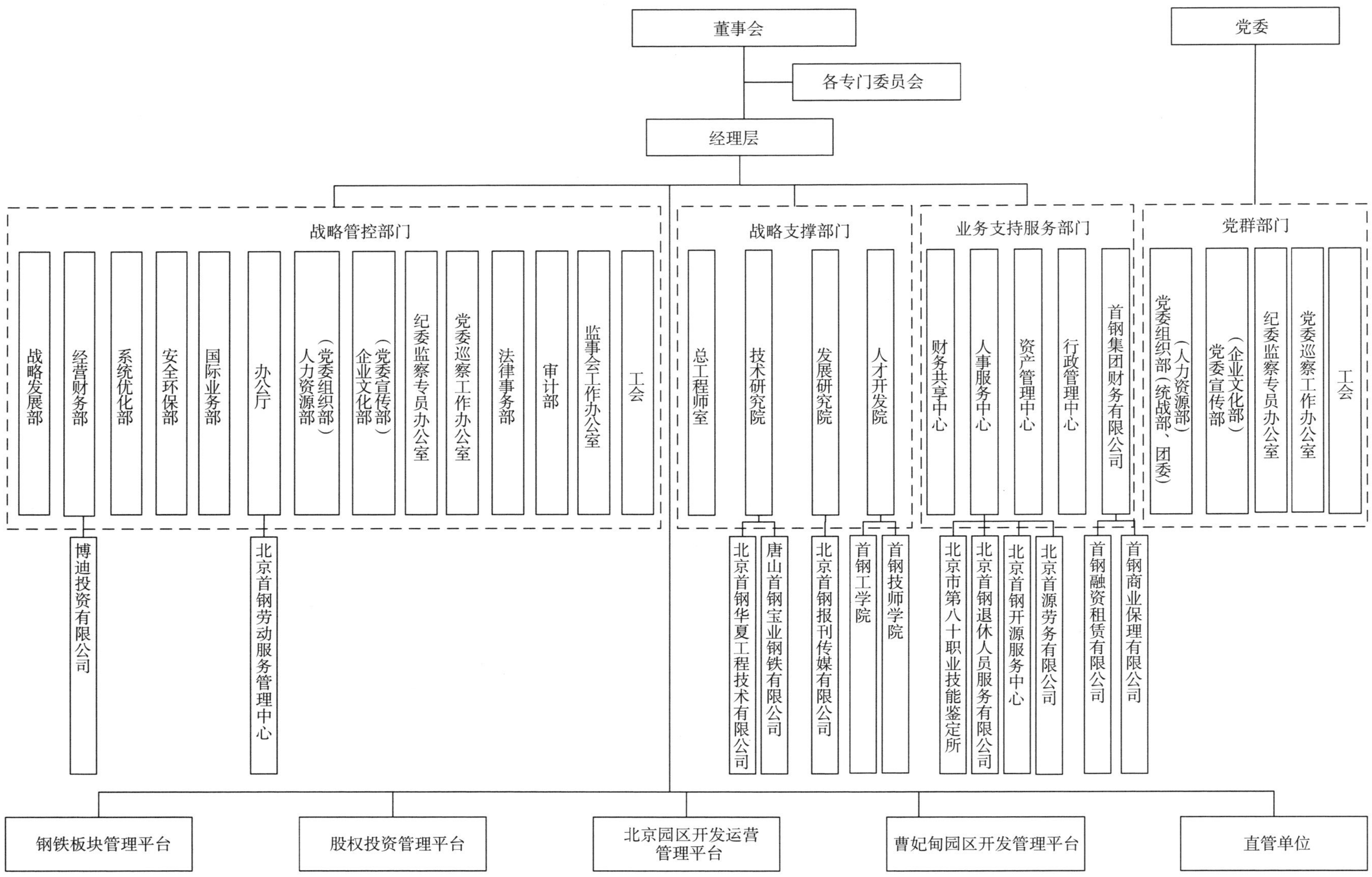
董事会
各专门委员会
经理层
党委
战略管控部门
战略发展部
经营财务部
系统优化部
安全环保部
国际业务部
办公厅
人力资源部（党委组织部）
企业文化部（党委宣传部）
纪委监察专员办公室
党委巡察工作办公室
法律事务部
审计部
监事会工作办公室
工会
博迪投资有限公司
北京首钢劳动服务管理中心
战略支撑部门
总工程师室
技术研究院
发展研究院
人才开发院
北京首钢华夏工程技术有限公司
唐山首钢宝业钢铁有限公司
北京首钢报刊传媒有限公司
首钢工学院
首钢技师学院
业务支持服务部门
财务共享中心
人事服务中心
资产管理中心
行政管理中心
首钢集团财务有限公司
北京市第八十职业技能鉴定所
北京首钢退休人员服务有限公司
北京首钢开源服务中心
北京首源劳务有限公司
首钢融资租赁有限公司
首钢商业保理有限公司
党群部门
党委组织部（人力资源部）（统战部、团委）
党委宣传部（企业文化部）
纪委监察专员办公室
党委巡察工作办公室
工会
钢铁板块管理平台
股权投资管理平台
北京园区开发运营管理平台
曹妃甸园区开发管理平台
直管单位

集团成员单位管理关系图（3）

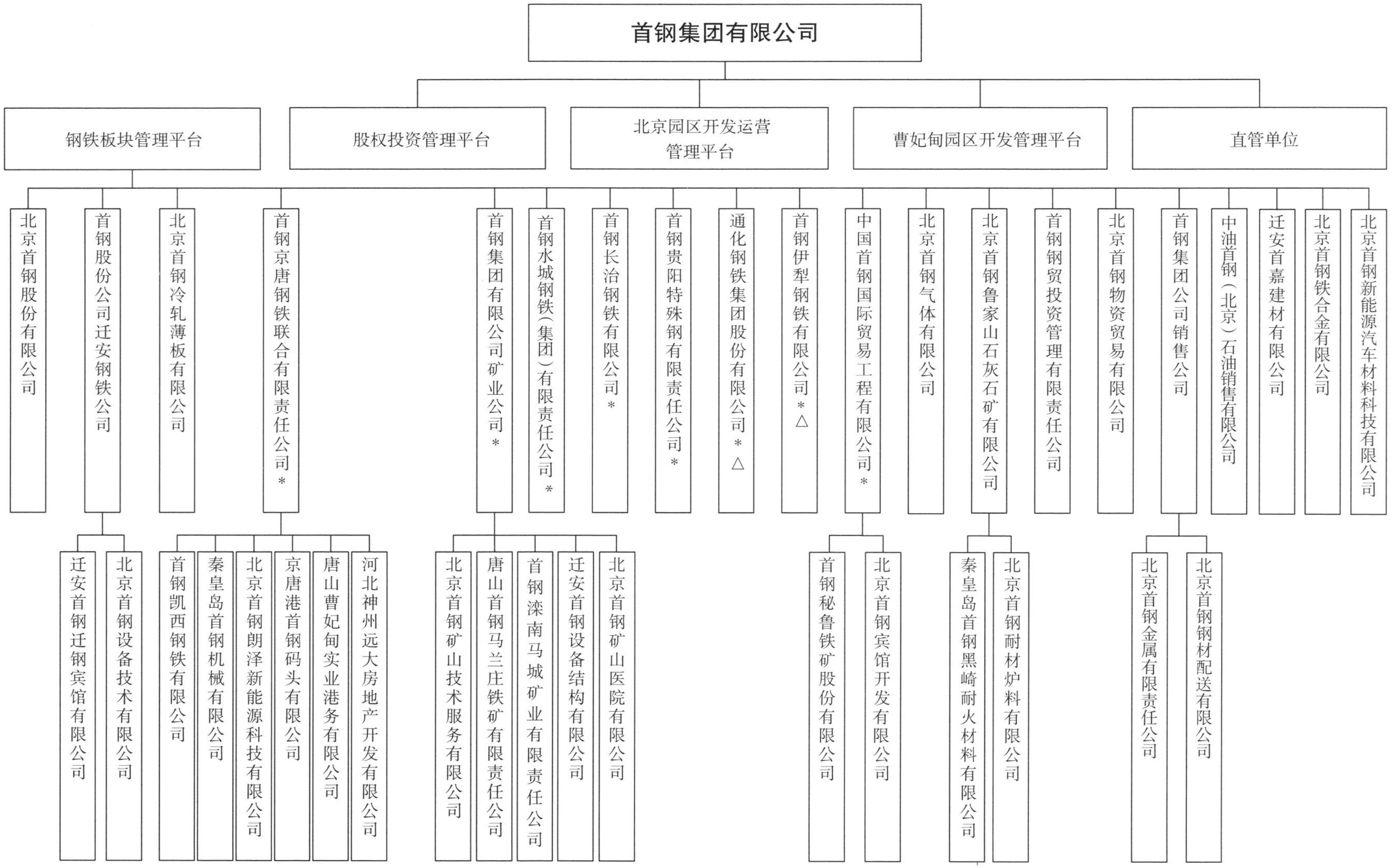

注1：标*企业为集团公司实行关键要素管理的企业

注2：标△企业为非集团公司直接投资企业，考虑其生产经营范围划入钢铁板块管理平台范畴

集团成员单位管理关系图（4）

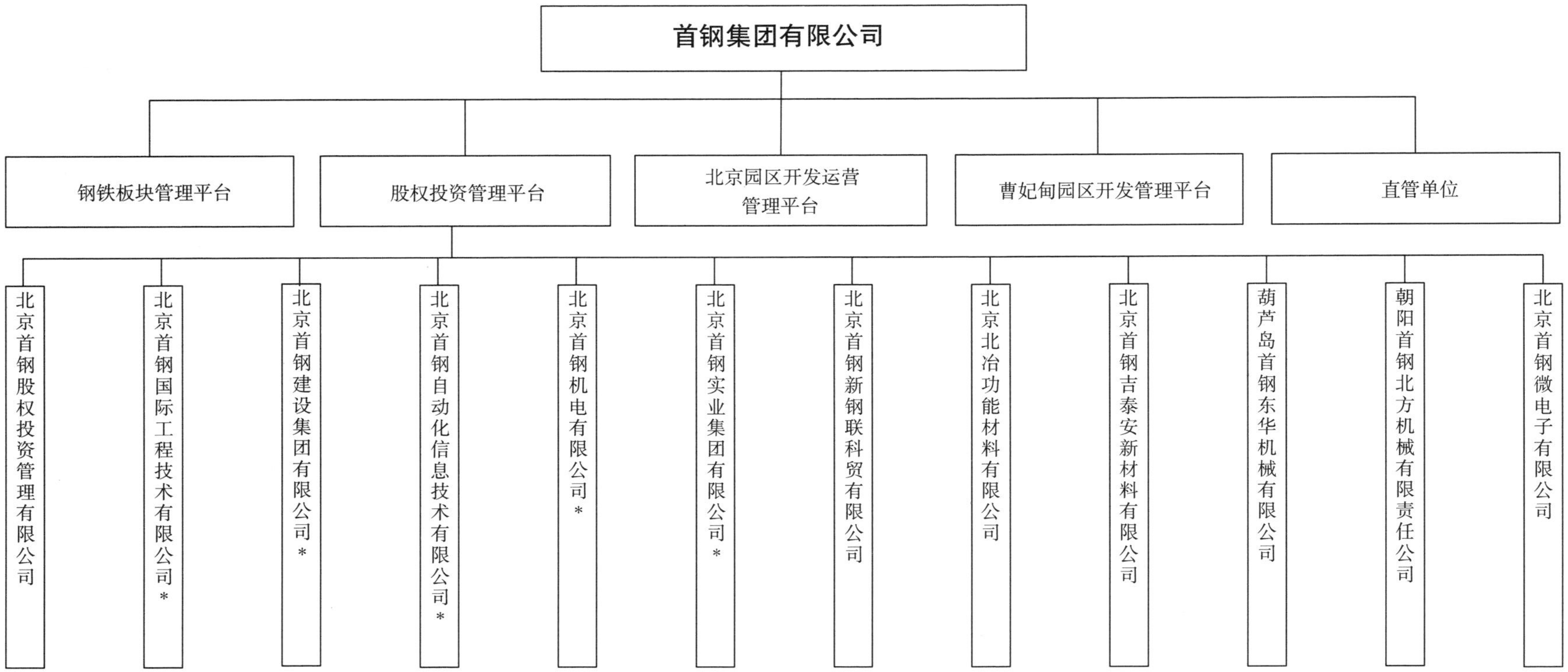

注：标*企业为集团公司实行关键要素管理的企业

集团成员单位管理关系图（5）

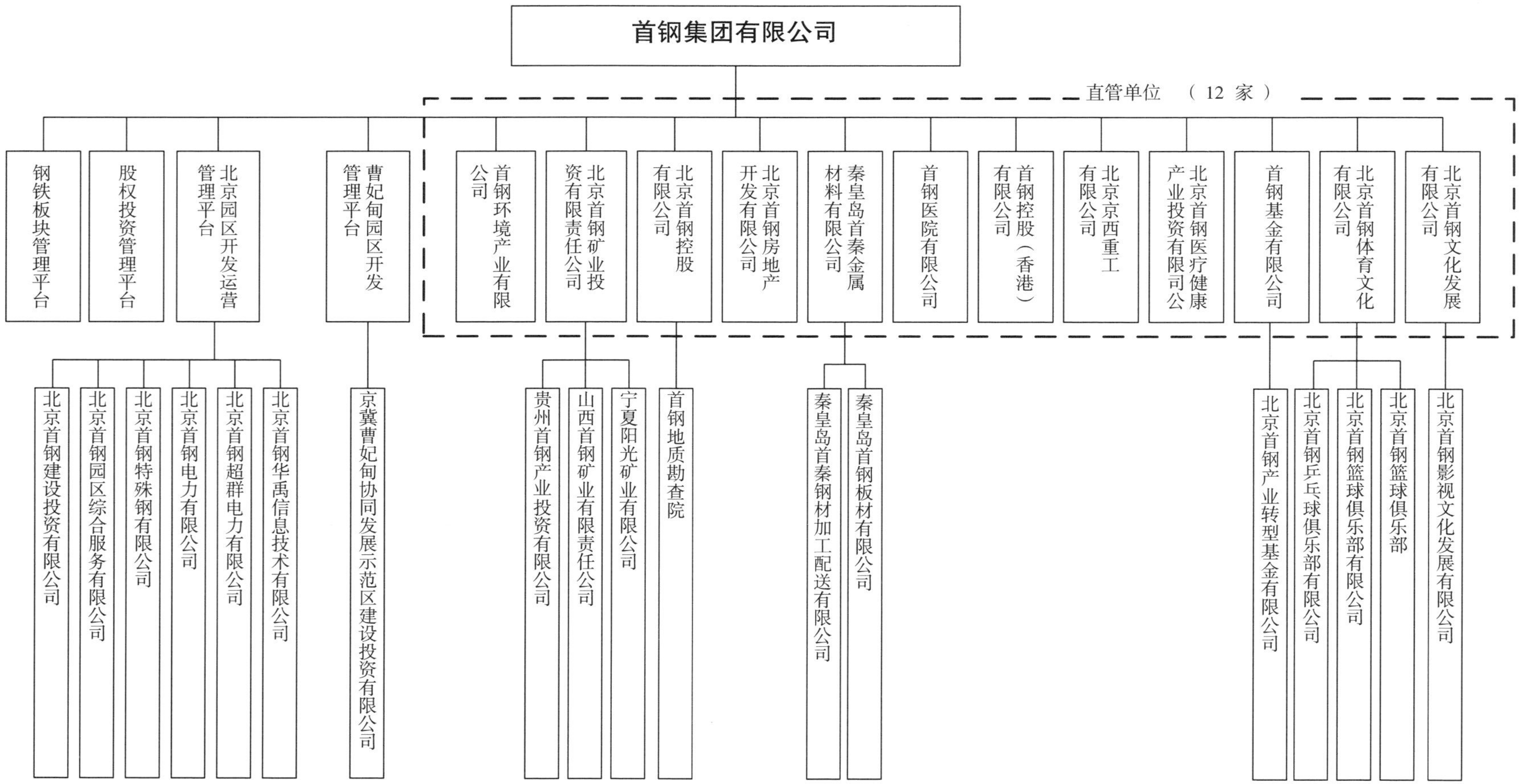
首钢集团有限公司
直管单位 （12 家）
钢铁板块管理平台
股权投资管理平台
北京园区开发运营管理平台
曹妃甸园区开发管理平台
首钢环境产业有限公司
北京首钢矿业投资有限责任公司
北京首钢控股有限公司
北京首钢房地产开发有限公司
秦皇岛首秦金属材料有限公司
首钢医院有限公司
首钢控股（香港）有限公司
北京京西重工有限公司
北京首钢医疗健康产业投资有限公司
首钢基金有限公司
北京首钢体育文化有限公司
北京首钢文化发展有限公司
北京首钢建设投资有限公司
北京首钢园区综合服务有限公司
北京首钢特殊钢有限公司
北京首钢电力有限公司
北京首钢超群电力有限公司
北京首钢华禹信息技术有限公司
京冀曹妃甸协同发展示范区建设投资有限公司
贵州首钢产业投资有限公司
山西首钢矿业有限责任公司
宁夏阳光矿业有限公司
首钢地质勘查院
秦皇岛首秦钢材加工配送有限公司
秦皇岛首钢板材有限公司
北京首钢产业转型基金有限公司
北京首钢乒乓球俱乐部有限公司
北京首钢篮球俱乐部有限公司
北京首钢篮球俱乐部
北京首钢影视文化发展有限公司

2019年首钢集团有限公司领导

【首钢集团有限公司领导名录】

党委书记、董事长、总经理：张功焰

党委常委、纪委书记、董事：许建国（11月任北京市监察委员会驻首钢集团有限公司监察专员）

党委副书记、董事：何　巍

党委常委、工会主席、职工董事：梁宗平

党委常委、董事、副总经理：赵民革

党委常委、副总经理：白　新

副总经理：王世忠

副总经理：胡雄光

副总经理：韩　庆

副总经理、总法律顾问：梁　捷

财务总监：王洪军

副总经理（职业经理人）：赵天旸（10月任职）

总经理助理：刘　桦（6月离任）　王　涛　刘建辉　卢正春

【首钢集团有限公司外部董事名录】

刘景伟　范勇宏　肖　星　卫爱民

党群与战略管控

◎责任编辑：马　晓

人力资源部
（党委组织部）

【人力资源部领导名录】

部　长：吴　平（6月离任）　王相禹（6月任职）

副部长：王相禹（6月离任）　孙　炜（6月离任）

刘洪祥　闫　琳（6月任职）

（金　华）

【综述】 首钢集团有限公司人力资源部（党委组织部）（简称“人力资源部（党委组织部）”）是首钢党委组织职能部门、统战职能部门，首钢人力资源职能部门。人力资源部（党委组织部）负责领导人员队伍建设和领导班子、直管领导人员、优秀年轻领导人员管理；负责党组织、党员队伍建设和基层党委、党总支、党支部、党员、党费管理；负责首钢人力资源规划、关键人才队伍建设，人才引进、招聘、调配、培训专业管理；负责首钢薪酬绩效制度体系建设，直管领导人员、集团总部人员薪酬管理；负责统战工作和党外代表人士队伍建设，负责民主党派、民族团结、党外知识分子有关工作和人大代表、政协委员参政议政的服务工作，首钢因公出国（境）政审、因公赴台工作的办理及领导人员因私出国（境）备案及审查工作。下设领导人员管理、党建管理、薪酬与员工绩效、人才发展4个业务模块，与首钢团委、机关党委合署办公。在岗职工22人，其中研究生12人，本科10人；高级职称8人，中级职称11人。

2019年，人力资源部（党委组织部）以习近平新时代中国特色社会主义思想为指导，深入学习贯彻党的十九大和十九届二中、三中、四中全会精神，贯彻落实中央、北京市委关于国有企业党的建设的一系列重大决策部署，聚焦全面完成首钢“两会”确立的各项目标任务，围绕首钢全面深化改革的新形势、新任务、新要求，认真组织开展“不忘初心、牢记使命”主题教育，全面加强基层党组织、党员队伍建设，提升干部人才工作质量，稳步推进薪酬分配制度改革，为首钢年度目标任务完成提供组织保证。

（袁　杰）

【主题教育】 人力资源部（党委组织部）按照“守初心、担使命，找差距、抓落实”总要求组织开展“不忘初心、牢记使命”主题教育，精心制定方案，严密组织实施，加强督促指导，全过程抓实思想认识到位、检视问题到位、整改落实到位、组织领导到位。首钢领导班子坚持以上率下，带头学习研讨讲党课；深入基层调研发现解决问题94个；全力抓好“8+1”专项整治；对照党章党规和职工期盼开好专题民主生活会，查摆解决问题11个，推动首钢主题教育不断深入开展，达到理论学习有收获、思想政治受洗礼、干事创业敢担当、服务职工解难题、清正廉洁作表率的效果。

（袁　杰）

【两学一做】 人力资源部（党委组织部）按照中央、北京市委和市国资委党委要求，持续推进“两学一做”常态化制度化。利用“学习强国”、北京长城网等学习平台，推动基层党员学习贯彻习近平新时代中国特色社会主义思想往深里走、往心里走、往实里走，推进学以致用，落实到党组织工作中、党员行动上。

（袁　杰）

【干部队伍建设】 人力资源部（党委组织部）共讨论决定领导人员任免192人次，共调整配备30个基层单位领导班子成员。党委组织部组织完成集团总部部门领导人员履职情况考察调研工作，强化对领导人员队伍的日常考察和综合分析研判。加大市场化选人用人工作力度，完成首钢公开选聘职业经理人副总经理工作，对直管岗位职业经理人履职情况开展调研，进一步规范职业经理人选用工作，持续提升市场化选人用人水平。进一步修订完善领导人员任免权力清单和领导人员管理制度，下发《关于进一步加强领导人员管理有关工作的通知》《关于进一步规范干部任免材料要求的通知》，对领导人员选拔任用程序及基础信息管理提出系统性规范要求。

（金　华）

【干部培训】 人力资源部（党委组织部）会同人才开发院开办2019年首钢青年干部特训班，择优选拔参加全脱产培训70人，平均年龄36.5岁。对2018年结业学员作出工作安排73人，晋级使用11人，挂职锻炼22人，跨单位交流轮岗4人。开展2016年、2017年结业学员跟踪评估。

（金　华）

【年度测评】 人力资源部（党委组织部）组织完成55家单位（部门）、352名领导人员的年度述职测评工作，对领导班子和领导人员测评情况进行汇总分析，提出调整、谈话、整改等系列建议意见，并将测评结果按单位逐一反馈。强化对测评结果的运用，搭建起测评结果与领导班子建设、履职评价和领导人员选拔任用、培养教育、管理监督和激励约束相结合的管理机制。

（金　华）

【落实党建责任】 人力资源部（党委组织部）开展党组织书记党建述职工作。各级党组织书记分别向上级党委述职抓党建工作情况，做到全覆盖，进一步推进各级党组织党建责任落实。3 月 22 日，组织召开首钢直管党委书记抓党建工作述职评议会，组织股份公司、京唐公司、伊钢公司、股权公司、首建投公司、首控公司、人才开发院 7 家单位党委书记现场述职，其他直管党委（总支）书面述职。

（袁　杰）

【党支部规范化建设】 人力资源部（党委组织部）开展“抓规范、促提升”专项行动，抓实党支部规范化建设，推进《中国共产党支部工作条例（试行）》贯彻落实，组织开展基层党支部书记集中轮训，组建两个基层党建知识宣讲队，开展 9 场次，培训基层党务工作人员 2900 余人，为抓实基层党支部规范化建设提供培训支撑。

（袁　杰）

【党员参与社区服务】 人力资源部（党委组织部）组织在职党员广泛参与所报到社区服务工作，对由北京市外转入和新发展的党员及时督促报到，截至 12 月底，首钢党员在社区（村）报到 8002 人，积极参与社区（村）治理工作。作为石景山区、古城街道党建工作协调委员会成员单位，积极参与重大活动保障、创建文明城区等工作。

（袁　杰）

【创先争优实践活动】 人力资源部（党委组织部）组织在全首钢开展“不忘初心挑重担，牢记使命我争先”创先争优主题实践活动，引领各级党组织和广大党员创先进、争优秀，表彰创先争优活动中的先进党组织、优秀党员，首钢党委评选表彰“六好”班子 6 个，模范基层党委 17 个，模范党支部 52 个，模范共产党员 131 人。总结他们的事迹材料，推广经验做法，充分发挥先进的示范引领作用。

（袁　杰）

【基层党组织建设】 人力资源部（党委组织部）组织首钢集团成员单位进一步健全基层党组织，逐级理顺党组织关系，推进基层党组织按照规定届期应换尽换，实现常态化管理。推进党支部“达晋创”等级评定，853 个参加评定的党支部中晋升一级的 73 个，晋升二级的 5 个，原 125 个一级、109 个二级的支部分值提升，整顿软弱涣散基层党支部。规范党内生活，日常抓实“三会一课”督导，推进党支部召开专题组织生活会 860 个，党员完成民主评议 23580 人。

（袁　杰）

【党建创新】 人力资源部（党委组织部）围绕重点难点开展党建项目创新，组织各单位坚持问题导向，针对基层党建工作责任体系建设、创建品牌党支部、创先争优主题实践活动等重点工作，向北京市国企党建研究会申报 10 项党建创新项目，获得一等奖 2 项，二等奖 1 项，三等奖 3 项，优秀奖 4 项，基层党建创新项目分别在推进各单位党建融入企业发展中发挥了示范作用。

（袁　杰）

【人工费管理体系】 人力资源部（党委组织部）按照《首钢集团人工费预算管理办法》有关规定，组织二级单位完成 2019 年人工费预算编制工作，经首钢集团批准，《首钢集团 2019 年人工费预算》下达各单位执行。选择钢铁板块单位作为人工费年度综合评价分析报告试点，明确分析指标体系和方法，制定《钢铁板块 2018 年度人工费综合评价分析报告》，为在首钢集团范围推广打下良好基础。

（马昌云）

【工资总额决定机制】 人力资源部（党委组织部）按照“全口径、全要素、全预算、全挂钩、全覆盖”要求，以财务并表口径为准，将首钢集团成员单位、职工人数和工资总额全部纳入预算管理。完成二级单位效益基数、工资总额基数、人数基数和工效挂钩比例核定工作，组织二级单位完成 2019 年工资总额预算编制。

（马昌云）

【修订单项奖管理办法】 人力资源部（党委组织部）修订颁发《首钢集团公司单项奖管理办法》，按照获奖层次和等级提升项目奖励力度，明确主创人员奖励总额从不得低于项目奖励额的 80%，提高到最高奖励标准，进一步推进企业创新活动开展，鼓励科技创新和管理创新多出成果、快出成果、出高质量成果。

（马昌云）

【人才队伍建设】 人力资源部（党委组织部）实施高端人才培养工程。为“北京学者”张福明争取到第四笔培养资金100万元。邹扬获“冶金青年科技奖”。卫建平获批创建国家级技能大师工作室。卫建平、郭玉明、于连友获批享受“北京市技师特殊津贴”。“首钢杯”技能竞赛获奖选手被人社部授予“全国技术能手”荣誉称号13人。评选授予刘宏等12人技能领军人才“首钢工匠”荣誉称号并予以表彰奖励。王涛、张钊在中德“北京·南图林根”职工焊接对抗赛中分获冠军。首钢工学院获评第九批国家级专业技术人员继续教育基地。

（姜典鑫）

【专业人才培训】 人力资源部（党委组织部）加强科技创新人才培训培养。引导青年人才提升创新理论水平、创新实战能力、创新思维能力和团队引领能力，成功举办第二期科技创新人才培训班，培训各单位技术骨干50人，学员平均年龄34岁。加强专业技术骨干人才海外培训，首钢13个培训项目计划获国家外专局批准，获批数量为近年最多。技术研究院5个项目获国家“境外100%”资助。高质量做好高校毕业生招聘，首钢全年招聘高校毕业生1030人，其中博士研究生11人、硕士研究生209人，国家985/211工程院校毕业生140人，学生党员137人，获各类奖励的646人。

（姜典鑫）

企业文化部
（党委宣传部）

【企业文化部领导名录】

部　长：郭　庆

副部长：贺蓬勃

（郑　昕）

【综述】 首钢集团有限公司企业文化部（以下简称“党委宣传部”）是首钢集团战略管控部门之一，兼有首钢思想政治工作研究会、首钢企业文化建设协会办公室职能，负责宣传思想教育管理、企业文化建设、品牌与公共关系管理、文物管理，授权管理首钢新闻中心。岗位编制7人，其中部长1人，副部长兼新闻中心主任1人，品牌与公关管理总监1人，宣传教育处长1人，企业文化建设处长1人，宣传教育主任1人，企业文化建设主任1人。授权管理的首钢新闻中心下设总编室、电视新闻室、记者室、新媒体工作室、专题新闻室、网络媒体及舆情监控室6个科室49人。

2019年，党委宣传部围绕习近平总书记到首钢园区视察时的重要指示精神，以首钢深化改革、转型发展为中心任务，把统一思想，凝聚力量作为宣传思想工作的中心环节，主动适应新形势新任务新要求，抓好习近平新时代中国特色社会主义思想的学习宣传贯彻，开展庆祝新中国成立70周年、纪念首钢建厂100周年主题宣传教育活动，结合“不忘初心、牢记使命”主题教育，组织好党委中心组理论学习，扎实做好集团党委意识形态工作责任制实施细则的贯彻，深入开展“首钢人的故事”宣传和选树典型活动，围绕集团党委中心工作不断强化新闻报道的舆论引导功能，《首钢日报》刊发160期，刊登文章5200篇，首钢电视播报电视新闻206期，首钢新闻中心微信公众号全年发布篇数415条，阅读总量达118万人次，关注人数2.48万人，首钢集团门户网站访问量达167.56万次。

（郑　昕）

【首钢“两会”解读宣传】 党委宣传部针对首钢集团第十八届四次党委扩大会和第十九届四次职代会的召开，围绕会议中心任务，通过报纸、电视、微信公众号、网络等多种媒体，迅速传达贯彻会议精神，编发8篇评论员文章，深入解读首钢“两会”精神。同时结合会议内容和领导讲话精神，宣传各单位深入学习贯彻落实会议精神的宣传报道和编辑点评等58篇，为首钢的改革发展提供强有力的思想保证和舆论支持。

（郑　昕）

【做好总书记视察首钢的宣传】 党委宣传部围绕习近平总书记视察时重要批示，编发“首钢百年历史上激动人心的时刻”社论，开设“以总书记视察慰问为强大动力——百年圆梦就在今朝　续写传奇唯有奋斗”专栏和专题，全年持续报道首钢集团及各单位深化改革、转型发展的新成果、新进展、新形象，专栏刊发28篇报道，引导动员广大干部职工，沿着习近平总书记指引的方向奋勇前进，在新时代展现新作为，谱写百年首钢高质量发展新篇章。

（郑　昕）

【形势任务宣传】 党委宣传部围绕首钢集团党委扩大会暨上半年经济活动分析会精神，《首钢日报》刊发3篇评论员文章，刊发宣传30篇各单位抓好生产运行，牢牢守住安全红线和环保底线；抓好产品和成本，不断提高竞争力；严格控制投资和费用支出，确保企业健康可持续发展;深入推进转型提效和企业退出工作;贯彻首钢北京园区“三年行动计划”,展现园区建设新形象新作为;提升新产业转型质量,加快新产业做强做大步伐;推进产融结合,实现企业发展良性循环的报道。围绕首钢钢铁板块1—9月份经济活动分析会精神,《首钢日报》开设“决战　决胜四季度”专栏,同时电视、微信公众号、网站等媒体宣传各单位认真贯彻落实会议精神,聚焦全年经营目标任务,紧盯关键要素,狠抓重点环节,撸起袖子加油干,确保全年目标任务交账的新闻报道12篇。

(郑　昕)

【主题教育理论学习活动】

6月10日,首钢集团作为第一批开展“不忘初心、牢记使命”主题教育的单位召开动员大会,首钢集团党委中心组开展为期一周的集中学习研讨。会议学习习近平总书记在“不忘初心、牢记使命”主题教育工作会议上的重要讲话精神,以及北京市委书记蔡奇在全市“不忘初心、牢记使命”主题教育工作会议上的动员讲话精神。

6月15日,首钢召开党委中心组专题交流研讨会,主题为“学习贯彻习近平新时代中国特色社会主义思想,牢记中国共产党人的初心和使命”。

6月21日,首钢党委举办“不忘初心、牢记使命”主题教育专题辅导报告会,邀请中央党校教授李庆刚作“不忘初心、牢记使命——深刻认识中国共产党的初心和使命”报告。

6月27日,首钢领导班子及各部门负责人赴北大红楼进行革命传统教育,全体人员重温入党誓词,参观北大红楼展览,观看纪录片《红楼往事》。

6月28日,首钢集团领导张功焰在首钢庆祝中国共产党成立98周年暨创先争优表彰大会上讲党课,重温习近平总书记的重要论述,梳理100年来首钢经历的重要节点,引导广大党员干部坚守初心,践行使命,奋力开创首钢高质量发展新局面。

7月5日,首钢党委举办“不忘初心、牢记使命”主题教育专题辅导报告会,邀请中央党校教授谢鲁江作《当前我国宏观经济形势及改革发展任务》的报告。

7月6日,首钢召开党委中心组学习会,结合“不忘初心、牢记使命”主题教育,传达学习习近平总书记在中央政治局第十五次集体学习时的重要讲话精神等,以及《中国共产党党员教育管理工作条例》《党政领导干部考核工作条例》《干部选拔任用工作监督检查和责任追究办法》等中央、北京市委近期下发的党内法规文件。

7月11日,首钢集团领导班子及各部门负责人参观了“不忘初心、牢记使命”全国爱国主义教育示范基地——香山双清别墅红色党课课堂,追寻伟人足迹,传承红色基因,开展红色教育,弘扬革命精神。

7月30日,北京市“不忘初心、牢记使命”主题教育先进典型事迹北京市国资系统专场报告会在首钢文馆举行。北京市国资委机关、部分市属国资企业和首钢集团各单位党员领导干部300余人参加。

(郑　昕)

【首钢“三创”会宣传】 2019年,党委宣传部完成首钢“三创”会议宣传工作如下:根据《关于首钢开展“不忘初心、牢记使命”主题教育实施方案》,首钢“三创”交流会纳入主题教育先进典型教育专题。会议的主要任务是,深入学习贯彻习近平党建思想,把思想和行动统一到党中央全面从严治党各项部署和要求上来,进一步强根固魂,向典型学习,向先进看齐,不断提高党的建设质量,推动首钢高质量发展。集团党委书记、董事长、总经理张功焰作题为《以高质量党的建设推动首钢高质量发展》总结讲话。播放专题片《强根固魂砥砺奋进》。首钢京唐党委、首钢长钢轧钢厂党委、首钢矿业水厂铁矿汽运作业区党支部、首钢建设钢构公司园区工程项目部党支部、首钢园服冬奥物业事业部党支部介绍在党建工作上的经验。首钢退休干部杨育诚、张玉东,集团副总工程师张福明,首钢股份炼钢部作业长郭玉明,技术研究院用户技术研究所焊工刘宏,首钢建投工程建设部部长助理段若非讲述了首钢人拼搏奉献的故事。

(郑　昕)

【党委中心组理论学习】 党委宣传部围绕学习宣传党的十九届四中全会精神,提出《学习宣传贯彻的安排意见》,首钢集团领导和各二级单位领导带头开展宣讲,使党的创新理论在首钢进一步形成生动实践。结合“不忘初心、牢记使命”主题教育,抓好党委中心组理论学习,把学习习近平总书记对北京的重要讲话精神、习近平总书记对首钢工作的重要指示精神作为重中之重,通过集中研读、交流研讨、专题辅导、观看视频,提升党委中心组学习质量。年内组织开展集中学习研讨24

次，其中专题交流研讨8次，专题讲座和辅导报告4次。编发《党委中心组学习参阅》9期。对首钢股份等7家单位党委中心组理论学习进行巡听旁听。利用“学习强国”学习平台开展学习，首钢23个直管党委全部纳入组织架构，完成近100%的党员“学习强国”平台注册，推动理论学习常学常新和习惯养成。党员参与学习人均日积分24分，活跃度73%。在北京市国资委系统53家单位中排名第14位，“学习强国”学习平台刊登首钢的有关文章31篇。

（郑　昕）

【首钢100年系列纪念活动】

3月27日，在首钢建厂100周年纪念活动标识发布会上，“百年畅想”成为纪念活动标识。该标识由“SHOUGANG”汉语拼音、“1919—2019”年号、多彩飘带等元素组成，代表首钢迎来建厂100周年，寓意百年首钢历经风雨、自强不息，不断发展壮大；炫动的飘带，变形为“首钢”汉语拼音缩写的“SG”，寓意首钢喜迎百年华诞，向世人展示良好的企业品牌形象；多样的色彩，如同雨后彩虹，寓意百年首钢奋进新时代，同心共铸中国梦，再度书写百年传奇。该活动征集217件作品，从20件入围作品中优选出3件作品，通过《今日首钢》APP、首钢新闻中心微信公众号网络投票评选，最终“百年畅想”作品排名第一。

6月，2019年首钢集团宣传片发布，该片结合首钢建厂100周年，展现首钢在岁月的长河中，从小到大、由大到强的奋斗历程，坚定践行新发展理念，落实京津冀协同发展战略，打造新时代首都城市复兴新地标的生动实践。7月25日，《长征组歌》在首钢体育大厦上演。这是首钢集团党委深入开展“不忘初心、牢记使命”主题教育、庆祝新中国成立70周年、纪念红军长征出发85周年和首钢建厂100周年的一项重要内容。举行演出3场，现场观看演出观众1400人，首钢新闻中心进行了微信直播，万余人次通过手机或互联网同步观看。

8月22日，首钢集团“岗位梦、企业梦、中国梦”主题演讲比赛在首钢矿业举行，来自集团各单位的演讲员用热情奔放的语言、朴实厚重的故事，彰显了首钢人强企报国的使命追求，体现出首钢赓续奋斗的优良传统，演讲进行了网络直播，近5万人观看比赛。

9月11日，《百年首钢》四册丛书和《百年首钢世纪圆梦》画册出版发行。《百年首钢》四册丛书由中央文献出版社出版，全书分自强卷、创新卷、绿色卷、文化卷，收录文章180篇，文中照片475幅，120余万字。《百年首钢　世纪圆梦》画册收录首钢不同发展阶段的珍贵历史照片650幅，包括指引方向、百年历程、自强首钢、创新首钢、绿色首钢、文化首钢、名人荟萃、美好未来8个板块。

《人民日报》《北京日报》《工人日报》《中国冶金报》《首都建设报》《劳动午报》等媒体整版刊发“钢铁脊梁百年首钢——热烈庆祝首钢建厂100周年”专版，以图文并茂的形式介绍了百年首钢重大历史节点及事件，展现百年首钢辉煌历程。

《首钢日报》纪念首钢建厂100周年专刊出版发行，以百年首钢取得的巨大成就和变化为主线，突出“继承光荣传统再创首钢辉煌”主题，包括亲切关怀、巨大鼓舞；百年首钢、铁色记忆；自强首钢、报国图强；创新首钢、永争第一；绿色首钢、创享蓝天；文化首钢、薪火相传；开放首钢、世界瞩目；伟大转型、引领未来。

9月22日，首钢集团举办“百年首钢·城市复兴”论坛，结合首钢北京园区在城市更新发展中的探索与实践，总结推广先进经验，围绕落实新首钢“三年行动计划”，推进“四个复兴”，打造新时代首都城市复兴新地标进行广泛深入交流。国内外专家结合各自实践案例从不同角度诠释城市复兴内涵，为首钢北京园区建设提供了宝贵经验。10月11日，首钢微信公众号发布“首钢工匠”事迹专题片。首届12名“首钢工匠”用自己的实际行动，生动诠释了工匠精神。《首钢日报》刊登了“首钢工匠”先进事迹通讯。

（郑　昕）

【意识形态工作】　2019年，党委宣传部针对首钢集团把意识形态和宣传思想工作作为重要内容纳入首钢集团党委扩大会报告，对全年的工作做出安排部署，制订具体落实措施，纳入集团领导班子年度重点任务分工方案和民主生活会整改方案中加以推进实施。研究制定《首钢集团党委理论学习中心组学习、意识形态工作责任制任务清单》，组织各单位党委加强对照检查，抓好落实，坚持夯实基础、坚决守住底线，肩负起政治责任。首钢集团宣传系统举办意识形态工作培训会，邀请中国社会科学院国家文化安全与意识形态建设研究中心副主任兼秘书长朱继东作《新时代意识形态安全面临的挑战和应对》专题辅导报告，党委宣传部通报上半年意识形态工作情况，安排部署下一步意识形态工作。组织制定颁发《首钢网络舆情信息管理办法》，指导各单位做好舆情信息管理。通过"中国冶金报舆情大数据系统"，对网络媒体进行监测，对舆情信息进行智能统计分析。建立《每日舆情专报》制度，定时提交舆情日报、周报、半年报、年报，编辑舆情报告250期，监测整理记录各类舆情信息1226条。

（郑　昕）

【企业文化建设】

1月25日，首钢召开"首钢之星"2018年度表彰暨演讲报告会，15名"首钢之星"受到表彰，"首钢之星"代表陈香、黄祥、刘博强讲述奋战在一线首钢人的故事，用实际行动诠释首钢精神。这是连续第4年评选表彰"首钢之星"，评选产生60名"首钢之星"。

7月24日—26日，在2019年北京市国资委系统首都国企职工宣讲比赛中，"首钢之星"刘博强讲述了自己主动转型、刻苦学习制冰技术、服务保障冬奥的故事，最终获得"十佳宣讲员"奖。首钢集团获得宣讲工作先进单位。9月24日，"伟大历程辉煌成就"庆祝新中国成立70周年大型成就展开幕，展览以时间序列展出1700多张历史照片、180多个视频、650多种实物，其中1961年"工业七十条"试点单位展示了石景山钢铁公司开展评功摆好活动现场照片。首钢职工观展2500余人。

11月，在第20个记者节来临之际，集团宣传系统组织开展"十年之变——走进长钢"联合采访活动，联合采访组，深入到焦化、炼铁、炼钢、轧钢等生产线体验采访，了解对标行业先进、夯实基础管理、强化市场运作、严格资金管控，全面提升市场竞争力等方面的典型做法，挖掘首钢长钢近年来发生巨变的经验启示。

11月16日—18日，在中外企业文化2019合肥峰会上，首钢集团荣获新中国70年企业精神之"敢为人先精神"代表单位奖。首钢集团《敢为天下先，铸就首钢魂》的企业文化建设实践成果，入选《新中国70年中国企业精神与企业文化成果大典》。

11月16日，在"时代新人说——我和祖国共成长"演讲大赛总决赛中，"首钢之星"、首钢园运动中心制冰工刘博强获得铜奖。6月27日，刘博强曾在演讲大赛首场主题赛事"劳动筑梦"全国职工演讲比赛上获银奖。该演讲大赛由中央宣传部、国务院国资委、中央军委政治工作部、全国总工会、共青团中央、全国妇联、人民日报社共同主办，全国总工会承办。

11月，首钢京唐热轧部徐芳、首钢矿业杏山铁矿严振湘、北冶公司文新理入选第十批首都市民学习之星。12月，由北京市委宣传部、北京十月文艺出版社策划的反映首钢改革发展文学作品《百炼成钢》出版发行，旨在为新中国成立70周年、首钢建厂100周年献礼，并成为中宣部"五个一工程"奖推荐作品。该书作者唐朝晖，历时3年，深入工人家庭160个，采访首钢职工320人，形成42万字的作品。

（郑　昕）

【"首钢人的故事"宣讲】　企业文化部组建"不忘初心首钢人，建功立业新时代"巡回宣讲报告团，报告团由退休职工、劳模先进、青年职工三代首钢人组成，宣讲员11人，分别讲述首钢不同历史阶段的奋斗故事。宣讲团在北京地区、河北唐山迁曹地区、首钢贵钢、首钢水钢、首钢长钢等地巡回宣讲19场，受众3000多人。

（郑　昕）

【品牌宣传】

1月，财富中文网发布"2018中国最具影响力创新企业排行榜"，首钢集团荣登榜单，排名第18位。首钢集团连续两年进入此榜单，今年排名比上年上升了12名。

2月13日，北京市政府新闻办、市发改委等部门联合发布《加快新首钢高端产业综合服务区发展建设打造新时代首都城市复兴新地标行动计划（2019年—2021年）》（简称"三年行动计划"）。该行动计划将是新首钢发展最有力的行动指南，涉及38项重点任务、90个重大项目，新首钢要通过一系列举措实现文化复兴、产业复兴、生态复兴、活力复兴，全力打造新时代首都城市复兴新地标。

2月28日，北京市智能网联汽车示范运行区在首钢北京园区正式启动，将成为北京市无人车最集中的区域和集中测试的实验田，重点推进智能网联汽车技术产业化、加快建设智能路网设施、建成满足超大城市出行需求的交通云、率先建设5G车联网、大力发展高精度地图产业，全力打造以智能网联汽车为代表的城市科技实验场和孵化器。

2月28日，中国国际广播电台俄东地区传播中心《看中国》栏目组来首钢北京园区采访拍摄系列微视频节目,在俄罗斯电视台和两家匈牙利电视台播出。

3月15日,首钢集团以“百年首钢恰风华正茂,继往开来再创辉煌”为主题亮相2019年第十九届中国(上海)国际冶金工业展览会,全面展示首钢在钢铁制造、智能制造、城市服务、绿色发展等方面的成绩和亮点。

4月9—19日,首钢作为北京市三家重点蹲点采访报道单位之一,接待“壮丽70年·奋斗新时代”大型主题蹲点采访活动的30余名中央和北京市属媒体记者。记者先后采访了首钢京唐、首钢北京园区,通过新华社、中央广播电视总台、人民日报、经济日报、法制日报、中国青年报、中国改革报、北京日报、北京电视台、北京晚报、北京青年报、新京报、中国旅游报、网易等主流媒体的报纸、电视、网站、微信、电台、微博报道40余篇,对首钢从山到海、从火到冰的跨越和变化进行全方位、多角度的报道,集中展示了首钢转型发展的成就。

5月10日,中国钢铁冶金行业2019年钢铁品牌发布,首钢集团荣膺“卓越钢铁企业品牌”,首钢长钢、通钢公司荣膺“卓越建筑用钢生产企业品牌”。

5月22日,北京电视台《京津冀大格局》栏目以“百年首钢　涅槃新生”为题聚焦首钢北京园区落实《三年行动计划》,打造新时代首都城市复兴新地标的生动实践,呈现首钢深化改革、转型发展焕发出来的勃勃生机与活力。

6月,接待2019“看中国·外国青年影像计划”北京行活动到首钢工业园区,进行文化体验与短片创作,来自5个国家6所高校的10位外国青年共完成短片10部。

6月2日,在以“辉煌七十载,再谱新华章”为主题,第四届“首都国企开放日”活动中,《北京晚报》读者团、北京邮电大学和北方工业大学师生等150多人走进首钢北京园区,参观陶楼、西十冬奥广场、三高炉工业遗存。

6月3日起,中央电视台国际频道连续5天播出报道首钢转型发展成就,分别以《择海重生》《大器铸成》《精钢涅槃》《水火共荣》《冰雪邀约》为题,向世界真实地展现首钢搬迁调整、转型发展过程中的转变和成长。

7月,中国国际广播电台采访拍摄首钢服务保障冬奥的故事,在国际在线中文网、葡文网、国广葡语部脸书及推特主页,以及国广西欧拉美中心各语言部网站推送。

7月22日,财富中文网全球同步发布了最新的《财富》世界500强排行榜,首钢集团以31103.8百万美元的营业收入列第402位,比上年上升29位。这是首钢集团自2011年首次进入世界500强榜单以来第八次上榜。

8月,中宣部国际传播局到首钢北京园区拍摄《这里是中国》纪录片,宣传首钢“老厂区的惊艳之变”。

9月,北京市委宣传部组织“外国摄影师拍中国”活动,协助加拿大摄影师弗朗索瓦·纳多拍摄报道三高炉、首钢滑雪大跳台、无人车、冬奥组委办公区、四块冰、新首钢大桥等,宣传首钢推进“四个复兴”,打造新时代首都城市复兴新地标的成效。

9月,结合首钢集团举办第四届曹妃甸海洋发展大会、首钢首秦园区赛车谷开园仪式,首钢承担北京大兴新机场停车楼和首都机场停车业务等新产业、新亮点,组织10余家中央和北京市属媒体记者采访报道,刊发文章30多篇。

9月6日,新华社刊发中英文新华全媒头条《百年首钢、百炼成钢——从钢铁强国“梦工厂”到改革转型“排头兵”》,国内外100多家媒体转载。

10月,央视国际网拍摄首钢北京园区改造情况,以外国人视角解读中国城市的“成长坐标”,在央视国际网及国内外多终端平台播出。中国互联网新闻中心《彭瑞话中国》栏目组到首钢北京园区采访拍摄,在中国网中西双语播出,向国内外观众展示首钢老工业园区华丽转身为冬奥新地标。

10月24日,首钢集团多个展台集中亮相第二十二届中国北京国际科技产业博览会。在“首都青年科技创新创业成果”展区,技术研究院、首钢股份、首钢京唐等单位青年展示了创新成果。

10月29日,中华人民共和国成立70周年庆祝活动首钢服务保障工作总结表彰大会召开,会上播放了首钢国庆70周年服务保障工作专题片《国庆盛典首钢担当》展现了首钢人完成大型装置制作、阅兵预备役方队、彩车驾驶、群众游行和联欢、志愿者服务等10多项服务保障任务的历程。

11月6日,首钢集团领导张功焰、赵民革及有关部门负责人参观第二届中国国际进口博览会,按照北京市国资委通知要求,首钢集团组织在京62家单位130余人到会参加观展活动。

12月12日，2019沸雪北京国际雪联单板及自由式滑雪大跳台世界杯资格赛后，“冰火铸梦，丝路飞天——首钢高塔光影秀”在首钢滑雪大跳台首演。12月31日，由北京市文化和旅游局与北京冬奥组委文化活动部共同主办的2020北京新年倒计时活动暨第四届北京冰雪文化旅游节举行。活动包括“魅力北京”传统文化体验活动、第四届北京冰雪文化旅游节正式启动仪式和文艺演出等，千余中外嘉宾在倒计时活动中迎来了2020年新年的钟声。

（郑　昕）

【社会媒体报道首钢】

1月，新华社刊发《新首钢大桥高塔合拢今年竣工通车》，《工人日报》刊发《“新首钢大桥”跨越永定河》，《北京日报》报道《首钢AI园揭牌北京再添一处硬科技新地标》《打造新时代首都城市复兴新地标》《首钢园区管廊变身空中步道》，《中国冶金报》在头版刊发《在首钢，产融结合催生了新动能》，《首都建设报》先后报道《首钢获2018年度国际奥委会奖杯》《吞下残羹　吐出沼气》《首钢集团卫建平——数控应用技术带头人》《首钢工业管廊变空中步道》《新首钢三年行动计划将公布》《首钢冰球馆诸多“第一”的背后》《首钢牵头项目获国家科技进步二等奖》《新首钢应打造城市复兴新地标》《首钢园北区获全国城乡规划一等奖》《首钢两项目获创新大赛奖项》等文章，《北京青年报》刊发《2020年首钢园区将启用无人驾驶电动车》，《北京晚报》刊发《冬奥助力首钢打造城市更新标杆工程》报道。

2月，新华社报道《北京发布新首钢三年行动计划打造新时代首都城市复兴新地标》，中新社刊发《北京规划建设新首钢“首都城市复兴新地标”》《新首钢地区提前谋划冬奥会赛后可持续发展》，《经济日报》报道《首钢转型新生》，《北京日报》头版头条报道《习近平春节前夕在北京看望慰问基层干部群众向广大干部群众致以美好的新春祝福祝各族人民幸福安康祝伟大祖国繁荣吉祥》《首钢工业园与北京冬奥会》（整版）、《百年老厂将打造首都城市复兴新地标》（头版）、《打造新地标记录新时代》《新首钢三年行动计划锁定四大目标》《首钢冰球馆赛事“首秀”获赞》《首钢滑雪大跳台项目开建》，《首都建设报》刊发《新首钢打造首都城市复兴新地标》《首钢布局京外环境产业》，《北京青年报》刊发《新首钢建设将凸显“素颜”之美》《新首钢带来多项获得感》《研发防锈漆秀出三号炉》，《北京晚报》报道《长安街绿轴将建成13个沿线公园》《门头沟将打造新首钢滨河服务区》《西望新首钢巨人已转身》（整版）。

3月，《人民日报》报道《首钢滑雪大跳台主体结构年内完工》，《北京日报》刊发《8种无人车场景集中亮相首钢园》《首钢电网6月全部并入公网》《首钢园打造工业特色酒店》，《首都建设报》刊发《首钢园开建智能网联汽车示范运行区》《冬奥北京城区唯一雪上项目开建》《首钢团队创海外工程新模式》，《北京青年报》报道《首钢素颜值：山水与工业遗存共生的新城市风貌》等新闻。

4月，中新社刊发《首钢搬走后，留下的遗产有了新生命》，《工人日报》报道《当“首钢工匠”，先奖10万元，每月再得1万元》，《北京日报》刊发《“海上首钢”涅槃重生》《新首钢打造宜居宜业“人才磁场”》，《首都建设报》刊发《首钢园开建国际酒店服务冬奥》《首钢园北区探索工业遗存改造“新模式”》《首钢加气板出口斯里兰卡》，《北京青年报》报道《玻璃观景台亮相78米高炉炉顶》《首钢实现从“山”到“海”的跨越》，《北京晚报》刊发《旧厂房变身现代化冰球馆》《十年筑梦曹妃甸　涅槃重生新首钢》（整版）、《“钢铁巨人”的百岁蜕变记》（整版）。

5月，《经济日报》报道《国家电网成为北京冬奥会官方合作伙伴》，《中国青年报》刊发《百年首钢奏响冰与火之歌》（头版头条），《北京日报》报道《让机器人活起来》《首钢园区的奥运奇缘》《与城市同行　赢得更大发展》《首钢京唐十年带动万余人就业》，《首都建设报》刊发《首钢环境公司牵头科技成果达国际先进水平》《“浅埋暗挖法”保护首钢百年工业遗存》，《北京晚报》刊发《老首钢人转型奏响“冰与火之歌”》《首钢园秀池场馆首秀京交会》（整版）、《打造城市复兴新地标首钢分会场设冰雪主题互动体验区》。

6月，《人民日报》刊发《首钢滑雪大跳台吊装主体钢结构》，《人民日报》（海外版）刊发《首钢滑雪大跳台年内完成主体施工》，新华社报道《首钢滑雪大跳台赛道结构安装工作已正式启动》，《北京日报》报道《首例“摩天轮”车库月底投用》，《首都建设报》刊发《首钢集团冰与火的完美邂逅》《首钢京唐打造可循环钢铁流程典范》。

7月,《工人日报》刊发《百年首钢打造"梦工厂"》(头版)、《首钢打造城市新地标》(头版)、《首钢职工学技术有奔头》(头版),《首都建设报》报道《首钢职工获全国职工演讲赛银奖》《安川首钢智能机器人生产线亮相》《首钢集团 以主题教育为动力抓好落实》《首钢新一代桥梁钢首次应用高铁工程》《新首钢将成国际人才栖息地》《首钢集团第八次跻身世界五百强》《首钢滑雪大跳台"飞天"曲线初现》,《北京晚报》刊发《冬奥支线串起首钢北区五大功能区》。

8月,新华社报道《秦皇岛首钢赛车谷正式开园》,《工人日报》刊发《书画摄影述说百年首钢》,《北京日报》报道《首钢园上新自动驾驶车扫码即可接送乘客》《新首钢大桥主体结构完工》《城市复兴的别样传奇》(整版)、《首钢三高炉展厅"首秀"书画展》《一名中国制冰师的冬奥梦》,《中国冶金报》刊发《首钢三高炉续写百年辉煌》,《首都建设报》报道《4.5万吨钢板架起新首钢大桥》《首钢职工共绘"首钢长卷"》《首钢集团 以高质量党建推动高质量发展》《探秘秦皇岛首钢赛车谷》《首钢集团 推动全面从严治党向纵深发展》,《北京青年报》刊发《百年首钢 迎接冬奥》《首钢首秦公司变身"赛车谷"》《百年首钢书画摄影展在三高炉水下厅开展》。

9月,《人民日报》刊发《钢铁脊梁百年首钢热烈庆祝首钢建厂100周年》、新华社刊发《百年首钢 百炼成钢——从钢铁强国"梦工厂"到改革转型"排头兵"》《首钢推百万字丛书及画册庆祝建厂百年》《"百年首钢·城市复兴论坛"开幕》《新首钢大桥开通》,《经济日报》刊发《匠心中国:首钢集团技术研究院用户技术研究所焊工刘宏:为锻造钢铁脊梁出一份力》,《工人日报》报道《首钢命名表彰12名"首钢工匠"》,《北京日报》刊发《北京打造老工业区转型发展标杆》《国企"走出去"合作开新花》《首钢滑雪大跳台年内建成》《勇当高质量发展排头兵再度书写首钢百年传奇》(头版)、《首钢百年史启示了我们什么》《首钢厂东门原址重新开放原貌迁建的新厂东门下月亮相》,《首都建设报》刊发《以高质量党的建设推动首钢高质量发展(张功焰)》《首钢推百万字丛书及画册庆祝建厂百年》《首钢探索临海钢铁企业发展新模式》《"百年首钢·城市复兴"论坛举办》报道。

10月,《北京日报》报道《国企之光 闪亮盛典 首都国企圆满完成新中国成立70周年庆典服务保障工作》《双奥之城——续写奥运历史新传奇》《首钢厂东门重建亮相 还是熟悉的模样》,《首都建设报》刊发《首钢工业遗存变文创空间》《巨幅网幕国旗的"升旗手"是谁?》《首钢厂东门广场对外开放》,《北京青年报》报道《首钢创新服务为新机场解决出行难》《首钢厂东门广场正式对外开放》,《北京晚报》刊发《钢铁魂铸就强国梦》《阔别四年半的首钢东门回来了》。

11月,《人民日报》(海外版)报道《首钢园区工业遗存绿色蝶变》,新华社报道《北京冬奥会比赛场馆首钢滑雪大跳台建设完成》《首钢通钢公司正式进入司法重整程序》,《北京日报》刊发《"飞天"新飘带舞动老首钢》《首钢园化身环境舞蹈演出舞台》《首钢宝武战略合作促转型》《"这一刻,使命光荣!"》《首钢滑雪大跳台正式通电》,《首都建设报》刊发《落实新发展理念推动首钢高质量发展(何巍)》《首钢京唐高强镀锌线第一卷下线》《历时300天 冰雪奥运与丝路飞天完美融合》《"水晶鞋"亮了 夜经济新地标来了》,《北京青年报》报道《首钢滑雪大跳台"飞天"形象亮相》,《北京晚报》报道《首钢滑雪大跳台今天完工》。

12月,《人民日报》报道《滑雪大跳台紧张作业中》《首钢滑雪大跳台精彩亮相》,新华社刊发《首钢滑雪大跳台万事俱备静待首秀》《首钢滑雪大跳台投用首秀获运动员"点赞"》《百年首钢 蓄力飞天——首钢滑雪大跳台借力"沸雪"展示冬奥新转型续写新辉煌》,《经济日报》刊发《百年首钢的两次奥运奇缘》(整版),《北京日报》报道《璀璨灯光点亮"水晶鞋"首钢滑雪大跳台下周四将迎首项赛事》《超级酷!"水晶鞋"迷倒中外健儿》《沸雪世界杯圆满收官 首钢大跳台完美亮相》,《中国冶金报》报道《首钢股份公司自发电量提前完成全年计划》,《首都建设报》刊发《首钢"水晶鞋"最美滑雪大跳台》,《北京晚报》报道《首钢园将上演沸雪十年秀》《炫彩"水晶鞋"激情沸雪夜》《首钢南区街区风貌揭开面纱》报道。

(刘 娜)

【首钢网络宣传管理】 党委宣传部严格执行《首钢集团网站运行管理办法》,由首钢新闻中心负责网站所有栏目内容更新,把集团31家二级公司门户网站统一纳入监控管理,形成按月总结讲评机制。集团网站以简体中文版、繁体中文版、英文版三个语言版本,及时准确发出首钢集团权威声音,成为首钢集团权威发布平台、符合通行规则的对外信息交流平台、企业形象的展示平台。2019 年网站访问量为 1675644 人次。

(岳建华)

【推进建设“首钢融媒体中心”】 首钢新闻中心推进媒体融合中心建设,在集团层面已建立“一报一台一微一端一阵一号一屏一站”8 个舆论阵地,实现融合发展,包括首钢日报、首钢电视台、首钢新闻中心微信公众号、今日首钢 APP、首钢集团微信矩阵、“一点资讯”首钢号、厂东门 LED 大屏、首钢集团门户网站(4 个版本)。通过完善优化组织机构和管理模式,“采编一体化”实现高效运行,推进电视系统全面高清化,实现网络直播和航拍常态化。“区企媒体合作”实现新突破,与石景山区融媒体中心联合直播京交会分会场,点击量 171 万人次。首钢集团媒体融合发展经验,先后在“2019 首都国企新媒体峰会”和中国冶金政研会推动媒体融合发展现场交流会上交流。

(岳建华)

【获奖与荣誉】

在中国企业文化研究会召开的“构建全媒体传播体系,提升企业品牌传播力——第六届中国企业传媒与品牌传播年会”上,首钢集团获得“中国企业全媒体传播体系构建与品牌传播三十标杆单位”称号,《首钢日报》获得“中国企业文化与品牌传播优秀报纸”一等奖。

首钢电视台获“2019 年度全国最佳企业电视台”“2019 年全国企业电视十大有影响力微信公众号”两项荣誉称号。

首钢企业文化部(党委宣传部)副部长兼新闻中心主任、首钢日报社社长、首钢电视台台长贺蓬勃获“全国最佳企业电视台台长”。

首钢新闻中心快闪作品《我和我的祖国》,在“学习强国”平台北京频道展播。

首钢新闻中心电视专题片主题曲《首钢颂》获“全国企业电视庆祝中华人民共和国成立 70 周年原创歌曲大赛最佳作曲奖”。

首钢新闻中心 9 件新闻作品获得 2019 年“全国冶金记协好新闻奖”,其中一、二、三等奖作品各 3 件。

首钢新闻中心 18 件新闻作品荣获“2018 年北京企业报好新闻”奖,其中一等奖 5 件,二等奖 5 件,三等奖 8 件。

中国企业报协会 2018 年度“中国企业新闻奖”评选结果揭晓,首钢新闻中心 5 件作品获奖,其中一等奖 2 件、二等奖 1 件、三等奖 2 件。

(郑　昕、岳建华)

纪委监察专员办公室

【纪委监察专员办公室领导名录】

纪委书记、监察专员:许建国

纪委副书记、监察部部长:王传雪

监察部副部长:姜　宏(4 月离任)

(陈东兴)

【综述】 首钢集团有限公司纪委监察专员办公室(以下简称“纪委监察专员办公室”)履行党章赋予的监督执纪问责职责,根据授权履行监督调查处置职责,并承担首钢反腐倡廉建设领导小组办公室、监督工作联席会办公室职责。纪委监察专员办公室定员编制 13 人,设岗位 10 个:纪委书记、监察专员,纪委副书记,纪委副书记兼审查调查室主任,监督检查室主任,案管审理室主任,综合室主任,监督检查干事,审查调查干事,案管审理干事,综合干事。内设机构 4 个:监督检查室、审查调查室、案管审理室、综合室。

2019 年,纪委监察专员办公室以习近平新时代中国特色社会主义思想为指导,贯彻落实党的十九大、十九届四中全会精神,按照十九届中央纪委三次全会、北京市纪委十二届四次全会和首钢“两会”决策部署,一体履行监督执纪问责和监督调查处置职责,一体推进不敢腐、不能腐、不想腐,强化日常监督,精准执纪问责,推动全面从严治党、党风廉政建设和反腐败工作不断取得新成效。

(陈东兴)

【政治监督】 纪委监察专员办公室坚守初心使命,履行协助职责和监督责任,压实管党治党政治责任。强化政治监督,完成庆祝新中国成立 70 周年重大活动保障任务。围绕“不忘初心、牢记使命”主题教育开展专项监督,强化管党治党责任担当。督促党委加强对党风廉政建设的年度总结部署、半年研究推进、日常分析研判。协助党委研究制定深化落实全面从严治党主体责任的实施办法、全面从严治党(党建)工作考核实施方案和考核办法,以发现和整改问题为核心,加大日常监督力度，推动各级党组织落实落细主体责任。围绕做精做准政治监督，层层开展调研，形成调研成果22篇，运用党的创新理论指导实践。

（王国安）

【纪律监督】 纪委监察专员办公室坚持挺纪在前，以全体党员干部为重点，聚焦党章党规党纪执行情况，着力在日常监督、长期监督上发力加压。落实强化同级监督要求，对首钢领导班子及班子成员政治生态情况综合研判。加强党内政治生活监督，对23家基层单位领导班子民主生活会进行督导检查。加强对选人用人的监督，严明二级（直管）单位“两委”换届纪律，共回复党风廉政意见388人次。加强对权力运行的制约和监督，对16家法人单位“三重一大”制度建设和执行情况开展专项检查，明确标准要求，推动问题整改。针对北京市纪委专项督导发现的问题，层层开展对照检查，专项督导反馈的18个问题和1个其他事项，完成整改；对照督导其他市管企业发现的261个问题，自查问题66个，已整改59个。各直管单位自查问题600个，整改520个。

（史玉君）

【专项监督】 纪委监察专员办公室深入贯彻落实习近平总书记在首钢北京园区视察慰问时的重要指示精神，突出“奥运标准”，对滑雪大跳台项目开展专项督察，研究制定专项督察工作方案，成立专项督察领导小组和工作小组，建立监督检查、协调推进和奖惩机制，推动项目建设合规高效廉洁。围绕首钢重点项目、重点工程、重点工作落实情况，实施15项联合监督计划，发现问题321个，提出建议227条。对2018年联合监督发现的问题进行系统梳理，加大整改督促力度，536个问题已整改448个。

（赵新文）

【纠正“四风”】 纪委监察专员办公室深入落实中央八项规定精神，紧盯重要时间节点，严明纪律要求，强化“四风”问题监督检查。“五一”前对基层单位纪委书记、分管行政后勤的领导以及首钢相关部门负责人集体约谈提醒；春节前对首钢直管的42名新提职和平级转任重要领导职务人员集体廉政谈话。采取“四不两直”方式，开展公务用车使用管理情况专项检查。集中开展私车公养、护照管理、“吃空饷”、违规房屋租赁、违规乘坐交通工具及违规差旅、住宿、业务接待6个方面专项整治，取得初步成效。对操办婚丧喜庆事宜违规收受礼金问题立案审查，给予党纪处分1人。聚焦上级重大决策部署落实情况，紧盯形式主义、官僚主义新动向新表现，以各级领导人员为重点，层层调研排查，集中整治作风不实、工作不实等突出问题。首钢党委带头抓整治，调研排查的18个问题已全部整改。为减轻基层单位迎检负担，将巡察工作纳入联合监督检查体系，统筹研究、一体推进。

（王国安）

【线索处置】 纪委监察专员办公室贯彻落实上级有关精神，进一步规范信访举报受理和问题线索处置，对管辖范围、工作任务、办理程序、集体研判、审批转办、统计分析以及报送工作，明确管理标准和纪律要求。对2017年以来信访办理情况专项检查，查出问题9个；对2018年6月至2019年4月办结的违纪案件质量评查，查出问题6个；对2017年6月至2019年4月办结的违纪案件党纪处分执行情况专项检查，查出问题7个。通过会议发布、开展“回头看”，推动问题整改。首钢纪检监察系统按照四类方式处置问题线索221件，其中谈话函询49件、初步核实157件、暂存1件、予以了结14件。

（王爱武）

【执纪审查】 纪委监察专员办公室贯通运用监督执纪“四种形态”处理138人，做到挺纪在前，体现严管厚爱。其中：第一种形态处理112人，占81.2%；第二种形态处理23人，占16.7%；第三种形态处理1人，占0.7%；第四种形态处理2人，占1.4%。对涉嫌违纪的17件问题线索立案审查，给予党纪处分17人，其中党内警告10人、党内严重警告4人、留党察看1人、开除党籍2人。对上级纪委移送的2批违法人员的问题线索开展核查，依纪依规处理。做好审查调查“后半篇文章”，深化“以案为鉴、以案促改”，对通钢孙利军受贿案深入开展“四查”，推动以案治本。运用身边典型案例和突出问题，开展正风肃纪教育片征集活动，制作《首钢集团正风肃纪教育片选集》，增强警示教育的针对性、有效性。

（马立为）

【体制改革】 纪委监察专员办公室贯彻落实北京市委、市纪委监委和首钢党委决策部署，制定推进纪检监察体制改革实施方案，撤销首钢监察部，设立监察专员办公室，与首钢纪委合署办公。完成内部机构设置、定员编制、职责权限界定，各项改革措施陆续落地。有序推进二级（直管）单位纪委书记专职化，专职纪委书记由改革前的10人增加到13人，其中5家重要子企业纪委书记均已实现专职化；13名纪委副书记专职达到12人。

（陈东兴）

【队伍建设】 纪委监察专员办公室以提升能力素质为目标，加强自身建设。举办为期3个月的纪检监察干部素质提升培训班，系统学习新的纪法要求、工作规则和业务流程，提升依规依纪依法履职能力。坚持分层分类培训原则，压实培训主体责任，实现人员和业务全覆盖。坚持逢会必考，抽查学习效果，推动学习往心里走、往实里走。坚持问题导向，深化对策研究，1项调研成果收录到北京市纪检监察工作研究年度成果汇编。组织基层纪委书记开展"正风肃纪·务实一招"专题调研，聚焦党风廉政建设薄弱环节，出实招、解实题、求实效，把21项调研成果编辑成册、互鉴互促。参加全国钢铁企业纪检监察工作研究会第十五次年会，3篇论文获奖，其中1篇获得一等奖，并作大会交流发言。

（史玉君）

党委巡察办

【党委巡察办名录】

党委巡察办主任：王相禹（11月任职）

王传雪（11月离任）

党委巡察办副主任：高党红

党委巡察组组长：熊万平

党委巡察组副组长：洪　君

（杨利红）

【综述】 首钢集团有限公司党委巡察工作办公室（以下简称"党委巡察办"）2019年11月设置，其前身为"首钢集团有限公司党委巡察工作领导小组办公室"；2019年11月同时组建党委巡察组。党委巡察办作为党委工作部门，负责向巡察工作领导小组报告工作、贯彻落实巡察工作领导小组的决策部署、向上级组织请示报告有关巡察工作情况、统筹协调指导巡察组开展巡察工作、研究解决巡察工作遇到的问题、对集团党委和巡察工作领导小组决定的事项进行督办、研究巡察政策、制定落实方案并组织实施、配合有关部门研究制定巡察干部选配和管理办法、对巡察工作人员进行培训考核监督和管理、巡察工作信息处理和新闻宣传工作、建立健全巡察工作相关制度等工作。党委巡察组负责贯彻落实集团党委巡察工作领导小组的决策部署、及时向领导小组报告工作、落实巡察工作方案、承担巡察任务、开展巡察工作、总结分析巡察工作情况、撰写巡察情况报告和巡察反馈意见、依规依纪开展巡察等工作。党委巡察办主任由集团党委组织部部长兼任，党委巡察办定员编制6人，其中专职副主任1人，巡察工作人员5人；党委巡察组设专职巡察组长1人，兼职副组长1人、兼职巡察员3人。

2019年，党委巡察办深入贯彻党的十九大精神，按照"六个围绕，一个加强""五个持续"和全国巡视工作会"五个紧扣"要求，贯彻落实北京市"以案为鉴、以案促改"警示教育大会和北京市国资委党委第三轮、第四轮巡察工作动员部署会精神，认真落实首钢"两会"精神，按照集团党委安排，聚焦坚持党的领导、加强党的建设、全面从严治党，压实"两个责任"，扎实开展政治巡察，深入推进巡视巡察整改，有效发挥巡察震慑遏制治本作用，促进基层党组织全面从严治党意识不断得到提升。

（杨利红）

【制定巡察计划】 党委巡察办在认真总结2018年首轮巡察房地产公司党委经验基础上，按照集团党委"一个单位一年内只监督检查1次"要求，将巡察工作纳入联合监督检查体系，结合各专业年度检查安排，确定2019年度巡察京西重工等6家单位。为积累巡察经验，本着先重点后覆盖的原则，计划巡察的6家单位既有平台公司、重要子企业，又有直管企业和战略支撑部门，涵盖二级党委及基层党支部，具有一定的代表性。在巡察进驻京西重工、首控公司、矿投公司和人才开发院时，与党委组织部、审计部、系统优化部、法律事务部、工会等联合监督检查部门联合召开动员大会，一同启动，分别开展检查，共享检查资料和情况，联合监督检查合力有效增强。

（杨利红）

【推进巡察工作】 依照计划，巡察组在1月份完成对房地产公司党委首轮巡察反馈后，按照年度巡察计划，依次对京西重工、曹建投公司、首控公司、矿投公司、人才开发院、技术研究院党组织开展巡察。在6轮巡察中，巡察组查阅资料15000余份，抽查各类台账凭证570余册，个别谈话193人，其中领导班子成员36人次，中层领导人员71人次，其他人员86人次；相关人员了解情况103人次，调研及座谈会6次，收到来信11件次，参加各类会议12次，问卷调查63份。为确保巡察工作覆盖面，巡察组先后深入上海、北京房山、山西、辽宁等地，对被巡察企业重要下属单位延伸检查，让基层单位了解巡察工作重要性，同时发现基层党组织存在的突出问题，起到较好的震慑示范作用。

（杨利红）

【发现突出问题】 党委巡察组全面审视被巡察党组织工作情况，着力发现贯彻中央、市委和集团重大决策部署方面和基层党建工作存在的突出问题，累计发现京西重工等6家单位涉及党委领导作用发挥不到位、基层党组织建设不规范、“两个责任”压得不紧不实等六个方面81项176个问题，提出建议86条，移交线索16件次。集团党委在听取巡察情况汇报后，对巡察工作给予充分肯定。巡察工作严肃认真，巡察工作人员严谨细致的工作作风也得到被巡察单位干部职工的认可，在反馈会上对巡察组工作测评中，总体评价满意率分别为京西重工92.3%、曹建投82.8%、首控公司100%、矿投公司75%和人才开发院98.6%。

（杨利红）

【巡察整改工作】 党委巡察办为抓实巡察整改“后半篇文章”，对房地产公司、京西重工、曹建投公司、首控公司、矿投公司5家单位的巡察整改方案严格审核把关，提出6方面172条修改意见，为后续整改工作奠定了基础。对房地产公司、京西重工、曹建投公司、首控公司党组织报来的巡察整改报告及第一责任人履行责任报告进行审核，提出意见122条，确保真实反映整改成效。房地产公司、京西重工、曹建投公司、首控公司党组织的巡察整改报告经集团党委常委会批准，以本单位党组织文件形式向职工群众通报，接受群众的监督。房地产公司、京西重工、曹建投公司党组织巡察整改情况得到职工群众的认可，在对巡察整改完成情况的测评中，总体评价满意率分别为98.1%、100%、100%。各单位在巡察整改中严肃开展追责问责，共批评教育20人次，谈话提醒5人次，诫勉问责3人次，行政警告处分2人次。为确保反馈意见真正落实落地，集团党委成立监督检查组，对房地产公司党委开展巡察反馈问题整改落实情况监督检查，并进行检查意见反馈。

（杨利红）

【修订工作制度】 党委巡察办认真贯彻市委巡视工作领导小组《关于加强北京市管企业巡察工作的意见》，结合首钢巡察工作实践，对《首钢集团公司党委巡察工作制度（试行）》进行修订，2019年12月以正式制度颁发运行，依制度对首钢巡察工作领导小组进行调整，单独设立首钢党委巡察工作办公室，为规范首钢巡察工作奠定基础。

（杨利红）

【巡察成果运用】 党委巡察办认真做好巡察成果的运用。首钢党委各专业部门针对巡察反馈的问题，强化服务意识，指导基层单位举一反三抓好对照检查和整改，多向立体强化巡察成果的运用。集团层面以巡察问题为镜，通过召开基层党委书记会、纪委书记会、组织系统专业会，将巡察发现问题归纳通报，要求各单位进行对照检查整改，起到巡察一家警示一片的效果。对巡察发现的带有普遍性的系统管理漏洞、专业管理流程中存在的不足，“倒逼”专业管理部门组织进行系统整改，从而达到问题在制度管理流程等层面彻底解决。巡察的过程对强化党的领导、规范党建基础向基层延伸，对违章违规违纪等问题的及时整改落实，起到警醒震慑作用。

（杨利红）

【探索巡察规律】 党委巡察办在“不忘初心、牢记使命”主题教育中，配合集团领导深入3家已被集团党委巡察的党组织，针对首钢巡察工作存在的主要问题进行调查研究。对基层反映的7个问题，进行分析并迅速做出回应，如针对被巡察单位特点，在巡察组增加具备矿业专业和财务专业人员充实巡察组，巡察组工作人员专业结构得到改善。为进一步提高巡察质量，有效推进巡察工作，巡察办结合首钢实际，按照系统设计、试点实践、稳步推进、不断完善的思路，扎实推进巡察工作实践，从构建首钢巡察工作体系，逐步形成系统完善的工作流程，总结了巡察全面覆盖机制、巡察过程“双突出”机制、巡察工作三个汇报机制、集团内巡察监督检查和专项检查联动协调工作机制、全面压实整改后半篇责任机制、巡察队伍任用机制等具有首钢特色的七个巡察工作机制，形成《大型国有企业巡察工作机制的构建与实践》成果，对国有企业巡察机制建设进行有益探索。

（杨利红）

【巡察业务交流】 2019年5月，集团领导在北京市委巡视办国企巡察工作座谈会上，汇报首钢开展巡察工作总体情况及存在的问题，并向市巡视办提出建议。3月，集团党委巡察办负责人和中首公司党委书记在北京市国资委党委首轮巡察二级企业党组织征求意见座谈会上，分别汇报首钢党委开展巡察和中首公司接受巡察整改工作情况，并向北京市国资委党委巡察办提出建议。通过经验交流学习，对巡察工作的政治认识得到加深，巡察工作的管理水平得到提升。及时总结整理巡察工作进展情况，向集团党委汇报工作动态3期；针对巡察中的重点问题，按一事一报的要求向集团党委进行7次专报。加强与北京市国资委党委巡察办的联系，向北京市国资委报备巡察材料11次。

（杨利红）

【调整巡察领导小组及办公室人员及职责】 2019年，结合集团实际对首钢巡视整改领导小组和办公室人员及职责进行调整。随着集团机构调整和人员变化，特别是集团部署开展内部巡察工作后，首钢巡视整改工作领导小组成员和职责发生较大改变。为此，参照上级相关机构职责，将“首钢巡视整改工作领导小组”调整为“首钢巡视巡察整改工作领导小组”，并将领导小组及办公室成员按现职人员进行调整，明确机构成员按替任制管理，明确办公室设在集团办公厅，把巡察整改纳入工作职责。

（杨利红）

【召开联合监督检查推进会】 2019年4月，党委巡察办为有效推进巡视巡察反馈问题整改、北京市纪委对首钢督导检查反馈问题及首钢联合监督检查发现问题整改，按照集团党委安排，专题召开整改工作推进会。会议主要通报2018年以来巡视巡察问题整改情况、联合监督检查发现问题整改情况，表扬整改任务完成较好的单位，批评整改差的单位，没有按计划完成整改单位在会上说明原因，对下一步整改工作提出具体要求。

（杨利红）

【推进首钢巡视整改】 党委巡察办配合集团党委“不忘初心、牢记使命”主题教育，巡察办系统梳理2017年11月向上级系统专题汇报以来，北京市委巡视首钢发现问题持续整改7个具体事项的进展情况，并形成正式报告，以集团党委名义上报“不忘初心、牢记使命”主题教育市委第24巡回指导组。2019年，7个具体事项中的5个完成整改，其中2019年7月份中首公司购买蒙古矿存在较大资金风险问题，经贸仲委裁决支持中首公司仲裁请求，完成整改；另2个在持续推进中，其中通钢公司经营者股权问题，2019年3月两次向吉林省政府和北京市国资委作了情况汇报，已进入司法程序。

（杨利红）

【推进上级党委巡察整改】 2019年，党委巡察办针对北京市国资委党委第九巡察组对中首公司党委巡察反馈的6大类17方面43项问题，督促中首公司党委制定整改方案，明确60项措施。中首公司巡察整改情况报告经北京市国资委党委审核通过，在企业内发文通报，同时形成向社会公开稿，在北京市国资委网站发布，2月，北京市国资委党委巡察办对中首公司巡察整改工作进行测评。6月，北京市国资委党委第八监督检查组对中首公司党委落实巡察反馈意见整改情况进行监督检查，并于8月就监督检查结果向中首公司党委反馈意见。中首公司党委针对反馈意见指出的2大类4方面8项问题逐一分解细化，形成《市国资委党委第八监督检查组反馈问题整改台账》，制定25项整改措施。按照反馈意见要求，9月底，中首公司党委形成检查组反馈意见专项整改报告，上报北京市国资委党委巡察办，并按月报送未完成整改问题进展情况3次。

（杨利红）

工　会

【首钢工会领导名录】

工会主席：梁宗平

副主席：陈克欣　刘　宏（兼）

常　委：梁宗平　陈克欣　刘　宏（兼）　聂桂馥　秦　勇　陈小伟（兼）　刘　燕（兼）

（谭　颖）

【综述】 首钢集团有限公司工会（以下简称“工会”）是依法维护职工合法权益的群众组织。负责首钢工会专业管理制度和专业工作标准、规范的制定、修订与指导、监督、检查，工会系统组织建设；首钢职代会筹备、会务组织和首钢集团范围内职代会的指导、监督、检查和落实；负责首钢民主管理、厂务公开，依法维护职工的合法权益；策划首钢困难职工的救助和职工困难的帮扶管理工作，指导监督职工生活服务保障方案的组织实施；

开展劳动争议调解管理、劳动法律监督、普法与职工法律援助工作；首钢劳动竞赛方案的制定及劳模评选和劳模服务管理工作；策划组织首钢集团范围内职工素质教育的开展；策划首钢职工文化体育活动，协调开展全民健身活动。

2019年，工会系统在首钢党委和北京市总工会的领导下，以习近平新时代中国特色社会主义思想为指导，提高政治站位，紧紧围绕中心任务，全面落实中央、北京市委和首钢党委关于党的群团工作的重大决策部署，各项工作取得新成效。首钢（北京地区）有基层工会129个、会员51101人，工会专兼职干部313人。首钢全集团有基层工会225个、工会分会904个，会员92119人，工会专兼职干部536人。

（谭　颖）

【组织国庆70周年游行】 工会根据北京市国资委、首钢党委有关国庆70周年群众游行工作的要求，组织首钢90名职工参加群众游行一分指第8方阵的训练，制定《首钢国庆70周年群众游行工作方案》《首钢国庆群众游行工作各单位职责》《首钢国庆70周年群众游行"三比三看"评比办法》。7月12日，召开誓师大会签订《首钢国庆70周年群众游行保密协议》。在训练中开展"群聚正能量，点赞新形象"为主题的征文活动，征文80篇。10月1日，身着不同年代各色服装的首钢职工伴随彩车通过天安门城楼，获得指挥部和国资委的表扬。10月29日，召开新中国成立70周年庆祝活动服务保障工作总结表彰大会，表彰突出贡献单位9个、突出贡献个人32人和先进个人147人。

（聂桂馥）

【市总十四大代表选举】 3月15日，根据北京市总工会《关于北京市工会第十四次代表大会组织人事筹备工作的相关说明》代表结构等要求，首钢集团工会召开首钢工会第十七届委员会第四次（扩大）会议暨工会代表会议，按照民主程序，以无记名投票差额选举方式选举梁宗平、陈克欣、刘宏、陈小伟、荣彦明、王文超、刘博强、沈楠等8人代表首钢出席北京市工会第十四次代表大会。

（于远东）

【参加北京市工会第十四次代表大会】 5月6日，梁宗平、陈克欣、刘宏、陈小伟、荣彦明、王文超、刘博强、沈楠等8人作为首钢集团正式代表参加北京市工会第十四次代表大会。梁宗平当选为北京市工会第十四届委员会委员，陈克欣当选为北京市工会第十四届经费审查委员会委员。按照会议要求，首钢组织49人列席会议。

（于远东）

【纪念首钢建厂百年】 工会围绕"继承光荣传统，再创首钢辉煌"活动主题，组织《庆祝新中国成立70周年　百年首钢恰是风华正茂"书画摄影展》和《继承光荣传统　再创首钢辉煌百年首钢发展历程主题展》，汇集职工书画作品154幅、历年首钢档案馆珍藏著名书画家丹青力作153幅、百年首钢重要瞬间摄影117幅。组织首钢劳模到园区进行疗休养，搭建休、游、学的良好交流平台。组织几代人在首钢的职工家庭、一业四地曾在北京老厂区工作过的职工以及首钢暑期托管班职工家庭子女等职工家庭代表开展"百年首钢邀您回家""百年首钢、薪火相传"等系列参观活动。组织全首钢职工3万余人分别在秀池地下展厅以及股份公司、京唐公司、矿业公司以及外埠钢铁企业等九个展区参观"继承光荣传统、再创首钢辉煌——百年首钢发展历程主题展"。在《首钢日报》、《首钢挚友新闻资讯》均开辟"走过百年"专栏，利用各种载体刊载职工征文300余篇。

（首钢工会）

【评比表彰】 4月28日，首钢在文馆隆重召开先进表彰大会，对评选出的2018年度先进集体和先进个人进行表彰。表彰首钢先进单位8个，首钢先进集体115个，首钢劳动模范148名。组织推荐并表彰全国工人先锋号1个，首都劳动奖状1个，省市级工人先锋号2个；全国五一劳动奖章1人，省级劳动模范2人，省市级劳动奖章6人。首钢北京园区运动中心制冰扫冰工刘博强获得"首都最美劳动者"称号。京唐公司炼钢部炼钢作业区等10个集体荣获"全国钢铁工业先进集体"称号，股份公司炼铁作业部副部长杨金保等9人分别荣获全国钢铁工业劳动模范和先进工作者。在2020年全国劳模、北京市劳模和模范集体的评选推荐活动中，共推荐北京市劳模15人，北京市模范集体3个。

（于远东）

【首钢工匠选树】 3月25日，首钢党委、首钢公司颁发《首钢工匠评选管理办法》。《首钢日报》《劳动午报》等新闻媒体进行深入广泛的宣传报道。9月16日，在新中国成立70周年、首钢建厂100周年之际，首届"首钢工匠"命名表彰座谈会召开，为首届"首钢工匠"12人颁发奖牌和证书，一次性奖励“首钢工匠”每人10万元，并享受每月10000元的工匠津贴，明确“首钢工匠”是首钢高技能人才的最高荣誉称号。9月17日，北京市委书记蔡奇等市领导接见了12位“首钢工匠”。参加北京大工匠选树工作。组织推荐股份公司炼钢工郭玉明等9人为第二届北京大工匠人选，其中郭玉明、王建斌、刘琪入选第二届北京大工匠种子选手。机电公司卫建平等5人作为第二届北京大工匠数控机床操作工和炼钢工的评审专家组成员，并推荐炼钢工、数控机床操作工的挑战选手。

（于远东）

【技能专家助力冬奥大跳台】 3月5日，工会在“王文华技能大师工作室”举行“首钢国家级技能大师及专家团队助力冬奥滑雪大跳台建设启动仪式”，联合首建投公司组建首钢滑雪大跳台项目钢结构焊接技能操作专家服务团队，专家组成员与焊接工人面对面交流，定期到滑雪大跳台施工现场开展技术指导服务。4月24日，梁宗平主席带领专家服务组深入到乐亭大跳台钢构焊接施工现场服务指导。

（于远东）

【职工技术创新】 工会开展市级职工创新工作室、创新项目和发明专利助推项目评比申报。股份公司郭玉明、首自信公司李洁两个创新工作室被评为“市级职工创新工作室”；技术研究院王凤琴等4个职工创新工作室的创新项目获得北京市职工创新项目助推资金14万元；43项职工创新发明专利获得市总工会资金助推。组织成立8个检查验收工作组，分别赴各单位实地检查验收，对检查验收合格的100个职工创新工作室拟命名为“集团级职工创新工作室”称号。参加中国机冶建材工会、中国钢铁工业协会联合组织的“全国重点大型耗能钢铁生产设备节能降耗对标竞赛”活动，获得多个奖项。协助相关部门开展首钢职业技能竞赛活动，提供资金支持39.77万元。

（于远东）

【民主管理】 1月25日，召开首钢集团第十九届职工代表大会第四次会议，会议听取审议张功焰题为《保持定力　稳中求进　推动百年首钢高质量发展》的工作报告，审议《首钢集团2019年预算》《首钢集团领导班子廉洁自律情况的报告》《首钢集团2018年业务招待费使用情况及首钢领导班子成员履职待遇、业务支出的报告》《首钢集团十九届三次职代会代表提案受理情况的报告》，会议签订2019年经营目标责任书，完成了会议各项议程。参加会议正式代表281人。依据《首钢集团职工代表大会提案工作委员会工作细则》立案提案31份。分别转给19个有关部门进行处理和答复，办复率97%，办复提案满意率100%；正式下发《首钢集团职工代表大会厂务公开工作监督委员会工作细则》和《首钢集团职工代表大会集体协商及劳动安全监督委员会工作细则》。强化监督联席会作用。按照计划完成对环境公司、人才开发院及通钢公司的联合监督检查工作，检查中查阅资料223份，提出问题3项，提出建议4项。

（聂桂馥）

【“走过百年”健步走】 4月至6月、8月至10月，工会为庆祝首钢建厂100周年，通过“首钢挚友”APP组织开展“走过百年”职工健步走闯关竞赛活动。历时四个月有45个单位、10.33万人次参赛，全体参赛人员总步数543.6亿步，合计3805万公里，相当于绕地球赤道950圈，活动体现了“互联网+”时代工会服务特色，活动中征集体会文章百余篇。

（席　宁）

【“送温暖”工程】 工会以帮扶困难职工和服务职工困难为宗旨，以多业多地、园区工程建设、服务冬奥会和困难职工群体为重点，对“送温暖”拓宽覆盖范围，创新活动举措、提升帮扶力度，打造首钢“送温暖”工程品牌文化。2019年，筹集送温暖活动资金1802万元。以多业多地、园区及冬奥工程建设的一线岗位职工为重点，开展“送清凉”慰问活动，拨付送凉爽专项资金90万元。

（秦　勇）

【多维度帮扶救助】 工会组织开展首钢献爱心募捐活动，全首钢各单位领导干部、党员、团员及职工捐款289.47万元。规范化管理，突出帮困基金的精准化、精细化帮扶，全年为71名因意外事件、重大疾病等情况造成特殊生活困难的职工，发放帮困基金91.99万元，为55名困难职工子女发放帮困助学金16.66万元。突出北京市温暖基金会“携手同行首钢温暖基金”子基金帮扶救助的叠加效应，为职工4人发放“首钢温暖基金”子基金29.6万元。实施脱困工作目标化管理，为全体在档困难职工建档立卡，达到“一户一档案、一户一计划、一户一措施”总体要求。截至2019年末，首钢有困难职工43人，其中特困26人、困难9人、意外致困8人。审核确认首钢职工困难家庭18户，为精准帮扶奠定基础。

（秦　勇）

【利用新载体活跃职工】 工会通过精细化、“点对点”的普惠服务，构建起工会与广大职工之间信息快递、互动便捷的纽带，打造出“指尖上的工会”，借助首钢挚友APP，不受浏览地点、时间限制，打通服务职工的“最后一公里”。全年共发布福利、活动311项次，参与48538人次，为职工节省资金255万余元，线上留言互动17805人次。

（金志先）

【安康杯竞赛】 工会依据《关于开展2019年首钢集团“安康杯”竞赛活动的通知》，通过首钢OA办公系统、首钢工会挚友网、工会QQ群和微信群宣传安康杯活动内容和安全知识。推荐首钢矿业公司运输部为市优秀组织单位，股份公司炼铁部为市优胜单位，大厂首钢机电公司城市建设服务部为市优秀班组。首钢安康杯先进单位分别是矿业公司运输部、股份公司炼铁部、大厂机电公司城市建设服务部、首钢园区运动中心运营管理公司、首自信公司传动事业部设计组、首钢冷轧公司。首钢评选了先进个人5人。

（聂桂馥）

【关爱女工】 工会组织开展首钢“巾帼标兵”的评选表彰，组织女工干部及先进女职工代表50余人参加“走进健康课堂帮你助力减压”活动，组织参加石景山区“最美家庭”活动，3个家庭荣获“石景山区最美家庭”称号。组织开展职工子女暑期托管服务，分别在苹果园街道、古城街道、老山街道以及长钢公司、京唐公司、迁钢公司所在地区共开设托管班13个，累计招收职工子女近500人次。

（谭　颖）

【文体活动】 2019年，工会组织《掌声响起》艺术鉴赏系列活动，以歌剧、交响乐、民乐、舞蹈、京剧等高雅艺术为载体，以讲座和表演相互结合的演出方式，演出服务延伸到多业多地的工厂、矿区，组织讲座16场，观众近2万人。组织《长征组歌》演出活动，举办3次专场演出，首钢党员干部职工及全国钢铁工业先进集体代表、劳动模范和先进工作者2000余人观看。推出首钢挚友APP《职工书屋》栏目，为广大职工提供《党政文选》《职场培训》等十四大类图书3000册。通过首钢挚友APP组织“庆五一看电影”“夏季送清凉发折扇”等活动。结合首钢“不忘初心、牢记使命”主题教育，将原首钢彩涂板厂已停止使用的厂房恢复改造成首钢职工之家乒羽活动室，供职工业余时间无偿使用。推广工间操，开展职工健步走活动。开展“2019年首钢职工羽毛球比赛”“2019年首钢职工‘冷轧杯’七人制足球比赛”“百名职工书画家绘制《首钢长卷》”等活动。完成“中芬冰雪节开幕活动”“2019年国际雪联中国北京越野滑雪大奖赛”“环渤海自行车赛首钢启动仪式”“首钢女篮三场季后赛”“北京冬奥会和冬残奥会吉祥物发布仪式”等观众组织工作，职工参加近5000人。组织职工580人参加市总工会组织的篮球世界杯观赛活动，组织职工600人观看话剧《祥云8号院》，组织职工100人参加2019年北京市工业国防系统职工健步走活动。首钢职工乒乓球代表队获第六届全国冶金职工运动会乒乓球比赛团体冠军。首钢职工篮球队代表全国钢铁行业获“2019中国职工沙滩运动会”3×3篮球比赛亚军。

（席　宁）

【重要活动】

5月5日，首钢党委常委、工会主席梁宗平参加北京市工会第十四次代表大会。

5月15日，首钢工会召开常委会扩大会议，传达学习北京市工会第十四次代表大会会议精神。会上，梁宗平和工会常委共同学习蔡奇和李玉赋在开幕式上的讲话、陈吉宁作的经济形势报告、魏小东在闭幕式上的讲话、刘伟代表北京市总工会第十三届委员会向大会所作的报告以及在北京市工会十四届一次委员会议上的讲话。

9月30日，工会与有关部门共同组织长安街西延暨新首钢大桥开通仪式。

10月18日，工会组织职工代表参加厂东门广场对外开放仪式。

11月19日，首钢承办全国大型钢铁企业第三十六届工会主席联席会议，全国22家钢铁企业代表72人参加。中国机冶建材工会主席陈杰平等领导出席会议，中国钢铁工业协会副会长作专题讲座。首钢工会在会上作《选树“首钢工匠”续写“百年传奇”》交流发言。会议期间代表们参观了香山革命纪念馆、双清别墅和首钢北京园区，观看了“掌声响起——高雅艺术鉴赏进首钢”文艺演出。

11 月 26 日至 28 日，首钢工会组织选派由首钢工匠王文华带队，矿业公司焊工王涛和张钊、股份公司焊工孙磊、京唐公司焊工赵春雷共 4 人，参加在德国举行的 2019 年中德“北京 · 南图林根”职工焊接对抗赛。经过 3 天激烈比赛，矿业公司的王涛、张钊在决赛中分别夺得氩弧焊、焊条电弧焊组冠军。

12 月 3 日，全国人大常委会副委员长、中华全国总工会主席王东明到首钢调研，中华全国总工会党组成员、经费审查委员会主任李晓钟，北京市人大常委会副主任、北京市总工会主席刘伟，北京市总工会副主席韩世春，北京市工业（国防）工会主席周玉忠陪同调研，首钢领导张功焰、梁宗平参加调研。

12 月 31 日，中华全国总工会副主席、书记处书记、党组副书记张工率全国总工会慰问团来首钢送温暖，北京市人大常委会副主任、党组副书记、北京市总工会主席刘伟率北京市总工会慰问团一同慰问。北京市总工会党组书记、副主席郑默杰，全国总工会相关部门领导郭明山、张苏仲以及市总工会相关领导韩世春、周玉忠陪同慰问。首钢领导张功焰、梁宗平、王世忠、梁捷参加。张工、刘伟等领导来到首钢滑雪大跳台现场，为首钢一线职工代表送去慰问金和新春福包，向大家致以诚挚的节日问候。

（陈克欣、金志先、于远东、席　宁）

【荣誉称号】　首钢工会被国庆活动指挥部评为“国庆 70 周年服务保障工作突出贡献单位”。

（金志先）

战略发展部

【战略发展部领导名录】

部　长：朱启建

副部长：张国春

（陈　宏）

【综述】　首钢集团有限公司战略发展部（以下简称“战略发展部”）职责包括战略规划、经营计划、投资管理、资本运营、改革发展和战略合作管理。战略规划管理主要负责组织编制首钢中长期战略发展规划，对执行情况定期检查、评估、调整等动态管理；围绕首钢发展的全局性、战略性和前瞻性重大课题开展产业政策研究；开展企业改革改制分析研究，提出改革战略和方向建议。经营计划管理主要负责首钢所处行业与市场竞争地位分析，经营现状分析；提出年度经营目标和年度经营重点，分析、评估年度经营计划执行情况；配合系统优化部开展组织绩效监控分析工作。投资管理主要负责首钢投资分类分级和全生命周期专业管理；负责确定投资方向和原则，明确投资重点；组织编制中长期投资规划和年度投资计划，负责具体编制境内非金融类中长期投资规划和年度投资计划，跟踪执行情况并做好评估调整。资本运营主要负责组织编制首钢中长期资本运营规划，分解落实组织实施；负责推动相关产业资源在资本市场上市和上市后资本运作，审查各成员单位上市方案。改革发展主要负责收集国家有关国企改革政策、法规，开展企业改革发展研究，提出首钢改革战略和方向建议；协调推进重大改革事项，跟踪推进实施过程关键点；分析研究产业政策，根据业务组合战略提出新业务发展方向。战略合作主要负责与上级政府部门对接，为首钢争取政府专项资金支持的专业管理，争取产业振兴、重大项目专项资金支持；负责对外战略合作协议专业管理，协调和推进对外战略合作。战略发展部于 2016 年 1 月起正式运行，截至 2019 年末，在册职工 23 人，其中高级职称 8 人，中级职称 13 人。

（陈　宏）

【编制首钢“十四五”发展规划】　战略发展部全面启动首钢“十四五”规划编制工作，坚持产业聚焦发展方向，紧紧围绕首钢党委确定的钢铁业、园区、新产业和产融结合四个业务领域，进一步明确具体目标、实施路径和重点举措，构建可持续的健康产业结合，奠定高质量发展基础。开展“十四五”规划前期重点课题研究，聚焦企业发展难题，着力研究解决事关首钢健康发展的主要矛盾和突出问题，探索解决途径和办法，将“十四五”规划编制成一个高质量、可操作、可落实的规划。

（马力深）

【编制首钢 2020 年经营计划】　战略发展部完成 2019 年上半年首钢集团经营活动分析汇报工作，在强调“报账”的同时，深入分析经营结果反映出的集团经营质量水平，既总结成绩，又强调短板，并提出下一步工作建议。开展 2020 年经营计划编制，组织各单位分析研判明年经营环境,以“十三五”规划及中期评估为导向,形成首钢集团年度经营计划,经董事会决策批准后下达至各单位。完善经营计划年度指标体系,借助信息化智能分析平台进行全方位、多维度、持续性经营结果分析,识别各企业经营短板,按照重要性、优先性选取重点经营短板指标纳入2020年企业经营指标安排。

(江华南)

【深化投资管理体系建设】 战略发展部完善投资管控体系,全面清理首钢集团投资项目,实现与财务核算一一对应,对存量项目全范围管理。修订投资权力清单、风控手册。举办投资管理业务培训班,宣贯集团管控要求。完善投资控制手段,持续推进投资管理信息化建设,与财务一体化协同完成一期118家单位数据贯通,实现投资支出动态控制。投资计划与全面预算现金流量投资支出强关联,业务财务数出同源,企业对经营、投资、筹资现金流平衡更全面、准确。梳理集团各产业投资相关业务,规范管理口径,制定《首钢集团管控投资系统与财务系统集成数据规范》。利用数据提升能力,完成集团近年投资、上半年自行决策项目、在建工程等专题分析报告,从整体投资方向、规模、结构,投资项目决策与实施现状等维度,利用系统资源,挖掘数据价值,发挥管理功能。

(张连生、胡欣怡)

【开展资本运营顶层设计】 战略发展部全面梳理首钢集团存量资产,形成资本运营总体方案设计。结合集团产业资源禀赋和资本市场行情和形势判断,选择企业独立上市或企业注入已有上市公司两种途径作为对接资本市场的主要方向,分别组织论证,提出可操作、可实施的方案路径。股份资本运作取得实质性进展,引入战略投资者,实现交叉持股,优化股权结构,为后续资本运作创造有利条件。未来将提升资本运营能力,建立集团资本运营体系,系统谋划、重点突破,提高股权融资规模,推进钢铁核心资产整体上市,推动具备条件企业上市,实现企业经营和资本运作并重协同发展。

(陈松林)

【推进企业退出】 战略发展部组织梳理首钢集团内投资企业情况,逐一分析,统筹计划,分类施策,企业退出工作取得新突破。2019年计划退出50家,实际完成54家,退出数量保持较高水平,铸造厂、电力厂、富路仕等重大退出项目取得重要进展,为完成三年退出计划奠定了坚实基础。2019年,退出不良资产约7.68亿元,预计收回资金6.19亿元,超额完成北京市国资委压减和疏解退出任务,连续四年被评为北京市国资委专项工作优秀企业和工作成绩突出单位。

(王瑞祥)

【推进首钢深化改革】 战略发展部落实“双百行动”计划和改革综合试点方案,推进各项改革重点举措落实。在原“双百行动”方案的基础上,制定了“双百行动”补充方案,进一步细化措施、明确节点,各项改革工作取得实质进展。推动教育医疗深化改革,探索改革路径,创新思路、精心组织,先后形成首钢医院、矿山医院、泰康医院改制重组推进方案,建立“每周一简报、两周一汇报”工作机制。加强部门间、企业间、政府间沟通协调,为加快改革进程提供解决方案。

(郄　芳)

【开展对外战略合作】 战略发展部充分利用对外战略合作平台,积极争取政府政策和机制支持,推动构建共享共赢产业链,合作互惠发展新产业,扩大金融领域的务实合作等,最大限度地整合和调动资源,提升企业发展能力。2019年,以首钢集团有限公司名义签订战略合作协议6项。

(王瑞祥)

【举办第四届曹妃甸海洋发展大会】 战略发展部代表首钢与中国海洋工程咨询协会、曹妃甸区政府合作,成功举办第四届曹妃甸海洋发展大会,展示首钢建厂百年辉煌成就和深化改革、转型发展的崭新形象。国家海洋系统和唐山市有关领导,海洋、钢铁材料和滨海城市规划建设领域的院士专家,以及各科技院校、企事业单位、首钢客户等单位代表参会540余人。

(严　慧)

【争取利用政府资金】 战略发展部坚持“统筹资源、信息共享、及早策划、务求实效”的原则,创造性开展工作,千方百计用好、用活、用全资金争取渠道。统筹首钢各单位就钢铁业升级改造、园区开发、高精尖成果产业化、京津冀协同发展、城市高端综合服务等,及时申报争取各类政府资金支持,取得新成效。全年新获政府资金批复项目138项,获批金额总计10.5亿元。持续完善项目储备库,年内新甄选69个项目重点储备培育。

(严　慧)

经营财务部

【经营财务部领导名录】

部　长:邹立宾

副部长:白　超

（王兴武）

【综述】 首钢集团有限公司经营财务部(以下简称“经营财务部”)负责首钢财务与会计专业管理制度和专业工作标准、规范的制定、修订与指导、监督、检查,建立统一规范的会计政策和财务管理制度;组织建立健全专业管理体系和专业评价指标,开展指标评价,推进持续运营改善;策划专业管理能力体系建设,组织推进能力培育与提升。负责本专业业务流程的统一管理;专业业务需求分析与确认,平台公司和直管单位涉及集团管控的业务需求评审;专业集团级主数据建设与管理,专业业务数据规范管理,专业业务数据挖掘与应用;专业应用系统运行规范制定和执行,专业应用系统的推广和持续优化。负责全面预算管理,中长期财务规划制定、年度目标设定、预算编制、预算执行与控制、预算调整、经济运行评价。负责资金管理,负责资金预算管理、资金动态管理、筹融资管理、担保及内部借款管理、外汇及专项资金管理、资金风险管理、金融业务管理。负责财务管理,财务报告管理、财务状况分析、利润收益收缴管理、委派财务总监管理、会计内控与财务监督管理。负责产权管理,产权登记管理、资产评估备案管理、产权交易管理、国有资本经营预算管理、金融类投资项目管理。负责税务管理,税务政策研究、税务筹划、税务风险管理、关联交易管理。岗位设置:定员编制 24 人,其中 L4、L5 领导人员 22 人,L6、L7 领导人员 5 人,其他 17 人。

（王兴武）

【制度建设】 经营财务部筑牢制度基础,承接国资委放权,制定颁发《资产评估管理办法》,修订颁发《票据管理办法》《全面预算管理制度》《税务管理办法》,推进《债务融资管理办法》《投资收益收缴管理办法》《对外捐赠管理办法》《资金预算管理办法》等制度的修订工作,财务管理各系列制度进一步健全完善。

（王兴武）

【风控体系及权利清单】 经营财务部进一步完善权力清单和风控体系建设。完成首钢集团预算管理、财务管理、资金管理、产权管理、税务管理五个业务单元权力清单的修改完善工作,适应集团管控要求。组织开展 2019 年度财务内控评价,对风控体系建设中确定的风险控制点运行情况及控制措施执行情况进行评价。结合具体业务开展情况,强化资金和税务管理风险控制点,进一步完善财务管理风险体系。

（俞义华）

【信息化建设】 经营财务部坚持业务引领,持续推动财务信息化项目建设。加强财务管控业务建设,通过信息化项目建设固化落地,构建首钢集团“预算一张网、核算一本账、资金一盘棋”的管控架构。基本建成财务标准化体系,初步实现首钢集团会计制度、业务流程、会计科目、会计凭证、财务报告、财务评价体系的“六统一”,为财务信息平台建设提供业务支撑和必要条件。财务一体化项目蓝图逐步实现,财务一体化项目组按照 4 个里程碑节点,业财一体化和财务一体化模式分批推进按进度上线。按照项目立项时点统计,合并报表范围内法人企业 488 家,2019 年首钢集团财务一体化项目分三批实施,上线单位 367 家。

（王兴武）

【财务管理】 经营财务部组织完成首钢集团 2018 年度年财务决算,编制财务决算分析报告;组织完成北京市国资委财务工作反馈问题整改。组织完成集团财务绩效定量评价工作。以年度财务决算数据为基础,按北京市国资委财务绩效定量评价指标体系,组织集团公司和各二三级企业进行财务绩效定量评价分析,编写完成首钢集团 2018 年度企业财务绩效定量评价报告;首次开展首钢股份国际对标分析。强化专业培训,提高业务素质。组织集团会计人员信息采集,开展会计人员继续教育、财务主管和骨干培训工作。组织开展集团在建工程清理工作。各单位以 2018 年财务报告为基础,对在建工程清理,提出在建工程、固定资产管理职责分工和强化管理建议。

（王兴武）

【资金管理】 经营财务部持续强化资金集中管理,防范流动性风险,保证首钢集团经营稳定和可持续运行,统筹组织完成集团资金运作,确保资金运行安全。严控资金预算管理,强化现金流管理,加强存货和应收两金管控,确保年度预算目标实现。确保首钢集团资金链安全,完成融资接续和结构调整,合理控制融资成本,全年完成到期贷款接续530亿元,承兑汇票接续53亿元,落实境内债券募集资金585亿元,境外债券5亿美元。落实重点项目融资保障,完成首钢京唐二期项目银团组建,银团固定资产贷款规模100亿元,期限12年,落实银团提款75亿元;落实银行间市场唯一一笔低成本长周期冬奥概念债券10亿元募集发行工作,落实冬奥首钢滑雪大跳台项目固定资产投资贷款25年期18亿元额度,落实冬奥国家冬训中心项目20年12亿元贷款额度。推动银企战略合作。同中国银行、光大银行、农商银行签署银企战略合作协议。推动集团股权多元化改革,牵头协调通钢公司债务优化工作,保证通钢公司债转股顺利取得司法重整裁定进入到执行阶段,组织完成相关债务承接和资金支持工作。协助股份公司落实资本运作工作,落实电磁公司贷款转换,完成交叉持股、引战,协调股份公司后续资本运作。组织开展融资性贸易等高风险业务排查,对新钢联公司等重点单位现场组织检查整改。组织首钢集团境内外信用评级建设,维护首钢信誉,落实惠誉国际A-评级,境内东方金城、中诚信和大公三大评级公司AAA主体评级。

(刘同合)

【预算管理】 经营财务部强化全面预算管理,发挥运行监督职能。组织制定首钢集团财务预算,以财务三张表为基础强化预算执行分析,透过报表财务指标挖掘运行中的问题和影响因素,指导企业运行。发挥参谋助手作用,监督集团公司年度经营方针在各企业的贯彻、落实,重点对钢铁板块利润完成情况督导检查,协调板块内运行中的问题,组织参加行业协会成本管控等专业管理交流。组织开展财务专业检查,落实首钢党委和监督联席会的要求,防范财务管理风险。开展首钢集团财经纪律和财务制度执行情况专项大检查,组织对查出160项问题全面整改,形成执行财务制度、财经纪律,强化费用管理和会计基础工作检查的长效机制。落实民营清欠工作,组织集团各单位开展清偿民企欠款工作,完成北京市国资委年度清欠任务,加大工作协调力度,防范债务风险。

(俞义华)

【产权管理】 经营财务部强化产权管理意识,推进产权流转基础工作。承接北京市国资委深化企业国有资产评估管理改革放权,组织从评估基础管理制度入手,建立评估机构备选库,确定业务流程,建立相关管理台账和工作结果反馈汇报机制,形成业务风险防范体系,确保北京市国资委改革放权试点工作全面落地。年内完成评估备案项目176项,上报北京市国资委核准备案项目5项均获批复。制定颁发《首钢集团有限公司关于完善企业国有产权登记工作方案》,落实产权登记重点工作任务,完成率100%。组织完成198家企业资料缺失和9家存在瑕疵企业追溯评估审核提交集团经理办公室审核工作,全面推进产权登记。截至2019年底,首钢集团635家应做产权登记企业已实现全申报,已取证比例50%。加大政策支持资金争取力度,落实国有资本经营预算资金约4亿元。组织完成云翔公司、富路仕、绿创环保股权无偿划转等上市交易工作。组织协助"三供一业"移交工作。协助推动改制企业深化改革,推动首钢医院、特钢公司泰康医院、矿山医院改制。

(何　俊)

【税务管理】 经营财务部研究运用税收政策,做好税收筹划。推动减税降费政策落地,充分享受改革红利,首钢集团总体纳税额同比下降15亿。集团公司房产税减免2000余万元,迁钢公司、京唐公司等单位享受高新技术企业、研发费加计扣除等优惠。争取北京市区两级经济贡献政策支持,落实首钢北京园区入园企业税收增量50%部分用于园区招商引资,落实支持资金6000万元。做好首钢集团重点项目税务筹划和风险防范,完成园区开发、贵阳项目、首钢医院改制、首秦公司转型、首建投和集团研发加计扣除等项目税务筹划。以税务筹划为推手,推动园区平台业务整合。开展税务检查,指导相关单位防范涉税风险。

(田　原)

【党组织建设】 经营财务部全面落实从严治党,加强党风廉政建设,强化专业培训,提升财务队伍素质能力。发挥党支部作用,开展"不忘初心、牢记使命"主题教育,持续加强党风廉政建设,践行主体责任,严格落实"三会一课"计划,经营财务部全年召开党支部大会4次、支委会12次,上党课2次,党支部各项工作取得实效。组织多项党日活动和群众活动,提高党员党性修养,凝聚团队战斗力和向心力。落实党员"双报到"工作,按照"街道吹哨"部门报到的要求参与基层的治理和服务活动。加强党员后备力量培养,两名同志提交入党申请书,被确定为入党积极分子。

(张宝龙)

系统优化部

【系统优化部领导名录】

部　长:杨木林

副部长:高福文

（宫顺军）

【综述】 首钢集团有限公司系统优化部(以下简称“系统优化部”)是首钢战略管控部门,负责全集团的公司治理、运营改善、组织绩效、风控与制度、应用系统、数据治理、信息技术管理。公司治理管理主要负责集团治理体系、公司章程、董事会建设、派出董事、外部董事管理;运营改善管理主要负责股权关系与管理关系优化、权力清单、组织功能定位与管控模式、组织机构与定岗定编、业务架构与业务流程优化、劳动效率、管理创新活动管理;组织绩效管理主要负责组织绩效指标体系建设、年度组织绩效、企业领导人员任期绩效、集团公司负责人绩效考核、集团公司年度重点工作专项计划管理;风控与制度管理主要负责内控制度管理、风险管理;应用系统管理主要负责应用架构、系统建设、系统应用评价与优化;数据治理管理主要负责流程与规范、数据架构、数据应用、主数据及决策分析平台管理;信息技术管理主要负责信息化规划、技术架构、信息安全、运维服务管理。系统优化部定员编制 19 人,截至 2019 年底在册职工 17 人,其中硕士以上学历 10 人,本科学历 6 人,大专学历 1 人;高级职称 9 人,中级职称 7 人。

（宫顺军）

【运营改善优化】 系统优化部健全管控体系,规范首钢集团治理体系。持续完善组织架构。成立首钢集团推进纪检监察体制改革领导小组,将北京大学首钢医院改制重组,由事业法人改制为企业法人“首钢医院有限公司”,调整集团公司纪检监察机构设置及职责,独立设置首钢党委巡察工作机构,成立北京首钢退休服务有限公司,撤销中共首钢金融委员会、纪律检查委员会及组建中共北京首钢基金有限公司委员会、纪律检查委员会。优化股权关系及管理关系。将首钢地质勘查院由矿业公司代管调整为由首控公司代管,集团公司退出北京首钢思源饮品有限责任公司、信邦投资有限公司、北京首钢嘉华建材有限公司等 9 家单位。

（魏云胜）

【权力清单优化】 系统优化部于 4 月—10 月按照持续改进原则,对首钢集团管控权力清单(V2.0 版)优化升级为(V3.0 版),新版权力清单实现权力清单与机构职责及制度调整动态一致;进一步向股权公司下放权力;进一步明确首建投对首钢北京园区单位的管控内容;对正在培育的停车产业投资扩大授权。首钢集团板块化的分层授权治理体系基本定型。

（黄海峰、孙旭伟）

【转型提效】 系统优化部持续推进转型提效工作,集团公司颁发《企业与职工协商一致解除劳动合同实施细则》,停止对外埠钢铁企业转型提效协商解合奖补政策,集团公司及四地单位 2019 年富余职工协商解合严格执行劳动合同法规定,企业原给予的优惠奖励政策不再执行;根据首钢北京园区向高端转型,优化园区服务业务,并有针对性地研究政策,解决长期困扰园区单位的因病因伤问题。截至 2019 年末,首钢集团在册职工 8.21 万人,比上年末净减 2129 人,在岗 7.0 万人,比上年末净减 1715 人,首钢集团钢实物劳产率 820 吨/人·年,比 2014 年提高 99%。

（宫顺军）

【年度绩效考核及目标制定】 系统优化部组织首钢集团年度经营目标书制定、督导和考核。根据财务快报数据对 2018 年考核结果审核认定,减少预考核结果的再调整流程,工作效率进一步提高。2019 年度责任书编制,主要根据集团新的工资总额决定机制,按照效益型和任务型单位分别制定不同的考核框架,调整加、扣分的幅度,并将要素管理单位考核管理权限进一步下放,根据实际情况在钢铁板块进一步结合“三个跑赢”对标浮动加扣的机制,对集团试点性、引路性工作实行正激励等,都进行新的安排,在探索适合首钢的激励机制上又向前进了一步。结合 2019 年经营计划、财务预算,会同经营财务部对资金管理重点分析、监控、评价的指标进行调整,对基本、辅助、监控三种类型指标的评价细则进一步细化。

（冯先槐）

【第二任期中期督导和指标调整】 系统优化部对首钢集团 52 家单位 2018—2020 年任期 2018 年度任务完成情况跟踪评价,形成《首钢集团领导人员 2018—2020 年任期目标完成情况第一次评价报告》并颁发。针对部分单位因“十三五”发展规划中期评估指标调整、总部部门职责调整、外部政策环境变化等原因，提出的对部分任期指标修订意见，组织战略发展部、经营财务部及股份公司、股权公司进行研究，征求各分管领导意见，经集团经理办公会审议批准，对股权公司等11家单位的第二任期指标进行调整。

（冯先槐）

【颁发经营业绩考核管理办法】 系统优化部充分总结第一任期考核及第二任期目标书制定过程中的经验和问题，修订《首钢集团领导人员任期业绩考核管理办法》。新办法在延续老办法的基本框架的基础上，对近年来好的做法进行总结，固化到新的制度中，明确业务流程，规范业务表单，对执行中一些不完善的问题进一步明确，相比原办法可操作性更强。

（冯先槐）

【完善公司治理制度体系建设】 系统优化部结合集团公司对16家二级单位“三重一大”制度建设和执行情况全面检查发现的问题，系统梳理国家、北京市治理相关规章制度，总结集团公司章程制定和完善的依据及过程，提出公司治理制度及执行中需注意的6个关注点，在基层党委书记会、公司治理制度建设专题培训班分别讲解。组织对二级单位及项下单位开展公司治理制度体系建设进展情况调研，对照整改问题清单逐项检查。根据集团报表单位范围梳理出全资、控股及有控制权的参股企业户数，根据《首钢集团管控权力清单》梳理出首钢集团董事会、党委会、经办会及“三重一大”事项清单，根据国资委文件规定明确制度制定要求。根据各单位上报材料，形成《关于二级单位公司治理制度体系整改进展情况的汇报》《关于集团成员单位公司治理制度体系整改进展情况的汇报》等多个汇报材料上报集团审议决策，为落实全面从严治党主体责任奠定坚实基础。

（冯先槐）

【制度建设提质减量】 系统优化部树立制度在精而不在多的理念，加大制度整合力度，首钢集团公司颁发制度30项，废止40项，现行制度284项。坚持进度服从质量，严格执行三级审核，全年专业审核制度138项次，分管领导召开制度专题会27次，主要领导亲自组织专题会11次。制度体系建设促进了集团治理能力的提升。

（牛通庸）

【风控管理】 系统优化部组织已建风控体系的27家单位，召开2019年风控及制度建设工作计划会，对全年风控及制度建设工作安排部署。全面梳理总部业务，对总部1.0版风控手册全面简化，保留最核心风控矩阵，丰富完善风险事件库，2.0版风控手册的颁发实施，使集团内控管理工作更加扎实。系统优化部按照《首钢集团2019年监督工作联席会工作计划》安排，对首钢股份公司、国际工程公司等四家单位进行内控检查，针对发现问题，进行持续跟踪，逐项确认。组织经营财务部、法律事务部、矿投公司有序配合市国资委内控现场检查工作，得到市国资委检查组认可。2019年全年组织实施集团层面关注的重大风控专项19项。3月和11月，系统优化部组织两期风控及制度管理培训，学员170人参加，邀请法务、审计等部门领导对关键领域风险案例剖析，邀请市国资委内控检查人员进行经验分享。

（黄海峰、孙旭伟、肖　艳）

【成立网信委】 《首钢集团有限公司关于成立网络安全和信息化委员会的通知》（首发〔2019〕44号）颁发，全面落实网络安全主体责任，张功焰为主任，办公室设置在系统优化部，要求各平台公司、直管单位相应成立网络安全和信息化委员会及工作机构。

（哈铁柱）

【信息化水平测评】 2019年，首钢集团信息化水平总体自评分89.09分，其中十三项B级以上关键指标平均分达90.3分，符合国资委B级等级要求（80分以上）。各单位自评得分为：集团总部91.47分、股份公司85.75分、京唐公司83.8分、矿业公司73.62分、通钢公司61.95分。2019年集团信息化水平测评得分比上年提高了4.71分，其中列入国资委2019年度展E计划的分值为1.96分，共计15项重点任务，全部按计划完成。

（杨慧芳）

【信息化制度体系完善】 2019年，系统优化部完善信息化制度体系，颁发《首钢集团有限公司网络安全事件应急预案》（首发〔2019〕147号）、《首钢集团有限公司软件正版化工作管理规范》（首系发〔2019〕53号）、《首钢集团有限公司物料主数据管理细则》（首系发〔2019〕23号）。

（杨慧芳）

【管控信息化建设】 系统优化部加强管控信息化建设取得成效，集团公司ERP整体升级上线；产销一体化主体系统在京唐公司上线，集团管理财务一体化、财务共享、资产管理同步上线。产销一体化主体系统在股份公司（迁钢、顺义）上线，集团管理财务一体化、财务共享、资产管理同步上线。股权公司、矿业公司等11家单位协同平台上线。集团公司、股份公司等11家单位人力资源系统薪酬管理等12个模块上线。房地产公司、首建投公司等32家单位业财一体化系统上线。香港首控144家单位财务一体化系统上线，同步完成相关单位财务共享、资产管理系统上线，投资管理项目清理。首钢控股公司、国际工程公司等79家单位财务一体化系统上线，同步完成相关单位财务共享、资产管理系统上线，投资管理项目清理。首钢集团科技创新管理信息化项目启动。

（汪国栋）

【协同工作平台建设】 首钢集团协同工作平台完成10家成员单位应用推广以及新功能开发和优化升级工作。截至2019年底，协同工作平台标准功能应用已覆盖集团法人、分公司654家，用户数量达到91700人，实现集团成员单位全覆盖。实现集团统一办公门户和统一登录入口，建立身份认证、集中待办、集中审批、流程集成和信息发布的标准功能集成模式和数据接口标准，并与集团管控投资、资产、预算、财务共享、核心人力资源、财务一体化和业财一体化系统集成，为各管控系统推送账号12.1万个。视频会议审批与会议通知流程整合、板块权力清单功能应用、部门级规章制度功能应用、风控手册管理、审计管理等新功能的上线以及集团任务督办、公文管理等功能持续优化，完成统一身份认证系统升级，实现应用系统跨域认证及用户跨地域单点登录，实现认证系统三地部署，建立灾备相应机制。

（刘　京）

【主数据管理平台建设】 系统优化部推进首钢集团主数据信息化管理平台建设，2019年总投资171.86万元，5月对一期项目建设任务阶段验收，10月签订二期技术服务合同，项目二期聚焦集团主数据标准化全面推广，优化系统功能，健全管理体系，持续提升数据治理能力。共完成22项集团级主数据、6项板块级主数据建设和优化。分四批次在320家法人公司推广，收集、规范主数据5.8万条，完成11个业务系统集成工作，涉及接口66个。集中开展数据专项治理2次，对5.3万条数据进行清理，全面提升数据质量。累计提供4105人次技术支持，解决各类问题，保障系统正常运行。完善系统功能，提升用户体验，自主研发新系统，并完成系统切换。

（郭素云）

【推进信息化专题汇报】 5月16日，张功焰在月季园二层大会议室主持召开信息化专题会议，听取系统优化部、经营财务部关于首钢集团管控信息化建设情况汇报。会议强调，坚持信息化方向不动摇，坚持持续优化，坚持使用，坚持推广。10月30日，张功焰在月季园二层大会议室主持召开信息化专题会议，听取系统优化部关于集团管控信息化项目有关工作汇报。会议强调，对信息化工作的重要性要认识到位，做好信息化工作首先要做到业务牵头，要对信息化建设规律有清楚的认识，做好信息化要坚持开放的心态，要落实责任。

（汪国栋）

【数据中心迁移顺利完成】 2019年，首钢集团协同办公系统在首钢云平台管理中心顺利启动，标志着原部署在首钢旧数据中心机房的63套信息化系统及3大网络核心向首钢云平台管理中心的整体迁移工作全面完成。首钢云平台管理中心正式取代首钢旧数据中心机房开始支撑以集团管控为代表的首钢多元产业信息化发展。

（哈铁柱）

【落实国庆网络安全保障】 系统优化部完成首钢在新中国成立70周年和纪念首钢百年重要活动期间网络安全保障。集团公司启动网络安全服务项目，从网站安全防护、互联网资产发现、信息系统渗透测试、网络环境安全评估、勒索病毒专项检查五方面开展工作。启动首钢集团网络安全体系规划项目，推动建立覆盖集团公司、首自信公司及主要项下单位的网络安全管理体系。

（哈铁柱）

【规范系统集成】 系统优化部优化企业服务总线技术架构，形成首钢集团ESB接入规范2.0版本，提高集成开发效率。完成ESB系统171个接口的开发和联调。增强PI与开源消息中间件（MQ）集成能力，实现对PI接口电文无侵入修改。

（哈铁柱）

【国资预算资金项目申报】 系统优化部组织完成申报2019年度国有资本经营预算资金支持企业信息化项目申报，从项目政策相关度、项目创新度、项目可行性、项目实施效益、项目投资合理性、项目安全性等方面进行论证，经国资委预审及专家现场评审，北京市国资委确定对首钢营销工贸管理系统项目提供资金支持560万元。

（杨慧芳）

国际业务部

【国际业务部领导名录】

副部长：孙亚杰

（方瑜仁）

【综述】 首钢集团有限公司国际业务部（以下简称“国际业务部”）是首钢境外资产管理的主责部门。负责海外战略规划与评估、境外投资管理、境外融资管理、境外企业管理、外汇风险管理和海外业务协同与服务。海外战略规划与评估，负责组织编制集团海外战略规划，组织对海外战略规划执行情况定期检查、评估和指导。境外投资管理，负责集团境外投资的全生命周期管理，组织编制集团境外投资规划及年度投资计划，指导和审核涉外业务单位编制其境外投资规划和计划。境外融资管理，负责境外金融市场研究，包括相关经济发展状况、货币政策、财政政策、资金与资本市场，配合制定集团境外融资计划、境外融资方案并组织实施。境外企业管理，负责平台公司、直管单位境外资产管理、重大事项管理和股东事务管理。外汇风险管理，负责制定集团外汇风险管理办法，制订权限内外汇保值策略和方案，完成外汇业务敞口收集和计量、风险评估和分析、交易的询价和确认，组织外汇风险管理月度例会。海外业务协同与服务，负责境内外公司之间战略、业务、要素协同管理，海外工程承揽及实施业务协同，海外业务服务与支持。部门设置为海外战略、境外投资、境外融资和外汇风险管理四个主要业务模块，定编10人，在岗8人，副部长1人、总监1人、高级经理1人、专业员5人。

2019年，国际业务部不忘初心、砥砺前行，大力推进境外企业和账户管理工作，退出SPV公司14家、清理银行账户173户，提前超额完成任务。外汇风险管理业务稳步推进，严谨务实的制度规范获得业界的普遍认可，获得由芝加哥商品交易所（CME Group）和扑克财经联合颁发的“2019年度汇率风险管理领先企业”。

（方瑜仁）

【境外投资管理】 根据北京市国资委要求，国际业务部组织香港首控和京西重工对国务院国资委、财政部、证监会联合下发的《上市公司国有股权监督管理办法》中“国有控股股东对境外上市公司合理持股比例”进行分析比对，全面梳理香港首控和京西重工旗下上市公司的持股比例，为进一步加强集团对所控股上市公司管理、规范上市公司股权变动奠定了基础。

（李　帆）

【境外融资管理】 2019年，国际业务部境外债项下融资45.5亿元人民币。开展出口钢材贸易融资10亿元人民币，节约成本1190万人民币；续发36亿元人民币（5亿美元）境外债，定价票息4%。境外股权融资8.8亿元人民币。首长国际4月引入厚朴、彤程、经纬等高层次投资人成为首长国际股东，带来资金7.5亿元人民币；首长宝佳发行可转股债券，融资约1.3亿元人民币。

（李　帆）

【清理SPV公司】 国际业务部通过对集团境外资产、机构和人员进行全面动态摸底，重点梳理境外SPV公司和离岸银行账户情况，基本捋顺了集团在香港、萨摩亚、BVI、开曼群岛、百慕大的SPV公司功能分类、成立和退出流程、涉及法律和税务问题。因企施策，根据SPV公司不同功能类别，在成本控制的基础上，制定分类清退方案。同时，针对境外资金归集度低、使用效率低下问题，对集团境外及离岸账户制定“三年退出计划”。重点对变动频次少或功能可以代替的账户和可消减的合作银行“友情户”全力压减，同时组织境外机构完成财务公司境外账户的补录工作，确保境外账户在监控范围。年内清理173户，超额完成年度账户清理任务。

（李　帆）

【企业退出】 2019年，国际业务部牵头完成富路仕公司、特宇公司的境外股权划转工作，并协同香港首控、园区管理部、园服公司、特钢公司等单位进行集团报批、北交所股权交易、商委备案等一系列工作。通过反复沟通，研究整理出一套外商投资企业境外股权划转流程，已启动特宇公司股权划转工作，组织香港首控完成11家企业退出，组织京西重工完成印度工厂退出。按照北京市国资委加强退出无效低效境外资产的要求，督促中首公司和首建公司完成新加坡东投公司和安哥拉公司的清撤。年内计划完成12家境外企业退出，实际完成14家退出，提前超额完成年度任务。

（李　帆）

【外汇风险管理】 2019年,国际业务部搭建完成外汇风控体系,严谨务实的制度规范获得业界的普遍认可。捋顺中首公司保供矿外汇保值业务体系,完成业务范围内集团外汇敞口的收集和计量、风险评估和分析,并通过多笔衍生品操作,对历史存续的两笔债券分别开展套保工作,显著降低了集团境外债券的汇兑风险,其中欧债保值部分综合成本(含跨境税费和发行费用)控制在2%,有效控制集团外债的融资成本。首钢集团外汇风控体系先后获得北京市管理创新一等奖、芝加哥商品交易所(CME Group)和扑克财经联合颁发的“2019年度汇率风险管理领先企业”。

(方瑜仁)

【党组织建设】 2019年,国际业务部开展党支部规范化建设,围绕《党支部工作规范》和集团新修订17项组织专业制度的要求,明确党建工作责任人,并认真分析支部党员队伍情况。用好“一规一表一册一网”工作载体,不断推进“B+T+X”工作体系在支部不断落实完善,严肃党的组织生活,落实“三会一课”等基本制度,随着组织关系调整,及时明确党员责任区,开展支部主题党日活动。按照集团和机关党委“不忘初心、牢记使命”主题教育实施方案和部署,通过系统学习习近平总书记系列讲话和党建理论知识,提高对习近平新时代中国特色社会主义思想的全面理解。

(李 帆)

安全环保部

【安全环保部领导名录】

部 长:刘丙臣

副部长:吴光蜀(4月离任)

张富贵(4月任职)

刘玉忠(4月任职)

(刘军利)

【综述】 首钢集团有限公司安全环保部(以下简称“安环部”)为首钢安全、环保、能源专业管理部门。定员编制11人,实有职工12人(不含矿山安全管理兼矿业公司安全处长1人;含调研员1人,不占安环部职数及定员),其中研究生4人,大学本科8人;高级职称7人,中级职称5人。

2019年,安环部认真贯彻落实首钢“两会”精神,加大双重预防机制建设推进力度,深化专项整治,加强本质化安全管理,加强安全标准化建设和安全教育培训,坚持示范引领,有序实施绿色行动计划,重点污染物排放总量全面完成计划,着力提升精细化管理水平,完成庆祝新中国成立70周年等重大活动期间安全稳定和环境质量保障任务。加强能源精细化管理,推进能源成本管控体系建设,提升能源系统运行质量,全面履行企业节能减碳社会责任。

(刘军利)

【隐患排查治理体系建设】 安环部为确保隐患排查治理体系高效运行,组织进一步优化隐患排查治理信息系统15项功能,抓实系统运行,取得成效。年内,全集团排查隐患30.8万项,整改率99.86%。

(李 峰)

【双重预防机制建设】 安环部组织京唐公司、首建公司等8家双重预防机制建设单位,制定工作方案,成立领导小组和专业团队,明确职责分工和工作方法,强化组织管理和过程管控,深入开展安全风险辨识和防控措施完善工作,辨识安全风险2.3万项,制定防控措施7.7万条,完成双重预防机制建设。

(李 峰)

【本质化安全管理】 安环部组织京唐公司、长钢公司、矿业公司等14家单位完成49个本质化安全管理试点区域建设。京唐公司从转变领导干部观念入手,推行每个作业部至少有一名领导成为本质化安全管理讲解员,矿业公司持续运用机械化、自动化、信息化手段,消除安全风险92项,降低安全风险137项。

(李 峰)

【北京地区单位安全管理】 安环部组织内部专家对首建公司、京西重工、生物质公司、北冶公司、吉泰安公司进行“解剖麻雀式”安全检查,发现各类隐患问题288项,各单位雷厉风行,从完善制度体系、责任体系、考核体系、隐患排查治理体系等方面落实整改,安全管理长效机制进一步完善。吉泰安公司领导班子提高认识,压实责任,建立周安全专题会制度,将解决突出问题与落实岗位职责有机结合,强化主体责任落实。

(李 峰)

【首钢北京园区安全管理】 安环部加强对首钢北京园区开发建设的安全管理,建立安全联席会制度,以“发现问题,解决问题,提升管理”为目标,聚焦外包外委单位安全管理弱化、考核体系不能有效运行等问题短板，进一步健全齐抓共管格局，坚持领导带队"四不两直"检查，查出整改隐患 1006 项，落实罚款 49.3 万元。首建公司从工作业绩、企业资质、管理体系、技术力量等方面严把外包外委准入关，建立综合评价机制，倒逼外包外委单位提升安全管理水平。首建投公司强化安全主体责任落实，安全检查坚持日检查、日发布，查出整改隐患 699 项，落实罚款 81.6 万元。

（李　峰）

【重大活动期间安全保障】　安环部以确保重大活动期间安全稳定为主线，相继开展建设施工、非煤矿山、车辆运行、防高处坠落和燃气安全"回头看"专项整治工作，排查整改隐患 6149 项，落实罚款 128 万元。开展消防隐患"自知、自查、自改"，排查整改隐患 2193 项，落实罚款 19.5 万元。为扎实做好新中国成立 70 周年庆祝活动期间安全保障，组织各单位严格落实国家和北京市的各项要求。股份公司、京唐公司、矿业公司、长钢公司严密组织，明确停、复产每个环节的标准和责任，实现停、复产安全顺稳。股权公司、首建公司以最高标准、最严要求，圆满完成了国庆联欢活动大型装置制作安装任务。

（李　峰）

【完善安全基础管理】　安环部深入开展以"防风险、除隐患、遏事故"为主题的安全生产月活动，推行安全教育新模式，依托园区安全体验中心对北京地区 510 名重点岗位人员进行培训。举办特种作业人员和主要负责人、安全管理人员安全生产培训班，参训 1532 人次。开展安全生产标准化创建，完成 2 个单元外部评审，新增达标班组 373 个。股份公司拓展标准化达标班组创建工作外延，设置安全文化场景，推广班组安全"家"文化建设。

（李　峰）

【主要污染物排放指标】　安环部统计 2019 年首钢集团烟（粉）尘排放总量计划 17091 吨，完成 11660 吨，比计划降低 5431 吨。二氧化硫排放总量计划 17164 吨，完成 13369 吨，比计划降低 3795 吨。氮氧化物排放总量计划 29460 吨，完成 23156 吨，比计划降低 6304 吨。化学需氧量排放总量计划 753 吨，完成 646.3 吨，比计划降低 106.7 吨。氨氮排放总量计划 91 吨，完成 74.1 吨，比计划降低 16.9 吨。

（刘玉忠、耿培君）

【环保管理】　安环部落实各级政府对环保工作更高标准、绿色发展水平进一步提升的要求，持续实施绿色行动计划，完成环保项目 70 项。股份公司和京唐公司投运无组织排放"管控治"一体化智慧平台，实现排放源、除尘设施的集中精细管控。股份公司完成白灰窑脱硫脱硝改造等 20 项治理项目，实现全流程超低排放，在唐山市重污染天气钢铁行业应急减排绩效分级评比中，被评为唯一 A 类企业，成为钢铁行业超低排放标杆；完成钢铁行业绿色生产管理评价系列标准起草，引领行业绿色发展。京唐公司完成烧结烟气循环改造等 13 项治理项目，通过超低排放市级验收。长钢公司按时序分类分步实施超低排放改造，完成煤场封闭等 15 项治理项目，拓展固废资源化和产业化路径。首钢冷轧获国家级"绿色工厂"称号，贵钢公司荣获贵州省"绿色工厂"称号。首建投公司完成 12 个地块污染土清挖运输，通过市生态环境局阶段修复效果评审。开展环保手续办理，取得环评批复（备案）38 项、通过环保验收共 10 项。京唐公司取得二期一步工程变动情况复函，为顺利投产创造了条件。

（刘玉忠、耿培君）

【落实排污许可制】　安环部落实排污许可制工作取得新进展，京西重工、生物质公司、首旺煤业、长治生物质取得排污许可证。京唐公司、长钢公司、北冶公司完成排污许可证变更。组织已取证单位强化证后规范化管理。

（刘玉忠、耿培君）

【环境责任报告体系建设】　2019 年 4 月，股份公司（含京唐）、通钢公司、水钢公司、长钢公司、贵钢公司及环境公司发布"2018 年度环境责任报告"，对进一步提升集团整体绿色发展形象起到了促进作用。

（刘玉忠、耿培君）

【环境保护制度建设】　2019 年，首钢颁发《首钢集团有限公司土壤污染防治管理规范》，进一步完善环保专业管理"1+N"的制度体系。

（刘玉忠、耿培君、宋振北）

【重大活动环境质量保障】　2019 年，安环部督促各单位严格落实属地政府限产、限物流和限施工等减排指令，圆满完成全国"两会"、第二届"一带一路"国际合作高峰论坛、亚洲文明对话大会、新中国成立 70 周年等重大活动和重污染天气期间的环境质量保障任务。尤其是在新中国成立 70 周年庆祝活动期间，全面部署，构建保障组织体系，明确措施，压实各级责任，圆满完成保障任务。股份公司、京唐公司、长钢公司等单位通过逐步实施大比例减产、局部限产和全线停产等措施，全力保障环境质量。建立北京地区单位周调度会议制度，全方位强化过程管控。首钢冷轧、京西重工、北冶公司、吉泰安公司、环境公司制定专门措施，精细管控，完成减排任务。年内唐山市启动52次应急响应（黄色及以上预警21次）、累计响应6538小时，北京市启动黄色及以上预警3次，累计响应312小时。集团环保重点单位共接受各级政府检查956次（钢铁板块633次），其中省级及以上345次（钢铁板块268次）。

（刘玉忠、耿培君、宋振北）

【主要能源指标管控】 2019年，安环部强化协同管控，推进能源专项攻关，能源系统运行质量显著提升。首钢集团吨钢综合能耗同比降低5%，吨钢耗新水同比降低5%，创历史最好水平；二次能源发电量完成717664万千瓦时，同比增加11.5%。股份公司、京唐公司、生物质公司等6家单位8项能源小指标创历史最好水平。吨钢综合能耗（不含贵钢）计划621千克标准煤，完成586千克标准煤，比计划降低35千克标准煤。吨钢耗新水（不含贵钢、伊钢）计划3.18立方米，完成2.97立方米，比计划降低0.21立方米。

（刘军利、吴　刚）

【能源成本管控】 安环部协同股份公司组织制定板块2019年能源成本削减方案，各单位强化分解落实并结合实际制定专项攻关方案。针对能源成本管控工作认识不到位、能源运行质量还不高、精细管理欠缺、工作机制不健全等问题，集团公司组织成立能源成本督导组，对通钢公司、水钢公司、贵钢公司等重点单位督导服务，下发督导检查报告并整改问题24项。2019年，钢铁板块吨钢能源成本完成1067元（不含京唐二期），同比降低56元。

（刘军利、吴　刚）

【节能技术进步】 安环部协同完成股份公司迁钢二热轧3号加热炉汽化冷却改造、京唐公司AV100—17轴流式压缩机优化工况节能改造、通钢公司转炉饱和蒸汽余热发电项目、长钢公司混铁炉除尘风机高压变频改造、北冶公司绿色照明及排水管网改造等11项重点节能技改项目，实现节能约2.75万吨标准煤/年。

（刘军利、吴刚）

【能效对标找差】 安环部协同股份公司到宝钢股份、鞍钢鲅鱼圈开展能效对标交流，完成对标分析报告并推进找差整改。京唐与宝钢湛江建立常态化对标机制，确定9项对标指标，健全月度分析、季度考评、通报与检查反馈机制，推动指标持续进步。集团公司组织钢铁业8家单位开展半年能效对标，编制下发《首钢钢铁业2019年上半年能效对标分析报告》，各单位梳理、查找问题和差距19项，制定改进措施29项，并逐项推进落实。

（刘军利、吴　刚）

【电力市场化交易】 首钢集团相关单位结合区域特点及企业实际，参与电力市场化交易，参与交易电量395192万千瓦时，减少电费支出8492万元。其中，钢铁业单位（首钢冷轧、矿业公司、通钢公司、水钢公司、长钢公司、贵钢公司）交易电量387419万千瓦时，减少电费支出8276万元；北京地区的京西重工、北冶公司、吉泰安公司等单位交易电量7773万千瓦时，减少电费支出216万元。

（刘军利、吴　刚）

【碳排放管理】 安环部组织北京地区12家涉碳单位完成碳排放报告报送、履约等工作，全面履行减碳社会责任。针对京西重工、北冶公司、吉泰安公司等单位配额缺口问题，调剂集团内部资源，开展协同交易13597吨。首钢冷轧利用北京市相关政策，使用国家核证自愿减排量（CCER）5759吨履约，降低履约成本90.5万元。股份公司盘活存量碳资产，开展国家核证自愿减排量（CCER）交易32万吨，实现创收109.7万元。集团公司《基于区域市场的企业集团碳排放管控体系建设实践》获第三十四届北京市企业管理现代化创新成果一等奖。

（刘军利、吴　刚）

【能源基础管理】 安环部加强制度体系建设，组织各单位制修订能源管理制度66项。股份公司等7家单位针对能源管理体系内外审检查发现的问题积极整改，持续推进体系运行标准化、规范化。京西重工完成体系认证，生物质公司启动体系认证工作。北冶公司通过了北京市能源审计。加强能源计量管理，京唐公司结合二期项目及产销一体化建设强化器具配备，通钢公司进一步完善三级计量及电量自动采集系统，水钢公司健全能源计量管理机构，强化计量器具配备及检定。落实国家相关法规政策，继续开展淘汰高耗能落后设备工作，年内淘汰电机变压器291台套。

（刘军利、吴　刚）

审 计 部

【审计部领导名录】

部　长:郭丽燕

（高　强）

【综述】 首钢集团有限公司审计部(以下简称"审计部")主要承担首钢集团审计体系管理职责。包括:统筹和制订集团审计工作计划;推荐平台公司和直管单位审计负责人,统筹调动平台公司和直管单位审计资源,组织集团审计专业培训。负责本专业管理制度和专业工作标准、规范的制定、修订与指导、监督、检查;组织建立健全专业管理体系和专业评价体系,开展指标评价,并推进持续运营改善;策划专业管理能力体系建设,组织推进能力培育与提升;完成上级部门和上级领导交办工作。审计部定员编制18人,其中部长1人,副部长兼经济责任审计总监1人,财务审计总监、工程投资审计总监、审计复核总监、内控评价及管理审计总监各1人,审计经理12人。

2019年,审计部在首钢集团党委和董事会的领导下,认真贯彻落实首钢"两会"精神,紧紧围绕中心工作,认真履行内部审计职责,以健全审计管控体系,提高审计工作质量,提升审计工作实效为总目标,在加强企业运营质量,防范企业经营风险等方面起到了重要作用。开展经营目标责任审计、领导人员离任和任期经济责任审计、工程项目审计、专项审计68项,审计资产总额728.21亿元。

（高　强）

【经济责任审计】 审计部根据集团党委组织部委托,组织实施5名领导人员任职期间的经济责任审计。分别是首建公司原董事长、总经理徐小峰,首钢特钢总经理焦亚伏,通钢公司原董事长、总经理王自亭,机电公司总经理张满仓、环境公司原总经理朱伟明。

（高　强）

【工程项目审计】 审计部组织实施工程审计45项。包括矿业公司烧结厂烧结机烟气脱硫项目、销售公司哈尔滨首钢武中钢材加工配送项目、贵钢公司搬迁等11个项目、通钢公司新建360平方米烧结机烟气脱硫工程项目、长钢公司4号和5号烧结环冷机余热发电项目、首钢冷轧罩退配套800立方米制氢工程项目、京唐公司1420毫米冷轧工程等4个项目、股份公司硅钢一冷轧智能化工厂项目、股份公司空压机站增加压缩空气干燥站改造等8个项目、京唐公司燃气设施和4号连铸机2个项目、京唐公司西山焦化公司焦炉烟气脱硫脱硝项目、系统优化部集团公司档案系统升级等项目、体育公司科教大厦项目、股份公司烧结除尘改造等3个项目、销售公司营销服务平台功能扩展项目、首钢北京园区水质二期改造等3个项目、首华科技公司热脱附土壤修复项目、首钢气体公司北冶功能公司现场供气项目、股份公司1号和3号高炉冲渣水余热回收供暖项目、板坯结晶器电磁搅拌研究2个项目。审计工程报审额124.08亿元,审减额8688.88万元。

（高　强）

【重点工程全过程跟踪审计】 审计部对首钢北京园区开发项目、京唐公司二期项目、马城铁矿项目的工程建设情况开展全过程跟踪审计,审计情况及时以专报形式上报集团公司。

（高　强）

【专项审计】 审计部组织开展专项审计10项,分别是2018年首钢国有资本经营预算资金使用情况审计、首钢技师学院2018年预算执行和决算草案审计、首自信公司财务与经营专项审计、首钢朗泽能源公司财务及经营状况审计、京西重工欧洲捷克海布工厂财务及经营状况审计、机电公司财务与经营专项审计、集团境内矿产资源专项审计、审计整改"回头看"现场检查验收、集团层面2018年至2019年6月末所有业务梳理、配合北京市审计局开展对首钢集团5家三级以下企业2018年度专项审计。

（高　强）

【内部控制体系评价】 审计部结合集团风控体系建设,对集团公司本部及股份公司、股权公司、曹建投公司、京唐公司、中首公司、贵钢公司、房地产公司、基金公司、财务公司、京西重工、环境公司、香港首控、首控公司、医疗投公司、城运公司15家二级单位开展内部控制体系评价检查,形成首钢集团内部控制体系评价报告,经主要领导审批后报北京市国资委。

（高　强）

【开展审计整改"回头看"】 审计部在督促审计问题整改工作的同时,组织开展审计问题整改"回头看"检查,督促集团各单位切实落实审计整改主体责任,对审计查出的问题一追到底，确保整改到位。

（高　强）

【实施联合监督检查】 审计部牵头和参与的联合监督检查项目包括对京西重工欧洲捷克海布工厂财务及经营状况审计、首自信公司财务及经营专项审计、环境公司经营目标责任审计、首钢京唐二期工程项目审计、首建投公司首钢北京园区开发项目审计、首钢马城铁矿项目审计等。

（高　强）

【健全审计管控体系】 审计部进一步健全审计管控体系，各单位主要领导积极落实集团审计管控体系要求，支持集团公司对审计人员的统一调配和使用。通过以干代训，统筹参与集团审计工作34人次，提升了集团审计工作规范化、标准化水平。

（高　强）

【审计管理信息化项目通过立项】 审计部完成对宝武、鞍钢、中铝、北汽、市农商行等5家单位以及用友审计、慧点科技等6家系统软件供应商和集团投资、预算等多个系统的调研，组织讨论座谈会议20余次，开展内部访谈36场，形成调研报告、总结材料、访谈记录等资料近100篇，确定集团审计管理信息化项目的建设目标和建设思路、制定审计管理应用框架、集成架构和实施推广计划，通过集团公司立项并组织实施。

（高　强）

【审计成果运用】 审计部始终把审计成果运用作为内部审计工作的核心。年内审计成果运用主要包括：在党风廉政大会上对审计发现的典型性问题进行通报；在集团年终财务决算会、风控培训会及财务专业会上，对相关审计案例进行宣贯；到股份公司、水钢公司、贵钢公司等单位，对国家、企业相关制度和审计发现问题进行宣贯和剖析。

（高　强）

【与外部单位交流】 审计部先后与冬奥组委审计部、中国内部审计协会、北京市内部审计协会、北京市属26家企业就内部审计质量、审计信息化、境外审计、内控评价、利用中介机构等业务进行座谈交流，汲取先进理念及经验做法，促进首钢集团审计工作的转型发展。

（高　强）

【审计队伍建设】 审计部在首钢集团机关党委的统一领导和部署下，开展“不忘初心、牢记使命”主题教育，做到主题教育全覆盖。结合审计专业工作，开展培训学习。组织全体审计人员开展内部审计继续教育培训，组织各单位审计机构负责人和业务骨干参加首钢集团审计研修班集中学习研讨。

（高　强）

办　公　厅

【办公厅领导名录】

主　任：梁宗平（兼）

董事会秘书、常务副主任：杨　鹏

副主任：徐建华　陈　波

（韩　乐）

【综述】 首钢集团有限公司办公厅（以下简称“办公厅”）是首钢党委和首钢行政日常办公的综合协调部门。负责集团党委、董事会、经理层重要文件的起草、印发和会议组织；决定事项的催办反馈、综合调研、党政系统信息收集、编报和大事记管理；集团领导公务活动、商务活动、大型会议和重要活动的安排协调和组织落实，日常公文处理，党委、董事会、集团公司印鉴管理，集团机要管理工作；扶贫工作的日常组织协调；集团对外联络接待及北京冬奥委合作；集团公司信访维稳及保卫武装。办公厅下设党委办公室、董事会办公室、经理办公室、秘书处、值班室、联络接待处（冬奥合作部）、信访维稳处、保卫武装部，定员32人。

（王　帅）

【文稿起草】 办公厅完成各类文稿的起草工作，主要包括：围绕开展“不忘初心、牢记使命”主题教育活动，起草集团公司领导班子对照检查材料、民主生活会整改方案等；围绕集团重大会议，起草工作报告或领导讲话；组织完成党委扩大会报告、职代会报告的起草；根据上级有关部门要求，完成首钢年度工作总结及工作计划、首钢董事会年度工作报告、外部董事工作动态供稿、外部董事履职评价等材料的起草报送；围绕集团公司领导对外交往、调研等活动，起草领导致辞、讲话等；落实中央八项规定，围绕加强业务招待管理，颁发《首钢集团有限公司业务招待管理办法》《首钢集团有限公司领导班子成员履职待遇、业务支出管理办法》；围绕全面从严治党，制定颁发《首钢党委全面从严治党主体责任实施办法》《首钢党委关于加强党的政治建设的工作措施》。

（王　帅）

【会议管理】　2019年，首钢集团召开党委书记办公会47次、党委常委会18次、董事会5次，经理办公会15次、专题会136次，编发会议纪要147期。完成集团党委扩大会、职工代表大会、半年经营活动分析会和“三创”交流会、党风廉政建设工作会、国庆70周年服务保障工作总结表彰会等重大会议的组织工作。加强会议管理，按照会议管理办法规定，落实会议计划、审批、组织等工作。

（王　帅）

【督办工作】　围绕集团各类会议决定事项、集团领导批示，强化集团公司决策事项的监督检查，做好集团部署的各项工作任务执行情况的跟踪、检查、反馈等工作，向集团领导报送《催办与反馈》40期。

（李家鼎）

【信息工作】　向北京市委市政府、北京市国资委报送信息244期，其中“首钢滑雪大跳台项目加快推进”“首钢餐厨垃圾一体化项目高水平运营”等44条信息入选北京市委内刊《北京信息》《昨日市情》，信息报送工作在国资系统年度综合排名第三名；向市国资委报送首钢年鉴。编发《首办通报》16期；编发首钢大事记4期。全面、准确、及时地报送信息，全年信息数量和质量达到北京市、行业协会和集团公司的要求。

（李家鼎）

【扶贫工作】　办公厅落实北京市委、市政府扶贫攻坚工作要求，按照集团统一安排，组织集团内部参与扶贫攻坚工作的16家单位，制定年度扶贫实施方案和工作计划并加快推进实施。在产业扶贫方面，依托首钢在河北、内蒙古矿产资源开发优势推进产业扶贫项目2个，带动当地就业300人；在消费扶贫方面，采购贫困地区产品69万元；在教育扶贫方面，首钢技师学院招收贫困地区学生45人；在公益扶贫方面，开展多种形式捐赠、慰问活动，金额80.53万元，各项扶贫工作全面完成。

（李家鼎）

【文秘与保密工作】　2019年，办公厅处理上级来文1934余件，移交档案处文书档案6269件，办理首钢集团有限公司发文255件、首钢党委发文件176件、首钢董事会发文件25件、首钢集团有限公司发文件92件、办公厅发文7件、办公厅请示报告20件，发文清样、原稿归档率100%。刻制并启用印章10枚，办理首钢集团有限公司印章使用2050项36621件、首钢党委印章使用341项3982件、董事会及法人印章使用303项1465件、首钢办公厅印章使用168项548件、二级单位旧印章使用6项25件。公文处理及时准确率100%。

（路　明）

【对外交往】　2019年，办公厅接待内宾143起4173人次，外宾25起234人次，会议会务、签字仪式43起1522人次，总计接待活动211起5929人次。接待的重要领导及来宾有：中共中央总书记、国家主席、中央军委主席习近平，中央政治局委员、国务院副总理孙春兰，中央政治局委员、北京市委书记蔡奇，中央领导贾庆林、郭金龙，中央指导组副组长、新华社原副社长、党组成员龙新南，财政部党组成员、全国社会保障基金理事会理事长、党组成员刘伟，北京市委副书记、市长陈吉宁，吉林省委副书记、省长景俊海，北京市政协主席吉林，国家体育总局副局长、党组成员杨宁，北京市副市长隋振江。商务接待中到访的来宾有：万科集团董事会主席郁亮，华晨宝马汽车有限公司总裁兼首席执行官魏岚德博士，西马克集团董事长兼首席执行官大门先生。外事接待中到访的来宾有：国际奥委会主席托马斯·巴赫，国际奥委会合作、品牌保护和可持续发展部部长玛丽·萨洛斯。

（孙健瑀）

法律事务部

【法律事务部领导名录】

部　长：腾亦农（7月离任）

副部长（主持工作）：张　清（8月任职）

副部长：张　清（8月离任）

副部长：史　辉（5月任职）

（李　晋）

【综述】　首钢集团有限公司法律事务部（以下简称“法律事务部”）是法律事务的管理部门。负责集团法律事务的专业管理，参与重要规章制度的制定，参与提出普法方案，策划方案实施，指导平台公司和直管单位开展普法建设、法制宣传，参与组织法制宣传，提供与生产经营有关的法律咨询；协助、指导平台公司和直管单位法律咨询、律师管理。建立总法律顾问制度，组织企业法律顾问职业资格评审。负责集团诉讼、非诉讼业务律师的选聘和管理，并对其工作进行监督和评价。负责参与集团重大经营决策，保证决策的合法性，并对相关法律风险提出防范意见。参与首钢集团的公司分立、合并、破产、解散、投融资、担保、租赁、产权转让、招投标及改制、重组、兼并、公司上市等重大经济活动，处理有关法律事务；对平台公司和直管单位重大经济活动进行法律专业指导。负责集团经济合同的管理和审核，参加重大合同的谈判和起草，协助、指导平台公司和直管单位经济合同的管理。负责集团重大项目法律事项尽职调查，提供调查报告，指导平台公司和直管单位开展法律事项尽职调查管理。负责组织处理集团的诉讼法律事务，指导平台公司和直管单位重大诉讼案件的处理。负责组织处理集团的仲裁、行政复议、听证等非诉讼法律事务，指导平台公司和直管单位重大非诉讼法律事务的处理。负责协调、处理涉及集团的商标、专利、商业秘密等知识产权保护工作，指导平台公司、直管单位开展知识产权保护工作。参与协调集团内部成员间经济纠纷的处理，负责集团公司、平台公司和直管单位诉讼、仲裁案件的统计，组织平台公司、直管单位进行重大诉讼、仲裁案件的备案工作。截至 2019 年底，法律事务部在岗职工 7 人，其中副部长（主持工作）1 人、副部长 1 人、总监 1 人、法律顾问（高级经理）1 人、法律顾问 3 人。

（李　晋）

【法律审查】　2019 年，法律事务部进行法律审核 678 项，所涉单位涵盖集团部门、平台公司、直管单位、授权管理单位，其中合同审核 154 项（含合同 187 份），授权审核 166 项，项目审核 96 项，各类法律文件审核 236 项，各类诉讼事项涉及的法律文件、诉讼方案、和解方案审核等 21 项，审核事项包括：园区开发各类项目行政手续办理的授权，集团成员单位系列股东会授权手续审核，各类诉讼事项授权，园区开发重大合同，集团日常经营涉及的信息化、外部咨询服务合同，对外出具各类法律文件，有关投资项目的新设、转让、退出以及运行过程中的担保等重大事项。对集团 20 余项制度进行法律审核，确保相关制度的制修订符合法律法规的规定。对集团经营决策进行法律审核出具法律审核意见，参加集团各类专题会 70 余次，涉及实业公司深化改革、首钢北京园区南区历史遗留土地房屋腾退和疏整促、一耐厂养老项目、首钢宝业项目、潞安环能股权退出、铸造厂等 11 个项目退出以及各二级单位的重要项目，通过对项目合法性审查以及方案建议完善等，为集团决策提供法律依据。参与首钢 MA 公司外方退股项目，作为工作小组成员协助审改合同，全程参与新合资合同谈判，实现与外方就新合资合同达成一致，参与首耐公司整体退出项目，对首耐公司退出涉及法律问题进行分析，提出意见建议；参与一线材厂历史遗留问题处理项目，参加项目例会，对一线材厂储运经销部清理工作提出法律意见建议。

（李　晋）

【案件管理】　2019 年，首钢集团新发诉讼案件 24 起，结案 14 起，并另有 4 起案件取得一审判决，其中已结的 14 起案件中，除 1 件因拖欠货款通过法院调解并支付欠款外，其余案件均取得胜诉结果或迫使对方撤诉；集团涉诉的 24 起新发案件中，法律事务部直接代理其中 10 起案件，并有 6 件已结案，结案案件中除 1 件调解结案外，其余 5 件均取得胜诉或迫使对方撤诉；集团以往年度遗留案件 11 件，2019 年结案 8 件，未结的 3 件案件均为疑难复杂的重大案件，通过案件的办理，避免损失 3902.34 万元；对集团 2016 年—2019 年法律纠纷案件情况进行全面的系统梳理分析形成报告，组织召开情况通报会，对集团各单位下一步法律纠纷案件管理工作提出要求。

（李　晋）

【总法建设】　法律事务部落实整改北京市国资委法治建设专项检查反馈意见，并按时上报；组织集团 2018 年度法治建设考核评价自评，并接受北京市国资委实地核查。北京市国资委首次开展“企业总法律顾问述职评议”工作，选取包括首钢在内的 6 家企业的总法律顾问作为首批述职总法现场述职，全面汇报首钢法治建设工作情况，接受由国务院国资委、北京市国资委领导和专业部门、央企总法律顾问、外聘专家以及 33 家市管企业总法律顾问组成的评议团的评议。组织召开集团总法述职工作会，股份公司、房地产公司、首钢国际公司 3 家总法律顾问现场述职，京唐公司总法律顾问通过视频述职，总部部门、平台公司、直管单位、重要子企业主管领导、总法律顾问、法律事务机构负责人和专（兼）职法律人员约 70 人参加会议，11 个京外企业通过视频参加会议。

（李　晋）

【制度建设】 法律事务部起草并颁发《首钢集团有限公司法人授权管理制度》《首钢集团有限公司法律事务管理办法》《首钢集团有限公司总法律顾问述职评议实施细则（试行）》《首钢集团有限公司法治建设考核评价实施细则（试行）》4 项制度，完善集团法治建设制度体系。

（李　晋）

【法律监督】 法律事务部首次对平台公司、直管单位和重要子企业开展法治建设考核评价工作，推动所属企业法治建设。参与联席监督检查、合同专用章检查和冬奥大跳台项目专项检查，阅研资料 200 余份，谈话 28 余人次，发现问题 25 项，提出工作建议 25 条，并督促未完成 2018 年检查中发现问题整改的单位落实整改。

（李　晋）

【评审工作】 法律事务部按照北京市国资委《关于开展 2018 年度法律顾问职业岗位等级资格评审工作的通知》精神，完成企业法律顾问职业岗位等级资格评审工作。评审中，上报集团评审小组评审 15 人，经首钢集团有限公司评审小组对申报人逐一审核，最终通过评审、评议 13 人。其中，符合并通过企业三级法律顾问职业岗位等级资格评审 4 人，符合并通过企业法律顾问助理等级资格评审 9 人。

（李　晋）

【普法宣传】 法律事务部按照北京市国资委《关于印发〈2019 年市国资委法治宣传教育工作要点〉的通知》要求，结合集团实际，制定颁发《2019 年首钢法治宣传教育工作要点》。组织宪法宣传周活动，承办北京法院普法宣传服务队成立暨“京法巡回讲堂”进百企活动启动仪式，获北京高级人民法院和北京市国资委好评。在北京市国资委微信公众号上刊发首钢法治报道 4 篇，发布专项票据法律纠纷、公司回购股权、关联交易、公司决议效力 4 期法律风险提示。

（李　晋）

【法治培训】 法律事务部联合系统优化部、人才开发院举办风控合规培训班，全集团参加培训近百人。组织参加国务院国资组织的法律讲堂 5 期、北京市国资委组织的“京企云帆”法律讲堂 8 期、中钢协及北京市企业法律顾问协会等培训。

（李　晋）

监事会工作办公室

【监事会工作办公室领导名录】

常务副主任：邵文策

（初德和）

【综述】 首钢集团有限公司监事会工作办公室（以下简称“监事会工作办公室”）由集团董事会领导，重点负责对集团所辖平台公司、关键要素管理单位、直管单位等 24 家企业的监管，集团派驻各监管企业监事会、委派监事等日常管理，履行集团对监管企业的监督管理职责。负责监督检查重点监管企业执行国家法律法规、首钢规章制度情况，掌握企业重大决策、改革方案落实情况，监督检查企业中长期规划、年度计划完成情况和“三重一大”决策及执行情况、企业生产经营重大问题及财务活动，定期向集团董事会提出监督检查报告；监督检查企业董事会经营决策和领导班子、主要负责人的履职行为，向集团董事会提出业绩考评、任免、奖惩意见及建议。监事会工作办公室设有 4 个检查组、1 个管理组，职工 19 人，研究生以上学历 12 人，大学本科学历 7 人；高级职称 13 人，中级职称 6 人。

（初德和）

【体系建设】 监事会工作办公室按照集团关于“下管一级、逐级监管、系统受控”原则及“放管结合、优化管控”的总体要求，结合修订完善权力清单，在具备承接管控职责条件的平台公司建立逐级监管工作体系，推进做实平台公司，集团重点监管企业 24 家，在建立逐级监管工作体系的同时，进一步明晰监管边界，突出监管重点，激发板块平台公司活力。同时，按钢铁、园区、股权、直管企业业务板块调整分组分工，划分监管范围，明确监管职责。

（王素玲）

【能力建设】 监事会工作办公室以习近平新时代中国特色社会主义思想为指导，认真贯彻党的十九大精神，落实首钢“两会”“三创”会议精神，聚焦业务能力和学习型组织建设，结合监督检查报告评比，先后组织召开内部交流会、研讨会 8 次，通过微信平台编发国资监管有关政策知识培训 20 期、信息 40 余条；在集团协同工作平台门户发布信息 160 余条，营造相互学习交流、共同进步提高的氛围。

（王素玲）

【监督检查】 监事会工作办公室组织对水钢公司、通钢公司、京西重工3家企业开展第二轮系统集中监督检查，围绕落实集团党委部署和董事会决议、重大决策、运营管理、内控体系建设、财务状况、项目投资、党建工作、领导班子及主要负责人履职等情况开展监督检查，期间谈话235人次，阅研资料1557份，涉及资产总额518.19亿元，总结19个方面66个成绩，揭示19个方面49个问题，提建议44条；披露需集团重点关注事项1个、提建议1条，分别形成监督检查报告、领导班子及主要负责人履职评价报告。考虑到京西重工是高度国际化公司，为全面客观反映京西重工境外资产经营效果和资产质量现状，还组织对英国卢顿等4个工厂及研发中心开展延伸检查，形成延伸检查情况汇报，总结3个方面主要优势、剖析面临的3个主要挑战，提出3条有针对性建议，实现了国有资产监督由境内向境外的延伸。

（初德和）

【境外企业监督检查】 监事会工作办公室贯彻落实北京市国资委及首钢集团加强境外资产监督管理的有关要求，针对京西重工作为高度国际化公司，其境外资产占总资产的83%、境外销售收入占总收入的78%、境外研发费用占总研发费用的88%，主要的资产、高端产品生产销售、核心技术研发团队均在境外的实际，全面掌握京西重工境外工厂情况，切实加强集团境外国有资产监管，推动集团境外工厂提升国际化经营水平，提高境外投资风险防控能力，维护境外国有资产安全，组织对京西重工境外所属英国卢顿工厂、波兰克拉科夫技术研发中心（TCK）、波兰克拉斯诺工厂、捷克海布工厂2016年以来贯彻落实集团战略决策与规划、重大投资项目决策执行和效果、生产及产品研发、市场销售、指标完成、财务运营、内控体系与风险防控等情况开展延伸检查，形成延伸检查情况汇报，总结3个方面主要优势、剖析面临的3个主要挑战，提出3条有针对性建议，实现了国有资产监督由境内向境外的检查，实现境外国有资产保值增值，促进京西重工健康可持续发展。

（初德和）

【专题调研】 监事会工作办公室组织对首钢京唐二期一步工程、马城铁矿采选工程、滑雪大跳台中心项目3项集团重点项目开展全面系统调研，坚持“监督+服务、重在服务，把问题解决在项目建设过程之中”的工作理念，深入施工现场，对工程项目组织建设、手续办理、安全质量进度、投资控制、文明施工等情况开展实地检查，推动受检企业立行立改，提高调研效能。围绕工业智能化和智慧城市两大产业转型发展，组织对股权公司信息产业发展情况开展调研。4个项目调研涉及资产总额267.88亿元，谈话266人次，召开座谈会18个（次），查阅资料2490份，总结归纳23个方面70个成绩，揭示22个方面40个问题，提建议39条；提出需集团关注事项1个，提建议1条，分别形成调研报告。

（初德和）

【整改复查】 监事会工作办公室组织对特钢公司2014年集团联合监督检查揭示问题整改情况进行复查，结合新形势、新挑战和新情况开展延伸监督检查。谈话28人，阅研资料300份，涉及资产总额62.64亿元。深入首特园区绿能港科技中心15号、16号地块项目工地，实地考察进度、安全、质量、环保、投资等情况；深入汽车园区、真浩泰公司、泰康医院、5号院等实地现场考察，对联合检查揭示的7个方面34个问题核实印证，整改33个问题，占97.06%；持续整改问题1个，占2.94%，取得7个方面24个显著成效，提出需解决的5个方面新问题，提出建议8条，形成整改复查报告。

（王素玲）

【调查研究】 监事会工作办公室坚持问题导向、实事求是，确定选题，深入调研，创新“监督+服务”方式，促进集团高质量健康发展，全面找准制约集团高质量健康发展的关键症结，分别确定《监事会在监督与服务中提升价值创造的调研》《关于对股权投资公司优化产权关系工作重点难点问题》《关于“运用调研成果推动奥运精品工程建设”的调研》《马城铁矿采矿许可证办理工作推进情况》和《推进首钢贵钢轧钢事业部成本管理》调查研究课题，开展破题调研，深入一线调研28次，召开座谈会10次，查找问题10个，措施与建议10条。组织对调研成果交流研讨，多形式、多层次上下联动对接，提出解决问题、推动工作的硬招实招，切实维护国有资产出资人的合法权益，确保国有资产保值增值。

（初德和）

【过程监管】 监事会工作办公室探索对重点监管企业规范化、常态化监管，注重对重点监管企业加强事前、事中、事后相结合的全过程监管，及时了解掌握跟踪企业财务、重大决策、运营过程中涉及国有资产流失的重大事项和关键环节及党委会、董事会和经理层依法依规履职情况，着力强化对重点监管企业的当期监督和事中监督，时时把握经营管理、改革发展动态，主动服务企业，努力做到不缺位、不越位、监管到位。2019 年，列席常驻、全过程、重要事项监管企业董事会等重要会议 180 余次，努力实现监督工作全覆盖。

（王素玲）

【常驻制】 监事会工作办公室继续在首钢长钢、首钢水钢、首钢贵钢 3 家外埠钢铁企业实施专职监事常驻制，工作中确保实现监督独立性，做到实事求是、上情下达、下情上陈。颁发《首钢集团有限公司派出监事常驻钢铁企业实施细则》，编制常驻企业监事周反馈、月工作总结模板，设立“监事会意见建议箱”，多渠道收集职工意见，发挥桥梁纽带作用。2019 年，常驻人员按照“监督+服务”工作思路，强化对常驻企业资产运营的过程管控，先后列席党委会、董事会、经理办公会等重要会议 130 余次，参与 80 余项建议预案审核讨论，对决策的合法合规性实时监督，促进企业规范治理。针对生产、安全、投资、维稳等重要事项持续关注跟踪，实施监督与服务。深入调研，破解难题。常驻人员开展调研 19 次，提出建议 35 条，谈话交流 30 余次，查阅资料 2530 余份。如针对首钢贵钢轧钢事业部成本管理难点问题，从成本核算、计划分解落实等 6 个方面入手，制定方案并调研，检查揭示 5 个问题，形成调研报告，提出解决对策，按周跟踪进展，督促落实整改。开展多种形式监督检查，为集团科学决策提供可靠依据。常驻首钢长钢、首钢水钢人员，系统梳理常驻企业监督情况，分别形成《关于首钢贵阳特殊钢有限责任公司监督工作报告（2019 年度）》《关于首钢长治钢铁有限公司监督工作报告（2019 年度）》上报集团主要领导并批示，为集团领导全面了解常驻企业情况创造条件。

（王素玲）

【整改帮促】 监事会工作办公室将整改帮促纳入当期重点工作，做到同部署、同安排、同落实、同检查，实现监督检查、整改帮促“两手抓，两手硬”，努力提高监管效能。规范整改帮促工作流程，下发《关于监督检查整改帮促工作指导意见》，明确整改分板块责任人与联系人、整改方案审核、认定完成整改标准，固化整改工作流程，将集团公司整改计划作为整改帮促的责任清单严格落实。及时与受检单位沟通交流监督检查情况，针对具备条件可立即整改的问题，帮促立行立改或限时整改；召开监督检查整改工作通报会 8 次，通报检查情况，分别下发整改通知，组织对揭示的 112 个问题，制定整改措施 280 条。落实《首钢落实市委巡视反馈和首钢内部检查问题整改工作计划》（首党发〔2017〕33 号）涉及帮促的 174 个问题，完成整改 160 个，计划兑现率 96. 39%；《首钢 2017 年内部检查发现问题整改工作计划》（首党发〔2018〕19 号）涉及帮促的 89 个问题，完成整改 88 个，计划兑现率 100%；《首钢 2018 年内部检查发现问题整改工作计划》（首党发〔2019〕41 号）涉及帮促的 105 个问题，完成整改 35 个，计划兑现率 100%。综上，落实集团整改工作计划共涉及帮促整改问题 368 个，完成整改问题 283 个，整改计划兑现率 97. 92%。

（初德和）

【管理制度修订】 监事会工作办公室加强对集团出资的国有资产的监督管理，健全完善监督体系，规范内部监事会建设，按照《首钢集团 2019 年风控及制度建设计划》，依据《公司法》等法规条例，结合集团实际和管控要求，对原《首钢总公司董事会关于颁发〈首钢总公司内部监事会管理制度〉的通知》（首董发〔2015〕27 号）、《首钢总公司董事会关于颁发〈首钢总公司钢铁企业监督管理办法〉的通知》（首董发〔2015〕28 号）、《首钢总公司董事会关于颁发〈首钢总公司专职监事管理办法〉的通知》（首董发〔2015〕29 号）、《首钢总公司董事会关于颁发〈首钢总公司监事工作专员管理办法〉的通知》（首董发〔2015〕30 号）、《首钢总公司董事会关于颁发〈首钢总公司监管企业日常监督实施细则〉的通知》（首董发〔2015〕31 号）、《首钢总公司董事会关于颁发〈首钢总公司内部监事会行使职权的规定〉的通知》（首董发〔2015〕32 号）、《首钢集团有限公司董事会关于颁发〈首钢集团有限公司派出监事常驻钢铁企业实施细则〉的通知》（首董发〔2017〕10 号）、《中共首钢集团有限公司委员会、首钢集团有限公司关于修订印发〈首钢集团有限公司效能监察管理办法〉的通知》（首党发〔2017〕146 号）8 项制度整合修订，形成集团内部监事会基础管理制度——《首钢集团有限公司内部监事会管理制度》（首董发〔2019〕19 号），原 8 项制度共计 56 章 259 条，整合修订完善后，《首钢集团有限公司内部监事会管理制度》共 12 章 79 条，包括总则、监事会设置、监事会职责与权限、监管企业职责、监事会成员、监督检查、整改帮促、保密管理、档案管理、工作纪律、考核、附则。

（初德和）

【制度宣贯及培训】 11 月 13 日，监事会工作办公室组织召开《首钢集团有限公司内部监事会管理制度》宣贯及监督检查工作培训会议。集团总部有关部门相关人员、平台公司、重点监管企业的主管领导、职工监事等参加会议，股份公司、京唐公司、矿业公司、首秦公司、首钢通钢、首钢长钢、首钢水钢、首钢贵钢、首钢伊钢、京冀曹建投公司的主管领导、职工监事等以视频会议的形式参加会议，参会人数 120 余人。监事会工作办公室常务副主任邵文策解读新修订的《首钢集团有限公司内部监事会管理制度》，从制度修订背景、修订基本情况、修订主要内容、集团公司董事会新要求等方面进行详细的讲解。监事会工作办公室工作组组长丁建国以《做好监督工作，发挥更大作用，实现价值创造》为题进行讲授培训，从工作理念、职责站位、履职原则、工作方法、团队建设等方面交流分享监事会工作经验和体会。参会人员在宣贯培训中，通过深入细致的制度解读和生动精彩的经验分享，收获很大。对各单位全面理解《首钢集团有限公司内部监事会管理制度》，做好下一步制度贯彻执行工作，以及做好监督检查工作，将发挥重要的促进作用。

（王素玲）

【管理创新】 监事会工作办公室完成《国有企业内部监事会“监督+服务”运行模式的创新与实践》管理创新课题，获得首钢第二十届管理创新成果二等奖，同时荣获第三十四届北京市企业管理现代化创新成果二等奖。

（王素玲）

【专题党课】 7 月 18 日，监事会工作办公室党支部开展“不忘初心、牢记使命”主题教育讲党课活动，党支部书记邵文策以“深入学习贯彻习近平总书记重要讲话精神，坚决打好打赢防范化解重大风险攻坚战”为主题进行宣讲，全体党员参加，集团“不忘初心、牢记使命”主题教育指导组姚永浦、武煜亲临指导。党课的主要内容包括三个方面，一是贯彻落实好习近平总书记坚决打好打赢防范化解重大风险攻坚战新精神新要求；二是集团对坚决打好打赢防范化解重大风险攻坚战新精神新要求；三是提高政治站位，强化责任担当，着力提高监事会全体人员防范化解重大风险的能力和水平。要求监事会工作办公室全体党员树牢风险意识，增强防范化解重大风险的使命感和责任感；聚焦监督检查、调研，准确把握新情况新问题，揭示发现各种风险隐患，维护国有资产安全；牢固树立对党忠诚政治信念，高质量督促企业整改问题落实。

（初德和）

【党支部换届选举】 11 月 29 日，监事会工作办公室党支部召开换届选举大会。选举大会由党支部书记邵文策主持，支部全体党员参加。党支部书记邵文策代表上一届支委会作工作报告，通过《监事会工作办公室党支部委员会选举办法》和监票人、计票人名单。大会严格按照换届选举工作程序和《选举办法》采用无记名投票方式和差额选举办法，坚持公平、公正、公开的原则，当场计票及公布投票结果，民主选举产生新一届党支部共 5 名委员。随后，新一届党支部委员会委员召开第一次会议，选举出支部书记，并进行支部委员分工。

（王素玲）

【共建主题党日活动】 监事会工作办公室党支部与股权公司党委所属首自信公司电信事业部北京分部党支部结对共建，于 2019 年 4 月 20 日共同组织开展“看身边变化感悟家国情怀”主题党日活动，组织全体党员重温入党誓词，密切共建党支部之间、党员之间、党员与群众之间的联系，促进党建工作相互衔接、相互融合、相互促进、共同提升。

（王素玲）

战 略 支 撑

◎责任编辑：马　晓

总工程师室

【总工程师室领导名录】

副总工程师兼总工程师室主任:张福明

副总工程师兼总工程师室副主任:刘英杰

副总工程师:张福明　刘英杰

王　庆(12月离任)

陈汉宇　王全礼

朱伟明(4月任职)

李国庆(11月任职)

技术室技术专家:张思斌　刘正发

朱志远(4月任职)　南晓东

(魏松民)

【综述】 首钢集团有限公司总工程师室(以下简称"总工室")是首钢重大技术决策参谋部门,负责组织首钢重大项目技术方案研究、论证、审查,对重大项目方案实施进行技术指导;集团科技发展规划、科技工作计划、科技项目方案审查,组织、指导、协调重点科技项目研究攻关和技术开发;开展工艺技术运行情况、技术改造情况调研,针对关键、疑难重大技术问题组织专题研究,推进工艺技术进步和节能减排降本增效;组织、协调或参与重大生产技术问题的处理和攻关。2019年年底,总工室设集团公司副总工程师6人,总工室技术室技术专家4人,总工室办公室调研员4人(含办公室主任1人)。

2019年,总工室围绕首钢集团钢铁业发展、首钢京唐二期工程投产运行、首钢北京园区开发、新产业开发,组织重大工程项目技术方案研究审查;围绕集团科技进步组织科技项目方案审查和重大科技项目组织协调;围绕集团工艺技术进步、品种开发、重大生产技术问题处理进行专题调研和指导,为首钢建设及生产经营发展做出努力。

(魏松民)

【钢铁项目方案研究及审查】 2019年,总工室围绕京唐二期工程建设、产品质量升级、矿产资源开发等组织开展相关项目技术方案研究、研讨和方案审查工作,提出大量优化完善技术方案意见建议,促进项目工作开展,全年涉及主要项目23项。具体情况如下:

推进京唐二期等京唐公司项目技术方案工作,协助项目实施及投运等。组织京唐公司镀锌汽车外板生产线项目可行性研究报告、1号球团烟气脱硫脱硝超低排放升级改造项目可行性研究报告、煤料场改造封闭工程项目可行性研究报告审查。针对镀锌汽车外板项目产品规格、工艺配置,球团烟气脱硫脱硝方案择优,煤料场改造封闭项目结构安全性问题等提出具体审查意见和修改完善建议。相关专业多次赴京唐公司调研京唐二期等项目进展情况,针对大比例碱性球团制备和高炉冶炼、高炉工程实施、炼钢项目进展、4300毫米宽厚板轧机搬迁运输等有关问题与京唐公司等进行大量沟通和讨论,协助项目推进工作。

推进股份公司新建烧结机项目、矿业公司采矿项目等技术方案工作,指导和协助马城铁矿等项目技术方案完善工作。针对股份公司按照产业政策淘汰99平方米烧结机问题,总工室根据集团要求多次组织研究并提出新建烧结系统建议;按照新建360平方米烧结机方案,组织项目可行性研究报告审查及板坯火焰清理机移地搬迁项目可行性研究报告审查,提出具体审查意见和修改完善建议。跟踪杏山铁矿深度开采项目,参加股份公司组织的项目初步设计审查并提出意见建议;开展水厂铁矿深部开采工作研究,参加矿业公司水厂铁矿项目立项可行性研究报告审查。协助马城铁矿项目推进工作,跟踪马城铁矿选矿试验,对试验报告及有关问题进行沟通交流,提出措施建议;指导和协助进一步优化马城铁矿选矿厂初步设计参数,完善矿浆输送初步设计;针对输矿用水问题现场考察研究,提出方案建议。跟踪水曹铁路项目实施,参加集团关于水曹铁路有关工作专题研究并提出建议。

组织外埠企业重大项目技术方案审查,促进项目技术方案完善。针对京唐公司球团脱硫项目活性焦用量大、价格昂贵问题,总工室2018年提出首钢自建活性焦生产基地建议,并组织项目方案考察研究和可行性研究报告审查。2019年,组织参与在通钢公司建设3万吨煤基活性焦项目专题研究,对方案进行进一步完善,参加集团经理办公会对该项目立项的审议,项目立项获得审议通过。组织通钢公司新建干熄焦项目可行性研究报告审查并提出具体审查意见,对项目工艺、余热锅炉配置及环保安全等标准选用等问题提出修改完善建议,要求进一步修改完善方案,参加集团经理办公会对该项目立项的审议,对干熄焦项目实施方案进行进一步具体指导。组织水钢公司超高温超高压发电机组项目可行性研究报告审查、水钢公司职工家属区“三供一业”供水分离改造工程可行性报告审查，提出具体审查意见和修改完善建议。按照集团专题会决定对贵钢公司新区规划进行现场考察调研和交流，参加集团关于贵钢公司新区规划建议方案专题研究，根据现场考察情况，就贵钢公司产品方案、发展物流运输产业等提出专业意见，对产品规划方案编制进行指导和把关。

钢铁业其他重大项目技术方案审查工作。总工室在先期调研基础上对首钢朗泽公司与宁夏吉元集团设立合资公司利用工业尾气生物发酵制燃料乙醇项目可行性研究报告进行审查，针对技术方案存在大量问题开展指导，促进技术方案的完善。组织内蒙古包钢首朗新能源科技有限公司 4.5 万吨钢铁工业尾气生物发酵法制燃料乙醇项目可行性研究报告审查并提出具体审查意见和建议。对股份公司《关于北京首钢气体有限公司稀有精制装置搬迁京唐院内建设高端气体产业基地的请示》进行审查会签。对辽宁首钢硼铁有限责任公司 200 万吨/年含镁球团工程可行性研究报告、几内亚铁矿项目方案等进行指导。

（魏松民）

【园区开发项目方案研究及审查】 2019 年，总工室围绕园区开发、新产业项目组织开展相关项目技术方案研究、研讨和方案审查工作，涉及主要项目 10 余项，提出大量优化完善技术方案意见建议，促进项目工作开展。具体情况如下：

园区开发项目及冬奥项目。组织长安街西延线首钢段两侧绿地景观提升项目可行性研究报告、新首钢国际人才社区项目申请报告、首钢北区智慧园区项目可行性研究报告、群明湖景观改造项目可行性研究报告、首钢园区群明站炼钢站外电源相关道路及管线项目可行性研究报告、首钢滑雪大跳台项目可行性研究报告、首钢转炉门道路填充工程、金安源停车场搬迁工程等技术方案审查，提出具体审查意见和建议，指导完善技术方案。参加集团关于首钢园区北区危废清理及处置专题研究，对首建投公司关于申请首钢园区北区危废清理及处置项目立项和可研请示报告提出审查意见。

新产业等项目。组织环境公司中标的永清县城乡静脉产业园特许经营项目可行性研究报告审查并提出修改完善具体意见和建议，指导完善项目技术方案。参加集团关于首钢医院新建门急诊大楼项目专题研究，提出相关意见建议。参加集团关于一耐养老项目工作推进会、项目启动会，落实相关工作。参加集团关于首钢北京园区 1 号高炉改造方案讨论，提出建议。

（魏松民）

【科技项目论证审查】 2019 年，总工室重点结合国内激烈竞争情况，以国际化视野和战略高度，以先进企业为样板，按照对标找差、补短创先、积极突破原则，与技术研究院等组织新立科技项目选题论证，对科技项目方案进行认真审查把关，对重点科技项目研发工作进行了跟踪指导；完成科技成果报告审查等相关工作。具体情况如下：

科技项目立项方案审查。总工室在前期项目筛查的基础上，分专业先后多次对经过前期筛选后的 2019 年 52 项集团新立项科技项目进行讨论论证，提出调整完善意见建议，在此基础上，对项目正式立项方案进行审查会签，对其中部分项目立项方案提出进一步修改完善意见建议，并对修改完善后方案进行确认。与技术研究院对 2020 年集团铁钢轧科技项目进行沟通和讨论，提出初步筛选意见，涉及项目近 180 项。参加股份公司、京唐公司、矿业公司等科研项目讨论，对股份公司、京唐公司多项科技项目立项请示进行审查会签。

跟踪重点科技项目研发攻关工作。现场调研京唐公司、股份公司炼钢、轧钢等科技项目进展情况，与技术研究院等对转炉自动出钢技术、电磁搅拌技术应用、产品质量改进等情况及问题进行研讨和措施研究。协助技术研究院污水处理科技项目研究，协调在冷轧公司现场试验工作等。参加国家“十三五”重点研发项目京唐公司海水淡化项目课题攻关、钢铁流程绿色关键技术开发、钢铁界面智能化课题研究，参加项目中期评估汇报、年终总结等工作。

对技术研究院、股份公司、京唐公司等集团 10 多个单位和部门提出的 90 余项科技成果申请集团验收评价报告、申请国家及省部级科技成果鉴定报告进行审查，提出审查会签意见，对其中部分报告提出修改完善等意见和建议。参加集团对其中 60 余项成果的验收评估。参加 2018 年度首钢科技创新与技术进步委员会全体会议对首钢科技进步奖等的评审，参加 2019 年度首钢科学技术奖专业组评审。

（魏松民）

【专题研究及调研指导】 2019 年，总工室围绕集团工艺技术进步、品种开发、重大生产技术问题处理等进行大量现场专题调研和指导工作，促进各钢铁企业正常生产运营。主要工作如下：

多次赴京唐公司参加京唐 1 号高炉大修方案、停炉方案、放残铁方案、开炉方案研讨，京唐公司 2 号高炉炉缸内衬修复论证及停炉检修方案专题研讨，现场协助高炉降料面停炉及放残铁工作，对高炉破损情况现场考察；组织京唐公司高炉炉缸长寿技术专家研讨，分析高炉炉缸破损原因及提高寿命措施；会同北京科技大学开展高炉炉缸侵蚀原理研究。参加京唐公司 3 号高炉开炉方案研究、股份公司 1 号高炉检修工作及炉缸浇注方案研讨，提出意见建议。参加京唐公司大比例球团矿应用技术研究，随团赴美钢联、巴西进行高炉大比例球团应用技术考察及交流。组织首钢大型高炉热风炉技术攻关、高炉高风温技术攻关。参加环保限产对大高炉运行影响研讨、集团特大型高炉连续稳定运行与超低排放关系专家论证等。

现场协助通钢公司 3 号高炉检修停复风、通钢 2 号、3 号高炉炉况治理工作，促进高炉炉况恢复。组织由迁焦公司、京唐公司、服务团专家组成的焦化技术服务团队对通钢焦化技术进行现场指导和服务。对水钢公司 4 号高炉冷却壁维护工作进行沟通交流并提出建议。现场协助伊钢高炉检修停开炉；调研伊钢公司铁矿资源及高炉入炉原料问题，针对烧结能力不足使用大比例酸性球团造成石灰石配比大影响高炉顺行问题提出伊钢高炉利用综合喷吹技术降低石灰石加入量的工业试验建议，经集团批准后组织试验方案研究和试验推进。结合伊钢公司试验情况组织京唐公司、股份公司、伊钢等进行综合喷吹技术实际应用研讨。

组织集团自有铁矿资源平衡专题研讨，提出资源平衡建议。组织矿业公司提铁降硅及股份公司优化原料结构专题研讨，对具体工作开展进行安排并对工作开展情况进行跟踪推进。开展进一步降低秘铁供京唐公司球团粉的碱金属等有害元素含量调研及沟通交流，向中首公司提出《关于对秘铁老区加快开展“淡水洗矿或淡水选矿”的可行性研究工作的意见》，建议尽快组织推进。

多次赴京唐公司、迁钢公司开展炼钢专业技术调研，就技术支持工作需求进行交流并落实技术支持工作；与京唐公司钢轧部就连铸机淬火箱方案、VD 炉应用进行分析和研讨。会同技研院研究炼钢专业智能制造有关工作，组织智能炼钢体系架构团体标准研讨，调研宝钢、梅钢转炉自动化出钢工艺。

参与股份公司技术专家室工作，定期赴股份公司迁钢就轧钢方面存在问题提供技术指导和支持，先后就冷轧低合金钢降成本、生产组织规避短浇次、薄规格难轧、HiB 钢质量问题、钛强化钢强度波动等进行交流研讨，提出指导意见和建议。赴贵钢公司就生产经营及产业规划调整等进行调研和交流、赴水钢公司参加首钢长材产品及技术发展研讨等，提出建议。

参加产品推进工作。与技术研究院等开展长材降成本工作研究、中空钢试验、通钢大规格钢筋以铌代钒方案研究，协调通钢棒材线轧后水冷系统项目有关工作，调研并促进相关科研支持项目攻关，推进长材技术服务开展。

推进京唐公司物流系统优化工作，赴京唐公司先后就码头区域物流优化、京唐工业站改造、京唐库房智能化、京唐高炉区域运输优化进行现场调研和研讨，提出措施方案建议；参加集团与北京铁路局合作建设物流基地事宜的交流讨论。

现场调研水钢公司水系统现状，对存在问题与解决措施与水钢公司交流，提出水系统优化具体措施建议并协助开展优化工作。现场考察股份公司烧结脱硫脱硝废水处理、马城铁矿输矿管道回水处理问题并与股份公司进行专题研究，提出措施建议。参加京唐公司循环经济园区规划研讨，针对冶金固废处理提出建议；指导京唐公司焦化废水处理工作。

（魏松民）

【基础工作及技术研讨交流】 2019 年，总工室组织、参与集团重大专业技术工作会议，行业学术交流等相关工作。参加集团经济活动分析会、钢铁板块经营活动分析会、首钢集团台湾中钢集团技术交流会；参加 CMI 集团公司客人、中冶南方工程技术有限公司客人、方大集团客人等接待交流活动。参加首钢科技人才培养培训座谈会、技术研究院首席工程师评审、首钢工匠评审、百千万人才工程首钢推荐人选专家评审等；参加首钢职业技能竞赛工作。参加中国钢铁年会、中国金属学会炼铁年会、智能制造交流会、钢铁厂智能化管理研讨会、烧结球团节能减排先进技术交流会、高速线材专业会、金属学会低合金分会年会、美国矿物冶金材料会议等学术会议和技术交流。参加中国工程院《工程知识论》编撰工作及研讨，参加中国工程院《冶金流程工程学》培训授课，参加中国钢铁协会“十四五”发展报告撰写工作研讨。参加冶金科技奖评审、中国冶金青年奖评审、北京市大工匠评审、北京工匠挑战赛有关工作、职称评审等。

（魏松民）

技术研究院

【技术研究院领导名录】

院　长：赵民革

第一副院长：朱国森

副院长：张卫东　章　军

院长助理：李　飞　田志红

副总工程师：朱志远（4 月离任）　罗家明

邱冬英（12 月离任）

党委书记、工会主席：王立峰

党委副书记：朱国森

纪委书记：周全宏

（张树根）

【综述】　首钢集团有限公司技术研究院（以下简称“技术研究院”）是 1995 年国家认定的国家级企业技术中心，是首钢科技创新组织管理中心、研发推广中心和高素质人才培养输送基地。负责全面推进首钢科技进步和技术创新，新技术、新产品、新工艺，新材料和新装备的研究开发与成果转化。下设科研管理处、产品推进处、条件处、知识产权处等职能处室，设有钢铁技术研究所、薄板研究所、宽厚板研究所、特殊钢研究所、用户技术研究所、冶金过程研究所、信息研究所、检测中心、京唐技术中心、迁顺技术中心。科研工作以“创新、引领”为核心，多中心的科研工作以“及时、高效”为核心，通过搭建人才成长平台，实现人才的柔性流动，促进科技人才的培养。截至 2019 年底，在岗职工 508 人，拥有首钢技术专家 62 人，首钢技术带头人 66 人，博士 118 人，硕士 249 人，本科生 88 人，高级职称 203 人。

（付百林）

【品种结构优化】　2019 年，技术研究院持续研发攻关，推进首钢品种结构稳中向好，高端领先产品完成 654 万吨，三大战略产品完成 515 万吨，其中汽车板 305 万吨，在上汽大众和日系品牌供货量均实现倍增，日系汽车外板和免中涂外板均实现批量供货，电工钢 163 万吨，0. 20 毫米超薄规格取向电工钢实现常态化批量生产，镀锡板完成 47 万吨；新产品完成 46 万吨，同比增加 28%；EVI 产品完成 179 万吨，同比增加 19%。新能源汽车驱动电机用电工钢 25SW1250H 全球首发，增强塑性双相钢 DH980、双相车轮钢 SRS650 等 5 项新产品国内首发，首发产品供货量 2 万吨，同比翻番。高端认证成效显著，汽车板 18 个牌号通过日系材料认证，进入丰田供应体系；成为首家通过奔驰 DH780 和长城 DH980 材料认证的企业；锌铝镁镀层产品通过沃尔沃全球材料认证，批量供应长城汽车；新能源电工钢成为大众 MEB 项目国内唯一供应商；酸洗产品 7 个牌号通过本田和丰田的材料认证；高扩孔钢 JSH590B 国内首家通过本田认证；桥壳钢 SQ700ZX 国内首家通过福田戴姆勒认证；贵钢公司车轴钢通过国际铁路工业标准 ISO/TS 22163 认证。深化以客户需求为驱动的“挂牌督办”机制，按月跟踪、按季发布、动态管控、分级督办形成常态化。滚动实施挂牌项目 68 个，整改完成率 93. 9%，客户满意率 93. 5%，月均质量异议同比下降 10%。产品影响力逐步显现，耐火耐候钢等一批新型绿色产品应用到冬奥滑雪大跳台、大兴国际机场、凤凰黄河大桥等重大工程，产品获华晨宝马“质量卓越奖”、西门子全球最佳供应商、中粮集团最佳供应商等荣誉 23 项。

（付百林）

【科技研究创新】　技术研究院完成科技成果评价 98 项，达到国际先进及以上水平 21 项。获行业及省部级奖励 17 项次，同比增加 6 项次。“高效环保变压器用高性能取向硅钢制备技术”获冶金科学技术一等奖。新产业科技创新再上新台阶，北京市科学技术奖初评 1 项推荐为一等奖、2 项推荐为二等奖。完成专利申请 1047 件，其中发明专利 576 件，国际专利 2 件；获专利授权 562 件，其中发明专利 306 件。制修订国际标准 10 项，创历史最好水平，制修订国家和行业标准 32 项，2 项标准成为国家工信部首批“百项团体标准应用示范项目”，钢铁行业首批 5 项绿色制造行业标准中，首钢承担 2 项。发表高水平科技论文 43 篇。

（付百林）

【技术工艺攻关】　技术研究院充分发挥科技创新的

支撑作用，工艺攻关实现新突破，质量和效益全面提升。炼铁技术领域，高铁低硅碱性球团矿实现批量生产，综合指标达到国际先进水平。京唐公司特大型高炉球团矿比例突破56%，生铁成本排名行业第二。成功开发出烧结烟气交叉循环工艺并在长钢公司两台198平方米烧结机上应用，实现烧结烟气总量降低32%，污染物排放总量减少30%以上，固体燃耗降低3千克/吨以上，产量提高5%左右。炼钢技术领域，京唐公司脱磷转炉底吹强度稳定达到0.2标准立方米/吨·分钟，半钢平均磷含量从0.042%降至0.022%；京唐公司1号脱碳转炉全炉役碳氧积达到0.00155，股份公司2号转炉完成3次炉底热更换，平均碳氧积降至0.0016；京唐公司铸机全钢种平均拉速提至1.36米/分钟，连铸周期减少2.6分钟/炉；MCCR最高拉速达到5.6米/分钟；SSCC大倾角水口技术实现大规模应用；贵钢公司电炉冶炼周期缩短18分钟。轧钢技术领域，股份公司迁钢2160毫米热轧产线稳定生产高强方管用钢QStE700TM成功向宇通供货3600吨，成为继宝钢之后国内第二家供应商；CP980板形控制技术取得突破，实现供奔驰GLC车型门槛梁、座椅滑轨等多个零件认证，稳定供货2000吨；京唐公司镀锌外板百米锌渣缺陷个数降低80%以上，冷轧镀锌外板月产量破万吨，批量供应宝马等高端用户。

（付百林）

【技术领域服务】 技术研究院完成10款乘用车EVI实践，3款实现三分之一以上车身零部件用材由首钢供货。形成复杂零部件材料性能与冲压工艺协同控制技术，上汽大众门内板冲压报废率降低至3‰以内。形成基于提高磷化性能的高强汽车板表面形态控制技术，实现780—1180兆帕级连退板磷化膜晶粒度由6—10微米降至5微米以下。形成高精度CAE仿真数据模型的控制技术，认证数据包合格率100%。开发京唐公司烧结机星轮齿板堆焊修复用药芯焊丝和在线修复技术，工期由15天降至5天，服役寿命与新齿板相当。优化新型耐候钢表面化学处理技术，锈层稳定周期低于10天，向首钢北京园区以外工程项目推广应用近千平方米。

（付百林）

【科技计划推进】 技术研究院承担的北京市科技计划“冬奥智慧园区综合应用示范工程”项目获批，资金支持1220万元，“绿色装配式钢结构住宅产业化及建造”项目按期通过结题验收。承担的国家重点研发计划“钢铁流程绿色化关键技术”等项目以及14个课题顺利通过中期审查。承担的国家工信部“新能源汽车新材料生产应用示范平台”、国家重点研发计划“基于钢铁流程余热利用的海水淡化技术研发及示范”、北京市科技计划“面向冬奥全天候多车型自动驾驶技术开发及首钢园区功能示范”等项目按期推进。

（付百林）

【对外开放合作】 技术研究院加强对外开放合作，拓展创新资源配置，实现协同高效。与帝国理工、北京金隅等5个联合实验室正式揭牌，联合研发平台达到19个。依托“首钢——一汽汽车用钢联合实验室”，DH590/DH780成功亮相一汽集团2019年度红旗新材料成果新闻发布会，实现零部件减重12%以上。开展横向合作项目12项，研究目标聚焦前沿技术。全年邀请外部专家讲座39场次，赴外学术交流169场次，会议宣讲90人次；参加国际会议13场次，主旨演讲7人次；成功举办“第九届首钢—中钢技术交流会”。

（付百林）

【科技信息工作】 技术研究院完成科技调研报告13项，编辑的《日本钢铁技术百年回顾》受到集团领导的肯定。《钢铁产品情报》《钢铁技术情报》《环境舆情》《炼铁技术专刊》等出版43期，“钢铁情报”微信公众号发布信息472条，转发量3120次，浏览数12万次，关注数量同比增长70%。“科技信息资源平台”发布信息5900余条，用户访问量9700余人次。组织并实施了施普林格外文数据库上线工作，实现中外文期刊全文数据资源服务。《首钢科技》发表稿件72篇，与核心期刊合作，完成《中国冶金》首钢专刊出版工作。

（代云红）

【国内外学术交流】 技术研究院组织举办学术讲座66场，“大师进首钢”“首席大讲堂”和“海外访学讲座”等系列学术活动的品牌正在形成。全年赴外学术交流210场次，其中国际会议主旨报告4篇，4篇论文获可持续炼钢国际会议优秀论文。组织参加世界钢协活动19人次。完成赴外交流总结报告197份，总结报告的质量进步明显。组织参加"第八届首钢—中钢技术交流会"，围绕炼铁、炼钢领域关键技术与台湾中钢展开深入交流。组织参加中国金属学会"冶金青年创意大赛"，首钢集团获得优秀组织奖，展示了首钢青年的技术风采。

（代云红）

【科研基地建设】 技术研究院科研检测实力逐步提升。铝锌镀层重量的仪器测量等检测分析方法取得实质进展，实现铝锌镀层重量和铝锌镀液成分的仪器化快速检测、15%以上的锰和2%以上的铝的准确测量、1010/平方厘米量级的位错密度的测量等。气氛炉、显微硬度计、直读光谱仪、粘度测定仪、小角X射线衍射仪、快速EBSD和50千牛材料拉伸试验机完成安装调试并投入运行，显微硬度计最小力值从10克拓宽到1克，EBSD分析速度从400点/秒提高到3000点/秒，最小板状拉伸试样的总长从165毫米降到50毫米。按时保质完成热轧磨辊检修工作，成品试样的表面质量和同板度明显提高。小炉冶炼325炉，轧制试样715块。完成电子探针等15台（套）大型精密设备的维护保养。新增7台开放设备，完成人员培训273人次。

（付百林）

【人才队伍建设】 技术研究院不断拓宽人才培养渠道，组织赴外培训15项64人次，完成产销一体化信息系统培训6期350人次，参加集团科技创新人才培训班4人，参加继续教育在线培训463人，培训覆盖率91%，考试合格率99%。举办领导人员培训，提升综合能力，调整配备领导人员17人次。完成新一轮首席工程师评聘27人。涌现出一批先进典型，包括：受邀参加70周年国庆观礼2人，"全国钢铁工业劳动模范"青格勒，"全国钢铁工业先进工作者"邱冬英，"冶金青年科技奖"获得者邹扬，"北京青年榜样"狄国标，"ISO卓越贡献奖"获得者鞠新华，"首钢科学技术特殊贡献奖"获得者赵志星，首届"首钢工匠"刘宏，"首钢之星"韩赟，援藏的青年党员张侠洲。

（付百林）

【凝聚力工程建设】 技术研究院组织集团"不忘初心 首钢人，建功立业新时代"宣讲团6人到院宣讲，举办"科技创新敢于担当、传承匠心精诚服务"职工宣讲会，9位科研人员讲的故事感染了听众。制定《关于关心关爱长期出差职工的工作安排》，强化人文关怀。组织职工疗养53人次，增强员工归属感。创建刘宏党代表党建书屋、女工图书角，成为职工的"思想充电站"。组织职工心理健康体检，邀请知名专家开展心理健康知识讲座，举办女工心理健康主题沙龙。在"七一"表彰会上，邀请职工家属为先进代表颁奖，增强了职工荣誉感和家属认同感。

（付百林）

发展研究院

【发展研究院领导名录】

院　长：徐建华（办公厅副主任兼）

副院长：费　凡

（陈必值）

【综述】 首钢集团有限公司发展研究院（以下简称"发展研究院"）为首钢集团发展战略研究咨询机构，承担集团战略性、全局性、超前性发展问题的研究，组织集团公司重要文稿起草、重大专项调研工作，为集团领导决策提供智力支持。设综合调研室、钢铁产业研究所、城市服务研究所、改革创新研究所、政策情报研究所、史志年鉴办公室和《企业改革与管理》杂志社。截至2019年底，在册员工33人，其中博士2人，硕士21人，高级职称8人，中级职称13人。

（陈必值）

【文稿起草】 发展研究院全年完成集团公司重要文稿编写20篇。完成《关于深入学习贯彻习近平总书记在首钢园区视察慰问时的重要指示精神的意见》的起草，组织、参与首钢集团"两会"、科技大会、"五一"表彰大会、首钢京唐投产10周年表彰会、半年经济活动分析会、"三创"交流会、十九届四中全会精神宣讲报告会等重要活动期间首钢集团主要领导讲话材料的起草，以及北京市领导调研、新首钢第六次领导小组会等重要汇报材料起草工作。

（陈必值）

【专项调研】 发展研究院围绕企业高质量发展、全面深化改革及园区开发建设开展专项调研。结合宏观经济、国家政策、行业环境、企业现状、发展态势等多方面情况,开展推动首钢高质量发展研究,形成子课题研究成果多项;结合集团推进全面深化改革工作,对国企改革示范单位中国建材集团进行深度调研,对其深化改革的主要内容、做法、经验和未来重点工作等多方面系统研究;《首钢园区"四个复兴"内涵、目标、路径和主要任务梳理研究》报送首钢集团领导。

(陈必值)

【科研成果】 发展研究院围绕做优做强钢铁业,完成《铁矿石市场分析与预测》《未来2—3年基建投资趋势及主要用钢需求分析》《我国汽车行业走势分析及预测研究》;围绕集团新产业,完成《中国房地产行业发展趋势研究》《循环经济产业园发展模式研究》;围绕集团健康可持续发展,完成《首钢降低资产负债率路径举措研究》《钢铁企业外汇风险管理措施分析》《多元化大型企业集团管控研究(以三星集团为例)》;围绕宏观经济形势,完成《基于ARIMA模型对中国经济增长的短期预测》等多项基础性研究。向集团公司按月报送《金融政策和利率汇率动态分析》,按季度报送《钢铁行业运行分析与预测》和《房地产行业运行分析与预测》研究报告。与系统优化部共同开展《企业负责人任期考核指标体系优化研究》,为集团年度经营计划和财务预算编制提供了宏观经济及集团相关产业外部环境分析报告,向钢铁板块经营活动季度分析会汇报了《宏观经济及钢铁行业运行分析》,配合国际业务部开展集团外汇风险防控相关专题研究,帮助环境公司完成研究人员的培训辅导工作。全年编发《每日信息》250期,完成《国内大钢2018年改革发展情况和2019年目标措施》《2019年政府工作报告要点解读》等信息情报分析。

(陈必值)

【管理创新评审】 2019年,发展研究院完成首钢第十九届管理创新成果的汇报表彰、第二十届成果评审和第二十一届成果收集工作;按照集团领导当年评审的要求,与系统优化部共同完成《首钢总公司管理创新活动管理办法》修订工作,对评审流程进行重大调整。建立健全首钢管理创新成果评审专家库,组织管理创新成果外部推荐活动,管理创新活动的影响力提高。

(陈必值)

【党组织建设】 发展研究院开展"不忘初心、牢记使命"主题教育,推进党支部规范化建设,落实"三会一课",组织开展党建专项检查等。推进"学习强国"运用、党支部"达晋创"、落实党员示范岗以及党员责任区和党内"创先争优"主题活动。把党建工作与科研工作、编辑工作相融合,探索创新方式方法。全年召开支委会15次、专题研究党建工作30余项,完成预备党员3人转正,培养积极分子2人。加强党风廉政建设,组织签订党风廉政责任书9份,完成党风廉政专项治理工作;第四季度,上交公务用车。

(张立新)

【人才队伍建设】 发展研究院制定《2019年发展研究院教育培训计划》,组织内部"学术沙龙"交流活动4期;引进应届硕士毕业生3人,组织新入职员工到京唐、矿业公司参观,到股份公司实习;组织全院职工进行2019年继续教育。组织研究人员在首钢集团报刊发表《人民币汇率双向波动区间的企业外汇风险管控》《我国期货市场发展趋势及钢铁企业套期保值实践》《伦敦金丝雀码头的发展经验》等研究成果30项。

(陈必值)

【史志年鉴】 《首钢年鉴·2019》新增入编单位3个;比2018年提前完成编纂工作,印刷字数96万字,人民出版社出版发行。完成《中国钢铁工业年鉴》《北京工业年鉴》《石景山年鉴》等供稿。完成《中国共产党首钢集团有限公司组织史资料(2008—2017)》计49.9万字编制工作,进入后期核实印制阶段。代表首钢集团参与国家工程《中国工业史·钢铁卷》编写,承接第十章《"文化大革命"时期的钢铁工业》、第十三章《新世纪的钢铁工业》写作,初稿计26万字。

(陈必值)

【杂志与内刊】 《企业改革与管理》(外刊)全年出刊24期,编辑文字量600多万字;《首钢发展研究》(内刊)出刊6期,编辑文字量100多万字。杂志社8月份完成改制工作,正式更名为"北京首钢报刊传媒有限公司"。

(陈必值)

人才开发院

【人才开发院领导名录】

院　长：何　巍（兼）

党委书记：黄昊兵（4 月离任）　石淳光（4 月任职）

常务副院长：段宏韬

副院长：郭　伟（4 月离任）　胡立柱　王洪骥

张百岐　尹雪梅

院长助理：周伯久

调研员：黄昊兵（4 月任职）　郭　伟（4 月任职）

（赵司尧）

【首钢党校领导名录】

校　长：何　巍（兼）

常务副校长：段宏韬

副校长：郭　伟（4 月离任）　胡立柱　王洪骥

张百岐　尹雪梅

校长助理：周伯久

（赵司尧）

【首钢工学院领导名录】

党委书记：黄昊兵（4 月离任）　石淳光（4 月任职）

院　长：段宏韬

副院长：郭　伟（4 月离任）　胡立柱　王洪骥

张百岐　尹雪梅

院长助理：周伯久　张　毅

书记助理：李冬华

（卢　芳）

【首钢技师学院领导名录】

党委书记：黄昊兵（4 月离任）　石淳光（4 月任职）

院　长：段宏韬

副院长：郭　伟（4 月离任）　胡立柱　王洪骥

张百岐　尹雪梅

院长助理：周伯久　张　毅

书记助理：李冬华

（卢　芳）

【综述】　首钢集团有限公司人才开发院（以下简称“人才开发院”）成立于 2016 年 3 月，位于北京市石景山区晋元庄路 6 号和 11 号，占地面积 17.57 万平方米，建筑面积 13.89 万平方米。人才开发院是首钢战略支撑部门，是以人才培养为目标、以能力提升为重点的企业内部培训机构，与首钢党校、首钢工学院、首钢技师学院为一套机构、四块牌子，实行一体化管理，并保持工学院、技师学院社会办学职能相对独立。人才开发院主要职能包括：通用职能、培训体系建设、培训计划管理、培训实施、能力管理体系建设、知识共享体系建设、学习系统平台搭建和中高等职业教育管理。按照“服务首钢、面向高端、能力为本、辐射全员”的指导原则，通过建设人才开发体系、高质量举办集团培训项目、创新培训模式与内容等方式，努力为首钢一流人才队伍建设提供强有力支持。同时，充分发挥工学院、技师学院的社会服务功能，坚持“立足首钢、面向京西、服务首都”的办学定位和“校企融合、工学一体、多元育人”的办学理念，通过建设特色专业、胡格教育模式改革、积极承办社会培训等方式，为首都输送紧缺的专业性人才。人才开发院设党群工作部和纪（监）委 2 个党群机构，以及运营管理部、计财部、总务部、保卫部 4 个职能管理部门。内训板块 6 个部门，即内训管理部、党建文化培训中心、领导人员培训中心、专业人才培训中心、技能人才培训中心、人才测评中心。学校板块 16 个部门，即综合管理办公室、教务与招生就业处、学生处、团委、职业教育培训处、资产管理处、实习实训中心、网管中心、图书馆、继续教育学院、计算机与媒体艺术学院、机电工程学院、冶金安全环保学院、管理学院、护理与学前教育学院、基础学院。院长由首钢集团有限公司领导兼任，设党委书记、常务副院长 1 人，副院长 4 人。截至 2019 年底，在册教职工 472 人（党校 46 人，技师学院 331 人，工学院 95 人），其中研究生以上学历 123 人、大学本科学历 299 人，正高级职称 8 人，副高级职称 126 人，中级职称 162 人。

2019 年，是人才开发院三年规划承上启下的关键之年，人才开发院在集团三支人才队伍建设、全日制职业教育、社会培训服务等方面取得了优异成绩，人才开发调研形成一系列成果，为人才开发体系建设打下基础。专业特色建设逐步深入，胡格教学模式改革继续推进。安全生产培训品牌效应凸显，并承办全国和北京市的多个高端研修培训项目。被集团授予“中华人民共和国成立 70 周年庆祝活动服务保障工作突出贡献单位”称号。工学院获批国家级专业技术人员继续教育基地，荣获北京市民终身学习示范基地、中国成人教育学会和北京市“2019 年优秀成人继续教育院校”。技师学院荣获 2018—2019 年度北京市技工院校“教育教学优秀单位”和“第 45 届世界技能大赛工作突出贡献单位”称号。

（赵司尧）

【主要指标】 人才开发院为集团培训职工 27500 人次，重点培训计划完成率 93.5%，开发 10 门精品课程，形成 10 项品牌培训项目。两院办学收入 1.7 亿元，保持收支平衡。技师学院录取全日制新生 635 人，超计划 58.75%。工学院录取新生 842 人。技师学院毕业生就业率 99.84%。工学院毕业生就业率 99.72%，签约率 87.76%。成人学历教育招生 2186 人，超计划 143%。安全生产培训 23800 人次。申报获批市级以上研究项目 10 项，超计划 6 项。国家级学生技能竞赛获奖 11 项，超计划 7 项。

（赵司尧）

【人才开发调研】 人才开发院聚焦领导人才、科技创新人才、财务金融人才和首钢工匠人才 4 类关键人才，以“摸清家底、找准问题、提出对策、形成方案”为指导思想，与人力资源部共同在全集团范围内广泛深入调研。通过资料收集、问卷调查、制度梳理、深度访谈等方式，收集整理人员结构数据、三支人才队伍建设实施方案、未来三年人才需求计划等 10 类数据资料 120 份。完成集团领导、集团总部各部门和二级单位领导深度访谈 23 次，专业、技能专家集体访谈 4 次，整理形成访谈纪要 30 份。组织召开人才开发研讨会、共创研讨交流会 20 次。形成首钢集团人才开发调研主报告，梳理分析“人力资源战略规划缺乏落地举措和动态监控”等 7 个方面的问题，提出“关键人才如何界定”等 7 个方面的短期和长期对策，形成领导力开发方案、3 个典型人才开发方案、人才评价中心建设方案以及学员跟踪评估报告，明确首钢转型发展对关键人才的数量结构和素质能力要求，制定关键人才标准，为人才开发体系建设打下基础。

（赵司尧）

【青年干部培训班】 人才开发院举办 2019 年首钢青年干部特训班，培养学员 70 人。全面优化首钢青年干部特训项目，首次构建首钢领导人才模型并开展线上测评和体验式测评，首次抽调基层单位党委组织部长担任专职党总支书记，加强学员管理和跟班考察。同时，高质量举办开学典礼、军训成果汇报大会、结业典礼等活动，圆满组织和实施理论教育与党性教育、首钢战略与文化、工作方法与领导艺术、总结和结业等单元的学习训练，得到集团公司领导和学员的充分肯定。

（赵司尧）

【党建文化培训】 人才开发院组织举办首钢党支部书记示范班、党员示范班、入党积极分子培训班，以及基层各单位党支部书记、党小组长培训班等党建文化培训项目共 35 项。在党支部书记示范班和党员示范班中，把专题讲授、专业辅导、现场教学、实训实操、结构化研讨相结合，教学效果满意率分别为 98.2% 和 97.5%。按照北京市国资委要求，主动承担并圆满完成 5 场基层党建宣讲任务，共培训 1750 人。同时，加强对基层党建培训的指导支持和服务，先后为股份公司、矿业公司、冷轧公司、京西重工等多家单位送教上门，并利用远程教育平台开办党务人员培训，培训 1981 人次，提升了基层党建工作水平。创新培训内容，以首钢建厂百年为契机，加强首钢历史文化和转型发展教育，开设《百年首钢史再创新辉煌》《新首钢三年行动计划解读》等课程，加强首钢园区现场教学点内涵挖掘，通过实地参观和典型案例，学员们感受到首钢文化内涵和转型发展的实践成果。

（赵司尧）

【领导人员培训】 人才开发院组织举办首钢青年干部特训班、园区管理部领导人员培训班、首钢国际 L6、L7 领导人员管理能力提升远程培训班等领导人员培训项目共 17 项。发挥集团示范引领作用，支持服务国际工程技术公司举办领导人员讲座，股份公司、京唐公司举办领导人员大讲堂，长钢公司举办青年干部培训班等共计 14 个班次，培训学员 894 人，办学效果受到二级单位党委和学员的高度肯定。充分总结和萃取首钢青年干部培养实践，形成《大型国有企业青年干部培养的创新与实践》成果，荣获第二十届首钢管理创新成果一等奖，北京市企业管理现代化创新成果二等奖。开发首钢领导力开发 B 计划、首钢国有企业公司治理专题培训2个品牌培训项目，以及《室内拓展训练》《全脑思维创新》《组织经验萃取》3门精品课程，平均教学满意率为97.9%。

（赵司尧）

【专业人才培训】 人才开发院组织举办首钢青年科技创新培训班、风控及制度管理培训班、信访干部培训班、教育培训专业人员能力提升培训班、专业人员继续教育等专业人才培训项目共39项。以“理论与实践相结合、首钢内外相结合、讲授与考察相结合”的模式，举办第二期首钢青年科技创新培训班，完成技术和管理类14个课题的解决方案，形成成果汇编，并为每名学员设计未来10年职业成长规划，培训效果满意率100%，教学内容和形式受到学员、领导以及相关单位人员的一致好评。组织集团总部各部门及各成员单位88个，专业技术人员和管理人员12500多人，以“在线学习+自学+考试考核”方式开展专业人员继续教育，实现从面授向在线和混合式培训模式的延伸，并成立培训领导小组、工作组和技术支持组，做好协调、服务和督学工作，创下首钢单个培训上万人次的新记录。

（赵司尧）

【技能人才培训】 人才开发院组织举办“首钢工匠”创新能力研修班、全国钢铁行业技能大师工作室建设研修培训班、首钢集团兼职教师（课程开发）培训班等技能人才培训项目19项。以“提高创新意识、拓展创新思维，掌握创新工具、提升创造技能”为主旨，举办“首钢工匠”创新能力研修班。通过工匠精神解读和技术创新观念与方法学习，促进创新意识教育与创新方法教育相结合，激发了学员的学习热情。同时，与学员共同研讨现存的技术难题，审核通过学员42人提交的技术创新成功案例，提高他们发现和解决问题的能力和水平。开展高端服务产业技能人员培训，举办园区服务公司国际礼仪培训班、餐饮服务培训班、酒店服务培训班、奥运会展服务培训班，适应了首钢园区新产业的发展要求。

（赵司尧）

【人才素质测评】 人才开发院构建首钢关键人才素质能力模型，形成高绩效团队体验式和公文筐的线下测评工具，首次在2019年首钢青年干部特训班中应用，为青干班学员选拔提供科学参考，形成青干班学员评价情况说明、学员个人发展建议报告、团队报告和学员综合评价等数据。引导学员客观理性地认识自我，促进自身发展，同时帮助组织部门了解学员素质能力水平，制定发展规划，实现精准培养。了解首钢各单位对人才测评的需求，引进、开发科学测评工具，为首建投公司、首钢国际公司、股份公司、京唐公司等单位提供优质的测评服务。全年测评总人数1297人，出具专业测评报告5469份，准确度85%以上，测评结果得到了集团和各单位的充分认可。

（赵司尧）

【培训体系建设】 人才开发院从培训管理的每个环节出发，进一步梳理和优化培训制度、流程。修订《培训计划编制与管理》《培训项目管理》《培训效果评估管理》3个业务流程，制定《人才开发院“首钢精品课”评价及管理办法》和《首钢人才开发院兼职教师管理办法》。以集团人力资源管理信息化项目为契机，建立培训管控模式，做好业务蓝图设计和系统功能确认。9月底，实现培训计划制定、培训活动组织实施、培训评估等关键业务功能上线。12月底，实现培训季报在线填报功能。

（赵司尧）

【职业技能竞赛】 人才开发院结合2020年“河钢杯”参赛选手选拔工作，创新2019年首钢职业技能竞赛的方式和方法。在保留高炉炼铁、转炉炼钢等传统赛项的基础上，增加餐厅服务员和中式烹调师2个城市综合服务类的竞赛工种，为北京2022冬奥会准备优秀的服务型人才。本届大赛带动了集团各单位职工投身岗位练兵和技能比武10000多人，进入复赛1500多人，进入决赛选手220人。10月9日—25日，经过人才开发院精心筹备、组织，圆满完成了5个赛区10个工种的决赛阶段。组织第一届“我是首钢好讲师”大赛。6月—8月举行初赛，9月5日、6日举行决赛。16家单位的选手218人报名参赛，最终获得“首钢好讲师”荣誉称号36人。“我是首钢好讲师”大赛发掘了一批优秀教师，沉淀了一批精品课程，推动内训师能力提升和首钢文化传承，现已作为固定项目写入集团培训制度。

（赵司尧）

【社会教育培训】 2019年,人才开发院完成安全生产培训、专业技术人员培训、技能人才培训47477人。首钢工学院安全生产培训获"2019年北京市终身学习品牌项目",为北京市应急管理局培训安全生产专职安全员初任人员、专职安全员领军人才、安全生产检查(督查检查)队队长、安全生产检查(督查检查)队队长标兵、安全生产巡查员等安全培训23800人;开展对口支援贫困地区脱贫致富工作,组织开展石景山区"脱贫攻坚"重点培训项目两期。

(卢　芳)

【职务评聘】 首钢工学院《教师职务聘任制改革实施方案》《教师职务评聘工作实施细则》等文件获得北京市人力资源和社会保障局批复,按照批复文件要求顺利完成教师系列职务评聘,教师晋升副教授职务12人、教师晋升讲师职务8人。刘洁宇参加全国职教系统2019年体育与健康说课比赛获得一等奖;2019年全国高职高专院校图书馆信息素养大赛,李建伟获国赛优秀指导教师奖;2019年北京市高职高专院校会计技能大赛,陈长伟、南顺女获北京市优秀指导教师奖;4月,刘佳奇受国际冰联选派,参加在阿联酋举办的国际冰联世界锦标赛Ⅲ组的执裁工作,11月,受中国冰球协会选调,赴海南担任2022年冬奥会男子冰球资格赛预选赛裁判长;3月,迟宏达赴马来西亚参加亚洲挑战杯赛执裁工作,执裁了冠亚军比赛,并被评为优秀裁判。

(卢　芳)

【实训基地建设】 人才开发院与北京市应急管理局采取校政合作的模式,共建"北京市安全生产实训基地",实训基地占地面积2700平方米,总体呈现"5厅2室1走廊"的布局,包含高危行业厅、工业综合厅、城市风险厅等30个与城市运行安全密切相关的行业场景。通过实景搭建、二维码扫描、虚拟现实、数字沙盘、三维动画、红外感应、微缩模型等多种现代化科技手段,设置实景隐患2621个,动画隐患533个,互动考题2835个,城市风险95个。建成后,为安全教育培训解决教学中"纸上谈兵"的问题,真正做到理实一体化教学,被安全生产专家誉为安全生产领域的"朱日和",基地接待全国各地的参观和实训学员达到1万人次以上。

(卢　芳)

【教学成果】

制定"特高"建设项目建设方案。结合首钢技师学院中高职贯通培养方案,制定"电气自动化设备安装与维修专业(群)""卫建平智能装配大师工作室"建设方案。经企业专家和北京市职教专家多次进行指导和评审,最终2个项目建设任务书申报获得北京市优秀。

入选首批1+X证书制度试点院校。教育部职业技术教育中心研究所发布《关于首批1+X证书制度试点院校名单的公告》,首钢工学院Web前端开发专业成功入选首批1+X证书制度试点,智能财税专业入选第二批职业技能等级证书制度试点。

加强对外交流与合作。9月17日,与德意志联邦共和国德中职业教育合作友好协会签订职业教育合作意向书,全面开展胡格教育模式改革项目合作;结合健康照护世界技能大赛,护理专业与澳门镜湖护理学院签订交流合作协议,为护理专业品牌建设探索国际化道路奠定基础。

大力开展贯通培养。2019年,工学院、技师学院全面合作,进一步完善并形成2019级12套3+3中高职贯通培养专业的人才培养方案;制定6套3+2中高职衔接项目的专业人才培养方案;工学院、技师学院合作完成5个专业的北京市"3+2"中高职衔接人才培养项目的申报,为工学院、技师学院专业全面贯通培养打下基础。

深化教学模式改革。打造特色育人体系,构建面向未来的职业教育生态,引入国外先进职业教育标准,应用德国"双元制"以及胡格教学模式,突出以学生为主体、能力培养为本位,构建"岗位引领,能力递进,大师指导,双师培养"的技能人才培养模式;组建胡格教学模式改革核心研究组,研制培训计划、专业调研指南和模板;组建"5+2"改革试点跨专业团队。

加强产教融合,深化校企合作。组织北京首实教育科技有限公司、首钢医院、传媒大学幼儿园等8家签署校企合作产教融合示范基地建设协议;先后与北京世纪中润国际旅行社、首钢医院、朝阳医院、京煤集团医院、公安部幼儿园、国管局幼儿园、21世纪幼儿园等单位开展校企深度融合。

参加职业技能比赛获奖。参加国家、北京市及行业协会主办的技能比赛，共获奖61项，比上年增加16项。其中会计技能、水环境监测与治理技术、焊接技术等11个赛项代表北京市参加国赛，获二等奖1项，三等奖3项。参加第四届北京高校继续教育大学生英语口语大赛，获得三等奖。承办北京市技工院校电焊工、装配钳工技能比赛，获得校“优秀组织奖”和两个赛项的一、二等奖。在中国“互联网+”大学生创新创业大赛北京赛区的比赛中，《“都停好”智慧共享车位》和《新媒体杂志大片》入围职教赛道决赛18强，并获得北京市一等奖。

（卢 芳）

【学生工作】

落实立德树人根本任务。坚持把立德树人放在首位，构建“三全育人”工作体系，开展对学生“工匠精神”的培育，将“工匠精神”和“立德树人”落实到每一堂课中。开展相关主题社会实践活动，弘扬校园正能量，首钢工学院获得优秀毕业生评选资格34人；首钢技师学院荣获北京市三好学生荣誉称号5人。

提升学生在校体验。网上一站式服务大厅为工学院、技师学院未来智慧校园门户平台入口，实现统一身份认证管理和门户应用管理。本着“大力扶持理论学习型社团、热情鼓励学术科技型社团、积极倡导志愿服务型社团、正确引导兴趣爱好型社团”的原则，鼓励各团总支建设特色社团，目前首钢工学院、首钢技师学院共有学生社团19个，总人数500余人。推进学生心理健康教育工作，构建三级心理健康预防机制，编写符合工学院、技师学院特色的工作指导手册，心理咨询中心加强随访和日常咨询关注，更好地了解学生心理状态，监测学生的心理数据，有效减少了危机事件的发生。

举办“我和我的祖国”主题教育活动。围绕新中国成立70周年，纪念五四运动100周年，首钢建厂100周年，制定“我和我的祖国”主题教育活动方案，分解细化为贯穿全年度的29项重点教育活动。与首钢老干部艺术团合作完成“庆祝祖国盛典，再续百年钢魂”的文化活动；组织“共创无烟文明环境，共享健康美好生活”第32个世界无烟日主题宣传活动；开展法治教育、预防网络金融诈骗、禁烟、疾控预防、消防等专题教育、演练活动。

开展学生志愿服务。在庆祝新中国成立70周年活动中，工学院、技师学院承担群众联欢、群众游行、游园志愿者服务等三项重要任务师生486人；参加亚洲文化嘉年华开幕式师生志愿者314人，现场聆听习近平总书记重要讲话；200名师生参加在首钢滑雪大跳台举行的2022年冬奥志愿者全球招募启动仪式，代表中国大学生欢迎五洲志愿者参与盛会。

（卢 芳）

【承办重大活动】

承办全国技工院校一体化教师培训。9月18日—25日，全国技工院校一体化教师培训在首钢技师学院举办。来自全国26个省市自治区的30名教师参加培训。本次培训是落实《技工教育十三五规划》有关要求，按照人力资源和社会保障部对技工院校师资培训工作整体部署，重点围绕加快一体化师资队伍建设、促进技工院校一体化课程教学改革等方面内容展开培训。此次培训获人社部就业培训技术指导中心督导专家及参会人员好评。

承办全国钢铁行业技能大师工作室建设研修培训班。本次培训旨在提升钢铁行业首席技师、技能大师工作室创建人的创新工作能力，充分发挥工作室在技术攻关、技能创新、技艺传承等方面的领军作用，探索钢铁行业工作室建设的新思路、新理念，进一步拓宽企业工作室管理者的视野，适应新时代对工作室建设的新要求。来自25家钢铁企业的参加培训学员85人。

承办“第三届京津冀模拟炼钢—轧钢竞赛”。来自京津冀三地的10家钢铁企业和5家职业院校选手106人，参加了融合钢铁冶炼理论、仿真实操考试与知识竞赛为一体的专业技能大赛。分别决出炼钢单项赛、轧钢单项赛和团体赛冠军。首钢技师学院选手取得炼钢院校组二等奖，京唐公司选手取得企业团体赛一等奖和轧钢企业组一等奖，人才开发院获突出贡献奖。

承办2022年北京冬奥会和冬残奥会冰球、越野滑雪技术官员（NTO）培训。积极服务北京冬奥会和冬残奥会，2022年北京冬奥会和冬残奥会组织委员会国内技术官员（NTO）培训在首钢工学院举办，其中：

北京冬奥会冰球项目国内技术官员培训班 120 人分为两个批次培训(第一批 4 月 4 日—9 日,第二批 4 月 9 日—14 日);6 月 27 日—30 日,北京冬奥会项目国内越野滑雪技术官员培训班参加 120 人。

承办北京市技工院校学生跳绳、踢毽、篮球比赛。5 月 24 日,首钢技师学院承办北京市技工院校学生跳绳、踢毽、篮球比赛。全市 8 所技工院校参加比赛,经过激烈的竞技,首钢技师学院代表队分获跳绳和踢毽比赛团体冠军,学校同时荣获优秀组织奖。学校篮球代表队经过 6 轮次激烈角逐,获得技工院校篮球联赛季军。

(卢　芳)

业务支持服务

◎责任编辑：郭　锋　刘冰清

财务共享中心

【财务共享中心领导名录】

主　任:王　健

副主任:高　静

（王　俊）

【综述】 首钢集团有限公司财务共享中心(以下简称“财务共享中心”)是集团财务核算、会计处理的中心,是为集团和各级子公司战略决策提供财务数据的支持服务部门和共享平台。负责完善报表体系,编制合并报表,出具年度财务决算报告;建立财务共享信息化项目,配合信息化建设,完成共享信息化平台管理与维护。负责核算集团对外股权投资、政府补贴及权益项目,在建工程核算,组织园区开发项目的拆迁补偿费核算及开发前期费用核算,研发项目核算,专项资金核算。负责收入、成本等账务处理,税务核算及纳税申报管理,进出口业务核算及结算、存货核算等。负责编制集团总部部门费用预算,根据年度费用预算指标组织分解落实,预算执行过程控制,职工借款、相关费用核算及报销(核销)等。负责集团银行账户管理,收付款结算,票据业务,银行日记账的记账和对账,承兑汇票结算,财务费用、内部借款本金及利息。负责集团成员单位的债权债务清理工作,建立对账、抵账机制。负责集团统计专业的归口管理,组织统计核算,实施各项统计调查,编制及对外披露统计年报和定期统计报表,编制集团生产经营指标快报和月度统计公报,按要求提供相关管理口径的数据或报表,统计资料管理。负责纳入财务共享中心范围单位财务档案管理及成员单位财务报告归档,集团产权信息登记、变更、注销等,集团工商变更登记的备案业务。负责工会、党团费用、技协等托管业务核算。财务共享中心设总账报表室、会计核算室、费用核算室、资金结算室、资产核算室和数据信息室6个业务室。

根据集团公司2018年11月下发《关于集团总部部门职责调整优化及岗位编制核定的通知》(首发〔2018〕276号),财务共享中心按照共享和非共享业务两个板块调整内部机构设置。共享板块设应收应付、费用报销、资金结算、资产总账、共享推广与服务支持5个室;非共享板块设总部财务和数据统计2个室。该项工作正在推进中。

（王　俊）

【制度建设】 财务共享中心为财务基础制度完善,持续开展修订工作。根据国家相关政策调整变化,修订《首钢集团业务活动费用管理办法》。结合个税调整变化,制定《关于进一步明确劳务报酬等收入个人所得税扣缴要求》。为提升集团内部债权债务管理工作,制定《首钢集团内部债权债务管理办法》。为规范成员单位投资性房地产财务核算管理,制定《首钢集团投资性房地产财务处理及列报规范》。为推进和规范资产业务核算管理,分别编制《首钢集团非经营性资产分离移交会计核算规范》《京唐利旧首秦资产项目集团公司会计核算规范》《房改房、集资房相关资产移交及核销会计核算方案》《申请使用集团公司营业执照办理指南》和《小额资产交易账务规范处理》6项业务处理规范。此外,从业务需求、权限变更和静态数据管理三个方面研究制定共享业务管理规范。对会计档案管理办法进一步修改完善。研究财务决算中介机构管理规范,起草拟定财务决算中介机构管理方案等工作。

（张永卫、李圆博、张　鹏）

【信息化建设与推广】 财务共享中心秉承“流程化、标准化和规范化”原则和“提升效率、提高质量和口径统一”三个全面落实,深入推进共享信息化建设与推广。完成股份公司、实业公司全模块上线,集团范围实现费用、总账快速推广,与股份公司产销一体化采购、销售、设备等模块全面贯穿,与实业公司供应链系统对接运转,完成近30户境内二级、200余户下属单位的上线,超11户境内二级单位的推广年度计划,为下一步完成全模块推广奠定基础。提升服务意识,关注信息化应用,打通业务、资税流程,实现与首钢国旅平台集成,从业务发起到财务处理全流程可追溯。实现差旅业务“不见钱不见票”“不借款不等票”的全业务移动办理和审批,集成协同办公待办、待阅,便于报销、报支审批,减少用户不同系统登录与操作,增强业务人员的获得感,提升对共享财务的满意度。坚持“推广”“运维”两手抓,年内现场指导、解决问题500余次,通过电话、微信等手段解决问题2000次以上。做好宣讲、上线前培训和上线后座谈调研,并对调研问题及时处理,年内关闭股份公司、实业公司业财一体化模式上线单位的全部问题清单。组织完成ERP系统切换,完成1766项全业务场景的梳理，规范业务场景1528项。与投资、资产、主数据系统密切协同，全面组织完成数据清洗工作。开展用户测试、模拟月结及关键用户培训，对发现问题及时反馈并跟踪解决。6月12日，新ERP系统一次导入测试成功并上线运行，按时完成集团财务系统切换。

（李圆博）

【总账报表】 财务共享中心推进内部债权债务管理工作优化、细化。坚持制度保障，制定并颁发《首钢集团内部债权债务管理办法》。加强组织协调，组织双周例会20余次，现场协调成员单位问题，会上不能协调的问题，会后持续推进，户到户完成问题协调近百次。深入落实倒抵账工作，从集团范围甄别抵账资源，年内完成内部倒抵账44.3亿元，2年累计完成147.3亿元，专项组织协调首钢耐材1200万元倒抵账工作，确保资金安全。实施历史债务登记，以“1+1+1”形式开展登记内部历史债务信息，组织协调完成东华公司与集团公司、首建公司与首钢气体公司、首建公司与冷轧公司、首钢国际公司与首秦公司、环境公司与长钢公司等历史债权债务差异的核对与处理，登记单位484户、完成确认481户。完成财务决算和中期审阅。按照北京市国资委、市财政局、中钢协关于2018年财务决算工作要求，完成72家集团所属成员单位的现场审核，提高了集团年终决算工作整体效率；协助、配合中介机构开展审计工作，密切追踪审计进度，及时发现和协调审计过程中出现的问题。针对国资委复核提出的60条问题，组织成员单位补充资料、核实业务，完成国资委决算复核沟通。按照银行间市场交易商协会要求及境外债权发行通函约定，完成集团公司和首钢集团2018年中期财务报告编制及审阅工作。

（李圆博）

【资产核算】 财务共享中心推进非经营性资产移交工作，牵头组织集团与自管单位公维基金和售房款余额清理和移交工作，清理9家单位公维和售房款余额合计3.6亿元；参加实业公司非经营性资产回购研究，先后六次赴北京自来水公司商谈供水资产交接事宜，与北京供电公司反复沟通研究供电资产移交工作并取得实质成效，2019年底前全面完成供水、供电资产实物及账面移交。借助集团非经营性资产移交有利时机，围绕资料补充完善、资产清理核实、会计核算方案编制等开展大量工作，完成北京地区房改房、集资房相关资产的移交工作，解决近20年的历史遗留问题，为后续对外移交筑牢基础。配合非正常经营单位退出及清撤工作，协助设备公司、首发公司开展资产核对、债权债务倒账、法人变更、股权置换等工作。协助开源中心、开源迁安修理厂解决债权债务转移、土地租赁协议终结、营业执照吊销等工作。配合宝业公司涉诉工作，参与宝业公司抽逃资金案件应诉协调及举证工作。完成富路仕、铸造厂、电力厂、超群电力退出以及对集团及集团公司资产负债率影响的测算，完成富路仕债转股债权签认工作；整理博迪应收债权的历史资料，为下一步债权诉讼做准备、梳理退出单位会计核算标准流程，从股权投资核算处置及产权登记管理等方面，持续跟进完成相关业务。落实预算安排，跟踪投资回报收缴，规范和明确财务核算流程，做好投资回报收缴的进度跟踪、数据支撑及账务处理，结合投资核算管理等实际，不断夯实基础工作，与经营财务部共同修订完成《首钢集团投资收益收缴管理办法》。

（张　鹏）

【会计核算】 财务共享中心完成房产税减免退税等工作。按照石景山区税务局关于首钢集团2018年房产税减免批复，组织人力全面梳理集团符合退税范围房产信息，办理退税金额2040万元，得到集团的充分肯定和表扬。推进汇算清缴和境外发债付息工作，完成2018年度税务审计，完成集团及分公司企业所得税汇算清缴、关联交易年度申报。为确保境外发债付息重点工作时点，克服业务流程多、环节繁琐、监管严格等因素，累计办理代扣代缴税费5052.05万元，为境外融资业务提供有力保障。与石景山区税务局沟通对接，完成集团增值税专票开票限额由1千万元扩版至1亿元的增版工作，解决供应公司发票面额受限影响。

（杨　巍）

【资金结算】 财务共享中心强化资金业务管理，提升资金使用效率。严格执行资金预算，重点安排首钢园区及冬奥建设等重大项目资金使用，确保融资性资金平稳过渡。在首建公司、房地产公司等单位优先采取票据代替现金的支付方式，年内累计完成3.02亿元，有效提高集团资金使用效率。加强票据管理，与财务公司开展票据对账，配合完成宝塔票据诉讼案、长白与吉泰安票据诉讼等遗留问题的处理。配合资金归集工作，全年完成资金归集967.11亿元，外汇资金3454万美元，确保资金应归尽归。持续推进银行账户动态管理,全年清理不需用账户 10 个、新开网银账户 24 个、办理银企直联账户 11 个、新增开立专项及外币账户 8 个。

(苏　红)

【费用管理】 财务共享中心秉承首钢"两会"做出的严控支出、降低资产负债等工作要求,加强集团费用管控,强化专项审核,严控预算外事项,确保计划完成。严格落实年度预算安排,从编制到执行坚决贯彻从严从细的管控原则,组织各部门结合实际做好预算任务的分解落实。细化费用管控方式,强化预算执行监督,单项费用、协会费用严格落实清单制度,依据不同业务性质,常规项目简化审批。各部门行政费用按照"总体不超,分项控制"的原则,进一步扩大定额范畴,细化单项管理。新增项目及预算外费用,履行总经理审批程序,确保年度费用指标完成。2019 年,集团费用实际完成 9.65 亿元,比计划降低 1.13 亿元,其中集团总部部门费用降低 0.64 亿元,园区管理部降低 0.49 亿元。

(张永卫)

【统计管理】 财务共享中心优化统计业务,提升统计服务质量。为使统计工作更好地服务经营决策,提高统计效率及服务水平,对月度统计手册进行修订,调整管理单位名录,增加人工成本构成和非钢单位特色指标。鉴于研发统计原则发生变化,会同技术研究院与北京市、石景山区统计局沟通研究,按时完成经济普查研发资料的报送。及时梳理中钢协反馈资料,每日按时向集团公共平台发布中钢协统计信息,为集团经营生产提供数据服务。

(袁　琳)

【经济普查】 财务共享中心落实第四次全国经济普查工作部署,完成首钢集团经济普查工作。下发《首钢集团第四次经济普查暨 2018 年统计年报及 2019 年定期报表实施方案》,组织集团及所属 283 家单位完成经济普查资料填报、上报工作。针对首钢北京园区大部分单位规模较小、项目建设成立单位多、统计基础薄弱、入户采集困难等情况,开拓思路,联合石景山区统计局采取现场集中数据采集的方式,对园区 21 家单位进行数据采集,一对一指导填报,受到石景山区统计局的肯定。组织对集团各单位经普资料的梳理,与第三次经济普查情况做好对比分析,编制完成集团第四次经济普查分析报告。接受石景山区统计局对首钢集团诚信统计单位的例行核查并通过核查。

(袁　琳)

【党组织建设】 财务共享中心党总支以"三会一课"为抓手,充分利用"不忘初心、牢记使命"主题教育契机,持续夯实党建基础工作。严格落实"三会一课"制度,编制《财务共享中心党总支 2019 年学习活动计划》,明确党建学习活动任务,为党支部、党小组学习和活动提供指导。聚焦集团 6—9 月"不忘初心、牢记使命"主题教育,组织开展面向全员的思想教育学习,集中学习十九大精神及习近平新时代中国特色社会主义思想等系列内容。召开主题教育专题民主生活会,认真开展批评与自我批评,倾听党员和群众意见建议,努力协调好、解决好身边群众最关心、最现实的问题。开展广泛深入的调查研究,对调研问题持续整改并取得实效。落实党风廉政建设,持续开展全面从严治党系列工作检查,8—9 月份,联合经营财务部在集团范围内开展 2019 年财务专项检查,并就发现问题督促整改;8—11 月,配合首钢纪委等专业部门持续开展"私车公养"问题专项检查,分别就违规乘坐交通工具,违规差旅、住宿、业务接待等问题开展专项检查和指导。

(王　俊)

人事服务中心

【人事服务中心领导名录】

中心主任:吴　涛

(张英明)

【综述】 首钢集团有限公司人事服务中心(以下简称"人事中心")是首钢集团人力资源领域行政事务类工作集中处理和为职工提供人事服务单位,既是集团总部的业务支持服务类部门,同时又是人力资源信息集中管理单位,具有管理与服务双重职能。

2019 年,人事中心以习近平新时代中国特色社会主义思想和党的十九大精神为指引,不忘初心,筑梦人事服务共享,认真贯彻首钢"两会""三创会"等一系列会议精神,抓党建促服务,持续推进核心人力资源信息化、风控和满意度体系"三驾马车",有序推进退休人员社会化集中管理平台建设,为持续提高服务水平和服务效率打牢基础。

(张英明)

【核心人力资源管理信息化】 人事中心稳步推进核心人力资源信息化,15个功能模块在试点单位上线运行。为确保各功能模块按时上线,人事中心以问题为导向,加强组织协调,做好交流融合。组织与用友、首自信进行充分沟通,对912个功能点逐项沟通对接,逐个分析存在意见分歧的74个功能点,组织三方高层会谈,统一思想,抓任务落实,实现薪酬社保等15个功能模块在试点单位上线运行。采取边上线边运营边维护边优化的措施,做好先期上线功能模块的运营维护工作。

(韩立功)

【人事档案数字化】 人事中心自行开发的人事档案数字化软件系统先后进行功能改进和升级,进一步提高工作效率。为技术研究院、环境公司、动力厂、园区服务公司等单位制作数字化人事档案一千余本。人事档案数字化项目分别获得北京市和首钢管理创新成果二等奖。

(冯清仁)

【风控及制度修订】 人事中心按照集团要求,修订、完善19项人事服务中心风险控制关键点,并纳入集团风控手册。按照北京市国资委《关于开展企业内部控制体系现场检查相关工作的通知》和首钢系统优化部、法律事务部的要求,重点对集团核心人力资源信息化项目技术服务合同进行梳理和整合。

(张凤光)

【满意度评价】 人事中心持续推进中心满意度评价工作。增加对定置管理、信息发布与文档输出等反映职工实际工作的评价,增加“针对服务对象意见反馈的改进和落实”评价项目,年度评价结果与室、个人年终考核兑现相结合,促进了服务水平和服务质量的提升。

(郭 伟)

【解决职工切身利益问题】 人事中心协助有关部门解决好涉及职工利益的问题,力保企业稳定。平稳推进迁安矿区子弟高校毕业生在京就业落户,帮助子弟毕业生办理就业相关手续289人。协调技师学院、首建公司、特钢公司、园服公司、首自信公司、北冶公司、吉泰安公司和生物质公司,配合办理落户等事项,顺利安置首钢技师学院迁安矿区职工子女毕业生37人。利用“三方平台”,开展延伸服务,与京冀人力社保服务中心、唐山市人社局领导开展信息沟通、交流,矿业公司社保平台开通医保卡开卡、异地实时结算权限,为驻矿单位职工和家属开通对公业务的绿色通道。

(郭 伟)

【推进退休人员社会化管理】 人事中心为推进退休人员社会化管理,2019年初成立了集中管理平台公司,初步构建制度管理框架,石景山古南分站经过修缮,具备办公条件,石景山模式口、河北迁安两个分站也进行了修缮准备。针对北京市退休人员集中管理由企业搭建社保平、政府购买服务调整为直接移交街道社区的政策变化,重新进行调研和评估,组织制定《工作方案》和《实施方案》,经集团董事会批准组织实施。

(张连永)

【“开源”清撤工作】 人事中心开展的“开源”清撤工作取得阶段性成果,完成开源中心迁安地区实物资产评估,与毛庄村签订终止土地租赁协议,收回补偿费用270万元。努力做好债权人稳定工作。在清算公司的指导下,制定破产申请实施方案。

(刘 杰)

【争取财政资金支持】 2019年,人事中心争取北京市对困难企业离休干部医疗统筹金、残疾人就业补贴金和失业保险返还等资金2623.37万元,为集团节约了资金。

(张英明)

【外事管理】 人事中心持续强化外事服务管理,与党委组织部共同下发《关于进一步加强因公出国(境)、赴台人员管理工作的通知》(首组发〔2019〕19号)。参加集团全面从严治党动态抽查和督查工作检查组,对护照管理专项工作进行检查,帮助基层解决实际问题十余项。帮助工学院获教科研单位资质,首钢集团成为北京唯一具有两家该类资质的企业,办理科研人员出访80人次。对经贸人员实行一次审批多次有效办法,团组办23批84人次,帮助国际工程公司被拒签美国团组再次获签并及时出访。运动员出访76人次,追回冰球队因公护照。不定期召开外事审批小组会议,研究解决问题,确保团组顺利出访。组织16家单位72人次到市外办沟通交流学习,提升专业能力。《国有企业外事管理新模式的构建与实施》获首钢2019年度管理创新成果三等奖,外交部和北京市外办先后发表文章,介绍首钢做法。全年收到外交部、基层单位感谢信3封。规范邀请外国人来华工作,制定下发《关于进一步规范邀请外国人来华有关工作的通知》,办理外国人来华邀请函22

个国家80人次。承办“‘一带一路’全球青年领袖荟萃——北京·2019”国际会议，邀请中国香港、中国澳门地区和其他国家共220位优秀青年及嘉宾参加。接待外交部“一带一路”沿线国家友城官员代表团、驻华记者代表团等，共12批、36个国家及地区206人次到访。2019年，办理出国赴港澳团组174批/593人次，办理出境证明68人次、护照换发10人次、首次派驻18人次，均未发生违规违纪事件，因公护照上缴率和出访报告制度执行率100%。

（郝　玉）

【高校毕业生招聘】 人事中心组织技术研究院、国际工程公司、首自信公司、京唐公司、长钢公司等25个单位，参加北京地区高校毕业生“研究生专场招聘会”“春季就业服务月”、全国36所重点高校毕业生“双向选择”招聘会，举办“首钢专场”招聘会等招聘活动。2019年，集团各单位共招收高校毕业生1030人（博士研究生11人、硕士研究生209人、本科生575人、专科生235人），充实了首钢各类人才队伍。首钢集团被北京高校毕业生就业指导中心授予“2019年北京高校毕业生就业优秀合作单位”。

（蔡　玲）

【工伤保险管理】 2019年，人事中心统计首钢集团及所属各单位发生各类工伤事故14起，全部按规定时限完成工伤认定，同时组织对集团14名工伤职工进行伤残等级鉴定，完成工伤待遇申请。根据北京市人力资源和社会保障局《关于2019年本市参保人员社会保险待遇有关问题的通知》（京人社养发〔2019〕119号）要求，调整集团1—4级工伤人员及工亡职工家属抚恤金的工伤定期待遇，包括30名工伤人员伤残津贴的调整、48名工伤人员护理费及27名供养亲属抚恤金的工伤待遇调整及费用补发工作，确保按时发放。年内，首钢集团共缴纳工伤保险费100万余元，社保中心支付集团各项工伤保险待遇费用1452.22万余元（含伤残津贴、护理费、供养亲属抚恤金、一次性伤残补助金、辅助器具费、工伤医疗费、住院伙食费等），为工伤职工及时获得医疗救治及经济补偿，减轻企业经济负担发挥了重要作用。参与工伤人员信访的处理，做好政策咨询。协调各方关系，为矿业公司机械厂和工伤职工解决实际问题，受到基层单位好评，专程送来锦旗表示感谢。

（李海明）

【工会会员管理】 人事中心负责管理和维护首钢集团52家单位5万多名工会会员的数据库系统管理。2019年，根据首钢集团机构调整变化情况，及时对会员系统进行相应的调整和会员会籍的划转。指导并协助基层工会办理数字证书和解决数字证书更新以及权限开通等问题。全年共为京唐公司、环境公司、矿业公司等多家单位2451人会员办理了京卡。

（杨英旗）

【职业资格管理】 人事中心围绕首钢四地人才队伍建设和安全生产需要，统筹做好职称评审、技能鉴定和特种（设备）作业取证和复审工作。首秦公司职工分流到京唐公司后，针对“岗证不匹配”问题，反复与冶金工业职业技能鉴定指导中心沟通、协商，为首秦公司停产转岗职工91名按现岗位职业（工种）开展一次性国家职业资格考核与认证。针对京唐公司职工719人在2018年10月至2019年8月参加行业初、中、高国家职业资格取证但不能在唐山市申领“技能提升补贴”问题，多次到河北省人社厅、唐山市人社局主管部门沟通、接洽，获得政策支持，保障职工权益，维护了职工队伍稳定。围绕国家职业资格制度改革，针对技能人员取证出现“空挡”问题，统筹考虑国家职业资格认证、行业技能等级认定、企业技能等级评价，与集团人力资源部、人才开发院联合颁发《首钢集团有限公司职业技能鉴定管理办法（试行）》（首人服发〔2019〕2号）等三个文件，从技能鉴定制度框架、整体进度、企业技能等级评价实施方案三个维度作出安排，在京唐公司、矿业公司首批1092人完成企业技能等级评价工作。组织参加北京市冶金专业高、中级职称评审222人，其中参加高级职评117人，参加中级职评105人。组织参加北京市政工职称评审45人，审定政工师18人，推荐高级政工师人选9人。组织参加技能鉴定2932人，其中初级工1552人，中级工475人，高级工423人，技师371人，高级技师111人。组织参加特种作业考试4705人，其中取证2577人，复审2128人。组织参加特种设备作业考试1838人，其中取证1005人，复审760人，增项186人。

（刘经耀）

【企业补充医疗保险报销】 人事中心负责首钢集团50多个单位近2万人的补充医疗报销工作。全年为9642人报销企业补充医疗保险，支付费用672.46万元，其中在职职工1353人，报销金额106.18万元；退休人员

8289人,报销金额566.28万元。

（张连永）

【职工互助保险】 2019年,人事中心组织全集团各单位职工参保,在参保人数比上年度减少1000人的情况下,组织部分单位为职工增加保障力度,保费880多万元,比上年增加60万元,参保率保持在96%以上。全年四个险种共赔付2928人次,491.5万元。其中,住院医疗赔付2643人次,296.77万元;意外伤害赔付179人,83.13万元;重大疾病赔付93人,99.4万元;女工特病赔付13人,12.2万元。同时,非工伤意外赔付79人,4.32万元;水渍赔付1人400元。

（付 强）

【老干部服务】 2019年,老干部服务中心管理服务集团离休干部201人,平均年龄90岁;服务集团助理级以上退休领导25人。同时,服务处级以上领导800余人,服务去世离休干部无工作配偶42人。

用真情精准服务。老干部服务中心组织离退休干部座谈会2次,组织离退休老领导学习班3次,组织老同志参加市委老干部局、市国资委形势报告会、座谈会及支部书记培训班6人次,走访慰问生病离退休干部100余人次,为集团200多位离退休干部送生日慰问,各种节日、纪念日慰问600多人次,统计核实符合发放新中国成立70周年纪念章老干部信息,精准发放纪念章409人;为离退休老领导组织健康咨询及体检工作。

搭平台,丰富老干部晚年生活。老干部服务中心定期组织首钢老干部关工委、合唱团、舞蹈队、时装队、书画摄影组、离休干部聊天组活动,提供活动服务支持。开展“不忘初心、牢记使命”主题教育、“增添正能量、共筑中国梦”主题活动、“我看新中国成立70周年新成就”专题调研、“关心下一代、传承首钢精神”等系列活动,传承首钢精神。组织离退休干部“我与首钢”征文活动。收到多种题材征文100余篇。向离退休干部征集书画、摄影作品600余件,展出100余件,接待北京市国资委、石景山区、首钢集团各级领导及离退休干部500余人参观展览。组织老干部艺术团自编自导自演“庆首钢百年”大型文艺汇演。组织首钢老干部合唱团,圆满完成集团工会大型史诗《长征组歌》演出任务。首钢老干部合唱团作为北京市国资系统的唯一代表,参加北京市委老干部局国庆70周年离退休干部大型歌曲文艺汇演活动。

（程金花）

【退休人员服务和不在岗人员管理】 人事中心负责首钢集团49家单位退休人员10778人、首钢园区范围内13家单位不在岗人员401人的集中管理工作。以“诚心、热心、耐心、爱心”,认真做好退休人员和不在岗职工服务,采取“针对化解决、个性化处理,一事一议”的方法,努力让退休职工和不在岗人员感受到企业的关怀。全年接待来访、来电300余次,定期家访慰问50余次,解决信访问题3件。组织4批450人参加北京市退休人员疗养、座谈会、“游园踏春”、征集退休人员书画作品等活动。为年龄超过90岁的127人发放慰问金或慰问品,为66人办理退休手续,为退休人员6660人支付2020年取暖费1200余万元。针对不在岗党员“离岗、分散、居家、休养”的实际情况,不断强化不在岗党员的管理。通过与党员居住地街道保持联系,多角度了解党员思想生活状态。成立党小组,完善党员组织管理。加强日常联系,建立党员微信群,组织不在岗党员通过网络信息化进行政治学习,做到不在岗党员管理不失控,不在岗党员全部到社区“双报到”。

（张连永）

资产管理中心

【资产管理中心领导名录】

中心主任:卢贵军

（杨明娟）

【综述】 首钢集团有限公司资产管理中心(以下简称“资产中心”)是首钢有形资产和无形资产的专业管理部门,通过掌握集团资产信息,以资产价值管理为核心,加强资产使用效率分析,深入挖掘资产潜在价值,实现分散式管理到高效集约的转变、事务性管理到价值管理的转变和资产保值增值目标。负责集团不动产价值管理,土地权属处置的专业审核,国有土地、工业厂房、办公及经营用房的权属管理,组织不动产登记的办理,监督、检查评价土地房屋使用、租赁等管理,组织新增建设用地手续的办理、占地拆迁补偿等工作,占地拆迁补偿的专业指导审核工作,总图资料专业管理。负责集团资产管理体系建设,提出存量资产管理优化建议或方案,配合提出资产证券化和固定资产投资规划建议或方案,资产信息化系统建设、维护及持续更新，组织资产年度盘点，办理相关实物资产的验收、转固等工作，运营资产实物资产异动、调配调拨、投资租赁等实物核实和审批工作，配合财务共享中心进行资产核算。负责首钢商标、字号等无形资产管理，收集首钢商标、字号等无形资产数据信息。负责集团固定资产处置（集团内部转让、对外转让、报废等）专业管理。包括，审核资产处置申请与备案，组织开展资产处置统计与分析，制定资产处置计划方案，配合建立、更新资产评估机构备选库及资产评估评审工作，办理在北交所上市交易手续，组织权属闲置资产处置工作。资产中心设不动产管理室、资产运营管理室和资产处置管理室，职工24人，其中高级职称8人，中级职称7人。

（杨明娟）

【管控体系建设】 资产中心构建集团固定资产过程监测与管理评价分析体系，在完成固定资产体系构建的基础上，以评促建，开展固定资产管理体系集团评价。在自评价的基础上，牵头相关部门和单位成立集团固定资产管理体系评价小组，先后到股份公司、京唐公司、通钢公司、首建公司、京西重工和长钢公司6家单位对固定资产管理体系构建、固定资产业务办理方面进行评价和调研。通过评价，全面客观地了解基层单位固定资产管控现状，对发现的问题深入分析研究，提出整改措施并督促整改实施。通过“以评促建”的方式，促进基层单位资产管理不断提升。

（傅建忠）

【制度修订完善】 资产中心修订制度，提高集团固定资产全寿命周期管理水平，组织修订《首钢集团有限公司固定资产管理制度》《首钢集团有限公司固定资产管理实施细则》。新版制度进一步与资产权力清单、风控手册和信息化建设紧密结合，体现了集团资产分层授权治理思想，推进资产业务决策重心合理下移的思路，通过流程创新规范业务事项，进一步提高制度的适用性和可操作性。结合首钢北京园区开发建设、资产管理、招商运营需要，为规范固定资产运营管理，明确资产管理职责，规范新老资产管理流程，组织制定首钢北京园区固定资产运营管理方案。

（傅建忠）

【首钢商标字号保护】 资产中心推动“首钢”商标国际化，结合首钢北京园区建设，强化“首钢”商标字号保护，持续优化“首钢”商标管理，组织首钢15家单位签订“首钢”商标使用协议，实时动态监测“首钢”商标使用情况，针对2起商标侵权事件采取措施进行维权，保证“首钢”商标安全规范的使用。

（傅建忠）

【资产清查】 资产中心持续组织集团资产清查工作，组织固定资产和无形资产年度盘点，编制资产年度报告，初步摸清首钢集团家底。根据业务特点、资产使用效能、地域分布、资产类别对集团固定资产和无形资产盘点数据和管理情况进行综合分析。资产年度报告提报董事会审议，得到董事会认可。组织召开集团资产专业年度工作会议，落实董事会要求，加强集团资产专业管理。

（傅建忠）

【疏解整治促提升及拆迁腾退】 资产中心组织实施“疏解整治促提升”专项工作，重点组织违法建设治理、重点区域整治提升、一般性制造业企业疏解等专项行动，强化与重大活动、重点工程、重点区域、重大行动计划衔接，确保拆违力度不减、疏解力度不退、提升力度不降。在集团各单位、各部门的协同配合下，通过与政府部门密切配合，依托政府综合执法力量，创新治理手段与实施路径，全部按计划完成各项治理任务。2019年9月，提前三个月完成北京市国资委挂账督办“疏整促”点位共4处，整治土地面积105.6万平方米，治理和拆除建筑物面积31.4万平方米。完成3处“疏整促”计划外任务，治理土地面积1.89万平方米，拆除地上物4200平方米。结合“疏整促”专项治理，20处首钢北京园区南区土地房屋历史遗留问题得到解决，治理和拆除各类自建房屋2.83万平方米，腾退或收回土地面积约6.9万平方米，为南区下一步开发扫清障碍。围绕十万平方米体育场道路项目、地铁11号线项目等开展占地拆迁相关工作，完成收取古城二号路补偿费2179万元。

（王　磊）

【资产处置】 资产中心围绕首钢“两会”提出的“改善资产质量”要求，在保证处置工作依法合规的基础上，推进资产盘活处置工作，不断优化规范处置工作。超额完成资产处置工作任务，集团累计完成低效无效资产处置原值5877229.16万元，净值275346.94万元，处置收入116194.73万元。以首秦公司搬迁和首钢北京园区停产资产处置为重点，提供业务支持服务，扎实推进低效无效资产处置。结合劣势企业退出、公务车改革等工作，有序推进相关资产处置工作。组织清理商住办公用房，完善商品房购置管理要求，组织闲置房产上市交易。推进小额资产交易平台建设，创新资产处置方式，提高资产处置效率。推进资产处置规范化、标准化管理，梳理辨识资产处置风险点，修订制度、工作规范、权力清单及风控手册相关内容。

（李明霞）

【土地房屋租赁管理】 资产中心结合北京市国资委对土地房屋资产处置和房屋出租对外合作经营管理的新要求，制定《首钢集团有限公司北京地区土地房屋管理实施细则补充规定》，加强集团土地处置集中审批，进一步保证集团房屋资产出租经营公开透明和资产保值增值。督促指导集团成员单位认真履行企业主体责任，加强出租土地房屋日常监管，持续强化北京地区土地房屋出租规范化管理，修订区域指导价格，制定经营性房产出租名录，颁发《关于颁发〈2019 年首钢北京地区土地房屋出租区域指导价格〉及〈2019 年首钢北京地区经营性房产出租名录〉的通知》（首资产发〔2019〕1 号），实现集团北京地区经营性房产位置准确，出租面积清晰，提高出租收益，避免低价出租行为。开展租赁情况联合监督检查，促使各相关单位履行主体责任，提高房屋出租管理水平。安全环保部、资产中心对首钢特钢等企业单位重点场所及出租点位开展“防风险保平安迎大庆”消防安全专项检查。结合“私车公养”等问题专项检查和全面从严治党动态抽查，对集团 23 家企业单位及下属单位基层党委开展土地房屋租赁问题专项检查。

（王　磊）

【资产管理信息化系统建设】 资产中心组织开展集团资产信息化系统功能开发和推广，首期完成实业公司、股份公司以及集团所属 43 家单位试点上线阶段工作，分三批开展项目推广，完成首钢直管单位、股权平台、北京园区平台及钢铁平台 210 个单位推广上线工作，实现系统中管理资产达到 13 余万项。结合新修订制度对相关业务流程和系统功能进行调整优化，形成 66 项资产数据标准，规范 63 个资产管理业务流程，实现固定资产、不动产和无形资产业务的“在线”处理。

（傅建忠）

行政管理中心

【行政管理中心领导名录】

主　任：韩瑞峰

副主任：薛　伟

（李晓波）

【综述】 首钢集团有限公司行政管理中心（以下简称“行政中心”）是首钢的业务支持服务类部门，同时具有管理与服务双重职能。作为行政与后勤专业管理职能，主要承担政府赋予企业的社会管理职能；作为行政与后勤服务职能，是提供行政办公和后勤保障的服务实体，为职工提供生活服务管理。行政中心设置行政管理室、档案管理室（首钢档案馆）和生活管理室。截至 2019 年末，在册 81 人，管理岗位 33 人，占 41%，操作岗位 48 人，占 59%。

2019 年，行政中心认真贯彻习近平总书记对首钢工作的重要指示精神，深入开展“不忘初心、牢记使命”主题教育，持续加强党支部建设，改进工作作风，发挥战斗堡垒作用。根据首钢“十三五”发展规划目标和聚焦高质量发展全面深化改革总体要求，全面落实首钢“两会”部署，推进转型提效，提升管理能力和服务水平。按照北京市国资委统一部署，在集团高度重视、周密组织下，落实部门责任，全力推进北京地区非经移交收尾和外埠单位职工家属区“三供一业”移交改造工作。推进行政后勤社会化服务，不断做好职工后勤生活服务保障，发挥集团党委关心职工生活服务的桥梁纽带作用，实现服务创造价值。各项工作均有效实施并取得成效。

（李晓波）

【信息化建设】 行政中心全力推进首钢数字档案室建设，提升档案共享服务水平。为适应首钢深化改革对档案信息电子化、网络化、集成化日益增长的需求，实现档案“存量数字化、增量电子化”的目标，自 2018 年 7 月起，行政中心全力组织实施建设首钢数字档案室，截至 2019 年底，完成近 400 万页存量档案数字化转换，形成首钢集团档案数据中心和目录中心，建成首钢数字档案室。10 月底，颁发《关于数字档案共享应用上线试行的通知》，正式上线电子档案共享应用系统。首钢数字档案室的建设，提高档案利用效率，减少中间环节，让用户足不出户、轻点鼠标、信息上门，切实提升了档案共享能力和水平。在2018年初步建成商旅平台的基础上，按照“不见钱、不见票”的共享业务模式，持续加大推广应用力度，加大单位使用范围，提升职工及家属使用率，进一步完善平台系统。在各单位的配合下，2019年集团差旅14720人次，总金额1641万元，其中线上服务总额1112万元，比上年增加264%（2018年全年线上服务费304.17万元）。便捷的线上服务、简洁的审批流程、优惠的折扣价格、透明的费用管理，吸引越来越多的单位职工及家属使用。

（陈丹伟、李晓波）

【制度体系建设】 行政中心按照集团搭建“权力清单、规章制度、风控手册”三位一体制度体系精神，适应集团总部部门机构、职能调整和“三供一业”移交带来的业务变化，全面梳理专业管理制度，推进制度体系建设。适应总部部门机构职能调整，划转至办公厅制度17项，承接经营财务部划转的《首钢关于调整首钢单身宿舍收费价格的通知》（首发〔2005〕27号）制度1项。伴随“三供一业”移交工作推进，完成“三供一业”相关3项制度废止，包括《首钢关于辅业改制企业职工物业收费管理办法（试行）》《首钢总公司生活福措项目管理办法（试行）》《首钢总公司通勤班车管理办法（试行）》。完成《首钢集团有限公司领导人员履职待遇、业务支出管理办法》（首党发〔2019〕60号）制度修订颁发。修订颁发《首钢集团有限公司群体性食物中毒事件应急预案》《首钢集团有限公司生活饮用水污染事件应急预案》，编制完成公共卫生管理专业风控管理手册。推动档案专业工作规范化、标准化，制定下发《首钢集团有限公司机关文书档案管理细则》，指导京唐公司、人才开发院、矿业公司、中首公司等单位完善细化档案管理规章制度。

（李晓波）

【“三供一业”分离移交】 行政中心全力推进北京地区非经移交收尾和外埠单位职工家属区“三供一业”移交改造。首钢北京地区家属区物业、供水、供电全部完成实物及管理移交，按照北京市国资委要求，配合房地集团、自来水集团、电力公司对档案资料、资产及公共维修基金和售房款余额等进行清理交接。同时，针对剩余的难点问题，加紧协调各相关单位，制定承包方案推进解决。

组织完成家属区供水移交。行政中心组织首钢实业公司与北京市自来水集团完成首钢家属区3座泵站、16眼水源井及管网等自供水设备设施、房屋、土地的现场交接，职工42人划转到北京市自来水集团工作。牵头组织供水资产账务移交，组织经营财务部、财务共享中心、资产管理中心、实业公司共同与北京自来水集团对接，完成供水移交资产移交接收确认，为资产账务移交做好准备。

组织完成家属区供电移交。行政中心组织完成首钢石景山家属区居民供电系统及运行维护业务移交，共移交供、配电室79个，电力变压器119台，涉及30个小区（含特钢赵山小区）42000余户居民供电移交。组织首钢实业公司与北京市电力公司对供电资产移交清单进行确认，签订“三供一业”供电设施资产移交补充协议。

组织完成非经营性资产移交。行政中心全力推进集团3月21日专题会确定的北京地区非经营性资产移交22项重点工作任务，组织14家主责单位召开专题会，逐项分析研究解决，制定分工承包方案，落实责任，明确责任单位和责任人，按照工作任务时间节点倒排进度，建立周反馈制度，统筹协调工作推进过程中存在的问题，并督促落实，确保移交工作不出现新的遗留问题。截至11月底，完成18项重点任务，剩余4项正在推进。

协调推动外埠单位“三供一业”移交。首钢外埠涉及“三供一业”移交的单位共12家，均签订“三供一业”移交协议，其中6家单位完成移交，其他6家单位正在推进中。外埠单位移交总费用12.35亿元，已支付费用5.37亿元，获得属地财政补助2.59亿元。

（毛　波、李晓波）

【公务用车管理】 行政中心按照集团党委书记会精神和纪委专题会要求，严格执行中央八项规定和集团公务用车管理规定，持续加强公车管理，严查“私车公养”等违规用车问题。深挖潜力，提高调度能力，进一步核减公务用车数量，最终保留790辆。与车改前1482辆公务用车数量相比裁车率46.7%。在前期完善公务用车审批和登记制度的基础上，继续强化公务用车使用规范化管理，实现事前有审批、事后可追溯。成立专项检查组，利用北京市公车管理平台核查公车运行信息，全力做好公务用车管理使用专项检查得到北京市车改办的充分肯定。按照集团统一部署开展“私车公养”专项治理，组织专项清理行动，共开展监督检查342次，查询加油信息 73094 条，注销加油卡 269 张，ETC 卡 165 张。持续强化公务用车日常使用的监督管理，形成节假日公车封存的常态化管理。

（陈丹伟、李晓波）

【行政管理】 2019 年，行政管理室围绕集团管控体系改革和集团总部改革做好各项行政管理与服务保障，为集团领导、总部部门和基层单位做好服务，降低各项费用、支出。提升大型会议、行政办公、办公用品、办公设备采购、劳保用品等服务能力，保障优化重大会议、行政办公服务，最大限度利用现有行政办公资源，全力支撑集团办公服务。

保障重大活动服务水平。行政管理室持续优化集团总部办公、电信通讯、固资管理、会议服务、文件交换等职能，规范业务管理，完善业务流程，构建高效行政办公服务。强化集团重大会议服务监督检查，对供餐食品的原料采购、加工制作、自助就餐及持证上岗等情况监督检查，确保大型会议期间公共卫生安全，高质量完成首钢“两会”等重点会议和重要来访等大型会议、重大活动服务保障工作。加强对物业公司的日常监督检查，全面保障集团总部行政办公服务。

提升行政办公服务能力。行政管理室完成月季园二楼、陶楼一会议室无纸化会议系统升级。做好夏季送清凉服务，提前启动空调更新和维修工作，对办公区域 560 余台空调进行排查，按照“勤俭节约、能用够用”原则对维修无配件、费用高、制冷效果差的设备进行更新，对可维修、制冷基本可以满足使用的设备统一维护，年内更新 50 台，清洗 380 台。做好通讯专业工作，清理办公电话 9 部，为职工办理电信及移动的优惠套餐 104 人。

强化固定资产调配和管理。行政管理室完成集团房屋土地资产的信息化清理工作。完成金五区 4 号楼 602 室等 4 套公寓、人事服务中心苹果园一区等 2 套博士后工作站周转住房的装修施工、家具日用品采购。完成系统优化部、人事中心、战略发展部和法律事务部的办公家具配备和调剂。配合资产管理中心、石景山区商委做好古城小街改造提升、松林公园无偿移交相关工作。做好十万平方米体育场周边代征道路占地拆迁有关工作。办理首钢医院古城社区卫生服务中心（古城门诊）门牌号申请办理工作。完成集团机关总部固定资产报废处置的回收工作，共计回收报废办公设备 717 件。完成办公大楼、古城文化馆资产报废和废钢的结算，结算变压器 3.54 吨及其他废钢 3.38 吨。完成集团机关办公用房能源（水、电）与北京市政接轨，按照新的计量办法，分别签订能源使用协议。完成古城社区卫生服务中心、首钢俱乐部用电报装前各单位用电负荷的统计及报装手续，报供电局改造方案。组织推进北戴河地区培训疗养机构专项核查和编报改革意向。

（陈丹伟、李晓波）

【社会职能职责落实】 行政管理室加强国有企业社会职能职责落实，全面完成各项工作。做好国家卫生区复审迎检工作。组织特钢公司、首钢医院、园区服务公司配合石景山区做好国家卫生区复审迎检。在 4 月 1 日石景山区复审评估会上，北京市级专家组对首钢的相关工作给予高度认可。做好爱国卫生工作。组织献血 10 次，完成献血 685 单位（200 毫升/单位）13.7 万毫升，为集团工伤及职工家属协调解决临床用血 6000 毫升，在国家卫生健康委员会、中国红十字会总会、中央军委后勤保障部卫生局组织开展的全国无偿献血先进单位评选中，首钢获得全国无偿献血促进奖单位奖。办理独生子女父母一次性奖励审核等手续 208 人，组织发放 2019 年度计生药具避孕套 186 箱，口服避孕药 150 盒，紧急避孕药 160 盒。开展“不忘初心、牢记使命”专项整治，针对京外企业职工回京就医、慢性病取药不方便等问题”，组织人事服务中心、首建投公司、股份公司、首建公司、北京大学首钢医院开展专项整治并落实。加强厂容绿化专业数据管理，完成首钢绿化专业日常管理工作。落实北京市、石景山区两级部门对集团南官园基地绿化和防护相关工作，按属地管理原则整体移交门头沟区政府，组织园区服务公司拆除南官园基地内违建配套用房，对接门头沟绿化委推进南官园绿化基地移交。组织开展全民义务植树 38 周年活动、首都第 35 个全民义务植树日活动及石景山区义务植树日活动。加强施工占用绿地、道路的审批和施工现场管理，针对首钢北京园区内冬奥工程、八总降、焦化精苯地区、一烧二烧地区治理项目等重点工程，审批施工项目 39 项，树木 919 株。在全国绿化委员会每三年组织评选一次全国绿化模范单位和全国绿化奖章活动中，集团推荐的京唐公司获得“全国绿化模范单位”称号，绿化公司总经理王建忠获得“全国绿化奖章”。

（陈丹伟、李晓波）

【客车队服务】 行政管理室完成集团总部办公用车服务。1—10月,完成行驶任务6328台次,长途171台次,行驶里程近70万公里,全年安全行驶无事故无服务投诉。圆满完成习近平总书记视察首钢、中央及北京市领导到首钢调研、庆祝国庆70周年、纪念首钢百年等20余次重大活动接待用车。按照“质量第一、价格从优、服务全面、维修便捷”的原则,组织完成车辆定点维修企业招标。进一步规范车辆调度,提高车辆利用率,确保不发生误点、漏派、错派。

(陈丹伟、李晓波)

【档案规章制度管理】 档案管理室按照首钢集团的总体要求,贯彻落实《首钢集团有限公司档案管理办法》,推动档案专业工作规范化、标准化,提高专业管理效率和管控水平。制定下发《首钢集团有限公司机关文书档案管理细则》《首钢集团有限公司数码照片档案管理细则》《首钢集团有限公司重大活动档案管理细则》《首钢集团有限公司建设项目档案管理细则》,指导京唐公司、人才开发院、矿业公司、中首公司等单位完善细化档案管理规章制度。

(武志辉)

【档案收集与保管】 档案管理室工作人员加强与集团总部机关各部门的沟通、指导,深入现场,宣传档案归档范围,做好文件的收集、归档,全面完成2018年度机关文件整理、装盒、入库工作,共归档文件10146件。做好审计档案、法律档案、专利档案、实物档案的收集、整理工作。配合生活管理室开展“三供一”分离移交工作档案材料的收集、归档。组织学习国家档案局关于加强档案安全工作的紧急通知,加强档案安全防护工作,提高档案工作人员的防护意识,开展档案库房巡检,检查档案安全设备设施,消除隐患。

(武志辉)

【档案利用与编研】 档案管理室强化基础管理,提升档案服务水平,参与有关国庆70周年、首钢建厂100周年纪念活动,精心组织,挖掘档案编研与综合开发利用潜力。为集团各部门做好服务,完成322个单位,4690件/卷/张文书、报纸、专利、照片档案等查询利用工作,满意率100%,重点做好《百年首钢丛书》《百年首钢世纪圆梦》画册档案利用查询服务工作。配合工会,举办“庆祝新中国成立七十周年——百年首钢恰是风华正茂书画摄影展”,展出首钢档案馆珍藏的、由国内著名书画家专门为首钢创作的丹青力作150余幅,作品主题鲜明、内涵丰富,传承创新相得益彰,翰墨飘香意境深远,美丽画卷震撼心灵,具有较高的艺术水准,充分反映了创作者对首钢的深厚情意和诚挚祝福。

(武志辉)

【档案现代化管理与管控】 档案管理室制定《电子档案共享应用用户操作说明》,以行政中心的名义,下发《关于数字档案共享应用上线试行的通知》,标志着集团档案目录中心和数据中心初步建成;为集团总部各单位开通档案查阅权限,首钢档案信息系统已在集团总部上线运行,实现档案信息的共享,提高档案的利用效率。加强各子公司档案工作的监督指导,通过电话、微信、视频等方式解决基层单位疑难问题,深入基层开展一对一、面对面指导。推进京唐公司、长钢公司、房地产公司档案信息化建设,做好人才开发院、地勘公司等单位新上岗人员培训,指导首秦公司、股权公司等单位开展工程档案、撤销机构档案移交、接收。开展北京地区各单位、京唐公司档案工作人员集中培训。组织股份公司、首建投公司等单位档案工作人员参加北京市档案专业人员知识培训,进一步提高档案专业人员的业务能力。

(武志辉)

【生活管理】 生活管理室负责集团房改实施方案的立项报批和组织实施,审核子公司、自管房单位的房改方案,指导和协调首钢一业多地相关单位开展房管、房改业务工作,住房分配、调整及迁出迁入管理,公有住房租金管理。负责集团食品卫生安全、饮用水卫生、各类公共场所卫生管理,首钢生活区土地和房屋产权产籍等资产管理,办理国有土地使用证书和房屋的公有权属证书,生活类设备设施资产的管理,办理资产盘活、调拨、报废手续,组织制订并完善职工的餐饮、浴室、物业、班车管理办法,对服务单位的服务质量等情况监督、检查、考核和评比,做好生活后勤保障。

(毛　波、翟　艳)

【生活服务】 生活管理室开展首钢北京园区食堂、浴室服务质量监督,检查食堂供餐服务63次,浴室服务22次,开展食堂服务满意度调查4次,提出食堂供餐质量整改5次。按照集团党委开展“不忘初心、牢记使命”主题教育的部署,组织供餐单位对园区职工食堂供餐方式、饭菜质量、饭菜价格、环境布局及配套设施等进行整改。完成园区内单位43个、就餐职工3240人的工作餐补助审核、发放以及消费金额核算等工作。

（董林迎）

【房管房改】 2019年，生活管理室为职工办理各类房改售房业务222户，其中标准价改成本价136户，租房改购房8户，公有住房承租人变更5户，产权人信息变更手续65户，发放个人不动产权登记证书8户。配合公检法调阅档案36次，接待住户咨询和调阅档案约180人次，出具各类证明材料92人次。完成2019—2020年供暖季集团总部部门21个单位职工供暖费审核报销工作。

（李燕红、陈　磊）

【公共卫生管理】 生活管理室开展食品安全、生活饮用水卫生、各类公共场所卫生专业管理，为集团大型会议、大型活动提供公共卫生安全保障，制定《食品安全工作方案》，对餐饮、住宿的卫生工作进行监督检查。为确保夏季的食品卫生安全和职工的身体健康，杜绝食品安全事故的发生，组织开展"春季食品卫生达标"活动，对北京及河北地区的食品经营单位全部进行检查验收，共检查食品经营单位103家，被评为红旗单位82家（占总数79%）、合格单位21家，无不合格单位；对新建、改建、扩建的食堂、宾馆按专业要求进行预防性卫生审查，并协助办理许可证；协同石景山区市场监督管理局、石景山区卫生健康委，对矿业公司食品卫生安全、生活饮用水卫生管理进行督查。依托行业联盟优势为基层服务，通过石景山食药联盟邀请北京红十字会专业救护讲师，对幼儿园老师进行"常见幼儿意外伤害救护"培训。首钢被"石景山区食品药品行业联盟"评为2019年度"优秀单位"。结合实际，制（修）订《首钢集团有限公司突发事件总体应急预案》中《首钢集团有限公司群体性食物中毒事件应急预案》《首钢集团有限公司生活饮用水污染事件应急预案》，并下发执行。

（宋立宁）

首钢集团财务有限公司

【财务公司领导名录】

董事长：王洪军（12月离任）　邹立宾（12月任职）

总经理：姜在国

副总经理：朱　挺　张　帆

财务总监：王群英

（王树岗）

【综述】 首钢集团财务有限公司（以下简称"财务公司"）由首钢集团有限公司和北京首钢建设投资有限公司共同出资设立，注册资本金100亿元人民币，其中首钢集团占比80%，首建投公司占比20%。财务公司实行独立核算、自主经营、自负盈亏，是具有独立法人地位的非银行金融机构。财务公司在业务上接受中国银行保险监督管理委员会、中国人民银行的指导、监督和稽核。按金融监管要求，设立股东会、董事会、监事会，实行董事会领导下的总经理负责制，并建立风险控制委员会、审计委员会、信贷审查委员会与经营管理层相结合的"三会一层"法人治理结构和内控体系。财务公司设9个职能部门，即综合管理部（党群工作部）、计划财务部、风险管理部、信息管理部、结算业务部、公司业务一部、公司业务二部、国际业务部、审计稽核部。

2019年，财务公司秉承"依托集团、立足服务、助推转型、发挥引领、合规经营、稳健发展"的宗旨，以加强集团资金集中管理和提高资金使用效率为目的，构建"资金归集平台、资金结算平台、资金监控平台、金融服务平台"，助推集团产融结合和转型发展。截至2019年12月，财务公司归集资金358.04亿元，总资产472.08亿元，利润总额7.46亿元。

（王树岗）

【服务实体】 财务公司以让利成员单位，降低集团整体财务费用为基本原则，"一户一策"制定优惠让利方案，以置换成员单位外部银行高息贷款，为园区开发、节能环保、信息科技等重点项目建设和日常生产经营提供结算、信贷、票据、保函等金融服务等方式，提高成员单位存款利息，降低办理贷款及贴现利息，减免符合条件中间业务的手续费，2019年向成员单位让利11.64亿元，开业运营4年以来，累计实现对集团综合贡献近50亿元。

（王树岗）

【资金集中】 集团重点资金管控指标实现有效提升。可归集资金归集率97.86%，综合资金归集率68.67%，高于上年度资金归集率11.13个百分点；票据归集率98.89%。

（王树岗）

【票据业务】 财务公司建成并启用覆盖票据全生命周

期的信息系统,实现集团票据的全面集中管理,年末成员单位开立承兑汇票账户264户,托管入池票据余额139.11亿元。全面开展票据池相关业务,年内开具承兑243.09亿元,年末余额118.43亿元,通过大力推广财票,集团整体外部银承从212亿元稳步降至39.38亿元,银承保证金从70亿降至20.31亿,降低成员单位开票成本,盘活不可归集资金;全年办理贴现101.57亿元,办理转贴现44.43亿元,再贴现3.42亿元,贴现余额26.12亿元。

(王树岗)

【外汇业务】 财务公司获得国家外管局对于开展即期结售汇业务的核准,为实现降低境内成员单位结售汇业务成本的目标稳步推进。搭建境外资金归集平台,探索跨境资金运用模式,实现境外资金可视化监控,拓展境外资金平台业务范围,提高境外资金运用效率。境外平台实现资金归集4500万元美元,解决境外融资需求1500万美元,境外资金平台系统已顺畅运行,将按照“一企一策”的方式,逐户推进境外企业资金归集工作。

(王树岗)

【风险管理和内部控制】 财务公司不断完善制度体系和流程管理,有效控制操作风险。2019年,针对行业内票据业务风险事件高发状况,加强票据类制度、流程修订和优化,完成对商业汇票承兑管理办法、票据贴现业务管理办法修订。新建案件信息报送制度,全面修订案防管理办法,实现财务公司各项规章制度涵盖全部业务和流程,扎实落实内控、合规要求,实现操作风险可控。精准聚焦、以改促风控、以改促发展,有力落实监管意见整改,财务公司风险抵补充分稳定,流动性状况好转。完成北京银保监局年度现场检查迎检工作。审计工作日常化,全面审计与重点事项核查相结合。2019年对结算、信贷、计财业务完成日常全面稽核,完善管理细节,专项检查票据、业务活动费用,保证核算准确、完整、真实,业务活动严格按制度进行,引进德勤事务所就构架、运行、风控手册落地效果、缺陷整改落实等方面对财务公司2018年内部控制进行全面评价,评价结果为无重大缺陷,促进内控水平提升。

(王树岗)

【信息化建设】 财务公司持续完善资金管理系统功能。围绕网银结算、信贷与票据业务功能联动和资金归集率统计等五项业务模块进行功能优化完善,增强系统操作便利性和业务处理效率。合理部署业务时钟同步,实现财务公司资金管理系统结算业务72小时偏差1毫秒。将银企接口由软签形式升级为硬签,全面优化银企直连功能,提升各直连银行业务报文数据交互稳定性。推进交易系统接口升级和线上清算功能,构建财务公司纸电票据融合管理体系,防范电票业务清算风险。稳步推进境外资金管理系统建设。全面完成境外资金管理系统(一期)功能开发,组织三轮系统全业务内部模拟集成测试,持续优化完善系统功能缺陷,统筹实施软硬件环境部署与优化,有序实现银财系统直联贯通。完成与中银香港、汇丰银行境外银企直联的明细、余额查询和收付汇功能的开发与测试。

(王树岗)

【企业文化建设】 财务公司营造“家”的集体文化氛围,开展“劳动最光荣I-Farm职工农场”项目。与石景山区图书馆共建财务公司“阅读驿站,书香首钢”职工读书空间,共筑“流动文化粮仓”。打造财务公司“升国旗”品牌活动,作为财务公司“爱国,爱党,爱首钢”教育的重要活动载体,具备良好的正面影响力。

(王树岗)

钢 铁 业

◎ 责任编辑：车宏卿

北京首钢股份有限公司

【首钢股份领导名录】

1. 董事、监事和高级管理人员

姓　名	职　务	任职状态	性　别	任期起始日期	任期终止日期
赵民革	董事长	现任	男	2013年5月16日	2022年12月22日
刘建辉	董事	现任	男	2014年9月19日	2022年12月22日
邱银富	董事	现任	男	2014年9月19日	2022年12月22日
吴东鹰	董事	现任	男	2019年12月23日	2022年12月22日
唐　荻	独立董事	现任	男	2014年6月27日	2022年12月22日
尹　田	独立董事	现任	男	2016年1月7日	2022年12月22日
张　斌	独立董事	现任	男	2014年9月19日	2022年12月22日
叶　林	独立董事	现任	男	2017年12月26日	2022年12月22日
杨贵鹏	独立董事	现任	男	2016年1月7日	2022年12月22日
邵文策	监事会主席	现任	男	2019年12月23日	2022年12月22日
郭丽燕	监事	现任	女	2016年1月7日	2022年12月22日
杨木林	监事	现任	男	2019年12月23日	2022年12月22日
陈小伟	职工代表监事	现任	女	2019年12月23日	2022年12月22日
郭玉明	职工代表监事	现任	男	2019年12月23日	2022年12月22日
刘建辉	总经理	现任	男	2014年8月29日	2022年12月22日
彭开玉	副总经理	现任	男	2019年4月24日	2022年12月22日
李　明	副总经理	现任	男	2015年1月27日	2022年12月22日
李百征	总会计师	现任	男	2015年10月28日	2022年12月22日
孙茂林	副总经理	现任	男	2017年10月25日	2022年12月22日
李景超	副总经理	现任	男	2017年10月25日	2022年12月22日
陈　益	副总经理	现任	男	2019年4月24日	2022年12月22日
陈　益	董事会秘书	现任	男	2015年8月26日	2022年12月22日
马家骥	总工程师	现任	男	2019年12月23日	2022年12月22日

2. 公司董事、监事、高级管理人员变动情况

姓　名	担任职务	类　型	日　期	原　因
李　明	董事	离任	2019年12月23日	董事会换届，任期届满
许建国	监事会主席	离任	2019年12月23日	监事会换届，任期届满
王志安	职工代表监事	离任	2019年12月23日	监事会换届，任期届满
崔爱民	职工代表监事	离任	2019年12月23日	监事会换届，任期届满

（许　凡）

【综述】 北京首钢股份有限公司(以下简称"首钢股份")是由首钢总公司(2017年6月改制并更名为"首钢集团有限公司")独家发起,以社会募集方式设立,在深圳证券市场上市的股份有限公司。

1999年10月15日,经北京市工商行政管理局核准,首钢股份正式设立;12月16日,首钢股份(股票代码000959)股票在深圳证券交易所上市。2010年底,位于石景山区的钢铁主流程停产。2013年1月16日,中国证监会重组委审核通过与首钢总公司进行的"北京首钢股份有限公司重大资产置换及发行股份购买资产暨关联交易的相关事项"。2014年1月29日,首钢股份收到中国证券监督管理委员会《关于核准北京首钢股份有限公司重大资产重组及向首钢总公司发行股份购买资产的批复》文件。2014年4月25日,重组工作完成。2015年4月23日,首钢股份公司股票停牌,启动重大资产置换。置换方案主要内容:以贵州投资100%的股权置换首钢京唐钢铁51%股权,不足部分以现金形式补足。2015年底,重大资产置换交割完成。2016年4月,首钢京唐公司完成董事会改选及章程修订,首钢股份具备合并其会计报表的条件,重大资产置换完成。2019年11月8日,首钢股份公告披露,首钢集团拟将首钢股份15%股权无偿划转至宝武集团,钢铁业两大巨头交叉持股、战略合作及无偿划转,将国企过于集中的股权进行稀释和分散,有利于治理结构改善和转变经营机制。截至2019年底,首钢股份总股本5289396000股,流通股本5057099619股。

首钢股份建立股东大会、董事会、监事会和经理层的法人治理结构,设有董事会秘书室、办公室、运营规划部、制造部、设备部、计财部、人力资源部(党委组织部)、营销中心、采购中心等职能部门。拥有首钢股份迁安会议中心有限公司、首钢京唐钢铁联合有限责任公司、北京首钢冷轧薄板有限公司、首钢智新迁安电磁材料有限公司等四家重要子公司。2019年是首钢建厂100周年和首钢股份上市20周年,也是实现"十三五"规划目标的关键之年。首钢股份推进系列变革,全面锻造绿色环保硬实力,技术创新持续突破,品牌影响力持续增强,降本增效持续推进,展现主业担当,开创高质量发展新局面。

(张京刚)

【主要指标】 2019年,首钢股份生铁产量771.0万吨,粗钢产量810.0万吨,钢材产量755.3万吨,其中:热卷354.4万吨,开平板6.5万吨,热轧酸洗卷61.4万吨,冷轧硅钢163.2万吨,冷轧薄板169.9万吨。入炉焦比318.96千克/吨,喷煤比153.54千克/吨,转炉实物钢铁料消耗1088.22千克/吨,吨钢综合能耗531.83千克标煤,钢材综合成材率96.71%,发电量24.83亿千瓦时。

(吕 迪、孙 薇)

【专利技术及科技成果】 2019年,首钢股份获专利授权103项,其中发明专利41项,实用新型62项;专利受理218项,其中发明专利109项,实用新型108项,受理国际专利1项,获"北京市知识产权示范单位"称号。18项科技成果通过首钢科技成果验收评价,通过率100%;3项科技成果通过省部行业级成果验收。全年获冶金行业科技奖4项,河北科技奖2项,其中"高效环保变压器高性能取向硅钢制备技术"获冶金行业一等奖;"转炉低碳氧积复吹操作技术开发应用"获冶金行业一线工人科技二等奖;龚坚获首钢科技特殊贡献奖。"硅钢智能工厂建设"等11项科技成果获首钢科技奖,其中一等奖三项。

(陆 晔、蒋自武)

【推进精益JIET管理】 2019年,首钢股份拓展精益JIET管理体系,形成快速改善项目474个,焦点难点攻关课题49项,产生效益1.86亿元。其中,建立阿米巴107个,梳理各级阿米巴之间交易流程,制定交易规则,形成阿米巴交易体系。建立数据分析系统,编制《阿米巴推行手册》,录制《经营会计报表》分析方法视频,整理形成《阿米巴推进过程问题集》。选取360平烧结机、二炼钢转炉、2160轧线、二十辊机等8个瓶颈工序推行OEE管理,OEE管理报表体系建立,推进手册编制完成。

(郝 圆、聂建康)

【推进六西格玛管理】 2019年,首钢股份整合项目管理资源,制定《北京首钢股份有限公司精益改善整体化实施方案》;结题精益改善项目MBB项目5项、BB项目52项、GB项目61项;组织开展六西格玛产品设计、六西格玛黑带和流程优化培训工作,计72课时,150人参加。首钢股份获中国质量协会"全面质量管理推进40周年杰出推进单位",《提高某钢种炉后酸溶铝含量(280±20)ppm比例》项目获全国六西格玛优秀项目。

(林小航)

【管理创新活动成果】 2019年,首钢股份开展管理创新活动,形成管理创新成果21项,12项成果获首钢管理创新成果奖,其中"钢铁企业'互联网+廉政交易'的固体资源增值销售"和"钢铁企业电工钢智能工厂管理探索与实践"两项成果获第二十一届首钢管理创新成果一等奖。组织优秀管理创新成果对外申报,6项成果在外部获奖,其中,设备部主创的"以高质量发展为目标的智能化物资计量管理平台建设与运行"获第二十六届全国管理创新成果二等奖,首钢股份首次获国家级管理创新成果奖。

(董柏君)

【推广TPM管理】 2019年,首钢股份以专业人员每月驻厂辅导一周的形式对首钢通钢、首钢长钢开展TPM辅导工作,钢铁板块各基地现场基础管理工作得到强化。全年共查出不合理问题108240项,整改106277项,整改率98.2%,形成改善亮点15332项。

(褚建伟、王　进)

【加强板块运营】 首钢股份统筹制定12项板块专项工作方案,通过加强督导督办,持续进度跟踪、效果评价完善,2019年,消化市场95亿元减利因素。钢铁板块实现营业收入1978亿元,整体利润54.3亿元,分别占比集团96%和106%;经营现金流净额136亿元,两金周转率9.64次,资产负债率72.49%,同比降低4.29%,归还集团借款99亿元,上缴投资回报3亿元。

(吕　迪)

【加强财务管控】 2019年,首钢股份从上市公司的视角系统思考、统筹、解决问题,内部工作降本增效25.5亿元,全年盈利8.5亿元,经营现金流净额44.9亿元,两金周转率8.74次,同比提高0.28次,资产负债率71.41%,比年初降低1.64%,归还集团借款15亿元。

(吕　迪)

【拓展产融结合】 2019年,首钢股份深化供应链金融,推进票据置换盘活,全年开具首钢财票21.41亿元;加大杠杆力度,还款还贷33亿元;分别向首钢京唐公司、新能源汽车材料公司注资10.3亿元、1.35亿元;建立票据白名单,实时发布预警,降低风险;争取环保税、研发费等减税降费4.6亿元;全年争取政策支持资金4399万元。

(张大成、孔维维)

【加强资产管理】 2019年,为构建完整的产权管理体系,促进产权流转,首钢股份组织落实企业产权登记管理工作。截至年底,钢铁板块产权申报登记率78%,取证率47%;首钢股份取证率46%;开展固定资产投资审计,累计审计15项,2.01亿元;完成资产转固22项,2397.58万元。

(贾文君)

【推进业财融合】 2019年,首钢股份借鉴对标先进钢企信息化建设经验,按照业财一体、管核分离的理念,3月1日,产销一体化系统正式上线,4月2日,财务一体化系统实现上线后第一次成本月结,通过持续优化业务流程和完善系统功能,成本月结时间(含物流)缩短至15个小时以内,成本系统月结时间缩短至50分钟以内,财务各月全量凭证自动化率达到99.3%。

(崔秀美、吴　敎)

【持续推进资本运作】 2019年5月,首钢股份完成向首钢京唐增资,11月,完成新能源汽车材料公司一期注资;12月,首钢集团将持有的15%首钢股份无偿划转给宝武集团,实现首钢集团与宝武集团交叉持股第一步;以50亿元转让价格将首钢集团持有的首钢京唐19.18%股权以非公开协议转让方式,转让给两家北京市属国企。

(许　凡)

【钢铁板块企业退出】 2019年,首钢股份持续推进企业退出工作,通过完善监督机制,定期督促指导,全年共退出企业22家,超额完成年度目标,其中,纳入北京市国资委退出计划的5家企业全部完成,落实推进方案2家。

(许　凡)

【投资管理】 2019年,首钢股份代表首钢集团,认购山西焦化非公开发行股票2555.7万股,并移交给首钢股权投资公司。

(许　凡)

【用户技术服务】 2019年,首钢股份汽车板销量125万吨,迁顺产线汽车板累计总量突破1000万吨;持续推进客户认证,获得零件认证机会934个,认证通过597个,认证通过率99.3%,同比增长1.2%;首发产品590DH完成长城汽车、北京奔驰、沃尔沃产品材料认证,780DH完成长城汽车首钢产品材料认证;免中涂外板实现长城汽车、吉利汽车批量稳定供货;完成冷轧3个牌号的材料认证;国内独家供应北京奔驰1000兆帕级别复相钢；日系汽车批量稳定供货3.65万吨，同比增长132.8%，获东风日产CSP“突出贡献奖”。

（商光鹏、张誉公）

【产品推进】 2019年，首钢股份酸洗板完成61.11万吨，其中，汽车酸洗板27.7万吨，超计划1.11万吨，增幅7.19%；全年EVI项目完成88.6万吨，超计划10.6万吨；精冲钢产量5.3万吨，与下游重点企业签署15份技术开发协议，实现16个牌号试制认证；管线钢实现高端连续油管CT70-P/CT80-P稳定生产2000吨，中俄东线21.4毫米X80合同交付1.6万吨；纯铁销量累计6.7万吨；冷轧基料完成SCR1200、MR-JJ等需求新产品的开发，并实现量产。

（李玉鹏）

【产能指标提升】 2019年，首钢股份完成1号高炉炉缸浇筑，焦炭负荷最高达5.25，利用系数2.53；三座高炉全年产铁771万吨；三座高炉平均焦炭负荷5.06，平均焦比318.9千克/吨，1号、2号高炉技术经济指标在全国同容积级高炉中分列第2名、第1名。

（赵铁良、赵瑞丰）

【循环经济绿色发展】 2019年，首钢股份推进固体二次资源循环经济绿色发展，以金属元素回收利用为重点，按照“整体设计，分步实施”原则，推进固体二次资源绿色应用发展项目建设，建成投产“脱硫渣二次加工项目”、“钢渣二次加工项目”（建设一台棒磨机，预留一台）、“灰石渣利旧破碎利用项目”、“冷轧泥干化项目”，分步建设“钢渣一次处理工艺升级”、“脱硫渣一次加工项目”。全年配吃渣钢、渣铁产品共计43.7万吨，贡献效益3.82亿元。

（薛　达、郑志辉）

【推进环保深度治理】 2019年，首钢股份按照生态环境部、国家发改委等五部委《关于推进实施钢铁行业超低排放的意见》要求，超前谋划，推进实施钢铁行业超低排放评估监测工作。8月份，生态环境部环境监测总站组织宝钢站、天津站、南京站等监测机构，历时25天，完成首钢股份公司迁安钢铁公司超低排放评估监测工作。首钢股份公司迁安钢铁公司在有组织排放、无组织排放、清洁运输、在线监测监控四个方面，全部达到钢铁行业超低排放标准，实现钢铁生产全工序超低排放。

（程　华）

【钢铁板块设备管理】 2019年，首钢股份继续推行钢铁板块设备管理“专业管控+技术服务”模式。完成钢铁板块7家单位特种设备标准化管理互查工作；全优润滑管理持续推进，完成蓄能器、液压胶管、液压站所专项治理和润滑基准书编制等工作；检修协同稳步推进，组织完成检修协同61次，参与877人次，节约外委费用2286.97万元；变频器国产化逐步实施，完成不同电压等级的48台套变频器国产化改造，节资252.3万元。

（杨　宏）

【设备新技术应用】 2019年，首钢股份完成液压润滑创新工作室建设，实现液压阀门精度自主检测，完成中包车全保护浇铸装置的开发推广、二热轧E1轧制润滑装置的开发、减速箱、联轴器防泄漏润滑油的研发等新技术工作。

（杨　宏、高福强）

【推行智能点检】 2019年，首钢股份推行智能点检管控模式，专职点检388人通过智能点检上传实绩，人均节约时间半小时以上；实现5655个振动和温度直采录入，智能点检系统专业数据分析能力和多级报警机制保证异常及时发现。

（杨　宏）

【设备检修管理】 2019年，首钢股份在不断优化维护检修队伍基础上，利用产销平台，推进检修工单管理，探索大包维护与工时定额挂钩的维护费用管理模式，全年安排检修751次，完成1号高炉40天、3号转炉15天、5号转炉30天、1号板坯铸机15天、一热轧12天、二热轧16天、硅钢酸轧线12天、4号二十辊11天、顺义冷轧15天等重点系列年修。

（杨　宏）

【优化安全管理体系】 2019年，首钢股份完善应急管理体系，完成从主要负责人到一线职工共6892人的全员岗位责任制清单量化，实现安全责任“一岗一清单”；创新预防机制，开发“首安云”手机APP，界定569项较大风险，制定15000项管控措施，安全风险总值同比降低10%；建立黑名单管理机制，实施人员、工器具准入管理，创建10个相关方示范班组；开发安全教育矩阵系统，实施家企联动，开展亲情助安、抖音话安全等活动，职工5000人与家属签订“温馨安全承诺书”，被评为“国家级安全文化建设示范企业”。

（杨帆溟）

【组织消防知识培训】 2019年，首钢股份全面开展全员消防安全教育培训工作，全年累计组织各级培训533场、1500学时。组织消防监控、维护岗位资格取证培训2期167人，取得消防设施操作员职业资格证书126人。通过强化培训，消防人员从上到下实现专业化，业务技能和管理水平提高。

（邓　利）

【开展火灾事故应急演练】　2019年，首钢股份完善应急处置方案21个，组织防火、火灾事故应急救援等演练53次。在6月份安全生产月活动中，组织煤气柜区灭火救援实兵实战演练，职工代表及家属200人观摩学习，企业与政府消防部门协调配合能力经受检验，一线员工处置突发火灾事故能力得到提升。

（邓　利）

【重点工程】　2019年，首钢股份共有烧结老系统烟气脱硫脱硝、炼铁除尘灰、瓦斯灰气力输送改造、智新新建火运成品发货库等26项工程完工并交付使用，其中15项节能和环保项目投产，脱硫渣项目仅用时98天完工，资源化利用脱硫渣将成为降本增效的新支点。

（刘陈刚）

【工程招投标】　2019年，首钢股份全年组织招投标24项次，定标23项，在投标报价2.71亿元的基础上，采取二次竞价的模式降低报价，二次竞价后降为2.35亿元，降低0.36亿元。全年编制酸洗、板坯火焰清理等项目专业工程量清单5287项。确定中标候选单位后，在投标报价3.17亿元的基础上，精细清理报价中不合理部分，最终签订合同价为3.09亿元。招投标二次竞价和清标两个环节共核减0.45亿元，核减率16.5%，为公司降本提供有力支撑。

（李修琨）

【概预算审查】　2019年，首钢股份严格按照概算审查流程和标准，依据项目可研和初设具体内容，全年报审51亿元，审核为48.64亿元，共减2.36亿元，核减率4.6%。其中：首钢股份18项，申报13.85亿元，审核为13.3亿元，核减0.54亿元，核减率4%。钢铁板块20个项目，申报37.16亿元，审核为35.34亿元，核减1.82亿元，核减率4.9%。全年较大幅度降低施工预算金额，完成涵盖83个施工合同的预算审批，对造价咨询单位审批预算进行把关和复核，审批预算447份，施工单位上报金额3.49亿元，审批金额3亿元，审减0.49亿元。

（穆晓杰、魏　远）

【产销项目推进】　2019年，首钢股份组织各专业完成三轮UAT测试和三次模拟运行，测试案例331项，识别并解决系统4772个问题，组织各业务系统培训6594人次，组织各作业部制定方案及预案37项；2月底，产销一体化及相关系统在迁顺基地上线，5月底，在首钢京唐基地上线；经营决策系统于3月、6月、8月、9月四个节点分批上线。系统上线后，人工合同评审率从100%降低到0.4%，热轧排产时间由原来的3小时缩短到40分钟，现货申报到发运周期从15天缩短至4天，热轧成材率提高0.03%，冷轧成材率提高0.23%，总体库存产量比由15.3%降至11.9%，降幅3.4%。组织制定《首钢钢铁产销一体化及相关系统推广框架方案》，明确外埠基地推广任务及计划，旨在提高外埠基地产销协同制造能力。

（邓又好）

【机器人新场景应用研发平台建设】　2019年8月，首钢股份同中国科学院沈阳自动化研究所、北京首钢自动化信息技术有限公司以及安川首钢机器人有限公司等三家公司签订协议，成立首钢股份公司机器人新场景应用研发平台，旨在解决钢铁行业某些场景机器人初次应用的研发问题，形成可复制、可推广的应用项目，解放高危、高温等岗位职工，支撑企业转型升级。

（杜信宝）

【信息安全与两化融合】　2019年，经工信部两化融合管理体系专家委员会评定，首钢股份成为全国首批200家通过两化融合管理体系认证的企业，标志着信息化与工业化融合发展进入体系化管理阶段。建立并通过信息安全管理体系审核，成为首钢集团首家、行业唯一通过相关体系认证的公司。两体系完成初次换证审核，体系运行稳定有效，企业治理能力持续提升。

（王　熹）

【干部管理】　2019年，首钢股份坚持"事上练、事中看"选拔任用方式，培养"宽肩膀、真本领"领导人员，全年调整、交流、选配领导人员320人次，22位年轻人上岗，领导人员平均年龄45.1岁，较2018年降低0.4岁，本科及以上学历84.9%，升高0.6%。调整22个基层领导班子，实现"80后"进班子全覆盖。直接调整或任前审批13家集团授权管理企业领导人员51人次。对29个中层领导班子、助理级以上领导113人、一般管理及基层领导2546人开展素质测评和考核评价。在钢铁板块范围以任职、挂职等方式选派领导人员14人次，水钢青年干部20人到首钢股份驻厂学习一个月。

（赵发益）

【党建管理】 2019年，首钢股份党委设基层党委16个、党总支1个、党支部153个，实现党的工作全覆盖。开展“不忘初心挑重担、牢记使命我争先”主题实践活动，落实全面从严治党和基层党建考核评价，组织基层党建述职评议，开展基层党支部书记轮训。全年共撤销17个党支部（总支），组建50个党支部（总支）。推进党支部“达晋创”等级评定，一级党支部79个，占比64%。完成6个党委、136个党支部（总支）换届选举工作。发展党员129人。开展“不忘初心、牢记使命”主题教育；以“工作任务清单”“问题整改清单”纵向到底，贯穿主题教育始终。开展全面从严治党（党建）工作考核评价，考评结果与领导人员薪酬挂钩。开展第四届“基层的精彩”建设成果展示，12个党支部参加股份展示活动，评选特色党支部8个。

（苗文霞）

【职工培训】 2019年，首钢股份承办首钢集团级高炉炼铁工决赛，囊括前三名；承办天车工决赛，包揽冠亚军；参加转炉炼钢工、金属轧制工和机械设备点检员决赛，分获第3名、第4名和第5名。被授予“首钢技术能手”称号8人；被授予“首钢青年创新先锋”称号4人。获“首钢股份技术能手”称号48人。首钢股份参加“第三届京津冀模拟炼钢—轧钢竞赛”企业组竞赛获炼钢单项亚军；轧钢单项亚军、团体亚军。参加“第二届唐山工匠”职业技能大赛分获叉车司机、设备点检员比赛第2名，获“唐山市技术能手”称号。

（姚 远）

【转型提效】 2019年，首钢股份劳产率1024吨/人·年，行业排名第14名，前进4名。采购中心、营销中心实施薪酬机制改革，成立迁顺技术中心、投资管理部、资源开发事业部。炼铁作业部烧结除尘与脱硫脱硝集控整合，能源部空压机站全部实现无人值守，热轧作业部实现轧线三室合一。创业中心承接备件库、综合成品库业务，安置职工130人，创收294万元；能源部拓展滤料、油品循环和广告制作业务，创收556万元。8个单位相继成立服务作业区。

（许长虹）

【内部审计】 2019年，首钢股份开展首钢冷轧离任领导干部任期经济责任审计；组织实施工程审计5项，分别是炼铁1号、3号两座高炉炉前除尘系统除尘设施升级改造项目、一热轧1号加热炉燃烧系统改造项目、炼钢二次除尘1号、3号风机除尘设施技术升级改造项目、炼钢二次除尘4号风机除尘设施技术升级改造项目和股份协同办公项目，合计报审额5771.59万元，审减投资额28.09万元；开展会议中心餐饮业务持续亏损问题专项检查。

（苑韶静）

【审计管控】 2019年，首钢股份对钢铁板块非要素管理单位进行轮审；组织对首钢地勘院、首钢铁合金、首钢黑崎耐材三家单位开展审计；组织对销售中心沈阳首钢加工配送中心项目、通钢集团板石矿业公司球团生产线烟气脱硫项目和首钢水钢3号转炉环保设施升级改造项目三个项目开展竣工决算审计，三个项目合计报审金额7277.75万元，审减投资额182.46万元。

（苑韶静）

【风控审计】 2019年，首钢股份开展内部控制评价工作，联合社会中介机构开展内部控制审计。通过对公司内控手册、权力清单、规章制度建设的审查、分析、测试和评价，鉴定内部控制的有效性，形成内部控制评价报告和内部控制审计报告，经董事会审议后对外披露。

（苑韶静）

【党风廉政教育】 2019年，首钢股份学习讨论违反中央八项规定精神问题144个案例，提高警示效果；组织党员领导人员、监察对象和相关方人员观看廉政微电影，组织领导人员、监察对象赴北京警示教育基地、冀东分局南堡监狱等地开展警示教育活动。与长期合作单位开展廉洁共建，协同开展联合培训检查，构建廉政风险防控机制。每月编制以案说纪材料，通过党委书记会、党支部会议等形式宣贯学习，用身边事教育身边人。

（周纪维）

【廉政风险防控】 2019年，首钢股份拓展在线公开竞拍的廉政风险防控功能，将职工创业中心做法复制推广，竞拍交易平台实现销售、采购、招标，涉及首钢12家单位200多种产品。《钢铁企业“互联网+廉政交易”的固体资源增值销售管理》项目获集团公司管理创新成果一等奖。定期梳理分析重点岗位人员，进行岗位轮换71人；回复党风廉政意见893人次，防止“带病提拔”“带病表彰”“带病选举”；对照业务流程和风险岗位进行排查，查找出三级廉政风险点558个，制订防范措施，规范权力运行，将制度的“笼子”扎紧、扎密、扎牢。

（周纪维）

【执纪审查】 2019年，首钢股份严肃纪律审查，运用第一种形态，给予33人批评教育、谈话函询和扣减绩效工资；运用第二种形态，给予党内警告处分2人，行政警告处理1人；运用第三种形态，给予党内严重警告处分，撤销其党外职务1人；运用第四种形态，给予开除党籍处分1人。

（胡　楠）

【效能监察】 首钢股份组织相关部门，全面梳理废钢采购过程中防控廉政风险薄弱环节，以纪检监察通知书形式提出20条建议，废钢扣罚率由0.64%提升到2.4%。监督采购中心重点物料采购，抽检349项物料，提出问题5项，工作建议7条。制定降本增效工作方案，督导落实。

（赵连生、焦　焱）

【纪检监察队伍建设】 首钢股份纪委（监察部）制定《关于规范基层纪委工作的通知》，编制工作年历64项，细化业务流程，明确年度任务。组织纪检监察干部培训班，学习《监察法》《中国共产党纪律处分条例》《中国共产党监督执纪工作规则》《问题线索的排查与初核》《审查调查工作的程序和要求》等课程。组织召开首钢钢铁板块纪检监察系统研讨会；组织纪检监察系统工作调研，2篇调研报告获首钢纪检监察系统优秀调研成果奖，首钢股份获优秀组织奖，公司纪委获“首钢先进纪检监察组织”称号，纪检监察干部2人受到首钢集团党委表彰。

（周纪维）

【党群工作】 首钢股份通过宣传和表彰先进典型，营造正气候，传播正能量。加强资源整合，开展融媒体建设，做好电视、网站、微信宣传阵地一体化管理。落实党委主体责任，实行清单化管理，做好党委理论学习中心组学习、舆情管控，做好重大活动期间的意识形态工作。组织开展首钢建厂100周年、首钢股份上市20年系列活动；中央二套、四套，北京电视台，新华网、北京日报、证券日报等20多家主流媒体播发消息40条。首钢股份获“中国企业全媒体传播体系构建与品牌传播优秀单位”。

（李旭龙）

【首钢股份大事记】

1月4日，首钢股份召开干部大会。

1月7日，首钢股份召开2019年安全生产大会。

1月29日，中共北京首钢股份有限公司委员会（扩大）会议召开。

1月29日，首钢股份召开第二届职工代表大会第一次会议。

2月12日，北京首钢冷轧薄板有限公司获北京市“智能制造标杆企业”称号。

3月2日，首钢钢铁产销一体化经营管理系统项目迁顺产销系统切换上线成功。

3月21日，首钢股份召开技改工程2018年总结表彰暨2019年动员大会。

3月22日，首钢股份绿色物流新能源车启动仪式举行，纯电力新一代智能网联重型重卡进入公司运输序列。

4月2日，首钢股份新旧财务成本系统切换后首次月结成功，步入集成本、共享、核算、资金、税务为一体的大财务时代。

4月10日，首钢股份召开干部大会。

4月10日，首钢股份召开迁顺技术中心成立大会。

4月12日，河北省委常委、唐山市委书记王浩、迁安市委书记张淑云、市长韩国强一行到首钢股份考察调研。

4月24日，首钢股份召开六届九次董事会会议和六届八次监事会会议。

5月13日，首钢股份召开2019年“五一”先进表彰大会。

5月23日，首钢股份召开2019年度董事会第一次临时会议。

6月14日，首钢股份召开2018年度股东大会。

6月17日，首钢股份召开“不忘初心、牢记使命”主题教育工作会议。

6月25日，首钢集团领导张功焰、刘建辉，北京市委指导组董宏伟，集团党委组织部、经营财务部、办公厅、主题教育指导组等一行到首钢股份调研。

7月1日，首钢股份脱硫渣生产线投产。

7月2日，首钢股份召开庆祝中国共产党成立98周年暨创先争优表彰大会。

7月18日，首钢股份冷轧公司举行“宝马·首钢媒体日”活动，华晨宝马汽车有限公司副总裁杨美虹，首钢股份领导刘建辉、李明，中央电视台和财经、汽车行业等15家媒体记者参加。

7月24日，首钢股份召开2019年度董事会第二次临时会议和监事会第一次临时会议。

8月13日，首钢股份举办工业机器人应用研讨会暨机器人新场景应用研发平台签约仪式。

8月21日，首钢股份智新电磁电工钢团队获第三届“唐山市市长特别奖”。

9月19日，北京市政协常委、北京市总工会党组副书记、副主席潘建新一行17人，到首钢股份调研，集团领导梁宗平陪同。

9月19日，首钢股份举行康永林专家工作站揭牌仪式。

10月9日，首钢股份举行2019年青年骨干培训班开学典礼。

10月18日，首钢股份展区开展“继承光荣传统再创首钢辉煌——百年首钢发展历程主题展”活动。

10月24日，2019年首钢取向电工钢用户技术研讨会召开，行业专家李秦、郭振岩、刘杰、马光、石光瑞、陈卓及集团领导赵民革、刘建辉等参加。

10月25日，首钢股份与北京理工大学自动化学院联合组建“先进电磁材料及电机技术联合研究中心”揭牌仪式在北京理工大学举行。

11月14日，首钢股份作为钢铁企业，入选“走进与共和国共同成长的国企”系列报道。

11月15日，首钢股份与北京科锐联合组建“电工钢应用技术联合实验室”揭牌仪式在北京科锐配电自动化股份有限公司举行。

11月25日，首钢股份举行张建良专家工作站揭牌仪式。

11月27日，中共北京首钢股份有限公司第二次代表大会召开。

11月28日，首钢股份召开2019年度董事会第三次临时会议和监事会第二次临时会议。

12月5日，首钢无取向电工钢用户技术研讨会召开。行业领导和专家陈卓、骆媛媛、顾舒蔚，首钢股份领导刘建辉、孙茂林，技术研究院领导李飞和全国107家单位客户代表近200人参加。

12月6日，首钢股份召开六届十次董事会会议和六届九次监事会会议。

12月13日，中国金属学会评审专家组对“全流程超低排放关键技术研究和创新”项目进行现场考察评审。

12月13日，首钢股份举行2019年青年骨干培训班结业典礼。

12月16日，首钢股份召开上市20年纪念大会。

12月23日，首钢股份召开2019年度第一次临时股东大会、七届一次董事会会议和七届一次监事会会议。

（孙　薇）

首钢股份炼铁作业部

【炼铁作业部领导名录】

党委书记：康大鹏

部　长：龚卫民（8月任职）

副部长：杨金保　刘占江（7月离任）

焦月生（8月离任）

贾国利（12月任职）　刘　斌（挂职锻炼）

党委书记助理：高广金　武　煜（挂职锻炼）

（陈俊生）

【概况】 炼铁作业部拥有大型高炉3座，设计年产能825万吨。拥有360平方米烧结机1台和110.5平方米烧结机6台，烧结矿年产能1150万吨。拥有氧化球团生产线2条，设计年产球团矿300万吨。

炼铁作业部下设综合办公室、政工室、生产技术室、设备管理室、资源经营室、成本核算室、安全管理室等7个科室和高炉、烧结、球团、公辅、动力等5个作业区87个班组，在册职工1432人。研究生学历36人，大专以上学历970人；岗位操作人员1233人，其中高级技师10人，技师130人，高级工607人。

（陈俊生）

【安全管理】 2019年，炼铁作业部推进预防性工作体系建设，依法健全完善管理体系。加强相关方管理。强化安全生产标准化运行管控，完成武安院对炼铁单元一级、烧结球团单元二级安全标准化的外部评审，全部达到标准要求。2019年，炼铁作业部发生轻伤事故1起1人次，百万工时伤害率为0.34，比计划0.85降低60%，与2018年持平。获北京市安康杯优胜单位称号。

（吉恩柱）

【环保管理】 炼铁作业部认真执行唐山市人民政府办公厅关于启动重污染天气应急减排措施工作，严格按照控制要求执行停限产，共执行重污染天气应急响应41次，全部符合规定要求，无违规情况发生。围绕国家超低排放企业验收工作，开展全流程完善无组织现场收尘装置、布袋除尘器统一检查更换等工作，通过第三方一个月时间监测，全部达到超低排放标准要求，被评为唐山市级及国家级A类企业。

（张志强）

【技术指标】 2019年，炼铁作业部烧结限产19次，5979台时；球团限产2次，510台时；高炉非计划停风待料、限产停炉4次，297小时；环保改造工程全面展开，炼铁作业部通过强化现场工艺操控，夯实铁前原燃料资源保障，实现高炉长期高水平顺稳，铁前各项经济技术指标取得进步。全年生铁产量770.98万吨，烧结矿产量875.19万吨，球团产量360.53万吨。高炉利用系数2.367，焦比318.96千克/吨，煤比153.54千克/吨，燃料比511.06千克/吨，累计焦炭负荷5.07。

（段伟斌）

【成本指标】 2019年，铁水累计成本2243.41元/吨，较行业平均水平2287.41元/吨低44.0元/吨，排行业第11名，较2018年前进6名。其中1号高炉2263.97元/吨，2号高炉2197.06元/吨，3号高炉2264.13元/吨；烧结矿成本779.30元/吨，其中一烧779.37元/吨，二烧779.19元/吨；球团矿成本840.24元/吨，其中球团一系列832.35元/吨，球团二系列844.86元/吨。

（杜丽霞）

【降本增效】 2019年，铁前生产以高炉顺稳为中心，深挖潜力，通过铁前一体化运作、资源跑赢、优化金属料结构、降低燃料消耗、精细管理等降本措施，克服环保限产、新增环保设施设备投运等不利因素的影响，全年报表降本增效硬碰硬完成48725万元，吨铁63.2元，较年计划35元高出28.2元。

（杜丽霞）

【转型提效】 2019年6月份，炼铁作业部完成烧结作业区除尘集控与脱硫脱硝集控整合项目，集控岗位优化分流5人。11月份，完成公辅作业区6台卸料皮带小车自动化改造，炼铁运料工优化分流8人。7月份，组建炼铁服务作业区，承接分流人员，开发“绿化保洁”和“修旧利废”两个项目，累计创收55.68万元。到11月末，分流至炼铁服务作业区29人，内部提效顶替外包项目63人，办理协商一致解合10人，退休2人，自辞2人，过失解合1人，调出13人，新项目筹备15人，共优化分流135人，完成年度转型提效目标任务。

（陈俊生）

【工程改造】 炼铁作业部组织实施3号高炉3号热风炉拱顶改造，工程投资估算2067.61万元，实际发生费用1818.67万元，比计划节省248.94万元。完成拱顶钢壳安装120吨左右，改变拱顶钢壳结构型式，增加新拱顶钢壳整体退火要求，确保拱顶钢壳施工质量。改造后三号热风炉拱顶钢壳焊缝开裂缺陷消除，热风炉拱顶钢壳异常开裂的安全隐患排除，确保热风炉系统稳定运行。

（宋云山）

【进口矿资源运作】 炼铁作业部实施波段采购策略。在一季度市场低点时，增加进口矿采购量，提高低价格进口矿库存。二季度开始，减少进口矿采购量，采取低库存运作策略。下半年采取避峰就谷波段采购，全年委托中首外销长协矿共计79万吨，波段采购效益6365万元。采购金布巴粉、超特粉等贸易矿替代澳洲主流资源。加大高性价比秘鲁矿资源组织和加工供应。根据市场调研，结合市场变化，开发出SP10粉、吉布森精粉、巴西球团等资源代替部分主流矿资源。全年进口矿跑赢市场7.44美元，比2018年提高0.86美元，实现跑赢市场5美元的计划，降低采购成本3.02亿元。

（高新洲）

【优化活性炭采购流程】 炼铁作业部优化活性炭ERP采购业务流程，收货工厂由烧结厂调整为物资公司，收货库存地由一烧脱硫库调整为烧结临时直卸库，将收货、转储、投料等ERP操作流程分步组织，做到活性炭成本按月分摊，烧结脱硫成本有计划管控。活性炭价格高、脱硫脱硝工程投产初期装碳量大，导致财务成本报表原料投入资金巨大，财务无法分摊问题得到解决。

（高新洲）

【平衡焦炭结构】 2019年，迁焦1号、2号干熄炉分别检修12天、85天；2号高炉同期24小时计划检修。炼铁作业部与制造部和迁焦公司沟通协调，提前谋划，适时调整焦炭配比结构，全力降低检修对高炉的影响，总体平衡焦炭资源，督促采购中心等相关单位做好富余焦炭的退炭存储及外销组织工作，组织落地存储焦炭期间，库存最高3.5万吨，外销焦炭1万吨。

（高新洲）

【系列检修】 2019年，铁前系统加大各产线检修管控，克服环保限产、重大活动等因素的影响。其中，高炉系统共计划检修7次，其中5次24小时检修、1次60小时检修、1次35天降料面停炉浇注炉缸；烧结系统全流程检修7次，其中二烧7天全流程检修1次；球团系统例修12次，其中球团一系列10天检修，球团二系列22天检修。70周年国庆期间，铁前系统积极应对，结合政策性限产调整既定检修，确保各产线长周期高水平顺稳生产。

（李志海）

【限产保供】 2019年，烧结限产19次，5979台时，影响产量88.89万吨；球团限产2次，510台时，影响产量14.78万吨；高炉非计划停风待料、限产停炉4次，影响产量14.20万吨。为应对外部政策性停限产，采取对应重点措施有：一是根据不同限产情况制订《1号、2号高炉直供一烧比例保供措施》《关于重污染天气落地结矿启用条件的说明》《配加落地烧结矿高炉操作规定》等系列应对方案；二是根据烧结环保限产期间烧结老仓、新建筒仓、落地结矿的配加原则及库存情况，未限产期间确保烧结老仓仓存在3.5万吨以上，持续大幅度烧结限产期间，为保持炉料供需平衡，统筹组织高炉配加落地结矿、新建筒仓结矿，尽力减小高炉结矿比例大幅波动。

（李志海）

【炉缸浇注】 2019年6月27日—8月1日，炼铁作业部1号高炉停风放残铁进行炉缸浇注，借鉴2018年2号高炉炉缸浇注成功经验，实现高效、平稳、安全、环保停炉；10小时11分钟放出残铁，达到安全、环保、高效的目标；克服炉壳切割、残铁沟安装及炉缸清理难度大因素，全面统筹协调，既保证了工期，又保证了施工质量，检修工期用时35天，比2号高炉提前11天；炉缸浇注达到预期目标，炉内煤气分布合理稳定，炉缸壁后温度、水温差在合理范围内，炉况顺稳，各项技经指标良好，至年底，1号高炉负荷5.25，全焦消耗降低到390千克/吨以下。

（段伟斌）

【专利与科技成果】 2019年，炼铁作业部获专利授权10项，其中发明专利2项，实用新型8项；专利受理31项，其中发明专利5项，实用新型26项；科技成果“大型高炉铜冷却壁长寿技术研究与应用”获冶金行业奖二等奖，“大型高炉炉缸快速浇注修复技术研究与应用”获首钢科技奖二等奖。

（郑雅青）

【科技项目】 2019年，炼铁作业部计划申报科技项目新立项科技项目6项，实际立项6项。科研项目计划完成率较高，2019年结题项目2项，“2号高炉炉顶温度精确控制开发”“高炉降料面自动化控制系统”达到国内先进水平。

（杨晓婷）

【环保治理项目】 炼铁作业部烧结老系统活性炭项目，一系列2019年1月7日通烟气试车，二系列5月24日通烟气试车。7月26日通过唐山市专家组验收。1月，一号、三号两座高炉炉顶料罐均压放散煤气回收改造投入使用。4月，完成三座高炉冲渣乏汽消白项目，并通过环保部门项目验收，同月除尘灰、瓦斯灰气力输送系统开始调试运行。5月，二炉炉前除尘新建除尘设施投入运行，现场除尘效果改善。7月，料场新建翻车机及配套除尘设施项目开始试车。10月，除尘灰、瓦斯灰气力输送系统全系统投运。10月，球团二系列SNCR项目完成投运，系统脱硝能力提升。8月，迎接国家生态环境部超低排放验收，11月通过专家组验收，助力首钢股份成为超低排放A类企业。

（郭子杰）

【攻克回转窑技术难题】 炼铁作业部采取加强球团全流程系统漏风治理、合理匹配环冷机各段风量、强化两个系列干返料放灰操作管理、优化倒风制度等措施；自主优化燃烧器结构并进行更换、安装红外测温设施，球团两个系列窑况稳定控制，生产周期创出好记录，为超产奠定基础。

（刘长江）

【球团产能】 2019年，炼铁作业部强化操作优化，确保生产稳定，实现球团稳产高产，球团矿日产水平由2018年的10700吨左右提高至11500吨，球团矿全年产量360.53万吨，创环保设施投入以来最好水平。

（刘长江）

【球团外排达标】 炼铁作业部摸索球团二系列脱硫脱硝操作控制，提升脱硫脱硝能力；生产上采取“多用煤粉少喷煤气”的措施，减缓剧烈燃烧气氛，减少 NOX 生成；二系列链篦机辅助脱硝应用成功。球团二系列外排指标达到超低排放标准。

（刘长江）

【节能项目】 2019 年，炼铁作业部组织实施 1 号高炉、3 号高炉冲渣余热换热站蒸汽换热器改造节能项目，10 月完成设备改造，通过采暖季蒸汽消耗的使用数据分析，估算节省原蒸汽消耗的 10%，每月节约蒸汽费用约 1 万元。3 号高炉冲渣余热换热站供金水湾小区供暖项目，11 月正式供暖，通过合理调整供暖参数，强化设备维护，执行供暖标准，居民反映良好。

（王冬宝）

【变频器国产化改造】 2019 年，炼铁作业部组织实施 1 号高炉炉前除尘变频器和炼铁汽车受料槽除尘变频器国产化改造项目。3 月，开始变频器试用流程审批，制定改造施工方案，利用 1 号炉停产机会进行安装、调试，检修结束正式投入运行，降低备件费用 83.7 万元。

（闫本领）

【党群工作】 2019 年，炼铁作业部整改高炉、烧结、球团和公辅等党支部。全年召开党委中心组理论学习 14 次，党委班子专题讨论 21 次；组织各级领导干部签订领导人员党风廉政建设责任书；对超过 5 年以上有业务处置权岗位人员 9 人落实轮换制度。激发职工干事创业激情，在炼铁内网发布各类报道 154 篇。创建 5 个创新工作室、16 个职工小家；组织 4 个团队参加公司“和谐团队”专题培训；全年各支部办理职工需求 56 条，党委解决 47 条，公司协调解决 32 条；帮困 36 人。组织志愿者服务高炉检修、球团烧结生产环境清扫、厂区绿化、食堂便民服务等；开展纪念“五四运动 100 周年”系列活动、“青安杯”竞赛活动和争创青年安全示范岗竞赛活动等。

（胡　刚）

首钢股份炼钢作业部

【炼钢作业部领导名录】

书　记：姚利苹（4 月任职）　彭开玉（2 月离任）

部　长：刘凤刚（9 月任职）　彭开玉（2 月离任）

副部长：黄怀富（9 月离任）

首席工程师：郝殿国　成天兵

首席技术专家：黄福祥（5 月离任）

（刘子龙）

【概况】 炼钢作业部始建于 2003 年 6 月份，2010 年配套项目全面投产稳定运行，具有 800 万吨的生产能力。设 5 个专业科室、10 个作业区。2019 年年底，在册职工 1419 人，其中中层领导 2 人，基层领导 38 人，一般管理人员 163 人，生产操作人员 1216 人。在册职工中，党员 598 人、团员 26 人，党团员占在岗职工的 43.9%。2019 年，炼钢作业部围绕公司“两会”精神以及党风廉政建设工作部署，深入开展“不忘初心、牢记使命”主题教育活动，凝心聚力，对标一流，坚持找差，锐意创新，产量、质量、成本、技术等多项指标均创出好水平，有组织排放浓度均低于超低排放浓度限值，实现超低排放。

（刘子龙）

【安全管理】 2019 年，炼钢作业部以安全标准化建设为主线，加快安全文化创新、管理创新和科技创新。开发运用二维码技术实现安全风险关口前移管控，推进二炼钢 4 号 RH 炉测温取样枪防护门自动化改造，板坯地沟积渣免清理，实现国内首例转炉炼钢平台封闭管理。宣传安全文化，开展亲情助安活动，强化各级职工履职尽责，建立隐患排查清单，实行相关方单位准入管理，确保相关方安全管理室零事故目标。建立炼钢作业部安全管理长效机制。

（李志泉）

【产量和指标】 2019 年，钢产量 810 万吨，超计划 12.3 万吨。重点指标管控取得成效，钢铁料消耗 1088.22 千克/吨，副枪自动化炼钢命中率平均 90.45%，继续保持较高水平，转炉终点氧 350—600ppm 比例 86.87%，转炉终点温度 1657℃，板坯综合合格率保持在 99.95%以上，恒拉速指标 97.98%。4 号转炉实现自动出钢操作，4 号铸机完成 508 炉连浇。

（张立国）

【降本增效工作】 2019 年，炼钢作业部结合设备工装改造严控过程损失、调废钢结构增大固废消纳，降低钢铁料损失；复吹攻关、开展合金替代等工作降低合金消耗；精细管理、技术创新、开展低碱度高氧化镁工艺、推进单罐兑单包、利用 KR 脱硫工装优势降低脱硫成本等降低辅料消耗；优化生产组织，突破瓶颈，提效提产；费用分解细化，杜绝浪费；自修自改、备件修复降低设备费用；整改现场跑冒滴漏，节约能源成本；持续不断推进年预算降本项目的实施，全年吨钢成本降低78.50元/吨，总额63671万元。全年加工成本完成741.26元/吨，较2018年降低91.93元/吨。

（王 芸）

【重点品种生产】 炼钢作业部生产品种以IF钢、高强IF钢、酸洗板、汽车结构钢、双相钢等系列为主。2019年，汽车板产量125.51万吨，其中全年累计产出外板量35.22万吨，炼成率98.80%，外板铸坯产出率73.27%。高强汽车板37.77万吨，合资品牌28.13万吨，自主品牌90.75万吨，出口6.63万吨。BH钢过剩碳合格率全年100%；SSNC项目11级比例65%，11+12级95.66%。汽车外板钢包顶渣TFe<6%合格率91.10%。RH加铝前氧≤400ppm比例97.29%。中包全氧≤23ppm比例99.44%，为提高渣改质效果，开发出终点粘渣、RH真空改质技术，同时围绕铝氧过饱和度减少钢液中小尺寸夹杂物数量，OB流量由2200标准升/分钟提升至2800标准升/分钟，调整加铝批次，OB>100立方米炉次钢液纯净度；为降低当前CrFe质引流砂对中包钢水二次氧化，开发出低氧化性双层引流砂。

（郝丽霞）

【硅钢生产】 2019年，炼钢作业部硅钢总产量177.86万吨，其中取向硅钢22.04万吨，综合炼成率99.75%；无取向硅钢155.82万吨，综合炼成率99.78%，其中高牌号无取向硅钢16.36万吨。HiB+高牌号无取向占比升高1.1%，取向Als±7ppm比例由6.98%提高到15.58%，一次炼成率由69.23%提高到74.70%；无取向硅钢开发HW10*和HW13*，高牌号极低硫≤15ppm比例由75.20%提高到87.80%；极低钛≤15ppm比例由54.79%提高到79.07%。

（孙 亮）

【规程管理】 炼钢作业部完成产销一体化要求的宝钢模式的作业部技术规程编制审批，共编制8个。完成岗位作业规程活页化编制、审批工作。活页化的岗位规程主要由9大部分组成，分别是岗位说明、安全操作规程、交接班规定、生产联系确认、设备检修联系确认、技术操作规程、设备使用维护规程、环保规程及附件部分。其中岗位说明和环保规程为新增加内容。

（杨晓艳）

【专利专有技术】 2019年，炼钢作业部累计完成专利申请41项，其中专利受理21项（16项发明，5项实用新型）；专利授权16项（3项发明，13项实用新型）。

（杨晓艳）

【炉底快换技术】 2019年12月27日，2号转炉第15个炉役冶炼5120炉后安全停炉。全炉役碳氧积完成0.00158，终点氧完成487ppm，实现国际领先。

（郭玉明）

【重点技改项目】 炼钢作业部组织脱硫渣二次线、钢渣二次线迅速投入，成为首钢股份降本增效的新支点；组织板坯火焰清理机移地搬迁，为建设360平米烧结机提供有利空间。

（马 银）

【铸坯移动保温罩项目】 2019年初，炼钢作业部完成实验保温罩效果验证，并完善设计。4月4日铸坯移动式保温罩开始施工，6月14日6套（12台）铸坯移动式保温罩投入使用。入保温罩铸坯30小时内上料轧制能够保证入炉温度大于400度，预计每年节约热轧能源费用328.1万元，且入炉温度的提升，能够提高铸坯后续轧制质量，降低缺陷率发生。

（刘 勇）

【产销一体化】 2019年一季度，产销一体化系统中经营决策、采购、设备、工程、销售、销售物流、一贯制离线分析、制造管理、厂内物流、财务共享、财务资金、成本核算等系统所有模块和炼钢PES系统上线。截至年底，各模块运行保持稳定。作业部管理和生产经营工作逐渐系统化和规范化，为生产经营过程中的大数据分析打下基础。

（胡卫东）

【人才培养】 2019年，炼钢作业部发挥年轻人有知识、精力充沛、接收能力强的特点，重点培养，向公司专业部室输送专业技术人才14人。当选股份之星1人，卓越之星2人，希望之星9人，提拔到专业技术管理岗位的操作骨干1人，在管理岗位锻炼人员9人转正到专业技术管理岗位；内部选拔任用专业技术人员12人到主任（首席作业长）助理岗位进行锻炼培养，专业技术人员提拔到基层领导岗位1人，在试用期走上正式基层领导岗位1人，由L9提职到L8职级2人。通过这一系统的传、帮、带、考察、培养、任用，促进炼钢作业部人才梯队建设。

（侯友松）

【主题教育】 炼钢作业部开展“不忘初心、牢记使命”

主题教育，及时成立领导小组、召开工作会议、制定实施方案，有序推进各项工作，做到规定动作一丝不苟，做好做到位，自选动作紧贴主题、符合工作实际，推动主题教育与生产经营工作相互促进、相得益彰，取得初步成效。为庆祝炼钢作业部成立15周年，增强爱国爱企爱家的感情，开展“我的炼钢我的梦”系列庆祝活动。

（张　超）

【职工创新】 2019年，郭玉明创新工作室、刘珍童创新工作室被评为首钢股份优秀创新工作室，郭玉明创新工作室还被命名为北京市创新工作室。郭玉明、刘建斌被评为首钢股份工匠和首钢工匠，郭玉明还被推荐为北京市工匠候选人。

（李仁伟）

首钢股份热轧作业部

【热轧作业部领导名录】

党委书记、部长、工会主席：蔡耀清

党委副书记、纪委书记：费书梅（9月任职）

副部长：周　阳（9月离任）　王　伦

部长助理：刘志民（9月任职）　周广成（9月任职）

首席工程师：兰代旺　刘世赤　陈　波

（张来忠、赵　阳）

【概况】 热轧作业部拥有两条热连轧生产线，一热轧生产线于2006年12月23日建成投产；二热轧生产线于2009年12月14日投产。还有两条热卷开平生产线、一条罩式炉生产线、一条热轧酸洗生产线、一条酸洗卷破鳞拉矫生产线、一条酸洗卷开平生产线。

热轧作业部下设综合办公室、政工室、生产技术室、设备管理室、安全管理室、一热轧轧钢作业区、二热轧轧钢作业区、精整作业区、酸洗板材作业区、天车作业区10个科级单位。共有在册职工773人，协力职工20人。在册人员中，男职工676人，女职工97人，35岁以下职工319人，占职工总数的41.27%，全厂职工平均年龄37岁。在册人员中管理岗位177人（部领导8人、科级23人、一般管理146人），操作岗位596人。大专以上学历618人，占职工总数79.95%，其中硕士52人，占职工总数6.73%；中级职称以上人员122人，占职工总数15.78%；持有技能证中级以上431人，占操作岗位职工总数72.32%。党员358人，团员19人。作业部党委下设基层党支部8个，党小组34个。

（张来忠、尹海霞、牛　科）

【产量和指标】 2019年，热轧作业部优化生产组织模式，调整两线加热炉开启模式，两线产量完成784.32万吨，较2018年增产67.37万吨，首次突破设计产能，创出好水平。其中，一热轧完成435.04万吨，二热轧完成349.28万吨。酸洗产线完成61.59万吨。各产线累计40次刷新生产记录。截至2019年底，热轧已累计轧钢7859.8万吨。

（程艳飞、刘恩庆）

【降本增效】 2019年，热轧作业部通过产量提升、质量提高、修理费管控等措施，实现降本28.5元/吨，完成年预算降本11.5元/吨的248%，其中轧钢工序26元/吨，酸洗工序2.5元/吨。热轧作业部和职工创业开发中心高度协同，快速推进可利用材、废旧轧辊、废旧物质的收集及拍卖，打通热轧中间坯拍卖流程，全年交售可利用材49610吨，月均4467吨，创效7441.5万。

（刘杏荣、贾雨樺）

【品种结构调整】 2019年，热轧作业部提质保量完成40010吨硅钢产量、完成33004吨3毫米以下酸洗汽车高强钢二转一生产、2.6万吨≤2.0毫米薄规格取向硅钢生产；完善生产组织、品种质量管理体系，全面组织护航热轧工序产销系统成功上线，结合该系统优化内部质量管理流程，首次开创用户使用质量评价机制，填补热轧工序精益设计空白。

（冀建卫）

【开拓酸洗板市场】 热轧作业部加快酸洗板市场开拓，构建客户精准服务体系，实现以HR800CP复相钢为代表的宝马、一汽、丰田、日产等高端客户认证和批量供货，为持续提升公司盈利能力和市场竞争力奠定基础。

（冀建卫）

【技术创新结硕果】 热轧作业部推进关键核心技术自主创新攻关，研究并开发活套ILQ控制技术、恒张力控制技术、轧制力数据挖掘等新技术，开展粗轧区域轧制节奏提升、取向硅钢非对称平直度轧制稳定性提升等20项攻关，尺寸精度管理方面，实现外板宽度全长命中率由96.4%提升到97.32%，宽度标准差从1.76毫米提升到1.33毫米；开展“百日质量提升”活动，塔形、辊印、宽度等封锁率，停车斑带出品率、天车夹划伤等指标降低幅度超50%,实现质量提升。

（王 伦、罗旭烨）

【自动化技术攻关】 热轧作业部开展一热轧轧制力数据挖掘技术研究与应用,F1轧制力预报误差从17%降低到5.26%。一热轧酸洗板厚度封锁率由6.18%降低到3.7%,全钢种厚度封锁率由0.82%降低到0.58%。通过对CPW800-P卷取工艺优化、平整机矫直辊和深弯辊压入量优化等措施,酸洗生产线原料浪形导致擦划伤由50%以上下降到5%以下。进行高强酸洗板同板差攻关,使酸洗后的成品SPHCMZ-P基本达到酸洗板正负60微米同板差的最高水平;基本达到祝桥高强酸洗板高精度同板差要求。完成高牌号无取向硅钢超低同板差控制技术研究与应用项目,产品同板差控制水平超过对标单位,热轧工序高牌号无取向硅钢C25命中率控制精度由26%提升到90.2%,超过对标单位同规格产品的技术指标。下游硅钢成品同板差指标0.35毫米横向厚差≤7微米比例(%)达到87%以上。进行780MPa超高强钢热轧—冷轧全流程板形控制技术研究,酸轧板形合格率由原来的60%以下提高至99%以上,热处理产线因板形问题导致的剐蹭、擦划伤问题降低至0。在二热轧自主完成轧后双段冷却自动控制系统及配套模型的开发,双段冷却品种扩展应用于CPW800-P、FB60-P等高品质品种钢。CT命中率从20%提高到80%。一热轧硅钢直通率攻关,实现了低牌号无取向硅钢低温轧制工艺,在穿带速度12.7米/秒的情况下实现稳定轧制,在国内处于先进水平。直通率由2018年27%提高到2019年77.8%。

（董立杰）

【质量控制】 2019年,热轧计产成材率98.14%,较2018年提升0.41%,其中一热轧98.08%,较2018年提升0.16%,二热轧98.24%,较2018年提升0.96%。酸洗成材率96.35%,较2018年提升0.35%。开平成材率98.30%,较2018年下降0.1%。一热轧直通率91.04%,二热轧直通率89.72%,酸洗直通率93.99%,保持较好水平。轧线带出品率1.89%,较2018年降低0.1%,其中质量带出1.21%,生产带出0.78%;酸洗带出品率3.46%,较2018年降低0.75%;开平带出品率1.19%,较2018年降低2.32%。

（徐 伟、呼智勇）

【推进设备功能精度管理】 热轧作业部持续推进设备功能精度管理,开展设备技改攻关,全体职工立足本职,鏖战暑期完成两线中修,完成精轧卷取操作台合并、2160产线飞剪整体更换、1号加热炉助燃风机改造、R1轧机牌坊底面在线修复、1580产线板卷箱改造基础施工、F3/F4/F7牌坊加工熔覆等重点项目,1580产线精轧机刚度保持率96%,位居全国第一,两线功能精度评价得分持续保持99%,跃居国内前列,为稳产超产夯实设备基础。

（周广成、李建东）

【创新修复促降本】 2019年,热轧作业部成立创新班组和备件自修团队,在备件国产化、备件自修、拓展修复、技术攻关、减少外委等多方面开展降本工作,累计降本900多万元。

（周广成、东占萃）

【环保设备设施改造】 2019年,热轧作业部针对梯子平台和监测孔不合规、无组织排放无集尘装置等7个点位20项问题如期完成整改验收。8月30日—9月3日,对热轧加热炉大气污染物主要排口和燃料成分进行4天全天候监测和取样化验,对监测实际风量与设计风量偏差过大问题进行分析说明,为重污染预警及采暖季停限产做好前期准备工作,为公司率先通过全国首家钢铁行业全流程超低排放A类验收评估创造条件。

（东占萃、尹浩彬）

【转型提效】 2019年,热轧作业部针对公司下达两年提高劳动效率、在岗人员减少105人的工作目标,坚持以人为本,开创“一二四三”管理体系,全年实际减员111人,完成年末管理人员在岗170人工作任务,一年完成两年的任务目标。

（张来忠、赵 阳）

【干部队伍建设】 热轧作业部树立能者上、庸者下、劣者汰的用人导向,坚持民主集中制,基层干部提职7人,免职2人,岗位及职责调整14人;选派5人参加两级公司培训班;评选出股份之星3人、卓越之星及希望之星8人。

（张来忠、赵 阳）

【职业技能竞赛】 热轧作业部承办首钢级天车工决赛;获第二届唐山工匠职业技能大赛“优胜能手”称号2人;选派4人参加京津冀模拟钢轧竞赛,获钢轧团体二等奖、轧钢单项二等奖。

（张来忠、尹海霞）

【推进本质安全】 2019年,热轧作业部领导班子坚持以风险管控为核心、以安全"家"文化建设为引领、以安全标准化体系运行为主线、以本质化安全为手段、以安全绩效考评体系为基础保障,全面落实安全生产主体责任,开展安全研讨会、应急演练、亲情助安、一封家书等活动,用亲情的力量助推安全发展。热轧作业部获2019年首钢集团安全生产先进单位。

(周剑飞、刘晓波)

【推进精益管理】 2019年,热轧作业部聚焦精益管理体系建设,组织成立精益管理推进管理机构,制定推进计划,完成4个三级巴的《经营会计报表》搭建、开展月度经营分析和总结报告,4个三级巴日常改善效果为2443.5万元;组织开展一热轧轧线和一热轧平整两个OEE项目推进,一热轧OEE水平提升明显,最高79%;在各期公司精益推进工作评比中成绩排名靠前,获公司精益管理第二期评价金牛奖。

(费书梅、杨春明)

【党建工作】 2019年,热轧作业部党委制定重点工作分工方案44项;坚持认真学、持续学、深入学,读原著,学原文,悟原理,开展党委中心组(扩大)学习24次,专题研讨7次;深入推进"不忘初心,牢记使命"主题教育,坚持把学习教育、调查研究、检视问题、整改落实贯穿始终,在"深入、融合、求实"上下功夫,先后开展革命传统教育、生产经营形势政策教育、先进典型教育、主题观影等活动20场,做到规定动作全面到位、自选动作丰富多彩。规范党支部建设,1月份成立天车作业区党支部,3月份完成支部换届选举工作;实施基层党支部书记专职配备6人,党支部书记8人、支部委员27人及党小组长33人分别参加党支部书记培训班、党务人员远程教育培训班和党建宣讲;深入推动B+T+X工作体系和"一规一表一册一网"工作载体落地,在落实党员教育管理制度融入经常、融入日常上下功夫,发挥基层党组织的战斗堡垒作用,强化基层党支部书记述职;强化意识形态责任担当,筑牢新闻舆论和宣传思想文化阵地,利用公司内网、热轧作业部微信公众平台、LED显示屏等载体,营造干事创业氛围,全年微信公众平台发布消息674条,公司内网发布新闻34篇,《首钢日报》2篇。11月7日,热轧作业部召开党代会,按程序换届选举产生新一届党委、纪委。

(蔡耀清、牛 科)

【党风廉政建设】 2019年,热轧作业部严格落实"两个责任",研究制定《热轧作业部2019年反腐倡廉主要任务分工方案》27项,明确班子成员的主要任务,并按半年、年度总结分析完成情况;逐级签订《党风廉政建设目标责任书》38份;修订完善廉洁风险防控手册,制定风险管控措施84项;加强对有业务处置权人员管理,全年岗位轮换4人;开展以案为鉴、以案促改活动,组织赴冀东分局南堡监狱开展警示教育;编发12期《热轧作业部纪检监察通报》,每月发布L8、L9领导的考勤执行情况;下发督查督办单5个,针对早调度会所布置的重点检查8项,降本督导检查27次,发现浪费类问题21项,发掘新降本任务20项,发现亮点44项。开展以"敬廉崇洁弘扬清风正气"主题廉政诗词书法绘画摄影作品征集活动,累计征集作品近30件。

(费书梅、王小军)

【营造和谐环境】 2019年,热轧作业部组织解决职工关心关注的重点难点问题254项。创建14个职工小家,其中设备管理室一热轧设备点检、二热轧轧钢作业区生产准备班、精整作业区检验发运3个职工小家获评首钢股份最美小家;组织4个班组进行和谐团队建设;全年组织11个创新工作室课题攻关28项、创效6803万元,董立杰、曹瑞芳两个工作室被评选为公司优秀创新工作室。评选表彰上半年先进作业区1个、先进集体4个、设备功能精度突破奖1项、先进个人20人,奖励235000元;评选表彰2019年度先进作业区2个、先进班组7个、最美热轧人10人、最美热轧人"特殊贡献奖"1人、先进个人50人,奖励732600元。开展"奋进新时代,全员悦健康"春季运动会等30多项文体活动。

(费书梅、牛 科)

首钢智新迁安电磁材料有限公司

【首钢智新电磁领导名录】

执行董事:孙茂林

总经理:齐杰斌(9月任职)

党委书记:孙茂林(4月离任) 姚福顺(4月任职)

纪委书记:姚福顺

工会主席:姚福顺

副总经理:齐杰斌(主持工作;9月离任)

副总经理:员大保 胡志远 张叶成

副总工程师:游学昌

监　事:刘新亮

财务总监:靳彦博

首席技术专家:赵东林　黎先浩　司良英　王现辉

(陈晓明)

【概况】 首钢智新迁安电磁材料有限公司(以下简称“首钢智新电磁”)以原北京首钢股份有限公司硅钢事业部为主体,于2018年5月1日正式成立,是首钢股份的全资子公司,注册资本为50.05亿元。产品定位于钢铁业“皇冠上的明珠”——硅钢(亦称“电工钢”),于2008年12月开工建设,2010年6月无取向电工钢试制成功,2012年12月10日全流程贯通,2013年10月成立硅钢事业部,创新“产销研一体化”运行机制,建立和完善电工钢一贯管理体系,2017年产销量突破150万吨,2019年电工钢年产量163万吨,连续6年成为世界上最大的无取向电工钢单体制造工厂,产品出口到日本、意大利、美国、印度、巴西等28个国家。首钢智新电磁推动电工钢新技术、新工艺的研发及应用工作,在特高压变压器、新能源、节能变频家电及配电变压器等领域取得批量应用,为国家大气污染防治、节能减排等做出贡献;并推动本质化安全、超低排放、智能工厂建设,成为安全、环保、智能化示范工厂。截至2019年12月底,首钢智新电磁下设12个职能机构、8个作业单元,实有人员1299人,其中管理及以上282人、生产操作1017人;硕士研究生及以上81人、本科654人、专科393人、专科以下192人;高级工程师及以上21人、工程师177人、助理工程师89人。

(张　扬、陈晓明)

【产量稳增】 2019年,首钢智新电磁克服市场压力大、客户多样化规格的特殊要求问题,以生产、质量、降本为主题开展工作,取得较好成绩。全年电工钢产量163万吨,其中,中低牌号107.18万吨,高牌号36.68万吨,取向19.15万吨。无取向电工钢连续6年单体工厂产量全球第一,0.20毫米取向电工钢及以下高端产品国内市场占有率第一。

(杨立军、肖桂姣)

【订单兑现】 2019年,首钢智新电磁推行产销集中办公,实现产销高效协同、信息共享,并通过全流程精细组织,全年电工钢平均订单兑现率99.36%,其中中低牌号平均订单兑现率99.40%,高牌号平均订单兑现率99.23%。格力、美的、信质电机等重点客户逐月订单兑现率均为100%,全流程生产组织以重点客户优先排产为原则,以保重点客户订单交货期排产主线,重点客户订单的按期交货得到保障。

(杨立军、闫伟利)

【质量提升】 2019年,首钢智新电磁强化过程管控,开展材料设计、热轧加热制度、物流管理、过钢通道管理等一贯制协同攻关。推进酸轧切边卷在精整切边量降低2毫米、连退机组零废料精准剪切、优化DCL卷取张力控制及FCL尾卷长度由270米减少到100米;无取向、取向电工钢成材率分别为94.49%、87.93%,均完成年度计划。固化一热轧加热坯型及耐磨衬板使用规范,一热轧电工钢带出品率由10%降低至5%,2款产品获中国钢铁工业协会冶金产品实物质量认定金杯优质产品,3款产品获金杯特优产品;主导制定1项行业标准,参与制定1项国家标准,发表论文13篇,受理专利23项,授权专利19项。

(牛　枫)

【销售创效】 2019年,首钢智新电磁电工钢销量164万吨,其中,无取向销售145万吨,取向销售19万吨;高端产品同比增加4.4万吨,占比提高8.5%。无取向电工钢聚焦超高牌号销量提升,35SW300以上超高牌号销量4.5万吨,同比增加1.9万吨、增幅73%。取向电工钢推进薄规格高牌号渠道拓展,占比完成85.4%,其中0.20毫米及以下超薄规格销量2.1万吨,同比增加1.2万吨、增幅133%,连续2年国内市场占有率第一。全年实现电工钢出口9.4万吨。

(于海光)

【渠道拓展】 2019年,首钢智新电磁实现家电领域高端客户全覆盖,国内每2台变频空调就有1台采用首钢电工钢制造。拓展新能源汽车渠道,成为天津大众MEB项目独家供应商,实现比亚迪小批量供货,产品应用到广汽本田“理念VE-1”、沃尔沃“S60”、蔚来“ES8”等新能源车型。取向电工钢完成国网宏源S14型油变、S13型干变新能效等级变压器试用。

(于海光)

【科技创新】 2019年,首钢智新电磁《高效环保变压器用高性能取向硅钢制备技术》获冶金科学技术一等奖,《首钢超高效变频压缩机用铁心材料的研发及产业化》《取向硅钢高温退火环形炉技术集成创新与应用》获河北省科学技术二等奖。无取向电工钢完成10项新产品开发,高端产品25SW1250H全球首发。完成高端家电用30SWH210和27SW210产品开发;完成20SW1200产品开发;实现30SQGD090批量稳定生产;20SQGD070牌号率同比提高18%。着力高温退火均匀性改善和二次再结晶精准控制,突破超薄规格表面效应瓶颈,实现0.18毫米小批量稳定生产,0.15毫米首次全工序通卷。

（赵松山）

【产品认证】 首钢智新电磁强化全产业链协同优势,提升EVI技术服务,全年EVI供货27.9万吨,与北京理工大学、北京科锐建立联合实验室,为37家客户提供仿真技术、材料应用等技术服务,提升高端产品适用性。硅钢工程技术研究中心苏州分中心、硅钢应用技术研究实验室建成并投入运行,提升客户粘性。22项无取向电工钢产品通过认证,一次通过率和订单转化率均为100%。拓展新能源渠道,丰田、福特通过材料测试,日产、本田、通用、特斯拉启动材料认证。13项取向电工钢产品通过认证,德国西门子认证复审全球电工钢企业得分第一,成功应用于清洁能源输电重点工程张北—雄安特高压工程、全球在建总装机容量最大的白鹤滩、乌东德水电站等国家重大工程项目,超薄0.20毫米产品批量制造1级能效变压器,成功应用于港珠澳大桥、日本滨田太阳能发电站等重点项目。

（赵松山）

【精益管理】 首钢智新电磁以阿米巴经营、OEE管理为核心推广精益管理新思想、新方法。阿米巴经营建设“开花结果”,2019年累计建立75个阿米巴,实现一线班组全覆盖。利用精益管理完成日常改善389项和课题攻关35项,年降本9700万元。生产拉动实现酸轧和二十辊OEE数据自动采集,形成OEE指标日统计、日分析,并试点推广至连退1号线。OEE提升带动产量的提升,酸轧全年报产较2018年提产2.42万吨。二十辊机组OEE指标由1月份的61.15%提升至最高68.95%,从停机损失、性能损失、质量损失三方面入手,突破制约轧机产能释放的因素,2019年较2018年增产1.10万吨。

（田自强）

【降本增效】 2019年,首钢智新电磁围绕工艺降本、降低辅材、能源消耗、制造费用、市场化运作等方面开展降本工作,全年完成降本增效19130万元,吨钢降本23.81元,其中工序降本18546万元(无取向累计完成1525万元,取向累计完成17021万元),市场化运作764万元,完成7456万元年度降本指标。

（王　辉）

【智能工厂】 2019年,首钢智新电磁完成智能工厂一期建设,有力支撑电工钢低成本、高效率、高质量生产。全面兑现项目建设五项效益指标,实现产品研发转化周期缩短40%、生产效率提升23.10%、不良品率降低38.61%、能源利用率提高10.82%、制造成本降低21.61%。智能磨辊间、工业机器人等智能装备稳定投入,连退炉烟气余热回收、烧嘴改造等节能项目实现增效200万元。加速一冷轧智能工厂优质成熟项目经验总结和复制推广,推进实施二冷轧操作室合并及取样机器人项目。启动智能制造二期项目规划,形成包含二冷轧智能物流仓储、机器人新场景应用、增强型智能制造单元等未来三年的智能项目库。

（屈英刚、郭子健）

【安全管理】 2019年,首钢智新电磁坚持安全现场周例会做法,实现64项作业本质安全改善。早调会分析违规视频案例,强化职工敬畏之心。建立阶梯指标,风险降D值实现超额15%,隐患排查参与度和优质率提升。建立人员和工具合规准入制,相关方基层管理改善。总结出班前会流程十二步法,形成班前会管理标准化。持续研究本质安全管理机制与信息化、智能化的创新融合工作,形成管理成果《模块化智慧安全工厂管理体系的构建与实施创新项目》,获河北省企业管理现代化创新成果二等奖。

（朱景洋、刘　畅）

【环保管理】 首钢智新电磁坚持“实现绿色生产,生产绿色产品”的理念,持续夯实环保基础管理,建设ISO14001环境管理体系,环保自主管理能力大幅提升,全年环保设备同步运行率100%,未发生环保污染事件。强化环保排放管控,完成7项无组织排放封闭治理,推进21项环保治理改造项目。落实环保责任,建立环保周检查制度,组织检查40次,整改问题134项。全力推进环保重点工程建设,污泥干化、火运库项目建成投产。推动环保成本管控措施,实现全年降低环保成本807万元,吨钢成本由76.59元下降至70.23元,同比下降8.31%。深度参与环保标杆企业建设,有力支撑公司环保超低排放验收工作。同中国冶金规划院和生态环境部评估中心合作,推进《轧钢工业大气污染物排放标准》的修订,公司在环境保护标准修订的话语权提高。

(张红军、李桂林)

【风控管理】 2019年,首钢智新电磁以把握风险控制和提质增效并行为原则,结合内部实际情况,建立起符合自身业务特色和管理要求的流程及制度。共梳理确定183个三级流程,267个风险点,制订出27个章节的风控手册,实现以风险管理为导向、以内部控制和内部审计为手段的风控体系。体系建立有助于提升公司内部控制和风险管控水平,防范经营风险。

(张 扬、张 姣)

【人才建设】 2019年,首钢智新电磁完善培训教育体系,组织在职班组长和后备班组长培训91人次、特种作业取证复审培训282人次、职业技能等级鉴定培训44人次,持有职业技能等级证书共944人,其中高级工以上465人。深入开展三支人才队伍建设,全年职务晋升69人,其中晋升主管员19人、晋升主管师16人、晋升主任师3人、晋升高级主任师2人、晋升首席工程师1人、晋升首席技术专家3人、晋升技师12人、晋升高级技师9人、晋升首席技师3人、晋升首席技能专家1人。拓展人才队伍建设渠道,开展"大工匠"养成计划,评选出金牌工匠、银牌工匠、铜牌工匠及最佳操作能手48人;继续开展"领导干部上讲台"培训、"以讲促学"管理人员讲课培训、安全模块培训等多主题培训活动,全年累计组织各级培训397场,889学时,4779人次。为保证转型发展和完成经营生产任务奠定人力资源基础。

(张 扬、孟艳玲)

【党群工作】 2019年,中共首钢智新电磁委员会加强组织建设,开展"不忘初心、牢记使命"主题教育,主题教育与生产经营实践有机结合,不断将党建优势转化为经营优势。调整优化基层党支部,开展"基层的精彩"党支部成果展示交流会及评比;新组建17个职工小家、创新工作室3个,改善职工工作环境;中央电视台《百炼成钢》《百年首钢》纪录片展示出首钢智新电磁的创新成果和敢于担当的精神风貌,首钢电工钢高端技术研发助力新能源汽车降耗入选央视财经频道和2019年中国经济半年报专题报道;二作业区团支部获北京市青年安全生产示范岗"榜样集体"称号,青年双争课题获8项最佳、6项优秀,首钢股份排名第一。

(刘新亮)

首钢股份质量检验部

【质量检验部领导名录】

党委书记:魏建全

部　　长:张广治

部长助理:王贵玉

首席工程师:顾红琴

(王秉文)

【概况】 质量检验部负责首钢股份进厂原燃(辅)料取制样及检测,热轧产品性能检验(含金相、电镜分析、腐蚀试验),炼铁、炼钢炉前自动分析,钢坯低倍硫印检验,水质、油品、耐材、煤气检验,承担公司新产品研发、技术攻关等检测工作。下设生产技术室、安全管理室、综合办公室、政工室、原料质检作业区、化学分析室、物理检测室。年末在册职工368人,其中管理人员52人,操作人员316人;硕士研究生30人、大学本科132人;教授级高级工程师1人,高级工程师11人、工程师50人、助理工程师34人;在聘首席技师5人,高级技师5人,技师14人;党员161人,团员3人。

2019年,质量检验部认真贯彻落实两级公司党委指示和"两会"精神,围绕公司生产经营任务目标,在检化验精度、能力提升、精益管理、内部降本等方面,强化责任担当意识,强化目标交账意识,细化措施,持续发力,不断提升质量检验部综合实力,全面完成各项工作任务。

(王秉文、张凤荣)

【主要检验指标】 2019年,原燃料检验48360批,炉前检验523108批,热轧板卷检验41432批,酸洗板19397批,低倍2173批,耐材检验260批,油品1997批,水质检验28918批,煤气检验153批,配合公司科研攻关检验18688批。

(王 浩)

【科技创新】 质量检验部组织职工提报87项合理化建议,发表于核心期刊的科技论文12篇,提报专利8项,其中发明专利《一种非金属夹杂物全自动分析仪试样制备工艺》已被受理,另外《一种拉伸试验机试样快速定位装置》《一种落锤试验用安全夹钳》和《一种装载装置》3项获专利授权。

(张秀丽)

【质量体系建设】 质量检验部针对 CNAS-CL01:2018《检测和校准实验室能力认可准则》标准换版,根据新版标准的架构调整及内容增补,对本中心的质量手册、程序文件、质量记录进行全面修订换版,夯实质量体系运行基础。2019 年度共启用 CNAS ilac-MRA 中国认可国际互认检测用章 53 枚,主要为公司管线钢、汽车板等产品的销售及出口出具检验数据证明,全年无关于检验数据方面质量异议。全年参加能力验证 24 项 72 个元素,满意率为 98.6%。10 月 22 日,获中实国金授予的"能力验证质量奖",检验能力得到外部认可,实验室在同行业的影响力提升。总公司级季度比对 2 次 44 项 155 个元素,主要包括烧结矿、球团矿、煤、焦炭、灰石、合金等原燃辅料和钢铁样品,检验数据稳定,未出现超差现象。根据国家及行业标准发布情况,共实施 GB/T 2975—2018 钢及钢产品力学性能试验取样位置及试样制备、GB/T 14949.8—2018 锰矿石湿存水量的测定重量法、GB/T 15970.1—2018 金属和合金的腐蚀应力腐蚀试验第 1 部分:试验方法总则共 3 项检验标准更新工作,通过标准样品试验的形式对新方法的准确度,精密度,检出限、回收率等指标进行方法确认,并根据标准变化情况对作业指导书进行修订并进行人员培训,确保新标准执行。

(张秀丽、张希静)

【TPM 管理】 质量检验部以"现场整理整顿"为核心,稳步推进 TPM 管理,组织开展设备区域清扫活动 958 次,发现问题 3348 项,整改 3348 项。提报设备提升、工艺改进、微缺陷治理等改善亮点 228 项,涵盖现场生产、技术、设备、安全措施等,组织制作基础知识、改善事例、故障处理、经验分享四个方面 OPL 培训课件 312 份。获"骏马奖"2 次。

(陈英杰)

【精益管理】 质量检验部推行阿米巴管理模式,逐步完善精益管理构架,学理念、转思想、用技法、提升"善经营、会管理"能力,完成 122 项作业,组织开展课题攻关 4 项,日常改善活动 26 项,绩效施工图管理 2 个,涵盖工艺方法、组织管理、效率提升等 8 类 37 个攻关项目。组织申报精益改善项目 5 项,全部完成预定目标。其中《提高 X 荧光测定保护渣中 F 的准确度》项目使 F 检验偏差由 0.78%缩短到 0.22%。《ON836 分析仪检验效能提升》项目使分析氧氮时间由 23 分钟缩短到 14.8 分钟。《提高矩形拉伸试样对称性合格率》项目使矩形拉伸试样对称性合格率由 44.5%提高到 94.5%。《实现全自动荧光压片分析 PB 粉罗伊山粉中全铁成分分析》项目使荧光压片分析 PB 粉、罗伊山粉全铁偏差由 0.98%缩小到 0.23%。《硅钢中 Mg 及稀土元素 Ce 的检测》项目使硅钢中 Mg 及 Ce 检验偏差分别达到 1.1ppm、1.9ppm。以上 5 个项目在公司评比中获六西格玛 BB 项目 A 级、B 级各一个,GB 项目 A 级一个、B 级两个。

(陈英杰、张希静)

【设备管理】 2019 年,设备综合完好率 99.68%,优于 98.50%的指标。全自动分析中心、一炼钢自动分析系统原燃料自动分析系统设备投用率均值分别为 99.83%、99.95%、98.33%,整体运行稳定,优于计划 98%的指标。3 月份产销设备管理系统正式上线运行。截至年底,三个作业区 42 个生产作业场所共有设备编码信息 26375 条;修订在用点检标准 7289 条,全年点检任务排程 7.59 万条,完成点检任务 7.23 万条;点检登录率从四月份的 60%持续向好,后 5 个月点检登录率基本保持在 98.5%以上;点检异常发现数量逐月递增,累计达到 169 条。

(王明利)

【降本增效】 2019 年,通过市场化收费、进口备材国产化、修旧利废等措施开展成本管控工作,增收节支 173.21 万元,其中市场化外部创收 18.9 万元,能源介质检测费创收 39.54 万元,通过进口材料国产化、竞价招标、自主修复等措施累计节约资金 114.77 万元。

(张明超)

【检验市场化】 2019 年 4 月,质量检验工作启动市场化改革,形成内、外部价格政策文件,确保价格文件适应市场需求,持续推进内外部市场化工作。内部市场工序联动,结合产品工艺需求及数据应用情况,促使工序优化检验项目、组批规则,2019 年降低检验费用约 400 万元,实现检测能力释放,市场化累计利润 1936.4 万元;外部市场建立联系 20 家,全年开展外部委托检验 127 批次,创收 20 万元。

(周志超)

【人才队伍建设】 2019 年,质量检验部加大人才开发与培养力度,全面提高人才队伍整体素质。取得高级职称 3 人;评选为"股份之星"1 人,评选为"卓越之星"1

人，评选为“希望之星”2人；在2019年股份公司级技能竞赛中，参赛选手分别获维修电工第1名、第3名，包揽化学分析工前五名。

（王秉文）

【党风廉政建设】 2019年，质量检验部党委深入贯彻落实习近平新时代中国特色社会主义思想，牢固树立“四个意识”，坚定“四个自信”，做到“两个维护”，全面深化“不忘初心、牢记使命”主题教育，围绕聚焦高质量发展和全面从严治党的要求，强化政治核心作用，认真履行管党治党主体责任，推进党建工作创新提质，深入开展党风廉政建设工作。

（林宝财）

【氛围营造】 质量检验部发挥创新工作室的平台作用，高贺、杨志权、庞振兴三个创新工作室针对不同方向开展工作，通过创新攻关活动凝聚团队力量，促进人才成长。持续提升班组建家水平，水油耐材班职工小家和高新班职工小家获首钢股份“最美小家”称号。

（夏碧峰、杜昕宇）

首钢股份能源部

【能源部领导名录】

党委书记：刘卫华

部　长：毛松林

副部长：李双全　唐和林　杜　斌

部长助理：范晓明　阎　波

首席技术专家：雷仲存

首席工程师：许国峰（10月离任）

（董作福）

【概况】 能源部主要负责首钢股份钢铁工序生产所需的风、水、电、气、汽共5大类、20种能源产品的生产、供应、管理工作，涵盖供风、发供电、供水、制氧等系统，既是能源介质的生产作业实体，又是公司的能源专业管理部门，具有作业与管理双重职能。能源部坚持“安全顺稳、经济环保、节能高效、协同保障”的理念，为公司提供优质的动力能源。主要设备有：150兆瓦燃气蒸汽联合循环发电机组一台、50兆瓦燃气蒸汽联合循环发电机组两台、25兆瓦汽轮发电机组两台、15兆瓦背压发电机组一台、30兆瓦高炉炉顶煤气压差发电机组一台、15兆瓦高炉炉顶煤气压差发电机组两台、6000千瓦饱和蒸汽发电机组两台、8000立方米/分钟高炉鼓风机一台、7000立方米/分钟高炉鼓风机三台、110千伏变电站八座、30万立方米高炉煤气柜一座、20万立方米高炉煤气柜一座、15万立方米焦炉煤气柜两座、15万立方米转炉煤气柜一座、8万立方米转炉煤气柜两座、除盐设备两套、二级除盐设备一套、污水处理设备两套、23000立方米/小时制氧机组一套、35000立方米/小时制氧机组四套等。下设综合办公室、政工室、能源管理室、运行管理室、安全管理室5个科室；供风作业区、供水作业区、发电作业区、供电作业区、制氧作业区、燃气作业区、压差发电作业区、能源服务作业区8个作业区。

（汤丰宁）

【主要指标】 2019年，能源部多项指标创出好水平。全年发电量248251万千瓦时，较年预算提高28251万千瓦时，同比升高24044万千瓦时。全年液体外销量98596吨，较年预算提高8596吨，同比增长17421吨。吨钢综合能耗全年实现“破六进五”，完成599千克标煤/吨（含球烧工序），较年预算降低16千克标煤/吨，同比降低0.6千克标煤/吨。全年转炉煤气回收108.40立方米/吨，较年预算提高2.60立方米/吨，同比提高3.18立方米/吨。吨钢耗新水2.90立方米/吨，较年预算降低0.25立方米/吨，同比降低0.22立方米/吨。

（孟　欣）

【能源管理】 2019年，能源部持续推进能源管理体系建设。以纳入节能低碳三年规划的主要指标、政策措施和重大项目为主要抓手，开展各项能源管理工作。结合能源管理体系审核，对三年规划实施情况进行检查、总结、分析。规划建议开展的31项改造类项目，已完成21项。开展对标找差，两次到上海宝钢股份、一次到鞍钢鲅鱼圈分公司、多次到首钢京唐进行对标交流，与国内先进企业形成长期联系机制，提出优化指标和改善管理措施建议6项，形成工序能耗和能源成本定期发布机制；配合产销一体化推进，完成经营决策系统能源管理模块开发上线；通过技术革新，开展凝结水回收、浓水反渗透、再生水综合利用等项目，水循环率由98.3%提高至98.6%左右，达到行业先进水平；首钢股份获“唐山市节水型企业”称号。

（杨　明）

【降本增效】 2019年，能源部建立预算任务分解指标体系，纵向形成部级、作业区级、班组级经济指标降本增效任务目标，横向与各先进企业对标找差，建立管控任务目标书，通过逐级细化分解落实降本任务目标，提高精细化管控水平；通过挂图作战、降本督导，提高作业区降本意识；通过导入阿米巴精益管理，统计建立日常改善项目，开展焦点课题攻关，促进成本管理工具使用推广；通过完善降本考核机制，发挥正向激励导向作用，推进能源部全员降本增效，有力承接公司降本任务分解落实。全年共开展产能提升、科技降本、设备降本、节能项目、协调降本、管理降本等6大类，降本措施176项，降本12353万元，吨钢降本15.23元。

（杨　佳）

【设备管理】　2019年，能源部着力夯实设备定检、定保、定修、定额的“四定”体系建设，全年结合公司系列检修完成573项设备定修，实现检修项目、检修间隔和检修工期的合理分配；针对运行状态及季节特点，开展各类专项隐患排查治理，保证公辅系统主要设备维持稳定运行，全年故障停机时间较2018年减少64分钟/月，同比降低83%。供电、供风系统历史首次实现全年故停率为零，对首钢股份主流程生产造成影响的设备故障率为零。发电系统各主力机组实现长周期高效稳定运行，背压、饱和2台机组创造投产以来运行时间最长记录。

（左兴堂）

【安全管理】　2019年，能源部推进安全生产三年专项整治，启动煤气系统、相关方管理、危险化学品、双控机制建设、重大危险源、电气安全、基础档案管理七个模块试点推广；通过武安院专家组年度评审，部内班组达标率100%，申报公司示范班组6个，全部通过验收；组织梳理能源部各区域安全风险，制定风险辨识清单，明确1021个风险项目，初步形成周期性检查治理闭环管理。

（高玉艳）

【转型提效】　2019年，能源部持续开展组织优化，推进人才建设。通过基层机构整合，撤销水处理及管网作业区，对一供水、二供水、热电、循环发电作业区进行整合，成立供水作业区、发电作业区，基层机构由15个核减至12个。通过部分基层领导岗位交流调整，强化管理人员队伍建设，不断加大干部的交流力度，培养复合型基层管理人才。推进信息化、智能化、集成化改造，在首钢集团内部首次采用多旋翼无人机，实现首钢股份11条110千伏45.8千米架空线路、105个塔基自主智能巡检；六总降实现三台机器人智能巡检试运行；六座空压机站实现无人值守；一、二、三柜区实现统一集中监控。2019年能源部在岗人数804人，比2018年减少102人。

（李志杰）

【党建引领】　2019年，能源部党委落实“一岗双责”和双重组织生活制度，结合首钢股份“转进解办”活动要求，调整能源部领导班子成员党组织关系和基层党支部联系点，实现10个党支部全覆盖；开展“不忘初心、牢记使命”主题教育，围绕队伍建设、作风建设、协同高效、流程优化、基层减负等职工群众反映的热点难点问题，到基层开展调研，共计整改9类10项问题，实现“四个转变”、落实“五个走进”；促进职工凝心聚力，建设完成10个职工小家，实现8个作业区全覆盖；推动基层创新，成立王春福创新工作室和雷仲存创新工作室，全年共完成攻关项目40多项，取得经济效益740万元。

（杜　娟）

首钢股份营销中心

【营销中心领导名录】

总经理：李　明

党委书记：刘志民

副总经理：赵　鹏　肖京连　刘海龙

王兴洪　陈凌峰

总经理助理：张　亮

（陈昊阳）

【概况】　营销中心是首钢股份产品营销工作的专业机构，按照“统一资源计划管理、统一客户技术服务、统一销售物流管理、统一价格归口管理、统一销售管理”原则，承担“股份+京唐”营销专业管理职责，下设营销管理部、客户与产品服务部、热板销售部、冷板销售部、汽车板销售部5个行政部门。营销中心党委，下设纪委（监察部）、党群工作部。负责管理北京首钢钢贸投资管理有限公司，北京钢贸下设5个区域钢贸公司、13家加工中心，授权管理首钢金属公司。2019年，营销中心在两级公司党委领导下，不断增强政治担当，发挥党员先锋模范和党支部战斗堡垒作用，引领广大职工勇于担当、奋力拼搏，在保障产销衔接、改善经营绩效、增强竞争优势等方面取得一定的成绩。

（陈昊阳）

【经营指标】 2019年，首钢股份、首钢京唐、首钢冷轧三地销量1757万吨，同比增加207万吨(其中首钢京唐二期115万吨)。全年营销中心负责产品销量1469万吨，占“三地”销售量83.6%，同比提高6.65%；高领产品销量499万吨，同比增幅18.3%；冷轧汽车板完成303万吨，其中国内282万吨，国内汽车板实现逆势增长。全年跑赢市场1.40%，实现连续3年跑赢。增效2.48亿元，带出品通过优化布点、调整流向等方式创效6638万元。北京钢贸利润总额2700万元，比计划增加200万元。全年13家加工配送中心实现加工量102.4万吨，金属公司利润713万元，重点工作完成率93.8%。钢材配送公司形成退出方案。

(陈昊阳)

【增强经营能力】 2019年，营销中心提升市场意识，深挖协同潜力。加强产销协同，减少短浇次98个，增效1200万元；贯通互供料流程，实现双基地协同保供。加强营销协同，优化产线间、国内外、产品间资源计划，支撑首钢京唐二期投产；全年综合节点完成率92%，为产线做大蛋糕创造条件；钢贸体系高质量完成中板、涂镀销售前移任务；通过原单溯源、协商接收实现无单产品增值销售54.3万吨；优化物流组织，深挖潜力，全年实现物流降费1400万元；推进公转铁业务，提高清洁运输比例，11月份创出日均195车的好水平，实现曹妃甸火运集港23万吨。

(陈昊阳)

【加快结构升级】 2019年，营销中心坚持产销研紧密协同，产品和渠道结构调整取得新成果。汽车板继续巩固宝马国内和长城的第一供应商地位，主机厂增量6.9万吨，一汽大众供货量6万吨并实现O5外板供货，上汽大众批量供货3万吨，吉利实现镀锌整车外板供货，日系供货量翻番，进入丰田供应商体系。品种结构优化，国内镀锌、外板较2018年分别增长8%、17%，DH钢、免中涂外板、ZM镀层等材料批量稳定供货，首钢成为长城汽车第一家ZM材料供应商。酸洗板新开发宝马、华为、卡斯马、凌云机电等重点客户26家，汽车酸洗板完成27万吨，实现宝马批量稳定供货0.3万吨，开启本田、丰田材料认证，成为本田JSH590B高扩孔钢牌号首家国产化认证通过钢厂，取得华为5G基站项目独家供货权，压缩机行业实现供货29万吨，增长18%。家电及专用钢全年高领产品首次突破百万吨，家电板全年供货量110万吨，海尔、美的、海信等龙头企业份额保持稳定。制针用钢等6个专用钢新产品的稳定批量供货，双层焊管份额攀升至第一位。热轧产品完成特殊钢、耐火耐候钢等19个新牌号的开发，继续巩固车轮钢、焊瓶钢行业第一领先地位，双相高强车轮钢供货3.7万吨，增长216%。集装箱二代箱板供货量快速增长，汽车用钢供货量保持在100万吨以上，冷桥壳用钢供货3万吨，增长50%，装配式建筑耐蚀钢实现批量供货。中厚板双产线在首钢京唐达产，加强桥梁、造船、风电等重点工程项目的开发承接，向雄安高铁站供货4.1万吨，签订冬奥滑雪大跳台中心项目工程合同1.1万吨，供国家电网工程Q420NH耐候钢、雄安高铁站Q460GJ处于行业领先地位。涂镀产品借势大营销体系，彩涂板销量迈上万吨台阶，产线成本大幅降低，其中高建彩涂板3.05万吨，占比较2018年提高19%，新开发锌铝镁基板彩涂板实现供货1.56万吨，镀铝锌增幅66%，新进入轻钢别墅用钢、家电用钢、屋面用钢等领域，实现高强镀铝锌S550GD+AZ销售2.2万吨。

(陈昊阳)

【提高服务能力】 2019年，首钢相继获华晨宝马“质量卓越奖”、长城汽车“成本改善奖”、海尔“金魔方奖”等17家客户颁发的奖项或荣誉，首钢“制造+服务”不断得到用户认可。推进认证项目落地转化，汽车板获得零件认证机会1845个。全年EVI供货量172万吨，超年计划17万吨，其中汽车板EVI供货量72万吨。组织开展EVI项目33项，完成29项。提高客户服务能力，整单兑现率93.3%，满足紧急合同交付。利用客服例会平台反馈梳理问题59项，已协调跟踪解决48项。推进服务体系建设。搭建集中一贯、信息共享服务平台，初步形成客户诉求全闭环管理。技术询单比例由上线前100%降低至2.3%。提升物流保障能力。加强运力平衡和物流组织，汽运产品准时到达率98.3%，海运产品准时到达率86.1%；强化运输质量管理，运输质量异议较2018年降低33.3%。提升加工配送服务能力。建立并推广汽车外板加工指导手册，提升加工中心汽车外板质量管控能力，长城、吉利、宝马、北汽等主机厂的加工配送质量稳步提升。宁波首钢通过上汽大通、吉利汽车的体系认证。

(陈昊阳)

【强化管控能力】 营销中心严格量化评价，提高交账意识,经营会事项落实整改率85%。强化专业管理能力,制修订各类销售专业制度41项,将资源、价格、渠道等专业制度管理植入信息化系统,产销系统新增本部管控点272个,全面强化资金管控。优化库存结构,重点压降超龄、低效及滞留库存,汽车板备库库存降低2.9万吨。严控政策外和计划外应收,实现应收尽收,基地应收账款9.25亿元,满足保供前提下得到有效控制。防范票据风险,优化收款结构,全年财票和现金比例达到公司计划要求。统筹管理融资规模,优化钢贸融资结构,全年增加财务公司融资13.83亿元,实现资金降本412万元。推进营销前移,发挥平台优势,钢贸销量突破1000万吨,各公司经营稳健,上海分销量342万吨,增长33%,陪伴式服务助力上汽大众快速增量;广州分销量284万吨,增长25%,高领产品增长38%,101家新开发客户实现订货19.6万吨;山东分销量257万吨,高领产品增幅30%以上,高强车轮钢增幅35%;天津分重点车企份额稳中有增,冷轧汽车板增加13万吨;武汉分多元化经营初见成效,为长城永川基地投产达产提供有力支撑。加强风险防控,完成钢贸总部风控体系的搭建。推进劣势企业退出,完成京禅公司清撤。加强政策指导,最大限度争取外部权益,全年确认增值税先行返还1080万元,政府补助1230万元,工贸项目获得北京国资资金支持560万元。提升加工中心管理能力。宁波首钢加工中心、重庆1850摆剪项目等2个加工中心项目建成投产。株洲二期项目正式开工。继续完善工厂管理制度体系建设,构建加工中心指标评价体系。持续开展降本增效,控股加工中心实现降本320万元。

(陈昊阳)

【信息化建设】 营销中心统筹推进信息化建设,按期完成产销及决策支持、物流协同平台3PL、智慧营销平台、营销工贸管理等系统的切换上线,同步实现与外围系统的功能对接,初步搭建起集中一贯、产销一体、职责清晰、流程规范、协同高效的营销信息化协同平台,初步实现经营管理和客户服务信息化平台的全贯通,支撑订单全周期管理,五个统一管理目标基本落地。产销系统在上线实现8个主模块、59个子模块功能的基础上,完成系统优化项34项,开发9项移动APP应用功能,实现关键业务实时操作。完成决策支持系统主体功能开发上线,创建47个分析主题,通过固定和自定义报表及管理驾驶舱实现销售管理业务数据化、标准化、模型化。智慧营销平台推进面向大客户的智慧供应链服务和面向中小客户的智能交易服务,通过开发海尔定制方案实现ITP向下游终端的功能延伸。工贸系统完成采购、销售、加工等14个功能大类的系统开发测试、试点运行及系统推广,同产销、智慧、欧冶、集团管控系统实现对接,按计划实现钢贸公司和控股加工中心的上线,实现供应链系统贯通。

(陈昊阳)

【党建与廉政】 营销中心强化基层党组织建设,深入开展"不忘初心、牢记使命"主题教育。召开营销中心第一次党员代表大会,选举产生第一届党的委员会和纪律检查委员会。完成宁波首钢等四个加工中心党支部组建,实现控股法人单位党组织全覆盖。全面从严治党,营造廉洁文化。开展"以案说纪、以案促改"警示教育,落实《反腐倡廉主要任务分工方案》,强化对"关键少数"和有业务处置权岗位"两个群体"的重点监督,防范廉政风险,严格落实中央八项规定,针对巡视巡察问题完成自查自纠并整改。加强对外宣传,展示首钢营销良好形象,全年在中国冶金报、首钢日报等媒体报道21次。

(陈昊阳)

首钢股份采购中心

【采购中心领导名录】

总经理:郑宝国

副总经理:宋开永　邹　召(4月任职)　周　波

李　鹏　马卫国(4月离任)

总经理助理:刘政群　马秋彬

党委书记:郑宝国

党委副书记:张贺顺(4月任职)

纪委书记:张贺顺

工会主席:张贺顺

(王雪冬)

【概况】 采购中心承担首钢股份、首钢京唐等基地的原燃料、资材备件、耐材、工程设备、工程材料采购业务集中管理职责。主要负责原燃料采购计划编制、供应商开发和评价管理、采购价格制定、物料的采购和质量控制、结算和付款等工作;负责首钢股份备件计划管理、设备及备件采购和结算管理、库存占用管理、机旁管理、备件修复管理、设备备件仓储管理等工作；负责首钢京唐工程设备材料采购、资材备件采购、首钢京唐仓储中心实物及配送管理等工作。采购中心设立党委，党群系统下设党群工作部和纪委(监察部)2个部门；行政系统下设综合办公室、经营管理室、燃料采购室、炉料采购室、材料采购室、物流管理室、备件管理室、备件采购室、工程采购室、仓储中心10个部门。

(王雪冬)

【原燃料采购】 2019年，原燃料采购计划2013.02万吨(不含进口炼焦煤)，实际到货2018.1万吨，采购计划兑现率100.3%；原燃材料采购额完成276.02亿元，同比增加21.43亿元(8月份开始含首钢京唐材料采购额)。年末库存资金占用(不含煤、焦)完成11736万元，比计划15020万元降低3285万元。对比年预算实现降本19.08亿元，其中市场因素降本9.47亿元，协同降本9.61亿元；通过支付首钢财票和资金运作，实现供应链金融创效29338万元。

(王 鑫、李 欣)

【备件采购】 2019年，备件采购管理以产销系统上线为契机，整合首钢股份、首钢京唐资源，备件采购管理实现“六个统一”，保证京唐、迁钢、顺义三地设备、备件高效供应，同时围绕协同高效、对标行业标杆、聚焦降库降本，优化采购渠道，强抓管理提升，适应新的采购管理模式，完成2019年目标任务。通过工程设备招标议价、优化采购渠道等措施，实现年度采购降本1.48亿元。通过逐级指标分解、基地备件联储等手段，首钢股份备件库存资金占用降至32982万元，备材库存降至40224万元，分别比年初降低2414万元和18252万元。

(王 鑫、李 欣)

【板块协同】 2019年，采购中心持续进行国内原燃料全面对标，包含煤炭、焦炭、金属矿、非金属矿、合金、废钢共6大类所有品种，内容涉及价格、运费、质量指标、资源地、运输方式、结算方式等详细信息。通过钢铁板块采购协同信息沟通平台，发布日常市场采购信息，包括市场快讯、原料市场动态信息、价格对标分析、相关国家政策及市场重大变化等。梳理管控方式，查找存在问题，加强钢铁板块大宗原燃材料采购跟踪，及时掌握采购价格、金额、计划、库存、重大合同等信息，实施板块供应商黑名单信息共享。钢铁板块全年协同采购计划88万吨，实际完成106.45万吨，协同效益7635万元。钢铁板块备件类协同采购涉及施耐德备件、ABB备件、胶管、测温元件、轴承、阀门及西门子等7大类。首钢股份、首钢京唐签订合同4193项、128.24万件、金额2.58亿元，较历史节约采购资金1949.66万元。板块其他单位协同项目4688项、72.3万件、1.07亿元。

(王 鑫、李 欣)

【备件联储】 采购中心编制下发《2019年首钢钢铁板块备件联合储备及降库存工作推进方案》，依托产销一体化系统，整合股份、京唐、顺义三地物料代码及供应商。核实备件通用性，把相互借用及调拨的大额备件列入联储项目，下发《北京首钢股份有限公司备件联合储备管理办法》和《北京首钢股份有限公司库存备件调拨管理办法》，规范联储备件业务流程。全年新增联储项目3050万元，累计完成1.54亿元，完成联储备件相互调拨477万元。

(李 欣)

【进口矿中间费】 2019年，采购中心组织长协矿舱底交货56船510.61万吨；组织贸易矿82批次，165.26万吨；组织进口矿资源转储运输687.04万吨，其中火运526.10万吨、汽运160.94万吨。物流中间费完成75.37元/吨，较年度预算计划83元/吨降低7.63元/吨，节约运输成本5242.12万元。

(钱京华、张冬松)

【固体二次资源】 2019年，固体二次资源销售外排(含危废)总量373.7万吨，销售收入完成35300万元，其中集团内销售量73.5万吨，金额19827万元；集团外销售量256.9万吨，收入17470万元；付费外排总量43.4万吨，付费1998万元。比2018年销售总量减少53万吨，销售收入增加9318万元，销售收入增幅36%。

(钱京华、张冬松)

【党建与廉政】 采购中心修订完善党委会工作规则。全年召开党委会29次，深入研究“三重一大”事项。制定党建年度清单40项。落实党委理论学习中心组学习制度，全年学习26次。实施“4+8+N”主题党日活动。发布新闻稿件91篇，“首钢股份采购中心”微信公众平台发布微信90期。全年调整、组建6个党支部并完成换届选举，发展党员4人。创建首钢级“完煤无缺”燃料党支部、首钢股份级“一站式服务”京唐设备党支部两个品牌。组织签订34份党建责任书。党委会专项研究主题教育6次，主题教育领导小组会12次，班子成员讲党课8次。到辽沈战役纪念馆开展革命传统教育。赴南堡监狱开展警示教育。与潞安集团营销总公司等4家煤企销售部门开展廉政共建。全年交流、提职、调整L9以上人员21人次,管理人员93人次。公开竞聘选拔办公室主任1人,3人分别参加首钢青年干部培训班和首钢股份青年骨干培训班,4人获首钢股份“卓越之星”。平稳完成首钢京唐71人调入。实施岗薪制改革。编发44期廉洁从业周提示,组织27期“读廉”活动。各部门设置“九必须”“十不准”警示牌。对采购供应管理制度落实开展检查,确定82个风险点,制定114项管控措施。发送2098封《廉洁共建告知函》,对112家供应商进厂车辆进行检查。制定反腐倡廉分工方案,修订完善党风廉政建设责任制,有业务处置权岗位人员实施岗位交流92人次。

(运长山)

首钢股份职工创业开发中心

【职工创业开发中心领导名录】

党委书记:周凤明(9月任职)　张东明(9月离任)

副主任(主持工作)兼资源开发事业部副部长:

周　阳(9月任职)

副主任:付　民

主任助理:张建民　林海涛

(陈　帅)

【概况】 首钢股份公司职工创业开发中心(以下简称“创业中心”)现有生产管理室、安全管理室、综合办公室、政工室4个职能科室和创业开发室、汽运项目部2个科级单位。业务包括火运物流、金属结构加工、绿色种植、工程车辆配合主流程生产、检修、运输、环保车辆为公司提供环保服务。2019年4月,首钢股份成立资源开发事业部,下设电子商务中心和备件管控中心,由原创业中心产品营销室和创业开发室备件仓储及配送班组构成,主要负责首钢股份在线交易平台的运营和备件仓储、配送工作。2019年,创业中心工作重点由接收安置职工,转向为公司降本增效多做贡献和保证生产顺稳。2019年末在册职工658人(不含向各作业部服务作业区的劳务派遣人员447人),其中党员188人。

(陈　帅)

【在线交易】 2019年,首钢股份在线交易平台交易额23.28亿元,是2018年交易额的2.8倍。年初,产品营销室通过做好产品开发、客户开发和资源整合工作,交易额水平不断攀升。4月成立北京首钢股份有限公司资源开发事业部,电子商务中心树立全局意识、经营意识、创新意识、服务意识,坚定信心闯市场,服务客户求发展,通过实行项目经理制、人员业务整合,在线交易取得跨越式发展。在销售功能的基础上新增采购招标功能,实现阳光销售、阳光采购招标。销售产品涵盖可利用钢材、固体二次资源、不可利用备件、工业材料、工业衍生品、杂品六大类254种,采购招标涵盖原料、燃料、劳保、备件、工业品、车辆保险六大类31种。业务范围从服务首钢股份迈向服务首钢集团,服务对象包括首钢股份、首钢京唐、长钢、水钢、贵钢、通钢、矿业、首钢园区等单位。坚持把“首钢产品高质量、交易模式高效率、售后服务高品质”贯穿始终,坚持“为客户做所有”,赢得客户信任,注册客户遍布24个省市、1336家,首钢股份在线交易平台已经成为华北地区有一定影响力的电子商务平台。

(布景华)

【备件仓储、配送】 资源开发事业部备件管控中心下设备件仓储及配送两个二级项目部。备件仓储项目组主要负责备件和油品的检验、收、发、存储工作,接收长白厂备件库,备件15875项、123102件,核减长白厂职工31人,减少外包费92万元/年;完成对公司七批不可使用备件拍卖前后的收、发、统计工作。备件配送项目组完成公司各单位154项、5564件物料的配送工作,“上门服务”为各单位节约大量人力物力,全年为公司节省车辆台班费40万元;承接公司备件倒运和材料库接卸发运工作,年降成本8万元。

(布景华)

【多种经营】 2019年10月,创业中心综合成品库投入运行,负责为智新电磁公司接卸、发运硅钢卷及铺设火车运输支架,截至12月底共入库硅钢卷44331.85吨,外发43406.61吨,铺设火车支架2518节火车,实现收入294.2万元。金属结构加工班全年供应炼钢颗粒镁扒渣板2564块、KR扒渣板1219块、扒渣板销子1228件、随动板60块,创造收益129.5万元;制作安装栏杆、回收废钢、修复火焰切割小车共降低成本16.4万元。2019年5月,绿色种植项目建成,有蔬菜大棚6个、露天菜地9块,面积15亩,种植绿色蔬菜24个品种,截至12月底共收获蔬菜4.1万斤,分别供应厂区食堂、首钢迁安会议中心、首食福善缘餐厅。

(刘　明)

【汽运保产环保服务】　创业中心完成炼铁、炼钢、热轧、智新、鼎盛成等单位保产保供任务和脱硫渣现场治理、炼钢转炉拆炉及炉底快换等重点工作。制定环保车辆最佳操作方法,优化道路洒水清扫时间和线路,完成日常环保服务和脱硫渣倒运现场抑尘及公司环保A级企业达标验收迎检工作。加强设备点检、维护、检修、保养,完成新能源车辆替代、产销系统上线、备件材料新编码转换、厂内物流系统上线、点检产销系统上线、智能化点检应用、内燃设备管理系统应用。优化人力资源配置,实行班组整合,推行作业长制。制作生产现场沙盘,开展安全生产可视化教学。开展发动机、油缸、轮胎修复,全年修复备件146项,节约费用39.35万元。

(齐振军)

【生产及设备管理】　2019年,创业中心组织汽运项目部和相关方全面完成运输保产任务。组织星级设备达标,改善设备运行状态。产销厂内物流系统正式上线后,实现所有车辆业务实绩统计、结算、报支全流程线上记录,同时对板卷、板坯等运输项目通过规律库自动收取作业实绩。12月组织3家运输单位购置16台纯电动重卡,用于板卷运输业务,厂内主干道运输基本实现国五及以上车辆和新能源车。为达到国家A类企业环保排放要求,购置排放达标工程机械及运输、环保车辆37台。安装叉车充电桩8台、重型运输车充电桩6台、电瓶车充电桩3台。

(苏剑鹏)

【安全管理】　创业中心推行“安全评估+督导服务”管理模式,全年安全评估17项。开展“人员作业行为”专项整治活动,观察人员作业行为125人次,纠错35人次。开展“地面车辆”专项整治活动,改善环境照明点位16处,明确停车点位18处,规范人员等待区域24处。检查作业点位115处,下发隐患整改通知书45份。修订安全管理规定39个、安全操作规程49个、教材37份,开展安全培训78次。开展安全标准化达标验收,41个班组全部通过验收。全年辨识安全风险270项,“双控”系统总体排查率99.55%,整改率100%。完善各类应急处置方案38个,组织演练115次。

(刘亚南)

【创新用人机制】　创业中心推行项目经理制,公开竞聘项目经理,实行契约化管理,模糊层级,淡化身份,增强激励作用。在前期产品营销项目聘任项目经理的基础上,资源开发事业部成立后,重新进行竞聘,共聘任一级项目经理2人、二级项目经理8人,二级项目经理均为普通职工。汽运作业区施行项目经理制,将首席作业长、首席副作业长岗位改为项目经理、副经理,普通职工被聘任为项目经理。严格执行职工竞聘上岗规定,从事管理人员选拔任用规定,推行班长竞聘制,坚持公平公正公开,做到人尽其才。

(张建家)

【加强职工队伍建设】　创业中心坚持以人为本,尊重职工、关心职工、相信职工、依靠职工,创建和谐企业,打造企业软实力。通过搭建“舞台”,干成一件事,培养一批人,锻炼一批人,塑造一批人,涌现一批人。用“激情点亮梦想、创业成就未来”、“最标准、最规范、最严格”等企业文化引领职工。开展取证培训、岗前培训、实操培训、师带徒、技术比赛、最佳操作法教学等活动,提高职工的技术操作水平,叉车司机3人在唐山工匠技能比赛分别取得第2名、第4名、第10名。

(赵　辉)

【党群工作】　创业中心开展“不忘初心、牢记使命”主题教育,结合经营生产建设特色党支部和品牌党支部,汽运党支部在首钢股份第三届“基层精彩”成果展示中被评为示范党支部;组织党员提安全合理化建议84条,开展党内课题攻关2项,组织党员突击队建设绿色种植基地2次。全年创业中心内网报道80篇,其中12篇被首钢股份采用,2篇被首钢日报采用;公众号推送70篇,其中2篇被首钢股份和首钢新闻中心采用。开展节前廉洁提醒、廉政教育和警示谈话,加强廉政风险防控,在线交易筑起廉政“防火墙”的做法受到首钢集团领导肯定。创建2个创新工作室、4个职工小家,开展小指标竞赛、好建议评比、职工需求调查、文体活动,组织团员青年开展“双争”活动和志愿者服务等工作,工程机械班职工小家获股份公司“最美小家”称号。

(赵辉)

北京鼎盛成包装材料有限公司

【鼎盛成公司领导名录】

董事长:盛　强

副总经理:王　磊(主持工作)

副总经理:邱金锋　焦月生

总经理助理:安春武

党委书记:盛　强

纪委书记:盛　强

工会主席:盛　强

(孙德彪、张丽坤)

【概况】 2018 年 6 月 1 日,北京鼎盛成包装材料有限公司(以下简称“鼎盛成”)正式运营,下设运营管理部、综合管理部、安全环保部、经营财务部、废钢供应作业区、物资作业区、资源循环作业区、原材料作业区。主要承担首钢股份钢铁生产所需原燃料及废钢的收料、存储、供料,除尘布袋加工及固废加工、二次资源返生产利用等业务,面向市场开展对外开发,增收创效任务。2019 年末,鼎盛成有职工 588 人,其中在册职工 360 人,外协职工 228 人,在册人员中,公司领导 4 人、基层领导 15 人,职能管理人员 34 人,专业技术人员 4 人。营业收入完成 10103.39 万元,利润总额 425.79 万元。

(熊荣祥、李亚军)

【生产经营】 2019 年,鼎盛成超额完成各项生产指标,全年累计收废钢 134.5 万吨,其中外购废钢 84.7 万吨,厂内回收废钢 49.8 万吨;全年供应废钢 134.8 万吨,超计划 1.1 万吨。全年原燃料累计接卸 749.5 万吨,供应 750.3 万吨。全面完成首钢股份各项重点工作,固体二次资源综合利用实现突破。细化渣钢专项保供方案,深挖潜力,优化工艺。全年渣钢配吃量连创历史新高,累计配吃各类循环利用加工产品 44.8 万吨,同比增加 27.6 万吨,增幅 160.5%,创历史纪录。高质量完成重点产线提产增效。脱硫渣产线 7 月 1 日试生产,2019 年底脱硫渣产线日处理能力达到 1700 吨,较设计产能翻了一番;球磨线 28 天实现复产,产能超 200 吨/天,为公司提效提供有力支持。创造性开展二废直供工作,通过疏通外部物流,优化组织模式,制定直配方案,实现二废稳定直供,全年直供 5.4 万吨,降低内部倒运费 50 万元。全年生产布袋、过滤布 4506 条,供应炼钢、能源、创业等多家单位使用。

(高洪波、马明辉)

【财务核算】 鼎盛成开展浪潮核算、资金、税务、财务共享应用平台上线工作,实现业财一体化,机制凭证率均在 90%以上;根据要求进行增值税税务系统税率调整升级和增值税发票开票限额增版工作。完成鼎盛成税务、审计相关工作。配合税务审计人员完成 2018 年度税务审计,出具相关审计报告。参加北京市国税局组织的汇算清缴培训工作,并于 4 月下旬完成 2018 年度汇算清缴填报工作。完成个人所得税专项附加扣除政策落实及收集信息工作,保证职工及时享受政策。

(李亚军)

【设备管理】 2019 年,鼎盛成组织专项检查,发现并整改设备设施隐患类 246 项,发布设备管理周报 50 期。组织废钢供应作业区天车设备检修 12 次,完成废钢北区 168 天车主梁、163 天车小车更换工作。组织废钢南区新打包机到货安装,降低外购废钢质量风险。完成资源循环作业区脱硫渣产线工程施工及投产提产、资源北区球磨产线复产提产、新建落锤项目等工作。组织钢渣生产线检修 12 次,为生产顺稳创造条件。组织完成迁钢南料场、粗破料场翻车机区域环境治理、料棚天窗封闭、迁钢南料场料棚新增雾炮、废钢 1 号厂房封闭等环保项目实施工作,满足环评要求。

(王忠奎)

【降本增效】 2019 年,鼎盛成降本增效完成 7582.79 万元,比计划多增效 2187.89 万元。一是根据降本任务进行逐项分解落实;二是每月按旬进行预测,掌握措施落实进度,确保降本计划兑现;三是打开成本,实现精确管控;四是随着新产线相继投产,新增脱硫渣产线、落锤加工、水洗球磨等 3 个成本中心,全面梳理现有 14 个成本中心核算业务,完善成本核算管控。配合降本督导组完成对鼎盛成 40 多次的降本督导工作,提报钢渣产值测算、焦炭质检流程捋顺、增加电磁盘可行性测算等 40 多篇督导反馈材料,促进全年降本增效任务完成。

(李亚军)

【本质安全】 鼎盛成开展安全生产专项整治,完成地面车辆、相关方、双控体系等 4 项专项整治工作;跟进公司重点工程及环保项目,查找、治理各类专项隐患 118 项;深化安全风险分级管控,辨识安全风险 271 项;开展日常、节假日、季节、专项等各类检查,隐患问题整改率达到100%；组织煤气泄漏事故、车辆伤害事故、起重伤害事故等专项演练243次，参加公司组织的应急救援技能比武大赛，获三等奖；加强职工教育培训，编制《安全环保部安全周报》52期，组织各级法律法规、煤气防护、职业健康管理、工伤认定以及消防安全等知识培训968次，参加培训14281人次；组织374人健康体检，复查3人次，查出职业禁忌症人员1名，已完成调岗。

（黄维国、赵 彬）

【环保管理】 鼎盛成落实无组织排放整治工作，按照重点环保项目，完成南料场、粗破料场环保大棚天窗封闭，一废钢新增废钢切割除尘设施及一号厂房封闭项目，配置2台小型清扫车。整治露天物料，加大环保资金投入力度，环保设施消耗原辅材料（苫网）费用219.36万元，折合138.84万平方米；环保设施燃料及动力费用113.37万元；固体废物处置费用6000万元，有效降低无组织排放。完成环保大棚12个电动门改造、新建、改建3座洗轮机迁移入棚等环保项目，达到环保规范标准，为首钢股份通过国家A类环保企业评审奠定基础。

（黄维国、邸顺金）

【人才建设】 2019年，鼎盛成组织各级人员开展职务、职级、岗级、工资晋升等工作，岗级晋升3人、职务晋升2人、职级晋升2人、工资晋升89人；加强管理及以上人员梯队建设，通过培养、考察、竞聘，选拔操作岗位人员5人走上管理岗位；提职任用管理业务骨干3人，资源循环作业区首席副作业长挂职锻炼1人、除尘布袋加工项目项目经理、项目副经理各1人；组织开展技能培训136人次，特种作业人员培训取证复审89人次；完成脱硫渣二次处理项目、水洗球磨生产线的机构设置及岗位人员的配备工作，组织接收首钢股份岗位富余人员37人，公司内部人员挖潜21人。

（李宗鸿、杨雪媛）

【党群工作】 2019年，鼎盛成党委共有党支部5个，党小组16个，党员167人，通过实施“4+8+N”固定党日模式，夯实支部工作基础，支部书记例会发布问题14项，全部立行整改，基层党支部规范化明显增强。开展“不忘初心、牢记使命”主题教育，深入开展“转作风、进一线、解难题、办实事”工作，解决经营生产、降本增效、安全环保等难点问题67项。破解脱硫渣产线生产难题，制定生产组织方案，落实跟踪服务方案，改进生产工艺、设备问题135项。加强廉政防控体系建设。逐级签订党风廉政建设责任书，压实党风廉洁建设主体责任，落实“一岗双责”；组织有业务处置权人员参加节假日廉洁教育培训，受众222人次，诫勉谈话112人次，推动反腐倡廉工作深入开展；梳理廉政风险点7项，制定风险防控措施69项。工会组织“2019年春游”、“三八节”插花等10项文体活动，组织“家企联动、亲情助安”座谈会以及“和谐团队”培训；建设职工小家7个，其中1个小家被评为股份最美小家。团委组织开展“绿色股份，青年先行”等3项主题实践教育活动，获2019年度首钢优秀团员1人，首钢创新先锋1人，首钢股份优秀团干部1人，首钢股份优秀团员1人，首钢股份优秀青年志愿者2人。

（李宗鸿、籍东慧）

北京首钢冷轧薄板有限公司

【首钢冷轧领导名录】

董事长：张 涛

董 事：李百征 陈 益 张 涛
王建华 齐春雨

总经理：齐春雨（主持工作）

副总经理：陈 光 杨 毅

总会计师：王占林

总经理助理：柳智博

党委书记：张 涛

党委副书记：齐春雨

纪委书记：曹 俊

工会主席：张 涛

【概况】 北京首钢冷轧薄板有限公司（以下简称“首钢冷轧”）位于北京市顺义区李桥镇，厂区占地面积1100亩，注册资本26亿元，项目设计投资额约64亿元，年产能力170万吨。首钢冷轧由首钢集团有限公司、北京首钢股份有限公司、北京汽车投资有限公司共同出资设立，三家股东单位分别占注册资本的9.72%、70.28%、20%。生产工序主要包括酸洗—连轧生产线1条、连续退火生产线1条、连续热镀锌生产线2条。产品厚度范围0.3毫米—2.5毫米，宽度范围900毫米—1870毫米，产品主要定位于汽车板、家电板等冷轧高端产品。首钢冷轧现行组织机构为五部一中心五作业区，并代管首钢股份的落料作业区。五部分别是制造部、设备部、能源环保部、安全保卫部、综合管理部、计财部（股份派驻），一中心是职工创业开发中心，五作业区分别是酸轧作业区、连退作业区、镀锌作业区、成品罩退作业区、维检作业区。2019年底，首钢冷轧（含落料作业区，下同）在册职工866人，其中博士1人，硕士40人，本科201人，大专280人，中专及以下259人。高级职称25人，中级职称72人，初级职称38人，无职称69人；首席工程师1人，高级主任师2人，主任师10人，主管师49人，主管员85人，助理员11人。

（冯超凡）

【主要指标】 2019年，首钢冷轧以"稳质量、调结构、降成本、重服务、强基础"为主线，锐意进取、攻坚克难，提高产品质量，优化组织结构，夯实管理基础，完成全年经营生产任务。销售收入76.96亿元，利润423.73万元。产品产量170万吨，其中汽车板产量125.51万吨，完成2号镀锌线汽车板18.58万吨。汽车板专线化率73.83%，其中连退汽车板专线化率84.7%；1号镀锌汽车板专线化率75.53%；2号镀锌汽车板专线化率52.69%。完成汽车外板产量35.22万吨，其中O5板16.17万吨，同比增产0.75万吨。日系供货3.64万吨，同比提升58.3%。综合成材率95.68%，同比提升0.13个百分点；整体合同兑现率90.1%，同比降低1.2个百分点；重点客户整单兑现率90.3%，同比降低0.9个百分点；汽车板整单兑现率91.6%，同比提高0.5个百分点；吨钢综合能耗58.7千克标煤，同比降低2.42千克标煤。

（王占林）

【产品认证】 2019年，首钢冷轧共获得主机厂及配套厂认证机会934个，完成率103.8%，主要为奔驰、宝马、一汽大众、吉利、长城、东风日产、东风本田等24家用户；DH780、CP980国内唯一通过德国戴姆勒认证；完成长城汽车DH590、DH780、DH980认证并供货；完成沃尔沃DH780、长安福特CP780、上汽乘用车DP780、华晨宝马DP980的材料认证；通过本田JAC440W、JAC590R两个钢种的材料认证，可向下覆盖全部GA牌号，开展东风日产预润滑GA、DP780GA、DP980GA的材料认证；完成长城P3011车型整车免中涂外板零件认证及供货；通过一汽大众DP780+Z材料认证，已开始供货；获得东风本田3款车型82千克GA零件定点供货。

（白　海）

【结构调整】 2019年，首钢冷轧产品结构由内板为主逐步向外板转变，汽车外板产量35.22万吨，其中镀锌汽车外板24.39万吨，连退汽车外板10.83万吨。GI外板实现大众、吉利外板批量供货，780兆帕及以上超高强板完成2.38万吨。依托产销研团队，持续开发潜力用户及新零件，用户档次不断优化，全年宝马供货5.93万吨，其中外板1.92万吨，同比提高87%，宝马第一大供应商的地位得到巩固。北京奔驰供货1.52万吨，供货量与2018年持平。全年日系产品供货3.64万吨，其中外板0.33万吨。

（白　海）

【服务提升】 2019年，首钢冷轧制造+服务能力得到用户肯定。获"智能制造标杆企业"称号。2019年宝马供货为133ppm，比2018年降低63ppm，内板全年"0"ppm；被长城汽车供应商评级外板为1.3级，其中7个月为1级，内板全部为1级。为北京奔驰、日产供货与2018年持平，全年"0"ppm。首次批量供应日系客户外板订单（东风日产，第十四代轩逸，顶盖外板），实现首钢汽车板在日系外板的突破。

（白　海）

【技术创新】 首钢冷轧被北京市知识产权局评为"北京市知识产权示范单位"。完成专利申请35项，其中发明19项，实用新型16项。获国家专利授权13项，其中发明8项，实用新型专利5项。申报合理化建议304项，组织合理化成果验收通过24项，其中三等奖9项，鼓励奖15项，产生年经济效益638万元。冷轧高级汽车面板"SmooSurf"商标注册成功，完成"SmooSurf"和双S图标2项版权登记。1项科技成果通过集团鉴定，2项科技成果被评为首钢科技奖三等奖。

（白　海）

【精益管理推进】 2019年，首钢冷轧产销系统顺利切换，成功上线。两化融合管理手册及18个体系文件下发运行，逐步强化生产精细化管控能力。配合首钢股份依托ITSM系统，建立信息化系统运维体系。完善协同创新机制，持续开展冷轧技术创新、工艺优化和管理提升。同时以酸轧作业区为试点，推进阿米巴精益管理工作。梳理、划分TPM责任区域，强化环境日常管理，形成长效监管机制。

（冯超凡）

【人才队伍建设】 2019年，首钢冷轧开办培训班84个，完成重点培训项目25个，累计培训职工19168人次，人均98学时。获首钢股份三星青年称号5人；选送参加集团公司领导干部特训班、科技创新培训班、股份青年骨干培训班6人。获首钢冷轧技术能手18人，酸轧作业区陈湘宁等4人包揽首钢股份级轧钢工比赛前四名。

（王树来）

【党建活动】 2019年，首钢冷轧以深入学习贯彻党的十九大四中全会精神和习近平新时代中国特色社会主义思想为主线，以党委中心组学习为引领，认真开展“不忘初心、牢记使命”主题教育，落实“四个一”活动，即：领导班子成员到联系点参加一次清扫，到联系党支部开展一次谈心谈话，为联系点提出一条合理化建议，为联系点提出一项奖励建议。结合生产经营开展月度党建主题活动和季度党支部达晋创活动，督促党支部落实责任，发挥党支部战斗堡垒作用和党员先锋模范作用，提升党组织的向心力。强化“三重一大”管控。以作风建设为重点，全面落实从严治党主体责任。

（王树来）

【关心职工】 首钢冷轧开展小指标劳动竞赛活动，形成比、学、赶、超氛围，累计奖励一线职工156.8万元。建立职工困难补助制度，走访慰问劳模先进、生产骨干、生病住院、困难职工、退休职工，发放慰问补助金13万元。开展“提素增效、聚力发展”季度劳动竞赛活动，标兵72人受表彰奖励。齐春雨汽车板创新工作室被评为首钢股份优秀创新工作室。获集团“安康杯”先进单位称号。成立冷轧公司食堂监督委员会，建设和完善职工文体活动场所。

（王树来）

首钢京唐钢铁联合有限责任公司

【首钢京唐领导名录】

董事长：邱银富
总经理：曾 立
副总经理：杨春政 杜朝辉 周 建
刘正发（3月离任） 王贵阳 周德光
总工程师：陈凌峰（11月离任）
总经理助理：刘国友
党委书记：邱银富
党委副书记：曾 立
纪委书记：周少华（4月离任）
工会主席：冷艳红
安全总监：李金柱（11月离任）
副总工程师：朱立新（9月离任）
张贺顺（4月离任）

（董鸿斌）

【综述】 首钢京唐钢铁联合有限责任公司（以下简称“首钢京唐”）作为首钢搬迁的载体，2005年10月9日成立。首钢京唐位于河北省唐山市曹妃甸工业区，2005年2月国务院批准首钢搬迁后，开始围海造地；2006年3月该项目被纳入国家“十一五”发展规划纲要；2007年2月，围海造地形成陆域面积21.05平方千米；2007年3月12日正式开工建设；2009年5月21日，一期一步工程竣工投产；2010年6月26日，一期二步工程竣工投产，设计年产生铁898万吨、钢970万吨、钢材913万吨。2015年8月21日，二期工程正式启动；2019年8月1日，二期一步工程全面投产，设计年产生铁449万吨、钢坯400万吨、钢材427.6万吨。

党中央国务院高度重视首钢京唐钢铁基地建设，时任中央领导指示：要坚持高起点、高标准、高要求；要把首钢京唐钢铁厂建设成为“产品一流、管理一流、环境一流、效益一流”的现代化大型企业，成为具有国际先进水平的精品板材生产基地和自主创新的示范工厂，成为节能减排、发展循环经济的标志性工厂；要实现低成本生产高附加值产品。

2019年末，首钢京唐下设计财部、制造部、技术中心、设备部、销售管理部、安全管理部、保卫部（武装部）、工程部、人力资源部、运营规划部、信息计量部、审计部、办公室、党委组织部、党委宣传部（企业文化部）、纪委、工会、团委、机关党委等职能部门19个，供料作业部、焦化作业部、炼铁作业部、炼钢作业部、钢轧作业部、热轧作业部、冷轧作业部、彩涂板事业部、镀锡板事业部、中厚板事业部、能源与环境部、运输部、质检监督部等单位13个。在册职工9639人（不含焦化），其中经营管理人员429人、专业技术管理人员2168人、生产操作人员7042人；博士27人、硕士822人、本科3290人；高级职称395人、中级职称1055人、初级职称594人；女职工705人。

2019年，首钢京唐贯彻落实集团“两会”精神和各项工作要求，把握“强基础、促协同、优产品、增效益”工作主线，打赢“三大攻坚战”，初步形成系统协同运行新格局；推进降本增效，有力支撑经营成果；坚持品牌发展战略，增强制造服务能力；强化基础管理，稳固企业发展根基；深化改革创新，激发企业发展活力；加强人才队伍建设，提升职工队伍素质；推进和谐企业建设，凝聚奋进力量，共享发展成果。

（于　杰）

【生产情况】 2019年，首钢京唐生铁产量1041.3万吨，钢坯1080.9万吨，成品钢材1014.9万吨，均首次突破千万吨。高端领先产品408万吨，汽车板179.2万吨，镀锡板47.3万吨，自发电62.07亿千瓦时。

（林绍峰）

【股权投资情况】 截至2019年末，首钢京唐共管理合资公司14家（含代管集团公司合资公司8家），分别是唐山首钢京唐西山焦化有限责任公司、唐山首钢京唐曹妃甸港务有限公司、唐山曹妃甸盾石新型建材有限公司、唐山中泓炭素化工有限公司、唐山唐曹铁路有限责任公司、唐山国兴实业有限公司，以及受集团公司委托代管的北京首宝核力设备技术有限公司、北京首钢朗泽新能源科技有限公司、首钢凯西钢铁有限公司、唐山曹妃甸实业港务有限公司、京唐港首钢码头有限公司、河北神州远大房地产开发有限责任公司、唐山首矿铁矿精选有限公司、秦皇岛首钢机械有限公司。

（郝文静）

【二期投产】 8月1日，首钢京唐二期一步工程项目全面投产，同步完成项目环评批复和排污许可证办理。

11月13日，高强镀锌产线第一卷产品成功下线，具备生产最高强度1470兆帕的高档汽车板产品能力。

12月18日，高强酸洗产线第一卷产品成功下线，具备生产最高强度1000兆帕的精品酸洗板产品能力。

（刘志忠）

【系统年修】 5月13日—7月21日，首钢京唐开展以2号高炉为代表的建厂以来难度最大、历时最长、项目最多的一次系列大检修，投入施工力量6366人，开展项目5109项。期间，攻克特大型高炉放残铁、炉内清料等技术难题，2号高炉安全稳定运行隐患消除，完成炼钢55小时全停、一期氧气管道系统消缺等重难点项目，各工序复产并快速达到正常水平。

（张　扬）

【产销一体化】 首钢京唐围绕产销一体化系统上线，组建项目专案组，开展各层级操作培训150次，解决各类问题2000项。5月31日，产销一体化系统成功切换上线。9月2日，经营决策分析系统成功上线。通过完善系统功能，订单评审时间由24小时缩至10秒钟，热轧排产时间由1小时缩至20分钟。

（汪万根）

【转型提效】 首钢京唐推进转型提效，通过优化组织机构、调整岗位职责、实施技术改造、转变用工模式、优化人员结构，全年核减岗位定员238人。结合产销信息化系统上线，调整业务关系，提高人岗匹配度。根据二期建设运行需要，采取“产线协同、对口支援”方式，为新项目补充业务骨干，保障二期顺稳投产人员需求。全年实物劳产率1241吨/人·年。

（董鸿斌）

【设备体系改革】 首钢京唐实施点检管理体系改革，按照分层分类管理原则，理顺设备管理关系，规范点检管理方式，构建两级职能、一级实体的设备管理体系，实现设备专业集中一贯制管理。建立点检作业单元，做实点检体系，实现设备全覆盖、人员分层管、职责不重复。

（张　扬）

【降本增效】 首钢京唐全面推广成本派驻管理模式，成立14个降本增效攻关组，分解细化措施786项，通过优化配矿配煤结构、炼钢降铁耗、热轧低温出钢、冷轧锌耗攻关、彩涂优化调漆、镀锡优化包装方式、焦炭等富余产能外销、可利用材等竞拍外销、码头创收等措施，实现降本增效28.3亿元。

（杨玉芳）

【产品研发】 首钢京唐全年开发新产品74项。其中，高屈服复相钢、增强塑性双相钢等5项产品实现国内首发；汽车板实现1180兆帕级牌号全覆盖，1800兆帕级别热冲压成型钢通过一汽红旗认证；锌铝镁产品实现汽车内板和家电空调外机用途批量供货；专用板实现镀铜镀镍双层油路焊管钢代替比利时进口；镀锡板成功开发食品罐身用TS550、易开盖用高延伸率一次材；中厚板实现结构钢、风电钢、容器板、桥梁钢、管线钢、造船板、高建钢、工程机械用钢八大系列产品转移；首钢历史上首次开发460兆帕级高强易焊接高建钢，应用于雄安高铁站工程；耐火耐候钢成套技术应用于冬奥滑雪大跳台项目。

【产品认证】 2019年，首钢京唐开展认证项目128项。其中，汽车板完成26家车企905个零件认证，锌铝镁实现向长城汽车、上汽大众柯珞克与途岳车型共用侧围外板批量供货。非汽车板完成热轧双相车轮钢SR650、冷轧涂镀板富士康耐指纹板认证；彩涂板实现无花切换锌铝镁产品，向畜牧业龙头企业牧原公司批量供货；中厚板通过八国船级社认证和CE认证。

（鲍成人）

【工艺稳定】 首钢京唐推进工艺稳定评价，结合新产线投用，优化完善指标评价体系，138项指标综合得分比年初提高33%。其中，炼钢1号脱碳炉碳氧积0.00156，达到国际领先水平。两台300兆瓦机组持续保持零故障、满负荷稳定运行，制氧机组连续稳定运行超过2年。一期炼钢、热轧、酸轧、连退、镀锡、彩涂等工序产量均创出好水平，二期炼钢、中厚板产线投产后快速实现月达产。

（袁天祥）

【质量攻关】 首钢京唐围绕产品质量缺陷开展攻关，建立健全“工艺巡查—问题曝光—挂图作战—问题回头看”工作机制，实现PDCA闭环管理。实行质量问题“摘挂牌”机制，改进质量缺陷28项。推进质量一贯制管理，IF钢卷渣缺陷降至1.4%以内，热轧隆起发生率降低90%，宝马G38顶盖外板“打磨暗斑”等重点缺陷得到控制。

（袁天祥）

【制度体系优化】 首钢京唐融合质量管理等体系和风控体系要求，对制度体系文件架构进行系统规范和优化，形成5层制度体系文件结构，推动规章制度与公文管理分离，并在协同办公系统设置单独的规章制度管理模块，实现制度体系文件的归一化、信息化管理。

（刘建华）

【精益管理】 首钢京唐推进QTI现场精益管理，全年治理设备微缺陷2774项、两源778项，处理润滑不合理928项；建立以改善积分为主线的综合性激励机制，实施改善亮点18156项、改善提案11153项，开展改善课题286项，推广应用改善成果20项，职工整体参与度达到55%。培养现场改善型骨干人才132名，评选首钢京唐级改善名人10人。截至2019年底，共培养首钢京唐级精益六西格玛黑带102人、绿带1059人，通过中质协六西格玛注册黑带考试70人，通过中质协注册黑带认证21人。

（苏震霆）

【素养提升】 首钢京唐开展职工文明素养提升行动，发放宣传手册10000册，张贴宣传海报50份，运用微信、电视等媒介发布倡议书、宣传片，线上线下同步宣传；围绕规范着装、交通出行、就餐等制定15项标准，并制作可视化手册；规划40个班车站点候车排队区域，完善20个食堂就餐排队标识及安全帽挂钩；对重点区域、重点人群进行监督检查，对不文明行为及时教育并曝光；以“我爱我家”为主题，开展专项活动，提升职工遵章守制、讲文明树新风的意识。

（董鸿斌）

【安全管理】 首钢京唐开展“每日三分钟安全课堂”，从源头消除安全风险，全面推广本质化安全管理，形成岗位责任清单11690条，量化标准30893条，在多区域、多系统特别是冷轧产线和皮带运输系统取得明显成效。将安全管理体系与企业标准化规范相融合，形成安全评价体系，安全管理逐步向科学管理、自主管理发展。完成“双控”系统上线升级，辨识重大、较大风险点119个，制定管控措施8747条。加强消防保卫、治安防范、信访维稳等工作，全年专项检查整改问题1724项。排查发现安全隐患19747项，全部完成整改。实施发现上报隐患奖励机制，奖励2511人次、27.08万元。

（刘红军）

【节能环保】 首钢京唐贯彻落实节能目标责任制及企业环保主体责任，实施“绿色行动计划”，推进环境治理项目建设，通过唐山市超低排放验收。履行国企社会责任，落实国家重大活动期间各项环保要求，圆满完成国庆期间高炉轮流检修及生产恢复工作。全年迎接各层级、多轮次环保检查百余次，符合环保要求。年内，首钢京唐被评为国家级“绿色工厂”“全国绿化模范单位”。

（吴礼云）

【省级企业技术中心挂牌】 首钢京唐以“中心平台建设”和“科研任务推进”为抓手，做实京唐技术中心，完善人才梯队、业务梳理以及管理制度建设。4月10日，首钢京唐技术中心揭牌；12月25日，首钢京唐省级企业技术中心正式挂牌。

（徐海卫）

【掌握大球比冶炼技术】 首钢京唐持续探索碱性球团生产、大球比冶炼技术，1号球团从5月开始正式批量生产碱性球团，碱性球还原膨胀率降至平均17.4%，成品球10—14毫米粒级比例逐步提至77%；同时，逐步在高炉中提高球团比例，截至年末，高炉球团比例稳定达到56%以上。

（王　凯）

【MCCR取得阶段性成绩】 首钢京唐推进MCCR产线设备调试，截至12月底，功能投入率达到97%，铸机、加热炉、轧机、卷曲各区域功能投入率均达到98%以上。单卷、半无头轧制模式生产已趋于成熟，无头轧制模式最长实现5炉生产，1分45卷顺畅切换，且全程5.3米/秒高拉速稳定控制，最高拉速突破至5.6米/秒；薄规格已拓展至1.0毫米，稳定小批量轧制1.4毫米及以上规格。

（王国连）

【五效一体能源新模式】 12月30日，燃气蒸汽联合循环发电机组（CCPP）168小时满负荷试验结束，联合3.5万吨/天低温多效海水淡化项目进入正式生产运行，构建世界首例“燃—热—电—水—盐”五效一体新模式，实现低品质能源高效循环利用。项目建设期间，实现厂用电受电、机组联合启动、发电机并网等9个一次成功；先后突破系统内不同界面间的整合瓶颈，克服国内最大单体海水淡化装置的制造困难，实现了多种自动化控制系统的深度集成。

（汪国川、魏唐槐）

【智能制造】 首钢京唐实施机器人替代、关键库区智能化等项目，点、线、面同步推进智能制造，码头5号库被评为唐山市互联网与制造业融合发展试点项目，MCCR智能库被评为河北省战略新兴产业化智能制造示范项目。

（汪万根）

【循环经济园区建设】 5月1日，首钢京唐成立固废处理项目筹备组，结合曹妃甸区循环经济园区的筹划开展固废资源管理工作。针对首钢京唐二期投产后新增固废约300万吨/年，在梳理原有及新增固废共计5大类、36种的基础上，分别编制专项处置方案和应急预案。8月13日，循环经济园区首个固废利用项目——钢渣资源化项目热试成功，标志着曹妃甸区循环经济园区建设迈出第一步。

（苏震霆）

【学习培训】 首钢京唐推进各类员工培训项目649项，培训计划兑现率94.61%。实施分层分类培训，开办领导人员大讲堂6期、党支部书记轮训班6期、青年骨干培训班1期、QTI改善骨干培训班3期、入党积极分子培训班1期、新党员培训班2期、合资公司外派高管人员培训班1期。

（董鸿斌）

【干部管理】 首钢京唐加强领导人员交流，领导人员职务调整97人，考察合格正式任职102人。结合企业法人结构治理，交流调整11家合资公司高管38人。推进领导人员年轻化，新选拔任用23名“80后”领导干部。

（董鸿斌）

【人才发展】 首钢京唐结合三支人才队伍发展现状，持续创新薪酬激励机制。健全京唐级技术专家、京唐工匠、首钢工匠评聘机制，优化三支人才队伍系列职务职级通道，完善“纵向晋升、横向互通”的人才发展体系。通过实施薪酬激励，2449人实现职务、职级、津贴、薪级晋升；人才职务结构更趋合理，主管师、主任师等骨干力量比例升至28%，技师和高级技师比例升至8%。

（董鸿斌）

【主题教育】 首钢京唐开展“不忘初心、牢记使命”主题教育，聚焦“守初心、担使命、找差距、抓落实”总要求，联系公司实际做到“五个结合”，把学习教育、调查研究、检视问题、整改落实贯穿主题教育全过程。组织领导班子封闭学习周,邀请专家主题辅导授课,开展专题讨论交流分享、专题讲党课。领导班子成员深入基层开展调研,发现问题37个,制定措施50项,推动问题解决。基层党委广泛征求意见建议,形成550条问题清单。京唐公司推进主题教育工作被首钢集团第2指导组作为先进典型报送北京市国资委。

(王 萍)

【完善党建工作体系】 首钢京唐落实首钢集团党委健全完善党建工作责任体系工作实施意见,制定两级党委年度任务清单,重新修订党建工作责任书并组织逐级签订党建工作责任书12份。完善考核评价体系,成立党建工作考核评价联合检查组,对基层党委党建工作进行考核评价;修订《基层党建工作考核评价实施标准》,优化指标设置;制定《党支部建设考核评价实施办法》,完成113个党支部建设考核评价。

(王 萍)

【规范组织建设】 首钢京唐规范党组织换届管理,6个基层党委,115个党支部按期完成换届选举;规范基层党组织设置,按照规范要求,依据机构整合、党员人数变化,动态调整基层党组织,其中组建党委1个、党支部14个,撤销党总支1个、党支部4个;规范党员发展流程,结合党员队伍整体现状,优化发展结构,将发展重点向基层一线和班组长倾斜;规范党费收缴方式,探索运用“互联网+党建”模式,实现通过微信小程序“复兴壹号党建云”缴纳党费。

(王 萍)

【党风廉政建设】 首钢京唐党委与17个基层单位党委签订领导班子党风廉政建设目标责任书,各级领导人员签订党风廉政建设责任书431份、外派合资公司高管人员签订13份,签订率100%。首钢京唐推进廉政风险防控管理,排查业务流程953个,确定廉政风险点2549个,制定防控措施4890个。针对工程项目招投标、设备备件招投标及销售情况开展专项检查,发现问题13个,制定整改措施24项。强化节日节点廉政教育和监督检查,编发学习教育专刊10期,编制廉洁过节提醒7期。针对重点涉外岗位有业务处置权领导及人员180人,举办廉洁从业警示教育培训班2期。组织新提职领导人员和关键岗位有业务处置权人员160人赴冀东监狱开展廉政警示教育2次。

(张延风)

【投产十周年系列活动】 首钢京唐以“十年筑梦·百年辉煌”为主题,围绕“初心京唐、文化京唐、长歌京唐、芳华京唐、媒体进京唐、客户进京唐”六大板块,开展纪念活动30项,展现首钢京唐发展历史及成果。协调新华社、中央人民广播电台、经济日报、法制日报、北京日报等重要媒体采访和接待15次,社会新闻媒体共刊发首钢京唐报道52篇,《首钢日报》宣传报道首钢京唐文章87篇。《首钢日报·京唐版》改版发行,成为集团子公司首个具有对外发行权的报刊。通过媒体融合平台推送《首钢日报·京唐版》数字报27期、“京唐视界”50期,编发微信300期、图文消息350条,阅读量达到135万次。在抖音、快手、今日头条等新媒体发布消息140条,短视频播放量超过420万,被北京快手科技有限公司评为“最佳创意快手政务号”。拍摄制作《海上钢城》《百炼成钢》纪录片,编辑印刷及出版《首钢京唐企业文化建设故事案例》(第2卷)《京唐风华》《铸梦路·追梦人》。首钢京唐被中国企业文化研究会评为“新中国70年企业文化建设典范案例”。

(任全烜)

【普惠职工】 首钢京唐组织慰问劳模先进、退休和伤病困难职工650人,落实专项慰问资金38万元;办理互助保险790人次,理赔金额55.03万元;为困难、重病职工申请各类困难补助和帮扶基金30.56万元。开展11期1028名劳模先进参加疗休养,218名先进职工家属上岛荣誉参观。推进“鹊桥”工程,组织大型相亲活动3次,帮助解决职工婚恋交友问题。建设心灵驿站,教授女工类心理关爱知识和舞动解压课程。

(王雪青)

【共享发展成果】 首钢京唐启用职工综合服务中心,提高办事效率。投用“一卡通”项目,实现通勤、消费功能一体化;利用存量房屋资源,改造三个服务区,改善职工办公和学习环境;自产特色食品专供京唐职工;为料场等分散性岗位增设环保型装配式卫生间,解决现场职工如厕难题;协调解决职工子女入学景山学校;改造现有餐厅具备定制自选功能,新建热轧餐厅,提升就餐体验;启动渤海家园二期工程建设,整合厂区住宿资源,提高居住舒适度;改造书吧,打造花海,安装晾衣架、充电桩车棚,开通快递进厂业务,新建温室生态园,全面升级厂前居住环境。

(于 杰、王雪青)

【创新成果转化】 首钢京唐全年申请专利251项，其中发明专利164项，实用新型专利87项；专利授权182项，其中发明专利82项，实用新型专利99项，外观设计1项。32项专利获得“全国发明展览会发明创业奖·项目奖”。获得北京市、河北省、行业冶金科学技术奖16项。其中，“260吨/小时超大型干熄焦高效稳定运行技术开发与应用”等2项成果获冶金科学技术奖二等奖。获得北京市、河北省企业管理现代化创新成果奖5个项目。其中，“大型钢铁企业面向市场一贯制产品推进管理体系构建与实施”获河北省企业管理现代化创新成果一等奖。“减少电镀锡可溶性阳极异常消耗发生次数”获河北省冶金系统优秀管理成果一等奖。“依托海水淡化的企业废水废气综合零排放技术”评获2019年度中国循环经济协会科学技术二等奖；“75000标立/小时制氧机组节能增效综合应用技术”获中国节能协会节能减排科技进步二等奖。

（林绍峰、汪国川）

【职工荣誉】 2019年内，王建斌、张维中获评“首钢工匠”；徐芳获评“首都市民学习之星”；李海旭获评“首钢之星”；贾兴宏等10人获评京唐“十大杰出青年”，25人获评第四届“京唐榜样”。8人获得钢铁行业第三届“京津冀模拟炼钢—轧钢大赛”团体奖和轧钢单项奖两个第一、炼钢单项奖第2。获评“首钢技术能手”13人，获评“京唐技术能手”41人。

（董鸿斌）

首钢京唐炼铁作业部

【炼铁作业部领导名录】

部　长：刘国友（9月离任）

副部长：王　凯（主持工作；9月任职）

王晓朋　王长水　王　凯（9月离任）

张保顺（9月离任）　熊　军（11月离任）

任立军（12月离任）　陈　军（12月离任）

党委书记：刘国友

党委副书记：王晓朋

纪委书记：王晓朋

（董鸿斌）

【概况】 截至2019年底，炼铁作业部共有3座5500立方米高炉，生铁年生产能力1348万吨；2台550平方米烧结机，烧结矿年生产能力1093万吨；3台504平方米带式球团焙烧机，球团矿年生产能力1200万吨。

炼铁作业部下设生产技术室、设备工程室、安全管理室、综合办公室4个专业管理室和炼铁一、炼铁二、球团一、球团二、烧结、烟气净化、铁包修砌、矿选8个作业区118个班组，在册职工988人，其中：研究生学历57人，大专以上学历653人；高级技师49人，技师197人，高级工297人。

（王　君）

【主要指标】 2019年，炼铁作业部生产生铁1041万吨，比2018年提高269万吨。烧结矿973万吨，比2018年提高2万吨。球团矿800万吨，比2018年提高446万吨。焦比294千克/吨，比2018年降低48千克/吨，燃料比498千克/吨，比2018年降低18千克/吨。综合工序能耗427.8千克标煤/吨，比2018年降低27.4千克标煤/吨。铁水成本2047元/吨，比2018年降低74元/吨，1号、2号高炉铁水成本累计行业排名第2，实现“保五争三”目标。

（刘长江）

【工程技改】 2019年，炼铁作业部完成1号高炉适应大球比炉体及炉底结构优化改造、2号高炉煤气换热器和空气换热器改造、烧结环冷机改造、2号烧结机三四系列振动筛改造等工程技改项目，降低能源消耗；完成2号高炉炉顶料罐均压煤气回收、烧结烟气循环改造、烧结打灰场地封闭等环保类技改项目，满足环保要求；完成矿选细磨扩能改造，满足工艺要求。

（丁慧田）

【亮点工作】 2019年，炼铁作业部完成首钢京唐二期一步3号5500立方米高炉、2号球团工程建设。4月26日，3号高炉具备开炉条件；5月15日，2号球团投入试生产；6月22日，3号球团投入试生产。完成以2号高炉为主线的系列大检修，涉及高炉项目407项，2号烧结机项目120项，参战单位19家，参战人员1570人。攻克碱性球生产关键技术难题，碱性球平均还原膨胀率降至18%以下，成品球10—14毫米粒级比例逐步提至70%以上，高炉球团比例稳定达到56%以上，开创同类型高炉大球比冶炼先河。

（薛贵杰）

首钢京唐炼钢作业部

【炼钢作业部领导名录】

部　长:张丙龙

副部长:曾卫民　吴耀春　秦登平

　　　赵长亮(4月任职)

党委书记:张丙龙

党委副书记:王　胜

纪委书记:王　胜

(董鸿斌)

【概况】 截至2019年底,炼钢作业部共有4座KR脱硫站、2座300吨脱磷转炉、3座300吨脱碳转炉、2座RH精炼站、1座CAS精炼站,1座LF精炼站,4台高效化板坯连铸机,年设计产能904.3万吨钢。

炼钢作业部下设生产技术室、设备工程室、安全管理室、综合办公室4个专业管理室和供料、炼钢、精炼、连铸、板坯库、公辅6个作业区89个班组,在册职工881人,其中:研究生学历65人,大专以上学历515人;高级技师33人,技师134人,高级工408人。

(薛超杰、孙景源)

【主要指标】 2019年,炼钢作业部生产钢坯934.02万吨,比计划超产29.02万吨;工序能耗-10.09千克标煤/吨,比2018年降低2.95千克标煤/吨;钢铁料消耗1081.86千克/吨,比2018年降低1.76千克/吨。铁水消耗960.30千克/吨,1号碳转炉碳氧积指标降至0.00156,平均出钢温度达到1650℃,RH真空处理时间降至23.2分钟,连铸机平均拉速1.442米/分钟。

(李仕儒)

【工程技改】 2019年,炼钢作业部完成碱性材料制备工程建设,热试投产,满足白灰平衡需求。完成钢包热修搬迁改造项目,消除现场安全隐患。完成连铸机在线调宽、1号机液位精准控制、板坯库三跨增加夹钳天车、干法除尘增加电动蝶阀、钢包烘烤器改造、厂房屋面通风天窗及通风墙面封闭改造等工程技改项目,满足生产工艺和安全环保要求。

(丁　剑)

【亮点工作】 2019年,炼钢作业部打破生产记录7次,创出全天冶炼113炉的历史记录;板坯库日最高上料1408块,超计划58块;3号、4号连铸机板坯氢氧切割项目完成热试并相继投产;1号连铸机连续生产14个浇次,实现137炉钢不间断浇铸,连续生产总产量达4.1万吨。组织大型检修项目656项,投入检修队伍1700人,完成55小时全停等重难点项目。启动第2期导师引领计划,与12名学员签订《意向书》。承办首钢钢铁板块炼钢系统"创新·发展·共享"现场技术交流会。

(薛超杰)

首钢京唐热轧作业部

【热轧作业部领导名录】

部　长:艾矫健

副部长:王文忠　彭振伟　杨孝鹤(4月任职)

党委书记:吴宝田

纪委书记:吴宝田

(董鸿斌)

【概况】 截至2019年底,热轧作业部共有1580毫米和2250毫米2条主产线,设计年产热卷940万吨;1580毫米和2250毫米平整生产线各一条,年设计产能160万吨。

热轧作业部下设生产技术室、设备工程室、综合办公室3个专业管理室和1580、2250、生产准备、板材精加工4个作业区75个班组,在册职工534人,其中:博士研究生学历2人,硕士研究生学历54人,大专以上学历427人;高级职称31人,中级职称79人;高级技师36人,技师109人,高级工134人。

(周佳瑶、陈　伟)

【主要指标】 2019年,热轧作业部热卷综合产量894.94万吨,超计划33.94万吨,比2018年增产101.23万吨;综合成材率98.22%,超计划0.15%,比2018年提高0.31%;热轧生产带出品率0.29%,比2018年降低0.04%;加工费219.24元/吨,比2018年降低15.93元/吨。全年环保实现零超标排放。

(周佳瑶)

【工程技改】 2019年,热轧作业部完成2250毫米产线除鳞系统改造、1580毫米产线TEMIC系统升级改造、2250毫米产线加热炉自动烧钢、1580毫米产线自动节奏轧钢、精轧自动换辊、卷取"一键式卸卷"、板坯自动照核等技改项目,产线的整体运行水平和轧制稳定性提升。

（马红利）

【亮点工作】 2019年，热轧作业部1580毫米产线、2250毫米产线实现双达产，连续13天日产量3.1万吨以上，连续5个月产量83万吨以上，月产最高达到89.05万吨；平整分卷产量133.42万吨，超计划25.72万吨；2250毫米、1580毫米产线综合成材率分别为98.24%、98.19%，创出好水平。提升高强钢轧制稳定性，连续9个月实现零堆钢。2250毫米产线机时卷数34.78卷/时。提升难轧规格机时卷数，宽规格板坯及X42管线钢机时卷数由25卷/时提至28卷/时。新产品开发实现胀形桥壳钢、轮辋用热轧双相钢和轮辐用双相钢国内首发；马口铁成功实现全规格铁素体轧制；耐候钢集装箱板完成1.18毫米极限规格试制，1.48毫米薄规格实现批量稳定生产。

（宋贝贝、周佳瑶）

首钢京唐冷轧作业部

【冷轧作业部领导名录】

部　长：周　欢（4月任职）　王松涛（4月离任）

副部长：唐　伟　肖激杨　李　众　张晓峰

郑晓飞（4月任职；9月离任）

吕　剑（6月任职）

党委书记：王松涛（4月任职）　董鸿斌（4月离任）

纪委书记：王松涛（4月任职）　董鸿斌（4月离任）

（董鸿斌）

【概况】 截至2019年底，冷轧作业部共有1700毫米产线、2230毫米产线、高强镀锌产线、热基镀锌产线、高强酸洗产线和十八辊单机架产线各1条。1700毫米产线生产规模为160万吨/年，产品面向建筑、家电、汽车等行业；2230毫米产线生产规模为215万吨/年，产品定位为高级汽车板；高强镀锌、热基镀锌、高强酸洗和十八辊单机架产线生产规模为309万吨/年，重点生产汽车用超高强钢板、热基镀锌产品和高端汽车外板。

冷轧作业部下设生产技术室、设备工程室、安全管理室、综合办公室4个专业管理室和酸轧、连退、镀锌、罩退、自主运维、生产准备、物流、高强镀锌、酸洗轧机、热基镀锌10个作业区113个班组，在册职工1437人，其中：博士研究生学历2人，硕士研究生学历109人，大专以上学历1112人；高级技师39人，技师80人，高级工395人。

（许国安、丁立颖）

【主要指标】 2019年，冷轧作业部商品量405.64万吨。高端领先产品208.43万吨，超计划14.43万吨；汽车板179.20万吨，超计划4.20万吨，宝马、大众汽车板供货量实现翻番。锌铝镁月均产量稳定在7000吨以上。

（许国安）

【工程技改】 11月13日，高强镀锌线投产；12月18日，高强酸洗线全功能投产，具备生产1470兆帕高档汽车板和1000兆帕精品酸洗板的装备能力。

（许国安）

【亮点工作】 8月，2230毫米连退产量达到10.4万吨；12月，1700毫米酸轧和2230毫米酸轧产量分别达到17.2万吨和22.08万吨，均创出好水平。10月，镀锌产线批量外板生产能力突破3000吨，实现外板双线保障。自主开发以低温浸镀、镀后控制冷却、非接触气刀挡板为代表的一系列表面控制技术和专有装备，雪花斑和气刀横纹缺陷得到解决，硌痕、白渣和边部色差缺陷改善，正式订单合格率达到95%以上。推进镀锌大辊期生产，实现25天连续生产，打破镀锌资源瓶颈。

（许国安）

首钢京唐钢轧作业部

【钢轧作业部领导名录】

部　长：王国连

副部长：郭世晨　潘　彪

党委书记：高洪斌（9月任职）　段雪亮（9月离任）

纪委书记：高洪斌（9月任职）　段雪亮（9月离任）

（董鸿斌）

【概况】 截至2019年底，钢轧作业部共有2座500立方米套筒窑、3座KR脱硫站、3座200吨转炉、3座LF钢包精炼炉、2座双工位VD真空脱气炉、2台单流中厚板连铸机、1条多模式全连续铸轧生产线，设计年产钢坯241.8万吨、钢卷210万吨。

钢轧作业部下设生产技术室、设备工程室、安全管理室、综合办公室4个专业管理室和供料、炼钢、精炼、板坯连铸、MCCR、公辅6个作业区120个班组。在册职工979人,其中:博士研究生学历2人,硕士研究生学历73人,大专及以上学历752人;中高级职称129人,技师132人,高级工295人。

(蔡香君、杨木兰)

【主要指标】 2019年,钢轧作业部连铸坯产量147万吨,钢铁料指标计划1116千克/吨,铁耗稳定在970千克/吨以下。KR脱硫率达到98%以上,脱后硫平均0.0011%。转炉后吹降低到3%。1号铸机平均连浇9.2炉/次,最高连浇16炉;2号铸机平均连浇9.3炉/次,最高连浇15炉;12月6日,3号连铸机实现11炉连浇。炼钢连铸工序能耗逐步实现负能炼钢,12月份实现-3.4千克标准煤/吨。

(毕景志、蔡香君)

【工程技改】 3月16日,第一条炼钢连铸产线热试投产;4月10日,第二条炼钢连铸产线全线贯通;4月29日,多模式全连续铸轧产线热试一次成功。炼钢连铸工程桩基总量9968根,钢筋20720吨,砼191924立方米,钢结构99312吨;多模式全连续铸轧工程桩基总量7316根,钢筋21785吨,砼210806立方米,钢结构14748吨;三项工程共铺设电缆2730千米,设备安装总量66673吨。

(蔡香君)

【亮点工作】 第一条炼钢连铸产线投产一个月,即在三座高炉同时运行的15天期间,日均消耗铁水近4000吨,最高达到7350吨。5月31日—6月2日,2台中厚板铸机投产两个月,即平稳冶炼并顺利浇铸107炉钢,最高日产达到50炉、10210吨,超出设计产能。

(毕景志、蔡香君)

首钢京唐镀锡板事业部

【镀锡板事业部领导名录】

部　长:尹显东

副部长:张召恩　莫志英　朱防修

　　　陈　辉(6月离任)

党委书记:赵继武

纪委书记:赵继武

(董鸿斌)

【概况】 截至2019年底,镀锡板事业部共有1条1420毫米酸洗连轧联合机组、1条连续退火机组、1条脱脂机组、1座罩式退火炉、1条离线DCR机组、2条电镀锡机组、2条横切机组、3条重卷机组和包装机组等主要装备。年设计产能80万吨,产品定位为高档包装用钢及冷轧专用钢。

镀锡板事业部下设生产技术室、设备工程室、产品管理室、产品营销室、安全管理室、综合办公室6个专业管理室和酸轧、连退、罩退、镀锡、磨辊、物流6个作业区43个班组,在册职工560人,其中:研究生学历51人,大专及本科学历476人;中高级技师50人,中高级工程师48人,高级工194人。

(刘美松、吴俊达)

【主要指标】 2019年,镀锡板事业部加工总量193.4万吨,高端领先产品60.18万吨,产品总销量64.48万吨。

(刘美松)

【工程技改】 2019年,镀锡板事业部退火炉环保数据在线监测项目投运;完成1420毫米酸轧和1420毫米连退入口加装智能拆捆带机械手、1420毫米镀锡产线出口段封闭及除湿设备加装等项目。

(王爱红、刘美松)

【亮点工作】 2019年,镀锡板事业部新增用户14家,与国内饮料罐市场龙头企业嘉美集团实现战略合作;镀锡、镀铬产品内销(国内)渠道协议用户订单量占国内订单总量比例分别达到96%和95%,均创出高水平;连退薄规格产品比例达到80%,红牛铁、奶粉罐订单分别比2018年提高33%和54%;带出品全部网络竞拍销售,降低廉政风险,增加经济效益194万元。首钢京唐"喜迎首钢百年·共襄锡铬未来"包装用钢用户座谈会成功举办,首钢集团镀锡镀铬品牌的影响力扩大。与奥瑞金联合研究马口铁彩印制罐技术,帮助其解决掉涂印色差问题,攻克奶粉铁素铁面烫伤和素铁切口漆膜起皱的行业难题。

(刘美松、张　磊、刘美丽)

首钢京唐彩涂板事业部

【彩涂板事业部领导名录】

副部长:刘鸿明(主持工作;4月任职)　袁秉文

　　　吴　辉(9月任职)

　　　周　欢(主持工作;4月离任)

党委书记:王大川(12月离任)

　　　　汪万根(12月任职)

纪委书记:王大川(12月离任)
汪万根(12月任职)

(董鸿斌)

【概况】 截至2019年底,彩涂板事业部共有1条年产77万吨推拉式酸洗和酸再生生产线,1套年产35万吨6H-3C单机架可逆式冷轧机组和1套年产30万吨UCM单机架可逆冷轧机组,1条年产18万吨的热镀锌生产线,1条年产17万吨的彩涂生产线,1条年产20万吨的镀锌生产线,1条年产15万吨的镀铝锌生产线。产品定位于建筑、家电板以及部分汽车用酸洗板。

彩涂板事业部下设生产技术室、设备工程室、综合办公室3个专业管理室和酸轧、镀锌、彩涂、物流4个作业区35个班组。在册职工407人,其中:研究生学历19人,大专以上学历345人;技师12人,高级工97人。

(康红霞、王　芳、张文龙)

【主要指标】 2019年,彩涂板事业部产量131.5万吨,比2018年提高20.8万吨。商品量80.73万吨,比2018年提高5.73万吨。2号镀锌线成材率97.77%,比2018年提高0.21%,镀铝锌产品带出品率6.28%,比2018年降低0.55%。高端领先产品15.22万吨,比2018年提高69%。

(康红霞)

【工程技改】 2019年,彩涂板事业部完成二级系统项目、2号含油站处理量项目、镀铝锌线三辊六臂和刮刀设备、带头定位功能项目技改并投入使用,达到预期效果。

(魏东旭)

【亮点工作】 12月,彩涂板事业部酸洗生产线产量6.66万吨;轧机总产量4万吨,外销2.8万吨,达到搬迁投产以来最高水平。2号镀锌全年产量33.37万吨,12月份完成3.10万吨,首次实现月达产。镀铝锌产量全年完成20.9万吨,销量由9.56万吨提至17.13万吨,高端建筑用板实现批量生产。

开展镀铝锌厚规格产品表面质量技术攻关,解决掉厚规格表面锌花不均问题,整体锌花尺寸控制在A级,均匀性良好。开展无花家电外板技术攻关,实现家电外板批量生产。开展彩涂三辊涂覆技术攻关,涂覆后板面效果良好,生产速度达到70—80米/分钟,实现家电板稳定生产。

(康红霞)

首钢京唐中厚板事业部

【中厚板事业部领导名录】

部　长:王　普
副部长:闫智平　田士平　韩立民　王建国
党委书记:李　勇
纪委书记:李　勇

(董鸿斌)

【概况】 2019年底,中厚板事业部共有3500毫米和4300毫米主产线2条。3500毫米产线工装设备主要为首钢北京中板厂和首钢板材公司中板厂2条生产线利旧迁建升级,主体设备为加热炉2座、3500毫米单机架轧机1台、ACC快速冷却系统1套、热矫直机1台及精整线1条,年设计产能52.6万吨。4300毫米产线为首秦公司4300毫米产线利旧迁建,主体设备为加热炉3座、4300双机架轧机1台、预矫机1台、ACC超快冷1套、矫直机1台、分段剪1台、双边剪2台、定尺剪2台、温矫机1台、冷矫机1台等。主要生产结构用钢、船舶及海洋工程用钢、桥梁结构用钢、管线用钢、压力容器用钢、风电用钢、工程机械用钢、高层建筑用钢、模具用钢、锯片钢、复合板等产品。

中厚板事业部下设生产技术室、设备工程室、产品营销室、综合办公室4个专业管理室和3500、4300、公辅、成品、热处理、复合板6个作业区84个班组,在册职工693人,其中研究生学历56人,大专及以上学历405人;高级技师35人,技师101人,高级工241人。

(董占斌、王海源、张　鹏)

【主要指标】 2019年,中厚板产量136.63万吨,热处理量5.93万吨,实现调质、正火、回火系列交货状态全覆盖。综合成材率90.58%,综合带出品率3.79%,综合合格率99.75%。

(董占斌)

【工程项目】 1月31日,4300双机架轧钢;2月21日,淬火炉点火;3月25日,2号剪切线贯通;4月29日,水冷设备投入使用;6月27日,剪切线双线贯通;9月8日,温矫直机试生产;9月24日回火炉点火烘炉。

(邵进超)

【亮点工作】 2019年,中厚板生产线生产顺稳,3500毫米产线、4300毫米产线均达到设计产能。实现冬奥会大跳台、雄安新区高铁站、北京回龙观自行车专用桥等国家重点工程用钢交货。

（董占斌、王海源）

首钢京唐能源与环境部

【能源与环境部领导名录】

部　长：吴礼云（9月离任）

副部长：汪国川（主持工作；9月任职）

王树忠　王津明　汪国川（9月离任）

凌　晨（2月离任）

党委书记：吴礼云（2月任职）　范　军（2月离任）

党委副书记：凌　晨（2月任职）

纪委书记：凌　晨（2月任职）　范　军（2月离任）

（董鸿斌）

【概况】 截至2019年底，能源与环境部发电系统共有2台300兆瓦煤—煤气混烧发电机组、1台180兆瓦燃气蒸汽联合循环发电机组、2台25兆瓦乏汽发电机组、2台30兆瓦CDQ发电机组、1台35兆瓦CDQ发电机组、3台36.5兆瓦TRT发电机组，总装机容量1034.5兆瓦；供气系统共有7座集中空压机站、3台10000立方米/分高炉鼓风机、1台8000立方米/分高炉鼓风机、2套75000立方米/时制氧装置、2套40000立方米/时制氧装置及液化装置；供电系统共有2座220千伏变电站、18座110千伏变电站；供水系统共有4套1.25万吨/天海水淡化、1套3.5万立方米/天热法海水淡化、1套1万立方米/天膜法海水淡化、1套0.5万立方米/天膜法海水淡化、1套原水处理站、2套污水处理站；燃气系统共有1座15万立方米焦炉煤气柜、2座30万立方米高炉煤气柜、5座8万立方米转炉煤气柜、5座煤气加压站、3套煤气混合站、3套1000立方米/时变压吸附制氢装置。

能源与环境部下设能源技术室、设备工程室、环境保护处、安全管理室、综合办公室、能源运行中心6个专业管理处室和供水、供电、热电、燃电、制氧、供风、燃气、气体防护站8个作业区70个班组，在册职工814人，其中：研究生学历64人，大专及以上学历695人；高级技师10人，技师83人，高级工289人。

（魏唐槐、任振宇）

【主要指标】 2019年，吨钢综合能耗597千克标准煤、吨钢综合电耗628千瓦时、吨钢耗新水3.03立方米、氧气放散率0.7%。焦气放散率持续零放散，高气放散率2.6%，自供电率81.7%，吨钢转气回收115立方米，总发电量62亿千瓦时。

（魏唐槐）

【工程技改】 2019年，二期燃气设施工程、二期热法海淡、蒸汽燃气联合发电工程、二期制氧工程、钢轧铁前空压机站、二期综合管网等工程项目建成投产；1号300兆瓦发电机组低负荷工况脱硝系统、1号300兆瓦发电机组环保设施、供炼钢RH蒸汽管道保温、300兆瓦发电机组涉网网络安全监测系统、无组织排放管控治一体化系统等技改项目完成改造，满足生产工艺需求，实现能源介质循环利用，达到安全环保要求。

（代琳娜）

首钢京唐运输部

【运输部领导名录】

部　长：张海云

第一副部长：张　英（11月任职）

副部长：关志发　陈　波　霍　伦（8月离任）

张　英（11月离任）

党委书记：王　伟

纪委书记：王　伟

（董鸿斌）

【概况】 截至2019年，运输部下设物流运输室、设备工程室、港口经营室、安全管理室、综合办公室5个专业管理室和港口、铁运、汽运和铁运设备维检4个作业区，在册职工579人，其中：研究生学历11人，大专以上学历374人；高级技师1人，技师18人，高级工213人。

港口作业区共有25吨门座式起重机2台、40吨门座式起重机14台、42吨—1500吨/小时桥式卸船机6台、32吨天车4台、16吨天车2台、20吨天车2台、25吨天车2台、20吨龙门吊4台、36吨龙门吊4台、40吨龙门吊2台、45吨叉车10台、32吨叉车1台、25吨叉车2台、16吨叉车6台。

铁运作业区共有GKD0A型无线遥控机车15台、东风10D型内燃机车3台、GK1E型机车3台、300吨铁水运输车56台、双车翻车机3台、布袋除尘器2台、解冻库1座、50吨龙门2台，铁路线路约93千米，道岔

213 组。

铁运设备维检作业区共有 125 吨铁路轨道吊车 1 台、160 吨 X4 铁路救援起复器 1 台、随车吊 1 台、换枕机 1 台以及机车检修和附属设备。

汽运作业区共有除尘车 36 台、渣罐车 3 台、吊斗车 11 台。一拖三钢卷运输车 3 台、流动机具 7 台,包括 80 吨汽车吊 2 台。230 型挖掘机 1 台、50 型装载机 2 台、10 米升级车 1 台、36 米高空作业车 1 台。

(宋厚岭、刘建永)

【主要指标】 2019 年,运输部总运量 6352 万吨,比 2018 年增长 22.4%。其中,港口吞吐量 1570 万吨,比 2018 年增长 11.9%,其中迁顺钢材发运量 162 万吨,比 2018 年增长 18.2%;车船直取 128 万吨,占自有钢材海运量比例 26%。铁路运量 1862 万吨,比 2018 年增长 37.2%。汽运运量 2920 万吨,比 2018 年增长 20.2%。

(徐金龙、刘冬园)

【工程技改】 2019 年,自有码头建设中厚板露天堆场,完成 3 台 GK1E 内燃机车遥控改造,3 号、5 号、6 号卸船机除尘系统改造等工程技改项目完工,自有码头配套设施增强,机车设备使用性能提高,散料作业达到环保要求。

(刘建永)

【亮点工作】 2019 年,运输部改造铁包加盖系统,国内首创 300 吨铁水包与 200 吨铁水包互换运输。圆满完成 2 号高炉系列检修期间物流保障工作,总计用车 3471 个台班。开展增收节支,厂内吨钢物流费由 54.1 元降至 44.1 元。自有码头创收利润 5554 万元,比 2018 年增长 32.2%。物流信息系统与智能物流系统成功对接,5 号智能库被评为唐山市互联网与制造业融合发展试点项目。建立海铁联运新通道,全年运输 42.6 万吨,港口经营能力实现提升。1 月,1600 米通用码头竣工验收;9 月 26 日,唐山首钢京唐曹妃甸港务有限公司资质办理完成。

(徐金龙、宋厚岭、刘建永、刘冬园)

【其他部室领导名录】

计财部

副部长:杨玉芳(主持工作;6 月任职)
　　　　杨玉芳(6 月离任)
　　　　李洪波(主持工作;6 月离任)

制造部

部　长:林绍峰

第一副部长:苏震霆

副部长:傅　丁　鲍成人　安　钢　王　新
　　　　袁天祥　徐海卫(6 月任职)

设备部

部　长:张　扬

副部长:刘冀川　秦伍献　孙连生　刘国生
　　　　陈　辉　王学明(6 月离任)

党委书记:李春风

纪委书记:李春风

供料作业部

部　长:宿光清

党委书记:石韶华

纪委书记:石韶华

销售管理部

部　长:李　越

副部长:王忠宁　孙立欣

安全管理部

部　长:刘红军

副部长:闫志勇

保卫部

部　长:郑　斌

工程部

部　长:刘志忠

第一副部长:段雪亮(9 月任职)

副部长:刘天斌　曹　震　高洪斌(9 月离任)

人力资源部

部　长:董鸿斌(4 月任职)　关　锴(4 月离任)

副部长:张保光　韩建国　陈士俊

信息计量部

部　长:汪万根(12 月离任)

副部长:郭　亮

办公室

主　任:于　杰

党委组织部

部　长:董鸿斌(4 月任职)　关　锴(4 月离任)

副部长:王　萍(6 月任职)　于　杰
　　　　路满兄(6 月离任)

党委宣传部(企业文化部)

部　长:任全烜

纪　委

副书记:张延风

工　会

副主席:王雪青

团　委

书　记:张　磊(12 月离任)

副书记:姜晓璐(12 月任职)

机关党委

党委书记:曾德辉

纪委书记:曾德辉

运营规划部

部　长:刘建华

副部长:郑翠军

审计部

副部长:刘　颖

焦化作业部

部　长:杨庆彬

副部长:王贵题　陶维峰　纪永泉　闫焕敏

党委书记:杨庆彬

党委副书记:金亚建

纪委书记:金亚建

质检监督部

副部长:王　莉(主持工作)　彭国仲

党委书记:于学斌

纪委书记:于学斌

纪委书记:李　勇

技术中心

主　任:朱立新(9 月离任)

常务副主任:徐海卫

副主任:于　孟(4 月任职)

(董鸿斌)

【首钢京唐 2019 年大事记】

1 月 9 日,首钢京唐召开 2019 年安全生产大会。

1 月 16 日,首钢京唐 QTI 信息化平台正式上线运行。

1 月 17 日,首钢京唐 QTI 推进办公室成立,统筹负责 QTI 推进工作。

1 月 18 日,首钢京唐炼铁二期工程 3 号、4 号热风炉点火烘炉。

1 月 28 日,首钢京唐炼铁二期工程 1 号、2 号热风炉点火烘炉。

1 月 29 日,中共首钢京唐第二届委员会全体(扩大)会议召开。

1 月 30 日,首钢京唐第二届职工代表大会第二次会议召开。

1 月 31 日,首钢京唐 6 号焦炉正式点火烘炉。

2 月 21 日,首钢京唐中厚板事业部热处理线淬火炉点火成功。

2 月 26 日,中共首钢京唐第二届委员会(扩大)会议召开。

2 月 26 日,首钢京唐召开 2019 年党风廉政建设工作会议。

3 月 4 日,首钢京唐铁包全程管控系统一期跟踪模块上线运行。

3 月 7 日,首钢京唐通过 ISO22000 食品安全管理体系审核。

3 月 8 日—9 日,首钢集团领导张功焰、赵民革、刘建辉到首钢京唐调研,召开钢铁板块生产经营工作会议。

3 月 13 日,唐山市委常委、曹妃甸区委书记孙贵石一行到首钢京唐调研,首钢京唐领导曾立、杜朝辉接待。

3 月 14 日,中天钢铁集团执行董事、副总裁一行 8 人到首钢京唐座谈交流。

3 月 14 日,河钢集团承钢公司副总经理张耀东一行 5 人到首钢京唐座谈交流。

3 月 14 日—15 日,宝马德国原材料质量管理相关领导一行 8 人到首钢京唐技术交流。

3 月 16 日,首钢京唐钢轧作业部 3 号转炉点火烘炉,第一条产线热试成功。

4 月 2 日,首钢京唐钢轧作业部 1 号连铸机热试成功。

4 月 7 日,首钢京唐钢轧作业部精炼 2 号 LF 热试成功。

4 月 8 日,首钢京唐钢轧作业部 3 号 KR 热试成功。

4 月 10 日,首钢京唐钢轧作业部 2 号转炉点火烘炉,第二条产线热试成功。

4 月 11 日,福田汽车集团副总经理宋术山一行到首钢京唐参观交流。

4 月 15 日,首钢京唐 MCCR 连铸热试成功。

4 月 16 日,首钢集团领导赵民革到首钢京唐调研,实地了解二期球团、焦化、高炉、连铸、4300 毫米中厚板等重点项目建设情况，听取相关负责人情况汇报。

4月23日，东风日产采购及其合作供应商到首钢京唐参观交流。

4月26日，首钢京唐3号高炉开炉试生产。

4月28日，首钢京唐6号焦炉成功装煤。

4月28日，新兴际华集团副总经理徐建华、新兴重工集团总经理周波一行8人到首钢京唐参观交流。

4月30日，首钢京唐钢轧作业部2号KR热试成功。

4月30日，首钢京唐MCCR连铸—轧机联动热试成功。

5月1日，首钢京唐固废处理项目筹备组成立。

5月2日，首钢集团领导张功焰、赵民革等一行到首钢京唐调研，实地了解钢轧产线运行情况，听取相关情况汇报。

5月10日，九江钢铁董事长颜建新一行6人到首钢京唐参观调研。

5月13日，京唐公司2号高炉系列大检修开始。

5月13日，首钢京唐焦化4号干熄焦投产。

5月15日，首钢京唐2号球团投产。

5月15日，首钢京唐钢轧作业部1号LF炉引弧试验成功。

5月15日，韩国浦项国际内贸事业本部常务朴钟仁一行2人到首钢京唐参观交流。

5月16日，唐山市政法委书记乔朝英一行到首钢京唐参观考察，首钢京唐纪委书记关锴接待。

5月21日，首钢京唐召开投产十周年总结表彰大会。

5月21日，唐山市委副书记、市长丁绣峰，唐山市委常委、曹妃甸区委书记孙贵石，唐山市政府秘书长张文明，曹妃甸区委副书记、区长张贵宝一行到首钢京唐调研，首钢集团领导张功焰、梁宗平、赵民革、王涛、刘建辉、卢正春，首钢京唐领导邱银富、曾立、周建、冷艳红、刘国友、吴礼云接待。

5月26日，首钢京唐钢轧作业部1号LF炉热试成功。

5月28日—29日，韩国现代制铁环境能源技术室室长安宰焕一行14人到首钢京唐参观交流。

5月31日，首钢京唐钢轧作业部1号套筒窑点火成功。

5月31日，首钢京唐设备管理系统全部模块成功切换上线。

6月1日，首钢京唐钢轧作业部2号VD成功热试。

6月3日，首钢京唐举行产销一体化系统上线仪式。

6月17日，首钢京唐召开“不忘初心、牢记使命”主题教育动员大会。

6月18日，首钢京唐中厚板2号加热炉一次点火成功。

6月19日，首钢京唐协同办公系统上线。

6月19日—21日，首钢水钢党委、基层党委领导一行9人到首钢京唐座谈交流。

6月20日，由首钢股份主办、首钢京唐承办的首钢集团钢铁板块2019年能源工作会议在首钢京唐召开。

6月22日，首钢京唐3号球团投产。

6月26日，首钢集团领导何巍、首钢主题教育第2巡回指导组领导一行3人到首钢京唐调研基层党建工作。

7月1日，首钢京唐特邀北京金旋民族管弦乐团举办“我和我的祖国·红歌献给党”庆祝中国共产党成立98周年民族音乐会。

7月1日，首钢京唐召开庆祝中国共产党成立98周年暨创先争优表彰大会。

7月3日，河北省省长许勤一行到首钢京唐参观，首钢京唐领导邱银富、曾立接待。

7月9日，太原重型机械集团有限公司总经理张志德一行到首钢京唐参观交流。

7月11日，北京市经信局领导一行到首钢京唐参观，首钢京唐领导曾立接待。

7月16日，首钢京唐渤海家园住宅小区二期项目建设正式启动。

7月20日，首钢京唐完成1.18毫米极限规格耐候钢集装箱板试制。

7月21日，首钢京唐2号高炉系列大检修圆满完成。

7月23日，天津市政协常委、政协经济委员会主任李光照一行在曹妃甸区政协主席王晓谦的陪同下到首钢京唐参观，首钢京唐领导关锴接待。

7月25日，首钢京唐举办QTI管理第一届优秀改善提案发表会暨改善名人堂揭幕仪式。

7月29日,中冶北方工程技术公司党委书记、董事长董涛一行到首钢京唐座谈交流。

7月30日,首钢京唐召开党委扩大会暨上半年经济活动分析会。

8月1日,首钢京唐钢轧作业部1号VD炉热试成功。

8月6日,首钢集团领导赵民革在首钢技术研究院第一副院长朱国森等陪同下,到首钢京唐调研并慰问一线职工。

8月7日,首钢京唐通过特斯拉产线热轧工序审核,成为特斯拉合格供应商。

8月13日,首钢京唐循环经济园区首个固废利用项目——钢渣资源化项目热试成功。

9月2日,首钢京唐钢轧作业部1号转炉点火开炉。

9月3日,新余钢铁集团公司党委副书记、总经理管财堂一行在首钢国际副总工、冶金分公司副总经理毛庆武陪同下到首钢京唐参观。

9月8日,首钢京唐中厚板事业部4300毫米产线温矫机热试成功。

9月17日,首钢京唐MCCR全无头生产模式(130米板坯)测试成功,从单块轧制、半无头轧制模式迈入无头模式生产。

9月20日,雷诺—日产—三菱采购联盟(APO)人员一行到首钢京唐参观。

9月29日,河北省海水淡化技术创新中心在首钢京唐揭牌筹建。

10月9日,首钢京唐成功研发粗苯智能控制系统。

10月22日,首钢京唐智能制造研究所成立。

10月31日,首钢京唐举办"十年筑梦·百年辉煌"高雅艺术鉴赏进京唐暨第九届职工文化节闭幕式。

11月13日,首钢京唐高强镀锌产线第一卷产品成功下线。

11月15日,首钢京唐镀锡板通过荷兰乳业Friesland Campins供应商食品安全体系审核认证。

11月28日,首钢京唐2019年青年骨干培训班结业。

12月3日,首钢京唐成功研制静音刹车片,首钢成为国内第二家具备该领域产品供货能力的供货商。

12月12日,首钢京唐召开领导人员警示教育大会。

12月12日,首钢京唐员工在线学习系统完成升级并上线启用。

12月13日,首钢京唐通过沃尔沃产线热轧工序审核,成为沃尔沃P519新车型定点供货商。

12月18日,首钢京唐高强酸洗产线第一卷产品成功下线。

12月18日,首钢京唐心灵驿站被北京市总工会命名为"职工心灵驿站"。

12月25日,首钢京唐举行省级企业技术中心揭牌仪式。

12月26日,首钢京唐召开2019年QTI管理总结暨2020年工作启动大会。

12月26日,首钢京唐召开2019年三支人才队伍薪酬激励机制工作总结表彰大会。

12月30日,首钢京唐燃气蒸汽联合循环发电机组(CCPP)满负荷试验圆满成功。

(姜 文)

唐山首钢京唐曹妃甸港务有限公司

【京唐港务公司领导名录】

董事长:张海云(12月任职) 周 建(12月离任)

副董事长:李晓民

总经理:张 英(12月任职) 张海云(12月离任)

副总经理:张有明(12月任职)

李海峰(12月任职)

朱军安(12月离任)

司玉军(12月离任)

财务部长:李海涛

(朱旭辉)

【概况】 2007年3月,首钢京唐全面开工建设,同步在一港池东岸厂区西侧填海形成的海岸线上,按国家发改委批复的位置自北向南进行码头建设,2007年底建成2000米码头结构,2008年底建成1632米码头结构。2008年7月,在向交通部门申请办理码头工程初步设计审批过程中,交通部提出首钢京唐建设的码头位置与该部批准的《唐山港总体规划》不符。已建2000米码头结构占用了《唐山港总体规划》中公共物流园区岸线1600米,经协商,同意将已建成的2000米码头结构中

1600 米改由首钢京唐出资 80%、曹妃甸港口集团股份有限公司(原唐山曹妃甸港口有限公司,以下简称“曹妃甸港集团”)出资 20%,组建唐山首钢京唐曹妃甸港务有限公司(以下简称“曹妃甸港务公司”),实现社会服务功能,实现码头项目审批的合规管理。

2009 年,根据唐山市政府总体规划安排,要求首钢京唐将已建成码头的北段 1600 米恢复公共使用;2010 年 2 月,首钢京唐和曹妃甸港集团组建曹妃甸港务公司;2010 年 4 月,北京京都资产评估有限责任公司针对曹妃甸港务公司在建工程出具了评估报告,资产总额约 8.13 亿元;2010 年 7 月,曹妃甸港务公司完成工商登记,注册资本 6 亿元,其中:首钢京唐以实物(含土地)出资 4.2 亿元,以现金出资 0.6 亿元,共计 4.8 亿元,占股 80%,曹妃甸港集团以现金出资 1.2 亿元,占股 20%;2017 年 5 月 25 日,唐山市交通局颁发港务公司通用码头工程试运行《港口经营许可证》。2019 年 1 月 18 日,曹妃甸港务公司通过通用码头工程竣工验收现场核查,取得竣工验收现场核查报告。

2019 年 9 月 16 日,股东双方签订《关于唐山首钢京唐曹妃甸港务有限公司运营管理的协议》,明确了合资公司的组织架构、管理体系、经理层构成等经营管理内容。9 月 24 日取得唐山市港航局审批的港口经营许可证,12 月 25 日取得新的工商营业执照,经营范围变更为港区内的货物装卸、仓储;为船舶提供码头设施、货物运输,自有房屋及场地租赁、港口设施设备和机械租赁等项目。

2019 年 11 月 28 日,曹妃甸港务公司召开“唐山首钢京唐曹妃甸港务有限公司经营推介会”,向广大客户、合作伙伴介绍合资公司现状、业绩、经营思路、2020 年重点任务。12 月 27 日,举行揭牌仪式,自 2020 年 1 月 1 日起,正式开始对外经营。

(朱旭辉)

北京首宝核力设备技术有限公司

【首宝核力公司领导名录】

董事长:张　扬

副董事长:孙　东(3 月任职)　徐　凯(3 月离任)

总经理:陈　辉(6 月任职)　王学明(6 月离任)

党总支书记:张永宏

副总经理:刘　涛(3 月任职)高晓峰(3 月离任)
　　史后扬

财务负责人:石　兵

(冯佳宁)

【概况】 北京首宝核力设备技术有限公司(以下简称“首宝核力”)于 2011 年 6 月 22 日成立,注册资本 1200 万元,首钢京唐、上海宝钢工业技术服务有限公司各出资 50%。首宝核力公司为首钢与宝钢战略合作平台,主要经营技术服务、技术咨询;施工总承包;专业承包;工业设备及备件调试、检修、维修;机械电动工具的维修;工业炉窑维修;货物进出口、技术进出口、代理进出口;销售金属制品、电子产品、电子元器件、仪器仪表、计算机、软件及外围设备、机械设备等业务。下设计划财务室、设备技术室、安全管理室、综合办公室、新业务开发部、检修运维事业部、运行事业部 7 个部门。

(任振华)

【体系建设】 2019 年,首宝核力制定、修订制度 99 个,其中按照“多创多收、多劳多得”原则,优化部门 KPI、调整难度系数、增加效益奖励,实行“标准+差异化”管理,激发干部职工积极性。制定维修作业标准 317 项,包括 3500 轧机接轴更换、MCCR 摆件减速箱解体等重点项目,结合现场设备特点,制定机械类、热处理类、电气类、介质类 4 大类巡检标准,规范日常巡检执行。强化安全管理体系建设,对安全生产责任制进行补充完善,形成自上而下抓安全、管安全的管理模式。

(陈　辉)

【业务开展】 年内,首宝核力完善产品目录,在首钢京唐、首钢迁钢、首钢冷轧等地开展产品宣讲 10 次,提高产品和服务的熟知度;推进核心业务,实现 ABB 压头、高压发生器、涂层辊、结晶器滚动单元等核心业务独家供货;巩固空间检测,拓展精密检测业务,完成辊系 510 根、轴承座 300 根、牌坊 25 架、轨道 9 套等检测任务;逐步开展振动监测、无损检测、油品化验等业务;利用“承揽—设计—测量—施工”一揽子解决方案,完成多项本质化安全打造工作。完成 4300、MCCR 从配合安装调试到设备维护的过渡,在 MCCR 摆剪一轴抢修、定尺剪解体检修等重点项目上,实现在大型减速箱解体检修、大型剪子检修方面“0”的突破。推进检修协同,完成迁钢热轧 2160 飞剪整体更换项目,成为国内钢铁企业同类项目的首例。

（陈 辉）

【运营风险防控】 首宝核力逐步完善法人治理结构，修订公司章程，制定经理办公会工作规则、党总支会议事规则。制定完善资金管理、采购管理、薪资管理、公车管理等30项制度，规范专业管理。推进精益管理，实施现场改善4642项，提报亮点1515项，实现生产现场规范管理、安全防护、设备改造等方面全覆盖。规范采购合同的付款条款约定，明确项目利润率测算公式，把项目利润率纳入KPI指标考核，强化采购、销售两个环节的管理职责。

（陈 辉）

【队伍建设】 首宝核力聚焦人才培养，职工队伍素质提升，开展液压润滑、MCCR设备仿真等理论培训，与首钢京唐人力资源部结合，打造实训基地。与首钢京唐镀锡板事业部共建润滑实训基地，在首届润滑知识竞赛中，获得2个第1名；开展首宝核力公司第二届职业技能竞赛，参加首钢京唐2019年天车工职业技能竞赛，7人进入前10名。择优选配挂职领导人员，对彭铁龙进行挂职锻炼，选派1人参加首钢京唐QTI改善骨干培训班并获"优秀学员"称号。

（张永宏）

【党群建设】 首宝核力提出"践行牛精神、打造牛品牌"的品牌理念，激励广大党员敢于担当、冲锋在前。加强党风廉政建设和作风建设，组织各级领导及有业务处置权岗位人员先后2次排查梳理岗位廉洁风险点，有针对性地制定防范措施，完善相关制度，堵塞管理漏洞。推进企业文化建设，通过首宝微信公众号、拍摄微视频等，展示首宝正能量。开展职工联谊会、青年联谊活动、体育活动，组织"两节"送温暖、暑期"送清凉"等活动，为一线职工建立微信订餐、制作检修临时休息室、宿舍改造、租用通勤班车，提升职工幸福感。

（张永宏）

北京首钢朗泽新能源科技有限公司

【首钢朗泽公司领导名录】

董事长：王贵阳

副董事长：Jennifer

总经理：董 燕

常务副总经理：汪洪涛

（陈 锋）

【概况】 北京首钢朗泽新能源科技有限公司（以下简称"首钢朗泽"）2011年11月成立，由首钢集团、新西兰唐明集团（惠灵顿）投资有限责任公司和朗泽科技香港有限公司三方组建，2016年、2017年、2019年三次引入首钢基金、上海德汇集团、三井物产株式会社等战略投资者，现有十方股东，注册资本2.3亿元。首钢朗泽拥有首钢朗泽（河北）新能源科技有限公司（以下简称"河北首朗"）、北京首朗生物科技有限公司（以下简称"首朗生物"）两家全资子公司及宁夏首朗吉元新能源科技有限公司（以下简称"宁夏公司"）一家控股子公司，设有首钢朗泽综合管理部、法律事务部、财务部、人力资源部4个部门和商务、销售、研发、菌种制备4个中心。

首钢朗泽践行绿色低碳、循环经济和可持续发展理念，采用微生物发酵制燃料乙醇技术，经300吨中试装置验证，将钢铁工业尾气直接转化为清洁能源、化工产品及蛋白饲料，实现钢铁工业尾气资源的高效清洁利用。可年产燃料乙醇4.5万吨，饲料蛋白5000吨，压缩天然气330万立方米，每年可减少二氧化碳排放54万吨、颗粒物排放870吨、氮氧化物排放3200吨。

河北首朗2015年1月成立，注册资金9166.8万元，位于河北省唐山市曹妃甸工业园区首钢京唐钢铁联合有限责任公司厂区，是全球首个利用钢铁工业尾气生物发酵法制燃料乙醇商业化项目。该项目总投资4.2亿元，于2018年5月一次调试成功，产出合格产品，2019年12月被评为"国家优质工程"。截至2019年底，河北首朗设有综合管理办公室、生产运营部、技术研发部、设备自动化部、质检部、储运部、财务部、安全环境保卫部8个部门。

首朗生物2016年10月成立，注册资本5000万元，主要负责生物技术推广、技术开发、技术转让、销售生物制剂、化工产品等业务。

宁夏公司2019年5月16日成立，注册资本2亿元，位于宁夏回族自治区石嘴山市平罗县太沙工业园区。负责建设全球首套年产4.5万吨冶金工业尾气生物发酵制燃料乙醇项目，计划2020年底建成投产。

（陈 锋）

【主要指标】 河北首朗成功产出浓度大于99.5%的燃

料乙醇产品，各项指标均符合国家标准（GB18350—2013）。蛋白饲料粗蛋白含量高达85%，氨基酸种类齐全平衡。基本实现废水全回用（50%直接回用，30%间接回用，其余用于冷却补水）。一氧化碳利用率大于80%，发酵液乙醇浓度大于40克/升，蒸馏处理脱水后获得的成品乙醇水分含量小于0.5%（V/V）。

（陈　锋）

【市场销售】 首钢朗泽入围中石油、中石化供应商名单，产品供应石家庄、邯郸、沧州等地。

（陈　锋）

【项目拓展】 首钢朗泽与云南玉昆钢铁集团签订战略合作协议，与国家电投贵州金元股份有限公司签订合作备忘录。

（陈　锋）

【科研专利】 2019年，首钢朗泽申请并受理33项专利，其中发明专利16项、实用新型专利17项。

（陈　锋）

首钢凯西钢铁有限公司

【首钢凯西公司领导名录】

董事长：杨春政

副董事长：黄亚河

总经理：张庆春

副总经理：叶松仁　万方潜（7月任职）

财务总监：钱　伟

（黄紫云）

【概况】 按照国家钢铁产业调整和振兴规划以及国务院关于“海西战略”发展的要求，首钢集团与福建凯西集团有限公司于2011年5月30日合资设立首钢凯西钢铁有限公司（以下简称“首钢凯西”），注册资本15亿元，其中首钢集团、福建凯西集团有限公司分别持股60%、40%。首钢凯西公司位于福建漳州招商局经济技术开发区，主要产品为酸洗板、冷硬板、退火板、镀锌钢板和电镀铬板等，产品销售市场主要以闽粤为中心，辐射江浙、江西、台湾地区及东南亚、欧美等海外市场。首钢凯西公司是首钢集团唯一的镀铬包装用钢生产基地，国内高端市场占有率接近40%。除钢铁制造板块外，依托首钢整体优势和凯西自身区位优势，与首钢京唐、首钢迁钢等紧密衔接，做好产业链延伸，发展钢材加工物流配送及出口贸易。

截至2019年底，首钢凯西下设经营部、计财部、安全环保部、建设工程部、综合办公室、新事业部、轧钢一分厂、马口铁分厂，在职职工441人，平均年龄37岁，其中本科及以上学历72人，女职工98人。

（黄紫云）

【主要指标】 2019年，首钢凯西继续实现大幅减亏，比2018年减亏1156万元，减亏幅度56.29%。持续推进镀铬精品战略，镀铬产品高端市场占有率超过宝武、统一，位居国内第一，马口铁产品出口累计达到3.13万吨。老厂区复产工作顺稳，实现入库25.77万吨，占自轧产品的96%，获利近1500万元。

（许婉婷）

【降本增效】 首钢凯西搭建降本增效常态化工作机制，对生产经营活动进行持续量化评价，全年内部工作增效2512.2万元。其中，吃透用好税收管理制度，争取各项政策补贴1424.8万元；发挥物流管理优势，开展仓储服务，增效115万元；加强与首钢京唐协作，镀铬产品加工增利79.4万元；落实成本管控、质量提升等专项降本增效任务，增效217万元；加大采购竞争力度，优化备品备件库存管控，降低采购成本248.4万元。

（林斐凡）

【产品结构和用户优化】 首钢凯西坚持精品制造发展战略，在高端产品和高端用户增量上持续发力。镀铬产品供货量实现翻番，全年累计供货9.64万吨，其中高端品种比例超过70%。推进中粮、奥瑞金、吉源、嘉美及福贞等老牌高端用户认证，大部分已实现连续稳定供应。采取灵活多样销售策略，与昇兴股份、华联企业、浙江营益等11家客户完成年协签订工作，市场占有率和产品综合售价超过宝钢、统一。加大有花镀锌产品技术攻关，彻底解决锌花不均等技术难题，福建市场占有率超过80%并牢牢掌握福建、广东两个区域市场定价权。风管加工产品质量保持稳定，产销规模进入福建市场领先行列，并成功拓展江西、广东等外部市场。

（林斐凡）

【外贸工作】 2019年，首钢凯西对外贸易完成3.14万吨，创造利润1070万元，分别同比增长127%和273%。加大欧洲市场开发力度，结合长协和批量采购等多种形式,提升品牌培育能力,销售份额占比超过总量的60%。抢抓中东市场红利,保持适当市场增量。深耕东南亚高端市场,完成用户高层走访,密切合作关系,与泰国 SC、CRWON、SWAN 等终端客户保持长期稳定合作。获得首钢集团肯定和支持,确定首钢凯西为首钢金属包装产品在泰国地区的指定代理商,市场地位得到巩固。择机完成美洲市场开发,四季度美国 SILGAN 的认证订单确定。

（林斐凡）

【自主完成酸洗线改造】 首钢凯西落实供给侧结构性改革要求,立足发挥京唐—凯西一体化生产优势,按照盘活资产打造新利润增长点战略部署,启动 1 号酸洗线改造工程。以自主集成方式将推拉式酸洗线改造成连续性酸洗线;坚持“自主掌控、设计优化、结构可靠、水平领先”的技术路线,从实地测量、图纸测绘、技术论证、设备选型等全流程跟进,完成设计图纸 2500 张,自主设计设备 29 台套,利旧改造设备 24 台套。采购火焰切割机、退火炉等设备,自主完成架构件加工 1600 件。以目标倒逼任务,以工程总进度为核心,加强组织管理,形成公司层面统筹协调、建设单位组织推进、生产分厂协同联动、职能部门服务保障、外协单位合作共赢的工程组织管理模式,为工程建设提供保障。

（林斐凡）

【支部建设】 首钢凯西按期完成支部换届选举,完善党支部工作规则,抓实支部标准化规范化工作。

（林斐凡）

河北神州远大房地产开发有限公司

【神州远大公司领导名录】

执行董事:杜朝辉

总经理:于　杰

财务负责人:季根华

（胡东风）

【概况】 为解决首钢京唐职工住房问题,经首钢集团同意,首钢京唐于 2008 年 2 月收购河北神州远大房地产开发有限公司,注册资金 2000 万元,具备四级房地产开发资质。2015 年 7 月,首钢京唐将所持有的 100%股权无偿划转首钢集团。河北神州远大房地产开发有限公司为首钢集团全资子公司,由首钢京唐代管。

自 2008 年,河北神州远大房地产开发有限公司主要开发完成渤海家园小区住宅和幼儿园项目。渤海家园小区总建筑面积 27.33 万平方米,建有 23 栋住宅,2392 套住房,已全部售完;渤海家园幼儿园总建筑面积 2600 平方米,2014 年 9 月开园,由首钢实业公司幼儿保教中心运营。

（胡东风）

【在建项目】 2019 年,经首钢集团批准,河北神州远大房地产开发有限公司开始利用渤海家园住宅小区东南角原有空地开发建设渤海家园住宅小区 201 号—203 号项目。截至 2019 年底,项目施工前期各项手续已全部办理,地基处理施工已完成,正在进行土方施工。

（胡东风）

首钢集团有限公司矿业公司

【矿业公司领导名录】

总经理:黄佳强

副总经理:王自亭　郭志辉　张金华(5 月任职)
　　　　张建军(5 月任职)

总经理助理:刘建强　孙平安(4 月任职)
　　　　　张金华(5 月离任)　齐宝军

安全总监:叶　凯(4 月任职)　张富贵(4 月离任)

党委书记:王自亭

党委副书记:黄佳强　董　伟

党委书记助理:姚永浦(5 月离任)

纪委书记:姚永浦(5 月任职)　董　伟(5 月离任)

工会主席:董　伟(5 月任职)　王自亭(5 月离任)

（吴予南、王守政）

【综述】 首钢集团有限公司矿业公司(以下简称“矿业

公司”)位于河北省迁安市,1959年建矿,是首钢主要原料基地。矿区面积7.16万亩,铁路与京山线、通坨线、京秦线相接,公路与京沈高速相连,海运与秦皇岛港、京唐港、天津港相邻。原矿处理能力2283万吨;拥有资源综合利用产线8条,年生产能力1200万吨,投资建设550万吨裴庄资源综合利用产线;抓住国家“公转铁”政策契机,运输物流产业年运量历史性突破4000万吨;发展机械制造、电气设备修造、建筑安装、矿山生产技术服务等相关产业。设有计财处、生产处、技术质量处、机械动力处、能源环保处、安全处、技改工程处、资源土地管理处、人力资源部(党委组织部)、办公室、党群工作部(工会)、纪委(监察处)12个职能处室,大石河铁矿、水厂铁矿、杏山铁矿、运输部、协力公司、机械制造厂、物资公司、计控检验中心、保卫处(武装部)、培训中心、实业公司、矿山医院、职工子弟学校、矿山街道居民管理委员会14个厂矿级单位。管理北京首钢矿山建设工程有限责任公司、迁安首钢矿业化工有限公司、迁安首钢兴矿实业有限公司、北京速力科技有限公司、迁安首矿建材有限公司、烟台首钢矿业三维有限公司。托管首钢滦南马城矿业有限责任公司、唐山首钢马兰庄铁矿有限责任公司、迁安首钢设备结构有限公司。2014年5月,北京首钢矿山技术服务有限公司注册成立。年末固定资产原值109.47亿元,净值32.42亿元,保值增值率110.44%,年末从业人员8116人。

(李　泽、栗帅鹏)

【主业生产经营】 矿业公司以稳产保供为中心,适应环保停限产形势,创新生产组织模式,挖掘资源潜力,实现保供增利。水厂铁矿发挥保供主力作用,强化爆破增储,稳定供矿水平,深挖内部潜力,保障矿粉供应。大石河铁矿适时调整生产节奏,坚持资源增量做加法,稳定提升矿粉产量。杏山铁矿优化转车组织模式,提高主井系统作业率,提升供矿能力。唐首马铁矿挂帮矿回收与地采工程并进,全面完成矿石供应与矿粉生产任务。三年“百元选厂”圆满收官,大石河、水厂选矿精矿粉成本分别完成99.6元/吨、99.9元/吨,对比2016年增效7410万元。矿业公司全年生产精矿粉524万吨,实现服务钢铁零影响。

(李　泽、栗帅鹏)

【资源接替】 矿业公司推进矿产资源接替,马城铁矿完成47项要件办理,取得采矿许可证和项目核准批复;精矿管道输送、110千伏输变电项目取得阶段性进展;工程掘进39.7万立。杏山地采扩建工程完成-690米以上初步设计,基建施工有序推进。唐首马铁矿强化地采工程组织,完成工程量18.3万立。编制水厂地采可研报告,做好在集团公司立项准备。

(毛清华、闫　伟)

【资源综合利用】 矿业公司以市场需求为导向,优化产品结构,提高原有产线产率效益,完成裴庄生态恢复治理项目建设,资源综合利用产业产能突破千万吨。启动水厂2000万吨资源综合利用项目可行性研究。全年生产资源综合利用产品600万吨,同比增长58.7%。明确“稳定汽运,拓展火运,探索海运”营销思路,稳固京津冀市场,打开山东市场;开辟海运销售渠道,打开长三角市场。年销售收入8612万元,同比增长208%;火运销售671列,火运比由年初0.76%提升至55%。加强战略合作,与金隅冀东水泥签订干排砂销售框架协议,建立长期合作关系。与科研院所合作,开辟水厂干排砂综合利用新渠道。承办中矿协固废资源综合利用委员会成立大会,交流展示先进经验,赢得同行赞誉。矿业公司被推选为固废资源综合利用委员会首届主任委员单位,被中国砂石协会评为砂石骨料行业优秀企业。

(李　泽、栗帅鹏)

【运输物流产业】 矿业公司推进全域提速提效,区间运行速度提至30公里/小时以上。采购电力机车,补充运力缺口,实施新庄站北咽喉改造、裴柳线升级改造,建设82米站至选矿站区间动态衡,提升运行能力。围绕保产保供、围钢到发、建材发运、地方运量四个板块,不断提升开发能力,实现运量规模增长。加强路企协调,办理建材产品铁路运价下浮,与客户实现共赢。协助实施迁安“公转铁”重点项目落地,得到迁安市政府称赞。创新经营管控模式,推进“百厘物流”三年工程。完善指标体系,强化指标管控,物流成本同比降低7.6%。

(李　泽、栗帅鹏)

【相关产业】 矿业公司开发围钢市场、社会市场、海外市场,相关产业全口径营业收入完成17.7亿元,同比增长4.6%。取得工业压力管道设计二级、电力设施承装承修承试三级资质、21项矿用高低压开关柜安全证书、建筑机电安装承包、工业压力管道安装二级、锅炉制作B级资质,耐磨产品质量持续提升,市场竞争力不断增强。强化维检安全、效率、质量管理,延伸设备诊断、预知维修等服务，实现首矿“维检+服务”品牌增值。升级井下电机车无人驾驶、露天卡车智能调度系统，与华夏建龙签订智能化建设服务咨询协议，服务意识不断提升。

（李　泽、栗帅鹏）

【对标挖潜】 矿业公司建立健全技术经济指标对标体系，提升经营能力。坚持劳动组织与生产组织优化、人工费管控与定员核定、岗位设置与自动化项目相结合，合并组织机构，压减人力配置。推进资源综合利用产业发展，盘活人力资源，退出劣势项目，实现产业发展推动人员转型。露采、地采、选矿 37 项全行业可比技术经济指标，10 项进入前三名，其中 4 项排名第一；116 项可比技术经济指标中，88 项超过 2018 年水平，29 项达到或超过历史水平。精矿粉制造成本在规模以上矿山企业排名第三；实物劳产率完成 1172 吨/人·年，稳定在行业前三。

（郭永杰、栗帅鹏）

【设备管理】 矿业公司强化全寿命管控，提升设备管理水平。设备综合故障停机率完成 0.16%，比计划提高 0.06%；设备综合检修停机率完成 4.04%，比计划降低 0.57%。坚持全员参与、效益优先，做好设备全寿命管控；以保持设备功能精度为主线，推进技术管理创新，完成设备大修；严控检修周期，推行“操检合一”；搭建设备健康管理体系，提升设备管控信息化水平；以课题带队伍，提升综合管理水平。

（王春林）

【风控体系建设】 矿业公司搭建风控体系框架，一级流程 30 个、二级流程 119 个、三级流程 309 个、关键控制点 492 个。开展现行制度体检，制定涉及 17 个单位 280 项制度修订清单。编制风控手册和评价手册 30 个。搭建业务部门、风控部门、审计部门风险内控管理“三道防线”。完成风险评估标准制定和数据库评估。加强制度管理，修订制度 35 项，废止制度 45 项，提升科学性、适用性。将安全生产死亡事故风险、中长期及年度投资风险、信息化系统开发与管控风险纳入专项重大风险进行管控。

（刘　军）

【安全管理】 矿业公司推进双重预防机制建设，典型做法在集团交流推广。辨识安全风险 4400 项，管控能力提高。围绕本质安全，完成课题攻关 452 项，管理模式实现转变。探索“大安全”管理，打破专业壁垒、区域限制，管理格局和体系不断健全。

（张晓峰）

【能源环保管理】 矿业公司建立全能源费用管控体系，能源费支出 34488 万元，比计划降低 1861 万元。推进生态环境恢复治理，栽植各类苗木 320 万株，复垦绿化 2400 亩；完成水厂铁矿绿色矿山申报，成为第一批国家级绿色矿山。取得裴庄生态恢复治理项目环评批复，矿山医院通过环评验收。

（张彦军、贾延来）

【重点工程】 矿业公司完成裴庄生态恢复治理及配套项目、水厂铁矿建筑砟区域建设料仓、机械厂建设砂处理生产线、杏山铁矿道砟产线工艺升级及环保改造、水厂铁矿除尘器改造等项目。完成北区上盘边坡隐患加固治理、水厂 K3 箱变南侧边坡隐患治理、新水尾矿库磨石庵村一侧临时挡水坝施工。完成汽车衡集中计量、铁路配套设施完善、二马区域电气化铁路改造等项目。

（代鲁飞）

【科技管理创新】 矿业公司实施重点科技项目 45 项，实现经济效益 4000 万元。3 项科技成果获首钢级以上奖励，申请专利 24 项。“大型地采矿山高强度开采关键技术研究”获冶金科学技术三等奖，“大型矿山排土场废石资源化关键技术研究与应用”获首钢科学技术二等奖，“高陡边帮开采中深孔控制爆破技术研究与实践”获首钢科学技术三等奖。81 个创新工作室完成 200 项课题，基层创新活力不断增强。《基层创新工作“343”管理体系的构建与实践》获第三十四届北京市企业管理现代化创新成果二等奖。

健全完善创新管理体系，建立创新积分机制，营造全员创新氛围。管理创新课题立项 214 项，同比增加 89 项，评选创新成果 34 项，奖励 146 万元。10 项课题成果获首钢级以上奖励。《班组建设“六要素”发展基础管理体系的构建与实施》等 2 项成果获北京市管理创新二等奖，《大型非煤企业以建设无人值守现代化矿山为目标的本质安全管理体系的构建与实施》获第二十六届全国企业管理现代化创新成果二等奖。

（雷立国、刘　军、刘　媛）

【调研整改】 矿业公司结合经营形势和重点工作，突出企业效益，健全管理体制机制。围绕管理基础、创新管理、质量管理等开展 6 期调研，查找管理问题 100 项。

注重问题整改,实现管控闭环,强化整改效果。

（刘军）

【班组建设】 矿业公司按照“试点先行、以点带面、点面结合、全面铺开”原则,通过凝聚共识、上下协同,构建“554”管理体系,强化过程管控,班组建设锁定工作目标,一年一个台阶,持续稳步推进。班组持续合格率达99.2%,培育特级班组25个、一级班组88个,三年班组建设圆满收官。

（刘　军）

【智能矿山建设】 矿业公司开展智能矿山课题研究,形成“目标+需求”双轨驱动模式。搭建裴庄“无人产线”自控系统,实现现场无人操控及一键启停。采用机器视觉技术解决杏山自动装矿问题,井下电机车无人驾驶升级为全过程自主运行。实施运输GK1机车遥控改造等项目27项,提高自控水平和劳动效率。推进集中计量向智能计量转型,物资计重开启无人时代。搭建私有云平台、协同办公平台,建设南北区通讯大通道,拓展南区主干通讯网,开发数据分析、资源综合利用、设备健康等系统,信息化基础和系统应用进一步深化。

（沈　杰）

【综合治理】 矿业公司调整治保委员会、治保小组、防火安全委员会和防火领导小组,审定治安保卫重要风险等级部位207个。应对治安及突发事件168次,控制排土场盗挖苗头19次,制止盗抢案件11起,回收精矿粉20吨、废钢铁2300千克,移交公安机关处理4人。逐级消防宣传、演练、培训307场次,发放防火宣传材料3600份,清理处置易燃可燃杂物20吨。审批防火重点部位检修、施工动火256次,安全检测1144个易燃易爆部位防雷装置。开展居民区电动车停放、充电安全整治,安装电动车充电桩。全年整改隐患问题1953项,隐患整改率达到100%。

（刘　科）

【人才队伍建设】 矿业公司落实公开选拔机制,搭建展示平台,推进人岗相适,18人走上领导岗位。固化研修班、大讲堂等载体,提升领导人员综合素质。运用综合考评结果,推动能上能下,激发队伍活力。以职称晋升带动人才素质提升,187人晋升中高级职称。加强财会、设备专业人才培训,16名非财会岗位学员到财会相关岗位工作。突出重点工种、技能培训,举办技能提升培训班30期,专业人员积极参与,提升培训实效。建设实操基地,强化车工、电工、内燃修理等岗位现场培训,缩短技能提升周期。先进典型不断涌现,马著、秦涛被评为首届“首钢工匠”,郭彪被评为“首钢之星”,严振湘获“首都市民学习之星”,王涛、张钊获“中德职工焊接对抗赛”冠军,满玉宝获“唐山工匠”,崔占金等10人获首钢技术能手称号。

（吴予南、郭永杰、王守政、李云龙）

【主题教育】 矿业公司开展“不忘初心、牢记使命”主题教育活动,采取“坐下来、请进来、走出去”等多种方式,组织党委理论中心组集体学习15次,专题研讨交流5次。结合学习收获和调研成果,各级领导人员深入所联系党支部讲授专题党课,推动主题教育成果转化。坚持问题导向,深入基层调研,按时限落实解决问题清单31项。深入开展专项整治和问题检视,召开对照党章党规找差专题会,围绕“18个是否”查找问题40项。高质量开好专题民主生活会,制定整改措施20条,主题教育达到预期效果。

（赵鹏飞）

【组织建设】 矿业公司规范党组织换届管理,完成3个基层党委(总支)和130个党支部换届选举。组织制定党委年度重点工作计划。开展基层党建年度评价,落实经营绩效挂钩,促进党建责任落实。采取“四不两直”方式,实施基层党建工作常态化督查。持续推进品牌支部创建活动,总结提炼党支部工作法,命名授牌第三批品牌党支部,推动“B+T+X”有序转化。深入开展创先争优主题实践活动,广大党员提出合理化建议2060条,实施课题攻关370项。《创建基层品牌党支部的思考与实践》获北京市国企党建研究会课题调研一等奖。党员电教片《守望初心的矿车医师》获2019年北京市党员教育电视片观摩交流活动三等奖。

（赵鹏飞）

【思想文化建设】 矿业公司组织“强基起步促发展”大讨论,查找案例900个,制定攻关课题500项,凝聚起思想共识。举办建矿60周年“十个一”系列活动,建成矿山文化馆,举办职工摄影书画展,组织“铁源记忆”文艺展演,“铁源文化”成为弘扬传统、增强自信的生动教材。矿业公司获2018—2019年度全国企业文化优秀成果二等奖、新中国70年企业文化建设优秀单位、中国新媒体传播影响力优秀单位,《“铁源文化”集聚企业高质量发展动能》案例入选《新中国70年中国企业精神与企业文化成果大典》。水厂铁矿汽运作业区运转班被评为中国企业文化建设与管理标杆班组。18 项论文成果在中国冶金矿山企业协会企业文化教育专业委员会第十五届年会上获奖，获奖档次、数量均在行业排头。坚持正确舆论导向，定期分析研判意识形态领域的新情况，对重大事件、重要情况中的苗头倾向问题，针对性引导解决。

（刘　媛）

【纪检监察】 矿业公司开展党风党纪教育，强化党风廉政理论学习，提升廉洁意识。深化“以案为鉴、以案促改”，用好用活矿业内部典型案例，拍摄警示教育片，增强教育有效性。微短剧《偷梁换柱》获首钢集团正风肃纪优秀教育片一等奖。深化廉洁文化创建，开展“十个一”廉洁文化创建活动，营造风清气正氛围。整合监督力量，组建监督工作联席会，完善联合监督工作机制，开展监督检查 42 项次，确保重点工作顺利推进。对法人单位开展监事监督，揭示问题 24 项，制定整改措施 29 条。开展经责、离任、内控等审计 10 项，发现管理问题 17 项，提出整改建议 22 条，促进法人子公司依法依规经营。强化问题线索处置，受理信访举报 22 件次，经初步核实反映问题属实或部分属实 11 件次。运用“四种形态”处理 29 人次。《关于开展廉洁文化创建的思考与实践》获首钢集团“正风肃纪 · 务实一招”优秀成果奖，《关于运用监督执纪第一种形态的思考》获首钢纪检监察系统优秀调研成果奖，《把监督触角嵌入到企业经营生产全过程》获全国钢铁企业纪检监察工作研究会第十五次年会优秀奖，矿业公司纪委被评为 2019 年度首钢先进纪检监察组织。

（朱会亭）

【群团工作】 矿业公司坚持“冬送温暖”“夏送清凉”，走访慰问劳模先进、困难职工 3565 人次，发放慰问品、慰问金及困难补助金 139 万元。拓展渠道，普惠共享，“首矿之家”为职工节省 50 万元。完成职工心灵驿站迁建。矿业公司团委获首钢“五四”红旗团委。计控检验中心团总支获全国钢铁行业“青安杯”竞赛先进集体。水厂铁矿汽运作业区团支部获全国钢铁行业“五四”红旗团支部标兵。

（朱亚娟、张　伟）

【和谐企业建设】 矿业公司坚持企业发展、职工增收理念，在岗职工收入持续增长。落实主体责任，回应职工群众关切，调处各类矛盾纠纷，矿区两种户口等历史遗留问题化解取得实质性进展，信访总量同比降低 19%，得到上级肯定。开展矿区各类人员核查统计，加强与政府部门沟通，研究破解关键问题，职工子女考学毕业落户等多项待遇得到较好落实。推进矿区二手房交易前期工作，加大协调力度，分户换证取得突破，启动 28 亩地小区分户登记，妥善处置滨河小区一期等土地遗留问题。强化治安防范和交通安全管理，开展消防安全隐患专项整治，建设家属区、厂区安防监控平台，纳入北京市雪亮工程，确保矿区生产生活顺稳。

（李　泽、栗帅鹏）

【新媒体建设】 矿业公司发挥新媒体优势，坚持“有料、有情、有用”的内容定位，增设《我是矿山人》《大咖秀》等贴近基层一线专栏，关注用户 13000 人，推送文章 311 篇，全年点击量 71 万次。通过留言互动，不断传递正能量。矿山版《我和我的祖国》《马著的成长事迹》《第一船绿色建材扬帆起航进军长三角》登上“学习强国”，扩大了影响力。

（刘　媛）

【全员健康】 矿业公司围绕“优化健康服务、完善健康保障、创建健康环境、推进自我健康管理”工作主线，组织开展“六大行动”，无烟单位、健康食堂建设稳步推进，职工健康素养提升，心理健康干预见成效，合理膳食科学运动深入人心。职工健康管理入选《中国计生协流动人口健康管理典型案例 100 例》。

（李富军）

【教育医疗】 矿业公司职工子弟学校共有 103 个教学班，在校学生 3283 人；在册教师 329 人，其中研究生 29 人，高级职称 62 人。围绕立德树人根本任务，坚持课程育人、文化育人、活动育人、管理育人、协同育人，将德育融入课堂教学、文化建设、节会竞赛活动、综合社会实践全过程，在各级各类评比、竞赛、活动中 1000 多人次获奖。以复习课大赛、青年教师基本功大赛、高效课堂展示等活动为平台，推进高效课堂建设，探究教学方式变革，在初三、高中实施选课走班制。2019 年 3 项市级课题、5 项区级课题结题，2 项市级课题、3 项区级课题成功立项，小考合格率 100%，中考升学率 99.69%，高考升学率 99.58%，其中本科升学率达到 90%。获“全国教育系统教研先进单位”称号，被评为石景山教育学会第十五届会员代表大会先进分会、石景山区课程建设先进单位，获全国中小学阅读与写作师范学校、石景山区学生综合素质评价工作先进单位。争取北京市生均公用经费、素质提升费、课后托管、综合实践活动、学生资助资金等专项补助资金1022.55万元，完成化学实验室通风改造、原培训中心教学楼改造、瑜伽室和第三个英语听说考场建设。

推进矿山医院重组改制，召开职代会通过《矿山医院重组改制整体方案》《矿山医院重组职工安置方案》，选举产生新医院公司职工监事。全年实现医疗收入1.66亿元，同比增加3.66%；门诊量23.75万人次，同比减少2.69万人次；出院人数3901人次，同比减少227人次；综合药占比51.96%，同比增加0.59%。

（高慧平、魏　娟）

【街道工作】 首钢矿山街道居民管理委员会服务于矿山居民，服务于驻矿企业，服务于稳定大局，提供法律咨询服务168件次，指导参与调解38起民事纠纷，受理来信来访188件217人次。办理低保待遇107户，核发低保金203.6万元。“阳光基金”救助58户，发放救济金2.37万元。为矿区居民办理老年优待证、优待卡86人次，审核发放80岁、90岁高龄津贴781人次，核发金额24.31万元；审核发放居家养老补助金3995人次，核发补贴金额40.4万元。为矿区567名残疾人服务，发放慰问金4.2万元。开展群众文化活动22场次，在重大节日举办专场演出，丰富居民文化生活。

（王冬冬）

【形势任务】 2019年，钢铁行业结构性过剩矛盾仍然存在，下游需求整体偏弱，市场竞争加剧，发展环境日趋严峻。铁矿石市场供大于求的格局没有根本性改变，矿价将长期低位波动运行。矿山产能产量受资源条件和环境双重约束，转型升级受创新能力和拓展应用能力不足双重制约，环保新常态、资源开发政策愈加严格。矿产主业处于发展调整期，资源接替任务紧迫，地采工程需要资金和管理持续投入；资源综合利用产业处于发展初期，生产运营和市场培育还需持续提升；相关产业还存在着产品结构不合理、拳头产品不突出的问题，需优化升级；企业办社会负担较重，各项改革仍需加快推进。

（李　泽、栗帅鹏）

【调研交流】

3月，北京市应急管理局领导携专家组一行6人督查矿业公司一季度非煤矿山安全管理情况，现场核查杏山铁矿安全生产许可证延期情况。

4月，矿业公司与首钢股份联合举办2019年度基层党支部书记培训班，来自首钢股份、矿业公司、首秦公司的基层党支部书记、委员、组织专业人员共340人参加。

5月，矿业公司举办纪念建矿60周年暨迎接第三次大发展动员大会。首钢股份公司党委书记、总经理刘建辉，首钢股份公司党委副书记、副总经理彭开玉，北京市公安局石景山分局内保大队（迁安矿区）党支部书记王彦明、党支部副书记周怀作及矿业公司领导班子成员，各厂矿党政主要领导、专业处室负责人，管理人员和生产技术骨干，劳模先进代表等参加。

9月，石景山区区委常委、统战部部长、副区长陈婷婷，石景山区应急管理局局长张玉国，石景山区公安分局副局长于东辉等一行9人来矿检查非煤矿山安全管理及新中国成立70周年安保工作。

10月，北京市石景山区市场监督管理局党组书记、局长张伟等一行13人来矿检查调研，首钢集团行政管理中心生活管理室主管师宋立宁，矿业公司领导王自亭、张建军、叶凯陪同调研。

12月，北京华夏建龙矿业科技有限公司董事长、总经理苑占永，副总经理高品军、张文俭、金伟、王久华、陈海彬以及相关部门、分公司负责人来矿签约考察，首矿速力与华夏建龙签订《智能化矿山建设服务咨询协议》，矿业公司介绍首矿智能化矿山建设情况和企业管理工作经验。

12月，由中国冶金矿山企业协会主办，矿业公司、中钢马鞍山矿山研究院有限公司联合承办的中国冶金矿山企业协会固废资源综合利用委员会成立大会暨第一届委员代表大会及2019中国矿业科技创新与应用技术高峰论坛在首钢迁安会议中心举行。来自国家相关部委、中国冶金矿山企业协会、各大矿山企业、高等院校、科研设计院所及设备制造企业的200多位代表参加。

在中国冶金矿山企业协会固废资源综合利用委员会成立大会暨第一届委员代表大会上，矿业公司当选固废资源综合利用委员会第一届主任委员单位，总经理黄佳强当选中国冶金矿山企业协会固废资源综合利用委员会主任委员，中钢集团马鞍山矿山研究院有限公司副总经理孙国权当选常务副主任委员。在中国矿业科技创新与应用技术高峰论坛上，自然资源部矿产资源保护监督司处长尹仲年、自然资源经济研究院矿业权管理技术处处长王联军、自然资源经济研究院综合处处长薛亚洲、迁安市副市长李强、冶金矿山企业协会会长黄笃学、中国冶金矿山企业协会常务副会长项宏海、矿业公司总经理黄佳强、中国冶金矿山企业协会总工程师雷平喜、中钢集团马鞍山矿山研究院有限公司副院长郭金峰等领导出席论坛。来自各大矿山企业、高等院校、科研院所及设备制造企业的20多位专家学者，分别就"砂石骨料制备技术"专题和"智慧矿山技术"专题作主题报告。会后，与会代表前往杏山铁矿、大石河铁矿二马铁矿石磁选项目和裴庄生态恢复治理项目进行现场参观交流。

（黄红军、李　泽）

矿业公司大石河铁矿

【大石河铁矿领导名录】

矿　长：闫尚敏

副矿长：郭　刚

党委书记：杨立文

（李旭东、杨　禄）

【概况】 大石河铁矿1959年建矿，拥有设备2902台套，固定资产原值9.69亿元，采剥能力1500万吨/年，原矿处理能力835万吨/年。下设生产技术科、机动科、计财科、综合管理科、安全保卫科5个科室，选矿车间、尾矿车间、动力车间、二马采矿车间、裴庄采矿车间5个车间和二马地采筹备组。期末从业人数760人，其中有技术业务职称人员140人。托管迁安首矿建材有限公司。

（李旭东、杨　禄）

【主要指标】 大石河铁矿全年生产精矿粉172.81万吨，销售171.57万吨，其中秘矿产粉44.33万吨。建材产品生产351.94万吨，销售342.3万吨。纳入矿业公司年度计划的29项技术经济指标中，24项完成计划，7项指标创出好水平。

（李旭东、杨　禄）

【百元选厂】 大石河铁矿圆满完成"百元选厂"收官任务，逐项打开分析成本项目，查找问题，分析短板，实施技术管理创新，支撑选矿加工成本持续降低。选矿加工成本完成99.58元/吨精，同比降低18.74元/吨精。

（李旭东、杨　禄）

【三供服务】 大石河铁矿克服环保停限产常态化等影响，强化供料系统设备管理，开展降硫攻关试验，满足首钢股份高低品不均衡需求，保证产销平衡。全年输出精矿粉214.96万吨，实现保供零影响。细化分时段供水措施，控制用水成本，全年供水量3119.26万立方米，取得供水效益1615.82万元。实施电气预试167项，强化功率因数管控，完成水源线路改造、裴柳区域供电设施升级等，增强供电稳定性。

（李旭东、杨　禄）

【资源综合利用】 大石河铁矿坚持市场导向，发展资源综合利用产业。通过落实场强升级、分料板优化等措施，选矿建筑砟产率达到13.68%。实施滚筛工序改造，大采建筑砂产率达到13.85%。开展工艺流程理顺、皮带系统专项整治、职工技术操作培训，实施技术改造百余项。裴庄生态恢复治理项目建成投产，标志着大石河铁矿资源综合利用产业产能突破千万吨。

（李旭东、杨　禄）

【安全环保】 大石河铁矿深化双重预防机制和本质安全建设，辨识安全风险1393项，排查治理隐患3775项，完成本质安全项目123项，提升隐患排查全员参与度和整改率。推进生态环境恢复治理，种植苗木2.9万株，绿化面积1.3万平方米。接卸水厂尾砂404.24万吨，新增造地100亩。

（李旭东、杨　禄）

【人才队伍建设】 大石河铁矿举办领导干部大讲堂7期，激发干部队伍活力。以挂职锻炼为载体，强化锻炼培养，在科级岗位挂职锻炼2人，在管理岗位挂职锻炼5人。带动人才素质提升。举办资源综合利用产业后备人才培训班，在职能岗位锻炼10人。组织技能培训92项次，被评为矿业公司级技术能手13人，晋升中高级职称16人。

（李旭东、杨　禄）

矿业公司水厂铁矿

【水厂铁矿领导名录】

矿　长：傅志峰

副矿长：张韶敏　陆云增

党委书记：李　昕

（赵东升）

【概况】 水厂铁矿始建于1968年，有采、选两个生产系统，矿岩采剥能力为6000万吨/年，选矿原矿处理能力为1448万吨/年，是国内最大的露天铁矿之一。拥有设备2003台套，其中有牙轮钻机、电铲、130吨、150吨、170吨、190吨电动轮矿车、排岩机等大型设备75台，破碎机、球磨机、过滤机106台，以及边坡钻机、碎石机、挖掘机、大型推土机、平路机、皮带机、磁选机等，固定资产原值27.66亿元。采矿生产为露天开采，采用汽车运输和汽车—破碎—胶带半连续联合运输方式，有3条半连续胶带运输系统。选矿生产为三段一闭路破碎和阶段磨选，精矿粉1979年、1987年获国优产品金质奖，累计生产精矿粉1.25亿吨。设生产技术科、机动科、计财科、人力资源科、安全保卫科、办公室6个科室，有穿爆车间、采掘车间、汽运作业区、西排车间、东排车间、破碎车间、磁选车间、输送车间、尾矿车间、筑路排土车间、动力车间、开发服务车间、创业开发中心等13个生产车间，年末在册职工1549人。

（赵东升）

【主要指标】 水厂铁矿完成采剥总量4810.64万吨，铁矿石868.77万吨，生产精矿粉288.08万吨，输出289.52万吨，输出品位68.27%。矿业公司确立的43项指标，32项超过2018年水平，10项创出好水平。25项全行业对标指标，7项进入前三，3项排名第一。选矿全员劳产率完成21719.35吨/人·年，保持同行业同等规模矿山企业前三名的水平。

（赵东升）

【资源综合利用】 水厂铁矿完成新厂建筑砟装车筒仓建设和振动筛升级改造，满足火运客户质量需求。开辟干排砂利用新渠道，与金隅冀东集团签订战略合作协议，搭建长期稳定合作关系，实现干排砂稳定销售。强化装车组织，提高发运效率。全年销售建材产品181.29万吨，实现社会收入1565.13万元、盈利351.85万元。

（赵东升）

【技术管理】 水厂铁矿采矿生产以稳供矿、供好矿为核心，加强计划预见性和超前性，探索实施早转晚停、交接班不停机组织模式，日总量水平提高1.5万吨以上，爆破储备量始终保持在260万吨以上。做足资源增量，完成矿石破碎站下移，实施北区东端帮和南区境界优化，落实皮带干选和混料回收措施，增加矿石240万吨。提高选矿生产组织效率，抓好各工序指标管控，及时调整高低品精矿粉生产，满足首钢股份矿粉需求。

（赵东升）

【百元选厂】 水厂铁矿结合全流程自动化升级、老厂振网筛换型、B3材质钢球推广，以技术改造和管理项目为支撑，以工序成本和技术经济指标为抓手，持续开展技术攻关，优化工艺工序，提升流程效率，精矿粉选矿加工成本99.87元/吨，实现“百元选厂”目标。

（赵东升）

【设备管理】 水厂铁矿强化操检合一、协同检修，探索全矿协同、区域配合、提素提效新模式，主体设备实现长周期经济稳定运行。全年完成内部协同检修项目320项次，减少外委费用372.79万元，电机修理费降幅9.28%，主体矿车完好率达到96.42%，生产流程、单体设备故停率明显降低。克服施工难度大、现场环境复杂等困难，完成110千伏罗水线路架设施工。

（赵东升）

【环境治理】 水厂铁矿严格执行环保政策，全面落实各项环保措施。完善环境管理体系。对矿区道路、露天物料堆场实施洒水降尘、苫盖封闭，生产现场环境达标。完成核子秤改造电子秤项目，消除放射性污染源。推进生态环境恢复治理，投资1600万元，累计安排2.5万人次，实施排土场绿化喷播、营养钵栽植，新增绿化面积2173亩。

（赵东升）

【科技创新】 水厂铁矿完成创新课题67项，发表科技论文14篇，有4篇论文分别在《金属矿山》《有色金属》《现代矿业》等国家核心期刊上发表，4篇论文被推荐到北京金属学会发表。《水厂铁矿尾矿一体化处置全流程技术与装备研究》获冶金科学技术三等奖，《露天胶带运输系统破碎站拆除爆破新方法研究》《新型高效干式预选设备的应用研究》获首钢科学技术三等奖。2项成果申请国家专利。水厂铁矿被评为矿业公司创建学习型企业先进单位，穿爆车间爆破技术创新工作室被评为优秀创新工作室。开展全员创新，完成课题攻关67项，发表科技论文14篇，4篇论文分别在《金属矿山》《有色金属》等刊物发表，4篇论文被推荐到北京金属学会发表。

（赵东升）

【和谐矿山建设】 水厂铁矿走访慰问劳模先进、困难职工。建成“心灵港湾”，开展“快乐工作、幸福生活”体验服务，促进职工身心健康。推进全员健康工作，在岗职工体检率达到100%。获第二十四届矿山文化节优胜单位。加强采排场、尾矿库等重点区域动态管控，强化苗头性问题打击治理，矿区周边实现持续稳定。完善“四防”措施，加大治安巡查看护力度，厂区治安状况良好。

（赵东升）

矿业公司杏山铁矿

【杏山铁矿领导名录】

矿　长：康计纯

副矿长：李永新　陈国瑞　姜兆进

党委书记：迟春革(7月任职)　马　波(7月离任)

（葛　堃）

【概况】 杏山铁矿2006年7月11日成立，是矿业公司率先由露天转为地下开采的矿山。杏山铁矿属于鞍山式沉积变质贫铁矿床，保有储量8967万吨，开采范围为—30米水平以下矿体，共分两期进行开采。一期开采范围为-330米以上矿体，年产铁矿石320万吨，服务年限19年。二期开采-330米水平以下矿体，按照每年320万吨规模建设。杏山铁矿在账固定资产1104项，固定资产原值8.04亿元。设生产技术科、机动科、安全保卫科、计财科、综合管理科，开拓作业区、采矿作业区、井巷作业区、碎运作业区、提升作业区、动力作业区，年末从业人员654人。

（葛　堃）

【主要指标】 杏山铁矿全年开采矿石292万吨，完成保供任务；资源综合利用产品产销74.9万吨，实现利润294万元；矿业公司确立的17项主要技术经济指标中，13项超2018年水平，5项达到或超过历史水平。被首钢集团评为安全生产先进单位，获“全国钢铁工业先进集体”称号。

（葛　堃）

【资源综合利用】 杏山铁矿以“产、销、量、质”为抓手，建立健全管理体系，做实做细资源综合利用产业化发展。开展试验研究，探索最佳技术工艺控制参数，优化产品结构，建筑砟产率提升2.3%。加强质量攻关，控制破碎机满腔运行，产品粒型、粒级不断改善。拓宽市场，打通火运外销渠道，资源综合利用产品产销量创历史新高。

（赵　岩、葛　堃）

【工程管理】 杏山铁矿推进要件办理，组织地采扩建工程施工，全年完成工程总量916米/21707立方米，实现基建施工有序推进。

（郭　晨、葛　堃）

【数字矿山】 杏山铁矿固化“机械化换人、自动化减人”综合试验系统建设经验，系统总结现有数字化管理模式，推进全流程由数字化向智能化迈进。开展电机车自动装矿试验，为电机车智能运行提供技术支撑。完成-480米泵站远程操控，改善作业环境，降低职工劳动强度，实现本质安全。完成4个风机站变频控制改造，节能降耗再上新台阶。实施撬毛台车无线遥控改造，实现作业人员远离危险环境。完成-330米水泵健康系统上线，设备管理由经验型向科学型转变。

（尹更博、葛　堃）

【人才工作】 杏山铁矿坚持以职称晋升引领专业技术人员成长，新增中高级职称人员17人。开展多技能培训取证，取得多技能特种作业证87人。坚持以赛促学，参加技能大赛，富全、王宝林、侯禹合被授予“全国技术能手”称号，被授予“矿山工匠”称号5人。

（葛　堃）

【安全和谐】 杏山铁矿树立“大安全”管理理念，建立自主安全教育培训新模式，全员安全综合素质稳步提升。坚持超前防控，开展本质安全建设，安全风险管控取得阶段性成效。强化非煤矿山治理，现场安全作业环境持续改善。

（崔保攀、葛　堃）

矿业公司运输部

【运输部领导名录】

主　任：刘　欣

副主任：张旭东

党委书记：刘　欣

党委副书记：齐晓辉

（闫　军）

【概况】 运输部主要负责首钢迁安地区、顺义地区铁路运输业务及管理工作，承担矿业公司、首钢股份、中化公司、顺义冷轧原材料和产成品的铁路运输任务。设运输科、设备科、安全保卫科、计财科、人力资源科、办公室6个专业科室,7个车间(作业队),57个班组,年末从业人员1290人。掌控内燃机车和电力机车46台;翻车机、挖掘机、卸车机等装卸设备7台套;鱼雷罐车、敞车、翻斗车等铁道车辆591辆;铁道线路225.13千米,道岔459组,信号楼19座,解冻库1座。

(闫　军)

【主要指标】 运输部开拓市场打量创收,经济运行降本提效,坚持开源节流并重,提质增效,运营质量不断提升。多项指标创出好水平,全年铁路运输总量完成4000万吨,超计划8.99%。全员劳产率完成32054吨/人年,同比提高20.1%。机车综合能耗完成88.44千克/万吨千米。

(闫　军)

【安全生产】 运输部开展标准化工程建设,以"人的行为标准、生产组织、现场环境标准、设备及检修标准、安全基础管理标准"四个要素为主体,制定标准化工程推进计划,按月开展评价。修订《岗位操作标准化指导书》,制定操作标准及视频课件,按周开展培训教育。

(闫　军)

【技能培训】 运输部推进"学练赛选"活动,全年开展培训4980学时,参培职工43560人次,组织岗位练兵2736项次。操作岗位技能人员初、中、高、技师人员比例分别达到12%、35%、49%、4%。高级工以上职工占比达53%。全年晋升高级职称2人,中级职称4人,初级职称33人。

(闫　军)

矿业公司物资公司

【物资公司领导名录】

经　理:王恩宇

副经理:王新华　马学兵　郑建锋

党委书记:王恩宇

(贺顺鹏)

【概况】 物资公司2001年成立,负责矿业公司生产建设所需的13大类原燃材料、17类备品备件的采购供应及专业管理,年采购额8.88亿元、供应总额8.75亿元。设办公室(政工科)、计划科、财务科、综合管理科、经销科、物资采购科6个科室,总油库、总仓库、化工公司3个车间单位。年末从业人员234人,其中研究生9人,大学文化80人,大专文化69人、高级职称5人、中级职称44人、初级职称23人。

(贺顺鹏)

【主要指标】 物资公司采购资金完成8.88亿元。全口径库存资金占用2.05亿元,比年初降低2381万元。资源综合利用产品销售完成560万吨,实现销售收入8612万元,同比增长208%。完成废旧物资销售353万元。化工公司营业收入5316万元。

(贺顺鹏)

【管控模式】 物资公司做好采购资金预算管理,完善评价体系,监控预算执行,强化过程分析,全年审批采购比预算降低1728万元。提高直采比例,直采率达80%。实施分类集中采购和分级谈判,取得采购效益606万元。完善大宗物资跑赢市场坐标系,开展择机采购,实现综合采购效益417万元。拓展电商采购平台,完成电商采购1451万元,取得效益143万元。建立快速采购渠道,快速直采1491万元,实现效益293万元。扩大联储物料范围,增加关键工序备件储备1635万元。加大滞库物资盘活力度,全年盘活物资661万元。应用机旁物料管理系统,物料调剂使用1508万元。盘活产成品、半成品无效库存456万元。

(贺顺鹏)

【专业管理】 物资公司规范物资收发存管理,收发准确率达到100%。规范竞价销售,严格资质审核和报价管理,做到依规合法。建立客户档案,定期开展信用评价。强化质量管理,推进物料名优采购。引进新客户,提升物资销售效益。强化直送物资管理,降低直送风险。完善废旧物资类别和物料描述,优化928项物料主数据信息,确保系统回收和数据分析准确。应用物资质检管理系统,全年查出质量问题823项,扣罚违约金3.37万元,质量索赔27起75万元,维护企业利益。

(贺顺鹏)

【资源综合利用产业发展】 物资公司推进资源综合利用产业发展,明确"稳定汽运、拓展火运、探索海运"营销思路,营销能力持续增强,开发京津冀鲁周边区域市场,与北京北控、天津新晟、沧州洪升水利、山东中联水泥集团等大客户建立战略合作关系,火运销售网络初步形成。全年汽运销售336万吨,火运销售671列、222万吨，火运比由年初的0.76%提升至55%。建立高效集港流程，实现海运销售。

（贺顺鹏）

【炸药生产】　物资公司炸药生产计划完成率达到99%以上，保证稳定供应。完成铵油炸药生产系统迁建，实现炸药生产集中管理。开展安全标准化工作，在河北省考评中保持安全生产标准化A级。强化市场销售，开发唐山三友、中煤三建等新客户，巩固与唐山金宇、冀东建设合作，全年外销炸药1822吨。

（贺顺鹏）

【安全管理】　物资公司推进双重预防机制建设，划分安全风险辨识单元65个，辨识各类安全风险446项，修订完善排查标准33条。开展本质安全建设，完成本质化安全项目53项。深化高危领域安全管理，开展二马库区、南北区加油站安全现状评价，提升安全存储水平。总仓库被迁安市环保局确定为管理示范点位。运用集中监控、电子巡更系统、周界入侵报警、一键报警系统等管理平台，实现人防与技防有机结合，库区防范保持稳定。

（贺顺鹏）

【人才培养】　物资公司注重青年人才培养，选拔3名青年后备干部到基层领导岗位挂职锻炼，招聘2名一线青工到管理岗位实践历练。15人取得更高层次学历和专业技术职称。

（贺顺鹏）

矿业公司计控检验中心

【计控检验中心领导名录】

主　任：刘兴强

副主任：李　文　王久强（5月任职）

党委书记：刘兴强

（李中良）

【概况】　计控检验中心设综合管理科、理化管理科、信息化办公室3个科室和信息开发中心、计控科、计衡车间、电信科、质量检验站5个科级实体，托管北京速力科技有限公司。年末从业人员379人（含速力公司38人），其中研究生学历34人、大学学历196人，高级职称21人、中级职称88人，高级技工168人。主要承担矿业公司自动化、信息化、计算机、计量、检验、电信等专业管理及相关设备维护、计量和检验操作、技术开发和项目施工；对外开发社会市场，承担自动化、信息化产品的推介和实施。

（李中良）

【主要指标】　计控检验中心全年业务收入5395万元，提升10.85%。外部收入占比达71.5%，全员劳产率同比提高18%。

（李中良）

【智能矿山建设】　计控检验中心聚焦智能采矿、智能选矿、智能运输，系统研究智能矿山标志标准，搭建智能矿山整体架构，规划建设智能矿山路线图，确定以无人化为主线推进智能矿山建设。提升信息化水平，完成数模研究课题26个，搭建协同办公平台，建设私有云平台，升级能源管控系统，开发数据分析系统、设备健康管理系统和全流程信息管理系统。提高自动化水平，实施运输道口远程集中操控、水厂新过滤集中控制等自动化改造项目41项，提升现场自控水平。

（李中良）

【技术转化】　计控检验中心优化井下电机车自动驾驶等技术，提升产品优势；自主研发井下运输系统电机车双机牵引无人驾驶技术，矿车智能调度系统增加车载视频、倒车影像等功能，提升产品竞争力；封装MES系统、智能计量系统、全能源管控系统、安全管控系统、工会服务手机APP系统，增强技术向产品的转化能力，提升市场竞争力。

（李中良）

【社会市场】　计控检验中心完善固化成熟技术，形成拳头产品，中标紫金山金铜矿、安徽海螺水泥等多个电机车无人驾驶、GPS卡调项目。开发特色软件，矿山MES、设备管理等软件在赞比亚中色非矿、西部矿业等矿山企业落地生根。发挥自有技术优势，打响矿自信品牌，阿尔及利亚BPM管带机、首钢秘鲁铁矿1000万吨/年选矿等自动化项目相继投入使用。技术、产品优势逐步转化为市场、品牌优势。

（李中良）

【市场开发】　计控检验中心整合技术优势，开拓社会市场，打造首矿品牌，全年与16个大型矿山签订工程项目24个，遍及国内16个省份以及部分海外地区。发挥集成优势，以电机车无人驾驶为核心的地采自动化技术，在紫金矿业、金川集团、山东黄金等知名矿山落地生根;矿车智能调度系统拓展到海螺水泥、江铜集团、盘景水泥;实施乐钢球团自动化项目,拓展钢铁市场;中色非矿、众兴集团等信息化项目,得到社会认可;与华夏建龙签订智能矿山建设服务咨询协议,擦亮矿自信品牌,树立综合服务输出新的里程碑,市场开发由项目合作向长期合作转型。

(李中良)

【人才队伍】 计控检验中心实施人才建设"百人工程",通过岗位交流,拓展技能;开设"六讲六提促五赢"职工讲堂,授课37场次;开展职称争晋活动,20人取得初级以上职称证书,2人取得一级建造师证书,12人竞聘到专业技术和基层领导岗位。马著工作室被评为北京市创新工作室,选矿自动化工作室被评为矿业优秀创新工作室,潘海涛被评为"矿山之星"、首钢劳动模范,白雪峰被评为首钢模范党员,队伍整体素质提升。

(李中良)

【搭建育人平台】 计控检验中心开展"331"技能精英赛,纳入岗位技能评价,激励职工提升技能;坚持交流锻炼机制,培养多技能人才16人。16人取得中、高级职称,3人取得建造师资格。发挥创新工作室作用,开展课题攻关34项,组织专业大讲堂、专项培训39场次,推动人才全面提素。培养矿山工匠,马著被评为首批"首钢工匠",满玉宝获评"唐山工匠"。

(李中良)

矿业公司协力公司

【协力公司领导名录】

经　理:张保刚

党委书记:章俊伟

(金　城)

【概况】 协力公司2003年12月成立,经过多年发展,已成为专业化程度较高、整体规模较大的设备维检和车辆运输企业。2019年7月原电修公司成建制划入协力公司,综合竞争力得到提升。主要从事设备检修、工程施工和汽车吊装运输等业务,具有电气产品制作、特种设备安装改造维修许可证、危险品汽车运输等8类43项资质能力,固定资产原值3.79亿元。设综合管理科、计财科、安全保卫科、市场经营科、维检工程科、烧结维检项目部、球团维检项目部、南区工程项目部、北区工程项目部、电机修理项目部、机电工程项目部、汽运一队、汽运二队、机械安装工程队,年末从业人员1233人。

(宋光伟、金　城)

【主要指标】 2019年,协力公司实现产值2.9亿元,社会收入1.85亿元,同比增利597.16万元。

(宋光伟、金　城)

【经营管理】 协力公司建立三级指标管控体系,构建旬、月、季经营预测分析常态化机制,13项指标管控效果明显。规范奖励分配体系,实施风险抵押和挂钩考核机制,调动抓经营强管理和增收提效积极性。实施全过程预算管理,加强施工力量整体管控,实现效率效益双提升。实施全员创新积分管理,累计800人次参加,400人获得创新积分。

(郭秀红、聂朝璞)

【检修施工】 协力公司推进协同检修,全年参与矿业公司内部检修38次,完成股份、首秦和京唐公司协同检修28次、重点工程6项,受到业主嘉奖54次,被授予首钢股份年度系列检修"最佳合作伙伴"称号。

(司玉涛、孟祥军)

【市场开发】 协力公司打造铁前设备维检、技改工程服务、机电检修服务、电气产品制造、汽车吊装运输、机加工、金属结构件制作、小微项目等八大业务优势,先后完成首钢股份球烧脱硫脱硝改造、京唐公司炼铁作业部矿选扩能改造等重点项目,巩固拓展津西钢铁、九江钢铁、松汀钢铁、长白机械厂、承德信通首承等社会市场业务,形成服务集团内部市场、拓展周边社会市场、辐射省内其他区域市场新局面。

(李　东、王　爽)

【降本增效】 协力公司制定《2019年降本增效专项实施方案》,将内燃物资消耗、水电消耗等13项主要可控指标纳入专项方案管控,按月组织对比分析,形成"月初有计划,过程有管控,月底有分析"的精细化管理流程。将内燃物资消耗作为管控重点,逐项指标打开分析,针对单项管理问题,逐一制定管控措施,与2018年相比内燃物资万元产值消耗占比降低3.56%,实现降耗248.47万元。

(郭秀红、聂朝璞)

【人才工作】 协力公司加强专业管理队伍建设,推荐青工4人参加矿业公司青年骨干培训班,选拔青工9人到专业管理以上岗位挂职锻炼。组织学习培训130次,

2936 人次参加，赴外学习 14 次，组织技术骨干 50 人与青工签订师徒协议。举办第十三届职工技能运动会，选拔各工种技术能手 50 人。

（王贵阳、赵春冠）

首钢矿山机械制造厂

【首钢矿机领导名录】

厂　长：夏成军

副厂长：李淑玲

党委书记：李洪河（7 月任职）　迟春革（7 月离任）

（马　威）

【概况】 首钢矿山机械制造厂（简称“首钢矿机”）是集冶炼、铸造、金属结构、机加工、热处理于一体的矿山及冶金机械制造专业厂，具有设计、制造、安装、服务综合能力，拥有较强的耐磨钢球、捆带生产能力和技术装备改造能力。设生产运营科、设计研究所、销售科、财务科、办公室 5 个专业科室和铸造分厂、机加工分厂、金结分厂、磨球项目部、精铸项目部、技改项目部、捆带项目部 7 个经营实体，固定资产原值 2.9 亿元，年末从业人员 409 人。

（马　威）

【主要指标】 首钢矿机全年实现产值 2.15 亿元，比计划增加 377 万元。社会收入 1.21 亿元，社会收入占比达到 56%，创历史新高。

（李荣格）

【产品开发】 首钢矿机电铲备件在 27 立、35 立、60 立基础上新增 25 立、28 立、55 立，产品序列扩大。改进两壁腔型，平均使用周期优于原厂备件。完成运输部 K4-60 自翻车车厢设计和样机制作，形成批量订单。改进长钢台车结构，提高使用性能。完成裴庄生态治理、水厂建筑砟新建料仓、迁钢脱硫渣等重点工程 59 条皮带机设计制作任务，实现销售收入 1761 万元。

（商若愚）

【技改项目】 首钢矿机设计开发破碎机排矿口液压调整装置，降低劳动强度，提高工作效率，实现本质安全。完成水厂铁矿多灵破碎机主体部件制作、整机组装等大修改造任务，设备运行良好。设计改进 YZ55 钻机平台、钻架等主体部件，提高先进性。为首钢股份设计制作新型滚筒洗石机。B3 新材质钢球在水厂铁矿、承德地区进行装机试验，球耗分别降低 9.08% 和 12.18%。摸索电弧炉优质碳素钢+增碳剂+部分生铁的冶炼工艺，吨冶炼成本降低 500 元。开发合金柱镶铸产品，两套已经装机试验，预计使用寿命延长 10%。改进消失模铸造工艺，合金钢件试验成功，小型碳钢件实现批量生产。

（张文龙）

【设备管理】 首钢矿机完成 5 吨电炉高低压控制系统更换和捆带产线水循环和电气系统大修，提高设备稳定性。投入回火炉，满足 B3 钢球工艺需求；机加工分厂四米立车液压系统、电气系统大修，通过设备改造持续投入，设备技术状况得以改善。

（张文刚）

【环境治理】 首钢矿机落实企业生态责任，投入环保治理费用 1000 万元，淘汰七零砂工艺，升级为改性水玻璃石英砂工艺，建设砂处理系统及除尘器，解决冶炼、浇注工序烟尘排放问题。扩大磨球淬火水池，实现水循环利用。厂区硬化 4300 平方米、新增绿地 300 平方米，厂区环境得到改善。

（张文刚）

【队伍建设】 首钢矿机实施“三英工程”，推荐 1 人参加集团公司青干班，11 人晋升中、高级职称。开展岗位互换、“专业进现场”季度考评，锤炼专业技术人才。围绕重点、难点项目组织专项培训 48 次。新材质钢球学习团队被矿业公司命名为优秀创新工作室，机械厂被评为矿业公司学习型企业先进单位。

（马　威）

矿业公司电力修造公司

【电修公司领导名录】

经　理：李洪河（7 月离任）

党委书记：李洪河（7 月离任）

（李　伟）

【概况】 电力修造公司 1991 年成立，具有“中华人民共和国承装（修、试）电力设施许可证”三级资质、“中华人民共和国特种设备安装改造维修许可证（锅炉）”三级资质、“中华人民共和国特种设备安装改造维修许可证（压力管道）”资质及“防爆电气设备安装、修理资格证书”等 17 种资质。设办公室、经营财务科、生产科，机电工程项目部、迁钢维检项目部、北京维检项目部、电机修理第一项目部、电机修理第二项目部。

（李　伟）

北京首钢矿山建设工程有限责任公司

【首矿建公司领导名录】

董事长：周新林

董　事：周新林　郭会明　陈浩永　王宏图　马卫国　李树学　尹红卫（8月任职）　陈立伟（7月离任）

监　事：刘颖超　路　平　刘艳兵（5月任职）　马宏军（5月离任）

总经理：郭会明

党委书记：周新林

党委副书记：郭会明

纪委书记：周新林

工会主席：周新林

（方　亮）

【概况】　北京首钢矿山建设工程有限责任公司（以下简称"首矿建公司"）2005年注册成立独立法人企业，为北京首钢矿山技术服务有限公司的独资子公司，公司注册资本8899.61万元。公司主营：施工总承包，专业承包，劳务分包，建设工程项目管理，工程勘察设计，检修矿山及冶金机械设备，劳务服务，技术咨询、技术服务、技术开发和普通货运，制造金属结构。拥有矿山工程施工总承包一级资质，房屋建筑工程施工总承包、冶炼工程施工总承包、钢结构工程专业承包、电子与智能化工程专业承包二级资质，建筑机电安装工程专业承包、环保工程专业承包三级资质和冶金工程设计乙级资质。通过质量管理体系认证、环境管理体系认证和职业健康安全管理体系认证，通过AISC美国钢结构协会认证，具备海外工程承包资格和进出口业务自理报关资格。设有经营财务部、安保部、办公室（政工部）等3个综合部室，土建分公司、金结分公司、采矿分公司、井巷分公司、设计院、秘鲁分公司等6个实体单位。2019年底在岗职工192人。全年实现营业收入51989万元，实现利润501.23万元。

（方　亮）

【重点项目】　首矿建公司完成首钢股份烧结老系统脱硫脱硝工程、翻车机改造、烧结机热风循环改造等项目，获"先进单位"称号。拓展工程总承包EPC项目，承揽京唐公司细磨扩能改造、首钢伊钢固废资源化利用平台等项目，服务集团生产建设大局。参与裴庄生态恢复治理项目建设，施工组织强度创历史新高。

（方　亮）

【精细化管理】　首矿建公司做强承德天宝采矿服务穿爆装运一体化业务，实施精细化管控，技术上优化采场空间，管理上强化成本和设备管控，加强工人技能培训，实现管理、效益双提升，全年完成矿岩结算量6251.12万吨，连续两年获"优秀协作单位奖"。

（方　亮）

【党建工作】　首矿建公司修订完善《党委会议事规则》和《"三重一大"制度》，健全法人治理结构，防范决策风险。抓牢抓细党建基础，完善组织设置，组织召开党员大会增补党委、纪委委员，完成4个党支部换届选举，土建分公司党支部被命名为第三批品牌党支部。首矿建公司党委被评为矿业公司先进基层党委，首矿建公司被评为矿业公司先进单位。

（方　亮）

唐山首钢马兰庄铁矿有限责任公司

【马兰庄铁矿领导名录】

董事长：董　伟（兼）

副董事长：刘作利　张　荣

董　事：刘作利　张　荣　刘景玉　刘守新　张立友　李金喜（兼）

监　事：张金刚　张文东　崔健新（兼）

总经理：刘作利

副总经理：张　荣　刘景玉　李廷忠　王云峰　何建彬

党委书记：张　荣

（张海波）

【概况】　唐山首钢马兰庄铁矿有限责任公司（以下简称"马兰庄铁矿"）是首钢总公司和唐山市人民政府于1997年9月8日共同出资成立，属于国有股份制企业，公司注册资本3400万元，其中首钢总公司占股70%、唐山市政府占股30%，2002年12月划归迁安市人民政府代管，2017年6月由迁安市国控公司代管。公司主要产品为铁矿石、铁精粉。

马兰庄铁矿实行董事会领导的总经理负责制，设办公室、生产销售处、技术处、设备物资处、安全处、计财处、劳人处、基建工程处、自动化信息室、资源土地管理处、武保处、工会、采矿厂、选矿厂、柳选厂、汽车队、实业公司。年末从业人员 1093 人，其中大中专以上学历 445 人，专业技术人员 287 人，中级职称和高级职称共 78 人。

（张海波）

【主要指标】 马兰庄铁矿全年完成采剥总量 517.17 万吨，铁矿石 271.18 万吨，铁精粉 62.86 万吨，资源综合利用产品 139.43 万吨，实现利润 2037.45 万元。

（张立友）

【地采工程】 马兰庄铁矿以一级网络计划为抓手，对关键线路、重点工程科学管理、统筹规划，针对涌水量大、地质条件复杂等难题，改进方案设计，强化施工组织，地采工程掘进总量超额完成年度计划。

（李河）

【资源综合利用】 马兰庄铁矿优化产品结构，提高产品质量，树立品牌意识。开展排土场干选、尾矿砂销售、尾矿砂再选，回收有用矿物的同时实现废物利用。以市场为导向，优化销售策略，全年综合再利用产品实现销售收入 2199.01 万元。

（李明华）

【安全管理】 马兰庄铁矿构建“大安全”管理体系，实现安全管理全覆盖，夯实应急管理基础，保障职工健康权益。以深化安全风险分级管控和隐患排查治理双重预防机制建设为主线，全面推进本质安全建设，筑牢事故预防两道防线，搭建“双重预防控制体系”，成为唐山市“双控体系建设”试点企业。

（何雨山）

【技术改造】 马兰庄铁矿开发引进新设备、新技术、新工艺，推动企业发展。引进 11 台新式复合高频振动筛，筛分效率提升 26.83%。自主设计、实施柳选碎一、碎二自动化改造，实现远程集中控制，提高现场生产效率和职工安全系数。取得 5 项国家实用新型专利。

（申修强）

【环保项目治理】 马兰庄铁矿加大环保投入，开展环保整治。实施电厂污水治理系统及排水改造，实现生活污水有效处置、循环利用。改造化验室废液处置设备，实现“零排放”。规范地采现场文明施工管理，完善抑尘设施，封闭运输物料，整治漏点 43 处，减少危险废物排放。

（何雨山）

【队伍建设】 马兰庄铁矿以露天转地下开采工艺、工序、岗位转型为抓手，明确培训方向，提升培训实效，做好新项目、新工艺、新设备岗前培训，持之以恒推进地采队伍建设。创新职业技能竞赛形式，开展多种形式岗位练兵，参加各种职业技能竞赛，获第二届唐山工匠职业技能竞赛取化工种第 2 名和网络布线工种第 3 名、第 6 名。

（张海波）

首钢矿业公司实业公司

【首矿实业领导名录】

经　理：崔　勇

副经理：谷响林

党委书记：崔　勇

（赵占伟）

【概况】 首钢矿业公司实业公司（以下简称“首矿实业”）2001 年 1 月由原首钢矿业公司生活服务公司、房产公司、厂容绿化队等后勤单位组建，承担矿区生活区供水、供电、供暖及物业、职工餐饮、住宿、厂容绿化、文化场馆等服务工作。设经营管理科、生活管理科、综合管理科、办公室、物业公司、南区生活服务公司、北区生活服务公司、文化场馆、餐饮分公司、纯净水厂，年末从业人员 349 人。全年利润同比减亏 790.09 万元；实现水、电、暖主体设备故停为零的目标，矿区生活系统运营整体平稳。

（赵占伟）

【主要指标】 首矿实业开展水电系统“5+4+1+1”治理，电费收支率完成 91.41%，同比提高 1.78%；水费收支率完成 92.50%，同比提高 17.19%。红旗食堂占有率 88.9%，在集团餐饮系统评比中继续保持领先水平。

（赵占伟）

【二手房交易】 首矿实业推动停滞 10 年的矿区二手房交易，克服土地政策变化大、属地管理部门变化多等困难，完成生活区七宗地土地分割、土地及房产现场测绘、滨河村区域四宗地指界盖章。完成滨河村、龙山、水厂三个家属区全部购房户基础信息采集。启动 28 亩地小区和滨河小区一期分户换证工作。

（赵占伟）

【后勤保障】 首矿实业实施滨河小区供暖管网改造，供暖效果明显提升。组织对部分供电电缆改造，理顺区域生活供电线路。完成滨河小区部分住宅楼屋面防雨大修。实施加压泵站双回路供电改造，提高供水控制等级。加强供餐服务，开展夏季食品“打凉”、冬季食品“打热”等系列活动。相继投入食堂油烟净化设施、排烟系统、食品留样设备，食堂硬件水平不断提升。

（赵占伟）

【开发创收】 首矿实业拓宽增收渠道，承揽公司内部工程项目；发挥设备优势，加大车辆创收力度。理顺榨油生产组织流程，完成公司18000桶油生产任务。纯净水生产顺稳高效。做好桶装水瓶装水供应工作。

（赵占伟）

【党建工作】 首矿实业规范党组织换届流程，完成4个党支部换届。开展“党员突击队”“党员尖刀班”创建活动，发挥带头作用、骨干作用和表率作用，评选表彰党员突击队2个、党员尖刀班3个。深化“E党建”建设项目，物业党支部“微党课”、北区党支部“党员微故事”、南区党支部“党员政治生日”等党日活动持续深入，不断巩固党员教育阵地。物业公司党支部被命名为矿业公司第四批品牌党支部，被评为首钢模范党支部。

（赵占伟）

首钢滦南马城矿业有限责任公司

【马城矿业公司领导名录】

董事长：黄佳强（兼）

副董事长：齐宝军

董　事：黄佳强　齐宝军　刘守新

付振学　魏　宇（职工代表）

监　事：宋文军　张秋平　刘永晖（职工代表）

总经理：付振学

副总经理：阚雅新　李晓刚　李新明

财务总监：白东月

党总支书记：阚雅新

党总支副书记：付振学

工会主席：阚雅新

（袁　槐）

【概况】 首钢滦南马城矿业有限责任公司（以下简称“马城矿业公司”）位于河北省滦南县马城镇，矿区面积9.76平方千米，矿区范围内资源储量9.95亿吨。设计采用充填法地下开采，分为上下两个采区同时开采；采用主副井斜坡道联合开拓方式，有3条主井、3条副井、2条进风井、4条回风井和1条主斜坡道，年产铁矿石2200万吨；选矿采用单一磁选工艺，年产铁精粉737.5万吨。预计2023年建成投产，服务年限39年。2019年处于建设期，设有工程部、技术工艺部、机械动力部、计划财务部、安全环保部、供应保卫部、资源土地管理部和综合管理部，年末从业人员144人。

（袁　槐）

【要件办理】 马城矿业公司完成采矿许可证办理和项目核准工作。

（袁　槐）

【工程推进】 马城矿业公司落实基建期安全、进度、质量、投资“四大控制”，实施动态管理，全力推进工程建设。严格执行管控要素，强化业主、监理和施工单位三方主体责任，严格安全管理，现场施工安全稳定。矿建工程10条井进行平巷掘进施工，全年完成井巷工程掘进39.68万立，累计完成152.88万立。采选综合楼、食堂、2号宿舍楼工程完成主体结构浇筑，并进行内外部装饰装修。全年完成投资33.39亿元，完成审批概算的25.4%；累计投现31.41亿元，完成审批概算的23.9%。精矿管道输送项目完成管道路由调整、压覆矿报告申报、下穿铁路公路审批，取得水土保持评价、穿越河流的防洪报告批复和两市一县规划选址批复意见，开展终端站设计，形成终端站布置方案和项目概算，完成精矿回水处理方案编制。精矿管道项目初步设计通过专家评审。外部供电电源项目完成可行性研究方案和概算审批，确定工程施工单位，开始现场施工。

（袁　槐）

【设计优化】 马城矿业公司按照“智能采矿、无人选厂、绿色开发”战略目标，围绕工艺优化、采选一体化、先进技术转化、矿山信息化和智能化等，持续开展研究攻关。优化1号矿体开拓工程设计，减少运输巷道3051米、交岔点16个、铺轨4197米，减少采区溜井、放矿硐室、放矿机7个。优化单体设备数量，单体设备总数由331台降为262台。优化160万立周转池建设方案，提高土地使用效率。优化选矿厂技术设计工艺方案,完成二段磨矿立磨方案设计。

（袁 槐）

【科技创新】 马城矿业公司持续开展创新攻关,打造核心竞争力。取得《一种立井的施工方法》和《一种地下充填矿山采区布置装置及方法》两项发明专利。申报专利5项。

（袁 槐）

首钢地质勘查院

【地勘院领导名录】

院　长:邓　斌

副院长:王自文

党委书记:赵宪敏

（安诗蕊）

【概况】 首钢地质勘查院（以下简称“地勘院”）是在北京市编办登记的差额补贴的事业法人单位,境内有首钢地质勘查院地质研究所、北京爱地地质勘察基础工程公司、北京金地通检测技术有限公司、北京首勘金结水暖管道有限公司等具有法人资质的实体单位,境外有独资设立的首勘矿产地质勘查有限责任公司（秘鲁）、控股设立的华夏矿业评估有限公司（香港）。

2019年6月,经集团公司研究决定,地勘院由矿业公司代管调整为由首控公司代管。

（安诗蕊）

迁安首钢设备结构有限公司

【设结公司领导名录】

董事长:刘贵彬

副董事长:王海军

董　事:王海军　刘贵彬　惠庆久　李玉成　黄军县　李克靖　王丙涛

监　事:金印辉　马洪智　侯海成（3月任职）　韩绍春（3月离任）

总经理:刘贵彬

副总经理:李玉成　黄军县　李克靖

党委书记:王海军

党委副书记:刘贵彬　惠庆久

工会主席:惠庆久

（张树林）

【概况】 迁安首钢设备结构有限公司（以下简称“设结公司”）原名首钢设备结构厂,于2008年12月23日完成改制注册登记,注册资本3000万元,注册地址河北省迁安市沙河驿镇。改制后首钢集团占股35%,企业团队及职工占股65%。设结公司是一家集科研、设计、制造、安装、检修、服务于一体的大型冶金成套设备专业制作、维护单位。1996年通过ISO9001国际质量管理体系认证,主要拥有压力容器Ⅰ、Ⅱ级制造许可证、A级烟罩余热锅炉制造许可证、钢结构工程专业承包、建筑机电安装工程专业承包等资质,能够自主制作炼钢转炉、托圈、烟罩、钢铁水包、炼铁高炉、热风炉、板（管）式换热器、阀门、铁水称量车、鱼雷罐车、600至1300吨混铁炉等大批成套设备,产品遍及全国冶金行业。

（张树林）

【主要指标】 设结公司完成产值15995万元,同比增长22%;利润3万元,实现扭亏为盈目标。在岗职工人均收入同比增长6.8%。

（张树林）

【新型产业】 设结公司利用闲置土地资源,发展废钢加工和铁路物流新产业。废钢加工项目被列为迁安招商引资重点项目、首钢股份废钢加工配送基地。铁路物流项目获国家五部委批复,纳入国家铁路物流重点项目。

（张树林）

【管理创新】 设结公司重新调整公司班子成员分工,细化基层班子职责,实现优势互补、责任明晰。明确工程、环保等管理职责,实现管理职责全覆盖。学习借鉴矿业公司管理模式,开展管理基础大整顿,完善部门职责、管理网络、岗位责任制。整合成立制造分公司。

（张树林）

【规章制度】 设结公司制定下发《档案管理办法》《关于加强余热锅炉汽化烟道质量管控补充办法》《关于鼓励全员开发市场的办法》等制度20项,承接两级公司制度文件,梳理专业制度清单,初步形成专业横向到边、纵向到底的管理体系。

（张树林）

【技术创新】 设结公司加大技术攻关力度,攻克首钢大型热风炉拱顶更换技术,圆满完成3号高炉2号、4

号热风炉拱顶改造项目。成功研发板坯保温车,首创设计高效回收剩余精炼渣的耐高温罐体技术。

(张树林)

【质量管理】 设结公司优化工艺设计,强化组装和焊接质量,针对产品质量问题,制定专项管控方案,组建攻关小组,深入现场技术交流和质量缺陷分析,提出优化、改进意见。加大检查考核力度,全年对下考核41项,分析产品内部装配和焊接工序,规范质量检验。

(张树林)

【人才队伍】 设结公司安排青工10人上岗锻炼、轮岗交流,评聘技术专家、专业管理骨干、核心骨干员工103人,20人晋升为中高级工,组织取证、复审8期培训70人次,焊工3人获首钢股份检修相关方职工技能竞赛二、三名。建立职称晋升和毕业生见习激励机制,形成学技术、学业务的浓厚氛围。

(张树林)

【党建工作】 设结公司开展"不忘初心、牢记使命"主题教育,推进"两学一做"学习教育。完成党委换届选举、基层党支部改选。制定党支部党建工作考核评价办法,开展党建专项检查,基层党建工作得到规范。开展"创先争优"等系列评选,9个先进集体、24名先进个人、30名党员之星受到表彰奖励,张国盛被评为首钢劳模。

(张树林)

首钢水城钢铁(集团)有限责任公司

【水钢公司领导名录】

党委书记:王建伟

董事长:王建伟

董　事:龙　雨　袁国雄　王琳松(12月离任)

党委副书记、总经理:龙　雨

监事会主席:王鹤更

党委副书记、纪委书记:袁国雄

党委委员、副总经理:王琳松(12月离任)

常　进(11月离任)

夏朝开　何友德

副总经理:曹建军

党委委员、工会主席:申　燕(女)

总会计师:杨　荣

总经理助理:周岁元　翟勇强(11月任职)

罗达勇(11月任职)

安全总监:张　毅

调研员:张新建　常　进(11月任职)

(周庆高)

【综述】 首钢水城钢铁(集团)有限责任公司(以下简称"水钢")位于贵州省六盘水市,始建于1966年,是以钢铁业为主,集采矿、煤焦化、水泥制造、机加工、建筑、物流、进出口等配套经营的大型国有控股企业。公司注册资本341395万元,首钢集团公司、中国华融资产、中国信达资产、中国长城资产、中国建设银行、贵州省国资委分别占股61.06%、16.23%、13.15%、0.36%、4.69%、4.51%。主要产品有抗震钢筋、高速线材、棒材等13个长材产品30多个品种。水钢下设公司办公室(直属机关党委)、党群工作部、纪检监察部、组织人力资源部、财务部(兴源公司)、安全环保部、设备工程部、战略发展部、审计风控部、保卫(武装)部、总工办11个职能管理部门;制造管理部、离退休服务中心2个复合部门;铁焦事业部、钢轧事业部、能源事业部、物流仓储事业部、智能应用事业部、维检中心6个主体单位;销售分公司、市场采购部2个购销部门;博宏公司、赛德公司(欣欣房开公司)、瑞泰公司、职教中心4个子公司。2019年底在岗职工7996人,其中,硕士21人,研究生17人,大学本科学历780人;高级职称94人(其中正高级11人),中级职称368人;高级技师37人,技师270人,高级工3445人;在岗职工平均年龄44.01岁。

2019年,水钢党委紧紧围绕"保生存,谋发展"主基调,落实省委省政府定位、定向、瘦身、规范、改革"十字要求"和水钢"一二三四五"工作部署,党政班子42项重点任务、基础管理“五个提升”、降本增效 12 项攻关等任务完成预期目标，营业收入、资产负债等部分指标提前完成“十三五”规划目标。此外，履行社会责任，助推脱贫攻坚，“三供一业”稳步推进，为职工办实事、解忧困，持续深化职工普惠，改善职工食堂澡堂环境，提升职工工资收入，真正让干部职工共享企业发展成果。

（杨 艳、陈小艳、彭彩霞）

【主要指标】 2019 年，水钢生铁产量 341.59 万吨，比 2018 年增产 2.28%，较年计划增产 3.51%；钢坯产量 376.27 万吨，比 2018 年增产 3.34%，较年计划增产 7.51%；钢材产量 367.42 万吨，比 2018 年增产 3.15%，较年计划增产 7.43%；焦炭产量 95.56 万吨，比 2018 年降低 1.62%，较年计划降低 2.49%。主要技术经济指标：入炉焦比 387 千克/吨，喷煤比 138 千克/吨；钢铁料消耗 1084 千克/吨；钢材综合成材率 97.65%。冶金焦指标：干熄焦灰分 13.45%、硫分 0.66%、抗碎强度（M40）86.68%、耐磨强度（M10）6.45%。

（万 强）

【降本增效】 2019 年，水钢坚持“保生存，谋发展”主基调，紧紧围绕预算目标任务，以效率效益为导向，以改革提升为动力，以“四确保”“五提升”为工作主线，以党政 42 项重点任务、12 个降本增效攻关组为抓手，围绕既定经营方针，以“三个跑赢”为标尺，对标找差挂图作战，眼睛向内着力降本增效，强化资金风险管控，提高资金运营效率，牢牢把握发展机遇，积极应对外部形势变化，强化预算执行运行管控，完成全年目标任务，保持连续 3 年盈利发展态势。全年完成内部工作增效 7.69 亿元，折合吨钢 204 元，超额完成内部吨钢增效 100 元目标，两头市场减利影响消化；全年销售跑赢市场 2.78%、增效 3.87 亿元，采购跑赢市场降本 1.49 亿元，市场运作效果较好；非钢产业实现营业收入 44 亿元，盈利 8400 万元，保持稳定发展态势。

（杨绍成）

【品牌建设】 2019 年，水钢持续推进公司“产品提升三年行动计划”，不断强化“制造+服务”品牌建设。实施预应力螺旋钢丝盘条等新产品开发，开展 82B、镀锌钢丝、钢绞线 DX55、DX60 等工艺优化，预计直付平塘特大桥等省内重大工程用钢 110 万吨，占钢材销售量的 28.1%。全年申报专利 28 项，获得授权 7 项，获首钢集团科技进步三等奖 3 项，实施技术创新项目 19 项，创效 3451 万元；加盖铁水罐自动取电操作系统共申报专利 16 项，开创公司首个专利保护群。在国家品牌培育试点工程、中国质检协会“3·15”国际消费者权益日主题活动、贵州省名牌产品、省长质量奖、贵州“100 强品牌”全球传播行动等活动中，水钢获“全国质量信得过产品”“全国百佳质量诚信标杆企业”“全国产品和服务质量诚信示范企业”“贵州省名牌产品”“贵州省行业第一品牌”“贵州省建国 70 周年品牌文化 50 强企业”等称号，展示良好企业形象，品牌竞争力不断提升。

（吴学林）

【科技创新】 2019 年，水钢立项实施技术创新项目 19 项，计划投资 2353 万元，重点在新技术引进、课题研究应用、技术攻关和新产品研发等方面，项目实施创造经济效益 3451 万元。获重庆市科技进步二等奖 1 项，首钢集团公司 2018 年度科学技术项目三等奖 3 项。表彰 2018 年度水钢科技进步奖 14 项，合理化建议与技术改进项目 175 项，奖励金额共计 68.5 万元。申请专利 28 项（其中发明专利 8 项，实用新型专利 20 项），授权专利 7 项（其中发明专利 1 项，实用新型专利 6 项）。特别是自主研发的《加盖铁水罐自动取电操作系统》，该技术在国内属于首创，为有效地对该技术进行保护，首次建立专利保护群，专利群共计申报专利 16 项（其中发明专利 3 项，实用新型专利 13 项）。

（张东升）

【财务管理】 2019 年，水钢以利润、现金流等预算目标为引领，认真编制年度经营计划和年度预算。坚持问题导向，设立 12 个降本增效攻关组，围绕吨钢增效 85 元攻关目标制定攻关方案，对标找差、挂图作战；坚持和完善月度经营计划管控模式和日成本及效益测算，强化经营运行管控保完成率。融资工作坚持有进有退，着力优化融资结构降本；坚持和完善资金支付账期管理，严格资金计划执行，用好用活资金，强化存货、应收款等重点管控，促进降本增效，严控费用支出；加强沟通协调，争取政府政策支持；统筹安排民企资金，着力化解债务风险。围绕水钢内部市场化改革、转型提效等改革发展任务，加强财务体系管控能力建设。全年财务费用 1.29 亿元，比 2018 年节约 0.38 亿元，应收账款降低 2.63 亿元，取得专项奖补资金 8000 万元，脱困与产业发展资金 1000 万元，减免房、土两税 3486 万元等，国家减税降费政策得到较好落地，年末资产负债率 82.98%，比年初降低6.55个百分点。通过加强财务管理保障全年预算目标实现，财务状况持续改善，资产质量、运营效率不断提高，负债结构进一步优化，资金管控和抗风险能力增强。

（杨绍成）

【绿色环保】 2019年，水钢围绕“绿色工厂”建设，开展烟尘粉尘治理排放，全年生态污染事故为零；开展“六·五环境日”宣传活动；全年环境空气质量优良率100%；修订《首钢水钢危险废物管理规定》等3个环保管理制度；实施完成原料场返矿除尘系统升级改造项目，3号高炉矿槽除尘系统升级改造项目，3号、4号焦炉脱硫脱硝项目，3号高炉出铁场除尘系统升级改造项目等4个环保治理项目的建设；办理完成综合料场大棚封闭项目环境影响登记表备案手续；办理完成3号、4号焦炉脱硫脱硝项目，焦化酚氰废水处理系统项目，炼铁新增火车卸料除尘系统项目，三供一业职能分离移交物业改造等项目环评批复；开展生产过程中污染物排放监察494次；按计划完成固定污染源、厂界噪声、土壤、核技术应用装置等企业自行监测任务；固定污染源在线监测系统稳定运行，建成固定污染源在线监测数据管控平台；环境管理体系通过贵州省CQC审核保持有效运行；全年环保行政处罚为“0”；申请获得省财政厅400万元的环保专项资金补助。

（谌谋平）

【安全管理】 2019年，水钢安全管理工作深入二级单位检查督查452次，深入车间、班组568次，查出问题688项，整改率97.97%；修订完善940个岗位的6617条安全生产责任制；职业健康安全管理体系通过贵州省CQC第三方审核保持有效运行；按月开展安全生产问责问效积分制检查；开展危化、煤气、制氧、防高坠、有限空间、消防等10个专项整治；辨识出1496个有限空间并建立管理台账；识别出的11640项风险清单全部导入“首安云”，现场设置风险四色图46块、公示栏105块；完成21个建设项目的预评价和6个生产单元的安全标准化延期复审；持续开展班组安全管理标准化达标创建活动，新增安全示范班组2个、达标班组99个；持续推进本质化安全工作，完成物流仓储事业部、智能应用事业部5个区域6项本质化安全化工作；组织危险作业知识理论考试21场，发放《危险作业安全管理人员培训合格证》1416本，组织251人参加封闭式安全管理知识培训和800人的各级管理人员知识培训；按周期对职业危害因素场所检测2222个点，组织9025人次参加职业健康检查，调整有职业禁忌的75人岗位。

（林 吉）

【设备管理】 2019年，水钢强化设备点检管理，严格执行设备定修，统筹抓好系列年修，按设备分级管理方案开展设备隐患的排查整改，设备基础管理工作整体提升，全年主要生产设备运行稳中有升，设备故障影响生产时间与指标比月平均降幅25.56%，与2018年比降幅48.56%；设备作业率完成95.08%，与2018年比提升0.08%。同时，健全点检组织机构，推行以“专业点检”为核心的点检管理体制，形成以日常点检、专业点检和精密点检相结合的设备点检模式；优化设备定修模型，严格按检修标准、按计划日期实施设备定修，设备运行周期得以保障；完善年修施工方案、生产组织方案、能源平衡方案、安全环保方案等一系列制度，形成年修工作手册，完成2号转炉、3号转炉为中心的系列年修，同步解决4号高炉、8万立煤气柜、干熄焦、4号制氧机、5号电动鼓风机等制约安全生产的隐患，完成7号烧结机台车升级改造，特别在4号高炉降料面实施冷却壁更换过程中，首次采用氮气凉炉新工艺，凉炉效果较好。严格按设备运行管理要求细化各级人员设备管理职责，做好设备基础分级管理方案，设备基础得以夯实。

（周天春、周业勇、唐杰家）

【转型提效】 2019年，水钢持续推进转型提效工作，全年处级机构由27个减至25个，科级机构由239个减至220个，岗位职工减少603人，全年实物劳产率完成632吨钢/人，同比提高51吨钢/人；推进工效挂钩的联动考核机制，公司全员参与，攻指标、降成本、增效益，内部挖潜增效工作扎实推进。

（陈小艳）

【市场化改革】 2019年，水钢市场化改革不断深入，挂牌成立“智能应用事业部”“物流仓储事业部”，钢铁主业“五部一中心”管控模式初步形成，事业部内部市场化改革持续深化。完成焦炭采购、合金采购、废钢采购、备品备件采购、保卫和消防等业务优化，工序贯通，责权利压实，管理集中、业务协同、效率效益提升，市场化改革目标初步实现。

（陈小艳）

【多元经营】 2019年，水钢多元产业抢抓贵州省大生态、大数据、大扶贫、大健康、大旅游战略机遇，借力六盘水地企共建东风，融入城市发展，推进城市地下综合管廊工程、充电桩、立体停车场等项目建设，以项目促进机制、技术、管理、模式创新；以项目促成能力培训、队伍培养、就业培育建设；以项目促动非钢产业创新发展，努力实践“打造区域内有竞争力的城市综合服务商”的战略目标。全年多元化产业营业收入实现44亿元，利润总额实现8409万元，比年度考核指标增利3409万元，比年度攻关增利1909万元，超额完成任务。博宏公司获“全国优质废钢加工配送企业”称号，水泥生产、销售突破双百目标；瑞泰公司获“中国匠心企业品牌典范”称号、环保建材公司被评为“省级示范企业”，“双洞山泉”系列产品远销大连；赛德公司自主研发的6层升降横移停车设备，获特种设备试验合格证书，获“贵州省科技型小巨人企业”称号；职教中心获贵州省内仅5家技工院校的“中职强基工程”支持，成为贵州省第一批开展企业新型学徒制培训技能人才的院校等。

（钱晓波）

【信息化管理】 2019年，水钢持续推进信息化规章制度管理，确保信息化重点工程建设有制可依、标准唯一。先后制订下发《首钢水钢安全和信息化管理规定》《首钢水钢信息化管理办法》等，优化管理标准，缩短业务流程。促进水钢信息化建设的高效和资源集成，与北京首钢自动化信息技术有限公司、中国联合通讯贵州省分公司及六盘水分公司，分别签订合作开发以及战略合作协议，并以《首钢水钢信息化总体规划2018—2022》为指导，有序推进水钢信息化8+1项目建设。联合贵州首钢国际、中国联合通讯贵州分公司、水钢赛德公司、首自信等单位共同开展水钢大数据中心建设，推进8个信息化项目建设，其中水钢人力资源管理系统、水钢制造管理和执行系统按功能模块和区域已进行部分系统使用。联合贵州省联合通讯分公司及六盘水分公司，在钉钉上开发“智慧党建”信息化平台，实现“公司党委+二级党委+党支部+党员”的快速无缝连接。智能制造方面，通过钢轧二棒机器人的成功上线和高效运行，继续组织好一棒、三棒线8个机器人的建设，通过机器人全面替代三条轧线人工焊牌工作，社会影响效果明显，形成的专项项目获首钢集团科技创新成果奖。

（周 雄）

【产城共融】 2019年5月31日，水钢职工家属区“三供一业”分离移交供气改造完成10778户，原民用煤气供气管网安全停运，区域居民使用上安全清洁的天然气，截至12月31日，供电改造完成7475户，水钢结束半个世纪以来对外转供电的历史；2月14日进场实施供水改造，区域居民生活用水条件大幅提升；5月30日启动实施物业管理改造，区域居民生活环境改善；11月15日，六盘水市十大民生工程之一的水钢城市集中供暖项目正式投入运行，惠及全市企事业单位及小区居民4000户，保障市民冬季取暖需求；水钢物流成功打造县、乡、村三级物流网，开通66个站，616个点，实现“通村村”；水钢投资5亿元完善环保基础设施建设，全年实现环保零处罚，区域空气质量优良率达100%。

（朱启斌）

【风控管理】 2019年，水钢结合风控体系建设对行权事项关键环节的梳理情况、运行和内控评价发现的问题以及公司章程等修订情况，两次修订权力清单，修订207项、新增171项、删除17项、归并36项，促进权力清单管控模式更加科学、管控要素更加明确。7月，组织开展内控评价工作，发现内控缺陷35项，其中重要缺陷3项，一般缺陷32项，针对发现的缺陷，各单位均制定整改措施，落实整改，同时结合内控评价情况，开展风控手册的修订工作。结合制度缺陷清单，对现行有效制度进行评审，制定规章制度制（修）订计划，全年修订71项、新增7项、归并21项、直接申请废止6项。

（王志兰）

【依法治企】 水钢公司开展“法治能力提升”四项专项整治工作，对法律风险重点业务领域的合同、印章、授权、招投标管理进行专项治理，组织检查40次，对检查中存在的问题督促整改。抽查合同398份，对资质审核不严、合同内容不严谨、履行过程管控缺失、合同专用章使用管理不规范等问题75项，对未落实整改或出现相同问题的单位考核6次，对授权管理不严、无授权签订合同等3项问题提出专项整治。做好合同模板的评审和运用，推行合同的“标准件”管理，完成买卖合同等43份合同文本模板的审核，下发相关单位执行。积极应对诉讼，依法办理法律纠纷案件，加强潜在法律纠纷预防，法律纠纷案件同比降低69%。深入开展法治宣传教育，邀请贵州大学法学院教授举办一期“首钢水钢法律风险防范专题讲座”，公司中层以上管理（技术）人员和各单位法务工作人员共102人参加；组织开展保密法等“五法”普法知识竞赛活动，水钢参加人员达3187人；

组织科级以上管理(技术)人员712人通过“法宣在线”学法用法,参加普法考试;组织公司相关职能部门和分子公司参加法治视频讲座6次;将新修订法律法规在公司OA系统信息栏目公示,强化新法律法规的宣传和普及。

(陈卫莉)

【购销工作】 2019年,水钢采购环节紧紧围绕“一转变”“两建设”“三确保”“四突破”,以高质量保供为核心,在抢商机、优结构、挖内潜、拓渠道上努力攻关,持续从资源开发、渠道建设、市场运作、内控管理等方面进行系统采购保供优化,全年进口矿跑赢市场3.47美元/干吨,创效9968万元,煤炭采购跑赢市场4.84%,增效9904万元,资材采购降本600万元,为水钢生产经营稳定顺行奠定基础。销售环境紧扣“效率、效益”“保资金、保销量、保跑赢”目标,以提升价格为中心,牢牢抓住渠道优化、业务整合两条主线,转变营销模式,优化营销渠道,稳定提升核心区域价差,坚定营销前进方向,着力攻关营销目标,做好贵阳市场的稳价、挺价和导价;着力巩固和拓展工程渠道,优化品规,提高保供服务质量,快速反应和应对市场,综合售价稳居西南第二,其中4个月排名西南第一;大小品规比例达37.18%,比2018年提高2.32%;优钢比例达6.04%,比2018年提高0.07%;钢材直供比例达61.66%,比2018年提高0.57%;与中铁云南公司、中铁成都公司签订战略协议,实现镇赫高速、贵阳地铁三号线、瓮开、威围等项目的直付供货。

(王荣贵、张童瑶)

【党建工作】 水钢开展“不忘初心、牢记使命”主题教育,成立公司巡回指导组对公司下属19家单位主题教育情况进行督导。组织召开公司2018年度基层党建述职评议考核会,10家二级党委(总支)书记进行现场述职。将党建一点通APP升级为智慧党建;推进党建标准化、规范化建设。全年完成75家基层党组织的换届工作。组织100名党员参加录制《我和我的祖国》《没有共产党就没有新中国》MV,庆祝建党98周年。钢轧事业部党委成为六盘水市党建观摩点,1个党支部获省国资委系统企业第四批“样板党支部”称号,3个基层模范党组织,4名模范党员受到首钢集团表彰,55个党内先进集体和83名优秀个人受到公司表彰。

(肖永宁)

【脱贫攻坚】 2019年,水钢公司领导带队到扶贫点、结对帮扶村现场调研15次,水钢职能部门进行专业调研130人次。投入资金250万元,用于该村基本农田灌溉工程、村委会公路硬化、补齐生活设施短板、修建村公共阅览室、健身小广场等设施建设,并为海螺村村民购买取暖用煤。在水钢厂区主干道无偿提供230平方米的门面,打造“海螺村绿色农产品展销店”。投入7.8万元,为海螺村培训教室和村小学添置课桌椅。职教中心派出专职老师义务举办两期家政服务培训。水钢多部门和单位联合行动,义务为水城县奢旯村养殖户制作鸡笼262个。水钢驻村书记张家相被评为贵州省脱贫攻坚优秀村第一书记。

(肖永宁)

【人才队伍建设】 2019年,水钢配合六盘水市委组织部完成市管专家5人拟任考察及年度考核工作。推荐专业技术人才2人分别参加“百千万人才工程”国家级和市级的评选。向市发改委、市住建局推荐2人申报高层次青年现代服务人才培养对象。推荐2人为贵州省大数据专家库专家人选。完成高级职称及二级单位党政正职42人职称聘任工作。内部评审职称61人,通过47人;外委评审职称13人,通过12人。全年调整任免干部107人次。选派1人到省能源局、1人到省工信厅、1人到省政府办公厅跟班学习,1人到省国资委帮助工作,2人分别借调市环境保护督察组、市生态环境局学习锻炼,2人到首钢股份挂职锻炼,选派青年干部2人参加首钢青年干部特训班。完成高技能人才237人补贴申报。

(罗　飞)

【职工培训】 2019年,水钢员工教育培训工作聚焦“五个能力建设”和全员素质提升,共完成各级各类培训班556期,培训职工22119人次。经贵州省职业技能鉴定考评指导中心审核批准,同意首钢水钢公司开展职业技能等级认定试点工作。水钢董事长、党委书记王建伟与六盘水师范学院校长何林签订《校企合作框架协议》,校企双方就组建博士团调研交流,加强水钢技师学院学科能力建设,优秀毕业生就业推荐以及校企双方专业人才培养等事宜达成共识。经六盘水市人力资源和社会保障局批准同意,水钢与水钢技师学院开展企校合作新型学徒培养,开展机电一体化、工业自动化仪器仪表装配与维护、铁道运输管理、煤化工、燃气热力运行与维护、钢材轧钢与表面处理、钢铁冶炼7个专业的企业新型学徒培养工作，计划培养企业新型学徒378人。

（伍华菲）

【纪检监察工作】 2019年，水钢纪委强化政治担当，聚焦党内监督执纪问责主责定位，持续深化“三转”，正确运用监督执纪“四种形态”处理32人（次）。其中：运用第一种形态，约谈函询、批评教育20人（次），占总人次的62.5%；运用第二种形态，给予轻处分11人（次），占总人次的34.4%；运用第三种形态，给予重处分1人（次），占总人次的3.1%。全年受理信访件45件，处置办理问题线索43件，立案8件。严守执纪审查安全底线，全年执纪审查安全“零事故”。协助党委开展对6家单位的政治巡察，督促问题整改，推进全面从严治党向基层延伸。按照贵州省纪委监委要求，在水钢开展“一案一整改”活动，压实各级党组织管党治党责任。由纪检监察部牵头协调，利用首钢股份平台稳步推进的阳光购销工作，全年成功竞拍87单，竞拍金额8924万元，创效金额1287万元。2019年先后获首钢公司先进纪检监察组织、首钢正风肃纪教育片拍摄优秀组织单位、首钢调研报告评选优秀组织单位等多项荣誉，《一案一整改在企业监督管理的实施与应用》获首钢第二十一届管理创新成果三等奖。水钢纪委副书记、纪检监察部部长肖卫东获首钢集团党委颁发的2019年度优秀纪检监察干部荣誉称号，并抽调参加贵州省委第七轮巡视组，对贵州省三家大型国有企业云上贵州大数据集团、贵州茅台集团、贵州钢绳集团开展巡视。

（黄　霞）

【武装保卫工作】 2019年6月1日，保卫部铁焦、钢轧、应急、消防等4个大队成建制划转瑞泰公司，保卫部由原来的复合部门转变为纯职能管理部门。针对机构及人员划转带来的不稳定因素，召开“适应新常态、实现新突破、迎接新挑战”机构整合解放思想大讨论活动。完成民兵整组任务，共编基干民兵108人；抽调基干民兵参加六盘水军分区2019年度基地化轮训、水城县鸡场镇山体滑坡灾害抢险救援行动、省军区群众性练兵比武等活动；举行实兵防空演练，“八一”、春节期间，对涉军人员及驻军进行慰问。加强禁毒预防教育，做到禁吸、禁贩、禁制、禁种“四禁并举”。修订下发“水钢消防安全管理办法”“水钢危化品安全管理办法”，编制“水钢火灾应急预案”。开展水钢土地房屋清查整治、消防（危化）安全检查、消防专项检查18次，检查单位80家（次），考核单位14家（次）。组织对水钢14家有运输车辆单位进行专项检查；联合巴西交警大队、保卫铁焦大队、钢轧大队对厂区道路检查6次；协调铁焦事业部、钢轧事业部等单位的设备物资运输、检修通行水钢道路主干道相关工作76次。联合交警部门查处涉嫌撞损水钢物资并逃逸交通事故5起，挽回水钢经济损失88800元。投入道路隐患治理资金454400元。全年查处各类涉嫌盗窃物资、违规行为94起，抓获各类偷盗生产物资人员96人，移送公安机关查处案件7起、14人，刑事拘留3人，治安拘留5人，收缴废钢铁、电缆、焦炭、电机等，挽回直接经济损失14.3万元。全年配合公安机关破获治安案件1起，收到非涉黑涉恶群众举报问题线索13条，办结13条，问责1人。2019年，水钢武装保卫工作全面实现“公司厂区危险化学品事故为零，重大爆炸事故为零，重大火灾事故为零、重大盗窃案件为零”的责任目标。

（张涛松、武子翔、黄晓旭）

【离退休服务工作】 2019年，水钢离退休服务中心认真开展好服务老同志工作，努力搭建离退休人员“四就近”社区平台，落实“两个待遇”，重点保障好老同志知情权、参与权，虚心听取老同志的意见建议；中心领导率班子成员前往贵阳、鞍山、深圳、海口等地慰问离休干部及遗孀，加大对离休老同志的关心、慰问频次和力度，送去党组织的关怀和温暖。按照国务院、省、市相关部门和水钢要求，推进离退休职工社会化管理工作，发挥党支部、党小组和党员在服务职工群众中的作用，加强思想疏导，努力做好离退休职工队伍维稳工作，做实做细做优服务工作，提高离退休服务工作水平。全年协助市社保局共发放统筹养老金698390512.40元，发放水钢非统筹养老金112255463.86元；向市社保局申报退休人员因死亡停发养老金390人，停发金额1447902.52元；申报退休人员基础数据变更330人；申报修改账户97人；申报退休人员统筹养老金变更1135人，发放变动金额54271.65元；非统筹养老金变更818人，发放变动金额16360元；申报新增人员725人，增加金额2661052元，并到银行为他们办理开户事宜，及时给他们发放银行卡，采信基础信息；申报413人死亡待遇并现金发放死亡人员待遇21421634.10元。全年发放军转干人员48人享受职务生活补助费1011240元，发放个案帮扶金、春节慰问、“八一”慰问金、体检费和提标补发费用共429681元。发放建国初期参加革命工作享受供给制人员7人生活补助费75364.44元；发放老复退军人58人生活医疗困难补助费461530元（在非统筹中发放）。发放职业矽肺病人员6人月保健津贴家庭病床补贴费44664元；老工伤人员1人护理费35176.08元；核对职教幼教退休教师人员123人的信息并发放比照地方补差金额5087759.81元。核对家居农村轮换工1473人的信息并发放医疗补助费52992元；全年发放机关及改制单位内退人员335人生活费8845623.23元；发放正退供养人员1278人生活补助费8697995元。发放内退供养老人员223人生活补助费1531572.24元。“两节”期间慰问困难党员41人，金额41000元。

（李泽华）

【意识形态工作】 2019年，水钢把意识形态工作摆在党委工作重要位置，纳入党建考评体系和党委巡察重要内容，层层压紧压实工作责任，制定“水钢意识形态工作责任制实施细则”“网络意识形态工作责任制实施细则”和“网络舆情管理办法”等。全年组织意识形态专题汇报研究4次、专题培训6次，定期分析职工思想动态，有针对性地疏导情绪、化解矛盾。结合“不忘初心、牢记使命”主题教育，利用党委中心组学习、“三会一课”等，多形式、多层次、全方位加强对两级领导班子成员和广大党员干部理论学习教育引导。着力抓阵地建设和舆情管控，对公司及各单位管理的网站进行排查，坚持日监控、月分析，保证舆情阵地可管可控。围绕“坚持改革创新，推进高质量发展”主题，通过举办“聚焦高质量发展”论坛等，开展形式多样的解放思想大讨论活动。组织干部职工到贵州三线博物馆、息烽红色教育基地、盘县会议旧址等地开展主题党日活动，加深对革命文化、革命精神的认识。注重发挥党政工团优势，强化社会主义核心价值观的引领和融入，围绕新时代公民道德建设，组织力量投入创建全国文明城市工作，开展道德模范和身边好人等系列活动。

（陈冬云）

【企业文化】 2019年，水钢围绕建设高质量企业文化，本着规范性管理原则，先后下发《水钢企业文化管理制度》《2019年水钢企业文化建设工作方案》《关于规范统一使用首钢标识》等文件，启动并完成新版《水钢企业文化宣传册》的修订。分阶段、有重点地抓好品牌、诚信、廉洁、合规、法治、安全、质量、绿色等“八个专项文化”建设。成立水钢三线文化研究工作组，在全公司范围内持续开展老物件、老图片以及三线遗址、遗迹征集活动，举办水钢建厂53周年“共忆三线情·共铸钢城梦”主题活动。围绕新中国成立70周年，组织开展“妙笔丹青颂祖国·校企携手共发展”书画联展，参与省市宣传部主办的“我和我的祖国·老三线新传承”“我给祖国写封信”等系列活动。持续开展第十一届“最美水钢人”评选宣传表彰活动，用先进榜样传播正能量。通过参与编撰《首钢百年丛书》《首钢年鉴》《六盘水年鉴》《贵州交通运输年鉴》等，树立企业良好形象。全年完成《水钢思想与文化》杂志4期出刊任务，更好地宣传企业品牌、展示职工风采。2019年，水钢被评为“新中国70年企业文化建设优秀单位”“贵州省建国70周年品牌文化50强企业”。

（杨　艳、郭灵莉）

【工会工作】 2019年，水钢两级工会不断强化民主管理，保障职工民主参与、民主决策、民主监督的权利。围绕提高技术技能，组织开展首届职工技术运动会、网上练兵等技能竞赛活动，全年参与达7623人次。参加首钢纪念建厂百年系列活动，筹办两期首钢送高雅艺术到基层活动，承办“三线印记”凉都消夏文化节大型晚会，在新中国成立70周年表彰中，共有41人获新中国成立70周年纪念章。重视基层创新创效，成立首支劳模工匠技术服务队，以创新工作室、工匠场为平台，广泛开展技术创新、小改小革等活动，全年实施职工金点子、合理化建议950项，创效3200万元。钢轧事业部二棒作业区甲班被评为全国工人先锋号，马永相、李宾获贵州省“五一劳动奖章”，杨延被评为首届“首钢工匠”。评选表彰8名第二届“水钢工匠”，引导广大职工钻研技术，走技能成才之路。

（王爱华）

【职工普惠】 2019年，水钢坚持群团协同，困难帮扶和普惠助优双管齐下，组织开展送温暖、金秋助学、爱心“1+1”等活动，全年共为8825名会员职工（含子公司和改制单位会员职工）发放节日慰问款877.15万元，发放交通费补贴52.308万元，帮扶困难职工1848人次，支付帮扶金171.58万元，向上级工会争取资金41万元。安排职业健康体检5139人次，职工健康体检3239人次。累计发放“金秋助学”资金34.88万元，资助困难学生177人。持续深化职工普惠，发放普惠资金800万元。改善职工食堂澡堂环境，提升职工工资收入，让职工共享发展红利。

（罗　娟）

【团青工作】 2019年，水钢各级团组织主动融入公司中心工作，以“凝聚合力，提素成才，创新创效”为重点，着力推进四大“青春工程”。通过选派优秀青年参加首钢团干培训，开展“青年成长成才座谈会”、新分大中专毕业生入职培训，评选“十大杰出青年”“两红两优”等，让优秀青年脱颖而出。以新中国成立70周年、纪念五四运动100周年、首钢建厂百年为契机，组织开展重温入团誓词、“我和团旗合个影”“岗位梦、企业梦、中国梦”等系列活动。通过“青春创效我先行·凝心聚力助发展”等主题劳动竞赛串起“青”字号品牌活动，为团员青年搭建“比、学、赶、帮、超”平台。全年共实施完成41个创客挑战项目，组织青安岗开展巡检巡查827次，开展修旧利废203次，跑冒滴漏排查270次，共回收非生产性废钢铁合计7677.94吨。参与脱贫攻坚工作，为扶贫点农民精心制作养殖鸡笼262个。全年通过内外媒体刊登宣传报道共计175篇，编辑推送“青春水钢”公众平台信息56篇。基层团青集体7个、优秀青年14人获全国钢铁行业、贵州团省委、首钢集团公司表彰，2019年水钢团委获“全国钢铁行业‘青安杯’竞赛优秀组织单位”。

（陈　倩、葛晓丽）

【水钢公司2019年大事记】

1月4日，水钢成立由党、政领导任组长的三线文化研究工作组。

1月4日，水钢启动降合金成本及产品结构优化创效攻关工作。

1月8日，六盘水市委副书记魏雄军到水钢调研“凉都工匠场”“劳模工作室”及基层班组建设工作。

1月9日，广州新城建筑设计院西南分院副院长张维在省、市、县专家陪同下到水钢考察三线文化。

1月9日，水钢启动机器人自动焊牌系统项目建设。

1月17日，水钢召开精益TPM管理表彰会。

1月21日，六盘水市钟山区领导班子到水钢慰问。

1月21日，水钢工会召开二届二次全委（扩大）会。

1月22日，水钢援建的海螺村进村公路开工建设。

1月24日，贵州省工信厅专家组到铁焦事业部开展现场核查。

1月25日，贵州省总工会党组书记、副主席杨再春到水钢开展春节慰问。

1月28日，水钢召开2018年度统战工作座谈会。

1月31日，六盘水市残联慰问水钢困难残疾职工。

2月1日，水钢领导到海螺村调研脱贫攻坚工作。

2月13日，六盘水市人资社保局到水钢调研。

2月13日，六盘水市副市长何枢到赛德公司工程建设现场调研。

2月15日，六盘水市税务局到水钢走访调研。

2月21日，贵州钢绳公司到水钢调研交流。

2月21日，水钢领导带队慰问地方驻军官兵。

2月22日，六盘水市政府与水钢召开地企合作联席会议工作座谈会。

2月22日，鞍钢客人到水钢进行技术交流。

2月26日，水钢女职工吴梅获全国“五一巾帼标兵”称号。

2月28日，水钢3号、4号焦炉脱硫脱硝项目正式开工。

3月1日，五矿发展股份有限公司与水钢开展工作联合党建交流。

3月6日，水钢3号、4号焦炉煤气净化后三工段脱硫项目建成投运。

3月6日，六盘水市政府到博宏观音山调研旅游开发建设工作。

3月12日，贵州省国资委第八调研组到水钢调研。

3月12日—13日，赛德公司承建的六盘水市第三人民医院二期工程获“2018年度贵州省建筑安全文明施工样板工地”称号。

3月13日，六盘水市总工会到水钢验收职工之家。

3月15日，六盘水师范学院到水钢交流。

3月20日，首钢股份公司、山焦销售公司到访水钢。

3月20日，贵州省有色冶金工会劳动和技能大赛在水钢启动。

3月，赛德公司获“贵州省优秀施工企业”称号。

3月21日，六盘水副市长李恒超到水钢进行危化安全生产专项检查。

3月22日，云南能投公司到水钢开展业务交流。

3月25日，六盘水市委书记王忠到水钢调研安全生产工作情况。

3月26日，贵州省委常委、省委秘书长刘捷到水钢调研。

3月26日，铁焦事业部原料作业区清车综合班获“全国模范职工小家”称号。

3月26日，成都铁路局到水钢交流。

3月29日，贵州省国资委、财政厅相关人员到水钢调研“三供一业”分离移交工作开展情况。

3月29日，水钢医院在首届医院人文品牌建设峰会上获“人文管理创新医院”“品牌建设创新个人”奖项。

3月29日，贵州省安科院应急管理小组何兴菊一行到水钢，就水钢参与社会应急救援的类型、组织与项目等进行调研。

4月1日，六盘水市钟山区人民政府副区长付迁到水钢召开钟山区人民政府与水钢地企共建联席会议。

4月2日，贵州省应急管理厅副厅长叶文邦到水钢进行危险化学品和易易爆物品专项监管执法检查。

4月2日，博宏冷料厂50万吨废钢加工除尘项目正式投运。

4月2日，六盘水市总工会、盘江集团土城矿考察团一行到瑞泰公司参观学习。

4月8日，钢轧事业部成功开发直径18毫米锚杆钢两切分新工艺。

4月9日，首钢总经理助理卢正春到铁焦事业部调研。

4月10日，水钢在贵州三线建设博物馆开展庆祝建厂53周年“共忆三线情·共铸钢城梦”主题活动。

4月11日，水钢医院胸痛中心通过国家认证。

4月12日，六盘水钟山区委书记王赟到水钢调研“三供一业”移交工作推进情况。

4月13日，六盘水钟山区委书记王赟到博宏公司调研地企共建、扫黑除恶工作。

4月14日，水钢机器人自动焊牌项目投入试运行。

4月17日，中铁物贸集团昆明有限公司到水钢洽谈合作事宜。

4月18日，北京科技大学专家到水钢进行技术交流。

4月19日，水钢混匀料场大棚封闭工程全面铺开。

4月23日，水钢党建扶贫点海螺村绿色农产品展销店揭牌营业。

4月25日，水钢2019年股东会暨二届七次董事会、监事会召开。

5月6日，水钢召开纪念五四运动100周年暨共青团工作表彰大会。

5月6日，水钢125吨/小时干熄焦工艺年休项目竣工。

5月9日，首钢监事会检查组到博宏公司调研。

5月14日，深圳3A公司顾问到博宏公司指导工作。

5月15日，水钢首届职工技术运动会开幕。

5月17日，大连水泥集团到博宏水泥分公司考察。

5月17日，赛德公司研发的“钢结构装配式建筑组建及钢结构装配式建筑”获国家发明专利。

5月19日，水钢民用煤气退出历史舞台。

5月20日，通钢公司技术骨干到水钢考察学习。

5月21日，博宏公司6项使用新型装置、技术获国家专利。

5月22日，贵州省能源局到访水钢。

5月22日，贵州省第四次经济普查组到水钢开展经营、能源工作等数据的现场核实调研。

5月22日，博宏公司冷料厂智能操作室投入使用。

5月23日，水钢博士后工作站科研项目通过验收。

5月25日，水钢与联通公司签署《共同推进5G+智能制造应用项目合作协议》。

5月26日，水钢与中国联通贵州分公司签署项目合作协议。

5月31日，六盘水市副市长李丽到水钢调研进出口工作，调研观音山旅游开发建设工作推进落实情况。

5月份，水钢获2018年度“A级纳税信用企业”。

5月份，赛德公司自主研发的智能立体停车设备获国家特种设备型式试验合格证书。

6月3日，水钢首单非定尺锚杆钢网络竞拍销售成功。

6月5日，六盘水市政协副主席范三川到水钢开展传统企业转型升级促进高质量发展工作调研。

6月8日，水钢扶贫项目海螺村农业灌溉工程动工。

6月11日，贵州省第三人民医院对口帮扶水钢总医院。

6月12日，贵州省“千企改造”工程重点项目采访组走进水钢。

6月20日，首钢集团工会副主席陈克欣到4号高炉调研。

6月20日，中船重工物贸公司客人到访水钢。

6月21日，浙商中拓公司客人到水钢开展业务交流。

6月21日，首钢集团高雅艺术鉴赏剧组到水钢演出。

6月24日，贵州娄山关高新技术产业开发区党工委委员、管委会副主任杨茂麟到水钢考察。

6月25日，智能应用事业部揭牌。

6月25日，中国机电一体化应用技术协会、PLCopen中国组织、机械行业智能制造技术职业教育集团授予水钢技师学院“PLCopen IEC61131—3应用职业技能认证中心委员单位”，成为贵州省首家。

6月26日，在六盘水市钟山区税务局召开的“A级纳税信用等级单位”授牌仪式上，博宏公司获“A级纳税信用企业”荣誉。

6月27日，物流仓储事业部揭牌。

7月1日，水钢纪念建党98周年暨创先争优表彰大会召开。

7月2日，全国总工会研究室理论处到水钢就“运用互联网促进产业工人队伍建设改革”课题进行调研。

7月4日，贵州省总工会党组成员、副主席杨杰带队到水钢调研“在高质量发展中创新深化劳动和技能竞赛”工作。

7月4日，水钢副总经理夏朝开一行4人到首钢股份公司，迎接6月份赴该公司跟班学习的20名学员，并开展工作调研及交流。

7月8日下午，水钢在原观音山矿业分公司井口现场开展“牢记水钢历史，不忘初心走好水钢新的长征路”主题党日暨现场党课活动。

7月12日，水钢党委书记、董事长王建伟与六盘水师范学院校长何林签订《校企合作框架协议》。

7月12日，水钢赴首钢股份公司跟班学习学员座谈会召开。

7月12日，首钢集团公司总经理助理卢正春到水钢调研历史遗留问题。

7月13日，首钢集团公司总经理助理卢正春到水钢作“不忘初心、牢记使命”专题党课。

7月25日，由中国检验认证集团贵州有限公司总经理涂逢源一行13人组成的审核组，对水钢质量、环境、职业健康安全管理体系进行为期2天的监督审核。

7月26日—28日，首届贵阳工业产品博览会在贵阳国际会展中心举行，水钢产品亮相工博会引发社会各界关注。

7月26日，中国检验认证集团贵州有限公司审核组对水钢质量、环境、职业健康安全管理体系结合审核组织召开末次会。

7月29日，中国钢铁工业协会五届十次常务理事（扩大）会议暨劳模表彰大会在北京召开。水钢钢轧事业部连铸作业区准备工段获“全国钢铁工业先进集体”称号，铁焦事业部高炉作业区职工曾水根获“全国钢铁工业劳动模范”称号。

7月31日，六盘水市政协副主席禄祎偕部分市政协委员来到水钢技师学院进行实地调研。

7月31日，水钢召开2019年警示教育大会。

8月1日，大连市国资委规划发展处处长刘晖及下属创业投资有限公司副总经理宋国强一行到博宏水泥分公司调研。

8月7日，水钢开展“三重”预防性工作体系建设集中辅导。

8月7日，水钢召开“防风险、保安全、迎大庆”动员大会。

8月7日，国家税务总局第2巡回指导组组长张一波率队到博宏公司就企业减税降费政策执行情况开展主题调研。

8月8日，全国道德模范、中共中央候补委员、全国总工会兼职副主席、中共十八大代表郭明义，全国总工会劳动和经济工作部副部长闵迎秋偕全国总工会调研组相关人员，在省总工会党组成员、副主席杨杰和六盘水市总工会相关人员陪同下，到水钢调研“在高质量发展中创新深化劳动和技能竞赛”工作。

8月9日，水钢开展六西格玛项目辅导学习。

8月12日，六盘水市委副书记、市长李刚到水钢调研环境整治和智能制造等工作。

8月14日，贵州省有色冶金工会主席吴晓英一行对制造管理部“王述贤创新工作室”进行检查验收。

8月14日,公司党委书记、董事长王建伟,党委副书记、纪委书记袁国雄与保卫(武装)部人员到解放军驻地水城军分区、钟山区人武部、六盘水市武警支队慰问。

8月15日,按照首钢集团党委《关于在“不忘初心、牢记使命”主题教育中对照党章党规找差距的工作方案》要求,水钢召开领导班子对照党章党规找差距专题研讨会。

8月16日,国家税务总局六盘水市税务局总会计师唐佳一行到水钢调研指导减税降费工作。

8月16日,首钢钢铁板块采购协同交流会在水钢召开。

8月20日下午,六盘水市副市长李恒超携市、区相关部门负责人到水钢调研,就地企合作工作中遇到的问题提出指导性意见。

8月21日,由首钢集团技术研究院、总工程师室和技术服务团联合主办,水钢承办的2019年首钢长材产品及技术发展研讨会在水钢召开。

8月22日,公司党委书记、董事长王建伟带队到保华镇海螺村调研灌溉水池修建情况。

8月24日,台湾基层劳工代表交流团到水钢参观交流,六盘水市台办、市总工会相关领导陪同。

8月27日,水钢混匀料场封闭大棚工程正式进入网架安装起步段滑移施工阶段,标志着水钢打赢蓝天保卫战的重点工程之一正加快步伐推进。

8月27日,中国工商银行六盘水分行行长张艳一行到访水钢。

8月28日,水矿集团工会副主席王婷一行先后到水钢王述贤创新工作室、博宏石灰矿业分公司工匠场参观交流。

8月31日,铁焦事业部化产作业区焦化酚氰废水深度处理工程项目开工建设。

9月4日,由水钢及钟山区卫生健康局主办,水钢离退休服务中心、水钢“三办”承办的“忆峥嵘、看发展、守初心、担使命”主题活动举办。

9月6日,贵州企业联合会、贵州企业家协会在贵阳举行“贵州双百强企业高峰论坛”,水钢获“2019贵州100强企业”“2019贵州制造业企业100强”荣誉。

9月12日,水钢召开首届“水钢工匠”履职汇报暨创新工作室(工匠场)规范化建设交流座谈会。

9月18日,水钢与六盘水师范学院在市美术馆共同举办“妙笔丹青颂祖国·校企携手共发展”书画联展,迎接新中国成立70周年。

9月19日,首钢集团审计部部长郭丽燕应邀到水钢开展内部审计工作宣讲。

9月19日,水钢领导班子“不忘初心、牢记使命”专题民主生活会召开。首钢股份公司外埠钢铁企业主题教育第三指导组组长刘志民到会指导。

9月23日,六盘水市委常委、宣传部部长刘睿代表市委市政府到水钢慰问贵州省见义勇为道德模范林子茂。

9月24日,国家工信部委派专家到博宏公司就50万吨废钢铁回收加工生产线及在建项目的准入资质进行现场验收,经核查水钢资源循环利用符合国家要求。

9月份,水钢结合首钢集团钢铁板块质量月工作安排,在全公司范围内全面启动主题为“回归质量本源、聚焦质量提升、推进高质量发展”的质量月活动。

10月10日,水钢领导王建伟、袁国雄、曹建军、申燕及有关部门负责人到水钢扶贫点海螺村开展工作调研,并参加水钢援建的海螺村基本农田灌溉工程投运仪式。

10月10日,由六盘水市卫健局主办、水钢总医院承办的六盘水市癫痫及功能神经外科疾病规范诊疗论坛成功举办。

10月13日,钢轧事业部一棒作业区在16×3规格生产中,创3335吨日产新纪录,创新国标轧制日产新高。

10月16日,水钢召开2019年下半年同步检修动员大会。

10月16日—17日,全国钢劳联第35次年会在河钢邯钢召开,会议对各类先进进行表彰,水钢获多个奖项。

10月17日,由贵州省人力资源和社会保障厅主办的2019年贵州省职业技能大赛——贵州省技工院校第二届教师技能大赛暨第二届全国技工院校教师职业能力大赛贵州选拔赛水钢技师学院分赛区开赛。

10月18日,第十一届“最美水钢人”故事宣讲暨颁奖典礼在水钢俱乐部举行,10名“最美水钢人”受到表彰。

10月18日,百年首钢发展历程主题摄影展在水钢俱乐部展出。

10月20日,为庆祝首钢建厂100周年,首钢"高雅艺术鉴赏——极致管弦"音乐会在凉都大剧院上演。

10月22日,中国钢铁工业协会在昆明组织召开2019年中国钢铁工业统计工作会议,水钢获2019年度钢铁工业统计工作先进集体,制造管理部李计红被评为钢铁工业统计工作先进工作者。

10月22日—23日,贵州省有色冶金产业第十五届职工技能大赛电工决赛在中国铝业贵州高级技工学校举办,水钢参赛选手包揽维修电工赛项前4名。

10月25日,销售分公司以"同初心、守望行"为主题的客户座谈会在贵阳召开,来自周边省市地区及贵州各地州市的近80家销售客户相聚一堂,共忆合作历程、共商未来发展、共享合作成果。

10月28日,为期4天的第二十二届中国北京国际科技产业博览会在北京中国国际展览中心闭幕,瑞泰公司生产的彩石复合透水系列产品在本次博览会亮相。

10月29日,水钢召开一棒线、三棒线单捆计量机器人自动焊牌项目建设启动会,此项工程完工后,公司所有三条棒材生产线单捆计量将完全实现机器人自动焊牌。

10月29日,首钢集团公司组织有关专家对水钢与首钢技术研究院合作完成的《首钢水钢低成本抗震钢筋HRB500E的研制与开发》《首钢水钢免酸洗高效钢绞线用钢的研制》两项科技成果进行验收评价。

10月30日,水钢工会召开女职工委员会换届暨第二届第一次全体委员会议,水钢工会副主席、党群工作部部长杨德敏当选为新一届女职工委员会主任。

10月31日,水钢召开"不忘初心、牢记使命"主题教育总结暨党委(总支)书记会。

10月31日,贵州省人力资源和社会保障厅职业技能鉴定考评指导中心专家组到水钢开展职业技能等级认定试点机构备案评审。

11月1日,水钢3号、4号焦炉烟气脱硫脱硝新工艺各塔体、管线成功完成封顶和对接,该项目实施以后可以达到炼焦化学污染物二氧化硫、氮氧化物等环保排放标准,周边环境将得到有效改善和提升。

11月5日,首钢发展研究院副院长费凡一行到水钢,调研钢铁板块高质量发展等问题。

11月6日,成都铁路局集团公司货运部主任朱强率六盘水机务段负责人一行到访水钢。

11月6日,由水钢承担的贵州省科技计划项目《干熄焦技术的研究与应用》通过贵州省科技厅专家验收。

11月6日,中国医学科学院阜外医院工作人员对水钢总医院心内科在降压调脂药物及治疗模式研发项目的现场指导及培训,标志着水钢总医院成为该研发项目的协作单位。

11月6日—8日,全国钢铁行业团指委二届四次全委会暨第30次全国钢铁行业青年工作年会在马钢召开。会上,对2018年度全国钢铁行业"青安杯"竞赛先进集体和个人进行表彰,水钢喜获多项荣誉。

11月7日—9日,"葛洲坝水泥杯"全国第十七次水泥品质指标检验大对比总结表彰暨技术研讨会在西安召开,博宏水泥分公司喜获水泥品质指标检验大对比"优良奖"。

11月8日,六盘水市副市长张乾飞率市政府办公室、市工业和信息化局、市住房城乡建设局等部门负责人到博宏钢材深加工基地调研,了解联系服务企业经营发展情况。

11月11日,第三届钢铁行业技能知识网络竞赛落下帷幕,水钢获"优秀组织奖",钢轧事业部参赛选手李永飞获"钢铁行业学技能知识标兵"称号。

11月13日,水钢新型学徒制培训工作启动仪式在水钢技师学院举行。

11月14日,水钢召开三届二次职代会提案审查会。

11月16日,由中国企业文化研究会主办、中国中铁四局协办的"文化自强·铸就七十年工业基础,文化自信·构建新时代企业文明——中外企业文化2019合肥峰会"在安徽省合肥市开幕,水钢获"新中国70年企业文化建设优秀单位"称号。

11月18日,由六盘水市总工会、六盘水市人力资源和社会保障局联合主办的2019年六盘水市职工职业技能大赛电工、钳工、焊工、车工决赛在盘江精煤股份公司落下帷幕,水钢12名参赛选手全部获得名次,成绩名列9支参赛队榜首。

11月19日,贵州省委宣讲团成员、省总工会党组书记、副主席杨再春到水钢工匠场调研,并对党的十九届四中全会精神和省委十二届六次全会精神进行宣讲。

11月19日，贵州省委第九生态环境保护督察组组长、省生态环境厅副厅长付野秋率队到水钢调研环境保护工作。

11月20日，钢轧事业部炼钢工序以日产132炉打破单日生产历史纪录，中班的丙班则以班产49炉的好成绩，再次打破班产炉数与产量历史纪录。

11月21日，“不忘初心首钢人、建功立业新时代”首钢职工巡回宣讲报告会走进水钢。

11月28日，水钢开展防空袭综合事故处置演习。

11月28日，水钢召开2019年法务工作暨案例警示教育会。

11月29日，赛德贵州精正检测公司参加贵州省市场监督管理局组织开展的混凝土立方体抗压强度检测能力验证获通过。

11月29日，北京首钢国际、贵州首钢国际工程技术有限公司与赛德公司签订战略合作协议，三方携手奋进、合作共赢。

11月29日，水钢总医院与中国医科大学航空总医院进行医联体合作签约。

12月2日，水钢为获首届“首钢工匠”称号的杨延颁发证书、奖章和奖金。

12月3日，贵州省副省长吴强召集会议解决企业难题，水钢就企业经营生产情况及石灰石新矿山和白云石矿山选址、现有白云石矿山采矿许可证延续等需解决的问题进行汇报。

12月3日，博宏公司获2019年“全国优质废钢加工配送企业”称号。

12月3日，贵州省有色冶金工会对有色冶金产业的创新工作室进行表彰，制造管理部王述贤创新工作室在表彰会上进行PPT成果展示汇报，并获“2019年度优秀劳模（职工）创新工作室”及“工人先锋号”荣誉。

12月3日，水钢总医院脑科中心成功实施全市首例内镜经鼻蝶垂体腺瘤切除术。

12月4日，贵州省工业与知识经济联合会在贵阳市召开第四届会员代表大会暨2019年贵州省企业社会责任报告发布会，水钢当选为贵州省工业与知识经济联合会理事单位，公司副总经理夏朝开当选为第四届理事会理事。

12月8日，六盘水市总工会到维检中心验收工匠场和职工创新工作室建设情况。

12月10日，首钢集团股份公司纪委（监察部）到水钢检查指导水钢全面从严治党（党建）工作。

12月12日，水钢召开首钢青干班暨首钢股份挂职学习期满学员见面座谈会。

12月12日，首钢集团公司信息化工作交流会在水钢召开。

12月15日，博宏水泥分公司实现营销水泥1000204.93吨，水泥分公司产销双双突破百万吨目标。

12月17日，水钢工会在贵州省有色冶金工会2019年度业务工作绩效考评中获特等奖。

12月18日，由各二级单位推荐、水钢工会审核后申报的8个“凉都工匠场”、4个市级劳模创新工作室、3个市级工人先锋号通过六盘水总工会检查组验收检查合格，其中博宏水泥分公司黄华海工匠场、维检中心王永焊工工匠场获“凉都工匠场”第1名和第3名。

12月18日，3号、4号焦炉烟道气脱硫脱硝工程全面竣工。

12月18日，水钢召开2019年度供应商评定会。

12月21日，以“企业手拉手·产品面对面”为主题的2019年六盘水工业产品产销对接会在六盘水会展中心举行，水钢总经理龙雨、总经理助理罗达勇受邀出席开幕式。

12月24日，水钢3号、4号焦炉脱硫脱硝项目建设完成，实现热负荷试车，投入试运行。

12月25日，六盘水市人民政府与水钢地企合作联席会第二次会议召开。

12月26日，六盘水市委副书记、市长李刚，副市长张乾飞等一行到3号高炉调研渣水换热站建设运行情况。

12月27日上午，水钢三届五次党委（扩大）会召开；下午，水钢第三届职工代表大会第二次全体会议召开。

12月30日，公司党委书记、董事长王建伟一行到保华镇海螺村调研脱贫攻坚工作，看望奋战在脱贫攻坚一线的水钢驻村干部张家相。

12月31日，市场采购部举行揭牌仪式。

（吴　树）

水钢公司铁焦事业部

【铁焦事业部领导名录】

部　长：王为环（5月离任）

副部长：罗晓岗（主持工作；5月任职）

党委副书记：吴永康（主持工作；5月离任）

党委书记：王为环（5月任职）

纪委书记、工会主席：代　红

副部长：罗晓岗（5月离任）　毛锐（5月离任）

甘国庆（5月离任）

雷仕江　肖扬武（10月任职）

刘　麟（10月任职）

主任工程师：肖扬武（10月离任）

刘　麟（10月离任）

部长助理：陈　军　吕春龙（12月任职）

挂任部长助理：丁　华

（孙　涛）

【概况】 铁焦事业部由原炼铁厂、原煤焦化分公司于2018年3月21日整合成立。主要设备有1350立方米高炉一座，2500立方米高炉一座，5.5米焦炉两座，265平方米烧结机两台及相应的配套设施。年产生铁能力350万吨，全焦100万吨，烧结矿567万吨。主要产品为炼钢用铁水，副产品为高炉渣和高炉煤气。化工产品主要有：工业萘、中温沥青、高温沥青、改质沥青、粗酚、筑路沥青、沥青漆等20种。下设政工室、生产技术室、安全环保室、设备室、经营室5个科室和高炉、烧结、炼焦、原料、料运、化产、备煤、辅助8个作业区，员工1491人，其中各类专业技术人员241名，中高级技术人员192人，中共党员345人，女职工245人。

（王　月）

【主要指标】 2019年，铁焦事业部铁产量完成341.59万吨，烧结矿产量完成562.83万吨，均创好水平。其余指标保持较好水平，毛焦比完成450千克/吨，煤比完成138千克/吨，烧结矿固体燃耗完成55.40千克/吨，焦炭产量完成95.56万吨，干熄焦率84.37%，冶金焦率92.55%，综合能耗140.81千克标煤/吨，完成改质沥青2.4万吨，粗苯0.68万吨，工业萘0.31万吨。铁成本2448.64元/吨，多元化经营收入297万元，实现利润204万元。生铁合格率99.86%。焦炭质量指标：水分0.65%，灰分13.34%，硫分0.70%，M40转鼓强度为87.10%、M10耐磨强度为6.45%；反应性24.01%，反应后强度67.27%；风温1094摄氏度；烧结固体燃料消耗54.39千克/吨，冶金焦率91.62%，干熄率97.47%。

（孙　涛）

【亮点工作】 铁焦事业部3号高炉攻克“炉缸侧壁温度”难题，年产量突破141.2万吨。四高炉通过冷却壁大修后铁产量完成计划的100.47%。烧结机系统在完成台车加宽加高提升改造后，完成计划的106.2%。焦炉系统实现均衡稳定、衔接高效。坚持“大系统稳顺”生产理念，向产量要效益，攻打重点指标促降本，主要产品产量稳步提升，攻关目标实现稳中有突破。铁、烧产量完成攻关目标，用料结构优化。毛焦比、喷煤比、烧结矿固体燃料消耗，受综合因素影响保持稳定。进口矿采购跑赢普氏指数5.89美元，比目标多跑赢0.89美元。引进山西肥煤，有效博弈区域价格，炼焦煤采购成本全年低于行业平均8.57元/吨，创6年来最好水平。成立外购焦价格合同小组，与西南地区昆钢等单位建立采购联盟。实现重建物流、降低消耗、成本采购、双降双赢。外购焦划归后，库存由开始一天的库存提升到一周以上，确保高炉用焦稳定，干基到厂不含税价格，实现6—11月五连降，降低采购价格240元/吨。安全工作连续两年实现重伤以上事故为零的目标。完成主体环保建设项目7个，在建环保项目7个，待建环保项目3个，全年未发生生态环境污染事件。组织“坚守实心担使命，携手共进铸辉煌”文艺合唱等活动，营造和谐共进氛围。

（王　月）

水钢公司钢轧事业部

【钢轧事业部领导名录】

部　长：胡友红

党委书记：王海益

工会主席：杨厚忠（4月离任）　王海益（11月任职）

纪委书记：杨厚忠（4月离任）　王海益（12月任职）

副部长：王劼　吴　俊（9月任职）

周汝文（4月离任）　蒙世东（12月离任）

胡志祥（12月离任）　伍从应（9月离任）

党委书记助理：王涤资（9月任职）

部长助理:路　遥(12月任职)　熊　波(12月任职)
魏福龙(12月任职)　吴　俊(9月离任)
刘国富(12月离任)
主任工程师:杨　延　蔡　冬　伍从应(9月任职)
谢　祥(9月离任)

(王秀鹏)

【概况】 钢轧事业部由原炼钢厂和原轧钢厂整合后于2018年3月成立,主要装备有900吨混铁炉1座(为了节能降耗已于2014年停止使用,采用"一罐到底"的铁水入炉方式),100吨氧气顶底复合吹炼转炉3座、6机6流全弧小方坯连铸机3台、100吨LF精炼炉一座,以及3条棒材和一条高速线材生产线,年设计生产能力为350万吨钢,330万吨材。主要产品有直径5.5毫米—直径20毫米高速线材、直径12毫米—直径40毫米热轧带肋钢筋及其他优质棒材。产品在国家西部大开发基础设施建设、城镇化建设、新农村建设等系列工程项目中被广泛使用。下设5个职能科室、10个作业区。在册职工1471人,其中研究生4人、本科87人、大专372人、中专以下1008人;副高级职称2人、高级职称1人、中级职称53人,初级职称267人,高级技师21人,技师114人,高级工700人,中级工172人、初级工52人;职工平均年龄44.57岁。

(王秀鹏)

【主要指标】 2019年,钢轧事业部以"炼优质钢、轧精品材"为总目标,以效率效益为核心,全力推进"四个钢轧"建设。在全年组织两次炉役检修,废钢资源质量波动以及新国标生产降速轧制等因素条件下,全年生产合格钢376.27万吨,同比增产12.15万吨,钢铁料消耗完成1084.02千克/吨;全年生产合格钢材365.48万吨,同比增产12.14万吨;综合成材率完成97.65%。高线、二棒产量分别实现年产61.05万吨、118.63万吨,创自2006年投产以来最好历史纪录。通过降低冶炼周期攻关,提高一次倒炉出钢率,转炉冶炼周期每炉降低0.37分钟,全年多产钢40362吨;通过开展轧线堆冲钢指标攻关,全年轧线堆钢1020支,比2018年同期降低605支;通过强化工艺操作、提高机架精度等手段,轧线全年工艺故障时间79401分钟,比2018年同期降低39737分钟,日历作业率完成73.28%,比2018年同期提高4.39个百分点。铁水单耗完成吨钢904.96千克,10月达到吨钢887.43千克,为全年的最好水平。通过实施节铁增钢工艺,增产41.22万吨,同比2018年提高3.34万吨。

(郑新泉)

【亮点工作】 2019年,钢轧事业部累计投入安全隐患整改资金738.28万元,查改隐患1931项,作业区自查隐患15295项,全部完成整改。全年排查环保隐患28项,整改合格率100%。组织开展各类专业管理、技能提升培训班33期,培训977人次。征集职工小改小革、合理化建议567项,383个项目获奖,直接经济效益993万元。开展"挑战零影响、追求全命中"劳动竞赛,炼钢作业区炉前班组一次命中率有1106个班次达到100%,轧线班组有1252个班次保持设备、工艺零影响。二棒作业区甲班获评"全国工人先锋号",一棒作业区甲班在贵州省有色冶金行业总工会举办的2019年"班组安全成果"展示会上,获"工人先锋号"和"十佳班组"称号。杨延获第一届"首钢工匠"称号,刘漫获"首钢之星"称号。

(吴向东)

水钢公司能源事业部

【能源事业部领导名录】
党委书记:龙国荣
部　长:翟勇强(4月离任)
副部长:李　庆(主持工作)　郑　雄
主任师:游　鹏(10月任职)　朱瑞芳(10月任职)
马贵云(10月离任)
部长助理:尹　红(10月任职)
杨倩槟(10月任职)

(冉梦婷)

【概况】 能源事业部成立于2018年3月21日,由原能源公司更名成立。主要承担公司风、水、电、汽(气)等动力介质的生产与供应。设备有制氧机4台(包括EMC项目制氧机1台),氧压机3台、氮压机5台,高温高压锅炉2台,中温中压锅炉7台、低温低压锅炉2台,汽轮鼓风机2台,电动鼓风机1台,中温中压汽轮发电机6台,高温高压发电机2台(其中18兆瓦干熄焦发电机1台,60兆瓦富余煤气发电机1台),烧结低温余热发电机1台,煤气差压TRT发电机组2台,炼钢低压低温余热发电机1台,高低压空气压缩机15台,15万立方米、16.5 万立方米高炉煤气柜各 1 座,8 万立方米转炉煤气柜 1 座,7 万立方米焦炉煤气柜 1 座,比肖夫洗涤系统 1 套,干法布袋除尘装置 1 套,混合煤气站 1 座,煤气加压机 16 台,电系统通过 6 回 110 千伏线路引入,厂区内 110 千伏总降压变电所 4 座(分别为铁前变、中央变、制氧变和电动鼓风机变),供水系统以确保全水钢工业生产用水、民用生活用水为目的,取水水源有大河水源、深井(包括市政转供水)水源及污水回收,水泵站 18 座、深井 1 口。年生产电 10.95 亿千瓦时、蒸汽 1699 万吉焦、高炉鼓风 480 万千立方米、压缩空气 50 万千立方米、氧气 36 万千立方米,净化处理、输配高炉煤气 647 万千立方米,焦炉煤气 51 万千立方米,转炉煤气 45 万千立方米,供水量 1.25 亿立方米。能独立完成煤气带压开孔作业,水质、汽质的化验及处理,润滑油和煤气的化验等工作。

(孟 玮)

【主要指标】 2019 年,能源事业部按照水钢总体部署,持续推进事业部转型提效、夯实基础管理、能源降本攻关、提高自发电量等重点工作,全力克服困难,实现经营生产稳定顺行,较好完成全年目标任务。全年完成自发电量 98294.03 万千瓦时,自发电率 59.59%,吨钢耗新水 3.09 立方米/吨,功率因数 0.96,最大需量 19.08 万千瓦,氧气放散率 1.52%,内部模拟利润完成 4516 万元,超额完成 716 万元,能源降本攻关完成 3150 万元,超额完成 150 万元。

(孟 玮)

【亮点工作】 2019 年,能源事业部编制下发《事业部降本增效攻关工作方案》,成立提高自发电量、降低吨钢耗新水、降低吨钢电耗、增加氧、氩销售量等 4 个攻关组,并结合外部煤气变化情况,提高煤气利用效率;降低吨钢耗新水,采取加大跑、冒、滴、漏的检查力度、安排大河老系统阶段性运行、制定节水措施等手段,减少新水消耗;降低吨钢耗电,坚持每天对外购电、转供电进行统计分析,查找节电降耗的空间。在液体产品销售方面,4 号制氧机板式换热器更换后,工况优化,液体产量提高。完成能源降本 3150 万元,与公司计划 3000 万元相比超额完成 150 万元。组织热力、制氧作业区开展“讲案例、学安规、知行合一”故事会。完成机构和管理人员设置,将在岗人数控制在 818 人的目标任务。制定《职工创新工作室创建实施管理办法》,每个单位都建立职工创新工作室,开展技术攻关,实施《烧结发电低压锅炉除盐水箱改造》等项目。“李宾工匠场”通过六盘水市总工会验收。申报专利《一种制氧机组板式换热器的吹洗方法》《一种制氧机组板式换热器的吹洗系统》2 项,均获国家专利授权。通过对废旧设备的“修、配、改”,完成 257 项,创效 231.7 万元。制定并实施《“一专多能”激励方案(试行)》。为公司双超发电、3 号高炉 TRT 发电湿改干等效益项目进入实质性开工建设做好基础支撑工作。全面完成党委、纪委、工会委员会、所有基层党支部、党代表、基层团代表的改选。

(冉梦婷)

水钢公司制造管理部

【制造管理部领导名录】

部　长:翟勇强(4 月任职)　陈黔湘(4 月离任)
党委书记:周奇荣
纪委书记:周奇荣
工会主席:周奇荣
副部长:王　刚　李正嵩　顾尚军(10 月任职)
　蒙世东(10 月任职)　胡正凡(10 月离任)
副总调度长:郭　翔(10 月离任)
主任工程师:刘　欣　李　燚　刘立德
　毛　锐(10 月任职)
　谢　祥(10 月任职)
　顾尚军(10 月离任)

(董文文)

【概况】 制造管理部是水钢公司下属的复合部门,成立于 2018 年 5 月,由原生产运输部、技术中心整合成立,主要承担公司的生产、物流、运输、产品研发、科技管理、质量检验、工艺研究等职能。主要装备:焦化系统有 2 座各 5.5 米、50 孔顶装焦炉,年设计能力 100 万吨;烧结系统有 2 台 265 平方米烧结机,年设计能力 567 万吨;炼铁系统有 1 座 1350 立方米高炉和 1 座 2500 立方米高炉,设计年产生铁 330 万吨;炼钢系统有 3 座 100 吨顶底复合吹转炉,1 座 LF 精炼炉,3 台六机六流方坯连铸机,设计年产钢坯 330 万吨;轧钢系统有小型棒材连续轧机 3 套,年设计生产能力 300 万吨;高速线材生产线 2 套,年设计生产能力各 50 万吨,1 套生产线停产。

(周 毅)

【主要指标】 2019年,水钢生铁产量341.59万吨,比2018年增产2.28%,较年计划增产3.51%;钢坯产量376.27万吨,比2018年增产3.34%,较年计划增产7.51%;钢材产量367.42万吨,比2018年增产3.15%,较年计划增产7.43%;焦炭产量95.56万吨,比2018年降低1.62%,较年计划降低2.49%。主要技术经济指标:入炉焦比387千克/吨,喷煤比138千克/吨;钢铁料消耗1084千克/吨;钢材综合成材率97.65%。冶金焦指标:干熄焦灰分13.45%、硫分0.66%、抗碎强度(M40)86.68%、耐磨强度(M10)6.45%。

(万　强)

【亮点工作】 2019年,制造管理部持续推进公司“产品提升三年行动计划”,不断强化“制造+服务”品牌建设。实施预应力螺旋钢丝盘条等新产品开发,开展82B、镀锌钢丝、钢绞线DX55、DX60等工艺优化。申请专利28项(其中发明专利8项,实用新型专利20项),授权专利7项(其中发明专利1项,实用新型专利6项),获重庆市科技进步二等奖1项,获首钢集团科技进步三等奖3项,实施技术创新项目19项,重点在新技术引进、课题研究应用、技术攻关和新产品研发等方面,创效3451万元。表彰2018年度首钢水钢科技进步奖14项,合理化建议与技术改进项目175项。加盖铁水罐自动取电操作系统共申报专利16项,开创公司首个专利保护群。在国家品牌培育试点工程、中国质检协会“3·15”国际消费者权益日主题活动、贵州省名牌产品、省长质量奖、贵州“100强品牌”全球传播行动等活动中,水钢获“全国质量信得过产品”“全国百佳质量诚信标杆企业”“全国产品和服务质量诚信示范企业”“贵州省名牌产品”“贵州省行业第一品牌”“贵州省建国70周年品牌文化50强企业”等称号。

(吴学林、张东升)

水钢公司物流仓储事业部

【物流仓储事业部领导名录】

部　长:陈　刚(5月任职)
党委书记:温培华(5月任职)
纪委书记:温培华(5月任职)
工会主席:温培华(5月任职)
副部长:赵红军(10月任职)　罗忠一(10月离任)
主任师:罗忠一(10月任职)
厂长助理:赵红军(10月离任)
部长助理:周庆兴(5月任职)　冯德健(10月任职)

(李世华)

【概况】 2019年5月28日,原铁运厂更名为物流仓储事业部,同时将维检中心工电段成建制划回,主要负责大宗原燃材料的输入和产品的输出,重点衔接铁、钢、材工艺,运输处理生产废料等工作。拥有铁路专用线56.62千米,桥梁两座,隧道6个,内燃机车19台(其中DF7G型2台,GK1C型17台),铁路道岔217组,厂内冶金车196辆,100吨平板车28辆,隔离车10辆,100吨救援轨道吊1台,16吨、32吨工务轨道吊各1台,挖掘机2台,50吨履带吊2台,装载机1台,电动遥控炉下对位机车2台,年运量在1500万吨左右。机构编制为2室2段3站(综合党群室、生产保供室、机务车辆段、工电段、厂内站、炼铁站、炼轧站),在岗职工435人,其中研究生学历1人,本科学历13人,大专学历81人,中专学历71人,技校毕业83人。平均年龄45.64岁,35岁以下青工26人,占职工总数的6%。有专业技术人员63人,技师8人,高级工319人,中级工50人,初级工7人。

(李世华、谭文霞、谢　娜)

【主要指标】 2019年,物流仓储事业部完成铁路运输量1499.27万吨,比2018年增加1.01%,与年计划持平。实现外销产品运输计划兑现率100%,进出厂物资和厂际间物料上秤率100%,配罐正点率3号高炉92.96%、4号高炉100%。可控费用按4.5元/吨钢计算,计划可控费用1693.13万元,实际发生1774.49万元,比2018年减少275.16万元,降低13.42%,剔除向外单位索赔的货车使用费444.84万元,全年节约337.14万元。完成机车大修3台、大轮修2台,镟修超限机车车轮3台。完成厂内站交叉渡线3组、单开道岔8组、更换主要干线60千克钢轨1060米等铁路大修。自主完成SY230C型挖掘机发动机大修。实现人身伤害事故为零、B类及以上责任事故为零、急性职业危害事故为零的安全目标;实现环保污染事故为零、工业固体废物处理利用率100%、危险废物无害化处理利用率100%的环保目标。增加水渣、磷渣、矿粉等运输业务,全年收入210.34万元,实现利润179.58万元,同比增加收入60.48万元、增加利润47.64万元。

（李世华、王延文）

【亮点工作】 2019年，物流仓储事业部自主完成8号、11号道口视频监控和设备远程操作系统集控安装投用，实现2号、8号、11号道口无人值守远程操作。加盖铁水罐自动取电装置成为国内首创，以专利群形式向国家专利局申报16项专利（其中3项为发明专利，13项为实用新型专利）。调单无线传输系统在厂内站得到运用。引进2台电动遥控对位机车，实现4号高炉炉下对位远程操作运行可视化管理。完成厂内站水城干线信号联锁硬件设施施工以及信号联锁软件升级改造。申请公司安全基金完成对炼轧站、厂内站区域围墙、栅栏封堵，清理三块田总排水沟97.6米，配合完成单身楼三供一业水、电改造工作。根据公司经营生产计划，分析可控费用变化，合理平衡费用指标，4月份起铁路总公司取消翻车机服务费，全年节约费用307.76万元；向涉及铁路运输装卸车单位索赔货车延时使用费，全年索赔444.84万元；争取燃油优惠政策，全年减少燃油费用49.74万元。“铁运工匠场”获“凉都工匠场”称号。机务车辆段职工钱武被评为“凉都工匠”“省有色冶金工匠”。处置闲置资产，GK1C0140机车通过首钢阳光招标平台以72.89万元的交易价卖给湖北襄阳中天公司。9月11日，将机务段、车辆段合并为机务车辆段。组织开展庆祝建党98周年“不忘实心、牢记使命”合唱比赛、季度“新时代火车头之星”评比、铁运工匠评选等活动。

（王延文、徐　波、魏明贵、高艳霞、谢　娜）

水钢公司智能应用事业部

【智能应用事业部领导名录】

经理：袁永偿（5月离任）

党委书记：袁永偿（5月任职）

纪委书记：袁永偿（5月任职）

工会主席：袁永偿（5月任职）

副部长：阳　杰（主持工作；5月任职）

刘　丹（5月任职）　陈　强（5月任职）

（张　霞）

【概况】 2019年5月，电气自动化分公司更名为智能应用事业部，主要承担水钢各单位大、中型电机、变压器维护和修理；电话通讯、电视监控系统、对讲指令系统、宽带网、VPN等信息工程的规划、设计、建立及运行维护；进出厂物资的计量、厂际间物资计量，自动化仪表的安装、维护与检修，工业自动化控制系统的设计、施工，办公自动化设备的维护，测量设备检定等工作。下设3个科室（综合党群室、生产保供室、智能技术管理室）、3个生产车间［计量车间、自动（信息）化车间、制造修理车间］。职工191人，其中技师12人，高级职称2人，中级职称5人。

（王思容、陈　静、李霜霜、张　霞）

【主要指标】 2019年，智能应用事业部以护航主业生产稳顺、践行集团公司信息化建设为己任，以全面预算管理为中心，坚持安全管理不松懈，成本管控不滑坡，夯实基础管理工作，强化“交账意识”，保障主业生产稳定顺行和信息化建设有序推进。全年检定、校准（集团）公司各类仪器仪表12268台次，送检（集团）公司最高计量标准器具70台套、完成4项（集团）公司最高计量标准复核，2项专项计量标准授权（三相电能表和单相电能表检定获得六盘水市市场监督管理局4年的授权），确保（集团）公司最高计量标准运行的连续性。主要技术经济指标：计器计量操作维护不影响公司生产；保持通讯畅通，通讯故障修复4小时内完成；物资量计量误差（贸易秤≤3‰，厂际间物资计量秤≤5‰），厂际间动力量≤5%。实现人身伤害事故、急性职业病危害事故、生产技术操作事故、交通事故、设备事故、爆炸事故、火灾事故为零的安全目标。实现工业固体废物处置（利用）率100%、危险废物（含危化）无害化处理（利用）率100%、生态环境污染事故为零的环保目标。完成可控费用276万元，比挂钩钢产量考核指标301万元，节约25万元（含回收废铜-78.34万元冲抵成本）。

（王思容、孟备荒、刘　勃、陈　静）

【亮点工作】 智能应用事业部二棒线4台智能焊牌机器人项目7月竣工验收，实现自主维护，自动焊牌成功率达99.5%，水钢采用人工焊牌造成的不规范、效率低、高风险等弊端得到解决，实现水钢使用智能机器人“零突破”，开创贵州省钢铁行业利用机器人为企业服务之先河。开展电机检修数据信息化管理，实现传统电机修理向信息化管理转型发展。通过对电机数据收集、检修数据录入、制作二维码，将检修记录与电机试验合格证排版、打印，扫码动态掌握电机试验参数以及检修情况，成功实现在线电机检修身份识别、数据共享。开发电机点检定修管理平台,逐步实现传统电机修理专业向信息化管理转型发展。成功改造 SD-W 设备接入网络,使集团公司 3 套视频会议系统形成环网路由,视频会议系统的 SD-W 网络与联通专线实现快速切换。组建 7 个课题攻关团队,启动第三届蓝海工匠工程项目,举行成果发布会,解决经营生产瓶颈问题、技术难题 10 项。组织安全大检查 24 次,查处隐患 2084 项,连续 4 个季度获集团公司安全生产问责问效积分制检查二类单位第 1 名。主动协调职能部门对积攒多年的废铜线进行拍卖处理,创效 78.34 万元,回收废钢铁 22.5 吨。大修 200 吨铁水轨道衡。完成同步检修 303 项。智能网络、工业云平台等"8+1"信息化项目完成水钢集团公司决策立项并批准启动建设。自动(信息)化车间仪表维护班获贵州省总工会"安康杯"竞赛优胜班组。

(余兴念、李　爽、李霜霜)

水钢公司维检中心

【维检中心领导名录】

党委书记:吴永康(5 月任职)　李广武(5 月离任)
主　任:朱中华(6 月离任)
副主任:王　林(主持工作;5 月任职)
纪委书记:吴永康(5 月任职)
工会主席:吴永康(5 月任职)
副主任:卢祖泉
党委书记助理:王大兵(10 月离任)
主任助理:汪　洪　王大兵(10 月任职)
李　勇(12 月任职)
主任师:黄　异
挂任中层助理:方　旭

(冷光亚)

【概况】 维检中心于 2015 年 4 月 1 日成立,主要承担水钢公司各种大型生产设备的维护和检修任务,是水钢公司精心打造的一支专业维检队伍。设 6 个车间、3 个科室。员工 612 人,其中,大专以上文化程度 226 人,高中、中专文化程度 334 人;高级工程师 3 人、工程师 7 人,技师、高级技师 34 人,高级工 358 人。

(冷光亚)

【主要指标】 2019 年,维检中心全力推进"技能提升、精益管理、创新创效"三大工程,提升系统构架水平,自我加压,自我发展,发挥大整合、大维检优势,坚定"一二三四五"的工作总思路(即"一个主题":线上长周期、线下精修理的主题;"两个治理"即电磁站、液压站治理;"三个转变"即被动向主动转变,线上向线下转变,由外向里转变;"四个联合"即联合点检、联合消缺、联合攻关、联合创效;"五个支撑"即技术比武、劳动竞赛、五小活动、合理化建议、培训等五个方面的支撑),全面完成各类维护检修和转型提效任务。全年累计完成大型同步检修 2 次,计划项目 2575 项,实际完成 2921 项。其他系统检修完成 162 次,计划项目 8411 项,实际完成 8415 项;实现点检消缺 13721 项;高炉实现 2 个月零休风,烧结机实现 3 个月零影响,炼钢实现 9 个月零影响,轧线故障时间 3805 分钟/月,全年控制在 7200 分钟/月内。职工整体收入比 2018 年增长 9.4%。梳理"稳中求进"项目 118 项,完成 96 项,奖励金额 31200 元。上报合理化建议 60 项,创效 400 万元。完成修旧利废 556 项,合计节约费用 515 万元。

(冷光亚)

【亮点工作】 2019 年,维检中心减员 106 人,12 月完成干部竞聘上岗 27 人。新增维护项目有水钢 3 号转炉环保设施升级改造;6 号、7 号烧结机烟气脱硫系统项目;煤焦化公司新增火车卸料系统除尘设施等 26 项已经在维护、在建和准备移交中。实现"零伤害、零事故、零考核"。通过"两站一所"治理、"四个联合"主动联合业主攻关,改变原来单打独斗、各自为政的被动局面。利用同步检修进行处理,期间总共对 33 个液压站、电磁站进行治理,2018 年液压故障月平均影响时间 580 分钟,2019 年攻关目标为 290 分钟/月,平均完成 271 分钟/月,9 月份取得液压系统设备影响时间 15 分钟的好成绩。2 个工匠场、2 个职工创新工作室通过六盘水市总工会验收。10 月份,方学军、陈熙刚、刘洪代表水钢参加贵州省有色冶金产业职工技能大赛,包揽维修电工决赛前 3 名。在 2019 年六盘水市职工职业技能大赛中,方学军获电工第 1 名,陈熙刚获电工第 2 名,晏维刚获焊工第 4 名,陈志鹏获焊工第 8 名,钟艺红获钳工第 4 名,陈合先获钳工第 7 名。方学军被授予"凉都工匠"和六盘水市"技术能手"称号,陈熙刚、钟艺红、晏维刚被授予"凉都金牌工人"称号。组织关键岗位培训 11 个班次,培训员工 346 人次。维检中心团委先后获全国钢铁行业“五四红旗团委”“2018年度全国钢铁行业青安杯竞赛先进集体”等称号。举办四周年庆系列活动、“不忘初心使命、书写时代芳华”主题党日、第二届“最美维检人”等活动。

（冷光亚）

水钢公司市场采购部

【市场采购部领导名录】

党委书记：帅学国（5月离任）
张雷鸣（5月任职；11月离任）
刘登其（12月任职）
经　理：张雷鸣（5月离任）
副部长：蔡　欣（主持工作；5月任职）
纪委书记：帅学国（5月离任）
张雷鸣（5月任职；10月离任）
梁建康（10月任职）
工会主席：帅学国（5月离任）
张雷鸣（5月任职；10月离任）
梁建康（10月任职）
副部长：龙明华

（王荣贵）

【概况】 2019年12月，原材料（进出口）分公司更名为市场采购部，同时将设备工程部备品备件采购、库房管理及备件装卸等相关职能划入市场采购部。市场采购部是水钢大宗原燃材料采购的职能部门，主要承担原燃料、资材辅料、备品备件的采购、储存、供应管理工作，进口矿的采购和产品出口工作，主要采购品种有铁矿石、炼焦煤、燃料煤、耐火材料及资材辅料、备品备件等。到2019年12月底，下设9个科室，在岗职工133人，其中高级职称1人、中级职称28人，初级职称20人。

（王荣贵）

【主要指标】 2019年，市场采购部紧紧围绕“一转变”“两建设”“三确保”“四突破”，以高质量保供为核心，在抢商机、优结构、挖内潜、拓渠道上努力攻关，持续从资源开发、渠道建设、市场运作、内控管理等方面进行系统采购保供优化。全年进口矿跑赢市场3.47美元/千吨，创效9968万元，煤炭采购跑赢市场4.84%，增效9904万元，资材采购降本600万元，为水钢生产经营的稳定顺行奠定基础。

（王荣贵）

【亮点工作】 2019年，在进口矿方面，市场采购部围绕“降品位、降成本”经营思路，果断暂停纽曼粉、PB粉，开发杨迪粉，全年采购进口矿104批次，实现跑赢市场3.47美元/千吨。国内矿方面，多采购铁精粉29万吨、焙烧粉22万吨、褐铁粉3万吨，全年国内矿增量40%。做好性价比测算，紧盯各品种市场拐点，实现采购创效与渠道维护双重目标。炼焦煤以行业平均为目标，在价格、渠道、库存上做文章，炼焦煤与行业平均差距由2018年的89元降低12元，采购排名由36名跃升至28名，创6年以来最好水平。打造“互联网+采购”，实现采购阳光化、智能化，7月引入欧冶电商平台，11月开辟欧冶商城水钢专区，实现一站式采购，全年电商创效342万元。借助首钢股份在线竞拍销售平台，竞卖炼钢泥、废旧合金、铅块等12批次，竞买烟煤喷吹煤、草支垫、白帆布手套、80钒铁13批次，全年竞拍金额达6641万元，创效325万元，烟煤喷吹煤的成功竞买，创出水钢、首钢集团公司公开竞拍采购原燃料“双第一”纪录。年底辅材库存降低到92万元，创出好水平。耐火材料采购降本节约1298万元，全年节支降费2489万元。持续加强对各级地方政府、企业和港务局的沟通协调，争取一系列优惠政策，全年湛江港达量优惠1134万元，中石化燃油优惠57万元。推进库房TPM管理，全年整改问题点61项，改善26个库房、6间班组作息室，面积达4200平方米，改善50盏照明亮度，更新2000张材料标识卡片、200张货架标识牌，划线定置85个货位，库房利用率提升30%。

（王荣贵）

水钢公司销售分公司

【销售分公司领导名录】

经　理：欧阳宇峰
党委副书记：李贵荣（5月离任）
党委书记：李贵荣（5月任职）
纪委书记：李贵荣（10月离任）
郭　翔（10月任职）
工会主席：李贵荣（10月离任）
郭　翔（10月任职）

副经理:冯晓东　阳　杰(5月离任)

经理助理:罗桂安(10月任职)

邱志良(10月离任)

(张童瑶)

【概况】 销售分公司主要负责销售水钢钢材、煤化工副产品及气体产品。内设综合党群室、市场营运室、结算中心、仓储中心、贵阳经营部、昆明经营部、遵义经营部、六盘水经营部、综合经营部9个机构。产品销售以贵州省内市场为核心,同时辐射西南、华中、华南、华东。职工76人,其中:内部职能管理部门20人、仓储物流人员23人、营销人员33人。

(张童瑶)

【主要指标】 2019年,销售分公司综合售价稳居西南第二、其中4个月排名西南第一。大小品规比例达37.18%,比2018年提高2.32%。优钢比例达6.04%,比2018年提高0.07%。钢材直供比例达61.66%,比2018年提高0.57%。与中铁云南公司、中铁成都公司签订战略协议,镇赫高速、贵阳地铁三号线、瓮开、威围等项目实现直付供货。

(张童瑶)

【亮点工作】 2019年,销售分公司紧扣"效率、效益""保资金、保销量、保跑赢"目标,以提升价格为中心,牢牢抓住渠道优化、业务整合两条主线,转变营销模式,优化营销渠道,稳定提升核心区域价差,着力坚定营销前进方向,着力攻关营销目标,着力做好贵阳市场的稳价、挺价和导价,着力巩固和拓展工程渠道,着力优化品规,着力提高保供服务质量,着力快速反应和应对市场,全年销售钢材367.68万吨,综合售价4230元/吨,直供比61.66%。

(张童瑶)

贵州博宏实业有限责任公司

【贵州博宏实业公司领导名录】

董事长:罗达勇

副董事长:杨安成(6月离任)

董　事:徐　涛

职工代表董事:刘银堂

监事会主席:蒋文全(5月离任)

帅学国(5月任职)

监　事:蔡　欣(5月离任)　李明久(5月任职)

职工代表监事:李鸿娟

党委书记:杨安成(6月离任)　罗达勇(6月任职)

总经理:罗达勇(6月离任)

副总经理:郑德荣(主持工作;6月任职)

副总经理:刘银堂(6月任职)　杨忠学(6月任职)

纪委书记:杨安成(6月离任)

纪委副书记:黄东云(10月任职)

工会主席:杨安成(6月离任)　黄东云(10月任职)

财务总监:徐国东

总经理助理:郑德荣(6月离任)

(奚宽俭)

【概况】 贵州博宏实业有限公司(以下简称"博宏公司")主要生产经营铁矿石、石灰石、轻烧白云石、白云石粉、活性石灰、冶金石灰、石灰微粉、水泥、矿渣微粉、钢渣铁渣及冷料加工、水渣开发、钢材加工配送、橡胶皮带、阻燃带、乙炔、氧气、炭黑、浓氨水、环保除尘、净水剂、机加工、印刷、煤焦矿石贸易、物流运输、铁路货站、疗养服务、旅游开发等。资产总额14.6亿元,下辖14个分(子)公司、2个参股公司。职工(不含内退)1157人,其中,水钢中层管理(技术)人员5人,博宏公司中层管理(技术)人员46人,一般管理人员168人。

(刘　丹、熊　锋)

【主要指标】 2019年,博宏公司聚焦"四个确保",遵循博宏"十三五"规划,传承"自立自强、超越自我、追求卓越"的博宏精神,严抓严管强基础,越战越勇敢担当,着力项目建设、风控建设,全年实现营业收入23.29亿元,同比增收4.62亿元,比计划增收2.46亿元;实现利润4357万元,同比增利1368万元,比计划增收757万元,经营收入和利润突破历史纪录,分别占比水钢多元化产业的52%和51%。生产水泥105.90万吨,熟料76.43万吨,水泥销售105.19万吨,钙制品销售2.60万吨,水渣销售131.08万吨,钢材销售5.39万吨。水泥综合电耗92.42千瓦时/吨,熟料实物煤耗159.50千克标煤/吨,活性石灰活性度322.78毫升,氧化钙含量90.07%,普通石灰120立方米,竖窑石灰活性度219.62毫升,氧化钙含量84.62%,250立方米竖窑石灰活性度217.47毫升,氧化钙含量82.12%,轻烧白云石煤耗

9.66 千克/吨、焦耗 128.64 千克/吨。实现环境污染事故为零，外排废水、废气达标率≥96%，工业水重复利用率≥98%，环保设施同步运行率 100%，废渣综合利用率≥95%等环保管理目标。

（荆晓茜、张佳家）

【亮点工作】 2019 年，博宏公司成立观音山旅游发展专班，编制《凉都花园 · 钢城明珠—中国凉都 · 观音山智慧康养新城项目策划方案》，成立项目筹备组，入围贵州省"三线建设"遗产旅游专线规划，与重庆春晓能源有限公司洽谈合作事宜。50 万吨废钢加工配送项目第一期投入使用，第二期工程抓紧收尾。通过国家工信部的现场检查验收。完成废钢采购业务交接。加强与六盘水市住投民生公司的沟通和联系，开拓阿志河生态旅游建设项目和尖山区棚户区改造工程、职业技术学院实验实训基地等多项工程的钢材供应达 5395.22 吨。建立安顺、威宁等地区的总代理商，月销售钢材 4000 吨以上。办理白云石矿山安全生产许可证延期，开启水钢冶金熔剂延续保障的战略之旅。校企共建机加工基地承接铁焦事业部和钢轧事业部电机修理、小配件总包等，全年实现加工件 25499 台套，创效 442.33 万元。承办水钢首届职工技术运动会钳工决赛实操比赛。对水渣实行阳光竞卖，20 个标件，每月 10 万吨的水渣供应全部按预期成交。继续实施保证金制度，全年共收取保证金 3840 万元，节约财务费用 217.15 万元。清理闲置备件及报废资产，参与阳光平台购销，实现降本增效。水泥公司平均熟料实物煤耗达 159.50 千克/吨，同比下降 2.50 千克/吨，在全国水泥品质指标检验大对比中获优良奖。发明专利申报 6 件，受理通过 2 件；实用新型专利申报 18 件，受理通过 7 件，获实用新型专利证书 6 件；组织公司 8 个主打产品，进市驻省参加产品洽谈会。5 月，北京天正华会计师事务所完成贵州博宏小河金属铸业发展有限责任公司资产专项清查审核报告，为推进股权退出提供参考准备。8 月，办理六盘水市云城实业有限公司税务和工商注销手续，完成股权退出。博宏公司相继获全国优质废钢加工配送企业、贵州省优秀企业、贵州省新时代节能减排示范基地、贵州省节能减排先进单位、贵州省"安康杯"竞赛优胜企业、贵州省绿色工厂、六盘水市 A 级纳税诚信企业等荣誉。

（刘　丹、熊　锋、奚宽俭）

贵州瑞泰实业有限公司

【贵州瑞泰实业有限公司领导名录】

董事长：杨胜刚
党委副书记、工会主席：洪　敏（5 月离任）
党委书记：杨胜刚（5 月任职）
经　理：杨胜刚（5 月离任）
经　理：何孟超（5 月任职）
纪委书记、工会主席：邹　伟（10 月任职）
副经理：李亮斌　徐　雷（10 月任职）
主任师：郑克勤

（詹洪芬、郭　华）

【概况】 贵州瑞泰实业有限公司（以下简称"瑞泰公司"）是集环保建材产品生产销售，销售贸易，物业管理，工业清洗，布草洗涤，道路修建、大修、维护，重型机械作业、机电制造（备品件加工制作），双洞山泉饮用水生产销售，绿化美化工程施工与维护，酒店、餐饮、服务接待，幼儿教育，工业旅游，民用水电煤气供应，管线网安装和维护，环境卫生管理，安保，消防，生产物资保卫等一体的多元化发展的综合型企业。下设 6 个部室，下设 19 个分（子）公司。职工 601 人，其中大专以上学历 202 人，专业技术 107 人，中级职称 26 个，副高职称 1 个，高级职称 1 个。职工平均年龄 43.6 岁。

（詹洪芬、郭　华）

【主要指标】 2019 年，瑞泰公司紧紧围绕公司"三条发展主线""十九项重点工作"，切实履行主体责任，科学制定发展规划，广大干部职工一条心、一个调、一起干，经营收入完成 10.52 亿元，实现利润 1946.5 万元，国有资产保值增值率达到 415%，资产负债率达到 60%，职工收入稳步增长。全年安全无事故，环保达标。现场管理、爱国卫生、信访、档案管理、社会管理综合治理、厂务公开、班组建设、计划生育等工作按要求全面完成。

（詹洪芬、郭　华）

【亮点工作】 2019 年，瑞泰公司对环保建材公司料浆池、软水箱、油砂拌合站、水钢酒店食品加工间、双洞山泉等进行改造，对物业公司洗涤设备进行更新。集中近千万资金用于销售贸易业务，利润大幅增加。对其他单位及新划入的保卫部门投入资金更新设备设施，特别是对公司办公设施统一更新。获得奖补资金 41 万元。合理运用国家减税降费政策,减税降费220万元。大自然饮业公司、水钢酒店与大连黔货入连商贸有限公司达成合作意向,将"双洞山泉"销售到大连。不断闯创市场,把加气混凝土砌块销售到威宁、纳雍、赫章、六枝等100公里以外的周边市场,并与恒维地产、钟山城投等多个企业签订战略合作协议。贵阳分公司、销售贸易公司加大与发耳电厂、天福化工、贵州省物资公司、七冶等优质国有企业合作,形成长期固定的贸易关系。物业公司承接六盘水市月照机场、贵州银行、中国银行等多家单位办公物业,特别是布草洗涤业务已成为六盘水市市区具有影响力品牌。水钢酒店、饮食服务公司月饼销售量不断增加,并通过网络销售扩大知名度。申报退出原贵州中天安保有限公司,注册成立贵州瑞泰纵特安保有限公司,成功入驻六盘水市凉都村镇银行、中国人民银行。为水城县海螺村购置培训桌椅设施,采购农产品,预定大量生猪;为部分学校免费增添教学设施;参与水城县"7·23"山体滑坡灾害抢险救援和慰问工作。免费为水钢"三供一业"三块田转供电项目提供保卫,在"三供一业"物业改造项目中,历时7个月,重点对最困难、最贫困、最边缘的区域加大改造力度,改造惠及15626户。围绕第五届文化艺术节,相继开展"最美瑞泰人""瑞泰好声音"、篮球赛、1200米全员跑、"明天更美好"文艺晚会等系列活动。环保建材公司被市总工会命名为"凉都工匠场","刘安超劳模创新工作室"同时被命名。

(詹洪芬、郭　华)

水钢公司赛德建设有限公司

【赛德建设有限公司领导名录】

董事长:高昭宗(6月离任)　刘俊杰(6月任职)
董　事:刘俊杰(6月离任)　吴崇双(6月任职)
　　谢玉德
外派董事:徐　涛
职工董事:许　琨
董事会秘书:鲁　维
监事会主席:李明久
外派监事:蔡　欣(5月离任)　帅学国(12月任职)
职工监事:郑昌勇
党委副书记:刘俊杰(6月离任)
党委书记:刘俊杰(6月任职)
经　理:高昭宗(6月离任)
副经理:吴崇双(主持工作;6月任职)
纪委书记:刘俊杰(6月离任)　顾怀琴(6月任职)
工会主席:刘俊杰(6月离任)　顾怀琴(6月任职)
副经理:谢玉德　伍绍滋(6月离任)
主任工程师:伍绍滋(6月任职)　蔡　菲
经理助理:张　欣(6月任职)
挂任经理助理:吴崇双(6月离任)
　　刘国富(6月任职)

(喻荣玲)

【概况】　赛德建设有限公司(以下简称"赛德公司"),系水钢下属的全资子公司,为独立企业法人实体,是六盘水市具有国家房屋建筑工程施工总承包和钢结构工程专业承包"双壹级资质"的国家一级建筑企业,同时具备市政公用工程施工总承包、电子与智能化工程专业承包、环保工程专业承包、建筑机电设备安装工程专业承包、冶炼工程施工总承包二级、电力工程施工总承包三级;特种设备生产许可证(起重机械安装);预拌混凝土专业承包不分等级资质及"CMA"计量认证建筑检测等专项资质。拥有见证取样检测实验中心、商品混凝土搅拌站、轻钢加工生产线及各类工程吊装机械、运输设备。注册资金1.02亿元。下设综合办公室、生产安全技术室、战略经营管控室;下属分公司为工业安装分公司、工程管理分公司、六盘水分公司、混凝土分公司、装配制造分公司、维保分公司、贵州精正检测公司、首钢水钢(集团)欣欣房地产开发有限公司(代管)。在册职工213人,专业技术人员68人,其中高级职称5人,中级职称31人;技能人员106人,高级技师2人,技师5人。考取一级建造师执业资格证8人、二级建造师执业资格证23人;施工员、质量员、安全员、材料员、资料员、机械员、标准员、劳务员等"八大员"建筑行业岗位50人。

(张文锐)

【主要指标】　2019年,在国家加大政府融资平台管理,导致市政工程开工量不足、风险剧增的情况下,水钢公司党政对赛德公司给予强有力的政策、资金和工程项目支持,领导班子团结和率领干部职工勠力同心、众志成城,坚定发展的信心,以"内外两个市场齐头并进,账钱双实高质量发展"为经营理念,在夯实基础中强身健体、在应对挑战中果敢突围、在担当作为中塑造品牌、在防控风险中依法治企、在深化改革中凸显活力,生存发展的基础不断夯实，适应变化的能力不断提升，全年实现营业收入4.46亿元，实现利润802万元（含房开公司）。

（张文锐）

【亮点工作】 2019年，赛德公司获贵州省2019年知识产权优势企业培育工程项目，并获20万元专项配套资金。申报国家专利13项，获国家专利授权14项。获科技银行专利权质押贷款续贷500万元，专利权质押贷款市级贴息补助10万元，“科技型小巨人企业”市级配套补助25万元，使无形资产变为有形价值。立足水钢内部市场，加强外部市场的拓展，做好联营项目的收尾，完成产值收入4.46亿元，水钢内部市场为2.37亿元，占比为53.38%；外部市场为2.09亿元，占比为46.62%。11月，选举产生赛德公司第二届党委委员。将科级职能部门从7个减为3个，分公司从14个减为7个。与北京首钢国际、云南省设计集团强强联合，确保0.9亿元环保封闭大棚中标。与首钢国际成功签订战略合作框架协议，与大连重工合作探索“增材制造”工艺技术。完成清欠资金5374万元，完成清收资金11088万元。应收账款从122项减少到90项，销项32项；应收账款从24143万元下降到18933万元，下降5210万元。在班子成员中开展“结对子、破难题”活动，在科级管理人员中开展“关于赛德公司高质量发展的思考”主题研讨。开展首届“最美赛德人”“赛德工匠”活动。2019年，先后获贵州省AAA级信用企业、贵州省优秀施工企业、贵州省知识产权优势培育企业、六盘水市A级纳税信用企业称号，承建的六盘水市第三人民医院二期工程被评选为贵州省级建筑安全文明施工样板工地。

（梅 涛、王 玉、张文锐、张万红）

水钢公司总医院

【总医院领导名录】

院　长：周兴高

党委书记、纪委书记、工会主席：邵　军

副院长：田景玉　郭炯辉　张　敏　陈冀欣

（李红娟）

【概况】 2019年1月7日，水钢总医院（以下简称“总医院”）改革重组正式落地，更名为六盘水慈烨医院有限公司，6月10日再次更名为水钢总医院，由北京首颐医疗健康投资管理有限公司直管，是一所集医疗、教学、科研、预防、康复、急救于一体的现代化大型三级综合医院。北大首钢医院、中国医科大航空总医院医联体成员单位，中国中医科学院广安门医院“李光熙名中医工作站”，贵州省人民医院紧密型医联体，贵州省第三人民医院帮扶医院。六盘水唯一的助理全科医师规范化培训基地、省内多家医学类院校教学实习医院、华西医院远程会诊和继续医学教育平台医院。编制床位800张，开放床位782张。设有临床科室28个，医技科室6个。其中中医康复科为全国综合医院中医药工作示范单位、贵州省中医重点专科建设项目单位；泌尿外科、心血管内科为六盘水市首批医学重点学科建设单位；拥有呼吸内科、普外/胸外科等院级重点学科，内分泌科、烧伤整形科、疼痛科等特色专科。拥有专业技术人员800人，副高级以上职称94人，硕士、博士27人，博士生导师8人。其中拥有北大首钢医院知名专家32人，中国医科大航空总医院5人，中国中医科学院广安门医院2人，贵州省人民医院知名专家6人。拥有现代化的百级、千级和万级手术室、重症监护病房（ICU）；1.5T核磁共振成像系统、64排螺旋CT、数字减影心脑血管造影机、直线加速器、日本奥林巴斯及美国雅培大型全自动生化分析仪、飞利浦彩超等先进的大中型医疗设备，具备较为完善的医院信息管理系统。是全国城镇医保异地结算网络直补医院，也是六盘水市城镇基本医疗保险（含市、县、区职工、居民）；工伤生育保险、优抚对象、市职业健康体检、新型农村合作医疗、贵州省新农合重大疾病等定点协议医疗机构。

（李红娟）

【主要指标】 2019年，水钢总医院认真开展对口扭亏帮扶、门急诊工作专题研究、DRGs付费方式的深度探索，盘活存量、做大增量，实现医疗业务总收入34254.52万元，同比增加8003.57万元；实现收支结余1404.90万元，同比增加928.27万元。职工年收入同比人均增长20820元。全年门诊202282人次，同比增长5.14%；急诊35071人次，同比增长25.03%；入院28552人次，同比增加增长14.48%；出院28443人次，同比增长14.21%；住院手术5848台，同比增长27.94%；三、四级手术1781台，占比30.45%，同比增长56.23%；病床使用率100.69%，同比增加12.23%；病床周转次数

36.37次,同比增长14.19%;平均住院日9.96天,同比增加0.71天。

(李红娟)

【亮点工作】 2019年,水钢总医院与中国医科大学航空总医院进行医联体签约合作。中国中医科学院广安门医院“李光熙名中医工作站”落户总医院。与贵州省人民医院签约成为紧密型医联体。胸痛中心通过国家认证,同时成立卒中中心。脑科中心成功实施全市首例显微镜下糖尿病周围神经减压术(改良Dellon微创神经手术)、“后颅窝减压术”。普外科成功实施全市首例3D腹腔镜下超低位直肠癌Dixon(保肛)术。肾内科成功开展全市首例经皮血管腔内球囊扩张成形术。心内科率先在全市开展冠脉内超声成像。疼痛科率先在全市开展颈椎的射频/臭氧髓核消融术。血透室率先开展全市血滤吸附SupraHFR新型血液净化治疗模式。在“7·23”鸡场镇山体滑坡事件中积极组织救治,医院及夏仁海等3人受到贵州省政府、六盘水市卫健局、水城县人民政府表扬。获首届医院人文品牌建设“人文管理创新奖”。在贵州省五级中医名医传承工作中,康复医学科李飞舟入选为中医名医传承工作指导老师,中医科刘世琴、张晓星入选为中医名医传承工作传承人。在中华护理学会全国第三届《手术室护理实践指南》授课比赛六盘水市分赛中获9个单项奖、1个团体奖。在六盘水市首届精神专科岗位技能竞赛中获6个单项奖、1个团体奖。在六盘水市首届神经外科技能竞赛中获6个单项奖、两个团体奖。在六盘水市康复医学临床技能竞赛中获8个单项奖、1个团体奖。在六盘水市第二届医学影像技能竞赛中获5个单项奖;在六盘水市妇科医疗质量控制中心第二届学术会暨六盘水市生殖健康与计划生育知识技能竞赛和2019年贵州省六盘水赛区护士岗位技能竞赛中等获诸多荣誉。

(李红娟)

水钢公司职教中心

【职教中心领导名录】

党委书记、工会主席:龙建刚

主　任:汤　哲

纪委书记:李健红:

副主任:李健红　方俪滔

主任师:王伟林

(王　勇、邹玉萍)

【概况】 职教中心和“贵州首钢水钢技师学院”“首钢水钢广播电视大学”“首钢水钢中等专业学校”是四块牌子、一套人员编制的培训、办学机构,职教中心党政班子成员同时兼任贵州水钢技师学院、水钢电大、水钢中专三所学校的领导职务。主要职责是负责水钢职工教育培训计划的实施和开展技师学院、电大、中专的办学以及社会培训工作。职工75人,大专以上文化程度72人(其中研究生4人),专职教师70人(其中已聘高级职称教师13人,未聘3人,中级职称教师18人)。技师学院、电大、中专在校学生5000人。

(王　勇、李　践)

【主要指标】 2019年,职教中心响应公司“双轮驱动、两翼齐飞”战略号召,通过多种模式的合作,在市场压力剧增和运行经费非常紧张的情况下,全年实现办学(培训)收入4114.81万元,超额完成公司下达的收入任务。2019年发生的工资薪酬共1109.37万元,人均月应领额5797元,在2018年人均月应领额5210元的基础上增长11%。2019年获得专项资金1621万元,基础能力建设、内涵建设、师资队伍建设不断推进,招生任务全面完成,内部管理水平不断提升,教学质量不断提高,产教融合继续深化,培训工作更具针对性,师生技能大赛成绩喜人,多名师生获各类先进表彰,社会影响力不断扩大。

(张　燕、李　践)

【亮点工作】 职教中心全面完成水钢2019年职工培训计划,以小班制为主开展企业新型学徒制、工业机器人应用技术、焊工、钳工、电工实战研修等各类培训39期,培训员工1239人次。以农村致富带头人、种植、养殖、家政、缝纫等培训为主,完成各类技能培训106个班5396人次。面向社会开展特种作业人员、特种设备作业人员等的取证、换证、复审等培训1800人。开办贵州首钢水钢技师学院兴义分院。以学制生、培训生、学徒生“三生”并招模式,以合作开办分院的办学模式,实现全年招生1547人。电大面对高职扩招,全年招生862人,获贵州省电大招生先进集体,在贵州省电大2019年度加快发展目标考核中获一等奖。技师学院28名学生被水钢公司录用。“智游AI凉都工匠场”创建点通过六盘水市总工会的验收。在贵州省第二届技工院校教师技能大赛中13名教师获奖,1人获“首钢好讲师”称号。成功组织承办贵州省技工院校第二届教师技能大赛、贵州省职业院校职业技能竞赛、六盘水市职业院校职业技能竞赛等活动。在2019年六盘水市职业院校技能大赛中,囊括电梯维修保养、机器人技术应用等6个项目一等奖,数控综合应用技术项目二等奖。在2019年贵州省职业技能大赛——贵州省第二届工业机器人技术应用技能大赛暨第三届全国工业机器人技术应用技能大赛贵州选拔赛上,周宇航取得学生组第5名。与水钢集团公司合作,成为贵州省第一批开展以企业新型学徒制培养技能人才的院校,水钢在岗职工378人成为首批企业新型学徒制机电一体化、工业自动化仪器仪表装配与维护、钢铁冶炼等7个专业培训学员。获得贵州省强基工程技师学院学生宿舍楼建设项目,是全省获批的五家技工类院校之一。第二轮国家级高技能人才培训基地建设项目正式建成。技师学院获批成为贵州省电子技术、电气装置两工种世界技能大赛集训基地。现代学徒制试点学校通过国家教育部验收,省级示范专业建设(汽车维修)、何异彬大师工作室通过贵州省教育厅验收并获优秀等次评价。完成中央电教馆数字化校园第三批中期评估并通过评审,获批全国第三批职业院校数字校园建设示范校并授牌。与集团公司合作申报“贵州省产教融合型企业”项目已获批准。成功举办技能运动会、世界青年技能日、校园开放日等宣传文化活动。

(方俪滔、李 践、刘 毅、申树勋等)

首钢长治钢铁有限公司

【首钢长钢领导名录】

董事长:贾向刚

董　事:崔永康(4月离任)　李怀林(4月任职)
　　　　张振新　杨富进　陈　波(职工董事)

监事会主席:王中华(11月任职)

监　事:李国庆　杨俊祥(职工监事;12月任职)

党委书记:崔永康(4月离任)　贾向刚(4月任职)

党委副书记:贾向刚(4月离任)
　　　　　　李怀林(4月任职)
　　　　　　王春生

纪委书记:王春生

工会主席:崔永康(4月离任)　王春生(4月任职)

总经理:贾向刚(4月离任)　李怀林(4月任职)

副总经理:李怀林(4月离任)　郭新文　李　明
　　　　　程向前(7月任职)

总会计师:张振新

总经理助理:樊建富(7月离任)
　　　　　　周剑波(7月任职)
　　　　　　冯云林(7月任职)

(张 玲)

【综述】 首钢长治钢铁有限公司(以下简称“长钢”)前身为故县铁厂,始建于1946年,是中国共产党建立的第一座红色钢厂,曾为新中国的解放和建设事业做出过重要贡献,被誉为“共和国红色钢铁的摇篮”。2009年8月与首钢集团公司实现跨地区联合重组,成为《钢铁产业调整和振兴规划》颁布后国有钢铁企业首例跨地区联合重组的成功典范。

主要设备有:65孔6米炭化室捣固焦炉2座、200平方米烧结机2座、1080立方米高炉2座、80吨转炉3座、80吨LF钢包精炼炉2座、方坯连铸机5机5流1台、方坯连铸机6机6流2台、异型坯连铸机4机4流1台、棒材生产线1条、高速棒线复合生产线1条、高速线材生产线1条、H型钢生产线1条,以及熔剂、动力、发电、制氧等公辅设施。

长钢实行董事会领导下的总经理负责制;设规划发展处、计财处、生产技术处(能源管控中心)、设备处、安全处、环保处、公司办公室(党委办公室/董事会办公室)、人力资源处(党委组织部)、监察处(纪委)、法务审计处、党委宣传部(与党校/职工培训中心/技工学校合署办公)、工会/团委12个职能管理部门;炼铁厂、炼钢厂、轧钢厂、熔剂厂、动力厂、运输部、计控室、质量监督站、采购中心、销售中心 10 个钢铁主流程单位；焦化厂、武装保卫处、创业服务中心、离退休管理中心、后勤服务中心、医院、太原办事处 7 个非钢及后勤辅助单位；长治钢铁（集团）瑞昌水泥有限公司、长治钢铁（集团）锻压机械制造有限公司、长治市长钢工程建设有限公司、北京金长钢贸易有限公司、长治市华利信贸易有限公司、深圳龙隆国际贸易有限公司、上海臣诚国际贸易有限公司 7 个子公司。

2019 年底，长钢在岗职工 5698 人，其中含博士在内的研究生 56 人、本科学历 1150 人、大专学历 1413 人、中专及以下学历 3079 人；高级职称 103 人、中级职称 620 人、初级职称 1031 人；高级技师 210 人、技师 621 人、高级工 1725 人、中级工 136 人。职工平均年龄 43 岁。

2019 年，恰逢新中国成立 70 周年、首钢建厂 100 周年、长钢与首钢联合重组 10 周年的历史交汇期。这一年，长钢全体干部职工众志成城、齐心协力，适应环保限产新常态，克服市场大幅波动等不利影响，提前 37 天完成集团公司下达的经营生产任务，正式进入《钢铁行业规范条件》企业名单；月度铁、钢、材产量连续创两座高炉运行以来最好水平，钢铁主业劳产率达 665 吨/人·年；在岗职工人均年收入达到 8.18 万元；职工牛旭红被评为享受国务院特殊津贴专家和首批“首钢工匠”；自发电、铁水比等 18 项经营指标 61 次刷新纪录。

（李　彤、张宏伟、王　彬）

【主要指标】 长钢全年产铁 186.91 万吨、产钢 220.54 万吨、产材 218.94 万吨；实现主营业务收入 82.98 亿元，利润实现 6.3 亿元；全年自发电量 6.66 亿千瓦时，自发电比例 62.99%；铁水比 845.56 千克/吨，同比降低 29.55 千克/吨；冶金焦成本低于行业平均 311.17 元/吨，排名行业第 7 名；生铁成本 2218 元/吨，比行业平均低 69.72 元/吨，排名行业第 7 名。

（张志华、李　琴、孙旭红）

【安全管理】 长钢建立岗位安全生产责任制量化考核体系，为 1337 个岗位制定 24259 条考核标准；深入开展双重预防体系建设，辨识风险 6103 项，其中重大风险 40 项、较大风险 457 项，并纳入岗位隐患排查标准；全年查处整改各类问题隐患 1312 项；全员隐患排查模式日趋完善，各层级岗位排查问题 107976 项，整改率 100%；投入 5216 万元实施轧钢厂、炼铁厂本质化安全试点创建、煤气排水器本质化安全改造等 39 项安全项目；有序推进标准化安全管理工作，21 个班组通过达标评审；依法依规开展安全教育培训，其中全员培训 5966 人次、复审培训 558 人、取证培训 511 人；76 个班组开展“我当安全员”“亲情寄语视频”等活动，建成炼钢厂、瑞昌公司“VR”安全教育体验室，丰富了安全教育手段。

（史旭刚）

【环保管理】 长钢履行社会责任，推进污染减排，按要求完成重污染天气空气质量保障措施的落实，完成“以热定产”秋冬季错峰生产“一厂一策”方案，为地方政府打好大气污染防治攻坚战、打赢蓝天保卫战做出贡献；投入 7.6 亿元实施烧结脱硫脱硝、原料场全封闭、工业污水处理等 40 项超低排放提标改造项目，集团绿色行动计划 12 项任务全部完成；强化污染物源头管控，全年烟（粉）尘、二氧化硫、氮氧化物、化学需氧量、氨氮等排放量完成排污许可及集团公司内部排放总量限额要求。全年共通过各级环保检查 169 次，其中国家级 33 次、省级 9 次、市级 60 次、区级 78 次，在线监测数据达标率 100%。

（原志勇）

【资金管控】 长钢坚持“量入为出、刚性执行”原则，建立库存资金隐性成本考核机制，两金周转率 14.21 次，比计划高 4.14 次；严格费用管控，管理费持续大幅下降，同比降低 13119 万元，降幅 38.63%，财务费同比降低 3123 万元，降幅 10.35%，其中 6 至 9 月达到 100 元/吨以下水平；优化融资结构，推进减税降费，融资成本创 9 年来最好水平；申领焦化项目、富余煤气发电项目、垃圾发电项目、高技能人才培训基地等政府补贴 6741 万元。

（明月霞）

【市场化改革】 长钢着力推进市场化改革，精准发力，企业竞争力提升。利用首钢电子商务平台比价采购，废钢单品种组织招标 190 次。矿粉采购坚持“铁运保供、汽运降本、调结构增利”，汽车发运外矿 134 万吨，运费较铁运低 22 元/吨，争取到黄骅港铁路运费 18 元/吨的优惠，物流费降低 3130 万元。燃料采购加大战略直采比例，与山焦、潞安集团签订 118 万吨长协资源量，通过加大气煤铁路发运，节省物流费 1930 万元。以效定销，全年销售单利优势较大的棒线材产品 243.33 万吨，占比97%；直销比例65%，超计划8%，销售利润率达6.47%。

（张 纲、靳 洁）

【设备管理】 长钢坚持“早谋划、早启动、早见效”的原则，不断强化管理职能，提升管理水平。以落实设备包机管理制度为抓手，建立健全全员生产维修管理体系，依靠三级点检模式，规范设备故障诊断，推行设备动态维修管理模式，强化设备问题导向，严肃一小时以上故障及事故的处理，优化隐患处理流程，提高隐患处理效率。2019年非计划停机率控制在0.82‰，较计划指标1.06‰下降0.24‰。

（李 彤）

【能源管理】 长钢利用山西省将钢铁行业列入直供电重点交易序列并允许全电量交易的利好政策，全年直供电交易总量63652.82万度，占外购电量的95.3%，降低电费支出2870.64万元。强化能源体系建设，制定《首钢长治钢铁有限公司合同能源管理项目管理办法（试行）》，为不断深入推进节能降耗工作、多元化引进和实施节能项目、实现规范运作奠定基础。1月，长钢获能源管理体系认证证书；7月，第三方专业认证公司对长钢能源管理体系运行进行第一次监督审核并获好评。

（秦建新）

【节能减排】 长钢以能源管理体系建设为契机，以提升能源利用效率和效益为主线，全方位、全系统推进能源“精细化、集约化、减量化”管控与使用，能源资源综合利用率得到提升。全年自发电量6.66亿千瓦时，自发电比例62.99%，均创出好水平；对炼钢厂混铁炉除尘风机、散装料除尘风机实施变频改造，从源头实现用能“减量化”，年节电100万千瓦时；新建工业污水处理站和污水收集系统，回收率达76%，从根本上降低废水排放及生产用水消耗。

（秦建新）

【铁前一体化】 长钢克服9号高炉大修期间减产、烧结机频繁停机和高炉炉料结构大幅调整的影响，不断加强各单位间联系协作，大幅提高烧结矿碱度，高炉下调烧结矿比例、提高球团矿比例，改善焦炭质量，优化九高炉铁水罐组织运行，为高炉的稳产、提产提供支撑。全年生铁成本2218元/吨，比行业平均水平低69.72元/吨，排名行业第7名。

（徐兵伟）

【新产品开发】 长钢高线生产开发ER70S-M合金焊线盘条1678吨，制钉用HPB300T、Q235T盘条759吨；棒材线生产45优碳圆钢（吹氩精炼）84682吨，开发18毫米带肋钢筋三切分、22毫米带肋钢筋二切分工艺并实现批量生产。

（徐兵伟）

【信息化建设】 长钢响应国家“两化融合”和“智能制造”战略部署，围绕集团公司重点工作和长钢信息化现状，全面推进信息化建设。档案管理系统与公司OA协同办公平台数据对接，实现企业档案规范化、合理化管理。钢材和非钢产品电商一体化平台将水泥、焦化等非钢产品纳入电商销售平台，与计量、NC形成有效融合，搭建起一体化电商平台体系。轧钢智能仓储一期项目实现产成品库存管理智能化，提高钢材产品内部运转效率及管控水平。门禁考勤一卡通项目建设实现刷卡和人脸识别进出厂管控、职工考勤、职工工作餐充值消费结算、职工APP自助服务等功能。铁包跟踪系统项目对铁水罐从采购入厂、砌筑、上线周转、维修、报废全生命周期管理，实现与计质量系统、高炉自动化系统、物流等系统间的数据对接共享，为指导炼钢生产提供数据支撑。

（张小刚、冯 烨、刘 峰）

【TPM管理】 5月，长钢TPM“0”阶段35个评价单元全部通过验收并转入“1阶段”（设备微缺陷治理）。“0”阶段累计发现并整改问题点71400项，主动发掘“亮点”项目9064项，盘活闲置物资约2254万元。“1”阶段全年累计开展活动5763次，参加活动29712人次，共发现问题46387项，整改45222项，整改率97.49%。同时，各单位制作专用工具6099件，岗位职工多次发现重大设备隐患，设备非计划停机时间明显降低。

（李海洋）

【专利】 长钢《一种用于焦炭的配煤》《一种焦炉吸气管清扫装置》《一种带肋钢筋热轧夹送辊》《一种使用安全的移钢小车》等21个项目取得国家专利局受理通知书；《步进式冷床用剖分式结构偏心轮》《一种高速线材与高速棒材复合生产线》《一种型钢用压力矫直机》《一种除锈喷涂机》等14个项目取得国家专利局授权。

（桑海宁）

【管理创新】 长钢提炼总结管理创新成果33项，获集团公司成果奖5项，其中《钢铁企业现金流量管控体系构建与实施》获集团公司20届管理创新成果一等奖；《基于“系统学习+事上磨炼”的长周期青年干部培养实践》获集团公司20届管理创新成果二等奖；《新形势下钢铁企业党风廉政建设工作机制的创新与实践》等2项成果获集团公司20届管理创新成果三等奖；《依托能源管控中心平台实现节能降耗》获集团公司21届管理创新成果三等奖。获山西省成果奖4项，《三支人才队伍薪酬激励机制构建与实施》等4项成果获山西省第六届企业创新成果二等奖。

（秦　娜）

【群众性质量活动】 长钢推荐6个QC小组和3个班组参加各级质协评比，1个小组获“全国优秀QC小组”称号，1个小组获“全国质量信得过班组”称号；2个小组获“山西省优秀QC小组特等奖”称号，3个小组获“山西省优秀QC小组三等奖”称号，1个小组获“煤炭行业优秀QC小组”称号；1个班组获“山西省质量信得过班组特等奖”称号，2个班组获“山西省质量信得过班组三等奖”称号。

（桑海宁）

【9号高炉系列大修】 长钢9号高炉系列大修包含9号高炉本体大修，以及高炉配套6个项目和围绕高炉主线节点的13个系列大修项目，是长钢大修史上施工项目最多、施工难度最大、立体交叉作业最复杂的一次战役。2月26日，9号高炉正式休风停炉，大修全面铺开。经过52个日夜的奋战，完成检修项目1066项，拆安工程项目300吨，提前3天完成大修任务，于4月20日9时58分点火开炉，4月21日8点8分产出第一炉铁水，标志着长钢炼铁生产迈上一个新的台阶。

（李海波）

【国庆停复产】 长钢严格落实长治市政府国庆期间环保要求，历史上首次全线停产，焦化结焦时间由正常24小时变为48小时。9月28日1时50分，8号高炉休风；9月28日3时20分，9号高炉休风；9月29日—10月2日，铁、钢、材产量全部为零；10月2日，开始逐步复产；10月3日，铁产量337吨，钢、材产量为零；10月14日以后，生产基本恢复正常运行水平。国庆停复产，为地方政府打赢“蓝天保卫战”做出重大贡献。停复产期间，全体干部职工主动将“小我”融入“大我”，表现出长钢人的责任与担当，保障停复产工作稳顺实施。

（杨恩海）

【一罐到底】 长钢为提高炼铁出准率和优化炼钢组织，分阶段推进“一罐到底”攻关活动，通过实施铁水罐全程加盖及加快铁水罐周转，以降低铁水温度损失来达到降低铁耗和提产增效的目的。8月5日进行铁水罐兑铁试验，9月开始组织“一罐到底”作业。经过四个月攻关，8号、9号高炉“一罐到底”比例分别达35.57%和65.08%，实现吨钢综合效益3.76元。

（聂学伟）

【厂容厂貌升级改造（一期）工程】 长钢投资3000万元对厂区环境及厂容厂貌进行改造，从硬化、绿化、美化三个方面展开。对厂区道路进行沥青路面改造，重新铺设；增加绿植面积，提高厂区绿化率；对管道、设备设施等进行除锈、清洁、刷漆。一期工程完工后，厂容厂貌明显改观，为推进长钢绿色可持续发展奠定基础。

（李海波）

【制度管理】 长钢全面建立“规章制度、风控手册、权力清单”三位一体的制度体系。围绕企业法人治理结构，为完善内控制度体系，对公司董事会、党委会、监事会、经理层工作规则、“三重一大”决策、公司章程管理等21项基本管理制度开展制（修）定工作，全年累计颁发公司级规章制度70项，其中新定26项、修订42项、转发2项；累计废止制度47项。2019年底，长钢现行规章制度共计263项，涵盖17大类，110项关键业务事项。

（秦　娜）

【双基双评】 长钢深化“三清晰三到位”岗位责任体系建设，开展“双基双评”工作，通过加强岗位基础知识、任职基本技能（“双基”），开展岗位能力评价、岗位绩效评价（“双评”），提升职工岗位胜任能力。全年编制“双基”题库373套、试题74600道；33个单位的5940人通过“首钢在线学习网”实现全员参考。经过108场考试，90分以上占比82%，一次考试及格率（70分以上）达96.8%，经补考及格率达100%。“双基双评”如此大规模的题库建设和全员在线考试，在长钢尚属首次。

（李　翔）

【风控体系建设】 2月，长钢构建起风控体系《流程体系框架》，包括27个一级流程、114个二级流程、275个三级流程；编制完成由1个总册、27个分册组成的《首钢长治钢铁有限公司风险控制手册（V1.0）》，梳理出373个风险点，并于11月根据公司机构调整变化和有关制度变化修订完善后正式颁发。5月，组织开展风控体系内部验收评价并顺利通过。

（李　翔）

【择优升级】 长钢全面丰富激励内容，形成工资晋升、职务晋升、职级晋升相互补充、相互支撑，既有短期激励、又有中长期激励的三支人才发展通道激励链条，以能力、业绩为导向，完成择优升级工作。全年1919人晋升，占在岗职工的30%，其中工资晋升1643人、职务晋升157人、职级晋升119人。7月，制定下发《首钢长钢工匠评选管理办法》，将长钢工匠纳入三支人才队伍建设通道。

（郭　进）

【非钢辅业发展】 长钢各非钢单位均取得不同程度的进步，整体实现利润4018万元。推进高新区管委会整体接收锻压公司工作；垃圾发电项目于11月6日点火烘炉，12月18日反送电，12月26日点火试运行，标志着首钢环境产业跨区域复制首钢鲁家山垃圾焚烧发电模式落地生根，也为缓解长治市生活垃圾处理压力，改善和提升环境质量奠定基础。

（原二军）

【党建工作】 10月30日，长钢党委召开第七次党代会，指出未来五年工作目标、方向；坚持"为长钢谋发展、为职工谋幸福"的初心使命，突出紧跟上级精神、紧扣主题主线、紧贴工作实际、紧抓检视问题、紧推整改整治的五个"紧"字，将"不忘初心、牢记使命"主题教育与经营生产实际有机结合，找差距、补短板、抓落实，圆满完成主题教育4个方面12项工作任务；继续深入开展创先争优"夺旗"竞赛活动，全年共评出17个优秀党组织、85个先进党组织、3个后进党组织，党建调研课题《推动"夺旗"竞赛向基层渗透助力经营生产再上新台阶》获北京市国企党建研究会2018年度课题调研三等奖；创新开展"过政治生日、忆入党初心"主题活动，增强党员的荣誉感和身份意识；轧钢厂党委在集团公司"三创"交流会上作基层党建经验交流，得到北京市委组织部的高度评价。

（王晋芳）

【人才建设】 长钢打通三支人才队伍建设通道，搭建起高技能人才评聘激励平台。招聘引进45名高素质应届毕业生，选拔16名优秀青年干部到关键岗位挂职锻炼，举办第三期青年干部培训班，推荐5人参加首钢特训班和科技创新人才培训班；建立主任师和首席技师及以上人员职务评聘机制，12人晋升；获批成立国家冶金行业工种鉴定站和山西省首批职业技能等级认定试点企业，建立起覆盖全工种的鉴定取证渠道。承办首钢2019年职业技能竞赛金属轧制、设备点检2个工种竞赛工作，8人获"首钢技术能手"称号，为历年之最；举办集山西省、长治市、集团公司和公司职业技能竞赛为一体的第十六届职业技能竞赛，36个工种、1300人参赛，参赛人数和竞赛工种均创新高，100人分别获"太行技术状元""太行技术能手"及公司级荣誉。职工牛旭红被评选为享受国务院特殊津贴专家，获首届"首钢工匠"称号，并参加二青会火炬传递。

（李昊欣、和凯光）

【人才培养】 长钢党员干部培训坚持标准更高、理念更新、师资更优、效果更好的原则，首次创新开展中层干部研修班，圆满完成第三期青年干部培训和一、二期青年干部复训，全年共举办专题讲座和专题报告63场；开展各类职工培训241项，培训职工9505人次，其中内培127项8996人次，培训计划完成率95%；外培114项509人，培训计划完成率72%；成功申报山西省高技能人才培训基地建设项目、企业新型学徒制计划，"钢铁冶炼"高水平重点专业和高水平实训基地项目入库，可获得财政补贴一千万元以上，更好地助力长钢技能人才培养和"长钢培训"品牌打造。建成职工培训中心新教学楼，职工培训软硬件水平大幅改善。

（肖卫斌）

【纪检监察】 长钢不断引深廉洁警示教育形式，对党员干部和有业务处置权人员1260人进行反腐倡廉警示教育；运用"四种形态"处理35人，失责必问、问责必严成为常态，共问责考核174人次；效能监察设置三级项目管控体系，对21个单位的33个项目进行立项监察，其中上报集团公司项目2个、公司二级立项项目12个、各单位管控三级立项项目19个，避免经济损失3800万元，挽回经济损失2000万元；对9号高炉大修进行52天全程跟踪，共计监察88次，发现问题30项，编写9高炉大修《效能监察情况通报》7期，为高炉大修提前3天竣工投产提供坚强纪律保障。《盯紧关键、立体管控，不断推进"三不"体系建设》等3篇调研成果分获集团公司专题调研一、二、三等奖，长钢获"优秀组织单位"称号。

（高　岩）

【企业文化】 长钢推进首钢文化和长钢文化的深度融合，开展纪念首钢集团建厂100周年暨长钢加盟首钢十周年“100+10”系列活动，对长钢加盟首钢十周年的变化进行全方位、全视角呈现，职工加盟首钢的荣誉感、发展长钢的责任感增强，起到传播长钢形象、鼓舞职工士气、打造长钢品牌的作用；借鉴敬业、德龙等先进企业文化建设经验，通过党委统一领导、专业部门协调指挥、基层单位积极配合的上下联动形式，围绕厂容厂貌升级改造推进企业文化进厂区；开展“改革创新、奋发有为”“两个为什么”“履职尽责、服务一线”大讨论，“长钢之星”“长钢工匠”评选和“长钢人的故事”宣讲，并借助首钢“不忘初心首钢人 建功立业新时代”职工宣讲团宣讲、《升起天安门广场的国旗》话剧演出等契机，提振士气，凝聚和激发干部职工内生动力；《以创新文化引领企业高质量发展》企业文化成果获山西省企业文化优秀成果一等奖。

（王 婷）

【民生工程】 长钢历史上首次在为职工发放年终双薪的基础上发放年终奖，为生产一线技能操作岗位职工发放“战高温、斗酷暑、夺高产、创佳绩”奖励，为内退人员增加退养金50元/月，在岗职工收入大幅增长，实现第六次党代会确定的“达到或超过省市社平工资”的目标；全面完成职工个税改革，3690名符合条件的职工减免个税435万元。加大民生投入，为职工发放工作餐补助，开展“职工过生日”慰问活动，健康体检从两年一次调整为一年一次，举办职工子女暑期托管班，借助“首钢挚友”网络平台开展传统节日送福利活动；投入621万元购置通勤车，改造乒羽馆、篮球场、生活区浴室等，推进“三供一业”移交工作；实施厂容厂貌升级改造工程和坡底路改造，改善厂区环境。持续开展各类帮扶救助活动，全年帮扶1236人次共计132.8万元，为342人申报住房公积金贷款手续，为符合条件职工申请27套公租房，职工大病医疗互助活动参保率89.19%，再创新高。

（解俊峰、张玉庭）

【群团经济技术工作】 长钢深入开展创新创效活动，11个单位140个班组39项指标瞄准同行业和公司历史最好水平展开竞赛，班组达台阶创水平268次，竞赛总获奖比率58.77%；持续组织全员开展“五小”竞赛活动，7项成果亮相长治市首届“五小”竞赛成果展览，长钢获长治市“五小”竞赛优秀组织奖；开展青年创新创效活动，创造效益160万元；推进互联网+建设，2000人次参加网上练兵60个工种的竞赛，发放奖励19.4万元；5个职工创新工作室进入首钢庆祝建厂100周年活动100个创新工作室名录，1个职工创新工作室获长治市级创新工作室，2个职工创新工作室获长治市级创新工作岗。

（赵奎东）

【长钢2019年大事记】

1月8日，长钢召开2019年安全工作会议。

1月17日，人力资源和社会保障部公布2018年享受国务院政府特殊津贴人员名单，长钢高技能人才牛旭红名列其中。

1月23日，长钢召开环保工作会议。

2月14日，长钢2017—2018年度“安康杯”竞赛工作获长治市总工会表彰，6个集体和5名个人获奖。

2月21日，长钢召开2019年党风廉政建设工作会暨领导干部警示教育大会。

2月26日，9号高炉正式停炉，大修工作全面铺开。

3月5日，长钢被授予2018年度驻壶关县“优秀单位”称号；长钢派驻村工作队队长张广明被授予“脱贫攻坚优秀帮扶干部”称号。

3月5日，“我的钢铁网”山西站2019年新春团拜会暨2019年一季度山西钢厂市场研讨会在长钢召开。

3月12日，长钢召开干部大会。通过68名参会人员不记名投票，副总经理李怀林被列为总经理考察人选。

3月25日，长钢被长治市授予“长治市干部驻村帮扶工作模范单位”称号。

4月3日，国家工信部发布公告，长钢被列入符合《钢铁行业规范条件》企业名单（第四批）。

4月3日，长钢召开TPM“0”阶段总结暨“1”阶段动员大会。

4月3日，长钢召开干部大会，对公司领导班子进行调整。

4月13日，长钢高线北线改高速棒/线材复合型生产线通过安全设施竣工验收。

4月18日，在“我的钢铁网”主办的“2019钢铁中国·山西钢市钢铁高峰论坛”会上，长钢被授予“2018—2019年度山西省主要流通钢厂品牌”称号。

4月19日，长钢与集团公司同步举行首钢职工“走过百年"健步走闯关竞赛活动(长钢赛区)启动仪式。

4月20日,长钢9号高炉开炉,4月21日产出第一炉铁水,提前3天完成大修任务。

4月25日—26日,首钢钢铁板块2019年人力资源和组织工作专业会议在长钢召开。

4月25日,长钢获长治市五小竞赛"优秀组织奖";炼铁厂、工建公司获"优胜单位奖";15项五小竞赛成果分获一、二、三等奖。

4月28日,长钢党委书记、董事长贾向刚和工建公司职工牛旭红被评为山西省劳动模范。

4月29日,长钢召开2018年度"五一"暨"五四"表彰大会。

5月5日,长钢炼铁厂八高炉作业区获"山西青年五四奖状"称号。

5月10日,长钢获"2019年全国十大卓越建筑用钢生产企业品牌"称号。

5月22日,长钢召开工会第十届委员会第二次全委会议,选举王春生为工会第十届委员会主席。

6月11日,长钢炼铁厂团委获"全国钢铁行业五四红旗团委"称号;工建公司电控作业区团支部获"全国钢铁行业五四红旗团支部"称号;轧钢厂职工王璐琴获"全国钢铁行业优秀共青团干部"称号;动力厂职工王震获"全国钢铁行业优秀共青团员"称号。

6月19日,长钢获"山西省功勋企业"称号;长钢党委书记、董事长贾向刚获"山西省功勋企业家"称号;《以创新文化引领企业高质量发展》企业文化成果获山西省企业文化优秀成果一等奖。

6月19日,长钢召开"不忘初心、牢记使命"主题教育工作会议。

7月2日,长钢召开庆祝中国共产党成立98周年暨创先争优表彰大会。

7月3日,长钢获首钢"2018年度纪检监察系统调研成果优秀组织单位"称号;《推进"四防联动"构筑廉政屏障》等3项调研成果获奖。

7月5日,长钢代表队在"继承光荣传统、再创首钢辉煌"首钢建厂100年知识竞赛中获二等奖。

7月17日—18日,首钢文化公司原创话剧《升起天安门广场的国旗》在长钢进行四场演出。

7月17日—19日,2019年首钢钢铁板块炼钢技术交流会在长钢举行。

8月1日,长钢被中国钢铁工业协会授予"全国钢铁工业先进集体"称号;张联兵获"全国钢铁工业劳动模范"称号。

8月8日,长钢举办"与首钢同行、为长钢加油"主题职工环厂跑活动,并与集团公司同步启动首钢"走过百年"职工健步走闯关竞赛(秋季赛)活动。

8月19日—20日,长钢举行"我和我的祖国"职工消夏系列活动。

8月20日,长钢在山西省质量管理小组成果交流会和质量信得过班组建设经验交流会中获3项QC成果特等奖;炼铁厂海岸灯塔QC小组被推荐为全国优秀质量管理小组。

8月22日,在首钢建厂100周年主题演讲比赛中,长钢团委获优秀组织奖,职工王晓东获二等奖,肖潇获优胜奖。

8月29日,在第一届"我是首钢好讲师"大赛中,长钢职工王晓东获兼职组冠军;田俊登、韩毅获专业组优秀奖。

8月29日,在2019年中国(第八届)建筑用钢产业链高峰论坛上,长钢获"2019年度全国优质建筑用钢品牌工艺质量奖"荣誉。

9月3日,长钢召开决战决胜后四个月动员大会。

9月6日,长钢职工培训中心、牛旭红技能大师工作室分别获批"省级高技能人才培训基地"和"技能大师工作室",共获项目补助资金210万元。

9月16日,长钢职工牛旭红获首届"首钢工匠"命名表彰。

9月17日—18日,长钢举行纪念新中国成立70周年"炼铁杯"职工拔河比赛。

9月18日,长治市举行第二届长治技能大赛颁奖大会,长钢被授予"太行技术状元"称号1人,被授予"太行技术能手"称号7人。

9月28日—10月2日,为保障国庆期间环境空气质量,打赢"蓝天保卫战",长钢勇担社会责任,安全稳妥实施建厂73年历史上首次全线停复产。

10月21日,长钢领导贾向刚、李怀林参加首钢钢铁板块1—9月份经济活动分析会,并作《推进内部市场化改革,深入对标挖潜降本增效,有效提升企业钢材单利水平》的经验交流汇报。

10月22日—26日,"十年之变——走进长钢"联合采访暨第二十届记者节座谈在长钢举行。

10月30日，长钢召开中国共产党首钢长钢公司第七次代表大会。

11月8日，山西省企业联合会、山西省企业家协会联合发布2019年山西省企业100强，长钢位列2019年山西省企业100强第30名、制造业100强第18名；《新形势下国企全面从严治党工作机制的创新与实践》等四项管理成果获第六届山西省企业管理现代化创新成果二等奖。

11月12日—13日，中冶认证公司对长钢"MC"认证进行第一次监督审核，长钢通过审核。

11月20日，长钢启动2019年度全员"双基"考试。

11月25日—26日，首钢"不忘初心首钢人、建功立业新时代"职工宣讲团来长钢进行三场巡回宣讲。

11月28日，长钢党委书记、董事长贾向刚参加首钢管理创新委员会全体会议。长钢《现金流量管控体系构建与实施》管理创新成果获一等奖。

12月18日，长钢举办庆祝长钢加盟首钢十周年文艺晚会，并同步举行《蝶变》首发仪式，标志着长钢"100+10"系列活动圆满结束。

12月26日，长钢召开第二十一届二次职工代表大会。

（姚晓燕）

长钢公司焦化厂

【焦化厂领导名录】

党委书记、工会主席：宋贵喜（12月离任）
王　晨（12月任职）

党委副书记、厂长：林留户

纪委书记、副厂长：焦钰山

副厂长：苗　卫（8月任职）　朱振军（12月任职）

（赵玉田）

【概况】 焦化厂设5个职能科室、5个作业区。2019年底在册职工502人，其中，中级职称28人、初级职称34人；高级技师13人、技师47人、高级工230人。2019年，焦化厂围绕年度中心工作，圆满完成公司下达的各项生产经营目标任务，冶金焦产量等重要指标实现历史性突破。

（赵玉田）

【主要指标】 焦化厂全焦产量105.63万吨，焦油产量4.37万吨，硫铵产量0.95万吨；冶金焦成本比行业平均低320.78元/吨，与新兴铸管同比缩差45.52元/吨，累计行业排名第7，其中3月和7月行业排名第2，继续保持行业先进水平；焦炭抗碎强度达87.59%，较2018年升高1.28%，使高炉燃料比下降4.09%；焦炭合格率97.61%，达国家准一级冶金焦质量标准，焦油质量、粗苯质量、硫铵质量全年合格率100%，全部达到估计一级标准。

（张兵韬、张　磊）

【亮点工作】 焦化厂节能减排工作，通过对辛安水使用点的改造，吨焦指标从0.13吨降至0.08吨，实际用量下降36.0%。11月圆满完成干熄焦大修，比计划提前7天，全年多产干熄焦炭2.22万吨，多发电355万千瓦时。坚持"煤焦一体化"和"铁焦一体化"，调整配煤结构，入炉煤G值由40升高至55，吨焦成本降低7元，每月可降低成本70万元。党建围绕中心服务大局，为全年各项指标任务的完成提供坚强保证，获"长治市优秀党组织"称号。

（张兵韬、刘广平、张磊、赵玉田）

长钢公司炼铁厂

【炼铁厂领导名录】

党委书记、工会主席：杨建城

党委副书记、厂长：冯广斌（7月离任）

党委副书记、副厂长：许满胜（主持工作；7月任职）

纪委书记、副厂长：范雄伟（12月离任）
冯　龙（12月任职）

副厂长：李雪峰　曹　锋（8月任职）

（刘小龙）

【概况】 炼铁厂设4个职能科室，6个作业区。2019年底在册职工858人，其中高级职称2人，中级职称45人，初级职称116人；高级技师35人，技师76人，高级工260人。2019年，炼铁厂以"敢于担当、勇于创新，稳顺高效、走在前列"为己任，继续深化"铁前一体化"管控，精心组织实施9号高炉系列大修，各项工作保持持续进步态势，圆满完成公司下达的年度经营生产任务，铁成本排名继续保持行业前列。

（苏荣慧）

【主要指标】 炼铁厂生铁产量186.91万吨,烧结矿产量282.18万吨;生铁成本2218元/吨,与先进指标对标缩差66.92元/吨,生铁成本较行业平均低69.72元/吨,在集团公司钢铁板块中排名第二,行业排名第七,继续保持前列。高炉燃料比541千克/吨,煤比129千克/吨,高炉工序能耗433.17千克标准煤,烧结工序能耗54.56千克标准煤。

(冯 龙)

【亮点工作】 2019年是炼铁厂发展历史中极不平凡的一年。9号高炉系列大修比计划提前3天完成,投产后生产能力提高1000吨/日,燃料比控制在525千克/吨以内,在实现规模效益的同时,各项技术经济指标水平提升;12月生铁产量完成21.65万吨,创两座高炉运行以来最好水平;全力推进"TPM"管理工作,在TPM"1"阶段前8期评比中,综合排名4次获第一、五次获"金牛"奖。党建工作以"融入中心抓党建、心系职工促发展"为核心,以"四个一流"为目标,深入开展炼铁厂"六个三"创先争优夺旗竞赛活动,为完成全年任务提供思想保障。

(苏荣慧)

长钢公司炼钢厂

【炼钢厂领导名录】

党委书记、工会主席:黄志文

党委副书记、厂长:周剑波(7月离任)

党委副书记、副厂长:午亿土(主持工作;7月任职)

纪委书记、副厂长:燕建宏(7月离任)

康 伟(8月任职)

副厂长:李 宁(8月任职) 侯 栋(8月任职)

(孙 强)

【概况】 炼钢厂设5个职能科室,6个作业区。2019年底在册职工642人,其中含博士在内的研究生7人、本科学历63人、大专学历107人;高级职称2人,中级职称30人;高级技师21人,技师77人,高级工219人,中级工14人。2019年以来,炼钢厂紧紧围绕"降铁耗、提产能"中心工作,坚持问题导向、目标导向,持续深化改革,推进钢厂治理体系和治理能力建设,铁耗、产量等关键经济技术指标实现较大突破。薪酬改革、"全员提素工程"持续推进,岗位活力激发;钢渣处理、废钢配送、热修包搬迁、液压剪改造等工程相继落地运行,"一罐到底"新工艺稳步实施;"VR安全教育实训室"率先通过公司验收。一年来,炼钢厂整体工作平稳有序,持续保持安全稳顺经济运行势头。

(孙 强)

【主要指标】 炼钢厂钢产量220.54万吨,合格坯产量比例99.94%,同比提高0.02%;钢铁料消耗1046.09千克/吨,同比降低6.82千克/吨;铁耗845.56千克/吨,同比降低24.36千克/吨;一倒命中率74.24%,同比提高3.22%;炼钢工序成本587.32元/吨,同比降低0.12元/吨。

(孙 强)

【亮点工作】 炼钢厂累计降本941.2万元;生产组织通过推行"列车时刻表",多次创出两座高炉生产以来日产、月产新水平。平均铁水消耗845.56千克/吨,在集团公司钢铁板块排名第一,创长钢好水平;通过合金在线烘烤提高合金温度、炉内加焦丁补热、"一罐到底"提高入炉铁水温度、推行"零"冷料模式等措施,有效提升产能;严控高温钢,推行低温快注、单渣少渣冶炼等措施,钢铁料消耗降低;推行新工艺,"一罐到底"入炉比例达到63.40%。党建工作围绕转思想、转观念、转作风,提高班子凝聚力、提高工作效率,保经营目标任务完成的"三转二提一目标",为稳顺生产保驾护航。

(孙 强)

长钢公司轧钢厂

【轧钢厂领导名录】

党委书记、工会主席:马河平

党委副书记、厂长:李罗扣(主持工作)

纪委书记、副厂长:邵忠文

副厂长:胡 洪 张 奇(8月任职)

(卢 婷)

【概况】 轧钢厂设6个职能科室,4个作业区。2019年底在册职工912人,其中高级职称3人、中级职称43人、初级职称118人;高级技师30人、技师109人、高级工317人。2019年,轧钢厂结合年度经营生产计划目标,确立以安全环保为底线,以市场需求为导向,以"管理精细化,指标上台阶"为目标的指导思想,全力组织推进优化生产组织、提质增效、技术革新等重点工作,圆满完成全年各项目标任务。

（卢　婷）

【主要指标】 轧钢厂材产量218.94万吨；综合成材率100.22%，综合合格率99.92%，吨钢综合能耗39.73千克标准煤，轧钢工序成本143.48元/吨，全年实现降本增效1545万元。

（冯　飞）

【亮点工作】 轧钢厂各生产线产量创出好水平，工序能耗明显降低，压缩空气/氮气攻关初步取得成效，完成含铌微合金产品的批量化生产，4项五小竞赛项目在长治市获奖；棒材作业区作业长张毅获“首钢之星”称号。轧钢厂党委连续四个季度被公司党委授“红旗”；8月，轧钢厂党委在集团公司“三创”交流会上作基层党建经验交流，得到北京市委组织部的高度评价。

（冯　飞、卢　婷）

长钢公司熔剂厂

【熔剂厂领导名录】

党总支书记：郭新平

厂　长：郭新平（6月离任）

副厂长：苗振平（主持工作；6月任职）

工会主席：郭新平（6月任职）

李志峰（6月离任）

（李志峰）

【概况】 熔剂厂设3个职能科室，3个作业区。2019年底在册职工144人，其中研究生2人、本科12人、大专27人、中专及以下103人；高级职称1人，中级职称6人；高级技师2人，技师7人，高级工14人，中级工8人。2019年，熔剂厂全体干部职工鼓足干劲，稳中求新，适应安全环保限产新常态，主动破解经营生产制约新难题，实现安全环保与经营生产双提升。

（李志峰）

【主要指标】 熔剂产品产量38.82万吨，其中回转窑活性石灰产量17.22万吨，套筒窑活性石灰产量13.61万吨，轻烧白云石产量7.97万吨。7月，轻烧白云石产量1.08万吨，熔剂产品产量4.39万吨；12月，活性石灰总产量3.43万吨。

（李志峰）

【亮点工作】 熔剂厂装备水平大幅提升，环保、基础等设施进一步完善。新建石灰竖窑二期工程并行投运，竖窑生产划入钢铁行业生产序列；回转窑大修提前3天点火投运，同步对除尘设施进行升级改造，原料大棚完工并投回使用；回转窑活性石灰、轻烧白云石、熔剂产品月产量均创出好水平，多项环保设施改造及完善走在公司超低排放前列。

（李志峰）

长钢公司工建公司

【工建公司领导名录】

党委书记、工会主席：秦　军（6月任职）

党委副书记（主持工作）、工会主席：

秦　军（6月离任）

党委副书记、经理：王世勇（6月离任）

党委副书记、副经理（主持工作）：

焦忠平（6月任职）

纪委书记、副经理：郗旭林（6月任职）

（牛　剑）

【概况】 工建公司设3个职能科室，3个作业区。2019年底在册职工442人，其中高级职称3人，中级职称25人，初级职称64人；高级技师50人，技师100人，高级工128人。2019年，工建公司开始实行自主经营，主要以公司在线设备的安全维检为主业，凭借二级冶金设备安装资质，兼顾开拓周边冶金设备制作安装工程。

（王　莉）

【主要指标】 工建公司完成计划检修69次，完成工程项目14项，完成产值7066.295万元，实现利润27.61万元；重要关键设备检修质量合格率99%，设备返修率小于1%；全年服务质量平均满意度大于98%；非计划停机故障时间0.87小时。

（牛　剑）

【亮点工作】 工建公司承担起9号高炉系列大修任务，完成炼钢水系统对接，高标准完成8号转炉烟罩更换，以首善精神完成5号烧结机星轮更换，整个大修共完成检修项目1066项，其中机械项目841个、电气项目225个，工程项目拆安300吨，全部一次试车成功。强化“设备检修规范化、安全管理标准化”的理念，克服检修高频次、生产快节奏、劳动强度大、质量要求高等困难，实现确保设备无重大问题、确保安全无重大事故的

“两个确保”目标。在独立运营过渡时期,组织全员“成为工建人,我要怎么做”“人人尽职履职,服务设备维检”“工建一周年,我有啥贡献”大讨论,引导全体干部职工统一思想、凝聚干劲,为各项工作开展奠定思想基础。工建公司职工牛旭红被命名表彰为首届“首钢工匠”。

(薛彦军、牛　剑)

长钢公司动力厂

【动力厂领导名录】

党委书记、工会主席:王晋林(12 月任职)

党委副书记(主持工作)、工会主席:

王晋林(12 月离任)

党委副书记、厂长:田开平

纪委书记、副厂长:吉素文

副厂长:宋海清　李豹山

(张平路)

【概况】 动力厂设 4 个职能科室,5 个作业区。2018 年底在册职工 417 人,其中中级职称 16 人;高级技师 18 人、技师 49 人、高级工 124 人。2019 年,动力厂坚持“追求卓越、精益求精、热情服务、安全保供”的工作宗旨,以国内先进企业为标杆,不断加强能源调节,严格按照重点用能单位需求开展工作,切实保障能源系统稳定顺行。

(张平路)

【主要指标】 动力厂外供氧气 2.10 亿立方米、氮气 3.05 亿立方米、压缩空气 1.27 亿立方米、氩气 57.18 万立方米、新水 962.71 万吨、辛安水 301.23 万吨、软水 120.44 万吨、蒸汽 57.88 万吨;输配高炉煤气 22.38 亿立方米、焦炉煤气 1.56 亿立方米、转炉煤气 1.63 亿立方米;自发电 4.3 亿千瓦时,同比增加 0.65 亿千瓦时,增长 17.9%,自发电指标创出好水平。

(张平路)

【亮点工作】 动力厂推进本质化安全管理试点工作,8 月—12 月对在线运行的 97 台煤气排水器进行安全本质化改造,从根源上消除因煤气冲破水封后泄漏不能及时发现和处置的风险。12 月工业污水处理站正式投运,动力厂对 COD、氨氮等四项指标达标情况随时监控,确保工业污水处理工作向良性轨道有序推进。

(张平路)

长钢公司运输部

【运输部领导名录】

党委书记、工会主席、副经理:申国红(12 月离任)

党委副书记、经理:魏　敏(7 月离任)

党委副书记、副经理(主持工作):

郭　伟(7 月任职)

党委副书记、工会主席、副经理:

杨例钢(12 月任职)

纪委书记:郭　伟(7 月离任)　朱　理(7 月任职)

副经理:朱　理

(郭玉梁)

【概况】 运输部主要负责公司矿粉、煤、钢坯、钢材及杂货的内部汽车倒搬,厂内检修项目及技改工程用车,矿粉、煤等原燃料的进厂,产品外发等铁路运输以及炼铁—炼钢厂间铁水运输;以及长治市区相关企业的军品、油品、煤、焦炭及杂货的铁路运输工作。设 7 个职能科室,6 个作业区。2019 年底在册职工 483 人,其中高级职称 3 人、中级职称 55 人、初级职称 124 人;高级技师 1 人、技师 23 人。2019 年,运输部推进自主经营工作,圆满完成年度利润、降本双指标,服务满意度、管理水平、职工收入等均达到预期提升目标。

(郭玉梁)

【主要指标】 运输部完成运输收入 9678 万元,全年超额完成公司目标利润 60 万元;完成公司下达的 62 万元降本任务;服务满意度稳步提升,平均达 98.98 分,其中 4 个月服务满意度为 100 分。全年铁运周转量 3749.9035 万吨千米,货运量 4426161.51 吨;机运周转量 15588 万吨千米,货运量 813 万吨。

(段佳荣)

【亮点工作】 运输部开始为期三年的自主经营运作模式,紧盯运输“效率、效益”双提升的工作目标,完善绩效分配机制,推行“完全成本”考核制,为完成经营任务提供支撑;实施设备精细化管理,推进技术改造,持续提升装备水平,降低职工劳动强度,改善工作环境,实现劳动生产率的持续提升;以全面构建“人防+物防+技防”安全防控体系为抓手,着力夯实安全管理基础;党建以“八抓八促”工作法为抓手,围绕中心任务抓好基层支部建设和党员队伍教育管理,助推经营生产各项工作取得新成效。

（郭玉梁、梁雷敏、刘爱文）

长钢公司质量监督站

【质量监督站领导名录】

党总支书记、副站长、工会主席：郭爱红（6月离任）
王晓华（6月任职）
党总支副书记、站长：吴晓春
副站长：韩璐雁

（常慧敏）

【概况】 质量监督站设3个职能科室，3个作业区。2019年底在册职工217人，其中本科40人、大专90人；中级职称20人；高级技师1人、技师38人、高级工72人、中级工10人。2019年，质量监督站全面完成各项指标和检化验工作任务，基础管理、质量管控、降本增效、全员提素、党建工建等各项工作持续进步，职工思想稳定，经营生产呈现积极向上态势。成品检验作业区物理测试班组获中国质量协会“质量信得过班组”称号；化学分析作业区煤焦分析组获山西省质量协会“质量信得过班组”称号。

（常慧敏、崔文娟、李　峰）

【主要指标】 质量监督站检化验准确率98.6%，完成年初制定的检化验准确率98%的计划目标；检化验及时率100%；赔偿产品质量异议3起；质量异议率0.018‰，较计划降低0.082‰；工业产值质量异议损失率0.088元/万元，较计划降低0.292元/万元；严把入厂原燃料质量关，全年对进厂大宗原燃料罚扣明水和杂质等81199吨；通过对进厂大宗原燃料目测扣水和成分超差扣罚，为公司挽回损失3662万元；实现安全生产“五为零”的目标。

（常慧敏、赵攀峰）

【亮点工作】 质量监督站全力推进“两化”项目建设，计量和质量信息一卡通系统按炉送钢部分、炼钢钢水快速分析系统、锅炉水质在线监测系统上线，促进质监自动化、智能化项目快速发展。配置废钢检验自动筛分设备，最大限度规避废钢检验工作中的人为因素，检验质量和效率提高。持续巩固和强化人防、物防、技防、心防的“四防联动”机制，构建起领导担责、专业履责、齐抓共管的党风廉政建设格局。以职工小讲堂、师带徒、职工网上练兵、首钢股份钢铁板块实验室比对、技术比武等活动为抓手，全力推进全员提质提素，岗位人员业务技能得到很大提升。

（常慧敏、赵攀峰、崔文娟）

长治钢铁（集团）瑞昌水泥有限公司

【瑞昌水泥领导名录】

党支部书记、工会主席：吴丽荣
经　理：刘国伟
副经理：张晓峰　孙小明（12月离任）
王　鑫（12月任职）
纪检委员：孙小明

（耿　彪）

【概况】 长治钢铁（集团）瑞昌水泥有限公司（以下简称“瑞昌水泥”）设2个职能科室，3个作业区。2019年底在册职工129名，其中本科26人、专科34人；高级职称2人、中级职称11人；高级技师1人、技师7人、高级工22人、中级工5人。2019年，瑞昌水泥提前研判市场争效益，深挖内部潜力降成本，以“整章建制、规范经营”为工作主线，以提产创效和强化基础管理为突破口，一手抓环保硬件基础投入，一手抓经营生产顺行，完成各项经营指标及重点任务。

（耿　彪）

【主要指标】 瑞昌水泥完成产量68.2万吨，同比增加4.5万吨，增幅7.06%；销量68.36万吨，同比增加4.61万吨，增幅7.23%；全年实现销售收入19963万元，同比增加4716万元；实现经营利润2799.76元，较计划增利1738.76万元，同比增加1762.99万元，其中上半年实现利润1395万元，提前完成全年利润指标。立磨平均台时产量128.71吨/时，同比增加6.03吨/时，增幅4.92%；全年综合电耗47千瓦/吨，较2018年降低5千瓦/吨；制造费用同口径对比较2018年下降5元/吨。

（耿　彪）

【亮点工作】 长治钢铁（集团）瑞昌水泥有限公司精准掌控水渣自用和外销节奏，水渣外销价格再创新高，实现水渣利润最大化，变资源优势为效益成果；将华润、晋牌水泥发展为最大的矿渣粉终端用户，实现长治地区矿渣粉大用户全覆盖，牢牢掌控本地市场及价格话语权；严控非计划停机，立磨系统连续带料运行最长达276.6

小时，刷新建厂以来连续运行纪录；工艺管理上推进技术创新，提高低价混合材的掺配比，大幅节能降耗；妥善处置烧结脱硫灰和转炉尾渣，解决长钢固体废弃物处置的后顾之忧。矿渣大棚项目等环保技改工作稳步推进，为后续经营生产创造条件，污染物排放全部达到特别排放限值要求，通过无组织排放现场勘查验收。

（耿　彪）

长钢公司后勤服务中心

【后勤服务中心领导名录】

党委书记、副经理：许文达

党委副书记、副经理（主持工作）：

陈　强（1 月任职）

副经理、工会主席：牛晓强

纪委书记：王东波（6 月离任）

副经理：王东波

（张玉庭）

【概况】　后勤服务中心设 4 个职能科室、6 个作业区、3 个挂靠单位（幼名园、彩印厂、乳饮厂），1 个外派管理团队。2019 年底在册职工 615 人，其中研究生 3 人、本科生 145 人、大专生 219 人；中级职称 83 人；高级技师 5 人、技师 27 人、高级工 96 人、中级工 13 人。2019 年，后勤服务中心坚持“群众利益无小事，后勤服务无止境”的工作理念，强化管理、挖潜增效、盘活资产、调整经营策略、激活经营机制、积极拓展业务范围、努力实现新开发业务增收创效等一系列措施，圆满完成自主经营目标任务。

（张玉庭）

【主要指标】　后勤服务中心补贴指标为 771 万元，其中经营性业务利润 160 万元。工亡事故为零；重大火灾事故为零；煤气中毒事故为零；食物中毒事故为零；触电事故为零；人员密集场所公共突发事件事故为零；轻伤事故为零。

（张玉庭）

【亮点工作】　后勤服务中心对新区、机关餐厅运行多年的老旧设施进行更换，改善职工就餐环境；购置 4 辆新通勤车，并将通勤车频次由原来每天 49 趟调整为 94 趟，满足职工通勤需求；开展“温情送暖、交子饺子”主题年夜饭活动、“党员送温暖、粽香飘一线”包粽子活动、“炉火映明月、夜语寄相思”中秋慰问活动，在节日期间将饺子、粽子、月饼等送到职工手中；完成炼铁原料场入口道路沥青路面改造，篮球场、乒羽馆维修，幼儿园消防等设施维修改造等 9 个立项工程。

（张玉庭）

长钢公司附属企业公司

【附属企业公司领导名录】

党支部书记、工会主席：牛立太（12 月任职）

党支部副书记（主持工作）、工会主席：

牛立太（12 月离任）

经　理：韩红卫

纪检委员、副经理：程唯钊

（张少飞）

【概况】　附属企业公司是隶属于长钢独立经营，自负盈亏的集体所有制单位，主要产业为机加工、劳保、服装生产、固废加工、遮盖网编织、1 号中铁钢渣处理等。附属企业公司设 3 个职能科室、2 个作业区。2019 年底在册职工 42 人，其中研究生 2 人、本科生 8 人、大专生 12 人；高级职称 1 人、中级职称 8 人。2019 年，附属企业公司实现新项目开发和经营生产双丰收，职工收入明显提高，获得感和幸福感提升，促进附属企业和谐稳定快速发展。

（张少飞）

【主要经营指标】　附属企业公司自我加压，提出“1+1”奋斗目标，即：将长钢下达的 77.21 万元年利润指标调整至 100 万元，并在必保完成 100 万元的前提下，再多创造 100 万元利润的奋斗目标。2019 年实现利润 229.51 万元，超额完成奋斗目标 14.76%，超额完成长钢下达指标 197.25%。

（张少飞）

【亮点工作】　附属企业公司先后上马遮盖网、钢泥回收、钢渣处理几个“短、平、快”项目，并实现主营业务首次盈利；机修作业区搬迁改造项目取得突破性进展，获长治市潞州区环保局的批复；本着“尊重事实，量力而行”的原则，稳妥解决历史欠资、欠款等问题；党建工作把服务经营生产、维护企业稳定作为出发点和落脚点，为附属企业公司稳定发展提供强有力保证。

（张少飞）

首钢贵阳特殊钢有限责任公司

【首钢贵钢领导名录】

党委书记、董事长：张　兴

党委副书记、董事、总经理：汪凌松

党委副书记、副董事长：杨　方

党委委员、纪委书记、工会主席、职工董事：潘昆仑

副总经理：范　军（3 月任职）　郭蜀伟　唐落谦

（肖　阳）

【综述】 首钢贵阳特殊钢有限责任公司（以下简称“首钢贵钢”）前身为贵阳钢铁厂，始建于 1958 年。1958 年 9 月 12 日，生产出直径 24 毫米圆钢，结束贵州不产钢的历史。1964 年国家调整工业布局，加快“三线”建设，改扩建为贵阳钢厂。1998 年，按现代企业制度要求由工厂制改革为公司制，更名为贵阳特殊钢有限责任公司。2009 年 7 月，经贵州省委、省政府批准，首钢集团重组控股贵钢，更名为首钢贵阳特殊钢有限责任公司，并启动实施贵钢城市钢厂搬迁工程，2016 年 7 月已全部搬迁至贵阳市修文县扎佐镇新特材料循环经济工业基地。

2019 年，是首钢贵钢发展历史上具有里程碑意义的一年。一年来，在省国资委和集团公司领导下，按照公司党委和董事会决策部署，广大干部职工履职尽责、苦干实干、克难攻坚、锐意进取。坚持“强质量、降成本、调结构、拓市场”工作思路，以“十二个攻关组”为抓手，全年产钢 32.49 万吨，产材 32.14 万吨，营业收入 20.68 亿元，利润 2611 万元；房地产收入 23.11 亿元。生产经营指标创历史新高，企业发展态势向好。

（肖　阳）

【产线产品】 首钢贵钢公司经搬迁升级改造，钢业基地已具备年产 50 万吨特殊钢、70 万吨材的能力，拥有世界先进水平的电炉钢生产线和国内先进水平的制钎、轧钢、锻钢生产线，是国内最大的凿岩用钎钢钎具产品的生产与科研基地，是具有区域特色的特殊钢企业。产品主要用于基础设施建设工程、工程机械、汽车高铁、装备制造、国防军工等领域。拳头产品钎钢钎具和高端易切钢国内市场占有率第一，自主研发的高速重载铁路机车车轴用钢 EA4T 获德国西门子公司国内独家认证并供应中车集团，与铁路用弹簧钢产品同列为国家和省重大科技支撑项目。

（刘厚权）

【新品开发】 产品开发取得新成效。耐候焊接用钢 TH550-NQ-Ⅱ性能指标达到国内先进，H13 模具钢小方坯连铸试生产成功。与中车株洲电力机车有限公司合作开发的动车组用车轴完成装车实验，成功应用在长株潭动车组上。开发电机转轴用钢、潜孔钻杆、高炉开口钎杆、EA1N、BWR8 等新产品 20 个。

（张小波）

【体系管理】 1 月 18 日，首钢贵钢公司通过法国 BV 公司 ISO22163 现场审核，3 月 18 日完成审核整改工作，5 月 27 日，ISO22163 质量管理体系认证获证书；5 月 27 日—31 日，法国 BV 公司对贵钢 IATF16949 质量管理体系进行现场审核，7 月 4 日正式取得 IATF16949 认证证书。7 月 2 日公司 ISO9001 质量管理体系通过中国质量认证中心贵州分公司年度监督审核。6 月、9 月公司分别通过中车株机公司、浙江晋椿等用户二方体系审核。中空钢生产线螺纹钢生产许可证增项工作 9 月 6 日完成，10 月公司高速精品线材螺纹钢生产许可证增线申请获贵州省市场监督局受理，11 月 2 日，公司通过全许办现场核查，12 月 30 日贵钢高线螺纹钢生产许可证正式获批。

（吴少斌）

【转型升级】 首钢贵钢公司认真执行贵州省委、省政府和首钢集团公司的工作要求，围绕“钢业做特做强、非钢业做实做活、老厂区开发做精做优”的战略目标，加快产品、产业、结构调整和企业转型升级工作。钢业按照绿色产品、智能制造方向打造循环经济工业基地，坚持“专、高、特”特钢发展思路，加大新产品研发力度，

按照“制品化”延伸下游产业链提升企业核心竞争力。非钢业着力培育贵阳阳明花鸟市场、贵阳东方现代钢材市场、贵阳烧烫伤专科医院等一批品牌，引进红星美凯龙品牌合作经营家居建材市场贵钢店等。借助贵州省大数据发展机遇，全力推进“基于大数据云计算的大宗物资交易物流管理平台”建设，依托扎佐贵钢铁路专用线，发展物流产业，支撑贵阳市北部物流园建设。利用老区开发机遇，非钢业围绕“城市+产业”向城市综合服务商转型。老区开发结合贵阳市生态文明城市建设和创新型中心城市的发展定位，打造集商贸、旅游、文化、体育、健康、住宅为一体的智慧城市综合体。

（肖　阳）

【经营财务】 全年产钢 32.49 万吨，比 2018 年增加 5.99 万吨，完成下达计划目标 27 万吨的 120.33%；年末资产总额 173.72 亿元，负债总额 120.85 亿元，资产负债率 69.57%，同比降低 0.07%；实现营业收入 41.11 亿元，同比增加 25.11 亿元，其中本部营业收入 20.68 亿元，同比增加 2.72 亿元，比计划 19.17 亿元增加 1.51 亿元，老区房地产开发收入 23.11 亿元；实现利润总额 1.61 亿元，同比增加 1.63 亿元，比集团公司计划控亏 0.72 亿元超 2.33 亿元，其中本部实现利润 2611 万元，完成年度计划；全年经营现金净流入 13.59 亿元。其中本部经营性活动现金流入 0.6 亿元，完成年度计划指标，房开公司经营活动现金流入 12.99 亿元。完成两金周转率 0.47 次，其中本部两金周转率 3.75 次，比年计划 3.26 次增加 0.49 次；全年缴纳税费 28926 万元，其中本部缴纳税费 4689 万元，房开公司缴纳税费 24237 万元。

（马金钊）

【安全管理】 完成轧钢抽芯跨和能源部本质安全推广工作，10 月底完成验收并投入使用。通过本质安全推广，识别和管控现场风险，推行先进的安全管理理念，提高本质安全水平；全年共拟定、修订安全管理制度 12 个，梳理修订安全操作规程 72 个，使安全生产规章制度进一步健全完善。以安全生产标准化建设为载体，规范企业落实主体责任，夯实基层基础，提升安全管理水平。劳动服务公司和金泰公司开展安全标准化建设并通过外部专家评审，钢业各单位开展安全标准化班组建设。对 33 个班组进行抽查，28 个合格。组织修订、完善应急预案，提升应急预案的实用性和可操作性。年初，修订下发生产安全事故应急预案，完成有限空间应急预案编制并通过外部专家评审。推进职业健康管理工作，完善职业健康管理，保障员工身体健康。完成现场 81 个点位年度检测和日常监测、652 人次职业健康体检和宣传教育培训工作，确保全年无职业病发生。推行安全生产“八大禁令”，营造安全氛围，强化职工安全意识，提高职工高风险作业的事故防范意识和能力，规范职工安全行为。

（郑福宽）

【环保管理】 编制相应的环保管理制度，建立环保台账。按照排污许可要求，对各生产线大气污染物进行周期性检测，各生产线加强环保设施及生产过程控制，达到超低排放要求。编制土壤监测方案并进行检测，认真落实排污许可要求，按照申报并缴纳环保税。全年各项环保工作符合国家及地方政府主管部门的监管要求，无环境污染事件。1 月通过省环保厅组织的现场验收（黔环清洁〔2019〕10 号）。12 月取得 ISO14001 环境管理体系认证证书，获“贵州省绿色工厂”称号，获贵州省环境信用信息管理系统 2018 年度“环保诚信企业”。11 月 11 日央视综合频道在“黄金时段”播出《美丽中国》第 2 集《蓝天白云》，其中展现首钢贵钢公司大搬迁、创建绿色环境友好企业，“还贵阳市一片蓝天”取得的成绩。

（吴尚峰）

【能源管理】 围绕“安全、稳定、优质、经济”的工作目标，持续改善能源管理绩效，推进能源管理体系运行的有效性，使各项专业管理由符合型向有效型转变。在精细化管理、工序服从和工艺技术上强化系统节能和管理节能，最大限度发挥精细化管理的作用，实现管理效益提升的战略目标，构建持续改进能源绩效机制，提升企业的绿色形象和竞争力。12 月 5 日通过中国船级社质量认证公司的能源管理体系第一次监督审核。通过政府部门专项节能监察及能耗限额标准检查，节能量为 5145.43 吨标准煤，符合“十三五”节能双控目标要求。成立降低能源消耗攻关组，制定降耗措施、指标，落实负责人、完成时限、奖惩办法，同比 2018 年完成情况，总计降低能源费用 3541 万元。组建能源调度室，每日对能源消耗情况进行统计分析，对标先进企业，挖掘节能潜力。组织专业人员进行全厂节能监察，下达 15 项能源整改通知书，并监督完成整改。

（赵俊杰）

【人力资源】 进行全公司机构调整，部门设置从30个调整为26个。调整后的部门机构设置分为职能部门、钢业系统、非钢系统、园区管理系统4大板块。其中职能部门7个、钢业系统8个、非钢系统7个、园区管理1个。截至12月31日，在册正式职工2160人，其中男职工1590名，女职工570名。在岗职工1788人，不在岗职工372人。职工平均年龄43.76岁，平均工龄22.9年。与各单位签订相应的《2019年经营目标责任书》，完成2019年绩效考核方案编制工作。完成修订并下发《首钢贵阳特殊钢有限责任公司高级工、技师、高级技师聘任管理办法》(〔2019〕42号)文件。于7月聘任高技能人员121名(技师11名、高级工110名)，每月核实发放相应津贴。制定2019年度职工培训计划表并落实培训项目的完成。全年组织公司各二级单位各类培训6726人次、2026学时。

(王立新)

【党建工作】 全面推进“不忘初心、牢记使命”主题教育活动，牢牢把握“守初心、担使命、找差距、抓落实”总要求，对表对标，压紧靠实各级责任，推动主题教育往心里走、往实处抓。精心制定实施方案和周密的学习计划及配套方案，原原本本学《论述》《纲要》，跟进学习习近平总书记最新重要讲话精神。结合重点难点工作，确定调研课题和方案，深入基层一线，紧盯高质量发展定位“选题”，梳理对策抓整改，做实功，整改见成效。通过开展主题教育活动，首钢贵钢公司钢业生产取得长足进步。规范基层组织建设，修订汇编《“三会”管理制度》《“创先争优”活动管理制度》等20个党的组织专业制度。按期完成2个基层党委、9个党总支、6个直属党支部和73个基层党支部换届工作。开展各级党组织书记抓党建述职评议、基层党支部基层党建突出问题专项整治检查整改。组织开展党支部“达晋创”季度等级评定工作，制定党建工作考核评价办法，层层签订《基层党建工作目标责任书》，开展“不忘初心挑重担、牢记使命我争先”创先争优主题实践活动，建立责任区104个，45个在岗党支部完成攻关课题100项。创建品牌党支部，炼钢事业部运行党支部获“贵州省国资委系统样板党支部”称号。持续推进“三个100%”工程，获北京市国企党建研究会2018年度课题调研优秀奖。制定发展党员工作计划，举办入党积极分子、发展对象培训班，发展党员22人，党员转正17人。组织党务干部培训班两期，派出10批15人次参加贵州省省委党校、省国资委举办的党支部书记、党务干部培训班。走访慰问困难党员68名，困难群众109名，驻村干部及家属，技术、技能人员21名。

(卢伟山)

【脱贫攻坚】 开展扶贫帮困工作。响应党中央打赢脱贫攻坚战要求，认真落实省委、省委组织部和省国资委的安排部署，选派4名驻村干部，帮扶修文县龙窝村、沿河县群英村和关怀村，并拨付资金30万元对口帮扶3个贫困村。成立结对帮扶工作组，帮扶沿河县关怀村、沙湾村、永丰村。开展用工扶贫、公益扶贫、消费扶贫和项目扶贫，在修文和扎佐当地招收200多名人员就业，开展义诊、捐赠活动，职工食堂优先采购贫困村农产品，食材采购比例超过50%，帮助修建蓄水池等，为贫困地区老百姓脱贫贡献力量。利用自身资源，多途径开展精准扶贫工作。根据贵州省委组织部《关于组织开展国有企业结对帮扶“2019年扶持壮大村级集体经济试点村”的工作方案》精神、贵州省国资委《关于组织国有企业结对帮扶2019年扶持壮大村级集体经济扶持村的通知》要求，及驻村干部统计“一村一策”“一户一策”情况，开展产业扶贫、就业扶贫、消费扶贫、公益扶贫等助力精准扶贫。11月16日第六个扶贫日，广大职工参加公募活动，共公募捐款39293元。资助沿河县关怀村、群英村二本以上学子6人，资助学子箱6个，价值1860元，现金3000元。

(朱绍平)

【企业文化】 开展“六破六立”解放思想大讨论，统一思想，凝心聚力，打破思想禁锢，使全体员工在树立“自我超越、自我革新，苦干实干、结果导向”的新思维理念上取得进步，为首钢贵钢钢业达产上量做好思想保证。围绕庆祝新中国成立七十周年、首钢百年开展系列活动。4月15日，印发《首钢贵钢公司庆祝中华人民共和国成立70周年活动方案》，首钢贵钢各二级单位围绕庆祝中华人民共和国成立70周年活动主题，精心组织，持续开展活动，共同营造喜庆热烈的浓厚氛围。组织观看话剧《天安门广场升起的国旗》，开展爱党、爱国、爱厂知识竞赛，主办“我和我的祖国”征文活动。在厂区内、办公室悬挂国旗、横幅标语及摆放花坛、观看阅兵直播等各种方式庆祝新中国成立70周年。开展2019年“贵钢之星”评选活动，评选担当、创新、争先之星计9名，同时向集团推荐3名“首钢之星”人选。拍摄以“淬火成钢 党建铸魂”为主题的党建工作宣传片，进行公司亮化工作，打造文化墙等，加强客户及过往行人等对品牌的认知度，提升企业形象。配合南明区委完成以贵钢发展为内容的长篇纪实文学《熔炉》创作。

（卢伟山）

【宣传工作】 围绕公司“两会”精神、“六破六立”解放思想大讨论、“强质量、降成本、调结构、拓市场”十二字方针、“十二项攻关课题”、精益六西格玛等内容持续进行宣传报道，编撰下发9期《宣传工作》期刊，利用大屏幕，制作推送每周生产任务完成情况通报视频，及时宣传报道生产一线先进人物和工作，引导职工紧盯目标任务，敢于担当奉献。制定下发《关于开展好2019年度新闻宣传工作的通知》《2019年〈贵钢〉出版计划》《“贵钢人故事”系列稿件专栏推荐计划表》。开设“贵钢人故事”专栏，刊登贵钢人故事53篇，推送微信117期，《贵钢》出刊48期。加强对外宣传工作，展现贵钢新形象。在《首钢日报》、首钢团委网站、贵州工会云、多彩贵州等媒体发布稿件98篇；向贵州省国资委报送“不忘初心、牢记使命”主题教育简报。配合中央电视台经济频道完成对“贵钢绿色环保发展”专题拍摄和“用电看发展”的专题拍摄等。

（袁昆喜）

【团青工作】 围绕中心工作和生产经营大局，首钢贵钢公司团委以促进青年进步、服务青年为主旋律，推进组织建设、爱国主题教育活动、安全教育、技能提升培训、青年大学习等工作。2019年，向党组织推荐优秀青年团员14人参加入党培训班。深入开展“争做青年创新团队，争当青年创新先锋”主题活动，完成小改小革项目5个。全年举办技术比武4期，参与人数达121人，青安岗隐患排查120项，青年大学习3次、读书分享会4期，安全知识抢答赛2期，五四、迎春晚会各1期，青工交流座谈4次。开展义务劳动，共拾捡散落废钢3.94吨，创效7000元。推荐2名青年志愿者参加为期14天的毛主席纪念堂志愿服务活动，实现志愿服务活动新的突破。通过一系列创先争优主题活动开展，较好地推动首钢贵钢公司共青团工作，取得新发展，呈现新气象，为公司改革发展贡献青春、智慧和力量。

（杨 松）

【纪检监察】 3月份组织领导班子成员、各单位部门负责人及“三管六外”人员到贵州省王武监狱警示教育基地开展警示教育。9月份召开“以案为鉴、以案促改”警示教育大会。10月份，开展“以身边事教育身边人”“以案为鉴、以案促改”典型案例警示教育，通报材料披露少数领导干部、管理人员责任意识不强，好人主义严重，不作为、乱作为，失职失察，疏于管理，规矩意识、红线意识淡薄的违纪违规行为，强化全体干部职工的纪律意识、规矩意识，养成遵规守纪、严于律己的思想自觉、行动自觉。制定《首钢贵阳特殊钢有限责任公司廉政谈话制度》，修订《首钢贵钢公司纪委会工作规则》《首钢贵钢公司纪委开展问责工作程序规定》等制度。运用监督执纪“四种形态”，开展提拔干部预防提醒谈话、纠错诫勉约谈、工作提醒谈话，严肃查处违纪违法行为，坚持无禁区、全覆盖、零容忍，坚决纠正损害职工群众利益行为。严格按照《监督执纪工作规则》对自收信访举报、上级纪委转办案件、诉讼披露问题等进行分类处置，经核查属实的，均依据相关规定对相关责任人进行处置。

（熊克胜）

【素质提升】 全国网上练兵首钢贵钢公司职工闯关累计达到248557人次；炼钢事业部、钎钢事业部、能源部、金泰公司等单位有5人分别在安全知识、电焊工、炼钢原料工、电炉炼钢工、热处理工、节能环保知识、变电站值班员等7个工种中获第1名。在贵州省有色冶金产业第十五届职工职业技能大赛天车工决赛中，3名参赛选手分别夺得比赛的第一、二、三名；在贵州省有色冶金产业第十五届职工职业技能大赛电焊工决赛中，1人夺得比赛第3名。5人还被贵州省有色冶金工会授予“技术能手”称号。通过举办“首钢贵钢公司2019年职工行车工技术比武竞赛”，5人受到表彰奖励，参赛选手的技术技能水平提高。工会还分别在钎钢事业部、东方鑫盛公司等单位组织开展扩孔及领盘工序技术比武活动和“火车头杯”技能竞赛比武活动。举办“首钢贵钢女职工庆‘三八’学习十九大巾帼展风采知识抢答赛”。7—11月，公司工会举办四场劳模宣讲会，12名劳模、标兵讲述自己立足岗位、建功立业的事迹，对完成生产目标任务起到鼓劲作用。下半年，炼钢事业部和锻钢事业部的两个职工创新工作室分别被贵州省有色冶金工会及首钢集团工会检查验收命名。

（陈 宁）

【企业荣誉】 全年,1个单位被授予"贵州省工人先锋号"称号;2个单位被评为"首钢先进集体";1个单位被授予贵州省有色冶金产业"工人先锋号"称号;1名个人被评为"首钢劳动模范";2人分别获贵州省有色冶金系统"金牌工人"和"冶金工匠"称号;评选表彰"贵钢先进单位"1个、"贵钢先进集体"7个、"贵钢劳动标兵"15人。公司申报的"高速列车车轴钢EA4T组织均匀化热加工工艺优化"项目,获"贵州省2018年职工技术创新('五小')优秀成果"二等奖。在纪念建党98周年暨创先争优活动表彰之际,表彰先进基层党组织8个,先进个人29名,同时获首钢基层党组织1个,首钢优秀党员1名。

(朱绍平、冉 群)

【贵钢2019年大事记】

1月8日,召开安全环保大会,全面总结2018年安全环保工作完成情况和部署2019年安全环保工作。

1月10日,召开党委(扩大)会,会上党委书记张兴作《党委工作报告》;公司党委与二级单位党组织签订《2019党建工作目标责任书》。

1月10日,召开三届二次职代会,审议通过《总经理工作报告》《2018年财务预决算及2019年财务预算》《2019年度职工培训计划》等,签订《2019年工资集体协商专项协议》《2019年经营目标责任书》等。

1月14日,上海BV国际对贵钢ISO/TS 22163质量管理体系进行二阶段审核。

1月14日,德勤华永会计师事务所(特殊普通合伙)北京分所到贵钢进行风控体系建设评价和风控体系培训。

1月17日,中车天力锻业有限公司一行4人到贵钢进行车轴钢质量审核。

1月23日,修文县副县长一行到贵钢调研。

1月28日,省总工会副主席、省有色冶金工会主席、新长征产业投资集团有限责任公司董事长到贵钢进行职工慰问。

2月11日,科理企业管理顾问服务(深圳)有限公司到贵钢就精益六西格玛管理进行指导培训。

2月21日,集团公司总经理助理卢正春、首钢股份人力资源部部长一行4人到贵钢对公司2018年度领导班子民主生活会进行指导。

3月6日,首钢股份公司党委副书记彭开玉一行到贵钢公司调研指导。

3月6日,贵阳市督办督察局局长马骁,修文县副县长唐德富一行到贵钢公司调研指导。

3月11日,省国资委第七调研组王靖锐等一行到贵钢就公司改革发展、党的建设等进行调研。

3月12日,为践行"绿水青山就是金山银山"的理念,推进公司绿色发展,公司组织领导干部职工开展植树活动。

3月13日,市、县市场监管局一行到贵钢炼钢、轧钢现场就地条钢、中频炉、螺纹钢生产许可证进行核查。

3月15日,中国特钢企业协会副秘书长、中信泰富一行到贵钢调研。

3月19日,公司召开2019年党风廉政建设工作会议。

3月21日,首钢集团总工程师王全礼、首钢技术研究院特钢所所长孙齐松一行6人到贵钢进行技术交流。

3月21日,世界金属导报社长黄翔一行到贵钢调研,了解贵钢科技发展情况,并就下一步合作事宜进行交流。

3月20日,IATF16949质量体系认证申请获得IAOB批准;焊丝钢TH550(直径5.5毫米)发大西洋公司试用。

3月26日,修文县县委副书记、县长管庆良等一行人到贵钢进行调研。

3月26日,贵钢公司党委书记、董事长张兴率队赴帮扶点修文县六广镇龙窝村进行调研,贵钢职工医院组建医疗服务小组,深入村组开展精准扶贫"送健康"义诊活动。

3月28日,省委保密局蔡晓龙等一行2人到贵钢,对贵钢开展保密自查自评工作进行检查。

4月1日,修文县工信局到贵钢调研公司生产经营情况。

4月3日,钎钢钎具协会秘书长胡铭到贵钢调研。

4月9日,首钢技术研究院、首钢京唐公司、首钢特钢公司到贵钢进行技术交流、VD脱硫脱碳试验及设备改造升级等工作。

4月16日,修文县县委副书记吴伟等一行5人到贵钢就产品结构、生产经营进行调研。

4月22日,举行贵钢医院新区医务室开诊暨职工义诊活动。

4月28日，举行纪念五四运动100周年活动，号召团员青年继承百年“五四精神”，展现新时代青年之志。

4月29日，召开公司2018年度先进表彰大会，表彰2018年先进集体和个人，并动员激励广大干部职工学习先进，弘扬劳模精神、劳动精神、工匠精神。

5月5日，中国废钢铁应用协会名誉会长王镇武等一行5人到贵钢调研。

5月6日，轧钢事业部中空钢作业区钻孔班获贵州省贵州“工人先锋”称号；“锻钢事业部高速列车轴钢EA4T组织均化热加工工艺优化”获贵州省职工技术创新优秀成果二等奖。

5月6日，螺纹钢认证样品分别送国家钢铁材料检验中心和贵州省分析测试研究院进行型式试验及认证检验；IATF16949一阶段审核通过。

5月7日，集团公司团委书记张芳芳到贵钢调研。

5月7日，修文县供电局局长邓明荣等一行4人到贵钢调研。

5月8日，集团公司技术服务组南晓东等一行4人到贵钢进行技术交流。

5月8日，集团公司领导总经理助理卢正春等一行5人到贵钢调研。

6月13日，修文县应急管理局一行到贵钢对贵钢能源部LNG站重大危险源进行安全检查。

6月13日—14日，协办第八届棒线材高效能工艺技术研讨会暨棒线材厂厂长会。

6月25日，贵州省网信办对贵钢网络安全进行检查。

6月25日，首钢集团股份公司外埠钢铁企业第三指导组到贵钢指导“不忘初心、牢记使命”主题教育专题学习研讨。

6月25日，修文县环境监测站对贵钢烟囱污染物排放进行检测。

6月26日，集团公司领导王洪军到贵钢调研经营生产、贵阳房开企业所得税筹划情况。

6月27日，中国钢铁研究总院冶金工艺研究所所长杨勇一行6人到贵钢调研交流。

6月26日，公司领导、中层管理人员赴遵义全国爱国主义教育示范基地遵义苟坝会议旧址学习革命传统文化、遵义会议精神；赴遵义反腐倡廉警示教育基地学习典型案例。

6月27日，召开庆祝建党98周年暨“创先争优”表彰大会，表彰会上新党员进行入党宣誓。公司领导张兴上题为“不忘初心，牢记使命，用责任担当谱写贵钢高质量发展新篇章”专题党课。

6月27日，印发《“创先进、争优秀”产线、工序命名活动实施方案》，搭建平台营造基层创先争优、增比进位氛围。

7月8日，集团股份有限公司职工创新工作室一行3人到贵钢，对贵钢公司创新工作室进行检查。

7月10日，省国资委离退休工作处处长安力建等一行到贵钢调研走访。

7月10日，首钢自动化信息技术有限公司一行到贵钢就贵钢公司信息化建设进行交流研讨。

7月10日，科理咨询股份有限公司到贵钢开展精益六西格玛—DM二阶段管理培训。

7月15日，贵阳市税务局工作组对贵钢税务进行检查。

7月15日，河北新武安钢铁集团鑫汇冶金钢铁有限公司总经理一行到贵钢座谈交流。

7月18日，攀钢集团有限公司产业发展部等部门到贵钢座谈交流。

7月25日，获国家知识产权局颁发的“基于大数据的物资交易仓储管理系统”的初步审查合格通知书。

7月31日，省统计局副局长吴定伟一行到贵钢对贵钢经济运行及新动能发展等情况进行调研。

8月1日，中国钢铁研究总院冶金工艺研究所所长杨勇一行2人到贵钢就60吨电炉冶炼工艺优化进行技术交流。

8月1日，省总工会财务部副部长李思猛一行到贵钢就贵钢工会经费使用管理进行专题培训。

8月17日，启动老厂区24万方贵阳爱琴海购物公园项目。

8月19日，首钢技术研究院副院长朱国森一行4人到贵钢就贵钢技术进步与成果管理工作进行技术交流。

8月21日，省国资委监管企业第三指导组一行人到贵钢对贵钢安全生产工作进行检查。

8月22日，中国南方电网有限责任公司一行人到贵钢调研交流。

8月27日，获中国铁路成都局集团有限公司集装箱专用线开通令。

9月2日,首钢技术研究院耐材专家祝少军博士等一行3人到贵钢对贵钢耐材工作进行指导。

9月4日,贵州省省委书记孙志刚、省委秘书长刘捷,贵阳市市委书记赵德明、市长陈宴等一行人到贵钢调研走访。

9月5日,集团公司系统优化部副部长高福文等一行3人到贵钢宣贯集团管控信息化建设规划及实施计划。

9月18日,集团公司总经理助理卢正春到贵钢调研走访。

9月19日,集团检查审计部部长郭丽燕等一行人到贵钢,对贵钢工程项目进行审计。

9月20日,中国职工教育和职业培训协会冶金分会副会长李忠明、中国钢铁协会冶金人才开发中心主任谭晓春、首钢人才开发院院长张百岐等一行5人到贵钢,就坯料机加工等工种题库编制工作进行交流。

9月20日,修文县税务局局长等一行5人到贵钢,对贵钢税务等知识进行培训。

9月23日,浙江晋椿精密工业有限公司一行人到贵钢对贵钢进行质量管理体系二方审核。

9月23日—24日,由贵州省有色冶金工会主办、贵钢公司承办的“贵州省有色冶金产业第五届职工职业技能大赛天车工竞赛”在贵钢公司召开,经过激烈的角逐,公司参赛选手包揽行车工比赛前三名。

9月25日,贵阳市修文县副县长唐德富一行2人到贵钢进行调研走访。

9月25日,首钢技术研究院专家王晓晨一行到贵钢对贵钢开展“棒线材孔型与轧钢调整基本原理”培训讲座。

10月9日,湛江港集团公司刘恩怀总裁一行赴贵钢就物流业务合作进行交流座谈。

10月10日,贵州省有色冶金工会调研员孙大翠等一行赴炼钢事业部和锻钢事业部职工创新工作室进行现场调研。

10月23日,本溪市西湖区区长代萍等一行4人到贵钢座谈交流。

10月28日,铜仁市沿河县县委副书记宋选文等一行2人到贵钢调研走访。10月24日,召开2019年度客户座谈会。

11月12日,全许办审查组专家李家华、梁洪一行2人到贵钢进行高线螺纹钢现场审查,贵钢通过现场审查。

11月18日,贵钢进入贵州省高新技术企业名录。

11月26日,首钢集团总经理助理王涛等一行5人到贵钢调研交流。

11月28日,贵州省、市、县卫健局到贵钢公司对职业健康工作开展情况进行专项检查。

12月2日—3日,BV公司到贵钢公司进行ISO22163质量管理体系年度监督审核。

12月3日,中国船级社质量认证公司对贵钢能源体系进行监督审核。

12月11日,集团公司系统优化部到贵钢开展信息化调研。

12月20日,国家应急管理部到贵钢进行现场检查与座谈。

12月24日,贵钢进入贵州省绿色制造体系建设名单。

(严长飞、马保元)

首钢通化钢铁集团股份有限公司

【通钢领导名录】

党委书记:孙　毅

党委副书记:魏国友　李秀平

纪委书记:王海鹰

工会主席:李秀平

党委委员:孙　毅　魏国友　李秀平　王海鹰

张德慧　王新生　唐　颖

董事长：魏国友

董　事：魏国友　孙　毅　徐景海　宋连仁

康　硕　赵　炬　张成武（职工代表）

监事会主席：

监　事：毛长武　吕　欣

李秀平（职工代表）　王海鹰（职工代表）

于鹏举（职工代表）

总经理：魏国友

副总经理：孙　毅　张德慧　赵　炬　马卫旭

总经理助理：刘云龙

安全总监：吴　焱

（王金波）

【综述】 通化钢铁集团股份有限公司（以下简称“通钢”），是吉林省内最大的钢铁联合企业，也是国家振兴东北老工业基地重点支持的企业。通钢始建于1958年6月，2010年7月与首钢联合重组，成为首钢集团在东北地区主要钢铁生产基地。在首钢集团支持下，通钢先后淘汰5座小高炉、3座小转炉等落后产能，完成2座大高炉、1座大转炉等重点技改项目建设，实现减量置换和装备大型化。2014年成功进入国家《钢铁行业规范条件》准入名单。2016年以来主动压减炼铁产能80万吨、炼钢产能60万吨，得到国务院肯定。现已发展成集采矿、选矿、烧结、焦化、炼铁、炼钢、轧钢于一体的大型钢铁联合企业，形成生铁440万吨、钢460万吨、钢材540万吨的大型化、合规生产规模。截至2019年末，资产总额182.73亿元，钢年产能460万吨，在册职工11182人。

通钢总部位于吉林省通化市，下设办公室（党委办公室、董事会办公室）、人力资源部（党委组织部、党委统战部）、党群工作部门（党委宣传部、工会、共青团）、纪委（监察部、信访办）、审计法务部、制造部（技术中心）、设备工程部、规划创新部、安全环保部、计财部10个管理部门，检测中心、供应公司（供应管理部）、应急保卫中心（武装部）、创业服务中心（党校、培训中心）4个直管机构，炼铁事业部、焦化厂、炼钢事业部、轧钢事业部、能源事业部、运输公司（物流管理中心）、机电修造公司、辉南轧钢公司、金属资源公司9个直管生产单位，下辖通化钢铁股份有限公司、通钢矿业有限公司、磐石无缝钢管有限公司、四平钢铁制品有限公司等4家控股公司；通钢国际贸易有限公司、吉林市焊管有限公司、通钢自动化信息技术有限公司3家全资子公司。所属企业分布在吉林省通化市、白山市、长春市、吉林市、四平市、延边州和辽宁省朝阳等地。

通钢主要装备有：焦炉4座，分别是2座55孔焦炉、1座60孔焦炉、1座65孔焦炉；2台360平米烧结机，1条链篦机回转窑球团生产线；2座2680立米高炉；3台120吨顶底复吹炼钢转炉，2台8机8流方坯连铸机，2台一机一流薄板坯连铸机；1560毫米热轧超薄带钢生产线、高强度机械制造用钢生产线，高速线材生产线，小型、中型型钢生产线、无缝钢管及焊管等轧钢生产线。主要产品有：板材、建材、优特钢、型材、管材5个系列，有11个产品获国家冶金产品金杯奖，4个产品获冶金行业品质卓越产品，7个产品获吉林省名牌产品称号。热轧卷板获欧盟标准认证证书，热轧等边角钢和热轧卷板产品通过中国船级社认可。产品主要应用于建筑、交通、电力建设、水利工程、汽车、机械加工、石油开采等领域。

建厂60多年来，通钢所属企业在税收缴纳、社会就业、公益事业等方面履行企业社会责任，为吉林省地方经济和社会发展作出贡献。站在新的历史起点上，通钢以习近平新时代中国特色社会主义思想为指导，提出“走进新时代，建设新通钢”的目标愿景：弘扬首钢精神，传承通钢文化，建设自强、创新、绿色、文化四个通钢。确立起“两步走”的发展战略：全面实现生产经营的安全、环保、经济、长周期稳定运行；创建高效、清洁、绿色、智能制造的钢铁企业。

（冯世勇）

【生产经营】 2019年，通钢广大干部职工深入学习贯彻党的十九大、十九届四中全会精神，坚持保生存求发展总基调，坚持党建引领，坚持依法依规，夯实基础，严格管理，敢于创新，生产经营砥砺前行。全年产铁371万吨，钢413万吨，材409万吨，成品铁矿108万吨；实现工业总产值162亿元，营业收入156亿元。

（杜晓东）

【安全环保】 压紧压实安全生产主体责任，推动双重预防机制建设，抗风险、遏事故能力提升，实现工亡事故为零目标。举办矩阵式安全培训362期，培训3万人次，领导干部上讲堂196人次。完成4家单位本质化安全试点。安全标准化班组达标率60%。强化日常应急预案与演练，面对4月10日外网停电事故，迅速启动应急预案，全面组织复产，避免了重大安全事故及次生事故发生，把损失降到最低。强化消防管控，隐患排查整改率95%。注重尾矿库治理和预警，把安全管理落到实处。环保管理不断加强。持续推进污染治理项目，滚动实施绿色行动计划7项。加强环保“三同时”管理，取得项目环评批复8个。加大无组织排放治理力度，焦炉、转炉无组织排放现象得到有效控制。

（杜晓东）

【深化改革】 在北京市、吉林省两地党委政府坚强领导和首钢集团统筹推动下，通钢抢抓国家市场化、法治化债转股政策机遇，采取司法重整方式推进债务优化工作。11月4日正式进入司法程序，12月11日通化中院依法裁定批准《通钢系企业重整计划》，创10年来国内司法重整案例最快纪录，完成“快进快出、年内完成”的目标要求。内部市场化改革持续深化。铁前一体化管理实现了焦化与炼铁深度融合；研产销一体化提高了市场应对能力；工序互保指标体系增强了各工序质量意识；建立废钢入炉配比模型推动了经济炼钢；经营项目承包促进了产业发展。突出市场化理念和经营意识，选准考核指标，加大考核力度，试行工资总额承包管理，鼓励多创效多拿工资。优化经营团队考核办法，传导压力、激发活力。

（杜晓东）

【品种质量】 通钢强化品种质量攻关，全年质量异议比计划降低24起。炼钢事业部45号、40Cr轧材氧氮含量合格率比年初提升70%；矿业公司球团矿合格率91.5%；轧钢事业部精棒线圆钢精度符合率55%。高线材首次成功开发轧制直径12毫米规格管桩用盘卷，棒材线成功开发6个规格HRB500E抗震钢筋，精棒线成功开发直径20毫米规格等强肋锚杆钢、直径18毫米和直径20毫米规格月牙肋锚杆钢。45号、40Cr圆钢产品实现优等品加价销售。线材线30MnSi钢种形成批量生产能力。

（杜晓东）

【指标提升】 通钢按照全年目标任务，制定108项重点任务和指标，由主管领导组织系统推动。坚持目标引领，持续挂图作战，围绕四个主要工序，建立起32项重点指标体系，采取日通报、周分析、月总结方式，确保指标提升。制定吨钢降本400元目标任务，全流程推动，定期分析总结，主要指标创历史新高。高炉燃料比550千克，转炉白灰消耗45千克，吨钢电耗403度，均创历史水平。矿业公司自我加压，深层挖潜，全年减亏8000万元。磐管公司保理融资创收60万元。

（杜晓东）

【设备管控】 通钢持续推进TPM管理，实施改善亮点4610个，治理设备微缺陷3.5万项。落实全优润滑管理，治理设备问题906项。发挥设备点检队伍作用，检查整改问题15.9万项。实施设备周轮修制度，设备故障率0.98‰，烧结系统全年零故障。科学组织以3号高炉为核心的系列年修，落实检修方案和各项预案，确保高炉大修提前完成。检修期间，炼铁事业部党员200人组成突击队，提前6小时完成开炉装枕木任务。

（杜晓东）

【自动化信息化】 通钢从2018年起利用两年时间对冶金区皮带进行优化，2019年优化皮带203条，初步实现无人值守。抓实顶层设计，完成通钢智能制造3年规划。设备管理系统一期已正式上线运行。轧钢事业部职工创新工作室成功设计开发加热炉自动出钢系统模块。自信公司开发完成烧结机点火炉温度自动控制系统、自动加水控制系统、能源电耗管理系统。检测中心成功实施新建6号门远程自助检斤系统，管理水平和工作效率提升。

（杜晓东）

【风险管控】 通钢完善制度体系建设，完成风控手册编制，建立制度1366项，修订制度394项，废止制度370项。组织规章制度和“三规两制”联合检查，查出问题1958项。完善以公司章程为核心的治理体系建设，修订党委会、董事会、经理层决策事项清单，落实党组织在治理结构中的法定地位。抓实首钢集团内部监督问题整改，完成4项，超计划3项。完成审计项目21项，超计划4项。发现审计问题163个，审计问题整改率96.5%。

（杜晓东）

【资产盘活】 通钢制定实施盘活方案，层层落实分解任务，并纳入各单位绩效考核。全年盘活资产0.4亿元，超计划0.2亿元。寻求冷轧资产盘活途径，形成租赁合同和6个附属协议条款。对金属资源公司闲置资产对外租赁，加工配送废钢满足打铁耗需要。大栗子矿铸造铁生产线实现盘活。塔东矿盘活工作已经启动。

全年退出吉林恒诚等 3 家劣势企业，完成年度目标任务。

（杜晓东）

【项目建设】 通钢探索绿色发展路径，不断提升发展质量，着力实施节能创效项目。2 号高炉热风炉预热系统改造项目建成投产，每天降低燃料比 2.7 千克，节省煤气 26 万立方米。转炉饱和蒸汽余热发电项目建成投产，每天增加发电量 2 万度。钢渣处理项目热闷线一期热负荷试车。推进烧结余热发电项目、35 兆瓦发电项目。采取股权投资、战略合作方式推进转型发展项目。与首钢环境公司合资成立“通化首钢环保科技有限公司”，推进 3 万吨活性焦项目建设。接续项目实质性突破。12 月 20 日，板石上青矿生产接续主体工程实现投产，接续铁矿石生产能力 235 万吨，年产铁精粉 76 万吨，保证板石矿 110 万吨铁精粉稳产六年以上。

（杜晓东）

【人才建设】 通钢加强三支人才队伍建设，6 人被评为“吉林省第七批拔尖创新人才”。28 人得到晋升，2 人参加首钢集团青年干部特训班，选拔 42 人参加公司第三期青年干部特训班。全年接收大学毕业生 60 人。在首钢集团职业技能竞赛中，9 人进入前 10 名，创参赛以来最佳成绩。4 人获省、市和行业劳动模范称号，1 人获吉林省“青年工匠”称号。炼钢事业部连铸作业区板坯甲班被评为全国钢铁工业先进集体。

（杜晓东）

【职工创新】 通钢以创业服务中心为载体，搭建职工创新创业创效平台，激发职工创业热情。通过首钢股份竞价销售平台，竞拍销售水渣和非正品钢材等 25 种物料，实现销售收入 1.2 亿元，创效 602 万元。开展网上车辆保险、液碱和硫酸等反向竞价招标采购 6 次，降低成本 152 万元。组织职工代表参加民主评价会 4 次，评价议题 26 个。组织参与招标监督、效能监察、质量计量监察，避免经济损失 1.6 亿元。聚焦生产经营重点难点，开展劳动竞赛 68 项，征集合理化建议 6830 项。鼓励职工创新创造，命名公司级职工创新工作室 10 个，王勇、马增毅、徐凤娟 3 个创新工作室，被评为首钢集团职工创新工作室。自信公司马增毅创新工作室，在设备抢修、技术改造、修旧利废方面创效 441 万元，由马增毅研发的 IGBT 快速检测仪已申请国家专利。

（杜晓东）

【党的建设】 通钢开展“不忘初心、牢记使命”主题教育，围绕“为职工谋幸福、为企业谋振兴”的初心和使命，聚焦企业改革发展差距，生产经营工作落到实处。举办领导人员研修班，实现主题教育与生产经营有效结合。全年党委中心组集中学习 13 次，专题研讨 7 次，公司领导带头讲党课。明确提出“推进新时代新通钢高质量发展”，引领企业发展方向。修订完善党委会、董事会、经理层决策事项清单，落实党组织在公司法人治理结构中的法定地位。突出党委把关定向作用。加强换届各环节培训指导，公司领导全覆盖参加各直属党组织党员代表大会，监督指导换届选举，17 个任期届满的直属党组织全部按期规范完成换届工作。创先争优形成氛围。开展领导班子夺杯竞赛、争创先进党支部、争做先锋党员等党内创先争优活动。开展解放思想推动通钢高质量发展大讨论，用思想的大解放推动工作的大提升，形成人心思上、担当负责的攻坚氛围。

（杜晓东）

【通钢 2019 年大事记】

1 月 1 日，通钢公司产品——低合金高强度结构钢热轧钢带获国家“金杯优质产品”认定证书。

1 月 4 日，吉林省副省长朱天舒、省政府副秘书长张凯明到通钢公司调研。通化市市长刘化文、副市长蒋海燕陪同。

1 月 8 日，吉林省副省长朱天舒在长春召开会议，专题研究协调解决通钢公司问题。

1 月 9 日—10 日，中国国际金融股份有限公司专家组到通钢公司进行就债转股方案进行交流。

1 月 10 日，吉林省环保厅固体废物管理中心组织到通钢矿业公司参观交流危险废弃物管理工作。

1 月 10 日，通钢公司召开 2019 年度安全环保大会。

1 月 13 日—17 日，通化市第八届人民代表大会第三次会议召开，魏国友当选通化市第八届人民代表大会常务委员会委员。

1 月 14 日，吉林省委副书记、省长景俊海，副省长朱天舒与首钢集团在北京进行工作会谈，提出抓住市场化法治化债转股政策机遇，推进通钢公司债务优化，年内实现债转股落地目标。

1 月 20 日，吉林电子信息职业技术学院院长陈宝财到通钢公司拜访。

1月22日，通钢公司党委召开党委理论学习中心组学习（扩大）会。

1月29日，通化市二道江区委书记于大军到通钢公司检查节前安全工作。

1月30日，通钢公司召开党委十一届二次（扩大）会议、十一届二次职工代表大会。

1月31日，吉林恒联及抚顺新钢铁总经理杨宪礼到通钢公司拜访。

2月1日，通化市委书记王志厚到通钢公司炼铁事业部3号高炉作业区走访慰问一线职工。

2月2日，白山市市长王冰到通钢公司板石井下矿检查安全工作。

2月14日—19日，首钢集团聘请相关中介机构进行法治化和市场化债转股案例辅导。

2月14日—28日，通钢公司轧钢事业部高线年修。

2月15日，北京首钢国际工程技术有限公司副总经理李长兴到通钢公司技术交流。

2月20日，通钢公司与中行吉林省分行沟通债务优化工作事宜。

2月20日—4月10日，通钢公司轧钢事业部精棒线年修。

2月21日，通钢公司组织召开债务优化工作电话会议。

2月22日，首钢基金京西保理公司总裁韩劲捷到通钢公司拜访。

2月22日，通钢公司党委召开党委理论学习中心组学习（扩大）会。

2月22日，通钢公司召开2019年党风廉政建设工作会议。

2月25日，吉林经济技术开发区党工委书记、管委会主任胡秉吉到通钢公司拜访。

2月25日，通钢公司召开1月份经营分析会暨夯实基础管理推进会。

2月26日，沈阳铁路局集团公司春铁多种经营公司董事长李建平到通钢公司交流洽谈。

2月26日，通钢公司党委召开专题会议，研讨2019年党建工作要点和重点工作计划。

2月27日，通钢公司召开系列检修启动会。检修涉及7家单位18条产线，检修项目1438项，主线工期40天。

2月27日，通钢公司产品——优质碳素结构钢热轧钢棒被评为吉林省名牌产品。

2月28日，首钢集团召开通钢债务优化工作专题会议。首钢集团领导张功焰、赵民革参加会议。

2月28日，浙江头门港经济开发区党工委委员、管委会副主任杨礼平到通钢公司拜访。

2月28日，通钢公司召开2018年度领导班子民主生活会，首钢集团第五督导组组长、首钢股份公司纪委书记王志安到会指导。

2月28日，通化市应急管理局组织专家组到通钢公司进行安全标准化企业换证评审。

3月1日，通钢公司与中金公司、大成律所召开债务优化协调会议。

3月1日，通钢公司《铌微合金化抗震钢筋工艺技术开发》《煤矿输送托辊用高精度直缝焊管的研制与开发》获首钢科学技术三等奖。

3月1日，通钢公司炼铁事业部3号高炉停炉检修。首钢集团总经理助理卢正春现场指导停炉大修工作。

3月1日—10日，通钢公司炼钢事业部3号方坯检修。

3月1日—3月15日，通钢公司能源事业部3号两万制氧机组检修。

3月1日—17日，通钢公司炼钢事业部2号转炉年修。

3月1日—4月5日，通钢公司炼铁事业部2号烧结机检修。

3月4日—14日，通钢公司能源事业部1号150吨锅炉检修。

3月6日，吉林省副省长朱天舒在长春召开专题会议，明确通钢公司债务优化工作正式启动。省政府副秘书长张凯明、省国资委副主任李弼枢、首钢集团副总经理赵民革等参加会议。

3月6日—26日，通钢公司炼铁事业部一期干熄焦年修。

3月6日—16日，通钢公司能源事业部4号发电机检修。

3月11日，首钢集团副总经理赵民革组织召开会议，专题研究通钢公司债务优化工作。

3月12日，北京市国资委党委书记、主任张贵林主持召开主任专题会，研究通钢公司债务优化工作。首钢集团领导张功焰、赵民革、王洪军参加会议。

3月12日，白山市委书记张志军到通钢矿业栗矿公司调研。

3月12日—21日，通钢公司炼钢事业部热轧板带线检修。

3月14日，首钢集团召开党委会会议，审议通过通钢公司债务优化工作方案。

3月15日，通化市社会保险事业管理局局长王喜艳到通钢公司调研。

3月15日，通化市发改委主任杨明到通钢公司考察活性焦项目建设。

3月15日，通钢公司召开2018年度标准化班组创建工作推进会。

3月18日，吉林省副省长朱天舒在长春召开专题会议，研究通钢公司债务优化工作。

3月18日，吉林省工信厅检查组到通钢公司检查安全生产工作。

3月19日，通钢公司召开党委会会议，审议通钢债务优化工作方案。同日，召开经理办公会，审议通过债务优化工作方案。

3月19日，按照债务优化工作安排，审计评估机构——致同会计师事务所、北京天健兴业资产评估有限公司，进场启动通钢公司尽职调查工作。

3月19日，通化市应急管理局专家组到通钢公司现场评审危险化学品经营许可。通钢公司通过评审。

3月20日，通钢公司召开2月份经营分析会暨夯实基础管理推进会。

3月20日，通钢公司召开风控体系建设工作汇报会。

3月20日—4月3日，通钢公司能源事业部5号发电机检修。

3月21日，通钢公司召开十一届二次职代会代表团长联席会议。

3月22日，通化市委书记王志厚召开会议，研究通钢公司债务优化工作方案。

3月22日—4月9日，通钢公司矿业球团厂年修。

3月23日，通化市应急管理局到通钢公司专项检查危险化学品安全管理工作。

3月26日，吉林省生态环境厅到通钢公司检查验收“今冬明春”水环境专项整治工作。

3月26日，通钢公司举办干部学习大讲堂——网上竞拍销售学习观摩会。

3月26日—4月8日，通钢公司能源事业部8号发电机检修。

3月28日，吉林省高院副院长吕洪民组织召开会议，研究通钢公司债务优化工作。

3月28日，首钢集团董事会召开2019年第一次会议，审议通过通钢公司债务优化工作方案。

3月28日—4月7日，通钢公司炼钢事业部1号转炉年修。

3月28日—4月4日，通钢公司炼钢事业部4号方坯检修。

3月31日—4月2日，国家应急管理部金属非金属地下矿山专项执法行动第五检查组到通钢矿业公司检查督导。

4月2日，通钢公司深化事业部制改革，宣布铁前一体化机构改革方案，将炼铁事业部与焦化厂合并，撤销焦化厂。

4月3日，通化市委书记王志厚到通钢公司检查危化企业安全生产工作。

4月3日，首钢环境公司总经理马刚平到通钢公司拜访。

4月3日，通钢公司党委召开基层党组织书记会议。

4月3日，通钢公司“春送健康”活动正式启动。

4月4日，吉林省国资委党委专职副书记王绍坤听取通钢公司债务优化工作汇报。

4月4日，通化市税务局局长毕洪利到通钢公司调研。

4月6日—18日，通钢辉轧公司小型车间年修。

4月8日，通化市委副书记、市长李平到通钢公司煤基活性焦项目工地调研。

4月9日，通化市人民检察院检察长姜洪涛到通钢公司调研。

4月9日，吉林省应急管理厅督导组到通钢公司检查指导安全生产目标责任状完成情况。

4月10日，北京市国资委副主任孟韬到首钢集团调研，听取通钢公司债务优化情况汇报。首钢集团领导张功焰、赵民革、王洪军参加会议。

4月10日，通化市生态环境局到通钢公司进行大气环境质量检测和现象环境监督检查。

4月10日，北京信泰德利华自动化科技股份有限公司合伙出资人到通钢公司交流冷轧租赁事宜。

4月10日，通钢公司党委组织开展“不忘初心践承诺、牢记使命当先锋”爱国主义教育活动。

4月11日，吉林市高新区主任徐有吉到通钢公司洽谈吉林焊管公司土地收储事宜。

4月11日，通化市公安局医药高新区分局政委刘洪江到通钢公司调研。

4月12日，吉林省、北京市两地国资委在北京就首钢通钢公司债务优化工作进行会谈并达成共识。

4月12日，首自信公司党委书记、董事长张宗先到通钢公司交流。

4月12日，通钢公司召开3号高炉开炉准备会。

4月13日，通钢公司举行3号高炉开炉仪式。9时56分复风点火，14日7时38分出铁。检修历时43天2小时26分，比计划提前2天完成。

4月15日，吉林省生态环境厅辐射安全督察组到通钢公司进行专项检查。

4月15日—22日，通钢公司能源事业部3.5万制氧机组检修。

4月16日—17日，首钢集团总经理助理卢正春到通钢公司调研。

4月16日，通化市副市长蒋海燕到通钢公司检查指导工作。

4月16日，通化市、二道江区纪委监委领导到通钢公司调研扫黑除恶专项斗争工作情况。

4月19日，通化市举行通化港—台州港海上货物运输首航启动仪式。满载通钢公司5000吨钢材的“新冠盛”轮船由丹东港驶向台州。

4月19日，通钢公司陈洪旻、李旭东获“通化青年工匠”称号。

4月19日，通钢公司举行首钢职工“走过百年”健步走闯关竞赛活动通钢赛区启动仪式。

4月23日，首钢集团召开专题会议，研究通钢公司债务优化工作。首钢集团领导张功焰、赵民革、王洪军参加会议。

4月23日，通钢公司召开一季度经营分析会暨表彰动员会。

4月24日，通化市政协副主席于深到通钢公司调研污染防治工作。

4月25日，通钢公司组织召开一季度安委会会议。

4月30日，通钢公司召开2019年第一次民主评价会，现场评价项目4个。

4月，通钢公司党委开展“打造绿色工厂、共建美丽家园”绿化行动。

4月，通钢公司在通化市五四青年知识竞赛中获优秀奖。

5月6日，首建集团董事长杨波到通钢公司工作洽谈。

5月7日，通钢公司召开4月份党群工作例会。

5月8日，北京市政府副秘书长杨秀玲召开专题会议，研究通钢公司债务优化工作方案。首钢集团领导赵民革、王洪军参加会议。

5月9日，吉林省国资委副主任李弼枢召开专题会议，研究通钢公司债务优化工作方案。

5月8日，通化市气象局到通钢公司检查防雷工作。

5月14日，通钢公司党委召开党委理论学习中心组学习（扩大）会。

5月15日，通钢公司召开十一届二次职代会代表团长联席会议，投票表决通过转型提效工作实施方案等。

5月16日，吉林省安全生产应急救援指挥中心副主任许保国到通钢公司调研。

5月16日，通化市委副秘书长刘贵波到通钢公司开展减税降费“三问三送”调研。

5月17日，白山市人大常委会主任李宇忠到通钢矿业公司调研。

5月21日，吉林省副省长朱天舒听取通钢公司债务优化工作汇报。

5月21日，四平市副市长王有利到通钢公司交流四平冷轧资产盘活及吉林焊管搬迁等事宜。

5月21日，通钢公司召开党委理论学习中心组学习（扩大）会。

5月22日，通钢公司召开4月经营分析会暨夯实基础管理推进会。

5月23日，国家开发银行吉林省分行行长郝成、副行长孙乃波到通钢公司交流洽谈。

5月25日，通钢公司举办“建设新通钢、建功新时代”千人徒步活动。

5月28日，吉林省高院副院长吕洪民主持召开会议，听取关于启动通钢公司司法重整程序相关问题的汇报。省国资委副主任李弼枢、通化中院副院长郑玉平参加会议。

5月29日，通钢公司与建行吉林分行在长春召开司法重整沟通会议。

5月29日，中国银行吉林省分行副行长陈斌到通钢公司交流洽谈。

5月29日—30日，首钢钢铁板块安全联合检查组到通钢公司检查安全生产工作。

5月30日，北京市政府领导圈阅同意首钢通钢公司债务优化工作方案。

5月30日，通化市委书记王志厚到通钢公司工作调研。市委常委、副市长杨文财参加调研。

5月31日，首钢集团总经理助理卢正春到通钢公司检查指导高炉生产工作。

5月31日，通钢公司组织L9以上领导人员到吉林省廉政教育基地接受警示教育。

5月，通钢公司团委被评为全国钢铁行业五四红旗团委。

6月3日—6日，首钢集团总经理助理卢正春在通钢公司指导2号高炉炉况恢复工作。

6月4日，通化市委书记王志厚听取通钢公司汇报债务优化工作进展。

6月5日，首钢集团召开专题会议，听取通钢公司关于债务优化程序前相关工作汇报。首钢集团领导赵民革、王洪军参加会议。

6月5日，吉林省中行、工行召开通钢公司债务优化方案沟通会议。

6月5日，通化市二道江区委常委、常务副区长肖汉斌到通钢公司调研活性焦项目进展情况。

6月5日，通钢公司召开落实首钢巡视问题整改工作推进会议。

6月11日，华夏银行长春分行行长任家庚、首席风险官孙贵生到通钢公司交流洽谈。

6月11日，吉林省生态环境厅生态环境监管“2019夏季攻势”执法检查组到通钢公司检查工作。

6月12日，吉林省国资委副主任李弼枢召开通钢公司债务优化工作专题会议。

6月12日，吉林省生态环境厅副厅长韩良到通钢公司调研。

6月12日—14日，方圆标志认证集团吉林有限公司审核组到通钢公司进行三体系外审。通钢公司通过质量、环境、职业健康安全管理体系的年度监督外审，并获管理体系运行有效年度确认证书。

6月13日，吉林省副省长朱天舒在长春主持召开会议，专题研究通钢公司债务优化工作。省政府副秘书长张凯明、省国资委副主任李弼枢参加会议。

6月17日，北京市国资委、首钢集团到国务院国资委财金司汇报通钢公司债务优化工作。

6月17日，通化市市长李平主持召开通钢公司债务优化专题协调会议。

6月18日，通钢公司召开“不忘初心、牢记使命”主题教育动员大会。

6月18日，首钢股份公司监督检查组到通钢公司监督检查“三重一大”制度建设及执行情况。

6月19日，通化市委书记王志厚、市长李平到通钢公司察看煤基活性焦项目建设情况。

6月19日，通钢公司举办“安全发展践行者”主题安全演讲赛。

6月20日，平安国际融资租赁有限公司、平安保险吉林分公司和河北分公司领导到通钢公司交流洽谈。

6月20日，浙江台州长鹰信质公司、宇科公司、正信实业公司领导到通钢公司洽谈两地企业合作事宜。

6月20日，通钢公司取得通化市生态环境局关于360平米烧结余热发电、35兆瓦发电项目环评批复。

6月21日，吉林省省长景俊海在召开全省企业融资工作推进会期间，听取通钢公司汇报债务优化工作情况。

6月25日，通化市市长李平听取通钢公司汇报债务优化工作情况。

6月25日，白山市市长王冰、市政府秘书长孔祥峰到通钢矿业公司巡查板石尾矿库安全管理工作。

6月25日，通钢公司党委中心组召开“不忘初心、牢记使命”主题教育学习研讨会。

6月25日，通钢公司召开5月份经营分析会暨夯实基础管理推进会。

6月26日，首钢集团总经理助理卢正春到通钢公司调研“不忘初心、牢记使命”主题教育工作。

6月26日，通钢公司召开领导班子会，专题研究司法重整程序启动前工作。

6月28日，通钢公司炼钢事业部生产钢水102炉，日产钢15062吨，创单日生产最高纪录。

6月28日，通钢公司1号、2号焦炉改造工程120万吨化产竣工投产。

6月，通钢公司在首钢“走过百年”职工健步走闯关竞赛春季赛活动中获标杆组织单位。

7月1日，通钢公司举办2018年度先进集体和先模人物颁奖典礼。

7月2日—5日，通钢公司领导班子成员开展主题教育课题调研。

7月3日，吉林省副省长朱天舒主持召开会议，专题研究通钢公司债务优化工作。省政府副秘书长张凯明、省国资委副主任李弼枢、通化市副市长蒋海燕，首钢集团副总经理赵民革参加会议。

7月4日，通钢公司、大成律所、中金公司与通化中院召开沟通会。

7月5日，吉林省政府副秘书长张凯明组织召开推动通钢公司债务优化工作专题会议。

7月5日，通化市市长李平主持召开推进通钢公司债务优化工作会议。

7月8日，首钢贵钢公司副总经理范军到通钢公司考察交流。

7月9日，通钢公司召开经理办公会，研究部署司法重整受理前后具体工作。

7月10日，通化银保监分局局长李亚坤到通钢公司调研债务优化工作。

7月10日—12日，在2019年第三届京津冀模拟炼钢—轧钢竞赛中，通钢公司10人分获轧钢、炼钢单项冠军争夺赛三等奖。

7月11日，吉林省建行召开通钢公司债务优化工作沟通会议。建信金融资产投资有限公司副总裁江飚参加会议。

7月11日，通化市委常委、纪委书记、监委主任张茗朝到通钢公司调研。

7月11日，通钢公司热轧带肋钢筋产品通过扩规格增项许可，获得全国工业产品生产许可证。

7月12日，通钢吉林焊管公司通过IATF16949认证。

7月16日，通钢公司“不忘初心、牢记使命”主题教育领导人员研修班开班。

7月16日，通钢公司召开基层党组织书记会议。

7月17日，通化市委常委、常务副市长经希军到通钢公司调研厂办大集体改革相关情况。

7月18日，首钢股份公司外埠钢铁企业第一巡回指导组到通钢公司开展主题教育调研。

7月18日，通钢公司领导班子召开“不忘初心、牢记使命”主题教育专题调研交流会。

7月19日，吉林省副省长朱天舒带队拜访国家发改委副主任连维良，汇报通钢公司债务优化方案思路和工作进展。国家发改委财金司副司长孙学工、首钢集团副总经理赵民革参加会议。

7月19日，通钢公司召开2019年三季度监督工作联席会议暨半年工作总结会。

7月19日，通钢公司作为通化市2018年度纳税第1名受到表彰。

7月23日，中国农业银行股权董事廖路明、李奇云、李蔚到通钢公司交流洽谈。

7月24日，中国冶金矿山企业协会副秘书长何冰到通钢矿业公司调研。

7月26日，吉林省委副书记、省长景俊海主持召开通钢公司债务优化工作调度会议。省委常委、常务副省长吴靖平，副省长朱天舒、省国资委副主任李弼枢、通化市市长李平、首钢集团副总经理赵民革等参加会议。

7月27日，通钢公司组织主题教育领导人员研修三班全体学员到拓展培训基地开展拓展训练。

7月29日，通钢公司炼铁事业部初建军被授予“全国钢铁工业劳动模范”称号；炼钢事业部连铸作业区板坯甲班被评为“全国钢铁工业先进集体”。

7月，通钢公司在“继承光荣传统　再创首钢辉煌”首钢建厂100周年知识竞赛中获优秀奖。

8月1日，首钢国际工程公司副总经理李长兴到通钢公司交流洽谈。

8月1日，通钢公司2号高炉定修，比计划提前2小时完成。

8月2日，中央社会主义学院教授杜玉芳应邀为通钢公司主题教育领导人员研修班作专题讲座。

8月2日，通钢公司360平米烧结余热发电开工建设。

8月5日，通化市市长李平主持召开通钢公司债务优化工作专题协调会议。

8月6日，通化供电公司总经理施永刚到通钢公司调研。

8月7日，通钢公司党委下发《关于在“不忘初心、牢记使命”主题教育中深化“四个一”活动的通知》。

8月12日，应急管理部国家减灾中心主任魏振宽到通钢公司检查防汛抗灾工作。

8月12日，通化市卫计委职业健康检查组到通钢公司现场检查。

8月12日—18日，通钢公司炼钢事业部生产钢水685炉、99554吨，创周产历史纪录。

8月13日，首钢股份公司党委副书记、副总经理、主题教育外埠钢铁企业第一指导组组长彭开玉到通钢公司检查指导工作。

8月14日—15日，首钢环境公司总经理马刚平、首钢财务公司总经理助理吴岩到通钢公司洽谈活性焦项目事宜。

8月15日，吉林省国资委副主任李弼枢、通化市市委书记高志国到通钢公司调研。

8月16日，浙江台州市金属材料流通行业协会在通化市委常委、常务副市长经希军陪同下到通钢公司考察交流。

8月16日，首钢集团总经理助理卢正春到通钢公司调研。

8月16日，通钢公司召开党委扩大会暨上半年经济活动分析会。

8月17日，通钢公司组织召开主题教育领导人员研修一班专题研讨会。

8月20日，四平农联社召开通钢公司债务优化工作方案沟通会议。

8月20日，通钢公司召开党委中心组专题学习研讨会。

8月20日，通钢公司党委召开8月份党群工作例会暨宣传工作座谈会。

8月23日，中国华融吉林分公司总经理助理徐明到通钢公司交流洽谈。

8月26日，《吉林省人民政府 北京市人民政府关于首钢通钢公司债务优化工作情况的报告》，履行完吉林省、北京市两地政府会签流程，正式呈报国务院。

8月27日，吉林电力股份有限公司二道江发电公司总经理孙海波到通钢公司合作洽谈。

8月29日，吉林省副省长朱天舒听取通钢公司债务优化进展情况汇报。

8月30日，首钢集团联合监督检查组到通钢公司监督检查。首钢集团纪委书记许建国、副总经理赵民革、总经理助理卢正春参加动员会。

8月，通钢公司《依托铸轧全流程的轧机振动协同控制技术及推广应用》获冶金科学技术奖二等奖。

8月，通钢公司炼钢事业部生产钢水430037吨，创历史新高。

8月，通钢矿业公司球团矿产量12.9万吨，刷新月产历史纪录。

9月3日，吉林省国资委秘书长王昊组织召开通钢公司债务优化工作沟通推进会。省高院副院长吕洪民、通化中院院长郑玉平参加会议。

9月5日，白山市浑江区区委书记王代刚到通钢矿业公司调研上青矿区4—6矿组工程项目建设。

9月6日，中国工商银行总行信管部副处长、工银投资高级经理陈涛、周峰到通钢公司交流洽谈。

9月9日，通钢矿业球团矿日产4352吨，刷新日产纪录。

9月10日，国家电投集团公司计划与财务部副主任刘敬山到通钢公司合作洽谈。

9月16日—20日，通钢公司各单位分别召开“不忘初心、牢记使命”主题教育专题民主生活会（组织生活会）。

9月17日—9月18日，首钢股份公司党委副书记、主题教育外埠钢铁企业第一指导组组长彭开玉到通钢公司对主题教育开展情况督导检查。

9月19日，首钢文化公司大型原创话剧《升起天安门广场的国旗》演出团队到通钢公司慰问演出。

9月20日，通化市应急管理局局长于连才到通钢公司检查安全生产工作。

9月24日，通化市副市长田锡军、市人大常委会副主任刘榆春到通钢公司走访慰问全国劳动模范、退休职工孙寿旭。

9月25日，吉林省卫健委职业健康检查组到通钢公司专项检查。

9月25日，长春市轨道交通集团有限公司党委书记、董事长曹国利到通钢公司考察洽谈。

9月25日，通钢公司召开厂办大集体改革专题会议，研究部署厂办大集体改革相关事宜。

9月26日，吉林省常务副省长吴靖平、副省长张志军分别听取通钢公司汇报债务优化工作进展情况。

9月26日，吉林省政府副秘书长张凯明召开会议，研究启动首钢通钢公司司法重整程序事宜。

9月26日，通钢公司召开法律纠纷专题会。

9月27日，通钢公司召开2019年纪检监察工作交流研讨会。

9月29日，吉林省副秘书长张凯明主持召开通钢公司债务优化工作专题会议。省高院副院长吕洪民、省国资委副主任李弼枢、省信访局副局长万春江等参加会议。

9月29日，通钢公司2号高炉出铁场除尘改造、2号高炉矿槽除尘改造获得中央大气污染防治资金补助1000万元。

9月29日，通钢公司召开党委理论学习中心组集体学习会。

9月29日，通钢公司召开庆祝新中国成立70周年劳模座谈会。

9月30日，首钢集团党委书记、董事长、总经理张功焰主持召开会议，专题研究通钢公司司法重整程序启动事宜。首钢集团领导赵民革、王洪军参加会议。

9月，通钢公司建材产品成功打入大连湾海底隧道项目。

10月1日，通钢公司召开领导班子会议和专题会议，部署司法重整程序启动具体工作。

10月9日，吉林省国资委主任杨海廷听取通钢公司司法重整启动工作汇报。

10月9日，通钢公司焦化余热水改造工程投入运行。

10月11日，首钢集团供销两端工作经验方法交流会在通钢公司召开。首钢集团总经理助理卢正春参加会议。

10月11日，通钢公司党委召开债务优化宣贯工作座谈会。

10月13日，首钢通钢公司司法重整方案（草案）形成。

10月14日，通钢公司与债委会主席单位在长春召开司法重整沟通会议。

10月14日，通化市二道江区副区长高峰、浙江台州商会会长洪建国到通钢公司合作交流。

10月15日，通钢公司举办“继承光荣传统　再创首钢辉煌——百年首钢发展历程主题展”活动。

10月16日，吉林省副秘书长张凯明、冯喜亮组织召开通钢公司司法重整工作专题会议。

10月17日，吉林省政府组织通化、吉林、白山、长春四地政府及法院召开会议，专题协调通钢公司司法重整工作。

10月18日，中国信达资产管理股份有限公司业务总监郑成新、建行吉林省分行行长梁德顺到通钢公司交流洽谈。

10月18日，通化市政协副主席安春军带领“数字通化”调研组到通钢自信公司调研。

10月18日，首钢集团财务总监王洪军主持召开视频会议，研究通钢公司债务优化税收筹划工作。

10月18日，通化市应急管理局到通钢公司督导检查安全生产教育培训工作。

10月20日，通钢公司炼钢事业部板卷日产10060吨，创出好水平。

10月21日—11月3日，通钢公司轧钢事业部棒材线年修。

10月22日，吉林省水利厅到通钢公司检查淘汰落后、产能置换项目水土保持工作。

10月22日，通钢公司召开党委理论学习中心组集体学习研讨会。

10月22日，通钢公司矿业公司球团矿日产4436吨，打破日产纪录。

10月23日，通钢公司炼钢事业部炼钢线日产15220吨，创日产最高纪录。

10月26日，能源事业部发电231万千瓦时，打破日产纪录。

10月28日，吉林省国资委主任杨海廷、副主任李弼枢听取通钢公司汇报司法重整相关工作。

10月28日，通钢公司召开三季度安委会会议。

10月29—31日，首钢集团工会到通钢公司监督检查。

10月30日，通化市委常委、宣传部部长蔡红星到通钢公司调研。

10月30日，吉林省国资委组织省高院、通化市政府、通化中院、通钢及中介机构召开会议，专题研究通钢公司司法重整受理工作。

10月30日，通钢公司召开1—9月份经营活动分析会暨夯实基础管理推进会。

10月，通钢公司召开四轮职工代表座谈会，认真宣贯债务优化工作。

11月3日，通化市委书记高志国召开会议，研究推动通钢公司司法重整工作。

11月3日，吉林省国资委、吉林省高院、通化市政府、通钢公司、大成律所、中金公司、审计评估机构与通化中院召开会议，沟通通钢公司司法重整受理事宜。

11月4日，通钢公司召开党委理论学习中心组集体学习会。

11月4日，通化中院2019年第24次民事专业审判委员会讨论决定，裁定受理通钢系全部14户企业司法重整案件，指定北京大成律师事务所担任企业管理人，并发布债权申报公告。

11月4日，通化中院指定通钢系全部14户企业司法重整管理人、批准债务人继续营业、自行管理。

11月5日，新华社客户端、新华网刊发标题为《首钢通钢公司正式进入司法重整程序》的新闻通稿。

11月5日，通钢公司召开干部大会，解读债务优化宣讲提纲，安排部署宣贯工作。

11月5—8日，通钢公司各单位召开班子会、中层干部会、管理室、作业区及班组会议，自上而下层层宣贯债务优化工作。

11月7日，首钢集团召开专题会议，研究通钢公司债务优化工作。首钢集团领导张功焰、赵民革、王洪军参加会议。

11月7日，通钢公司召开企业退出等首钢内部检查问题整改工作专题会议。

11月8日，吉电股份董事长刘毅勇到通钢公司合作洽谈。

11月8日，通钢公司举办“119消防宣传日活动”。

11月9日，通钢系企业司法重整协调会在通化中院召开。省国资委副主任李弼枢、省高院副院长吕洪民、通化市政府副秘书长姚远、通化中院院长张太范参加会议。

11月10日，吉林省委书记巴音朝鲁，省委副书记、省长景俊海在长春会见首钢集团领导张功焰一行。景俊海与张功焰举行工作会谈，确定通钢公司债务优化工作思路和方向。省委常委、常务副省长吴靖平，省政府秘书长王志厚，副秘书长冯喜亮等参加会议。

11月11日，吉林省政府副秘书长冯喜亮主持召开通钢公司司法重整专题会议。

11月11—13日，通钢公司、管理人、中金公司拜访各金融机构。

11月13日，吉林省应急管理厅组织“白山松水安全行”记者采访团对通钢公司本质化安全管理工作进行采访。

11月13日，通钢公司工会成立债务优化职工监督委员会。

11月15日，吉林省常务副省长吴靖平主持召开通钢公司司法重整专题会议。

11月15日，吉林省政府副秘书长冯喜亮主持召开通钢公司司法重整协调工作推动会议。

11月15日，通钢公司金融债权人委员会召开全体会议。省政府副秘书长冯喜亮参加会议。

11月18日，吉林省政府副秘书长张凯明主持召开通钢公司司法重整专题会议。

11月18—19日，吉林省政府向通钢系企业司法重整涉及的13家金融机构总行正式发函，商请支持通钢公司司法重整工作。

11月19日，通化市市长李平主持召开通钢公司司法重整调度会。

11月19日，中油首钢公司总经理王武勤到通钢公司对接交流油脂技术业务。

11月20日，通化市人大副主任王平带领市税务系统到通钢公司开展减税降费“三问三送”工作。

11月20日，首钢集团副总经理赵民革主持召开通钢公司司法重整工作调度会。

11月20日，通钢公司党委会召开会议，专题审议通钢系企业重整计划草案。同日，通钢公司召开经理办公会，审议通过通钢系企业重整计划草案。

11月20—21日，首钢股份公司消防安全检查组到通钢公司专项安全检查。

11月21日,吉林省副省长蔡东主持召开通钢公司司法重整专题会议。

11月21日,通钢公司冶金渣热闷一期热试。

11月21日—22日,通化市生态环境局对通钢公司9个国控重点污染源进行年度监测。

11月22日,通化中院发出第一次债权人会议、出资人组会议通知。

11月22日,通钢公司第三期青年干部特训班开班。

11月25日—29日,通钢公司各基层单位相继召开党员代表大会或党员大会,按照规定程序换届选举。

11月26日,通钢公司党委理论学习中心组召开专题交流研讨会。

11月27日—28日,吉林省副省长蔡东带队拜访各金融机构总行。

11月27日,首钢集团总经理助理卢正春到通钢公司指导高炉生产。

11月27日,通钢公司先后召开党委会会议、经理办公会,履行内部决策程序,审议出资人权益调整方案涉及事项。

11月28日,吉林省卫健委检查组到通钢公司检查炼铁事业部职业健康安全管理工作。

11月28日,通钢公司出口欧盟产品(热轧卷板)通过英国劳氏CE认证专家组年度现场监督审核。

12月3日,吉林市汽车工业园区党工委书记、管委会主任徐友吉到通钢公司洽谈交流。

12月3日,通钢公司金融债权人委员会召开全体会议。吉林省政府副秘书长张凯明参加会议。

12月3日,通钢公司召开网上竞拍销售、采购交流会。

12月6日,通钢公司召开十一届三次职工代表大会,听取债务优化情况报告,全票表决通过《通钢系企业重整计划(草案)》。

12月6日,通钢公司召开2019年第四次民主评价会,评价3个项目9个议题。

12月9日,通化中院召开第一次债权人会议、出资人组会议,依法表决通过通钢系企业重整计划草案。

12月9日,通化市生态环境局到通钢公司进行国控重点污染源监测。

12月10日,首钢股份公司全面从严治党动态抽查和督查工作组到通钢公司督查。

12月10日,通钢公司召开专题会议,研究司法重整执行工作任务清单。

12月11日,通化中院依法裁定批准《通钢系企业重整计划》,并终止通钢公司及所属13家企业司法重整程序。从11月4日进入司法重整程序到12月9日通化中院裁定批准重整计划,用时38天。

12月12日,通钢公司党委对学习宣传贯彻党的十九届四中全会精神做出部署。

12月13日,首钢集团副总经理赵民革主持召开专题会,研究通钢公司债务优化重整执行工作。

12月13日,北京产权交易所出具恒诚建安国有资产交易凭证,标志着通钢公司按期完成恒诚建安公司企业退出。

12月14日,通钢公司炼铁事业部干熄焦产量3641吨,创出好水平。

12月16日,通钢公司召开党委会、经理办公会,重整后《公司章程》修订、组织架构调整、劣势企业退出等工作。

12月18日,通化市教育学院党委书记、院长曲向东应邀为通钢公司党委理论学习中心组做专题学习辅导。

12月18日,通钢公司举行第三期青年干部特训班结业论文评审会。

12月20日,通钢矿业公司板石接续工程投产。白山市副市长崔学武,中国华冶科工集团党委书记、董事长刘玉军出席投产仪式。

12月20日,通钢股份公司股东名册出具。

12月23日,通化市生态环境局到通钢公司检查辐射环境管理、固废危废管理工作。

12月24日,通钢公司召开标准化班组建设工作会议。

12月25日,首建公司党委书记、董事长杨波到通钢公司进行工作洽谈。

12月30日,通钢公司举办2019年度“通钢之星”颁奖典礼。

12月31日,通钢公司召开党委十一届三次(扩大)会议、十一届四次职代会(会员代表大会)。

(冯世勇)

吉林通钢矿业有限公司

【通钢矿业领导名录】

党委书记:于鹏举

党委副书记:吴　波　刘志坚

纪委书记:刘志坚

工会主席:刘志坚

董事长:吴　波

经　理:吴　波

副经理:于鹏举　张　勇　朱生青　苑广智

(冯井亮)

【概况】　吉林通钢矿业有限责任公司(以下简称“通钢矿业”)位于白山市浑江区板石街道,是通钢主要的含铁原料基地。成立于2007年7月,占地面积1010.2万平方米,注册资本110170.5万元;为通化钢铁股份有限公司出资设立的法人独资有限责任公司。在册职工2375人。下辖5个控股公司:板石矿业公司、大栗子矿业公司、通钢桦甸矿业公司、建平通钢矿业公司、敦化塔东矿业公司。各子公司主要位于吉林省内白山地区、吉林地区、延边州境内及辽宁省西部、南部地区。

(冯井亮)

【主要指标】　2019年,通钢矿业生产成品矿107.4万吨,铁精粉90.4万吨,球团矿128.97万吨;实现工业总产值12.68亿元,营业收入10.93亿元;经营亏损2.93亿元,比预算减亏0.82亿元。

(冯井亮)

【生产经营】　通钢矿业坚持生产型向经营型转变、低效率向高效率转变、单一型向多元化转变的生产经营模式。加大盲矿体回收,缓解矿量不足,全年回收零星矿体10.23万吨。加大地方矿石收购力度,补充自产矿石缺口,累计外购矿石25万吨。球团厂加大精细管控,球团产量连续打破日产、周产和月产纪录,全年超产2.97万吨。板石选矿厂通过引进CTX型快速磁翻转干选机,选矿抛废工艺高水平运行,累计完成抛废率22.73%,比计划提高4.48%。对1号浓缩池和除渣系统进行改造,实行老系统球磨单独运行,保证一段、二段球磨机充填率,尾矿高浓度输送,年节约清水55万立方米,精矿品位提高0.08%,确保铁精粉粒度达到80%以上。落实年度掘进和中深孔施工进度,确保三级矿量平衡,全年完成掘进量14011米,超计划816米。落实提质增效理念,加大质量攻关力度,板石精矿品位66.45%,比计划提高0.08%,桦甸矿精矿品位65.97%,栗矿铁富矿品位50.97%,球团品位63.26%。层层制定降本增效方案,制定下发“四降两提”工作方案,全年比预算减亏0.82亿元。

(冯井亮)

【安全环保】　通钢矿业开展安全整治行动,全年落实隐患整改3208项,考核54.03万元。以全面推动本质化安全管理为动力,全面夯实安全管控基础,共71项本质化安全项目落地。全年开展矩阵式培训、领导干部上讲堂培训及安全知识专项培训共190期880学时,7164人次接受安全管理知识再教育。全面抓实“五个必须落实”,深入开展问责问效检查评价,深化“把隐患当事故处理”机制建设,通过各级政府安全检查105次,其中国家级检查1次。绿色行动计划完成桦甸矿电锅炉改造,板石选矿厂尾矿管路改造,球团厂、选矿尾矿作业区环境治理效果显著,打造出对外迎检窗口。强化污染防治,尾矿库种植沙棘5万棵,铺设草帘子3万多平方米。重点打造的上青矿新型工业园区、井下矿安全文化园区、选矿厂生态示范园区、球团厂冶金工业园区4个生态绿色环保工业园区已初具规模,矿业企业被国家确定为“大宗固体废弃物综合利用基地”。

(冯井亮)

【工程建设】　通钢矿业以保安全、缩工期、早投产为目的,发扬“拼、抢”精神,坚持挂图作战,打破常规,采取一切可行措施,全力抢工期、赶进度。在业主、施工、监理单位“三位一体”共同努力下,上青矿4—6矿组12月20日实现主体工程交工,比设计要求提前半年,井下矿18矿组390工程已进入投产收尾阶段,为后续长远发展奠定基础。

(冯井亮)

【企业改革】　通钢矿业强化市场化改革意识,提出向市场化、专业化、集约化、精益化、现代化方向发力,大刀阔斧地推进管理体制、经营机制、组织结构、生产工艺、劳动组织等深层次改革。持续性开展内退、协商解合等转型提效,2019年度转型提效分流优化在岗职工91人,精简比例4.6%。坚持效率引领,不断优化劳动组织管理,通过大班制作业调整,提高岗位时间利用效率和工作效率。全年劳效完成601.2吨/人。完成IMX公司股权转让、恒加公司破产清算两家任务。

（冯井亮）

【内部管理】 通钢矿业全年审核下发管理制度134项，其中新立14项，修订120项。全年完成管理督查6次，其中专项物资计划检查2次，同时完成机械动力系统、工程规划系统、安全环保系统、生产技术系统的专项管理督查。创新绩效方式，并采单位的采掘、运矿、爆破、翻矿、放矿、电机车等12个关键一线生产岗位及部分辅助岗位，采取全额计件管理方式，按额定计件核定职工工资收入。开展球团厂、铁运处积分制管理。以选矿厂为试点推行"巡岗制"管理和"操检合一"岗位管理模式。

（冯井亮）

【党的建设】 通钢矿业深化"三重一大"事项决策制度，把加强党的领导和生产经营科学决策紧密统一起来。推进"三年扭亏"发展战略，用愿景规划统一思想、凝聚共识、激发干劲。深入开展"解放思想，推动通钢矿业高质量发展"大讨论活动，重点对177条措施进行落实。每月下发《党群工作协调会纪要》《月份宣传思想工作重点》，强化干部职工担当意识、交账意识。坚持超前防范，信访、维稳、法务等制定相应的工作预案，建立风险评估机制，开展矛盾纠纷排查，分头包保，落实责任，跟踪防控。开展"凝心聚力攻指标，挖潜降本增效益，推动矿业公司高质量转型发展"党内创先争优活动和争创"降成本、增效益、比贡献"先进党支部活动。持续开展"十大星级文明职工"评选活动，培育文明典型，树立新时代的矿山楷模。

（冯井亮）

吉林通钢国际贸易有限公司

【通钢国贸领导名录】

党委副书记：赵国惠（主持工作）

党委副书记：苑桂佳

纪委书记：苑桂佳

工会主席：苑桂佳

副董事长：赵国惠（主持工作）

副经理：赵国惠（主持工作）

副经理：郭建学　张曙光　李　海

郝云飞（9月任职）　柳　卓（9月任职）

（王广晟）

【概况】 吉林通钢国际贸易有限公司（以下简称"通钢国贸"）位于吉林省长春市，是通钢全资子公司，2004年5月成立，注册资本10.5亿元，是经营建筑用钢材、型材、板材及国际贸易、仓储物流，兼营煤炭、铁精粉、含铁原料、化工原料、冶金炉料、机电设备、工矿等产品的大型冶金综合贸易企业，兼通钢销售管理职能。在册职工105人。下辖3个全资子公司：通化钢铁集团进出口有限公司、通钢集团（香港）有限公司、吉林通钢物流有限公司；1个控股公司：长春通钢国贸钢材仓储有限责任公司；4个参股公司：通钢辽宁板材加工配送有限公司、苏州通钢舜业钢材加工配送有限公司、杭州通钢东联钢材加工配送有限公司、浦项通钢（吉林）钢材加工有限公司。

（王广晟）

【主要指标】 2019年，通钢国贸销售钢材408.29万吨，实现销售收入134.81亿元，实现利润-4007万元，钢材跑赢市场1.67%。销售月计划增效20335万元，比预算多完成335万元；年末存货资金占用为36909万元，同比减少5765万元；现货销量完成184万吨。

（王广晟）

【市场营销】 2019年，通钢国贸产销率100.10%，回款167.62亿元。全年平均单价3750元/吨，推进产品比例61.3%，推进产品创效1.82亿元。全年本区域销售比例60%，同比提升7%，品种销售实现增量。板材薄规格销售62.92万吨，同比增量8.98万吨。SPHC板材9月份以来实现销售2.02万吨，自2018年6月后重新实现销售。直径28—40毫米大螺纹销售19.99万吨，同比增量6.33万吨。30MnSi线材销售5.12万吨，同比增量2.35万吨。HRB500E四级抗震钢筋完成销量0.74万吨，实现零的突破。借助台州与通化市政府合作契机，首次将通钢矿渣直供浙江市场。外销库存焦炭1.6万吨，外销烧结矿16.85万吨。通过东方钢铁在线，竞拍废旧物资2100吨。

（王广晟）

【现货销售】 通钢国贸全年开发中小客户485家，现货总客户数量1380家，新开发客户数占总数的35%。哈尔滨现货稳定运行与龙煤"煤钢互换"业务模式，向龙煤等大型合作客户供应钢材2万吨。抓住市场区域价差时机，调配资源8.37万吨，增加利润330万元。通过一站式用户服务，中交物资年采购量4.6万吨、中铁物贸沈阳年采购量 12.47 万吨。为深圳地铁和佛山地铁等项目供货 4.27 万吨。重点工程业务开发新项目 10 个,实现销量 2.47 万吨。成功开发京雄高铁雄安站房项目,并销售直径 40 毫米螺纹 0.3 万吨,提升销售额 48 万元。开发天津地铁项目实现销售 0.2 万吨。

（王广晟）

【国际业务】 通钢国贸全年累计进口原燃料 459.3 万吨。通过内部协同采购,主动靠前服务,进口矿跑赢 3.18 美元。出口韩国线材试订单成功推进,为后续线材在韩国市场销售打下基础。代理进口渠道稳定,融资成本降低,通过集中竞价方式全年降本 337 万元。保险业务优化创新,先后开发海关关税保险、进口备件陆运保险等项目,降本 84.6 万元。

（王广晟）

【物流业务】 全年吨钢销售物流成本 86.58 元,物流费用 35757 万元,分别比预算低 2.29 元/吨和 928 万元。铁路方面通过申请一口价下浮降低物流费用,全年创效 8509 万元。汽运方面规范汽运物流管理,组织汽运竞价线路 212 条,通过设定最高限价及增加符合资质要求的物流公司参与竞价运输方式控制汽运价格,降低销售物流费用 43 万元。通过吸引优质船务公司合作、完善竞价模式、与合作企业协商减免费率,累计降低物流费用 1635.62 万元。

（王广晟）

【融资及资金运作】 2019 年末,通钢国贸综合融资成本 4.56%,较年初计划下降 0.24%。通过银承、现款置换工作,减少银承贴现额度及贴现天数,全年降低财务费用支出 70 万元。

（王广晟）

【党的建设】 通钢国贸组建新的党支部,召开支部党员大会选举支部委员。开展贯穿全年的“管理创佳绩、业务争效益”党内创先争优活动。组织“党旗映初心、誓言挺使命”主题党日活动,通过红歌联唱、重走抗联路开展团建活动。选派中层干部 2 人参加第三期青年干部特训班学习。落实《反腐倡廉主要任务分工方案》七个方面 33 条任务要求。分三个层面对党风廉政建设《目标责任书》《责任书》进行个性化二次修改并重新组织签订。对有业务处置权的 39 个岗位形成廉洁风险数据汇总,明确 73 个廉洁风险点、明示 112 项防控措施。每月做好 2 个效能监察立项课题的跟踪反馈。召开由各党支部书记、支委、党群部门人员参加的党风廉政建设会。

（王广晟）

吉林市焊管有限公司

【吉林焊管领导名录】

党总支书记::周　杰(9 月离任)

党支部书记:周　杰(9 月任职)

执行董事:周　杰

经　理:周　杰

经理助理:吕成林(9 月任职,试用期一年)

（张淑梅）

【概况】 吉林市焊管有限公司(以下简称“吉林焊管”)位于吉林省吉林市,是通钢集团全资子公司,2004 年 8 月成立,注册资本 8650 万元;占地面积 15.06 万平方米。主要产品为精密焊管、汽车用管、石油管。在册职工 6 人。

吉林焊管共形成六个系列近 200 种规格的产品。圆管系列产品,涵盖直径 12.7 毫米-219.1 毫米各规格产品;矩形管系列产品,涵盖 10 毫米×30 毫米-140×150 毫米各规格产品;方管系列产品,涵盖 20×20 毫米-150 毫米×150 毫米各规格产品;异型管系列产品,涵盖 P 形、六面体、鼓型管等异型多面体的各规格产品;超薄高强钢系列产品,涵盖 500MPa、700MPa、1000MPa 等各规格产品。在不断开发焊管产品的同时,还围绕工艺及产品特点延伸开发出精品带、扁钢等加工产品。特别是在精密管和异型管加工上,初具规模,形成独有的产业特点。

（张淑梅）

【主要指标】 2019 年,吉林焊管产量 1.65 万吨,销量 2.14 万吨,利润-437 万元。

（张淑梅）

【工艺装备】 吉林焊管拥有从意大利进口的具有 20 世纪 90 年代国际先进水平的整套直径 219 毫米,国产直径 114 毫米、直径 76 毫米、直径 60 毫米、直径 50 毫米、直径 45 毫米、直径 32 毫米精密焊管生产线,共计七条;8 毫米厚大型宽板纵剪机组一条,两台小型带钢纵剪机;还有超声波探伤、水打压机、在线热处理、多套去内毛刺等配套辅助设备,可年产直径 15 毫米-219.1 毫米圆型管、15毫米×15毫米－175毫米×175毫米方形管、15毫米×20毫米－100毫米×150毫米矩形管及六面体、P型管等异型管等高品质焊管，年产能15万吨。高频焊接钢管产品已通过ISO9001质量管理体系认证、IATF16949认证、VDA6.3供应商认证、环境管理体系认证、职业健康安全管理体系三体系认证工作。与一汽集团、大庆油田、龙煤集团等国内大型国有企业形成稳定的长期供货关系。

（张淑梅）

磐石无缝钢管有限责任公司

【磐石钢管领导名录】

党总支书记：李太仁

执行董事：李太仁

经　理：李太仁

经理助理：吕成林（兼，9月任职，试用期一年）

（李太仁）

【概况】 磐石无缝钢管有限责任公司（以下简称“磐石钢管”）位于吉林省磐石市烟筒山镇，是通化钢铁股份有限公司的全资子公司，1998年10月成立，占地面积39.29万平方米，注册资本18782万元。主要产品为无缝钢管。在册职工2人。

（李太仁）

【主要指标】 2016年10月份始，磐石钢管推进转型提效，厂房及设备租赁给新企业即磐石铸诚无缝钢管有限公司。2019年亏损641万元，其中：租金收入250.17万元、信息服务费收入60.26万元；计提折旧费860.86万元，土地摊销30.64万元。

（李太仁）

【工艺装备】 磐石钢管有热轧无缝钢管生产线4条和冷拔无缝钢管生产线1条。其中包括：直径90毫米、直径100毫米、直径140毫米Accu－Roll热轧机组各一套，直径76毫米冷拔机组、直径90毫米热轧自动轧管机组，管加工机组，精整生产线。拥有系列专业完善的产品检测、试验装备，配置有涡流、漏磁无损探伤机、超声无损探伤、管端磁粉探伤机、高温拉伸试验机、70MPa水压试验机、100吨电液伺服万能试验机、光谱分析仪、500倍金相显微镜、冲击试验机。可按国家标准、API石油管标准及用户特殊要求生产结构用、输送流体用、低中压锅炉用、金刚石岩芯钻探用、汽车半轴管、液压支柱管、石油套管、油井管等上百组距的无缝钢管，具备年产39万吨各种规格材质无缝钢管生产能力。

（李太仁）

吉林通钢自动化信息技术有限公司

【通钢自信领导名录】

党委书记：郭延东（9月离任）

党总支书记：郭延东（9月任职）

纪委书记：郭延东（9月离任）

工会主席：郭延东

执行董事：王树强

经　理：王树强

副经理：王君海

经理助理：李志新（9月任职，试用期一年）

（侯佳清）

【概况】 吉林通钢自动化信息技术有限公司（以下简称“通钢自信”）位于吉林省通化市二道江区，是通钢集团全资子公司。2012年5月，通钢集团在原通钢网航信息技术有限责任公司基础上，重组成立通钢自信公司。注册资本5000万元，总资产6868万元，占地面积460平方米，职工总数112人，其中在岗职工94人。设办公室、财务室、技术室、市场室、信息室和运行室6个科室。

（侯佳清）

【主要指标】 2019年，通钢自信实现销售收入2701.25万元，其中：关联交易1697万元，工程收入646万元，对外经营收入325.53万元。全年亏损264.57万元。

（侯佳清）

【工艺装备】 通钢自信通讯系统核心设备采用华为软交换电话交换机，2018年投入使用，为通钢提供通讯服务，固定电话近2500户。通钢自信有线电视网络系统采用HFC结构，数字电视用户7000户。整体网络采用星型机构。外埠单位采用DDN专线与总公司互联，全集团终端数约3500台。使用cisco 6513作为核心交换机，各子公司设有独立的机房，使用cisco 3750作为汇聚层交换机，为数据的安全稳定传输提供保障。网络出口处架设防火墙、上网行为管理、账号管理、web网关等安全产品来保证数据和网络的安全。内网有70台物理服务器支撑业务系统，品牌包括IBM、HP等。采用虚拟化、云、SAN等先进的技术保证系统构架的高可用性、高可靠性、高可管理性和高扩展性。

（侯佳清）

首钢伊犁钢铁有限公司

【首钢伊钢领导名录】

党委书记、董事长：夏雷阁

党委副书记、董事、总经理：马金芳

党委副书记、纪委书记、工会主席：王　鹏

党委委员、董事、副总经理：王浩然

党委委员、财务总监：金　昆

副总经理：邵凤金

副总工：韩宝进

董事会成员：夏雷阁　任黎鸿　马西波　马金芳　王浩然

（朱双念）

【综述】　首钢伊犁钢铁有限公司（以下简称“首钢伊钢”）原为新疆石油管理局新源钢铁公司，始建于1958年。2006年由河北前进钢铁集团有限公司重组控股成立“伊犁兴源实业有限公司”。2009年，首钢控股有限责任公司整合伊犁地区钢铁企业，与天津前进实业有限公司共同出资成立“首钢伊犁钢铁有限公司”，2010年8月，首钢伊钢项目签约，公司揭牌，注册资本10亿元，首钢控股、天津前进实业分别占股75%、25%。公司位于新疆维吾尔自治区伊犁哈萨克自治州新源县则克台镇则新路41号，与宝钢集团八钢公司参股的新疆伊犁钢铁有限责任公司毗邻。首钢伊钢下设巴州凯宏矿业（相对控股）、库车县天缘煤焦化（控股60%）、库车县金沟煤矿（控股60%）、乌恰县其克里克煤矿（控股90%）4家企业，总资产62亿元，职工900人。主要装备：410立方米高炉1座、80万吨链篦机回转窑球团生产线1条、40吨氧气顶吹转炉2座、方坯连铸机2台、板坯连铸机1台、650轧机带钢生产线1条、年产80万吨850中宽带生产线1条、合计年产30万吨高频直缝焊管生产线6条、每小时6500标准立方米制氧机组1套、日产500吨套筒石灰窑1座、50000立方米转炉煤气柜、日处理7900立方米污水处理站及焦化厂45万吨焦炉2座。公司已建成集采矿、选矿、采煤、炼焦、炉料、炼铁、炼钢、钢铁制品为一体的产业链，年产铁精粉150万吨、焦炭90万吨、生铁60万吨，钢坯60万吨。上游主要产品有铁精粉、焦炭，下游主要产品有钢坯、热轧窄带钢、热轧中宽带钢、直缝高频焊管及方管等。

2019年，首钢伊钢在集团公司和自治区国资委的正确领导下，结合年度经营生产计划目标，发挥“一体两翼”产业协同优势，以突出优化生产组织、增收节支降成本、提高经营效益等工作为重点，组织广大党员干部职工有序推进各项工作，发挥党委“把方向，管大局、保落实”的重要作用，不断强化党支部的战斗堡垒作用，坚持以党建带动经营生产、以经营生产促进党建，不断推动党的建设与生产经营工作深度融合，全力以赴提高经营生产效益。

（朱双念）

【主要经济指标】　2019年，首钢伊钢生铁产量30.10万吨，比2018年升高4.73%，较年计划升高0.33%；钢坯30.06万吨，比2018年升高7.70%，较年计划升高0.20%；带钢29.46万吨，比2018年升高7.64%，较年计划升高0.55%；球团矿46.25万吨，比2018年升高14%，较年计划升高1.65%；铁精粉105.17万吨，比2018年升高3.87%，比年计划升高16.86%；焦炭82万吨，比2018年降低1.29%，比年计划升高9.33%。

（白　强）

【成本控制】　2019年，首钢伊钢通过全球团冶炼降低生铁成本，同时配加小粒废钢提高产量、经济技术指标，降低生铁成本；并在现有生产条件下通过眼睛向内、挖潜增效，加强成本管理，细化成本指标，每周及时测算、通报成本情况。制定下发《首钢伊钢后四个月奋斗目标》，并每月追踪、按时通报，同时进行保本点测算，制定相关指标要求，实行挂图作战，对标找差，对完成情况实行重奖重罚，产量、指标持续提升；利用现有产能，平衡销售市场，通过先款后货、以销定产、产销结合等组合方式，降低库存资金占用，保障资金回笼，提高资金利用率。

（白　强）

【制度建设】 2019 年，按照首钢伊钢职代会工作报告要求，以及"管理提升年"活动的总体部署，为做好新旧制度的有效衔接，首钢伊钢加大规章制度的清理工作，全年累计下发各类规章制度 38 项，其中：新制定制度 8 项，修订制度 30 项，全公司现行有效规章制度 38 项，通过规章制度的制定、修订、完善，基本建立适应首钢伊钢发展需要的规章制度体系；按照首钢钢铁平台公司的统一安排，首钢伊钢在 2019 年中启动风控体系建设工作，共梳理出 25 项一级流程、91 项二级流程、259 项三级流程，完成风控手册等相关材料的编制，此次风控体系建设基本涵盖公司所有专业管理工作。

（姚　坤）

【改进能源平衡】 首钢伊钢长期以来由于煤气资源不足，给生产组织带来很大困难，直接影响到各工序的生产顺行。为打破能源不平衡的制约，公司通过系统优化，转炉煤气回收及利用不断提高。2019 年 5 月始，炼钢工序通过调整转炉活动烟罩下极限，改善密封条件，优化喉口开度与风机转速创造微正压回收气氛，提高浊环水量改善降温、除尘效果等措施，6 月份转炉煤气回收量达到 120 立方米/吨以上，吨钢回收量较之前提高 20 立方米—30 立方米。同时组织对球团区域的转炉煤气管道进行扩径改造，完成后球团吨球转炉煤气消耗增加约 30 立方米/吨，高炉煤气和煤粉用量大幅下降，窑内温度也有所改善。在提高转炉煤气回收利用的同时，利用疆内天然气供应充足的优势，推进球团链篦机回转窑伴烧天然气项目，11 月正式投入使用。球团伴烧天然气后，球团碱度得到大幅提升，缓解链篦机回转窑结圈快的问题，工序能耗也大幅降低，同时富裕的煤气用以轧钢供应，公司能源平衡逐步趋于合理。

（王道慧）

【推进全球团冶炼攻关】 首钢伊钢围绕全球团冶炼，加大冶炼技术攻关力度。全球团冶炼技术没有经验可以借鉴，属于国内首家采用的技术，2019 年，公司成立技术攻关组，依托总工室和技术研究院的力量，分别开展高炉喷吹石灰粉试验、优化矿粉配比提高球团碱度试验、优化高炉操作改善操作指标攻关等一系列工作。高炉指标得到改善，高炉利用系数平均达到 3.0 吨/立方米·天以上，其中 10 月份最高日产超过 1400 吨，高炉利用系数达到 3.47 吨/立方米·天。

（王道慧）

【对标找差　提升效益】 2019 年复产后，首钢伊钢开展与新疆昆玉钢铁有限公司对标找差活动，眼睛向内找差距，坚定不移挖潜增效，促进各项指标提升，通过对标找差，提升管理水平，首钢伊钢与昆玉钢铁铁耗差距缩减为 78.92 千克/吨，钢铁料消耗缩减为 27.25 千克/吨，成本降低 196 元/吨。

（王道慧）

【推进固废资源化利用】 为处理大量铁、钢生产流程中产生的固废，同时为高炉提供高碱度金属熟料，改善高炉透气性，首钢伊钢与技术研究院合作，推进烧结杯固废资源化利用平台项目，建设高碱度焙烧试验炉，此项目于 10 月份完成实验室阶段工作，11 月中旬进入实质工业生产阶段。原料结构主要由氧化铁皮、污泥球、返矿、白灰、白云石及少量精矿粉构成，日产量约 130 吨，成品碱度 3.5 左右。高炉经配加后透气性有所改善，减少熔剂配加量的同时，消化大量钢铁流程中产生的返矿、除尘灰、污泥球等，盘活氧化铁皮、除尘灰、污泥球等大部分已带走成本的固体废料，此项目的成功投入，是首钢伊钢向固废资源化利用迈出的一大步。

（王道慧）

【机构和薪酬改革】 2019 年，首钢伊钢持续推进转型提效工作，在认真总结分析 2018 年转型提效工作的基础上，继续深挖潜力推进岗位精简高效，提出并推行弹性工作制，通过工作制的调整，对岗位优化调整，提高作业效率，2019 年劳产率指标 302 吨·人/年，比 2018 年 242 吨·人/年增幅 24.8%。按照市场化改革工作要求，加强铁前管理，增强铁前主体经营意识，激发铁前内生动力，实现管理集中、业务协同、效率提升；在原炼铁作业部的基础上研究制定并下发《炼铁事业部组织机构方案》，强化铁前系统集中管控统一指挥，使铁前和采购业务深度融合，给予铁前充分的自主权、话语权，并结合实际用最经济的方式组织生产，切实达到降低铁成本的目的。结合首钢伊钢经营、生产、管理的需要，制定并下发《2019 年度绩效考核优化调整方案》，发挥绩效考核的引导作用;建立精准激励的专项奖励办法,助力经营生产计划指标的完成。坚持“人才是企业发展根基”的宗旨,不断拓展人才进步的新形式、新渠道,不断搭建人才成长平台。2019 年组织开展内部技师评聘工作,通过理论考试、业务考评等方式,最终评定内部技师 13 人;6 月份组织开展内部公开竞聘领导干部,通过竞聘走上领导岗位 7 人;9 月份组织开展专业技术管理系列职务评聘工作,考评专业技术管理人员 127 人,13 人评聘为主任师,19 人评聘为主管师,93 人评聘为主管员,2 人评聘为助理员。通过一系列举措,初步搭建职工职业发展的“绿色通道”。

(张　翊)

【拓宽销售渠道】 2019 年,首钢伊钢调整销售渠道,扩大直供户和终端客户的比例,在带钢渠道管理上重点引进伊犁金诚佳业制管有限责任公司新源县升鸿建业焊管有限责任公司两家当地企业,月需求带钢约 1.3 万吨,有利制约乌市地区直供用户对首钢伊钢产品价格的影响,打破以往产品定价的被动局面。按照跑赢市场的总要求,首钢伊钢持续开展同宝钢新疆八一钢铁对标工作,并根据市场变化情况及时调整产品销售价格,从总体上看首钢伊钢产品销售价格正逐步缩小同宝钢新疆八一钢铁的销售价格差。

(秦新义)

【安全管理】 2019 年,首钢伊钢安全工作以双重预防机制建设为核心,深化专项整治,对标检查,不断加强安全标准化建设,强化安全教育培训,推进本质化安全管理。主要对各作业部岗位风险进行辨识完善、评估、分级,对存在较大以上风险加强管控,制定针对性应急处置措施,结合岗位特点、风险大小,完善隐患排查清单及排查周期;对盐酸、硫酸储存现场进行专项整治,开展现状评价,完善应急预案。从使用、储存及日常监管、台账记录等方面进行规范;对制氧系统开展对标检查,专项整治;对煤气系统开展自查自改,对标检查,彻底解决煤气柜建成投入运行未验收的安全隐患。2019 年度,未发生工亡事故、重大交通事故、重大火灾爆炸事故;没有职业病或疑似职业病患者。

(王鹏虎)

【环保管理】 2019 年,首钢伊钢环保工作主要围绕《排污许可证》《环境影响评价报告》及其批复,以及国家、地方相关环保法律法规的要求展开。根据伊犁州生态环境局对环保工作的要求,首次完成危险废物合法合规转移处置工作,完成 4 个季度手工监测工作,对各除尘排口处安装智能视频监控,并完成调试验收,实现监控画面及监测数据同步上传至自治区生态环境厅。严格执行超低排放改造计划、内部土壤监测方案,监测数据均达标。为强化伊犁河流域环境保护应急能力建设,与供应公司协作采购应急物资,补充至伊犁州生态环境局应急物资库,达到当地环保要求。2019 年污染物实际排放量为烟粉尘 1018 吨,二氧化硫 34 吨,氮氧化物 35 吨,完成排污总量控制指标。

(王鹏虎)

【党建工作】 2019 年,面对断崖式的钢铁市场行情,首钢伊钢党委以“党支部攻关课题”活动开展为主要抓手,与落实年度重点工作相结合,顺应形势,多措并举,形成信息畅通、高效沟通氛围。广大党员干部在公司党委的领导下,以更加饱满的热情和激情迎接新挑战。7 个党支部分别制定攻关项目课题,明确责任人和完成时限,炼铁党支部制定的“提高高炉利用系数、球团矿碱度攻关课题”,实现高炉利用系数平均达到 3.35,球团碱度保持 0.59 的好水平,达到疆内对标企业昆玉钢铁的生产水平。炼钢党支部通过开展攻关课题,铁耗得到大幅降低,8 月份铁耗完成 936 千克/吨。随着铁耗的降低,炼钢产能提升成本降低,8 月份钢坯产量完成 35677 吨,为 2019 年以来最好水平。

(文　玲)

【强化廉洁教育】 2019 年以来,首钢伊钢纪委持续加强廉洁教育阵地、载体建设,不断丰富廉洁教育的内涵和形式,营造风清气正氛围,筑牢防腐之“堤”。集中组织学习宣传《宪法》《纪律处分条例》《国家监察法》和《警示教育案例选编》,组织应知应会 200 题考试,通报典型案例,组织中层干部和业务处置权人员前往新源县监狱开展廉洁教育,每月定期对学习情况进行检查,使廉洁教育实现正常化、经常化。全年共组织领导干部和有业务处置权人员学习典型案例等重要文件及警示教育片 6 次,重要节前谈话教育 95 人次,其中,中层领导干部 40 人次、业务处置权人员 57 人次,确保廉洁教育的纵向、横向延伸。

(文　玲)

【首钢伊钢 2019 年大事记】

1 月 15 日,首钢伊钢完成新疆首控凯宏矿业有限责任公司税务、工商等注销手续。

3月29日—31日，集团公司总经理助理卢正春一行到首钢伊钢进行调研。

4月，首钢伊钢增加带钢产品规格，厚度达到2.0毫米以下。

5月21日，新源县工会书记阿来达尔·达乌勒西来首钢伊钢为“职工心灵驿站”进行揭牌。

6月，首钢伊钢执行四班倒三班工作制。

6月21日，新源县职工劳动技能大赛在首钢伊钢举行开幕仪式。

8月27日，山东能源公司领导兰庆武和吴振华到首钢伊钢进行访问。

9月，西北督察组对首钢伊钢现场环境及在线检查数据进行检查。

9月16日，伊犁州生态环境局来首钢伊钢对在线检查设施的运行情况进行检查。

11月18日，宝武八钢一行3人到首钢伊钢公司进行访问。

11月，固废资源回收利用项目和天然气气化站项目先后投产。

12月，自熔性球团碱度阶段性达到1.0倍以上。

12月17日，首钢伊钢新疆天鹅炭黑有限责任公司产权交易结束，完成退出。

12月26日，伊犁州应急管理局对首钢伊钢进行安全隐患排查工作。

（文　玲）

巴州凯宏矿业有限责任公司

【凯宏矿业领导名录】

支部书记、董事长、总经理：赵进学

副总经理：冉记东　李学文　辛世刚

副总经理：杨　敏（2019年9月任职）

工会主席、副总经理：余建华（2019年9月离任）

董事会成员：夏雷阁　金　昆　赵进学　龚　亮　禹　凯　刘彦东　马西波

（罗　燕）

【概况】 巴州凯宏矿业有限责任公司（以下简称“凯宏矿业”）是一家集矿山开发、矿石加工与销售的大型国有控股矿山企业，为疆内单一磁铁矿最大的生产企业之一，地处新疆维吾尔自治区天山南麓和静县巩乃斯镇乌拉斯台沟，218国道在厂区南侧通过，厂区海拔在2800米—3600米之间，地势由北向南倾斜，属高山寒冷大陆性气候，年最高气温为28.7摄氏度，最低气温为零下48.1摄氏度。凯宏矿业于2007年12月21日注册成立，由新疆凯宏投资有限公司和巴州天山地质矿业有限责任公司两大股东组成。公司设预选厂、一选厂2个生产单位；设生产检验部、设备供应部、安环部、综合事务部、后勤保障部、计财部、销售部7个职能部室，定员384人（不含采矿协作方的300人）；投资建设一座占地面积8000平方米的“职工之家”，丰富员工业余生活。经过十多年的实践，凯宏矿业形成“开拓、创造、和谐、无谓”的凯宏精神和以建设富美和谐矿区为目标打造个性化的凯宏文化。

（罗　燕）

【生产经营指标】 2019年，凯宏矿业采出矿石365.89万吨，完成年计划的106.36%；生产铁精粉119.96万吨，品位63.60%，完成年计划119.96%；2019年销售铁精粉107.88万吨，销售价格632.68元/吨（不含税），实现销售收入6.83亿元，年底铁精粉库存为4340.95吨；2019年实现利润总额1.46亿元，完成年度计划121.54%。

（罗　燕）

【强化管理释放产能】 凯宏矿业一是严肃计划的制定与执行，落实目标管理。加强对矿山生产、选矿生产、产品销售及公司重点工作计划的管理，实现日保周、周保月、月保季、季保年的生产组织管理模式，确保实现生产经营目标；二是强化过程控制，实现不断改进提升，坚持“一事一分析”的控制原则，落实月度经营活动分析工作，本着汲取经验、改进不足的工作目标，加大分析考核力度，提升工作效率；三是落实设备是基础管理理念，主体设备运转效率大幅提升。通过技术改造、规范操作、强化定检维修、提升员工素质等工作方式，使主体设备作业效果改善。

（罗　燕）

【开拓创新】 凯宏矿业倡导坚持创新是驱动企业进步发展的不竭动力的工作理念，把生产经营过程中存在和暴露的问题作为课题，深入分析研究，大胆探索实践，企业经济效益明显提升。一是探索试用新型材料，降低单位消耗，一选厂试用高铬材质钢球，代替之前使用的低铬材质钢球。二是打破传统思维方式,大胆探索解决实际问题,将预选厂的单层筛更换为双层振筛。三是优化生产组织模式,不断降低运营成本,半移动车间安装精料仓,取消一次精料装车费用,每年可节约费用约300万元。

(罗 燕)

【安全环保工作】 2019年,凯宏矿业始终坚守“安全、环保”底线,牢固树立“红线意识”,通过切实落实逐级主体责任、不断提升全员安全意识、做好现场隐患排查与治理、强化生产作业过程管控,实现全年无重伤以上人身伤害安全生产目标,环保工作实现“零污染、零排放、零事故”的目标。一是明确逐级安全、环保责任,促进逐级责任落实;二是持续深入开展安全大检查及专项安全大检查活动,不断促进整体安全工作开展;三是坚持绿色发展理念,加大投入环保资金,使公司整体生态环保状况持续改善。

(罗 燕)

【以人为本】 凯宏矿业持续坚持企业增效、员工增收分配原则,全面深化细化薪酬分配机制。将生产指标、经济技术指标、成本控制指标、重点工作等全部纳入对公司各单位、部门的考核内容,并逐月落实;结合企业实际,切实保障员工权益,为倒班作业员工增加夜班津贴;为每名过生日员工发放生日蛋糕礼券;与和静县巩乃斯镇卫生院合作,重新启动公司医务室运营;为确保员工通勤和乘车安全,公司投入资金更新员工通勤车辆。调动员工增收创效的积极性和主观能动性,员工主人翁意识增强,员工对企业的归属感和认同感增强。

(罗 燕)

【党工群建设】 2019年4月,凯宏矿业召开第三届职工代表大会第一次会议,明确2019年全年生产目标任务,表彰奖励2018年度先进班组、先进个人,与各单位签订2019年度安全生产责任状与目标责任书;2019年6月进行支部换届选举,产生新一届党支部书记及相应的委员,同时,对党员提出要求,明确责任。在凯宏支委班子通力协作下,带领凯宏公司全体干部党员,各尽其职,不断创新工作思路,转变工作方式,支部班子团结合作,促进凯宏公司生产经营工作的全面发展。

(罗 燕)

库车县天缘煤焦化有限责任公司

【天缘焦化领导名录】

总经理:姜 涛

党支部书记、副总经理:王得峰(2019年5月任职)

副总经理:王寿钧 汪和平

副总经理:尹忠华(2019年5月任职)

工会主席:张福松

党支部书记:张福松(2019年5月离任)

总经理助理:陈大松

(赵文晨)

【概况】 库车县天缘煤焦化有限责任公司(以下简称“天缘焦化”)成立于2004年8月,由新疆五洲集团有限公司与河北前进钢铁集团有限公司共同出资建设。2010年11月首钢伊犁钢铁有限公司出资收购新疆五洲集团有限公司持有的库车县天缘煤焦化有限责任公司100%股权,成为控股股东。天缘焦化有72孔TJL4350D型宽炭化室捣固焦炉2座,设计生产能力为90万吨冶金焦;配套建设有4.5万吨煤焦油生产线,1.3万吨粗苯生产线,60万千瓦煤气发电厂2座,年生产850吨硫氨生产线和生化处理装置。天缘焦化位于库车县北山矿区,职工400人。

(赵文晨)

【主要指标】 2019年,天缘焦化生产焦炭82万吨,生产煤焦油4万吨,生产粗苯1.4万吨,煤气发电5000万千瓦时,全年工业总产值5.37亿元,实现利税8000多万元。

(赵文晨)

【经营管理】 2019年,天缘焦化在集团党委的正确领导下,牢牢把握市场规律,发挥自身技术优势,拓展焦炭代加工市场份额,强化成本意识,抓好产品质量,提高公司信誉,拓宽销售渠道。为优化人员配置,增强市场竞争力,天缘焦化对化产车间和公辅车间进行合并,并对各工段的中控室进行集中整合,在提高员工操控技能的同时,减少岗位人员配置30人,提高工作效率,降低用工成本。

(赵文晨)

【安全工作】 2019年,天缘焦化按照安全生产标准化要求开展安全生产工作,有计划地开展“综合性”“季节性”“节假日”“专项治理”“危险化学品专项整治”等安全隐患排查与治理工作。紧紧围绕“安全第一、预防为主、综合治理”的安全生产方针，以落实安全生产责任制、安全隐患排查、风险研判为抓手，从源头抓起，认真组织部署，抓落实，开展各项安全生产工作，有效防范各类事故发生。2019年，因工重伤、死亡、火灾爆炸、中毒等生产安全事故为零；完成隐患整改率100%、教育培训率100%、持证上岗率100%、轻伤事故小于4‰，安全职业卫生设施运行率完成95%。

（赵文晨）

【环保工作】 2019年，天缘焦化开展环境保护工作，加强污染防治设施、在线监测设施的管理和运行维护，开展从业人员环保知识、设备操作规程和污染防治措施培训，提高人员环保意识和环保事故应急处置能力，确保设施正常稳定运行，各类污染物均得到有效治理，完成环保目标任务；为落实生态环境治理的主体责任，切实执行落实国家生态环境治理总目标，天缘焦化完成《环境风险分析报告》《环境资源调查报告》《环境突发事件应急预案》和《清洁生产审核报告》的编制、修订，并提交地区生态环境局审核、备案。

（赵文晨）

【薪酬改革】 2019年，天缘焦化开展减员增效工作，先后制定岗位人员优化激励措施，制定增产增效激励措施，设立“减员奖”和“超产奖”，以此为职工增加薪金收入10%左右，激发职工的工作激情和工资效率。

（赵文晨）

【党建工作】 2019年，天缘焦化党支部学习贯彻党的十九大和习近平总书记系列重要讲话精神，以开展“不忘初心、牢记使命”专题教育活动为契机，以从严治党为主线，抓好党的思想、组织、作风、制度和党风廉政建设，党建工作科学化水平提升，为天缘焦化稳健发展提供政治和组织保障。

（赵文晨）

【工会工作】 2019年，天缘焦化工会认真贯彻执行工会“十七大”精神，紧紧围绕战略目标和全年生产经营任务，以加强工会自身建设为主线，以“安康杯”竞赛活动的开展为契机，履行工会职能，开展职工素质教育，班组劳动竞赛、困难职工帮扶、维护职工合法权益、走访职工家庭、文体活动等工作，统一职工思想，凝聚职工人心，挖掘职工潜能，建立和谐稳定的劳动关系。天缘焦化地处深山戈壁，离城市较远，职工文化活动匮乏，为活跃职工文化生活，在各个节日期间由工会组织举办职工文艺演出、球类比赛、棋类比赛、小型运动会、书法比赛、周末舞会等活动，丰富职工文化生活，营造出天缘焦化祥和、文明、健康的文化氛围。

（赵文晨）

中国首钢国际贸易工程有限公司

【首钢国际领导名录】

董事长：张炳成

总经理：张炳成（4月离任）

副总经理：姚　舜（主持工作；4月任职）

李本海　邱留忠

总经理助理：朱振财　周　芹

党委书记：石淳光（4月离任）

张炳成（4月任职）

党委副书记：姚　舜（4月任职）

纪委书记：张　箭

工会主席：石淳光（4月离任）

（李　佳）

【综述】 中国首钢国际贸易工程有限公司（原中国首钢国际贸易工程公司，2018年1月16日改制更名，简称“首钢国际”）1992年成立，是首钢集团全资子公司，注册资本5亿元，主要经营进出口贸易、海外工程承包、国际经济技术合作、货运代理、宾馆服务业及境内贸易。首钢国际设矿产资源事业部、钢材贸易事业部、工程设备事业部、服务产业事业部、开发业务事业部5个经营业务部门；运营管理部、财务部、党委组织部（人力资源部)、法律事务部、审计部、党群工作部(企业文化部)、纪委(监察处)、办公室(三办)8个职能管理部门。在境内投资的企业有宁波保税区首德贸易有限公司、中都物流有限公司等,受首钢集团有限公司委托管理的北京首钢宾馆开发公司等。在境外投资的企业或机构有首钢国际(新加坡)有限公司、首钢国际(马来西亚)有限公司、首钢国际(奥地利)有限公司、首钢国际(加拿大)投资有限公司、首钢国际(印度)有限公司、首钢国际(韩国)有限公司、首钢国际(香港)投资有限公司、首钢控股贸易(香港)有限公司、首钢国际哈拉雷办事处,受首钢集团有限公司委托代管首钢秘鲁铁矿股份公司和东方联合资源(香港)有限公司等。首钢国际在册职工314人,具有助理级及以上职称的共有247人,其中,高级职称39人(教授级高级工程师2人),占在岗员工总数的12%;中级职称154人,占在岗员工总数49%;初级职称49人,占在岗员工总数的16%。

2019年,是新中国成立70周年,是首钢建厂100周年,也是首钢国际奋力拼搏、共克时艰、取得卓越成绩的一年。首钢国际全面贯彻习近平新时代中国特色社会主义思想和党的十九大精神,在集团党委的正确领导下,履行管党治党政治责任,开创全面从严治党崭新局面,紧盯全年任务目标,计划指标超额完成,各项工作稳中求进。全面完成首钢国际一届二次职代会确定的各项任务,为新中国成立70周年、首钢建厂100周年献上诚挚贺礼。

(李 佳)

【主要指标】 2019年,首钢国际全年实现利润23.58亿元;销售收入340亿元;进出口总额29.38亿美元;钢铁产品出口量84.69万吨;进口集团内供矿2216万吨。

(李 佳)

【矿石进口】 首钢国际克服外销品种与数量发生较大变化的困难,及时调整销售策略,改变销售渠道,在研判市场基础上,抓住有利时机多创效益,全年超额完成任务,跑赢市场1.9亿元。做好长协富余矿销售工作。针对基地环保限产、检修或降库存、规避高指数价格调整出的长协富余矿,通过加强内部协同,及早确定外销资源并制定销售方案,2019年销售长协资源678万吨,较2018年增加80%,在提高长协合同执行的同时,长协富余矿外销矛盾及时化解。2019年外销矿石1336万吨并取得良好效益,为首钢国际超额完成年度利润指标奠定基础。首钢国际围绕基地需求,强化合同谈判,优化品种结构,2019年为集团供应生产用矿2216万吨。提高应对巴西溃坝和澳洲飓风等突发事件以及秘鲁坏天气、罢工等常规风险的能力,实现平稳供应。与供应商加强沟通的同时与基地紧密联动,特别是针对京唐二期大比例使用秘矿之后,前瞻性开展工作,做好多种预案。通过前期的大量工作,2019年正式引进米纳斯精粉作为京唐二期球团粉备料。创新保供模式,规避风险,更好地服务基地。引入30%的65普指、70%的62普指混合加权定价并折扣的模式,既保持以优惠价格供应基地又有效降低了海关审价风险。持续开发进口矿与进口煤的新品种,降低供应成本,保供进口矿全年采购综合降成本5.38美元/吨,按进口矿价格口径统计,执行数量2141万吨,降成本1.15亿美元。进口煤172.47万吨,石灰石31.85万吨,热压铁块16.13万吨,其中进口热压铁块为基地降成本7811万元,为高质量、低成本的安全保供工作保驾护航。

(李 佳)

【海运业务】 首钢国际不断加强长期合约减亏工作,发挥专业优势,抓住有利时机,通过与船东谈判,暂停合约、缩短合约期及调整燃油供应方式等措施,全年共降低长期合约成本794万美元。克服各种不利条件,多措并举构建秘鲁航线铁矿石海运保障与成本控制体系:通过将指数折扣COA合约和单载即期合约的有机结合,确保运力供应的稳定和均匀,全年秘矿运输实现装货港均匀到达,卸货港全部按时限到达;同时利用市场分析、专业操作和精细化管理降低海运费和滞期费单价,有效控制海运费成本。全年海运业务货运总量5043万吨,其中保供资源2847万吨,其他资源2196万吨。在件杂货海运业务中结合项目要求和特点制定优化海运方案,直接与船东和港口作业公司签约,确保优质服务并降低各项成本。全年共承揽59批次约1877计费吨货物,均无货损、货差。开拓市场,抓住海运市场有利波动高抛低吸,以即期市场运力承揽第三方货载,全年实现市场利润220万美元。

(李 佳)

【钢材出口】 全年钢材出口量84.69万吨,高端领先产品出口量55.53万吨,高领比66%。汽车板产品持续加强与欧盟主机厂和高端客户的合作,推进德国大众、奥迪、麦格纳、本特勒等用户的高强钢零件认证,新开发巴西、阿根廷、摩洛哥和越南4个市场,实现对德国宝马、摩洛哥PSA、土耳其福特和越南VINFAST汽车厂的供货。镀锡板实现与皇冠等世界五大顶级包装巨头供货合作,全年新增14个客户、7个市场。硅钢产品与艾默生、LG、三星和松下等国际知名品牌客户保持稳定供货合作,全年新增30个客户、2个市场。取向硅钢实现100%薄规格出口,高等级无取向硅钢应用于韩国现代新能源汽车电机。冷轧出口产品结构逐步优化,家电板和专用板出口比例27%,全年开发新市场、新客户、新产品共计25项。热轧产品出口结构持续改善,WME管线、石油套管用钢、酸洗板、精冲钢等出口量增加。加强租船物流和供应链保障能力,国际营销服务水平不断提升。新开发京唐港集装箱装运业务,新开发京唐港到天津港、日照港的支线船业务,平均节省陆运费30元/吨。管理欧盟汽车板31条DDP供应链,优化供应链路径,实现欧洲汽车、火车、船舶的多形式组合运输。

(李　佳)

【海外工程】 首钢国际海外工程全年完成销售收入4.59亿元,实现利润6255万元。首钢国际在推进秘铁新区选厂项目执行过程中关注后续项目开发,持续供应秘铁公司备品备件,全年签署26个订单,金额263万美元。竞标、中标抑尘网项目,完成设计、供货及土建施工工作,并于12月底完成初步验收,参与秘铁堆料机和皮带机项目投标工作。印度JSL公司垃圾焚烧发电完成其中两个项目的设备制造、验收和发运,重心由国内供货转向国外安装施工指导。参加JSL公司80万吨综合钢厂项目、JBIL公司低碳铬铁项目、TATA公司4500立高炉炉壳和配套热风炉炉壳设计及供货项目等工程项目的投标并签订合同。

(李　佳)

【设备引进】 2019年,首钢国际进口设备合同签约23个,签约金额2430万美元,实现清关送货118批次,确保京唐二期项目进口设备按期到货。安排专人在炼铁、钢轧等作业部门协调外方专家与京唐公司现场人员对接,保障项目按时达产。与基地、海关保持密切沟通,立足进口设备技术先进性,利用国家产业政策,最大程度挖掘减免税红利,全年为基地实现关税减免3184万元,有效降低进口设备采购成本。进口备件业务不断探索,寻求新作为,通过加强与基地定期沟通,加强进口寻源,在实现进口备件全部直采的基础上,新增直采供应商4家,增加电工涂料进口品类,不断优化进口备件采购渠道。

(李　佳)

【综合服务业】 首钢国际努力克服商务酒店经营环境持续下滑、写字楼空置率上升、租金持续下行、市场竞争激烈、设备设施老化以及客户结构变化等不利因素的影响,对经营形势、市场环境等进行认真分析,采取调整经营策略、提高服务品质等应对措施。全年综合服务业务收入完成3.57亿元,实现利润1244万元。旗下酒店中关村皇冠假日酒店分别获洲际集团基金会荣誉贡献奖、洲际酒店集团年度ADR(已售客房平均房价)最快增长酒店、中国新媒体旅活峰会年度最佳商务酒店、红轩最佳中餐厅、酒店新旅行年度最佳商务酒店、腾讯年度最佳中餐厅等奖项,渤海国际会议中心成为“2019中国会议酒店百强”榜22强。

(李　佳)

【企业退出工作】 2019年,首钢国际坚持战略导向,突出主业,精干主体,做实应退尽退,利用三年时间基本退出低端低效股权投资。首钢国际纳入首钢集团2018—2020三年计划退出企业12家。顶住退出工作越到后期难点越多、难度越大的压力,截至2019年底已完成企业退出8家,其中2018年完成5家企业退出,2019年完成3家企业退出,连续提前完成市国资委及集团下达的年度退出任务。通过退出经营不良、停滞、连续亏损企业,解决历史遗留问题,最大化避免损失,为企业高质量发展打好基础。

(李　佳)

【风控建设】 2019年,首钢国际风控工作主要完成重大风险识别、风控制度培训、集团权力清单征求意见和《风控手册》修订。通过对三级风险控制点、900项条款修订,达到堵塞管理漏洞、优化管控体系的作用。同时首次独立开展风控评价工作,对26个一级流程、86个二级流程及265个三级流程开展全级次自我评估,并对重点业务领域和重要业务内容进行专项检查。

(李　佳)

【党建工作】 首钢国际认真学习贯彻习近平新时代中国特色社会主义思想,深入开展主题教育,把握市国资委党委巡察首钢国际党委工作契机,坚持问题和效果导向,务实解决党组织设置不规范、京外境外党员教育管理缺乏长效机制等突出问题,助推全面从严治党向纵深发展见成效。通过调整(组建)13 个不规范党组织设置、开展 17 个党组织换届选举、开办党建培训等工作,持续推动巡察反馈意见及党内专项整治等工作的系统整改,推动首钢国际党的建设工作呈现新变化、迈向新高度,筑牢企业的"根"和"魂",为凝聚力量,完成年度奋斗目标提供政治保障。

(李　佳)

【企业文化建设】　首钢国际坚持以人民为中心,通过推动企业文化建设、保障职工权益等方式,使职工幸福感得到新提升。2019 年,编印记录首钢国际发展历程《与世界同行》一书,推进"企业文化展室"筹建,扩充"情系中首"文化品牌的内涵,与学习党史、国史、企业发展史相融合,开展"中首人的故事"演讲比赛,全方位讲好首钢国际发展故事。针对职工代表提案,认真组织受理单位进行答复,做到件件有答复,事事有回音。一届二次职代会提案答复率 100%,满意率 100%。关注职工福利,为职工办理公园年票,进行生日慰问,发放电影兑换券。在春节、端午、中秋等节日为职工发放慰问品。法定节假日走访退休老干部、先进劳模、困难职工并发放慰问品 4.4 万元。

(李　佳)

【职工队伍建设】　首钢国际利用企业内部、外部两个人力资源市场,抓好内部优秀人才培养,逐步改善优化人才队伍年龄和专业结构。通过选派年轻人才赴京外、境外一线锻炼、交流轮岗等措施促使他们尽快成长。加大优秀人才引入力度,2018 年以来招收急需专业的优秀毕业生 7 人(其中,留学生 1 人),集团内部调入 5 人,社会招聘 6 人。加大优秀年轻干部选拔培养使用力度,选拔一批优秀年轻干部并纳入人才库统一管理,全年共输送两期 67 人到人才开发院进行脱产学习,结合在线人才素质测评以及以提高领导力为重点的教育培训课程体系,为领导人员队伍提供后备梯队保障。加强教育培训工作,2019 年共组织基层党组织书记、财务税收筹划等讲座培训 29 次,参培人员 631 人次。同时结合中层管理者领导力提升培训的需求,首次采取远程在线教育授课方式开展培训。打通人才晋升通道,完成三支人才队伍管理制度的编制及颁发工作。

(李　佳)

【安全工作】　首钢国际强化安全生产主体责任落实,健全安全生产管理机构,完善安全生产体系建设,夯实基础管理,提升管控水平。修订《安全生产责任制》《火灾事故应急预案》,编制《首钢国际服务产业现场安全规范目录》等安全管理制度。完善公司专职安全生产管理机构设置,健全安全生产管理架构。特聘消防和电气专家指导,通过部门联合、交叉检查等形式,强化检查标准和可操作性。重点突出责任落实与逐级考核,其中安全管理重心——服务产业部组织开展隐患排查和整改,全年发现并完成整改问题 41 个,对 2 家单位 34 人次落实考核。

(李　佳)

【首钢国际 2019 年大事记】

1 月 3 日,首钢国际召开加强公车规范化管理工作会,以强化公车管理为切入口深入贯彻中央八项规定精神,加强作风建设。

1 月 14 日,在中国钢铁工业协会 2019 年理事(扩大)会议上,包括首钢集团在内的 6 家企业被授予"337 调查"应诉突出贡献奖,首钢国际 9 人被授予"337 调查"应诉突出贡献证书。

1 月 25 日,"首钢之星"2018 年度表彰暨演讲报告会在文馆召开,集团全体领导、首钢"两会"代表参加会议。"创新之星"代表首钢秘铁公司黄祥以《奇迹,是拼搏奋斗干出来的》为题,从创新角度讲述一线职工"带露珠冒热汽"的"首钢人的故事",用实际行动对首钢精神做出最好诠释。

1 月 31 日,首钢国际第一届职工代表大会第二次会议召开,董事长、总经理张炳成作题为《凝心聚力,矢志不渝,首钢国际改革开放再创佳绩》的工作报告。

2 月 18 日,首钢集团 2019 年党风廉政建设工作会议召开。首钢国际纪委获先进纪检监察组织,连续三年获同一荣誉。

2 月 22 日,首钢国际召开干部大会,深入学习贯彻习近平总书记年初视察北京重要讲话精神和在首钢园区视察慰问时的重要指示精神,认真贯彻落实市委十二届八次全会精神和首钢十八届五次党委扩大会精神,凝心聚力、奋发有为,站在百年首钢新的历史起点上,加快推进首钢国际高质量发展。

2 月 27 日,首钢国际召开 2018 年度领导班子民主生活会,首钢集团党委书记、董事长、总经理张功焰自 2017 年以来连续三年参加首钢国际领导班子民主生活会,体现出集团对首钢国际的高度重视和支持以及对首钢国际工作的肯定,大家深受鼓舞。

3月1日,首钢国际党委下发《关于调整首钢秘鲁铁矿股份有限公司党组织设置的通知》,撤销秘铁公司党委和纪委,组建中国共产党首钢秘鲁铁矿股份有限公司总支部委员会,并授予秘铁党总支对"三重一大"及有关事项进行前置审议等原党委所承担的工作权限。结合落实北京市国资委巡察整改工作,结合实际加强境外公司党建工作。

3月2日,首钢产销一体化项目迁顺系统上线,首钢国际开发搭建的"出口贸易管理信息系统"与首钢产销一体化迁顺线成功对接,正式上线运行。植入大数据系统的"钢材贸易神经元"为提升管理水平插上腾飞的翅膀。

3月20日,按照首钢国际加强作风建设总要求,微信公众号开通"加强作风建设、冲刺一季度开门红"专题系列报道,宣传报道各单位在加强作风建设、强化管理、冲刺一季度"开门红"等方面的做法,以此激励干部职工保持定力、持续奋斗,推动加强作风建设进入快车道,为全年工作完成打好基础。

3月27日,集团党委召开首钢国际干部大会。集团党委副书记何巍,集团党委常委、党委组织部部长吴平,首钢国际领导班子成员、中层干部及部分职工代表参加会议。会议宣布集团党委关于首钢国际领导班子成员调整的决定。经首钢集团有限公司党委常委会议研究决定:张炳成担任中国首钢国际贸易工程有限公司党委书记、董事长,姚舜担任中国首钢国际贸易工程有限公司党委副书记、董事、副总经理(主持工作),并按照相关规定履行任职程序。

4月10日开始,为深入贯彻市委组织部、市委宣传部、市国资委党委联合下发的《关于开展市管国有企业基层党建突出问题专项整治的通知》精神和"集团推进全面从严治党专题工作会"精神,首钢国际班子成员分别带队,对矿产资源事业部等7家直管党委(总支)及各直管党委(总支)所下辖下级党组织开展党建突出问题专项整治工作,提升首钢国际基层党建工作水平。

4月28日,首钢集团2018年度先进表彰大会召开。首钢国际获"首钢先进单位",秘铁公司工程部获"首钢先进集体"。

5月22日—24日,为深入学习贯彻习近平新时代中国特色社会主义思想,提高广大党务工作者和领导人员的理论素养和工作能力,切实增强基层党组织的创造力、凝聚力、战斗力,首钢国际举办基层党组织书记培训班。

5月31日,首钢国际举行党委理论中心组学习,深入学习贯彻习近平总书记在纪念五四运动100周年大会上的讲话精神、习近平总书记关于加强和改进人民信访工作的重要思想相关文件精神、《中国共产党党员教育管理条例》。

6月10日,按照集团党委关于开展"不忘初心、牢记使命"主题教育要求和首钢国际党委安排,首钢国际党委中心组开始进行为期一周的集中封闭学习,开启首钢国际"不忘初心、牢记使命"主题教育工作。制定开展"不忘初心、牢记使命"主题教育实施方案,成立"不忘初心、牢记使命"主题教育领导小组和领导小组办公室,全力推动首钢国际主题教育的开展。

6月28日,首钢集团召开庆祝中国共产党成立98周年暨创先争优表彰大会,首钢国际获首钢集团"六好班子"称号。

7月3日,日本川崎汽船株式会社有限公司(KLINE)高级执行董事浅野敦男(Atsuo Asano)、川崎汽船(中国)有限公司散货船部总经理藤井典彦(Norihiko Fuji)等一行6人到访首钢国际,就深化合作进行交流,并与卓航海运就秘鲁航线12载连续航次(CVC)合约举行签字仪式。签字仪式后,浅野敦男一行与首钢集团党委书记、董事长、总经理张功焰,就两个百年企业深化交流进行座谈。首钢国际党委书记、董事长张炳成,党委副书记、副总经理(主持工作)姚舜,总经理助理周芹参加。

7月11日,力拓集团首席商务官 Simon Trott、力拓中国区总裁任滨彦、力拓铁矿中国区总经理陈胜等一行6人到访首钢国际,受到公司党委书记、董事长张炳成的热情接待。双方分别介绍了各自企业的发展情况和经营现状,分析了国际形势对钢铁行业、铁矿石市场的影响程度。

7月12日,首钢国际召开干部大会。公司党委书记、董事长张炳成以《守初心,担使命,让习近平新时代中国特色社会主义思想在首钢国际形成生动实践》为题,为大家讲了一堂生动的党课,对"不忘初心、牢记使命"主题教育进行再学习、再部署、再动员。

7月17日,首钢国际2019年度综合表彰暨第十三届“情系中首”职工文艺汇演举行，激励全体干部职工以受表彰的先进集体和先进个人为榜样，不忘初心，牢记使命，为全面完成2019年经营任务目标不断做出新的贡献。

8月15日，中国首钢国际贸易工程有限公司党委巡察整改落实情况监督检查反馈会召开。北京市国资委党委第八监督检查组成员，市国资委党委巡察办领导及相关人员到会发布对首钢国际巡察整改落实情况监督检查反馈意见。

8月22日，在首钢集团团委举办的首钢集团“岗位梦、企业梦、中国梦”——纪念首钢建厂100周年主题演讲比赛中，首钢国际矿产资源事业部张杰获一等奖，展现出首钢国际青年职工良好的精神风貌和过硬的素质水平，为首钢国际赢得荣誉。

8月28日，经党委会前置审议、经理办公会研究、董事会批准，调整首钢国际法务审计部机构设置及定员编制，撤销法务审计部编制，成立法律事务部、审计部。

8月29日，首钢国际举办“不忘初心庆百年，牢记使命再奋斗——中首人的故事”演讲比赛，体现出首钢国际职工爱岗敬业、奉献拼搏、不懈追求梦想的意志品质，为首钢国际深入开展“不忘初心、牢记使命”的主题教育树立典型，也为首钢国际建设精神家园公司增光添彩。

9月2日，首钢国际召开干部大会，深入学习贯彻市委警示教育大会和市国资委系统“以案为鉴、以案促改”警示教育大会精神，落实首钢集团基层党委书记会工作要求，提高政治站位，树牢“四个意识”，坚定“四个自信”，做到“两个维护”，坚持以案为鉴、以案促改，以永远在路上的坚韧和执着，持之以恒把全面从严治党引向深入，为首钢国际高质量发展提供坚强保证。

9月9日，首钢国际党委、纪委通过视频会方式，对秘铁党总支全面从严治党工作进行检查，标志着首钢国际境外党建工作取得新突破。

9月16日，首钢国际领导班子“不忘初心、牢记使命”专题民主生活会召开。公司党委书记、董事长张炳成主持会议，公司班子成员姚舜、李本海、张箭、邱留忠参加。集团第5指导组组长张焕，成员刘刚、刘冰到会进行指导。

9月24日，首钢国际召开干部大会，传达学习市委书记蔡奇、市长陈吉宁等北京市领导调研百年首钢时的讲话精神，通报首钢国际“不忘初心、牢记使命”主题教育领导班子专题民主生活会情况。

10月21日，首钢钢铁板块1—9月份经济活动分析会在京唐公司召开，对钢铁板块经营活动、重点工作完成情况进行分析和总结，安排部署决战决胜四季度工作。会上首钢国际汇报四季度及2020年钢材出口、进口矿市场预判及运作安排，紧盯两头市场，以变应变，明确目标，落实责任，确保集团资源保供和钢材出口任务完成。

10月25日，首钢国际召开2019年风控评价工作启动会，布置2019年风控评价工作，讲解风控评价工具方法、工作底稿和评价报告，对2019年风险控制设计与运行有效性展开评价工作。这是首钢国际首次自主独立开展的风控评价工作。

11月15日—19日，首钢集团党委组织部王相禹部长、首钢国际姚舜副总经理一行5人，对秘铁公司全面从严治党工作进行检查。期间检查组一行听取党总支班子工作汇报，现场考察生产经营情况，检查了四个支部的记录，同班子和处级领导干部进行逐一谈话。对秘铁党建和班子、队伍建设给予肯定，提出要求和希望。

11月16日，在“文化自强 · 铸就七十年工业基础，文化自信 · 构建新时代企业文明——中外企业文化2019合肥峰会”上，首钢国际“特色文化”获新中国70年企业文化建设研究优秀成果奖。

11月28日，中国共产党中国首钢国际贸易工程有限公司第一次代表大会召开。张炳成代表公司党委作题为《不忘初心、牢记使命，以高质量党的建设推动新时代首钢国际高质量发展》的工作报告。

12月13日，首德公司成立20周年座谈会在宁波保税区首德公司办公地举行。1999年5月，为配合秘矿产品打开中国市场，首钢国际在宁波保税区注册成立“宁波保税区首德贸易有限公司”，主要经营秘鲁铁矿的进口与销售。成立20年来，首德公司坚持党建引领、强化经营管理和企业文化建设、创新业务和销售模式，从无到有、从小到大、从弱到强，已发展成为国内具有一定知名度、影响力和竞争力的铁矿石贸易企业。

12月14日、20日，秘铁公司分别在矿区和利马举办2019年年会，中国驻秘大使梁宇，中企协副会长、工银秘鲁总经理陶风华，秘鲁港务局董事长、总经理、耶稣玛利亚区长、国际刑警局局长等嘉宾应邀出席利马年会，首钢秘铁董事长兼总经理孔爱民和中国驻秘鲁大使梁宇分别发表讲话。

12月27日，首钢国际超额完成集团下达的利润指标任务，而且大大超出年初预算，《首钢日报》在头版重要位置刊发《主动作为书写精彩答卷》一文，对首钢国际一年来经营成效进行宣传报道。

（景建武）

首钢秘鲁铁矿股份有限公司

【首钢秘铁领导名录】

董事长：孔爱民

总经理：孔爱民

副总经理、新区项目总指挥：孟祥春

副总经理：吴忆民

纪委书记、工会主席：庄桂成

总经理助理：叶宝林

总指挥助理：马为民

总指挥助理：段明奇

总经理助理：谷广辉

（杜保岐）

【综述】 首钢秘鲁铁矿股份有限公司（以下简称“首钢秘铁公司”）是首钢1992年收购的控股子公司，总部在秘鲁首都利马市耶稣玛丽亚区智利共和国大道262号，矿区在利马东南520公里的伊卡省纳斯卡县马尔科纳地区。首钢在秘企业还有首钢秘鲁电力股份有限公司、阿格纳夫企业集团股份有限公司、圣尼古拉斯海关代理公司以及合资的首信秘鲁矿业公司。

截至2019年底，首钢秘铁公司主要设备有：钻机8台，电铲9台，矿车32辆，旋回破碎机2台、鄂式破碎机1台，中破机7台，细破机6台，堆料机3台，斗轮取料机2台，辊筒取料机1台，高压辊磨机3台，棒磨机9台，球磨机14台，过滤机42台，造球机11台，带式焙烧机2台，港口装船设备1套，海水淡化设备2套。公司生产球团矿细精粉、烧结粉、粗粒度矿、大粒度矿，选矿厂年设计生产能力1750万吨，产品销往亚洲、美洲等市场，2019年中国市场占总销量的98%。

公司设生产技术部、工程部、物资部、安全环保部、财务部、人事行政部、办公室、审计室、法律室。员工2193人，其中首钢派驻39人。

2019年，在两级公司的正确领导下，秘铁公司紧紧抓住新系统投产、稳产、企业提质增效的主线，以习近平新时代中国特色社会主义思想和党的十九大精神为指导，发挥各级党组织的战斗堡垒和党员的先锋模范作用，妥善处理企业规模扩大与协调统筹能力不足、产品产量提高与产品质量要求高等方面的矛盾，从加强企业管理、开展流程优化、提高设备效率、确保稳定供矿与生产系统刚性连接等方面加大工作力度。一年来，在中秘双方员工的共同努力下，企业内部管理不断改善，产品质量提高，产品结构优化，企业效益提高，产品产销量创出好水平，全面完成经营目标和保供任务。

（杜保岐）

【主要经营指标】 2019年，首钢秘铁公司产量完成1551万吨；销量完成1610万吨；在秘企业实现销售收入9.5亿美元，其中首钢秘铁公司9.03亿美元；在秘企业实现利润2.13亿美元，其中首钢秘铁公司实现利润2.05亿美元。

（杜保岐）

【确保客户用矿需要】 首钢秘铁公司针对供矿紧张、设备故障率高、新选厂调试暴露诸多设备缺陷等实际问题，一是强化采矿生产组织，从强化采掘计划、供配矿计划管理入手，加强采场生产调度，通过不断改善爆破质量，提高采矿、破碎和运矿系统设备运转效率，保证了选矿厂的原矿需求，采矿指标总体好于2018年，采剥总量、破碎量、送矿量均高于2018年。采场结存开拓矿量、回采矿量、备采矿量均达到标准值以上。二是强化设备的检修维护，加强交接班管理，及时发现和处理问题，努力提高设备效率。钻机、送矿皮带、棒磨机、大球磨机、装船系统等均好于2018年水平。在因堆场扬尘停产25天、为保京唐细粉优先装船，粗粒度、大粒度、烧结粉堆场满，粗粒度、大粒度连续3个月、烧结粉6个月无法生产情况下，产量仍比2018年提高65万吨。三是针对烧结粉堆场爆满，无法继续生产的实际，修旧利废将老选厂粗粉生产线进行细粉生产的流程改造，发挥设备效率。四是克服坏天气带来的不利影响，不断提高码头装船效率。在累计封港67.32天，且集中发生的不利情况下，仍装出102船，销量1610万吨，打出好水平。五是系统梳理设备缺陷并制定整改方案，坚持“一张清单干到底”，尽快实现设备“零隐患”运行，4月份新选厂实现达产达标，4月10日秘鲁能矿部正式批准新选厂的生产许可，5月1转入正式生产。在满足京唐公司对秘细粉需求的同时，抓住市场好的时机，取得良好经济效益。

（杜保岐）

【全员严控成本见成效】 首钢秘铁公司以年预算为基础，通过全员参与测算和讨论，提出控制成本和降成本的目标。结合新管控指标的落实，降成本工作初见成效，降低成本约460万美元。一是做好前期勘探规划，降低穿孔费用。二是把采矿与选矿衔接、规划运输路线与利用第三方公司力量相结合，降低铲装、运输费用。三是利用秘鲁电力市场供电量较大的有利条件，努力降低购电价格。

（杜保岐）

【降锌降碱】 首钢秘铁公司为满足京唐公司对球团粉的质量要求，一是强化采场供配矿管理，合理安排采掘计划，避免高锌原矿的集中入选，对原矿进行混合配矿，稳定供矿质量，为降锌创造条件。二是组成降锌技术攻关组，根据原矿质量变化情况，指导流程调整，摸索降锌药剂添加制度，不断优化降锌工艺。三是强化对浮选工序的检查和控制，安装了PH值监测装置，随时检查浮选作业的液位、泡沫层、吹气量等状况，提高浮选效果。四是实施老选厂精矿过滤前增加淡水冲洗矿浆的工序改造，尽可能降低老选厂精矿产品的碱金属含量。五是采取新、老选厂精矿混矿装船，努力实现供京唐公司球团粉碱金属小于0.15%、锌指标小于0.015%的目标。

（杜保岐）

【投资制度与投资管理】 11月底，根据首钢国际固定资产类投资项目对秘铁公司的授权制定自身的投资管理办法，根据集团相关制度要求制定违规经营投资责任追究实施办法，首钢秘铁公司通过健全完善相关制度，规范投资项目管理，提升投资项目的效率、效益、价值。全年实施扩建改造项目30项，实际投资1678.9万美元，设备采购类投资362.5万美元，合计2041.4万美元。

（杜保岐）

【规划利用资源】 首钢秘铁公司为对秘铁已探明储量、各采场进行统筹规划，以匹配现有新、老选厂及确定新选厂后期扩产方案，完成矿区整体资源规划工作，露天开采圈定原生矿储量达10.8亿吨，在确保稳产20年的前提下，确定新厂第3条产线处理原生矿，采矿规划已进入基本设计阶段。

（杜保岐）

【新码头建设】 首钢秘铁公司针对码头输出能力不足、老化及结构各部分存在不同程度安全隐患的问题，在组织好老码头维护保养、提高装船效率的同时，从2018年下半年启动新建码头的前期工作。2019年4月中旬完成可研阶段海域工勘；10月份完成海洋水文研究；项目环评工作正在进行中，10月下旬咨询公司提交环境及社会影响基线研究报告；咨询公司5月提交项目可研报告初稿，9月向首钢国际申请项目立项，12月获首钢国际董事会批准立项。

（杜保岐）

【首信二期扩建】 首钢秘铁公司和白银公司于2018年启动首信选厂二期扩建项目，完成扩建项目可研和初步设计工作，详细设计进入尾声，开展项目环评修改和开工许可的申报工作，开展设备采购、现场施工、项目监理招标等前期准备工作。

（杜保岐）

【基础工作】 首钢秘铁公司结合新区投产后秘铁新的生产特点和可能出现的问题，一是设计新的管理控制责任指标，结合首钢国际要求，共安排60项管理控制目标，涉及公司全部生产流程和所有管理部门，实现控制目标全覆盖。二是加强生产管理制度建设，结合新工艺的需要，先后补充修订药剂添加制度、磨锻添加制度、尾矿浓度控制制度等，从制度上保证生产经营顺利进行。三是将经营指标纳入主要官员的考核，逐个部门地修订方案，实现压力下传。四是结合工作需要，对中秘官员岗位进行调整，将主要力量集中补充到生产管理一线。

（杜保岐）

【稳定劳工和社区环境】 2019年以来，国际经济形势持续变化，贸易保护主义、单边主义抬头，秘鲁社会环境也趋复杂多变，政府弱势，亲民众倾向严重，新上任的地方政府官员对秘铁的情况不清楚，中央政府与地方政府和国会之间矛盾尖锐，9月底总统宣布解散国会，提前到2020年1月份进行国会议员选举；7月份以来秘鲁各地的反矿业游行示威此起彼伏，并持续至今。复杂的外部环境对秘铁的工资谈判和社区工作造成很大影响。面对复杂情况，一是加大宣传力度，通过电视、网络等媒体，驳斥工会的不实之辞，宣传企业为社会、社区做出的贡献。二是主动出击，走访新上任的地方政府官员，向他们介绍秘铁的情况，并邀请其到秘铁访问，争取理解与支持。三是继续组织开展多种社会公益活动，组织开展友谊杯足球、篮球赛，特别是伊卡露仁教堂工程抵税项目建成交付使用，赢得当地社会的高度评价，进一步树立起负责任的企业形象。四是采取原则性与灵活性相结合的工资谈判策略，积极引导，主动作为，促成工资谈判工作圆满完成，实现预期目标。

（杜保岐）

【党建和廉政建设】 2019年，秘铁公司党总支以党的十九大精神和习近平新时代中国特色社会主义思想为指导，全面贯彻落实两级公司党委的工作部署，党的建设得到加强。一是完成新一届党总支的选举工作。2019年3月，因党员人数原因将秘铁党委调整为党总支。按照制度规定，组织召开党员大会，选举产生新一届党总支委员和总支书记。二是组织开展“不忘初心、牢记使命”主题教育活动，班子成员结合秘铁实际深入开展调查研究，坚持问题导向，认真查找在生产经营建设中存在的突出问题，并有针对性地制订整改措施。同时与“两学一做”学习教育相结合，组织全体党员利用“三会一课”活动，将主题教育活动覆盖到全体党员。三是夯实党建基础，组织制订《首钢秘铁公司党总支运行机制》《首钢秘铁公司“三重一大”事项决策实施办法》《首钢秘铁公司党总支会前置审议董事会、经理会决策事项清单》《首钢秘铁领导干部履职待遇及职务招待费管理制度》等制度，规范党总支的议事程序与内容。四是围绕企业生产经营建设的重点难点问题，发挥支部的战斗堡垒作用和党员的先锋模范作用。五是抓好党风廉政建设，通过层层制订党风廉政建设责任制、开展警示教育、重点节日违反中央“八项规定”自查、“为官不为、为官乱为”自查等一系列工作，促进党风廉政建设。

（杜保岐）

【视察与交流】

3月23日—26日，北京市政协副主席杨艺文、首钢集团工会主席梁宗平到访秘鲁，秘铁完成团组公务活动配合接待工作；梁宗平主席到矿区参观考察，听取情况汇报。

6月15日，首钢秘铁以工程抵税方式完成的伊卡露仁教堂交付使用。秘鲁红衣大主教在新教堂主持宗教仪式，秘鲁卫生部部长、交通部部长、伊卡大区主席、伊卡市长、国会议员和企业代表等嘉宾500人参加。

11月15至19日，首钢集团党委组织部王相禹部长、首钢国际副总经理姚舜一行5人，检查秘铁公司全面从严治党工作，听取党总支班子工作汇报，考察生产经营情况，检查4个党支部记录，同领导班子成员和处级领导干部逐一谈话。

（杜保岐）

北京首钢气体有限公司

【首钢气体领导名录】

党委书记、纪委书记、工会主席：孙贵锁

董事长：孙贵锁

董　事：马银川　赵光明　范华刚　高亚男（职工董事）

监　事：李文晖　赵树伟　韩广军（职工监事）

总经理：马银川

副总经理：赵光明

副总经理:刘　健(6月任职)

安全总监:范华刚

(韩广军)

【综述】 北京首钢气体有限公司(以下简称“首钢气体”)是由首钢集团有限公司100%出资设立的法人独资有限责任公司,企业经营范围:工业气体制造,医用氧气制造,标准气配置,气瓶充装、检验,普通货物运输,危险货物运输,施工总承包,工业设备修理,技术开发、技术服务,产品设计,货物进出口,技术进出口,代理进出口等。主要产品包括氧气、氮气、氩气、氦气、氖气、氪气、氙气、氢气、液氧、液氮、液氩、医用氧。首钢气体管理机构设销售部,计财部,设备部,安全保卫部,生产技术部,氧通业务部,人力资源部,党群工作部,经理办公室,顺冷、动力、电力、迁钢、京唐作业区,设备检测中心。首钢气体在册职工430人,其中研究生学历23人,本科学历108人,大专学历135人,占在岗职工的62.7%;高级职称13人,中级职称26人,初级职称25人;技师和高级工157人,占操作人员的51.1%。持有两种及以上技能证的职工95人,占操作人员的31.2%。

(韩广军)

【主要指标】 受北京市举办重大活动限产影响,首钢气体委托经营的顺冷作业区全年生产完成管道氮气8848万立方米,同比减少202万立方米;氢气201万立方米,同比减少106万立方米、压缩风12617万立方米,同比减少152万立方米。实现安全供水,新水补充116万立方米、中水来水41.2万立方米、除盐水产量46万立方米、蒸汽产量10.9万吨、天然气供应4942万立方米;实现冷轧110千伏供电保供,圆满完成冷轧光伏运维服务工作。

(韩广军)

【医用氧气市场拓展】 首钢气体年内完成医用氧销售25036吨,同比增长3585吨。完成医用氧销售收入2005万元,同比增长287万元,实现医用氧销售新突破。

(韩广军)

【京津区域医用气体研究中心成立】 1月13日,中国工业气体协会医用气体及工程分会京津区域研究中心在首钢气体公司举行成立仪式,该研究中心依托北京首钢气体公司、北京东方医用气体公司,是中国工业气体协会医用气体及工程分会在京津区域成立的唯一的医用气体研究机构。该研究中心将协助京津地区政府监管部门进行督导,打通“政府—企业—用户”信息渠道,实现多方协同,为企业、医院及医疗机构提供技术、安全方面的服务、培训和专业指导,构建学术交流平台,向医院和医疗机构建设工程项目、气体指标控制、质量异议处理等提供专业的检测、检验服务。年内,首钢气体发挥中国气协医用气体及工程分会京津研究中心主任单位作用,在京举办京津地区医疗机构医用气体安全运行、法规宣贯培训。

(韩广军)

【气体行业动态】 5月16日,河北省工业气体协会2019年会员代表大会选举首钢气体公司为河北省工业气体协会常务理事单位。10月30日,中国工业气体工业协会第29次会员大会暨2019年年会选举产生第九届中国气体协会理事会,首钢气体公司总经理马银川任理事长。

(韩广军)

【稀有精制装置搬迁项目】 6月6日,首钢集团公司召开经理办公会议审议“首钢气体稀有装置搬迁至京唐公司项目”可行性研究报告,同意项目实施。7月2日,首钢集团战略发展部颁发《关于首钢气体稀有精制装置搬迁至京唐公司项目立项及可行性研究报告的批复》,项目总投资预算21486.67万元。

(韩广军)

【唐山子公司设立】 10月24日,配合稀有精制装置搬迁项目投资设立的首钢气体唐山有限公司完成工商注册登记。

(韩广军)

【安全生产】 年内,首钢气体以公司安全风险分级辨识管控、隐患排查预警机制完善为着力点,动态开展安全风险因素辨识、汇总、分级管控1241项,按“一事一辨”“一辨一控”“一控一改”要求,严格实施安全风险辨识、管控并整改183项,确保公司双重预防控制平台预警51周处于安全状态,实现由治理隐患向预防隐患的转变。组织完成顺冷作业区制氢装置“能源隔离、上锁挂牌”本质化安全管理创建工作。开展安全事故案例学习53次,开展自检和接待上级安全检查指导189人次,全面做到三个落实、四个组织,确保公司生产经营安全顺稳。

(韩广军)

【车载 LNG 公交车检测业务】 首钢气体加强与李桥镇政府沟通协调落实公交车检测场地,以安全可靠优质为目标,每天 24 小时满负荷周转,在 271 天内共完成车载 LNG 公交车检测 2728 辆,同比增加 1133 辆。

（韩广军）

【风险防控体系建设】 年内,首钢气体组织首钢气体各专业部门识别风险管控要点 256 项,并制定一对一的管控举措,编制完成风控手册,完成首钢气体风控体系建设。该体系涉及首钢气体经营管理活动的各个层面,横向涵盖所有职能管理领域,纵向延伸至各级公司业务经营,为首钢气体逐步形成权力清单、规章制度、风控手册"三位一体"的制度体系奠定基础。在项目开展过程中,各部门克服生产经营任务重、资金紧张等实际困难,通力合作自主完成风控体系搭建及运行工作,为企业节约 40 万元咨询费用。

（韩广军）

【冬奥场馆特种设备保障】 首钢气体助力首钢冬奥广场特种设备定期检验和重大活动保障检验,完成首钢冬奥园区"国庆 70 周年北京市百园荟萃游园活动"特种设备安全保障,获北京市石景山区市场监督管理局高度表扬,成为首钢气体服务冬奥会的一道靓丽风景线。

（韩广军）

【职工技能培训】 年内,首钢气体共开展特种设备作业取证培训、医用氧法律法规培训、国军标质量管理体系培训、节能减排知识、三规二制、危险货物道路运输规则、风控体系建设、合同风险防控、软件正版化宣讲、个税专项附加扣除等各种培训班 18 个。取得后备班组长证书 6 人,取得 GJB9001C-2017 质量管理体系内审员资格 2 人,药品企业内审员资格 9 人,取得特种设备作业证 50 人,完成学历晋升 3 人。经过培训,职工开阔了眼界,增长了知识,提高了技能。

（韩广军）

【党建工作】 首钢气体开展"不忘初心、牢记使命"主题教育活动。组织集体学习 6 次,专题教育 6 次,专题研讨 3 次。领导班子成员讲党课 4 次,组织调研 26 次,发现问题 10 个,立行立改 10 项。增强全面从严治党的责任意识。对党支部主题党日活动、"三会一课"落实工作提出标准化要求。组织 8 个党支部结合实际开展各具特色的主题党日活动。6 个党支部换届选举工作,完成支部班子和支委配备。坚持党风廉政工作不放松。先后五次修订目标责任书,组织签订各级领导班子党风廉政建设目标责任书 15 份,签订领导人员党风廉政建设责任书 26 份。在重大节假日之前,对党员干部和有业务处置权人员进行警示教育,检查专业招投标工作 2 次,完成各级领导节前廉洁谈话 300 人次,编发并组织全体相关人员学习廉政案例 30 个。

（韩广军）

【群团工作】 首钢气体开展走访慰问活动,年内节日期间共走访慰问病困职工 151 户,发放困难补助 11200 元。组织开展体育节开幕式、广播操表演及健步走、拔河各项比赛活动,先后举办保龄球、台球、游泳比赛活动。组织 430 人续保职工住院医疗保险、在职职工意外伤害保险、在职职工重大疾病保险及女职工特殊疾病保险,年内为 44 人次办理医疗住院费用和重大疾病保险赔付,理赔金共计为 82442 元。

（韩广军）

【荣誉称号】 首钢气体总经理马银川被评为北京市安全生产先进个人。首钢气体被评为首钢集团安全生产厂矿。首钢气体公司被认定为石景山区道路运输应急保障车队。

（韩广军）

北京首钢鲁家山石灰石矿有限公司

【首钢鲁矿领导名录】

董事长:张竞先

董　事:彭开玉　唐锡鹏　王金波　郭金保

总经理:王金波

副总经理：郇红星　王　海　倪任付
王金亚（4月任职）
党委书记：崔全法
纪委书记：崔全法
工会主席：崔全法

（柳　岩）

【综述】 首钢鲁矿始建于1951年，2006年改制注册成立“北京首钢鲁家山石灰石矿有限公司”，公司注册资金3600万元，资产总额5亿元。2016年1月按照首钢总公司文件精神，正式列入钢铁板块，划归首钢股份管理。同时，托管北京首钢耐材炉料有限公司、秦皇岛首钢黑崎耐火材料有限公司。

首钢鲁矿主要生产经营石灰石、白云石、石灰及消石灰等产品。在露天矿山设计、开采，新型节能环保石灰竖窑和氢氧化钙生产线的整体设计、制造、安装方面，具有较强实力。同时，拥有全国通用营业性爆破作业资质和冶金工程三级资质。此外，还经营固体废物治理、企业管理、机械制造、普通货物运输、生产建筑材料、内燃设备维修、会议服务及销售建筑材料、矿产品、化工产品、非金属矿山、耐火材料等业务。

首钢鲁矿总部设在门头沟石龙开发区石龙高科大厦，下设7个部室、1个车间，分别是：党群部、经理办、人力资源部、财务部、经营部、技术开发部和安全部，以及鲁采车间。下辖1个全资子公司、2个控股子公司、1个参股子公司，分别是：京唐石业、建昌石灰石矿、库仑旗龙世源石业、首钢黑崎公司。2019年末企业在册职工140人。

（柳　岩）

【主要指标】 首钢鲁矿全年实现经营收入2.87亿元，超计划31%；利润总额2883万元，超计划70%；按计划上缴投资回报630万元。全年产品销售量合计约370万吨。其中：石灰石133万吨，建筑料、无机料203万吨，白云石14万吨，石灰及其制品16万吨，氢氧化钙3万吨，熔渣剂、高钙铝渣球0.4万吨。另外污泥处理2万吨，制备加工75万吨。

首钢黑崎耐材全年经营收入1.7亿元，超计划30%；利润总额280万元，超计划27%；上缴投资回报50万元。全年销售脱磷压渣剂1021吨，铁沟料整包78万吨铁，转炉耐材8.8套，中间包整包521浇次，铁沟料（出口）3212吨，炮泥总包453万吨铁，鱼雷罐整包17套，鱼雷罐砖（出口）176吨，转炉大包45万吨钢，转炉砌筑6套，中间包干式料382吨，捣打料、泥套泥1690吨。

耐材炉料全年完成经营收入1.1亿元，完成计划的89%；亏损2227万元，同比减亏332万元。扣除承德首耐公司、首耐劳服公司清撤投资损失425万元、摊销集团土地租赁费、人员解合、处理历史遗留资产减值等540万元、京唐二期两座套筒窑、三座竖窑前期试生产人工费用及后期由于产能不足影响损益357万元，合计1322万元影响当年损益，实际亏损905万元，完成控亏1080万元计划。

（柳　岩）

【市场拓展】 首钢鲁矿抓住2019年9月底首钢股份4座石灰竖窑受环保超低排放限制停产承揽烧结白灰供应任务的机遇。通过及时有效解决道路联查和地方民扰等突发问题，保质保量供应烧结白灰12万吨，实现收入4200万元。首钢鲁矿项下京唐石业2019年保供京唐高钙石灰石15.5万吨、计划外套筒窑白云石2.8万吨，实现收入2600万元。

（柳　岩）

【氢氧化钙生产】 首钢鲁矿凭借自行建设、运行年产10万吨氢氧化钙生产线的经验，承接京唐二期两条年产25万吨氢氧化钙生产线整体设计和制作安装任务。通过技术创新，破解现有氢氧化钙生产线消解设备无法兼顾高产能和高质量的难题，实现产能和质量双重保证。该工程为京唐二期建设节省1000万元投资，京唐石业的盈利能力提升，首钢鲁矿锻炼了队伍，积累了经验。

（柳　岩）

【京唐白灰竖窑工程】 首钢京唐炼钢部一期3座白灰竖窑建设，3号竖窑9月8日点火成功，2号竖窑10月2日点火成功，1号竖窑10月5日点火成功，分别进入生产调试阶段。

（柳　岩）

【北京矿区提前停止生产】 首钢集团公司领导和专业部门贯彻落实北京市委要求关停首钢鲁矿北京矿区的指示精神，在调研论证基础上，决定2019年底前对首钢鲁矿采矿区实施提前关停措施，制定的具体关停方案得到市国资委、市规划和自然资源委、市财政局，以及门头沟区政府的共同认可。2019年底，首钢鲁矿北京矿区已按关停方案停止采矿区生产，并组织对矿区环境进行恢复治理。

（柳　岩）

【耐材炉料退出工作】　2019年提前完成首耐劳服、首新公司和承德公司的清算注销工作。2019年三季度，根据集团公司批复和会议精神，首钢鲁矿及时与相关部门沟通，就退休职工1300人和下放人员37人费用申领（垫付）流程达成共识。同时，长病长伤人员11人相关费用也已得到妥善解决，实现按月发放。

（柳　岩）

【投资项目】　按首钢鲁矿“十三五”资源战略目标，为满足京唐优质高钙灰石需求，提供长期稳定资源保障，在多年考察调研基础上，经集团公司批准同意，于2019年7月29日在内蒙古自治区注册成立库伦旗龙世源石业有限公司，注册资金2500万元，公司持股80%。截至年底，已完成项目厂区规划方案和办公楼、宿舍楼等单体建筑方案设计，以及生产线主体设备招投标等工作。同时，为提升首钢鲁矿项下京唐石业综合服务能力，利用好26亩土地，建设年产1万吨高钙铝渣球、2万吨熔渣剂生产线项目，2019年12月24日通过唐山市曹妃甸区投资项目备案。

（柳　岩）

【抗风险能力】　首钢鲁矿北京本部按期组织涉爆三大员通过继续教育培训考试，完成爆破作业资质续证，有效期延至2022年9月28日。积极争取建筑垃圾处理项目，2019年3月初，向门头沟区市政管委提出项目申请，办理了建筑垃圾暂存手续，10月中旬取得行政许可证。完成ISO9001质量管理体系认证年度审核和安全生产标准化二级单位达标验收。首钢鲁矿项下建昌矿完成安全生产许可证续证工作，有效期自2019年7月25日—2022年7月24日。同时，推进采矿权扩界审批程序，2019年11月18日向辽宁省地质协会报送扩界可行性论证报告和设计方案，12月9日完成采矿变更设计和备案工作。采矿权扩编后，建昌矿资源储量可增加970万吨。为完善首钢鲁矿沙河驿氢氧化钙生产线合法化手续，2019年3月21日在河北省唐山市滦州市注册成立唐山市曹妃甸工业区京唐石业有限公司滦州分公司。4月3日完成料场内年产15万吨氢氧化钙投资项目备案。6月取得建设项目环境影响报告，9月底完成烟气脱白、除尘、新建储料大棚等环保完善措施，为下一步环评验收取得排污许可证打下基础。

（柳　岩）

【提质增效】　2019年为响应国家发改委“公转铁”号召，落实首钢迁钢关于增大火车运量要求，首钢鲁矿调研铁路运输方式，2019年10月底实现首列发运，截至年底累计到达量6万吨，为迁钢优质石灰石稳定供应提供双重保障。首钢鲁矿北京矿区鲁采车间通过积极进行氢氧化钙生产线设备改造，一举实现产线提产、降本降耗、增收节支三重效果。一是通过设备改造，提升氢氧化钙生产线产能近40%，成品电单耗降低14度/吨，单位成本降低10.5元/吨。二是为继续降低污泥处理石灰单耗，通过两次设备改造，加强生产过程精细化操作，生产线产能由原来的6—7吨/小时提升到10—12吨/小时，石灰单耗同比降低13%，电耗降低50%，全年节支120万元。

（柳　岩）

【安全环保】　2019年初，首钢鲁矿通过采取封堵进出场多余通道、设置限高杆3处、拓宽修整道路400米并利用生物质公司环场路等有效措施，实现进出场唯一通道；为新建磅道配备自动识别车牌抬杆系统和监控系统并落实专人24小时值守等监管措施，物料监管水平提升，达到矿区安全管控目的。同时，通过与相关方组建环保交流群、签订环保协议和承诺书，加强环保现场检查力度，扩大现场检查范围，全年开展各项环保检查93次，对相关方处罚14次，各方环保意识和环保管理工作水平提升。

（柳　岩）

【强化管理】　首钢鲁矿按集团公司、首钢股份制度体系建设要求，完成项下管理单位建昌矿、首钢黑崎耐材董事会议事规则、经理层工作规则和“三重一大”制度及权利清单。完成首钢鲁矿风控体系建设工作。启用首钢集团财务一体化系统。自2019年3月1日起，现金报销取消，工作效率提高，也避免了现金流转风险。有序推进三支人才队伍建设工作。2019年开展全员情况摸底，部门职责、岗位职责梳理，试行中层管理人员KPI测评，初步搭建起新的薪酬绩效体系。全年组织31人次参加集团专业培训，职工岗位技能提升。

（柳　岩）

【党群工作】　2019年，首钢鲁矿全面完成“不忘初心、牢记使命”主题教育、党风廉政建设、领导班子民主生活会、监督检查及自查自纠问题整改、党支部换届选举、基层组织生活会和党员民主评议、先进评选、党支部“达晋创”等级评定等工作。全年走访慰问职工 36 户，送去慰问品 35 份(9486.42 元)，慰问金 600 元。将市总工会和首钢工会下发的 6000 元节日慰问金、价值 200 元的图书卡和 200 元的电影券发放到特困职工手中。为 2018 年度因重大疾病、意外伤害、因病住院、达到履行互助保险理赔条件的在职职工 6 人申请医疗补助金 5500 元。慰问公司在职、退休的北京市劳模 4 人并为每人送去北京市慰问金 1000 元；为困难劳模叶强送去市总工会和首钢工会慰问金 3000 元。

(柳 岩)

【首钢鲁矿 2019 年大事记】

6 月 28 日，在首钢鲁矿北京矿区技术中心召开首钢鲁矿三届十次董事会、第二十四次股东会，张竞先主持会议。

9 月 20 日，首钢股份市值管理对标分析会在首钢鲁矿北京矿区技术中心召开，集团公司领导赵民革主持会议，王洪军、刘建辉以及首钢股份、首钢京唐全体领导班子成员，集团公司战略发展部、经营财务部、办公厅、党委宣传部、技术研究院、发展研究院、营销中心、采购中心、首钢国际、首钢冷轧等单位主要领导参加会议。

9 月 26 日，北京市规划自然委总工程师丁晓到首钢鲁矿北京矿区调研门头沟区矿山生态修复情况，北京市规划自然委国土空间修复处、门头沟规划自然分局主要领导，首钢鲁矿张竞先、王金亚随行。

12 月 30 日，在首钢鲁矿北京矿区技术中心召开首钢鲁矿 2019 年工作总结暨 2020 年计划工作会议，崔全法主持会议。

(柳 岩)

北京首钢耐材炉料有限公司

【首钢耐材炉料领导名录】

董事长：郇红星
董　事：刘凤刚(10 月任职)　彭开玉(10 月离任)
　　　　赵志军　赵连清
董事会秘书：郭金保
总经理：王　海(3 月任职)　郇红星(3 月离任)
副总经理：杨　可
总经理助理：宋嘉喜
总工程师：李道忠(3 月任职)
党委书记：王　海(2 月任职)　郇红星(2 月离任)
纪委书记、工会主席：郭金保

(乔 卉)

【综述】 北京首钢耐材炉料有限公司(以下简称“首钢耐材炉料”)是 2008 年由首钢第一、第二耐火材料厂合并整体改制成立，原注册资本 5000 万元，2018 年 12 月申报并由工商部门受理减少注册资本至 1750 万元，由首钢集团有限公司占股份 100%。公司主营冶金石灰、炉料和耐火材料的生产、销售及服务。2014 年 12 月根据首钢总公司决定，北京首钢鲁家山石灰石矿有限公司对首钢耐材炉料实行托管，2016 年划入首钢集团有限公司“钢铁板块”，隶属首钢股份公司管理。首钢耐材炉料公司总部在北京，设经营部、财务部、工程部、人力资源部、安全保卫部、经理办公室(党群工作部)等职能部门。耐材生产基地首耐高温陶瓷有限责任公司(及耐材分公司)在秦皇岛经济技术开发区，冶金石灰、炉料生产分别在首钢迁钢公司、京唐公司以承包经营方式进行，设有 3 个套筒窑作业区。1 家分公司、3 家控股公司和 3 家参股企业。2019 年末资产总额 36941 万元，企业在册职工 195 人，其中在岗职工 184 人。

(乔 卉)

【年度经营指标】 2019 年全年生产冶金石灰 122 万吨，同比增加 10 万吨；耐火材料制品总产量完成 41.6 吨，同比减少 1744.78 吨。全年销售收入 10861 万元，同比减少 26%；实现利润 -2062 万元，同比减少亏损 300 万元，销售收入劳产率 41 万元/年 · 人，同比减少

29万元/年·人。

（乔　卉）

【京唐二期套筒窑项目竣工投产】 首钢耐材炉料作为大包单位承担首钢京唐公司二期2座套筒窑建设项目，2017年11月开工建设，至2019年末，2座套筒窑相继建成投产：1号套筒窑5月31日投产；2号套筒窑8月20日投产。在完成北京2号套筒窑利旧工作基础上，8月底完成北京2号套筒窑整体拆除工作，共计倒运京唐二期利旧设备设施457.30吨，处置现场废旧钢材775.50吨，外排拆除物渣土104车，窑内拆除废耐火砖616.64吨。在京唐二期套筒窑工程建设中，实现安全生产，未发生任何事故。

（乔　卉）

【企业退出工作】 年内，首钢耐材炉料按照首钢集团、首钢股份2019年企业退出工作部署和要求，加大工作力度，组织完成3家所属企业的退出，实现年度目标。其中：北京首耐劳务服务有限公司2月22日完成工商注销。北京首新耐火材料有限公司7月底完成退出。承德首耐炉料有限公司委托代理公司办理注销，并于7月底完成清算退出。为维护公司合法权益，对首钢耐材炉料在筹建承德首耐公司时预付当地平泉市小寺沟镇政府的20万元保证金始终不予退还问题，在多次索要无果的情况下，通过法律诉讼进行追讨，11月7日平泉市法院作出判决，首钢耐材炉料胜诉。

（乔　卉）

【企业减负】 年内，首钢耐材炉料落实首钢集团、首钢股份有关支持帮助耐材公司减轻负担的批复和专题会精神，组织与首钢系统优化部、经营财务部、财务共享中心、退休办、人事服务中心等鲁矿公司等相关部门和单位沟通，明确工作流程，将首钢耐材炉料长病长伤人员11人转鲁矿公司代管，费用由首钢集团承担；将退休1330人和1962年下放人员39人的相关费用，由首钢集团借资支付，以解决首钢耐材炉料资产变现问题，缓解资金压力。

（乔　卉）

【党建工作】 年内，首钢耐材炉料组织开展"不忘初心、牢记使命"主题教育，制定主题教育工作安排，明确任务清单，按照方案完成主题教育各阶段任务。组织完成2019年公司党委、党支部和领导干部《党建工作责任书》《党风廉政建设责任书》《意识形态工作责任书》的签订工作。开展领导班子及成员年度工作述职及评议工作；全公司4个党支部、10个党小组召开年度生活会，参加民主评议党员78人，经评议，优秀党员12人，合格党员66人。组织党员参加"学习强国"学习平台注册上线，建立学习管理组4个，设置学习管理员5人，党员全部78人按要求进行平台注册。组织开展党员读书月活动，观看《周恩来回延安》《决胜时刻》等影片，以党课、主题党日、总结表彰等多种形式，推进"两学一做"学习教育活动常态化、制度化。制定党委中心组、党支部、党小组及党员学习计划，撰写《纪实笔记》和心得体会。对领导干部及有业务处置权人员进行廉政警示教育，观看廉政警示教育片，33人参加党纪法规相关知识培训考试。对党建工作和学习落实情况进行检查，对检查出的21个问题落实整改。年内中层干部调整9人，其中交流5人、提职3人、免职3人。发展党员1人，预备党员转正1人。开展年度"创先争优"党内评比表彰，评选首钢股份级先进党小组1个、首钢股份级优秀共产党员3人。"两节"期间开展送温暖工作，慰问帮扶困难党员10人，送慰问金12400元。

（乔　卉）

股权投资管理

◎责任编辑：马　晓

北京首钢股权投资管理有限公司

【股权公司领导名录】

董事长:王　涛

董　事:徐小峰　刘　燕　朱从军

袁新兴(1月离职)

监事会主席:闫　杰

监　事:于　节　白昆岩　刘志强(职工监事)

徐镜新(职工监事;11月离任)

总经理:徐小峰

副总经理:朱从军　李春东　袁新兴(1月离职)

党委书记:王　涛

党委副书记:徐小峰　刘　燕

纪委书记:刘　燕

工会主席:刘　燕

(张占军)

【综述】 北京首钢股权投资管理有限公司(以下简称"首钢股权投资"),是首钢集团有限公司全资子公司。首钢股权投资致力于股权投资的运营管理,确保国有资本保值增值,推进企业可持续发展。首钢股权投资在岗职工61人。其中,硕士以上学历21人,大学本科40人;高级职称28人,中级职称28人。

2019年,股权公司坚持"深化改革、聚焦产业、规范管理",紧紧围绕年初确定的经营目标和重点任务,坚持目标倒逼、问题倒逼,大力开拓内外市场、扎实推进深化改革、不断提升发展质量,全面完成各项指标及重点工作任务。

(关耀辉、马兵波)

【经济指标】 2019年,首钢股权投资不断健全经营管理体系,创办月度经营动态简报,建立"月度监控、季度分析、半年分析、专题调研"的立体式过程管控机制,强化督导纠偏。坚持推行"前欠后补"的"滚动计划",坚持深挖一层的全级次预算管理,坚持PDCA的考核奖罚机制,进一步推动标准化、规范化经营管理。通过一系列举措,全年完成销售收入210.1亿元,完成计划205.2亿元的102%,同比增长6%。实现利润4.13亿元,完成计划3.51亿元的118%,同比增长17%。主要经济指标连续两年实现"超计划、超同期"。

(周海峰)

【改制企业深化改革】 2019年,首钢股权投资贯彻落实集团关于全面深化改革的总体部署,加快推进改制企业深化改革。6月份全面完成首钢实业深化改革工作,为股权进退积累了宝贵经验。按照"一企一策"工作原则,根据《公司章程》规范员工持股,先后审定首自信公司、首钢建设、首钢吉泰安、北冶公司、首运物流等企业深化改革方案并推进实施,取得初步成效。

(梁广新)

【落实企业退出】 2019年,首钢股权投资按照"应退尽退、能退快退"的工作要求,面对越退越难、越退越复杂的工作实际,完成首钢嘉华、爱思济印刷、首昌衡器、诚利源、清源德峰、信邦公司、科拓实创和新源机施8家企业退出,超集团计划2家。各项下单位按照退出企业标准,梳理分析投资企业情况,逐步实现从"让我退"向"我要退"转化;同时提前启动、部署2020年企业退出工作,为全面完成集团三年退出计划实现工作的有效衔接。

(梁广新)

【优化产权关系】 2019年,首钢股权投资为适应首钢深化改革、转型发展工作要求,围绕股权投资做实,持续推进股权置入,理顺产权关系与管理关系。在前期完成8家单位股权置入的基础上,2019年完成云翔公司股权置入工作,办理烟台电装和烟台压缩机国有产权登记证,为下一步的股权划转工作创造了条件。

(梁广新)

【夯实管控基础】 2019年,首钢股权投资按照全承继、全覆盖的要求,在强化平台管控,承接下移权责;优化管控方式,促进规范管理;坚持持续改进,完善治理体系。在此基础上,对集团下放的针对要素管理单位的18项决策权限逐一进行承接和落实,纳入相关主责部门的业务事项之中。修订完成的《首钢股权投资管理平台权力清单(V3.0)》包含14个职能领域、50个关键业务、81个关键事项、152个关键环节。为落实集团关于搭建制度体系、权力清单和风险防控“三位一体”管理体系的工作要求，结合实际搭建完成股权公司制度管理体系。该体系包括直接执行集团的现行制度236个、首钢股权投资制定的各类管理制度59个，并要求项下单位持续完善梳理本单位现行管理制度，规范管理，逐步建立起本单位的制度管理体系。

(王廷林、何　永、赵江照、邓翼超)

【风控体系建设】 2019年，首钢股权投资持续推进股权平台风控体系建设，完成首钢股权投资、北冶公司、首钢吉泰安风控手册制定、修订并下发执行。开展首钢国际工程、首自信公司、首钢实业、首钢机电、首钢城运风控体系试运行自评价工作，通过强化评价检查，促进体系运行，进一步规范企业内部管理流程。同时，强化审计结果应用，以审计事项闭合管理为抓手，指导和监督被审计单位重视审计披露问题和风险，把审计遗留问题作为风险事项进行管控，通过专项整改活动来逐一消除潜在隐患，补充、完善企业内部控制，促进组织价值提升。

(王廷林、何　永、赵江照、邓翼超)

【战略管理】 2019年，首钢股权投资针对“十三五”规划子规划不全、系统性不足、导向性不实等问题，组织项下单位构建平台子规划体系，共编制完成46个子规划，做实规划导向功能。

(朱俊杰)

【新产业培育】 2019年，首钢股权投资明确以城市综合服务业为着力点，聚焦核心业务，推进新产业良性发展。装配式建筑：首钢铸造村4号、7号钢结构装配式住宅项目建设被住建部评为装配式建筑示范工程，曹妃甸园区“首堂创业家”被动房建设项目获得国家住建部科技示范工程，5000余立方米的蒸压加气混凝土产品成功出口到海外，助力“一带一路”沿线国家工程建设。静态交通：建成国内首个机械式公交立体车库二通公交场站项目和国内首例大容量“摩天轮”自行车专用道立体车库项目，北京新机场停车楼智能停车管理系统顺利投入使用，智慧城市及工业智能化，智慧建筑管控平台应用于冬训中心，智能仓储技术应用到山东钢铁集团、马鞍山钢铁公司等外部市场。能源环保：首钢京唐150兆瓦级燃气蒸汽联合循环发电及海水淡化工程联合试车一次成功，标志“燃、热、电、水、盐”五位一体循环高效能源资源利用系统技术成功应用。高端材料：成立“中国重燃—北京北冶特种金属材料联合实验室”，围绕重型燃机研制需求，重点开展特种金属材料的研发、生产、分析测试、评价和应用技术研究。

(崔瑞成、吴玉权)

【服务钢铁业】 2019年，首钢股权投资及项下单位坚持服务集团钢铁主业，在重点工程建设各专业领域，充分发挥“子弟兵”作用。在首钢京唐二期投产关键时期，首钢股权投资及有关项下单位充分发挥协同效应，以“召之即来、来之能战、战之能胜”的“子弟兵”作风，协同作战，确保炼铁3号高炉顺利点火送风，连铸三条产线完成热试，综合管网工程一次性贯通投入使用，球团项目投产出球。仅用10个月时间实现酸洗线工程达到试车条件；用时4个月，镀锌线工程主线设备全部完成建造安装，确保首钢京唐二期项目按期投产。

(王廷林、何　永)

【服务园区】 2019年，首钢股权投资各参战单位充分利用和发挥勘察、设计、制造、建安、监理、运维专业齐全的综合优势，以目标倒逼、系统谋划、同步跟进，构建立体协同体系。北京冬奥办公区、北七筒及冬训中心等项目顺利完工，三高炉、秀池、空中廊道示范段、石景山景观公园、群明湖景观公园等工业遗存景观初步形成。为了打赢滑雪大跳台攻坚战，及时组织召开“迎难而上、主动作为，打赢首钢北京园区攻坚战”建设参战单位干部大会，每月召开项目建设工作例会，落实项目节点兑现，为比赛场馆按期交付提供有效的组织保证。

(王廷林、刘立东)

【科技创新】 2019年，首钢股权投资科技研发工作聚焦产业发展，以市场为导向，技术突破为引领，项目、产品为载体，实现科技创新，为传统产业升级和新产业培育发展提供科技支撑。按照“战略导向、分层管理、创新发展”的原则，颁发《北京首钢股权投资管理有限公司科技管理办法(试行)》，构建股权平台科研管理体系，实现科研管理的覆盖。股权平台开展课题研发179项，申请专利241项，其中发明专利72项，获得专利授权99项，其中发明专利18项。科技研发共获得专项资金779.14万元，享受税收优惠及加计扣除金额共计2206.75万元。首钢城运《机械式立体停车设备研发设计与应用》获北京市科学技术奖三等奖。

（崔瑞成、冯小菊）

【完成国庆庆典任务】 2019年，首钢股权投资按照集团部署，发挥平台组织协同作用，组织项下单位优质资源，承担艰巨而光荣的国庆盛典服务保障任务。包括巨幅“五星红旗”网幕、七棵焰火树、焰火阵地围挡、国庆大型花坛等项目的制造、实施、运行任务，同时承担国旗杆、防撞柱、护栏、金水河防意外网等维护保障任务，并选派14名司机作为国庆70周年彩车正副驾驶员。参与单位共有首钢建设、首钢机电、首自信公司、首钢国际工程、首钢实业五家企业1600余人。全体人员以高度的政治责任感和强烈的使命感，圆满地完成10余项服务保障任务，展现了良好的企业形象和精神风貌，为国庆70周年庆典添彩、为首钢百年献礼。首钢建设获得北京市授予的“中华人民共和国成立70周年庆祝活动先进集体”荣誉称号和北京市庆祝活动指挥部授予的积极贡献奖；首钢股权投资、首钢建设、首钢机电、首自信公司、首钢实业获得首钢集团授予的“中华人民共和国成立70周年庆祝活动服务保障工作突出贡献单位”荣誉称号；股权平台22人获得首钢集团“中华人民共和国成立70周年庆祝活动服务保障工作突出贡献个人”荣誉称号，95人获得首钢集团“中华人民共和国成立70周年庆祝活动服务保障工作先进个人”荣誉称号。

（王　海）

【人力资源建设】 2019年，首钢股权投资以“深化改革、聚焦产业、规范管理”为引领，扎实开展人才队伍建设工作。在开展全方位人力资源调查、摸清股权平台人才队伍底数的基础上，加大人才培养和教育培训力度。股权平台全年组织培训1614次，培训职工21639人次，参加集团举办的首钢青年干部特训班28人。高层次人才培养成果显著，首钢机电卫建平、首自信公司马利友入选首届“首钢工匠”。深入推进提质增效工作，2019年股权平台共实现减员1715人，减员比例11.4%。同时，招收应届大学毕业生372人，进一步优化了人员结构。

（马兵波）

【党群工作】 2019年，首钢股权投资党委深入贯彻落实党的十九大精神、习近平新时代中国特色社会主义思想，围绕转型发展目标任务，全面加强党的建设。召开首钢股权投资第一次党代会，总结成绩、分析形势、部署工作，选举产生新一届党委、纪委委员。深入开展“不忘初心、牢记使命”主题教育，把握总体要求，深化学习教育，坚持问题导向，全面落实整改，全年召开党委会26次，审议议题118个，研究党建工作议题60个，对董事会、经理办公会决策的重大事项前置审议12个，有效发挥党组织的领导核心和政治核心作用。突出廉政建设和监督检查，每个季度组织对项下单位经营目标和重点任务推进情况开展监督检查，发布通报。开展党建突出问题专项整治，营造风清气正的干事创业氛围。围绕落实集团安排的重点工作和首钢股权投资的目标任务，采取各种方式组织宣传报道340余篇次，不断推进企业文化建设工作，提升首钢股权投资的品牌形象，为企业发展凝聚强大的正能量。

（关耀辉）

【首钢股权投资2019年大事记】

1月7日，首钢股权投资组织召开安全环保大会。

1月29日，首钢股权投资组织召开干部大会。

3月7日，首钢股权投资召开2019年党风廉政建设工作会议。

3月27日，首钢股权投资召开基层党组织书记抓党建工作述职评议会。

4月11日，首钢股权投资组织召开纪检专题工作会议。

4月16日，首钢股权投资组织召开2019年一季度经济活动分析会。

5月31日，首钢股权投资召开“股权平台新产业培育研讨会”。

7月1日，首钢股权投资组织召开“庆祝中国共产党成立98周年暨创先争优表彰大会”。

7月23日，首钢股权投资召开2019年上半年经济活动分析会。

7月31日，首钢股权投资组织召开首钢北京园区建设参战单位干部大会。

9月4日，首钢股权投资组织召开股权平台安全环保工作会议。

10月15日，首钢股权投资召开2019年三季度经济活动分析会。

11月20日，首钢股权投资召开中国共产党北京首钢股权投资管理有限公司第一次代表大会。

（边　超）

北京首钢国际工程技术有限公司

【首钢国际工程领导名录】

董事长:李　杨

副董事长:朱从军

董　事:侯俊达　李长兴　张　建

徐镜新(10 月离任)　尚忠民

总经理:侯俊达

副总经理:李长兴　张　建

党委书记:李　杨

党委副书记:侯俊达

纪委书记:陈国立

工会主席:陈国立

(周　鑫)

【综述】　北京首钢国际工程技术有限公司(以下简称“首钢国际工程”)始创于 1973 年,是由北京首钢设计院改制成立、首钢集团相对控股的国际型工程公司,注册资本 1.5 亿元。首钢国际工程是国家重点高新技术企业和北京市设计创新中心,拥有工程设计综合甲级资质,主营冶金、市政、建筑、节能环保等行业的规划咨询、工程设计、设备成套、项目管理、工程总承包业务,综合实力和营业收入排名全国勘察设计企业前列。作为钢铁全流程工程技术服务商,为钢铁企业工程建设、环保搬迁、升级改造、挖潜增效、节能减排等提供技术服务;将传统优势技术升级应用于城市市政工程、建筑设计、节能环保等领域,为建设生态宜居城市和信息智慧城市提供技术服务。公司成立以来为 200 余客户设计建设近 800 项优质工程,特别是完成国家“十一五”重点项目首钢京唐钢铁厂的总体设计。注重技术研发和自主创新,有 300 多项专利和专有技术,承担多个国家级重大科技课题的研发工作,主编或参编多项国家和行业标准规范,获国家科学技术奖和全国优秀设计奖近 100 项,获冶金行业和北京市优秀设计及科技进步奖 300 余项,连获全国建筑业企业工程总承包先进企业、全国冶金建设优秀企业、中国企业新纪录优秀创造单位、全国企业文化优秀单位、全国建筑业信息化应用示范单位、北京市“守信企业”等称号。下设组织人事部、计划财务部、运营管理部、战略技术部、综合管理部、总工室、冶金工程分公司、能源环境分公司、建筑市政分公司、装备材料部、海外业务部、工程造价咨询部 12 个部门,有中日联、考克利尔、首钢筑境、山西首钢国际、贵州首钢国际等 11 家投资公司,在册职工 1200 余人。

(周　鑫)

【经营指标】　2019 年,首钢国际工程实现营业收入 30.4 亿元,完成年度目标 25 亿元的 122%,同比增长 32%,;实现利润 6045 万元,完成年度目标 6000 万元的 101%,同比增长 9%;签订合同 28.6 亿元,完成年度目标 27 亿元的 106%,同比增长 10%;施工图完成 8.6 万张 A1。

(周　鑫)

【深化改革】　2019 年,首钢国际工程持续推进深化改革,提升核心竞争力。持续推进体制机制改革,优化资源配置,理顺管理关系,优化组织机构,推行项目经理负责制,健全市场营销和债权债务等制度。持续夯实基础管理,结合绩效考评实现人员分类分层管理,职能管理部门实施月度例会制,加强会议策划,推动“文风、会风、作风”转变。持续完善规章制度,强化管理体系建设,完善各方面制度 30 余项。完善风险管控体系建设,发布风控手册,聘请咨询公司对体系运行情况进行评估和完善,优化业务流程,完善内控体系。

(周　鑫)

【钢铁冶金】　2019 年,首钢国际工程提高对钢铁冶金产业的服务质量,为集团钢铁业高质量发展提供支撑。全力做好首钢京唐二期工程、首钢股份迁钢公司技改项目、首钢外埠钢铁基地修配改项目设计,实施绩效激励措施,保证施工图按时到位,同时选调优秀技术力量深入现场配合,满足工程建设需要。发挥传统技术优势,抓住市场机遇,内外两级市场出击,全年签订设计合同

56项，总包合同53项，超额完成全年新签合同任务。系统总结首钢京唐一期工程建设在技术方面的成功经验，不断提升首钢京唐二期项目的技术工艺水平。设计新建的两条400万吨带式焙烧机球团生产线，原料适应性强，能耗及生产成本低，环保指标优。特大型高炉采用大比例球团冶炼工艺，在国内外首创。MCCR薄板坯连铸连轧采用全无头轧制新工艺，可以稳定生产超薄规格热带产品，缩短隧道炉，减少辊耗，板型更优。在号连铸机上实现大压下技术，有效解决铸坯的中心疏松，提高铸坯质量。

（周　鑫）

【能源环境】 2019年，首钢国际工程为集团能源环境产业的发展助力。强化专有技术，以国家对环保提出的新要求为契机，推动钢铁业全面实施绿色升级改造，结合首钢绿色行动计划，拓展烟气超低排放、工业废水处理、双超发电等业务领域。全年签订设计合同28项，总包合同27项。提升项目品牌，以顺利完成首钢秘铁海淡项目承建任务为契机，延伸服务范围，开展运维服务。精心组织首钢京唐二期海水淡化与燃气蒸汽联合循环发电项目，助力世界首例“CCPP耦合海水淡化”集成项目建成并投入运行，成功验证“燃、热、电、水、盐”五位一体循环高效资源利用系统技术。强化技术创新，广泛开展技术引进、交流与合作，实现SCR脱硝标准化设计及全流场数值分析计算，开发国内首创“冷凝+旋流脱水”的冲渣乏汽消白系统，引进日本古河超低排放级电除尘技术，引进芬兰集中空压机群智能管控技术，推进产业聚焦。培育立体智能车库技术，为首钢静态交通产业发展助力。

（周　鑫）

【建筑市政】 2019年，首钢国际工程建筑市政产业发展稳步推进。强化服务意识，以规划方案为引领，严把质量和进度关，为首钢三大园区建设提供优质技术服务。西十冬奥广场项目获得北京科技进步一等奖等多个奖项，冬训中心及配套设施冰球馆项目获得冶金建设行业优秀成果二等奖。曹妃甸生态城一期住宅获冶金建设行业优秀设计成果二等奖。聚焦老旧工业区改造、工业园产业园、装配式钢结构建筑、生态景观、静态交通、冰雪场馆等项目，加强技术创新，培育专业技术新优势，不断提升转型发展能力。全年签订设计合同100项，总包合同2项。实施一体化管理模式，根据项目特点，明确分工，落实责任，针对区域市场维护、项目营销、设计组织、技术服务、资金回收等，统筹协调，合同签订和资金回收效果得到逐步改善。重点项目组建相对固定的技术团队，有序推进。

（周　鑫）

【支撑产业】 2019年，首钢国际工程支撑产业的发展扎实推进。造价咨询逐步做大，全年完成概估算519项，实施EPC总承包工程费用控制26项，完成技术经济分析85项。充分发挥在专业技术、工程造价、费用控制方面的优势，不断提升独立面对市场的能力，全年签订造价咨询合同1378万。云翔装备积极培育，将云翔公司业务纳入装备材料板块统一管理，组织实施首钢京唐MCCR生产线钢卷运输系统等项目。搭建统一招标平台，完善招标信息化管理系统，全年共完成55个项目、570个标段的招标工作，开标1460余次。系统梳理集团内部闲置的二手设备，组建业务小组，多方沟通，变废为宝。海外市场精耕细作，深化与大型央企、国际知名公司、金融机构的战略合作，共同开发海外市场。成功签订南亚某国工业园区总体规划可研合同和工业园日产8万吨海水淡化厂和日处理3万吨的污水处理厂项目可研合同。

（周　鑫）

【科技创新】 2019年，首钢国际工程加大科技开发投入，全年科技开发课题立项73项，其中公司级课题9项，分公司级课题37项，业务建设类课题27项，申请专利104项，专利授权55项。组织申报首钢科学技术奖，获一等奖1项、二等奖2项、三等奖3项。组织申报全国冶金行业工程勘察设计成果奖，获一等奖3项、二等奖9项、三等奖7项。获测绘科技进步二等奖1项，获北京市优秀测绘地理信息工程二等奖和三等奖各1项。获北京市优秀工程勘察设计奖三等奖1项，获首届中国冶金建设协会BIM创新大赛三等奖4项。取得“中关村高新技术企业证书”，入选“中关村科技创新企业百强”，获“国家知识产权优势企业”称号。申报科技减免，组织完成研发费用加计扣除申报工作，申报65个项目，减免税费645万元。组织完成高新企业技术所得税减免工作，减免所得税440万元。

（周　鑫）

【质量管理】 2019年，首钢国际工程夯实产品质量管理基础。强化质量文化建立，调整和优化管理目标和质量方针，举办设计质量展，发布质量月报，利用《工程与技术》杂志和微信公众号发布信息，组织评选“年度质量标兵”并进行表彰，构建以持续改进为核心的质量文化，不断营造浓厚的质量文化氛围。强化质量制度执行力，针对部分职工存在的质量制度执行力差等问题，结合工程总承包过程质量抽查、设计过程质量抽查等，加大奖惩力度，提高职工的执行力。持续提升产品质量，落实施工图成品质量、施工图强条、三级审核、设计过程抽查等措施，对不合格项提出督促整改与考核，做到质量审查“红红脸、出出汗、去去病”。开发标准检查、强条检索等工具，提高设计效率，全年未发生违反强条事件。

（周　鑫）

【资金管理】　2019 年，首钢国际工程夯实财务资金管理基础。财务指标持续向好，资产负债率降为 79.13%，比年计划下降 1.12%。经营活动现金流净额 3.04 亿元，超额完成全年任务目标；存货周转率 3.42 次，比年计划 2.57 次提高 0.85 次，年末外部应收账款 7.3 亿元，比年初下降 11.5%，超额完成全年压降 10% 的目标。加强应收账款回收，释放坏账准备金 169 万元；应收账款周转率 1.99 次，比年计划 1.29 次提高 0.7 次。坚持资金平衡月度经理办公例会制度，建立存量资金预警机制，以“量入为出、以收定支、资金平衡、全面统筹”为原则，做好资金总体平衡和统筹管理，确保资金流稳定正常。强化项目资金回收责任制，持续推进存货控制和应收账款的压降工作，强化交账意识，制定有效措施，落实“一企一策”，加大催款力度。在落实项目经理负责制基础上，施行《工程项目资金管理办法》，实施进度与资金回收捆绑，减少新增应收账款。

（周　鑫）

【债权法务】　2019 年，首钢国际工程夯实债权法务管理基础。系统梳理债权债务库，明确回收目标，逐级分解落实，层层压实责任，全年梳理 2019 年之前的债权债务项目 794 项，其中已完已结项目 350 项，已完未结项目 444 项，停缓建项目 38 项，其他项目 266 项，累计回收长期债权 3.8 亿元，完成计划目标 149%。合理控制债务处理节奏与方法，长期债务支付占回收长期债权的 41%，债权债务管理工作走上正轨。全年处理法律纠纷案件 36 件，当年结案 23 件，其中胜诉 6 件，和解 16 件，胜诉及和解率 95.65%，避免或挽回损失 6466 万元。加强体制建设，成立法务室，加强法务资源配置，补充法律专业人员，聘请常年法律顾问。增强法律意识，加强合同以及重要往来文件的评审。提高诉讼纠纷的应对能力，霍邱两案成功调解，昆仑银行保函索赔案一审已胜诉，智能运输专利侵权案迫使对方主动调解，华亿重工、战友文工团诉案实现反诉胜诉。

（周　鑫）

【安全环保】　2019 年，首钢国际工程夯实安全环保管理基础。全面部署，落实主体责任，把安全环保工作作为重中之重的大事来抓，成立安环室，完善安委会组织机构，逐级签订安全环保生产责任状，针对重点在施总包项目现场，开展飞行检查 15 次；完善修订 5 项安全环保制度，规范管理制度；组织知识培训学习 200 余人次，提高全员安全环保意识；施工现场落实安全责任，推进安全标准化、本质化管理，确保制度执行，加强现场日常管理，开展安环质量标准化活动，促进文明施工；开展建设施工安全专项整治等 6 项专项整治行动及“回头看”，发现整改总包项目现场隐患 46 项，发出环境保护及隐患问题整改通知书 6 份，排查治理环保问题 12 项，查处治理办公大楼安全隐患 36 项。开展应急演练活动，提高员工应急处理能力。结合“全国安全生产月”，组织消防应急演练活动，加强交通安全管理，倡导平安出行。

（周　鑫）

【人才队伍】　2019 年，首钢国际工程以人才为核心夯实发展根基。制定转型提效工作计划，减员 102 人，全年实现劳产率 200 万元/人 · 年。人才流失率从 2018 年的 10.2%下降到 2019 年的 7.6%，有部分人才回流。组织开展绩效考核评价，晋升高级设计师及以上岗位 85 人，晋升设计师岗位 25 人，同层级升薪 143 人，项目制合同转固定制劳动合同 20 人。以职工绩效考评结果为基础，推进“2341”人才梯队建设，实现“优者升、尾者降、不合格者淘汰”。继续加大人才引进力度，通过网络招聘、猎头服务、职工内部推荐等多种渠道招募人才补短板。全年共招收应届毕业生 65 人，社会招聘 64 人，招聘人员平均年龄 29 岁，社会招聘平均年龄 34 岁，引进人才队伍更加年轻化。加大培训教育力度，围绕管理能力、专业能力、项目管理能力和新职工培训，公司、分公司、部所举办培训班 478 个，参加培训 8021 人次；参与各类赴外培训班 55 个，参加培训 189 人次。

（周　鑫）

【企业文化】 2019年,首钢国际工程以企业文化和宣传为魂促发展。选派优秀职工参加新中国成立70周年阅兵方阵和群众游行方阵,配合集团70指挥部工作,做好国庆演出的技术保障工作。为促进经营生产,坚持树典型引路,组织开展三比劳动竞赛、不忘初心挑重担牢记使命我争先、职工创新工作室评选、温馨部室创建、光荣与梦想先进表彰会、春节联欢会等特色主题文化活动。坚持民主管理,凝聚智慧,引导职工为企业发展献计献策。关注青年成长成才,在参观交流中扩展视野,在公益活动中提升社会责任感。加强品牌推广,利用内外网、宣传资料改版。在《世界金属导报》《中国冶金报》等外部媒体刊发稿件、广告80多篇。获"新中国70年企业文化建设优秀单位"称号。

(周　鑫)

北京首钢建设集团有限公司

【首钢建设领导名录】

董事长:杨　波

副董事长:朱从军(5月任职)　刘宗乾(5月离任)

董　事:武阔君　徐　磊(5月任职)

任立东(5月任职)

徐镜新(5月任职)　梁　舰(5月任职)

李国庆(5月离任)　张志忠(5月离任)

苏宝珍(5月离任)　张永祥(5月离任)

监事会主席:张文忠(5月任职)

韩春林(5月离任)

监　事:尚忠民(5月任职)

王东坡(5月任职)　康京山

赵桂艳(5月任职)　郭军杰(5月离任)

徐国生(5月离任)　任立东(5月离任)

党委书记:杨　波

党委副书记:武阔君

纪委书记:武长群(9月任职)

党委书记助理:李海龙(5月离任)

总经理:武阔君

副总经理:徐　磊　金福民(4月任职)

苏宝珍(4月离任)

总经理助理:刘海峰(5月任职)

总工程师:谢木才

总经济师:任立东

(姜　洁、赵秀英)

【综述】 北京首钢建设集团有限公司(以下简称"首钢建设")成立于1956年,是首钢集团有限公司旗下的大型综合性建筑施工企业。于2008年初改制成为国有控股企业,注册资本金4亿元。下设15个专业分公司,10个子公司,14个直属单位和4个控、参股公司,拥有工程技术、经营管理和项目管理人员近4000人。拥有60余年丰富的工程施工经验,具有冶金工程施工总承包特级,建筑工程、市政公用工程、机电工程施工总承包壹级,公路工程、矿山工程施工总承包叁级资质;钢结构工程、建筑装饰装修工程专业承包壹级,输变电工程、起重设备安装工程、环保工程专业承包贰级资质;冶金行业甲级、建筑装饰工程专项甲级设计资质;特种设备安装改造维修许可(锅炉、压力管道、压力容器、起重机械)等资质;对外援助成套项目总承包企业等资格。坚持创新创优发展,近年来获得国家级科学技术奖1项,获得省部级科学技术奖30项;拥有国家级工法6项,部级工法28项,企业级工法139项;拥有授权专利182项,其中发明专利45项;主编国家标准2项,参编国家和行业标准18项;获得鲁班奖和其他国家级工程质量奖4项,省部级工程质量奖109项。是首批中国工程建设企业社会信用评价"AAA"企业,连续11年获得全国优秀施工企业和北京市诚信企业称号,多年获得中国工程建设诚信典型企业称号,为北京市级技术中心和市级专利试点企业,为高新技术企业和首批"国家装配式建筑产业基地"。以"求实创新、担当执行、标准规范"为企业准则,以"业主满意就是我们的标准"为服务理念,逐步建设成为有世界影响力的大型建筑企业集团。

2019年，首钢建设以京津冀协同发展、国家“一带一路”发展战略为契机，围绕“十三五”规划目标，聚焦建筑主业、建筑制品业、检修服务业，推动产业升级与多元化发展目标落地，推进传统的冶金、房建业务提质增效，重点在市政工程领域、装配式建筑领域、海外市场寻求突破，新的增长点逐步形成。

（吕英瑞）

【主要指标】 2019年，首钢建设各项经济指标创历史最高水平，实现营业收入69.8亿元，同比增长11%；实现利润1.24亿元，同比增长37%；新签合同额108.2亿元，同比增长26%，实现突破百亿的规划目标。

（吕英瑞）

【科技创新】 首钢建设参与国家重点研发计划“竞技型人工剖面赛道精细建造技术研究”课题、“赛道转换、共享及设施全季利用技术研究”课题，“赛道环境营造及观赛保障技术研究”课题、“赛道可持续性建造技术研究”课题，获得政府支持资金187万元。获得冶金行业部级工法3项、受理专利117项，获得授权专利28项，获得软件著作权12项。参编行业标准1项、团体标准8项、地标1项，获得冶金行业部级工法3项，在《施工技术》《建筑技术》等国家核心期刊发表论文15篇。获省部级优质工程奖10项，地市级优质工程奖1项。BIM技术应用获得“冶金行业BIM应用技能大赛”二等奖和三等奖各1项，获国家工信部人才交流中心全国BIM技术大赛铜奖1项。获得国家高新技术企业认定。完成和申报首钢及省部级科技成果12项，获得省部级以上奖项7项，其中“首钢西十冬奥广场工业设施功能转化及生态化改造技术”获得北京科技进步一等奖。“首钢京唐二期炼铁工程”“首钢京唐二期炼钢、连铸连轧、4.3米中厚板工程”获中冶建筑新技术应用示范工程称号。获得专利受理117项，专利授权26项，为历史最高水平；填补了公司空白。参与研发国家重点课题，获得国拨资金197万元。2019年公司取得高新技术企业资格。

（李建辉）

【市场开发】 2019年，首钢建设完成开发签约108.2亿元，亿元以上大项目签约80.66亿元，比上年同期50.53亿元增长59.63%，创历史最高水平。新领域市场全年签约8.74亿元，完成年计划5亿元的174.8%，其中，签约3亿元的北京新发地盐山农副产品批发市场项目属新产业市场单体最大签约量。首内市场稳步前行，全年签约52.49亿元，完成年计划45亿元的116.65%。在此基础上，稳步推进与国内大型知名企业合作，并开拓光山新发地农副产品批发市场及冷链物流园等10项亿元以上大项目的新业主，签约29.64亿元。海外市场成果显著，特别是签约1.93亿元的斯里兰卡THE ONE项目A塔主体工程，同时签约8.46亿元的埃塞酒店二期项目，打破海外业务多项原有纪录。全年检修备件及加工签约5.58亿元，完成年计划签约4亿元的139.5%，实现检修市场可持续发展。

（丁利霞）

【工程管理】 2019年，首钢建设各单位在国内国外2个市场、13个省市、30个地区、145个在手项目上开展工程建设，全年开工面积128万平方米，年度竣工面积188万平方米。年内新开工程34项，竣工项目51项。全年合同额亿元以上的项目21个，规模工程占在施项目的45%。首钢北京园区项目按照园区三年规划有序推进，高线公园、群明湖景观提升、三高炉改造、冬训中心公寓交付业主使用，高标准、高质量完成滑雪大跳台的各项预期建设任务，力保沸雪世界杯在园区成功举行。首钢京唐二期炼铁、炼钢连铸、中厚板、综合管网四大工程按期完成竣工验收，实现高质量投产。首秦园区总包部和各参战单位发扬首钢子弟兵精神，确保赛车谷顺利开园。唐山分公司京科园项目获得河北省“建设工程项目施工安全生产标准化工地”和全国“AAA级安全文明标准化工地”称号。贵州分公司贵钢棚户区改造11号地块项目获得贵阳市“建筑安全文明施工样板工地”称号。一公司铸造村北区4号住宅楼工程获得“北京市绿色安全工地”称号。

（王怀庆）

【企业管理】 2019年，首钢建设管控体系逐步优化，新产业培育初见成效，重点任务取得阶段成果。聚焦实施“大项目、大客户、大市场”开发战略，获得万科2019年度土建总承包供应商A级资格。完善公司治理体系建设，引进外部独立董事，修订各层级“三重一大”事项议事规则。强化党组织在公司治理中的作用，完成子公司章程修订。优化股权结构，完善职工持股管理办法，优化职工股进出机制，有效消化预留股。优化制度及风控体系，编制下发《企业管理标准与风控手册》。全面升级信息化建设，与项标、企标无差异对接，推进业务和财务一体化管控。强化对外投资管理，修订管理办法，完成新源县机施公司清撤，对六安房地产增资事项、集采商贸公司设立事项完成后评价。增强依法治企能力，成立法治建设领导小组、重特大案件预防及处置领导小组，修订法律事务管理制度，完善专家律师库。规划执行能力不断增强，实施规划年度评估机制，优化经营管控思路，深化全面预算编制，优化指标及承包考核体系，坚持年度重点任务课题制，强化过程管控与纠偏，严格考核与兑现。推进《项目管理标准化手册》落地，开展公司级、项目级综合评价。健全项目商务管理及成本管理体系，完善三级岗位配备及管理职责；强化项目结算管理，完工项目竣结率达到历史最高水平。优化采购集中管理，健全战略供应商管理体系，推进战略采购试点，完善评标专家库建设，形成公司采购指导价格信息。资金管控力度持续加强，全年回收资金同比大幅增长。

（吕英瑞）

【人才建设】 2019年，首钢建设紧密围绕转型发展，提供人力资源保障。加速人才引进，缓解事业与能力矛盾。全年引进实用型各类人才64人，招收应届高等院校毕业生161人，招收属地化职工36人。聚焦能力培训，提升队伍素质。组织开展各项培训256期，职工参加4530余人次，不断提高各类人员管理水平和操作能力搭建培养平台，强化梯队建设。选拔优秀青年干部参加首钢集团青年干部特训班2人；与首钢人才开发院（党校）及西安建筑科技大学联合举办青年干部培训班，优秀基层青年干部参训30人；表现突出的年轻人被纳入首钢后备领导人员人才库9人。坚持赛练结合，提升技能水平。组织技能培训与练兵3000余人次，参加冶金建设行业协会举办的首次全国性职业技能竞赛，获团体三等奖，两名选手分别获全国第5名和第7名，被授予全国冶金建设行业“技术能手”称号。举办电焊工、天车工、电工、瓦工、钳工、吊车司机6个工种的技能竞赛，有效支撑服务钢铁主业、做强维检专业、做精服务板块的发展需求。强化人才激励，改善人才结构。全年新增注册建造师73人、注册造价师19人、注册安全工程师7人，新增中级及以上职称47人。

（张学平）

【国庆70周年活动运行保障】 在举世瞩目的新中国成立70周年系列庆祝活动中，首钢建设党委迅速择优组建项目团队，高效优质完成天安门广场巨幅五星红旗LED灯光网幕、七颗烟花树、焰火围挡、广场主题花篮等项目的建设任务，向中央、北京市和首钢交上了一份满意答卷，获评北京市委、市政府联合颁发的“北京市筹备和服务保障中华人民共和国成立70周年庆祝活动先进集体”称号。

（康京山）

【思想文化建设】 2019年，首钢建设党委团结带领广大干部职工深入学习贯彻党的十九大精神、习近平新时代中国特色社会主义思想，制订党委理论学习中心组2019年学习计划，开展中心组理论学习30次。健全完善意识形态工作管理体系，整顿了宣传员队伍，严格把控宣传口径，牢牢掌握住意识形态工作主动权。创建的“首钢建设集团微信公众号”，进入首钢微信影响力排行榜前十名。在《首钢日报》《中国冶金报》《首都建设报》等媒体发表各类新闻40余篇，与京报集团共同完成的国庆70周年灯光网幕专题新闻在“学习强国”刊登播发，扩大了企业影响力。策划、拍摄了党建工作的专题片《牢记使命显担当》、大型MV《我和我的祖国》。总结、整理企业文化理念，完成理念识别系统（MI）、行为识别系统（BI）、视觉识别系统（VI）的调整更新，并执行使用，为企业文化推广、普及和标准化管理提供重要的文化依据。

（康京山）

【开展主题教育】 6月10日以来，首钢建设正式开展“不忘初心、牢记使命”主题教育。制订《首钢建设集团有限公司“不忘初心　牢记使命”主题教育进度安排方案》，按照上级党委要求，组织L5以上领导班子成员封闭学习、集中学习、自主学习，并组织交流研讨。班子成员通过走访、发放征求意见表、召开座谈会等方式，广泛征求干部职工意见，经归纳、梳理出五个方面18条意见建议。领导班子及成员在学习研讨中把查摆、对照党章党规找出、调研发现、群众反映和谈心谈话指出的问题梳理成四个方面问题，分析原因，制定整改措施。9月23日，召开民主生活会。10月8日，向基层干部和职工代表通报生活会有关情况。

（康京山）

【党组织建设】 2019年，首钢建设围绕经营管理和重点工程建设，以“保大局、把方向、促发展”为主线，稳步推进党建工作。完成86个基层党组织的换届选举，按照党章要求完善了基层党组织，配备了专职党支部书记。举办党支部书记培训，52 人通过参加培训提升了党务工作能力、素质和抓党建促转型发展的责任担当，推动了全面从严治党向基层支部延伸。开展“创先争优”活动，将所属的 5 个党委（总支）、90 个党支部、1399 名共产党员全部纳入其中，实现“创先争优”在各级党组织和党员中的全覆盖。“党员 E 先锋”系统信息采集、党统信息维护、组织关系转接、“三会一课”录入、发展党员等模块的运用，将党建传统优势与信息技术有机融合，使党支部管理向精准化、标准化迈进。2019 年，在京党员参与“吹哨报到”累计 4136 人次。严格执行《中国共产党发展党员工作细则》要求，着重从一线职工和专业技术骨干中选拔发展对象，2019 年发展党员 44 人，培养积极分子 53 人。

（康京山）

【党风廉政建设】 2019 年，首钢建设党委履行全面从严治党主体责任制，坚持抓主责主业，进一步压实全面从严治党责任，将管党治党与中心工作同部署、同落实。结合实际，提出“把握一条主线，落实两个责任，构建三个机制，聚焦四个重点，做好五项工作”的基本工作思路。组织两纪领导班子制定全面从严治党责任清单、任务清单，时时对照落实。召开 2019 党风廉政建设工作会议，对全年党风廉政建设全面部署，制定《2019 年纪检监察工作要点》《2019 年反腐倡廉主要任务分工方案》，将全年党风廉政建设工作任务落实到领导班子成员和专业部门。组织签订党建工作责任书，签订党风廉政建设责任书。开展廉洁文化进班子、进机关、进项目部、进岗位、进家庭、进分包队伍和供应商“六进”活动，从源头为实现冬奥会“像冰雪一样纯洁干净”的工作目标提供保障。组织党员干部和有业务处置权岗位人员前往石景山区反腐倡廉警示教育基地、北京市全面从严治党警示教育基地参观学习，强化警示教育。

（康京山）

【干部人才队伍建设】 首钢建设党委坚持党管干部，为转型发展提供人才保障。贯彻落实中央新修订的《干部任用条例》和首钢领导人员选拔任用工作制度，规范领导人员选拔任用程序。完成党委直管领导人员配置、兼职及个人有关事项情况的调查，按要求完成对首钢集团和首钢股权投资组织部门的更新备案工作。完成试用期领导人员到期考察测评、领导人员岗位调整等工作。推荐优秀青年干部参加首钢集团青年干部特训班；与首钢党校及西安建筑科技大学联合，选拔 30 人举办青年干部培训班；遴选 9 人纳入首钢后备领导人员人才库，为首钢建设新时期转型发展储备生力军。

（康京山）

【工团工作】 首钢建设发挥工会、共青团桥梁纽带作用，职工业余文化生活丰富多彩、职工民主权益得到切实维护。走访慰问困难职工、坚守在园区冬奥、冬训、首钢京唐一线的职工和先进模范人物，传递党组织关怀，增强干部职工的归属感和幸福感。举办消夏晚会、第四届职工趣味运动会、篮球比赛、钓鱼比赛、“走过百年”徒步、职工摄影展等活动，丰富职工业余文化生活。开展厂务公开大检查，确保职工对企业管理民主参与、维护职工的基本权益。开展创新工作室检查和劳动竞赛评选活动为科技创新、经营管理作出贡献。加强共青团工作领导，为企业发展注入活力。组织开展“学雷锋纪念日”、“一带一路”峰会、亚洲文明对话、世园会服务等志愿者服务，践行志愿者精神，展现青年职工青春风采。

（康京山）

北京首钢自动化信息技术有限公司

【首自信公司领导名录】

董事长：张宗先

副董事长：李春东（兼）

董　事：张成群（兼）　尚忠民（兼）　佘国平　胡丕俊　李　腾

党委书记：张宗先

党委副书记：佘国平（兼）

总经理：佘国平

副总经理:胡丕俊　李　腾　李振兴　许　剑

总经理助理:刘　涛　李　杰　王鹏南

（梁志强）

【综述】　北京首钢自动化信息技术有限公司(以下简称“首自信公司”)是首钢集团旗下的自动化信息化专业性公司,是集信息化规划实施、自动化系统设计、软件开发、系统集成、技术服务于一体的高新技术企业。在册员工3387人。首自信公司实行集中领导下的专业事业部制,设有运行事业部、首迁运行事业部、京唐运行事业部、信息事业部、自动化事业部、传动事业部、工程事业部、电信事业部、自动化研究所、智慧城市创新中心、静态交通创新中心、工业智能装备创新中心12个事业部(所、中心);公司机关设党群部、办公室、企划部、人力资源部、财务管理部、经营部、外部市场销售部、安全运行部、采购管理部、总工程师办公室、保密办公室、项目管理中心、审计室、法律事务部14个专业管理部室。公司投资设立秦皇岛首信自动化系统工程有限公司、迁安首信自动化信息技术有限公司、唐山首信自动化信息技术有限公司、北京首冶仪器仪表有限公司4个全资子公司。对外投资控股北京中关村华夏科技有限公司、北京华夏首科科技有限公司、天津首钢电气设备有限公司3家企业。对外投资参股天津贝思特电力电子有限公司、北京首泰众鑫科技有限公司、深圳首实科技有限公司、北京首新电子有限公司4家企业。

多年来,首自信公司结合新业态、新形势,凭借近40年技术经验积累,积极向“工业智能化和智慧城市”两大领域转型发展。在工业智能化领域重点发展“智能装备”“智能工厂”“智能物流”和“智慧服务”等产业;在智慧城市领域重点发展“智慧园区”“智能建筑”“静态交通”等产业。通过承揽北京通州副中心、首钢园区、迁钢冷轧智能工厂等一批有行业影响力的重点项目实施与运用,在工业机器人、无人天车和智慧城市顶层设计、智慧交通、智能家居及云计算中心建设等领域积累了众多优秀业绩,形成智能工厂、装备、物流和智慧服务的核心能力,及面向城市/园区/社区提供全面的智慧解决方案及先进的技术应用服务。首自信公司培养造就了一支专业配套齐全、熟悉工艺、经验丰富的专业化队伍,在自动化控制、数学模型、MES、ERP等领域具有强劲实力,拥有国家重点实验室和三百余项专利技术、软件著作权及注册软件产品。具备承担大型企业一至四级自动化信息化“交钥匙”工程的整体实力。

经过“十三五”期间乃至2025年,首自信公司竭诚与各界朋友合作,立志造成为国内领先的智能工业和智慧城市综合服务提供商和引领者,为首钢建设具有世界影响力的大型企业集团,推动社会经济发展做出更大贡献。

（许春阳）

【科技创新】　首自信公司科技创新工作全面落实科技创新“十三五”规划,推进深化改革,加快转型发展,坚持以市场为导向、以产品为中心、以效益为标尺,围绕工业智能化和智慧城市两大产业不断开拓创新,重点在智能工厂、智能装备、智慧物流和智慧服务四个领域展开关键技术、新产品和解决方案的研究,形成一批拳头产品和优秀解决方案,助力企业外部市场开拓和市场竞争力提升。

（左永红）

【科研成果】　2019年,首自信公司有5项科技成果获2018年度首钢科学技术奖,其中“西十冬奥广场智能化改造开发与利用”获得首钢科学技术一等奖;“基于知识推理的中厚板质量设计研究及应用”和“球团智能控制无人操作研发与应用”获得首钢科学技术二等奖;“基于双重预防机制的安全管理综合平台”和“无人操作全自动计量的研究与应用”获得首钢科学技术三等奖。参与的“高层被动式住宅外围护系统施工技术”“大型板带轧机搬迁工程综合技术”2个项目获得中国施工企业管理协会科学技术委员会颁发的工程建设科学技术进步奖二等奖。自主研发的首钢数据智能一体化平台获得“2018年度最具竞争力创新产品奖”,首钢工业大数据分析服务平台获得“2019年度中国自动化学会智慧系统创新解决方案奖”。

（左永红）

【成果转化】　2019年,首自信公司多项科技成果推广应用。其中,“首钢股份一冷轧磨辊间智能化系统研究与应用”提高了磨辊间轧辊跟踪准确率、全自动排产计划兑现率和龙门吊作业合格率,经济效益显著,正在向一重集团常州华冶轧辊车间推广;“首钢水钢二棒线自动焊牌机器人研发与应用”在二棒线成功落地应用后,实现了棒材计量工序作业无人化和管理信息化,提高焊标牌的可靠性和成功率,消除安全隐患且减少劳动人工成本,具有良好的市场推广价值,随后又在一棒线和三棒线8条产线全面推广应用;“财务共享系统的研究及应用”相继在首钢股份迁钢公司、首钢冷轧、首钢京唐、首钢股份本部、首钢实业等近40家单位10余个行业上线运行,降低运营成本的同时提升了集团管控水平。

(左永红)

【钢铁业科研开发】 2019年,首自信公司重点开展“基于人工智能技术的带钢表面缺陷识别技术研究及应用”“多层堆垛物料的天车调度决策系统研究”“基于物联网技术的铁包全程管控系统”“机器人自动贴标与识别技术”“第三方物流协同管理平台的研究与应用”“基于云服务的电子竞拍平台研究与应用”“电子商务平台的研究与应用”等项目的研究。其中,带钢表面缺陷识别技术研究与应用,基于先进的AI技术,构建深度学习算法模型,有效缩短特征提取时间,在钢材瑕疵智能识别上取得重大突破,缺陷识别率和管理能力显著提高。“基于云服务的电子竞拍平台研究与应用”成功打造在线交易平台,平台上线并持续功能优化,在线销售量和交易额不断攀升,为集团降本增效提供了技术支撑。

(左永红)

【新产业研发】 2019年,首自信公司继续加大新产业研发投入。完成60千瓦直流充电桩、7千瓦交流充电桩、180千瓦大容量集中式直流充电桩产品研发与认证,形成自主知识产权,具备产品设计与量产能力,为拓展充电桩市场奠定了良好基础。“城市静态交通综合体管理服务平台”使公司初步具备了园区级乃至城市级停车场、综合体管理的服务能力。“冬训场馆机电设备监控系统的研究与应用”通过智能集成控制系统和优化控制模型,加强建筑运行的能效管理,充分发挥建筑设备使用效率,延长设备的使用寿命,降低运营成本。

(左永红)

【知识产权】 2019年,首自信公司申请专利65项,其中发明专利43项,实用新型专利14项,外观设计专利8项;取得专利授权38项,其中发明17项,实用新型专利9项,外观设计专利12项,注册软件著作权41项。截至2019年底,首自信公司申请专利345项,取得专利授权197项,申请软件著作权239项,注册商标10项,企业知识产权保护布局日益成熟。运用各级政府对企业知识产权工作的优惠政策,取得北京市专利资助金,中关村创新能力建设专项资金73600元。

(崔玉芳)

【论文及学术交流】 首自信公司拓展知识更新渠道,充分利用石景山区知识产权局、北京软协等平台,组织专业技术、科研管理、财务税务等各类人员参加研发技术沙龙、政策税收、知识产权阶梯培训等系列学术交流专场。组织参加2019年第二届钢铁工业智能制造发展论坛、2019国际装配式被动房大会暨第六届全国装配式被动房高峰论坛、2019全国第二十四届自动化应用技术学术交流会、第十二届中国钢铁年会、2019年全国钢铁材料生产过程智能制造高级研讨会、钢铁行业能源管理中心建设、运行与升级技术研讨会等学术交流活动,参加人员106人次,扩大专业技术和管理人员视野,共享、更新知识体系,鼓励科技人员做好技术成果总结和提炼,提高学术水平,保持良好理论学术研究氛围。组织参加2019年全国第二十四届自动化应用技术学术交流会,26篇被《冶金自动化》正刊、增刊、《第十二届中国钢铁年会》等刊物录用,推荐参评北京金属学会“第十五届冶金青年论文评选活动”的论文中,8篇优秀论文获奖,其中一等奖1篇、二等奖4篇、三等奖3篇。

(张 婧)

【产业联盟与政府支持】 首自信公司通过产业联盟、参与合作,进入优势企业行列。2019年新加入“北京工业互联网技术创新与产业发展联盟”“北京两化融合服务联盟工业大数据专委会”和“北京市企业技术中心联盟”。与“北京工业互联网联盟”“中国金属学会智能制造标准化技术委员会”“中国软件行业协会”“北京软件和信息服务业协会”“北京企业技术中心联盟”等保持合作。动态跟踪各级政府资金政策信息,高效组织和精准开展政府补贴项目申报工作,申报“2018年度新增企业技术改造和技术创新政策”资助金,获得资金支持,组织完成22项科技项目研发费用加计扣除工作,取得退税额度578万元。

(张 婧)

【职务职级评聘】 2019年上半年,首自信公司为达到三支人才队伍建设基本要求,在完成套改工作的基础上,对各单位人员情况、工资结构情况逐家进行调研,与各事业部沟通,确定评聘工作方案,经几次经理办公会讨论后最终确定工资评聘方案,分三批对各事业部及机关单位进行工资评聘,完成全员岗位职务评聘工作,评聘工作涉及职工3108人,其中处级54人,科级147人,管理302人,营销18人,专业技术2587人,经过经理办公会批准，专业技术人员9人享受专家级待遇。该次职务聘任共增资128万元，全员人均增资412元。

（赵宗棠）

【绩效考核】 2019年6月，首自信公司根据工作重点修订2019年绩效考核实施方案，主要依据公司打开外市场的要求加大外部新签合同额的考核力度，按月组织公司考评会材料，认真落实考评会结果，核算各单位绩效奖水平。

（赵宗棠）

【职业技能竞赛】 2019年7月—10月，首自信公司加强学习型技能人才队伍建设，根据《首钢集体2019年职业技能竞赛工作安排》及《首自信公司2019年职工教育培训计划》文件精神，制定《2019年职业技能竞赛安排》，对职业技能竞赛工作部署和安排，组织933人参加“自动化维护工”初赛，其中京唐400余人，首迁533人。结合初赛成绩，组织247人参加“自动化维护工”复赛，其中首迁107人，京唐140人。通过复赛的理论及实操考试，各自选拔出15名优秀选手参加首自信公司“自动化维护工”决赛。

（赵宗棠）

【深化组织机构改革】 2019年下半年，首自信公司以“提高效益、提升价值、提高效率、激发活力”为目标，坚持“问题导向”，着力解决经营短板和跨专业协同问题，实现由直管为主向板块化经营转变，通过合理授权，推进经营管理、项目管理、设备采购、项目交付和资金平衡等决策重心合理下移，全面调动各板块经营的积极性、充分释放活力，打造拳头产品和优秀解决方案，提升价值和效益，缩短工作流程，提高工作效率。在实现目标指导下，形成了实体部门的整合方案，由11个事业部（中心、所）向工业智能化、智慧城市、集团管控、大数据和人工智能等多个板块转变，通过功能细分和重组，组建形成三个事业本部、两个直属事业部的3+2实体体系，即智能工业事业本部、智慧城市事业本部、信息化事业本部、工程事业部和数据科学研究所。建设精干高效的公司机关，压缩非机关管理职能，将机关的营销、项目组织、非大宗设备采购等职能下移各事业本部管理，将财务管理按派驻和共享模式进行管理。

（赵宗棠）

【规划建设】 首自信公司构建包含公司层战略、业务层战略及职能层战略的三级战略体系，高层次上统筹协调资源分配，寻求问题的解决之道。在制定《首自信公司“十三五”规划》《首自信公司“十三五”规划中期调整报告》等公司层战略基础上，制定《首自信公司“十三五”智慧城市规划》和《首自信公司“十三五”工业智能化规划》两项业务层规划、《首自信公司“十三五”技术创新规划》《首自信公司“十三五”人力资源规划》《首自信公司“十三五”企业资质规划》三项职能层规划。

（康艺凡）

【投资管理】 2019年，首自信公司完成固定资产投资项目4项，投资总额1672.91万元，其中首钢集团管控平台项目投资1365.28万元，累计投资8561.36万元；首钢云平台管理中心项目投资263.34万元，累计投资3035.54万元；标准器购置及办公设施项目投资44.29万元。另外，首钢ERP系统完善升级项目属计划外项目，完成支付尾款投资21.6万元。

（侯煜坤）

【企业退出管理】 首自信公司根据《首钢集团有限公司关于颁发〈首钢2018—2020年企业退出、2018年优化产权层级和管理关系工作计划〉的通知》和首钢股权投资对企业退出提出的工作要求，首昌衡器纳入2019年国资委考核首钢集团退出计划。自2018年3月首昌衡器股权退出工作启动以来，首自信公司履行北交所挂牌程序，2019年1月22日，首昌衡器在北交所网站上对外发布消息，5月21日，大兴区市场监督管理局下发首昌衡器营业执照；6月产权证注销完成，标志着该公司的退出工作按期完成。根据《首钢集团有限公司关于颁发〈关于编制集团2020年企业退出计划及优化股权关系与管理关系计划〉的通知》（首战略发〔2019〕98号）和首钢股权投资对企业退出提出的工作要求，首新电子、贝思特纳入2019年自主退出项目。3月，两家企业退出工作正式启动。5月7日，首钢集团批准首自信公司拟转让所持首新电子、贝思特股权项目评估立项。由第三方机构北京爱思济会计师事务所有限责任公司和北京金正元资产评估有限公司进行审计、评估，在此期间履行内部审批决策程序。

（齐海棠）

【战略合作协议】 首自信公司为确保“十三五”规划聚焦“工业智能化和智慧城市”两大产业目标的实现，以产业需求为导向，推进“产学研用”合作，与西门子（中国）有限公司、联通系统集成有限公司等大型企业建立紧密的战略合作关系，与北京中交紫光科技有限公司共建联合实验室，在智能仓储、智能工厂、云计算、大数据、物联网、人工智能示范应用、智慧园区和智慧交通等重点专业方面开展关键技术应用研究和协同创新，促进科技成果资本化、产品化，提高公司对内外部资源的整合，实现资源优势互补、共赢发展。首自信公司2019年新签订战略合作协议7份。

（苗　晶）

【风控管理】 2019年1月，首自信公司董事会审议批准，颁发《首自信公司风险控制手册》《首自信公司内部控制评价手册》，搭建完成首自信公司风控流程体系框架，包含一级流程26个、二级流程113个、三级流程302个、关键控制点527个，标志着首自信公司建立了以风险为导向，以内控为手段的风控体系。

（田文娟）

【制度管理】 截至2019年末，首自信公司现行规章制度192个。2019年，制定规章制度21个，废止14个，修订12个。注重对“规章制度评估”的管理，每季度，组织制度主责部门对制度的制（修）定、执行、废止情况进行汇总，形成《现行规章制度目录》《废止规章制度目录》，并在公司内网公布。

（侯煜坤）

【项目管理】 2019年，首自信公司将权力清单、规章制度、风控管理三位一体化的项目管理体系运用于项目组合管理及项目集管理中，对公司级项目实施全方位管理。以项目周报和工程例会机制贯穿项目过程管理，借助信息化管理平台对销售合同、采购情况等信息动态维护，推进工程项目全生命周期管理。

（李倩影）

【精细化管理】 5月17日，首自信公司获得城市及道路照明工程专业承包三级资质。如期通过CMMI 2.0五级评估，成为全球第36家、国内第6家正式通过CMMI 2.0五级评估的企业。

（孟凡一）

【业财系统上线】 首自信公司强力推进财务信息化建设，精心组织、全面部署、合理调配，在按时间节点完成日常核算业务的同时，全面组织完成财务数据的清洗、分析和统计等各项上线前的基础工作，确保业财一体化上线，浪潮与SAP系统数据达到无缝衔接。

（李　蕾）

【制定财务改革方案】 根据首自信公司党委全面深化改革的指导意见，组织业务骨干到集团共享平台、首钢建设等单位开展调研。经多次研究，反复论证，最终形成适合首自信公司的财务改革方案，为财务平稳过渡提供了依据和支撑。

（李　蕾）

【推进法治化建设】 首自信公司严格组织落实法治化建设，在修订相关制度的基础上，加大合同和重要事项的审核力度，确保审核率100%。加强法人授权管理，处理合同纠纷案件，重大法律案件为零，挽回经济损失176万元，节省律师代理费32.23万元。

（李　蕾）

【集团管控】 首钢集团管控信息化系统项目建设接近尾声，首自信公司在集团管控解决方案、产品研发、项目实施、系统运维方面形成产业能力并逐步走向外部市场。可提供集团管控各专业的咨询服务以及从需求调研、方案设计、配置开发、测试培训，数据治理、系统切换、上线支持等全环节闭环实施服务，建立基于ITIL，结合ISO20000及ITSS的运维管理体系和专业的运维团队，可向集团管控系统提供稳定的系统运维，具备外部市场企业信息化系统运维外包的能力。2019年外部市场承揽了蒙牛集中运维、格盟IT规划和ERP系统建设等项目。

（范瑶瑶）

【移动互联】 首自信公司倒班助手全面升级上线后，先后开展版本迭代工作，成功完成产品孵化。发展过程中同时围绕“流量变现+商业增值”两核心点对倒班助手进行双驱商业推动，采用“抽奖类活动+做任务激励+用户互动”等手段加大用户留存力度，提供发展能源动力，成功完成初步盈利目标；2019年完成全量用户广告变现125万元。

（范瑶瑶）

【智能工业打造】 首自信公司全力推进首钢股份智能工厂、产销一体化应用效果的提升，实现智新公司、首钢股份新增机组、首钢京唐新增机组等项目的落地。结合大数据和人工智能技术，以智能MES为核心和基础，集合物流、能源、设备、安全生产，构建新一代智能制造解决方案及系列软件产品。首钢京唐铁包全程管控系统是国家“十三五”课题《多目标优化的炼铁—炼钢界面智能化闭环控制技术》的重要支撑部分，一期全流程跟踪部分功能上线运行稳定，正在推进自动调度部分研发。完成首钢长钢铁包跟踪项目的设计、实施、上线，丰富铁包跟踪系统解决方案，为产品进一步推广打下基础。首钢京唐二期铁前MES、炼钢PES、热轧PES等相关系统的过渡方案先于产销一体化上线投产工作，完成京唐地区配合产销一体化上线的首钢京唐铁前MES，炼钢、热轧、冷轧、投料等7个PES新建系统以及周边系统的配套改造上线及验收；借助首钢京唐智慧能源、首钢水钢能源管理项目机会形成能源管理解决方案，推进产品初步版本的设计落地。

（范瑶瑶）

【云平台建设】 2019年，首自信公司完成首钢云平台创新中心聚焦云服务能力建设，完成首自信数据中心核心网络及信息安全系统建设，使首自信数据中心满足等级保护需要，具备承载云计算服务、ISP接入服务、SD-WAN广域网等业务的基础条件。成功引进BGP带宽，为开展云计算服务及IDC托管服务奠定了网络基础。持续推进“平台+服务”模式，逐步落实首钢集团IT集约化建设，成功开展新闻中心、首建投公司、首钢建设、首钢地产等单位的信息系统云服务项目，以云服务形势入住首自信数据中心的成员单位总数达到16家，SD-WAN广域网接入成员单位数量达到59家，BGP带宽销售总额达到480Mb，同期大力拓展外部市场，成功中标怀柔宣传部、一轻集团等云服务项目。

（范瑶瑶）

【运维业务】 首自信公司深化标准化运维管控，突出运维标准化管理，以简化、统一化、通用化、系列化、模块化的形式向纵深推进，通过完善首钢股份点检、技术和维修作业技术标准、推进设备标识可视化、建立系统故障知识库、提出“检修六步法”和“检修三张表”等举措，规范故障处理、检修组织流程，提升运维综合实力和服务质量。同时，探索适合运维发展的维护模式，在炼钢试点开展专职点检、综合点检、运维、技术支撑模式，明确职责分工，取得明显成效，提高点检运维效率，各级人员综合能力大幅提高。开展重点岗位、关键设备课题攻关、典型问题专项治理，发现、治理设备隐患359项。通过细化管理，各产线自动化设备长期稳定运行，设备故障率较2018年下降8.1%，获得“首钢股份优秀维检单位”荣誉称号。

（袁有花）

【智慧建筑】 2019年，首自信公司在首钢北京园区内完成“国家冬季训练中心智慧群控平台”的建设，平台可视化进一步完善，实现场馆的一键式管控，得到运营方、运动员等多方面的好评，为国家冬训基地运动员的训练活动和30余场赛事活动的运维管理提供优质服务。基于现有项目沉淀通用性功能，完成模式化、联动控制等功能模块的产品化，持续巩固智慧建筑综合解决方案，瞄准智慧办公区、智慧场馆等方向，拓展智慧建筑外部市场。

（宫雪飞）

【物联网建设】 首自信公司针对智慧城市产业项目离不开物联网接入能力支撑的实际，开展物联网平台的研发。物联网平台以打造接口平台、网络监测平台、建模平台和数据服务平台为主要目标，实现万物互联、物联网络实时监测、感知设备数据管理和数据处理与分发为具体任务，完成多协议配置、规则引擎、智能模板、设备建模、设备管理、设备报警和数据转发等功能的开发。年内分别签订首钢老工业区改造三高炉改造项目和基于节能降耗的冰球馆环境精准控制项目，截至2019年底，累计接入弱电系统的2万余点数据，实现实时数据不间断接收与解析，以及智能网关研发（端）与物联网业务的可视化管理。

（宫雪飞）

【综合管理服务】 2019年，首自信公司针对综合管理服务领域，以统一园区服务入口为原则，基于微服务的理念，利用小程序为展现形式，建设为不同角色提供定制化服务的综合管理服务平台，打造平台模块化、功能定制化、开发敏捷化的智慧城市综合服务体系。9月与首钢北京园区签订合同，已完成门禁、访客、会议、物业、停车和餐饮等系统的开发。截至2019年底，门禁和访客系统已经在首钢园区的陶楼门、晾水池门、三炼钢门、环厂路门、预制门、转炉门6个门投入使用，餐饮系统具备应用于企业食堂的能力，同时利用该产品的快速开发应用能力，为2019—2020赛季KHL大陆冰球联赛提供在线VR直播服务。

（宫雪飞）

【园区电信建设】 首自信公司组织推进北京首钢园区各项目电信建设，冬训中心运动员公寓1—4号、景观工程、小市政工程全面竣工，冬奥广场配套区——北七筒项目全面竣工，红白楼改造——迎宾馆项目全面竣工，石景山景观公园一期、二期项目全面竣工，长安街西延景观提升项目全面竣工，脱硫车间项目外立面照明、景观照明交付使用，弱电系统管线预埋施工，群明湖景观改造项目周界安防及广播、仿古建筑弱电系统交付使用，五泵站弱电系统管线预埋施工，五一剧场、制粉车间周边道路、氧气厂周边道路（群明湖南路）、脱硫车间周边道路部分区域已交付使用。

（张丹珣）

【立体车库自动化信息化】 首自信公司重点参与公交立体车库项目，继续优化公交立体车库自动化、信息化产品。完成北京二通公交立体车库项目现场调试工作。签订北京大兴明月湾公交立体车库合同，开展现场施工。参与深圳福田下沙、科技园和中心区公交立体车库的项目投标。做好参与北京回龙观公交立体车库项目投标准备。在小型车立体车库项目方面，开展北京城建集团办公楼等小型车立体车库项目技术方案提报工作。

（韦节辉）

【做实充电桩产业】 首自信公司编制新版充电桩产品手册，参加第三届中国北京国际电动车充电技术展会，推广充电桩产品。参与重庆国盛信息产业园充电桩项目投标、南京颍川堂充电桩项目技术方案提报。重点研制的电瓶车直流充电桩，已经在首钢股份迁钢公司投入使用。

（孔令杰）

【推进高质量党建】 首自信公司党委扎实推进“不忘初心、牢记使命”主题教育，做到主题教育常态化制度化、基层党组织建设规范化、党员作用发挥常态化。通过创建《自信通报》《党建周刊》《党委工作要点》、党建工作群等载体平台，开展多种形式的主题教育。贯彻落实《党支部工作条例》，颁发《基层党组织及政工人员设置规范》，推进党支部规范化建设，坚持“三会一课”基本形式，落实在职党员社区报到，推动组织生活正常化。开展“三亮三比三评”和“不忘初心挑重担，牢记使命我争先”主题实践活动，塑造党员在岗位实践中的良好形象，党员队伍作风持续改进，勇于担当作为，干事创业热情不断激发。

（梁志强）

【打造变革创新文化】 2019 年，首自信公司按照首钢集团、首钢股权投资关于加强文化建设的总体部署，坚持以习近平新时代中国特色社会主义思想为指导，落实公司《变革创新文化建设纲要》，践行社会主义核心价值观，传承弘扬首钢精神，创新载体和活动，扎实打造变革创新文化，加快推动企业转型发展的步伐。

（梁志强）

北京首钢机电有限公司

【首钢机电领导名录】

党委书记、董事长：张满苍

党委副书记、董事、副总经理（主持工作）：李海龙

党委委员、纪委书记：乔　梁

党委委员、董事、副总经理：张秀怀

党委委员、董事、副总经理：王三恒

总工、总经理助理：刘小青

董事会成员：张满苍　李春东　李海龙　王东坡　徐镜新　张秀怀　王三恒

（张宏珂）

【综述】 北京首钢机电有限公司（以下简称“首钢机电”），始建于 1986 年，企业总资产 34.6 亿元。下设大厂首钢机电公司、首钢机电设研院、成套设备分公司、经营部、电机厂、液压中心、迁安机械修理分公司、曹妃甸机械修理分公司、秦皇岛机械修理分公司、创业中心，职工总数 2000 人，其中工程技术人员 517 人。首钢机电拥有配套齐全的工艺制造装备、大型金属加工设备及先进的检测设备。其中精密机床、大型数控化机床 300 多台，可满足各种用户对不同质量的要求，具有 ISO9001（或 ISO9002）国际质量保证体系认证和美国 ASME 认证。首钢机电经过多年发展，形成以大型冶金中高端设备制造为核心的主导产品，具备设计、制造、安装调试、

服务、技术咨询、设备供应总承包等综合能力，能够生产制造以2.4米以上板坯连铸机为代表的一批大型冶金高端设备，拥有炼铁、炼钢、轧钢、焦化、烧结等冶金成套设备的制造能力。同时，通过提供核心备件的开发制造、设备全线维保、设备在线和离线检修、设备技改等服务，实现了为用户全方位的保驾护航。伴随首钢集团“一根扁担挑两头”战略的实施，首钢机电按照“1+2”发展战略定位，在做优做强钢铁服务业的同时，围绕打造一流城市设备设施综合服务商，集中技术和制造优势，又相继开辟了城市基础设施、隧道工程和能源环保三个新的业务板块，培育和形成了以高端护栏、管片模具、污泥发酵装置等为代表的系列新产品，为首钢机电重新起航提供了重要支撑和新的动力。

2019年，是新中国成立70周年、首钢建厂百年，也是机电公司深化改革和转型发展的关键之年。首钢机电广大干部职工紧密围绕改革创新主线，坚持在改革发展中实践创新，在攻坚克难中砥砺前行，在从严治党中凝心聚力，推动各项工作有了新进步、新突破，较好地完成两级公司下达的指标任务，为实现“十三五”规划目标打下了坚实的基础。

（郭鑫鑫）

【主要经济指标】 2019年，首钢机电实现盈利500万元，巩固了扭亏成果，比上年同期同口径增加盈利266万元；合并报表实现销售收入10.1亿元，比上年同期增长25.6%；实现工业总产值6.7亿元，比上年同期增长18.6%；从业人员销售收入劳产率41万元/人·年，同比提高21%；全年杜绝了因工死亡和重伤事故，较好地完成年度经营目标和各项重点任务，市场承揽、销售收入、利润等主要经营指标均创“十三五”以来最好水平，为强力推进改革、助推转型突破、打好“十三五”收官之战打下了坚实基础。

（田　兵）

【市场承揽】 2019年，首钢机电下属各单位坚持解放思想，坚定全年指标任务目标不动摇，主动应对市场变化，大力开拓市场，市场导向树立得更加牢固，用心谋市场、自觉跑市场的愿望更加强烈。聚焦目标市场和潜在市场，全年实现承揽13.23亿元，较上年同比增长41%，为公司生存发展提供了重要支撑。

（李　文）

【板块打造】 2019年，首钢机电围绕四大业务板块的打造，坚持深挖市场资源，沉着应对风险挑战，积极拓展发展空间，初步形成四个业务板块相互促进、齐头并进、联动发展的良好局面。钢铁业综合服务能力进一步提升；城市基础设施板块，认真抓好在手项目组织策划，市场运作与挖掘能力进一步强化；能源环保板块，以新工艺、新技术的运用为突破口，不断开辟环保市场，该板块整体保持了较为强劲的增长势头，预计未来几年仍将保持快速成长态势，成为公司发展的重要引擎；隧道工程板块，聚焦产品质量、现场服务等环节，持续改进提升，在国家政策调整、停缓建项目增多等不利环境影响下，市场开发依然取得一定突破。首钢机电各单位抓机遇抢市场，优服务树品牌，在严峻的市场挑战下，进一步巩固和拓展了发展空间。

（郭鑫鑫）

【工艺技术提升】 2019年，首钢机电面对严峻的外部挑战，坚持创新工艺技术，结合市场需求和产业发展方向，召开新产品开发、技术工艺等工作会议，制定计划，完善措施，坚持完善已有产品技术，突破工艺难点，扩充产品亮点，积极培育新的效益增长点，重大工艺技术取得进步。包括：针对公交立体车库、管片模具及流水线、液压式翻抛机等产品存在的不足，在完善产品功能、降低制造成本、优化运行方案、提高智能水平等方面进行了技术创新，为产品的推广提供技术支撑；针对市场需求引进超音速火焰喷涂及激光熔覆技术，在首钢京唐、首钢股份迁钢实现轧机牌坊在线修复；结合首钢京唐二期项目确定了1号机、2号机及MCCR扇形段产品修复工艺规范及验收标准，为进一步提升服务钢铁能力打下了良好基础。

（崔凤玲）

【项目组织管理】 针对2019年项目工期紧、重点任务多的特点，首钢机电上下一盘棋，在推进高效协同方面彰显了合力。围绕西马克项目的组织，坚持突破传统组织模式，积极整合公司资源，大力开展技能培训和资质取证工作，全面提升公司的经营理念、技术质量、项目组织水平，得到外方高度认可和肯定，为提前完成外方的发货要求创造了有利条件，也为日后走向国际市场奠定了基础。在国庆70周年活动服务保障任务中，首钢机电组织下属设研院、大厂机电、创业中心、液压中心等单位，以最高标准、最严要求、最佳状态，全力以赴完成8项服务保障任务，首钢机电被评为“突出贡献单位”,展现出了机电人敢于担当、敢于拼搏的良好精神风貌。

(郭鑫鑫)

【产业培育】 结合自身特点,进一步做好产品定位,找准开发方向,产业培育呈现出较好的发展势头。以推进硅钢深加工产线项目为契机,通过完善工艺、创新产品、提升产能,力争在2020年形成2000万元的销售收入,为进一步做好钢铁延伸服务打下了基础;充分利用卫建平工作室的品牌效应,深化战略合作,创新开发制造,加强智能引领,积极参与无人机关键件、复杂件的制造攻关,为深度参与军民融合项目创造了条件;以新工艺、新技术运用为突破口,重点集成了污水处理、固废处理、气体净化三个单元的工艺及技术,为做优做强能源环保板块注入了新的活力。

(田 兵)

【资质取证】 2019年,首钢机电经过多个单位、部门的协同努力,先后取得了欧盟ISO3834—2:2005体系认证,累积申报获得立体车库、公交站牌等方面的授权专利12项,分别培育国际焊接工程师2名和欧盟资格焊工30名,为进一步深化战略合作、推进市场开发创造了有利条件。

(崔凤玲)

【管控体系建设】 2019年,首钢机电坚持完善法人治理结构,规范下级单位公司章程、“三会”议事规则和“三重一大”管理办法,逐级向下延伸,全面落实党组织在治理结构中的法定地位。完成风控体系运行评价工作,针对存在的问题进行积极整改,初步形成以权力清单、风控手册为依据的管理架构。修订颁发各项专业制度二十余项,为进一步强化专业管理,提升管控能力起到促进作用。按照集团统一部署完成投资系统及财务信息化系统的应用工作,自主开发完善了合同管理信息系统,为规范经营管理、增强统筹能力提供了有力保障。

(田 兵)

【企业退出】 2019年,首钢机电全力推进企业退出,全面梳理12家对外投资企业经营状况,科学制订企业退出计划,克服困难完成诚利源公司的退出任务,企业退出工作取得阶段性成果。

(张宏珂)

【转型提效】 首钢机电改进应收账款管控机制,2018年以前应收账款压缩54.7%,取得一定成效。持续推进转型提效,严控增减员指标,2019年销售收入劳产率达到41万元/人·年,比去年同期提升21%。

(李 文)

【企业文化建设】 2019年,首钢机电先后举办春季健步走、秋季登山、环厂跑比赛等大型团体活动,指导、支持各单位因地制宜开展各类文体赛事,有效增进了文化融合。聚焦团队建设,组织系列讲座,引导广大干部职工自觉增强团队协作意识,发扬团队合作精神,厚植团队文化基因。聚焦阶段重点,抓好工作结合,先后开展了“以西马克项目为载体,奋力谱写机电公司攻坚克难、干事创业的新篇章”和“保质量、提效益、小改小革群众性技术创新”等专项活动,营造了干事创业的良好氛围。

(郭鑫鑫)

【队伍建设】 2019年,首钢机电聚焦干部队伍领导力、凝聚力、战斗力提升,持续建强配齐基层单位领导班子,3名优秀青年人才通过内部竞聘的方式走向领导岗位。加大干部交流考察力度,全年完成L7—L6级领导人员任免17人次。加强后备干部管理和培养,选送2名优秀青年参加首钢特训班。通过基层推荐,初步建立首钢机电各层级后备干部人才库;继续举办青年干部培训班,主要领导亲自授课,跟踪评估学习成果,干部培养更加注重实效。修订完善人才评聘管理办法,成功举办2019年职业技能竞赛,一批岗位标兵和技术能手脱颖而出,打造首钢机电高技能操作人才队伍的进程不断加快。

(黄 诚)

【职工关怀】 2019年,首钢机电围绕信访维稳突出问题,积极化解内部矛盾,在资金极度紧张的情况下,挤出部分资金集中解决个别困难职工的突出问题,一年来共计返还职工股债权和补缴公积金1300余万元,一批职工关注的问题得到解决。深入开展送温暖活动,全年走访困难户96人次,累计筹集拨付资金10余万元。大力弘扬工匠精神,发挥先进示范效应,大厂机电3个创新工作室通过集团验收,卫建平再度成为首届“首钢工匠”和“北京市技师特殊津贴”获得者,创新驱动的良好氛围正在形成。

(刘丽虹)

北京首钢实业集团有限公司

【首钢实业领导名录】

董事长:陈四军

副董事长:朱从军

总经理:王立新

副总经理:王丽君(女)　王树芳　汤　红(女)　陈　尚　李　明

副总工程师:张效新

党委书记:陈四军

纪委书记:刘章英

工会主席:刘章英

(赵小璐、李　楠)

【综述】　北京首钢实业集团有限公司(以下简称"首钢实业")是经营服务业的企业法人,2008年由首钢生活服务管理中心(首钢实业公司)改制成立,首钢集团持有股份35%,首钢股权投资持有股份51.9%,经营团队和职工持有股份13.1%,地址在石景山区八角西街85号。首钢实业设办公室、党群工作部、财务部、规划发展部、人力资源部、审计部、监事会办公室、市场部、法务部、运营部,管理20家全资公司、15家控参股公司。截至2019年底,职工2058人,其中有研究生及以上学历65人,大学专科以上学历1266人;高级职称24人,中级职称96人;国家认定的技师9人,高级工83人;女职工881人。

2019年,首钢实业实现"十三五"规划发展目标,营业收入379659万元,盈利5603万元。

(张　旭、韩和平)

【股权改革】　首钢实业开展资产评估、《公司章程》《员工持股管理办法》《员工持股协议》修订完善和配套股权转让协议制定等一系列工作。4月26日,首钢实业召开第23、24、25次股东会,四届一次、二次董事会,会议审议通过涉及深化改革的相关议案,组织完成300份各项股权转让协议的签署。6月25日,首钢实业在石景山区工商局完成深化改革股权变更的各项登记备案,股权结构变更为:首钢集团占股35%;首钢股权投资占股51.9%;公司经营团队占股13.1%。7月,按照首钢实业深化改革工作小组关于"认真总结分析深改工作经验,高质量做好此次深化改革工作总结"的要求,组织完成《北京首钢实业集团有限公司深化改革工作的回顾与总结》,整理汇编深化改革资料。

(张　旭)

【开拓市场】　2019年,首钢实业市场开发跟踪的项目444个,同比增长5.46%,跟踪项目领域涉及写字楼、工商企业、教育领域、医疗系统、政府机构、部队后勤及高科技园区等。洽谈项目173个,同比增长6.79%。新签约项目56个,同比增长36.59%,其中物业服务27个、餐饮服务21个、劳务服务8个。新增项目签约额12548.64万元,同比增长14.48%。截至2019年12月末,有社会市场运行项目166个,服务类别构成为:物业服务78个、餐饮服务47个、幼教29个、劳务派遣12个。

(赵俊超)

【信息化建设】　根据首钢集团财务一体化项目组工作安排,首钢实业作为首批上线试点单位于2019年1月1日起正式上线,已经完成44家企业的核算系统上线,44家企业全部实现共享、税务、资金系统集成上线。通过与首钢集团财务系统的数据集成,搭建财务业务一体化系统,实现了首钢集团统一分级式的业务财务管理,凭证机制的自动化率最高可达90%以上。围绕物业服务2.0体系拓展项目建设开展工作,通过首欣物业ERP和慧生活APP在各个项目上的拓展应用,实现客服、安保、工程、保洁、绿化、设备维修、房产、业主/客户档案、收费等工作的专业化管理,配合各项目上墙制度更新、移动巡检点应用、网络监控安装等,不断深化物业管理和服务的专业化、标准化和规范化建设。在探索物业2.0体系智能化方面,与行业先进企业交流学习,在海淀软件园成功引入了机器人进行物业服务,尝试实现机器人代替保安人员定点定时巡逻工作,打造"绿色、阳光、智能团餐"管理模式,就"智能"部分,已实施的"智能结算系统”基础上升级，以首钢京唐指挥中心地下餐厅为试点，探索团餐智能精准营养供餐模式。以就餐者个体为核心，以减少食物浪费、个性化精准营养摄入为目标，以智能计量选餐为供餐模式，打造智能精准营养分析，同时智能结算实现人脸识别结算。

（刘　昊、王　扬、孙丽梅）

【科技创新】　首钢实业坚持创新驱动、创新引领，把科技创新与各产业转型发展相结合，奋力夯实高质量发展基础。2019 年，按照《北京首钢实业集团有限公司 2019 年科技项目安排》，首钢实业计划开展项目 13 项，其中新立项目 8 项，结转项目 5 项；完成科技项目 9 项，新立项目 5 项，结转项目 4 项。全年投入科技研发经费 519.08 万元，首钢实业资金支持 151.9 万元，完成项目使用资金 460.36 万元，立项结转项目使用资金 48.6 万元。资金主要用于激光刻印自动化升级及在线划圆项目、职工公寓管理系统研发项目、特色风味小吃项目、表演游戏中培养幼儿学习品质的策略研究。

（金　露）

【培训体系建设】　2019 年，首钢实业围绕转型升级、高质量发展需要，持续推进高管、中层、青年骨干、高技能人才和党建培训项目，不断完善职工培训体系。举办各类培训班 457 个，其中领导人员培训 42 个，包括青年干部培训 3 个，在岗研修培训 39 个；专业人员培训 207 个，包括业务培训讲座 75 个，继续教育 95 个，执业资格培训 1 个，其他培训 36 个；技能人员培训 208 个，包括班组长培训 24 个，特培取证、复审 42 个，新上项目、转岗培训 10 个，技术业务讲座 24 个，岗位作业规程培训 102 个，其他培训 6 个。各单位组织职工举办“学练赛选”活动，有针对性地开展岗位练兵及技能比武，深入挖掘技能人才，培训人员 1 万余人次。

（戴　欣）

【人才晋升】　2019 年，首钢实业制定中长期人才发展规划，确定“151”人才工程阶段性工程目标。以《“151”人才工程暨中长期人才发展规划》为指导，从用人机制、梯队建设、结构优化三个方面开展工作，不断优化人力资源结构。高层管理人员 67 人，中层管理人员 239 人，专业技术业务骨干人才队伍 764 人，核心团队人才总量 1070 人，完成“151”人才工程目标总量的 66.9%。通过考察、培养、选拔、挂职锻炼等方式，完善企业骨干队伍的配备。组织各单位和机关职能部门 4 名具有较高学历、强烈事业心和责任感的年轻专业技术管理骨干挂职锻炼。

（李　楠）

【国庆 70 周年服务保障】　首钢实业按照“精精益求精、万万无一失”的总要求，圆满完成国庆 70 周年承担的专项服务保障任务，其中 14 名司机完成 7 辆彩车驾驶任务、8 人参加群众游行队伍。首钢实业获得“国庆 70 周年服务保障工作突出贡献单位”；获得北京市先进个人 1 人，获得首钢“突出贡献个人”2 人，获得“先进个人”荣誉称号 15 人。

（安占礼）

【党组织建设】　首钢实业贯彻“守初心、担使命，找差距、抓落实”的总要求，深入开展“不忘初心、牢记使命”主题教育。坚持学原文、读原著，落实 5 天集中学习和自学计划；开展对照党章党规找差距、基层调研、学习习近平总书记重要讲话等研讨，谈认识、找差距、明方向、谈整改。班子成员结合工作实际，深入一线调研，认真讲授专题党课，将调研成果转化为推动工作的有效举措。制定 9 方面 17 个问题的专项整治整改方案，制定《开展热线电话“接诉即办”工作实施方案》《狠抓品质品控管理，提升服务水平方案》和为职工群众办 10 件实事方案，促进整改见实效，职工群众得实惠。主题教育抽样测评 99.9 分。抓好党组织换届，完成两级 4 个党委和 21 个党支部换届，通过换届选举配齐配强党委和支部班子，着力提升基层党组织战斗力。

（安占礼）

【首欣物业】　2019 年，首欣物业全力组织社会市场的开拓；新签项目 19 个，签约金额 1972.35 万元；续签项目 17 个，签约金额 5647.37 万元。截至 2019 年底，管理面积 1100 万平方米。中标邢台矿区采煤沉陷区综合治理项目，合同金额 4158 万元，实现电梯整梯产业新突破。首次承揽首钢北京园区市政及装修项目，合同金额 1200 万元。综合实力跻身“2019 中国物业服务百强企业”，排名由 2018 年的第 37 位上升至 33 位，获得“2019 中国特色物业服务领先企业”。

（王　扬）

【推进“三供一业”的移交】　首欣物业全力推进“三供一业”的移交工作。1 月，完成首钢家属区涉及居民供电系统的移交和居民电表的更换。2 月，完成首钢家属区供水管理移交。6 月，完成首钢九总降退运切改的配合,与供电公司签订24份高压供用电合同,保证了家属区供电管理平稳过渡。9月,按照《移交清册》所列资料,完成首钢家属区34个小区、4.3万余户的图纸资料、业主资料、维修档案和管理协议的整理、归档、清理。12月,完成103处地下室处理并移交首华公司。稳妥做好涉及"三供一业"人员的分流安置工作,分八批分流安置相关人员584人,做到"三个平稳",即:服务运行平稳、业务移交平稳、职工队伍平稳。结合"三供一业"移交的变化,组织制定过渡期和重大节日、重大活动期间电运营维护及抢修方案,进一步明确相关单位的职责和工作流程。主动与区供电公司沟通协调,密切配合,保证首钢家属区的供电系统运行正常。

(王　扬)

【首钢饮食】　2019年,首钢饮食围绕京津冀一体化、首钢北京园区建设等战略布局,开拓中高端社会市场,跟踪项目信息148个,洽谈46个,签约项目15个,存量项目续签16个,实现签约收入3110万元。落实首钢集团春季卫生达标工作部署,对27个自管项目开展"春季卫生达标活动",24个单位获得"红旗"称号,红旗率达88.9%,同比提高2个百分点。贯彻落实北京市《餐饮业大气污染物排放标准》要求,首钢饮食对办公厅餐厅、生委快餐店、今时宾馆餐厅油烟净化装置实施更新,督促外租房经营餐厅实施油烟净化改造,确保油烟排放指标全部达标,为国庆70周年的"阅兵蓝"贡献力量。加大旅游商品开发力度,设计"回味首钢"系列旅游商品,成功通过"北京礼物"品牌认证。开发社会市场送餐业务,完成北京市公安局国庆安保、国际男篮世界杯、首钢北京园区沸雪测试赛等活动的送餐业务。成功中标北京体育大学餐饮服务项目,实现高校餐饮领域的新突破。成功入围社会市场食品原料供应项目,实现产业链延伸领域的新突破。

(马燕辉)

【首实包装】　迁安首实包装服务有限公司(以下简称"首实包装公司")隶属于首钢实业,于2010年3月份注册成立,注册资金5000万元,总资产5.4亿元,截至2019年底有职工1400余人。2019年,首实包装公司持续推进现场本质化安全管理模式,优化能源隔离、机械防护、人员行为等安全模块,提升现场本质化安全管理水平,实现轻伤以上责任事故为零的目标。加强安全生产双重预防控制系统建设,上传隐患排查标准204项,完善风险辨识和隐患排查治理体系,系统隐患排查率98.22%,提报隐患68项,整改验收68项,系统上线及排查率实现全面达标。成立唐山曹妃甸分公司,开展首钢京唐二期冷轧产品包装项目承接进驻筹备工作,高强汽车板、高强酸洗包装产线及库区服务管理完成承接进驻,并实现顺稳运行,包装主业规模进一步扩大。年内,钢材托盘业务新开发客户5家,客户23家。销售钢材30946吨,实现销售收入12198万元,比上年同比增加1933万元,增幅17.6%;加大市场开发力度,充分利用鼎盛成业务资源优势,准确把握市场时机,销售废钢14498吨,实现销售收入3969万元。

(张志凯)

【首实教育】　北京首实教育科技有限公司(以下简称"首实教育")系首钢实业旗下经营教育培训产业的全资子公司,秉承首钢实业"一切为创美好生活"的核心价值理念,首实教育立足于以"幼教+培训"为核心的双向发展模式,致力于打造优质教育资源,提升幼儿家庭教育文化服务体验。拥有首钢幼儿保教中心、北京市石景山区金色未来培训学校、博乐国际幼儿园三大教育培训产业,并成功申请注册成为中关村高科技企业,是一个集学前教育、教学科研、信息咨询为一体的教育集团。2019年,顺利完成"十三五"课题结题工作。所承担的北京市学前教育研究会"十三五"课题10项,其中重点课题2项,一般课题8项。首实教育加快推进课题结题,借助专家资源的指导和鉴定,从4月开始整理课题结题资料、编写意见书、邀请专家鉴定、修改结题报告,10项课题顺利通过5位专家的评审和鉴定。全面强化品牌建设,彰显首实教育品牌影响力。2019年庆祝"六一"活动,共7000余名幼儿参加大型原创儿童剧《幸福鸟》《七色花》《奇妙的旅行》演出,全国演出12场,观众9800余人。举办以"百年首钢情·共筑教师梦"为主题的教师节庆祝活动,活动在形式、结构、内容上实现提高与创新,突出一线园长、教师工作的敬业、奉献、忘我、钻研、乐观、向上的职业精神,展现幼教风采。培训学校开展"你有才艺我有舞台"第二届艺术节社区系列活动,为在校生源打造才艺展示的平台,同时与街道、基层党组织结合,将培训业务融入社会,提升培训学校影响力。首钢幼儿保教中心响应政府转普政策,制定转普惠工作方案,成立工作小组,与石景山区教委沟通,各园召开中层园长会、园务会、家长会,统一思想、提高认识,于12

月1日完成现代、模式口、苹果园、八角、老山西里北京五所幼儿园及渤海幼儿园转普惠工作。2019年,老山西里、金顶街幼儿园通过石景山区督导验收B级评估,老山西里幼儿园获得“全国足球特色园”荣誉,成为第一批全国足球特色幼儿园。

(宁晓静)

【曹首实公司】 唐山曹妃甸首实实业有限公司(以下简称“曹首实公司”)是首钢实业的全资子公司。曹首实公司经过多年的发展,从最初的一家专业从事酒店服务的管理企业,发展成为跨区域、跨行业、以综合服务业为主体的大型实业企业。经营业务涉及餐饮服务、酒店服务、物业管理、物流运输、工业服务等多个产业,并下设餐饮分公司、物业分公司、酒店分公司、工业分公司以及首实丰扬国际物流公司。2019年,曹首实公司始终把抓好外部市场拓展作为实现任务目标的主要路径之一,主要领导、主要精力、主要资源全力投入市场开发,将唐山、曹妃甸以及河北周边区域作为主攻方向,参与物业、餐饮项目投标,跟踪市场项目信息37个,重点洽谈项目22个。市场开发不断取得新进展,新签约接管了华电曹妃甸重工装备有限公司食堂服务项目、华电曹妃甸储运有限公司运维餐厅服务项目、唐山曹妃甸百川工业服务有限公司物业服务项目、曹妃甸湿地多玛乐园运营管理服务项目、首钢京唐洗车台施工建设项目、大唐国际北郊热电有限公司职工食堂用品采购项目、唐山曹妃甸中冶瑞木新能源科技有限公司员工食堂服务项目、河北大唐国际唐山北郊热电有限责任公司职工食堂委托管理项目等8个物业、餐饮项目,新增签约收入1604.89万元。

(孙丽梅)

【和平国旅】 首钢实业管辖的中国和平国际旅游有限责任公司创立于1986年,具有独立法人资格,是中国旅行社协会的常务理事单位及北京市旅行社协会的副会长单位,企业员工总数232人,拥有分公司5家,门市13家。另外,由中国和平国旅担任理事长单位的中国和平国际旅游联盟,还拥有30余家加盟的国际、国内旅行社,联盟采取统一品牌、统一形象。2019年2月,与北京电视台“生活一点通”栏目联合举办大型现场咨询活动,宣传企业形象,同时为客人提供三个目的地旅游产品,总计签约400人次;4月,组织冶金部270位老干部参观首钢发展成就展、首钢北京园区陶楼、3号高炉等工业遗迹、国家冬训中心、东奥组委会所在地,获得老干部们一致好评。5月,组织北大荒知青“五十年情系大莲池,忆芳华相聚在北京”大型活动,与邮轮公司合作“北大荒知青号”顺利完成海上巡游演出,活动接待当年知青2100人次。

(樊胜多)

北京首钢吉泰安新材料有限公司

【首钢吉泰安领导名录】

党委书记、董事长、总经理:李　刚(11月任职)

王彦杰(11月离任)

党委委员、副总经理:李洪立

党委委员、副总经理:陶　科

党委委员、纪委书记、总经理助理:李小旗

党委委员、制造部部长:时文辉

董事会成员:李　刚　陈自力　尚忠民

李洪立　李小旗

(黄素娟)

【综述】 北京首钢吉泰安新材料有限公司(以下简称“首钢吉泰安”),是原北京钢丝厂于2008年改制成立,注册资本2600万元。占地面积8.8万平方米,建筑面积39268平方米。公司前身北京钢丝厂于1956年成立,与北京钢铁学院合作,开发电热合金产品,填补了国内的空白,为新中国工业发展做出了重要贡献。因为电热合金和精密合金材料为中国“两弹一星”工程做出的特殊贡献,朱德委员长将北京钢丝厂原址所在的海淀区那条路命名为“增光路”。2000年,为响应政府工业企业外迁的号召,公司搬迁至北京市昌平区沙河镇富生路

9号。首钢吉泰安是一家专业生产工业及民用电热合金丝、带，精密合金丝，超易切削不锈钢丝，汽车尾气净化器载体材料，高速机车及城市轨道机车制动电阻带材，非晶带材及磁芯，蓄能电热材料，特殊不锈钢丝、带及特殊不锈钢焊材的高新技术企业。拥有“高新技术企业认定证书”“北京市企业技术中心证书”，被评为“昌平区产学研一体化示范企业”，2010年被北京市安全生产协会评为安全生产标准化管理制度“达标单位”；2010—2012年连续三年被北京市昌平区人民政府评为北京市昌平区“节能先进单位”；2011年、2012年被北京市昌平区节能降耗工作领导小组评为北京市昌平区“节能先进单位”；2011年被北京市昌平区安全生产监督管理局评为昌平区工业企业安全生产标准化“达标单位”；2012年5月生产的铁铬铝金属纤维丝材获得科技部颁发的国家重点新产品证书；2012年公司商标“钢花”牌被评为北京市著名商标；主持编写“GB/T-1234高电阻电热合金”“机动车尾气催化器金属蜂窝载体用铁铬铝箔材”“GB/T36516机动车净化过滤器用铁铬铝纤维丝”“GB/T13300高电阻电热合金快速寿命试验方法”四项国家标准；2015年成为北京市高新技术企业成果转化示范单位；2015年获得中国产学研合作促进会颁发的中国产学研合作创新奖；2015年“汽车尾气净化铁铬铝高性能新型材料研究成果转化项目”获得北京市产品评价中心产品质量创新贡献奖一等奖。坚持企业与社会和谐发展，先后投入近千万元强化环保节能设施建设，获“北京市节水先进单位”称号，2015年通过北京市清洁生产达标审核，2017年顺利取得排污许可证。

2019年，首钢吉泰安在首钢集团和首钢股权投资的正确领导下，全体干部员工用汗水浇灌收获，用奋斗和实干创出了经营佳绩。下大力气推进安全治理，提升安全管理水平，全面加强基础管理，提升经营质量。积极应对经济下行、中美贸易摩擦带来的订单下滑影响，细致研判市场趋势，制定积极的营销策略，大力拓展市场。坚持高利产品结构优化，以“提高效率、提高效益、提升价值”为目标，加强党建引领，带领全体干部员工勠力同心、锐意进取，牢固树立交账意识，商品销售收入实现20204万元，首次突破两亿元大关，实现利润1900万元，双双创出改制以来最好的经营业绩。

（黄素娟）

【主要经济指标】 2019年，销售收入20204万元，完成计划18500万元的109.2%，比上年18200万元增加2004万元，增加率11%。实现利润1900万元，完成计划1880万元的101.06%，比上年1705万元增加195万元，增加率11.43%。增加高端、高利产品销量，镍铬、HRE、0Cr21Al6Nb产品销售量1700吨，比计划1600吨增加100吨，增加率6.25%，比上年同期1295吨增加405吨，增加率31.27%，增加收入2441万元，增加率35.57%。全年销售总量4553吨，与2018年基本持平，销售收入同比增加2004万元，增加率11%。2019年销量中重点产品销售2770吨（含细丝和非晶），超计划21.49%。钢产量5548吨，材产量5631吨，超计划13.75%；钢丝产量3856吨，商品产量4657吨，总成本降低率3.08%，比计划提高0.03%。人均劳产率40万元，同比提高14.29%。总体生产规模量没有太大增加，能耗控制水平提高，总能耗4463吨，与上年同期比较，总能耗减少78吨，吨钢能耗958千克，吨钢能耗同比下降26千克，万元产值能耗计划246千克标煤，实际为227千克标煤，比计划减少19千克标煤。

（黄素娟）

【销售渠道拓宽】 2019年，首钢吉泰安研定营销方略，市场拓展见成效。面对严峻的市场形势，高度重视市场走访调研，认真分析研判国内和出口市场形势变化，提早研究制定营销策略；结合市场形势研究制定针对性的价格机制，组织价格委员会4次，采取灵活的定价机制，快速适应市场变化，为合同承揽创造了有利条件；市场部坚决落实公司决策部署，牢固树立交账意识，大力开拓市场，加大合同承揽，提高高利产品合同的比例，有力支撑了经营指标的完成；克服国际经济下行压力加大、出口受阻的影响，产品出口指标实现逆增长。进一步筑牢土耳其、佐帕斯、巴西客户的合作伙伴关系，拓展荷兰、以色列、深圳迈斯特、上海湃勤、常州达易等大客户，出口销售810吨，销售收入3700万元，同比上年增加48吨、420万元，吨值平均增加2400元；推行款到发货营销策略，大力压缩应收货款比例，缩短资金周转周期，提高资金使用效率，应收货款降低22.37%。

（黄素娟）

【生产组织】 2019年，首钢吉泰安严细生产组织，为市场拓展奠定基础。适逢新中国成立70周年，首钢建厂100周年，大事多、喜事多，“一带一路”峰会、世园会、亚洲文明对话大会等活动相继在北京举办，安全、环保、稳定压力增加，公司全面加强生产专业的专业管理力量，制造部超前筹划、统筹协调，各作业区严细组织，采取有力措施，全面完成生产任务；超前筹划、统筹协调，各作业区严细组织生产，确保合同交期；针对大规格市场需求增长，采取增加大号班次、推行计件工资、成立专项工作组、实施半成品储备等措施，释放产能，提升供给能力；整合行业资源，拓展生产加工渠道，在巩固并扩大现有外加工合作基础上相继开辟“唐山大八里”等4家公司作为合作伙伴，实现粗丝、热轧宽带、酸洗、冷轧带材的部分产能转移，产能转移369吨，有效缓解内部生产压力；加强库房库存的基础管理，制定加强库房管理的方案，对库存物资全面清盘，找准问题和控制方向，为全面加强物资管理奠定了基础。

（黄素娟）

【技术创新】 2019年，首钢吉泰安坚持聚焦高端电热合金主业不偏航，注重技术创新和产品研发，为转型升级和高质量长远发展发挥战略支撑作用。作为电热合金的顶级产品，超高温电热合金研发成功，开发全流程的生产工艺，产品性能检测达到瑞典康泰尔水平，并得到国内多家客户试用认可，该产品大规格成品单重达93千克以上，超过现有最大单重20千克以上；攻克环保型圆珠笔头用超易切削不锈钢丝笔尖开裂、铸锭开裂两大难点问题，先后在英代制笔、得力文具、上海晨光等多家国内知名制笔企业通过中试，得力文具正式下达首笔订单，温州金锐笔业有限公司已稳定供货，实现多批次连续使用；新开发的高性能铪钇锆电热合金纤维丝实现转产，销量稳步上升，成为在高温电热领域超越康太尔A-1的高附加值新品种，取代了进口；细丝塔轮攻关取得成功，塔轮寿命提高两倍以上，提升细丝的表面质量，降低消耗，降低成本；科技管理基础逐步加强，科技人才队伍进一步壮大，科技活动更加活跃，实现常态化技术交流。通过国家高新技术企业重新认定，取得中关村高新技术企业新证书，“圆珠笔头用超易切削不锈钢”项目获得北京市科委“新技术新产品”认定，HRE商标成功获批，申请专利12项，7项专利获得授权；产学研合作进一步深入，与北京科技大学冶金生态学院签订新的课题合作协议，与上海晨光文具股份有限公司联合申报国家科技进步奖。

（黄素娟）

【质量管理】 2019年，首钢吉泰安质量管理能力和水平逐步提升。质量管理基础性短板问题得到解决。完善稀土插入操作工艺，改进钢锭红转保温箱，对细规格金黄丝、连拔在线加温、细丝6米炉排线器、大规格铁铬铝成品斜裂等一系列质量问题进行有效解决。提升全员质量管理水平。组织梳理整改两批质量负面清单，有效解决Cr15Ni60表面质量、细丝强度高、细丝锈丝、炉丝节距不良等一批质量问题；规范质量异议处理流程，加快质量异议处理进度，规范客户回复流程，加强专业协同，得到了客户认可。

（黄素娟）

【安全管理】 2019年，首钢吉泰安安全环保管理明显改善，设备节能管理加强。为深刻汲取“5·24”安全事故教训，公司党委、经理班子及全体干部职工高度重视，对安全现场全面整治和管理。创新安全工作机制，创建“党委领导、纪委监督、支部保障、党员带头”的安全工作模式，并针对难点焦点问题启动了“联席会议机制”协调解决，坚持每周四听取安全工作汇报，领导带班值班，各级领导带队安全检查，安全责任制落实检查等机制办法，初步形成了“安全主导，专业协同，齐抓共管”的安全工作新格局，形成齐抓共管的专业合力。全面健全完善梳理安全管理制度、责任、考核体系，对《安全生产责任制》等11项制度进行重新修订完善。剥离环保和文明生产专业管理职责，成立安全部专职机构，配齐、配强了安全管理人员，全面加强安全管理的专业力量。“查隐患、抓整改、夯基础、促提升”，开展以“5·24”安全事故暴露的公司基础管理问题为切入点，深入开展基础管理和专业管理问题梳理整改活动，经梳理确定第一批基础管理问题13项，建立了整改清单，由各分管公司领导牵头、专业领导组织推进整改。对190项问题实施快速高标准整治促提升，全年安全投入376.62万元，比年度预算增长333%，相继解决加热炉天然气快切阀安装和氮气吹扫管线接入、氢气站实体围墙砌筑、氢气站避雷接地装置安装、厂房消防提标改造、拔丝危化品专项整治五类重大安全隐患，降低安全风险。双重预防机制和易切钢工序本质化试点工作扎实推进，本着“无人则安、危险隔离、提效降险”的原则，组织实施三相老旧设备腾退改造、提纯工序自动补缩、冷轧窄带抛光线改造、易切钢在线探伤、拔丝料架防倾倒联锁预警5个本质化改造项目，如期通过首钢集团安全环保部验收。

（黄素娟）

【环保管理】 首钢吉泰安坚持绿色环保生产理念，进一步夯实环保生产的基础管理。提高政治站位，强化组织管理，制定落实重大活动和节假日环境质量专项保障工作方案。制定元旦、春节、五一期间环保大检查方案、“两会”期间环保工作方案以及环保应急配套完善措施等工作方案，在新中国成立70周年庆祝活动、第二届“一带一路”国际合作高峰论坛、北京世界园艺博览会、亚洲文明对话大会等国家重大活动期间强化督导检查，确保了环保零事故、零处罚。严控各项环保指标高质量完成。全年实际排放烟粉尘（颗粒物）0.59吨，二氧化硫0.051吨，氮氧化物0.42吨，其中二氧化硫和氮氧化物排放比去年同期分别下降5%和11%。强化监督检查，严肃追责。全年环保检查173次，其中公司领导带队检查77次，发现环保问题50项，全部完成整改，复查合格率达到100%，考核单位责任人3.76万元。增强环保设备运行能力和质量。先后组织完成取暖锅炉提标改造和移动式除尘改造，裸露地面达到全苫盖的要求，对轧钢循环水二沉池进行浮油清理。组织突发环境事件应急预案编写和专家评审工作，修订大气重污染天气应急预案，大力开展环保法律法规的宣传工作，通过编制环保法规手册、环保专业培训8次，参加环保知识测试147人次，促进了全体干部员工环保法律意识的综合提升。

（黄素娟）

【设备节能控制】 2019年，首钢吉泰安设备节能取得新成绩。设备管理进一步加强，设备热停进一步降低，全年热停同比降低148小时，有效保障生产。计划检修进一步加强，提早研究，充分准备，自力更生，创新拼搏，自主组织中修环形加热炉，保证质量，锻炼队伍，积累自主检修的经验，提前了五天工期，多生产80多吨盘条，节约40多万元检修资金，为2019年生产打下坚实的设备基础。实现企业电力直接交易，公司进入第一批北京市直购电目录，全年节约电费36万元以上，公司节水工作受到北京市和昌平区水务局好评。

（黄素娟）

【主题教育】 首钢吉泰安扎实开展“不忘初心、牢记使命”主题教育。按照“守初心、担使命，找差距、抓落实”总要求，精心制定并下发了公司主题教育实施方案。领导班子成员带头学习研讨讲党课，深入基层调研发现解决问题16个，对照党章党规和职工期盼开好民主生活会，查摆问题21个，推动主题教育不断深入到党支部、到党小组、到每名党员，自觉在转型升级、全力完成各项指标任务中践行初心使命。组织各党支部书记、支委委员和党员先进代表30余人参观香山致远斋红色课堂，“不忘初心、牢记使命”全国爱国主义教育示范基地，集中学习张富清、黄文秀先进事迹，开展红色教育，弘扬革命精神，解决了一批职工关心的热点难点问题。

（黄素娟）

【党建工作】 2019年，首钢吉泰安党建引领作用进一步发挥。根据《中国共产党章程》和《北京市基层党组织换届选举工作暂行规定》开展党委、纪委换届工作，召开全体党员大会，选举产生新一届两委委员。推进党建标准化、规范化建设，7个党支部完成换届选举，选举产生新一届支部班子。认真落实“三会一课”制度，每名党员按年度学习计划进行理论学习。发挥先进典型引领作用，召开了庆“七一”暨表彰先进大会，全年对12个先进集体、10名优秀党员、42名先进个人和十佳青年予以表彰。为确保全年各项指标和重点任务的完成，再创历史最好经营业绩，公司党委、团委联合发起“冲刺四季度、全员争先锋”主题活动，取得了较好效果。

（黄素娟）

【廉政建设】 首钢吉泰安加强党风廉政建设，营造纯洁做人、干净做事的良好环境。召开党风廉政建设工作会，同各党支部、行政单位签订党风廉政建设责任书，组织重点岗位91人签订廉洁自律承诺书并开展了廉政建设培训，利用正反两方面廉洁典型，拟定下发“党风廉洁典型案例教育材料”，党风廉洁自律意识得到进一步加强。由纪委牵头研究制定《制度执行及重点工作落实督查管理办法》，督导各项制度和重点工作完成。

（黄素娟）

【人才队伍建设】 2019年，首钢吉泰安为高质量发展积蓄人才力量，职工获得感、幸福感进一步增强。推进人才引进培养，职工队伍整体素质进一步优化。与首钢工学院合作开办机电大专班，同时引进机电专业中专毕业生20人，安排重要岗位培养储备。进一步加强人才队伍建设，组织7个党支部共推荐青年后备人才19名，公司党委组织专题培训、新入职员工拜师大会、安全高级管理人才培养拜师会。加强创新工作室建设，易切钢创新工作室通过集团验收。办实事、解难题，解决历史遗留问题，促进职工与企业共同发展。公司党委研究解决职工 170 人住房公积金，为青工宿舍、操作室、更衣室添置空调和办公家具，改善工作生活环境。完成增光路家属区消防提标改造、安装备用电梯等，获得职工和家属一致好评。组织召开第十七届职工趣味运动会、学雷锋日、“走过百年”主题登山健步走和棋牌比赛等文体活动，丰富职工业余文化生活，充分展现广大职工积极向上的精神风貌。为满足员工餐卡消费需求，提高后勤服务水平，组织开展食品展销会，累计 500 余人次购买。为提高夜班饭菜质量，新增夜班饭厨师，增加夜班饭花样品种，新增设晚饭单炒，购买人数逐渐增多，得到职工一致好评。

（黄素娟）

北京北冶功能材料有限公司

【北冶公司领导名录】

董事长：降向冬

副董事长：尚忠民

董　事：薛铁青　赵书田　李岩岩

监事会主席：张　荣

监　事：陈自力　黄　建

总经理：薛铁青

副总经理：吕　键　赵书田

党委书记：降向冬

纪委书记：降向冬

工会主席：赵书田

（刘翠莺）

【综述】　北京北冶功能材料有限公司（以下简称“北冶公司”）的前身北京冶金研究所始建于 1960 年 1 月 18 日，由北京首钢冶金研究院于 2005 年改制成立，地址在北京市海淀区清河小营东路 1 号，注册资本 5000 万元，首钢集团有限公司、北冶公司经营团队及职工分别占股权 35%、40%、25%。北冶公司是国内专门从事金属功能材料研发和生产的基地之一，软磁合金、永磁合金、弹性合金、膨胀合金、双金属、电阻电热合金、高温合金、特种不锈钢等材料及制品的研发生产达到国内领先水平，部分新材料填补国内空白，达到国际水平，产品用于航空航天、能源、石化、计算机、通讯、自动控制、交通、家电等领域。先后被认定为北京市科技创新企业、银行信誉 AA 级企业、北京市高新技术企业、国家高新技术企业、中关村科技园区创新型企业试点单位、中关村科技园区企业信用 A 级单位、国家火炬计划重点高新技术企业。现有材料研究所、理化研究室，有特冶分厂、冷加工分厂、热加工分厂 3 个生产分厂，以及铁芯、磁钢（拔丝）等制品部门，一个全资控股子公司：北京首冶磁性材料科技有限公司。北冶公司具有技术先进、配套齐全的生产、试验装备和较齐全的理化检测手段，具有高精度特种金属材料冷轧带材生产线、特种金属材料棒材生产线、软磁铁芯及制品生产线、铸造高温合金生产线、磁钢精密铸造中试线、特种材料丝材中试线、复合金属材料生产线等 7 条生产线。截至 2019 年底，在岗职工 672 人，其中大学本科及以上学历 174 人，大中专学历 197 人；高、中级职称 82 人，高、中级技工 218 人。

（邵林增）

【主要指标】　2019 年，北冶公司实现收入 77523 万元，实现利润 4987 万元。钢锭产量 6445 吨，高温合金产量 2408 吨，精密冷带产量 2744 吨。子公司北京首冶磁性材料科技有限公司实现收入 4671 万元，实现利润 323 万元。

（赵书田）

【科技创新】　2019 年，北冶公司组织开展在研科技项目 80 项，其中 7 项上级特殊研发项目（Haneys214、GH141 带、GH141 丝、GH605、低膨胀、环锻件、GH4169 管），1 项国家重大仪器专项科技项目，1 项国军标标准修订项目，1 项条件建设项目，1 项两机专项项目，1 项一条龙项目，8 项重燃横向项目，2 项制造基础技术与关键部件专项项目，2 项其他横向项目，19 项公司级研发项目,20 项新产品研发项目,17 项一般研发项目。“GH4169 管材研制”项目在参与上级配套科研项目竞标中中标。获得两机专项项目“重型燃机用一级空心多联喷嘴材料及制备关键技术研究”、一条龙项目“封严环及密封圈用 GH738、GH4169 带材研制”及“重型燃气轮机蜂窝封严结构用高温合金箔材试制”等 6 项重燃横向项目。“层状金属复合材料关键技术及产业化研究”成果,经北京金属学会组织的专家成果鉴定,整体技术达到国际先进水平。“一种具有高的最大磁导率的低膨胀合金及制备方法”等 2 项发明及 1 项实用新型专利获得授权;“C276 合金带(箔)材”等 12 项产品企业标准完成形式审查及备案。“高纯净铸造高温合金母合金关键技术及产业化研究”项目获得 2019 年度首钢科学技术奖一等奖、北京市科学技术进步奖二等奖。选送《Mn73Cu20Ni5Fe2 阻尼合金的组织与性能研究》等 2 篇论文获得“第十五届北京冶金青年优秀科技论文征集评选”活动一等奖。材料所科研员文新理演讲的《创新研究手段,赶超世界一流》在北京市“第七届青年演讲比赛”活动中获得三等奖。组织开展 2019 年度科技奖励工作,2 项技术进步成果、4 项授权专利、2 项制订的标准、6 项发表的科技论文受到奖励。

(高春红)

【技术改造】 2019 年,北冶公司工程项目已办理和正在办理的转固项目五项。完成转固办理项目一项。高真空感应冶炼炉 M 炉升级改造项目,投入使用,正在办理转固四项:(1)真空感应熔炼炉配套设施改造;(2)工业炉窑燃油改燃气(快锻);(3)冷带坯修磨线改造;(4)公司绿色照明管网排水建设。在执行中的建设项目七项。试生产(条件建设项目待验收)3 项:精密带材表面处理机组、高温合金带材专用高温光亮连续退火炉和丝材管道式连续退火机组,投入试生产或使用的四项:钢带涂层机改造、高温光亮连续退火炉改造、单机架四辊可逆热轧机改造和自备井置换工程。

(信　飞)

【管理创新】 北冶公司与中国重燃集团建立“特种金属材料联合实验室”,攻关燃气轮机用特种功能材料,助力大国重器的发展。公司持续推进质量管理体系管理工作,实施管理评审,推进年度改进计划;组织了内部审核、三方审核、二方审核和对供应商管理。全年共修订各项制度 49 次,新增制度文件 4 份。优化 ERP 系统、OA 系统和协同办公系统管理,努力提升管理水平。更新并完善了军工关键设备设施管理系统。加强风控体系建设,坚持权力清单、规章制度、风控手册“三位一体”,建立北京北冶功能材料有限公司风控手册 V1.0。完成 CNAS 认可质量体系的换版以及换版后的内审管审,并顺利通过体系复评审。推进 ERP 系统优化工作,OA 系统建设和流程建设优化。组织开展职工合理化建议活动,开展“开源节流”活动。复合带检验实现使用条码系统检验以及条码标签的打印。

(高　勇、李丽敏)

【安全生产】 2019 年,北冶公司组织接触职业危害作业岗位的员工职业健康体检。组织“119”消防演习暨灭火实战演练、接消防水带演练。上级有关部门加强了对北冶公司安全和环保工作的检查力度。1 月 23 日,首钢安环部安全检查。1 月 27 日,海淀区安监局进行安全隐患排查检查指导。2 月 11 日,海淀区经信委对复工安全进行巡检。3 月 3 日,海淀区经信委进行安全、环保现场巡查。3 月 12 日,海淀区经信委对公司气瓶等压力容器、危化品进行安全、环保现场巡查。3 月 14 日,北京市劳动保护科学研究所对冷加工分厂、磁钢制品部丝材车间、理化研究室进行安全评价验收工作。3 月 18 日,专业检测公司对电气防火、消防设施进行全面检测。4 月 11 日,北京市劳动保护研究所对冷加工分厂、磁钢制品部、理化研究室等相关重点场所、部位进行“职防”风险评估。4 月 28 日,首钢集团安环部,进行本质化安全管理工作现场指导。4 月 28 日,北京市博士安全技术评价公司对氢气供应使用场所进行安全风险评估评价。5 月 23—24 日,北京市劳动保障保护所及中安质环公司联合对公司危化品场所进行安全评估评价。6 月 5 日,中国疾控辐射所和市疾控中心及相关专家对公司进行职防评价验收。8 月 13 日,北京安华鼎仕科技公司组织对公司涉及(高温、粉尘、酸碱、噪声、辐射等)职业危害岗位进行检测。9 月 21 日,海淀区应急管理局工业基础科例行检查涉爆粉尘、有限空间、危化品等。9 月 23 日,北京市卫计委进行职防检测。

(朱宇飞)

【职工培训】 北冶公司有 14 对师徒在海淀区总工会“2019 年师带徒活动总结表彰大会”上被评为优秀师徒。参加北京市第三届“寻找职工好讲师”教学基本功竞赛获得优秀组织奖及1个三等奖。组织工会干部培训班。举办《"程"为培训师之道》北冶内训师培训班，组织内训师训练营。举办消防知识培训讲座。公司与首钢工学院联合举办员工技能提升培训班。企业管理部和人力资源部联合举办AIAG&VDA-FMEA手册培训班。工会组织女工手工皂制作和茶艺培训活动。组织《职业病防治法》学习答题活动。对入职新员工进行安全培训。参加首钢技师学院（北京市安全生产管理学院）举办的特种（设备）作业人员安全生产培训班47人。

（赵书田、丁　彤）

【工会工作】　北冶公司三届八次职代会通过《北京北冶功能材料有限公司2019年度工资集体协议书》，三届九次职代会通过《北京北冶功能材料有限公司集体合同书》《女职工专项集体合同》、续订《在操作岗位实行综合计算工时工作制》。工会第三届会员代表大会第三次会议通过《北冶工会分会组织建设管理办法》《北冶工会工会经费使用、管理细则》《北冶工会大额资金及专项资金管理制度》。组织承办职工子女暑期托管班。参加首钢百家创新工作室验收。开展职工互助保障工作，为在职会员续投住院医疗互助保险（住院保费）693人，办理互助医疗保险理赔12次。组织女职工免费"两癌"筛查体检活动。联合北京电信组织开展给职工送电信手机号福利活动，为职工办理了70张电信手机卡。在国庆70周年之际召开劳模座谈会。摄影协会组织摄影采风活动。

（赵书田、鄂志英）

【党的建设】　北冶公司开展"不忘初心、牢记使命"主题教育。组织了领导班子成员民主测评会。公司8个基层党支部开展换届选举工作，选举产生了新一届党支部委员会。组织新任支部书记和支部委员签订党建责任书。开展党员"主题"教育活动，参观"一二·九"运动图片展览，举行宣誓仪式。组织党员观影活动。召开党员代表大会选举公司党委书记、董事长降向冬为北冶公司出席中共首钢股权投资管理有限公司第一次党代会的代表。召开党委班子民主生活会。组织开展党支部规范化建设。组织党员"学习强国"的讲评工作。组织党建工作线上线下的同步推进。组织党建知识答题活动。推进"两学一做"活动制度化。召开庆祝中国共产党成立98周年暨表彰2019年度党内"创先争优"活动先进集体、优秀共产党员大会。召开了党风廉洁建设工作会议。开展效能监察工作，组织立项效能监察项目5项，其中生产管理4项，基建工程1项。公司完成对2018年巡视巡察、联合监督、监事、审计、党建、效能监察等专项检查中发现问题的整改。

（刘翠莺、邵林增）

【企业文化】　北冶公司材料研究所被评为全国钢铁行业"先进集体"、海淀区"青年文明号"。于敏被评为海淀区"三八红旗手"。涂婷被评为首钢巾帼标兵。出版发行《新北冶》彩报6期，编辑发送公众号19条（其中3条为转发），出版宣传橱窗9块。举办第13届北冶员工摄影展、红色圣地巡礼图片展、第四届职工运动会摄影展。举办第四届职工运动会，组织女工健步走、全民健步走、世园会参观、摄影采风活动，组织计算机文字录入、毽球、乒乓球、足球、羽毛球比赛等，参加人数超过2473人次。

（赵书田、邵林增）

北京首钢城运控股有限公司

【首钢城运领导名录】

董事长：王学明（10月任职）

　　　　袁新兴（10月离任）

董　事：朱从军　王　婕　王学明（10月任职）

　　　　肖树坤（10月任职）

　　　　王恩宽（职工董事；10月任职）

　　　　沈灼林（独立董事）

　　　　孙　亮（独立董事；10月任职）

袁新兴(10月离任)　袁文兵(10月离任)
倪仕水(独立董事;10月离任)
战学文(职工董事;10月离任)
监　事:徐镜新(主席)　尚忠民　王东坡
曹雨娟　来秀海
总经理:肖树坤(副总经理;主持工作;6月任职)
袁文兵(6月离任)
副总经理:周　黎　周　淳　田向军　李庭祥
财务总监:薛树新
党总支书记:王学明(6月任职)
袁新兴(6月离任)
党总支委员:肖树坤(8月任职)　周　黎　王恩宽
周　淳　袁文兵(8月离任)

(宫金铭)

【综述】 北京首钢城运控股有限公司(以下简称"首钢城运")是首钢静态交通产业,是借力供给侧结构性改革、整合城市运营资源组建大型平台公司,成立于2015年10月26日,注册资本3亿元。首钢城运秉持"政企合作、服务城市、共赢发展"理念,承载着培育和发展静态交通产业的重要使命,整合最优质社会资源,推动产业上下游的聚集和延伸,以智能立体停车库投资、建设、运营为核心业务,致力于为解决城市停车难问题提供智能化一站式综合解决方案,具备六个方面核心能力:一是公交车、环卫车、共享单车等特种车辆停车库定制研发能力;二是不同场景的立体停车库定制建造能力;三是机场、交通枢纽等大型停车综合体运营管理能力;四是老旧小区停车设施改造能力;五是智慧停车信息化管理能力;六是城市级静态交通项目投资能力。截至2019年底,首钢城运职工总人数169人,其中在册人数157人,3名外聘专家及3名工伤人员。在册157人中,研究生18人、本科生74人、大专生41人。

首钢城运下设设备制造的全资子公司北京首嘉钢结构有限公司、新产品研发的控股子公司北京首钢城运机器人科技有限公司、信息化平台管理的控股子公司北京慧停车智能科技有限公司,以及全国布局的各区域公司。北京首嘉钢结构有限公司是智能立体车库规划、设计、投资、建设、运营一站式服务的专业公司,具有机械式停车设备制造安装改造维修资质、钢结构工程专业承包一级资质以及海外工程承包等资质,是国内最早获得公交车机械式立体车库特种设备制造许可证的企业,也是目前唯一一家有第二代产品的企业,也是国家重机协会停车设备工作委员会会员单位,中国市政协会停车专业委员会会员单位,目前已具备六大系列十三种机械式立体车库、两种公交智能立体车库及自行车立体车库的设计与制造能力,能满足不同场地的个性化需求,以产品质量为基础创首钢品牌,面向市场,服务社会。

(来秀海)

【主要指标】 2019年,首钢城运实现营业收入15555万元,利润-1244.2万元,实现新签合同额20336万元,比上年增加5834万元,其中首钢内部2724万元,首钢外部17612万元。获得5项专利授权,完成15项专利申报。2019年生产安全死伤事故为零。

(徐洪印、刘莉莉)

【市场开发】 2019年,首钢城运经过对国内经济及静态交通产业发展形势的研判,明确首钢城运的市场开拓及企业发展定位,坚持以市场为导向,以技术、投资、运营为核心竞争力,以机械车库建设、运营为市场拓展支点,开展了建设、销售、运营等多角度的项目扩展的市场开拓工作,各个板块都取得较好成绩。小汽车立体车库方面,实现签约首钢大跳台立体停车、北苑北综合交通枢纽、京精医疗设备车库等项目,签约金额10742.41万元。公交立体车库方面,紧密推进北京回龙观公交场站项目,以第1名的成绩通过招标资格预审,为2020年中标签约打下坚实基础。自行车立体车库方面,成功承揽、设计、建设北京首个自行车专用通道的自行车垂直循环立体车库项目,签约合同额1326.16万元,是首钢城运自主研发全国首例垂直循环型立体停车库以及双层停车架两种自行车停车设施,可停放自行车约5000辆,自行车立体车库实现市场突破。停车运营方面,承揽草桥汇丰城汽配市场停车场、特钢园区停车场、雄安高铁站停车场项目设计咨询等项目,同时负责停车运营6个项目,通过完善运营服务体系建设和实行《员工奖罚制度》,运营项目全面上线停车云平台管理,在营项目运营收入比上年有较大增长。立体车库维护保养业务实现"零突破"。成功承揽贵州六盘水一期、天津渤海银行大厦等项目1500个车位的维护保养业务,合同额82.24万元,实现维护保养业务市场化拓展的新突破。

(赵旭东)

【重点工程】 2019年,首钢城运建设的国内第一个公交立体车库项目北京二通公交场站项目建设完毕，8月30日，联合北京公交集团调派大批公交车进行试运行工作，通过特检所的监检并取得监检报告，具备移交条件。承揽建设的第二个北京明月湾公交场站项目建设工作有序推进，车库结构主体框架安装完毕。冬奥滑雪大跳台立体停车项目，协同集团参建单位，克服多专业交叉施工作业产生的不利因素，严格按照要求组织项目实施，项目组织正在按计划有序推进。

（刘　猛、杨金慧、甘　伟）

【科技开发】 2019年，首钢城运具备了特种和智能停车设备设计能力，完成公交立体车库一代设备优化，重量实现50%的降幅，并在明月湾公交立体停车楼项目中实施，有序推进公交三代机研发，完成三代机搬运器样机制造。按计划完成小汽车立体车库升降横移、平面移动、垂直升降类产品的标准化设计，开展大轿厢小车库研发设计工作。一代垂直循环式立体自行车库研发机研发取得突破，在昌平自行车专用路项目中实施，完成第二代样机试制。获得5项专利授权，完成15项专利申报工作，其中13项已经受理。完成6层平面移动和25层垂直升降类机械式立体车库制造资质增项。参编4项国标的修订、1项团标的制定，同时正在申请公交立体车库行标的立项。科研立项4项，2项实施完成，正在办理结题资料准备，2项主体设备设计完成。完成2019年“三合一”管理体系监督评审工作。

（俞　斌）

【车场运维管理】 2019年，首钢城运专业的车场运营管理团队，在项目运营管理中积累了经验，不断提升运营管理水平，通过完善运营服务体系建设和实行《员工奖罚制度》，运营项目全面上线停车云平台管理，在营项目运营收入比上年有了较大增长。同时，外部市场在不断扩展，承揽草桥汇丰汽配市场停车场、特钢园区停车场、广州合生骏景北交通顾问设计项目，以及雄安高铁站停车场项目设计咨询等项目，合同额222.91万元。

（刘君杰、王　京）

【制造基地】 2019年，首钢城运立体车库生产基地，主要生产智能立体车库核心部件以及进行部件的组装测试工作，年生产能力1.5万个车位，9月30日顺利通过环评验收，进入正式生产阶段，生产立体车库核心部件751件/套，实现内外部收入1219万元，同时开拓外部市场，承揽机械加工和立体车项目合同额1444.63万元。

（林　峰）

【组织机构调整】 2019年12月，首钢城运进一步优化管控模式，为精简职能管理和减少业务流程和界面，对组织架构进行机构改革，共设置11个部门，其中组织人事部（综合办公室、法律事务部）、财务管理部、经营生产部（安全环保部）、技术研发部4个职能管理部门，市场开发部、第一事业部、第二事业部、第三事业部、停车运维事业部、园区项目部、秦皇岛分公司7个业务生产部门。加大市场开发力度，形成市场开发部和各事业部两级开发体系，各个事业部加强项目管控，成本管控主体，执行独立核算体系，按照部门岗位设定及实体单位任务量核定工资总额，强化奖励、考核机制，形成日常发放、专业奖罚、年度考核兑现分配体系。

（来秀海）

【制度规范】 2019年，首钢城运持续推进规划和制度建设，完成《公交机械立体车库专项发展规划》《科技研发专项发展规划》《资质专项发展规划》《人力资源专项发展规划》4个子规划编制工作，完成59项制度颁发，现行制度110项，及时组织制度宣讲。

（李　想）

【管控体系】 首钢城运严格执行“三重一大”制度，规范行使决策程序，组织召开股东会会议2次，围绕8项议案进行审议。董事会会议4次，审议24项议案，组织召开监事会会议1次。共计召开总经理办公会16次，围绕草桥汇丰汽配市场停车场项目可研汇报、“十三五”规划中期评估调整报告等113项议案进行审议。

（严　瑾）

【风控管理】 首钢城运完善审计风控制度，修订风控手册，配合集团完成首钢城运内控评价审计，并完成问题整改。组织开展2019年度内控体系建设及内部控制评价，无重大缺陷及重要缺陷，一般缺陷18条，逐项落实内控缺陷编制整改方案。推进分（子）公司清撤退出，减少失血，稳步推进贵阳首钢智能工程技术有限公司清撤工作，完成北京首钢天恒城运科技发展有限公司注销。按照首钢集团统一部署，2019年完成北京静态交通研发示范基地的结算、评估、回购、设备拆除和部分设备重建等工作。

（韩　勇）

【信息化建设与管理】 首钢城运信息化建设不断推

进,按照集团统一部署,构建公司协同平台,建立了集团HR系统、主数据系统、财务共享系统、资产管理系统等信息化系统,完成基础数据填报;实时自主优化致远OA系统60张左右表单流程开发,提高工作效率,节约成本约9万元。将广域网接入OA流程平台,满足长期驻外员工、秦皇岛基地员工、出差人员、领导等从公司外部或者用手机APP等方式访问集团内网系统。

(郭翔辰)

【主题教育】 首钢城运深入开展“不忘初心、牢记使命”主题教育,成立领导小组和办公室,制定下发《“不忘初心、牢记使命”主题教育方案》《主题教育工作规则》《进度安排方案》《集中封闭学习安排》《领导班子成员自学计划》《领导班子成员调查研究方案》等指导性文件。组织领导班子成员完成集中封闭学习,紧密结合生产经营实际开展调查研究,完成调研成果交流,学习《习近平总书记在中央政治局第十五次集体学习时重要讲话》《习近平总书记在中央和国家机关党的建设工作会议上重要讲话》,对照党章党规找差距,学习老英雄张富清,开展廉洁自律等专题研讨;开展主题教育专项整治整改工作,围绕专项整治8个方面突出问题,查找出整治问题13项,制定了38条整改措施,逐项细化成问题清单,找原因,抓整改,每名班子成员也分别制定了个人《专项整治问题清单》,制定下发《首钢城运“不忘初心、牢记使命”专题民主生活会方案》,召开首钢城运主题教育专题民主生活会,首钢股权投资领导对首钢城运主题教育专题民主生活会质量给予充分肯定。

(王恩宽)

【党组织建设】 2019年,首钢城运深入学习宣传贯彻习近平新时代中国特色社会主义思想和党的十九届四中全会精神,切实增强推动创新发展的动力。党总支中心组理论学习15次,学习内容90项,领导班子成员讲党课6次。党总支组织召开党总支会22次,对主题教育、民主生活会、领导班子和领导人员民主测评、贯彻首钢党委扩大会职代会和股权公司干部大会精神、意识形态、党风廉政、信访维稳、安全环保等73项议题进行研究部署,对章程、2018年财务决算报告、风控体系制度建设等20个事项进行前置研究,有力推进党的领导与公司治理相结合;加强廉洁建设,筑牢廉洁从业防线。签订《党风廉政建设责任书》22份、《廉洁从业承诺书》10份。制定下发《2019年反腐倡廉主要任务分工方案》,将6大项28个子项工作任务细化分解到领导班子成员、相关单位部室和党支部,确保廉政责任落实。

(王恩宽)

【廉洁建设】 首钢城运党总支以责任为抓手,与22名中层以上管理人员签订了《党风廉政建设责任书》,与10名有业务处置权岗位人员签订了《廉洁从业承诺书》;制定下发了《2019年反腐倡廉主要任务分工方案》,将6大项28个子项工作任务细化分解落实到6名领导班子成员、相关单位、部室及党支部;利用党总支部会议专题研究加强党建和党风廉政建设工作9次,对存在的差距和不足,制定有效措施;组织召开了由中层以上管理人员及业务处置权岗位人员参加的2019年度党风廉政工作会议,推动全面从严治党和加强廉洁教育;组织庆祝改革开放四十周年、落实市领导干部警示教育大会精神和新修订《中国共产党纪律处分条例》的学习,编制了200道相关知识复习题,供全体党员干部进行学习,并于1月17日组织34名中层以上管理人员及有业务处置权人员进行了测试。

(宫全铭)

【企业文化建设】 弘扬“首钢精神”,提升企业软实力,制定下发《首钢城运关于加强企业文化建设的实施方案》,丰富职工文化活动,组织职工开展了棋牌、踢毽活动,开展庆祝“三八”妇女节活动,组织全员女工30人到西四地质礼堂观看了话剧《窗前不止明月光》;组织党员干部职工观看《特别追踪》《周恩来回延安》《决胜时刻》《小巷管家》4部电影,结合观影强化干部职工的党性作风、诚信意识和奋斗精神,组织团员青年10人参加团中央“五四精神 传承有我”网络主题传播活动的相关拍摄工作;组织技术人员参观“2019年全国大众创业万众创新活动周——北京会场主题展”、第二十二届中国北京国际科技产业博览会,大力塑造创新创优创业的工作氛围,为打造新时代首钢城市复兴新地标注入了新活力。开展“献爱心”募捐活动,全体职工参与捐款11120元。开展过生日职工慰问工作,全年累计为130人发放生日慰问实物券。为每名会员职工办理了公园年卡。开展在职职工互助保障活动,为在职职工办理住院医疗、意外伤害、重大疾病三项互助保障的投保工作。

(张 旭)

【人才队伍建设】 首钢城运加强干部管理,修订《中层管理人员选拔任用工作制度》，完成中层以上管理人员选拔任用和岗位调整23人次，按照首钢股权投资党委要求，组织依据后备干部人选的标准开展推荐工作，形成7名后备干部推荐建议。提升团队素质与执行力，制定《首钢城运人力资源规划》，修订《员工考勤管理办法》《单项奖管理办法（试行）》《单项工程承包管理办法（试行）》《员工违规行为处理办法（试行）》《职（执）业资格证书管理办法（试行）》，加强正激励，制定下发《导师带徒管理办法（试行）》，签订8对“导师带徒”协议。建立全口径、全要素人工费管理体系，对标行业先进，推进转型提效工作。按照“严格把关，进一人减一人”的原则，严把人员素质关，经面试及实操考试合格引进14人，淘汰11名不合格人员，提高了员工的综合素质。

（宫金铭）

【职工培训工作】 2019年，首钢城运为了不断提高职工专业素质与技能，结合职工实际需求积极组织培训工作，举办30个培训班，参培365人次，取得12个特种作业人员证书，其中参加外部培训4次，参加集团人才开发院培训19次，自主举办7次，其中本单位兼职教师授课7次。紧密结合集团转型发展战略，充分利用“互联网+”培训模式开展企业文化、创新理念和前沿发展趋势等相关领域知识的培训，参加培训129人，全部通过考试。同时，加强安全教育培训，组织完成年度安全生产教育培训142人；按时组织企业主要负责人、专职安全管理人员等参加年度集中培训28人次；组织专题标准化培训班2期，培训46人次；重点节日复工安全教育培训206人次，完成3个班组三级企业安全标准化达标验收和证书发放。

（李永青）

园 区 管 理

◎责任编辑：马　晓、车宏卿

北京首钢建设投资有限公司

【首钢建投领导名录】

董事长：王世忠

副董事长：梁　捷　刘　桦（6月离任）

董　事：朱启建　邹立宾　金洪利　张福杰

监事会主席：丁建国（11月离任）

监　事：刘振英

职工监事：张清暖

总经理：金洪利

副总经理：兰新辉　王达明　付晓明　李景园　郭　宏

财务总监：戴　军

总经理助理：白　宁

党委书记：梁　捷

党委副书记：金洪利　张福杰

纪委书记：姜　宏（5月任职）

工会主席：张福杰

（董军旗）

【综述】 北京首钢建设投资有限公司（以下简称"首钢建投"）于2010年6月21日注册成立，是首钢集团有限公司的全资子公司，承担首钢北京地区搬迁腾退土地的开发建设任务。主营项目投资与管理、土地开发、房地产开发、施工总承包、专业承包、商品房销售、房地产经纪、房地产价格评估、物业管理、物资销售、技术咨询与服务。2017年4月，集团印发《首钢总公司关于组建北京园区开发运营管理平台的通知》（首发〔2017〕83号），整合首钢北京园区相关业务，组建园区开发运营管理平台，明确园区开发运营管理平台实行"管委会—首钢建投—授权委托平台管理单位"三级组织体系。新首钢高端产业综合服务区管理委员会是首钢北京园区开发运营管理的领导机构，首钢建投行使平台管理职能，园区管理部、园服公司、特钢公司纳入平台管理体系，授权委托首钢建投管理。2017年6月，集团党委印发《关于组建中国共产党北京首钢建设投资有限公司委员会和纪律检查委员会的通知》（首党发〔2017〕70号），组建中国共产党北京首钢建设投资有限公司委员会和中国共产党北京首钢建设投资有限公司纪律检查委员会。

首钢建投贯彻集团通知要求，下设职能管理部门14个，包括规划设计部、工程建设部、市政基础设施部、成本控制中心、计划风控部、总工室、招商中心、运营服务部、产业发展部、财务管理中心、党群工作部、行政管理部、大跳台项目协调部、安全环保部；全资子公司6家，参股公司1家。首钢建投定编197人，截至2019年底，在编职工180人，其中博士研究生5人，硕士研究生75人；高级职称31人，中级职称62人。

（董军旗、段　凯）

【国务院办公厅通报表扬首钢园区】 5月7日，国务院办公厅通报表扬首钢老工业基地改造项目，从培育新业态模式、承接产业转移与合作等方面，落实有关重大措施。

（董军旗）

【北京市新首钢发展建设领导小组第六次会议】 12月5日，北京市新首钢高端产业综合服务区发展建设领导小组召开第六次会议。北京市委副书记、市长陈吉宁强调，要进一步细化完善各项发展规划，明确时间节点，倒排工期进度，推动新首钢地区建设项目全面提速。要进一步优化发展模式，树立成本意识，加强成本管控，完善多渠道融资方案，突出建设重点，合理安排建设时序，有序推动各类项目实施。要加紧研究配套政策，推动土地高效开发利用。要进一步围绕"体育+""科技+"，优化产业布局，围绕传统工业绿色转型升级示范区、京西高端产业创新高地、后工业文化体育创意基地三大功能定位，紧抓冬奥筹办机遇，加速培育产业发展新动能。要立足区域禀赋优势，发挥体育产业发展基金、首钢基金引导作用，加快产业载体建设，引入国际化、专业化、市场化的策划运营团队和全球优质合作伙伴，增强区域发展动力和活力，加快形成西部地区高精尖产业功能集聚的发展态势和影响力，加快推动实现高质量发展。

（董军旗）

【获得荣誉】 3月10日,首钢北京园区北区规划获国际规划学界的最高奖项——“国际城市与区域规划2018年度规划卓越奖”。3月15日,北京首钢建设投资有限公司受到北京市人民政府、首都绿化委员会联合表彰,被授予“首都绿化美化先进单位”称号。4月30日,首钢建投获得2018年度“首都劳动奖状”。11月3日,首钢北京园区西十冬奥广场项目获“既有建筑绿色改造解决方案奖国际特别提名奖”。

(董军旗)

【体制机制改革】 首钢建投根据集团监事会联合监督检查整改要求,梳理自查全业务流程制度体系,形成制度制(修)订计划并建立制度台账,不断完善公司制度体系,制(修)订固定资产管理制度、招标采购工作管理办法、工程变更洽商管理办法等16项制度。根据集团管控权力清单,结合首钢建投实际业务情况,编制园区平台权力清单,同时规范授权管理,完善风控体系,夯实管理基础。

(陈　傲)

【公司运行】 首钢建投组织召开董事会会议4次,审议议题16项;召开经理办公会48次,对生产运行过程中重要事项研究审议。完成日常公文处理5146件,其中首钢建投董事会、党委、纪委及公司发文162件,发函42件,子公司发文及发函12件。组织社会招聘及集团内部调入33人。组织3期“共享空间”活动,组织新职工赴迁安、曹妃甸等四地参观学习18人。开展相关培训项目21项。完成出访团组5个,出访15人。完成公务接待566次,11000余人次。

(董军旗)

【手续办理】 完成冬奥办公区、冬训中心、三高炉、脱硫车间施工许可证补办,取得五一剧场及制粉车间改造、金安桥交通一体化、金工车间改造项目施工许可证,完成五一剧场项目土地协议出让及不动产登记办理;取得国际人才社区、城市织补创新工场立项核准,完成高线公园、工业遗址公园、群明湖景观备案。完成滑雪大跳台本体规划验收,推进西十冬奥广场项目不动产登记手续办理。研究创新工业建构筑物改造审批程序,并取得北京市政府批复。首钢北京园区东南区第一、二批地块全部入市,第三批地块全部纳储,完成红线范围内一级开发工作;取得S1线、阜石路立交、古城南街资金批复。

(冯少华、鞠慧雅)

【项目建设】 首钢建投高标准按期完成大跳台项目建设。运动员公寓、ABCD馆完成精装修并交付运营。自备电厂酒店、制氧南区进入主体结构施工阶段。五一剧场及制粉车间、金安桥一体化、金工车间等开展基础施工。完成脱硫车间改造。城市织补和配套区实现M11线一体化设计,组织完成M11占地范围内拆改移、污染土清挖、场地交接等工作,确保M11线按计划进场施工。石景山景观公园、厂东门广场、群明湖、绿轴景观、三高炉、高线公园(群明湖北段、绿轴西段等共计1461米)、长安街西延等景观提升基本完成,形成大尺度生态空间和景观视廊,区域生态环境面貌焕然一新。

(罗　刚)

【基础设施建设】 首钢北京园区焦化厂路南段、群明湖南路东延完成道路铺油,具备通车条件,晾水池东路以西路网全线贯通。北区已完工道路手续获北京市政府批示。北区拟开工道路已明确由石景山区属公司作为主体,加快建设。东南区第一批上市地块周边道路已取得工程规证。完成九总降退运,配合完成石景山站、石龙站、群明站、炼钢站建设;完成市政水入园,取得园区水系规划研究中期成果;完成东南区污染土治理,除精苯原位修复地块外,基本完成北区污染土治理;重新对二型材地块进行风险评估,减少约2万立方米修复土方量。

(张玉逊)

【成本控制】 首钢建投围绕项目全流程成本核算体系和招标采购管控体系,按照集团明确的园区北区投资控制总额,结合相关项目设计进展,及时完善北区概预算控制体系。加强工程投资控制管理,建立概算指标体系和审查管理流程,全流程跟进项目估算编制、概算初审、预算审查和结算审查。推动重要设备材料全部战略集采,组织完成电器元件、卫生洁具、地砖、智能疏散指示系统、配电箱、井盖、木门、防火门等材料设备战略集采。以照明灯具作为突破口,编制完成园区照明设备战略采购实施方案,创新采用对灯参量化评审的公开招标方式,成功在滑雪大跳台项目组织实施。

(吕建卫)

【产业发展】 首钢建投完成首钢北京园产业引导目录,并通过北京市发改委主任办公会审议。紧抓北京市扩大服务业开放机遇,争取国内外新品首发平台、品牌首店商业街区、保税展示交易和免税消费新业态、外资文化体育机构等支持政策落户园区。其中,“首发首店”试点任务被列入全北京市10项服务业扩大开放重点工作任务之一。获得智能网联汽车示范运行区和中关村智能创新应用产业园2个北京市级特色园区授牌。结合AI园和大跳台智慧场馆建设等工作,围绕园区大脑、自动驾驶、智能机器人、智慧安防、开源技术平台等5大应用场景的首批12个项目已获批2019年中关村专项政策支持资金4000万元,并相继投入示范运营。AI示范项目征集到华为、阿里、腾讯等45家企业80余个项目,并与其中20家企业签署了AI项目应用示范协议。启动中德创新园招商工作,初步搭建中德创新园产业资源导入网络。

(王宏民)

【招商合作】 首钢建投参与冬博会、京交会等社会推广活动,围绕体育+、数字智能、文化创意、高端商务金融服务等产业领域,推动符合园区产业定位的重点客户落地,实现泰山体育、全民畅读、优必选、新石器等10家企业及冬训中心集中办公区落地,签约面积约5500平方米,并与当红齐天完成1号高炉18000平方米定制建设协议签署。完成三高炉C馆啤酒坊委托经营的协议谈判及签署;与香格里拉深入沟通城市织补创新工场合作方案,并完成合作备忘录签署;推动奥运TOC技术中心落户首钢北京园区。打通在房产证办理过渡期内,为入驻企业办理工商注册的绿色通道,协助完美院线、澎思赛博等12家企业完成登记注册;推动石景山区政府层面总体同意在工业设施内设立集中办公空间注册地址。

(丁　磊)

【运营服务】 首钢建投初步形成资产运营战略规划,研究提出精细化、高品质物业服务方案,并对首钢园服的物业管理开展系统化业务指导和培训,实现从标准制定到实施落地的全面管控。制定首园运动、网球馆公寓、工舍酒店年度目标责任书、委托协议和考核办法,规范资产运营管控模式,确保投入运营的资产规范、良性、高效运营。为冬奥组委提供高端物业服务,建立长效沟通机制,协调满足相关改造需求。顺利完成秀池酒店筹开,为承接沸雪世界杯活动提供有力支撑。完成香格里拉酒店协议签订,成功举办项目启动仪式。协调北七筒租户全部入驻办公。组织完成园区开放过渡期管理办法、应急预案等,协调解决各类存在问题。持续提升场地服务保障能力,成功举办中芬冬季运动年开幕式、冬奥吉祥物发布会、沸雪世界杯、冰壶世界杯、KHL冰球联赛等国际国内重要赛事活动,不断提升首钢北京园区国内国际影响力。

(蒋　燕)

【安全环保】 首钢建投按照集团安全环保大会要求,认真汲取重大安全事故教训,立足平台管理职能,制修订安全环保消防相关制度,完善预防、应急、信息报送等措施方案,结合园区开放实际情况,围绕重要活动、重点区域,严格过程管控,全年开展各类检查271次,排查各类隐患688项,下发隐患通知26份,下发《处罚通知书》8份。深刻吸取“4·2”和“5·5”事故教训,落实集团领导要求,组织深入分析原因,制定专项整治方案,组织首钢建设、诚信监理公司,结合园区开放情况,全面加强现场安全管理力量,全力确保园区安全形势总体稳定。

(李建海)

【主题教育】 首钢建投党委严格按照上级党委提出的“守初心、担使命、找差距、抓落实”总要求,深入开展“不忘初心、牢记使命”主题教育,成立园区平台主题教育工作机构,制定一系列实施方案和学习计划,组织开展集中封闭学习、调研报告交流、专题党课等系列规定动作,广大党员干部思想政治受到洗礼。班子成员深入基层一线开展调研26次,发现问题41个,现场解决33个,挂账督办8个;聚焦突出问题,开展9个方面14项专项整治。对照党章党规和职工群众期盼,在专题民主生活会上查摆出4个方面8个问题,制定33项整改措施。

(张亚杰)

【党建工作】 首钢建投加强党委会规范化运行,全年召开党委会12次,研究议题71项,其中党建议题42项,前置“三重一大”事项28项。完成公司党委换届选举,与集团党委签订新一任期党建责任书。开展年度抓党建述职测评,促进规范履职。开展基层党建突出问题专项整治,规范基层党组织设置。45个基层党组织按时换届,做到应换尽换。贯彻《中国共产党支部工作条例》,园区平台党支部书记和委员187人参加集中轮训。深化体制机制改革,最大限度激发活力,绩效考核坚持结果导向,所有部门绩效都与公司整体工作完成情况挂钩,实施月对标、季考核,做到奖罚分明。年内调整干部29人次,其中免降职6人;职工终止合同15人,能上能下、能进能出、能增能减的理念更加深入人心。首建投公司党委被授予集团“六好班子”称号。

（张亚杰）

【廉政建设】 首钢建投对反腐倡廉建设领导小组及办公室和工作职责进行调整，确保党委对反腐倡廉工作的坚强领导。召开2019年党风廉政建设工作会，分解下发年度反腐倡廉主要任务分工方案，部署全年工作任务。党委针对滑雪大跳台专项督察多次专题研究，确定“权力、责任和风险”三个清单，为监督工作提供依据。内部监督上，制定《滑雪大跳台督察工作实施方案》，与设计、施工、监理单位签订《建设承诺书》，明确各自职责。组织参建单位查找廉政风险点61个，制定防范措施203条。与股权平台纪委签署监督联动协议，加强对股权项下参建单位的监督。外部监督上，三次接受北京市冬奥监察专员办现场检查，及时报送整改报告。接受北京市、石景山区政府部门常态化“四不两直”检查和集团内部督察，发现问题立即整改。

（张亚杰）

【企业文化建设】 首钢建投聚焦主流媒体，推进立体化宣传，围绕各个时期重点工作，强化与新华社、人民日报、中央广播电视总台、北京电视台等主流媒体协作，首钢北京园区在各大媒体持续亮相。丰富文化建设，实施暖心工程，改善就餐环境，提升菜品质量，增加工作日和周末加班餐，设置职工生日祝福墙，提升职工获得感。完成篮球、羽毛球场地建设并投用，开展全员拓展训练、新职工四地行、健步走、冬至包饺子、青年联谊等活动，提高职工幸福感。为全体职工投保工会会员互助保险，做好传统节日普惠式慰问，坚持走访慰问常态化，全年看望慰问住院、生育和骨干职工112人次。

（张亚杰）

【首钢建投2019年大事记】

1月15日，“2019中芬冬季运动年”开幕式于首钢北京园区举行，国务院副总理孙春兰同芬兰总统尼尼斯托共同出席。此项活动是落实习近平总书记同芬兰总统达成的重要共识，启动中芬冬季运动合作的标志。这是进入2019年，首钢北京园区承接的一次国家级别的冰雪盛会。

2月13日，北京市政府新闻办、市发改委等发布《加快新首钢高端产业综合服务区发展建设打造新时代首都城市复兴新地标行动计划（2019年—2021年）》，明确到2021年，高质量完成北区、东南区建设任务，力争南区开发的基础性工作全部完成，新时代首都城市复兴新地标建设取得阶段性成果。到2035年左右，建成具有全球示范意义的新时代首都城市复兴新地标。

2月28日，北京市智能网联汽车示范运行区（首钢园）正式启动，标志着首钢园将成为北京市无人车最集中区域和集中测试试验田，助力首钢园高精尖产业聚集发展。

3月2日，2019年国际雪联中国北京越野滑雪积分大奖赛首钢站比赛正式开赛，来自21个国家的200名运动员参赛。该赛事由国际滑雪联合会主办，是北京开启2022北京冬奥时间的重要国际冰雪大赛。

3月6日，石景山区政府和首钢集团召开2019年第一次高层对接会，对贯彻落实三年行动计划的2019年工作方案、新首钢地区发展建设指标评价体系工作思路等方面进行研讨，明确下一步工作机制和方向。

3月29日，第三届中国创新挑战赛“科技冬奥专题赛”现场赛于首钢·侨梦苑举行。

4月2日，在“C40中国区域论坛”会议开幕式上，新首钢高端产业综合服务区获正气候项目第二阶段（规划设计）认证证书。

4月6日—12日，由国际冰球联合会主办的2019国际冰联女子冰球世锦赛甲级B组赛事在首钢北京园区举行。

5月8日—12日，2018/2019赛季的冰壶世界杯（Curling World Cup）总决赛在首钢北京园区举行。这是首钢冰球馆首次承接国际顶级的冰壶赛事，涵盖男子、女子、混双三个冬奥项目。5月28日—6月1日，2019年中国国际服务贸易交易会石景山分会场在首钢北京园区举行，大会以“冰雪机遇与城市发展”为主题，围绕冰雪运动及冬奥举办城市发展等展开深入探讨。

6月14日，石景山区政府和首钢集团召开2019年第二次高层对接会，原则同意新首钢地区发展建设指标评价体系总体框架和阶段性成果，区企合力推进M11线一体化建设，并进一步明确首钢权属用地建设主体等相关问题。

7月19日，由北京大学和香港理工大学联合主办、首钢集团承办的“‘一带一路’全球青年领袖荟萃——北京·2019”活动在首钢园开幕。

8月9日,《壮丽70年　奋斗新时代——共和国发展成就巡礼·北京》电视直播特别节目,于8月9日在CCTV-13新闻频道播出,央视新媒体同步直播。

9月3日,北京市发改委发布,北京京西产业转型升级示范区获批纳入国家级第二批产业转型升级示范区。首钢北京园区位于示范区"一轴三园多点"空间布局的"一轴"及"三园"之一,属于示范区建设的先导区、核心区。

9月4日,石景山区政府和首钢集团召开2019年第三次高层对接会,明确五一剧场及秀池周边9条道路为冬奥组委周边配套道路,参照公益性项目免于处罚;明确园区北区无房产证工业设施,由首钢集团提供资产权属证明,在区市场监督管理局进行地址备案后,企业可进行工商注册。

9月22日,由北京市规划和自然资源委员会、首钢集团有限公司、中国建筑学会共同主办的"百年首钢·城市复兴"论坛在新首钢园区三高炉报告厅举行。9月29日,首钢厂东门正式向社会开放,新首钢大桥正式通车,标志着拉动北京西部新首钢地区经济发展的重点工程——长安街西延线全线贯通,首钢园区开发建设进入了一个新的历史阶段。

10月21日,首钢厂东门经过复建后重新亮相,首钢厂东门广场正式对外开放。

12月11日,张功焰主持召开新首钢高端产业综合服务区管理委员会2019年第一次会议。会议原则同意市区经济贡献共享专项资金使用管理办法和2019年专项资金使用安排,要求首钢建投认真学习贯彻领导小组第六次会议精神,积极推动项目建设全面提速、市场化商业合作、全流程成本管控、产业定位和运营服务模式探索等工作。

12月12日—14日,2019沸雪北京国际雪联单板及自由式滑雪大跳台世界杯赛事在首钢园滑雪大跳台举行,共有来自26个国家的160名运动员参赛,共6000余名观众到场观赛。这是2022年北京冬奥会第一个正式投入运营的赛场。

12月31日,由北京市文化和旅游局、北京冬奥组委文化活动部共同主办的2020北京新年倒计时活动暨第四届北京冰雪文化旅游节在首钢园举行。

（董军旗）

北京首钢园区综合服务有限公司

【园区服务公司领导名录】

董事长:陈　尚
董　事:韩瑞峰　戴　利(6月离任)
　　　朱景利(10月离任)
　　　韩　利(10月离任)
监　事:刘振英　张　巍
党委书记:戴　利(6月离任)
　　　　金洪利(6月任职)
党委副书记:朱景利(10月离任)
　　　　　赵晓波(6月任职)
　　　　　陈　尚(10月任职)
总经理:陈　尚
常务副总经理:韩　利(10月离任)
副总经理:汪　兵
经理助理:石宗砚

（郑焕红）

【综述】 北京首钢园区综合服务有限公司(以下简称"首钢园服")是为适应首钢园区开发工作需要,引导留守职工转型发展,打造园区高端服务,于2013年6月6日注册,7月1日正式挂牌成立。注册资本金900万元,2019年增资4600万元。按照市场化运行机制,实行自主经营、独立核算,纳入园区开发平台体系。下设经营财务部、运行管理部、人力资源部、安全环保部、党群办公室、信息化办公室、战略规划部7个职能部门;另设培训部、文化旅游事业部、包车客运事业部、酒店餐饮事业部、物业公司、绿化公司、动力厂7个实体单位。截至2019年底，在册职工1200人，其中硕士研究生21人，本科生285人，大专生325人；高级职称19人，中级职称52人；高级工468人，中级工192人。

（李　亮）

【经营指标】　2019年，首钢园服务利润控亏计划3228万元，财务报表完成利润控亏3317万元，调整计划外因素影响367万元后，实际完成利润控亏2950万元，相比年度计划减亏278万元，减亏8.61%。其中，酒店餐饮事业部盈利169万元，物业公司亏损600万元，绿化公司盈利481万元，包车客运事业部盈利85万元，园区建设事业部亏损259万元，园服本部费用2553万元，上缴租金273万元。动力厂收支差计划-6876万元，实际完成-5734万元，相比年计划节降1142万元，节降16.61%。

（赵　新）

【活动保障】　首钢园服建立重大活动保障机制，提升活动组织能力，全年服务保障各类重大活动48场，高标准完成习近平总书记视察慰问首钢园区、“中芬冬季运动年”开幕式、冬奥吉祥物发布会、“京交会”分会场等重大活动服务保障任务，物业服务、能源运维、酒店餐饮、交通接驳、绿化保洁等板块协同作战，综合服务能力大幅提升，得到各级领导的肯定。做好前期介入，组建大跳台项目团队，多方沟通，精心筹备，实现项目顺稳承接，为大跳台投入运营打下坚实基础。增强专业服务能力，逐步掌握赛事活动规律，全年完成沸雪世界杯、冰壶世界杯、大陆冰球联赛等赛事保障33场，赛场饮食、住宿、接驳、停车、秩序等专业服务保障能力快速提升，积累了服务保障经验，得到运营商和观众的认可。

（董升飞）

【园林绿化】　首钢园服对标先进企业，组织学习交流，完善养护技术管理方案，成立养护部，优化配置人力资源，加强园区绿化养护及成品保护，着力提升园区景观环境，较好地完成首钢北京园区和“一业多地”绿化养护任务。西十冬奥广场景观工程项目获评中国风景园林协会“园林工程金奖”。

（彭燕艳）

【服务冬奥】　首钢园服做好能源保障、设施维护、环境清洁等基础工作，服务驾驭能力日趋成熟，全年保障国家级大型活动9次，服务省部级以上会议145场次。物业基础管理向智慧化、标准化、产品化逐步深入，初步打造一支国际化专业服务团队。加大开放合作，以冬训中心项目为试点，携手金融街物业，围绕场馆物业标准化和服务团队专业化建设，探索高端物业项目管理新模式，为国家队运动员训练提供优质服务。

（张金坡）

【文化旅游】　首钢园服搭建业务体系，梳理接待流程，策划会展活动，开发文旅线路，培育文创产品。借力新首钢大桥、三高炉等“网红”打卡点，扩大宣传，增强首钢园区影响力。承接冬奥组委展示中心项目，与冬奥组委新宣部等部门密切配合，高标准完成北京市人大代表、政协委员到首钢调研活动等重要接待任务，全年接待39029人次，受到冬奥组委及相关部门赞誉。

（高新增）

【包车客运】　首钢园服通过北京市交通委安全标准化管理平台审核，获得交通运输企业安全生产标准化建设二级达标证书，在北京市交通运输行业安全生产千分制考评中获得第6名，安全运营实现质的提升。参与市场竞争，成功中标冬奥组委和国家体育总局冬运中心车辆定点服务项目。探索车辆处置流程，积极推进老旧小汽车北交所拍卖交易，提高资产运营效率。

（沈颖杰）

【餐饮服务】　首钢园服做好首钢工舍、网球馆公寓、红楼迎宾馆、文馆等运营服务，酒店餐饮板块实现扭亏为盈。取得送餐资质，主动承揽大型会议及重大活动用餐服务，首钢建设基地食堂、北七筒等多家餐厅开业运营，团餐业务快速增长。首钢工舍、红楼迎宾馆加入北京市政采平台，文馆获评“国家三钻级酒家”称号。完成国际奥委会主席巴赫接待晚宴，实现独立承接国际高端商务接待目标。

（陈红波）

【党建工作】　首钢园服按照上级党委部署，开展“不忘初心、牢记使命”主题教育并取得实效。坚持政治统领，年内党委中心组学习12次。健全完善党建工作责任体系，与北京冬奥组委、国家体育总局冬季运动管理中心等单位结对共建，特色党建效果突出。推进基层党支部规范化建设，冬奥物业事业部党支部先进做法在首钢“三创”交流会上做经验交流，凝聚力和战斗力不断提升。

（董立勋）

【党风廉政】　首钢园服召开党风廉政建设工作会议，

制定反腐倡廉任务分工方案，全面完成重点工作任务。认真贯彻北京市领导干部警示教育大会精神，开展“以案为鉴、以案促改”活动，组织专项警示教育11次。围绕私车公养、护照管理等问题进行专项检查12次。加强党员干部纪律约束，营造风清气正的政治环境。

（陈美孚）

【人才培养】 首钢园服围绕首钢园区国际性体育赛事和重大接待活动服务需求，重点开展国际礼仪与多语种服务语言培训，全年组织6批次管理层及服务岗位国际礼仪系列培训，培训职工1150人次。组织参加智能楼宇、餐饮服务、食品安全操作规范等专题培训。高级营养师、食品安全师、高级餐饮经理等培训取证实现突破，提升职工队伍素质和服务技能。

（郝占永）

【企业文化】 首钢园服完成庆祝新中国成立70周年和首钢建厂百年活动任务。以网站、微信公众号为载体，对首钢园区重大活动服务保障宣传报道70余篇，传递正能量。选树先进典型，李红继、姜金玉等被央视、北京电视台等主流媒体宣传报道，姜金玉当选“首钢集团担当之星”。企业文化建设取得成果，获“党建+企业文化实践创新单位”称号。

（易自强）

【安全环保】 首钢园服开展安全标准化达标，全面落实安全生产责任制，签订《安全环保消防责任状》118份。完成物业公司安全生产标准化三级企业复评和动力厂安全生产标准化二级企业创建。梳理安全环保制度、预案52个，新增消防、环保等制度120条，完善安全、消防、环保制度体系。完善双重预防机制，隐患排查信息系统全员排查率达到93%以上，全年共排查隐患312项，整改完成率100%。分批举办全员安全生产、消防安全、交通安全等培训教育14次、应急演练13次，通过加强演练组织，提高协调作战能力、快速反应能力和现场操作能力。

（吕　菲）

园区管理部

【园区管理部领导名录】

部　长：王云平

副部长：李建设

党委书记、工会主席：王云平

纪委书记：闫广顺

党委副书记：闫广顺

（蔡　娟）

【综述】 园区管理部2013年3月14日成立，负责首钢园区停产资产处置、拆迁和新建工程组织、合同预算、“两违”治理、土地房屋管理、设备材料采购、废旧材料回收加工、环保、绿化、安全、保卫、防火、维稳以及南区、北区、一线材管理处职工转型安置等，负责首钢北京地区防雨、防汛工作。园区管理部设有7个专业处室、4个实体单位。截至2019年末，在岗职工1572人（含各管理处），其中专业管理岗位360人，操作岗位1212人；研究生及以上学历18人、本科生272人、大专生381人。

（蔡　娟）

【资产管理】 2019年，园区管理部所管停产资产包括首钢园区北区南区、运输处、原供应公司划转、一线材、行政处划转、彩涂板等6家单位资产，资产原值194.38亿元，资产净值46.75亿元，设备数量32918台套，设备重量25.77万吨，建筑物2492项，建筑面积238.17万平方米。截至2019年末，首钢园区资产原值67.1亿元，净值10.04亿元。开展集团内部利旧未完成项目清理工作，追收首钢特钢汽车解体厂利旧原轧区管理处龙门吊款项31.44万元，办理完成通钢公司利旧原设备处备件、首钢长钢利旧二炼钢板坯除盐站、首钢股份迁钢利旧二炼钢2号SVC设备、首钢京唐利旧二炼钢拆包机拆炉机、首钢京唐利旧彩涂板资产等协议签订及相关手续。结合首钢园区南区实施封闭管理以及园区开发和土地使用管理变化等情况，制定、完善资产看护管理方案，加强对各有偿使用、借用土地房屋单位的管理。年内首钢园区内有偿使用土地房屋共计10项，有偿使用土地房屋面积12102平方米，使用费43.3115万元。

（蔡 娟）

【“两违”治理】 园区管理部加强首钢园区土地管理，全面接管首钢第一耐火材料厂土地、房屋、设备设施管理以及区域内违建拆除工作。组织铁路沿线首钢土地地形测绘，完成围墙封闭工作。对铁路沿线首钢地界内住户逐个入户调查，摸清占用首钢土地的基本情况。拆除一耐铁路沿线大杂院内违建平房66间、1644平方米，清理外来人口40余人。治理完成“七总降区域围墙砌筑”“原公安处养犬队建设房屋”两项园区南区历史遗留问题。全面完成2019年“两违”治理任务，受到集团专业部门表扬。

（蔡 娟）

【转型提效】 园区管理部落实首钢园区单位业务优化调整，顺利完成园区基础设施维护、浴池服务、工学院物业服务三个项目划入和小冷轧、红楼、筒仓服务项目部分人员划出工作，实现了业务、人员平稳交接。妥善做好南官山护林、八角库退出和北区看护人员整体腾退至南区涉及的人员安置工作，保证了职工队伍稳定。全年转型安置职工247人，其中调出44人、解除合同115人、退休38人、内退39人、其他减员4人，补充安保处7人，超额完成集团下达的目标。

（蔡 娟）

【费用节降】 园区管理部通过加强计划管理，强化专业管理职责落实和费用支付审核，严格控制机物料、租赁等费用支出，规范公务车管理，全面降低首钢园区各项费用支出。加强废钢及废旧物资回收、整理工作，充分利用首钢竞价销售平台，努力挖掘资产价值，增加收益。加强物资计划审核，严格实施电子平台招投标操作，提高采购效率，降低采购资金。全年预算指标计划34084万元，实际发生29314.24万元，比预算指标降低4769.76万元，降低率13.99%。

（蔡 娟）

【环保管理】 园区管理部聚焦环境质量，严格环保制度落实，完善环保管理体系，加强过程管控，不断提升环保管控水平。严格审定2019年42个工程项目的环保措施、环保预案，对落实情况全过程监督、检查和考核。落实三级检查机制，努力打赢蓝天保卫战。组织现场环保专项检查22次，各专业联检53次，发现环保隐患141项并全部落实整改，下发整改通知书16份，处罚通知书6份，考核处罚11万元。针对重点区域、重要活动加强专项整治工作，结合新首钢大桥通车，对大桥以南存在的问题全面梳理和解决，组织开展房前屋后、犄角旮旯环境卫生整治活动，对破损苫网及时补苫，新苫盖面积25.06万平方米，整理苫网21.44万平方米，实现园区环境质量改善。

（蔡 娟）

【服务保障】 园区管理部以庆祝新中国成立70周年和首钢建厂百年各项重要活动为核心，提高政治站位、强化政治担当，细化安全、环保、交通、信访维稳等服务保障活动方案。为“70”项目用地、二炼钢主厂房剩余围墙加固消隐、周边环境提升等工作提供全方位的支持和配合，得到首钢“70”项目指挥部充分肯定并发来感谢信。落实维护稳定、警卫保障工作措施，不断完善和细化大型活动和高规格接待等活动保卫组织工作方案，层层抓好落实，组织保卫力量6000余人次，全面完成园区重要活动、大型会议、集团接待等警卫工作143次，其中包括习近平总书记视察调研等二级（元首级）以上警卫6次以及沸雪世界杯、北京新年倒计时等重要活动，保证活动期间首钢园区秩序稳定，受到政府相关部门和集团领导充分肯定。加强统筹协调，全面排查矛盾纠纷，全力推进积案化解，有效化解矛盾纠纷12项，被评为首钢集团信访维稳目标管理考核先进单位。

（蔡 娟）

【党群工作】 园区管理部扎实开展“不忘初心、牢记使命”主题教育，推进“两学一做”学习教育常态化、制度化。组织党委中心组学习22次，基层党委书记会13次，召开党委会17次。推进党支部规范化建设，组织16个基层党组织完成换届选举工作。提升领导人员素质，联系首钢党校举办基层党支部书记培训班、领导人员培训班。开展“创先争优”主题实践活动，涌现出先进党组织11个，先进党员39人。组织在职党员回社区报到，壮大党员队伍，新发展党员4名，预备党员转正6名。召开党风廉洁建设工作会议，开展公务接待、招投标、“私车公养”等问题专项监督检查、“以案为鉴、以案促改”警示教育，营造了良好政治生态。丰富职工生活，举办主题党日活动9次，第六届职工体育文化节系列活动4项。庆祝新中国成立70周年，选派骨干15人参加“70”周年阅兵预备役方阵和群众游行方阵，召开“辉煌70年　奋进新时代”先进典型交流报告会。

（刘恬龙）

【结对帮扶】　自2016年12月起，园区管理部选派3人到延庆区结对扶贫。1人担任香营乡黑峪口村第一书记，结合黑峪口村特点，充分发挥驻村书记的纽带作用，通过党建引领，加强互动沟通，深入调研，精准施策，开展党建共建活动3次，慈善捐助活动6次，消费帮扶活动6次，落实产业帮扶项目2项，总投入82.7万余元，帮助村民提高收入。开展慰问活动5次，慰问品及慰问金总价值9.8万元。开展消费帮扶，帮助销售滞销农产品，组织开展5次采购活动，采购金额55.5万余元。对黑峪口村的玉米、小米和苹果包销，采购玉米6.7万斤，苹果2.4万斤，小米7000斤，总价值47.6万元（其中，首钢园服集体采购13.03万元，首钢实业集体采购16.50万元，园区管理部职工采购19.27万元）。开展专项采购活动，组织园区管理部工会系统集中采购“北京市消费扶贫产业双创中心”的扶贫特色农产品木耳、粉条、鸡蛋、大米等，作为春节慰问品发给职工，累计采购500余份，价值3.2万余元。帮助完善村内照明设施，提供资金3.24万元安装太阳能路灯147盏，解决村民夜间出行难的问题。

（刘恬龙）

北京首钢特殊钢有限公司

【首钢特钢领导名录】

党委书记、董事长、总经理：李兵役

党委委员、副总经理：王　敏　段武涛

党委委员、总经理助理：梁玉洁　许　良

董　事：王　敏　段武涛　乔春海（职工董事）

纪委书记、工会主席：李兵役

（乔春海）

【综述】　北京首钢特殊钢有限公司（以下简称“首钢特钢”）是首钢集团有限公司下属独立法人子公司，位于北京市石景山区杨庄大街69号，总占地面积85.35公顷。首钢特钢下设开发部、招商运营部、工程部、首特绿能港科技中心项目部、园区管理部、投资管理部、经营部、办公室、计财部、人力资源部、党群工作部、生活管理部等职能管理部门12个。全资及控股子公司8家，参股改制公司1家，对外投资企业5家。截至2019年底，首钢特钢在册职工660人，其中在岗572人；大学本科及以上学历144人，大、中专学历168人；中、高级职称63人，技师、中高级技工193人。

2019年，首钢特钢认真落实首钢党委扩大会、职代会和“三创”经验交流会的工作部署，抢抓机遇，扎实苦干，持续深化改革，逐步夯实高质量转型发展基础，首特园区两个在建项目建设完成计划进度，15号地项目策划推广及预招商全面启动；经营质量持续提升，主要指标超额完成计划任务；持续夯实基础，提升管理水平；职工队伍能力逐步提升，企业凝聚力不断增强，各项工作取得新进展、新成效。

（郝占起）

【主要指标】　2019年，首钢特钢营业收入完成64195万元，比计划增加14195万元；实现利润317万元，比计划增加17万元；偿还集团资金3550万元，超计划750万元。

（任广兴）

【工作思路】　1月29日，首钢特钢召开十二届三次职代会，审议通过李兵役总经理所作《抢抓机遇，扎实苦干，开创特钢转型发展新局面》工作报告。会议明确2019年工作思路：以习近平新时代中国特色社会主义思想为指导，深入学习贯彻党的十九大精神，落实首钢十八届四次党委扩大会和十九届四次职代会工作要求，在上级党委的正确领导下，按照特钢公司第六次党代会确定的目标任务和重点工作，坚持全面从严治党，坚持深化改革，坚持园区开发建设和招商运营并重，加快高质量转型发展，开创特钢转型发展新局面。

（郝占起）

【管理体系建设】 首钢特钢不断完善管理体系，强化转型发展新导向，科学合理设置“三会”并规范运行，将决策事项清单化，强化党委前置审议程序，全年召开董事会19次，审议通过44项议题；党委会47次，审议通过123项议题；经理办公会29次，审议通过99项议题。优化业务流程与管理关系，调整部门职责业务，合理设置岗位定员。推进风控体系建设，制定颁发风险控制手册，修订完善35项制度。推进薪酬分配改革，突出效益导向，建立和完善全口径全要素人工费管控体系，制定并实施《特钢公司薪酬分配方案》，逐步完善与劳动力市场基本适应、与企业效益效率挂钩联动、能增能减的工资总额管理长效机制；完善领导人员和引进专业技术人才综合考核评价机制，强化工资总额预算管理，推行核准制，实现单位、人员全覆盖。

（郝占起、刘爱民）

【首特园区开发建设】 2019年，首特园区15、16号地项目建设，施工现场安全、环保、消防、防汛、稳定达到要求。15号地项目完成二次结构、幕墙、机电通风空调、消防工程，精装修完成30%，开展泛光照明、智能化弱电、电梯专项工程施工；该项目被评为“结构长城杯金质工程”“北京市绿色安全样板工地”。16号地项目完成二次结构施工，开展幕墙、消防、智能化弱电等专项工程施工，幕墙完成80%，消防完成60%，智能化弱电完成60%；2号建筑研发中心取得绿色建筑三星级设计标识证书。完成项目周边五条道路市政工程设计综合，取得各专业管线公司会签意见。根据新首钢办文件和集团公司要求，与各专业公司进行对接落实供电、供热、供水、供气等过渡方案，开展方案的报审、图纸设计等工作。按照首钢集团与北京市规自委对接会精神，由北京市规划院牵头将首特园区纳入石景山街区控规统一研究。与北京市规划院对接进行控规方案编制，同步开展产业定位、城市设计、园林景观专项咨询及分项方案编制，完成控规调整初步方案。

（高　博、尹海娟、杨　威）

【招商推广】 首钢特钢全面启动15号地项目策划宣传推广及预招商工作。根据项目定位，搭建人员框架及制度工作流程，与现物业服务顾问公司配合，开展资料收集、梳理，洽商物业驻场服务模式，并进行专业培训。开展项目宣传推广及预招商合作，完成策划推广方案的招投标准备、宣传册设计及制作；参加优质产业空间展示交流会，加强与石景山区招商引资专业部门的沟通，介绍项目建设进度、楼宇硬件及招商方向、政策等情况；组织渠道公司现场看房及讲盘活动6次，进行现场推广。

（黄　河）

【物业运营服务】 首钢特钢不断增强物业运营能力，加强物业管理制度和团队建设，多措并举，按照首特园区招商产业正负清单、清理低端产业，清理面积2500平方米；开展渠道建设提升、网上宣传推广、项目内外部环境治理、走访客户、提升物业服务品质等工作，逐步稳定并提升现有载体项目出租率。制订物业管理评价体系，运营项目客户综合满意度达到90%，物业服务实现一站式办理，物业软件上线运行，逐步向信息化、精细化管理方向发展，促进物业运营管理水平的提高和服务品质的提升。

（黄　河）

【物业及资产经营】 首钢特钢围绕企业生存需求，深入挖掘土地房屋等存量资产潜力，加大经营管理力度，理顺管理流程，努力创收增效，存量资源经营收入不断提升。全年资产租赁收入7716万元，其中物业租赁5276万元，汽车园区2014万元，厂内土地426万元，租赁收入均完成计划并实现同比增长。加快厂区废旧资产报废处置，回收资金100万元。

（任广兴、张　娜）

【钢材加工及贸易】 首钢特钢面对钢材市场形势变化，坚持以市场为导向、以效益为中心，加强经营风险控制，把握市场运转规律，及时调整营销策略，在巩固现有资源基础上，加大国内外市场开发力度，开发客户6家、新品种4个，扩大销售品种和渠道，签订贸易合同36055吨，增加贸易供应量和市场份额。加强与钢材加工企业和供应厂家合作，组织人员进行现场全程指导监督，加工钢材产品13800吨，产品质量达到用户要求。全年销售收入完成12985万元，超计划1985万元；毛利润完成641万元，超计划171万元。

（郭建刚）

【投资企业运营】 首钢特钢强化对全资子公司和对外投资企业的运营管控及服务，全资子公司坚持以效益为主导，按月度进行资产和预算管理的分析，实现资金收支平衡，销售收入、利润均完成计划，全年收取租赁费和投资回报843万元。对外投资企业坚持以确保国有资产保值增值为重点，强化资产和投资的监督检查，按照管理制度按季度加强沟通，随时分析掌握经营状况及相关事项的动态分析，依法维护股东权益，全年收取投资回报98万元。

（任广兴、马瑞杰）

【经营环境】 首钢特钢围绕园区开发招商及转型发展需要，持续改善经营环境。加快信息化项目建设应用系统的实施，财务共享系统实现上线运行，对陆续推进的财务各子系统、投资管理、人力资源等系统，提供技术对接和技术支持；特钢企业网络及商用网络实现全覆盖。推进“疏解整治促提升”专项行动，汽车园区内拆除违建房1处，违建项目销账3处，完成集团公司部署的任务目标。对创业大厦A、B座部分楼层及基础设施进行改造，为促进项目招商及运营创造良好条件。

（张 娜、杨 威）

【安全环保】 首钢特钢坚持“以人为本、预防为主、综合治理”的工作方针，树牢安全红线意识，加大双重预防机制推进力度，全员隐患排查率月均达到98.9%。深入开展安全环保宣传教育，持续开展隐患排查及专项整治工作，以所属区域、施工现场、出租厂房场地、人员密集场所为重点，重点强化园区两个在建项目的现场管理和过程管控，围绕全国“两会”、国庆70周年等重点特殊时期制定专项保障方案6个。全面落实大气污染综合治理措施，督促施工单位对现场散料堆、裸露地面采取有效覆盖，土石方施工加强喷洒水抑尘，完成国家重大活动和重污染天气期间环境质量保障任务。全年杜绝伤亡、火灾、环保等事故。

（杨 威、张 娜、高 博）

【企业退出及优化管理】 首钢特钢有序推进企业退出和优化管理关系，完成3家企业退出、1家企业股权划转任务，完成特宇公司和冷轧厂划转、人员接收和业务衔接；北京真浩泰汽车销售有限公司的股权收购、工商变更，成为首钢特钢全资子公司，顺利实现经营权交接。泰康医院公司改制，按程序推进重组方案的实施。推进“三供一业”非经营性资产移交后续工作，完成资产清册、档案资料、权属证件的移交。

（马瑞杰、李国庆）

【党建工作】 首钢特钢注重加强党的建设，把全面从严治党落在实处。扎实开展“不忘初心、牢记使命”主题教育，制定方案，组织实施。以理论学习为先导，采取集体学和个人学相结合的方式加强学习，党委中心组集中学习16次。研究制定党建重点工作计划，形成7个方面工作任务清单；组织指导基层1个党委、17个直属党支部按期完成换届工作；开展党委书记、党支部书记党建述职评议。加强职工队伍思想建设，落实意识形态工作责任制，采取微信公众平台、学习平台、购买书籍、主题党日活动、报告会等多种形式引领广大干部职工深入学习，统一职工的思想和行动。召开党风廉政建设工作会议，制定下发《特钢2019年反腐倡廉主要任务分工方案》，明确分工和责任；修订完善党风廉政建设责任书，与基层单位及21名领导人员分别签订责任书。

（郝占起、乔春海）

【职工队伍建设】 首钢特钢适应园区开发建设运营管理和转型发展新要求，持续开展职工队伍培训，组织参加风控及制度管理、财务、信息化、投资管理等管理人员培训63人次，参加继续教育培训225人；分别取得相应的职业资格或职业技能证书13人；完成对新上岗人员的安全、纪律、制度等专业培训。推进人才队伍建设，深化干部人事制度改革，强化考核管理，完善领导人员考核管理办法；加大干部交流力度，调整配备中层领导人员7人、外派兼职高管人员21人。

（刘爱民、乔春海）

【改善职工生活】 首钢特钢坚持以人为本，保障职工权益，在关心人、凝心聚力上下功夫，持续改善职工物质文化生活条件。完成石景山区赵山小区120户居民房产证的办理。建立干部职工健康管理体系，完成在岗职工健康体检和女职工专项体检。继续实施职工互助保险，14人获得救助帮扶资金6800元；为72人次出险职工办理赔付99461元。广泛开展送温暖活动，“两节”期间，组织走访慰问困难党员职工、离退休和伤病职工代表，发放慰问金45800元；为困难职工子女和困难职工家庭“献爱心”募捐39970元；组织“献爱心”募捐39070元；组织在岗职工开展9项丰富多彩的文体活动。结合纪念首钢建厂100周年，组织开展职工健步走闯关竞赛、“全民健身，春季环厂健步走”等活动，国庆七十周年组织全体职工观看电影，增强企业凝聚力。

（李国庆、郭建辉）

京冀曹妃甸协同发展示范区建设投资有限公司

【京冀曹建投领导名录】

董事长:韩　庆

董事、总经理、支部书记:杜朝辉

副总经理:李　峰

董事会成员:韩　庆　杜朝辉　郭庆力

【综述】 京冀曹妃甸协同发展示范区建设投资有限公司(以下简称"京冀曹建投")是落实京津冀协同发展战略,在北京市、河北省政府共同推动下,于2015年1月29日成立。

京冀曹建投是京冀两省市指定的京冀曹妃甸协同发展示范区开发建设主体,承担着示范区的投资、开发、建设、运营管理。注册资金20亿元,由首钢集团有限公司代表北京方企业持股67%,唐山曹妃甸发展投资集团有限公司代表河北方企业持股33%。开发区域总计110.1平方千米,包括产业先行启动区5.5平方千米,产城融合先行启动区4.6平方千米,北京(曹妃甸)现代产业发展试验区100平方千米。京冀曹建投践行国家战略、服务协同发展,贯彻落实"创新、协调、绿色、开放、共享"发展理念,以产业先行启动区和试验区为北京产业转移集中承载地,发展高端装备等先进制造业;以产城融合先行启动区为产城融合生活配套和产业服务区,发展科技研发、总部经济、科技成果转化、教育培训、高端商务、休闲养老等现代服务业。

京冀曹建投坚定不移地落实好北京市、首钢集团的战略部署,立足京津冀协同发展,配合政府做好招商引资工作,着力打造区域协同发展重要平台,推动北京园区和曹妃甸园区"双园区"联动发展,牢记初心、践行使命、担当作为,为京津冀协同发展作出新的更大贡献。

(王洪志)

【主要指标】 2019年,京冀曹建投聚焦年度经营目标责任书以及集团下达的各项任务,制定方案、明确责任、狠抓落实。全年配合政府完成招商引资签约额171.25亿元,超计划11.25亿元;营业收入完成4.24亿元,超计划0.04亿元;利润总额完成4000万元,超计划700万元;资产负债率完成57.98%,比计划降低2.49个百分点。全面完成年度经营指标。

(王洪志)

【招商引资】 2019年,京冀曹建投配合政府签约产业项目37个,签约投资额171.25亿元。北京金隅天坛家居、北京精冶源新材料、北京鑫华源智能停车等相继开工、投产。会同政府、协会、商会组织曹妃甸自贸区招商推介会、曹妃甸海洋发展大会、上海国际绿色建材博览会、秦皇岛钢铁深加工产业招商会等各类会议,宣传推介曹妃甸发展机遇、首钢钢铁企业用钢全产业链建设以及京冀曹建投服务协同发展的政治使命,梳理京唐上下游重要客户391家,选取优质企业对接考察90余次,促成首钢秦机厂、首钢实业、首钢建设、鲁家山、首钢氧气厂等项目签约。11月,京冀曹建投组织首钢京唐、首钢国际工程、中首国际、首钢机电、首自信公司、首钢实业9家首钢企业召开座谈会,全面梳理股权平台、钢铁平台等企业在曹妃甸发展诉求,研讨首钢职工生活基地建设及自贸区设立的政策红利等,统筹协调首钢各类优势资源,为首钢在曹妃甸创造更大空间。

(王洪志)

【公共资源共建共享】 京冀曹建投聚焦产城融合先行启动区公共服务资源配套建设,会同示范区管委会推动景山学校曹妃甸分校二期项目,捐赠100万元援建体育馆升级改造,着力提升软硬件办学水平,切实解决首钢驻曹妃甸企业职工子女入学问题。自主研发建设全国首座零能耗被动式幼儿园,2019年4月成功引入中国科学院幼儿园入驻曹妃甸新城,填补京冀两地幼教领域高水平合作空白,双方致力于打造一所高品质、国际化、有区域影响力的高端示范性幼儿园,满足北京产业转移人群对高品质幼儿教育的需求。

(王洪志)

【公司治理】 京冀曹建投贯彻落实北京市国资委及首钢集团相关文件精神，结合公司实际，组织开展章程修订，明确党支部在公司治理结构中的法定地位，以及重大事项决策前需进行前置审议等相关要求。6月，相继修订完善《董事会工作规则》《“三重一大”事项决策实施办法》《支部委员会工作规则》《经理层工作规则》，明确职责、规范流程、确定权限，梳理决策事项清单，从制度上完善了公司法人治理结构。7月，完成公司风控手册、风控管理办法，组织规章制度修制订，共涉及23项，其中新增规章制度4项，修订19项。全年正式颁发规章制度13项。通过全面梳理，强化了权力清单、规章制度、风控手册“三位一体”的制度体系。

（王洪志）

【绿建技术研发】 京冀曹建投开展技术研发工作，充分吸取“首堂·创业家”项目经验，归纳总结出11大科技系统。完成超低能耗住宅建筑补风气流研究、能耗分析、成本管理等课题，形成京冀曹建投公司独有的绿建“技术库”，并成功运用于一期三步规划建设。2019年被动式超低能耗绿色建筑示范项目获首钢科学技术二等奖。同时，结合业主入住实际积累丰富的一手资料，参加北京市住建委组织的超低能耗建筑运行情况经验交流、京津冀超低能耗建筑产业联盟示范项目宣传推广等活动，展示首钢绿建品牌，助推京津冀地区绿建产业快速发展。

（王洪志）

【党建工作】 京冀曹建投按照上级党委“不忘初心、牢记使命”主题教育部署，精心制定方案，全面推进落实。明确初心、牢记使命，深入剖析制约公司发展重大问题并制定措施，使全体干部职工坚定信念、坚定不移地推进各项工作。深入基层、为民服务。先后解决职工中午在外就餐问题、职工周末往返班车问题、改善职工居住环境等事宜，得到全体职工一致好评。专题研讨、专项整改。围绕党的政治建设、理想信念、廉洁自律等方面开展专题交流研讨，制定12个专项整治课题并逐一整改。开诚布公、团结奋进。组织公司领导、处级干部、支委及党员之间谈心谈话，开展批评与自我批评，开诚布公地交换公司、部门发展建议和意见，制定5个方面8条14项整改措施并逐一完成整改，增强干部职工锐意进取、开拓创新的精气神。

（王洪志）

秦皇岛首秦金属材料有限公司

【首秦公司领导名录】

董事长：沈一平（12月任职） 赵久梁（12月离任）

董　事：王铁良 张国春（12月任职）

张立伟（12月任职）

郭湘平（12月任职） 沈一平（12月离任）

刘海龙（12月离任） 余永光（12月离任）

总经理：沈一平（11月离任）

副总经理：王铁良（11月任职）

总经理助理：张立伟

党委书记：沈一平（11月5日任职）

赵久梁（11月离任）

党委副书记：王铁良（11月任职）

沈一平（11月离任）

纪委书记：李金柱（11月任职）

王铁良（11月离任）

工会主席：郭湘平（12月任职）

王铁良（12月离任）

（何　健）

【综述】 秦皇岛首秦金属材料有限公司（以下简称“首秦公司”）是首钢集团有限公司2003年全资建设的一家钢铁联合企业，地处河北省秦皇岛市海港区。2018年，在国家京津冀协同发展的背景下，服务于秦皇岛建设国际旅游城市的总体定位，首钢集团做出战略结构调整，历经15年铁与火洗礼的首秦公司全面停产转型开发，建设首钢赛车谷项目。项目规划面积8.13平方千米，先行启动2.4平方千米核心区，布局汽车运动、汽车后市场、工业遗址公园、汽车教科研、娱乐度假营地、产业配套六大功能板块。首钢赛车谷项目以汽车运动为引擎，聚焦高性能汽车全产业链，打造中国汽车运动文化产业示范基地。

首秦公司内设机构7个：人力资源部（党委组织部）、行政管理部（风控办公室）、计财部、管理服务部、规划发展部、运行部、安保部。2019年底在册职工223人，其中博士1人、硕士21人、本科生77人、大专生51人；其中高级职称13人，中级职称29人；技师11人，高级工26人，中级工13人；职工平均年龄42岁。

（金品楠）

【主要经济指标】 2019年，首秦公司累计营业收入33111万元，营业成本33845万元，净利润74107.55万元。加工公司全年实现销售收入3069万元，完成年计划的190%，现金和承兑净流入280万元。

（刘　春）

【园区建设】 2019年2月，秦皇岛市规委会审议通过首钢赛车谷2.4平方千米概规方案；3月中旬赛车谷开工建设。立足遗存改造利用，有序推进开发建设。广大参战人员顽强拼搏、攻坚克难，用时150天完成主体项目建设，在8月中旬陆续投入。施工作业面达56万平方米，其中绿化面积22万平方米；挖掘土石方5万立方米；铺设管道2万米；钢结构制作量1万吨。

（于纳伟）

【运动板块建设】 “钢铁赛道”区域新建B区维修站和15座PIT房设施，经国际汽联现场验收，钢铁赛道达到国际二级标准。物流库区域改造为钢铁卡丁项目，已完成室外赛道施工并投入使用，作业面达3万平方米，总长度1200米，水马铺设4300米；室外赛道已通过国际汽联验收。由经四路改造的直线赛道已投入使用，总长1400米，为国内专业水平最高、建设等级最高的直线赛道。厂前区UTV全地形越野场地改造完成并投入试运营。

（于纳伟）

【文娱板块建设】 首秦公司对炼钢出坯跨进行改造设计和功能融合，建设完成3跨、2.6万平方米汽车特技秀场。利用原有工业铁道，改造1300米观光列车专用线，配置复古蒸汽机车，设有4座遗存式站台，整条线路贯穿南北，标志景观尽收眼底。对物流库室内进行设计和改造，创意性构建11座“蘑菇体”式建筑，总面积1万平方米，结构施工基本完成。最大限度保留2座高炉本体及附属设施，赋予钢铁工业象征意义和大型活动职能，打造具有后现代风格的1.8万平方米高炉广场，已投入使用并承办多场大型活动。

（于纳伟）

【配套项目建设】 首秦公司炼钢办公楼改造GT酒店工程完成结构施工，共计135套房间。利旧空中管廊和皮带通廊建设空中步道，一期工程已完工，敷设长度1500米。中轴线景观大道、南北停车场等工程已投入使用，园区客流动线、交通动线已基本形成。以工矿灯、泛光照明为特色打造园区亮化工程，为点亮夜经济创造了必备条件。依托现有机房、网络、管井等资源，规划建设智慧园区，已实现安防、客流、照明、票务等系统覆盖。

（于纳伟）

【园区运营】 首秦公司整合内部资源，短期内完成赛事沟通、活动策划、宣传推介、物资配备等具体工作，8月16日，首钢赛车谷开园运营。抓住暑期黄金季，游客接待量大幅增长，钢铁赛道、钢铁卡丁、特技秀场、直线赛道、高炉广场等活动亮点纷呈。开园以来，赛车谷累计接待游客5万人次。

（于纳伟）

【品牌赛事】 “百年首钢2019京津冀赛车节”完美收官。仅在1个月时间里，国内近八成的顶级汽摩大赛在钢铁赛道轮番挑战。赛车节共有206台赛车、265名车手参赛，京津冀三地裁判执裁500人次，比赛总里程1824公里。赛车节汇集F4中国锦标赛、China GT中国超级跑车锦标赛等多项国字号赛事。在卡丁赛道和直线赛道，成功举办中国娱乐卡丁车锦标赛和汽车文化嘉年华、爱柏直线竞速等赛事。

（于纳伟）

【赛事保障】 首钢赛车谷开园后运维体系稳定可靠，各种能源介质运行正常，交互环节衔接顺畅。园区安全管控和治安保卫体系得到充分磨合。开园以来累计出动地方警力320人次，保安2200人次；出动医疗救护车46台次、消防救护车24台次，确保赛事活动安全、平稳、有序。全员参与志愿服务，累计出动630人次；通过采取灵活用工、选用志愿者等手段，确保现场秩序和相关活动正常进行。

（于纳伟）

【合作共赢】 园区与“华家班”合作,联手打造“极速魅影”汽车特技秀。与恩佐俱乐部合作开发“超跑训练营”和UTV项目,吸引众多人士前来体验。引入赛麟高端品牌进行大型展示,成为赛麟超跑在中国北部地区数量最多、车型最全的一次集中亮相。“中国改装力量”大型会展汇集各档改装车400辆,为广大游客呈现出极具个性和想象的改装秀。与中石油、秦皇岛私家车广播共同打造“百日无违章”主题活动,在推广宣传赛车谷品牌的同时,取得良好经济社会效益。研学产业迈出坚实步伐,全年引进4场夏令营和2场“宝妈”平台活动,京津冀地区少年儿童1200人参与,获得师生和家长认可。“超级骑士”2019中国超级滑步挑战赛圆满举行,为开发儿童竞技项目提供有益经验。

（于纳伟）

【招商推介拓宽市场】 首钢赛车谷通过电视、电台、报刊、网络、户外等媒体介质进行推广,树立品牌。依托携程、美团、大麦等OTA平台,进行线上营销和游客导流;强化与票商平台合作,搭建多渠道票务分销系统。与大型商超、大型酒店、户外媒体等进行合作,置换宣介权益,拓展票务通道。邀请新华社、央视国际、省区市媒体、抖音网红等进行推送传播。制作、运营自身微信公众号平台,粉丝关注人数超过1万人。全年各平台累计发稿450篇,头条广告点击5万人次,抖音短视频浏览158万人次,网络直播在线观看达1千万人次。“中国达人秀”、“我要上春晚”等大制作、大品牌栏目多次赴赛车谷拍摄取景;世界房车杯赛冠军马青骅莅临赛车谷拍摄专题片,这些自带流量的软性植入宣传,为赛车谷的品牌推广起到助力效果。

借助“中国体育两博会”、“深圳文博会”等会展平台,展示赛车谷精品资源,提升园区知名度。参加省、区、市组织的招商活动和以体旅、商业为主题的产业链招商活动,有针对性地考察和拜访携程总部、爱琴海商业、苏州汽研院、太舞冰雪小镇等知名业界企业20批次。以300—600公里为圈层半径,走访13座城市的30家旅行社,建立起意向合作关系,旅行社营销人员先后有145人受邀回访。

借助开园契机,成功举办高规格国际论坛。论坛主题为“汽车运动文化与合作发展”,100名专家、学者和省市体育部门领导与会,探讨协同发展与合作共赢机制。助力协办“新京报·2019秦皇岛冰雪经济峰会”,利用峰会平台推介赛车谷,取得良好效果。邀请Prodrive、迈凯伦等国际品牌客商交流访问,对产业链合作进行研究与探讨。邀请国内领军行业代表考察赛车谷,接待华润置地、红星地产、部分高校、各级协会组织等30批次,并与之建立起良好合作对接关系。

（于纳伟）

【财税体系建设】 首秦公司建立以“准利润中心”为基础的运营型全面预算管理体系,指导、监督运营工作合规开展。开展存量融资到期运作,取得集团支持,确保贷款不逾期。加强应收款清理,全年回款1.53亿元。按照“去产能”思路,做好省市发改和税务部门工作,获得两税全额减免1850万元。获得省里颁发的现代服务业项目补助资金500万元。依法依规推进第二批与集团的债务重组运作,完成债务豁免15.5亿元。

（于纳伟）

【资产处置】 首秦公司开展内部消化利用。销售顺义冷轧、通钢公司、首钢机电公司利旧设备0.6亿元。依法依规对外转让14个资产包,已在北交所挂牌。其中烧结、热风炉等5个资产包已处置完成。全年办理设备资产报废945项,房屋资产报废17项;完成设备资产转固29项。

（于纳伟）

【企业管理】 “秦皇岛首钢赛车谷发展有限责任公司”已完成工商注册,取得营业执照。板材公司家属区“三供一业”移交取得进展,正在配合后续验收。通达公司已完成清算退出;嘉华公司正在开展清算前的税务审查;首秦龙汇公司进入破产程序,已召开两次债权人会议,正在依法逐步清撤。

（于纳伟）

【党建工作】 首秦公司开展“不忘初心、牢记使命”主题教育活动,落实首钢集团党委工作要求,紧密围绕转型发展的中心任务,坚持把党建工作做实、做细。修订完善“三重一大”制度,在转型发展中始终把握正确的前进方向。完成首秦公司党委和基层党支部换届选举工作,深入开展“抓规范、促提升”专项行动,推动全面从严治党向基层延伸。

（于纳伟）

【廉政建设】 首秦公司落实中央八项规定精神,严防“四风”问题,实现常态化警示教育。强化全面从严治党和党风廉政建设责任,排查有业务处置权岗位人员

163人,排查重点业务流程134个,梳理廉政风险点199个,制定防控措施288条。组织签订《党风廉政建设责任书》23份,《廉洁从业承诺书》71份,运用清单化机制,推动“一岗双责”职责落实。

(于纳伟)

【园区文化】 首秦公司为庆祝中华人民共和国成立70周年、首钢建厂100周年,组织开展多项活动和志愿服务,推出面向职工和家属的特惠体验项目,策划举办长跑、自行车、乒乓球比赛和摄影、征文活动,营造文化融合、干事创业的和谐氛围,收到良好效果。完善职工互助保险体系,关心、关注热点难点问题,走访慰问劳模和困难职工40人次,给大家送去温暖和关怀。

(于纳伟)

秦皇岛首秦钢材加工配送有限公司

【首秦加工公司领导名录】

董事长:沈一平

董　事:周德光　齐凤平　王建国　高　清

总经理:魏延义

(邵　雪)

【概况】 秦皇岛首秦加工配送有限公司(以下简称“首秦加工公司”)由首钢集团有限公司、秦皇岛首秦金属材料有限公司共同投资建设,2007年4月27日注册成立,注册资本3亿元。公司位于秦皇岛经济技术开发区东区(山海关),占地365亩,建设厂房面积9.16万平方米,具备钢板切割、焊接、热处理等加工制造能力。

2019年,首秦加工公司通过开展厂房租赁、加工业务承接,迈出转型发展的第一步,转型为以租赁为主、钢材加工为辅的经营模式,确立起自己的经营方针和生产销售政策,转型发展第一年(2019年)超额完成公司下达的各项技经指标。

(邵　雪)

【主要指标】 首秦加工公司完成销售收入3069万元,超额完成计划2006万元;全年控亏1489万元,比计划指标减亏614万元。

(邵　雪)

【财务一体化】 首秦加工公司应集团财务一体化上线要求,2019年10月—12月配合上级单位及项目组进行财务一体化的各项准备工作,为2020年1月按照集团财务管控一体化正式上线奠定基础。

(邵　雪)

【厂房租赁】 2019年,首秦加工公司利用网络、开发等方式宣传,挖掘潜在客户,将首秦加工公司厂房出租,增加收入。首秦加工公司全年共出租五家单位厂房,分别为首嘉钢构、东旭冶金、京唐复合板以及临时租赁的广厦重工、奥跃机械等,全年出租厂房面积42487平方米,租赁金额721万元。占车间内部厂房总面积的65%(车间内部厂房总面积65412平方米)。

(邵　雪)

【生产业务】 首秦加工公司利用现有设备资源,利用地域、设备、厂房、品牌优势,围绕深加工传统业务继续进行市场开拓,自留守模式运行以来,首秦加工公司分别承揽来料切割、结构件焊接、钢板仓储、结构件热处理、太重板勾、太重海工等业务,将设备资源进行有效利用。2019年签订生产及销售合同164单,合同金额2052万元。

(邵　雪)

【销售工作】 自4月份开始,首秦加工公司与天威保变进行沟通洽谈,承揽天威保变变压器油箱制作合同。通过考察、评审,加工公司被天威保变确定为变压器油箱制作长期外协单位。10月,首秦加工公司完成第一套油箱试制作的前期准备、技术沟通、图纸确认、材料准备、现场工装确认等工作,正式进入变压器油箱生产试制阶段。首秦加工公司配合首钢技术研究院、首钢新钢联科贸有限公司以及安徽省电力设计研究院承揽安徽宏源铁塔有限公司耐侯钢冷弯角钢加工合同。折弯总重量(即结算重量)为3718.705吨。

(邵　雪)

秦皇岛首钢板材有限公司

【板材公司领导名录】

董事长:刘海龙

董　事:张立伟　于俊良　黄金宇　朱旭明

总经理:黄金宇

(金　岳)

【概况】 秦皇岛首钢板材有限公司(以下简称“板材公司”)1992年4月成立,1993年3月建成投产,是首钢集团公司的全资子公司,注册资本 622389825 元。

(金　岳)

【资产处置】 2019 年度,板材公司根据资产处置规定,按照集团内部利旧、对外转让、报废处理等方式,推进停产物资处置事宜。完成首钢集团内部利旧项目,如首秦公司利旧医疗设备以及物资等;对外处置报废物资项目,主要包括废旧电气柜、废旧变电设备、废旧调压站、厂区内其他剩余报废设备(如部分动力设施、过跨车等)、厂区内管线连廊、库存剩余报废备件以及废旧办公后勤设备物资等。为了保证政府的收储程序顺利进行,已完成对主厂房及构建筑物的报废手续。

(金　岳)

【三供一业】 板材公司按照首钢集团公司的工作部署和属地政府要求进行国有企业职工家属区“三供一业”分离移交工作,于 2019 年完成移交;移交共涉及家属区(红光北里小区 9—15 栋)的供水、供电、物业三项。

(金　岳)

【子公司退出】 板材公司启动下属子公司秦皇岛首钢通达有限责任公司的企业退出工作,通过组织召开股东会,决定采取自行清算方式解散公司。通达公司完成人员安置、资产处置、退回预缴所得税、股东分配剩余资产、税务注销、银行账户注销、工商注销等工作。2019 年 12 月底,通达公司完成企业注销。

(金　岳)

【人员安置】 板材公司停产后,综合考虑停产后人员结构的变化等因素,借鉴首钢集团其他园区经验,逐步优化板材公司机构,截至 2019 年底,共有员工 80 人,相比年初的 87 名员工,其中 5 人退休,1 人转移到首秦公司,1 人与板材公司协商一致解除劳动合同;年初共有离退休员工 477 人,年底共有离退休员工 474 人,其中 8 人去世,新增 5 名退休人员。根据秦皇岛市政府相关文件精神,为加快板材公司退休人员社会化管理服务工作步伐,结合板材公司实际情况截至 2019 年 11 月底共计 473 名退休人员与属地区政府签订整体交接协议,后续移交工作根据属地政府要求逐步推进。

(金　岳)

皇岛首秦龙汇公司矿业有限公司

【首秦龙汇领导名录】

董事长:赵久梁

副董事长:余静龙

董　事:刘海龙　刘政群　王　立

党委书记:郭湘平

总经理:郭湘平

副总经理:洪　波(1 月离任)

(宋春英)

【概况】 秦皇岛首秦龙汇矿业有限公司(以下简称“首秦龙汇公司”)是由首秦公司、首钢板材公司与龙汇工贸集团共同出资成立的合资公司。公司成立于 2008 年 5 月份,注册资本 5 亿元,其中首钢系占股 70%、入资 3.5 亿元,龙汇工贸集团占股 30%、入资 1.5 亿元。首秦龙汇公司进入破产程序,已召开两次债权人会议,正在依法逐步清撤。

(宋春英)

秦皇岛首秦嘉华建材有限公司

【首秦嘉华领导名录】

董事长:赵久梁

董　事:徐应强　张立伟　宋咸权　肖　阳
　　　　刘丙臣　曹欣荣　杨　可

总经理:肖　阳

副总经理:杨　可

(金品楠)

【概况】 秦皇岛首秦嘉华建材有限公司(以下简称“首秦嘉华”)是卓桦投资有限公司、秦皇岛首秦金属材料有限公司、北京首钢耐材炉料有限公司于 2008 年 5 月 15 日共同投资人民币 6000 万元组建的中外合资公司。合资公司位于秦皇岛市抚宁县杜庄镇秦皇岛首秦金属材料有限公司北侧,占地约 50 亩,专业从事绿色环保型建材产品——粒化高炉矿渣粉的生产、销售。主要经营:矿渣微粉生产和销售;水渣加工、销售;提供水渣、矿渣微粉产品的技术咨询、服务。2019 年,嘉华公司进入企业退出程序。

(金品楠)

直管单位

◎责任编辑：马　晓

首钢环境产业有限公司

【首钢环境领导名录】

董事长:李　浩

董　事:朱伟明(4月离任)　马刚平(4月任职)

　　祁　京　张国春

监事会:丁建国(11月离任)　段伟成　才艳芳

党委书记:李　浩

党委副书记、总经理:朱伟明(4月离任)

　　马刚平(4月任职)

纪委书记:史玉琢(11月离任)

　　耿云虹(11月任职)

副总经理:张永祥　贾延明　王向安

　　马刚平(4月离任)　姜　猛(4月任职)

财务总监:祁　京

工会主席:李　浩

(孙铁全)

【综述】 首钢环境产业有限公司(以下简称“首钢环境”)2014年1月份成立。作为首钢发展新产业、打造城市综合服务商的重要板块平台,致力于为用户提供全循环、全流程、全功能的定制化城市固废解决方案。对内公司化,提升管控运营水平,对外市场化,努力开拓新领域,形成首钢环境产业一体化运行的体制架构。首钢环境管理十一家下属单位,其中五家全资子公司,分别为北京首钢生物质能源科技有限公司、北京首钢资源综合利用科技开发有限公司、北京首华科技发展有限公司、北京首钢生态科技有限公司、北京首钢新能源发电有限公司;三家控股公司,分别为北京首科兴业工程技术有限公司、长治首钢生物质能源有限公司、通化首钢环保科技有限公司;两家参股公司,分别为唐山曹妃甸盾石新型建材有限公司、北京首同致远节能环保科技有限公司;一家非法人实体单位,为首钢集团有限公司北京环境监测中心。首钢环境职能部门包括:市场开发部、财务部、运营管理部、人力资源部、工程管理部、办公室(党群工作部)、设计技术中心(技术部)。截至2019年底,在岗职工605人,其中硕士研究生49人,本科学历254人,大专及以下学历302人;高级职称35人,中级职称71人,初级职称48人。

(廖家慧)

【主要指标】 2019年,首钢环境处理各类固废259万吨,营业收入7.65亿元,同比增长22.58%;实现利润7276万元,同比增长31.91%。

(廖家慧)

【生活垃圾综合处理】 生物质公司瞄准行业一流水平,对比找差,深入挖潜,强化运营管控,严格执行垃圾池区域化管理,精细调整焚烧炉、汽机系统的运行参数,促进生产运营持续高效稳定,全年垃圾处理量118万吨,发电量和上网电量创出历史最好水平,分别为4.43亿度和3.56亿度,机炉运行时间全年均超过8000小时。优化工艺,飞灰产生率和烟气排放控制水平再上台阶;连续两年获得北京全市环卫行业检查考评第1名,树立起良好企业形象。依托项目管理经验和组织运营能力,为长治生物质项目提供技术服务支持。生态科技公司通过抢占市场先机,实现对石景山、门头沟两区餐厨垃圾独家收运,与2600余家餐饮企业签订收运协议。规范收运体系,与石景山区签订《餐厨垃圾规范委托服务协议》,确保餐厨收运稳定运行。努力拓展市场,处置西城区餐厨垃圾2718吨。优化生产运营模式,全年处理餐厨垃圾3.9万吨,超设计产能9.5%,销售工业粗油脂1150吨,为北京市餐厨垃圾处置提供保障,得到各级政府和用户的高度肯定。经过评审,成为北京市餐厨垃圾处理领域首家环境污染第三方治理试点企业。

(廖家慧)

【工业污染土壤治理及生态修复】 首华公司强化运营组织和过程控制,大幅提高生产效率,确保首钢北京园区、M11线和首钢贵钢厂区开发时序。热脱附生产线完成土壤修复11.5万吨,重金属稳定化13万吨,水泥窑协同处置11.2万吨。开展污染土原位修复,原位热脱附完成1.4万平方米,生物阻隔修复1.7万平方米,积累实践经验,自主设计并实施原位修复1400平方米。

围绕污染土修复新技术试验攻关，全球首个可移动式电磁波修复有机类污染土示范项目建成投运，处理复合污染土 8063 立方米，全部检测合格。

（廖家慧）

【城市固废资源化处置产业】 资源公司年内建筑垃圾处理量 115 万吨，再生产品成功应用于大兴国际机场高速公路、国家速滑馆、滑雪大跳台等重点工程；砖混类再生无机混合料实现规模化应用，成为北京市首家生产供货单位。推进绿色建材生产商向生产供应商转变，全力打通上下游产业链，结合“公转铁”政策开发运作冶金矿山尾矿进入京津市场，与 39 家混凝土搅拌站签订供货协议，绿色建材销售量为 57 万吨，得到北京市住建委和交通委一致认可。获“2019 年全国工业固废综合利用最具投资价值创新技术奖特别推荐奖”。

（廖家慧）

【企业运营管控】 首钢环境夯实管理基础，提升企业管控能力。完善制度体系，构建符合产业发展规律、责权清晰、管理高效的公司化管控体系和支撑体系，调整领导班子成员分工，编制首钢环境部门职责（3.0）和权力清单（1.0）。强化鲁家山基地重点项目组织领导，调整优化管理机构和职责。制修订投资、固定资产管理、组织机构等制度 11 项。加强财务管控，坚持严细审核、严控支出，实施财务专项检查，规避和防范资金风险，强化集团审计整改事项落实，堵塞管理漏洞。建立健全风险管控长效机制，通过集团检查，实现企业风控体系规范、有效运行。落实股权结构优化，迁安产业园资产划转首钢股份，解决资源公司资产与账务管理不统一的历史问题。完成首同公司股权划转首钢环境，实现产权与管理关系相一致。盛世首佳公司清退工作取得进展。用信息化推动管理流程优化，推广应用集团协同工作平台，财务一体化系统成功上线，实现 HR、资产、投资等系统与财务系统贯通。全面推进依法治企，规范党委会、董事会和经理办公会召开频次，促进决策更加高效；严格执行“三重一大”实施办法和各项工作规则，促进决策依法合规，防范决策风险。制定法律事务管理办法，明确由法律顾问为重大事项决策提供法律意见，对企业制度体系建设、经营活动提供法律支撑和监督。发挥监督联席会作用，实现专业部门与实体单位的高效协同，统筹推进党委确定的 7 项和公司确定的 21 项重点工作任务有效落实。加强项目全过程管理，秉承“以百分之百的工匠精神，创百分之百的优质工程”理念，将长治市主城区生活垃圾无害化处理项目打造成为山西省、长治市两级政府示范工程；生物质能源一期取得新的建设工程规划许可证，餐厨项目和暂存场项目完成竣工验收，热脱附项目完成后评价和工程审计。逐级落实主体责任，以双重预防机制和本质化安全管理试点为抓手，推进六大安全专项整治及燃气安全“回头看”，全年实现安全生产事故为零的目标；深入开展污染防治，完成重污染日及重要活动期间环境质量保障任务，经受住了生态环境部、北京市环保督察组 40 余次高密度、高频次检查的考验；按照政府要求，生物质公司、资源公司、长治生物质公司如期取得排污许可证。

（廖家慧）

【市场开拓】 推动产业聚焦，做大做强环境产业。加快长治市主城区生活垃圾无害化处理项目一期建设步伐，严控施工进度、质量，完善运营管控机制，抓好技能培训，12 月 26 日点火试运行，并实现发电并网。推进长治市资源循环利用基地规划设计，完成危废处置中心项目备案和生活垃圾无害化处理项目二期、餐厨垃圾处理项目前期工作。9 月，成功中标河北省永清县城乡静脉产业园特许经营项目，成为首钢环境在县域开始建设的第一个市场化运营项目。启动鲁家山基地园林景观区（一期）项目，完成规划设计方案和设计总图，获得北京市节能环保促进会补助资金 237 万元，项目展陈部分开工建设。与通钢公司密切合作，完成煤基活性焦项目公司注册、场地平整、主体设备招标等工作，加快相关手续办理，启动设计工作。对接张家港永钢，推动建筑垃圾领域深度合作，签订技术服务协议。紧密跟踪，推进灵武市报废机动车拆解综合利用、石嘴山生活垃圾焚烧发电、昌黎县循环经济产业园等新项目。

（廖家慧）

【科技创新】 首钢环境立足企业生产、工程建设、项目开发，持续做好产业化项目技术支持，打造两级研发体系，推进科技创新，提升企业核心竞争力。组织长治市主城区生活垃圾无害化处理项目设计，做好技术支持，保障工程顺利推进；筹划永清县城乡静脉产业园项目投标，保障项目顺利中标；协同开展餐厨垃圾处理、建筑垃圾精细分选、首钢北京园区原位修复等技术支持。提高自主技术创新能力，进一步加强新技术、新产品开发，为产业发展提供技术储备。承担国家“十三五”重点研发计划、国际政府间科技合作、北京市等研发项目4项，与北京市政路桥集团、北京航空航天大学联合申报北京科技计划项目2项；电磁波修复有机类污染土技术实现工程化应用，高效烟气脱白装置在京唐公司试验成功。组织申报国家环境保护工程技术中心，推进首钢技术研究院环境分中心建立，完成首钢环境科技研发创新中心规划与设计。组织申报专利37项，新获得专利授权16项，参与编制国家及行业标准和规范7项，完成科技成果鉴定3项，申报首钢科学技术奖2项，建筑废弃物全资源化利用技术获北京市科技二等奖，焦化类污染场地调查评估与原位修复技术获国家环境保护科技二等奖，实现首钢环境三大主营业务均获高级别科技奖项。实施印度JSL生活垃圾焚烧炉和余热锅炉成套供货等对外技术服务3项。资源公司获得高新技术企业认定，首钢环境高新技术企业达到4家。

（廖家慧）

【党建工作】 首钢环境深入贯彻落实习近平新时代中国特色社会主义思想和党的十九大精神，坚持实干当先，创新工作方法，把政治优势转化为企业发展势能。采取和运用党委中心组集中学习、深入研讨交流以及参观红色教育基地、开展警示案例教育等多种形式和有效载体，扎实推进“不忘初心、牢记使命”主题教育，增强党员宗旨意识，坚定理想信念。召开首钢环境第二次党代会，选举新一届“两委”班子。组织11个基层党组织换届选举和3个党支部增补工作，选齐配强基层班子，基层党组织更加坚强有力。深化全面从严治党，推动首钢环境党委2019年全面从严治党重点工作在基层做深做实，取得明显成效；把廉政风险防控与企业风控体系建设紧密结合，促进党风廉政建设工作深入开展，从严治党责任进一步压紧压实，营造良好政治生态。

（廖家慧）

【企业文化】 首钢环境深入宣传“厚德智行、融合共生”的企业精神，编制首钢环境《员工手册》，修订完善企业视觉识别系统（VI），拍摄制作和广泛宣传企业宣传片，通过多种形式推动首钢环境企业文化体系落实。加强舆论引导，丰富企业网站和微信公众号宣传形式内容，关注度和点击量不断提升。借助外部媒体平台扩大宣传，全年20余篇新闻报道和专栏文章在国家、北京市和首钢媒体平台刊登刊播，提升首钢环境的社会知名度和影响力。坚持以人为本，为职工办好事办实事。开展走访慰问、关怀帮扶活动，全年购买节日慰问品及发放困难补助使用资金21万元。成立羽毛球、篮球协会，举办游园及健步走等文体活动，丰富职工业余文化生活。开展“温暖衣冬”、寝室文化节、单身青年联谊、百年首钢知识竞赛等活动，营造昂扬向上的浓郁氛围。落实企业效益与职工收入同步增长机制，全年在岗职工收入增幅11.9%。

（廖家慧）

首钢控股有限责任公司

【首钢控股领导名录】

董事长：徐景海

董　事：王德春　张国春　白　超

李志强（4月离任）　任黎鸿（6月任职）

监事会主席：刘振英（6月任职）

监　事：徐国生　陈晓军

总经理：徐景海

党委书记、纪委书记：王德春（4月离任）

副总经理、工会主席：王德春（4月任职）

副总经理：任黎鸿

纪委书记：郭晓兵（4月任职）

财务总监：周一萍

总工程师：高学朝

总经理助理：李　猛

【综述】 首钢控股有限责任公司（以下简称“首钢控股”）是首钢集团有限公司下属的国有投资控股公司，总部位于北京市石景山区石景山路乙18号院国际资源大厦,注册资本 22.6 亿元。首钢控股成立于 2004 年 12 月,2005 年 7 月正式运营,2015 年 5 月完成股权结构调整,首钢成为公司唯一股东。2019 年 6 月,首钢地质勘查院划入首钢控股代管。“十三五”期间,本着“尊重历史、正视现实、面向未来”原则,依法依规、妥善处理历史遗留问题。坚持有进有退,培育优质项目,优化存量资产,做好首钢转型发展的战略协同。首钢控股总部设经营财务部、投资发展部、风险管理部、人力资源部(组织人事部)和综合办公室(党群工作部)。截至 2019 年底,首钢控股投资控股企业 15 家,业务范围包括煤矿、铁矿、有色金属、物流(含高速公路和铁路)、制造、金融等。总部 34 人,市场化选聘 28 人,硕士研究生及以上学历占 60%,中级以上职称及行业中高级别职业资格占 60%。2019 年,实现收入 9.13 亿元,完成利润 9473 万元。

(时　彦)

【首旺煤业项目】　2005 年,首钢控股通过拍卖方式全资收购地方国有山西临汾翼城牢寨煤业有限公司全部股权,2009 年更名为山西翼城首旺煤业有限公司。该公司矿区井田面积 12.52 平方千米,煤炭地质储量 1.78 亿吨,可采储量 1.35 亿吨,设计可采储量 1.05 亿吨,煤炭品质优良,包括特低硫、低中灰、高热值贫煤,是优质气化、动力用煤;9 号、10 号煤层为高硫、中灰、高热值的优质气化、动力用煤。矿区铁路公路交通便利。首钢控股引进设备,对该矿现代化改造,产能从 60 万吨提高到 120 万吨,并依托 120 万吨坑口洗煤厂提升煤炭附加值。2019 年,通过国家一级安全生产标准化矿井验收,生产原煤 93.11 万吨,生产精煤 56.1 万吨,实现销售收入 4.72 亿元,实现利润 1.45 亿元。

(时　彦)

【西沟煤矿项目】　2008 年首钢控股收购重组新疆昌吉呼图壁县小西沟煤炭有限责任公司。该矿始建于 1993 年,井田面积 0.9 平方千米,煤炭储量 2 亿吨,可采煤层有 4 层,总厚度 21 米,煤种为长焰煤,灰分少,含硫量低,发热值高。2009 年首钢控股收购重组与该矿毗邻的地方国有大西沟煤炭有限公司。大西沟煤矿始建于 1958 年,2003 年改制成有限责任公司,矿区井田面积 6.25 平方千米,资源储量约 2 亿吨。根据国家发展改革委有关批复,小西沟公司和大西沟公司两项目合并建设规模 240 万吨/年的西沟煤矿,该项目分两期建设,一期建成 90 万吨/年,二期建成 240 万吨/年。2016 年成立新疆西沟项目协调指挥部,引入战略合作者。2017 年一期建设基本达到试生产条件。2018 年与开滦集团签订正式托管合同,开创企业运营新模式。2019 年,西沟煤矿机械化改造完成,并持续推进安全环保、管控运营等基础管理工作。

(时　彦)

【华兵矿业项目】　丰宁华兵矿业有限责任公司位于承德西部丰宁满族自治县,主要生产矿产品。2008 年首钢控股收购该公司绝对控股权。2011 年 12 月华兵矿业更新采矿许可证,矿区面积扩大到 8.99 平方千米。公司注册资本 8100 万元,首钢控股占股 97.25%。2019 年,采取对外合作模式推动二选厂铁钛联动复工复产及老虎洞采区“三同时”建设项目,二选厂实现试生产,老虎洞采区完成地下矿山“六大系统”建设待验收。

(时　彦)

【宜昌铁矿项目】　2007 年首钢控股开发湖北宜昌长阳土家族自治县火烧坪乡的高磷铁矿项目,注册成立全资子公司长阳新首钢矿业有限公司,完成高磷铁矿选矿工业化试验,设计一期项目年采选高磷铁矿 60 万吨。2015 年公司完成矿山建设,进入试运行阶段。自 2018 年开始,联合科研院所陆续开展高磷铁矿基础特性、冶金性能、碱性球团矿、强磁干选及熔融还原技术等试验研究。2019 年,维护矿权、明确高磷铁矿资源开发利用有效途径、探索企业转型方式等重点任务按计划稳步推进,强磁干选技改项目工程竣工并完成设备单机调试、重负荷联锁试车。

(时　彦)

【首控物业项目】　北京首控物业管理有限公司于 2009 年 11 月 27 日注册成立,注册资本为 100 万元,是首钢控股的全资子公司,主营业务为物业管理。在首钢控股授权下,该公司负责国际资源大厦出租和物业服务业务,经过多年经营,国际资源大厦现已发展成为石景山区写字楼的地标性建筑。2018 年由物业服务整体外包模式成功转变为自主经营模式。2019 年,实现房租收入 1913 万元,营业收入 975 万元。

(时　彦)

【江苏首控项目】　2012 年 3 月首钢控股在镇江新区投资参与成立江苏首控制造技术有限公司,注册资本 1 亿元。2013 年底公司适时进行产品结构的调整,启动编蝠无人机项目的研发工作。2017年股权诉讼案胜诉，经工商变更后，首钢控股持股49.7%，成为第一大股东。2019年，公司调整经营定位，从单一化无人机产品供应商，逐渐向聚焦于特定行业无人机应用的“方案提供商+服务提供商”的方向转型，确立电网巡检、光伏诊断、海事搜救和企业智能化升级四大行业领域，在首钢股份迁钢、镇江电网已成功开发应用。通过江苏省高新技术企业资质认定。

（时　彦）

【首钢伊钢项目】　2008年11月，新疆维吾尔自治区、伊犁州政府与首钢签订战略合作框架协议，支持首钢对伊犁河谷的钢铁产业进行整合，以达到500万吨产能。2009年8月首钢控股落实战略合作协议重组伊犁兴源实业有限公司，更名为首钢伊犁钢铁有限公司。首钢伊钢本部位于伊犁州新源县，注册资本10亿元，首钢控股占股权75%。经过前期运作，公司本部初步形成煤矿、铁矿、焦化、烧结、炼铁、炼钢、轧钢的产业链，产品以热轧窄带钢为主，钢材综合产能60万吨，并控股经营巴州凯宏矿业、库车天缘煤焦化、库车金沟煤矿、乌恰其克里克煤矿等资源性子公司。首钢伊钢具备年产70万吨铁、120万吨钢、60万吨带钢生产能力，原料配套具备70万吨烧结矿、150万吨铁精粉、70万吨焦炭生产能力。

（时　彦）

【通钢公司项目】　通钢公司是有50多年历史的吉林省大型企业，国务院振兴东北老工业基地重点支持的企业，主营铁矿采选、钢铁冶炼、焦化、冶金设计等，钢铁产能560万吨，资产总额300亿元，职工2万余人，2009年排名中国企业500强第203位。2009年7月24日，发生“通钢7·24”事件。2010年7月16日，吉林省政府与首钢签订战略合作框架协议，支持首钢以增资扩股方式重组通钢集团，持有通钢77.59%股权，其中首钢控股持有通钢53.36%股权。首钢通钢集团总部位于长春市，有通化钢铁、通钢矿业、磐石钢管、四平制品、通钢国贸、通自信等控股参股公司。

（时　彦）

【管控体系】　首钢控股完善公司法人治理结构，推动完善“三会”议事规则，制定“三重一大”决策事项清单。巩固和完善权力清单、规章制度、风控手册“三位一体”的制度体系，首钢控股管控权力清单从2.0升级为3.0，进一步明确管控界面。年内新颁发制度24项，废止制度16项。完善风控体系建设，修订颁发风控手册2.0版。整合总部各部门监督职能，开展联合监督检查，年内完成对7家实体单位的现场检查，发现问题61个，提出意见建议40条。开展信息化建设，OA办公系统全面并入首钢集团。完成视频会议系统建设。安全环保工作态势平稳，全年重伤以上事故保持为零。

（时　彦）

【党群工作】　2019年，首钢控股党委召开党委会18次，审议议题81个，其中研究党建议题42项，对9个重要事项进行前置审议；理论学习中心组组织开展集中学习19次，交流研讨7次。开展支部书记、党务干部轮训，受训53人次，实现全覆盖。开展基层党建突出问题专项整治，发现的37个问题已落实整改。地勘院党委整建制划入首钢控股，实现无缝衔接。建立政工例会制度，研究制定《首控公司基层党建工作考核评价办法（试行）》。组织签订党建工作责任书，加强“一岗双责”。推进党支部规范化建设，开展在职党员“双报到”工作。全年发展党员10人。贯彻落实意识形态工作责任制，研究制定《意识形态工作责任制实施细则》《贯彻落实意识形态工作责任制任务清单》。上线“今日首控”APP，开设“首控人的故事”专栏，宣传基层一线先进典型10人次。推进全面从严治党向纵深发展，严格落实“两个责任”，加强反腐倡廉警示教育。制定反腐倡廉主要任务分工方案，全面完成23项重点任务。推动主体责任记实工作向基层延伸，签订《党风廉政建设责任书》24份。制订《首控公司廉政风险风控手册》，完善公司廉政风险防控体系。以企业安全生产和企业文化建设为抓手发挥群团组织作用，增强企业凝聚力。

（时　彦）

【人才队伍】　首钢控股落实工资总额决定机制，与效率效益挂钩制定工资总额预算，加大企业内部自主分配权。构建全口径全要素的人工费管理体系，全面推进转型提效和精细化成本管理。建立实体公司领导人员中长期激励机制，激发企业中长期发展活力。做好内部薪酬分配管理，完成职务职级改革以来的首次职级晋升工作；坚持创新引领，修订《单项奖管理办法》，全年表彰奖励152人次，调动了职工创新创优的积极性。总部持续开展员工培训，邀请专家学者开展全员内训2次，参加集团及以上培训75人次，参加集团青年干部特训班1人。

（时　彦）

北京首钢矿业投资有限责任公司

【首钢矿投领导名录】

董事长、总经理、党委副书记:冯国庆

党委书记、副总经理:李洪革

纪委书记:耿云虹(12 月离任)

纪委书记:史玉琢(12 月任职)

副总经理:周弘强

(颉天经)

【综述】 北京首钢矿业投资有限责任公司(以下简称“首钢矿投”),成立于 2003 年 12 月,2013 年 1 月开始独立运营,为首钢集团有限公司直管单位。注册资本 13.64 亿元,其中首钢集团有限公司出资 11.75 亿元、持股 86.14%,首钢国际(首钢全资子公司)出资 1.89 亿元、持股 13.86%。设有职能部门 4 个:办公室、经营管理处、财务处、审计处。管理 13 个资源项目,其中铁矿项目 5 个、煤矿项目 4 个、其他项目 4 个。截至 2019 年底,在册职工 108 人。首钢矿投持续探索混合所有制下的一业多地管控模式,加强依法依规经营,保持持续盈利,努力打造具有鲜明特点的国有资本投资运营公司。

(颉天经)

【主要指标】 2019 年,首钢矿投实现收入 45727 万元,超计划 3727 万元;实现利润 9264 万元,超计划 2665 万元;资产负债率 46.92%。

(郝玉革)

【企业退出】 首钢矿投推进宁夏阳光股权转让工作,在首钢持有宁夏阳光 46%的股权 5 月末在北交所挂牌到期后,一方面继续与原意向收购企业洽谈,取得阶段性进展,另一方面寻找有股权收购意向的 12 家国有大型煤炭企业并进行推介。

(陈云飞)

【制度管理】 2019 年,首钢矿投梳理规章制度,制定下发新制度 10 项,修订制度 8 项,转发制度 6 项,废止制度 10 项,持续完善适应企业自身发展需求的规范制度体系。

(孙　斌)

【风控体系建设】 首钢矿投按照集团风控体系建设要求,围绕战略规划和职能定位,在重塑业务流、补充完善专业制度基础上,全面推进风控体系建设的试运行,将风控体系建设与信息化建设高度融合,使业务流与信息化相匹配,将经营理念贯穿信息化风控体系建设全过程,有效推进体系运行。

(张凌云)

【审计问题整改】 首钢矿投多措并举持续深入推进整改落实,落实北京市委巡视反馈及内部检查发现 26 项问题、胡军离任审计整改事项 20 项,46 项全部按计划完成整改,整改率 100%。

(张凌云)

【科技创新及新项目】 2019 年,首钢矿投承德球团项目获 8 项国家专利,其中 1 项发明专利,7 项实用新型专利。9 月 3 日,辽宁硼铁球团项目取得凤城市发改委立项备案批复。

(吴建华)

【安全管理及评审】 6 月 13 日,隆化新村续办完成西梁采区采矿安全生产许可证。11 月 10 日,双滦建龙续办完成尾矿库安全生产许可证。11 月份,辽宁硼铁完成硼化工厂扩建项目安全“三同时”安全设施设计、安全预评价评审。11 月 20 日,首钢矿投组织开展消防月集中培训活动,请来北京市公共消防宣传办专员为大家讲解消防安全知识。

(李国军)

【矿产资源利用】 首钢矿投按月收集首钢集团资源项目经营数据,更新完善经营数据库。针对矿产资源项目 17 个矿权、土地和生态保护区有关问题,定期收集更新进展情况,掌握动态。组织专家对湖北鸿顺矿业、山东鑫兴建材 2 个石灰石项目和山西代县明利矿业 1 个铁矿项目进行重点分析和现场考察,分别形成考察报告,建议 1 个项目暂不考虑、1 个持续跟踪、1 个继续开展工作,具备条件后重点推进。

(陈云飞)

【主题教育】 6月—12月,首钢矿投开展“不忘初心、牢记使命”主题教育,把学习教育、调查研究、检视问题、整改落实贯穿主题教育全过程。组织班子成员集中学习1周,开展交流研讨6次,开展专题教育12次,讲专题党课4人次,调查研究过程中现场解决问题10个,检视问题13个,召开专题民主生活会。基层党组织按照“不忘初心、牢记使命”主题教育实施方案,结合“三会一课”形式开展主题教育。

(郭栩萌)

【加强党建】 首钢矿投探索一业多地多种所有制合作经营企业党建工作模式,充分发挥党组织的政治核心和领导核心作用。11月27日,按照《党章》规定,根据集团公司党委要求,首钢矿投召开党员大会,选举产生了党委委员5名,纪委委员3名。结合党支部换届工作,组织直管党支部制定并签订个性化的《党建工作责任书》;开展3次基层党建突出问题专项整治工作,并组织相关党组织整改;持续开展以“不忘初心挑重担、牢记使命我争先”为主题的创先争优活动,推荐1名首钢模范共产党员,评选4名优秀共产党员、1个先进党支部、1个先进党组织,推荐1名首钢之星,6个党支部完成等级评定;全年召开党委会17次,中心组学习19次,每月研究职工思想动态。

(郭栩萌)

【扶贫工作】 首钢矿投做好扶贫工作,党委书记履行第一责任人责任,开展扶贫调研工作。项下信通首承公司作为滦平县就业扶贫工厂(车间),做好硫酸镁一期、球团项目产销平衡,稳定扶贫车间15名建档立卡人员就业。

(郭栩萌)

【巡察整改】 8月14日—9月12日,集团党委巡察组对首钢矿投进行巡察。10月31日,巡察组召开职工大会向首钢矿投反馈巡察意见。会后,首钢矿投召开巡察整改职工动员大会,成立巡察整改工作领导小组,针对巡察反馈问题,制定90条具体措施,明确责任人和整改完成时限。定期组织召开整改工作会议,强化督导,逐一落实、逐项销号。12月31日,组织召开首钢矿投党委巡察整改专题民主生活会。

(郭栩萌)

【党风廉政建设】 2019年,首钢矿投推动全面从严治党向纵深发展,驰而不息纠正“四风”,认真贯彻落实中央八项规定精神,将廉洁从业教育纳入每次经营活动分析会内容,提升党员队伍政治素质和行动自觉。在首钢矿投范围内宣贯履职待遇新政策,开展“私车公养”等问题的联合监督检查,安排专业职能部门指导督促整改。不断丰富党风廉政教育活动载体,通过组织观看警示教育片、参观国子监博物馆官德展、两次旁听中级人民法院庭审受贿罪案件审理等,进一步强化党员领导干部廉洁从业意识,筑牢滋生腐败的思想防线。

(孙 斌)

【生产经营活动】 7月10日,首钢矿投财务一体化项目第一批推广上线培训工作启动,“浪潮”财务系统正式试运行,实现基于共享模式的财务一体化端到端的流程贯通。7月11—12日,首钢矿投组织召开2019年上半年经营活动分析会,开展形势政策专题教育,邀请律师事务所进行公司经营法律知识培训;审计处、财务处、办公室分别以《结合典型案例审计知识培训》《财务制度讲解》《履职待遇及业务培训招待费制度宣讲》为题进行专业培训,深刻剖析公司运营中发生的问题及原因,严肃工作纪律,加强公司管理。

(郭栩萌)

【环保工作】 3月25日,首钢矿投开展绿色建材产业调研与开发工作,响应首钢集团与北京铁路局签署的《绿色物流战略协议》,实现第一列承德建材进京,发往建筑企业试用。11月28日、12月27日,丰宁三赢项目先后通过丰宁县级、承德市级环保治理验收。

(郭栩萌)

【重要活动】

6月21日,首钢矿投开展革命传统教育专题教育,组织在京党员参观“北京香山革命纪念地”红色教育基地,重温入党誓词,引导党员干部铭记党的奋斗历程,弘扬党的优良传统。

7月5日,首钢矿投组织在京党员前往国家博物馆参观“复兴之路”大型主题展览。

7月17—23日,赴辽宁硼铁、信通首承、隆化新村、双滦建龙项目单位,深入主控室、前装机、矿车、铲车、钻机、尾矿库等一线岗位,组织拍摄“向祖国献礼”视频素材。

9月20日,首钢矿投启动战时维稳机制,贯彻落实新中国成立七十周年庆祝活动期间信访维稳工作的相关要求，每天逐级汇报维稳情况，有突发情况及时上报，无突发情况零报告。

9月30日，首钢矿投组织27名在京党员观看电影《决胜时刻》，回顾中国革命走向伟大胜利的重要转折点和光荣历程，牢记共产党人的初心和使命。

（郭栩萌）

北京首钢房地产开发有限公司

【首钢地产领导名录】

董事长：吴　林

董　事：吴　林　李　斌　陈国立（1月离任）
侯锦山　韩俊峰　张　焕（1月任职）

监　事：张　焕（1月离任）　宗民胜（1月离任）
刘振英（1月任职）　徐国生（1月任职）
孙月红（1月任职）

总经理：韩俊峰

副总经理：李　斌　侯锦山　王　坚　马　滨
赵兰子　付卜君（2月任职）

党委书记：吴　林

党委副书记：张　焕（10月离任）

纪委书记：张　焕

工会主席：张　焕

（康鑫磊）

【综述】 北京首钢房地产开发有限公司（以下简称“首钢地产”）是房地产开发、商品房销售、房地产咨询专业化公司，具有房地产开发一级资质。设有2室15部1个项目部，分别为办公室、总工程师室、信息管理部、党群工作部（人力资源部）、纪委工作部、财务资金部、工程（安全环保）部、土地利用部、研发设计部、投资拓展部、营销管理部、协调管理部、成本合约部、招标采购部、审计部、战略运营部、法务部、二通项目管理部。现有分公司2家，分别为北京首钢房地产开发有限公司新北分公司、北京首钢房地产开发有限公司南戴河分公司；全资子公司11家，分别为北京首房商业管理有限公司、北京首钢创意产业投资有限责任公司、秦皇岛首房物业服务有限公司、北京首钢二通建设投资有限公司、首钢宝泉（天津）投资有限公司、天津首钢房地产开发有限公司、葫芦岛市首海房地产开发有限公司、成都首鑫房地产开发有限公司、重庆首金房地产开发有限公司、重庆首钢房地产开发有限公司、重庆首钢鼎业房地产开发有限公司；控股子公司3家，分别为安徽省首钢房地产开发有限公司、福建首鑫建设发展有限公司、秦皇岛市江盟房地产开发有限公司；参股子公司5家，分别为渤海国际会议中心有限公司、北京万年花城房地产开发有限公司、北京首房金晖房地产开发有限公司、重庆品锦悦房地产开发有限公司、北京金安兴业房地产开发有限公司。截至2019年底，首钢地产在岗人员1004人，北京区域在岗员工236人，京外项目公司在岗员工318人，所属物业在岗193人，所属酒店在岗181人。开发企业在岗员工本科以上学历416人（研究生86人），中级以上职称251人（高级职称64人）。

（王照薇）

【主要指标】 2019年，首钢地产实现收入77.8亿元，利润6.5亿元，其中经营性利润4.1亿元，销售回款93.8亿元。新增土地储备75万平方米，新竣工面积112万平方米，新开工面积163万平方米。

（陈名洁）

【自有用地开发】 首通建投公司年内完成销售回款16.7亿元。协调推进二通南区安置房项目房源对接，所有房源全部签订对接协议。取得二通南区安置房预售证号。1、2号地工程按计划完工。组织业主开放日活动，产品品质得到业主认可。二通南区安置房3号地钢结构住宅获得“三星级绿色建筑设计标识证书”。完成首钢北京园区六条规划市政道路建设。2019年，新北分公司实现营业收入21亿元、利润2.4亿元，完成销售签约额4亿元、回款2.8亿元。组织铸造厂南区限价房项目建设，实现按期交房。铸一区项目设计方案通过市住保办审核。14号楼项目完成楼体拆除工作，纳入北京市老旧小区改造项目。首钢医院项目取得《建筑工程施工许可证》。完成《首钢集团在京存量自有用地统筹规划初步方案》。完成铸造村一区共有产权房项目土地获取，集团取得土地补偿费5.3亿元。完成二通东一期共有产权房项目土地入市并实现土地中标，突破性提前取得土地补偿款11.55亿元，还可为集团获得政府收益返还16亿元。完成设备处共有产权房项目控规批复等前期手续，推动项目入市。首嘉钢构用地与通州区政府探索开发方向，取得成效。

（陈名洁）

【市场化项目开发经营】 2019年，首钢地产深耕成渝区域并在京津区域努力进取，获取4宗地块，计容建筑面积47.5万平方米。与中海、华润等一线房企加强战略合作。贵阳公司年内实现营业收入22.9亿元、利润1.2亿元，完成销售签约额24.4亿元、回款24.7亿元。重庆公司年内实现营业收入5.4亿元、利润1亿元，完成销售签约额15.4亿元、回款16.5亿元。成都公司年内实现销售签约额23.6亿元、回款23.6亿元。天津公司提前全额收回土地收储补偿金5.07亿元。首海公司争取解决海洋生态红线问题，实现前期手续办理，完成立项备案手续和规划方案审批，取得规划许可证。南分公司历史遗留问题处理完成，物业平稳运行。疗养院较好完成物业服务及暑期疗休养接待工作。安徽公司年内实现营业收入2.4亿元，完成销售签约额1亿元、回款1.1亿元。福建公司与政府达成协议实现退地，并收回资金1.87亿元，解决了隆教湾项目历史遗留问题。

（陈名洁）

【优化治理体系】 首钢地产公司治理结构持续完善，修订公司章程和《首钢地产董事会工作规则》，调整董事会、监事会组成人数，配齐董事、监事，完成“三重一大”和经办会、党委会、董事会决策事项清单的制修订工作，公司治理体系进一步完善。

（陈名洁）

【强化业务管控】 首钢地产推进管理体系成果落地，建立运营调度周例会制度，建立流程效率工作标准及分析系统，整体流程平均耗时缩短70%，精细化运营体系基本成型。营销管理能力不断强化，年内新推盘21批次，推货52万平方米，货值59亿元，实现整体去化率85%。修订各类营销制度、流程、规范共22项，逐步实现营销流程标准化。推进VI体系设计和品牌形象升级，搭建首钢地产产品命名体系。专项研究库存去化难题，实现重庆商业库存去化近50%。招标采购体系基本建立，年内完成17项战略采购，纳入战略采购项目的成本占工程总成本的75%以上，实现提高工作效率、降低成本支出、保障工程质量、降低廉政风险的目标。加强动态成本监控，建立成本指标数据库，完成招标清单编制及清标110份，合同审核228份，结算审核67份。完成各项目方案设计约210万平方米，审核施工图纸约110万平方米，完成30多个地块强排方案设计。工程类一二级节点完成率90%。审查项目施工图与专项施工方案77个，通过设计优化节约建设成本1000万元。根据《首钢地产三年信息化规划》，完成BPM等系统建设和成本系统升级、招采系统改造、业财一体化建设。实现管理体系信息化落地及流程效率分析。

（陈名洁）

【资金管理】 首钢地产财务管理支撑作用凸显。严格执行资金集中管理，统一调配，年内现金流入166亿元，既保证正常项目开发，也支撑了新项目拓展。年内土地储备资金达60亿元，创历史新高。拓宽多元化融资渠道，年内实现可用融资授信63.5亿元，其中保险资金债权计划、融资租赁、保理等新型融资方式共提供资金46亿元。周密统筹全面预算工作，坚持月度跟踪督导、季度分析评价，完成集团下达的主要财务指标。建立清单式税务筹划要点指引和常态化税务筹划机制。严格控制两费，年内降低管理费用0.5亿元。完成业财一体化建设阶段性目标。

（陈名洁）

【风控管理】 首钢地产法治体系建设逐步加强。推广合同标准化，年内修订及制订合同标准文本26个，提高了效率，控制了风险。对较大案件、典型案件重点研究，挽回损失1000多万元，有力维护了公司利益。全程参与公司生产经营的重大环节，特别是涉及股权变动、重大合同、重大合作事项，为经营保驾护航。

风控管理体系更加完善。推进制度管理体系落地，构建权责手册、规章制度、风控手册三位一体的风控体系。完成经营目标审计4项，探索开展贵阳项目6号地等全过程跟踪审计3期。审计提出涉及内部控制、财务核算、合同管理、招投标管理等问题62项，提出审计建议33条。审计监督关口前移，增强监督时效性。推进审计体系标准化建设，提高了审计质量和工作效率。

（陈名洁）

【人才队伍建设】 首钢地产人才队伍建设不断强化。坚持内部培养和外部引进相结合，全面推行市场化、契约式管理。先后交流调整中层干部31人次，其中提职5人，社会招聘4人，退出中层4人。搭建岗位胜任力模型，严把招聘入口关，引进中高端专业人才34人，招收应届生24人，进一步优化了人力资源结构。加大交流调整力度，总部机关及集中管控专业负责人调岗39人次。深化职工日常考察，因不胜任岗位解除劳动合同13人。完善总部机关《薪酬管理办法》，搭建多等级、宽带式薪酬体系。组织开展职工职级评定，有效激发员工队伍工作热情。建立公司三级人才培训体系，将部门内训管理纳入年度绩效考核，开展"房地产大讲堂"12次、专业培训7次，举办首钢地产中高层及骨干人员清华培训班，组建了20个师徒对子，定期召开师徒对子经验交流会。建立"钢之翼"三年培养管理方案，推动青年员工快速成才。

（陈名洁）

【廉政建设】 首钢地产廉政责任层层分解落实。组织签订中层及以上人员《党风廉政建设目标责任书》和全员《廉洁从业保证书》。多措并举开展廉政教育，各单位通过建立廉政教育室、参观教育基地、新员工廉政培训等形式，增强"红线"意识。通过联合监督检查全覆盖，发现各类问题218项，下发整改通知书12份，督促检查问题实现全部整改。组织编制《廉政风险防控管理手册》，获得集团领导的肯定。

（陈名洁）

【文化建设】 首钢地产思想文化建设持续推进。建立意识形态管理工作责任制，层层压实责任。举办企业文化培训班，让新员工及时学习了解首钢历史文化，快速融入企业。充分发挥首钢地产官微的宣传作用，及时推送项目动态和要闻。以"首钢地产人物故事"和"身边榜样"为主题，深入挖掘宣传基层典型20余人次。组织制作的新媒体视频《我和我的祖国》登上"学习强国"，职工群众反响强烈。加强舆情监测和管理，及时解决问题和矛盾。深入开展建言献策、劳动竞赛活动，大力表彰年度先进，营造"比学赶超、争当先进"的良好氛围。

企业凝聚力日益增强。深入开展"送温暖"活动，公司领导带队深入基层进行走访慰问，开展工会会员生日、送清凉、生病住院职工慰问工作。关爱员工健康，邀请专家做健康讲座，引导员工健康生活。不断丰富员工文化生活，新建台球、瑜伽活动室，组织开展"不忘初心颂祖国，牢记使命再扬帆"庆祝新中国成立70周年歌咏比赛，结合纪念首钢建厂100周年，总部门及各子公司分别开展丰富多彩的系列文体活动。深入排查矛盾纠纷，有针对性地做好重点群体、重点人员的稳控和疏导工作，保证了总体和谐稳定。

（陈名洁）

首钢医院有限公司

【首钢医院领导名单】

院　长：顾　晋

党委书记：向平超

副院长：雷福明　王海英　杨布仁　王宏宇　关振鹏（4月任职）

（何赛男）

【综述】 首钢医院有限公司（以下简称"首钢医院"）是一所集医疗、教学、科研、预防保健于一体的三级综合医院。占地面积6.56万平方米，建筑面积10.55万平方米。设有36个临床科室，12个医技科室，18个行政职能处室，4个社区服务中心，1个办公厅保健室，1个科研机构。在岗职工1893人，其中正式职工972名，合同制职工921名。卫生技术人员1567人，其中正高级职称42人，副高级职称108人，中级职称524人，初级师484人，初级士185人。截至2019年底，医疗设备净值38426.91万元，乙类医用设备8台。年内购置医用设备总金额 6007.76 万元,其中乙类医用设备 3 台。

(何赛男)

【机构调整】 2019 年,首钢医院经营财务处与财务处合并,成立经营财务处。取消干部保健外科,成立普通外科胃肠肿瘤多学科协作诊疗中心。首钢医院主办 2019 北京西部医学论坛开幕式暨首钢医院关节炎诊疗中心成立仪式。

(何赛男)

【改革与管理】 2 月 20 日,首钢医院召开医耗联动综合改革动员部署会议,6 月 15 日 0 时顺利完成医改系统切换工作,顺利推进“4+7”带量采购工作。按照首钢集团《首钢医院改制重组工作推进情况表》推进医院改制重组各项工作,8 月医院完成改制。10 月 8 日,首钢医院有限公司成立,为集团全资,列入直管单位管理。首钢医院成为紧密型医联体试点单位。撰写《北京大学首钢医院紧密型医联体建设试点工作方案》,协助石景山区在北京市申报紧密型医联体试点示范区。推进改善医疗服务和医耗联动综合改革工作,为医改实施保驾护航。重新编写 18 项医疗质量安全核心制度的内容,涉及条款 156 项。

(何赛男)

【医疗工作】 2019 年,首钢医院出院 36996 人次,床位周转 38.60 次,床位使用率 93.12%,平均住院日 8.83 天。住院手术 9595 例,剖宫产率 47.54%。实施临床路径 22 个科室 135 个病种。年内临床用血分类:全血 0、红细胞 6061(U)、血浆 457600(ML)、血小板 1091(U)。首钢医院通过区级创建老年友善医院评审,开展老年友善医院建设。响应国家鼓励医师多点执业的相关政策,依据《中华人民共和国执业医师法》《北京市医师多点执业管理办法》中的受理范围,2019 年为 33 名医师在医院进行多点执业。参与完成 2019 年国际冰联女子冰球世界杯、2019 年国际高校冰球联赛、2018—2019 年世界壶联冰壶世界杯总决赛、2019 年国际沸雪比赛医疗保障工作。推进外周介入中心、核医学、放疗中心等学科建设,学科布局持续完善,一批品牌学科正在形成。中央电视台《焦点访谈》《面对面》等栏目对首钢医院安宁疗护中心工作进行报道。北京电视台生活频道《医者》栏目主办首届“精诚医者”致敬颁奖盛典,首钢医院院长顾晋获得首届“精诚医者”荣誉称号。

(何赛男)

【医疗援助】 首钢医院社区紧跟改革步伐改善医疗服务行为,扩大家医服务内涵,为重点人群提供上门服务,为肿瘤患者提供居家安宁疗护,开展医养结合,做好医养康护工作,打造优质功能社区,提供连续性医疗服务。通过双向转诊、建立紧密型医联体建设示范区、医联体内会诊及患教情况,落实改善医疗服务目标。落实分级诊疗,建成一套可复制、可推广的依托紧密型医联体的“三级医院—社区—家庭”慢病防与治体系,实现“让信息多跑路、患者少跑路”的惠民项目。完成上转患者 2473 人次,下转患者 123018 人次。继续对首钢水钢总医院、内蒙古四子王旗人民医院、内蒙古一机医院、内蒙古宁城县中心医院、北京市大兴中西医结合医院等医院帮扶工作。2019 年,派驻医师 71 名,接受进修 13 人次,开展义诊 3 次,开展手术 105 次,进行会诊和疑难病例讨论 244 次,开展新技术新业务 10 项,进行手术示教 34 次,来京参会 7 人次。

(何赛男)

【护理工作】 首钢医院有硕士学历护士 8 名,本科学历护士 276 名。医护比 1∶1.5,床护比 1∶0.6。重症监护病房床位数 45 张。进修 2 人次,参加专科护士培训 14 人,外出学习 76 人次,承担医学院校本科生教育 52 人,大专生 204 人,中专生 33 人。首钢医院作为北京市首批试点医疗机构率先正式上线开展“互联网+护理服务”试点居家护理服务。

(何赛男)

【科研工作】 2019 年,首钢医院获得一项国家自然科学基金(青年项目),申报中标课题国家级项目 4 项、市级项目 5 项、区级项目 3 项、医学会项目 2 项。在研课题 139 项,结题 53 项。备案论文 181 篇,SCI 文章 24 篇。备案 10 部出版物,其中为主编 1 部、主译 1 部,副主编 2 部,其余 6 部为参编。2 个区级重点扶持专科建设结束待评(肿瘤内科、病理科)。举办大型会议 5 场;组织申报评审 5 次,邀请评审专家 11 人次;组织伦理会议 12 次,伦理培训 6 次,邀请院外专家授课 3 人次。

(何赛男)

【医学教育】 首钢医院完成北大医学部 2015 级生物医学英语专业教学任务和 2016 级海外口腔专业教学任务,共 935 学时,学生 45 人。完成 2014 级西藏大学医学院临床教学实习任务、2014 级北京卫生职业学院临床教学实习任务、2016级沧州医学高等专科学校教学实习任务、2016级山西同文职业技术学院临床教学实习任务、2016级石家庄医学高等专科学校教学实习任务、其他学校教学实习任务，共50人。承接2015级西藏大学医学院临床教学实习任务，学生17人。首钢医院有教授职称教师4人，副教授职称教师5人，培养硕士研究生2人。参加北京市卫生局专科医师规范化培训的住院医师75人，其中一阶段32人，二阶段43人。参加继续医学教育的人员1465人，接收进修生共计47人。举办短期学习班36次，参加7200人次。举办学习班115次，脱产学习244人次。到院外进修20人，出国进修4人，录取研究生1人。

（何赛男）

【交流与合作】

首钢医院获北京市科学技术委员会批准出国（境）培训项目8人。2019年派出医师赴美国学习2人，赴加拿大参加医师师资项目培训2人。

首钢医院主办2019北京西部医学论坛，为期2天，设主论坛1个、分论坛4个；举办中韩结直肠癌多学科综合治疗研讨会。

4月，首钢医院副院长、骨科主任关振鹏教授邀请北医三院运动医学研究所副所长、我国著名运动医学专家崔国庆教授带领团队成功完成了一例肩关节镜下肩袖断裂修补术，此手术在首钢医院首次开展。

6月12日，作为北京市首批“互联网+护理服务”试点医院，首钢医院与北京美鑫科技有限公司正式签约合作。首钢医院将借助该公司“金牌护士”平台建立医院专属的线上护理服务中心，根据试点方案的规范和要求，为医院紧密型医联体范围内有需求的出院患者和社区居民，提供可选择、个性化的居家护理服务。7月1日，首钢医院作为北京市首批试点医疗机构率先正式上线开展“互联网+护理服务”试点居家护理服务。

12月13日，国际雪联医疗委员会副主席珍妮·舒特女士及北京冬奥组委会、北京市卫健委等相关部门的工作人员到首钢医院参观考察。此次考察是国际雪联对首钢医院2022年冬奥会和冬残奥会医疗服务筹备情况和医疗保障能力考察的重要部分。

（何赛男）

【信息化建设】 首钢医院建成基于RBRVS的医院绩效核算平台，进一步完善医院分配激励机制。完成医院医疗物资耗材的一体化管控，实现条码化全流程追溯管理，严控医院耗材成本。区域互联互通实现首钢医院信息系统与石景山区社区医院信息之间的互联，完成并推进医联体在线双向转诊。建成远程会诊系统。2019年取得7项自主研发软件著作权。

（何赛男）

【基本建设】 7月23日，首钢医院新门急诊医技大楼开工建设，建筑面积52727平方米。年内新建高压配电室，建筑面积608平方米。

（何赛男）

【院庆活动】 2019年是首钢医院建院70周年。首钢医院通过整理历史相关资料，编撰《北京大学首钢医院建院70周年画册》、制作建院70周年宣传纪录片及医院院史墙。12月18日，举行“不忘初心、奋勇前行”首钢医院建院70周年活动开幕式，举办首钢医院建院70周年院庆“医学大师论坛”，邀请北京大学医学部主任詹启敏院士致辞，邀请清华大学药学院鲁白教授、北京大学分子医学研究所所长肖瑞平教授、韩国延世大学金南奎教授、生物芯片上海国家工程研究中心部恒骏教授出席，四位医学大家从成果转化、科研论著、学科建设及生物银行建设等方面进行演讲。举行由医院职工组织演出的首钢医院建院70周年文艺汇演。

（何赛男）

【重要事项】 12月4日，北大首钢医院理事会会议在北京大学医学部召开。理事会研究讨论医院2019年度工作、中长期发展规划和改制工作等事项，参会理事进行了充分交流讨论。12月18日，经北京大学医学部专家评议组评议，医学部学位评定委员会六届八次会议讨论通过，首钢医院骨科获批博士培养点单位，专业为外科学（骨外），博士生导师为关振鹏副院长。

（何赛男）

【党建工作】 首钢医院各级党组织陆续开展“不忘初心、牢记使命”主题教育，通过讲党课、参观学习、民主生活会等方式加强党员党性修养。认真学习贯彻党的十九届四中全会精神，并结合实际开展工作。9月20日，中国共产党北京大学首钢医院委员会更名为中国共产党首钢医院有限公司委员会，中国共产党北京大学首钢医院纪律检查委员会更名为中国共产党首钢医院有限公司纪律委员会。

（何赛男）

首钢控股(香港)有限公司

【香港首控领导名录】

董事长:张功焰

董　事:赵天旸　孙亚杰　白　超

　　　徐　量　丁汝才

总经理:徐　量

副总经理:丁汝才　苏凡荣　程晓宇

财务总监:李金平(5月任职)

(宋清秋)

【综述】 首钢控股(香港)有限公司(以下简称"香港首控")是首钢于1992年10月在香港注册成立的投资控股公司,发行股本70,909万港元,首钢持有100%股权。1993年—1995年,香港首控联合长江实业(集团)有限公司采取一系列的收购、兼并和重组,通过共同控股首长国际企业有限公司(简称"首长国际")、首长四方集团有限公司(简称"首长四方")、首长宝佳集团有限公司(简称"首长宝佳")及首长科技集团有限公司等香港上市公司,为打造香港首控成为集团的香港上市公司管控平台奠定了基础。香港首控直接或间接持有首长国际、首长四方、首长宝佳、首钢福山资源集团有限公司(简称"首钢资源")、环球数码创意控股有限公司(简称"环球数码")五家主要上市公司股权。

2019年,香港首控不断强化自身建设,充分发挥管控职能,调整优化上市公司股权结构,初步形成主业清晰、板块互补的新格局。加大清理资产抵押、股票质押力度,针对银行的抵押、质押贷款开展清理工作,从中长期的角度化解债务危机。稳步实现企业退出,下大力气清理银行账户。成立合规审计部,强化合规风险管控体系建设,促进合规经营,防范风险管理。

(宋清秋)

【主要指标】 2019年,香港首控计划实现销售收入10.28亿元,完成销售收入16.02亿元,完成年度预算的156%;计划实现利润1.98亿元,实际完成5.35亿元,完成年度预算的270%。香港首控旗下五家香港上市公司2019年末总市值212.09亿港元,比上年末总市值144.39亿港元,增长46.89%。

(杨俊林)

【首长国际持续增长】 2019年,首长国际保持持续增长的发展态势,停车板块,年内新签约车位数超过3万个,全覆盖北京、上海四大国际机场,成为中国领先的机场停车楼运营商。持续推进智能化建设,SONIC智能管理平台正式上线,推广停车场无人收费模式,提升运营效率,加大运营资源的整合力度,推进运营标准化。城市更新板块,年内新增管理基金7支,总规模179.26亿元,参与或管理基金23支,总规模424.55亿元。完成铁矿石贸易业务剥离,进一步聚焦主业。

(杨俊林)

【首钢资源持续高盈利】 2019年,首钢资源实现利润16.33亿港币,股东年派发股息达9亿港元,其中首钢系获派2.69亿港元。年内原煤产量完成437万吨,精煤产量268万吨。郭家沟资源项目取得阶段性实质进展。金家庄下组煤工程提前完工并成功取得生产许可证,逐步恢复正常生产。加强发展配煤技术提高质量,消化不利因素、持续严格控制成本、节支降本。寨崖底煤矿和首钢签订高硫精煤长期供货合同。完善ERP项目,提升管理效率。

(杨凯峰)

【首长四方推进战略转型】 2019年,首长四方按照确定的总体目标方向,进一步推进整体战略转型,紧扣首钢集团的发展战略,依托香港国际金融市场优势,不断理清发展思路,确定以供应链金融科技服务与金融服务为核心业务和市场竞争力的产融结合战略。完成供应链金融平台基础功能建设,开展平台运行支持供应链金融下游预付款融资业务及采购保理业务。租赁业务围绕首钢集团资产和项目规模8亿元。继续落实降本增效措施,严控各项费用支出。

(杨凯峰)

【首长宝佳扭亏为盈】 2019年，首长宝佳通过选择性接收订单，全力拓展在大型和跨国轮胎制造商的覆盖范围，微调销售组合。不断控制生产成本及优化两厂产能。启动土地面积达约357亩、年产量2万吨的滕州新黄丝生产线建设。成功发行1.5亿港元的可换股债券。完成利润为1.12亿港元，比上年增利1.23亿港元。

（杨俊林）

【环球数码整困重塑道路】 2019年，环球数码对业务进行重新梳理、整困，并开展人员优化，为重塑发展路径、摆脱困境奠定基石。建成佛山低成本动画制作基地。深圳动画制作业务进行业务重组，持续减员增效。逐步建立符合公司财政能力且接轨市场的薪酬、绩效和激励制度。顺利解决佛山项目历史遗留问题，持续跟进广州项目诉讼问题。制作的多部动画电影、电视片，获多项奖项和荣誉。

（杨凯峰）

【履行社会责任】 香港首控坚持思想引领，增强凝聚力，引导香港本地员工更多参与社会工作，营造爱国爱港氛围。选派香港本地员工参加赴京考察交流活动，参观首钢集团、北控等在京知名企业，让香港员工认知祖国，了解集团的发展，提升归属感和使命感。面对2019年香港政治态势严峻局面，积极组织香港员工及其家属好友向社会发出止暴治乱、恢复和平的声音，坚决维护“一国两制”原则，履行中资企业的社会责任，为香港尽快走出政治纷争、继续保持稳定繁荣做出努力。

（宋清秋）

北京京西重工有限公司

【京西重工领导名录】

党委书记、董事长：赵久梁

党委副书记、董事、总裁：蒋运安

党委委员、纪委书记：孙　炜

党委委员、副董事长：李　志

党委委员、副总裁：郗　钊

副总裁：汤姆·古德　赵子健

总裁助理：道格·卡森　克雷格·蒂姆　黄　彦

总工程师：阿兰·李

董事会成员：赵久梁　蒋运安　李　志　韩卫东　陈舟平

外部董事：叶盛基　许　敏

（李　萌）

【综述】 北京京西重工有限公司（以下简称“京西重工”）成立于2009年3月23日，2009年3月30日，京西重工与德尔福公司正式签署收购其全球减震和制动业务主协议，同年11月2日正式签署交割协议。至此，收购工作全部完成。业务涉及全球14个国家和地区，注册资本金13.2亿元，其中，首钢集团占股55.45%，北京房山国有资产经营有限责任公司占股44.55%。

京西重工作为一家服务全球的底盘系统零部件供应商，在设计生产减震和制动零部件、模块及系统集成方面具有丰富的经验，能够根据全球不同客户的车型差异、品牌特点和功能需求提供系统一体化解决方案。公司全球拥有6家工厂（波兰克拉斯诺、墨西哥奇瓦瓦、英国卢顿、捷克海布、美国印第安纳、中国北京），5家技术研发中心（美国布莱顿、美国代顿、法国巴黎、波兰克拉科夫、中国北京），以及十多个技术服务中心；拥有1000多项专利或专有技术。减震器和制动器两项业务，其双模态减震器、轻量化减震器、主动稳定杆系统（ASBS）、电子稳定性控制系统等产品技术处于世界领先水平。服务于全球50多家客户，先后获得包括法拉利、捷豹路虎、上海通用、沃尔沃、本田在内的众多整车厂年度“优秀供应商奖”和“突出进步奖”。2014年1月27日，京西重工在香港联交所成功上市交易（简称京西国际，股票代码02339）。

（刘世俐）

【主要指标】 2019年，京西重工实现销售收入44.33亿元，较年预算指标52亿元降低14.75%，亏损6094万元，较年预算指标6500万元降低193.75%；集团下达的新订单指标10亿美元，完成预算指标。

（陶思铭）

【业务重组及战投引入】 京西重工在集团的大力支持与指导下，自2018年6月至2019年10月，历经16个月，终于完成制动业务引入战略投资者工作。2019年10月22日，京西重工与华登国际、北创投和宏芯投资三家战略投资者正式签署京西重工上海公司增资股东协议。11月初，三家投资者完成注资3.15亿元，增资完成后，京西重工持有京西上海48%股权，仍为第一大股东，京西上海也成功实现混合所有制改革。该项目的完成不仅对于京西重工制动业务走出困境、缓解股东资金压力和改革体制机制等方面有着重要意义，更为在京西重工公司层面推动混合所有制改革、进一步落实国际化经营改革方案和实现企业中长期规划目标奠定了坚实基础。

（刘升波）

【技术研发】 2019年，京西重工持续优化全球研发体系和管理流程，提升研发效率和研发收入。一方面，优化全球研发体系，将技术中心0—2阶段的制造工程团队整合到工厂，实现设备从选型到安装、调试、使用、维护的全流程管理；另一方面，加强对于全球研发资源的整合，提升研发效率，增加技术研发服务收入。年内制动业务取得研发收入合同超过1亿元。全球研发坚持“技术引领前行”，重点针对智能化、新能源化，以及高经济附加值产品的研发。新提出专利申请45项，获得授权的专利为146项，均为发明专利。授权的专利主要包括磁流变减震器、空气悬架、用于车辆基座应用的磁流变液组合物、主动传动系悬置的控制系统及控制主动传动系悬置的方法、受控制动器电磁阀等。

（张春梅）

【持续改进】 2019年，京西重工在中国汽车产销量出现持续下滑的情况下，房山工厂经营指标取得突破，实现盈亏持平。同时，房山工厂夯实基础管理，各项工作迈上新的台阶。客户订单准时交付率100%；总装生产计划总量达产率98%，高于95%的目标；全工序生产效率OE提升至80.44%；产品质量受客户较高评价，获得通用汽车全球质量卓越奖。房山工厂研发中心进一步完善了组织构架和人才培养，随着研发中心本土化管理工作进入新的阶段，研发中心人员能力水平持续提升，涉及国内的部分，从报价初始设计、工艺投资到样件制作、验证投入等均由房山研发中心自主完成。

（代炎华）

【新工厂成效】 京西重工在市场下滑的情况下，加大市场开拓力度，争取优质客户主力车型新订单，结合欧洲主要客户战略转型，优化项目结构。同时，开展工厂持续改进工作，优化工艺流程、提高生产效率、改善产品质量、控制人工成本。2019年9月，美国印第安纳工厂，正式量产，产能快速提升，第四季度年化产量近200万支，生产减震器41万支；捷克海布工厂产能由2018年41.2万支爬坡至2019年产量105万支，产品结构得到改善，新增的捷豹路虎空气悬架项目提升了工厂的综合竞争力。

（陈元庆）

【清撤工作】 按照首钢集团要求，京西重工下属成达有限公司及京西重工汽车技术私人有限公司两家公司被列入《首钢2018—2020年企业退出计划表》，要求于2019年12月31日前对两家公司完成清撤。京西重工认真研究，责成专人负责此项工作，并顺利完成有关清撤工作。

（陈元庆）

【人工成本管理】 2019年，京西重工严格抓好人工成本管理体系建设，从人工成本预算编制入手，制定编制范围，统一编制规则和科目分类，细化人工成本科目含义，做好运营口径与全口径全要素人工成本预算编制的对接。做好人工成本的控制和执行，通过对职工保险福利和涨薪比例的审批，做好人工成本预算的执行和控制。实现人工成本与SAP、YODA等人力资源系统对接，建立职工和人工成本分析追踪报告，初步建立全面的人工成本分析体系。

（付树浩）

【风险防范】 2019年，京西重工继续加强企业风险防范和内控体系建设。进一步完善符合自身经营规模特点的全方位、立体化、常态化和全员参与的生产经营风控管理体系。完成公司内控体系自查、评价和整改。针对自查中发现的6项设计缺陷，4项执行缺陷，8项一般缺陷，2项重要缺陷，公司逐项制定整改措施，形成自评价报告。关注重点领域，初步建立风险管理体系，实现重大风险预警，包括开展风险专项跟踪管理、风险数据统计和分析。进一步完善风控审计与纪检监察协同联动机制。将纪委的“监督执纪问责”与风控内控管理紧密结合，做到监督执纪全过程、全覆盖。

（沈国成）

【政治建设】 京西重工着力加强政治建设。带领党员干部坚定政治信仰，强化政治领导，提高政治能力，净化政治生态，进一步增强“四个意识”、坚定“四个自信”、做到“两个维护”。要求党员干部严格执行请示报告制度，按规定主动做好请示报告，未发现不遵守请示报告制度情况。围绕集团“三重一大”检查组现场检查后反馈的问题认真整改，使“三重一大”制度得到进一步完善；对党委会工作规则进行修订，进一步完善细化有关规定和程序。选派3名政治素质、纪律意识出众的员工参加国庆群众游行，完成重大任务；要求党员认真履行社会责任，参加社区“双报到”活动，党员人均服务超过5次。

（刘世俐）

【思想建设】 2019年，京西重工继续着力加强党员干部思想建设。深入开展“不忘初心、牢记使命”主题教育，成立了领导小组，制定各级学习方案，确保主题教育有序推进。把学习教育贯穿始终，扎实开展理论学习，推动全体党员精读细读规定篇目；把调查研究贯穿始终，党委班子成员积极深入基层调研，解决实际问题；把检视问题贯穿始终，以刀刃向内的勇气查找问题，深挖根源；把整改落实贯穿始终，对查摆出的问题立查立改，暂时解决不了的盯住改、限期改，确保整改落实到位。认真落实党委理论学习中心组学习制度，坚持每月集体学习一次，每季度集中研讨一次。组织基层党组织和广大党员深入学习贯彻习近平新时代中国特色社会主义思想，做到学深悟透。组织领导班子成员和中层干部开展东西方文化差异研讨，进一步加强企业文化建设。认真落实意识形态工作责任制，分别于上半年和下半年对意识形态工作进行专题研究和部署。做好舆论引导和监测，确保舆情平稳。

（刘世俐）

【组织建设】 京西重工着力加强组织建设。认真落实“四同步”要求，与地方党组织沟通，于6月在京西上海湘潭分公司和京晟（常州）公司设立了党支部，使党的组织和党建工作做到全覆盖。5—6月，组织北京地区各党支部和京西上海党总支及党支部进行换届选举；于11月召开京西重工党员大会，选举产生新一届党委委员和纪委委员，实现应换尽换。对新换届的基层党组织逐级签订《党建工作责任书》。按照上级党委“一规一表一册一网”要求，认真开展党支部规范化建设。指导各党支部认真落实“三会一课”制度，进一步健全党的组织生活，增强党员党性观念。按照成熟一个发展一个原则，京西重工北京地区本年度共发展党员4名。加强人才队伍建设，建立关键人才继任和发展计划方案。选派青年骨干3人参加首钢青年干部特训班和科技创新培训班培训，推动青年人才的成长。

（刘世俐）

【作风建设】 京西重工着力加强作风建设。结合集团党委巡察反馈意见，进一步完善有关制度建设。修订领导人员履职待遇、业务支出管理办法等相关规定，进一步规范领导人员公务用车、差旅费用管理。在春节、国庆等节日前夕，向党员干部发送廉政提醒短信，确保廉洁过节。针对检查调研存在频次过多过滥现象，立行立改，进一步减轻基层负担。认真落实集团党委巡察组巡察问题整改，针对反馈意见中提出的6个方面17项36个问题，制定整改措施85条（项），截至12月末，完成问题整改25个，未完成问题整改11个。落实首钢联合监督检查组检查问题整改，按照《关于对北京京西重工有限公司联合监督检查情况的报告》提出的7个方面14个问题，制定37条对应整改措施。截至12月末，有一项问题整改完成并提报专项汇报材料。做好信访维稳工作，严格按照集团要求落实维护稳定责任制。在京西重工上海工厂搬迁后续工作调整过程中，认真开展社会稳定风险评估，细化工作措施，确保企业稳定。严格执行集团有关重点矛盾纠纷包案要求，未发生重点矛盾纠纷。

（王　兵）

【纪律建设】 京西重工着力加强纪律建设。认真落实党委全面从严治党主体责任、党委书记第一责任人责任、领导班子其他成员分管领域内的管党治党政治责任，推动全面从严治党向纵深发展。全面支持纪委工作，成立纪委办公室，使其更好运用好监督执纪“四种形态”。组织各级领导人员修订并逐级签订《党风廉政建设责任书》，进一步筑牢思想道德防线拒腐防变。认真落实集团党委推进纪检监察体制改革实施方案，构建兼职纪检监察人员队伍，强化纪检监察人才培训，一体推进不敢腐、不能腐、不想腐。

（王　兵）

北京首钢基金有限公司

【基金公司领导名录】

董事长：张功焰

董　事：张功焰　郭　为　范勇宏
　　　　肖　星　赵天旸　白　超

总经理：赵天旸

副总经理：聂秀峰　沈灼林　许华杰

（张蕊蕊）

【综述】 北京首钢基金有限公司（以下简称"首钢基金"）以"打造投资能力、产业运营能力、资本运作能力、公司治理能力"为核心，助力集团转型发展。首钢基金设立战略指导委员会、投资决策委员会、战略投资审核与组织优化委员会。基金前台设投资并购、城市更新、供应链及金融、区域发展与服务四个事业群，专注投资和产业运营。中后台，设资本市场部、业务发展部、投后管理与服务部、人力资源部、法律事务部、合规审计部、经营财务部和运行支持部，对基金整体的合规运行进行综合把控，并对投后项目实行有效的管理和赋能。截至2019年12月底，首钢基金职工数量62人，党员19人；本科及以上学历占比98%。

2019年，首钢基金在集团党委和董事会的坚强领导下，全力以赴做好各项工作。获国际评级机构惠誉A-、标普BBB+、中诚信和东方金诚AAA评级，取得2019中国风险投资年度大奖·金投奖影响力PE投资机构TOP50、2019年清科中国最佳有限合伙人TOP20等多项荣誉。

（张蕊蕊）

【主要指标】 截至2019年末，首钢基金净资产规模253.45亿元，资产管理规模524亿元，撬动社会资本194亿元，累计收入37.09亿元，利润总额33.95亿元；全年实现收入11.24亿元，实现利润10.11亿元，同比增长38%。主要在产业类、园区类、股权类、FOF类四个方面进行大类资产配置，投资决策已签约项目62个，决策金额239.98亿元，实际出资32.43亿元，累计出资182.2亿元。

（张蕊蕊）

【收购首长四方股份】 2月13日，首钢基金向鼎珮证券有限公司收购首长四方4亿股公司股份，总现金5520万港元。该举措有利于助力集团在港上市公司首长四方充盈主业，转型升级，同时加强在供应链金融领域的布局，将为钢铁上下游及传统企业和中小企业提供更加优质的金融服务。

（张蕊蕊）

【投资上海金浦】 2月15日，首钢基金投委会审议通过上海金浦国调并购股权投资基金（以下简称"金浦投资"）项目。金浦投资成立于2009年，主要股东为上海国际集团资产管理有限公司、江苏沙钢集团有限公司等大型企业。截至2019年底，管理股权投资基金11只，管理基金总规模超过200亿元，投资覆盖金融、医疗健康、新能源、高端制造等多个领域，与首钢基金的战略投资方向具有共融性，有利于首钢基金战略投资布局、获取金浦股东及其上市公司资源、有机会实现项目分享和共同投资，并为已投项目谋求更多退出渠道。

（张蕊蕊）

【投资夏尔巴】 2月15日，首钢基金投委会审议通过夏尔巴人民币一期基金项目。该基金主要投资于具备快速成长潜力的扩展期和初创期医疗健康领域项目，主要围绕制药、医疗器械、医疗健康服务、与医疗健康相关的互联网及移动技术及医疗健康相关的信息技术等方向。该项目核心管理团队稳定，投资团队深扎医疗细分领域，具有丰富的行业经验和投资经验，能够与首钢基金在投资端紧密合作，有助于京冀基金投资布局医疗领域，获取优异回报。同时，该项目支持健康医疗产业发展，将助力和谐宜居都市建设。

（张蕊蕊）

【投资丰首基金】 2月15日，首钢基金投委会审议通过北京丰首产业投资基金（以下简称"丰首基金"）项目。预计丰首基金总规模40亿元。基金重点投向产业园区运营管理及消费升级领域和体现城市服务水平的综合服务领域,支持轨道交通、军民融合、电子信息、智能制造、大数据等高精尖产业发展,并利用腾退空间补充完善城市功能,构建城市综合服务业产业生态。投资丰首基金有助于贯彻国家京津冀协同发展战略,利用北京南部地区发展战略契机,助力深入实施北京城市总体规划。

(张蕊蕊)

【首钢基金与京东城市战略合作】 3月21日,iCity智能城市大会在京东集团总部召开,会上首钢基金S-PARK与京东城市签署战略合作协议,合作内容主要为覆盖全国的智能停车场建设。与京东城市的战略合作,将充分发挥双方在各自领域的资源优势,打造科技智能的停车项目,拓展智能城市的想象空间。

(张蕊蕊)

【投资中航基金】 4月3日,首钢基金投委会审议通过中航基金增资项目。中航基金有限公司于2019年4月18日在北交所正式挂牌,公开募集资金。6月17日,首钢基金向北交所递交材料并成功摘牌,拟认购中航基金新增1.35亿注册资本,总持股比例不超过45%。该项目已报证监会,进入审核阶段。首钢基金通过参与中航基金增资项目,将实现顺利进入公募基金行业,深化在金融领域的战略布局,同时将传统募资延伸至公募基金投资人,拓宽融资途径,并与园区及城市更新领域形成协同,盘活存量资产,助力首钢老工业园区发展。

(张蕊蕊)

【标普再次授予首钢基金高评级】 4月,国际知名评级机构之一标普再次授予首钢基金公司"BBB+"长期评级和"A-2"短期评级。长期评级的展望为稳定。这也是继2018年首次获得标普BBB+评级后,首钢基金再次得到国际评级机构的高评级,在同类型企业评级中位于领先地位。标普方面指出,首钢基金承担京津冀协同发展的国家战略,在首钢集团和北京市从旧产业到新产业转换过程中起到关键作用。

(张蕊蕊)

【投资首狮基金】 首钢基金出资9亿元,引入泰康、宜信等社会资本9亿元,规模18亿元。该项目2019年施工,预计2021年6月投用。届时将成为中国老工业区绿色转型的标杆项目和冬奥会的重要服务基地。还储备亚马逊、苹果、埃森哲、百盛、奈尔堡等35个顶级项目。

(张蕊蕊)

【引入全国社保基金】 5月30日,首钢基金与全国社会保障基金理事会正式签约,共同设立城市更新基金,投资首钢国际人才社区北区开发建设。该基金拟募集总规模100亿元,首期募集规模60亿元,其中社保基金出资24亿元。该基金的成功设立,使首钢集团成为北京市首家引入社保基金的国有机构,标志着首钢基金已通过"基金+基地+产业"模式成功引入国家级资源,与近年来引进的国际机构、新经济等各方形成合力,共同助力打造新时代首都城市复兴新地标。

(张蕊蕊)

【全国社保基金理事会理事长到访首钢】 5月23日,全国社保基金理事会刘伟理事长一行到首钢园区调研,在董事长张功焰等陪同下,参观冬奥会和冬残奥会展示中心,详细了解首钢园区城市更新改造的规划和现状,对首钢园区打造城市复兴新地标的努力表示肯定。

(张蕊蕊)

【冬奥中医药国际保障中心选址侨梦苑】 北京市中医局、石景山区人民政府与冬奥会组委会,启动"冬奥+中医药"服务,即冬奥中医药国际保障中心项目,旨在利用2022年北京举办冬奥会的国际体育盛会契机,创新中医药国际交流,扩大中医药文化国际影响力。6月底,该项目由首颐医疗投资建设,政府及相关部门以项目经费形式提供资金支持。依托北京首颐中医医院,选址侨梦苑,距冬奥会组委会办公区及场馆1.2—2.5公里,将建设成为高端国际中医服务及中医药文化宣传展示平台。

(张蕊蕊)

【大兴国际机场停车楼正式投运】 6月28日,北京大兴国际机场停车楼正式通过竣工验收,9月25日,大兴国际机场正式投运,作为机场的重要部分,首钢基金S-PARK团队管理运营的机场停车楼也同时投入运营。团队正以打造停车领域"五星"服务为目标,全力提升"首钢服务"和"S-PARK"全品牌价值,以更高标准、更好质量为国内外亿万旅客提供最优质的服务。

(张蕊蕊)

【投资华盖基金】 7月3日,首钢基金投委会审议通过华盖三期医疗基金项目。基金预计募集规模人民币30

亿元，首钢基金认缴出资0.5亿元，实缴出资0.2亿元。华盖三期医疗基金聚焦医疗健康等领域，团队均有着良好的投资业绩。与首钢基金的战略投资方向具有协同性，将有助于首钢基金布局医疗等领域，获取优异回报。

（张蕊蕊）

【被投企业理想汽车正式交付】 8月16日，首钢基金投资企业理想汽车宣布完成5.3亿美元C轮融资。本轮融资由美团创始人王兴领投，投后估值约为29.3亿美元，首钢基金控制类子基金成都首钢丝路股权投资基金参与投资6000万元，持续为智慧出行产业赋能。至此，理想汽车累计融资额15.75亿美元。同时，理想汽车宣布首款产品理想ONE将于8月开启媒体试驾，9月起在全国13个城市陆续开启用户试驾活动。10月，理想汽车将启动理想ONE的正式量产。12月2日，首钢基金投资企业理想汽车首批下线的理想ONE 2020款，陆续从理想汽车常州基地开启发运。

（张蕊蕊）

【北汽新能源项目实现退出】 首钢基金控制类子基金绿节基金于2016年4月出资3840万元投资北汽新能源，北汽新能源于2018年8月实现借壳上市，上市后证券名称为北汽蓝谷，绿节基金所持股份锁定期为一年。2019年8月23日—9月3日，绿节基金通过二级市场交易实现北汽新能源项目的完全退出，实现资金回流5,054.43万元，投资收益率31.6%，项目IRR约为8.57%。

（张蕊蕊）

【首长国际获得首都机场停车楼经营权】 首钢基金被投企业首长国际成功获得首都机场1号、2号、3号、5号停车楼（场）项目15年的经营权，获取车位数为10774个，是继大兴机场停车楼、大兴机场出租车停车场、上海虹桥机场P1停车楼、贵阳龙洞机场停车场运营权后，再次成功获得的机场领域停车楼经营权项目。首长国际在中国机场停车运营领域获得市场高度认可，已成为细分领域的领先企业。

（张蕊蕊）

【首钢基金首届秋季运动会】 10月26日，首钢基金首届秋季运动会成功举办。运动会的主题是“凝心聚力 精彩绽FUN”，希望首钢基金员工昂扬向上，以健康的体魄、饱满的热情和良好的精神风貌，建设“中国最具价值创造能力的一流产业投资管理机构”。参赛员工400人，参赛队伍6支，其中公司高管单独组成1支，与员工同场竞技包括疯狂毛毛虫、团队指压板等5项团体趣味项目和田径类、拔河、篮球足球等6项竞技类项目。

（张蕊蕊）

【北京资产管理公司设立】 11月5日，首钢基金参与发起的北京资产管理有限公司各股东方完成股东协议与公司章程签署，2019年11月7日正式注册成立，各方已于2019年11月20日之前完成出资。同时，已分别正式向市金融监管局、银保监会普惠金融部报送30余项资质备案材料，进行备案工作。首钢基金出资1.8亿元，持股15%。未来，首钢基金与北京资产管理公司在资产收购、资产运营、股权收购等领域开展业务协同。

（张蕊蕊）

【药明康德项目实现成功退出】 2016年12月，首钢基金通过设立项目专项基金方式投资国内药品CRO龙头企业无锡药明康德新药开发股份有限公司（“药明康德”）。2018年5月，药明康德成功A股上市，专项基金退出锁定期12个月。2019年5月8日为退出解锁首日。5月9日，专项基金持有的药明康德股票已通过二级市场实现全部售出，售出均价约77.8元/股，项目投资收益率95%，IRR 31.9%。

（张蕊蕊）

【陈吉宁市长调研创业公社】 12月5日，北京市委副书记、市长陈吉宁到首钢基金投资，由首钢原古城宿舍改造而成的创业公社37度公寓调研。考察过程中，陈吉宁仔细查看公寓房间的内部结构、装修家具等设施及全民畅读、观影等主题公共区。公寓运营方、创业公社负责人汇报了公社在打造城市更新全产业链条中做出的举措及目前运营情况。创业公社以办公空间管理为核心，构筑公寓、商业、停车、产业服务等多业态配套新综合空间场景，挖掘复合客群价值，为不动产持有人提供全链条空间管理及配套服务，形成“资金+资源+运营”三驾马车，建立了项目拓展、工程、招商、运营、产业服务全链条业务体系。

（张蕊蕊）

【首钢基金摘牌东南区二期项目】 首钢北京园区东南区二期项目于2019年12月12日正式落地，首钢基金成功摘得两个组团、共7宗地块，规划建筑面积约24万平方米。首钢北京园区东南区项目是首钢基金主导投资的首个市场化、有产权的园区项目。首钢基金将组建

48亿规模基金，引入新加坡金鹰集团投资14.4亿。该项目将统一规划、统一招商运营，建设高品质产业园区，导入央企、智能科技的独角兽企业入驻，提升园区的土地价值及资产经营价值，助力京西区域的产业转型升级与经济发展，既支持集团园区开发建设，又实践基金大类资产配置战略，为探索今后的资产证券化路径打下关键基础。

（张蕊蕊）

【张家口冰雪基金完成签约】 12月20日，以"创新引领未来"为主题的2019崇礼论坛在张家口崇礼区举行。崇礼论坛由河北省科学技术厅、张家口市人民政府、数字中国联合会共同主办。作为会议重要组成部分，首钢基金参与筹建的张家口奥首冰雪体育产业发展基金战略签约仪式在现场举行。张家口奥首冰雪体育产业发展基金将促进京冀间冰雪赛事的组织、体育产业的集聚、体育人才培养，重点在冰雪体育及相关产业进行合作投资。基金将借助河北省冰雪产业，结合文化、科技、旅游等产业，促进京冀体育产业长期可持续发展，助力推进体育强国建设的决策部署。

（张蕊蕊）

【水钢医院运营管理全面提升】 2019年，首钢基金投资的医疗平台首颐医疗，全面赋能水钢医院，实现运营管理的全面提升。门急诊237353人次，同比增长7.67%；出院28443人次，同比增加14.21%；手术量5848台，同比增长27.94%；年收入总计34254.52万元，同比增长30.49%；利润1404万元，同比增长194.96%；职工年均收入增长1735元/月。

（张蕊蕊）

北京首钢体育文化有限公司

【首钢体育领导名录】

董事长：梁宗平

董　事：秦晓雯　郑佳伟　闵鹿蕾

总经理：秦晓雯

副总经理：郑佳伟　严晓明　陶　颖（3月任职）

党委副书记：郑佳伟

纪委书记：郑佳伟

工会主席：郑佳伟

（杨　艳）

【综述】 北京首钢体育文化有限公司（以下简称"首钢体育"），成立于2008年，是首钢集团有限公司全资子公司。经营涵盖竞技体育、健身服务、体育培训、场馆经营、社区文体服务、文艺演出、书画艺术、房屋租赁等业务。2013年以来首钢集团对体育相关组织机构实施改组，以首钢体育为主体进行整合做实，按直管企业纳入行政管理序列。设有党群工作部、战略规划部、人力资源部、财务部、综合管理部、采购部、传媒部、市场部、租赁部、销售部、物业部、场馆管理部、书画院、社区文化活动中心、艺术团、篮球俱乐部、乒乓球俱乐部、冰球俱乐部、雏鹰学院、中职棒（北京）赛事有限公司20个部门，在册212人，其中公司领导4人，中层干部17人，管理人员159人，生产操作人员31人，不在岗人员1人。

2019年，在集团党委坚强领导和经理层鼎力支持下，首钢体育领导班子团结带领全体职工齐心协力，各项工作稳中求进，实现营业收入10939.07万元，利润-1330.69万元。

（杨　艳）

【持续深化改革】 首钢体育按照集团提出的"国际化、职业化、市场化"发展定位和目标，于2019年初完成"薪酬和组织绩效考核体系"搭建，7月完成对2018年聘任的中层管理人员的考察和下一任期续聘。打通智联招聘、体育圈上场、首钢体育官网、猎聘网四条网上招聘渠道，为广纳贤才，推动可持续发展提供智力保证。结合市场化薪酬提出薪酬体系改革方案，于2月份提报集团人力资源部，该方案已按照集团有关要求履行审批程序。

（杨　艳）

【俱乐部建设及赛事成绩】 首钢女篮经历三连冠后在人员老化和外援竞技能力下降的情况下闯入半决赛，取得联赛第4名的成绩。女篮队员邵婷成功登录WNBA，在世界最高水平的舞台上展示中国球员的风采。2019—2020赛季伊始，首钢男篮重磅签约美籍华裔球星林书豪，并引进尤度、汉密尔顿、周仪翔、李佳益等一批强援，坚决贯彻团队战术风格，追平历史最长连胜纪录，最终收获联赛第5名。2018—2019赛季全国女子乒乓球超级联赛，首钢乒乓球俱乐部获第6名，较上赛季提升2个名次。3月25日在首钢体育大厦举行首钢男子冰球队交接仪式，标志冰球俱乐部全面实体化；该队作为北京一队参加6月1日—5日在蟹岛举行的2019年全国冰球锦标赛，以五战三胜的成绩，获得男子A组第4名。

（杨 艳）

【开启中国棒球职业联赛元年】 首钢体育抓住棒垒球2020年（时隔12年）重返东京奥运的契机，与中国棒球协会共同研究，优选队员赴美参加职业联赛、青训培养、国内职业联赛三个层面制定中国棒球振兴发展计划，并取得国家体育总局对棒球职业化改革方案的批复。2019年4月30日完成中职棒（北京）赛事有限公司工商注册，成为首钢体育旗下全资子公司，以投资人的身份打造中国棒球职业联盟（CNBL）。在中国棒球职业联赛运营和联盟框架的构建上，与美国职业棒球大联盟（MLB）达成战略合作，全面对标借鉴美职棒的运营模式，力争将棒球打造成为继足球、篮球之后国内第三大职业联赛。6月11日举办2019年中国棒球职业联赛筹备工作会。8月5日举办选秀大会并发布联赛logo。8月15日在天津团泊棒球场举行2019中国棒球职业联赛的开幕式和揭幕战，10月19日中职棒决赛以北京猛虎棒球俱乐部最终捧杯。11月2日，在江苏无锡举办全明星周末及颁奖典礼，为中职棒第二届赛事的举办奠定了良好基础。

（杨 艳）

【“雏鹰计划”品牌】 首钢体育创新青训体系，多渠道培养储备优秀人才。完成“2018国家篮球雏鹰计划”50名雏鹰小将的阶段性评估，提出2019年雏鹰计划项目启动报告，5月25日正式启动“2019国家篮球雏鹰计划”全国选材落地活动，初选营最终向8名优秀学员颁发直通卡；7月28日“2019国家雏鹰计划”两期雏鹰终选训练营开营，最终15人脱颖而出。2017及2018届雏鹰小球员经过在美国USBA长达半年的训练，于暑假回国短期休整再次集结在首钢篮球中心进行集训。2017届学员于9月全部返回美国入读自己所在的高中；2018届学员继续留在国内集训；2019届学员签证获批，启程赴美接受专业的篮球训练和文化学习。此外，为拓展首钢篮球青训体系及品牌影响力，成立北京首钢篮球俱乐部青训联盟，完成6所学校、机构的青训基地授牌与2所拓展基地的授牌。

（杨 艳）

【助力“体育强国梦”】 首钢体育贯彻习近平总书记到首钢园区视察时的重要指示精神，抓住北京举办冬奥会、冬残奥会的百年机遇，继续发挥国企责任担当。3月，首钢冰球俱乐部承办2019中国国家女子冰球队集训营，邀请NWHL（美国国家女子冰球联盟）主席带领教练团队，全程参与集训营训练、比赛和球员选拔，通过“请进来、走出去”的方式，加快培养中国冰球人才，提升中国女子冰球运动水平，为中国冰球的进步和发展蓄力并贡献力量。首钢金鹰棒球队赴美开启美职棒独立联盟第二个赛季征战，在长达百场的高强度密集赛程中，获得28场胜利。归国后又代表国家队征战2019年亚锦赛，两度战胜老对手韩国队，获第3名，同时获得东京奥运会落选赛参赛资格。首钢金鹰女垒连续两个赛季赴美参加美职垒比赛，“与狼共舞”计划使球员在比赛能力和临场经验上都得到提升，在5月7日印尼雅加达落幕的“2019年女子垒球亚洲杯”以首钢金鹰女垒为主组成的中国女子垒球队获亚军。队员们正在以全新面貌备战2022年杭州亚运会。

（杨 艳）

【品牌公关和商务开发】 首钢体育为建设公益形象，创造社会公信力，打造“首钢体育首护计划”，启动“首钢篮球品牌计划”，启动“首钢BOX计划”，全面提升品牌影响力。在招商方面，提案客户60多家，成功签约20多家，营收增长率180%。打造“票务+会员”运营平台，既能确保球迷获得良好购票体验，又能满足球迷个性化需求，2019—2020赛季票务收入较上赛季增长率260%。同时，将赛场环廊店铺形象和市场BOX计划紧密结合，引起球迷强烈反响，销售总额较上赛季翻了三倍。加强品牌公关建设，深化球迷会员体系运营，打造媒体矩阵，增进与球迷的沟通。根据腾讯微信公众平台后台统计，“首钢体育”微信公众号发推送314篇文章，阅读量超过82万，关注人数增至48063人，增加15556人。“首钢篮球俱乐部”官方微博粉丝数6.5万多，“抖音”账户自开设以来发表短视频65个，点赞量82万，总播放量超过1000万，粉丝关注量6.7万多人，各项数据位居CBA俱乐部榜首。3月首次与CUBA建立合作，提升了首钢篮球在校园和青年受众中的影响力，首钢球迷会员迅速增长至2.5万人。新赛季球迷助威团共招募177人，球迷装备设计新颖别致，得到广大球迷一致好评，成为独特的时尚标签。

（杨　艳）

【资产盘活与运营】 首钢体育加大首钢体育大厦招商租赁力度，2月中国棒球协会、中国垒球协会两家国字号协会正式进驻首钢体育大厦，并与首钢体育合署办公。4月首钢体育大厦在北京产权交易所完成第一次公开挂牌出租，利用北京市国资委旗下数字媒体及首钢体育官方公众号进行推广，广泛开拓客户渠道。5月完成体育大厦二层剧场经营资质办理，取得文旅部门颁发的石景山区首张经营演出场所许可证，为开辟大厦多种经营和多渠道增收创造了有利条件。6月针对大厦一层商业面积招商与招商代理服务公司合作，快速推进服务配套机构入驻大厦。10月与首钢创业公社深度合作，合并搭建工作体系，联合开展招商业务以及大厦相关宣传工作。针对首钢篮球中心、古城剧院设备设施老化，以及为达到让“男篮回家”比赛的目标，6月与北京市发改委、石景山区政府、宏润投资、实兴腾飞共同参与研究古城商业街和今鼎当代商圈改造工作，并向北京市、石景山区政府及集团申请专项资金用于改造提升。古城影剧院与合作方制定初步方案，首钢篮球中心改造继续向集团申请寻求合作模式。

（杨　艳）

【安全工作】 1月22日，首钢体育召开安全生产大会，组织签订安全生产责任状。1月24日，体育大厦配电室由原配电室控制方华电怡和公司交接给体育大厦物业运行，从根本上解决集团监事会调研要求整改的重大安全隐患。全年承接大型活动25场次，每次活动都按大型活动管理办法，制定安全保卫方案和措施等，确保活动完成。推进隐患排查治理体系建设，全年对55个岗位修订排查标准386条，排查各类隐患30项，隐患排查率为97.6%，隐患排查体系建设取得初步成效。各类基础设施（含消防）、设备正常运转，设备非计划故障停机时间不超标，安全设施健全完好，实现安全事故、设备事故、火灾事故、交通事故为零的目标。

（杨　艳）

【党建工作】 首钢体育探索党建工作责任体系和党风廉政建设责任体系的有机融合，以党建工作责任制为全面从严治党工作的抓手，深入贯彻落实全面从严治党的各项工作。1月23日，组织党员及职工代表赴北京市全面从严治党教育警示基地参观学习；3月5日，召开首钢体育干部大会；完成党委印章刻制、党费专用账户开设工作；11月28日，召开党员大会，完成“两委”换届选举；开展“不忘初心挑重担、牢记使命我争先”创先争优主题实践活动和年度“达晋创”党支部的评定等工作，完成5个党支部的换届工作。3月底完成5个党支部11个党小组的年度组织生活会。组织党员赴房山区党群活动中心参观，与八角街道工委开展以“学习强国”为主题的交流学习。

（杨　艳）

【工团工作】 首钢体育坚持以党建引领群团建设，营造和谐氛围，增强凝聚力。全年职工互助互济补助金理赔金额14296.94元，劳模慰问金1000元，筹集“帮困助学”善款15230元。通过首钢挚友APP发放春联影票、国画、世园会试运营门票等福利。组织开展季度职工集体生日会、三八节女职工登山、参加集团百年健步走、羽毛球比赛、足球比赛等一系列职工喜闻乐见的活动。在国庆70周年活动中，选派两名职工参加国庆群众游行，承担北京市国资委党群处组织国庆观礼庆典人员的集结点服务保障工作，两项任务均圆满完成，受到集团的表彰。组织团员青年开展走进敬老院、进行野外拓展、参观毛主席纪念堂等主题团日活动。

（杨　艳）

北京首钢文化发展有限公司

【首钢文化公司领导名录】

党支部书记、副董事长、经理:撒元智

党支部副书记、副经理:张亚男

(孙会冬)

【综述】 北京首钢文化发展有限公司(以下简称“首钢文化公司”)前身为北京首钢源景文化发展有限公司,注册成立于2006年3月,2011年9月完成股权转让,成为集团全资子公司,2015年8月更名为“北京首钢文化发展有限公司”。设剧本孵化部、创意制作部2个业务部门,办公室、财务部2个职能部门。2016年1月首钢博物馆筹备办公室由首钢文化公司代管,2017年10月首钢影视公司划入首钢文化公司。主要经营范围:组织文化交流活动,承办展览展示,影视策划,摄影摄像服务,资料编辑,租赁影视器材,会议服务,技术培训,销售工艺美术品,设计、制作、代理、发布广告,公园管理,软件开发,餐饮管理,零售国内版音像制品、公开发行的图书、电子出版物,经营演出及经纪业务,从事互联网文化活动,餐饮服务,等等。截至2019年底,在册人数23人。

2019年,首钢文化公司在集团领导下,围绕剧本孵化、广告及品牌运营两个业务板块,面向文化消费市场,组织完成影视、话剧拍摄演出,书画展、会展策划设计,宣传片制作,形象包装,各类业务20余项,得到客户的肯定,品牌运营实现营业收入339万元,建立、固化客户朋友圈,在逆境中前行,在拼搏中奋进,展示广告和品牌运营能力,树立起首钢文化公司新形象。

(孙会冬)

【原创大型话剧】 在热烈庆祝新中国成立70周年、首钢百年厂庆之际,首钢文化公司以首钢制造、安装、维护天安门广场国旗杆为创作源泉,创作大型原创话剧《升起天安门广场的国旗》,讲述了几代首钢人为这项光荣而神圣的使命,代代相传、始终如一的故事。通过听取多方意见和建议,多次推倒重来修改剧本,不断精心打磨提炼于2019年6月28日正式演出,石景山区四套班子和首钢集团领导及在京L5以上领导进行首演观看,得到一致好评。

首钢集团党委把《升起天安门广场的国旗》话剧纳入“不忘初心、牢记使命”主题教育内容,在全集团范围内组织广大职工观看。首钢文化公司组织在首钢长钢、长治市委、首钢贵钢、首钢水钢、通钢公司、首钢股份、首钢京唐、首秦公司及石景山金鹏剧场等多地为职工群众、街道党员、学生、居民等演出、巡演24场。借助《升起天安门广场的国旗》演出成功,还联动推广话剧《实现·使命》的演出,在长治、通化、海淀、平谷、密云、通州等省市区县演出26场,观众16000余人次。

(孙会冬)

【电视剧拍摄发行】 电视剧《山海蓝图》拍摄完成后,首钢文化公司多次组织座谈、研讨、修改,对各方面意见建议总结、提炼,进一步精细化后期剪辑加工制作,在原16集基础上,经过对内容的丰富和提炼,最终完成20集的电视剧。在通过北京市委宣传部和吉林省委宣传部向中宣部汇报电视剧工作的同时,提交中央电视台及北京电视台电视剧《山海蓝图》20集全片,联系对接中央电视台、北京卫视、河北卫视、吉林卫视、黑龙江卫视推进电视剧上星播出开展电视剧发行工作。为进一步提高电视剧的影响力,组织参加由工信部、全国文明办主办的全国第二届中国工业文学作品“光耀杯”大赛,电视剧剧本获得二等奖(大赛一等奖缺席)及网络人气第一的好成绩,同时还获得第二届河北省文艺贡献奖,电视剧发行工作仍在推进中。

(孙会冬)

【对外合作】 2019年,首钢文化公司与嘉腾影视公司以联合投资的方式,合作孵化电视剧《中国天眼》。该剧表现了以已故著名天文学家、“时代楷模”南仁东为代表的新时代科技工作者,不怕牺牲、艰苦奋斗,建设“中国天眼”的爱国主义精神,电视剧现已列为广电总局2018—2022年首批100部重点电视剧剧目。

(孙会冬)

【学习交流】 2019年，首钢文化公司影视话业务参加电视剧“彩虹奖”的颁奖盛典、中国国际儿童电影节等行业重大活动，并与中国文联、国家广电总局、华夏电影发行集团、北京电视台、河北电视台、优酷视频、腾讯影业、腾讯视频、爱奇艺、今日头条等传统媒体平台及新媒体播放平台等开展互动、战略对接等工作。

（孙会冬）

【广告和品牌运营】 广告和品牌运营是首钢文化公司基础业务，经过几年的发展，初步建成和树立品牌形象，积累固化了技术研究院、首自信公司、首钢实业、首钢城运、首秦公司等客户。同时，进一步挖掘开拓集团市场，两次到首钢贵钢完成职工书画展等项目。五次驾车到长治首钢生物质能源公司，按照客户要求开展生物质项目宣传、新项目办公区美化、展示屏设计安装等业务。

（孙会冬）

【重大庆祝活动展览策划】 2019年，首钢文化公司作为承担“庆祝新中国成立70周年，百年首钢恰是风华正茂书画摄影展”及“继承光荣传统，再现首钢辉煌，百年首钢发展历程主题展”项目主责单位，完成大型综合展览展示项目策划设计。处理书画、摄影展示作品487幅。在制作仿真作品中，确定专人全程现场监管复制工作，保证馆藏作品万无一失。实现现场设计与照片设计同步、照片制作与展板制作同步，各项工作分头并进、快速进行，保证首钢百年历史展览的效果，实现品牌宣传、展览展会业务的新突破。

（孙会冬）

【完成展会全流程项目】 首钢文化公司按照招投标商业流程承接首钢医疗投“2019中国（北京）国际老龄产业博览会”布展项目，在团队人员紧缺情况下，完成从展会报馆、3d效果图设计、版面平面设计、施工图设计、工厂制作、展品运输及摆放，到现场搭建及撤展等完整全流程工作，得到首钢医疗投及首钢集团领导的赞许。承接首钢贵钢房地产书画展项目，项目团队克服时间紧、人员少等内外部困难，连续加班讨论策划，挑选作品并连夜整理打包，联系物流，由于作品的特殊性，通过肩扛人带的方式将40余幅作品按时送到贵州书画展的展厅，实现首钢文化公司业务扩展的突破。

（孙会冬）

【制度建设】 2019年，首钢文化公司对现行制度全面梳理分析，结合经营业务实际补充完善。制订《知识产权归属与保护协议》《保密协议》作为劳动合同的附件，对职工因工作任务产生的知识产权归属进行约定。修订《北京首钢文化发展有限公司劳务用工及劳务费管理办法》，进一步规范劳务用工管理，降低管理及业务成本。根据国家有关法律法规和集团有关制度规定，制订颁发影视话项目管理制度，强化项目管理。修订《北京首钢文化发展有限公司资金管理办法》，对库存现金限额、银行票据标准等进行明确，财务报销等实行无现金管理。建立符合文化行业规律发展、体现行业特点和企业发展阶段的薪酬分配体系，修订《文化公司组织机构实施方案》《首钢文化公司规范完善薪酬分配方案》《首钢文化公司部门、岗位职责及考核管理办法（试行）》，上报专业管理按流程推进。

（孙会冬）

【风险防控体系建设】 首钢文化公司健全完善风险防控体系，提升风险防范能力，从系统梳理业务入手，开展风险识别，针对风险相对较大的影视话等重点业务制定控制措施和项目管理制度，形成风控手册与制度体系建设相互呼应、相互促进的制度文件体系。按照“三重一大”等制度要求，健全和规范公司法人治理结构，进行执行董事企业架构的探索，围绕加强党的领导和建设要求，对公司章程、权利清单、支委会和经理办公会工作规则等进行修订完善。

（孙会冬）

【人才建设】 首钢文化公司结合文化创意产业和发展实际组织开展培训。加大转型、培训、提素工作力度，制定培训工作方案，力求做到有针对性和实效性，组织系统学习首钢园区北区规划解读、演出经纪概论、北京市文化创意产业政策和法规。组织职工“走出去”，组织各专业等40余人次参加北京国际礼品、赠品及家庭用品展览会，中国北京国际文化创意产业博览会、景德镇瓷博会、2019年中国（北京）国际养老产业博览会、北京市影视拍摄基地交流学习、北京市现代文学馆、第二届进博会等先进企业和场馆参观、交流、学习。鼓励职工参加各项职业资格考试，年内3人取得演出经纪资格证，2人取得版权经纪人资格证，2人取得中级和助理会计师证书。

（孙会冬）

【主题教育】 首钢文化公司按照上级党委部署，扎实开展“不忘初心、牢记使命”主题教育，紧扣“守初心、担使命、找差距、抓落实”主题教育总要求，坚持学思用知信行统一，注重发现问题、解决问题，着力解决突出问题，确保主题教育不虚不空。按照主题教育整体要求，广泛开展谈心谈话，听取党员的意见建议，沟通思想，指出不足，召开主题教育组织生活会，结合谈心谈话的意见建议，开展批评和自我批评。主题教育中，班子成员带头学习、带头研讨、带头谈认识、谈体会，先后组织集体学习17次，党课学习2次，主题党日3次，推动主题教育向纵深发展。

（孙会冬）

【党群工作】 首钢文化公司党支部以提升组织能力为重点，发挥党支部战斗堡垒作用，把党员凝聚在一起，充分发挥党员的带头示范作用，带动企业做大做强。把党的政治建设摆在首位，全年召开支委会16次，党员大会2次，建立完善支委会工作规则，定期研究党建工作，前置研究讨论财务管理、公司章程、风险防控、薪酬岗位改革、党员发展等10余项议题，进一步推进管党治党责任落实为企业发展保驾护航。严格执行“三会一课”等组织生活制度，在支部评定中被评为一级党支部。深入贯彻两个“一以贯之”，提升管大局、抓方向的能力和水平，坚持问题导向和目标导向，每季度召开1次经营分析会，召开经理办公会6次，召开工作例会29次，党支部参与重大决策，结合公司搬迁实际恢复建设党员活动室，推动在职党员参加“双报到”活动，规范党员干部网络行为，组织签订《党风廉洁建设目标责任书》，在元旦、春节、中秋等重要时间节点，坚持开展廉洁教育，组织观看电影《特别追踪》《决胜时刻》《小巷管家》，开展党员廉政法规答卷测试。

（孙会冬）

【团队建设】 首钢文化公司加强企业文化建设，开展多种多样的团队建设活动，组织到中国美术馆、新片场传媒有限公司、北京华江文化发展有限公司等参观学习；组织开展建设美好家园活动，开展花木修剪、采摘活动，开展趣味篮球、射箭等活动，通过多种形式的团建活动增强企业凝聚力，使职工感受到大家庭的温暖。

（孙会冬）

首钢医疗健康产业投资有限公司

【首钢医疗投资领导名录】

党总支书记：张利海

董事长：张利海

总经理：张利海（代）

董　事：张利海　向平超　顾　晋　周　黎

副总经理：贺轶民

财务总监：潘世信

（张文峰）

【综述】 首钢医疗健康产业投资有限公司（以下简称“首钢医疗投”），成立于2013年2月，注册资金3000万元，公司位于北京市石景山区石景山路乙18号院2号楼6层703、705。2013年5月，医疗投以股权投资方式收购成立了“北京首钢医药有限公司”。2016年1月，将“北京首钢医疗投资有限公司”更名为“北京首钢医疗健康产业投资有限公司”。2016年2月，首钢医疗投以增资扩股的形式对北京市石景山区老年福敬老院进行整合；2017年1月，完成集团养老产业平台搭建工作。2016年12月，成立首钢医疗投党总支。2017年5月，成立首钢医疗投党总支部委员会。主要经营范围有：项目投资，投资管理，投资咨询，市场调查，资产管理，技术咨询，技术服务，技术推广，教育咨询，组织文化艺术交流活动（演出除外），健康管理（须经审批的诊疗活动除外），销售医疗器械Ⅰ类，租赁机械设备，承办展览展示，会议服务，设计、制作、代理、发布广告，住宿，物业管理，等等。下设：项目管理部、财务部、办公室、医药公司、石景山老年福敬老院以及门头沟区沁心园养老照料中心。截至2019年底，在册职工48人，其中博士研究生学历1人，硕士研究生学历5人，本科学历31人，大专学历11人，高级职称4人、中级职称9人、初级职称2人，高级工2人、中级工2

人;职工平均年龄38岁。

（訾晓凯）

【主要经济指标】 2019年,实现营业收入9845万元,其中:老年福敬老院实现营业收入(不含政府补贴298万元)962万元,比上年增长132万元,增幅15.9%。实现利润3303万元,比年计划增加883万元,其中老年福敬老院在开发新项目滚动发展的基础上,实现盈亏持平。

（简毅鸣）

【项目建设】 2019年,首钢医疗投从谋划好首钢养老产业的角度,进一步做细做实项目前期各项工作,完成项目调规申请、北京市规委动态维护会审议、控规调整公示、报北京市政府领导签批等程序;取得原北京市环保局场审评批复、北京市水务局规水批复、北京市交通委交评批复和原北京市规土委项目控规调整批复;纳入北京市委、市政府批准印发的新首钢地区三年行动计划和北京市2019年重点工程计划,拟继续纳入2020年北京市重点工程计划;取得道路、上下水等7个北京市政专业规划方案和道路定线、用地面积测绘等成果;初步明确拟合作方及合作模式、项目概念性方案设计、项目建设资金来源等关键内容,为推进项目建设打下基础。

（龚飞洲）

【拓展养老市场】 2019年,首钢医疗投按照“十三五”规划要求,多渠道开拓养老市场。加强与门头沟区政府相关部门的沟通协调,推进沁心园养老照料中心移交,于年底前按期试运营;投资建设和管理金顶街金一区、金五区两所养老服务驿站,同时通过沟通协调,石景山区民政局、金顶街街道办事处、老年福敬老院共同完成铸造村养老服务驿站现场交底和验收,预计2020年3月份移交老年福敬老院。首钢养老在石景山区金顶街街道运营1家机构、5家驿站,在门头沟区运营1家照料中心、2家驿站,实现品牌化连锁经营。此外,尝试在北京其他城区以及京外开发养老项目,对接行政管理中心研究利用机电公司黄金海岸疗养院建设旅居养老项目、西城西四养老服务驿站项目,会同首颐公司利用首钢水钢巴西门诊建立医养结合养老项目,对接门头沟区政府研究承接斋堂、清水镇公建民营改革养老项目,正在研究可研方案。通过不断开拓养老市场,首钢养老规模已由“十三五”初期的2个项目发展为10个项目,运营面积由5300平方米增加到11200平方米,运营床位由220张增加到414张,主营收入由590万元增加到960万元,政府补贴由105万元增加到343万元,首钢养老运营面积、运营床位、业务收入(含主营收入和政府补贴)比“十三五”初期翻了一番左右。按照“十三五”规划要求,多渠道开拓养老市场。加强与门头沟区政府相关部门的沟通协调,推进沁心园养老照料中心顺利移交,按照差异化的定位,进行投资改造,于年底前按期试运营;投资建设和管理金顶街金一区、金五区两所养老服务驿站。

（张文峰）

【培育养老品牌】 2019年,首钢医疗投通过内强管理、外树形象,持续提升首钢养老品牌影响力。联合首钢医院、首钢工学院高起点参加2019中国(北京)国际老龄产业博览会,被北京市老龄产业协会授予2019年“社会责任奖”和“安心养老奖”。老年福敬老院各院区收到老人和家属各类表扬信近50封、锦旗近20面,北京电视台财富剧场“养老无障碍、人间重晚晴”栏目围绕建设标准化、管理规范化、服务亲情化等方面进行专题报道。金一区养老服务驿站打造动静分离的环境,以及开展特色居家养老服务得到政府和社区居民的认可,受到国家退役军人事务管理部和北京市民政局领导调研肯定,中国妇女报、新京报、劳动午报、北京头条客户端等多家媒体对金一区社区居家养老开放日活动进行报道。

（张文峰）

【医药集采业务】 2019年,首钢医疗投结合医药卫生体制改革及集团医疗机构改制等新情况,开发市场,增加品种,提高销售收入。根据北京市医耗联动综合改革等政策变化,充分发挥集采平台优势,确保医疗机构运营及供应稳定。为做好药品GSP证书和药品许可证换发工作,开展人员培训、部门自查、系统演练等准备工作,经过不懈努力顺利通过北京市药品认证中心现场认证和药监部门综合审核评估,并取得新版认证证书。按照国家药监部门检查要求,统筹筛选确定药品抽检目录和品种,完成9个药品品种抽检的信息录入、分装、标记及送检等工作,抽检合格率达100%。

（于泽国）

【制度建设】 2019年,首钢医疗投制定《2019年风控体系实施方案》,明确风控体系重点任务。同时,坚持实用性原则，有针对性地制定管理制度，全年围绕安全、招采、人事管理等方面制定下发制度性文件 14 个。

（张文峰）

【人才建设】 2019 年，首钢医疗投坚持内选外聘相结合，择优录用高校毕业生、各类专业人才 8 人。建立人员退出机制，定期开展员工绩效考评，对不适合本岗位人员合同期满解除劳动合同。开展岗位交流，根据工作和人才培养需要，对 3 名管理人员实施岗位交流。强化中层管理人员的考核评价，开展中层管理人员民主测评，针对测评结果落实约谈等工作措施。开展课题研究，医疗投联合北京大学首钢医院开展的《新形势下医养结合服务模式和体系的构建与实施》课题研究，获得首钢集团管理创新三等奖、北京市管理创新二等奖。通过技能比赛等方式，引导职工学技术、练本领、提素质，老年福敬老院选派的 3 名护理员在门头沟区服务技能大赛中获得二、三等奖。

（张文峰）

【党群工作】 2019 年，首钢医疗投坚持发挥党建引领作用，推进党支部规范化建设，制定《医疗投党总支开展“不忘初心、牢记使命”主题教育工作方案》等文件，依托“三会一课”基本形式，按计划组织学习、开展主题党课、召开专题生活会，确保“两学一做”常态化。制定下发《首钢医疗投党总支党建重点工作任务清单》，进一步明确各级党建责任主体的职责清单、任务清单；层层签订《党建工作责任书》，推动班子成员认真履行“一岗双责”，抓好分管领域、分管部门的党建工作。2019 年，老年福敬老院党支部与北京科技大学高工本学院 17 级党支部开展“党建结对共建”活动，被北京日报集团选为“党报走进敬老院”共建单位。

（张文峰）

【团队活动】 首钢医疗投结合纪念新中国成立七十周年、首钢建厂一百周年庆典活动，制定《2019 年团队建设工作计划》，组织“歌唱祖国、爱驻夕阳”暨医疗投庆祝新中国成立七十周年，“迎新年、庆百寿”暨老年福敬老院二十年院庆联欢会等丰富多彩的文体活动，丰富职工文化生活；持续开展“转提做”立功竞赛活动，形成学先进、争先进的浓厚氛围；组织职工到首钢园区、首钢股份、首钢矿业、首钢冷轧等单位参观学习，感受百年首钢发展的成就与变化，增强发展首钢健康养老产业的责任感和使命感。关心职工生活，开展端午、国庆、中秋等节日职工慰问活动和防暑降温工作，组织祝贺职工生日活动，为在岗职工购买、续费北京市公园年票，慰问因病住院职工等关爱职工活动，尤其在老年福一名护理员孩子生病的危急时刻，全体医疗投职工伸出援助之手，为护理员捐款献爱心，让职工感受到医疗投大家庭的温暖。

（张文峰）

【转提做学习教育】 2019 年，首钢医疗投部署，坚持从严从实要求，部署开展“转作风、提效率、做表率”学习教育，召开专题讨论会，开展每季度“转、提、做”先进个人评比，进一步转变干部职工工作作风，强化责任担当意识，提高工作效率，确保全面完成全年各项目标任务。

（张文峰）

【调研交流】

5 月 21 日，中国社会报社社长、党委书记安宁率领中国社会报社第一采编部主任张霖、中国禁毒报编辑部副主任左玮娜一行到老年福参观调研。

7 月 14 日，首颐医疗健康投资管理有限公司、首钢水钢医院相关人员一行到老年福参观调研。

10 月 16 日，北京市委社会工委书记、市民政局局长李万钧，工委委员、副局长赵济贵、赵学刚等一行 8 人到老年福金一区养老服务驿站调研。

10 月 25 日，老年福金一区养老服务驿站承办石景山区民政局“社区居家养老开放日”活动，石景山区区人大代表、群众代表、媒体记者 10 余人走进金一区养老服务驿站，了解为老服务工作，为石景山区养老事业建言献策。

10 月 30 日，退役军人事务管理部军休服务管理司司长李树峰带队一行 7 人先后到首钢老年福金一区养老服务驿站、模西院区调研。

11 月 6 日，门头沟区副区长张翠萍到老年福门头沟石门营新区七区社区养老服务驿站调研。

11 月 20 日下午，首钢青年干部特训班一行 70 人到老年福开展“拳拳志愿心、暖暖敬老情”主题党日活动，用实际行动弘扬尊老敬老爱老传统美德和志愿者精神。

（季俐多）

首钢医药有限公司

【首钢医药有限公司领导名录】

董事长：张利海

总经理：张兆伟

副总经理：何　爽

质量负责人：于泽国

财务总监：潘世信

（訾晓凯）

【综述】　北京首钢医药有限公司（以下简称"首钢医药"）是由首钢集团公司与嘉事堂药业股份有限公司共同出资设立的医药批发企业，是首钢医疗健康产业板块的重要组成部分。公司位于北京市石景山区石景山路乙18号院2号楼6层，注册资金383.25万元人民币；公司的宗旨和运营目标是通过建立医药集中采购组织（GPO）运营模式，在首钢集团内所属医疗机构以及首钢体系以外的医疗机构开展医药供应链管理，实现医药供应集中采购，将首钢医疗服务产业链向上游延伸，创造更大的社会价值和商业价值。公司成立以来，始终秉承"质量第一、诚信经营"原则，坚决贯彻落实各项法规、政策要求和GSP经营管理规范，依法依规经营，取得了良好的经济效益和社会效益。

（訾晓凯）

【主要指标】　2019年，首钢医药实现营业收入8873万元，实现利润3687万元，经营性现金流4656万元。

（简毅鸣）

石景山区老年福敬老院

【老年福敬老院领导名录】

党支部书记：张文峰

院　长：苏　好

副院长：李　桐

（张文峰）

【综述】　北京市石景山区老年福敬老院（简称"老年福敬老院"）是由首钢医疗投和首钢实业合办，位于北京市石景山区西井小区，注册资金1400万元人民币；宗旨和业务范围：提供收养老人的服务，服务于老人，服务于家庭，服务于社会。为老人提供居住舒适、保健医疗、营养膳食、娱乐健身、缝补拆洗换的服务。

（张文峰）

【医养结合】　2019年，老年福敬老院签约石景山区医养融合服务建设项目，为金顶街地区80岁以上高龄、独居并伴有失能失智的400名老年人提供医养融合服务，与首钢医院共同开展的《新形势下医养结合服务模式和体系的构建与实施》课题研究，被评为北京市现代企业管理创新二等奖。

（张文峰）

【人才建设】　2019年，老年福敬老院贯穿全年的开展项目经理人、专业管理人员、技术技能专业人员操作人员的"三支人才"队伍建设，以服务督查为辅助，以规范操作细节推动建立服务流程，以固化服务流程带动全员提高服务意识。开展技术技能人员内部培训，完成老年福敬老院护理人员取证；推动护理培训业务进展，结合国机集团扶贫项目老年福输出6名培训讲师。针对机构现有护理团队技能进行提升，探索完善培训机制，逐步拓展第三方市场，不断拓展规模。

（张文峰）

【安全管理】　2019年，老年福敬老院夯实安全管理基础，提高安全保障能力。加大消防安全设施投入，硬件配置标准化。投入喷淋系统、电气火灾监控系统、灶台灭火系统，以及建成微型消防站和按标准配备灭火器、灭火毯、消防桶、防毒面具等消防设施，与原烟感报警系统形成多重安全防线。细化安全生产责任制，安全管理制度化。结合实际完善安全管理制度和操作规程，制订《消防安全标准化管理操作手册》。

（张文峰）

大　事　记

◎责任编辑：刘冰清　郭　锋

2019年首钢大事记

1月3日，首钢安全环保大会召开，集团领导张功焰、许建国、何巍、梁宗平、赵民革、王世忠、韩庆、梁捷、王洪军、魏立宝、刘桦、王涛、刘建辉、卢正春参加会议，何巍主持会议。集团各部门负责人、各单位党政主要领导、分管安全环保工作的领导和安全环保专业部门负责人参加会议。赵民革以《全面落实企业主体责任不断提升“精、细、实”管理水平努力做安全发展示范者、绿色发展领跑者》为题，作了首钢集团安全环保工作报告。党委书记、董事长、总经理张功焰作重要讲话，并代表集团公司分别与首钢股份、首建投公司、股权投资公司和环境公司4家单位代表签订了《2019年安全生产责任状》。与会领导向2018年安全生产先进集体、“安康杯”“青安杯”竞赛优胜单位代表颁奖。

1月8日，在2018年度国家科学技术奖励大会上，首钢集团牵头的项目“超大型水电站用金属结构关键材料成套技术开发应用”获得国家科技进步二等奖。

1月10日，由市纪委市监委第七纪检监察室副主任马亚军带队，北京市全面从严治党主体责任检查组来到首钢，对首钢集团党委落实全面从严治党主体责任情况进行督导检查。首钢集团领导张功焰、许建国以及集团相关部门负责人参加，并汇报了相关工作。

1月13日，中国工业气体协会医用气体及工程分会京津区域研究中心在北京首钢气体有限公司举行成立大会，并举行揭牌仪式。

1月15日，国务院副总理孙春兰同芬兰总统尼尼斯托共同出席在首钢园举行的“2019中芬冬季运动年”开幕式。

1月16日，奇瑞汽车举办2019供应链合作伙伴年会，首钢获“卓越合作表现奖”，是唯一获得此荣誉的钢铁企业。

1月24日，中共首钢第十八届委员会第四次全体(扩大)会议在文馆召开。集团党委书记、董事长、总经理张功焰受集团党委常委会委托，作题为《加强党的建设，深化改革创新，谱写百年首钢发展新篇章》的报告。集团领导、集团党委委员，集团各部门、平台公司、直管单位、要素管理单位和部分授权管理单位领导人员，党的十九大代表、北京市和石景山区党代表、人大代表、政协委员，部分首钢党代会代表出席会议。会议审议通过了《中共首钢集团第十八届委员会第四次全体(扩大)会议决议》。

1月25日，首钢集团第十九届职工代表大会第四次会议在文馆召开，274名正式职工代表出席会议。集团领导张功焰、许建国、何巍、梁宗平、赵民革、白新、王世忠、胡雄光、韩庆、梁捷、王洪军、魏立宝、刘桦、王涛、刘建辉、赵天旸、卢正春出席会议。首钢出席党的十九大代表，市区人大代表、政协委员，市党代会代表共22人作为特邀代表，外埠企业技术服务团等4人作为列席代表出席会议。集团党委书记、董事长、总经理张功焰作题为《保持定力，稳中求进，推动百年首钢高质量发展》的工作报告。各代表团组审议了《首钢集团2019年预算》《首钢集团领导班子廉洁自律情况的报告》《首钢集团2018年业务招待费使用情况及首钢领导班子成员履职待遇、业务支出的报告》和《首钢集团十九届三次职代会代表提案受理情况的报告》等大会文件。

1月25日，“首钢之星”2018年度表彰暨演讲报告会在文馆召开，集团全体领导、首钢“两会”代表参加会议。

1月26日，上午，首钢集团第十九届职工代表大会第四次会议圆满完成各项议程胜利闭幕，274名正式职工代表出席会议。集团领导张功焰、许建国、梁宗平、赵民革、白新、王世忠、胡雄光、韩庆、梁捷、王洪军、魏立宝、刘桦、王涛、刘建辉、赵天旸、卢正春出席会议。张功焰作总结讲话，并先后与首钢股份、股权投资公司、首建投公司、环境公司、房地产公司、基金公司6家单位负责人签订了《2019年度经营目标责任书》。会议通过了《首钢集团第十九届职工代表大会第四次会议决议》。

1月30日，北京卫戍区副司令员张洪波、副参谋长高庆华、保障部副部长李铭，预备役高炮师政治委员高新江，石景山区委常委、区人武部部长邓晓兵，石景山区人武部政治委员张道伦来访首钢，首钢集团领导张功焰、梁宗平、胡雄光及相关部门负责人接待。双方就企业发展、军队建设、加强军企交流等话题展开座谈。

1月31日，国际奥委会主席托马斯·巴赫，国际奥委会副主席萨马兰奇、于再清，国际奥委会委员李玲蔚、张虹，国际奥委会名誉委员霍震霆，国际奥委会总干事德凯普，以及国际奥委会主要部门负责人一行到首钢园区参观考察。国家体育总局局长、中国奥委会主席苟仲文，体育总局副局长、中国奥委会副主席高志丹，冬运中心主任、中国奥委会副主席倪会忠，首钢集团领导张功焰、梁宗平、梁捷陪同考察。

1月，京西重工蝉联东风本田“优秀供应商”大奖。

1月，北京市规划和国土资源管理委员会发布地名命名通知，将长安街西延工程跨永定河大桥命名为“新首钢大桥”。

1月，首钢园北区“详规”获全国优秀城乡规划设计一等奖。

1月，由首钢、一汽、北汽牵头，成功中标工信部“新能源汽车材料生产应用示范平台建设项目”。首钢作为唯一一家跻身该新材料示范平台的钢铁企业，未来将在钢铁行业的绿色发展进程中起到示范引领作用。

1月，国内首个公交立体停车楼机械车库进入试运行，二通厂公交立体停车楼项目是首钢城运公司自主研发、拥有28项国家专利的全国首个公交立体停车楼机械车库，是北京市重点工程。

1月，经国务院批准，国家人力资源和社会保障部公布2018年享受国务院政府津贴人员名单，首钢技师学院教师王文华、首钢长治钢铁有限公司工建公司电控作业区作业长牛旭红两名高技能人才名列其中，成为享受国务院政府特殊津贴专家。截至目前，首钢集团在职人员中享受国务院政府特殊津贴专家人数有23名。

2月1日，中共中央总书记、国家主席、中央军委主席习近平在石景山首钢园区考察北京冬奥会、冬残奥会筹办工作。习近平总书记走进北京冬奥会展示中心展厅，了解了北京冬奥会、冬残奥会筹办工作、场馆和基础设施规划建设等情况。随后，习近平总书记来到国家冬季运动训练中心，在短道速滑馆结合展板听取速滑、花滑项目介绍，之后进入馆内察看国家速滑队、花滑队训练备战情况。在国家冬季运动训练中心冰壶馆考察过程中，习近平总书记还听取了首钢集团领导张功焰的汇报。习近平总书记亲切地给首钢广大干部职工拜年了。习近平总书记观看了展示首钢北区和冬奥会滑雪大跳台规划建设情况的沙盘及展板，询问首钢历史、产业发展、北区规划建设、滑雪大跳台建设、新首钢大桥等情况，张功焰一一作了汇报。

2月3日，集团党委常委会召开扩大会议，传达学习习近平总书记到首钢园区考察慰问时的重要指示精神，以及市委常委会扩大会议精神和市纪委全会精神。集团党委常委、集团领导班子成员参加，集团党委书记、董事长、总经理张功焰主持会议。

2月11日，集团领导张功焰、许建国、梁宗平、赵民革、王世忠、胡雄光、韩庆、梁捷、王洪军及有关部门负责人，与石景山区委书记于长辉，区委副书记、区长陈之常，区人大常委会主任李文起，区政协主席吴克瑞，区委副书记田利跃，区委常委、常务副区长柯永果，区委常委、组织部部长晋秋红，区委常委、副区长肖平，副区长左小兵等进行座谈交流。

2月13日，北京市政府新闻办、市发改委等部门联合发布了《加快新首钢高端产业综合服务区发展建设打造新时代首都城市复兴新地标行动计划（2019年—2021年）》（简称“行动计划”），并进行解读。北京市发展和改革委员会副主任洪继元，北京市规划和自然资源委员会总规划师、北京市城市规划设计研究院院长施卫良，首钢集团副总经理王世忠，石景山区政府常务副区长柯永果，丰台区政府常务副区长肖辉利，门头沟区政府常务副区长彭利锋参加发布会。洪继元、施卫良、王世忠、柯永果分别介绍了行动计划的总体情况和有关内容，并接受媒体采访。

2月15日，首钢集团党委召开常委会，认真学习贯彻习近平总书记视察北京重要讲话精神。会议传达学习了北京市委十二届八次全会精神，研究《中共首钢集团有限公司委员会关于深入学习贯彻习近平总书记在首钢园区视察慰问时的重要指示精神的意见》。集团党委书记、董事长、总经理张功焰主持会议。

2月18日，中国共产党首钢集团第十八届委员会第五次全体（扩大）会议召开。会议传达学习了市委书记蔡奇在市委十二届八次全会上的讲话精神。集团党委书记、董事长、总经理张功焰讲话。集团公司领导，集团党委委员、纪委委员，各战略管控部门、战略支撑部门、业务支持服务部门主要负责人，各平台公司、直管单位、要素管理单位党政主要领导、纪检、组织、宣传部门负责人以及十九大代表、北京市和石景山区党代表、人大代表、政协委员参加会议。

2月18日，首钢集团2019年党风廉政建设工作会议召开。集团党委书记、董事长、总经理张功焰作重要讲话，集团领导许建国、梁宗平、赵民革、白新、王世忠、胡雄光、韩庆、梁捷、王洪军、刘桦、王涛出席会议。许建国作题为《践行“两个维护”，强化正风肃纪，为谱写百年首钢发展新篇章提供坚强保障》的党风廉政建设工作报告。梁宗平传达中央纪委十九届三次全会、市纪委十二届四次全会精神。赵民革宣读《关于表彰先进纪检监察组织优秀纪检监察干部避免和挽回重大经济损失有功集体的决定》。与会领导为先进集体、有功集体和先进个人代表颁奖。集团党委委员，纪委委员，各战略管控部门、战略支撑部门、业务支持服务部门负责人，各平台公司、直管单位、要素管理单位党政主要领导、纪检、组织、宣传部门负责人，受表彰的集体和个人代表，以及十九大代表、北京市和石景山区党代表、人大代表、政协委员参加会议。

2月19日，集团领导张功焰、许建国、王世忠、梁捷、刘桦到首钢滑雪大跳台项目现场调研。张功焰强调，要把习近平总书记的亲切关怀、重要指示转化为强大动力，加快推进项目建设，打造精品工程，高标准、高质量、高效率地完成任务。许建国、王世忠、梁捷、刘桦分别就做好下一步重点工作提出明确要求。集团战略发展部、安全环保部、办公厅、纪委（监察部）、审计部、监事会工作办公室等部门负责人参加调研。

2月20日，首钢冰球馆迎来一场世界顶级冰球联赛——KHL大陆冰球联赛2018/2019赛季的昆仑鸿星万科龙队对阵俄罗斯符拉迪沃斯托克海军上将队。本次比赛是首钢冰球馆继1月15日中芬冬季运动年开幕式后承办的第一场大型冰球比赛。

2月23日，集团党委举行中心组（扩大）学习会，集团总建筑师吴晨博士作有关城市复兴的专题讲座。集团全体领导，集团各部门负责人；首建投公司及平台项下各单位、曹建投公司、首秦公司、股权投资公司及平台项下相关单位和部分直管单位主要负责人等150余人参加学习。张功焰主持学习。

2月25日，首钢集团召开干部大会，总结部署科技创新、信访维稳工作，开展年度考核测评和董事会工作及外部董事履职测评，对2018年度首钢科学技术奖、第十九届首钢管理创新成果表彰。集团党委书记、董事长、总经理张功焰讲话，并为首钢科学技术特殊贡献奖获得者杨庆彬、赵志星颁发奖杯及证书。集团领导许建国、梁宗平、赵民革、白新、王世忠、胡雄光、韩庆、梁捷、王洪军、魏立宝、王涛、卢正春参加会议。

2月26日，市发改委副主任洪继元，新首钢办相关部门负责人等来首钢调研。集团领导张功焰、王世忠、梁捷、王洪军，以及集团战略发展部、经营财务部、发展研究院、首建投公司负责人参加。与会领导围绕《加快新首钢高端产业综合服务区发展建设打造新时代首都城市复兴新地标行动计划（2019年—2021年）》，就进一步加强协调与沟通，强化落实，扎扎实实推进各项工作进行了座谈与交流。

2月27日，北京铁路局—首钢集团绿色物流战略合作协议签约仪式在首钢陶楼举行。北京市政府副秘书长曾劲，北京铁路局党委书记、董事长赵春雷，党委副书记、副董事长、总经理李荧，董事、副总经理荆世明，首钢集团领导张功焰、赵民革、刘建辉，以及双方有关部门领导参加了签约仪式。赵民革与李荧分别代表首钢集团与北京铁路局签署绿色物流战略合作协议。

2月28日，北京市智能网联汽车示范运行区（首钢园）正式启动。北京市经济和信息化局副巡视员姜广智，首钢集团领导梁捷，冬奥组委、新首钢办、北京市公安交管局车管所、石景山区经信委等有关部门领导出席启动仪式。北汽、百度、美团、中国信科等十多家知名企业代表；新华网、人民网、央视、北京日报、北京电视台等媒体参加。

2月，首钢股份硅钢事业部获北京市思想政治工作优秀单位。

2月，北京市经济和信息化局公布了《2018年北京市智能制造标杆企业名单》，北京首钢冷轧薄板有限公司等12家企业获得“智能制造标杆企业”称号。

2月，首钢高端桥梁钢板供货孟加拉国帕德玛大桥。

2月，由吉泰安新材料公司主要起草、制定的一项国家标准《机动车净化过滤器用铁铬铝纤维丝》获批发布，将于2019年4月1日起正式实施。

2月，财富中文网发布“2018中国最具影响力创新企业排行榜”，首钢集团荣登榜单，排名第18位。这是首钢集团连续两年进入此榜单，今年排名比去年上升了12名。

2月，探月与航天工程中心发来贺信，感谢首钢北冶公司研制的着陆器低频射电频谱仪卷筒式伸杆机构核心部件，助力嫦娥四号探月任务取得圆满成功，对参与材料研制的首钢科研人员作出的突出贡献表示衷心感谢。

3月1日，在北京市科学技术奖励大会上，首钢集团“高强韧、厚规格海洋工程用钢高效制备技术及应用”项目获一等奖，“基于商用车正向设计轻量化用钢的开发技术与应用”和“机械式立体停车设备研发设计与应用”项目获三等奖。

3月2日，首钢钢铁业产销一体化项目迁顺系统实现成功上线，标志着首钢钢铁业产销一体化、管控一体化、业财一体化信息系统升级改造首战告捷。

3月6日，首钢集团与石景山区政府高层对接会在首钢召开，石景山区委副书记、区长陈之常，区委常委、常务副区长柯永果，区委常委、副区长肖平，副区长周西松及石景山区各有关部门负责人，首钢集团领导张功焰、王世忠、梁捷、刘桦及各相关部门负责人参加。会上，石景山区与首钢集团相关部门负责人分别汇报了相关议题，围绕新首钢地区建设开发的具体问题，双方一一进行了答复说明。

3月8—9日，集团领导张功焰、赵民革、刘建辉到京唐公司调研，实地了解京唐公司生产经营和重点项目建设情况，召开钢铁板块生产经营工作会议。集团党委书记、董事长、总经理张功焰作出重要指示。赵民革、刘建辉围绕做好安全环保、技术创新、产销一体化项目上线、产品质量、“三个跑赢”、板块协同、重点项目建设等工作提出具体要求。集团办公厅、战略发展部、经营财务部、系统优化部、安全环保部、总工室、技术研究院、首钢股份、国际工程公司、首建公司、首自信公司等单位领导参加调研。

3月15日，集团领导张功焰、王世忠、梁捷及有关部门负责人到国网北京市电力公司，与国家电网有限公司副总工程师兼国网北京市电力公司董事长、党委书记李同智，董事、总经理万志军，副总经理陈守军等领导进行座谈交流。

3月18日，首钢集团工会第十七届委员会第四次（扩大）会议召开，会议贯彻落实党的十九大和中国工会十七大精神，总结2018年工作，部署2019年目标任务。选举产生了首钢出席北京市工会第十四次代表大会代表。会议传达学习了市总工会和市工业（国防）工会有关会议精神。首钢集团党委常委、董事、工会主席梁宗平，工会委员会委员、经审委员会委员以及各单位工会主席、副主席出席会议。

3月21日，首钢集团与北京金隅集团战略合作协议签约仪式在首钢陶楼举行。首钢集团领导张功焰、赵民革、王世忠、王洪军，金隅集团党委书记、董事长姜德义，党委常委、副总经理姜长禄，副总经理王肇嘉，以及双方有关部门领导参加了签约仪式。赵民革与姜长禄分别代表首钢集团与北京金隅集团签署战略合作协议。

3月22日，首钢股份公司举行绿色物流新能源车启动仪式，纯电力新一代智能网联重型重卡正式进入首钢股份运输序列，标志着该公司绿色物流向零排放迈出重要一步。

3月26日，华晨宝马在沈阳召开供应商大会，首钢获供应商“质量卓越奖”。

3月28日，首钢园香格里拉酒店项目启动仪式在陶楼举行。北京冬奥组委秘书行政部部长郭怀刚，北京市文化和旅游局副局长王粤，石景山区常务副区长柯永果，香格里拉集团董事长郭惠光、首席执行官林明志、运营执行副总裁鲍存旗、投资管理与商务拓展副总裁王伟，首钢集团领导张功焰、王世忠、梁捷、刘桦共同出席了启动仪式，并就项目合作进行会谈。此次合作标志着一个国际化的高端酒店将在首钢园诞生，将成为“北京2022年冬奥会官方接待饭店”之一。

3月29日，炼铁工艺与超低排放研讨会在首钢举行，中国工程院院士、钢铁研究总院名誉院长殷瑞钰，中国钢铁工业协会副会长、冶金规划研究院院长李新创，中国金属学会专家委员会主任王天义、副主任李文秀，中国钢铁工业协会发展与科技环保部主任黄导，中国国际工程咨询有限公司冶金建材业务部主任陈子琦，中国宝武集团高炉专家李维国，中国钢研科技集团新冶集团公司副总经理沙永志，中国金属学会生产技术部副主任王寅生，唐山大自然管理咨询有限公司省级安全专家李淑玲；河北省工信厅科技与节能综合利用处处长赵克时、唐山市工信局副局长李技、唐山市环保局大气处处长吴建军、曹妃甸区政府副区长崔敬学、曹妃甸区发改局环资处处长李佳霖、曹妃甸区工信局环资处处长韩傲利;首钢集团领导张功焰、赵民革、刘建辉以及京唐公司相关负责人参加会议。

3月,首钢基金公司与北京丰台区政府达成协议,共同设立100亿元规模发展基金,助力打造首都商务创新区。

3月,首钢获神龙汽车“合作共赢奖”,是唯一获得此项荣誉的钢厂。

3月,新首钢高端产业综合服务区北区规划获“国际城市与区域规划2018年度规划卓越奖”,这是目前国际规划学界的最高奖项。

3月,“2019年海尔全球模块商共创共赢大会”召开,作为海尔模块商资源平台的优秀供应商和合作伙伴,首钢再次获得海尔颁发的优秀模块商奖“金魔方”铂金奖。

4月2日,首钢股份新旧财务成本系统切换后首次月结成功,正式步入了集成本、共享、核算、资金、税务为一体的大财务时代,是集团财务管控一体化建设、实现业财融合的重要里程碑。

4月2—4日,由国家住房和城乡建设部、C40城市气候领导联盟举办的“C40中国区域论坛”召开。会议开幕式上,C40城市气候领导联盟执行总裁马科·沃兹为“新首钢高端产业综合服务区”颁发首钢正气候项目第二阶段(规划设计)认证证书,并对首钢园区规划建设致力于城市低碳可持续发展工作给予充分肯定。

4月6日,在首钢冰球馆,由国际冰球联合会主办,国家体育总局冬季运动管理中心、中国冰球协会、北京市体育局承办,首钢园运动中心协办的2019年国际冰联女子冰球世界锦标赛甲级B组比赛揭开帷幕,这是首钢冰球馆落成后迎来的首个国际A级赛事。

4月17日,北京市规划和自然资源委员会总规划师施卫良带领该委详规处、规划实施一处、市规划院、市土储中心、石景山分局一行人来首钢调研,首钢集团领导张功焰、王世忠、梁捷、刘桦及有关单位负责人接待。双方就有关事项进行了座谈交流。

4月17日,河北港口集团董事长、党委书记曹子玉,总经理、副董事长刘广海,副总经理陈海烈一行来访首钢,首钢集团领导张功焰、赵民革及有关部门负责人接待。双方进行了座谈交流。

4月26日,安德里茨集团总裁及首席执行官沃尔夫冈·莱特纳、安德里茨(中国)有限公司总裁托马斯·施密茨、金属部中国区总经理吴桐、金属部中国区销售总监忻峰寅等一行人来访首钢,首钢集团领导张功焰及相关部门负责人接待。双方就进一步加强沟通与合作、实现共同发展进行了座谈与交流。

4月27日,北京首钢建设集团有限公司正式收到中华人民共和国商务部发来的对首钢建设集团申报对外援助成套项目总承包企业资格认定的批复,获“商务部对外援助成套项目总承包企业”资质。

4月28日,首钢集团2018年度先进表彰大会召开,表彰荣获2018年度全国、省市、首钢集团以及共青团系统的先进集体和先进个人。集团领导张功焰、许建国、何巍、梁宗平、赵民革、白新、王世忠、韩庆、梁捷、王洪军、魏立宝、刘桦、王涛、刘建辉、卢正春参加会议。集团公司各部门负责人,在京各平台公司、直管单位、要素管理单位党政主要领导及办公室、组织、宣传、纪检、工会、团委、信访维稳工作负责人,受表彰的先进单位、先进集体、劳动模范和优秀青年代表参加。何巍主持会议,张功焰作重要讲话。

4月,首钢环境下属首科公司组织研发的一种新型过滤式烟气消白技术在首钢京唐公司试验成功,试验效果优于河北省、唐山市相关环保标准,为解决钢铁行业“白色烟羽”治理难题提供了一条新路径。

4月,卫建平获“首都精神文明建设奖”。

4月,北京市国企党建研究会发布了2018年度党建调研优秀课题表彰名单,首钢10项党建成果获奖,其中一等奖2个,二等奖1个,三等奖3个,优秀奖4个。

4月,由首钢超低损耗、低噪声取向硅钢为主材料设计制作的SCB12型和SCB13型高能效变压器,成功应用于“北京副中心”“北京新机场”等国家重大工程项目输变电配套设施建设,经相关管理部门综合测试,整体性能优于标准要求。

4月,首钢被评为西门子全球最佳供应商。

4月,国家人力资源和社会保障部授予首钢机电公司卫建平“第十四届全国技术能手”称号,同时,对为国家技能人才培育工作作出突出贡献的首钢技师学院张百岐给予通报表扬。

4月,首钢集团与中国第一汽车集团有限公司汽车用钢联合实验室揭牌仪式在首钢技术研究院举行。双方有关部门领导和专家参加揭牌仪式。

4月,中国科协创新战略研究院与中国城市规划学会共同发布由100家工业遗产组成的“中国工业遗产保护名录(第二批)”,首钢水钢榜上有名。

4月,由财政部《新理财》杂志社主办的第十四届中国CFO大会暨2018中国CFO年度人物颁奖典礼在北京召开,首钢集团财务有限公司荣膺“2018中国年度优秀财务公司”称号,成为六家获奖财务公司中唯一的北京市属企业集团财务公司。

4月,首钢北冶公司与中国联合重型燃气轮机技术有限公司(简称“中国重燃”)共同成立“中国重燃—北京北冶特种金属材料联合实验室”,旨在加快推进我国重型燃气轮机用特种金属材料的研制进程。

5月7日,第九届首钢集团与台湾中钢集团技术交流会开幕,技术人员按主题分组进行交流。首钢集团领导张功焰、赵民革、刘建辉,台湾中钢集团董事长翁朝栋、技术副总经理蔡松钊,双方有关单位、部门代表和技术专家参加。赵民革与蔡松钊分别致辞。

5月10日,首钢集团与光大银行银企合作协议签约仪式在首钢陶楼举行。首钢集团领导张功焰、王洪军,光大银行总行行长葛海蛟、总行党委委员兼北京分行行长曲亮,以及双方有关部门领导参加了签约仪式。

5月17日,山西焦煤集团党委书记、董事长王茂盛,党委常委、副总经理胡文强等一行来访首钢,首钢集团领导张功焰、赵民革及有关部门负责人接待。双方就共同关心的话题进行了交流座谈。

5月21日,在首钢京唐公司文体中心举行首钢京唐公司投产十周年总结表彰大会,表彰为京唐公司建设发展作出突出贡献的先进模范。集团党委书记、董事长、总经理张功焰作重要讲话。集团领导梁宗平、赵民革、王涛、刘建辉、卢正春,有关部门和单位的领导及京唐公司干部职工500余人参加会议。

5月21日,唐山市委副书记、市长丁绣峰,唐山市委常委、曹妃甸区委书记孙贵石,唐山市政府秘书长张文明,曹妃甸区委副书记、区长张贵宝等到首钢京唐公司调研,与集团领导张功焰、梁宗平、赵民革、王涛、刘建辉、卢正春及京唐公司干部职工座谈。

5月24日,北京2022年冬奥会石景山赛区冬奥场馆电力建设与保障合作协议签约仪式在首钢陶楼举行。国网北京市电力公司总经理万志军,首钢集团领导张功焰、王世忠,北京冬奥组委规划建设部专项处副处长韩文新,以及双方有关部门领导参加了签约仪式。北京首奥置业公司领导与国网北京市电力公司冬奥会电力保障工作领导小组办公室领导签署了合作协议。

5月28日,2019年中国国际服务贸易交易会石景山首钢园区分会场系列活动拉开帷幕。京交会石景山首钢园区分会场由石景山区人民政府、首钢集团有限公司联合中关村科技园区管理委员会、北京市人民政府侨务办公室、北京市体育局等单位共同主办,大会以“冰雪机遇与城市发展”为主题,设置了丰富的主题论坛、展览展示等。

5月30日,2019年中国国际服务贸易交易会石景山首钢园区分会场主论坛暨冰雪机遇与城市发展论坛活动在首钢园举行。北京冬奥组委专职副主席兼秘书长韩子荣出席并致辞。国际奥委会委员、国际雪车联合会主席伊沃·费里亚尼,石景山区委副书记、区长陈之常,首钢集团党委书记、董事长、总经理张功焰,北京市商务局副局长刘梅英,世界冰壶巡回赛联合创始人及首席执行官阿明·哈德,意大利天冰集团中国区总经理弗洛里安·哈泽里,京东方科技集团副总裁原烽等先后发表主题演讲。首钢集团副总经理梁捷及来自北京市政府相关部门、国际体育组织、部分国家驻京领事馆的嘉宾,参展单位和中外企业代表,媒体记者等参加。

5月,首钢新型建材助力斯里兰卡项目建设,标志着首钢制造的蒸压加气板材首次出口东南亚,服务“一带一路”国家城市建设。

5月,由首钢环境公司牵头,北京首钢资源公司和中国建筑设计研究院有限公司等单位联合完成的“建筑废弃物全资源化利用技术装备及其应用”科技成果,通过中国环境科学学会组织的专家鉴定委员会鉴定。专家们一致认为,该成果整体达到国际先进水平。

5月,秘鲁能矿部下发批文,同意首钢秘铁1000万吨扩建项目转入正式生产运营。首钢秘铁1000万吨精矿扩建项目是中秘产能合作的重要成果,也是“一带一路”落地拉美的第一个项目。

5月,首钢冷轧公司被北京市知识产权局认定为“北京市知识产权试点单位”。截至2018年,累计获国家知识产权局专利授权201项,其中发明73项,实用新型专利127项,外观专利1项。

5月,中国企业文化研究会召开“构建全媒体传播体系,提升企业品牌传播力——第六届中国企业传媒与品牌传播年会”，对 2018—2019 年度中国企业全媒体传播体系构建与品牌传播成果进行总结表彰。首钢集团获“中国企业全媒体传播体系构建与品牌传播三十标杆单位”称号，首钢股份公司、首钢京唐公司获“中国企业全媒体传播体系构建与品牌传播优秀单位”称号，《首钢日报》获“中国企业文化与品牌传播优秀报纸”一等奖。

6 月 10 日，集团“不忘初心、牢记使命”主题教育动员大会召开。集团党委书记、董事长、总经理，“不忘初心、牢记使命”主题教育领导小组组长张功焰作动员讲话。市委第二十四巡回指导组组长朱元广讲话。集团领导班子成员，市委第二十四巡回指导组成员唐瑞青参加会议。近三年退出领导班子的老同志，集团各部门、各单位 L5 及以上领导人员，部分职工代表，首钢“不忘初心、牢记使命”主题教育领导小组办公室、指导组成员等在文馆主会场参加会议；首钢股份、京唐公司、首秦公司、矿业公司、长钢公司、水钢公司、贵钢公司、通钢公司、伊钢公司、香港首控分别以视频形式参加会议。

6 月 12 日，石景山区委书记常卫，区委副书记、区长陈之常，区委副书记、政法委书记田利跃，区委常委、常务副区长柯永果及有关部门负责人来首钢调研参观，集团领导张功焰、许建国、梁宗平、赵民革、白新、梁捷接待。双方进行了座谈交流。

6 月 13 日，华晨宝马有限公司总裁兼首席执行官魏岚德博士、副总裁杨美虹等来访首钢，集团领导张功焰、赵民革、梁捷、刘建辉及有关部门负责人接待。双方进行了座谈交流。

6 月 14 日，首钢集团与石景山区政府高层对接会在首钢召开，北京市发改委副主任洪继元，石景山区委副书记、区长陈之常，区委常委、常务副区长柯永果，副区长齐春利及石景山区各有关部门负责人，首钢集团领导张功焰、王世忠、梁捷及各相关部门负责人参加。双方进行了座谈交流。

6 月 14 日，首钢滑雪大跳台主体钢结构第一段桁架梁完成吊装，标志着赛道结构安装工作正式开启。

6 月 15 日，以“学习贯彻习近平新时代中国特色社会主义思想，牢记中国共产党人的初心和使命”为主题的首钢“不忘初心、牢记使命”主题教育集团党委中心组专题交流研讨会召开。集团领导班子成员，市委第二十四巡回指导组副组长倪赛力和巡回指导组成员董宏伟、卢刚参加。集团党委书记、董事长、总经理，“不忘初心、牢记使命”主题教育领导小组组长张功焰主持。集团办公厅、党委组织部、党委宣传部、纪委（监察部）、工会、团委、发展研究院等部门负责人参加。

6 月 22 日，首钢集团领导与国网北京市电力公司领导围绕“服务保障冬奥”重点工作，先后到国网冬奥 220 千伏变电站、首钢滑雪大跳台、首钢冬奥供电服务中心等处，深入现场、掌握情况，开展“不忘初心、牢记使命”主题调研，并慰问一线职工。国家电网公司副总工程师，国网北京市电力公司党委书记、董事长李同智，国网北京市电力公司总经理万志军，副总经理周建方、陈守军；北京冬奥组委规划发展部副部长刘江；首钢集团党委书记、董事长、总经理张功焰，副总经理王世忠、胡雄光、魏立宝参加。

6 月 27 日，京津冀应急管理院士论坛暨北京市安全生产实训基地揭牌仪式在首钢工学院举行。北京市应急管理局党组书记、局长张树森，党组成员、副局长李东洲；中国安全生产科学研究院院长张兴凯；首钢集团领导赵民革等出席。全国各省区市安科院所负责人、京津冀应急管理部门负责人、北京市属国有企业安全应急工作负责人、安全应急领域科研技术机构负责人及安全应急领域专家学者 500 余人参加。

6 月 28 日，首钢集团庆祝中国共产党成立 98 周年暨创先争优表彰大会召开，表彰 2018 年在推进首钢深化改革、转型发展的各项任务中做出突出贡献的先进基层党组织和模范共产党员，交流党建工作经验。集团领导张功焰、何巍、梁宗平、白新、王世忠、魏立宝、王涛，各单位、集团公司机关各部门 L5 及以上领导人员，各单位党委组织部长和部分基层一线党员、部分职工代表，首钢“不忘初心、牢记使命”主题教育领导小组办公室、指导组成员等参加会议。梁宗平主持会议，张功焰以《坚守初心，践行使命，奋力开创首钢高质量发展新局面》为题讲党课。

6 月，首钢建筑垃圾资源化项目获创新技术奖。

6 月，首钢地勘院爱地公司应用先进的“地基基坑自动化在线监测”技术，完成了“北京至雄安新区城际铁路雄安站站房及相关工程主体结构一级深基坑”及“北京铁路枢纽丰台站改建工程站房基坑”监测任务，在北方大型基坑安全监测市场领域内，率先应用无人值守全自动运行监测系统、提供实时全天候基坑变形数据,助力雄安站建设。

6月,国际知名评级机构标准普尔公司再次授予首钢基金公司“BBB+”长期评级和“A-2”短期评级,长期评级的展望是稳定。

6月,由首钢城运公司自主研发制造的全国首例垂直循环型自行车立体车库,作为北京首条自行车专用路的专门配套设施完成现场安装,实现上线运行。

6月,首钢建筑垃圾再生品应用于北京城市副中心道路建设。

7月1日,由首钢环境公司独立投资建设的全球首个可移动式电磁波修复有机类污染土壤示范项目在贵州省贵定县一次性试产成功并顺利投运。

7月9日,集团党委书记、董事长、总经理张功焰到北京大兴国际机场停车楼项目现场实地察看建设情况,集团总经理助理、基金公司党委书记、总经理赵天旸参加。北京大兴国际机场停车楼从投资、规划、设计到建设、管理、运营全产业链均有首钢项目团队参与,目前已正式通过竣工验收,进入完善停车楼设施阶段。

7月16日,北京市监委委员、市委巡视组组长、冬奥监察专员杨小兵,冬奥监察专员办公室主任赵博文、冬奥监察专员办公室干部李楠等到首钢滑雪大跳台项目现场调研,实地查看建设情况,并慰问一线职工,送上防暑降温用品,集团领导张功焰、许建国、王世忠、梁捷及有关单位、部门负责人接待。并进行了座谈交流。

7月18日,宝马(中国)服务有限公司总裁魏斯麦、副总裁金鑫等来访首钢,集团领导张功焰、赵民革、梁捷、刘建辉及有关部门负责人接待,双方进行了座谈交流。

7月19日,由北京大学和香港理工大学联合主办、首钢集团承办的“‘一带一路’全球青年领袖荟萃——北京·2019”活动,在新首钢国际人才社区开幕。联合国前秘书长潘基文和诺贝尔奖获得者科学联盟主席理查德·罗伯茨先后视频致辞,北京市人才工作局副局长刘敏华、香港理工大学行政副校长卢丽华和首钢集团领导梁捷先后致辞。此次活动聚焦“创新、责任、发展”三大主题,开展为期4天的系列主题演讲、平行论坛、领袖对话和考察体验等活动。

7月20日,首钢集团党委扩大会暨上半年经济活动分析会召开,传达学习北京市委十二届九次全会精神,总结集团上半年工作、部署下半年任务。集团党委书记、董事长、总经理张功焰作重要讲话。集团领导许建国、何巍、梁宗平、赵民革、白新、王世忠、胡雄光、韩庆、梁捷、王洪军、魏立宝、王涛、刘建辉、赵天旸、卢正春,集团总部各部门负责人,各平台公司、直管单位以及各要素管理单位的党政主要领导参加会议。

7月,贵州省总工会授予水钢公司“贵州省‘安康杯’竞赛优胜单位”奖牌。

7月22日,财富中文网全球同步发布了最新的《财富》世界500强排行榜,首钢集团以31103.8百万美元的营业收入列第402位,较2018年上升29位。这是首钢集团自2011年首次进入世界500强榜单以来第八次上榜。

7月24日,集团召开经理办公会,审议集团科技创新管理信息化项目立项及可研、水钢“三供一业”供水分离移交改造项目立项及可研、首秦公司债务重组和房产处置、首钢朗泽C轮融资以及多家企业退出工作等事项。集团党委书记、董事长、总经理张功焰主持会议。会议还审议了其他事项。

7月26日,首钢集团董事会召开2019年第二次会议,听取并审议关于对滑雪大跳台、马城铁矿采选项目开展调研及对首钢水钢、京西重工开展检查情况等事项。集团党委书记、董事长、总经理张功焰主持会议。会议还审议了其他事项。

7月29日,在中国钢铁工业协会五届十次常务理事(扩大)会议暨劳模表彰大会上,首钢共有10家单位获“全国钢铁工业先进集体”;8名职工获“全国钢铁工业劳动模范”;1名职工获“全国钢铁工业先进工作者”。

7月30日,北京市“不忘初心、牢记使命”主题教育先进典型事迹市国资系统专场报告会在首钢文馆举行。首钢集团领导何巍主持。市国资委机关、部分市属国资企业和首钢集团各单位党员领导干部300余人参加。

7月31日15时实现首钢滑雪大跳台主体桁架合拢贯通。

8月1日,坐落于长安街西延线上的新首钢大桥钢梁主体结构完工,实现钢梁贯通。

8月2日,首钢“不忘初心、牢记使命”主题教育集团领导班子调研成果交流研讨会召开。集团党委书记、董事长、总经理张功焰主持会议。集团领导班子成员,市委第二十四巡回指导组唐瑞青、卢刚参加。

8月7日,集团召开经理办公会,审议集团公司

2019年8月份资金预算安排、制定《首钢集团有限公司内部债权债务管理办法(试行)》《首钢集团土地遗留问题整改三年行动方案》、长安街西延线首钢段两侧绿地景观提升项目立项及可研情况、修订《首钢集团有限公司人事档案管理办法》等事项。集团党委书记、董事长、总经理张功焰主持会议。会议还审议了其他事项。

8月9日,2019年首钢“创新创优创业”交流会在首钢文馆召开。集团领导张功焰、许建国、何巍、梁宗平、赵民革、白新、王世忠、胡雄光、韩庆、梁捷、王洪军、魏立宝、王涛、刘建辉、卢正春参加,市委组织部组织二处副处长邢铮、市国资委党群工作处副处长张伟峰应邀出席。张功焰作题为《以高质量党的建设推动首钢高质量发展》总结讲话。何巍主持会议。

8月5—6日,由中国企业联合会、中国企业家协会主办的“把握新时代文化脉搏,促进企业高质量发展——全国企业文化年会”在北京召开。会议期间对2018—2019年度全国企业文化优秀成果进行了表彰。矿业公司“铁源文化的构建与实施”文化成果获2018—2019年度全国企业文化优秀成果二等奖。这是首次在中企联获得企业文化类奖项。

8月15日,根据市委第二十四巡回指导组有关要求和主题教育安排,首钢党委“不忘初心、牢记使命”主题教育专题学习研讨会召开,围绕学习张富清同志先进事迹和党史、新中国发展史,聚焦全面从严治党、党性修养专题进行交流研讨。集团党委书记、董事长、总经理张功焰主持会议。集团领导班子成员,办公厅、党委组织部、党委宣传部、纪委、党办、工会、团委、发展研究院等部门负责人参加。

8月16日,上午10点,首钢赛车谷开园仪式在秦皇岛首钢赛车谷汽车特技秀场举行。秦皇岛市委副书记、市长张瑞书宣布首钢赛车谷开园;国家体育总局汽摩运营管理中心副主任李频,秦皇岛市副市长冯志永,首钢集团党委常委、纪委书记许建国出席开园仪式并讲话;河北省体育局副巡视员王春,首钢集团领导韩庆、王涛出席。

8月,冶金科学技术奖奖励委员会正式公布对84个项目授予2019年中国钢铁工业协会、中国金属学会冶金科学技术奖。其中,首钢1项成果获冶金科学技术一等奖,4项成果获二等奖,3项成果获三等奖,是历年评审中成绩最好的一年。

8月20日,首钢集团党委书记、董事长、总经理张功焰宣布“庆祝新中国成立七十周年——百年首钢恰是风华正茂书画摄影展”在首钢北京园区三高炉南广场开幕。全总机冶工会钢铁工业部部长刘向东,全总宣教部文体处副处长何紫凌,北京市总工会副主席赵丽君,北京市总工会工业(国防)工会主席周玉忠,北京冬奥组委机关党委副书记王风,北京冬奥组委秘书行政部副部长于甲川,新华社北京分社副社长李斌,北京市国资委宣传工作处副处长朱敬,石景山区委宣传部副部长董聪慧,石景山区文化和旅游局副局长杨光,石景山区文学艺术界联合会主席郭明,中国冶金文学艺术协会主席、冶金报社社长陆闻言,中国冶金文学艺术协会副主席、冶金报社党委书记陈洪飞,中国冶金作家协会副主席张欣民,北京美术家协会副秘书长张亮京,北京市职工文化协会秘书长张国林,北京文艺创作中心主任王田等领导;首钢集团领导许建国、何巍、梁宗平、赵民革、王世忠、胡雄光、韩庆、梁捷、王洪军、王涛,首钢各单位代表;北京职工书画协会、石景山区文学艺术界联合会、北京艺术创作中心、石景山区书协、石景山区美协、北京市西山逸林画院领导和有关人员;新华社、人民网、工人日报、北京日报、北京电视台、北京晚报、北京青年报、首都建设报、劳动午报等新闻媒体参加开幕式。

8月25日,由国家体育总局冬季运动管理中心举办的舒华2019冰雪项目“首钢园”体能测试大比武在首钢北京园区举行,九支冰雪项目国家集训队的约200名运动员和来自业余大众组的20名民间高手参加。国家体育总局局长苟仲文,国家体育总局副局长高志丹、李颖川,首钢集团党委书记、董事长、总经理张功焰,国家体育总局各相关司局负责人、部分夏季项目管理中心和协会及国家集训队负责人,部分省区市体育部门负责人现场为运动员们加油鼓劲。

8月26日,随着当天第11标段的成交,首钢股份公司2019年在线竞拍累计竞拍1363个标段,成交量33.2万吨,交易额突破11亿元。

8月26日,2019年首钢青年科技创新培训班开班仪式在首钢工学院举行。集团领导何巍,集团党委组织部、人才开发院负责人,51名科技创新培训班学员参加。

8月,第三届唐山市“市长特别奖”颁奖典礼举行,首钢股份公司电工钢团队获唐山市“市长特别奖”。

8月30日，备受全球金融界瞩目的2019彭博一英里接力赛（北京站）在首钢园举行。石景山区副区长周西松，首钢集团副总经理梁捷出席并致辞，集团总经理助理、基金公司党委书记、总经理赵天旸以队员身份参赛。来自各大银行、投行和金融证券公司的53支参赛队伍、近700人齐聚首钢园。

9月3日，首钢领导班子"不忘初心、牢记使命"专题民主生活会召开。集团党委书记、董事长、总经理张功焰主持会议，集团班子副职以上领导人员参加。市委第24巡回指导组副组长倪赛力、成员董宏伟到会进行指导。

9月，第十二届中国管理科学大会在北京召开，集中展示、系统反映了管理科学理论研究、实践探索、技术创新、产学研融合等方面取得的主要进展和成就，对取得突出管理创新成绩的单位和个人进行了表彰。首钢矿业公司获"中国矿山行业绿色发展示范单位"、"中国矿山行业产学研协同创新示范单位"两项荣誉称号。

9月4日，石景山区政府与首钢集团2019年第三次区企高层对接会在首钢召开。北京市发改委副主任王英建，石景山区委副书记、区长陈之常，副区长齐春利、左小兵及石景山区各有关部门负责人，首钢集团领导张功焰、胡雄光、梁捷及相关单位负责人参加。会上，石景山区与首钢集团相关部门负责人分别汇报了2019年第二次区企高层对接会议定事项进展情况、首钢园区规划建设进展情况、园区重点工程项目进展、推进老旧厂房改造利用建议及需要协调解决事项等相关议题，并围绕汇报中提到的相关具体问题，进行了座谈交流。

9月6日，为确保9月30日前顺利投运，北京大兴国际机场迎来第六次综合演练。本次演练采取全区域、全流程、无脚本的演练方式，演练科目共计126项，航班110架次，旅客1.3万余人次。首钢集团在港上市公司、北京大兴国际机场停车楼运营方首长国际（HK.0697）机场运营团队全程参与演练，并圆满完成演练任务，为顺利开航奠定坚实基础。

9月，为贯彻落实党的十九大和习近平总书记系列重要讲话精神，全面加强新时代技能人才队伍建设，引导广大职工钻研技术业务、走技能成才之路，首钢集团组织开展了首届"首钢工匠"评选活动。在基层推荐、资格审核、综合评审、公示征求意见的基础上，经集团党委、集团公司研究决定，授予卫建平、马著、马利友、王文华、王建斌、牛旭红、刘宏、刘建斌、杨延、张维中、郭玉明、秦涛12人"首钢工匠"称号

9月17日，在首钢建厂百年之际，市委书记蔡奇到新首钢地区调查研究，对首钢百年表示祝贺。他强调，首钢要坚持以习近平新时代中国特色社会主义思想为指导，深入贯彻习近平总书记对北京重要讲话精神，开拓进取、向上奋斗，勇当国企改革先行者、高质量发展排头兵，打造世界一流的综合性大型企业集团，再度书写百年传奇。市委副书记、市长陈吉宁，以及林克庆、崔述强、张建东、隋振江，市政府秘书长靳伟一同调研。

9月16日，首届"首钢工匠"命名表彰座谈会召开。集团领导张功焰、许建国、何巍、梁宗平，12名首届"首钢工匠"及所在单位党委书记和集团公司有关部门负责人参加。集团党委书记、董事长、总经理张功焰分别为12名首届"首钢工匠"颁发奖牌和证书。

9月18日，集团召开领导班子会，传达学习市委书记蔡奇、市长陈吉宁等北京市领导调研百年首钢时的讲话精神，领会精神实质，把握深刻内涵，推动各项工作落实。集团党委书记、董事长、总经理张功焰主持会议，集团领导班子成员，集团战略管控部门、战略支撑部门和业务支持服务部门负责人，有关各单位党政主要领导等参加。

9月中国冶金政研会"加强党建思想政治工作，引领企业高质量发展"首钢京唐公司现场交流会召开。中国冶金政研会会长姜兴宏，中央党校原党建研究室主任、中国领导科学研究会会长冯秋婷，中央党校政务中心副主任严宏伟，北京市政研会秘书长王维广，冶金政研会副会长任静波、陶魄等领导，来自全国冶金钢铁企业分管党建思想政治工作的领导、党群工作部门负责人以及新华社、工人日报、中国冶金报、前线、首都建设报、北京青年报、劳动午报等新闻媒体记者参加会议。中国冶金报社党委书记、中国冶金政研会副会长陈洪飞主持会议。

9月市发展改革委党组书记、主任谈绪祥，党组成员、副主任王英建及办公室、研究室、投资处、基础处、社会处、新首钢办主要负责人到首钢调研，石景山区委书记常卫，区委副书记、区长陈之常及区发展改革委、城市管理委主要负责人；首钢集团领导张功焰、王世忠、梁捷及相关部门负责人陪同调研。

9月22日，在首钢建厂100周年之际，作为百年厂

庆系列活动之一,由北京市规划和自然资源委员会、首钢集团有限公司、中国建筑学会共同主办的“百年首钢·城市复兴”论坛,在首钢园区三高炉报告厅举行。中国工程院院士、国内外专家齐聚首钢,从城市复兴的角度交流、分享,对推动首钢园区的城市复兴,着力打造新时代首都城市复兴新地标积累更多经验。中国工程院院士何镜堂、孟建民、王建国、崔愷,国外专家英国艾莱斯和莫里森事务所合伙人阿图尔·卡鲁拉先生、荷兰 Next 事务所创始人约翰·范德沃特先生、芬兰 JKMM 建筑事务所合伙人兼设计总监郭泰睦先生、赫斯维克工作室合伙人兼团队负责人尼尔·哈伯德,北京市建筑设计研究院有限公司总建筑师、首钢集团总建筑师(兼任)吴晨分别作精彩演讲。

9 月 23 日,为纪念《北京宪章》与国际建筑师协会第 20 届世界建筑师大会 20 周年,藉百年首钢城市复兴论坛之际,北京市规划与自然资源委员会、中国建筑学会、首钢集团在首钢园区举办了“纪念《北京宪章》与国际建筑师协会第 20 届世界建筑师大会 20 周年座谈会”。住房和城乡建设部副部长黄艳,北京市副市长隋振江,中国科学院院士、中国工程院院士吴良镛,原建设部副部长叶如棠,国际建筑师协会主席托马斯·沃尼尔,北京市规划和自然资源委员会主任张维,中国建筑学会理事长修龙,中国工程院院士何镜堂、马国馨、崔愷、孟建民,中国科学院院士常青,首钢集团党委书记、董事长、总经理张功焰,副总经理王世忠,北京市建筑设计研究院有限公司总建筑师、首钢集团总建筑师(兼任)吴晨,以及国内外知名建筑大师、业界专家和学者参加。中国建筑学会秘书长仲继寿主持会议。

9 月 25 日,首钢集团董事会召开 2019 年第三次会议,听取并审议《首钢集团有限公司内部监事会管理制度》制定、首钢集团管控权力清单修订等事项。集团党委书记、董事长、总经理张功焰主持会议。会议还审议了其他事项。

9 月,2019 中国 CFO 峰会在北京隆重召开,首钢集团财务有限公司携手中国银行股份有限公司获“年度最佳现金管理奖”,成为 2019 年中国财资管理卓越案例之一。

9 月 29 日,首钢厂东门向社会开放,新首钢大桥开通,标志着拉动北京西部新首钢地区经济发展的重点工程——长安街西延线全线贯通,首钢园区开发建设进入了一个新的历史阶段。集团党委书记、董事长、总经理张功焰宣布首钢厂东门正式开放。集团领导许建国、何巍、梁宗平、赵民革、胡雄光、韩庆、梁捷、王洪军、王涛、卢正春,以及有关单位的职工代表 100 余人参加活动。劳动模范代表、首钢股份炼钢作业部作业长、全国五一劳动奖章获得者刘建斌,科技人员代表、技术研究院首席研究员、全国钢铁工业劳动模范青格勒吉日格乐,园区建设者代表、首建投公司工程部部长助理段若非,园区保卫人员代表、园区管理部安全保卫处警卫队国旗班班长宋宝元共同打开首钢厂东门。

10 月 1 日,首钢集团有限公司出色地完成了天安门广场上的巨幅网幕、七棵烟花树、焰火围挡、大型花坛等 10 余项新中国成立 70 周年重大庆祝活动服务保障任务,展现了良好的精神面貌和企业形象。

10 月 9 日,集团召开经理办公会,听取集团 2019 年三季度安全生产工作开展情况及下一阶段重点工作安排、1 月—9 月经理办公会决定事项执行情况的汇报,审议集团公司 2019 年 10 月份资金预算安排、制定 2020 年预算编制大纲等事项。集团党委书记、董事长、总经理张功焰主持会议。会议还审议了其他事项。

10 月,首钢京唐公司荣膺“全国绿化模范单位”称号。

10 月 10 日,在第 23 届世界被动房大会上,Passive-HouseInstitute 机构为首钢曹建投研发建设的北京(曹妃甸)现代产业发展试验区(生态城先行启动区)一期 40 号楼项目颁发 PHI 认证证书,该项目成为中国第一座获得国际 PHI 认证的住宅项目。鉴于该项目在中国被动式建筑发展历程的示范意义,项目证书由被动房研究所执行所长考夫曼博士签发,国际“被动房之父”菲斯特博士亲自宣读、颁奖。

10 月 10 日,2019 中国(北京)国际老龄产业博览会颁奖仪式举行,北京市老龄产业协会专家团队对促进北京老龄产业良性发展的社会企业进行集中表彰,首钢医疗健康公司获“社会责任奖”和“安心养老奖”两项大奖。

10 月 17 日,2019 国际冬季运动(北京)博览会在国家会议中心开幕。北京市委书记蔡奇,河北省委副书记、省长许勤,北京市委常委、秘书长崔述强,北京市副市长张建东,北京冬奥组委专职副主席、秘书长韩子荣等领导参观了首钢展台。

10 月 21 日，首钢厂东门广场举办开放仪式。集团党委书记、董事长、总经理张功焰讲话并宣布首钢厂东门广场正式开放。集团领导许建国、何巍、梁宗平、白新、王世忠、韩庆参加。

10 月 29 日，中华人民共和国成立 70 周年庆祝活动首钢服务保障工作总结表彰大会在文馆召开，深入学习贯彻习近平总书记国庆系列重要讲话精神，学习贯彻中央、北京市庆祝活动总结会议精神。集团领导张功焰、何巍、梁宗平、赵民革、白新、胡雄光、韩庆、王涛、刘建辉参加会议。

11 月，首钢园区西十冬奥广场项目——N3-3 转运站办公楼获得石景山区首个国际 LEED-CI（全称为 LEED Commercial Interior）铂金级认证，此外联合泵站会议中心也获得 LEED-CS（全称为 LEED Core&Shell）金级认证。

11 月 6 日，在上海中国宝武集团总部，首钢集团有限公司和中国宝武钢铁集团有限公司签署战略合作协议。首钢集团党委书记、董事长、总经理张功焰，党委常委、副总经理赵民革，副总经理赵天旸；中国宝武集团党委书记、董事长陈德荣，副总经理张锦刚出席了签字仪式。赵民革、张锦刚代表双方签署战略合作协议。

11 月 6 日，由芝加哥商品交易所（CME Group）携手扑克财经联合举办的“2019 中国企业风险管理奖”评选结果正式揭晓，首钢集团获“2019 年度汇率风险管理领先企业”奖项，由芝商所亚太董事总经理 Chris Fix 颁奖，首钢集团国际业务部外汇风控专业人员上台领奖。

11 月 7 日，集团召开经理办公会，审议集团公司 2019 年 11 月份资金预算安排等事项。集团党委书记、董事长、总经理张功焰主持会议。会议还审议了其他事项。

11 月 7—9 日，第十八届中国国际住宅产业暨建筑工业化产品与设备博览会在北京中国国际展览中心（新馆）隆重举办，首钢多项产品参展。

11 月，人力资源和社会保障部公布第九批国家专业技术人员继续教育基地名单，首钢工学院名列其中，这也是该院继 2016 年获批全国钢铁行业专业技术人员继续教育基地后获批的又一国家级教育基地。

11 月，北京市教育委员会公布第十批“首都市民学习之星”名单，首钢京唐公司热轧作业部徐芳、矿业公司杏山铁矿严振湘和北冶公司文新理三名职工当选。

11 月，首钢智新迁安电磁材料有限公司与北京理工大学自动化学院联合组建的“先进电磁材料及电机技术联合研究中心”揭牌仪式，在北京理工大学举行。首钢股份公司、首钢智新电磁、北京理工大学自动化学院相关领导出席揭牌仪式。双方现场签署了相关合作协议。

11 月 13 日，首钢京唐公司高强镀锌产线第一卷产品成功下线，这标志着京唐公司具备生产最高强度等级可达 1470 兆帕的高档汽车板产品。

11 月，新首钢国际人才社区核心区（南区及北区）项目获得北京市发改委的核准批复。

11 月，首钢绿化公司承担的首钢老工业区改造西十冬奥广场项目景观工程获“中国风景园林学会科学技术奖园林工程金奖”。

11 月，在中国企业文化研究会主办的“中外企业文化 2019 合肥峰会”上，首钢获新中国 70 年企业精神之“敢为人先精神”代表单位奖，受到隆重表彰。

11 月 24 日，第六届北京市民快乐冰雪季系列活动启动仪式在首钢园冰球馆举行。北京市政府副秘书长孟钧宣布系列活动开幕，国家体育总局冬运中心常务副主任丁东，北京市体育局局长赵文，北京市体育局副局长杨海滨，北京冬奥组委文化活动部部长赵卫；石景山区委书记常卫，区长陈之常，首钢集团党委书记、董事长、总经理张功焰，北京冬奥组委新闻宣传部副部长吕钦，北京团市委副书记、冬奥会花样滑冰冠军申雪，北京市直属机关工会主席时代新，北京市总工会市工业工会主席周玉忠，北京市残联副巡视员郭治斌，石景山区副区长左小兵，首钢集团副总经理梁捷等领导，以及北京冬奥组委文化活动部、国家体育总局冬季运动管理中心等冰雪季系列活动支持单位、相关承办、成员单位领导出席活动，首都市民、青少年等各类人群冰雪爱好者及市级相关单位领导、各区体育局和有关冰雪协会、冰雪场馆负责人等共 2022 人一同参加活动。

11 月 26 日，松下电器中国东北亚公司总裁本间哲朗，副总裁赵炳弟，松下采购（中国）有限公司总经理高田哲史，事业开发中心副所长兼北京奥运残奥推进室室长川出雄一等客人到访首钢，受到集团领导张功焰、梁捷及相关部门负责人的热情接待。双方就有关事项展开交流座谈。

11 月 26—28 日，由北京市总工会、德国南图林根手工业协会共同举办的 2019 年中德“北京·南图林根”职工焊接对抗赛在德国举行。经过 3 天紧张激烈的比赛，来自首钢矿业公司的王涛、张钊在决赛中脱颖而出，分别夺得氩弧焊、焊条电弧焊组冠军。

11 月 27 日，首钢滑雪大跳台正式交付使用。

11 月 29 日，首钢集团党委常委（扩大）会召开，学习贯彻市委十二届十次全会精神，集团党委书记、董事长、总经理张功焰主持会议。集团领导班子成员，集团办公厅、党委组织部、党委宣传部、纪委、党委巡察办、工会、团委、发展研究院等单位负责人参加。

12 月 3 日，全国人大常委会副委员长、中华全国总工会主席王东明，中华全国总工会党组成员、经费审查委员会主任李晓钟到首钢调研。北京市人大常委会副主任、北京市总工会主席刘伟，北京市总工会副主席韩世春，北京市工业（国防）工会主席周玉忠，首钢集团领导张功焰、梁宗平参加。

12 月 4 日，首钢集团学习党的十九届四中全会精神宣讲报告会在文馆召开。集团党委书记、董事长、总经理张功焰以《深入学习贯彻党的十九届四中全会精神推动首钢高质量发展》为题作宣讲报告。集团领导班子成员，集团各部门负责人以及 L7 以上领导人员，各平台公司、直管单位、要素管理单位党政主要领导、党群部门负责人，首钢青年干部特训班的学员参加。首钢股份、京唐公司、水钢公司等京外企业通过视频参加会议。

12 月 5 日，来自社会各界嘉宾与 1000 名志愿者代表相聚在首钢园区，北京 2022 年冬奥会和冬残奥会赛会志愿者全球招募启动仪式在首钢滑雪大跳台——北京冬奥会竞赛场馆举行。

12 月 6 日，集团召开经理办公会，听取关于 2019 年安全环保工作总结及 2020 年工作安排的汇报，审议 2019 年 12 月份资金预算安排等事项。集团党委书记、董事长、总经理张功焰主持会议。会议还审议了其他事项。

12 月 12 日，2019 年沸雪北京国际雪联单板及自由式滑雪大跳台世界杯在首钢滑雪大跳台开赛。

12 月 17 日，国网北京市电力公司董事长、党委书记潘敬东，总经理、党委副书记万志军等一行参观首钢园区；北京冬奥组委专职副主席兼秘书长韩子荣、副秘书长徐志军、规划建设部部长刘玉民参加；受到首钢集团领导张功焰、王世忠及有关部门负责人的热情接待。

12 月 18 日，首钢京唐高强酸洗产线第一卷产品成功下线，这标志着首钢京唐具备生产强度等级可达 1000 兆帕的精品酸洗板产品。

12 月“新首钢高端产业综合服务区北区详细规划”获 2019 年环保建筑大奖研究及规划类别优异奖。

12 月 24 日，首钢集团领导班子会召开，传达学习贯彻市委十二届十一次全会精神。集团党委书记、董事长、总经理张功焰主持会议。集团领导班子成员，战略发展部、经营财务部、系统优化部、办公厅、党委组织部、党委宣传部、纪委监察专员办公室、党委巡察工作办公室、工会、团委、发展研究院等部门负责人参加。

12 月 26 日，北京市政协、市委统战部联合组织部分北京市全国政协委员赴首钢进行视察考察。北京市政协党组书记、主席吉林，市委常委、市委统战部部长齐静，北京市副市长、北京冬奥组委执行副主席张建东，市政协副主席杨艺文、程红、于鲁明、燕瑛，市政协秘书长严力强；首钢集团党委书记、董事长、总经理张功焰，党委常委、工会主席梁宗平，副总经理王世忠，总建筑师吴晨参加。

12 月 26 日、27 日，首钢集团董事会分别召开 2019 年第四次会议、第五次会议，听取并审议集团 2020 年经营计划、集团 2020 年投资计划、集团 2020 年预算编制，首钢 2019 年审计工作报告和 2020 年审计工作计划、首钢 2019 年内部监事会工作报告及 2020 年工作安排等事项。集团党委书记、董事长、总经理张功焰主持会议。会议还审议了其他事项。

12 月 31 日，由市文化和旅游局与北京冬奥组委文化活动部共同主办的 2020 北京新年倒计时活动暨第四届北京冰雪文化旅游节在首钢园热烈举行。

12 月 31 日，中华全国总工会副主席、书记处书记、党组副书记张工率全国总工会慰问团来首钢送温暖。北京市人大常委会副主任、党组副书记、北京市总工会主席刘伟率北京市总工会慰问团一同慰问。北京市总工会党组书记、副主席郑默杰，全国总工会相关部门领导郭明山、张苏仲以及市总工会相关领导韩世春、周玉忠陪同慰问。首钢集团领导张功焰、梁宗平、王世忠、梁捷参加。

荣誉表彰

◎责任编辑：郭　锋　关佳洁

首钢“六好”班子

北京首钢股份有限公司
秦皇岛首秦金属材料有限公司
首钢集团有限公司矿业公司
中国首钢国际贸易工程有限公司
北京首钢建设投资有限公司
北京首钢自动化信息技术有限公司

首钢模范基层党委

首钢股份采购中心党委
首钢股份炼钢作业部党委
首钢股份热轧作业部党委
首钢冷轧公司党委
首钢智新电磁公司党委
首钢京唐能源与环境部党委
首钢京唐中厚板事业部党委
首钢矿业水厂铁矿党委
首钢矿业物资公司党委
首钢长钢炼铁厂党委
首钢水钢维检中心党委
通钢公司炼铁事业部党委
北冶公司党委
首钢建设第一冶金建设分公司党委
首钢实业饮食公司党委
园区管理部一线材管理处党委
北京首钢生物质能源科技有限公司党委

首钢模范党支部

首钢股份

炼铁作业部公辅作业区党支部
炼钢作业部一炼钢板坯作业区党支部
首钢智新电磁公司一作业区党支部
首钢冷轧公司热处理作业区党支部
营销中心广州首钢钢铁贸易有限公司党支部
采购中心燃料党支部

首钢京唐

冷轧作业部机电设备运维作业区党支部
彩涂板事业部生产技术室党支部
运输部港口作业区党支部
设备部运行维检党支部
钢轧作业部炼钢作业区党支部

首钢矿业

大石河铁矿动力车间党支部

水厂铁矿汽运作业区党支部

水厂铁矿磁选车间党支部

矿山机械制造厂机加工分厂党支部

首矿建土建分公司党支部

实业公司物业公司党支部

首钢国际

国际钢材贸易事业部第一党支部

首钢长钢

销售中心党总支

炼钢厂转炉党支部

首钢水钢

铁焦事业部备煤作业区党支部

钢轧事业部二棒作业区党支部

首钢贵钢

炼钢事业部党总支

通钢公司

矿业公司板石井下矿 18#采矿作业区党支部

轧钢事业部检修作业区党支部

国贸公司营销计划党支部

首钢伊钢

生活服务中心(质检)党支部

首钢股权投资

首钢国际工程公司能源环境分公司能环党支部

首钢建设第二冶金建设分公司第三设备安装检修项目部党支部

首钢建设唐山分公司党支部

首钢建设国际工程分公司哈萨克斯坦项目部党支部

首自信公司首迁运行事业部热轧作业区党支部

首自信公司电信事业部京唐分部党支部

首钢机电大厂公司生产系统党支部

首实包装生产车间党支部

首实实业机关党支部

首钢吉泰安市场部党支部

诚信监理党支部

首钢股权投资机关党支部

首钢建投

首钢建投第三党支部

园区管理部南区管理处首大项目作业区党支部

首钢物业体育大厦党支部

首钢特钢计财部党支部

首钢环境

首钢生物质生产运行部党支部

首钢地产

机关第一党支部

北大首钢医院

内科临床部第一党支部

技术研究院

薄板研究所党支部

人才开发院

机电工程学院党支部

机关党委

集团公司资产管理中心党支部

集团公司人事服务中心第三党支部

首钢财务公司党支部

首钢医疗投老年福敬老院党支部

2019年度首钢模范共产党员名单

首钢股份

李百征　刘　超　杨　成　赵志军　李志国
沈国良　杜丽霞　毕泽阳　彭　婷　周剑飞
王学强　张　健　张红军　张建民　常金元
齐振军　赵乃胜　张建艇　张　涛　刘　垒
安虎利　王国平　翟　俊　辛鹏飞　谢天伟

首钢京唐

唐永祥　梁永松　付景慧　唐　飞　王彦斌
唐　伟　宋青松　王　磊　梁广秀　凌　晨
孙　月　王建江　丁国一　孙　欢　肖阳华
刘　岩　闫智平　李　欢　李　越　郑　斌

首秦公司

张建刚　雷亚勇

首钢矿业

孙治波　李　昕　徐　鹏　马　波　李　勇
侯顺喜　张红庆　洪卫军　高福明　梅冬亚
章俊伟　孙智龄　郭　丹　王恩宇　魏天生
孙玉兰　戴新奇

首钢国际

张　箭　刘　博　王丽娜

首钢长钢

崔永康　郭　云　王晓东　张　毅

首钢水钢

曾　举　张　欣　纪　强　安　伟

首钢贵钢

熊克胜

通钢公司

王景宽　王玉全　袁志君　贺文泽　高君乐
王新生

首钢伊钢

秦新义

首钢股权投资

苏广朝　李孟飞　张学平　李占魁　马银鹤
王瑞川　杨志强　马利友　宋　扬　李晓宇
王海龙　任立辉　章拥军　孙　开　杨　堃
于慧芳　吴　芳　张　勇　赵小利　李建成
高贵泽

首钢建投

陈　傲　罗　刚　闫广顺　戴宝成　解晨光
孙新军　肖玉松　王　哲

首钢环境

任　健

首钢矿投

赵　卫

首钢控股

王德春

首钢地产

薛道瑾

北大首钢医院

张　滨　贾淑娟

京西重工

张晓璋

首钢体育

张云松

首钢基金

高　展

技术研究院

韩　赟　邹　扬

人才开发院

黄昊兵　张鹏飞

集团机关

吴　平　马力深　丁立平　张　清　于　节
张福明

2019 年度首钢先进单位名单

1 北京首钢股份有限公司
2 首钢集团有限公司矿业公司
3 北京首钢股权投资管理有限公司
4 北京首钢自动化信息技术有限公司
5 北京首钢建设投资有限公司
6 北京首钢房地产开发有限公司
7 首钢医院有限公司
8 北京首钢基金有限公司

2019 年度首钢先进集体名单

北京首钢股份有限公司

1 营销中心上海首钢钢铁贸易有限公司
2 采购中心物流管理室
3 炼铁作业部生产技术室
4 炼钢作业部板坯柔性连浇团队
5 热轧作业部二热轧轧钢作业区
6 首钢智新迁安电磁材料有限公司三作业区
7 北京首钢冷轧薄板有限公司镀锌作业区
8 能源部供风作业区
9 质量检验部化学分析室
10 资源开发事业部电子商务中心
11 北京鼎盛成包装材料有限公司运营管理部
12 计财部成本室
13 环境保护部环保室
14 北京首钢气体有限公司京唐作业区
15 北京首钢鲁家山石灰石矿有限公司建昌县融成钙业有限公司
16 办公室行政室

首钢京唐钢铁联合有限责任公司

17 炼钢作业部炼钢作业区
18 热轧作业部 2250 热轧作业区
19 冷轧作业部酸轧作业区
20 钢轧作业部公辅作业区
21 中厚板事业部 4300 作业区
22 彩涂板事业部彩涂作业区
23 镀锡板事业部罩退作业区
24 能源与环境部能源技术室
25 运输部物流运输室
26 供料作业部生产技术室
27 质检监督部原料冶炼分析中心
28 销售管理部营销管理室

首钢集团有限公司矿业公司

29 大石河铁矿二马采矿车间
30 水厂铁矿汽运作业区
31 杏山铁矿采矿作业区
32 运输部迁钢段
33 计控检验中心北京速力科技有限公司
34 协力公司烧结维检项目部
35 迁安首钢设备结构有限公司迁钢检修分公司

中国首钢国际贸易工程有限公司

36 北京高鹏天成投资管理有限公司

首钢水城钢铁(集团)有限责任公司

37 贵州博宏实业有限责任公司
38 销售分公司

39 制造管理部
40 铁焦事业部高炉作业区
41 钢轧事业部行车作业区

首钢长治钢铁有限公司

42 轧钢厂棒线作业区加热组
43 质量监督站化学分析作业区
44 采购中心辅料部
45 医院护理部

首钢贵阳特殊钢有限责任公司

46 炼钢事业部原料室
47 轧钢事业部高线作业区乙班

通化钢铁集团有限责任公司

48 矿业公司板石上青矿东采作业区
49 炼钢事业部连铸作业区
50 轧钢事业部线材作业区
51 运输公司钢轧作业区
52 计财部

首钢伊犁钢铁有限公司

53 巴州凯宏矿业有限责任公司
54 库车天缘煤焦化有限责任公司

北京首钢股权投资管理有限公司

55 股权经营部
56 北京首钢吉泰安新材料有限公司市场部
57 北京首嘉钢结构有限公司秦皇岛分公司
58 北京北冶功能材料有限公司特冶分厂
59 北京北冶功能材料有限公司材料研究所章清泉创新工作室
60 北京诚信工程监理有限公司首钢园区分公司监理三部
61 安川首钢机器人有限公司经营企划部财务科

北京首钢国际工程技术有限公司

62 冶金工程分公司炼铁事业部
63 工程造价咨询部

北京首钢建设集团有限公司

64 贵州分公司贵钢棚户区改造项目第二项目经理部
65 市场开发部商务室
66 京首建(迁安)装配式建筑制品有限公司
67 第二冶金建设工程分公司第三设备安装检修项目部张闯维检综合班
68 国际工程分公司哈萨克斯坦公路改造项目部

北京首钢自动化信息技术有限公司

69 智能工业事业本部自动化研究所
70 智能工业事业本部首迁运行事业部炼钢作业区
71 智能工业事业本部京唐运行事业部钢轧作业区转炉班
72 信息化事业本部智能制造事业部智慧电商中心

北京首钢机电有限公司

73 电机厂迁安电气分公司维检事业部
74 迁安机械修理分公司钳工班
75 曹妃甸检修分公司 MCCR 事业部

北京首钢实业集团有限公司

76 北京金安源汽车运输有限公司
77 迁安首实包装服务有限公司硅钢精整车间
78 北京首钢饮食有限责任公司顺义冷轧项目部

北京首钢建设投资有限公司

79 工程建设部
80 招商中心

北京首钢园区综合服务有限公司

81 园区物业事业部园区第二项目部
82 冬奥物业事业部大跳台项目组
83 酒店餐饮事业部
84 首钢集团有限公司动力厂(能源运维事业部)新能源运维作业区

北京首钢特殊钢有限公司

85 招商运营部物业安保班

首钢集团有限公司园区管理部

86 南区管理处三炼护厂作业区
87 安全保卫处警卫队冬奥服务班
88 一线材管理处转型废钢作业区看护大班

首钢环境产业有限公司

89 北京首钢资源综合利用科技开发有限公司绿色建材项目部

北京首钢矿业投资有限责任公司

90 承德信通首承矿业有限责任公司

首钢控股有限责任公司

91 首钢地质勘查院爱地公司测绘分公司
92 山西翼城首旺煤业有限责任公司机电科

北京首钢房地产开发有限公司

93 成都首钢房地产开发有限公司
94 财务资金部

秦皇岛首秦金属材料有限公司

95 运营部运动中心

首钢医院有限公司

96 医务处
97 护理部
98 感染性疾病科
99 检验科

北京京西重工有限公司

100 风控审计部
101 房山技术中心数据建模与仿真分析团队

北京首钢基金有限公司

102 北京创业公社投资发展有限公司

北京首钢体育文化有限公司

103 篮球俱乐部

首钢集团有限公司技术研究院

104 球团课题组
105 汽车结构用酸洗板产品开发及质量提升团队

首钢集团有限公司人才开发院

106 内训管理部
107 冶金安全环保学院

首钢集团有限公司机关党委

108 安全环保部
109 办公厅
110 人力资源部(党委组织部)
111 企业文化部(党委宣传部)
112 纪委监察专员办公室
113 审计部
114 工会
115 北京首钢退休人员服务有限公司
116 首钢集团财务有限公司综合管理部(党群工作部)
117 京冀曹妃甸协同发展示范区建设投资有限公司合约部
118 北京首钢医疗健康产业投资有限公司老年福敬老院

2019 年度首钢劳动模范名单

北京首钢股份有限公司

1 杨瑞枫 营销中心汽车板销售部汽车板服务室客户经理
2 李　鹏 采购中心副总经理
3 李志国 采购中心京唐设备党支部书记、仓储中心副主任

4 王卫兵 炼铁作业部公辅作业区首席作业长
5 彭文涛 炼钢作业部部长助理
6 李　杰 炼钢作业部一炼钢板坯作业区白班作业长
7 蔡耀清 热轧作业部党委书记、部长、工会主席
8 郭维进 热轧作业部设备管理室副主任
9 黎先浩 首钢智新迁安电磁材料有限公司首席工程师
10 崔伦凯 北京首钢冷轧薄板有限公司设备部电气自动化专业技术
11 杜士毅 质量检验部化学分析室化学分析技术员
12 李国超 北京鼎盛成包装材料有限公司资源循环作业区首席作业长、党支部书记
13 亢小敏 制造部质量一贯室主任
14 种祥浩 人力资源部薪酬室主任
15 李晓磊 投资管理部部长助理
16 黄福祥 迁顺技术中心工艺研究室主任、首席技术专家
17 关建东 迁顺技术中心产品研发室副主任
18 耿文革 北京首钢气体有限公司迁钢作业区党支部书记兼主任

首钢京唐钢铁联合有限责任公司

19 林绍峰 制造部部长
20 张　扬 设备部部长
21 闫焕敏 焦化作业部副部长
22 郑　凯 炼铁作业部炼铁一作业区日班作业长
23 王和兵 炼钢作业部部长助理
24 李双超 热轧作业部板材精加工作业区成品管理
25 谭谨峰 冷轧作业部部长助理
26 李继新 钢轧作业部部长助理
27 董占斌 中厚板事业部生产技术室主任
28 梁广秀 彩涂板事业部生产技术室综合主管兼生产组织
29 孙凤意 镀锡板事业部镀锡作业区四班作业长
30 温　星 能源与环境部部长助理
31 董宏彬 运输部铁运设备维检作业区党支部书记
32 丁国一 供料作业部生产技术室副主任
33 张　阳 质检监督部原料检查站原料质量管理
34 董艳华 工程部工程管理室副主任
35 缪成亮 技术中心首席研究员
36 谷志华 办公室行政后勤室主任

首钢集团有限公司矿业公司

37 闫尚敏 大石河铁矿矿长
38 孙瑞彬 水厂铁矿安全保卫科科长
39 徐　鹏 水厂铁矿磁选车间设备点检
40 严振湘 杏山铁矿采矿作业区副区长
41 靳建林 运输部供发中心党支部书记、段长
42 高立民 运输部工务电务段北区工务班组班组长
43 陈　中 计控检验中心信息开发中心计算机软件技术
44 王恩宇 物资公司党委书记、纪委书记、工会主席、经理
45 郑光伟 协力公司烧结维检项目部经理
46 杨宏武 机械制造厂铸造分厂书记、厂长
47 朱海龙 矿建公司采矿分公司党支部书记、经理
48 戴新奇 实业公司物业公司滨区房修班班长
49 韩文龙 职工子弟学校教务科副科长
50 张红庆 机械动力部副部长
51 李志辉 迁安首钢设备结构有限公司迁钢检修分公司副经理
52 张金华 副总经理
53 任淑娟 党群工作部宣传科副科长

中国首钢国际贸易工程有限公司

54 周　芹 总经理助理兼矿产资源事业部党总支书记、部长
55 顾爱军 首钢秘铁公司生产技术部经理助理

首钢水城钢铁(集团)有限责任公司

56 周兴高 总医院院长
57 安　伟 财务部部长
58 夏仁海 总医院ICU主任
59 向志刚 能源事业部汽机作业区党支部书记、主任
60 杨红黎 贵州瑞泰实业有限公司工程公司经理
61 赵　平 维检中心钢检车间党支部书记、主任
62 王志刚 市场采购部燃料室主任
63 常　磊 赛德公司工业安装分公司副经理
64 徐媖娜 审计风控部精益管理室主任

65 吴道辉 党群工作部融媒体采编室主任
66 张 琴 总医院院感科主任

首钢长治钢铁有限公司

67 张振新 原董事、总会计师
68 王宏兵 销售中心党支部书记、经理
69 刘海峰 炼铁厂八高炉作业区作业长
70 郭昌杰 炼钢厂设备科科长
71 薛彦军 工建公司技术科科长
72 徐兵伟 生产技术处主任师
73 李海洋 设备处 TPM 推进管理科科长

首钢贵阳特殊钢有限责任公司

74 陈昌贵 炼钢事业部丙班生产调度
75 佘晓东 钎钢事业部热处理作业区作业长

通化钢铁集团有限责任公司

76 谢古月 矿业公司板石球团厂生产室主管师
77 任振东 炼铁事业部 2#高炉作业区副作业长(主持工作)
78 夏连军 轧钢事业部检修作业区维检班班长
79 车亚昭 能源事业部热电二作业区作业长
80 马增毅 自信公司信息室系统运行维护管理员
81 王平源 炼钢事业部技术经营室主任
82 孔庆洋 计财部副部长(主持工作)

首钢伊犁钢铁有限公司

83 任建军炼铁事业部部长

北京首钢股权投资管理有限公司

84 邢晓林 北京首钢吉泰安新材料有限公司拔丝作业区大号班组班长
85 王 京 北京首钢城运控股有限公司第三事业部部长兼停车运维事业部副部长
86 丁绍松 北京北冶功能材料有限公司总经理助理
87 刘亚南 北京诚信工程监理有限公司京唐分公司经理
88 林立伟 综合办公室副主任

北京首钢国际工程技术有限公司

89 李永忠 副总工程师兼冶金工程分公司总经理
90 吉永平 冶金工程分公司土建设计部主任设计师

北京首钢建设集团有限公司

91 马冬豹 钢构分公司经理
92 王建海 第一冶金建设工程分公司经理助理
93 冯志民 第二冶金建设工程分公司 GQ 工程项目部经理
94 何金磊 唐山分公司京科园住宅工程项目部项目经理

北京首钢自动化信息技术有限公司

95 张余海 智能工业事业本部工业智能装备创新中心经理
96 宋 扬 数据科学研究所所长
97 兰海斌 信息化事业本部数字政企事业部项目总监
98 王 鑫 智慧城市事业本部系统集成事业部部长助理
99 赵 强 智能工业事业本部自动化研究所计算机室技术总监

北京首钢机电有限公司

100 孙 开 成套设备分公司经理助理兼国外部部长
101 杨润龙 大厂首钢机电有限公司通用设备分厂厂长
102 孙 雷 迁安机械修理分公司工艺技术部副部长

北京首钢实业集团有限公司

103 顿思曼 北京首欣物业管理有限责任公司朝阳七号院项目部客服主管
104 齐 冰 首钢幼儿保教中心金顶街幼儿园园长
105 张忠周 唐山曹妃甸首实实业有限公司南堡分公司经理
106 孟庆江 迁安首实包装服务有限公司党总支书记、董事长

北京首钢建设投资有限公司

107 罗 刚 工程建设部副部长
108 曲径幽 市政基础设施部电气规划设计工程师

北京首钢园区综合服务有限公司

109 陈　尚 董事长、党委副书记、总经理
110 管景建 调研员
111 翟凤山 北京首钢园林绿化有限公司第四经理部经理
112 肖玉松 首钢集团有限公司动力厂(能源运维事业部)助理兼部长

北京首钢特殊钢有限公司

113 赵人杰 园区管理部部长、党支部书记兼北京首特泰康医院有限公司董事长、总经理

首钢集团有限公司园区管理部

114 徐国勇 南区管理处首大项目作业区作业长
115 王金龙 安全保卫处警卫队冬奥服务班班长
116 祁　宏 园区管理部资产管理处处长助理

首钢环境产业有限公司

117 王向安 党委委员、副总经理兼长治首钢生物质能源有限公司总经理

北京首钢矿业投资有限责任公司

118 周弘强 党委委员、董事、副总经理
119 赵　卫 辽宁首钢硼铁有限责任公司总经理

首钢控股有限责任公司

120 蔡军辉 风险管理部部长
121 邓　斌 首钢地质勘查院院长
122 陈庆贵 首旺煤业公司安全矿长

北京首钢房地产开发有限公司

123 韩俊峰 总经理
124 徐生辉 成都首钢房地产开发有限公司总经理
125 王成贵阳 首钢房地产开发有限公司前期拓展部经理

秦皇岛首秦金属材料有限公司

126 张志军 秦皇岛首秦钢材加工配送有限公司综合科副科长

首钢医院有限公司

127 刘月波 呼吸与危重症医学科副护士长
128 张二明 呼吸与危重症医学科副主任医师
129 张　丹 感染性疾病科主任
130 王宇航 总务处车队司机
131 李　琪 感染管理办公室主任、疾病预防控制处处长

首钢控股(香港)有限公司

132 丁汝才 党总支书记、董事、副总经理

北京京西重工有限公司

133 王树建 房山工厂副厂长兼生产运营经理

北京首钢基金有限公司

134 姜墨林 首颐医疗健康投资管理有限公司总经理

北京首钢体育文化有限公司

135 翟晓川 篮球俱乐部男子篮球队运动员

首钢集团有限公司技术研究院

136 曹建平 用户所腐蚀与涂装专业首席工程师
137 文　杰 京唐技术中心轧钢专业主任研究员

首钢集团有限公司人才开发院

138 廖雪梅 机电工程学院教师

首钢集团有限公司机关党委

139 张连生 战略发展部投资总监
140 何　俊 经营财务部产权管理高级经理
141 李　平 系统优化部组织绩效经理
142 李家鼎 办公厅经理办公室信息调研与采集
143 刘洪祥 人力资源部(党委组织部)副部长兼薪酬绩效总监
144 高　强 审计部审计经理
145 陈　培 监事会工作办公室监事
146 冯清仁 人事服务中心主管师
147 李艳萍 首钢集团财务有限公司客户经理
148 韩　婷 京冀曹妃甸协同发展示范区建设投资有限公司地产开发部高级主管
149 苏　好 北京首钢医疗健康产业投资有限公司老年福敬老院院长

2019 年度首钢之星典型事迹

(一)担当之星

技术攻关不畏难　开发高端镀锡板

李海旭,京唐公司镀锡板事业部工程师,实干担当成为技术领跑者。为满足客户制罐个性化需求,他和团队与两家镀锡板企业角逐,针对爆漆和硫化斑缺陷,历经百余次试验,比对上万个数据,在“三缩颈”平整钝化技术上取得突破,率先通过新产品认证。他率队开发难度更高的易开盖产品,实施生产线闭环管理,进行全天候跟踪监测,通过调整轧制温度、改进带钢板形、优化工艺参数,攻克厚度材质均匀性、印涂冲压成型性等技术难题,稳定了易开盖用钢批量生产,月均供货 3000 吨,创出了比去年提高 3 倍的新业绩。

尽职尽责敢担当　严把废钢入炉关

刘漫,水钢原料工段废钢班班长,他严把废钢入厂关口,对于不法分子的各种诱惑和威胁,甚至家中门窗几次被砸,依然从容应对、不为所动,避免了多起废钢以次充好,维护了企业利益。他有着一双“火眼金睛”,现场巡查严格认真,每个月都能从入炉废钢中挑检出受热易爆的大小密封容器 100 余件,成为保障炼钢生产安全的守护人。他还在“节铁增钢”上开动脑筋、提出好建议,使得炼钢废钢装入量合格率达到 90%以上,各类事故影响时间下降 70%以上。平凡岗位不平凡,成为最美水钢人,受到人们的尊敬。

资源利用拓市场　绿色建材亮名片

郭彪,矿业物资公司经销副科长,为拓展资源利用新产业,跨界担当学习新知识,钻研法规政策,整理市场报告多达 70 份。他瞄准“公转铁”抢占火运先机,坦诚交挚友促成天津第一列,遭遇闭门羹后门缝塞纸条“挤出”河北第一列,应聘联客户“牵出”山东第一列。他辗转 40 座城市,先后叩开了北京、天津、河北、山东 4 省市的 16 家客户大门,产品日销售近 2 万吨,月火运销售超百列,累计销售超千万吨,实现收入超亿元。他奔走 27 个港口码头,打通长三角海运销售渠道,首钢建材扬帆蓝海,擦亮了“绿色建材”名片。

转型转岗从头越　奥运金牌讲解员

姜金玉,园区服务公司冬奥物业事业部的讲解员,从一名炼铁厂天车工转型为冬奥讲解员,工作内容等发生了巨大变化。她带着强烈的使命感、责任感和敬业担当精神,一切从零开始,刻苦学习了冶金、奥运、英语、礼仪等知识,力求融会贯通,不断超越自己。成功接待了国际残奥组委会主席和平昌冬奥会主席一行,中国侨联海外顾问及海外委员考察团、六十多个国家的外国使节及社会各界人士,以声情并茂的讲解,宣传了首钢与时俱进、奉献奥运的崭新形象,被北京冬奥组委称赞为“问不倒的讲解员”。

网幕制造挑重担　国庆项目建新功

裘俊清,首建二冶电装项目部党支部书记,担纲 70 项目为国庆增光添彩。高 60 米、宽 90 米的网幕,世界最大,没有先例。他和团队集思广益,把导演的概念想法深化为项目设计,制定出包括网幕编织合成、设备材料选型等在内的施工方案。他带领大家精准施工,用高分子量纤维绳、钢丝片和 LED 灯编织网幕,确保了 44376 个经纬交点的精准绑扎定位。迎战转场试运行,六台吊车联动,擎起巨幅网幕,不容丝毫闪失,裘俊清协同各方、强化保障,不达最好不罢休。国庆晚会上,首钢造大型网幕稳稳升起,以其零误差的运行,升起红艳艳的巨幅国旗,激荡了中华儿女的爱国情。

（二）创新之星

精益制造铸匠心　硅钢生产攀高峰

徐厚军，智新电磁公司轧机主操，专注操作近十载，先后总结“S06快速稳定轧制板形控制法”“取向硅钢各道次标准板形及控制方法”“二十辊轧机快速矫直带头方法”等最佳操作法。他精益制造铸匠心，带领团队开展横向厚差控制精度、板形控制精度攻关，使首钢电工钢尺寸精度达到国际先进水平，获得2项首钢科技一等奖。他专注操作攀高峰，创造出二十辊机组多个第一：轧制第一卷0.15毫米超薄取向硅钢，第一卷高强度新能源汽车用无取向硅钢，第一卷0.1毫米高牌号无取向硅钢，助力两个电工钢产品实现了全球首发。

执着创新促生产　球团产量创新高

谢古月，通钢公司球团厂技术高级主管师，促进工艺技术进步，倾注智慧和汗水。2019年，谢古月带头进行技术革新，先后实施造球盘刮刀改造、辊筛间隙调整等措施，大幅提升生球质量，解决了球团厂生球粒度不均匀、透气性差的问题，提升了链篦机料厚，小时处理量增加，日产量提升3%—5%，为球团产量多次破纪录创造了有利条件。他成功解决球团矿抗压强度偏低技术问题，为高炉生产提供优质原料，年创效400余万元。他对等离子点火系统链篦机回转窑工艺进行攻关应用，年节约柴油成本130余万元。

选矿生产解难题　培育效益增长极

刘军，首矿投隆化新村矿业公司选磷车间主任，率队深山5年奋战，实现了磷、钛和建筑砂石料的工业化稳定生产。不可能变可能，研制低温药剂，填补国内空白，攻克了北方冬季无法正常选磷瓶颈；以市场为晴雨表，动态调整生产，优化高梯度磁选，实现不同品位钛精粉同时生产；推进变废为宝，组织创新筛分工艺，实现了建筑砂砾料“负成本”生产，多措并举增加效益1600万元。同时，他着力转型提效，实施产品跟着产线走，优化流程和人员配置，全员实物劳产率国内矿山领先，达到人年2500吨。

倾心招商栽新枝　培育园区新活力

苗芳，首建投公司招商中心副主任，聚焦引入龙头企业服好务，助力园区不断增添新活力。2018年以来，完成腾讯视频、当红齐天、龙信数据、伊利、安踏等产业龙头和星巴克、全民畅读等商铺落地租赁协议签署，完成铁狮门合作区域定制建设和长期租赁协议签署。以腾讯视频为例，苗芳组建工作团队，对接设计施工单位，启动定制化服务，推介园区发展定位和工业遗存改造优势，以优质服务和商务谈判说服了客户，需求也由一个筒仓增加到两个筒仓。目前，腾讯视频入驻园区办公，开始制作视频在互联网上传送。

进口矿石护航人　生产保供降成本

王志伟，中首公司矿产资源事业部原料室主任，以服务进口矿石保供为己任。面对瞬息万变的市场，他加强与供应商沟通，抵制“霸王条款”，确保了自用矿合同的谈判、签约及执行。他深挖细算增利措施，与生产基地并肩作战，与海关据理力争，2018年，避免多缴因审价产生的进口增值税1562万元。2019年以来，完成了1572万吨进口矿石的保供任务，为新基地降低采购成本8735.75万美元。他主动研判市场资源，积极协调做工作，争取到204万吨的离岸价合同，极大缓解了富余运力，有效提升了运营效率。

（三）争先之星

汽车用钢攻难关　产品首发世界级

韩赟，技术研究院汽车板产品开发首席工程师，汽车用高强钢产品开发有建树。增强成形性双相钢备受奔驰、宝马等高端用户青睐，争取认证机会后，韩赟作为项目负责人，带领团队与奥钢联、蒂森等知名钢企“同期赛跑”，在实验室日夜攻关，在汽车板产线蹲守，积累技术数据，耐住单调不懈怠。历经几年的拼搏鏖战，分别于2016年、2017年、2019年成功实现DH590、DH780及DH980产品国内首发，产品达到国际先进水平，并最终通过奔驰认证。上述系列产品的首发及成功推广，极大提升了首钢高强钢产品品牌效应，实现了从跟随到引领的跨越。

创优争先抓技改　棒材生产增效益

张毅，长钢公司轧钢厂棒材作业区作业长，工艺技术革新站前排，成为降本增效带头人。他主动对标先进企业，奋力攻坚，挂图作战，先后实施了“精整天车行车轮改造”“冷床移钢小车设备改造”“改造冷床动齿条、杜绝齿条挂钢”等十余项工艺技术攻关，提出并实施合理化建议68条，产生直接经济效益500余万元。在提产创效过程中，他组织实施的“五小”技术革新项目《优化粗中轧孔型，提高工艺运行稳定性》获长治市二等奖，《Φ18螺三切分工艺开发》获长治市一等奖，两个项目直接产生效益400余万元。

担纲项目进南美　海水淡化立丰碑

刘华利，国际工程公司主管设计师，带队建成首钢秘鲁铁矿2万吨海水淡化工程，解除了以往海水选矿精矿中碱金属等含量过高问题。他针对南美的环境条件，研究当地海水水质，精准确定设备选型和工艺路线。他对设备集装箱模块化攻关，首创性实现国内组装、现场连接，既方便长途运输又减少了工地组装，既加快进度又保证了质量。与此同时，协同安装自动化控制系统，建成了一座智能化海水淡化工厂。积极拓展后续业务，在招标中脱颖而出，承揽秘铁海淡生产运维工作，实现了公司从工程总包到运维服务的深化拓展。

内控体系建制度　合规审核避风险

张蕴，基金公司合规审计部总经理，为强化风控管理努力做工作。她牵头搭建公司内控体系，完成近60个项目合规性审核，组织开展审计项目20余个，涉及公司30余家。组织制定运营负面清单，根据发现问题以及潜在风险点，新建和完善管理制度29个，为公司规避经营操作风险提供了有力保障。在代表首钢集团接受北京市国资委内控体系检查中，公司成为市属7家优秀等级之一的企业，受到检查组的充分肯定。张蕴及其部门获得了首钢集团2018年风控体系建设工作先进个人和先进部门的称号。

用心聚焦赛车谷　展示首秦新风貌

侯志刚，首秦公司宣传工作干事，用敬业奉献诠释责任担当，聚焦宣传公司产业转型全过程。2019年8月开园前，侯志刚奋战在现场，拍摄剪辑赛车谷画面通宵达旦，困极了凉水洗把脸，眼睛疼点药水支撑，有人劝他回家休息一下，他却说：活儿不干完心里不踏实。一年多时间，他先后制作了首秦公司招商宣传片、规划宣传片、国内体育博览会宣传片、赛车谷启动仪式等宣传片共32部，累计为公司节省外宣费用300万元。在开园仪式上，首钢赛车谷宣传片惊艳亮相，震撼全场，用宣传的力量展示了转型发展的新首秦。

统计资料

◎责任编辑：郭 锋 关佳洁

2019年首钢集团主要工业产品产量完成情况

指标名称	计量单位	2019年实际
1. 采剥总量	万吨	3616.06
2. 铁矿石	万吨	568.31
3. 铁精矿	万吨	551.30
4. 烧结矿	万吨	3168.08
5. 球团矿	万吨	1248.85
6. 焦炭	万吨	382.44
7. 生铁	万吨	2668.16
8. 粗钢	万吨	2931.32
9. 成品钢材	万吨	2837.14
其中:棒材	万吨	47.11
钢筋	万吨	601.32
线材	万吨	138.84
特厚板	万吨	20.13
厚钢板	万吨	58.78
中板	万吨	56.29
中厚宽钢带	万吨	752.81
热轧薄宽钢带	万吨	238.28
冷轧薄宽钢带	万吨	352.36
镀层板(带)	万吨	323.93
10. 耐火材料总量	万吨	0.00
11. 铁合金总量	万吨	3.03
12. 钢丝	万吨	0.39
13. 发电量	万千瓦时	1057238
14. 煤气	万立方米	4325712

2019年首钢集团主要综合效益指标完成情况

指标名称	计量单位	2019年实际
一、综合指标		
1. 现价工业总产值	万元	13975214
2. 实现利润	万元	274668
3. 实现利税	万元	842826
4. 销售收入	万元	20223504
5. 资产总计	万元	49834676
6. 流动资产	万元	14525446
7. 长期股权投资	万元	6310248
8. 年末固定资产原值	万元	25397150
9. 年末固定资产净值	万元	16000560
10. 所有者权益	万元	13817964
11. 资产负债率	%	72.27
12. 资本保值增值率	%	100.00
二、能源消耗指标（安环部提供数据）		
1. 综合能源消耗量	万吨标煤	933.09
2. 吨钢综合能耗	千克标煤/吨	517.91
3. 吨钢耗新水	立方米/吨	2.61
4. 吨钢转炉煤气回收	立方米/吨	112.14
三、环保及绿化指标		
1. 综合考核评价环保指标合格率	%	100%
2. 工业粉尘排放合格率	%	100%
3. 工业废气排放处理率	%	100%
4. 工业废水排放处理率	%	100%
5. 绿化面积（北京厂区）	万平方米	1544362
6. 绿化覆盖率（北京厂区）	%	37.54

2019年首钢主要技术经济指标完成情况

指标名称	计量单位	2019年实际
一、铁矿生产(矿业公司)		
1. 采剥比	吨/吨	2.32
2. 铁精矿品位	%	67.72
3. 选矿金属回收率(实际)	%	81.26
4. 选矿比(实际)	吨/吨	3.14
二、烧结生产		
1. 烧结矿合格率	%	99.85
2. 烧结机有效面积利用系数	吨/米^2·台时	1.11
3. 烧结矿品位	%	56.22
4. 烧结从业人员实物劳产率	吨/人·年	24016.73
三、高炉炼铁		
1. 生铁合格率	%	100.00
2. 高炉有效容积利用系数	吨/米^3·日	2.18
3. 入炉矿品位	%	60.17
4. 入炉焦比	千克/吨	304.84
5. 喷煤比	千克/吨	168.71
6. 综合焦比	千克/吨	493.99
7. 炼铁从业人员实物劳产率	吨/人·年	14424.53
四、转炉炼钢		
1. 钢铁料消耗	千克/吨	1056.64
2. 转炉日历作业率	%	59.93
3. 转炉日历利用系数	吨/吨·日	23.28
4. 转炉从业人员实物劳产率	吨/人·年	6330.12
五、连铸		
1. 连铸坯合格率	%	99.77
2. 连铸坯钢水收得率	%	97.75
3. 连铸机日历作业率	%	81.81
4. 连铸坯台时产量	吨/时	279.84
六、轧钢		
1. 钢材合格率	%	99.71
2. 综合成材率	%	95.45
3. 轧机日历作业率	%	78.15
4. 轧材工序单位能耗	千克标煤/吨	81.22

注:数据资料由财务共享中心提供,与上年口径一致。

2019 年授权专利

序号	专利号	专利名称	公告日	授权国家或地区	专利类型
1	201510766332.5	一种热镀锌产线的康耐视表面质量检测系统的优化方法	2019-4-23	CN	发明
2	201510759489.5	一种耐火砖及耐火砖的制备方法	2019-2-1	CN	发明
3	201610038754.5	一种提高厚规格带钢超快冷后温度控制精度的方法	2019-3-19	CN	发明
4	201610121331.X	一种冷轧厂废水处理工艺	2019-6-25	CN	发明
5	201610133335.X	一种钢卷取样方法	2019-2-1	CN	发明
6	201610483203.X	一种高炉炉料筛分控制方法	2019-4-12	CN	发明
7	201610166344.9	一种控制连铸结晶器液面波动的方法	2019-4-23	CN	发明
8	201610232749.8	一种高温合金母材真空铸造装置及使用方法	2019-2-22	CN	发明
9	201610294140.3	一种轧机乳化液系统加水方法及轧机乳化液系统	2019-6-7	CN	发明
10	201610292752.9	一种降低镀锡板边降的方法	2019-4-12	CN	发明
11	201610369718.7	一种提高换钢种或规格首块钢板形质量的优化方法	2019-7-12	CN	发明
12	201610405119.6	一种仿古建筑部件及其制造方法	2019-10-18	CN	发明
13	201610438785.X	一种抗拉强度 1000MPa 的双相钢及其生产方法	2019-1-18	CN	发明
14	201610439217.1	一种控制带钢卷取张力的方法及装置	2019-11-26	CN	发明
15	201610450929.3	一种 SLED 结构用钢的加工方法	2019-3-5	CN	发明
16	201610450516.5	一种判定海水淡化设备故障的方法	2019-4-9	CN	发明
17	201610457291.6	一种降低脱脂机组清洗用除盐水和蒸汽消耗的方法和设备	2019-4-9	CN	发明
18	201610457267.2	一种液压控制方法及装置	2019-6-7	CN	发明
19	201610457224.4	一种辊筛控制回路	2019-6-11	CN	发明
20	201610538978.2	一种钢脱碳层深度的测定方法	2019-1-18	CN	发明
21	201610533692.5	一种预测配合煤冶炼焦炭中硫分的方法	2019-10-8	CN	发明
22	201610797913.X	基于 TCP/IP 协议控制器通信接口应用系统及方法	2019-4-30	CN	发明
23	201610749404.X	一种降铅装置及工艺方法	2019-9-20	CN	发明
24	201610753571.1	一种甲基磺酸电镀锡的预电镀系统	2019-3-5	CN	发明
25	201610760909.6	一种热镀锌带钢出锌锅后抖动测量及方法	2019-6-11	CN	发明
26	201610748333.1	一种热辊模式的应用方法	2019-2-1	CN	发明
27	201610729134.6	利用平整机平整冷轧镀锌带钢的工艺方法	2019-2-1	CN	发明
28	201610821382.3	一种生产冲压用无取向带钢的方法	2019-6-4	CN	发明
29	201610818348.0	一种提高取向电工钢氧含量稳定性的系统及方法	2019-3-15	CN	发明
30	201610822024.4	用于大型客车的立体车库	2019-6-14	CN	发明

续表

序号	专利号	专利名称	公告日	授权国家或地区	专利类型
31	201610821796.6	用于车辆的搬运设备	2019-6-14	CN	发明
32	201610821780.5	用于车辆的升降装置	2019-10-15	CN	发明
33	201610798877.9	立体车库中梳齿搬运车的走行控制方法及装置	2019-4-30	CN	发明
34	201610876018.7	一种立井的施工方法	2019-4-23	CN	发明
35	201610876019.1	一种中间坯来料凸度的控制方法及装置	2019-2-22	CN	发明
36	201610874062.4	一种壳体生产方法	2019-5-24	CN	发明
37	201610875078.7	一种碱性球团矿制备方法及制备及所用矿粉混合料	2019-4-23	CN	发明
38	201710021137.9	一种减少板坯裂纹的方法	2019-7-2	CN	发明
39	201610925386.6	高压水除鳞蓄势罐内壁在线除锈防腐的方法	2019-6-7	CN	发明
40	201611019679.4	一种汽车充电桩管理方法和装置	2019-3-29	CN	发明
41	201610932536.6	一种轧辊温度模型控制精度的优化方法及装置	2019-4-23	CN	发明
42	201710076914.X	一种钢中硫化物含量的检测方法	2019-10-8	CN	发明
43	201611093104.7	一种热镀锌双相钢表面处理方法	2019-1-18	CN	发明
44	201611095115.9	一种改善中高锰钢可镀性的方法	2019-2-22	CN	发明
45	201611055730.7	一种硅钢氧化镁涂层卷取塔形的控制方法	2019-6-4	CN	发明
46	201611063417.8	控制汽车板钢包顶渣钙铝比 1.2-1.8 的方法	2019-1-4	CN	发明
47	201611066838.6	一种降低酸洗冷连轧带钢的带头上翘的方法	2019-5-31	CN	发明
48	201611041673.7	一种激光焊接方法及激光焊接装置	2019-7-5	CN	发明
49	201610997866.3	一种板形数据测量系统,数据修正方法及装置	2019-1-29	CN	发明
50	201611013306.6	一种消除带钢氧化色的方法及装置	2019-6-25	CN	发明
51	201611005555.0	一种连退机组 IF 钢产品再启车控制方法	2019-3-1	CN	发明
52	201611153875.0	一种取向硅钢的制造方法及取向硅钢氧化镁涂层的喷涂方法	2019-7-12	CN	发明
53	201611026377.X	一种提高铁素体热轧节奏的方法及装置	2019-3-5	CN	发明
54	201611026687.1	一种提升带钢粗轧节奏的方法	2019-7-23	CN	发明
55	201611036990.X	一种对连续热镀锌入口段的立式活套的处理方法	2019-3-5	CN	发明
56	201611039589.1	一种控制锌锅温度的方法	2019-2-1	CN	发明
57	201611040910.8	一种控制镀锡板表面黑灰程度的方法	2019-6-14	CN	发明
58	201611040906.1	一种降低冷轧双相钢色差的方法	2019-3-5	CN	发明
59	201611040898.0	一种维护炉缸的方法	2019-7-23	CN	发明
60	201611036820.1	一种 IF 钢在铁素体轧制的加热方法	2019-2-1	CN	发明
61	201611044089.7	一种在半连轧生产线上轧制 IF 铁素体的方法	2019-9-20	CN	发明
62	201611046207.8	一种检漏装置及方法	2019-2-1	CN	发明
63	201611046091.8	一种应用于轧辊托肩的防锈蚀装置	2019-4-12	CN	发明
64	201611103020.7	一种转炉辅原料上料控制方法及控制系统	2019-2-1	CN	发明

续表

序号	专利号	专利名称	公告日	授权国家或地区	专利类型
65	201611059348.3	一种铁素体轧制工艺的精轧控制方法及装置	2019-10-29	CN	发明
66	201611212708.9	一种金属结构件激光再制造方法	2019-7-2	CN	发明
67	201611212766.1	一种无全脱碳的弹簧钢棒材生产方法	2019-1-18	CN	发明
68	201611206929.5	一种焊丝钢的冶炼方法	2019-10-8	CN	发明
69	201611205721.1	一种双联工艺生产低碳焊丝钢的方法	2019-1-18	CN	发明
70	201611207778.5	一种高碳含硼钢板坯连铸方法	2019-4-23	CN	发明
71	201611218702.2	一种含钛炉料中 Ti 元素分散度的评价方法	2019-10-8	CN	发明
72	201611226991.0	热镀锌板及其生产方法	2019-2-22	CN	发明
73	201611195836.7	一种辊道更换辅助装置及辊道更换方法	2019-7-12	CN	发明
74	201611212690.2	一种特厚板坯尾坯质量控制的方法	2019-2-22	CN	发明
75	201611212054.X	一种钢渣磁选粉提纯协同制备钢渣微粉的生产工艺	2019-1-15	CN	发明
76	201611225759.5	一种大型钢包热修倾翻位除尘方法	2019-1-15	CN	发明
77	201710012143.8	一种烧结混合料水分飞闭环控制方法	2019-11-1	CN	发明
78	201710011963.5	一种高炉高热负荷区域操作炉型计算方法	2019-3-29	CN	发明
79	201710008680.5	一种用于硅钢的低钛双层覆盖剂及其使用方法	2019-10-11	CN	发明
80	201710014955.6	平整机的标定方法	2019-2-1	CN	发明
81	201710017486.3	超低碳钢及其生产方法	2019-4-12	CN	发明
82	201710015571.6	一种热镀锌双相钢选择性氧化控制方法	2019-3-5	CN	发明
83	201710015469.6	一种电刷研磨装置与旋转电气设备	2019-9-20	CN	发明
84	201710015468.1	一种内置于电气设备中的集电滑环修磨装置及电气设备	2019-2-1	CN	发明
85	201710100489.3	一种烧结燃料粒度的控制方法	2019-2-1	CN	发明
86	201710097296.7	一种控制清洗刷辊的方法及装置	2019-4-12	CN	发明
87	201710096951.7	一种脱磷转炉溅渣的方法	2019-3-5	CN	发明
88	201710120087.X	一种新型油气加力器	2019-10-8	CN	发明
89	201710194926.2	一种轧机组纠偏控制方法及装置	2019-3-12	CN	发明
90	201710188021.4	一种高炉运行状态的诊断分析方法	2019-2-1	CN	发明
91	201710188867.8	一种热轧钢卷卸卷方法	2019-2-1	CN	发明
92	201710201161.0	一种减少中间坯头部温降的方法	2019-6-7	CN	发明
93	201710244578.5	一种烧结点火炉温度自动控制节能方法	2019-10-8	CN	发明
94	201710244080.9	一种烧结脱硫和主抽风机联合控制方法	2019-3-29	CN	发明
95	201710219343.0	一种控制转炉底吹枪裸露的方法	2019-3-29	CN	发明
96	201710219312.5	一种镀锡拉矫机	2019-2-22	CN	发明
97	201710219341.1	一种低合金高强度钢的生产方法	2019-4-23	CN	发明
98	201710226857.9	一种顶底复吹转炉的冶炼方法	2019-9-3	CN	发明
99	201710227575.0	一种消除酸洗板针孔状麻点缺陷的方法	2019-8-23	CN	发明

续表

序号	专利号	专利名称	公告日	授权国家或地区	专利类型
100	201710227968.1	一种顶底复吹转炉及底吹方法	2019-4-23	CN	发明
101	201710227977.0	一种防止开浇过程钢液二次氧化的方法	2019-10-8	CN	发明
102	201710227925.3	一种转炉冶炼方法	2019-4-23	CN	发明
103	201710352443.0	一种异钢种连铸方法	2019-8-20	CN	发明
104	201710404572.X	一种二次冷轧镀锡板及其生产方法	2019-5-24	CN	发明
105	201710404777.8	一种高炉煤气除酸装置	2019-7-2	CN	发明
106	201710404969.9	一种新型镀锡板及其制备方法	2019-4-23	CN	发明
107	201710404529.3	一种冷轧硅锰双相钢表面麻点缺陷的控制方法	2019-7-2	CN	发明
108	201710408503.6	一种旋盖用二次冷轧镀锡板及其生产方法	2019-2-22	CN	发明
109	201710375059.2	一种耐 SO_2 及低氯离子浓度腐蚀的建筑用钢及生产方法	2019-3-29	CN	发明
110	201710375088.9	一种穿孔顶尖激光 3D 打印再制造方法	2019-7-30	CN	发明
111	201710375650.8	免涂装钢结构用耐工业大气腐蚀高强螺栓钢及制造方法	2019-1-18	CN	发明
112	201710375670.5	免涂装桥梁结构用耐工业大气腐蚀高强螺栓钢及制造方法	2019-1-18	CN	发明
113	201710437462.3	一种定宽机控制方法	2019-4-12	CN	发明
114	201710433177.4	一种走行堆料系统	2019-11-29	CN	发明
115	201710433170.2	一种半钢脱磷的方法	2019-6-14	CN	发明
116	201710433860.8	一种冷拔用热轧钢带及其生产方法	2019-4-12	CN	发明
117	201710433155.8	一种控制冷轧薄规格高强钢的表面斜纹缺陷的方法	2019-7-2	CN	发明
118	201710433843.4	一种冷轧镀锌线上带钢跑偏预警方法及装置	2019-6-7	CN	发明
119	201710433175.5	一种提高精轧侧导板开口度控制精度的方法和装置	2019-4-9	CN	发明
120	201710494693.8	一种层流冷却控制方法及装置	2019-5-10	CN	发明
121	201710495174.3	一种高磁感热轧取向硅钢钢板及其生产工艺	2019-7-12	CN	发明
122	201710495226.7	一种延长煤气板式预热器使用寿命的方法	2019-10-11	CN	发明
123	201710497262.7	一种炉顶气密箱 α 角位置监测装置	2019-7-12	CN	发明
124	201710509496.9	一种厚板坯尾坯二冷水脉冲控制方法	2019-2-22	CN	发明
125	201710681468.5	一种板坯下渣检测大包滑动水口控制的优化方法	2019-3-29	CN	发明
126	201710580806.6	一种尾矿处理系统	2019-7-2	CN	发明
127	201710659994.1	一种带钢的周期性缺陷的分析方法	2019-3-19	CN	发明
128	201710662247.3	一种集管阀门响应时间的监测方法及系统	2019-7-12	CN	发明
129	201710661500.3	一种控制高炉顶压的方法及装置	2019-10-29	CN	发明
130	201710551341.1	烧结料偏析布料方法	2019-7-2	CN	发明
131	201710551978.0	一种控制脱磷炉炉底上涨的方法	2019-6-4	CN	发明
132	201710552521.1	一种高强钢内应力的控制方法及装置	2019-6-14	CN	发明
133	201710552527.9	一种热轧镀锡板斜纹缺陷的控制及监控方法	2019-9-20	CN	发明
134	201710552028.X	一种标定热连轧板带精轧机入口侧导板的方法	2019-6-14	CN	发明

续表

序号	专利号	专利名称	公告日	授权国家或地区	专利类型
135	201710556990.0	一种防止高炉炉顶料罐重料的方法	2019-6-7	CN	发明
136	201710557183.0	一种转炉氧枪变频器控制电机的接地检测方法	2019-12-3	CN	发明
137	201710556217.4	电磁给油系统给油量的监控方法及装置	2019-6-7	CN	发明
138	201710556205.1	一种激光焊机带头带尾对中相机的控制方法及装置	2019-4-12	CN	发明
139	201710559739.X	一种控制超低碳钢边部翘皮缺陷的生产方法	2019-12-3	CN	发明
140	201710570268.2	一种烘烤硬化钢的冶炼控制方法	2019-6-7	CN	发明
141	201710600541.1	一种镀锡板、镀锡基板的生产方法	2019-10-29	CN	发明
142	201710601201.0	消除碳含量在0.4%以上的冷轧锯片钢表层裂纹的方法	2019-9-3	CN	发明
143	201710601785.1	提高板坯轻压下效率的方法	2019-5-24	CN	发明
144	201710598094.0	一种中锰钢热浸镀的方法	2019-10-29	CN	发明
145	201710597142.4	一种铁水罐顶底复合喷吹脱硫方法	2019-8-30	CN	发明
146	201710596309.5	一种结晶器流场的检测方法	2019-2-22	CN	发明
147	201710597125.0	一种盾牌用钢板及其制备方法	2019-9-3	CN	发明
148	201710617104.0	一种控制易切钢表面高温硫化缺陷的加热方法	2019-2-22	CN	发明
149	201710713865.6	高炉喷煤压力自动调节系统及其方法	2019-3-29	CN	发明
150	201710713938.1	一种用于消除钢卷塔型的动态控制装置及其方法	2019-3-1	CN	发明
151	201710764537.9	利用配重法完成炼铁高炉主沟安装的施工方法	2019-2-12	CN	发明
152	201710750813.6	一种 CP980MPa 复相钢的酸轧生产工艺控制方法	2019-5-3	CN	发明
153	201710750812.1	一种 DH590MPa 酸轧生产工艺控制方法	2019-5-3	CN	发明
154	201710785721.1	一种检测带钢清洗效果的方法	2019-10-29	CN	发明
155	201710789593.8	一种用于控制轧件跑偏的方法、装置及电子设备	2019-6-25	CN	发明
156	201710817673.X	一种热连轧板带比例凸度分配方法	2019-3-29	CN	发明
157	201710817297.4	一种平整机启停车过程中平整延伸率的控制方法	2019-7-2	CN	发明
158	201710817299.3	热连轧线超快速冷却的控制方法	2019-4-23	CN	发明
159	201710817697.5	一种活套控制方法	2019-7-2	CN	发明
160	201710807357.4	一种基于混凝土结构耐久性的耐蚀钢筋及其制备方法	2019-3-26	CN	发明
161	201710809565.8	一种低合金纵向变厚度钢板的生产方法	2019-3-29	CN	发明
162	201710822881.9	一种摆动冷却工艺生产厚规格桥梁钢的方法	2019-2-22	CN	发明
163	201710885494.X	一种连铸坯生产易焊接特厚桥梁用钢及其生产方法	2019-3-29	CN	发明
164	201710827694.X	一种脱磷转炉炉底维护方法	2019-11-19	CN	发明
165	201710828061.0	一种热轧自动要钢的操作方法	2019-6-14	CN	发明
166	201710827174.9	一种镀锌线静电涂油系统、涂油控制方法及装置	2019-10-29	CN	发明
167	201710828269.2	一种退火炉温度控制方法及系统	2019-9-20	CN	发明
168	201710834065.X	一种烧结点火炉控制方法及装置	2019-11-19	CN	发明
169	201710834038.2	防止高炉炉顶料罐重料的方法及装置	2019-7-2	CN	发明

续表

序号	专利号	专利名称	公告日	授权国家或地区	专利类型
170	201710834081.9	一种轧辊落轨的方法及装置	2019-6-14	CN	发明
171	201710832616.9	一种用于提升冷轧带钢的清洗效果的方法及装置	2019-12-3	CN	发明
172	201710834072.X	一种避免镀锌带钢出现沉没辊印的方法	2019-11-19	CN	发明
173	201710842703.2	烧结混合料水分控制方法、装置、计算机存储介质及设备	2019-10-29	CN	发明
174	201710889798.3	一种地下充填矿山采区布置装置及方法	2019-4-23	CN	发明
175	201710885040.2	一种防止双压辊出入口张力偏差过大的控制方法	2019-3-1	CN	发明
176	201710885064.8	一种自学习式轧机入口厚度优化方法	2019-3-1	CN	发明
177	201710819437.1	桥式起重机45度剖分式平衡车轮组在线施工方法	2019-4-16	CN	发明
178	201710942982.X	一种590MPa级高强度低合金热轧酸洗带钢及其生产方法	2019-9-3	CN	发明
179	201710957666.X	一种采用拉矫设备实现热轧带钢精整的工艺方法	2019-3-29	CN	发明
180	201710959160.2	一种点火炉内烧结料面受热强度的检测方法	2019-11-26	CN	发明
181	201710957657.0	超低碳钢炉渣氧化性及吸附性的控制方法	2019-11-26	CN	发明
182	201710957683.3	一种用于消除目标钢毛刺链缺陷的方法	2019-10-8	CN	发明
183	201710957714.5	一种用于消除目标钢横折缺陷的方法	2019-10-29	CN	发明
184	201710957846.8	一种耐盐酸和硫酸腐蚀钢及其制备方法	2019-10-8	CN	发明
185	201710957944.1	一种改善冷轧镀锌板开卷油膜均匀性的方法	2019-7-30	CN	发明
186	201710958023.7	一种铁矿球团造球装置	2019-7-2	CN	发明
187	201710958861.4	一种高炉热风炉炉壳局部热处理退火装置及方法	2019-10-8	CN	发明
188	201710957998.8	一种双相管线钢热连轧钢带及其生产方法	2019-7-2	CN	发明
189	201711049844.5	一种消除含磷高强IF钢表面色差缺陷的方法	2019-8-30	CN	发明
190	201710935999.2	一种异型坯腹板中心裂纹控制方法	2019-3-29	CN	发明
191	201710949057.X	一种抗氢致裂纹C-Mn钢的生产工艺	2019-4-23	CN	发明
192	201710948329.4	一种用于锰钒镍合金钢的正火工艺	2019-7-30	CN	发明
193	201710957654.7	一种制造冷轧高强钢的方法及装置	2019-12-3	CN	发明
194	201711017033.7	一种控制带钢板形的方法及装置	2019-7-2	CN	发明
195	201711040562.9	一种高炉上料料序控制方法及系统	2019-9-20	CN	发明
196	201710998619.X	一种生产3.0mm规格冷轧产品的控制方法	2019-9-20	CN	发明
197	201710998271.4	一种辊底式隧道加热炉	2019-9-20	CN	发明
198	201710998364.7	一种应用于高强钢的冷轧连机的启车方法	2019-4-12	CN	发明
199	201710998422.6	一种断带穿带辅助工具	2019-11-29	CN	发明
200	201710998671.5	一种冷轧板材的自动倒车方法	2019-11-29	CN	发明
201	201710998673.4	一种防止薄带钢启车断带的方法	2019-6-7	CN	发明
202	201711002535.2	一种轧机张力计维护的方法及系统	2019-12-3	CN	发明
203	201710997784.3	退火板及其生产方法	2019-11-29	CN	发明
204	201711089544.X	一种自行车库	2019-8-23	CN	发明

续表

序号	专利号	专利名称	公告日	授权国家或地区	专利类型
205	201710899411.2	一种提高轧制过程稳定性的张应力动态补偿方法	2019-3-1	CN	发明
206	201710900661.3	一种用于镀铝锌线的钝化涂机厚度的控制装置及方法	2019-12-6	CN	发明
207	201711136895.1	一种热轧高强耐候钢及其制造方法	2019-8-20	CN	发明
208	201711112806.X	一种应用于热镀锌炉鼻子内部液位清洁装置	2019-10-29	CN	发明
209	201710003185.5	公交立体车库的车辆出库管理方法及系统	2019-7-19	CN	发明
210	201710847907.5	一种烟气超净净化系统	2019-5-3	CN	发明
211	201711318921.2	一种对冷轧带钢板形质量进行评价的方法及装置	2019-9-3	CN	发明
212	201711449672.0	一种具有高的最大磁导率的低膨胀合金及制备方法	2019-12-20	CN	发明
213	201810005655.6	一种用于轧件厚度控制的变步长监控 AGC 自动控制方法	2019-10-11	CN	发明
214	201810187417.1	一种轧制力参数自学习方法及装置	2019-9-3	CN	发明
215	201810188794.7	一种热连轧周期窜辊方法及装置	2019-9-3	CN	发明
216	201810187416.7	高炉喷煤比调节方法及系统	2019-10-8	CN	发明
217	201810161860.1	一种用于冷轧带钢清洗段中碱液控制的方法	2019-9-20	CN	发明
218	201810162296.5	一种钢铁厂空压机系统优化方法	2019-11-29	CN	发明
219	201810162299.9	一种自适应控制方法及装置	2019-9-20	CN	发明
220	201810162338.5	一种提高下支撑辊水平精度的方法	2019-7-19	CN	发明
221	201810162810.5	一种精轧机用调平按钮故障监测装置及精轧机	2019-9-20	CN	发明
222	201810164171.6	一种高炉鼓风机液压系统	2019-11-19	CN	发明
223	201810162836.X	一种热轧自动要钢控制方法	2019-11-19	CN	发明
224	201810164177.3	一种抗毛边缺陷镀锡板的生产方法	2019-10-29	CN	发明
225	201810164187.7	防止飞剪切尾过大的系统及方法	2019-9-20	CN	发明
226	201810164189.6	一种控制粗轧过程温降的方法及装置	2019-9-20	CN	发明
227	201810164342.5	一种带钢板形的控制方法及装置	2019-7-2	CN	发明
228	201810322829.1	一种精轧稳定性控制方法	2019-10-11	CN	发明
229	201810257864.X	一种精轧机入口导卫标高控制方法	2019-11-29	CN	发明
230	201810258324.3	一种用于硅钢酸洗时在线脱除硅泥的方法	2019-11-29	CN	发明
231	201810122128.3	一种烧结终点控制方法	2019-10-8	CN	发明
232	201810285116.2	连铸坯生产大壁厚超低温管件用钢板及其制备方法	2019-10-29	CN	发明
233	201810464766.3	一种减少加热待轧时间的方法	2019-10-8	CN	发明
234	201810460503.5	一种转炉补底方法	2019-10-29	CN	发明
235	201810400674.9	一种精轧机换辊方法及控制装置	2019-10-29	CN	发明
236	201810402465.8	一种避免带钢跑偏的方法及装置	2019-10-29	CN	发明
237	201810508459.0	一种确定冷轧机传动力矩的方法及装置	2019-9-27	CN	发明
238	201810552050.9	一种在中厚板轧制过程中防止两区域板坯发生碰撞的方法	2019-10-8	CN	发明
239	201810579982.2	一种热轧平整机工作辊窜辊位检测方法	2019-10-8	CN	发明

续表

序号	专利号	专利名称	公告日	授权国家或地区	专利类型
240	201610606390.6	一种二氧化碳气体保护焊装置	2019-12-27	CN	发明
241	201610613679.0	一种带防护镜的二氧化碳气体保护焊装置	2019-9-24	CN	发明
242	201811176539.7	一种调节烧嘴空燃比的方法及装置	2019-10-29	CN	发明
243	201820010976.0	一种保安过滤器杀菌装置	2019-7-12	CN	实用新型
244	201820275112.1	一种用于十字测温装置更换的机构	2019-1-15	CN	实用新型
245	201820275114.0	一种用于检测溜槽堵塞的装置	2019-1-15	CN	实用新型
246	201820275513.7	一种碎边剪用碎边收集槽及碎边剪	2019-6-18	CN	实用新型
247	201820277741.8	一种冷轧中间辊	2019-6-11	CN	实用新型
248	201820278017.7	一种浓度及液位自动调节设备	2019-1-15	CN	实用新型
249	201820282215.0	一种杂物辊筛控制柜控制装置	2019-4-9	CN	实用新型
250	201820282991.0	一种炉后出钢自动防人通行的安全警示装置	2019-1-15	CN	实用新型
251	201820284036.0	一种液压泥炮机可转动二通管装置	2019-6-7	CN	实用新型
252	201820284046.4	一种翻转式换辊地坑盖板装置	2019-7-19	CN	实用新型
253	201820287239.5	一种中速磨落煤管防磨装置	2019-1-15	CN	实用新型
254	201820287353.8	一种钢铁厂高炉鼓风机放风装置	2019-1-15	CN	实用新型
255	201820287296.3	一种钢铁厂压缩空气节能装置	2019-3-1	CN	实用新型
256	201820285334.1	一种皮带下方清料装置	2019-3-1	CN	实用新型
257	201820287225.3	一种拉伸试验残样收集装置	2019-1-15	CN	实用新型
258	201820287185.2	一种张力计检测装置	2019-1-15	CN	实用新型
259	201820285409.6	一种焦罐车和提升机的安全控制装置	2019-1-1	CN	实用新型
260	201820424176.3	一种热连轧粗轧四辊轧机的支撑辊	2019-3-15	CN	实用新型
261	201820435100.0	一种用于生产渣罐隔板的模具	2019-1-1	CN	实用新型
262	201820435186.7	利用炼钢石灰窑废气提取二氧化碳的制备系统	2019-1-1	CN	实用新型
263	201820435234.2	一种钢梁同既有混凝土筒体刚接的连接节点结构	2019-1-1	CN	实用新型
264	201820435139.2	一种钢梁同既有混凝土筒体铰接的连接节点结构	2019-1-1	CN	实用新型
265	201820430312.X	一种用于块状物料的加湿装置	2019-1-1	CN	实用新型
266	201820454722.8	一种基于预制孔的异种材料连接装置	2019-1-1	CN	实用新型
267	201820708980.4	一种不锈钢复合波纹钢板结构	2019-2-15	CN	实用新型
268	201820709006.X	一种不锈钢复合输水管结构	2019-1-1	CN	实用新型
269	201820730555.5	一种用于疲劳试样断口保护的夹具	2019-1-1	CN	实用新型
270	201820708878.4	一种汽车薄板用十字焊点样品拉伸夹具	2019-1-1	CN	实用新型
271	201820708890.5	一种用于锌铝镁镀层X射线衍射分析的狭缝装置	2019-1-1	CN	实用新型
272	201820703276.X	一种获得材料关键应变状态成形极限的装置	2019-1-1	CN	实用新型
273	201820723698.3	一种烧结梭车均匀布料装置	2019-1-1	CN	实用新型
274	201820630230.X	一种杠杆式皮带清扫器以及皮带机	2019-1-15	CN	实用新型

续表

序号	专利号	专利名称	公告日	授权国家或地区	专利类型
275	201820631668. X	一种横移机	2019-1-15	CN	实用新型
276	201820637941. X	一种喷煤罐欠压系统保护装置	2019-1-15	CN	实用新型
277	201820627665. 9	螺栓紧固拆卸工装及拆装组件	2019-3-1	CN	实用新型
278	201820631759. 3	布料溜槽更换孔盖、布料溜槽及高炉	2019-1-15	CN	实用新型
279	201820632681. 7	一种双通管接头	2019-1-15	CN	实用新型
280	201820632996. 1	一种导流罩及电动机	2019-1-15	CN	实用新型
281	201820633090. 1	一种钢卷运输装置	2019-1-15	CN	实用新型
282	201820633092. 0	一种喷煤罐压力调节控制装置	2019-1-15	CN	实用新型
283	201820636686. 7	一种具有防护件的轧机	2019-1-15	CN	实用新型
284	201820636766. 2	一种焦炉煤气脱硫塔装料用布料装置	2019-4-9	CN	实用新型
285	201820636940. 3	收水器、清洗装置及压滤机清洗系统	2019-3-1	CN	实用新型
286	201820637152. 6	一种螺纹孔修复装置	2019-1-15	CN	实用新型
287	201820637410. 0	一种除尘布袋回收装置	2019-3-1	CN	实用新型
288	201820637517. 5	一种钢卷安放装置	2019-4-9	CN	实用新型
289	201820637857. 8	一种联轴器防护罩	2019-1-15	CN	实用新型
290	201820637858. 2	一种标定对中装置	2019-6-7	CN	实用新型
291	201820637943. 9	一种高炉冲渣水余热回收装置	2019-3-1	CN	实用新型
292	201820637944. 3	一种高炉大方人孔盖的密封垫片	2019-1-15	CN	实用新型
293	201820637945. 8	一种功率模块充电组件以及装置	2019-4-12	CN	实用新型
294	201820638097. 2	一种基于带钢参数表的升降温调节器	2019-1-15	CN	实用新型
295	201820631489. 6	一种吹扫工具	2019-2-26	CN	实用新型
296	201820631506. 6	气体中杂质含量的测定装置	2019-1-1	CN	实用新型
297	201820637290. 4	焦炉燃烧室立火道温度控制系统	2019-1-1	CN	实用新型
298	201820738162. 9	一种立体车库辊道横移输送装置	2019-1-22	CN	实用新型
299	201820738163. 3	一种辊道横移式立体车库	2019-1-1	CN	实用新型
300	201820736827. 2	一种立体车库停车位	2019-1-22	CN	实用新型
301	201820737611. 8	一种用于辊道横移式立体车库的入库停车位	2019-1-22	CN	实用新型
302	201820736826. 8	一种立体车库提升机	2019-3-26	CN	实用新型
303	201820738164. 8	一种立体车库升降轮挡	2019-1-1	CN	实用新型
304	201820737609. 0	一种立体车库巷道穿梭车	2019-3-26	CN	实用新型
305	201820744402. 6	一种煤气排水器清理工具	2019-4-9	CN	实用新型
306	201820783242. 6	一种合金料辨识的储运装置	2019-3-15	CN	实用新型
307	201820783243. 0	一种浮球阀的防浪涌装置	2019-2-19	CN	实用新型
308	201820780764. 0	一种药桶盖开启装置	2019-2-19	CN	实用新型
309	201820782303. 7	一种拉伸试验机试样快速定位装置	2019-3-15	CN	实用新型

续表

序号	专利号	专利名称	公告日	授权国家或地区	专利类型
310	201820780980. 5	一种速度解析器固定装置	2019-2-19	CN	实用新型
311	201820789905. 5	一种运输皮带除铁装置	2019-3-19	CN	实用新型
312	201820798540. 2	装修垃圾资源化利用系统	2019-2-22	CN	实用新型
313	201820798505. 0	现浇轻质隔墙	2019-2-22	CN	实用新型
314	201820801266. X	一种垃圾焚烧发电厂节能装置	2019-2-22	CN	实用新型
315	201820800788. 8	生活垃圾焚烧炉渣资源化利用系统	2019-2-22	CN	实用新型
316	201820900948. 6	用于污染场地原位热脱附修复的燃烧余热利用和修复系统	2019-5-3	CN	实用新型
317	201820918182. 4	一种热电偶防移位装置	2019-4-9	CN	实用新型
318	201820917902. 5	污染场地原位热脱附处理系统	2019-5-3	CN	实用新型
319	201820939567. 9	土壤原位热脱附抽提气体用气液分离装置	2019-5-7	CN	实用新型
320	201820948944. 5	一种上下天车过程中防人员挤伤的安全装置	2019-3-19	CN	实用新型
321	201820949478. 2	一种直流电源切换装置	2019-7-12	CN	实用新型
322	201820950737. 3	一种主轴安装装置	2019-3-15	CN	实用新型
323	201820952396. 3	一种高炉密封阀液压缸支座	2019-3-29	CN	实用新型
324	201820949947. 0	一种炉辊联轴器拆卸装置	2019-3-26	CN	实用新型
325	201820954263. X	一种防带头卡阻装置	2019-3-15	CN	实用新型
326	201820955093. 7	一种管壳换热器清洗装置	2019-3-5	CN	实用新型
327	201820956225. 8	装载装置	2019-2-19	CN	实用新型
328	201820952397. 8	一种高炉风口套密封装置	2019-3-15	CN	实用新型
329	201821048422. 6	一种用于门座式起重机行走机构的手动铁鞋的预警装置	2019-3-1	CN	实用新型
330	201821040786. X	一种冷轧切边废料压块装置以及切边废料通道	2019-4-9	CN	实用新型
331	201821039762. 2	一种智能变电站中压线路的故障录波组网系统	2019-3-1	CN	实用新型
332	201821039592. 8	一种防卡钢侧导板及应用该侧导板的导向装置	2019-6-7	CN	实用新型
333	201821039737. 4	一种废料收集装置	2019-6-7	CN	实用新型
334	201821040469. 8	一种管道连接块及滑板挡渣系统	2019-3-1	CN	实用新型
335	201821039613. 6	一种上卷车及热轧卷开平线	2019-3-1	CN	实用新型
336	201821040567. 1	一种开卷机芯轴四棱锥套及开卷机	2019-4-9	CN	实用新型
337	201821039961. 3	一种快速接头及热轧精轧机	2019-3-1	CN	实用新型
338	201821024328. 7	一种铸石板结构	2019-4-9	CN	实用新型
339	201821024800. 7	一种热电水联产系统	2019-3-1	CN	实用新型
340	201821024953. 1	一种镀锡机组拉矫机轴头	2019-3-1	CN	实用新型
341	201821015350. 5	一种钢水测温取样装置	2019-3-1	CN	实用新型
342	201821024330. 4	一种钢包包壁砌筑结构	2019-3-1	CN	实用新型
343	201821014184. 7	一种磁吸式废钢清扫装置	2019-6-11	CN	实用新型
344	201821024746. 6	一种 RH 炉蒸汽供应系统	2019-3-1	CN	实用新型

续表

序号	专利号	专利名称	公告日	授权国家或地区	专利类型
345	201821017395. 6	一种自动测温定氧取样装置	2019-3-1	CN	实用新型
346	201821024329. 1	一种网络系统	2019-4-9	CN	实用新型
347	201821014654. X	一种开卷机及开卷引导装置	2019-3-1	CN	实用新型
348	201821019027. 5	一种去毛刺装置以及带钢切边设备	2019-3-1	CN	实用新型
349	201821010850. X	一种退火炉炉辊联轴器	2019-4-9	CN	实用新型
350	201821045757. 2	一种混凝土柱角钢加固件专用就位装置	2019-4-12	CN	实用新型
351	201821088763. 6	一种焦炉烟气预处理设施快速更换装置	2019-4-12	CN	实用新型
352	201821090126. 2	一种链篦机-回转窑球团烟气脱硝装置	2019-4-16	CN	实用新型
353	201821097255. 4	一种稀油润滑系统动力油循环提供装置	2019-4-12	CN	实用新型
354	201821097271. 3	一种多层错列叶片和锯齿环组合式气体分布器	2019-4-16	CN	实用新型
355	201821096803. 1	一种双调节管道式脱硫装置	2019-4-16	CN	实用新型
356	201821096802. 7	一种用于钢渣含水烟尘的干法除尘装置	2019-4-16	CN	实用新型
357	201821096875. 6	一种钢卷小车轨道盖板	2019-6-21	CN	实用新型
358	201821098154. 9	一种铁矿粉高效预热预还原装置	2019-4-16	CN	实用新型
359	201821096460. 9	一种槽式液体分布器	2019-4-16	CN	实用新型
360	201821102027. 1	一种环形轨道式旋转振动给料机	2019-3-1	CN	实用新型
361	201821120464. 6	一种非圆形通道热风管道砌筑结构	2019-2-26	CN	实用新型
362	201821143360. 7	一种不锈钢复合板点蚀试验夹具	2019-2-15	CN	实用新型
363	201821201286. X	一种铲运机铲刃固定装置	2019-4-23	CN	实用新型
364	201821248483. 7	一种抑制卸灰过程扬尘的装置	2019-7-2	CN	实用新型
365	201821249308. X	一种薄板包辛格效应测试夹具	2019-2-15	CN	实用新型
366	201821249307. 5	一种干熄焦炉及其排焦均匀性控制装置	2019-7-2	CN	实用新型
367	201821255702. 4	一种烧结环冷机布料装置	2019-5-21	CN	实用新型
368	201821143970. 7	一种介质管道支撑装置	2019-2-26	CN	实用新型
369	201821143999. 5	一种酸洗管道支撑装置	2019-6-21	CN	实用新型
370	201821141227. 8	一种薄板盐雾试验支架加工装置	2019-5-3	CN	实用新型
371	201821231341. X	一种输送导板	2019-5-10	CN	实用新型
372	201821229856. 6	一种无刷励磁机退出装置	2019-3-19	CN	实用新型
373	201821230511. 2	一种全液压开口机及其凿岩机油管运行装置	2019-7-12	CN	实用新型
374	201821230829. 0	一种 TGV 滤池	2019-5-10	CN	实用新型
375	201821231150. 3	一种加热炉遮热板	2019-7-12	CN	实用新型
376	201821231661. 5	一种拉伸平整卧式退火炉穿带装置	2019-4-30	CN	实用新型
377	201821233541. 9	一种移动小车风箱	2019-5-10	CN	实用新型
378	201821233130. X	一种退火炉废气排放管路	2019-4-30	CN	实用新型
379	201821236732. 0	一种无套筒卧式钢卷存放鞍座	2019-4-30	CN	实用新型

续表

序号	专利号	专利名称	公告日	授权国家或地区	专利类型
380	201821245036.6	一种收集和处理淤泥的装置	2019-5-10	CN	实用新型
381	201821120384.0	一种上流式自清洁复合生物过滤装置	2019-5-24	CN	实用新型
382	201821254030.5	一种可在线检漏的防水防腐系统	2019-12-13	CN	实用新型
383	201821254019.9	一种餐厨垃圾分选除杂系统	2019-5-7	CN	实用新型
384	201821254062.5	一种生活垃圾焚烧烟气净化装置	2019-8-9	CN	实用新型
385	201821253311.9	一种智能公交电子站牌	2019-3-26	CN	实用新型
386	201821265730.4	一种材料试验机操作器的支架	2019-2-15	CN	实用新型
387	201821264944.X	用于 EBSD 同时分析表面与截面样品的样品架装置	2019-4-23	CN	实用新型
388	201821182659.3	一种砼侧面预埋件的固定结构	2019-4-12	CN	实用新型
389	201821177527.1	一种钢结构混凝土平台模板支设结构	2019-4-12	CN	实用新型
390	201821177008.5	一种顶升植筋钻孔装置	2019-4-12	CN	实用新型
391	201821177009.X	一种冲渣泵站墙体大型圆形预留洞模板制作安装结构	2019-5-24	CN	实用新型
392	201821202315.4	一种建筑模板支撑工具	2019-4-12	CN	实用新型
393	201821202279.1	一种可调式整体大模板吊装工具	2019-4-12	CN	实用新型
394	201821202280.4	一种简易整体大模板吊装工具	2019-4-12	CN	实用新型
395	201821196703.6	一种固定螺栓预留孔模板工具	2019-4-12	CN	实用新型
396	201821217939.3	一种混凝土梁模板固定夹施工装置	2019-5-24	CN	实用新型
397	201821341270.9	一种板坯连铸机大包称重传感器均力保护板	2019-4-26	CN	实用新型
398	201821346906.9	一种钢包底吹透气砖	2019-6-18	CN	实用新型
399	201821347171.1	一种辊道高度差检测装置	2019-6-11	CN	实用新型
400	201821346957.1	传感器拆装工具组件	2019-7-23	CN	实用新型
401	201821346961.8	运输装置	2019-6-18	CN	实用新型
402	201821348225.6	一种钢卷夹钳	2019-6-18	CN	实用新型
403	201821347204.2	铲雪车	2019-6-7	CN	实用新型
404	201821347176.4	一种钢包	2019-6-18	CN	实用新型
405	201821346015.3	一种渣罐格栅起吊装置	2019-9-20	CN	实用新型
406	201821346908.8	一种冲洗装置	2019-6-7	CN	实用新型
407	201821354544.8	用于冲渣皮带机的接水装置	2019-6-7	CN	实用新型
408	201821354466.1	一种层流冷却出口侧喷封水装置	2019-6-18	CN	实用新型
409	201821359062.1	一种打中心孔模块及车床	2019-6-11	CN	实用新型
410	201821354485.4	一种带钢夹紧装置	2019-6-18	CN	实用新型
411	201821354351.2	用于轧机喷嘴的清理装置	2019-6-18	CN	实用新型
412	201821354661.4	一种铁粉清理器	2019-6-7	CN	实用新型
413	201821356012.8	一种焦炉固定杯防掉落装置	2019-6-11	CN	实用新型
414	201821374534.0	一种电缆吊装架	2019-3-19	CN	实用新型

续表

序号	专利号	专利名称	公告日	授权国家或地区	专利类型
415	201821375158.7	一种用于处理钢包包沿粘渣的锚钩	2019-5-10	CN	实用新型
416	201821373586.6	一种对夹装置	2019-5-10	CN	实用新型
417	201821374379.2	一种钢卷支撑台车	2019-4-30	CN	实用新型
418	201821373747.1	一种带钢卷吊运支撑装置及卧卷吊具	2019-7-12	CN	实用新型
419	201821381613.4	扶稳装置	2019-5-10	CN	实用新型
420	201821381277.3	一种 RH 精炼枪密封装置	2019-5-10	CN	实用新型
421	201821378336.1	一种激光束质量测试装置	2019-3-26	CN	实用新型
422	201821443013.6	一种烧嘴内部的气体调节装置	2019-6-18	CN	实用新型
423	201821447331.X	一种监控摄像头防撞防护装置	2019-4-26	CN	实用新型
424	201821447332.4	一种钢卷带尾胶布自动粘贴装置	2019-4-26	CN	实用新型
425	201821447124.4	一种煤塔自动布料的装置	2019-6-18	CN	实用新型
426	201821561181.5	一种腐蚀试验装置及其装夹结构	2019-7-2	CN	实用新型
427	201821572361.3	一种激光拼焊夹具	2019-7-2	CN	实用新型
428	201821570999.3	一种抑尘装置及干法除尘系统	2019-7-30	CN	实用新型
429	201821573484.9	一种汽车 B 柱侧面碰撞试验用夹具	2019-5-24	CN	实用新型
430	201821578100.2	一种半挂车大梁	2019-7-2	CN	实用新型
431	201821579292.9	基于锁止电极的异种材料连接装置	2019-7-2	CN	实用新型
432	201821578096.X	光片存储盒	2019-7-30	CN	实用新型
433	201821575288.5	一种可分离式冲孔模具	2019-7-2	CN	实用新型
434	201821552876.7	一种激光共聚焦显微镜进行疲劳实验的夹具	2019-7-30	CN	实用新型
435	201821552862.5	一种原位测量 TRIP 钢中残余奥氏体含量的装置	2019-7-2	CN	实用新型
436	201821639612.5	炼钢渣筛分装置	2019-8-16	CN	实用新型
437	201821639489.7	一种落锤试验用安全夹钳	2019-7-12	CN	实用新型
438	201821643744.5	一种浸入式水口烘烤装置	2019-7-12	CN	实用新型
439	201821637120.2	一种油路块安装装置	2019-10-11	CN	实用新型
440	201821643499.8	异物清理装置	2019-7-12	CN	实用新型
441	201821639062.7	一种用于磨床测量系统的标定装置	2019-7-12	CN	实用新型
442	201821644578.0	泥套辅助浇筑器	2019-7-12	CN	实用新型
443	201821635736.6	一种活套辊辊面防护装置	2019-9-27	CN	实用新型
444	201821643638.7	一种张力辊转速信号的传输装置	2019-6-25	CN	实用新型
445	201821630316.9	一种锌锅辊刮刀	2019-6-25	CN	实用新型
446	201821637050.0	钢铁生产系统	2019-7-2	CN	实用新型
447	201821636226.0	一种管道支撑装置	2019-10-29	CN	实用新型
448	201821637067.6	一种 RH 炉测温冷却装置	2019-8-16	CN	实用新型
449	201821639131.4	一种用于热轧表检仪的吹气装置	2019-6-28	CN	实用新型

续表

序号	专利号	专利名称	公告日	授权国家或地区	专利类型
450	201821640693.0	一种板坯下线装置	2019-7-23	CN	实用新型
451	201821638800.6	一种镀层产品的单面镀层溶解装置	2019-6-28	CN	实用新型
452	201821638424.0	一种转炉煤气的控制系统	2019-7-23	CN	实用新型
453	201821632708.9	一种天车集电器装置	2019-6-11	CN	实用新型
454	201821634462.9	一种浸入式水口	2019-7-2	CN	实用新型
455	201821729814.9	一种转炉煤气加压机输送装置	2019-9-20	CN	实用新型
456	201821731128.5	一种冷轧拉伸试样加工夹具以及万能升降台铣床	2019-9-20	CN	实用新型
457	201821724517.5	一种锌锅液位检测保护装置	2019-9-20	CN	实用新型
458	201821728625.X	一种芯线防退装置	2019-11-19	CN	实用新型
459	201821728616.0	一种 RH 蒸汽冷凝排水装置	2019-12-3	CN	实用新型
460	201821727463.8	一种精炼渣样处理装置	2019-9-20	CN	实用新型
461	201821724516.0	一种过滤装置	2019-9-20	CN	实用新型
462	201821723381.6	一种高炉出铁口开口机保护板	2019-9-20	CN	实用新型
463	201821784922.6	一种线材顶锻试验装置	2019-8-30	CN	实用新型
464	201821791391.3	一种自动换液的装置	2019-9-3	CN	实用新型
465	201821791395.1	一种制备 U 型胶接试样的加工装置	2019-9-3	CN	实用新型
466	201821800184.X	一种余热锅炉换热管防振装置以及余热锅炉	2019-8-20	CN	实用新型
467	201821798289.6	一种高炉风口检修装置	2019-7-12	CN	实用新型
468	201821798331.4	一种新型层流出口带钢表面封水装置	2019-10-11	CN	实用新型
469	201821799659.8	一种铁水预处理脱硫间顶棚	2019-11-29	CN	实用新型
470	201821803739.6	一种钢包灌砂装置	2019-7-12	CN	实用新型
471	201821676475.2	一种兼容自动化控制设备和网络通讯设备的电气柜	2019-11-1	CN	实用新型
472	201821810135.4	一种汽车板用打标装置	2019-10-8	CN	实用新型
473	201821810132.0	一种冲压模具	2019-10-8	CN	实用新型
474	201821809177.6	一种测定喷吹煤对焦炭熔损反应影响的实验装置	2019-8-30	CN	实用新型
475	201821821878.1	一种松料装置及烧结台车	2019-9-3	CN	实用新型
476	201821604004.0	一种高炉罩棚板安拆装置	2019-6-25	CN	实用新型
477	201821604136.3	一种高炉炉顶天车梁修配改作业平台装置	2019-6-25	CN	实用新型
478	201821604992.9	一种 H 型螺栓螺栓盒	2019-6-25	CN	实用新型
479	201821737964.4	一种板坯连铸机扇形段支座测量读取工具	2019-6-25	CN	实用新型
480	201821705785.2	一种矿焦槽及槽下供料系统	2019-10-1	CN	实用新型
481	201821701978.0	一种提高破碎效率的燃料破碎装置	2019-8-16	CN	实用新型
482	201821702173.8	一种盘-管复合式气液再分布器	2019-8-16	CN	实用新型
483	201821701559.7	一种钢包热修底吹砖透气检查底吹装置	2019-8-16	CN	实用新型
484	201821701606.8	一种焦炉蓄热室封墙保温结构	2019-8-16	CN	实用新型

续表

序号	专利号	专利名称	公告日	授权国家或地区	专利类型
485	201821701651. 3	一种用于明火烧嘴的智能点火装置	2019-8-16	CN	实用新型
486	201821701683. 3	一种用于辐射管烧嘴的智能点火装置	2019-8-16	CN	实用新型
487	201821705247. 3	一种工业炉窑窥视孔装置	2019-8-16	CN	实用新型
488	201821703607. 6	一种转炉炼钢高跨平台积灰清扫的负压吸灰装置	2019-8-16	CN	实用新型
489	201821708443. 6	一种感应标尺的安装盒	2019-8-16	CN	实用新型
490	201821706352. 9	一种提升机用托座	2019-8-16	CN	实用新型
491	201821703585. 3	一种废钢打包块输送滑道	2019-11-29	CN	实用新型
492	201821703638. 1	一种轻烃混氮制气装置	2019-8-16	CN	实用新型
493	201821703652. 1	一种用于转炉一次烟气粉尘超低排放电袋复合装置	2019-11-29	CN	实用新型
494	201821703656. X	一种转炉氧枪口排渣溜管	2019-8-16	CN	实用新型
495	201821703654. 0	一种模块式隧道加热炉炉壳	2019-10-1	CN	实用新型
496	201821703676. 7	一种用于高炉水冲渣含水烟气的干燥装置	2019-8-16	CN	实用新型
497	201821703678. 6	一种干熄焦工艺用一次除尘器装置	2019-11-29	CN	实用新型
498	201821737934. 3	一种介质管路快速连接装置	2019-8-16	CN	实用新型
499	201821822431. 6	一种烧结机及其烟气抽取装置和风箱密封结构	2019-10-29	CN	实用新型
500	201821842110. 2	一种改善刷丝密封效果的密封结构	2019-7-16	CN	实用新型
501	201821896865. 0	一种盾构管片生产流水线	2019-10-15	CN	实用新型
502	201821975930. 9	一种清洗喷梁	2019-8-9	CN	实用新型
503	201821975102. 5	一种开卷器	2019-10-29	CN	实用新型
504	201821975066. 2	一种防皱辊装置	2019-9-27	CN	实用新型
505	201821983009. 9	一种退火炉顶辊检修装置	2019-8-9	CN	实用新型
506	201822152175. 0	一种用于干熄焦炉的耐磨衬板	2019-11-12	CN	实用新型
507	201822151703. 0	一种干熄焦设备及其密封罩组件	2019-11-12	CN	实用新型
508	201822162811. 8	一种垫木固定装置	2019-10-29	CN	实用新型
509	201822158035. 4	一种辊底式隧道加热炉耐热炉墙	2019-10-29	CN	实用新型
510	201822158012. 3	一种中间包吊运快换吊具	2019-10-29	CN	实用新型
511	201822155478. 8	一种带式输送皮带机自动清洁装置	2019-10-29	CN	实用新型
512	201822153873. 2	一种焊机水冷系统	2019-12-3	CN	实用新型
513	201822154259. 8	一种连续热镀锌线的电解清洗装置	2019-11-19	CN	实用新型
514	201822154258. 3	一种热轧卷取前侧导板	2019-10-29	CN	实用新型
515	201822164398. 9	一种自动取样装置	2019-10-29	CN	实用新型
516	201822164120. 1	一种钢板厚度方向拉伸试验卡具	2019-10-29	CN	实用新型
517	201822164397. 4	一种卷板取样模具	2019-11-19	CN	实用新型
518	201822153506. 2	一种应用在锌锅沉没辊系中的滑动副	2019-10-29	CN	实用新型
519	201822197557. 5	一种粗轧机入口氧化铁皮吹扫装置	2019-11-29	CN	实用新型

续表

序号	专利号	专利名称	公告日	授权国家或地区	专利类型
520	201822065135. 2	一种光电开关卡槽结构	2019-9-27	CN	实用新型
521	201822068295. 2	一种测温枪体冷却辅助装置	2019-8-20	CN	实用新型
522	201820816456. 9	一种垃圾焚烧发电厂防白烟装置	2019-5-24	CN	实用新型
523	201821935881. 6	一种用于热轧带肋钢筋的干雾冷却装置	2019-10-1	CN	实用新型
524	201821266341. 3	一种吹氧管连接装置	2019-4-30	CN	实用新型
525	201821264567. X	一种用于高炉喷煤的预烘干式给煤机	2019-4-30	CN	实用新型
526	201822071621. 5	一种用于不同高度 S 形轧钢的导卫装置	2019-8-16	CN	实用新型
527	201821613646. 7	一种油管防打扭的旋转接头	2019-5-14	CN	实用新型
528	201821653513. 2	一种包装钢带供给装置	2019-5-14	CN	实用新型
529	201821213941. 3	一种生化气浮刮油机	2019-5-24	CN	实用新型
530	201821131504. 7	一种拆卸矿山无轨设备轮胎的工具	2019-2-5	CN	实用新型
531	201821130769. 5	一种矿用给料机链板防翘起保护装置	2019-2-15	CN	实用新型
532	201822244720. 9	一种磁场测量装置	2019-10-8	CN	实用新型
533	201822270600. 6	一种球团矿成球率检测装置	2019-10-29	CN	实用新型
534	201822070071. 5	一种延伸水冷导槽	2019-10-1	CN	实用新型
535	201822069875. 3	一种钢卷运输车的转向架	2019-10-1	CN	实用新型
536	201822064705. 6	一种高炉煤气干法脱硫装置	2019-11-29	CN	实用新型
537	201822068826. 8	一种隧道炉密封装置	2019-10-1	CN	实用新型
538	201822065641. 1	一种用于转炉一次烟气除尘器的脉冲喷吹管	2019-11-29	CN	实用新型
539	201822068759. X	一种托盘车的钢卷检测装置	2019-10-1	CN	实用新型
540	201822070741. 3	一种回转台的锁紧装置	2019-11-29	CN	实用新型
541	201822066081. 1	一种托盘和托盘运输系统间的钢卷转运装置	2019-11-29	CN	实用新型
542	201920063432. 5	一种车辆搬运装置	2019-11-5	CN	实用新型
543	201920064229. X	一种车辆提升轿厢	2019-11-5	CN	实用新型
544	201920064203. 5	一种穿梭车	2019-11-5	CN	实用新型
545	201920064216. 2	一种车辆搬运装置	2019-11-5	CN	实用新型
546	201920162723. X	一种换辊装置	2019-11-29	CN	实用新型
547	201920411933. 8	一种磨辊车间地面安全系统	2019-10-11	CN	实用新型
548	201920359511. 0	一种蜗轮蜗杆减速机间隙测量装置	2019-12-3	CN	实用新型
549	201920364103. 4	一种电力控制设备	2019-12-3	CN	实用新型
550	201920013940. 2	一种夹钳安全装置	2019-10-8	CN	实用新型
551	201920308875. 6	一种冷轧轧辊专用电动吊具	2019-12-6	CN	实用新型
552	201920165749. X	一种控制抹灰阴角方正装置	2019-12-20	CN	实用新型
553	201920172274. 7	一种连接螺栓或铆钉顶出工具	2019-12-20	CN	实用新型
554	201920172165. 5	一种木工施工中防止砸手的工具	2019-11-8	CN	实用新型

续表

序号	专利号	专利名称	公告日	授权国家或地区	专利类型
555	201920240742. X	一种粗苯贮槽喷淋降温装置	2019-11-29	CN	实用新型
556	201920236393. 4	一种鱼雷罐加取盖装置	2019-11-29	CN	实用新型
557	201920528324. 0	一种可变换的对称电机结构	2019-11-19	CN	实用新型
558	201920746747. X	一种锚杆拉力测量工具	2019-12-20	CN	实用新型
559	201920295603. 7	步进式冷床用剖分式结构偏心轮	2019-12-10	CN	实用新型
560	201920298066. 1	一种高速线材与高速棒材复合生产线	2019-12-24	CN	实用新型
561	201920298104. 3	一种型钢用压力矫直机	2019-11-26	CN	实用新型
562	201920295594. 1	一种除锈喷涂机	2019-12-24	CN	实用新型
563	201920211966. 8	内燃机车风缸自动排水装置	2019-11-15	CN	实用新型
564	201920295590. 3	一种转炉水冷氧枪	2019-12-10	CN	实用新型
565	201920295604. 1	一种烧结脱硫灰的反应装置	2019-12-24	CN	实用新型
566	201830021743. 6	住宅楼	2019-2-26	CN	外观设计
567	201830077008. 7	包装盒板	2019-3-1	CN	外观设计
568	201830161457. X	用于交流充电桩的图形用户界面	2019-3-29	CN	外观设计
569	201830400851. 4	链式护栏	2019-1-1	CN	外观设计
570	201830401699. 1	绿化护栏	2019-1-1	CN	外观设计
571	201830462265. 2	智能家居管理手机图形用户界面	2019-7-19	CN	外观设计
572	201830462011. 0	智能家居控制手机图形用户界面	2019-10-8	CN	外观设计
573	201830525496. 3	用于手机的图形用户界面(租赁公寓项目)	2019-7-19	CN	外观设计
574	201830525510. X	用于手机的图形用户界面(首钢篮球 APP)	2019-6-18	CN	外观设计
575	201830525567. X	用于电脑的图形用户界面(小艾科技智能净水机系统界面)	2019-10-8	CN	外观设计
576	201830525783. 4	用于手机的图形用户界面(门禁)	2019-7-19	CN	外观设计
577	201830525589. 6	用于手机的图形用户界面(APP 幼教端)	2019-7-19	CN	外观设计
578	201830525755. 2	用于手机的图形用户界面(小艾智联水机)	2019-7-19	CN	外观设计
579	201830525791. 9	用于手机的图形用户界面(首钢基金系统)	2019-7-19	CN	外观设计
580	201830525806. 1	用于电脑的图形用户界面(奇多多综合管理平台)	2019-7-19	CN	外观设计
581	201830596195. X	厂房(2 号纺织)	2019-3-1	CN	外观设计
582	201830596185. 6	大门	2019-4-12	CN	外观设计
583	201830596184. 1	办公楼	2019-6-21	CN	外观设计
584	201830595068. 8	厂房(1 号纺织)	2019-3-1	CN	外观设计
585	201830595078. 1	厂房(3 号纺织)	2019-3-1	CN	外观设计
586	201830595067. 3	厂房(4 号纺织)	2019-2-26	CN	外观设计
587	201930015851. 7	用于手机的图形用户界面(倒班助手)	2019-12-24	CN	外观设计
588	201930073612. 7	地面自动充电设备	2019-6-21	CN	外观设计

续表

序号	专利号	专利名称	公告日	授权国家或地区	专利类型
589	201930229786.8	自行车载车板	2019-11-26	CN	外观设计
590	10832361.9	DUAL SPRING VARIABLE CHARACTERISTIC VALVING SYSTEM	2019-5-8	EP	发明
591	EP11845341.4	HYDRAULIC DAMPER ASSEMBLY	2019-4-24	EP	发明
592	602011058 397.2	HYDRAULIC DAMPER ASSEMBLY	2019-5-16	DE	发明
593	EP 2521867	HYDRAULIC DAMPER ASSEMBLY	2019-4-24	FR	发明
594	EP 2521867	HYDRAULIC DAMPER ASSEMBLY	2019-4-24	GB	发明
595	08156591.3	VEHICLE ROLL CONTROL SYSTEM	2019-8-26	EP	发明
596	08158339.5	MAGNETORHEOLOGICAL FLUID WITH A FLUOROCARBON THICKENER	2019-1-3	DE	发明
597	09169841.5	MAGNETORHEOLOGICAL DEVICES WITH PERMANENT MAGNET filing BIAS	2019-1-16	EP	发明
598	201610393132.4	减振器	2019-4-16	CN	发明
599	16002426.1	MOUNT ASSEMBLY AND METHOD OF ADJUSTING STIFFNESS 安装组件和调节刚度的方法	2019-7-3	EP	发明
600	16002041.8	MOUNT ASSEMBLY AND METHOD OF ADJUSTING STIFFNESS 安装组件和调节刚度的方法	2019-7-25	DE	发明
601	16002041.8	MOUNT ASSEMBLY AND METHOD OF ADJUSTING STIFFNESS 安装组件和调节刚度的方法	2019-7-3	FR	发明
602	16002041.8	MOUNT ASSEMBLY AND METHOD OF ADJUSTING STIFFNESS 安装组件和调节刚度的方法	2019-7-3	GB	发明
603	201710403613.3	支柱组件	2019-6-7	CN	发明
604	EP 17000998.9	STRUT ASSEMBLY INCLUDING A BEARING SLEEVE HAVING A RADIAL PROTRUSION	2019-4-17	EP	发明
605	EP 17000998.9	STRUT ASSEMBLY INCLUDING A BEARING SLEEVE HAVING A RADIAL PROTRUSION	2019-7-17	DE	发明
606	EP 17000998.9	STRUT ASSEMBLY INCLUDING A BEARING SLEEVE HAVING A RADIAL PROTRUSION	2019-7-17	FR	发明
607	EP 17000998.9	STRUT ASSEMBLY INCLUDING A BEARING SLEEVE HAVING A RADIAL PROTRUSION	2019-7-17	GB	发明
608	EP 17000998.9	STRUT ASSEMBLY INCLUDING A BEARING SLEEVE HAVING A RADIAL PROTRUSION	2019-7-17	IT	发明
609	EP 17000998.9	STRUT ASSEMBLY INCLUDING A BEARING SLEEVE HAVING A RADIAL PROTRUSION	2019-7-17	ES	发明
610	EP 17000998.9	STRUT ASSEMBLY INCLUDING A BEARING SLEEVE HAVING A RADIAL PROTRUSION	2019-7-17	PL	发明
611	EP 17000998.9	STRUT ASSEMBLY INCLUDING A BEARING SLEEVE HAVING A RADIAL PROTRUSION	2019-7-17	RO	发明

续表

序号	专利号	专利名称	公告日	授权国家或地区	专利类型
612	EP 17000998. 9	STRUT ASSEMBLY INCLUDING A BEARING SLEEVE HAVING A RADIAL PROTRUSION	2019-7-17	CZ	发明
613	16002041. 8	A Shock Absorber With Hydraulic Rebound System	2019-6-5	EP	发明
614	16002041. 8	A Shock Absorber With Hydraulic Rebound System	2019-6-5	CZ	发明
615	16002041. 8	A Shock Absorber With Hydraulic Rebound System	2019-6-27	DE	发明
616	16002041. 8	A Shock Absorber With Hydraulic Rebound System	2019-6-6	ES	发明
617	16002041. 8	A Shock Absorber With Hydraulic Rebound System	2019-6-5	FR	发明
618	16002041. 8	A Shock Absorber With Hydraulic Rebound System	2019-6-5	GB	发明
619	16002041. 8	A Shock Absorber With Hydraulic Rebound System	2019-9-2	IT	发明
620	16002041. 8	A Shock Absorber With Hydraulic Rebound System	2019-8-27	RO	发明
621	16002041. 8	A Shock Absorber With Hydraulic Rebound System	2019-6-5	PL	发明
622	201810029003. 6	气动螺线管提升阀组件	2019-6-7	CN	发明
623	15/490,840	Hydraulic Compression Stop without stroke reduction	2019-1-1	US-US	发明
624	EP 17000782. 7	Hydraulic Damper With A Hydro – Mechanical Compression Stop Assembly	2019-6-26	EP	发明
625	EP 17000782. 7	HYDRAULIC DAMPER WITH A HYDRO – MECHANICAL COMPRESSION STOP ASSEMBLY	2019-7-18	GB	发明
626	EP 17000782. 7	HYDRAULIC DAMPER WITH A HYDRO – MECHANICAL COMPRESSION STOP ASSEMBLY	2019-6-26	DE	发明
627	EP 17000782. 7	HYDRAULIC DAMPER WITH A HYDRO – MECHANICAL COMPRESSION STOP ASSEMBLY	2019-6-26	FR	发明
628	201710281850. 7	Hydraulic Damper With A Hydro – Mechanical Compression Stop Assembly 用于车辆的液压阻尼器	2019-1-25	CN	发明
629	201710269707. 6	用于机动车辆的液压阻尼器	2019-4-5	CN	发明
630	EP 17000696. 9	HYDRAULIC DAMPER WITH A HYDRAULIC STOP ARRANGEMENT	2019-3-5	IT	发明
631	EP 17000696. 9	HYDRAULIC DAMPER WITH A HYDRAULIC STOP ARRANGEMENT	2019-3-8	RO	发明
632	201710355449. 3	阻尼器壳体及制造阻尼器壳体的方法	2019-2-12	CN	发明
633	2017-131295	CONTROL SYSTEM FOR AN ACTIVE POWERTRAIN MOUNT	2019-3-29	JP	发明
634	201710441075. 7	主动传动系悬置的控制系统及控制主动传动系悬置的方法	2019-5-31	CN	发明
635	15/623,859	HYDRAULIC DAMPER HAVING SELF-ADJUSTING WEAR BAND	2019-4-2	US	发明
636	201710514469. 0	HYDRAULIC DAMPER HAVING SELF-ADJUSTING WEAR BAND	2019-7-5	CN	发明
637	2017-150332	HYDRAULIC DAMPER HAVING SELF-ADJUSTING WEAR BAND 具有自调节磨损带的液压阻尼器	2019-5-24	JP	发明

续表

序号	专利号	专利名称	公告日	授权国家或地区	专利类型
638	EP 17001331.2	HYDRAULIC DAMPER HAVING SELF-ADJUSTING WEAR BAND 具有自调节磨损带的液压阻尼器	2019-6-26	EP	发明
639	EP 17001331.3	HYDRAULIC DAMPER HAVING SELF-ADJUSTING WEAR BAND 具有自调节磨损带的液压阻尼器	2019-7-18	DE	发明
640	EP 17001331.4	HYDRAULIC DAMPER HAVING SELF-ADJUSTING WEAR BAND 具有自调节磨损带的液压阻尼器	2019-6-26	FR	发明
641	EP 17001331.5	HYDRAULIC DAMPER HAVING SELF-ADJUSTING WEAR BAND 具有自调节磨损带的液压阻尼器	2019-6-26	GB	发明
642	EP 17001331.6	HYDRAULIC DAMPER HAVING SELF-ADJUSTING WEAR BAND 具有自调节磨损带的液压阻尼器	2019-10-23	IT	发明
643	15/588,573	MULTI-STAGE DAMPING ASSEMBLY	2019-1-29	US	发明
644	201710342613.7	MULTI-STAGE DAMPING ASSEMBLY 用于多级阻尼的组件	2019-7-26	CN	发明
645	EP 17000921.1	MULTI-STAGE DAMPING ASSEMBLY	2019-7-15	EP	发明
646	EP14003278.0	HYDRAULIC DAMPER WITH A HYDRAULIC STOP ARRANGEMENT	2019-9-18	EP	发明
647	14/913,759	MONOTUBE DAMPER ASSEMBLY 单管阻尼器组件	2019-2-5	US	发明
648	14840465.0	MONOTUBE DAMPER ASSEMBLY 单管阻尼器组件	2019-1-9	EP	发明
649	14840465.0	MONOTUBE DAMPER ASSEMBLY 单管阻尼器组件	2019-1-23	CZ	发明
650	14840465.0	MONOTUBE DAMPER ASSEMBLY 单管阻尼器组件	2019-1-31	DE	发明
651	14840465.0	MONOTUBE DAMPER ASSEMBLY 单管阻尼器组件	2019-1-9	ES	发明
652	14840465.0	MONOTUBE DAMPER ASSEMBLY 单管阻尼器组件	2019-1-10	FR	发明
653	14840465.0	MONOTUBE DAMPER ASSEMBLY 单管阻尼器组件	2019-1-11	GB	发明
654	14840465.0	MONOTUBE DAMPER ASSEMBLY 单管阻尼器组件	2019-4-3	IT	发明
655	14840465.0	MONOTUBE DAMPER ASSEMBLY 单管阻尼器组件	2019-5-28	RO	发明
656	14840465.0	MONOTUBE DAMPER ASSEMBLY 单管阻尼器组件	2019-1-9	PL	发明
657	EP18154364.6	HYDRAULIC DAMPER WITH A HYDRAULIC COMPRESSION STOP ARRANGEMENT 具有液压压缩止动装置的液压阻尼器	2019-11-6	US-EP	发明
658	201710149308.6	空气管理系统及用于操作的方法	2019-2-12	CN	发明

续表

序号	专利号	专利名称	公告日	授权国家或地区	专利类型
659	17000420.4	VEHICLE SUSPENSION CONTROL SYSTEM WITH HIGH FLOW EXHAUST MECHANIZATION	2019-4-3	CZ	发明
660	17000420.4	VEHICLE SUSPENSION CONTROL SYSTEM WITH HIGH FLOW EXHAUST MECHANIZATION	2019-1-3	DE	发明
661	17000420.4	VEHICLE SUSPENSION CONTROL SYSTEM WITH HIGH FLOW EXHAUST MECHANIZATION	2019-3-5	IT	发明
662	17000420.4	VEHICLE SUSPENSION CONTROL SYSTEM WITH HIGH FLOW EXHAUST MECHANIZATION	2019-3-8	RO	发明
663	17000513.6	TOP MOUNT ASSEMBLY HAVING ADJUSTABLE DAMPING CHARACTERISTICS	2019-7-31	EP	发明
664	201810034077.9	液压阻尼器	2019-10-11	CN	发明
665	15/597,060	HYDRAULIC DAMPER WITH A PISTON ROD PROTECTION	2019-3-5	US-US	发明
666	201710356546.4	HYDRAULIC DAMPER WITH A PISTON ROD PROTECTION 具有活塞杆保护管的液压阻尼器	2019-10-1	CN	发明
667	EP17001032.6	HYDRAULIC DAMPER WITH A PISTON ROD PROTECTIVE TUBE	2019-8-7	US-EP	发明
668	201710437883.6	TWIN-TUBE HYDRAULIC DAMPER WITH A VIBRATION SUPPRESING DEVICE 双筒式液压减振器组件	2019-4-5	CN	发明
669	201710696168.4	Amplitude Decoupling Feature for Airspring Modules 空气悬架组件	2019-6-28	CN	发明
670	2017-177213	Amplitude Decoupling Feature for Airspring Modules	2019-3-1	JP	发明
671	15/681,287	HYDRAULIC DAMPER WITH AN X-FLOW PISTON ASSEMBLY	2019-3-26	US	发明
672	EP17001576.2	HYDRAULIC DAMPER WITH AN X-FLOW PISTON ASSEMBLY	2019-11-6	EP	发明
673	201580038641.9	MAGNETO RHEOLOGICAL FLUID COMPOSITION FOR USE IN VEHICLE MOUNT APPLICATIONS 用于车辆基座应用的磁流变液组合物	2019-8-23	CN	发明
674	2016-575749	MAGNETO RHEOLOGICAL FLUID COMPOSITION FOR USE IN VEHICLE MOUNT APPLICATIONS	2019-3-8	JP	发明
675	201710957941.8	空气管理系统及用于操作其以减小压缩机的启动扭矩的方法	2019-8-30	CN	发明
676	15/787,693	DUAL MODE HYDRAULIC DAMPER	2019-8-27	US	发明
677	10-2017-0153112	DUAL MODE HYDRAULIC DAMPER	2019-5-24	KR	发明
678	201711210788.9	用于液压悬置的垂直解耦器	2019-8-23	CN	发明
679	15/817,092	A DAMPING STRUT	2019-11-26	US-US	发明
680	EP18150435.8	A DAMPING STRUT	2019-10-9	US-EP	发明

续表

序号	专利号	专利名称	公告日	授权国家或地区	专利类型
681	EP18151183. 3	TWIN-TUBE HYDRAULIC DAMPER WITH A VIBRATION SUPPRESING DEVICE	2019-11-13	EP	发明
682	201810325224. 8	双管阻尼器组件	2019-10-18	CN	发明
683	15/487,370	Hydraulic Damper With Hydraulic Stop Arrangement	2019-1-8	US-US	发明
684	EP 17000804. 9	HYDRAULIC DAMPER WITH A HYDRAULIC STOP ARRANGEMENT	2019-3-8	CZ	发明
685	EP 17000804. 9	HYDRAULIC DAMPER WITH A HYDRAULIC STOP ARRANGEMENT	2019-2-4	DE	发明
686	EP 17000804. 9	HYDRAULIC DAMPER WITH A HYDRAULIC STOP ARRANGEMENT	2019-3-6	ES	发明
687	EP 17000804. 9	HYDRAULIC DAMPER WITH A HYDRAULIC STOP ARRANGEMENT	2019-3-5	IT	发明
688	EP 17000804. 9	HYDRAULIC DAMPER WITH A HYDRAULIC STOP ARRANGEMENT	2019-3-11	RO	发明
689	EP 17000804. 9	HYDRAULIC DAMPER WITH A HYDRAULIC STOP ARRANGEMENT	2019-2-25	PL	发明
690	2018-168603	HYDRAULIC MOUNT APPARATUS	2019-7-26	JP	发明
691	EP18211882. 8	具有液压压缩止动组件的液压阻尼器	2019-6-19	US-EP	发明
692	EP19168330. 9	HYDRAULIC DAMPER WITH A HYDRAULIC STOP ARRANGEMENT	2019-11-20	EP	发明
693	17000949. 2	A PROCESS OF MANUFACTURING AN EXTERNAL TUBE OF A DAMPER,A DAMPER EXTERNAL TUBE PRODUCED IN THIS PROCESS, AND A DAMPER PROVIDED WITH SUCH AN EXTERNAL TUBE	2019-2-27	EP	发明
694	17000949. 2	A PROCESS OF MANUFACTURING AN EXTERNAL TUBE OF A DAMPER,A DAMPER EXTERNAL TUBE PRODUCED IN THIS PROCESS, AND A DAMPER PROVIDED WITH SUCH AN EXTERNAL TUBE	2019-2-27	GB	发明
695	17000949. 2	A PROCESS OF MANUFACTURING AN EXTERNAL TUBE OF A DAMPER,A DAMPER EXTERNAL TUBE PRODUCED IN THIS PROCESS, AND A DAMPER PROVIDED WITH SUCH AN EXTERNAL TUBE	2019-3-21	DE	发明
696	17000949. 2	A PROCESS OF MANUFACTURING AN EXTERNAL TUBE OF A DAMPER,A DAMPER EXTERNAL TUBE PRODUCED IN THIS PROCESS, AND A DAMPER PROVIDED WITH SUCH AN EXTERNAL TUBE	2019-2-27	ES	发明
697	17000949. 2	A PROCESS OF MANUFACTURING AN EXTERNAL TUBE OF A DAMPER,A DAMPER EXTERNAL TUBE PRODUCED IN THIS PROCESS, AND A DAMPER PROVIDED WITH SUCH AN EXTERNAL TUBE	2019-2-27	PL	发明
698	17000949. 2	A PROCESS OF MANUFACTURING AN EXTERNAL TUBE OF A DAMPER,A DAMPER EXTERNAL TUBE PRODUCED IN THIS PROCESS, AND A DAMPER PROVIDED WITH SUCH AN EXTERNAL TUBE	2019-2-27	RO	发明

续表

序号	专利号	专利名称	公告日	授权国家或地区	专利类型
699	17000949. 2	A PROCESS OF MANUFACTURING AN EXTERNAL TUBE OF A DAMPER,A DAMPER EXTERNAL TUBE PRODUCED IN THIS PROCESS, AND A DAMPER PROVIDED WITH SUCH AN EXTERNAL TUBE	2019-3-13	CZ	发明
700	17000949. 2	A PROCESS OF MANUFACTURING AN EXTERNAL TUBE OF A DAMPER,A DAMPER EXTERNAL TUBE PRODUCED IN THIS PROCESS, AND A DAMPER PROVIDED WITH SUCH AN EXTERNAL TUBE	2019-2-27	FR	发明
701	17000949. 2	A PROCESS OF MANUFACTURING AN EXTERNAL TUBE OF A DAMPER,A DAMPER EXTERNAL TUBE PRODUCED IN THIS PROCESS, AND A DAMPER PROVIDED WITH SUCH AN EXTERNAL TUBE	2019-5-20	IT	发明
702	12/539904	DUAL CHANNEL IN-LINE ABS HYDRAULIC CONTROL U-NIT	2019-3-25	EP	发明

2019年末首钢集团各单位职工分类构成情况

单位:人

	期末人数	女性	厂处级及以上	科级	班组长	行政管理	专业技术	生产	服务	不在岗职工
首钢集团	83739	16902	1705	3871	4419	10919	12628	43337	4721	12134
股份公司	9351	1264	154	390	650	1216	1096	5513	33	1493
北京首钢气体有限公司	430	72	4	26		66	52	303	3	6
北京首钢钢贸投资管理有限公司	38	11	5	6		37		1		
北京首钢物资贸易有限公司	35	8	3	5	1	18		17		
北京首钢金属有限责任公司	8	1	1			4				4
首钢京唐钢铁联合有限责任公司	9639	706	118	311	838	698	1884	7012		45
首钢凯西钢铁有限公司	404	91	5	11	23	16	40	116		232
唐山首钢京唐西山焦化有限责任公司	743	56	8	21	95	33	90	619		1
秦皇岛首钢机械有限公司	195	55	3	18		42	15	100	14	24
矿业公司	8722	1586	80	319	407	690	971	5666	763	632
北京首钢鲁家山石灰石矿有限公司	140	21	6	28	9	71	8	33	9	19
北京首钢耐材炉料有限公司	195	20	2	16	23	52	11	81	40	11
水钢公司	11379	2908	128	353	436	991	464	5930	611	3383
长钢公司	7730	1775	96	258	294	479	191	4235	793	2032
贵钢公司	2158	524	62	131		407	102	769	508	372

续表

	期末人数	女性	厂处级及以上	科级	班组长	行政管理	专业技术	生产	服务	不在岗职工
通钢公司	11182	1718	103	278	661	448	1034	6717	94	2889
伊钢公司	1000	191	45	23	94	85	39	781	95	
中首公司	314	94	49	28	1	255			7	52
股权管理公司	76	21	24	2		68			1	7
国际工程公司	1090	289	59			66	1007		8	9
首建公司	3758	671	78	774	237	737	1675	1209	99	38
首自信公司	1427	385	64	109	64	396	581	375		75
机电公司	1987	428	43	114	191	399	181	1257	86	64
实业公司	1697	629	78	216	28	770	187	7	673	60
北京首钢新钢联科贸有限公司	73	25	2	7		71				2
北京首钢微电子有限公司	43	13	1			14	1	28		
北京首钢云翔工业科技有限责任公司	19	3				19				
城运公司	57	9	5			57				
北京首钢建设投资有限公司	180	76	32			179				1
特钢公司	660	128	28	38	22	288	3	251	30	88
园区综合服务公司	1196	253	12	69	95	174	92	801	124	5
北京首钢园区运动中心运营管理有限公司	29	9	2			19	10			
园区管理部	1572	218	20	62	140	321	39	837	375	
京冀曹妃甸协同发展示范区建设投资有限公司	46	9	12			46				
集团公司直管单位	6166	2635	373	258	110	1687	2855	679	355	590
环境公司	484	78	29	40	18	79	179	190	13	4
北京首钢房地产开发有限公司	288	104	38	0	0	193	95	0	0	0

续表

	期末人数	女性	厂处级及以上	科级	班组长	行政管理	专业技术	生产	服务	不在岗职工
首钢疗养院	76	29	2	3		10		0	66	
北京大学首钢医院	1894	1450	6	87		143	1628	0	122	1
北京京西重工有限公司	536	137	15	15	30	62	120	354	0	
首钢控股有限责任公司	37	12	6			37		0	0	
首钢地质勘查院	206	31	3	17		59	113	24	4	6
医疗公司	48	21	2			43		0	5	
北京首钢体育文化有限公司	174	68	4	13	4	50	85	0	38	1
北京首钢文化发展有限公司	18	9	2	3		18		0	0	
首控香港	12	2	9			12		0	0	
北京首钢矿业投资有限责任公司	108	8	12	16		30		0	0	78
秦皇岛首秦金属材料有限公司	223	89	10	8	13	96	12	62	0	53
秦皇岛秦中板	80	18		2	3	8	2	0	11	59
新闻中心	45	16	2	9		27	15	0	3	
博物筹备办	5	3	1			5		0	0	
劳服公司	2	1					2		0	0
首钢工学院	95	60	2	2	10	10	83	0	0	2
首钢技师学院	331	152	17	31	23	183	105	0	40	3
北京首钢退休人员服务有限公司	24	10	2			20		4	0	
党委及经理层	12	1	12			12		0	0	
战略发展部	23	8	9	2		23		0	0	
经营财务部	24	8	8			23		0	0	1
系统优化部	17	4	7			17		0	0	
安全环保部	12	1	7			12		0	0	

续表

	期末人数	女性	厂处级及以上	科级	班组长	行政管理	专业技术	生产	服务	不在岗职工
国际业务部	8	2	3			8		0	0	
办公厅	40	7	12			40		0	0	
人力资源部	22	3	10			22		0	0	
企业文化部	8		5			6		0	0	
监察部	13	3	6			13		0	0	
法律事务部	7	5	3			7		0	0	
审计部	17	8	5			17		0	0	
监事会办公室	19	3	16			19		0	0	
工会	6	2	3			6		0	0	
技术研究院	508	124	34	5	5	94	367	44	3	
总工室	14		10			4	10	0	0	
发展研究院	35	18	9			2	33	0	0	
人才开发院	47	22	10			32	9	1	4	1
行政中心	81	12	6		6	35		0	46	
人事中心	40	14	6			40		0	0	
财务中心	75	49	10			75		0	0	
资产中心	23	6	5			23		0	0	
财务公司	54	31	8	5		54		0	0	
职业经理人	16	4	9			16		0	0	
园区不在岗	381	22				0		0	0	381

2019年末首钢集团离退休人员及费用构成情况

单位	离退休人数（人）				离退休人员费用（元）				
	合计	其中：女性	离休	退休	合计	离休费（元）	其中企业负担（元）	退休费（元）	其中企业负担（元）
首钢集团	87242	39395	304	86938	4532883871	49948691	5221438	4482935180	247505692
股份公司	908	240		908	52889093			52889093	1818109
北京首钢气体有限公司	133	63		133	7015961			7015961	248721
北京首钢钢贸投资管理有限公司									
北京首钢物资贸易有限公司									
北京首钢金属有限责任公司	3			3	284100			284100	4512
首钢京唐钢铁联合有限责任公司	188	39		188	11456601			11456601	173916
首钢凯西钢铁有限公司									
唐山首钢京唐西山焦化有限责任公司	5	1		5	7032			7032	7032
秦皇岛首钢机械有限公司	512	291	2	510	20731616	244431	12679	20487185	277170
矿业公司	11418	3924	10	11408	668809295	1709898	1004850	667099397	32909334
北京首钢鲁家山石灰石矿有限公司	418	115		418	16022442			16022442	595745
北京首钢耐材炉料有限公司	1310	626		1310	70302293			70302293	1016286
水钢公司	16026	8097	31	15995	698382957	4928415	1891710	693454542	110363753
长钢公司	9046	3881	37	9009	421441651	5759386	1279161	415682265	6203566
贵钢公司	5336	2430	23	5313	202709478	3702358	40676	199007120	1415112

续表

单位	离退休人数（人）				离退休人员费用（元）				
	合计	其中：女性	离休	退休	合计	离休费（元）	其中企业负担（元）	退休费（元）	其中企业负担（元）
通钢公司									
伊钢公司									
中首公司	261	91	2	259	18708008	381396	82500	18326612	154428
股权管理公司	2			2					
国际工程公司	733	395		733	50959811			50959811	1576546
首建公司	8564	3707		8564	477422018			477422018	17489270
首自信公司	1404	829		1404	81702221			81702221	2421619
机电公司	5177	3052		5177	318375378			318375378	9710998
实业公司	3104	2166	8	3096	115371827	180568		115191259	5023035
北京首钢新钢联科贸有限公司									
北京首钢微电子有限公司									
北京首钢云翔工业科技有限责任公司									
城运公司									
北京首钢建设投资有限公司	2	1		2	154564			154564	
特钢公司	7524	3075	30	7494	431799873	4664991	36270	427134882	18372183
园区综合服务公司	815	477		815	38383500			38383500	1585061
北京首钢园区运动中心运营管理有限公司									
园区管理部	1197	434	6	1191	68925246	693936	25200	68231310	2756849
京冀曹妃甸协同发展示范区建设投资有限公司									
集团公司直管单位	13156	5461	155	13001	761028906	27683312	848392	733345594	33382447

2019年末首钢集团职工年龄和政治面貌构成情况

单位：人

项目	合计	在岗	女性	班组长	厂处级及以上	科级	管理技术	技能操作	25岁及以下	26至30岁	31至35岁	36至40岁	41至45岁	46至50岁	51至55岁	56岁及以上
合　　计	83739	71605	15619	2397	1607	3740	18200	48058	3320	8096	13909	11254	13828	18191	11291	3850
中共党员	28373	25370	4410	1089	1528	3154	9374	11314	218	1568	4366	4397	4319	6671	4924	1910
中共预备党员	672	550	99	12	5	40	272	233	41	92	257	141	49	58	23	11
共青团员	4288	4235	1267	31		18	1901	2316	2198	1648	332	89	9	8	4	
民革会员	7	6	41			2	4					1	1	2	1	2
民盟盟员	26	24	10		1	5	18				1	1	5	9	7	3
民建会员	6	5	3			1	4				1	1		4		
民进会员	7	6	3			1	5				1	1	2		1	2
农工党党员	12	12	7				7	5			1	3	2	4	1	1
致公党党员	5	5			2		2	1						3	2	
九三学社社员	16	16	5			1	15					3	1	5	5	2
台盟盟员																
无党派民主人士	3	2			1	1									2	1
群众	50324	41374	9774	1265	70	517	6598	34189	863	4788	8950	6617	9440	11427	6321	1918

2019年末首钢集团（钢铁板块）职工政治面貌构成情况

项目	合计	在岗	女性	班组长	厂处级及以上	科级	管理技术	技能操作	25岁及以下	26至30岁	31至35岁	36至40岁	41至45岁	46至50岁	51至55岁	56岁及以上
合　　计	63663	52468	9960	1750	793	2127	8685	40863	1800	5560	10700	8440	11680	14913	8191	2379
中共党员	21014	18340	2674	879	760	2003	5583	9994	131	1144	3490	3210	3468	5186	3301	1084
中共预备党员	546	329	62	10	1	9	114	205	17	66	221	123	40	47	21	11
共青团员	2063	1999	251	15			296	1703	1086	905	51	18	2		1	
民革会员	3	2				2							1		1	1
民盟盟员	4	3					3				1	1		1	1	
民建会员	2	2	1				2							2		
民进会员	2	1	1			1							1			1
农工党党员	5	5	3					5			1	2	1		1	
致公党党员	1	1					1								1	
九三学社社员	4	4					4						1	1	1	1
台盟盟员																
无党派民主人士	1	1				1										1
群众	40018	31781	6968	846	32	111	2682	28956	566	3445	6936	5086	8166	9676	4863	1280

制 度 目 录

◎责任编辑：郭　锋　关佳洁

2019年度首钢集团制度颁发文件目录索引

序号	制度名称	发文字号	发文日期	主责部门	制度层级				制度分类	备注
					基本管理制度	业务基础制度	具体操作规范	党群制度		
1	首钢集团有限公司组织架构管理制度（试行）	首董发〔2019〕1号	2019年1月2日	系统优化部	√				组织制度管理	试行一年
2	首钢集团有限公司法人授权管理制度	首董发〔2019〕3号	2019年2月21日	法律事务部	√				风险及合规管理	
3	首钢集团有限公司总法律顾问述职评议实施细则（试行）	首发〔2019〕36号	2019年2月25日	法律事务部			√		风险及合规管理	试行二年
4	首钢集团有限公司法治建设考核评价实施细则（试行）	首发〔2019〕37号	2019年2月25日	法律事务部			√		风险及合规管理	试行二年
5	首钢集团有限公司风控管理办法	首发〔2019〕38号	2019年2月25日	系统优化部		√			风险及合规管理	
6	首钢集团有限公司领导人员任期经营业绩考核管理办法	首发〔2019〕40号	2019年2月25日	系统优化部		√			人力资源管理	
7	首钢集团有限公司法律事务管理办法	首发〔2019〕43号	2019年2月28日	法律事务部		√			风险及合规管理	
8	首钢集团有限公司风险管理基本流程指导规范	首发〔2019〕47号	2019年3月5日	系统优化部			√		风险及合规管理	
9	首钢集团有限公司首钢工匠评选管理办法	首党发〔2019〕33号	2019年3月25日	工会				√	党群管理	
10	首钢集团有限公司固定资产管理制度	首董发〔2019〕5号	2019年4月1日	资产管理中心	√				资产管理	
11	首钢集团有限公司固定资产管理实施细则	首发〔2019〕68号	2019年4月1日	资产管理中心			√		资产管理	

续表

序号	制度名称	发文字号	发文日期	主责部门	制度层级				制度分类	备注
					基本管理制度	业务基础制度	具体操作规范	党群制度		
12	首钢集团有限公司资产评估管理办法（试行）	首发〔2019〕92号	2019年4月26日	经营财务部		√			财务管理	试行二年
13	企业与职工协商一致解除劳动合同实施细则	首发〔2019〕98号	2019年5月9日	系统优化部			√		人力资源管理	
14	首钢集团有限公司外汇风险管理办法（试行）	首发〔2019〕99号	2019年5月13日	国际业务部		√			风险及合规管理	试行一年
15	首钢集团有限公司北京地区土地房屋管理实施细则补充规定	首发〔2019〕111号	2019年5月27日	资产管理中心			√		资产管理	
16	首钢集团有限公司业务招待管理办法	首发〔2019〕115号	2019年5月30日	办公厅		√			行政管理	
17	首钢集团有限公司业务活动费用管理办法	首发〔2019〕117号	2019年5月30日	财务共享中心		√			财务管理	
18	首钢集团有限公司领导班子成员履职待遇、业务支出管理办法	首党发〔2019〕59号	2019年5月30日	办公厅				√	党群管理	
19	首钢集团有限公司领导人员履职待遇、业务支出管理办法	首党发〔2019〕60号	2019年5月30日	行政管理中心				√	党群管理	
20	首钢集团有限公司管理创新活动管理办法	首发〔2019〕124号	2019年6月11日	系统优化部		√			科研创新管理	
21	首钢集团有限公司单项奖管理办法	首发〔2019〕134号	2019年6月25日	人力资源部		√			人力资源管理	
22	首钢集团有限公司全面从严治党工作考核办法	首党发〔2019〕78号	2019年7月23日	监察部				√	党群管理	
23	首钢集团有限公司土壤污染防治管理规范	首发〔2019〕153号	2019年8月1日	安全环保部			√		社会责任管理	
24	首钢集团有限公司内部债权债务管理办法（试行）	首发〔2019〕162号	2019年8月12日	财务共享中心		√			财务管理	试行一年
25	首钢集团有限公司人事档案管理办法	首发〔2019〕163号	2019年8月13日	人事服务中心		√			人力资源管理	

续表

序号	制度名称	发文字号	发文日期	主责部门	制度层级				制度分类	备注
					基本管理制度	业务基础制度	具体操作规范	党群制度		
26	首钢集团有限公司票据管理办法	首发〔2019〕171号	2019年8月29日	经营财务部		√			财务管理	
27	首钢集团有限公司特种设备安全管理规范	首发〔2019〕188号	2019年9月26日	安全环保部			√		社会责任管理	
28	首钢集团有限公司网络舆情信息管理办法	首党发〔2019〕111号	2019年9月29日	企业文化部				√	党群管理	
29	首钢集团有限公司内部监事会管理制度	首董发〔2019〕19号	2019年10月10日	监事会工作办公室	√				内部监督管理	
30	首钢集团有限公司全面预算管理制度	首董发〔2019〕21号	2019年10月31日	经营财务部	√				计划预算管理	
31	首钢集团有限公司税务管理办法	首发〔2019〕215号	2019年11月6日	经营财务部		√			财务管理	
32	首钢集团有限公司反腐倡廉教育培训管理办法	首党发〔2019〕170号	2019年12月19日	纪委监察专员办公室				√	党群管理	
33	首钢集团有限公司党委巡察工作制度	首党发〔2019〕171号	2019年12月20日	巡察工作办公室				√	党群管理	
34	首钢集团有限公司组织架构管理制度	首董发〔2019〕24号	2019年12月19日	系统优化部	√				组织制度管理	
35	关于深化落实全面从严治党主体责任的实施办法	首党发〔2019〕175号	2019年12月31日	办公厅				√	党群管理	

2019年度首钢集团制度废止文件目录索引

序号	废止制度文件名称	发文字号	发文日期	主责部门	制度层级				制度分类	备注
					基本管理制度	业务基础制度	具体操作规范	党群制度		
1	首钢集团有限公司法人授权管理制度（试行）	首董发〔2018〕1号	2018年1月8日	法律事务部	√					
2	首钢总公司二级单位负责人任期经营业绩考核管理办法（试行）	首发〔2015〕242号	2015年9月8日	系统优化部		√				
3	首钢集团有限公司法律事务管理办法（试行）	首发〔2018〕15号	2018年1月12日	法律事务部		√				
4	首钢总公司固定资产管理制度	首发〔2016〕184号	2016年8月11日	资产管理中心	√					
5	首钢总公司固定资产管理实施细则	首发〔2016〕186号	2016年8月11日	资产管理中心			√			
6	首钢总公司资产评估管理办法	首发〔2014〕44号	2014年2月12日	经营财务部		√				
7	首钢总公司业务接待管理办法	首发〔2017〕43号	2017年3月3日	办公厅		√				
8	首钢集团有限公司业务活动费用管理办法	首发〔2017〕311号	2017年12月28日	财务共享中心		√				
9	首钢总公司二级单位负责人履职待遇、业务支出管理暂行办法	首党发〔2015〕215号	2015年11月13日	行政管理中心				√		
10	首钢总公司管理创新活动管理办法	首发〔2016〕179号	2016年8月8日	系统优化部		√				
11	首钢总公司单项奖管理办法	首发〔2017〕66号	2017年4月1日	人力资源部		√				
12	首钢集团党风廉政建设责任制检查考核办法	首党发〔2018〕36号	2018年5月7日	监事会工作办公室				√		
13	首钢信息系统事故和突发事件应急预案	首发〔2012〕138号	2012年5月17日	系统优化部			√			
14	首钢总公司人事档案管理办法	首发〔2011〕413号	2011年12月30日	人事服务中心		√				

续表

序号	废止制度文件名称	发文字号	发文日期	主责部门	制度层级				制度分类	备注
					基本管理制度	业务基础制度	具体操作规范	党群制度		
15	首钢集团有限公司票据管理办法(试行)	首发〔2018〕59 号	2018 年 2 月 27 日	经营财务部		√				
16	首钢总公司特种设备管理办法	首发〔2014〕195 号	2014 年 7 月 2 日	安全环保部		√				
17	首钢总公司内部监事会管理制度	首董发〔2015〕27 号	2015 年 7 月 15 日	监事会工作办公室	√					
18	首钢总公司钢铁企业监督管理办法	首董发〔2015〕28 号	2015 年 7 月 15 日	监事会工作办公室	√					
19	首钢总公司专职监事管理办法	首董发〔2015〕29 号	2015 年 7 月 15 日	监事会工作办公室	√					
20	首钢总公司监事工作专员管理办法	首董发〔2015〕30 号	2015 年 7 月 15 日	监事会工作办公室	√					
21	首钢总公司监管企业日常监督实施细则	首董发〔2015〕31 号	2015 年 7 月 15 日	监事会工作办公室	√					
22	首钢总公司内部监事会行使职权的规定	首董发〔2015〕32 号	2015 年 7 月 15 日	监事会工作办公室	√					
23	首钢集团有限公司派出监事常驻钢铁企业实施细则	首董发〔2017〕10 号	2017 年 7 月 12 日	监事会工作办公室	√					
24	首钢集团有限公司效能监察管理办法	首党发〔2017〕146 号	2017 年 11 月 21 日	监事会工作办公室				√		
25	首钢集团有限公司全面预算管理制度(试行)	首董发〔2017〕6 号	2017 年 7 月 11 日	经营财务部	√					
26	首钢集团有限公司税务管理办法(试行)	首发〔2017〕244 号	2017 年 10 月 13 日	经营财务部		√				
27	首钢反腐倡廉教育培训制度	首党发〔2008〕29 号	2008 年 4 月 29 日	监事会工作办公室				√		
28	首钢集团有限公司组织架构管理制度(试行)	首董发〔2019〕1 号	2019 年 1 月 2 日	系统优化部	√					
29	首钢集团公司党委巡察工作制度(试行)	首党发〔2018〕91 号	2018 年 11 月 7 日	监事会工作办公室				√		
30	首钢内部会计控制制度	首发〔2004〕118 号	2004 年 4 月 14 日	经营财务部		√				
31	首钢物业管理收费办法(试行)	首发〔2005〕28 号	2005 年 1 月 17 日	经营财务部			√			
32	首钢总公司计提资产减值准备管理办法	首发〔2006〕153 号	2006 年 4 月 17 日	经营财务部		√				
33	关于严禁将首钢集团内部债权转让给首钢集团以外单位的通知	首发〔2007〕314 号	2007 年 8 月 24 日	经营财务部			√			

续表

序号	废止制度文件名称	发文字号	发文日期	主责部门	制度层级				制度分类	备注
					基本管理制度	业务基础制度	具体操作规范	党群制度		
34	首钢关于贯彻落实《企业财务通则》有关规定的通知	首发〔2007〕512 号	2007 年 12 月 21 日	经营财务部		√				
35	首钢总公司建设项目环境管理办法	首发〔2011〕341 号	2011 年 11 月 14 日	安全环保部		√				
36	首钢优秀青年人才评选表彰工作实施办法	首发〔2003〕265 号	2003 年 7 月 29 日	人力资源部			√			
37	首钢高级技术顾问聘任管理办法	首发〔2003〕298 号	2003 年 8 月 20 日	技术研究院		√				
38	首钢资金结算中心结算管理规定及工作程序	首发〔1999〕50 号	1999 年 2 月 26 日	财务共享中心			√			
39	首钢总公司企业医疗保险费用报销业务委托管理实施办法	首发〔2005〕219 号	2005 年 5 月 28 日	人事服务中心			√			
40	首钢关于辅业改制企业职工物业收费管理办法（试行）	首发〔2008〕211 号	2008 年 6 月 12 日	行政管理中心		√				
41	首钢总公司生活福措项目管理办法（试行）	首发〔2012〕171 号	2012 年 6 月 12 日	行政管理中心			√			
42	首钢总公司通勤班车管理办法（试行）	首发〔2012〕184 号	2012 年 6 月 29 日	行政管理中心			√			
43	首钢关于改制企业党群及高管人员管理办法	首党发〔2008〕34 号	2008 年 5 月 20 日	人力资源部				√		
44	首钢视觉识别系统工装标识管理规定	首党发〔2013〕33 号	2013 年 3 月 13 日	企业文化部				√		
45	关于落实党风廉政建设党委主体责任和纪委监督责任的实施办法（试行）	首党发〔2015〕217 号	2015 年 11 月 23 日	办公厅				√		

《首钢年鉴·2020》编辑人员

◎责任编辑：郭　锋　关佳洁

《首钢年鉴·2020》组稿编辑名单

序号	组稿人	单位名称	联系电话
1	袁　杰	人力资源部(党委组织部、党委统战部)	010-68873619
2	郑　昕	首钢企业文化部(党委宣传部)	010-88293095
3	陈东兴	总公司纪委(监察部)	010-88293699
4	金志先	工会	010-88294317
5	陈　宏	战略发展部	010-88294150
6	张宝龙	经营财务部	010-88296311
7	宫顺军	系统优化部	010-88292804
8	吴　刚	安全环保部	010-88297238
9	方瑜仁	国际业务部	010-88292517
10	王　帅	办公厅	010-88291580
11	李　晋	法律事务部	010-88293045
12	高　强	审计部	010-88297748
13	初德合	监事会工作办公室	010-88291488
14	魏松民	总工程师室	010-88293570
15	班丽丽	技术研究院	010-88297640
16	陈必值	发展研究院	010-88295767
17	赵司尧	人才开发院	010-88293696
18	袁　琳	财务共享中心	010-88294872
19	张英明	人事服务中心	010-88294347
20	杨明娟	资产管理中心	010-88293223
21	董晓明	行政管理中心	010-88293757
22	王树刚	集团财务有限公司	010-56678928
23	张京刚	北京首钢股份有限公司	0315-7708577
24	冯超凡	北京首钢冷轧薄板有限公司	010-81477645
25	韩广军	北京首钢氧气厂	010-52857877
26	王　萍	首钢京唐钢铁联合有限责任公司	0315-8872816
27	金品楠	秦皇岛首秦金属材料有限公司	0335-7127624
28	栗帅鹏	首钢集团有限公司矿业公司	0315-7713023
29	田　甜	首钢水城钢铁(集团)有限责任公司	0858-8922868

续表

序号	组稿人	单位名称	联系电话
30	张　玲	首钢长治钢铁有限公司	0355-5087581
31	袁昆喜	首钢贵阳特殊钢有限责任公司	0851-5595740
32	冯世勇	首钢通化钢铁集团股份有限公司	0431-88623566
33	黄紫云	首钢伊犁钢铁有限公司	0591-6852272
34	李　佳	中国首钢国际贸易工程公司	010-82291111-2257
35	李　佳	首钢秘鲁铁矿股份有限公司	010-82291111-2258
36	柳　岩	北京首钢鲁家山石灰石矿有限公司	010-61881058
37	陈昊阳	销售公司	010-88294349
38	陈伟伟	北京首钢国际工程技术有限公司	010-88292244
39	刘晓东	北京首钢建设集团有限公司	010-88294086
40	李　琴	北京首钢自动化信息技术有限公司	010-88292121
41	郭鑫鑫	北京首钢机电有限公司	010-88294119
42	赵小璐	北京首钢实业集团有限公司	010-88291007
43	潘玉洁	北京首钢吉泰安新材料有限公司	010-80718153
44	冯尧刚	北京首钢建设投资有限公司	010-88291982
45	李　明	北京首钢园区综合服务有限公司	010-88292185
46	郝占起	北京首钢特殊钢有限公司	010-88915870
47	孙文学	园区管理部	010-68873174
48	廖家慧	首钢环境产业有限公司	010-88291353
49	时　彦	首钢控股有限责任公司	010-88698710
50	来秀海	首钢城运控股有限公司	010-88291218
51	王　璐	首钢体育文化有限公司	010-53965596
52	南志国	北京首钢房地产开发有限公司	010-88299497
53	吴妍彦	北京大学首钢医院	010-57830827
54	杜宝岐	首钢控股(香港)有限公司	010-88291111-2256
55	李　梦	北京京西重工有限公司	010-57537313
56	郑之敏	北京首钢基金有限公司	010-52393988
57	孙会东	北京首钢文化发展有限公司	010-88293797
58	王卫华	诚信监理公司	010-68874321
59	郭　欣	葫芦岛首钢东华机械有限公司	0429-3561062
60	车宏卿	首钢发展研究院史志年鉴办公室	010-88295770
61	关佳洁	首钢发展研究院史志年鉴办公室	010-88295771
62	刘冰清	首钢发展研究院史志年鉴办公室	010-88295771
63	郭　锋	首钢发展研究院史志年鉴办公室	010-88295713

索　引

A

阿米巴　169,184,186,188,196
安全管理　46,58,90,125,127,128,171,172,175,178,180,184,185,187,188,192,193,198,199,202-205,207-209,212,217,219,220,225,228-230,234,237,241,249,258,266,267,271,278,281,283,287-289,292,295,301,307,319,324,334,336,337,340,345,350,367,371,393,394,462
"奥林匹克主义在行动"　45,56

B

巴赫　15,19,22,45,56,132,353,397
《百年首钢》　24,106,185
百年首钢　2-4,8-11,13,14,16,20,23-30,34,35,44,48,50,53,54,59,60,64,67,68,70,73,77,78,80,104,106,108-110,116,117,148,164,175,243,286,301,303,334,352,361,368,389,392,396,398,404-406
《百年首钢世纪圆梦》　24,106,164
"百元选厂"工程　55
板块运营　170
北京市安全生产实训基地　150,402
北京市筹备和服务保障中华人民共和国成立70周年庆祝活动先进集体　322

C

产销一体化　46,50,58,61,63,75,79,124,125,129,145,154,170,172,174,179,187,191,198,210,278,302,327,328,399
产业转型　2,8,29,48,57,62,79,80,105,135,333,352,385,421
长安街　3,8,16,27,28,30,31,39,48,56,109,118,141,329,349,352,397,403,404,406
厂东门　3,4,27-29,110,111,118,349,352,406,407
成本控制　49,89,91,126,293,297,299,348,349
城市静态交通综合体管理服务平台制度管理　325
雏鹰计划　62,386

D

大球比冶炼技术　200
单元承包责任制　57,76
冬奥办公区　45,56,315,349

E

ESB系统　125

F

风控管理　124,162,185,235,327,343,360,374,380,421,460
风控评价　300,303
风控体系建设　51,57,121,130,217,235,260,274,281,294,308,310,315,340,357,368,370,371,421
风险防控体系　308,370,389
风险管理　60,88,121,123,126,127,146,165,166,185,369,378,380,407,418,460,461
服务保障冬奥　16,30,48,107,108,402

G

钢铁生态圈　40
工效挂钩分配机制改革　46
工业遗存景观　315
"功勋高炉"　18,24,31
固体二次资源绿色应用　171
挂牌督办　50,55,61,74,78,143
管理创新　46,88,103,123,127,137,146,170,178,217,221,231,240,256,259,264,340,392,393,405,461,463
管理创新成果　88,137,146,148,157,170,173,237,259,260,264,398
郭彪　218,419
国家冬季训练中心智慧群控平台　328

H

韩赟　145,420

侯志刚　421
环保管理　58,128,176,184,195,217,234,253,258,271,278,295,310,319,337,338,355

J

JIET 管理体系　169
“基金+基地+产业”模式　51,63,383
姜金玉　19,354,419
降本增效　36,61,90,140,169,170,172,174,176,178-180,184,186-188,190,192,194,195,198,199,214,226,233,247,253,263,266,268,289,290,325,378,421
降锌降碱　305
精精益求精,万万无一失　4
精益管理　64,89,182,184-186,188,196,199,213,250,416
静态交通　46,50,56,62,77,80,315,318,324,342,343

K

客户精准服务体系　180
空中廊道　315

L

李海旭　202,419
联储备件　191
“两张皮”现象　11,67
刘博强　16,19,20,30,45,49,58,61,107,116
刘宏　36,37,58,104,105,110,116,145,405
刘华利　85,421
刘军　218,420
刘漫　246,419
“六个力”　12
六个力量　66
六破六立　272,273
六西格玛管理　169,274
炉缸浇注　142,177
绿色发展、创新发展、高质量发展　11,50,67
“6+6”模式　36

M

MCCR　3,79,144,200,204,209-213,318,330
苗芳　420

O

OEE 管理　169,184

Q

QTI　57,64,76,199,200,209-211,213
七个有之　52,53
裘俊清　419
权力清单　23,46,51,54,57,60,102,120,121,123-125,134,160-162,173,235,260,300,308,315,327,331,340,349,360,367,370,406
“全三脱”炼钢　14,18,22,25

R

“融资—投资—运营”　51,63

S

三个跑赢　45,50,55,61,123,233,399
“三供一业”　46,48,49,54,59,60,122,141,161,162,233,235,240,254,262,333,334,358,362,364,403
“三会一课”　12,52,68,69,103,122,127,146,156,238,306,308,323,329,338,372,381,390,392
三重一大　12,45,69,91,112,124,134,191,197,228,260,283,290,302,306,310,321,331,343,350,360,362,367,370,374,381,389
“上热、中温、下冷”现象　11,67
设备改造　178,213,227,274,310,421
审计管理信息化　131
生态建设　2,8,29
“首钢工匠”　3,4,8,12,13,26,35,37,64,68,70,104,106,109,110,116-118,145,149,202,218,226,238,244,246,258,261,263,267,316,331,405
首钢滑雪大跳台　3,4,15,31-35,39,108-110,117,119,122,132,141,151,398,402,403,408
首钢融媒体中心　111
首钢 AI 园　37,38,109
疏整促　63,133,160
“双奥城”　7
“双百行动”　8,46,48,54,60,120
双基双评　260
税务筹划　121,122,374
四个复兴　11,45,67,106,108,146
四块冰　15,19,32,34,38,39,56,75,108
“四同步”“四对接”原则　12,53,69

T

TPM 管理　57,76,170,186,251,259,278

“体育+” 8,50,62,79,348
投资回报 51,60,155,170,309,358

W

外汇风控体系 127
王建斌首席技师工作室 18
王志伟 420
“文化复兴、产业复兴、生态复兴、活力复兴” 10
问责追责 47,57
五个必须 52,53,289
“五个聚焦” 44
五效一体新模式 200

X

习近平 2,6-8,10-12,28,29,44,48,52,53,58-60,64,66-68,70,71,77,102,104,105,109,111,112,116,127,132,134,137,145,151,156,161,164,187,197,272,277,298-302,304,306,316,322,329,333,344,351,353,355,356,368,381,386,397,398,402,405,407
效益导向 54,357
谢古月 417,420
新时代首都城市复兴新地标 2,8,10,16,26,28,30,32,37,45,48,50,56,62,75,106-109,351,383,397,398,406
新首钢大桥 3,8,16,23,27,31,35,48,56,108-110,118,352,353,355,397,403,406
信息孤岛 51
信息化建设 40,51,58,63,120,121,124,125,154,160,161,164,166,170,190,235,249,259,275,276,321,327,332,343,370,371,377
秀池 8,19,21,23,24,32,45,56,109,116,315,350,352
徐厚军 83,420
“选培用评”全链条人才开发模式 52
循环经济园区 142,200,211

Y

“1+N”的制度体系 128
一步工程 3,14,30,55,128,135,197,198
一二四三 181
“一岗双责” 13,70,188,195,363,370,392
一根扁担挑两头 9,28,45,54,330
一罐到底 22,246,260,265
“一规一册一表一网” 47
一户一策 165,272
一企一策 49,60,63,166,314,319
“一适应、两挂钩” 51
“一院多中心” 50,52,61,73,80
“园区+新产业” 29

Z

张毅 266,421
张蕴 421
整改帮促 136,137
“制造+服务” 8,45,50,61,189,233,248
质量管理 50,169,180,189,199,209,216,217,224,228,231,232,263,270,274,276,292,308,310,318,337,340,416
质量一贯制 199
智慧营销 50,61,79,190
智能矿山 218,225,226
中关村(首钢)共建人工智能创新应用产业园 75
《中国永远在这儿》 48
“8+1”专项整治 102,250
转型提效 11,46,49,55,61,67,91,105,123,161,173,176,181,188,198,233,234,247,250,282,289,292,294,319,331,345,355,370,420

策划编辑：宋军花
装帧设计：徐　晖

图书在版编目（CIP）数据

首钢年鉴·2020/首钢集团有限公司史志年鉴编委会 编. —北京：人民出版社，2020.12
ISBN 978-7-01-022777-1

Ⅰ.①首…　Ⅱ.①首…　Ⅲ.①首都钢铁公司-2020-年鉴　Ⅳ.①F426.316-54

中国版本图书馆 CIP 数据核字（2020）第 239466 号

首钢年鉴·2020

SHOUGANG NIANJIAN 2020

首钢集团有限公司史志年鉴编委会　编

人民出版社 出版发行
（100706　北京市东城区隆福寺街 99 号）

北京盛通印刷股份有限公司印刷　新华书店经销

2020 年 12 月第 1 版　2020 年 12 月北京第 1 次印刷
开本：889 毫米×1194 毫米 1/16　印张：31.25
字数：992 千字　插页：14

ISBN 978-7-01-022777-1　定价：378.00 元

邮购地址 100706　北京市东城区隆福寺街 99 号
人民东方图书销售中心　电话（010）65250042　65289539

ISBN 978-7-01-022777-1